百衲本二十四史

舊唐書

上海涵芬樓影印常熟瞿氏鐵琴銅劍樓藏宋刊本闕卷以明聞人詮覆宋本配補

唐書志卷第二十三

劉昫

職官二

太師太傅太保各一員 謂之三師並正一品後漢初太傅置府僚至周隋三師不置府寮初拜於尚書省上隋煬帝廢三師之官武德復置一如隋制 三師訓導之官天子所師法大抵無所統職然非道德崇重則不居其位無其人則闕之

太尉司徒司空各一員 謂之三公並正一品魏晉至北齊三公置府寮隋初亦置府寮尋省府寮初拜於尚書省上唐因之武德初太宗爲之其後親王拜三公皆不視事祭祀則攝者行也 三公論道之官也蓋以佐天子理陰陽平邦國無所不統故不以一職名其官大祭祀則太尉亞獻司徒奉俎司空行掃除

尚書都省 龍朔二年改爲中臺光宅元年改爲文昌臺神龍初復 尚書省領二十四司 六尚書各分領四司

尚書令一員 正二品武德中太宗爲之自是闕而不置 令揔領百官儀形端揆其屬有六尚書一曰吏部二曰戶部三曰禮部四曰兵部五曰刑部六曰工部凡庶務皆會而決之左右僕射各一員從二品 龍朔二年改爲左右匡政光宅元年改爲文昌左右相開元元年改爲左右丞相天寶元年復爲左右僕射 掌統理六官綱紀庶務以貳令之職自不置令僕射揔判省事御史糺劾不當兼得彈之左右丞各一員 左丞正四品上右丞正四品下龍朔改爲左右肅機咸亨復永昌元年昇爲從三品也如意元年復四品也 左丞掌管轄諸司糺正省內勾吏部戶部禮部十二司通判都省事若右丞闕則併行之右丞管兵部刑部工部十二司若左丞闕右丞兼知其事御史有糺劾不當兼得彈之左右司郎中各一員 並從五品上隋置貳武德初省貞觀初復置龍朔二年改爲左右承務咸亨復也 左司郎中副左丞所管諸司事省署鈔目勘稽失知省內宿直之事若右司郎中闕則併行之左右司員外郎各一員 天后永昌元年置左右司員外郎各一人神龍初省後復置 左右司郎中員外郎各掌副十有二司之事以舉正稽違省署符目焉凡都省掌舉諸司之綱紀與百寮之程式以正邦理以宣邦教凡上[illegible]所以逮下其制有六曰制勑冊[illegible]符 天子[illegible]王公主曰[illegible]鄉皆曰符也 凡下之所以達上其[illegible]有六[illegible]狀牋[illegible] [illegible]上於天子其近臣亦爲狀牋啓上皇太子[illegible]於其長亦爲之非公文所施有品已上[illegible]日辭也 [illegible]司自相[illegible]其[illegible]有三關刺移 關謂關通其事刺謂刺舉之移謂移

其事於他司移則通判之官皆連署也 凡內外百司所受之事皆印其發日爲之程限凡尚書省施行制勑案成則給程以鈔之若急速者不出其日若諸州計奏達于京師量事之大小與多少以爲之節凡京師諸司有符移關牒下諸州者必由於都省以遣之凡文案旣成勾司行朱訖皆書其上端記年月日納諸庫凡施行公文應印者監印之官考其事目無差然後印之必書於曆每月終納諸庫凡尚書省官每日一人宿直都司執直簿轉以爲次凡內外百寮日出而視事旣午而退有事則直官省之其務繁不在此例凡天下制勑計奏之數省符宣告之節率以歲終爲斷京師諸司皆以四月一日納于都省其天下諸州則本司推校以授勾官勾官審之連署封印附計帳使納于都省常以六月一日都事集諸司令史對覆若有隱漏不同皆附于考課焉主事六人 從九品上 令史十八人書令史三十六人亭長六人掌固十四人 凡令史掌案文簿亭長掌固檢校省門戶倉庫廳事陳設之事也

吏部尚書一員 正三品龍朔二年改爲司列太常伯光宅元年改爲天官尚書神龍復爲吏部尚書也 侍郎二員 正四品上隋煬帝大業三年尚書六曹各置侍郎一人以二尚書之職並正四品國家定令諸曹侍郎降爲正四品下准吏部侍郎爲正四品上龍朔改爲司列少常伯咸亨復舊總章元年吏部兵部各增置侍郎一員也 吏部尚書侍郎之職掌天下官吏選授勳封考課之政令其屬有四一曰吏部二曰司封三曰司勳四曰考功揔其職務而行其制命凡中外百司之事由於所屬皆質正焉凡選授之制每歲集於孟冬去王城五百里之內以上旬千里之內以中旬千里之外以下旬尚書侍郎分爲三銓 尚書爲尚書銓侍郎二人分爲中銓東銓 凡擇人以四才校功以三實 四才謂身言書判其優長者有可取焉三實謂德行才用勞效德均以才才均以勞 必考其實而進退之 較之優劣而定其留放所以正權衡明與奪抑貪冒進賢能然後據其官資量爲注擬 五品已上以名上中書門下聽制授其官六品已下量資任定其才職頗高可擢爲拾遺補闕監察御史者亦以名送中書門下聽勑授 其有歷職清要考第頗深者得隔品授之不然即否凡出身非清流者不注清資官凡注官若官資未相當及以爲非便者聽至三注凡伎術之官皆本司定送吏部附甲凡同司聯事勾檢之官皆不得注大功已上親凡皇親諸親及軍功兼注員外郎凡注擬必先具官階團甲送門下以聞 注官[illegible]擬畢日行

附甲發高曰守三銓注擬訖皆團甲過左右僕射若中銓東銓則過尚書乃上門下省給事中讀黃門侍郎省侍中審然後進甲以聞聽旨授而施行焉諸左右僕射門下批官不當者則改注亦有重裁而上者也凡大選終於季春之月若選人有身在軍旅則軍中試書判封送吏部有省春中下解而後集謂之春選若優勞人有勅則有典分及郎與官者並聽非時選一百日內注擬之所以定九流之品格補萬方之闕政官人之道備焉

郎中二員並從五品上龍朔為司列大夫咸亨光宅並隨曹改也員外郎二員並從六品上令史三十人書令史六十人亭長八人掌固十二人郎中一人掌考天下文吏之班秩階品凡敘階二十有九品在都序自一品至九品品有上下凡散官四品已下九品已上並於吏部當番上下其應當番四十五日若都省須人送符諸司須人者並兵部吏部散官上經兩番已上聽簡入選不第者依番名不過五六也凡敘階之法有以封爵有以親戚有以勳庸有以資蔭有以秀孝有以勞考有除免而復敘者皆循法以申之無或枉冒凡應入三品五品者皆待別制而進之不然則否凡文武百寮之班序官同者先爵爵同者先齒凡京司有常參官謂五品以上職事官八品已上供奉官員外郎監察御史太常博士供奉官兩省自侍中中書令已下盡名供奉官諸司長官請望官四品已下八品已上清官每日以六品已上清

官兩人待制於衙供奉官諫官不在此例凡授四品已下清望官于職相當不應進讓凡職事官應覲省及移疾不得過程年七十已上應致仕若齒力未衰亦聽致務凡官人身及同居大功已上親自執工商家專其業及風疾使酒皆不得入仕凡內外官有請白著聞應以名薦則中書門下改授五品已上量加昇進六品已下有付吏部即量等第遷轉若第二第三等人五品已上改日稍優之六品已下秩滿聽選不在放限其嶺南黔中三年一置選補使號為南選凡天下官吏各有常員凡諸司置直皆有定數諸司諸色內外有品直官官吏則有假寧之節行李之命簿書景迹功賞殿罰員皆與員外郎分掌之郎中一人掌小銓亦分為九品通謂之行署以其在九流之外故謂之流外銓亦謂之小選其校試銓注與流內銓略同其吏部兵部禮部考功都省御史臺中書門下謂之前八司其餘則曰後行凡擇流外取工書計兼頗曉時務三事中有一優長則在敘限每經三考轉選量其才能而進之不則從舊任小銓舊委郎中專知開元二十五年敕以為試判皆委尚書侍郎親定之

員外郎一人掌判南曹曹在選曹之南故謂之南曹每歲選人有解狀簿書資歷考課必由之以覈其實乃上三銓其三銓進甲則署焉

員外郎一人掌判曹務凡預太廟齋郎帖試如貢舉之制

司封郎中一員從五品上隋曰主爵郎武德因之龍朔二年改為司封大夫光宅改司封郎中司封員外郎一員從六品上主事二人從九品上令史四人書令史九人掌固四人

司封郎中員外郎之職掌國之封爵凡有九等一曰王正一品食邑一萬戶二曰郡王從一品食邑五千戶三曰國公從一品食邑三千戶四曰郡公正二品食邑二千戶五曰縣公從二品食邑一千五百戶六曰縣侯從三品食邑一千戶七曰縣伯正四品食邑七百戶八曰縣子正五品食邑五百戶九曰縣男從五品食邑三百戶凡名山大川及畿內諸縣皆不以封至郡公有餘爵聽迴授子孫其國公皆特封凡天下觀有定數每觀立三綱以道德高者充凡三元諸齋日修金籙明真等齋凡道士女道士簿籍三年一造凡外命婦之制皇之姑封大長公主皇姊妹封長公主皇女封公主皆視正一品皇太子之女封郡主視從一品王之女封縣主視正二品王母妻為妃一品及國公母妻為國夫人三品已上母妻為郡夫人五品若勳官三品有封母妻為縣君散官並同職事

勳官四品有封母妻為鄉君其母邑號皆加太字各視其夫子之品若兩有官爵者從其高若內命婦一品之母為正四品郡君二品之母為從四品郡君三品四品之母並為正五品郡君凡婦人不因夫及子而別加邑號夫人云某品夫人郡君為某品郡君縣君鄉君亦然凡庶子有五品已上官皆封嫡母無嫡母封所生母凡二王後夫人職事五品已上散官三品已上王及國公母妻朝參各視其夫及子之禮凡親王孺人二人視正五品媵十人視正六品嗣王郡王及一品媵十人視從六品二品媵八人視正七品三品及國公媵六人視從七品四品媵四人視正八品五品媵三人視從八品降此外皆為妾凡皇家五等親及諸親三等存亡昇降皆立簿書籍每五年一造除附之制並載於宗正寺

司勳郎中一員從五品上隋曰司勳郎武德初加中字龍朔改為司勳大夫咸亨復司勳員外郎二員從六品上主事四人從九品上令史三十三人書令史六十人掌固四人

郎中員外郎之職掌邦國官人之勳級凡勳十有二轉為上柱國比正

二品十一轉為柱國比從二品十轉為上護軍比正三品九轉為護軍比從三品八轉為上輕車都尉比正四品七轉為輕車都尉比從四品六轉為上騎都尉比正五品五轉為騎都尉比從五品四轉為驍騎尉比正六品三轉為飛騎尉比從六品二轉為雲騎尉比正七品一轉為武騎尉比從七品凡有功効之人合授勳官者皆委之覆定然後奏擬

考功郎中一員從五品上龍朔二年改為司績大夫咸亨復 考功員外郎一員從五品上龍朔改為司績員外郎咸亨復 主事三人從八品上 令史十三人書令史二十五人掌固四人

郎中員外郎之職掌內外文武官吏之考課凡應考之官家具錄當年功過行能本司及本州長官對眾讀議其優劣定為九等考第各於所由司準額校定然後送省內外文武官量遠近以程之有差附朝集使送簿至省每年別勅定京官位望高者二人其一人校京官考一人校外官考又定給事中中書舍人各一人其一人監京官考一人監外官考郎中判京官考員外判外官考其

檢覆同者皆以功過上使京官則集應考之人對讀注定外官對朝集使注定凡考課之法有四善一曰德義有聞二曰清慎明著三曰公平可稱四曰恪勤匪懈善狀之外有二十七最其一曰獻可替否拾遺補闕為近侍之最其二曰銓衡人物擢盡才良為選司之最其三曰揚清激濁褒貶必當為考校之最其四曰禮制儀式動合經典為禮官之最其五曰音律克諧不失節奏為樂官之最其六曰決斷不滯與奪合理為判事之最其七曰都統有方警守無失為宿衛之最其八曰兵士調習戎裝充備為督領之最其九曰推鞫得情處斷平允為法官之最其十曰讎校精審明為刊定為校正之最其十一曰承旨敷奏吐納明敏為宣納之最其十二曰訓導有方生徒充業為學官之最其十三曰賞罰嚴明攻戰必勝為將帥之最其十四曰禮義興行肅清所部為政教之最其十五曰詳錄典正詞理兼舉為文史之最其十六曰訪察精審彈舉必當為糾正之最其十七曰明於勘覆稽失無隱為句檢之最其十八曰職事修理供承強濟為監掌之最其十九曰功課皆充丁匠無怨為役使之最其二十曰耕耨以時收穫剩課為屯官之最其二十一曰謹於蓋藏明於出納為倉庫之最其二十二曰推步盈虛究理精密為曆官之最其二十三曰占候醫卜効驗居多為方術之最其二十四曰譏察有方行旅無壅為關津之最其二十五曰市廛不擾姦濫不作為市司之最其二十六曰牧養肥碩蕃息孳多為牧官之最其二十七曰邊境清肅城隍修理為鎮防之最一最以上有四善為上上一最以上有三善或無最而有四善為上中一最以上有二善或無最而有三善為上下一最以上而有一善或無最而有二善為中上一最以上或無最而有一善為中中職事粗理善最不聞為中下愛憎任情處斷乖理為下上背公向私職務廢闕為下中居官諂詐貪濁有狀為下下若於善最之外別可加尚及罪雖成殿情狀可矜雖不成殿而情狀可責者省校之日皆聽考官臨時量定內外官從見任改為別官者其年 考從日申校

百司量其閑劇諸州據其上下進考之人皆有定限苟無其功不要充數功過於限亦聽量進其流外官本司量其行能功過立四等考第而勉進之凡親勳翊衛皆有考第考第之中略有三等衛主帥如三衛之考其監門校尉直長如主帥之考凡諡議之法古之通典皆審其事以為旌別

戶部尚書一員正三品隋為民部尚書貞觀二十三年改為戶部明慶元年改為度支龍朔二年改為司元太常伯光宅元年改為地官尚書神龍復為戶部 侍郎二員正四品下自隋已來改易名位皆隨尚書也

尚書侍郎之職掌天下田戶均輸錢穀之政令其屬有四一曰戶部二曰度支三曰金部四曰倉部總其職務而行其制命凡中外百司之事由於所屬皆質正焉 郎中二員並五品上 員外郎二員從六品上郎中員外自隋已來隨曹改易 主事四人從九品上 令史十五人書令史三十四人亭長六人掌固十人 郎中員外之職掌分理戶口井田之事凡天下十道任土所出為貢賦之差凡天下之州府三百一十有五而羈縻之州迨八百焉四萬戶已上為上州二萬戶以上為中州不滿為下

州凡三都之縣在內曰京縣城外曰畿又望縣有八十五焉其餘則六千戶以上爲上縣二千戶已上爲中縣一千戶已上爲中下縣不滿一千戶皆爲下縣凡天下之戶八百一萬八千七百一十口四千六百二十八萬五千一百六十一百戶爲里五里爲鄉兩京及州縣之郭內分爲坊郊外爲村里及坊村皆有正以司督察四家爲鄰五鄰爲保保有長以相禁約凡男女始生爲黃四歲爲小十六爲中二十有一爲丁六十爲老每一歲一造計帳三年一造戶籍縣以籍成于州州成于省戶部總而領焉凡天下之戶量其資產定爲九等每定戶以仲年造籍以季年州縣之籍恒留五比省籍留九比凡戶之兩貫者先從邊州爲定次從關內次從軍府州若俱者各從其先貫焉樂住之制居狹鄉者聽其從寬居遠者聽其從近居輕役之地者聽其從重辨天下之四人使各專其業凡習學文武者爲士肆力耕桑者爲農巧作器用者爲工屠沽興販者爲商工商之家不得預於士食祿之人不得奪下人之利凡天下之田五尺爲

步步二百有四十爲畝畝百爲頃度其肥瘠寬狹以居其人凡給田之制有差園宅之地亦如之凡給口分田皆從便近居城之人本縣無田者則隔縣給授凡應收授之田皆起十月畢十二月凡授田先課後不課先貧後富先多後少凡州縣界內所部受田悉足者爲寬鄉不足者爲狹鄉凡官人及勳授永業田凡天下諸州有公廨田凡諸州及都護府官人有職分田凡賦役之制有四一曰租二曰調三曰役四曰課戶每丁租粟二石其調隨鄉土所產綾絹絁各二丈布加五分之一輸綾絹者綿三兩輸布者麻三斤皆書印焉凡丁歲役二旬無事則收其庸每日三尺有事而加役者旬有五日免調三旬則租調俱免凡庸調之物仲秋斂之季秋發於州租則準州土收穫早晚量事而斂之仲冬起輸孟春而納畢本州納者季冬而畢凡諸國蕃胡內附者亦定爲九等凡嶺南諸州稅米及天下諸州稅錢各有準常凡丁戶皆有優復蠲免之制若孝子順孫義夫節婦志行聞於鄉閭者州縣申省奏聞而表其門

閭同籍悉免課役有精誠致應者則加優賞焉凡京司文武職事官皆有防閤凡州縣官僚皆有白直凡州縣官及在外監官皆有執衣凡諸親王府屬並給士力具品數如白直凡有功之臣賜實封者皆以課戶充凡食封皆傳于子孫凡庶人年八十及篤疾給侍丁一人九十給二人百歲三人凡天下朝集使皆以十月二十五日至京師十一月一日戶部引見訖於尚書省與羣官禮見然後集于考堂應考績之事元日陳其貢篚於殿廷凡京都諸縣令每季一朝

度支郎中一員（從五品上龍朔改爲司度大夫咸亨復）員外郎一員（從六品上）主事二人（從九品上）令史十六人書令史三十三人計史一人掌固四人　郎中員外之職掌判天下租賦多少之數物產豐約之宜水陸道塗之利每歲計其所出而度其所用轉運徵斂送納皆準程而節其遲速凡和糴和市皆量其貴賤均天下之貨以利於人凡金銀寶貨綾羅之屬皆折庸調以造凡天下舟車水陸載運皆具爲腳直輕重貴賤平易險澁而爲之制凡天下邊軍有支度使以計軍資糧仗之用

每歲所費皆申度支會計以長行旨爲準

金部郎中一員（從五品上龍朔改爲司珍大夫咸亨復）員外郎一員（從六品上）主事三人（從九品上）令史八人書令史二十一人計史一人掌固四人　郎中員外郎之職掌判天下庫藏錢帛出納之事頒其節制而司其簿領凡度以北方秬黍中者一黍之廣爲分十分爲寸十寸爲尺一尺二寸爲大尺十尺爲丈凡量以秬黍中者容一千二百爲籥二籥爲合十合爲升十升爲斗三斗爲大斗十斗爲斛凡權衡以秬黍中者百黍之重爲銖二十四銖爲兩三兩爲大兩十六兩爲斤凡積秬黍爲度量權衡調鍾律測晷景合湯藥及冠冕之制用之內外官私悉用大者凡庫藏出納皆行文牓季終會之若承命出納則於中書門下省覆而行之百司應請月俸符牒到所由皆遞覆而行之乃置木契與應出物之司相合凡官私互市物數有制凡縑帛之類有長短廣狹端疋屯綟之差凡賜十段其率絹三疋布三端綿四屯若雜綵十段則絲布二疋紬二疋綾二疋縵四疋若賜蕃客錦綵率

十段則錦一張綾二疋縵三疋綿四屯凡遣使覆囚則給時服若
諸使經二年不還亦如之凡時服稱一具者全給之一副者減給之
正冬之會稱束帛有差者皆賜絹五品已上五疋六品已下三疋
命婦視其夫子
倉部郎中一員從五品上龍朔改為司庾大夫咸亨復也員外郎一員從六品上主事三人從九品上
令史九人書令史二十人計史一人掌固四人　郎中員外郎之職掌
判天下倉儲受納租稅出給祿廩之事凡中外文武官品秩有差
歲再給之乃置木契一百枚以與出給之司合諸司官人及諸色
人應給食者皆給米凡致仕之官五品已上及解官充侍者各給
半祿即遷官者通計前祿以充後數凡都已東租納含嘉倉自含
嘉轉運以實京太倉自洛至陝為陸運自陝至京為水運置使以
監統之凡王公已下每歲田苗皆有簿書凡義倉所以備歲不足
常平倉所以均貴賤也
禮部尚書一員正三品隋舊龍朔改為司禮太常伯光宅改為春官尚書神龍復也　侍郎一員正四品下名因隋舊曾改易也

○尚書侍郎之職掌天下禮儀祭享貢舉之政令其屬有四一曰
禮部二曰祠部三曰膳部四曰主客總其職務而行其制命凡中
外百司之事由於所屬皆質正焉凡舉試之制每歲仲冬率與計
偕其科有六一曰秀才試方略策五條此科取人稍峻貞觀已後遂絕二曰明經三曰進士四曰
明法五曰書六曰算凡此六科求人之本必取精究理實而升為
第其有博綜兼學須加甄獎不得限以常科其弘文崇文館學生
雖同明經進士以其資蔭全高試取粗通文義其郊社齋郎簡試
如太廟齋郎其國子監大成大員取明經及第人聰明灼然者試
日誦千言并口試仍策所習業十條通七然後補充各授散官依
舊令於學內習業以通四經為限　郎中一員從五品上員外郎一員從六
品上隋曰儀曹郎武德改禮部郎中員外龍朔為司禮大夫司禮員外咸亨復　主事二人從八品下　令史五人書令
史十一人亭長六人掌固八人　郎中員外郎之職掌貳尚書
侍郎舉其儀制而辨其名數凡五禮之儀一百五十有二一曰吉禮
其儀五十有五二曰賓禮其儀有六三曰軍禮其儀二十有三四

曰嘉禮其儀五十五曰凶禮其儀一十有八凡元日大陳設於
含元殿服袞冕臨軒展宮縣之樂陳歷代寶玉輿輅備黃麾仗
二王後及百官朝集使皇親並朝服陪位大會之日陳設如初凡
冬至大陳設如元正之儀其異者無諸州表奏祥瑞貢獻凡元正
冬至大會之明日百官朝集使等皆詣東宮慶賀凡千秋節御
樓設九部之樂百官袴褶陪位凡京司文武職事九品已上每朔
望朝參五品已上及供奉官員外郎監察御史太常博士每日參
凡諸蕃國來朝皆設宮縣之樂及黃麾仗若蕃國使則減黃麾之
半凡冊皇后太子太子妃諸王諸王妃公主並臨軒冊命陳設如
正之儀訖皆拜太廟凡祥瑞皆辯其名物有大瑞上瑞中瑞皆有
等差凡太陽虧所司預奏其日置五鼓五兵於太社而不視事百
官各素服守本司不聽事過時乃罷月蝕則擊鼓於所司若五岳
四鎮四瀆崩竭皆不視事三日凡二分之月三公巡行山陵則太
常卿為之副凡百官拜禮各有差致敬之式若非連屬應敬之

○官相見或自親戚者各從其私禮凡國有五聲八音六律六呂陳
四懸之度分二舞之節以和人倫以調節氣以享鬼神以序賓客凡
私家不得設鐘磬三品已上得備女樂五品女樂不得過三人居
大功已上喪受冊及之官雖有鼓樂從而不作凡太廟太社及諸
宮殿門東宮及一品已下諸州門施戟有差凡內外百官皆給銅
印有魚符之制並出於門下省凡服飾尚黃旗幟尚赤天子皇后太子已
下之服事在輿服志也凡百寮冠笏幟幰珂珮各有差常服亦如之凡凶
服不入公門凡授都督刺史階未入五品者並聽著緋佩魚離任
則停凡文武官赴朝諸府導從各有差凡職事官薨卒有賻贈柳
翣碑碣各有制度
祠部郎中一員從五品上龍朔為司禮大夫咸亨復　員外郎一員從六品上　主事二人從九品上　令
史五人書令史十一人亭長六人掌固八人　郎中員外郎之職掌祠
祀享祭天文漏刻國忌廟諱卜筮醫藥僧尼之事凡祭祀之名有
四一曰祀天神二曰祭地祇三曰享人鬼四曰釋奠于先聖先師其差

有三若昊天上帝皇地祇神州宗廟為大祀（祀天地皆以祖宗配享）日月星辰社稷先代帝王岳鎮海瀆帝社先蠶孔宣父齊太公諸太子廟為中祀司中司命風師雨師衆星山林川澤五龍祠等及州縣社稷釋奠為小祀大祀皇帝親祭則太尉為亞獻光祿卿為終獻若有司攝事則太尉為初獻太常卿為亞獻凡大祀散齋四日致齋三日大祀齋官皆於散齋日平明集尚書省受誓誡中祀散齋三日致齋二日小祀散齋二日致齋一日皆祀前習禮沐浴並給明衣凡官爵二品已上祠四廟五品已上祠三廟六品已下達於庶人祭祖禰而已凡國有封禪之禮則依圓丘方澤之神位凡天下寺有定數每寺立三綱以行業高者充（諸州寺總五千三百五十八所三千二百三十五所僧二千一百二十二所尼每寺上座一人寺主一人都維那一人）凡僧簿籍三年一造凡別勑設齋應行道並官給料凡國忌日兩京大寺各二以散齋僧尼文武五品已上清官七品已上皆集行香而退天下州府亦然凡遠忌日雖不廢務然非軍務急切亦不舉事餘如常式

○膳部郎中一員（從五品上龍朔為司膳大夫咸亨復舊也）員外郎一員（從六品上）主事二人（從九品上）令史四人書令史九人掌固四人　郎中員外郎之職掌邦之祭器牲豆酒膳辨其品數及藏冰食料之事

主客郎中一員（從五品上隋曰司蕃郎武德改主客郎中龍朔為司蕃大夫咸亨復舊）員外郎一員（從六品上）主事二人（從九品上）令史四人書令史九人掌固四人　郎中員外郎之職掌二王後及諸蕃朝聘之事二王之後酅公介公凡四蕃之國經朝貢之後自相誅絕及有罪滅者蓋三百餘國今所存者七十餘蕃其朝貢之儀享宴之數高下之等往來之命皆載於鴻臚之職焉

兵部尚書一員（正三品南朝謂之五兵尚書隋曰兵部尚書龍朔改為司戎太常伯咸亨復也）侍郎二員（正四品下龍朔為司戎少常伯咸亨復舊）　尚書侍郎之職掌天下武官選授及地圖與甲仗之政令其屬有四一曰兵部二曰職方三曰駕部四曰庫部揔其職務而行其制命凡中外百官之事由於所屬咸質正焉凡選授之制每歲集於孟冬去王城五百里以上旬千里之內以中旬千里之外以下旬尚書侍郎分為三銓（尚書為中銓侍郎分東西）凡試能有五（五謂長垛馬射步射馬槍翹關負重身材言語之長即可尸之）

射應對至有偽長即可尸之　較異有三（三謂…為…之類也）審其功能而定其留放所以錄才藝備軍國詳虛實敘勳勞也然後據其資勞量為注擬（五品已上奏中書門下六品已下量資注定其在軍資要籍不得逃避委部使依銓試其等第申省）凡官階注擬團甲進甲皆如吏部之制凡大選終於季春之月所以約資敘之淺深審才略之優劣軍國之用在焉　郎中二員（從五品上龍朔為司戎大夫咸亨復也）員外郎二人（從六品上）主事四人（從八品下）令史三十人書令史六十人亭長八人掌固十二人　郎中一員掌判帳及天下武官之階品衞府之名數凡敘階有二十九將軍之階（具於敘目）凡敘階之法一如文散官之制凡天下之府五百九十有四有上中下並載於諸衞之職凡應宿衞官各從番第凡千牛備身左右及太子千牛備身皆取三品已上職事官子孫四品清官子儀容端正武藝可稱者充五考本司隨文武簡試聽選（四品謂諸司侍郎左右庶子也）凡殿中省進馬取左右衞三衞及高蔭簡儀容可觀者補充簡試同千牛例僕寺進馬亦如之五品已下七品已上五年多至八年年滿簡送吏部不第者如初無文藝

○以武選凡左右衞親衞勳衞翊衞及左右率府親勳翊衞及諸衞之翊衞通謂之三衞擇其資蔭高者為親衞其次者為勳衞及率府之親衞又次者為翊衞及率府之勳衞又次者為諸衞及率府之翊衞又次者為親王府之執仗執乘量遠邇以定其番第應補之人周親已上有犯刑戮者配令兵部上下凡諸衞及率府三衞貫京兆河南蒲同華岐陝懷汝鄭等州皆令番上餘州皆納資凡左右衞之三衞分為五仗凡王公已下皆有親事帳內限年十八已下舉諸州率萬人以充之皆限十周年則聽其簡試文理高者送吏部其餘留本司全下者退還本色凡兵士隸衞各有其名左右衞曰驍騎左右驍衞為豹騎左右武衞曰熊渠左右威衞曰羽林左右領軍衞曰射聲左右金吾衞曰佽飛東宮左右衞率府曰超乘左右司禦率府曰旅賁左右清道率府曰直蕩揔名曰衞士皆取六品已下子孫及白丁無職役者點充凡三年一簡點成丁而入六十而免量其遠邇無定番第凡衞士各立名簿其三年已來

征防差遣仍定優劣為三第每年正月十日送本府印記仍録一道送本衛府若有差行上番折衝府據簿而折之凡差衛士征戍鎮防亦有團伍其善弓馬者為越騎團餘為步兵團主帥已下統領之火十人有六馱馬若父兄子弟不併遣之若祖父母老疾家無兼丁免征行及番上其居常則皆習射唱大角歌番集之日府官率而課試凡左右金吾衛有角手諸衛有弩手左右羽林軍有飛騎及左右萬騎彍騎天下諸軍有健兒皆定其名籍每季上中書門下凡關內有團結兵秦成岷渭河蘭六州有高麗羌兵黎雅邛翼茂五州有鎮防團結兵天下諸州差兵募取戶殷丁多人材驍勇選前資官勳官部分強明堪統攝者節級權補主帥以領之其義征者別為行伍不入募人之營凡軍行器物皆於當州分給之如不足則令自備貧富必以均焉凡諸州軍府應行兵之名簿器物之多少皆申兵部軍散之日亦錄其存亡多少以申而勘會之凡諸道迴兵糧糒之物衣資之費皆令所在州縣分而給之

郎中一人掌判簿以總軍戎差遣之名數凡天下節度使有八若諸州在節度內者皆受節度焉其福州經略使登州平海軍則不在節度之內（節度名與所管軍鎮名並見地理志也）凡親王總戎曰元帥文武官總統者則曰總管以奉使言之則曰節度使有大使副使判官若大使加旌節以統軍置木契以行凡將帥出行兵滿一萬人已上置長史司馬倉曹兵曹冑曹等參軍各一人五千人已上減司馬諸軍各置使一人五千人已上置副使一人萬人已上置營田副使一人每軍各有倉兵冑三參軍其橫海高陽唐興恒陽北平等五軍皆本州刺史為使凡鎮皆有使一人副使一人萬人以上置司馬倉兵二曹參軍五千人已下減司馬凡諸軍鎮每五百人置押官一人千人置子總管一人五千人置總管一人凡諸軍鎮使副使已上皆四年一替總管已下二年一替押官隨兵交替凡諸軍鎮大使副使已下皆有傔人別奏以從之凡幸三京即東都南北衙皆置左右屯營別立使以統之若在都則京城亦如之凡大將出征皆告廟授鉞辭齊太公廟訖不宿於家臨軍對寇士卒不用命並得專行其罰既捷及軍未散皆會眾而書勞與其費用乃告太廟元帥凱旋之日皆使郊勞有司先獻捷於太廟又告齊太公廟

員外郎一人掌貢舉及雜請之事凡貢舉每歲孟春亦與計偕有二科一曰平射二曰武舉凡科之優劣勳獲之等級皆審其實而受敘焉　員外郎一人掌判南曹每歲選人有解狀簿書資歷考課必由之以覈其實乃上三銓進甲則署焉

職方郎中一員（從五品上龍朔為司城大夫也）員外郎一員（正六品上）主事二人（從九品上）令史四人書令史九人掌固四人　郎中員外郎之職掌天下地圖及城隍鎮戍烽候之數辯其邦國都鄙之遠近及四夷之歸化凡五方之區域都邑之廢置疆場之爭訟者舉而正之凡天下上鎮二十中鎮九十下鎮一百三十五上戍十有一中戍八十六下戍二百四十五凡烽候所置大率相去三十里其逼邊境者築城置之每烽置帥一人副一人凡州縣城門及倉庫門須有備守

駕部郎中一員（從五品上龍朔為司輿大夫也）員外郎一人（從六品上）主事三人（從九品上）令史十人書令史二十人掌固四人　郎中員外郎之職掌邦國輿輦車乘傳驛廄牧官私馬牛雜畜簿籍辯其出入司其名數凡三十里一驛天下驛凡一千六百三十九而監牧六十有五皆分使統之若畜養之宜孳生之數皆載於太僕之職凡諸衛有承直之馬凡諸司有備運之牛皆審其制以定數焉

庫部郎中一員（從五品上龍朔為司庫大夫也）員外郎一員（從六品上）主事二人令史七人書令史十五人掌固四人　郎中員外郎之職掌邦國軍州戎器儀仗凡元正冬至陳設幷祠祭喪葬所供之物皆辯其出入之數量其繕造之功以分給焉

刑部尚書一員（正三品隋初改都官尚書又改為刑部龍朔改為司刑太常伯光宅改為秋官尚書神龍復也）侍郎一員（正四品下龍朔為司刑少常伯）尚書侍郎之職掌天下刑法及徒隸勾覆關禁之政令其屬有四一曰刑部二曰都官三曰比部四曰司門總其職務而行其制命凡中外百司之事由於所屬咸質正焉

郎中二員從五品上隋曰憲部郎武德為刑部郎中龍朔改為司刑大夫員外郎二員從六品上主事四人從九品上令史十九人書令史三十八人亭長六人掌固十人　郎中員外郎之職掌貳尚書侍郎舉其典憲而辯其輕重凡文法之名有四一曰律二曰令三曰格四曰式凡律十有二章一名例二禁衞三職制四戶婚五廄庫六擅興七賊盜八鬭訟九詐偽十雜律十一捕亡十二斷獄而大凡五百條令二十有七篇分為三十卷第一至第七曰官品職員八祠九戶十選舉十一考課十二宮衞十三軍防十四衣服十五儀制十六鹵簿十七公式十八田十九賦役二十倉庫二十一廄牧二十二關市二十三醫疾二十四獄官二十五營繕二十六喪葬二十七雜令而大凡一千五百四十六條凡格二十四篇式三十三篇以尚書御史臺九寺三監諸軍為目凡律以正刑定罪令以設範立制格以禁違正邪式以軌物程事乃立刑名之制五焉一笞二杖三徒四流五死笞刑五杖刑五徒刑五流刑三死刑二而斷獄之大典有十惡八議五聽六贓贖配之典具在

刑法志凡決死刑皆於中書門下詳覆凡死罪枷而杻婦人及流徒枷而不杻官品及勳散之階第七已上鎖而不枷在京諸司則徒已上送大理杖已下當司斷之若金吾糺獲亦送大理凡決大辟罪在京者行決之司皆五覆奏在外者刑部三覆奏若犯惡逆已上及部曲奴婢殺主者一覆奏凡京城決囚之日減膳徹樂每歲立春後至秋分不得決死刑大祭祀及致齋朔望上下弦二十四氣雨未晴夜未明斷屠月日及休假亦如之凡犯流罪已下應除免官當未奏身死者免其追奪流移之人皆不得棄放妻妾及私遁還鄉至六載然後聽仕即本犯不應流而特配流者三載已後聽仕其應徒則皆配居作凡禁囚五日一慮凡鞫獄官與被鞫人有親屬讎嫌者皆聽更之凡在京諸司見禁囚每月二十五日已前本司錄其所犯及禁時月日以報刑部凡國有赦宥之事先集囚徒於闕下命衞尉樹金雞待宣制訖乃釋之

都官郎中一員從五品上龍朔改司僕大夫咸亨復員外郎一員從六品上主事二人從九品上令史九人書令史十二人掌固四人　郎中員外郎之職掌配役隷簿錄俘囚以給衣糧藥療以理訴競雪免凡公私良賤必周知之凡反逆相坐沒其家為官奴婢一免為番戶再免為雜戶三免為良人皆因赦宥所及則免之年六十及廢疾雖赦令不該亦並免為番戶七十則免為良人任所樂處而編附之凡初被沒有伎藝者各從其能而配諸司婦人工巧者入于掖庭其餘無能咸隷司農

比部郎中一員從五品上龍朔為司計大夫員外郎一員從六品上主事二人從九品上令史十四人書令史二十七人計史一人掌固四人　郎中員外郎之職掌勾諸司百寮俸料公廨贓贖調斂徒役課程逋懸數物周知內外之經費而總勾之凡內外官料俸以品第高下為差外官以州縣府之上中下為差凡稅天下戶錢以充州縣官月料皆分公廨本錢之利羈縻州所補漢官給以當土之物關監之官以品第為差其給以年支輕貨鎮軍司馬判官俸祿同京官鎮戍之官以鎮戍上中下為差凡京師有別借食本每季一申省諸州歲終而申

省比部總勾覆之凡倉庫出內營造傭市丁匠功程贓贖賦斂勳賞賜與軍資器仗和糴屯牧亦勾覆之

司門郎中一員從五品上龍朔曰司門大夫員外郎一員從六品上主事二人從九品上令史六人書令史十三人掌固四人　郎中員外郎之職掌天下諸門及關出入往來之籍賦而審其政凡關二十有六為上中下之差京城四面關有驛道者為上關餘關有驛道及四面無驛道者為中關他皆為下關關所以限中外隔華夷設險作固閑邪正禁者也凡關呵而不征司貨賄之出入其犯禁者舉其貨罰其人凡度關者先經本部本司請過所在京則省給之在外則州給之而雖非所部有來文者所在亦給

工部尚書一員正三品南朝謂之起部有所營造則置起部尚書事畢則省隋初改置工部尚書龍朔為司平太常伯光宅改為冬官尚書神龍復舊名侍郎一員正四品下龍朔為司平少常伯　尚書侍郎之職掌天下百工屯田山澤之政令其屬有四一曰工部二曰屯田三曰虞部四曰水部總其職務而行其制命凡中外百司之事由於所屬咸質正焉

郎中一員（從五品上。龍朔為司平大夫也）員外郎一員（從六品上）主事二人（從九品上）令史十二人書令史二十一人亭長六人掌固八人　郎中員外郎之職掌經營興造之衆務凡城池之脩濬土木之繕葺工匠之程式咸經度之凡京師東都有營繕則下少府將作以供其事

屯田郎中一員（從五品上。龍朔為司田大夫也）員外郎一員（從六品上）主事二人（從九品上）令史七人書令史十二人計史一人掌固四人　郎中員外郎之職掌天下屯田之政令凡邊防鎮守轉運不給則設屯田以益軍儲其水陸腴瘠播種地宜功庸煩省收率等級咸取決焉諸屯田役力各有程數凡天下諸軍州管屯總九百九十有二大者五十頃小者二十頃凡當屯之中地有良薄歲有豐儉各定為三等凡屯皆有屯官屯副凡京文武職事官有職分田京兆河南府及京縣官亦准此凡在京諸司有公廨田皆視其品命而審其分給

虞部郎中一員（從五品上。龍朔為司虞大夫）員外郎一員（從六品上）主事二人（從九品下）令史四人書令史九人掌固四人　郎中員外郎之職掌京城街巷種

植山澤苑囿草木薪炭供頓田獵之事凡採捕漁獵必以其時凡京兆河南二都其近為四郊三百里皆不得弋獵採捕殿中太僕所管閑廄馬兩都皆五百里內供其芻藁其關內隴右西使南使諸牧監馬牛駝羊皆貯藁及茭草其柴炭木橦進內及供百官蕃客並於農隙納之

水部郎中一員（從五品上。龍朔為司川大夫）員外郎一員（從六品上）主事二人（從九品上）令史四人書令史九人掌固四人　郎中員外郎之職掌天下川瀆陂池之政令以導達溝洫堰決河渠凡舟楫溉灌之利咸總而舉之凡天下水泉三億三萬三千五百五十九其在遐荒絕域迨不可得而知矣其江泗自西極達于東溟中國之大川者也其餘百三十五水是為中川其又千二百五十二水斯為小川也若渭洛汾濟漳淇淮漢皆亘達方域通濟舳艫從有之無利於生人者也凡天下造舟之梁四（河則蒲津大陽河陽洛則孝義也）石柱之梁四（洛則天津永濟中橋灞則灞橋）木柱之梁三（皆渭川便橋中渭橋東渭橋也）巨梁十有一皆國工脩之其餘皆所管州縣隨時營葺其大津無梁皆給船人量其大小難易以定其差

門下省（秦漢初置侍中曹無臺省之名自晉始置門下省南北朝皆因之龍朔改為東臺光宅改為鸞臺神龍復）

侍中二員（隋曰納言又名侍內武德為納言又改為侍中龍朔改東臺左相光宅元年改為納言神龍復為侍中開元元年改為黃門監五年復為侍中天寶二年改為左相至德二年復改為侍中武德定令侍中正三品大曆二年十一月九日昇為正二品舊制宰相常於門下省議事謂之政事堂永淳二年七月中書令裴炎以中書執政事筆遂移政事堂於中書省開元十一年中書令張說改政事堂為中書門下其政事印改為中書門下之印也）　侍中之職掌出納帝命緝熙皇極總典吏職贊相禮儀以和萬邦以弼庶務所謂佐天子而統大政者也凡軍國之務與中書令參而總焉坐而論之舉而行之此其大較也凡下之通上其制有六一曰奏抄二曰奏彈三曰露布四曰議五曰表六曰狀皆審署申覆而施行焉凡法駕行幸則負寶而從大朝會大祭祀則板奏中嚴外辦以為出入之節輿駕還宮則請解嚴所以告禮成也凡大祭祀皇帝致齋既朝則請就齋室將奠則奉玉及幣以進盥手則取匜以沃洗爵則酌罍水以奉及贊酌汎齊進福酒以成其禮焉若享宗廟則進瓚而贊酌鬱酒以祼既祼則贊酌醴齊其餘如饗

神祇之禮藉田則奉耒以贊事凡諸侯王及四夷之君長朝見則承詔而勞問之臨軒命使冊后及太子則承詔以命之凡制敕慰問外方之臣及徵召者則監其封題若發驛遣使則給其傳符以通天下之信凡官爵廢置刑政損益皆授之於記事之官既書於策則監其記注焉凡文武職事六品已下所司進擬則量其階資校其才用以審定之若擬職不當隨其優屈退而量焉

門下侍郎二員（隋曰黃門侍郎龍朔為東臺侍郎咸亨改為黃門侍郎光宅改為鸞臺侍郎天寶二年改為門下侍郎乾元元年改為黃門侍郎大曆二年四月復為門下侍郎武德定令中書門下侍郎同尚書侍郎正四品上大曆二年九月敕昇為正三品也）　門下侍郎掌貳侍中之職凡政之弛張事之與奪皆參議焉若大祭祀則從升壇以陪禮皇帝盥手則奉巾以進既帨則奠巾于篚奉瓢爵以贊獻凡元正冬至天子視朝則以天下祥瑞奏聞

給事中四員（正五品上。隋曰給事郎置四員位次門下侍郎武德定令曰給事中龍朔改為東臺舍人咸亨復）　給事中掌陪侍左右分判省事凡百司奏抄侍中審定則先讀而署之以駁正違失凡制勅宣行大事則稱揚德澤褒美功業覆奏而請施

行小事則署而頒之凡國之大獄三司詳決若刑名不當輕重或失則援法例退而裁之凡發驛遣使則審其事宜與黃門侍郎給之其緩者給傳即不應給罷之凡文武六品已下授職官所司奏擬則校其仕歷淺深功狀殿最訪其德行量其才藝若官非其人理失其事則白侍中而退量焉若弘文館圖書之繕寫讎校亦課而察之凡天下冤滯未申及官吏刻害者必聽其訟與御史中書舍人同計其事宜而申理之錄事四人從七品上主事四人從八品下令史十一人書令史二十二人甲庫令史十人傳制八人亭長六人掌固十人修補制敕匠五人

左散騎常侍二人從三品魏至晉置散騎常侍侍郎與侍中黃門侍郎共平尚書奏事其後用人或雜江左不重此官或省或置隋初散騎侍郎置常侍四人從三品掌陪從朝直煬帝又省之武德初以為加官貞觀初置常侍二人隸門下省顯慶二年又置二員隸中書省始有左右之號並金蟬珥貂左常侍與侍中左貂右常侍與中書令右貂謂之八貂龍朔二年改為左侍極咸亨復舊廣德二年五月昇為正三品加置四員興元元年正月左右各加一員貞元四年正月敕依舊四員也常侍掌侍奉規諷備顧問應對寶應二年敕左右散騎常侍各置參官兩人令自揀擇聞奏參典奏置兩人後省

諫議大夫四員從四品下秦漢曰諫大夫光武加議字隋於門下省置諫議大夫七員從四品下武德四年置四員正五品上龍朔二年改為正諫大夫神龍復大曆四年敕只四員正五品上元和七年三月敕其諫議四員內供奉不得為正員至貞元四年五月十五日敕諫議分為左右加置八員四員隸門下為左會昌二年十一月中書奏準狀門下省置諫議大夫七員從四品下今正五品上自大曆二年門下中書侍郎昇為正三品兩省遂闕四品官其諫議大夫望昇為正四品下分為左右以備兩省四品之闕向後與丞郎出入迭用以重其選敕可之諫議大夫掌侍從贊相規諫諷諭凡諫有五一曰諷諫二順諫三規諫四致諫五直諫

起居郎二員從六品上古無其名隋始置起居舍人二員貞觀二年省起居舍人移其職於門下置起居郎二員顯慶中又置起居舍人始與起居郎分在左右龍朔二年改為左史咸亨復天授元年又改為左史神龍復也楷書手三人起居郎掌起居注錄天子之言動法度以修記事之史凡記事之制以事繫日以日繫月以月繫時以時繫年必書其朔日甲乙以紀曆數典禮文物以考制度遷拜旌賞以勸善誅伐黜免以懲惡季終則授之國史焉自漢獻帝後歷代帝王有起居注著作編之每季為卷送史館也

左補闕二員從七品上左拾遺二員從八品上古無此官名天后垂拱元年二月二十九日敕記言書事每切於旁求補闕拾遺未弘於注選晴言共理必藉於才宜可以登贊朝之違善宜置左右補闕各二員從七品上左右拾遺各二員從八品上掌供奉諷諫行立次左右史之下仍附于令天授二年二月加置三員通前五員大曆四年補闕拾遺各置內供奉兩員七年五月十一日敕補闕拾遺宜各置兩員也補闕拾遺之

職掌供奉諷諫扈從乘輿凡發令舉事有不便於時不合于道大則廷議小則上封若賢良之遺滯於下忠孝之不聞于上則條其事狀而薦言之典儀二員從九品下晉有典儀錄事一員梁有典儀之官後省皇朝又置典儀二人隸門下省用人皆經貞觀未李義府為之自是用士人為之贊者十二人隋太常鴻臚二寺皆有贊者皇朝因置之隸門下省掌贊唱為行事之節分番上下謂之番官典儀掌殿上贊唱之節及殿廷版位之次凡國有大禮侍中行事及進中嚴外辦之版皆贊相焉

城門郎四員從六品上漢有城門校尉掌京城諸門啓閉之節隋改校尉為城門郎置四員從六品皇朝因之也令史一人書令史二人門僕八百人門僕晉代有之皇朝隸城門局分番上下掌啓閉管籥城門郎掌京城皇城宮殿諸門啓閉之節奉出納管鑰開則先外而後內闔則先內而後外所以重中禁尊皇居也候其晨昏擊鼓之節而啓閉之凡皇城宮城闔門之鑰先酉而出後戌而入開門之鑰後丑而出夜盡而入京城闔門之鑰後申而出先子而入開門之鑰後子而出先卯而入若非其時而有命啓閉則詣閤覆奏

符寶郎四員從六品上周有典瑞之職秦有符璽令漢曰符璽郎兩漢掌六璽及傳國璽後代傳之隋置符璽郎二員從六品

天后惡璽字改為寶其受命傳國等八璽文並改彫寶字神龍初復為符璽郎開元初又改為符寶從璽文也令史二人書令史三人主寶六人主符三十人主節十八人符寶郎掌天子八寶及國之符節辨其所用有事則請於內既事則奉而藏之八寶一曰神寶所以承百王鎮萬國二曰受命寶所以修封禪禮神祇三曰皇帝行寶答疏於王公則用之四曰皇帝之寶勞來勳賢則用之五曰皇帝信寶徵召臣下則用之六曰天子行寶答四夷書則用之七曰天子之寶慰撫蠻夷則用之八曰天子信寶發蕃國兵則用之凡大朝會則捧寶以進于御座車駕行幸則奉寶以從于黃鉞之內凡國有大事則出納符節辨其左右之異藏其左而班其右以合中外之契焉一曰銅魚符所以起軍旅易守長二曰傳符所以給郵驛通制命三曰隨身魚符所以明貴賤應徵召四曰木契所以重鎮守慎出納五曰旌節所以委良能假賞罰魚符之制王畿之內左三右一王畿之外左五右一左者在內右者在外行用之日從第一為首後事須用以次發之周而復始大事兼敕書小事但降符函封遣使合而行之傳符之制太

子監國曰雙龍之符，左右各十；京都留守曰麟符，左二十，其右一十有九；東方曰青龍之符，西方曰騶虞之符，南方曰朱雀之符，北方曰玄武之符，左四右三（左者進內，右者付外）。隨身符之制，左二右一，太子以玉，親王以金，庶官以銅，佩以為飾，刻姓名者，去官而納焉；不刻者，傳而佩之。木契之制，太子監國，則王畿之內左右各三，王畿之外左右各五；庶官鎮守，則左右各十。旌節之制，命大將帥及遣使於四方，則請而假之，旌以專賞，節以專殺（周禮之制，山國用虎節，土國用人節，澤國用龍節，皆金也。又云道路用旌節，即漢使所持者是也）。

弘文館（後漢有東觀，魏有崇文館，宋有玄史二館，南朝有總明館，梁有士林館，北齊有文林館，後周有崇文館，皆著撰文史，鳩聚學徒之所也。武德初置修文館，後改為弘文館，後避太子諱改曰昭文館，開元七年復為弘文館，隸門下省）

學士無員數（自武德已來，皆妙簡賢良為學士。故事，五品已上為學士，六品已上為直學士，又有[illegible]）

學生三十人，校書郎二人（從九品上），令史二人，楷書手三十人，典書二人，搨書手三人，筆匠三人，熟紙裝潢匠九人，亭長二人，掌固四人。

弘文館學士掌詳正圖籍，教授生徒；凡朝廷有制度沿革、禮儀輕重，得參議焉。校書郎掌校理典籍，刊正錯謬。其學生教授考試，如國子學之制焉。

中書省（[illegible]）

中書令二人（[illegible]大曆二年升正二品，自後不改也）

中書令之職，掌軍國之政令，緝熙帝載，統和天人。入則告之，出則奉之，以釐萬邦，以度百揆，蓋佐天子而執大政也。凡王言之制有七：一曰冊書，二曰制書，三曰慰勞制書，四曰發敕，五曰敕旨，六曰論事敕書，七曰敕牒。皆宣署申覆而施行之。凡大祭祀，攝神則從升壇以相禮；享宗廟則從升阼階。親征纂嚴，戒物百寮。冊命親賢，臨軒則使讀冊，若命之於朝，則宣而授之。凡冊太子，則授璽綬。凡制詔宣傳，文章獻納，皆授之於記事之官（[illegible]）

（[illegible]典機密，參議政事，貞觀十七年李勣為太子詹事，特詔同知政事，[illegible]自是僕射常帶此稱，自餘非兩省長官預知政事者，亦皆以此為名。[illegible]中書門下平章事，自後兩省長官及[illegible]皆為宰相。[illegible]）

中書侍郎二員（[illegible]）

中書侍郎掌貳令之職，凡邦國之庶務，朝廷之大政，皆參議焉。凡臨軒冊命，大臣令為之使，則持冊書以授之。凡四夷來朝，臨軒則受其表疏，升于西階而奏；若獻贄幣，則受之以授於所司。

中書舍人六員（正五品上。[illegible]）

中書舍人掌侍奉進奏，參議表章。凡詔旨制敕及璽書冊命，皆按典故起草進畫；既下，則署而行之。其禁有四：一曰漏泄，二曰稽緩，三曰違失，四曰忘誤，所以重王命也。制敕既行，有誤則奏而正之。凡大朝會，諸方起居，則受其表狀而奏之；國有大事若大克捷及大祥瑞，百寮表賀亦如之。凡冊命大臣于朝，則使持節讀冊命之。凡將帥有功及有大賓客，皆使勞問之。凡察天下冤滯，與給事中及御史三司鞫其事。凡百司奏議，文武考課，皆預裁焉。

主書四人（從七品上），主事四人（從八品下），令史二十五人，書令史五十人，傳制十八人，亭長十八人，修補敕匠五十人，右散騎常侍二員（從三品），右補闕二員（從七品上），左拾遺二員（從八品上）。右常侍補闕拾遺掌事同左省。

起居舍人二員（從六品上）

起居舍人掌修記言之史，錄天子之制誥德音，如記事之制，以紀時政之損益。季終則授之於國史。

通事舍人十六人（從六品上。[illegible]）

通事舍人掌朝見引納及辭謝者於殿廷通奏。凡近臣入侍，文武就列，引以進退，而告其拜起出入之節。凡四方通表，華夷納貢，皆受而進之。凡軍旅之出則命受慰勞而遣之旣行則每月存問將士之家以視其疾苦凱旋則郊迓之皆復命凡致仕之臣與邦之耆老時巡問亦如之令史十人亭長十八人掌固二十四人

集賢殿書院 開元十三年置漢魏已來職在秘書梁於文德殿內藏衆書北齊有文林館學士後周有麟趾殿學士皆掌著述隋平陳之後寫藏書正副二本藏于宮中其餘以實秘書外閣煬帝於東都觀文殿東西廂貯書自漢延熹至隋皆秘書掌圖籍而禁中之書時或有焉學士及太宗在藩有秦府學士十八人其後弘文崇文二館皆有玄宗即位大校群書開元五年於乾元殿東廊下寫四部書以充內庫置校定官四人七年駕在東都於麗正殿置修書使十二年駕在東都十三年與學士張說等宴於集仙殿因改名集賢改修書使爲集賢書院其大明宮所置書院亦命爲院屋宇宏敞永泰九年三月詔僕射裴冕等十三人每日於集賢書院待詔

集賢學士 初定制以五品已上官爲學士六品已下爲直學士宰相爲學士者爲知院事常侍一人爲副知院事

學士知院事一人 開元初以褚無量馬懷素元行冲相次知乾元殿寫書及在麗正乃有使名張說代元行冲改院爲集賢以說爲大學士知院事說辭大學士詔許之自是常以宰相一人知院事

副知院事一人 初宰相張說知院事以徐堅爲副知院事因爲故事

判院一人 初在乾元殿刊正官一人判事其後因之

押院中使一人 自乾元殿寫書則置掌出入宣進奏兼領中官監守院門掌同宮禁

侍講學士 開元初褚無量馬懷素侍讀禁中名爲侍讀其後康子元爲侍講學士以官人象之

修撰官校理官 並無常員

待制官 古之待詔金馬門是

留院官檢討官 皆以學者別敕留之

孔目官一人典四人 並開元五年置

知書官八人 開元五年置掌分四庫書

書直寫御書一百人搨書六人書直八人裝書直十四人造筆直四人 並開元六年置

集賢學士之職掌刊緝古今之經籍以辯明邦國之大典凡天下圖書之遺逸賢才之隱滯則承旨而徵求焉其有籌策之可施於時著述之可行於代者較其才藝而考其學術而申表之凡承旨撰集文章校理經籍月終則進課于內歲終則考最於外

史館 歷代史官隸秘書省著作局皆著作郎掌修國史武德因隋舊制貞觀三年閏十二月始移史館於禁中在門下省北宰相監修國史自是著作郎始罷史職及大明宮初成置史館於門下省之南館門外東西有桑樹七十四根號[illegible]樹開元二十五年三月右相李林甫以中書地切樞密記事者官宜附近史官尹愔奏移史館於中書省北以舊尚藥院充館也

史官 古者天子諸侯皆有史官以紀言動曆數之事至後漢明帝召當時名士入東觀撰光武紀而史官因以他官兼之魏明帝始置著作郎專掌國史隸中書晉改隸秘書省因而不改貞觀年修五代史移史館於禁中史官無常員如有修撰大事則召他官兼之事畢日停

監修國史 貞觀已後多以宰相監修國史遂成故事也

修撰直館 天寶已後他官兼領史職者謂之史館修撰初入爲直館也元和六年宰相裴洎奏登朝官領史職者並爲修撰未登朝官入館者並爲直館修撰中以一人官高者判館事其餘名目並請不置從之

楷書手二十五人典書四人亭長二人掌固六人裝潢直一人熟紙匠六人

史官掌修國史不虛美不隱惡直書其事凡天地日月之祥山川封域之分昭穆繼代之序禮樂師旅之事誅賞廢興之政皆本於起居注時政記以爲實錄然後立編年之體爲褒貶焉旣終藏之于府

知匭使 天后垂拱元年置匭以達寃滯其制一房四面各以方色東曰延恩西曰申寃南曰招諫北曰通玄所以申天下之寃滯達萬人之情狀並古善旌誹謗木之意也天寶九年改匭爲獻納乾元元年復名曰匭垂拱已來常以諫議大夫及補闕拾遺一人充使受納訴狀每日暮進內而晨出之也

翰林院 天子在大明宮其院在右銀臺門內在興慶宮院在金明門內若在西內院在顯福門若在東都華清宮皆有待詔之所其待詔者有詞學經術合鍊僧道卜祝術藝書弈各別院以廩之日晚而退其所重者詞學武德貞觀時有溫大雅魏徵李百藥岑文本許敬宗褚遂良永徽後有許敬宗上官儀皆召入禁中驅使未有名目乾封中劉懿之劉禕之兄弟周思茂元萬頃范履冰皆以文詞召入待詔常於北門候進止時號北門學士天后時蘇味道韋承慶皆待詔禁中中宗時上官昭容獨當書詔之任睿宗時薛稷賈膺福崔湜又代其任玄宗即位張說陸堅張九齡徐安貞張垍等召入禁中謂之翰林待詔王者尊極一日萬機四方進奏中外表疏批答或詔從中出宸翰所揮亦資其檢討謂之視草故常簡當代四人以備顧問至德已後天下用兵軍國多務深謀密詔皆從中出尤擇名士翰林學士得充選者文士爲榮亦如中書舍人例置學士六人內擇年深德重者一人爲承旨所以獨承密命故也德宗好文尤難其選貞元已後爲學士承旨者多至宰相焉

內教坊 武德已來置於禁中以按習雅樂以中官人充使則天改爲雲韶府神龍復爲教坊

習藝館 本名內文學館選宮人有儒學者一人爲學士教習宮人則天改爲習藝館又改爲翰林內教坊以事在禁中故也

祕書省 隸中書之下漢代藏書之所有延閣廣內石渠之藏又御史中丞在殿內掌蘭臺祕書圖籍後漢桓帝延熹二年始置祕書監屬太常寺掌禁中圖書秘文後併入中書至晉惠帝別置祕書寺掌中外三閣圖書梁武改寺爲省龍朔改爲蘭臺光宅改爲麟臺神龍復爲祕書省

監一員 從三品監之名後漢桓帝置魏晉不改後周謂之外史下大夫隋後爲秘書監從第三品煬帝改爲令武德復爲監龍朔改爲蘭臺太史天授改爲麟臺監神龍復爲祕書監也

少監二員 從四品上少監隋煬帝置龍朔改爲蘭臺侍郎天授爲麟臺少監神龍復爲祕書少監比置一員太極初增置一員也

丞一員 從五品上魏武帝置丞二人隋置一人正第五品也

祕書監之職掌邦國經籍圖書之事有二局一曰著作二曰太史皆率其屬而脩其職少監爲之貳丞掌判省事

祕書郎四員 從六品上 校書郎八人 正九品上 正字四人 正九品下 主事一人 從九品上 令史四人書令史九人典書八人楷書手八十人亭長六人掌固八人

祕書郎掌甲乙丙丁四部之圖籍謂之四庫經庫類十史庫十三子庫類十四集庫類三 事在經籍志

著作局 龍朔爲司文局

著作郎二人 從五品上龍朔爲司文郎中咸亨復也 佐郎四人 從六品上 校書郎二人 正九品上 正字二人 正九品下 楷書手五人掌固四人

著作郎佐郎掌修撰碑志祝文祭文與佐郎分判局事也

司天臺 舊太史局隸祕書監龍朔二年改爲祕閣局久視元年改爲渾儀監景雲元年改爲太史監復爲太史局隸祕書乾元元年三月十九日敕改太史監爲司天臺改置官屬於子城內祕書省西今在永寧坊東南角也

監一人 從三品本太史局令從五品下乾元元年改爲監升從三品一

如爲中秘書省職也少監二人本日太史丞從七品下乾元升爲少監與諸司少監爲同品也太史令掌觀察天文稽定曆數凡日月星辰之變風雲氣色之異率其屬而占候之其屬有司曆司曆二人掌造曆保章正一人掌教曆生四十一人監候五人掌候天文觀生九十人掌晝夜司候天文氣色靈臺郎二人掌教習天文氣色天文生六十人挈壺正二人掌知漏刻司辰七十人漏刻典事二十二人漏刻博士九人漏刻生三百六十人典鐘一百一十二人典鼓八十八人楷書手二人亭長掌固各四人自乾元元年別置司天臺改胥官吏不同太史局舊職今爲司天職掌書之也

凡玄象器物天文圖書苟非其任不得預焉每季錄所見災祥送門下中書省入起居注歲終總錄封送史館每年預造來年曆頒于天下

五官正五員正五品乾元元年置五官有春夏秋冬中五官之名丞兩員正七品主簿兩員正七品定額直五人五官靈臺郎五員正七品舊曰靈臺郎正八品下掌觀天文之變而占候之凡二十八宿分爲十二次事具天文志也五官保章正五員正七品五官司曆五員正八品舊曰司曆二人從九品上掌國之曆法造曆以頒四方其曆有戊寅曆麟德曆神龍曆大衍曆天下之測量之處分至表準其詳可載故參考星度驗晷影各有典章五官監候五員正八品五官挈壺正五員正九品五官司辰十五員正九品舊曰挈壺正二員從八品下司辰十七人正九品下皆掌知漏刻孔壺爲漏浮箭爲刻以告中星昏明之候焉五官禮生十五人五官楷書手五人令史五人

漏刻博士二十人漏刻之法孔壺爲漏浮箭爲刻其箭有四十有八晝夜共百刻冬夏之閒有長短冬至之日晝漏四十刻夜漏六十刻夏至晝漏六十刻夜漏四十刻春分秋分之時晝夜各五十刻秋分之後減晝益夜凡九日加一刻春分已後減夜益晝九日減一刻二至前後加減遲用日多二分之間加減速用日少候夜以爲更點之節每夜分爲五更每更分爲五點更以擊鼓爲節點以擊鐘爲節也典鐘典鼓三百五十人天文觀生九十人天文生五十人曆生五十五人漏生四十人視品十人已上官吏皆乾元元年隨監司新置

唐書志卷第二十三

左奉議郎充紹興府府學教授朱倬校正

劉昫

職官三

御史臺 秦漢曰御史府後漢改為憲臺魏晉宋改名蘭臺梁陳北朝咸曰御史臺武德因之龍朔二年改名憲臺咸亨復光宅元年分臺為左右號曰左右肅政臺左臺專知京百司右臺按察諸州神龍復為左右御史臺延和年廢右臺先天二年復置十月又廢也 大夫一員 正三品秦漢之制御史大夫副丞相為三公之官魏晉之後多不置大夫以中丞為臺主隋諱中復大夫降為正四品武德令改為從三品龍朔改為大司憲咸亨復為大夫光宅分臺置左右臺大夫及廢右臺去左右字本從三品會昌二年十二月敕大夫秦為正卿漢為副相漢末改為大司空與丞相俱為三公掌邦國刑憲肅正朝廷其任既重品秩宜峻准六尚書例昇為正三品著之於令 中丞二員 正四品下漢御史臺有二丞掌殿內秘書謂之中丞漢末改為御史長史復漢復為中丞後魏改為中尉正北齊復曰中丞後周曰司憲中大夫隋諱中改為持書侍御史為從五品武德因之貞觀末避高宗名改持書御史為中丞置二員龍朔改為司憲大夫咸亨復為中丞本正五品上會昌二年十二月敕中丞為大夫之貳緣大夫秩崇官不常置中丞為憲臺長今九寺少卿及諸少監國子司業京兆少尹並府寺省監之貳皆為四品唯中丞官重品秩未崇可昇為正四品下與丞郎出入迭用著之於令

大夫中丞之職，掌持邦國刑憲典章，以肅正朝廷。中丞為之貳。凡天下之人有稱寃而無告者，與三司訊之。凡中外百寮之事，應彈劾者，御史言於大夫。大事則方幅奏彈之，小事則署名而已。若有制使覆囚徒，則與刑部尚書參擇之。凡國有大禮，則乘輅車以為之導。

侍御史四員 從六品下 御史之名周官有之亦名柱下史秦改為侍御史後周曰司憲中士隋為侍御史品第七武德為從六品 掌糾舉百寮，推鞫獄訟。侍御史年深者一人判臺事知公廨雜事次一人知西推一人知東推也 凡有別敕推者，則按其實狀以奏。若尋常之獄，推訖斷于大理。凡事非大夫中丞所劾而合彈奏者，則具其事為狀，大夫中丞押大事，則冠法冠衣朱衣纁裳白紗中單以彈之，小事常服而已。凡三司理事，則與給事中、中書舍人更直於朝堂受表。若三司所按而非其長官，則與刑部郎中員外、大理司直評事往訊之。

主簿一人 從七品下 錄事二人 從九品下 主簿掌印及受事發辰，勾檢稽失。兼知官廚及黃卷 主事二人 令史十七人 書令史二十三人

殿中侍御史六人 從七品下 令史八人 書令史十八人 殿中侍御史掌殿廷供奉之儀式。凡冬至、元正大朝會，則具服升殿。若郊祀巡幸，則於鹵簿中糾察非違，具服從於旗門，視文物有所虧闕則糾之。凡兩京城內，則分知左右巡，各察其所巡之內有不法之事。

監察御史十員 正八品上 貞觀初馬周以布衣進用太宗令於監察御史裏行自此因置裏行之名龍朔元年以王本立為監察裏行也 監察掌分察巡按郡縣、屯田、鑄錢、嶺南選補、知太府司農出納，監決囚徒。監祭祀則閱牲牢，省器服，不敬則劾祭官。尚書省有會議，亦監其過謬。凡百官宴會習射，亦如之。

殿中省 魏初置殿中監隋煬帝改為殿內省武德改為殿中省龍朔改為中御府咸亨復為殿中省也 監一員 從三品梁初置監品第三隋品第四武德品第三也 少監二員 從四品上 丞二人 從五品上 主事二人 從九品上 令史四人 書令史十二人 亭長 掌固各八人

殿中監掌天子服御之事，總領尚食、尚藥、尚衣、尚舍、尚乘、尚輦六局之官屬，備其禮物，供其職事。少監為之貳。凡聽朝，則率其屬執繖扇以列於左右。凡大祭祀，則進大珪鎮珪於壝門之外，既事受而藏之。凡行幸，則侍奉於仗內，驂乘以從。若元正冬至大朝會，則有進爵之禮。丞掌副監事，兼句檢稽失。省署抄目。主事掌印及知受事發辰。

尚食局奉御二人 正五品下 隋初為典御又改為奉御 直長五人 正七品上 食醫八人 正九品下 奉御掌謹其儲供，辨名數。直長為之貳。若進御，必辨其時禁：春肝夏心秋肺冬腎，四季之月脾，王皆不可食。當進，必先嘗。正至大朝會饗宴，與光祿大夫視其品秩之差。其賜王公賓客亦如之。諸陵月享，則視膳而獻之。食醫掌率主食王膳，以供其職。

尚藥局奉御二人 正五品下 直長四人 正七品上 書吏四人 侍御醫四人 從六品上 主藥十二人 藥童三十人 司醫四人 正八品下 醫佐八人 正八品下 按摩師四人 呪禁師四人 合口脂匠四人 掌固四人 奉御掌合和御藥及診候方脈之事。直長為之貳。凡藥有上中下三品，上藥為君，中藥為臣，下臣為佐。合造之法，一君三臣九佐，別人五藏，分其五味，有陽丸膏散之用。診脈有寸關尺之三部。醫之大經，凡合和與監視其分劑，藥成，嘗而進焉。侍御醫掌診候調和。主藥藥童主刮削擣篩。

尚衣局奉御二人 從五品上 直長四人 正七品下 書令史三人 書吏四人 主衣十六人 掌固四人 奉御掌衣服，辨其制度，辨其名數。直長為之

貳凡天子之服冕十有三一大裘冕二衮冕三鷩冕四毳冕五絺
冕六玄冕七通天冠八武弁九弁服十介幘十一白紗帽十二平紗
幘十三翼善冠事具輿服志也凡天子之大珪曰珽長尺鎮珪長尺有二寸
若有事於郊丘社稷則出之於內將享至于中壝門則奉鎮珪于
監而進之既事受而藏之凡大朝會則設案服畢而徹之
尚舍局奉御二人從五品上直長六人正七品下書令史三人書吏七人掌固
十人幕士八千人奉御掌殿廷張設湯沐燈燭灑掃之事直長
爲之貳凡行幸預設三部帳幕有古帳大帳次帳小次帳小帳凡五等之帳爲三部其外置排
城以爲蔽扞排城連版爲之以上畫辟邪猛獸凡大祭祀有事於郊壇則先設
行宮於壇之東南向隨地之宜將祀三日則設大次於外壝東門
之外道北南向而設之若有事於明堂太廟則設大次於東門外
郊壇之制凡致齋則設幄於正殿西序及室內俱東向張於楹下
凡元正冬至大朝會則設斧扆於正殿施蹋席熏鑪朝堂設文武[illegible]帳正殿帳幄頂帳方一丈四尺也
尚乘局奉御二人從五品上直長十人正七品下奉乘十八人正九品下習馭五百人

掌閑五千人獸醫七十人進馬六人正七品下司廩一人正九品下司庫二人正九
品下書令史一人書吏十四人奉御掌內外閑廄之馬辨其麤良
而率其習馭直長爲之貳一曰左右飛黃閑二曰左右吉良閑三曰左右龍媒閑四曰左右騊駼閑五曰左右駃騠閑六曰左右天苑閑開元時以內六閑曰飛龍祥麟鳳苑鵷鸞吉良六羣等號六廄馬凡秣馬給料以時爲差凡外牧
進良馬印以三花飛鳳之字而爲志奉乘掌率習馭掌閑駕士及
秣飼之法司庫掌鞍轡乘具司廩掌稿秸出納獸醫掌療馬病
初武德尚乘局掌六閑馬後置內外閑廄使專掌御馬開元初以尚乘局隸閑廄使乃省尚乘其左右六閑及局官並隸閑廄使而廢之也進馬六人
正七品下舊儀每日尚乘以廄馬八疋分爲左右廂立於正殿側宮門外候仗下即散若大陳設即馬在樂懸之北與大象相次進馬二人戎服執鞭侍立於馬之左隨馬
進退隸名於殿中其式[illegible]用[illegible]閑擇一如千牛備身天寶八載李林甫用事罷立仗馬亦省進馬官十二載楊國忠當政復立仗馬及進馬官乾元後當上元復置也
尚輦局奉御二人從五品下直長四人正七品下尚輦二人正九品下書令史二人書
吏四人掌扇六人掌翰二十四人主輦三十二人奉輿十二人掌固
四人奉御掌輿輦繖扇分其次序而辨其名數直長爲之貳凡大朝
會則陳于廷大祭祀則陳于廟凡大朝會則繖二翰一陳之于廷孔雀
扇一百五十有六分居左右舊翟尾扇開元初改爲繡孔雀若常朝則去扇左右各留其三以

備常儀
內官妃三人正一品周官三夫人之位也隋依周制立三夫人武德中立四妃一貴妃二淑妃三德妃四賢妃開元中玄宗以爲后妃四星其一
正后不宜更有四妃乃改定三妃之位惠妃一麗妃二華妃三下有六儀美人才人四等共二十人以備內官之位也三妃佐后坐
而論婦禮者也其於內則無所不統故不以一務名焉六儀六人
正二品周官九嬪之位也掌教九御四德率其屬以贊導后之禮儀美人四人
正三品周官二十七世婦之位也掌率女官脩祭祀賓客之事才人七人正四品周官八十一御女之位也
掌敘宴寢理絲枲以歲獻功
宮官六尚如六尚書之職掌
尚宮二人正五品司記二人正六品典記二人正七品掌記二人正八品女史六人
司言二人正六品典言二人正七品掌言二人正八品女史四人司簿二人正六品
典簿二人正七品掌簿二人正八品女史六人司闈六人正六品典闈六人正七
品掌闈六人正八品女史四人尚宮職掌導引中宮總司記司言司
簿司闈四司之官屬凡六尚書物出納文簿皆印署之司記掌印
凡宮內諸司簿書出入錄目審而付行焉典記佐之女史掌執文

書司言掌宣傳啓奏司簿掌宮人名簿廩賜司闈掌宮闈管鑰
尚儀二人正五品司籍二人正六品典籍二人正七品掌籍二人正八品女史十人
司樂四人正六品典樂四人正七品掌樂四人正八品女史二人司贊二人正六
品典贊二人正七品掌贊二人正八品女史二人尚儀之職掌禮儀起居
總司籍司樂司賓司贊四司之官屬司籍掌四部經籍筆札几案
司樂掌率樂人習樂陳懸拊擊進退司賓掌賓客朝見宴會賞
賜司贊掌朝見宴會贊相
尚服二人正五品司寶二人正六品典寶二人正七品掌寶二人正八品女史四人
司衣二人正六品典衣二人正七品掌衣二人正八品女史四人司飾二人正六
品典飾二人正七品掌飾二人正八品女史四人司仗二人正六品典仗二人正七
品掌仗二人正八品女史二人尚服之職掌供內服用采章之數總司
寶司衣司飾司仗四司之官屬司寶掌瑞寶符契圖籍司衣掌
衣服首飾司飾掌湯沐巾櫛司仗掌羽儀仗衛
尚食二人正五品司膳四人正六品典膳四人正七品掌膳四人正八品掌醞二人

正八品女史四人司醞二人正七品典醞二人正七品女史二人司藥二人正六品典藥二人正七品掌藥二人正八品女史四人司饎二人正六品典饎二人正八品掌饎二人正八品女史四人　尚食之職掌供膳羞品齊之數總司膳司醞司藥司饎四司之官屬凡進食先嘗之司膳掌制烹煎和司醞掌酒醴酏飲司藥掌方藥司饎掌給宮人廩餼飯食薪炭

尚寢二人正五品司設二人正六品典設二人正七品掌設二人正八品掌輿二人正八品女史四人司輿二人正六品典輿二人正七品女史一人司苑二人正六品典苑二人正七品掌苑二人正八品女史二人司燈二人正六品典燈二人正七品掌燈二人正八品女史二人　尚寢之職掌燕寢進御之次序總司設司輿司苑司燈四司之官屬司設掌幃帳茵席埽灑張設司輿掌輿輦繖扇羽儀司苑掌園苑種植蔬果司燈掌燈燭

尚功二人正五品司制二人正六品典制二人正七品掌制二人正八品女史二人司珍二人正六品典珍二人正七品掌珍二人正八品女史六人司綵二人正六品典綵二人正七品掌綵二人正八品女史二人司計二人正六品典計二人正七品掌計

二人正八品女史二人　尚功之職掌女功之程課總司制司珍司綵司計四司之官屬司制掌衣服裁縫司珍掌寶貨司綵掌繒錦絲枲之事司計掌支度衣服飲食薪炭

宮正一人正五品司正二人正六品典正二人正七品女史四人　宮正之職掌戒令糺禁謫罰之事司正典正佐之　右唐制定宮官六尚書二十四司職事官以備內職之數

內侍省星經有宦者四星在天市垣帝坐之西周官有巷伯寺人之職皆內官也前漢宮官多用士人後漢始用宦者爲宮官晉置大長秋爲後宮官以宦者爲之隋爲內侍省煬帝改爲長秋監武德復爲內侍龍朔改爲內侍監光宅改爲司宮臺神龍復爲內侍省也　內侍二員從四品上漢稱曰長秋御梁曰大長秋北齊曰中侍中後周曰司內上士隋曰內侍置二人煬帝曰長秋令正四品武德復爲中侍中官之貴極于此矣若有殊勳懋績則有拜大將軍者仍兼內侍之官德宗置左右神策威遠等禁兵命中官掌之尊軍置中尉一人宦者爲之自李輔國魚朝恩之後京師兵柄歸於內官號左右軍中尉將兵於外者謂之觀軍容使而天下軍鎮節度使皆內官一人監之事具宦者傳也　內常侍六人正五品下漢代謂之中常侍　內侍之職掌在內侍奉出入宮掖宣傳之事總掖廷宮闈奚官內僕內府五局之官屬內常侍爲之貳凡皇后祭先蠶則相儀后出則爲之夾引

內給事八人從五品下主事二人從九品下令史八人書令史十六人　內給事掌判省事凡元正冬至羣臣朝賀中宮則出入宣傳凡宮人衣服費用則具其品秩計其多少春秋二時宣送中書

內謁者監六人正六品下內謁者十二人從八品下內寺伯二人正七品下　內謁者監掌內宣傳凡諸親命婦朝會所司籍其人數送內侍省內謁者掌諸親命婦朝集班位內寺伯掌糺察諸不法之事歲大儺則監其出入

掖廷局令貳人從七品下丞三人從八品下宮教博士二人從九品下監作四人從九品下令史四人計史二人　書令史八人掖廷令掌宮禁女工之事凡宮人名籍司其除附公桑養蠶會其課業丞掌判局事博士掌教習宮人書算衆藝監作掌監當雜作

宮闈局令二人從七品下丞二人從八品書令史三人書吏六人內閽人二十人內掌扇十六人內給使無常員宮闈局令掌侍奉宮闈出入管鑰凡大享太廟帥其屬詣于室出皇后神主置於輿而登座焉既事納之凡宮人無官品者稱內給使若有官及經解免應敘選者得令長上其小給使學生五十人皆總其名籍以給其糧廩丞掌判

局事內給事掌諸門進物出納之曆

奚官局令二人正八品下丞二人正九品下書令史三人書吏六人藥童四人掌奚官令掌奚隸工役宮官品命丞爲之貳凡宮人有疾病則供其醫藥死亡則供其衣服各視其品命仍於隨近寺觀爲之修福雖無品亦如之凡內命婦五品已上亡無親戚於墓側三年內取同姓中男一人以時主祭無同姓則所司春秋以少牢祭之

內僕局令二人正八品下丞二人正九品下書令史二人書吏四人駕士二百人內僕令掌中宮車乘出入導引丞爲之貳凡中宮有出入則令居左丞居右而夾引之凡皇后之車有六事在輿服志

內府局令二人正八品下丞二人正九品下書令史二人書吏四人　內府令掌中藏寶貨給納名數丞爲之貳凡朝會五品已上賜絹帛金銀器於殿廷者並供之諸將有功并蕃酋辭還亦如之

太常寺古曰秩宗秦曰奉常漢高改爲太常梁加寺字後代因之　卿一員正三品古曰太常奉常梁加寺字置十二卿太常卿爲一周隋品第三龍朔二年改爲奉常光宅改爲司禮卿神龍復爲太常卿也　少卿二人正四品上隋置少卿二人從四品武德置一人貞觀加置一員

太常卿之職掌邦國禮樂郊廟社稷之事以八署分而理之一曰郊社二曰太廟三曰諸陵四曰太樂五曰鼓吹六曰太醫七曰太卜八曰廩犧揔其官屬行其政令少卿爲之貳凡國有大禮則贊相禮儀有司攝事則爲之亞獻率太樂官屬宿設樂縣以供其事讌會亦如之若三公行園陵則爲之副公服乘輅備鹵簿而奉其禮若大祭祀則先省牲器凡太卜占國之大事及祭祀卜日皆往涖之於太廟南門之外凡仲春薦冰及四時品物甘滋新成者皆薦焉凡有事於宗廟少卿帥太祝齋郎入薦香燈整拂神幄出入神主將享則與良醞令實尊罍凡備大享之器服有四院一曰天府院二曰御衣院三曰樂懸院四曰神廚院也

丞二人從五品上主簿二人從七品上錄事二人從九品下府十二人史二十三人博士四人從七品上謁者十人贊引二十人太祝六人正九品上祝史六人奉禮二人從九品上贊者十六人協律郎二人正八品上亭長八人掌固十二人太廟齋郎京都各一百三十人太廟門僕京都各三十人　丞掌判寺事凡大饗太廟則修七祀於太廟西門之內若禘享則兼修配享功臣之

禮主簿掌印勾檢稽失省署抄目錄事掌受事發辰博士掌五禮之儀式本先王之法制適變隨時而損益焉凡大祭祀及有大禮則與卿導贊其儀凡公已下擬謚皆迹其功行爲之褒貶無爵稱子養德丘園聲實明著則謚曰先生大行大名小行小名之古有周書謚法大戴禮謚法漢劉熙謚法一卷晉張靖謚法兩卷又有廣謚法一卷梁沈約揔聚古今謚法凡有一百六十五稱也　若大祭祀卿省牲器謁者爲之導若小祀及公卿大夫有嘉禮亦命謁者以贊之太祝掌出納神主于太廟之九室而奉享薦禘祫之儀凡國有大祭祀凡郊廟之祝版先進取署乃送祠所將事則跪讀祝文以信于神禮成而焚之凡大祭祀卿省牲而告充凡祭天及日月星辰之玉帛則焚之祭地及社稷山岳則瘞之海瀆則沉之奉禮郎掌朝會祭祀君臣之版位凡樽彝之制十有四祭則陳之祭器之位簠簋爲前甑鉶次之籩豆爲後大凡祭祀朝會在位者拜跪之節皆贊導之贊者承傳焉又設牲牓之位以成省牲之儀凡春秋二仲公卿巡陵則主其威儀鼓吹之節而相禮焉協律郎掌和六呂六律辨四時之氣八風五音之節凡太樂則監試之爲之課限若大祭祀饗宴奏于廷則升堂執麾以爲之節制舉麾工鼓柷而後樂作偃麾戞敔而後止

兩京郊社署令各一人從七品下丞一人從八品上府二人史四人典事三人掌固五人門僕八人齋郎一百一十人　郊社令掌五郊社稷明堂之位祠祀祈禱之祀丞爲之貳凡大祭祀則設神坐於壇上而別其位立燎壇而先積柴凡有合朔之變則置五兵於太社以朱絲縈之以俟變過時而罷之

諸陵署令一人從五品上錄事一人府二人史四人主衣四人主輦四人主藥四人典事三人掌固二人陵戶乾橋昭四百人獻定恭三百人陵令掌先帝山陵率戶守衛之丞爲之貳凡朔望元正冬至皆修享於諸陵凡功臣密戚陪葬者聽之以文武分爲左右列諸太子陵令各一人從八品下丞一人從九品下

太樂署令一人從七品下丞一人從八品下府三人史六人樂正八人從九品下典事八

人掌固八人文武二舞郎一百四十人　太樂令調合鍾律以供邦國之祭祀享宴丞爲之貳凡天子宮縣鍾磬凡三十六簴鎛鍾十二編鍾十二編磬十二共爲三十六架東方西方磬簴起北鍾簴次之南方北方磬簴起西鍾簴次之鎛鍾在編鍾之間各依位四隅建鼓左柷右敔又設笙竽笛簫篪塤繫于編鍾之下偶歌琴瑟箏筑繫于編磬之下其在殿庭前則加鼓吹十二案於建鼓之外羽葆之鼓大鼓金錞歌簫笳置於其上又設登歌鍾磬節鼓琴瑟箏筑於堂上笙和簫篪塤於堂下太子之廷陳軒縣去其南面鎛鍾編鍾編磬各三凡九簴設于辰丑申之位三建鼓亦如之凡宮縣之作則奏文武舞事在音樂志也　凡大宴會則設十部伎凡大祭祀朝會用樂辨其曲度章服而分始終之次有事於太廟每室酌獻各用舞事具音樂志　凡祀昊天上帝及五方大明夜明之樂皆六成祭皇地祇神州社稷之樂皆八成享宗廟之樂皆九成其餘祭祀三成而已五音有成數觀其數而用之也　凡習樂立師以教每歲考其師之課業爲上中下三等申禮部十年大校之量優劣而黜陟焉凡樂人及音聲人應教習皆著簿籍覈其名數分番上下

鼓吹署令一人從七品下丞三人從八品下府三人史六人樂正四人從九品下典事四人掌固四人　鼓吹令掌鼓吹施用調習之節以備鹵簿之儀丞爲之貳凡大駕行幸鹵簿則分前後二部以統之法駕則三分減一小駕

則減大駕之半皇太后皇后出則如小駕之例皇太子鼓吹亦有前後二部親王已下各有差凡駕行幸有夜警晨嚴之制大駕夜警十二曲晨嚴三通太子諸王公卿已下警嚴有差凡合朔之變則率工人設五鼓於太社大儺則帥鼓角以助侲子唱之

太醫署令二人從七品下丞二人從八品下府二人史四人主藥八人藥童二十四人醫監四人從八品下醫正八人從九品下藥園師二人藥園生八人掌固四人

太醫令掌醫療之法丞為之貳其屬有四曰醫師針師按摩師禁呪師皆有博士以教之其考試登用如國子之法凡醫師醫正醫工療人疾病以其全多少而書之以為考課藥園師以時種蒔收采諸藥

醫博士一人正八品上助教一人從九品下醫師二十人醫工一百人醫生四十人典藥二人 博士掌以醫術教授諸生醫術謂習本草甲乙脈經分而為業一曰體療二曰瘡腫三曰少小四曰耳目口齒五曰角法也

針博士一人從八品下針助教一人從九品下針師十人針工二十人針生二十人 針博士掌教針生以經脈孔穴使識浮沉澀滑之候又以九針為補瀉之法其針名有九應病用之也

按摩博士一人從九品下按摩師四人按摩工十六人按摩生十五人

按摩博士掌教按摩生消息導引之法

呪禁博士一人從九品下呪禁師二人呪禁工八人呪禁生十人 呪禁博士掌教呪禁生以呪禁除邪魅之為厲者

太卜署令一人從八品下丞一人正九品下卜正二人從九品下卜博士二人從九品下 太卜令掌卜筮之法丞為之貳其法有四一曰龜二曰兆三曰易四曰式 皆辨其象數通其消息所以定吉凶焉凡國有祭祀則率卜正占者卜日於太廟南門之外歲季冬之晦帥侲子入宮中堂贈大儺贈送也[illegible]中鄭假子以逆不祥也

廩犧署令一人從九品上丞一人正九品 廩犧令掌薦犧牲及粢盛之事丞為之貳凡三祀之牲牢各有名數大祭祀則與太祝以牲就膳位太常卿省牲則北面告牲膳乃牽牲以授太官

汾祠署令一人從七品下丞一人從八品上 汾祠令丞掌神祀享祭灑掃之制

兩京齊太公廟署令各一人從七品下丞各一人從八品上 令丞掌開闔灑掃及春秋仲釋奠之禮

光祿寺秦曰郎中令漢曰光祿勳掌宮殿門戶梁置十二卿加寺字官加卿字光祿卿掌膳食後因之品第三龍朔改為司膳寺正卿光宅改為司膳寺神龍復為光祿寺也 卿一員從三品少卿二人從四品上 卿少卿之職掌邦國酒醴膳羞之事總太官珍羞良醞掌醢四署之官屬脩其儲備謹其出納少卿為之貳凡國有大祭祀則省牲鑊視濯溉若三公攝祭則為之終獻朝會宴享則節其等差量其豐約以供焉

丞二人從六品上主簿二人從七品上錄事二人從九品上府十一人史二十一人亭長六人掌固六人 丞掌判寺事主簿掌印勾檢稽失錄事掌受事發辰

太官署令二人從七品下丞四人從八品下府四人史八人監膳十人從九品下主膳十五人供膳二千四百人掌固四人 太官令掌供膳食之事丞為之貳凡祭之日與卿詣廚省牲鑊取明水於陰鑑取明火於陽燧帥宰人以鸞刀割牲取其毛血實之於豆遂烹牲焉又帥進饌者實簠簋設於饌幕之內凡朝會宴享九品已上並供其膳食凡供奉祭祀致齋之官則視其品秩為之差降國子監釋奠百官觀禮亦如之凡宿衛當上及命婦朝參宴會者亦如之

珍羞署令一人正八品下丞二人正九品下府三人史六人典書八人餳匠五人掌固四人 令掌庶羞之事丞為之貳以實籩豆陸產之品曰榛栗脯脩水物之類曰魚鹽菱芡辨其名數會其出入以供祭祀朝會賓客之禮也

良醞署令二人正八品下丞二人正九品下府三人史六人監事二人從九品下掌醞三十人酒匠十三人奉觶一百二十人掌固四人 令掌供奉邦國祭祀五齊三酒之事丞為之貳五齊三酒義見周官郊祀之日帥其屬以實罇罍若享太廟供其鬱鬯之酒以實六彝若應進者則供春暴秋清酴醾桑落等酒

掌醢署令一人正八品下丞二人正九品下府二人史四人主醢十人 令掌供醯醢之屬而辨其名物丞為之貳凡醢鹿兔羊魚等四醢 凡祭神祇享宗廟用菹醢以實豆實賓客會百官醢醬以和羹

衛尉寺秦置衛尉掌宮門衛屯兵晉有公車司馬衛士旅賁三令丞梁置十二卿衛尉加寺字官加卿字龍朔改爲司衛寺咸亨復故 卿一員

從三品古曰衛尉梁加卿字隋品第三龍朔改爲司衛正卿咸亨復爲衛尉卿也少卿二人從四品上　卿之職掌邦國器
械文物之事揔武庫武器守宮三署之官屬少卿爲之貳凡天下
兵器入京師者皆籍其名數而藏之凡大祭祀大朝會則供其羽
儀節鉞金鼓帷帟茵席之屬
丞二人從六品上主簿二人從七品上録事一人從九品上府六人史十一人亭長四人掌
固六人　丞掌判寺事辨器械出納之數主簿掌印勾檢稽失録
事掌受事發辰
武庫令兩京各一人從六品下丞二人從八品下府二人史六人監事一人正九品上典事二人
掌固五人　令掌藏邦國之兵仗器械辨其名數以備國用丞爲
之貳凡親征及大田巡狩以羝羊猳猪雄雞釁鼓若太子親征及大
將出師則用猳豭凡有赦則先建金雞兼置鼓於宮城門之右視
大理及府縣囚徒至則撾其鼓
武器署令一人正八品下丞二人從九品下府二人史六人監事一人從九品下典事二人
掌固四人　令掌在外戎器辨其名物會其出入丞爲之貳凡大祭
祀大朝會及巡幸則納於武庫供其鹵簿若王公百官婚葬之禮
應給鹵簿亦供之
守宮署令一人正八品下丞二人正九品下府二人史四人監事二人掌設六人幕
一千六百人　令掌邦國供帳之屬辨其名物會其出入丞爲之貳
凡大祭祀大朝會及巡幸則設王公百官位於正殿南門外
宗正寺星經有宗正星在帝座之東南秦置宗正掌宗屬籍梁天監置十二卿宗正爲一署加寺字隋品第二光宅改爲司屬神龍復之也　卿一
員從三品少卿二員從四品上丞二人從六品上主簿一人從七品上録事一人從九品上府五人
史九人亭長四人掌固四人　卿之職掌九族六親之屬籍以別昭
穆之序并領崇玄署少卿爲之貳九廟之子孫繼統爲宗餘曰族凡
大祭祀及冊命朝會之禮皇親諸親應陪位預會者則爲之簿書
以申司封若皇親爲三公子孫應襲封者亦如之丞掌判寺事主
簿掌印及勾檢稽失録事掌受事發辰
崇玄署令一人正八品下丞一人正九品下府二人史三人典事六人掌固二人
令掌京都諸觀之名數道士之帳籍與其齋醮之事丞爲之貳

十九　唐志二十四　十　王現

太僕寺太僕古官梁置十二卿署加寺字後因之龍朔改爲司馭寺光宅爲司僕寺神龍復之　卿一員從三品古有太僕正即其名也
從錄正字隋名太僕梁始爲列卿隋品第三龍朔爲司馭正卿光宅曰司僕卿神龍復也少卿二人從四品上　卿之職掌邦
國廄牧車輿之政令揔乘黃典廄典牧車府四署及諸監牧之官屬少
卿爲之貳凡國有大禮及大駕行幸則供其五輅屬車之屬凡監
牧羊馬所通籍帳每歲則受而會之以上尚書駕部以議其官吏
之考課凡四仲之月祭馬祖馬步先牧馬社
丞四人從六品上主簿二人從七品上録事二人從九品上府十七人史三十四人獸醫
六百人獸醫博士四人學生一百人亭長四人掌固六人　丞掌判
寺事主簿掌印勾檢稽失省署抄目録事掌受事發辰
乘黃署令一人從七品下丞一人從八品下府一人史二人典事八人駕士一百四十
人羊車小史十四人掌固六人　令掌天子車輅辨其名數與馴
馭之法丞爲之貳凡乘輿五輅事具輿服志也五輅皆有副車又有十二車
一指南車二記里鼓車三白鷺車四鸞旗車五辟惡車六皮軒車七耕根車八安車九四望車十羊車十一黃鉞車十二豹尾車其車飾見輿服志也屬車十有二
古者屬車八十一乘皇朝置十二乘也乘輿有大駕法駕小駕車服各有名數之差若
有大禮則以所御之輅進內既事則受而藏之凡將有事先期四
十日尚乘供馬如輅色率駕士預調習指南等十二車
典廄署令二人從八品下丞四人從九品下府二人史六人主乘六人正九品下典事八人
執馭一百人駕士八百人掌固六人　令掌繫飼馬牛給養雜畜
事丞爲之貳
典牧署令二人正八品下丞四人正九品下府四人史八人監事八人典事十六人從九品下主酪五十人　令掌牧雜畜造酥酪脯臘給納之事丞爲之貳凡
羣牧所送羊犢皆受之而供廩犧尚食之用諸司合供者亦如之
車府署令一人正八品下丞一人正九品下府一人史二人典事四人掌固六人
令掌王公已下車輅辨其名數及馴馭之法丞爲之貳凡公已下
四輅車一象輅二革輅三木輅四軺輅視其品秩而給之兼給馭士也
上牧監一人從五品下牧監皆皇朝置也副監二人正六品下丞二人正八品上主簿一人正八品下録
事一人府三人史六人典事八人掌固四人
中牧監一人正六品下副監一人從六品下丞一人從八品下主簿一人從九品下録事一人府

十九　唐志二十四　十二　朱明

二人史四人典事四人掌固四人

下牧監一人從六品下副監一人正七品下丞一人正九品下主簿一人從九品下 諸牧監掌羣牧孳課之事凡馬五千疋爲上監三千疋已上爲中監一千疋已上爲下監凡馬之羣有牧長尉凡馬有左右監以別其麤良以數紀名著之簿籍細馬稱左麤馬稱右凡諸羣牧立南北東西四使以分統之其馬皆印每年終監牧使巡按孳數以功過相除爲之考課

沙苑監一人從六品下副監一人正七品下丞一人正九品下主簿一人從九品下錄事一人府三人史六人典事四人掌固二人 沙苑監掌牧養隴右諸牧牛羊以供其宴會祭祀及尚食所用每歲與典牧分月以供之丞爲之貳若百司應供者則四時皆供凡羊毛及雜畜毛皮角皆具數申有司

大理寺古謂掌刑爲士又曰理漢景帝加大字取天官貴人之牢曰大理之義後漢後改爲廷尉魏復爲大理南朝又名廷尉梁改名秋卿北齊隋爲大理加寺字龍朔改爲詳刑寺光宅元年改爲司刑神龍復故 卿一員從三品古或名大理或名廷尉北齊加寺字隋品第三龍朔爲詳刑正卿光宅爲司刑卿神龍復爲大理卿 少卿二員從四品上 卿之職掌邦國折獄詳刑之事少卿爲之貳凡犯至流死皆詳而質之以申刑部仍於中書門下詳覆

凡吏曹補署法官則刑部尚書侍郎議其人可否然後注擬

正二人從五品下丞六人從六品上主簿二人從七品上府二十八人史五十六人 正掌參議刑辟詳正科條之事凡六丞斷罪不當則以法正之丞掌分判寺事主簿掌印省署抄目勾檢稽失錄事掌受事發辰獄丞四人掌率獄吏檢校囚徒及枷杖之事獄史六人亭長四人掌固八人問事一百四十八人 司直六人從六品上 評事十二人從八品下 掌出使推覈評事史十四人 其刑法并目巳載於刑部

鴻臚寺周曰大行人秦曰典客景帝曰大行武帝曰大鴻臚梁置十二卿鴻臚爲冬卿去大字置爲寺後周曰賓部隋曰鴻臚寺龍朔改爲同文寺光宅曰司賓寺神龍復也 卿一員從三品周曰大行人中大夫秦曰典客漢曰大鴻臚梁加卿字後周曰賓部中大夫隋官從三品龍朔爲同文正卿光宅曰司賓 少卿二人從四品上 卿之職掌賓客及凶儀之事領典客司儀二署以率其官屬供其職務少卿爲之貳凡四方夷狄君長朝見者辨其等位以賓待之凡二王後及夷狄君長之子襲官爵者皆辨其嫡庶詳其可否若諸蕃人酋渠有封禮命則受冊而往其國凡天下寺觀三綱及京都大德皆取其道德高妙爲衆所推者補充申尚書祠部皇帝太子爲五服之親及大臣發哀臨弔則贊相焉凡詔葬大臣一品則卿護其喪事二品則少卿三品丞一人往皆命司儀以示禮制

丞二人從六品上主簿一人從七品上錄事二人從九品上府五人史十一人亭長四人掌固六人 丞掌判寺事主簿掌印勾檢稽失錄事掌受事發辰

典客署令一人從七品下丞二人從八品下掌客十五人正九品上典客十三人府四人史八人賓僕十八人掌固二人 典客令掌二王後之版籍及四夷歸化在蕃者之名數丞爲之貳凡朝貢宴享送迎皆預焉辨其等位而供其職事凡酋渠首領朝見者皆館供之如疾病死喪量事給之還蕃則佐其辭謝之節

司儀署令一人正八品下丞一人正九品下司儀六人府二人史四人掌設十八人齋郎三十三人掌固四人幕士六十人 司儀令掌凶禮之儀式及喪葬之具丞爲之貳凡京官職事三品已上散官二品已上京官四品已上如遭喪薨卒量品贈祭葬皆供給之

司農寺漢初治粟內史景帝改爲大農武帝加司字梁置十二卿以署爲卿寺以官爲卿隋司農卿從三品龍朔二年改爲司稼咸亨復也 卿一員從三品 少卿二員從四品上 卿之職掌邦國倉儲委積之事總上林太倉鉤盾導官四署與諸監之官屬謹其出納少卿爲之貳凡京百司官吏祿給及常料皆仰給之孟春籍田祭先農則進耒耜季冬藏冰仲春頒冰皆祭司寒 丞六人從六品上主簿二人從七品上錄事二人從九品上府二十八人史七十六人計史三人亭長九人掌固七人 丞掌判寺事凡天下租及折造轉運于京都皆閱而納之以供國用以祿百官主簿掌印署抄目勾檢稽失凡置木契二十隻應須出納與署合之

上林署令二人從七品下丞四人從八品下府七人史十四人監事十九人典事二十四人掌固五人 令掌苑囿園池之事丞爲之貳凡植果樹蔬以供朝會祭祀其尚食所進及諸司常料季冬藏冰皆主之

太倉署令三人從七品下丞二人從八品下府十人史二十人監事十人從九品下 令掌九穀廩藏丞爲之貳凡鑿窖置屋皆銘甎爲庾斛之數與其年月日受領粟官吏姓名又立牌如其銘

鉤盾署令二人正八品上丞四人正九品上府七人史十四人監事十人從九品下典
事十九人掌固五人　令掌供邦國薪芻之事丞爲之貳凡祭祀
朝會賓客享宴隨差降給之
導官署令二人正八品上丞四人正九品上府八人史十六人監事十人從九品上　令掌
導擇米麥之事丞爲之貳凡九穀之用隨其精粗差其耗損而供之
太原永豐龍門諸倉每倉監一人正九品下丞二人從八品上錄事一人典事六
人府二人史四人掌固四人　倉監掌倉窖儲積之事丞爲之貳凡
出納帳紙歲終上于寺司
司竹監監一人正七品下副監一人正八品下丞二人從八品上錄事一人府二人史四
人典事三十人掌固四人　司竹監掌植養園竹副監爲之貳歲終
以竹功之多少爲考課
溫泉監泉在京兆府昭應縣之西監一人正七品下丞二人從八品上錄事一人府二人史二人
掌固四人　溫泉監掌湯池宮禁之事丞爲之貳凡王公已下至
于庶人湯泉館有差別其貴賤而禁其踰越凡近湯之地潤澤所

及瓜菓之屬先時而熟者必苞匭而進之以薦陵廟
京都苑揔監監各一人從五品下副監一人從六品下丞二人從七品下主簿一人從九品上
錄事各三人府八人史十六人亭長四人掌固六人　苑揔監掌宮
苑內館園池之事副監爲之貳凡禽魚菓木皆揔而司之凡給揔
監及苑面官屬人畜出入皆爲差降之數
京都苑四面監監各一人從六品下副監一人從七品下丞二人正八品下錄事一人府
三人史三人典事六人掌固四人　四面監掌所管面苑內宮館園
池與其種植脩葺之事副監爲之貳丞掌判監事
諸屯監一人從七品下丞二人從八品下　諸屯監各掌其屯稼穡丞爲之貳凡
每年定課有差
九成宮揔監監一人從五品下副監一人從六品下丞一人從七品下主簿一人從九品下錄事一
人府三人史五人　宮監掌檢校宮樹供進鍊餌之事副監爲之貳
太府寺周官有太府下士[illegible]秦漢已後財賦屬司農少府梁始置太府卿掌帑藏龍朔[illegible]改爲外府光宅改爲司府神龍復爲太府寺也卿一
員從三品梁置後周曰太府中大夫隋爲太府卿品第三龍朔改爲外府正卿光宅爲司府卿神龍復也少卿二員從四品上卿掌

邦國財貨揔京師四市平準左右藏常平八署之官屬舉其綱目
修其職務少卿爲之貳以二法平物一曰度量二曰權衡凡四方之貢賦百官之
俸秩謹其出納而爲之節制焉凡祭祀則供其幣　丞四人從六品上主
簿二人從七品上錄事二人從九品上府十五人史五十人計史四人亭長七人掌固
七人　丞掌判寺事凡正至大朝所貢方物應陳於殿廷者受而進之
兩京諸市署京師有東西兩市東都有南北兩市令一人從六品上丞各二人正八品上錄事一人府三人
史七人典事三人掌固一人　京都市令掌百族交易之事丞爲之貳
凡建標立候陳肆辯物以二物平市謂秤以格斗以槩以三賈均市賈有上中下之差
平準署令二人從七品下丞四人從八品下錄事一人府六人史十三人監事二人從九
品下典事二人價人十人掌固十人　平準令掌供官市易之事丞爲
之貳凡百司不任用之物則以時出貨其沒官物亦如之
左藏署左右藏令晉始有之後代因之皇家左藏有東庫西庫朝堂庫又有東都庫各本與太府主簿合也令三人從七品下
丞五人從八品下府九人史十八人監事九人從九品下典事一人掌固八人
左藏令掌邦國庫藏丞爲之貳凡天下賦調先於輸場簡其合

尺度斤兩者卿及御史監閱然後納于庫藏皆題以州縣年月所
以別粗良辨新舊凡出給先勘木契然後錄其名數請人姓名署印
送監門乃聽出若外給者以墨印印之凡藏院之內禁人燃火及無故
入院者晝則外四面常持仗爲之防守夜則擊柝而分更以巡警之
右藏署令二人正八品上丞三人正九品上府五人史十人監事四人從九品下典事七
人掌固十人　右藏令掌國寶貨丞爲之貳凡四方所獻金玉
珠貝玩好之物皆藏之出納禁令如左藏
常平署漢宣帝時始置常平倉以平歲之凶穰後漢改爲常滿倉晉曰常平後魏曰即閣倉隋於衞州置黎陽倉洛州置河陽倉陝州置常平倉
華州置廣通倉轉相委輸漕關東之粟以給京師國家垂拱初兩京置常平署天下州府亦置之令一人從七品下丞二人從八品下府四
人史八人監事五人從九品下典事五人掌固六人　常平令掌倉儲之事
丞爲之貳也
國子監國子之義見周官晉武始立國子學北齊曰國子寺隋初曰學後改爲寺大業三年改爲監龍朔曰大司成光宅曰成均神龍復爲國子監也
祭酒一員從三品周官曰師氏保氏漢始置祭酒博士歷代因之隋祭酒品第三龍朔光宅隨曹改易司業二員從四品下隋大
業三年始置司業一人從四品官名隨曹改易祭酒司業之職掌邦國儒學訓導之政令有

六學一國子學二太學三四門四律學五書學六算學也凡春秋二分之月上丁釋奠于孔宣父祭
以太牢樂用登歌軒懸祭酒爲初獻司業爲亞獻凡教授之經以周
易尚書周禮儀禮禮記毛詩春秋左氏傳公羊傳穀梁傳各爲一經
孝經論語兼習之每歲終考其學官訓導功業之多少爲之殿最
丞一人從六品下主簿一人從七品下錄事一人從九品下府七人史十三人亭長六人
掌固八人　丞掌判監事凡六學生每歲有業成上于監者以其
業與祭酒司業試所習業上尚書禮部
國子博士二人正五品上助教二人從六品上學生三百人典學四人廟幹二人
掌固四人　博士掌教文武官三品以上國公子孫二品以上曾孫
爲生者生初入置束帛一篚酒一壺脩一案每歲生有能通兩經已
上求出仕者則上于監其秀才進士者亦如之典學掌抄錄課業
廟幹掌灑掃學廟
太學博士三人正六品上助教三人從七品上學生五百人　太學博士掌教文
武五品以上及郡縣公子孫從三品曾孫之爲生者教法並如國子

四門博士三人正七品上助教三人從八品上　四門博士掌教文武七品以上
及侯伯子男子之爲生者若庶人子爲俊士生者教法如太學學生
五百人直講四人掌佐博士助教之職文成二十人通四經業成上於尚書吏部試登第者加階放選也
律學博士一人從八品下太宗置助教一人從九品上學生五十人　博士掌教文武官
八品以下及庶人子爲生者以律令爲專業格式法例亦兼習之
書學博士二人從九品下學生三十人　博士掌教文武官八品以下及
庶人之子爲生者以石經說文字林爲專業餘字書兼習之
筭學博士二人從九品下學生三十人　博士掌教文武八品以下及庶
人子爲生者二分其經以爲之業習九章海島孫子五曹張丘建
夏侯陽周髀十五人習綴術緝古十五人其紀遺三等亦兼習之學
生三十人典學二人
五經博士各一人五品下舊無五經學文科自貞元五年二月敕特置三禮開元禮科長慶二年二月始置三傳三史科後又置五經博士檢年月未獲也
廣文館博士二人正六品上天寶九載置試附監修進士業者置助教一人至德後廢也
少府監秦置少府掌山澤之稅漢掌內府珍貨梁始爲卿歷代或置或省隋大業五年始分太府置少府監龍朔改爲內府光宅改爲尚方神龍復爲

少府監　監一員從三品秦漢有少府梁始爲卿隋改爲監從三品少監從四品煬帝改爲令武德復爲監龍朔光宅隨曹改易之　少監
二員從四品下　監之職掌供百工伎巧之事總中尚左尚右尚織染
掌冶五署之官屬庀其工徒謹其繕作少監爲之貳凡天子之服
御百官之儀制展采備物皆率其屬以供之　丞四人從六品下主簿二
人從七品下錄事二人從九品上府二十七人史十七人計史三人亭長八人掌固
四人　丞掌判監事凡五署所修之物則申尚書省下所司以供給焉
中尚署令一人從六品下丞四人從八品下府九人史十八人監作四人典事四人掌
固四人　中尚令掌供郊祀之圭璧器玩之物中官服飾雕文錯綵之
制皆供之丞爲之貳其所用金玉齒革毛羽之屬任土以時而供送之
左尚署令一人正七品下丞五人從七品下監作六人從九品下典事十八人掌固四人　左
尚令掌供天子之五輅五副七輦三輿十有二車大小方圓華蓋一百
五十有六諸翟尾扇及小繖翰辨其名數而頒其制度丞爲之貳
右尚署令一人正七品下丞四人從八品下監作六人從九品下典事十三人掌固十人
右尚署令供天子十有二閑馬之鞍轡及五品三部之帳備其材革

而修其制度丞爲之貳凡刀劍斧鉞甲冑紙筆茵席履舄之物靡
不畢供其用綾絹金玉毛革等所出方土以時支送
織染署令一人正八品上丞二人正九品上監作六人從九品下典事十一人掌固五人
織染令掌供天子太子羣臣之冠冕辨其制度而供其職丞爲之貳
掌冶署令一人正八品上丞一人從九品上監作四人從九品下　掌冶令掌鎔鑄銅鐵
器物丞爲之貳凡天下出銅鐵州府聽人私採官收其稅若白鑞則
官市之其西北諸州禁人無置鐵冶及採鐵若器用所須具名移
於所由官供之
諸冶監一人正七品下丞二人從八品下錄事一人府一人史二人監作四人從九品下
典事二人掌固四人　諸冶監掌鑄銅鐵之事
北都軍器監一人正四品上少監一人正五品上丞二人正七品上主簿一人正八品上錄事一
人從九品上府十人史十八人典事四人亭長二人掌固四人　軍器監掌
繕造甲弩以時納于武庫
甲坊署令一人正八品下丞一人正九品下府二人史五人監作二人從九品下典事二人

弩坊署令一人正八品下丞一人正九品下府二人史五人監作二人從九品下典事二人
諸鑄錢監絳州三十鑪揚宣鄂蔚四州各十鑪益鄧郴三州各五鑪洋州三鑪定州一鑪也 諸鑄錢監以所在州
府都督刺史判之副監一人上佐判之丞一人判司判之監事一人
或參軍或縣尉知之錄事府史士人爲之
諸互市監各一人從六品下丞一人正八品下 諸市監掌諸蕃交易馬駝驢牛之事
將作監秦置將作掌營繕宮室歷代不改隋爲將作寺龍朔改爲繕工監光宅改爲營繕監神龍復爲將作監也 大匠一員從三品大匠之名漢景帝置梁置十二卿將作爲一卿後周曰匠師中大夫隋初爲將作寺置大匠一人又改爲監以大匠爲監煬帝改爲令武德改爲大匠龍朔光宅隨曹改易也
少匠二員從四品下 大匠掌供邦國修建土木工匠之政令揔四署三
監百工之官屬以供其職事凡兩京宮殿宗廟城郭諸臺省監
寺廨宇樓臺橋道謂之內外作皆委焉 丞四人從六品下主簿二人從七品下
錄事二人從九品下府十四人史二十八人計史三人亭長四人掌固六人
左校署令二人從八品下丞四人正九品下府六人史十二人監作十人從九品下 左校
令掌供營構梓匠凡宮室樂縣簨簴兵仗器械喪葬所須皆供之
右校署令二人從八品下丞三人正九品下府五人史十人監作十人從九品下典事十
四人 右校令掌供板築塗泥丹雘之事

中校署令一人從八品下丞三人正九品下府三人史六人監事四人從九品下典事八
人掌固二人 中校令掌供舟車兵仗廄牧雜作器用之事凡行
幸陳設供三梁竿柱閑廄供剉碓行槽祭祀供葛竹墊等
甄官署令一人從八品下丞二人正九品下府五人史十人監作四人從九品下典事十
八人 甄官令掌供琢石陶土之事凡石磬碑碣石人獸馬碾磑甎
瓦瓶缶之器喪葬明器皆供之 百工就谷庫谷斜谷太陰伊陽
等監百工監在陳倉就谷監在王屋庫谷監在鄠縣太陰監在陸渾伊陽監在伊陽皆在出材之所
監各一人從七品下丞一人正八品下府各一人史三人典事各二十一人錄事各一人
監事四人從九品下 百工等監掌採伐材木取之有時用之有節
都水監使者二人正五品上漢官有都水長屬主爵掌諸池沼後改爲使者後漢改爲河堤謁者晉復置都水臺立使者一人掌舟檝之事梁改爲太舟卿北齊亦曰都水臺隋改爲都水監大業復爲使者尋又爲監復改監爲令品第三武德復爲監貞觀改爲使者從六品龍朔改爲司津監光宅爲水衡都尉神龍復爲使者正五品上仍隸將作監 使者掌川澤津梁之政令揔舟檝河渠二
署之官屬凡虞衡之採捕渠堰陂池之壞決水田斗門灌溉皆行

其政令 丞二人從七品上主簿二人從八品下錄事一人府五人史十人掌固三人
舟檝署令一人正八品下丞二人正九品下 舟檝署令掌公私舟船運漕之事
河渠署令一人正八品下丞一人正九品上府三人史六人河堤謁者六人掌脩補
堤堰漁釣之事典事三人掌固四人長上漁師十人短番漁師一百
二十人明資漁師一百二十人 河渠令掌供川澤魚醢之事祭祀
則供魚醢諸司供給魚及冬藏者每歲支錢二十萬送都水命河
渠以時價市供之
諸津令一人正九品上丞一人從九品下 津令各掌其津濟渡舟梁之事
武官左右衛周制軍萬二千五百人天子六軍大國三軍次國二軍小國一軍軍將皆命卿至秦漢始置衛將軍後漢魏因之晉武帝始置左右中三衛將軍至隋始置左右衛左右武衛左右候左右領軍左右率府各有大將軍一人謂十二衛大將軍也國家因之 大將軍各一員
正三品 將軍各二員從三品 左右衛將軍之職掌統領宮廷警衛之法
以督其屬之隊仗而揔諸曹之職務凡親勳翊五中郎將府及折
衝府所隸皆揔制之凡宿衛內廊閤門外分爲五仗一供奉仗二親仗三勳仗四翊仗五
散手仗也 皆坐于東西廊下若御坐正殿則爲黃旗仗分立於兩階之

次在正門之內以挾門隊坐於東西廂皆大將軍守之
長史各一人從六品上錄事參軍事各一人正八品下倉曹兵曹參軍各二
人正八品下騎曹冑曹參軍各一人正八品下司階二人正六品上中候三人正七品下司戈
五人正八品下執戟五人正九品下 奉車都尉五人從五品下 長史掌判諸曹親
勳翊五府及武安武成等五十府之事諸曹參軍皆掌本曹勾
檢之事諸曹各有府史 親府勳一府勳二府翊一府翊二府翊等五府每
府中郎一人中郎將一人皆四品下左右郎將各一人正五品上錄事一人兵曹
參軍事一人正九品上校尉五人旅帥十人隊正二十人副隊正二十人
中郎將領本府之屬以宿衛左右郎將貳之若大朝會巡幸以
鹵簿之法以領其儀仗
左右驍衛古曰驍騎隋改左右備身爲左右驍衛所領名豹騎國家去騎字曰驍衛府龍朔去府字改爲左右武威神龍復爲驍衛 大將
軍各一員正三品 將軍各二員從三品 驍衛將軍之職掌如左右衛大
朝會在正殿之前則以黃旗隊及胡祿隊坐於東西廊下若御坐
正殿則以其隊仗次立左右衛下

長史録事叅軍倉兵騎冑四曹叅軍（員數品秩如左右衛）司階中候司戈執
戟等（四色人數品秩如左右衛也）校尉旅帥隊正副隊（人數如左右衛）翊府中郎中郎將左
右中郎將左右郎將（職掌如左右衛）
左右武衛（魏武爲丞相有武衛營隋採其名置左右武衛府有大將軍光宅改爲左右鷹揚衛神龍復也）大將軍各一員
（正三品）將軍各二員（從三品）其職掌如左右衛大朝會被白鎧甲之器
楯及旗等踊稱長唱警持鈒隊應踊爲左右廂儀仗在正殿前則
以諸隊次立於驍衛之下
長史録事叅軍倉兵騎冑四曹叅軍司階中候司戈執戟（人數品秩皆如左右
衛也）翊府中郎將左右郎將録事兵曹（人數品秩如左右衛）
左右威衛（隋爲左右屯衛龍朔改爲威衛光宅改爲左右豹韜衛神龍復爲威衛也）大將軍各一員（正三品）將軍
各二員（從三品）其職掌大朝會則被黑甲鎧弓箭刀楯旗等分爲左
右廂隊次武衛之下 長史録事叅軍倉兵騎冑四曹叅軍（職掌人數
品秩皆如左右衛）司階中候司戈執戟（人數品秩如左右衛）翊府中郎將左右郎將録
事兵曹校尉旅帥隊正副隊正（人數品秩皆如左右衛之親府）

左右領軍衛（漢建安中魏武爲丞相始置中領軍後因之北齊置領軍府後因之煬帝改爲屯衛國家改爲領軍衛龍朔改爲戎衛光宅改爲玉
鈐衛神龍復爲領軍衛）大將軍各一員（正三品）將軍各二員（從三品）其職掌大朝會
則被青甲鎧弓箭刀楯旗等分爲左右廂儀仗次立威衛之下
長史録事叅軍倉兵騎冑四曹叅軍司階中候司戈執戟（人數品秩如左右衛）翊
府中郎將左右郎將録事兵曹校尉旅帥隊正副隊正（人數品秩職掌如左右衛也）
左右金吾衛（秦曰中尉掌徼巡武帝改名執金吾魏復爲中尉南朝不置隋曰候衛龍朔二年改爲左右金吾衛采古名也）大將軍各
一員（正三品）將軍各二人 左右金吾將軍之職掌宮中及京城晝夜巡
警之法以執御非違凡翊府及同軌等五十府皆屬之凡車駕出
入則率其屬以清遊隊建白澤朱雀等旗隊先驅如鹵簿之法從
巡狩畋獵則執其左右營衛之禁凡翊衛翊府同軌寶圖等五十府
彍騎衛士應番上者各領所職焉 長史録事叅軍倉兵騎冑四
曹叅軍司階中候司戈執戟（人數品秩職掌如左右衛也）翊府中郎將左右郎將
兵曹校尉旅帥隊正副隊正（品秩人數職掌如左右衛）
左右監門衛（漢魏曰城門校尉始置左右監門府有將軍郎將等官國家因之龍朔二年去府字爲衛）大將軍各一員

（正三品）將軍各二員（從三品）中郎將四人（正四品下）監門將軍之職掌宮禁門
籍之法凡京司應入宮殿門者皆有籍左將軍判入右將軍判出
若大駕行幸即依鹵簿法率其屬於牙門之下以爲監守中郎將
掌監諸門檢校出入長史録事叅軍兵曹冑曹二曹叅軍（品秩如諸衛）
監門校尉各三百二十人立長各六百八十人長上各二十人立
長長上各二十人
左右千牛衛（宋謝綽拾遺有千牛刀即人主防身刀也後魏有千牛備身取莊子庖丁解牛之義後代因之隋置左右千牛備身二十人掌供御
弓箭備身六十人掌宿衛侍從煬帝置備身府皇家改爲千牛府龍朔爲左右奉宸衛神龍復爲千牛衛）大將軍各一員（正三品）將軍
各一員（從三品）中郎將各二人（正四品下）千牛將軍之職掌宮殿侍衛及供
御之儀仗而統其曹務凡千牛備身左右執弓箭以宿衛主仗守
戎服器物凡受朝之日則領備身左右昇殿而侍列於御坐之左
右若親射于射宮則將軍率其屬以從凡千牛備身之考課賜
會及禄秩之昇降同京職事官之制中郎將昇殿供奉凡侍奉禁
横過座前者禁不對語及傾身與階下人語者禁摇頭舉手以相招

召者若有口勑通事舍人承受傳聲階下而不聞者中郎將宣之
長史録事叅軍兵冑二曹叅軍（人數品秩同諸衛）司階各二人（正六品上）中候各三
人司戈各五人執戟各五人（品秩同諸衛）千牛備身十二人備身左右各二人
左右羽林軍（漢置南北軍掌衛京師南軍若今諸衛也北軍若今羽林軍也漢武置羽林名曰建章營騎後更名羽林騎取六郡
良家子及死事之孤爲之後漢置左右羽林監南朝因之後魏周曰羽林率隋左右屯衛所領兵名曰羽林龍朔二年置左右羽林軍）大將軍各一
員（正三品下）將軍各二員（從三品下）羽林將軍統領北衙禁兵之法令而督攝
左右廂飛騎之儀仗以統諸曹之職若大朝會率其儀仗以周衛
階陛大駕行幸則夾道馳而爲内仗凡飛騎每月番上者皆據其
名曆而配于所職其飛騎仗或有勑上南衙者則大將軍承墨勑
白移於金吾引駕仗引駕仗官與監門覆奏又降墨勑然後得入
長史録事叅軍倉兵冑三曹叅軍（品秩如諸衛）司階中候司戈執戟（品秩人數
如千牛衛）翊府中郎將左右郎將録事兵曹校尉旅帥隊正副隊正
（人數品秩如諸衛）
左右龍武軍（初太宗選飛騎之尤驍健者別置百騎以爲翊衛之備天后初加置千騎中宗加置萬騎分爲左右營置使以領之自開元已來與）

左右羽林軍名曰北門四軍開元二十七年改爲左右龍武軍官員同羽林軍也 大將軍一員正三品 將軍二員從三品 長史一人錄事參軍事一人錄事一人史二人倉兵胄三曹參軍事各一人隨曹有府史人掌固人數 司階二人中候三人司戈執戟各五人長上各十人右件官員階品人數職掌如羽林軍也

左右神武軍至德二年肅宗在鳳翔置初貞觀中置北衙七營後改爲左右羽林軍皆選才力驍勇者充每月一營百十人爲番當上及置左右龍武軍皆唐元功臣子弟非外州人如宿衛兵分日上下肅宗在鳳翔方收京城以羽林兵減耗冠缺未息乃別置神武軍與羽林制度官吏謂之北衙六軍又置衙前射生手千餘人謂之左右英武軍非六軍之例也乾元二年十月勅左右羽林左右龍武左右神武官員並昇同金吾四衛置大將軍二人將軍二人也

左右神策軍上元中以北衙軍使衛伯玉爲神策軍節度使鎮陝州以擁東寇以中使魚朝恩爲觀軍容使監伯玉軍及伯玉入爲羽林將出爲荆南節度使朝恩專統神策軍廣德元年吐蕃犯京師代宗避狄幸陝朝恩以神策軍迎扈及永泰元年吐蕃寇京畿朝恩以神策兵屯于苑中自是神策軍恒以中官爲帥建中末盜發京師竇文場以神策軍扈從山南及還京師賞勞殊比貞元中特置神策軍護軍中尉以中官爲之時號兩軍中尉貞元已後中尉之權傾於天下人主廢立皆出其可否事見宦者傳也 大將軍各二員正三品貞元二年九月勅改神策左右廂爲左右神策置大將軍各一人正三品 將軍各二員從三品貞元三年五月勅左右神策將軍各加二員左右神武將軍各加一員也

神威軍本号殿前射生左右廂貞元二年九月改殿前左右射生軍三年四月改爲左右神威軍非六軍之例也 大將軍二員正三品 將軍二員從三品 其職田俸錢手力糧料等同六軍諸衛

○六軍統軍興元元年正月二十九日勅左右羽林左右龍武左右神武各置統軍一人秩從二品

十六衛上將軍舊無此官貞元二年九月一日勅六軍先有勅各置統軍一人十六衛宜各置上將軍一員秩從二品其左右衛及左右金吾衛上將軍俸料隨軍人馬等並同六軍統軍其諸衛上將軍大統軍例支給至德二年九月十三日六軍十二衛上將軍並放入宿已後爲例也

諸府隋置驃騎車騎等府凡天下守戍兵不成軍曰牙府有上中下也 折衝都尉各一人上府都尉正四品上中府從四品下下府正五品下武德中採隋折衝果毅郎將之名改統軍爲折衝都尉別將爲果毅都尉 左右果毅都尉各一人上府果毅從五品下中府正六品上下府從六品下隋煬帝置果毅郎將國家置折衝都尉 別將各一人上府別將正七品下中府從七品上下府從七品下 長史一人上府正七品下中府從七品上下府從七品下 兵曹參軍一人上府從八品下中府正九品上下府從九品下也 錄事一人

校尉五人每校尉旅帥二人每旅帥隊正副隊正各二人諸府折衝都尉掌領五校之屬以備宿衛以從師役摠其戎具資糧差點教習之法令凡衛士三百人爲一團以校尉領之以便習騎射者爲越騎餘爲步兵其團十人爲火火備六馱之馬每歲十一月以衛士帳上尚書省天下兵馬之數以聞凡兵馬在府每歲季冬折衝都尉率五校之屬以教其軍陣戰鬬之法也具有教習條籍

東宮官屬太子太師太傅太保各一員並從一品師傅官南朝不置後魏北齊師傅品第三号東宮三太隋品亦第二武德定令加從一品也

太子少師少傅少保各一員並正二品三少亦古官歷代或置或省南朝並不置後魏北齊置之品第三号東宮三少皇家定令正二品 三師三少之職掌教諭太子無其人則闕之

太子賓客四員正三品古無此官皇家顯慶元年春始置四員也 掌侍從規諫贊相禮儀

太子詹事一員正三品 少詹事一員正四品上詹事秦官掌皇太子宮龍朔二年改爲端尹天授爲宮尹神龍復也 詹事統東宮三寺十率府之政令少詹爲之貳凡天子六官之典制皆視其事而承受之 丞二人正六品上 主簿一人從七品上 錄事二人正九品下 令史九人書令史十八人 丞掌判府事主簿掌印檢勾稽錄事掌受事發辰

司直一人正九品上 令史一人書令史二人亭長四人掌固六人 司直掌彈劾宮寮糾舉職事太子朝宮臣則分知東西班凡諸司文武應參官每月皆具在否以刺之

太子左春坊左庶子二人正四品上 中允二人正五品下 左庶子掌侍從贊相駁正啓奏中允爲之貳

○司議郎四人正六品上 錄事二人從八品下 主事二人從九品下 令史七人書令史十四人 司議郎掌啓奏記注宮內祥瑞官長除拜薨卒每年終送史館

左諭德一人正四品下 左贊善大夫五人正五品上 傳令四人掌儀二人贊者四人 左諭德掌諷諭規諫

崇文館貞觀中置太子學館也 學士直學士員數不定 學生二十人 校書二人從九品下 令史二人典書二人搨書手二人書手十人熟紙匠三人裝潢匠五人筆匠三人 學士掌東宮經籍圖書以教授諸生凡課試舉送如弘文館 校書掌校理四庫書籍

司經局洗馬二人從五品下洗馬漢官爲太子前馬 太子文學三人正六品 校書四人正九品 正字二人從九品上 書令史二人楷書手二十五人典書四人 洗馬掌四庫圖籍繕寫刊緝之事文學掌侍奉文章校書正字掌典校四庫書籍

典膳局典膳郎二人正六品上 丞二人正八品上 書令史二人主食六人典食二百人掌固四人 典膳郎掌進膳嘗食每夕局官於廚更直

藥藏局藥藏郎二人正六品上丞二人正八品上侍醫典藥九人藥童十八人掌固六人　藥藏郎掌和劑醫藥

內直局內直郎二人從六品下丞二人正八品下典服三十人典局十五人典翰十五人掌固六人　內直郎掌符璽繖扇几案衣服之事

典設局典設郎四人從六品下丞二人正八品下幕士六百人　典設郎掌湯沐灑掃鋪陳之事凡大祭祀太子助祭則於正殿東設幄坐

宮門局宮門郎二人從六品下丞二人正八品下門僕一百三十人　宮門郎掌內外宮門管籥之事其鑰鼓刻漏一如皇居之制也

太子右春坊右庶子二人正四品下中舍人二人正五品上舍人四人正六品上錄事一人從八品下主事二人從九品下　舍人掌行令書令言及表啓之事太子通表如諸臣之禮諸臣及宮臣上皇太子大事以牋小事以啓其封題皆曰上右春坊通事舍人開封以進其事可施行者皆下於坊舍人開庶子參詳之然後進不可者則否

右諭德一人正四品下右贊善大夫五人正五品上傳令四人諭德贊善掌事如左　通事舍人八人正七品下典謁二十人　舍人掌導引宮臣辭見及承令勞問之事

太子內坊皆宦者隸司局典內二人從五品下錄事一人典直四人正九品下導客舍人六人閤帥六人內閽八人內給使無員數內廄二十人典事二人駕士三十人　典內掌東宮閤門之禁令及宮人糧廩賜與之出入丞爲之貳典直主儀式導客主儐序閤帥主門戶內閽主出入給使主繖扇內廄主車輿典事主牛馬典內統而監之

太子內官司閨二人從六品　掌導引妃及宮人名簿總掌正掌書掌筵三司　掌正三人從八品　掌文書出入錄目爲記幷閨閤管籥糺察推罰女史流外三品掌典文簿而執行焉　掌書三人從八品掌寶符契經籍宣傳啓奏教學稟賜紙筆監印　掌筵三人從八品掌帷幄牀褥几案繖扇洒掃鋪設之事　司禮二人從六品掌禮儀參見以總掌嚴掌縫掌藏而領其事　掌嚴三人從三品掌首飾衣服巾櫛膏沐仗衛　掌縫三人從八品掌裁縫織績　掌藏三人從八品掌貨貝珠玉錦綵

司饎二人從六品上掌膳羞進食先嘗總掌食掌醫掌園三司而領其事　掌食三人從八品掌膳羞酒醴燈燭　掌醫三人從三品掌醫主醫藥　掌園三人從八品掌園苑樹藝蔬菓

太子家令寺令一人從四品上丞二人從七品上主簿一人正九品下錄事一人　家令掌太子飲膳倉儲庫藏之政令總食官典倉司藏三署之官屬

食官署令一人從八品下丞二人從九品下掌膳十二人奉觶三十人　食官令掌飲膳之事

典倉署令一人從八品下丞二人從九品下園丞二人典事六人　典倉令掌九穀入藏及醯醢庶羞器皿燈燭之事

司藏署令一人從八品下丞二人從九品下　司藏令掌庫藏財貨出納營繕之事

太子率更寺令一人從四品上丞二人從七品上主簿一人正九品下錄事一人伶官師二人漏刻博士三人掌漏六人漏童六十人典鼓二十四人　率更令掌宗族次序禮樂刑罰及漏刻之政令

太子僕寺僕一人從四品下丞一人從七品上主簿一人正九品下錄事一人　太子僕掌車輿乘騎儀仗之政令及喪葬之禮物辨其次序

廄牧署令一人從八品下丞二人從九品下典乘四人牧長四人翼馭十五人駕士三十人獸醫二十人　廄牧令掌車馬閑廄牧畜之事

東宮武官太子左右衛率府秦漢有太子衛率主門衛晉分左右中前四衛率後代因置左右率北齊置衛率坊隋初始分置左右衛率府左右宗衛率左右虞候左右內率左右監門率十府以統領東宮武衛之職煬帝改爲左右侍率國家復爲衛率龍朔改爲左右典戎衛咸亨復舊率各一員正四品上副率各一人從四品上　左右衛率掌東宮兵仗羽衛之政令總諸曹之事凡親勳翊府及廣濟等五府屬焉凡正至太子朝宮臣率其屬儀仗爲左右廂之周衛出入如鹵簿之法　長史各一人正七品上錄事參軍事各一人從八品上倉曹參軍一人從八品下兵曹參軍一人從八品下胄曹參軍一人從八品上司階一人從六品上中候二人從七品下司戈二人從八品下執戟三人從九品下　長史掌判諸曹及三府五府之貳錄事掌監印勾稽官掌本曹簿籍職事皆視上臺　親府勳翊府中郎將各一人從四品上左右郎將各一人正五品下錄事一人兵曹參軍一人校尉五人旅帥十人隊正二十人副隊正二十人　郎將掌其府之屬以宿衛而總其事職掌一視上臺親府

太子左右司御率府(本号左右宗衛府，龍朔改爲司衛率府)率各一人(正四品上)副率各二人(從四品上)司御率掌同左右率長史録事參軍事倉兵曹二曹參軍司階中候司戈執戟(人數品秩職掌如左右衛府也)

太子左右清道率府(隋文置左右虞候府，各開府一人，掌斥候，國初亦爲左右虞候率府，龍朔改爲清道率府，神龍又爲虞候，開元復爲清道也)率各一人(正四品上)副率各二人(從四品上)清道率掌東宮内外晝夜巡警之法長史録事參軍事倉兵曹二曹參軍 司階中候司戈執戟(人數品秩如左右衛率府)

太子左右監門率府(隋置此官，國家因之)率各一人(正四品上)副率各一人(正四品上)左右監門率掌東宮禁衛之法應以籍入宮殿門者二率司其出入如上臺之法長史録事參軍事兵曹二曹參軍 監門直長七十八人(人數品秩同諸率府)

太子左右内率府(隋初置内率府從上臺千牛衛，龍朔初爲奉裕率，咸亨復)率各一人(正四品上)副率各一人(從四品上)左右内率之職掌東宮千牛備身侍奉之事而立其兵仗摠其府事長史録事參軍事兵曹二曹參軍(人數品秩如諸率)千牛十六人備身二十八人主仗六十人

王府官屬(公主邑司)親王府傅一人(從三品，隋官有王傅太傅，魏晉後唯置師，國家因之，開元改爲傅)諮議參軍一人(正五品上)友一人(從五品下)文學二人(從六品上)東閤西閤祭酒各一人(從七品上)

傅掌傅相贊導而匡其過失咨議訏謀左右友陪侍規諷文學讎校典籍侍從文章祭酒接對賓客

長史一人(從四品上)司馬一人(從四品下)掾一人(正六品上)屬一人(正六品上)主簿一人(從六品上)史二人記室參軍事二人(從六品上)録事參軍事一人(從六品上)録事一人(從九品上)功倉戶兵騎法士等七曹參軍事各一人(正七品上)參軍事二人(正八品下)行參軍四人(從八品上)典籤二人(從八品下)

長史司馬統領府寮紀綱職務掾統判七曹參軍事主簿掌覆省王教記室掌表啓書疏録事參軍事勾稽省署鈔目録事掌受事發辰七曹參軍各督本曹事出使檢校典籤宣傳教命

親王親事府典軍二人(正五品上)副典軍二人(從五品上)執仗親事十六人執乘親事十六人親事三百三十三人校尉旅帥隊正隊副(準部内人數多少置)

親事帳内府典軍二人副典軍二人(品秩如親事府)帳内六百六十七人校尉旅師隊正隊副(看人數置) 典軍副典軍之職掌率校尉已下守衛陪從之事

親王國國令一人(從七品下)大農二人(從八品下)尉二人(正九品下)丞一人(從九品下)録事一人典衛八人舍人四人學官長一人食官長一人丞一人廄牧長二人丞二人典府長二人丞二人 國令大農掌通判國事國尉國丞掌判國司勾稽監印事典衛守居宅舍人引納學官教授内人

公主邑司令一人(從七品下)丞一人(從八品下)録事一人(從九品下)主簿二人謁者二人舍人二人家吏二人 公主司邑官各掌主家財貨出入田園徵封之事其制度皆隷宗正寺州縣官員

京兆河南太原等府(自秦漢已來爲雍洛并州，周隋或置摠管都督，通名爲府，開元初乃爲京兆府河南府太原府)三府牧各一員(從二品，牧古官，舜置十二牧是也，秦以京城守爲内史，漢武改爲尹，後魏北齊周隋又以京守爲牧，武德初因隋置牧，以親王爲之，或不出閤，長史知府事)尹各一員(從三品，京城守秦曰内史，漢曰尹，後代因之，隋爲内史，武德初置牧以長史摠府事，開元初雍洛并改爲府，乃昇長史爲尹，從三品，專摠府事也)少尹各二員(從四品下，魏晉已下州府有治中，隋文改爲司馬，煬帝改爲贊理，又爲丞，武德改爲治中，永徽避高宗名改爲

司馬，開元初改爲少尹)司録參軍二人(正七品上)録事四人(從九品上)功倉戶兵法士等六曹參軍事各二人(正七品下)府史(隋書有之)參軍事六人(正八品下)執刀十五人典獄十八人問事十二人白直二十四人經學博士一人(從八品上)助教二人學生八十人醫藥博士一人助教一人學生二十人

大都督府(魏黃初二年始置都督諸州軍事之名，後代因之，至隋改爲摠管府，武德四年又改爲都督，貞觀中分爲上中下都督府也)督一人(從二品)長史一人(從三品)司馬二人(從四品下)録事參軍事二人(正七品上)録事二人(從九品上)功倉戶兵法士六曹參軍事(功士二曹各一員，餘曹各二員，並正七品下也)典獄十六人問事十人白直二十四人市令一人(從九品上)丞一人佐一人史二人倉督二人經學博士一人(從八品上)助教二人學生六十人醫學博士一人(從八品下)助教一人學生十五人

中都督府督一人(正三品)別駕一人(正四品下)長史一人(正五品上)司馬一人(正五品下)録事參軍一人(從七品下)録事二人(從九品上)功倉戶兵法士六曹參軍事各一人(並從七品上)參軍事四人(從八品上)典獄十四人白直二十人市令一人(從九品上)丞一人佐一人史二人帥三人倉督二人經學博士一人(從八品下)助教二人學

生六十人醫學博士一人學生十五人

下都督府督一人（從三品）別駕一人（從四品下）長史一人（從五品上）司馬一人（從五品上）錄事參軍事一人（從七品上）錄事二人（從九品下）功倉戶兵法士六曹參軍事各一人（從七品下）參軍事三人（從八品下）典獄十二人問事六人白直十六人市令一人（從九品上）丞二人佐一人史二人帥二人倉督二人經學博士一人（從八品下）助教一人學生五十人醫學博士一人助教一人學生十二人

上州（州之名古也舜置十二州禹貢九州漢置十三州秦并六國置三十六郡漢則以州統郡其後武德改郡為州改州為郡事見諸卷國家制戶滿四萬以上為上州）刺史一員（從三品秦分天下為三十六郡郡置守都尉各一人仍以御史一人監郡漢罷監郡御史丞相遣掾史分察諸郡漢武元光五年分天下置十三州分統諸郡每州遣使者一人督察官吏謂之十三州刺史後漢遂以名官為刺史專州郡之政仍置別駕治中諸曹掾屬號曰外臺魏晉已後因之不改而郡置太守丞尉諸曹隋初罷郡以州統縣煬帝罷州置郡置通守武德改郡為州州置刺史天寶改州為郡置太守乾元元年改郡為州州置刺史初漢代奉使者皆持節故刺史臨部皆持節至魏晉刺史任重者為使持節都督輕者為持節後魏北齊總管刺史則加使持節諸軍事以此為常隋開皇三年罷郡以州統縣刺史之名存而職廢後於刺史太守官位中不帶持節之名至今不改有名無實也至德之後中原用兵大將為刺史者兼治軍旅遂依天寶邊將故事加節度使之號連制數郡奉辭之日賜雙旌雙節如後魏北齊故事名目雖殊得古刺史督郡之制也）別駕一人（從四品下）長史一人（從五品上）司馬一人（從五品下）錄事參軍事一人（從七品上）錄事三人（從九品上）司功司倉司戶司兵司法司士六曹參軍事各一人（並從七品下）參軍事四人典獄十四人問事八人白直二十四人市令一人（從九品上）丞一人佐一人史二人帥三人倉督二人經學博士一人（從八品下）助教二人學生六十人醫學博士一人（正九品下）助教一人學生十五人

中州（戶滿二萬戶已上為中州）刺史一員（正四品上）別駕一人（正五品下）長史一人（正六品上）司馬一人（六品上）錄事參軍事一人（正八品上）錄事一人（從九品上）司功司倉司戶司法司士六曹參軍事各一人（並正八品下隨曹有佐史人數）參軍事三人（正九品下）執刀十人典獄十二人問事六人白直十六人市令一人丞佐各一人史帥倉督各二人經學博士一人（正九品上）助教一人學生五十人醫學博士一人（從九品下）助教一人學生十二人

下州（戶不滿二萬為下州也）刺史一員（正四品下）別駕一人（從五品上）司馬一人（從六品下）錄事參軍事一人（從八品上）錄事一人（從九品下）司倉司戶司法三曹參軍各一人（從八品下隨曹有佐史人數）參軍事二人（從九品下）典獄八人問事四人白直十六人市令一人佐史各一人帥二人倉督一人經學博士一人（正九品下）助教一人學生四十人醫學博士一人（從九品上）學生十人

京兆河南太原牧及都督刺史掌清肅邦畿考覈官吏宣布德化撫和齊人勸課農桑敦敷五教每歲一巡屬縣觀風俗問百年錄囚徒恤鰥寡閱丁口務知百姓之疾苦部內有篤學異能聞於鄉閭者舉而進之有不孝悌悖禮亂常不率法令者糾而繩之其吏在官公廉正己清直守節者必謹而察之其貪穢諂諛求名徇私者亦謹而察之皆附於考課以為褒貶若善惡殊尤者隨即奏聞若獄訟疑議兵甲興造便宜符瑞尤異亦以上聞其常則申於尚書省而已若孝子順孫義夫節婦精誠感通志行聞於鄉閭者亦具以申奏表其門閭其孝悌力田頗有詞學者率與計偕其所部有須改更得以便宜從事若親王典州及邊州都督刺史不可離州局者應巡屬縣皆委上佐行焉尹少尹別駕長史司馬掌貳府州之事以綱紀衆務通判列曹歲終則更入奏計司錄錄事參軍掌勾稽省署抄目監符印功曹司功掌官吏考課祭祀

禎祥道佛學校表疏醫藥陳設之事倉曹司倉掌公廨度量庖廚倉庫租賦徵收田園市肆之事戶曹司戶掌戶籍計帳道路逆旅婚田之事兵曹司兵掌武官選舉兵甲器仗門戶管籥烽候傳驛之事法曹司法掌刑法士曹司士掌津梁舟車舍宅百工衆藝之事市令掌市廛交易禁斥非違之事經學博士掌五教教授諸生醫藥博士以百藥救民疾病下至執刀白直典獄佐史各有其職州府之任備焉

縣令（三代之制五等諸侯自理其人周衰諸侯相併大國分置郡縣以聚其人齊晉謂之大夫魯衛謂之宰楚謂之公尹秦謂之令長秦制萬戶已上為令秩千石至六百石減萬戶為長秩五百石至三百石皆有丞尉秩四百石至二百石也）

長安萬年河南洛陽太原晉陽六縣謂之京縣令各一人（正五品上）丞二人（從七品上）主簿二人（從八品上）錄事二人（從九品下）佐二人史四人尉六人（從八品下）司功（佐三人史六人）司倉（佐四人史八人）司戶（佐五人史十人）司兵（佐三人史六人）司法（佐五人史十人）司士（佐四人史八人）典獄十四人問事八人白直十八人博士一人助教一人學生五十人

京兆河南太原所管諸縣謂之畿縣令各一人（正六品下）丞一人（正八品下）主

簿一人正九品上尉二人正九品下錄事二人史三人司功佐三人史五人司倉佐四人史七人司戶佐四人史七人帳史一人司法佐四人史八人典獄十四人問事四人白直十人市令一人佐一人史一人帥二人

經學博士一人助教一人學生四十人

諸州上縣令一人從六品上丞一人從八品下主簿一人正九品下尉二人從九品上錄事二人史三人司戶佐四人史七人帳史一人司法佐四人史八人倉督二人典獄十人問事四人白直十人市令一人佐史各一人帥一人博士一人助教一人學生四十人

諸州中縣令一人正七品上丞一人從八品下主簿一人從九品上尉一人從九品下錄事一人史四人司戶佐三人史五人帳史一人司法佐二人史六人倉督一人典獄八人問事四人白直八人博士一人助教一人學生二十五人

諸州中下縣令一人從七品上丞一人正九品上主簿一人從九品上尉一人從九品下錄事一人司戶佐二人史三人帳史一人司法佐二人史四人典獄六人問事四人白直八人市令一人佐史各一人帥二人博士一人助教一人學生二十五人

諸州下縣令一人從七品下丞一人正九品下主簿一人從九品下尉一人從九品上錄事一人司戶佐二人史四人帳史一人司法佐二人史四人典獄六人問事四人白直八人市令一人佐一人史二人帥二人也博士一人助教一人學生二十人　京畿及天下諸縣令之職皆掌導揚風化撫字黎甿敦四人之業崇五土之利養鰥寡恤孤窮審察冤屈躬親獄訟務知百姓之疾苦

大都護副大都護一人從三品副都護四人正四品上長史一人正五品上司馬一人正五品上錄事參軍事一人正七品上錄事二人從九品上功曹倉曹戶曹兵曹法曹五參軍事各一人並正七品下參軍事三人正八品下

上都護府都護一人正三品副都護二人從四品上長史一人正五品上司馬一人正五品上錄事參軍事一人正七品下錄事二人功曹倉曹戶曹兵曹四參軍事各一人從七品上參軍事三人從八品上　都護之職掌撫慰諸蕃輯寧外寇覘候姦譎征討攜貳長史司馬貳焉諸曹如州府之職

節度使天寶中緣邊禦戎之地置八節度使受命之日賜之旌節謂之節度使得以專制軍事行則建節符樹六纛外任之重無比焉至德已後天下用兵中原刺史亦稱其例受節度使之號

節度使一人副使一人行軍司馬一人判官二人掌書記一人參謀無員數也隨軍四人皆天寶後置檢討未見品秩

元帥都統招討等使

元帥舊無其名安史之亂肅宗討賊以廣平王為天下兵馬元帥又以大臣郭子儀李光弼隨其方面副之號為副元帥及代宗即位又以雍王為之自後不置昭宗又以輝王為之也

都統乾元中置或總三道或總五道至上元末省大中後討徐州以康承訓討黃巢以荊南王鐸皆為都統

招討使貞元末置自後隨用兵權置兵罷則停

防禦團練使至德後中原置節度使又大都要害之地置防禦使以治軍事刺史兼之不賜旌節上元後改防禦使為團練守捉使又有團練兼置防禦使名前使名有副使判官皆天寶後未見品秩

諸鎮魏有鎮東鎮西鎮南鎮北四將軍後代因之隋因置鎮將鎮副之名也

上鎮將一人正六品下鎮副一人正七品下錄事一人倉曹兵曹二參軍從八品下各有佐史

中鎮將一人正七品上鎮副一人從七品上錄事一人兵曹參軍一人正九品下

下鎮將一人正七品下鎮副一人從七品下錄事一人兵曹參軍一人從九品下

諸戍春秋有戍葵丘之義東晉後置以屯兵守境魏為戍隋因之

上戍主一人正八品下戍副一人從八品佐一人史二人

中戍主一人從八品　下戍主一人正九品下

五岳四瀆廟令各一人正九品上齋郎三十人祝史三人

上關令一人從八品下丞二人正九品下錄事一人有府史典事府史津吏八人

中關令一人正九品下丞一人從九品下錄事一人津吏六人

下關令一人從九品下津吏四人關令各有府史

關令掌禁末遊伺姦慝凡行人車馬出入往來必據過所以勘之

唐書志卷第二十四

左從政郎紹興府錄事參軍張嘉賓校勘

輿服

劉昫撰

昔黄帝造車服爲之屏蔽上古簡儉未立等威而三五之君不相沿習迺改正朔易服色車有輿輅之别服有袞冕之差文之以染績飾之以絺繡華蟲象物龍火分形於是典章興矣周自夷王削弱諸侯自恣窮孔翠之羽毛無以供其侈極隨和之掌握不足慊其華則皮弁革舃之容非珠履䳒冠之玩也迨秦誅戰國斟酌舊儀則有鹵簿金根大駕法駕備千乘萬騎異舜典周官漢氏因之號乘輿三駕儀衛之盛無與比隆東京帝王博雅好古明帝始令儒者考曲臺之說依周官五輅六冕之文山龍藻火之數創爲法服雖有制作首寢不行輿駕乘金根而已服則袞冕冠則通天其後所御多從袍服事具前志而袞冕之服歷代不行後魏北齊輿服奇詭至隋氏一統始復舊儀隋制車有四等有亘幰通幰軺

○車輅車初制五品以上乘偏幰車其後嫌其不美停不行用以亘車代之三品以上通幰車則青壁一品軺車油幰朱網唯輅車一等驂馬始得乘之馬珂一品以下九子四品七子五品五子衣裳有常服公服朝服祭服四等之制平巾幘牛角簪紫衫白袍靴起梁帶五品已上金玉鈿飾用犀爲簪是爲常服武官畫服之六品以下衫以緋至於大仗陪立五品已上及親侍加兩襠䯼蛇其勳侍去兩襠弁冠朱衣裳素革帶烏皮履是爲公服其弁通用烏漆紗爲之象牙爲簪導五品已上亦以鹿胎爲弁犀爲簪導者加玉琪之飾一品九琪二品八琪三品七琪四品六琪三品兼有紛鞶囊佩於革帶之後上加玉珮一鞶囊二品以上金縷三品以上銀縷五品以上綵縷文官尋常入內及在本司常服之親王遠遊三梁冠金附蟬犀簪導白筆三師三公太子三師三少尚書秘書二省九寺四監太子三寺諸郡縣關市親王文學藩王嗣王公侯進賢冠三品以上三梁五品以上兩梁犀簪導九品以上一梁牛角簪導門

下內書殿內三省諸衛府長秋監太子左右庶子內坊諸率宮門內坊親王府都尉府鎮防戍九品以上散官一品巳下武弁幘侍中中書令加貂蟬珮紫綬散官者白筆御史司隷二臺法冠（一名獬豸冠）謁者臺大夫以下高山冠並絳紗單衣白紗內單皁領褾襈裾白練裾襦絳蔽膝革帶金飾鉤䚢方心曲領紳帶玉鏢金飾劍亦通用金鏢山玄玉佩綬襪烏皮舃是爲朝服王珮纁朱綬施二玉環三品以上綠綬四品五品青綬二品以下去玉環六品以下去劒珮綬八品以下冠去白筆衣省內單及曲領蔽膝著烏皮履五品加紛鞶囊其綬纁朱者用四綵赤黃縹紺紅朱質纁文織長一丈八尺二百四十首闊九寸綠綬用四綵綠紫黃朱紅綠質長一丈八尺二百四十首闊九寸紫綬用四綵紫黃赤紅紫質長一丈六尺一百八十首闊八寸青綬三綵白青紅青質長一丈四尺一百四十首闊七寸玄衣纁裳冕而旒者是爲祭服綬珮劍各依朝服之數其章自七品以下降二爲差六品以下無章文武之官皆執笏五品以上用象牙爲之

○六品以下用竹木是時內外群官文物有序僕御清道車服以備於是貴賤士庶較然殊異越王侗於東都嗣位下詔停廢自茲以後寖以不章以至於巨唐制天子車輿有玉輅金輅象輅革輅木輅是爲五輅耕根車安車四望車巳上八等並供服乘之用其外有指南車記里鼓車白鷺車鸞旗車辟惡車軒車豹尾車羊車黃鉞車（豹尾黃鉞二車武德中無自貞觀巳後加焉其黃鉞天寶元年制改爲金鉞）屬車十二乘並爲儀仗之用大駕行幸則分前後施於鹵簿之內若大陳設則分左右施於儀衛之內玉輅青質以玉飾諸末重輿左青龍右白虎金鳳翅畫簾文鳥獸黃屋左纛金鳳一在軾前十二鑾在衡（正縣鑾鈴皆其副輅及耕根則八）二鈴在軾龍輈前設鄣塵青蓋黃裏繡飾博山鏡子樹羽輪皆朱班重牙左建旂十有二旒皆畫升龍其長曳地右載闟戟長四尺廣三尺黻文旂首金龍頭銜結綬及鈴緌駕蒼龍金錽方釳插翟尾五焦鏤錫鞶纓十有二就（錫馬當顱鏤金爲之鞶纓皆以五綵飾之就成也一帀爲一就也）祭祀納后則供之金輅赤質以金飾諸末餘與玉輅同駕赤騮鄉射祀還

欽至則供之象輅黃質以象飾諸末餘與玉輅同駕黃騮行道則供之革輅白質鞔之以革餘與玉輅同駕白駱巡狩臨兵事則供之木輅黑質漆之餘與玉輅同駕黑騮畋獵則供之五輅之蓋旌旗之質及鞶纓皆從輅色蓋之裏皆用黃其鏤鍚五輅同耕根車青質蓋三重餘與玉輅同耕藉則供之安車金飾重輿曲壁八鑾在衡紫油纁朱裏通幰朱絲絡網朱鞶纓朱覆髮具絡駕赤騮臨幸則供之四望車制同犢車金飾八鑾在衡青油纁朱裏通幰朱絲絡網拜陵臨弔則供之自高宗不喜乘輅每有大禮則御輦以來往爰洎則天以後遂以為常玄宗又以輦不中禮又廢而不用開元十一年冬將有事於南郊乘輅而往禮畢騎而還自此行幸及郊祀等事無遠近皆騎於儀衛之內其五輅及腰輿之屬但陳於鹵簿而已皇后車則有重翟車厭翟車翟車安車四望車金根車六等重翟車青質金飾諸末輪畫朱金根車牙其箱飾以重翟羽青油纁朱裏通幰繡紫帷朱絲絡網繡紫絡帶八鑾在衡鏤鍚

○鞶纓十二就金鍐方釳插翟尾朱總以朱為之如馬纓而小著馬勒在兩耳與兩鑣也駕蒼龍受冊從祀享廟則供之厭翟車赤質金飾諸末輪畫朱牙其箱飾以次翟羽紫油纁朱裏通幰紅錦帷朱絲絡網紅錦絡帶餘如重翟車駕赤騮採桑則供之翟車黃質金飾諸末輪畫朱牙其車側飾以翟羽黃油纁黃裏通幰白紅錦帷朱絲絡網白紅錦絡帶餘如重翟駕黃騮歸寧則供之諸鞶纓之色皆從車質安車赤質金飾紫通幰朱裏駕四馬臨幸及弔則供之四望車朱質紫油通幰油畫絡帶拜陵臨弔則供之金根車朱質紫油通幰油畫絡帶朱絲網常行則供之皇太子車輅有金輅軺車四望車金輅赤質金飾諸末重較箱畫虡文鳥獸黃屋伏鹿軾龍輈金鳳一在軾前設鄣塵朱蓋黃裏輪畫朱牙左建旂九旒右載闟戟旂首金龍頭銜結綬及鈴綬駕赤騮四八鑾在衡二鈴在軾金鍐方釳插翟尾五焦鏤鍚鞶纓九就從祀享正冬大朝納妃則供之軺車金飾諸末紫通幰朱裏駕一馬五日常服及朝享宮臣出入行道則供之

四望車金飾諸末紫油纁通幰朱裏朱絲絡網駕一馬弔臨則供之王公已下車輅親王及武職一品象輅自餘及二品三品革輅四品木輅五品軺車象輅以象飾諸末朱班輪八鑾在衡左建旂畫龍一升一降右載闟戟革輅以革飾諸末左建旜通帛為旜餘同革輅木輅以漆飾之餘同革輅軺車曲壁青通幰諸輅皆朱質朱蓋朱旂旜一品九旒二品八旒三品七旒四品六旒其鞶纓就數皆準此內命婦夫人乘厭翟車嬪乘翟車婕妤已下乘安車各駕二馬外命婦公主王妃乘厭翟車駕二馬自餘一品乘白銅飾犢車青通幰朱裏油纁朱絲絡網駕以牛二品已下去油纁絡網四品青偏幰有唐已來三公已下車輅皆太僕官造貯掌若受制行冊命及二時巡陵婚葬則給之自此之後皆騎馬而已唐制天子衣服有大裘之冕袞冕鷩冕毳冕絺冕玄冕通天冠武弁黑介幘白紗帽平巾幘白帢凡十二等大裘冕無旒廣八寸長一尺六寸玄表纁裏已下廣狹准此金飾玉簪導以組為纓色如其綬裘以黑羔皮為之玄領褾襟緣朱裳

○白紗中單皁領青褾襈裾革帶玉鉤艓大帶素帶朱裏紕其外上以朱下以綠紐用組也蔽膝隨裳鹿盧玉具劍火珠鏢首白玉雙珮玄組雙大綬六綵玄黃赤白縹綠紅玄質長二丈四尺五百首廣一尺小雙綬長二尺一寸色同大綬而首半之間施三玉環朱韈赤舄祀天神地祇則服之袞冕金飾垂白珠十二旒以組為纓色如其綬黈纊充耳玉簪導玄衣纁裳十二章八章在衣日月星龍山華蟲火宗彝四章在裳藻粉米黼黻衣褾領為升龍皆織成為之也各為六等龍山以下每章一行十二白紗中單黼領青褾襈裾黻繡龍山火三章餘同上革帶大帶劍珮綬與上同舄加金飾諸祭祀及廟遣上將征還飲至踐阼加元服納后若元日受朝則服之鷩冕服七章三章在衣華蟲火宗彝四章在裳藻粉米黼黻餘同袞冕有事遠主則服之毳冕服五章三章在衣宗彝藻粉米二章在裳黼黻也餘同鷩冕祭海岳則服之絺冕服三章一章在衣粉米二章在裳黼黻餘同毳冕祭社稷帝社則服之玄冕服衣無章裳刺黻一章餘同絺冕蜡祭百神朝日夕月則服之通天冠加金博山附蟬十二首施珠翠黑介幘髮纓翠緌玉若犀簪導絳紗袍白紗中單朱領褾飾以織成朱襈裾白裙白襦亦裙襦也絳紗蔽膝白假帶方心曲領

其革帶珮劍綬韈舄與上同。若未加元服，則雙童髻，空頂黑介幘，雙
玉導，加寶飾。諸祭還及冬至朔日受朝、臨軒拜王公、元會、冬會則
服之。武弁，金附蟬，平巾幘，餘同其服。講武、出征、四時蒐狩、大射、禡、類、宜
社、賞祖、罰社、纂嚴，則服之。弁服，弁以鹿皮為之。十有二琪，琪以白玉珠為之。玉簪導，
絳紗衣，素裳，革帶，白玉雙珮，鞶囊，小綬，白韈，烏皮履，朔日受朝則
服之。黑介幘，白紗單衣，白裙襦，革帶，素韈，烏皮履，拜陵則服之。白
紗帽，亦烏紗也。白裙襦，亦裙襦也。白韈，烏皮履，視朝聽訟及宴見賓客則服之。
平巾幘，金寶飾。導簪冠支皆以玉，紫褶，亦白褶。白袴，玉具裝，真珠寶鈿帶，
乘馬則服之。白帢，臨大臣喪則服之。太宗又制翼善冠，朔望視朝，
以常服及帛練裙襦通著之。若服袴褶，又與平巾幘通用。著於令。
其常服，赤黃袍衫，折上頭巾，九環帶，六合靴，皆起自魏周，便於戎
事。自貞觀已後，非元日冬至受朝及大祭祀，皆常服而已。顯慶元
年九月，太尉長孫無忌與修禮官等奏曰：準武德初撰衣服令，天
子祀天地服大裘冕，無旒。臣無忌、志寧、敬宗等謹按郊特牲云：周

之始郊，日以至，被衮以象天，戴冕藻十有二旒，則天數也。而此二
禮俱說周郊，衮與大裘，事乃有異。按月令，孟冬天子始裘，明以禦
寒，理非當暑。若啓蟄祈穀，冬至報天，行事服裘，義歸通允。至於季
夏迎氣，龍見而雩，炎熾方隆，如何可服？謹尋歷代，唯服衮章。與郊
特牲義旨相協。按周遷輿服志云：漢明帝永平二年，制採周官禮
記，始制祀天地服，天子備十二章。沈約宋書志云：魏晉郊天亦皆服
衮。又王智深宋紀曰：明帝制云，以大冕純玉藻，玄衣黃裳，郊祀天地。
後魏、周、齊，達于隋氏，勘其禮令，祭服悉同。斯則百王通典，炎涼無
妨，復與禮經事無乖舛。今請憲章故實，郊祀天地皆服衮冕，其大
裘請停，仍改禮令。又檢新禮，皇帝祭社稷服繡冕，四旒，三章；祭日
月服玄冕，三旒，衣無章。謹按令文，是四品五品之服。此則三公亞獻，
皆服衮衣，孤卿助祭，服毳及鷩，斯乃乘輿章數，同於大夫，君少臣
多，殊為不可。據周禮云：祀昊天上帝，則服大裘而冕，五帝亦如之。
享先王則衮冕，享先公則鷩冕，祀四望山川則毳冕，祭社稷五祀

則絺冕，諸小祀則玄冕。又云：公侯伯子男孤卿大夫之服，衮冕以下
皆如王之服。所以三禮義宗遂有三釋，一云公卿大夫助祭之日，所
著之服降王一等；又云悉與王同，求其折衷，俱未通允，但名位不
同，禮亦異數，天子以十二為節，義在法天，豈有四旒三章，翻為御
服？若諸臣助祭，冕與王同，便是貴賤無分，君臣不別。如其降王一
等，則王著玄冕之時，群臣大服爵弁，既屈天子，又貶公卿。周禮此
文，久不施用，亦猶祭祀之立尸侑，君親之拜臣子，覆巢設蒩菹之
官，去蠹置蟈氏之職，唯施周代，事不通行，是故漢、魏以來，下迄隋
代，相承舊事，唯用衮冕。今新禮親祭日月，仍服五品之服，臨事施
行，極不穩便。請遵歷代故實，諸祭並用衮冕。制可之，無忌等又奏
曰：皇帝為諸臣及五服親舉哀，依禮著素服。今令乃云白帢，禮令
乖舛，須歸一塗。且白帢出自近代，事非稽古，雖著令文，不可行用。
請改從素服，以會禮文。制從之。自是鷩冕已下，乘輿更不服之，白
帢遂廢，而令文因循，竟不改削。開元十一年冬，玄宗將有事於南郊，

中書令張說又奏稱：準令，皇帝祭昊天上帝，服大裘之冕，事出周
禮，取其質也。永徽二年，高宗親享南郊用之。明慶年修禮，改用衮
冕，事出郊特牲，取其文也。自則天已來用之。若遵古制，則應用大
裘；若便於時，則衮冕為美。令所司造二冕呈進，上以大裘樸略，冕
又無旒，既不可通用於寒暑，乃廢不用之。自是元正朝會，依禮令
用衮冕及通天冠，大祭祀依郊特牲，亦用衮冕。自餘諸服，雖在於
令文，不復施用。十七年，朝拜五陵，但素服而已。朔望常朝，亦用常服，
其翼善冠亦廢。武德令，皇太子衣服，有衮冕、具服遠遊三梁冠、公
服遠遊冠、烏紗帽、平巾幘五等。貞觀已後，又加弁服、進德冠之制。
衮冕，白珠九旒，以組為纓，色如其綬，青纊充耳，犀簪導，玄衣纁裳，
九章，五章在衣，龍、山、華蟲、火、宗彝；四章在裳，藻、粉米、黼、黻。白紗中單，黼領，青褾、襈、裾，革帶
金鉤䚢，大帶，素帶朱裏，亦紕以朱綠，紐用組。黻，隨裳色，火、山二章也。玉具劍，金寶飾也。玉鏢首，瑜玉雙
珮，朱組雙大綬，四綵，赤白縹紺，紅朱質，長一丈八尺，三百二十首，廣九
寸，小雙綬長二尺六寸，色同大綬而首半之，間施三玉環也。朱韈，赤舄，舄加金飾。侍從皇帝祭祀及謁

廟加元服納妃則服之具服遠遊三梁冠加金附蟬九首施珠翠黑介幘髮纓翠緌犀簪導絳紗袍白紗中單皁領褾襈裾白裙襦白假帶方心曲領絳紗蔽膝其革帶劒珮綬韈舄與上同後改用白韈黑舄未冠則雙童髻空頂黑介幘雙玉導加寶飾謁廟還宮元日冬至朔日入朝釋奠則服之公服遠遊冠簪導以上並同前也絳紗單衣白裙襦革帶金鈎鰈假帶方心紛鞶囊長六尺四寸廣二寸四分色同大綬白韈烏皮履五曰常服元日冬至受朝則服之烏紗帽白裙襦白韈烏皮履視事及宴見賓客則服之平巾幘紫褶白袴寶鈿起梁帶乘馬則服之弁服弁以鹿皮爲也犀簪導組纓玉琪九絳紗衣素裳革帶鞶囊小綬雙珮白韈烏皮履朔望及視事則兼服之進德冠九琪加金飾其常服及白練裙襦通著之若服袴褶則與平巾幘通著自永徽已後唯服衮冕具服公服而已若乘馬袴褶則著進德冠自餘並廢若讌服常服紫衫袍與諸王同開元二十六年肅宗升爲皇太子受冊太常所撰儀注有服絳紗袍之文太子以爲與皇帝所

稱同上表辭不敢當請有以易之玄宗令百官詳議尚書左丞相裴耀卿太子太師蕭嵩等奏曰謹按衣服令皇太子具服有遠遊冠三梁加金附蟬九首施珠翠黑介幘髮纓翠緌犀簪導絳紗袍白紗中單皁領褾襈白裙襦方心曲領絳紗蔽膝革帶劒珮綬等謁廟還宮元日冬至朔日入朝釋奠則服之其絳紗袍則是冠衣之內一物之數與裙襦劒珮等無別至於貴賤之差尊卑之異則冠爲首飾名制有殊并珠旒及裳綵章之數多少有別自外不可事事差異亦有上下通服名制是同禮重則具服禮輕則從省今以至敬之情有所未取衣服不可減省稱謂須更變名望所撰儀注不以絳紗袍爲稱但稱爲具服則尊卑有差謙光成德議奏上手勑改爲朱明服下所司行用焉武德令侍臣服有衮鷩毳繡玄冕及爵弁遠遊進賢冠武弁獬豸冠凡十等衮冕垂青珠九旒以組爲纓色如其綬以下旒纓皆如之也青纊充耳簪導青衣纁裳服九章五章在衣龍山華蟲火宗彝爲五等四章在裳藻粉米黼黻皆絳爲繡遍衣而已下皆如之白紗中單黼領繡冕以下中單青領青褾襈裾

革帶劒鰈大帶三品已上素帶朱裏皆紕其外上以綠五品帶紕其垂外以玄黃紐皆用青組之韍凡韍皆隨裳色毳冕以上山火二章繡冕山一章玄冕無章劒珮綬朱韈赤舄第一品服之鷩冕七旒服七章三章在衣華蟲火宗彝四章在裳藻粉米黼黻也餘同衮冕第二品服之毳冕五旒服五章三章在衣宗彝藻粉米二章在裳黼黻也餘同鷩冕第三品服之繡冕四旒服三章一章在衣粉米二章在裳黼黻餘同毳冕第四品服之玄冕衣無章裳刺黻一章餘同繡冕第五品服之爵弁色同爵無旒無章玄纓簪導青衣纁裳白紗中單青領褾裙革帶鉤鰈大帶練帶紕其垂內外以緇紐約用青組爵韠韈赤履九品已上服之凡冕服助祭及親迎若私家祭祀皆服之爵弁亦同凡冕制久以羅爲之其服以紬爵弁用紬爲之其服用繒遠遊三梁冠黑介幘青緌凡文官皆青緌以下準此也皆諸王服之親王則加金附蟬進賢冠三品以上三梁五品以上兩梁九品以上一梁皆三公太子三師三少五等爵尚書省秘書省諸寺監學太子詹事府三寺及散官親王師友文學國官若諸州縣關津岳瀆等流內九品以上服之武弁平巾幘侍中中書令則加貂蟬侍左者左珥侍右者右珥皆武官及門下中書殿中內侍省天策上將府

諸衛領軍武候監門領左右太子諸坊諸率及鎮戍流內九品已上服之其親王府佐九品以上亦準此法冠一名獬豸冠以鐵爲柱其上施珠兩枚爲獬豸之形左右御史臺流內九品以上服之高山冠右內侍省內謁者及親王下司閤謁者若司閤等服之却非冠亭長門僕服之諸應冠而未冠者並雙童髻空頂幘五品以上雙玉導金飾三品以上加寶飾六品以下無飾朝服亦名具服冠幘纓簪導絳紗單衣白紗中單皁領襈裾白裙襦亦裙衫也革帶鉤鰈假帶曲領方心絳紗蔽膝韈舄劒珮綬一品已下五品以上陪祭朝饗拜表大事則服之七品已上去劒珮綬餘並同公服亦名從省服之冠幘纓簪導絳紗單衣白裙襦亦裙衫也革帶鉤鰈假帶方心韈履紛鞶囊一品以下五品以上謁見東宮及餘公事則服之其六品以下去紛鞶囊餘並同諸佩綬者皆雙綬親王纁朱綬四綵赤黃縹紺純朱質纁文織長一丈八尺二百四十首廣九寸一品綠綟綬四綵紫黃赤紅綠質長一丈八尺二百四十首廣九寸二品三品紫綬三綵紫黃赤紅紫

質長一丈六尺一百八十首廣八寸四品青綬三綵青白紅青質長
一丈四尺一百四十首廣七寸五品黑綬二綵青紺紅紺質長一丈
二尺一百首廣六寸自王公以下皆有小雙綬長二尺六寸色同大綬而首半之正第一品佩二玉環自外不合也有綬者
則有紛皆長六尺四寸廣二寸四分各隨綬色諸鞶囊二品以上
金縷三品金銀縷四品銀縷五品綵縷諸珮一品珮山玄玉二品以
下五品以上佩水蒼玉諸文官七品以上朝服者簪白筆武官及
爵則不簪諸舄履並烏色舄重皮底履單皮底別注色者不用此色諸勳官
及爵任職事官者散官散號將軍同職事王依本服自外各從職事服諸致
仕及以理去官被召謁見皆服前官從省服平巾幘簪導冠支
五品以上紫褶六品以下緋褶加兩襠縢蛇並白袴起梁帶五品以上金玉雜鈿
六品以下金飾隱起鞾武官及衛官陪立大仗則服之若文官乘馬亦通服之
去兩襠縢蛇諸視品府佐武弁平巾幘國官進賢一梁冠黑介幘
簪導其服各準正品其流外官亦依正品流外之例參朝則服之若謁見府公府佐
平巾黑幘國官黑介幘皆白紗單衣烏皮履諸流外官行署三品

以上黑介幘絳公服用緋爲之制同絳紗單衣方心革帶鉤鰈假帶韈烏皮履九
品以上絳褠衣制同絳公服而狹袖形直如溝不垂去方心假帶餘同絳公服其非行署
者太常寺謁者卜博士醫助教祝史贊引鴻臚寺掌儀諸典書典
學內侍省內典引太子門下坊典儀內坊導客舍人諸贊者王公
以下舍人公主謁者等各準行署依品服自外及民任雜掌無官
品者皆平巾幘緋衫大口袴朝集從事則服之諸典謁武弁絳公
服其齋郎介幘絳褠衣自外品子任雜掌者皆平巾幘緋衫大口
袴朝集從事則服之黑介幘簪導深衣青褾領革帶烏皮履未冠
則雙童髻空頂黑介幘去革帶國子太學四門學生參見則服之
書算學生州縣學生則烏紗帽白裙襦青領諸外官拜表受詔
皆服本品無朝服者則服之其餘公事及初上並公服諸州大中正進賢一梁
冠絳紗公服若有本品者依本品參朝服之諸州縣佐史鄉正里
正岳瀆祝史齋郎並介幘絳褠衣平巾幘緋褶大口袴紫附褠尚
食局主食典膳局主食太官署食官署掌膳服之平巾綠幘青布

袴褶尚食局主膳典膳局典食太官署食官署供膳服之平巾五
辮髻青袴褶青耳屩羊車小史服之總角髻青袴褶漏刻生漏童
服之龍朔二年九月戊寅司禮少常伯孫茂道奏稱諸臣九章服
君臣冕服章數雖殊飾龍名袞尊卑相亂望諸臣九章衣以雲及
麟代龍昇山爲上仍改冕當時紛議不定儀鳳年太常博士蘇知
機又上表以公卿已下冕服請別立節文勅下有司詳議崇文館
學士校書郎楊炯奏議曰古者太昊庖犧氏仰以觀象俯以察法
造書契而文籍生次有黃帝軒轅氏長而敦敏成而聰明垂衣裳
而天下理其後數遷五德君非一姓體國經野建邦設都文質所
以再而復正朔所以三而改夫改正朔者謂夏后氏建寅殷人建
丑周人建子至於以日繫月以月繫時以時繫年此則三王相襲
之道也夫易服色者謂夏后氏尚黑殷人尚白周人尚赤至於山龍
華蟲宗彝藻火粉米黼黻此又百代可知之道也謹按虞書曰予
欲觀古人之象日月星辰山龍華蟲作繪宗彝藻火粉米黼黻絺

繡由此言之則其所從來者尚矣夫日月星辰者明光照下土也山
者布散雲雨象聖王澤沾下人也龍者變化無方象聖王應機布
教也華蟲者雉也身被五綵象聖王體兼文明也宗彝者武蜼也
以剛猛制物象聖王神武定亂也藻者逐水上下象聖王隨代而
應也火者陶冶烹飪象聖王至德日新也米者人恃以生象聖王
物之所賴也黼能斷割象聖王臨事能決也黻者兩己相背象君
臣可否相濟也逮有周氏乃以日月星辰爲旌旗之飾又登龍於
山登火於宗彝於是乎制袞冕以祀先王也九章者法於陽數也
以龍爲首章者袞者卷也龍德神異應潛見表聖王深沉遠智卷
舒神化也又制鷩冕以祭先公也鷩者雉也有耿介之志表公有
賢才能守耿介之節也又制毳冕以祭四望也四望者岳瀆之神
也武蜼者山林所生也明其象也制絺冕以祭社稷也社稷土穀
之神也粉米由之成也象其功也又制玄冕以祭羣小祀也百神
異形難可徧擬但取黻之相背異名也夫以周公之多才也故化定

制禮功成作樂夫以孔宣之將聖也故行夏之時服周之冕先王之法服乃此之自出矣天下之能事又於是乎畢矣今表狀請制大明冕十二章乘輿服之者謹按日月星辰者已施旌旗矣龍武山火者又不踰於古矣而云麟鳳有四靈之名玄龜有負圖之應雲有紀官之號木有感德之祥此蓋別表休徵終是無餘比象然則皇王受命天地興符仰觀則璧合連珠俯察則銀黃玉紫盡南宮之粉壁不足寫其形狀釁東觀之鉛黃無以紀其名實固不可畢陳於法服也雲也者從龍之氣也水也者藻之自生也又不假別爲章目也此蓋不經之甚也又驚鳥冕八章三公之服者太平之瑞也非三公之德也鷹鸇者鷙鳥也適可以辨詳刑之職也熊羆者猛獸也適可以旌武臣之力也又稱藻爲水草無所法象引張衡賦云蔕倒茄於藻井披紅葩之狎獵謂爲蓮花取其文彩者夫茄者蓮也若以蓮花代藻變古從今既不知草木之名亦未達文章之意此又不經之甚也又毳冕六章三品服之者按此王者祀四望服之名

也今三品乃得同王之毳冕而三公不得同王之衮名豈惟顚倒衣裳抑亦自相矛楯此又不經之甚也又絺冕四章五品服之考之於古則無其名驗之於今則非章首此又不經之甚也若夫禮惟從俗則命爲制令爲詔乃秦皇之故事猶可以適於今矣若乃義取隨時則出稱警入稱蹕乃漢國之舊儀猶可以行於代矣亦何取於變周公之軌物改宣尼之法度者哉由是竟寢知幾所請景龍二年七月皇太子將親釋奠於國學有司草儀注令從臣皆乘馬著衣冠太子左庶子劉子玄進議曰古者自大夫已上皆乘車而以馬爲騑服魏晉已降迄于隋代朝士又駕牛車歷代經史具有其事不可一二言也至如李廣北征解鞍憩息馬援南伐據鞍顧眄斯則鞍馬之設行於軍旅戎服所乘貴於便習者也案江左官至尚書郎而輒輕乘馬則爲御史所彈又顏延之罷官後好騎馬出入閭里當代稱其放誕此則專車憑軾可攃朝衣單馬御鞍宜從褻服求之近古灼然之明驗矣自皇家撫運沿革隨時至如陵廟

邀幸王公冊命則盛服冠履乘彼輅車其士庶有衣冠親迎者亦時以服箱充馭在於他事無復乘車貴賤所通鞍馬而已臣伏見比者鑾輿出幸法駕首途左右侍臣皆以朝服乘馬夫冠履而出止可配車而行今乘車既停而冠履不易可謂唯知其一而未知其二何者褒衣博帶革履高冠本非馬上所施自是車中之服必也襪而升鐙跣以乘鞍非惟不師古道亦自取驚今俗求諸折中進退無可且長裙廣袖襜如翼如鳴珮紆組鏘鏘弈弈馳驟於風塵之內出入於旌棨之間儻馬有驚逸人從顚墜遂使屬車之右遺履不收清道之傍絓驂相續固以受嗤行路有損威儀今議者皆云秘閣有梁武帝南郊圖多有衣冠乘馬者此則近代故事不得謂無其文臣案此圖是後人所爲非當時所撰且觀當今有古今圖畫者多矣如張僧繇畫群公祖二疏而兵士有著芒屩者閻立本畫昭君入匈奴而婦人有著帷帽者夫芒屩出於水鄉非京華所有帷帽創於隋代非漢宮所作議者豈可徵此二畫以爲故實

者乎由斯而言則梁武南郊之圖義同於此又傳稱因俗禮貴緣情殷輅周冕規模不一秦冠漢珮用捨無恒況我國家道軼百王功高萬古事有不便資於變通其乘馬衣冠竊謂宜從省廢臣此異議其來自久日不暇給未及搉揚今屬殿下親從齒胄將臨國學凡有衣冠乘馬皆憚此行所以輒進狂言用申鄙見皇太子手令付外宣行仍編入令以爲恒式讌服蓋古之褻服也今亦謂之常服江南則以巾褐裙襦北朝則雜以戎夷之制爰至北齊有長帽短靴合袴襖子朱紫玄黃各任所好雖謁見君上出入省寺若非元正大會一切通用高氏諸帝常服緋袍隋代帝王貴臣多服黃文綾袍烏紗帽九環帶烏皮六合靴百官常服同於匹庶皆著黃袍出入殿省天子朝服亦如之惟帶加十三環以爲差異蓋取於便事其烏紗帽漸廢貴賤通服折上巾其制於周武帝建德年所造也晉公宇文護始命袍加下襴及大業元年煬帝始制詔吏部尚書牛弘工部尚書宇文愷兼內史侍郎虞世基給事郎許善心儀

曹郎袁朗等憲章古則創造衣冠自天子逮于胥吏章服皆有等
差始令五品以上通服朱紫是後師旅務殷車駕多行幸百官行
從雖服袴褶而軍間不便六年復詔從駕涉遠者文武官等皆戎
衣貴賤異等雜用五色五品已上通著紫袍六品已下兼用緋綠
胥吏以青庶人以白屠商以皁士卒以黃武德初因隋舊制天子
讌服亦名常服唯以黃袍及衫後漸用赤黃遂禁士庶不得以赤
黃爲衣服雜飾四年八月勑三品已上大科紬綾及羅其色紫飾
用玉五品已上小科紬綾及羅其色朱飾用金六品已上服絲布
雜小綾交梭雙紃其色黃六品七品飾銀八品九品鍮石流外及
庶人服紬絁布其色通用黃飾用銅鐵五品已上執象笏三品已
下前挫後直五品已上前挫後屈自有唐已來一例上圓下方曾
不分別六品已下執竹木爲笏上挫下方其折上巾烏皮六合靴
貴賤通用貞觀四年又制三品已上服紫五品已上服緋六品七
品服綠八品九品服以青帶以鍮石婦人從夫色雖有令仍許通

著黃五年七月勑七品已上服龜甲雙巨十花綾其色綠九品已
上服絲布及雜小綾其色青十一月賜諸衛將軍紫袍錦爲褾袖
八年五月太宗初服翼善冠貴臣服進德冠龍朔二年司禮少常
伯孫茂道奏稱舊令六品七品著綠八品九品著青深青亂紫非
卑品所服望請改八品九品著碧朝參之處聽兼服黃從之總章
元年始一切不許著黃上元元年八月又制一品已下帶手巾筭袋
仍佩刀子磨石武官欲帶者聽之文武三品已上服紫金玉帶四
品服深緋五品服淺緋並金帶六品服深綠七品服淺綠並銀帶
八品服深青九品服淺青並鍮石帶庶人並銅鐵帶文明元年七
月甲寅詔旗幟皆從金色飾之以紫畫以雜文八品已下舊服者並
改以碧京文官五品已上六品已下七品清官每日入朝常服袴
褶諸州縣長官在公衙亦準此景雲中又制令依上元故事一品
已下帶手巾筭袋其刀子礪石等許不佩武官五品已上佩跕蹀
七事七謂佩刀刀子磨石契苾眞噦厥計筒火石袋等也至開元

初復罷之則天天授二年二月朝集使刺史賜繡袍各於背上繡
成八字銘長壽三年四月勑賜岳牧金字銀字銘袍延載元年五
月則天內出緋紫單羅銘襟背衫賜文武三品已上左右監門衛
將軍等飾以對師子左右衛飾以麒麟左右武威衛飾以對虎左
右豹韜衛飾以豹左右鷹揚衛飾以鷹左右玉鈐衛飾以對鶻左
右金吾衛飾以對豸諸王飾以盤石及鹿宰相飾以鳳池尚書飾
以對鴈武德已來始有巾子文官名流上平頭小樣者則天朝貴
臣內賜高頭巾子呼爲武家諸王樣中宗景龍四年三月因內宴
賜宰臣已下內樣巾子開元已來文官士伍多以紫皁官絁爲頭
巾平頭巾子相效爲雅製玄宗開元十九年十月賜供奉官及諸
司長官羅頭巾及官樣巾子迄今服之也天寶十載五月改諸衛
旗幡隊仗先用緋色並用赤黃色以符土德高祖武德元年九月
改銀菟符爲銀魚符高宗永徽二年五月開府儀同三司及京官
文武職事四品五品並給隨身魚咸亨三年五月五品已上賜新

魚袋並飾以銀三品已上各賜金裝刀子礪石壹具垂拱二年正
月諸州都督刺史並準京官帶魚袋天授元年九月改內外所
佩魚並作龜久視元年十月職事三品已上龜袋宜用金飾四品
用銀飾五品用銅飾上守下行皆從官給神龍元年二月內外官
五品已上依舊佩魚袋六月郡王嗣王特許佩金魚袋景龍三年
八月令特進佩魚散職佩魚自此始也自武德已來皆正員帶闕
官始佩魚袋員外判試檢校自則天中宗後始有之皆不佩魚雖
正員官得佩亦去任及致仕即解去魚袋至開元九年張嘉貞爲
中書令奏諸致仕許終身佩魚以爲榮寵以理去任亦聽佩魚袋
自後恩制賜賞緋紫例兼魚袋之章服因之佩魚袋服朱紫者衆
矣衆制云袴褶近代服以從戎今纘嚴則文武百官咸服之車駕
親戎則縛袴不舒散也中官紫褶外官絳褶皆用皮服冠衣朱者
紫衣用赤舃爲衣用烏舃唯褶服以靴靴胡屨也取便於事施於
戎服舊制乘輿案褥牀褥牀帷皆以紫爲飾天寶六載禮儀使

太常卿韋縚奏請依御衣色以赤黃爲飾從之武德令皇后服有褘衣鞠衣鈿釵禮衣三等褘衣首飾花十二樹并兩博鬢其衣以深青織成爲之文爲翬翟之形（素質五色十二等）素紗中單黼領羅縠褾襈（褾襈皆用朱色也）蔽膝（隨裳色以緅爲領用翟爲章三等）大帶（隨衣色朱裏紕其外上以朱錦下以綠錦紐約用青組）以青衣革帶青韈舄（舄加金飾）白玉雙珮玄組雙大綬（章綵尺寸與乘輿同）受冊助祭朝會諸大事則服之鞠衣（黃羅爲之其蔽膝大帶及衣革帶舄隨衣色餘與褘衣同唯無雉也）親蠶則服之鈿釵禮衣十二鈿服通用雜色制與上同唯無雉及珮綬（去舄加履）宴見賓客則服之皇太子妃服首飾花九樹（小花如大花之數并兩博鬢也）褕翟（青織成爲之文爲搖翟之形青質五色九等也）素紗中單黼領羅縠褾襈（褾襈皆用朱也）蔽膝（隨裳色用緅爲領以搖翟爲章二等也）大帶（隨衣色不朱裏紕其外上以朱錦下以綠錦紐約用青組）以青衣革帶青韈舄（舄加金飾）瑜玉珮紅朱雙大綬（章綵尺寸與皇太子同）受冊助祭朝會諸大事則服之鞠衣（黃羅爲之其蔽膝大帶及衣革帶隨衣色餘與褕翟同唯無雉也）從蠶則服之鈿釵禮衣九鈿服通用雜色制與上同唯無雉及珮綬（去舄加履）宴見賓客則服之內外命婦服花釵（施兩博鬢寶鈿飾也）翟衣青質（羅爲之繡爲雉編次於衣及裳重爲九等而下）第一品花

鈿九樹（寶鈿準花數以下准此也）翟九等第二品花釵八樹翟八等第三品花鈿七樹翟七等第四品花鈿六樹翟六等第五品花鈿五樹翟五等並素紗中單黼領朱褾襈（亦通用羅縠也）蔽膝（隨裳色以緅爲領緣加以文繡重雉爲章二等一品已下皆同也）大帶（隨衣色緋其外上以朱錦下以綠錦紐約用青組）青衣革帶青韈舄珮綬內命婦受冊從蠶朝會則服之其外命婦嫁及受冊從蠶大朝會亦準此鈿釵禮衣通用雜色制與上同唯無雉及珮綬（去舄加履）第一品九鈿第二品八鈿第三品七鈿第四品六鈿第五品五鈿內命婦尋常參見外命婦朝參辭見及禮會則服之六尚寶林御女采女官等服禮衣通用雜色制與上同惟無首飾七品已上有大事服之尋常供奉則公服（公服去中單蔽膝大帶）九品已上大事及尋常供奉並公服東宮準此女史則半袖裙襦諸公主王妃珮綬同諸王縣主內命婦準品外命婦五品已上皆準夫子即非因夫子別加邑號者亦準品婦人宴服準令各依夫色上得兼下下不得僭上既不在公庭而風俗奢靡不依格令綺羅錦繡隨所好尚上自宮掖下至匹庶遞相

倣效貴賤無別武德貞觀之時宮人騎馬者依齊隋舊制多著冪䍦雖發自戎夷而全身障蔽不欲途路窺之王公之家亦同此制永徽之後皆用帷帽拖裙到頸漸爲淺露尋下勑禁斷初雖暫息旋又仍舊咸亨二年又下勑曰百官家口咸預士流至於衢路之間豈可全無障蔽比來多著帷帽遂弃冪䍦曾不乘車別坐檐子遞相倣效浸成風俗過爲輕率深失禮容前者已令漸改如聞猶未止息又命婦朝謁或將馳駕車既入禁門有虧肅敬此並乖於儀式理須禁斷自今已後勿使更然則天之後帷帽大行冪䍦漸息中宗即位宮禁寬弛公私婦人無復冪䍦之制開元初從駕宮人騎馬者皆著胡帽靚粧露面無復障蔽士庶之家又相倣效帷帽之制絕不行用俄又露髻馳騁或有著丈夫衣服鞾衫而尊卑內外斯一貫矣奚契丹塞外用之開元天寶中漸至京城兜籠巴蜀婦人所用今乾元已來蕃將多著勳於朝兜籠易於檐負京城奚車兜籠代於車輿矣武德來婦人著履規

制亦重又有線靴開元來婦人例著線鞋取輕妙便於事侍兒乃著履臧獲賤伍者皆服襴衫太常樂尚胡曲貴人御饌盡供胡食士女皆竟衣胡服故有范陽羯胡之亂兆於好尚遠矣太極元年左司郎中唐紹上疏曰臣聞王公已下送終明器等物具標甲令品秩高下各有節文孔子曰明器者備物而不可用以芻靈者善爲俑者不仁傳曰俑者謂有面目機發似於生人也以此而葬殆將於殉故曰不仁近者王公百官競爲厚葬偶人像馬雕飾如生徒以眩耀路人本不因心致禮更相扇慕破產傾資風俗流行遂下兼士庶若無禁制奢侈日增望諸王公已下送葬明器皆依令式並陳於墓所不得衢路行又士庶親迎之儀備諸六禮所以承宗廟事舅姑當須昏以爲期詰朝謁見往者下俚庸鄙時有障車邀其酒食以爲戲樂近日此風轉盛上及王公乃廣奏音樂多集徒侶遮擁道路留滯淹時邀致財物動踰萬計遂使障車禮貺過於聘財歌舞喧譁殊非助感既虧名教實蠹風猷違紊

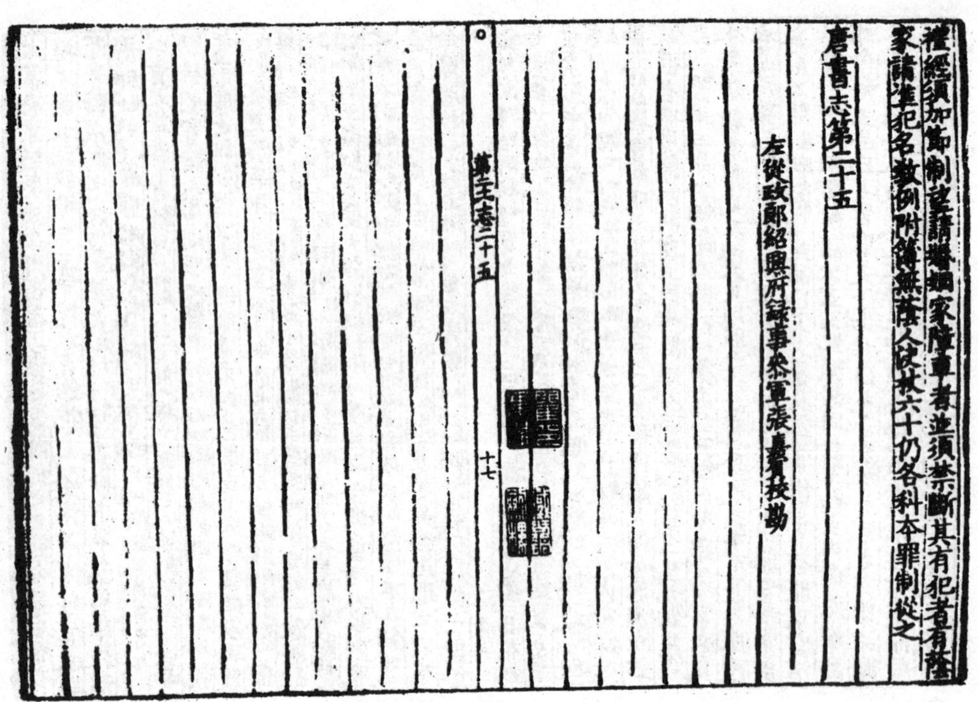

禮經須加節制韋請婚姻家陪車者並須禁斷其有犯者有蔭家請准犯名敎例附贖無蔭人決杖六十仍各科本罪制從之

唐書志第二十五

左從政郎紹興府録事叅軍張嘉賓校勘

第二十五　唐志二十五　十七

唐書志卷第二十六

劉　昫　等修

聞人詮校刻沈桐同校

經籍上

夫龜文成象肇八卦於庖犧鳥跡分形創六書於蒼頡聖作明述同源異流墳典起之於前詩書繼之於後先王陳迹後王準繩易曰人文以化成天下禮曰君子如欲化民成俗其必由學乎學者非他方策之謂也琢玉成器觀古知今歷代哲王莫不崇尚自仲尼沒而微言絕七十子喪而大義乖嬴氏坑焚以愚黔首漢興學校復創石渠雄向校讐於前馬鄭討論於後兩京載籍鬱是粲然及漢末還都焚溺過半爰自魏晉迄于周隋而好事之君慕古之士亦未嘗不以圖籍爲意也然河北江南未能混一偏方購輯卷帙未弘而荀勗李充王儉任昉祖暅皆達學多聞歷世整比群分類聚遞相祖述或爲七錄或爲四部言其部類多有所遺及隋氏建邦寰區一統煬皇好學

喜聚逸書而隋世簡編最爲博洽及大業之季喪失者多貞觀中令狐德棻魏徵相次爲秘書監上言經籍亡逸請行購募幷奏引學士校定群書大備開元三年左散騎常侍褚無量馬懷素侍宴言及經籍玄宗曰內庫皆是太宗高宗先代舊書常令宮人主掌所有殘缺未遑補緝篇卷錯亂難於檢閱卿試爲朕整比之至七年詔公卿士庶之家所有異書官借繕寫及四部書成上令百官入乾元殿東廊觀之無不駭其廣九年十一月殷踐猷王愜韋述余欽毋煚劉彥眞王灣劉仲等重修成群書四部錄二百卷右散騎常侍元行冲奏上之自後毋煚又略爲四十卷名爲古今書錄大凡伍萬一千八百五十二卷祿山之亂兩都覆沒乾元舊籍亡散殆盡肅宗代宗崇重儒術屢詔購募文宗時鄭覃侍講禁中以經籍道喪屢以爲言詔令秘閣搜訪遺文日令添寫開成初四部書至五萬六千四百七十六卷及廣明初黃巢干紀再陷兩京宮廟寺署焚蕩殆盡曩時遺籍尺簡無存及行在朝諸儒購輯所傳無幾昭宗即位志弘文雅秘書省奏

曰常省元掌四部御書十二庫共七萬餘卷廣明之亂一時散失後來省司購募尚及二萬餘卷及先朝再幸山南尚存一萬八千卷竊知京城制置使孫惟晟收在本軍其御書秘閣見充教坊及諸軍人占住伏以典籍國之大經秘府校讐之地其書籍並望付當省校其殘缺漸令補輯樂人乞移他所並從之及遷都洛陽又喪其半平時載籍世莫得聞今錄開元盛時四部諸書以表藝文之盛四部者甲乙丙丁之次也甲部爲經其類十二一曰易以紀陰陽變化二曰書以紀帝王遺範三曰詩以紀興衰誦歎四曰禮以紀文物體制五曰樂以紀聲容律度六曰春秋以紀行事褒貶七曰孝經以紀天經地義八曰論語以紀先聖微言九曰圖緯以紀六經讖候十曰經解以紀六經讖候十一曰詁訓以紀六經讖候十二曰小學以紀字體聲韻乙部爲史其類十有三一曰正史以紀傳表志二曰古史以紀編年繫事三曰雜史以紀異體雜紀四曰霸史以紀僞朝國史五曰起居注以紀人君言動六曰舊事以紀朝廷政令七曰職官以紀班序品

秩八曰儀注以紀吉凶行事九曰刑法以紀律令格式十曰雜傳以紀先聖人物十一曰地理以紀山川郡國十二曰譜系以紀世族繼序十三曰略錄以紀史策條目丙部爲子其類一十有四一曰儒家以紀仁義教化二曰道家以紀清淨無爲三曰法家以紀刑法典制四曰名家以紀循名責實五曰墨家以紀強本節用六曰縱橫家以紀辯說譎詐七曰雜家以紀兼敘衆說八曰農家以紀播植種藝九曰小說家以紀芻辭輿誦十曰兵法以紀權謀制度十一曰天文以紀星辰象緯十二曰曆數以紀推步氣朔十三曰五行以紀卜筮占候十四曰醫方以紀藥餌針灸丁部爲集其類有三一曰楚詞以紀騷人怨刺二曰別集以紀詞賦雜論三曰總集以紀文章事類與等撰集依班固藝文志體例諸書隨部皆有小序發明其指近史官撰隋書經籍志其例亦然竊以紀錄簡編異題卷部相沿序述無出前修今之殺青亦所不取但紀部帙而已而煚等所序四部都錄以明新修之旨今略載之竊以經墳浩廣史圖紛博尋覽者莫之能徧司

捴者常苦其多何暇重屋複牀更繁其說若先王有闕典上聖有遺事邦政所急儒訓是先宜垂教以作程當闡規而開典則不遑啓處何獲宴寧晏之所修誠惟此義然禮有未愜追怨良深于時祕書省經書實多亡闕諸司墳籍不暇討論此則事有未周一也其後周覽人間頗覩又新集記貞觀之前永徽已來不取近書採長安之上神龍已來未錄此則理有未弘二也書閱不徧事復未周或不詳名氏或未知部伍此則體有未通三也書多闕目空張第數既無篇題實乖標牓此則例有所虧四也所用書序咸取魏文貞所分書類皆據隋經籍志理有未允體有不通此則事實未安五也昔馬談作史記班彪作漢書皆兩葉而僅成劉歆作七略王儉作七志踰二紀而方就孰有四萬卷目二千部書名目首尾三年便令終竟欲求精悉不其難乎所以常有遺恨竊思追雪乃與類同契積思潛心審正舊疑詳開新制永徽新集神龍近書則釋而附也未詳名氏不知部伍則論而補也空張之目則檢獲便增未允之序則詳宜別作紕繆咸正混雜必刊改舊傳之失者三百餘條加新書之目者六千餘卷凡經錄十二家五百七十五部六千二百四十一卷史錄十三家八百四十部一萬七千九百四十六卷子錄十七家七百五十三部一萬五千六百三十七卷集錄三家八百九十二部一萬二千二十八卷凡四部之錄四十五家都管三千六十部五萬一千八百五十二卷成書錄四十卷其外有釋氏經律論疏道家經戒符籙凡二千五百餘部九千五百餘卷亦具翻譯名氏序述指歸又勒成目錄十卷名曰開元內外經錄若夫先王祕傳列代與文自古之粹籍靈符絕域之神經怪牒盡載於此二書矣夫經籍者開物成務垂教作程聖哲之能事帝王之達典而去聖已久開鑿遂多苟不剖判條源甄明科部則先賢遺事有卒代而不聞大國經書遂終年而空泯使學者孤舟泳海弱羽憑天銜石填溟倚杖追日莫聞名目豈詳家代不亦勞乎不亦弊乎將使書千帙於掌眸披萬函於年祀覽錄而知旨觀目而悉詞經墳之精術盡探賢哲之睿思咸識不見古人之面而見古人

之心以傳後來不愈其已其序如此煚等四部目及釋道目並有小序及注撰人姓氏卷軸繁多今並略之但紀篇部以表我朝文物之大其釋道錄目附本書今亦不取據開元經籍爲之志天寶已後名公各著文章儒者多有撰述或記禮法之沿革或裁國史之繁略皆張部類其徒實繁臣以後出之書在開元四部之外不欲雜其本部今據所聞附撰人等傳其諸公文集亦見本傳此並不錄四部區分詳之于下甲部經錄十二家五百七十五部六千二百四十一卷

易類一　書類二　詩類三　禮類四
樂類五　春秋類六　孝經類七　論語類八
讖緯類九　經解類十　詁訓類十一　小學類十二

易類一

歸藏十三卷殷易司馬膺撰　周易二卷卜商傳　周易十卷孟喜章句
又十卷京房章句　又四卷費直章句　又十卷馬融章句
又九卷鄭玄注　又十卷荀爽章句　又五卷劉表注

又十卷王肅注　又十卷董遇注　又十卷宋衷注
又七卷王弼注　又九卷虞翻注　又十三卷陸績注
又十卷葛氏九家集解　又十卷馬鄭二王集解　又十卷姚信注
又十卷王弼韓康伯注　又十卷二王集注　又十卷荀煇注
又十卷蜀才注　又十卷張璠集解　又十卷王廙注
又十卷干寶注　又十卷黃穎注　又十卷崔覲注
又十三卷崔覲注　又十卷何胤注　又十卷盧氏注
又十四卷傅氏注　又十卷王玄度注　又十卷王又玄注
又十卷王希古注　又十卷王凱沖注　周易發揮五卷王鄴撰
周易繫辭二卷謝萬注　又二卷桓玄注　又二卷荀諝注
又二卷宋褒注　周易義疏二十卷宋明帝注
宋群臣講易疏二十卷張該等注　周易大義二十卷梁武帝撰
周易講疏三十五卷梁武帝撰　周易發題義一卷
周易發義一卷蕭偉撰　周易大義疑問二十卷梁武帝撰

周易義疏十四卷 蕭子政撰
周易講疏三十卷 張譏注
又十三卷 何安撰
又十六卷 褚仲都撰
周易正義十四卷 孔穎達撰
周易新論十卷 陰弘道
周易文句義疏二十四卷 陸德明撰
周易文外大義二卷 陸德明撰
周易新注本義十四卷 薛仁貴撰
周易開題論序十卷
周易文句義疏二十卷 已上卷梁武撰
周易大衍論三卷 玄宗撰
周易四卷 鍾會撰
周易大演論一卷 王弼撰
周易論一卷 應吉甫撰
周易統略論三卷 鄒湛撰
周易略論一卷 張璠撰
周易論二卷 暨長成難暨仲容答
易論一卷 宋處宗撰
通易象論一卷 宣騁撰
又一卷 欒求初撰
周易繫辭義二卷 劉向撰
周易乾坤義疏一卷 劉瓛撰
周易略譜一卷 沈熊撰
周易文義一卷 干寶撰
周易封序論一卷 楊乂撰
周易譜一卷 袁宏撰
周易論四卷 范氏撰
。

周易雜音三卷
周易釋序義三卷 梁蕃注撰
右易七十八部凡六百七十三卷
古文尚書十三卷 孔安國撰
又十卷 孔安國傳
又十卷 李顒集注
又十卷 范甯注
又十卷 姜道盛集注
又十卷 馬融注
又九卷 鄭玄注
古文尚書十卷 王肅注
尚書十三卷 謝沈注
尚書暢訓三卷 伏勝注
尚書洪範五行傳十一卷 劉向撰
尚書答問三卷 王肅問
尚書釋駁五卷 王肅撰
尚書釋問四卷 鄭玄注王粲問田瓊
尚書義注三卷 呂文優撰
尚書釋義四卷 伊說撰
尚書要略二卷
尚書新釋二卷
尚書百問一卷 顧歡撰
尚書義疏十卷 巢猗撰
尚書百釋三卷 巢猗撰
尚書義疏十卷 費甝撰
古文尚書大義二十卷 任孝恭撰
尚書義疏三十卷 蔡大寶撰
尚書文外義三十卷 顧彪撰

尚書義疏二十卷 劉焯撰
尚書述義二十卷 劉炫撰
尚書正義二十卷 孔穎達撰
古文尚書音義五卷 顧彪撰
尚書音義四卷 王儉撰
右尚書二十九部凡二百七十二卷
韓詩二十卷 卜商序 韓嬰撰
韓詩外傳十卷 韓嬰撰
毛詩十卷 毛萇撰
毛詩詁訓二十卷 鄭玄箋
毛詩二十卷 王肅注
業詩二十卷 業遵注
集註毛詩二十四卷 崔靈恩集注
韓詩翼要十卷 卜商撰
毛詩譜二卷 鄭玄撰
毛詩集序二卷 卜商撰
毛詩義注五卷
毛詩雜義駁八卷 王肅撰
毛詩問難二卷 王肅撰
毛詩駁五卷 王伯典撰
毛詩義問十卷 劉楨撰
毛詩雜答問五卷
毛詩雜義難十卷
毛詩異同評十卷 孫毓撰
毛詩釋義十卷 謝沈撰
毛詩辯三卷 楊乂撰
。

毛詩序義一卷 劉氏志撰
毛詩表隱二卷
毛詩義疏五卷 張氏撰
毛詩誼府三卷 元延明撰
毛詩草木鳥獸魚蟲疏二卷 陸機撰
毛詩述義三十卷 劉炫撰
毛詩正義四十卷 孔穎達撰
毛詩音義二卷 魯達撰
毛詩諸家音十五卷 鄭玄等注
難孫氏詩評四卷 陳統撰
右詩三十部凡三百十三卷
周官十二卷 馬融撰
周官禮十三卷 鄭玄注
又十卷 伊說撰
又十二卷 王肅注
又十二卷 干寶注
周官論評十二卷 陳劭駁傅玄評
周官寧朔新書八卷 司馬伷序王懋約注
周官駁難五卷 孫略問干寶答
周禮義疏四十卷 沈重撰
周禮疏五十卷 賈公彥撰
周禮義決三卷 王玄度撰
周官音三卷 鄭玄撰
儀禮十七卷 鄭玄注
又十七卷 王肅注
儀禮音二卷
喪服紀一卷 馬融注

又一卷鄭玄注
又一卷袁準注
又一卷
又一卷陳銓注
又二卷蔡超宗注
又二卷田僧紹注
喪服要除一卷戴至德撰
喪服要紀一卷王肅注
喪服要集議三卷杜預撰
喪服要紀五卷賀循撰謝徽注
儀禮疏五十卷賈彥撰
喪服變除一卷鄭玄撰
喪服要紀十卷賀循撰庾蔚之注
喪服古今集記三卷王儉撰
喪服五代行要記十卷王逡之志
喪服經傳義疏四卷沈文阿撰
喪服發題二卷沈文阿撰
喪服文句義十卷皇侃撰
喪服天子諸侯圖二卷謝慈撰
喪服圖一卷崔遊撰
喪服譜一卷蔡謨撰
喪服譜一卷賀循撰
喪服要難一卷趙成問袁祈答
大戴禮記十三卷戴德撰
小戴禮記二十卷戴聖撰鄭玄注
禮記二十卷盧植注
又三十卷王肅注
又三十卷孫炎注

又十二卷業遵注
禮記寧朔新書二十卷司馬伷序王懋約注
次禮記二十卷魏徵撰
月令章句十二卷戴顒撰
禮記中庸傳二卷戴顒撰
禮記義記四卷賀小同撰
禮記要鈔六卷緱氏撰
禮記音二卷曹耽撰[illegible]
又二卷謝慈撰
又二卷李軌撰
又二卷尹毅撰
又三卷徐邈撰
又二卷徐爰撰
禮記隱二十六卷
禮記略解十卷庾蔚之撰
禮記講疏一百卷皇侃撰
禮記義疏五十卷皇侃撰
禮記義疏四十卷沈重撰
禮記義疏四十卷熊安生撰
禮記義證十卷劉方撰
禮記類聚十卷
禮記正義二十卷孔穎達撰
禮記疏八十卷賈公彥撰
禮論三百七卷何承天撰
禮義二十卷戴勝等撰
三禮目錄一卷鄭玄注
問禮俗十卷董勛撰
禮記評十卷劉儁撰

禮儀問答十卷王儉撰
雜禮義十一卷吳商等撰
禮義雜記故事十一卷
禮問九卷范甯撰
禮論答問九卷范甯撰
禮論問答九卷徐廣撰
雜禮儀問答四卷戚壽撰
禮論降議三卷顏延之撰
禮論條牒十卷任預撰
禮論帖三卷任預撰
禮論抄六十六卷任預撰
禮論抄二十卷庾蔚之撰
禮儀答問十卷王儉撰
禮雜抄略二卷荀萬秋撰
禮議一卷傅隆撰
禮統郊祀六卷
禮論要抄十三卷
禮記區分十卷
禮論抄略十三卷
禮大義十卷梁武帝撰
禮疑義五十卷周捨撰
禮記義十卷何佟之撰
禮答問十卷何佟之撰
三禮義宗三十卷崔靈恩撰
禮論要抄一百卷賀瑒撰
禮統十三卷賀述撰
三禮宗略二十卷元延明撰
三禮圖十二卷夏侯伏朗撰

江都集禮一百二十卷潘徽等撰
大唐新禮一百卷房玄齡等撰
紫庭禮要十卷大聖天后撰
右禮一百四部周禮十三家儀禮喪服二十八家禮論答
問三十五家凡一千九百四十五卷
樂書九卷信都方彭注
管絃記十二卷留進錄凌秀注
鍾磬志二卷公孫崇撰
樂社大義十卷梁武帝撰
樂論三卷梁武帝撰
鍾律五卷沈重撰
古今樂錄十三卷釋智匠撰
樂府聲調六卷鄭譯撰
樂譜集解二十卷蕭吉撰
樂志十卷蘇夔撰
樂經三十卷李玄楚撰
樂書要錄十卷大聖天后撰
樂略四卷
聲律指歸一卷元殷撰
樂元起二卷
琴操二卷桓譚撰
琴操三卷孔衍撰
琴譜四卷劉氏周氏等撰
琴敘譜九卷趙耶利撰
琴譜二十一卷陳懷撰
琴集歷頭拍簿一卷

外國伎曲三卷
論樂事二卷
外國伎曲名一卷
歷代曲名一卷
推七音一卷
十二律譜義一卷
鼓吹樂章一卷
古今樂記八卷李守真撰

右樂二十九部凡一百九十五卷

春秋三家經詁訓十二卷賈逵撰
春秋經十一卷士燮撰
春秋傳十卷王朗注
春秋左氏長經章句三十卷賈逵撰
春秋左氏傳解詁三十卷賈逵撰
春秋左氏傳解誼三十卷服虔注
春秋左氏經傳章句三十卷董遇注
春秋左氏傳三十卷王肅注
春秋左氏傳三十卷杜預注
春秋左氏傳義注三十卷孫毓注
春秋左氏傳音三卷高貴鄉公撰
春秋左氏音四卷曹耽荀訥撰
春秋左氏音隱一卷服虔撰
春秋左氏傳音三卷杜預注
又三卷李洪範撰
又三卷孫邈撰
又三卷王元規撰
又十二卷

春秋左氏傳條例二十卷劉歆撰
春秋左氏傳條例章句九卷鄭衆
春秋左氏傳例七卷
又十五卷杜預撰
春秋左氏條例十卷劉寔撰
春秋左氏經例十卷方範撰
春秋左氏膏肓十卷何休撰鄭玄箴
春秋成長說七卷服虔撰
春秋左氏膏肓釋痾五卷
春秋達長義一卷王玢撰
春秋左氏傳說要十卷糜信撰
春秋塞難三卷服虔撰
春秋左氏傳賈服異同略五卷孫毓撰
春秋左氏傳例苑十八卷梁簡文帝撰
春秋義函傳十六卷干寶撰
春秋左氏釋滯十卷殷興撰
春秋序論一卷干寶撰
春秋左氏區分十二卷何始真撰
春秋左氏義略三十卷張沖撰
春秋左氏抄十卷
左氏杜預評二卷
春秋圖七卷嚴彭祖撰
春秋辭苑五卷
春秋經傳詭例疑隱一卷吳略撰
春秋雜義五卷
春秋土地名三卷
春秋旨通十卷王延之撰
春秋大夫譜十一卷顧啓期撰

春秋叢林十二卷李謐撰
春秋立義十卷崔靈恩撰
春秋申先儒傳例十卷崔靈恩撰
春秋經解六卷沈宏撰
春秋文苑六卷沈宏撰
春秋嘉語六卷沈宏撰
春秋義略二十七卷沈文阿撰
春秋攻昧十二卷劉炫撰
春秋規過三卷劉炫撰
春秋述議三十七卷劉炫撰
春秋正義三十七卷孔穎達撰
春秋公羊傳五卷嚴彭祖述公羊高傳
春秋公羊經傳十三卷何休注
春秋公羊經傳集解十四卷孔氏注
春秋公羊十二卷王彥期撰
春秋公羊傳記十二卷高龔注
何氏春秋漢議十一卷何休撰鄭玄駁糜信注
何氏春秋漢記十一卷服虔注
春秋公羊條傳一卷何休注
春秋公羊墨守二本何休撰鄭玄發
春秋公羊答問五卷荀爽問徐欽答
春秋公羊音二卷王儉撰
春秋公羊違義三卷劉晏撰
春秋公羊論二卷庾翼問難王愆期答
春秋穀梁傳十三卷段氏注
春秋穀梁傳章句十五卷穀梁俶解尹更始注

春秋穀梁傳十二卷唐固注
又十二卷糜信注
又十一卷張靖集解
春秋公羊違義三卷劉晏注
春秋穀梁經傳一十六卷程闡集注
春秋穀梁傳一十三卷孔衍訓註
又十二卷范寧集注
又十三卷徐乾注
春秋穀梁十二卷徐邈注
春秋穀梁經集解十卷沈仲義注
春秋穀梁廢疾三卷何休作鄭玄釋張靖成
穀梁傳義三卷蕭邕注
春秋穀梁傳義十二卷徐邈注
春秋穀梁音一卷徐邈注
春秋穀梁傳疏十三卷楊士勛撰
春秋公羊穀梁左氏集解十一卷劉兆撰
春秋三傳論十卷韓益撰
春秋三傳經解十一卷胡訥集撰
春秋三傳評十卷胡訥撰
春秋公羊穀梁二傳評三卷江熙撰
春秋繁露十七卷董仲舒撰
春秋[illegible]證明經論六卷
春秋二傳異同十一卷李鉉撰
春秋合三傳通論十卷潘叔虔注
春秋成集十卷潘叔虔注
春秋外傳國語二十卷左丘明撰
春秋外傳國語章句二十二卷王肅注

春秋外傳國語二十一卷 虞翻撰
又二十一卷 韋昭注
又二十一卷
又二十一卷 唐固注
右春秋一百二部一千一百八十四卷
古文孝經一卷 孔子說曾參受 孔安國傳
孝經一卷 王肅注
又一卷 鄭玄注
古文孝經一卷 劉邵注
孝經一卷 韋昭注
孝經一卷 孫熙注
又一卷 蘇林注
孝經默注二卷 徐整注
又一卷 謝萬注
又一卷 虞盤佐注
又一卷 孔光注
又一卷 殷仲文注
又一卷 殷叔道注
又一卷 魏克己注
又一卷 玄宗注
講孝經四卷 車胤等注
講孝經集解一卷 荀昶撰
孝經義疏三卷 皇侃撰
大明中皇太子講孝經義疏一卷 何約之執經
孝經疏十八卷 梁武帝撰
孝經發題四卷 太史叔明撰
○ 唐志二十六 十二
孝經述義五卷 劉炫撰
孝經疏五卷 賈公彥撰
越王孝經新義十卷 任希古撰
孝經應瑞圖一卷
演孝經十二卷 張士儒撰
孝經疏三卷 元行冲撰
論語十卷 何晏集解
又十卷 鄭玄注 虞喜讚
又十卷 王肅注
又十卷 鄭玄注
又十卷 宋明帝撰
又十卷 李充注
又十卷 衛瓘注 孫綽集解
又十卷 梁覬注
論語集義十卷 盈氏撰
論語九卷 孟釐注
論語十卷 袁喬注
又十卷 尹毅注
又十卷 江熙集解
又十卷 孫氏注
次論語五卷 王勃撰
論語音二卷 徐邈撰
古論語義註譜一卷 徐氏撰
論語釋義十卷 鄭玄注
論語義注十卷 暢惠明
論語義注隱三卷
論語篇目弟子一卷 鄭玄注
論語釋疑二卷 王弼撰

論語釋十卷
論語駁二卷 欒肇撰
論語大義解十卷 崔豹撰
論語旨序二卷 繆播撰
論語體略二卷 郭象撰
論語雜義十三卷
論語剔義十卷
論語疏十卷 皇侃撰
論語述義二十卷 戴詵撰
論語章句二十卷 劉炫撰
論語疏十五卷 賈公彥撰
論語講疏十卷 褚仲都撰
孔子家語十卷 王肅撰
孔叢子七卷 孔鮒撰
右六十三部孝經二十七家論語三十六家凡三百八十
七卷
易緯九卷 宋均注
書緯三卷 鄭玄注
詩緯三卷 鄭玄注
又十卷 宋均注
禮緯三卷 宋均注
樂緯三卷 宋均注
春秋緯三十八卷 宋均注
論語緯十卷 宋均注
六經緯五卷 宋均注
白虎通六卷 漢章帝撰
○ 唐志二十六 十二
五經雜義七卷 劉向撰
五經通義九卷 劉向撰
五經要義五卷 劉向撰
五經異義十卷 許慎撰 鄭玄駁
六藝論一卷 鄭玄注
鄭志九卷
鄭記六卷
聖證論十一卷
五經然否論五卷 譙周撰
五經鉤深十卷 楊方撰
五經咨疑八卷 楊思撰
孔子正言二十卷 梁武帝撰
長春秋義記一百卷 梁簡文撰
經典大義十卷 沈文阿撰
五經宗略四十卷 元延明撰
七經義綱略論三十卷 樊文深撰
質疑五卷 樊文深撰
游玄桂林二十卷 張譏撰
五經正名十五卷 劉炫注
經典釋文三十卷 陸德明撰
謚法三卷 荀顗演 劉熙注
又謚例十卷 沈約撰
謚法三卷 賀琛撰
匡謬正俗八卷 顏師古撰
集天名稱三卷
右三十六部經緯九家七經雜解二十七家凡四百七十四卷

爾雅三卷李巡注
爾雅六卷樊光注
又六卷孫炎注
又三卷郭璞注
集注爾雅十卷沈旋注
爾雅音義一卷郭璞注
又二卷曹憲撰
爾雅圖一卷郭璞注
爾雅圖贊二卷江灌注
爾雅音六卷江灌注
續爾雅一卷劉伯莊撰
別國方言十三卷
釋名八卷劉熙撰
廣雅四卷張揖撰
博雅十卷曹憲撰
小爾雅一卷李軌撰
纂文三卷何承天撰
纂要六卷顔延之撰
三蒼三卷李斯等撰郭璞解
蒼頡訓詁二卷杜林撰
三蒼訓詁二卷張揖撰
埤蒼三卷張揖撰
廣蒼一卷樊恭撰
說文解字十五卷許慎撰
說文音隱四卷
字林十卷呂忱撰
字統二十卷楊承慶撰
玉篇三十卷顧野王撰

○字海一百卷天聖太后撰
文字釋訓三十卷釋寶誌撰
括字苑十三卷馮幹撰
字屬篇一卷賈魴撰
古文奇字二卷郭訓撰
字旨篇一卷郭玄撰
古文字詁二卷張揖撰
詔定古文官書一卷衞宏撰
解字文七卷周成撰
雜文字音七卷王延撰
文字要說一卷王氏注
字書十卷
古今八體六文書法一卷
四體書勢一卷衞恒撰
要用字苑一卷葛洪撰
雜要字三卷
文字集略一卷阮孝緒撰
辯嫌音二卷楊休之撰
文字指歸四卷曹憲撰
證俗音略二卷顔愍楚撰
敘同音三卷
覽字知源三卷
文字辨嫌一卷彭立撰
聲類十卷李登撰
韻集五卷呂靜撰
韻略一卷楊休之撰
四聲韻略十三卷夏侯詠撰
四聲部三十卷張諒撰

韻篇十二卷趙氏撰
切韻五卷陸慈撰
桂苑珠叢一百卷諸葛穎撰
桂苑珠叢略要二十卷
急就章一卷史游撰曹壽解
急就章注一卷顔之推撰
又一卷顔師古撰
凡將篇一卷司馬相如撰
飛龍篇篆草勢合三卷崔瑗撰
在昔篇一卷班固撰
太甲篇一卷班固撰
聖草章一卷蔡邕撰
勸學篇一卷蔡邕撰
黃初章一卷
吳章一卷
矜學篇一卷朱嗣卿撰
始學篇十二卷項峻撰
少學集十卷楊方撰
小學篇一卷王羲之作
續通俗文二卷李虔撰
啓疑三卷顧凱之撰
詁幼文三卷顔延之撰
辯字一卷戴規撰
俗語難字一卷李少通撰
文字志三卷王愔撰
五十二體書一卷蕭子雲撰
古來篆隸詁訓名錄一卷
書品一卷庾肩吾撰

○書後品一卷李嗣眞撰
筆墨法一卷
麗紙筆墨疏一卷
千字文一卷蕭子範撰
又一卷周興嗣撰
篆書千字文一卷
演千字文五卷
今字石經易篆三卷
今字石經尚書五卷
今字石經鄭玄尚書八卷
三字石經尚書古篆三卷
今字石經毛詩三卷
今字石經儀禮四卷
三字石經左傳古篆書十三卷
今字石經左傳經十卷
今字石經公羊傳九卷
今字石經論語二卷蔡邕注
雜字書八卷釋正度作

右小學一百五部爾雅廣雅十八家偏傍音韻雜字八十六家凡七百九十七卷

乙部史錄十三家八百四十四部一萬七千九百四十六卷

正史類一　編年類二　僞史類三　雜史類四　起居注類五

故事類六　職官類七　雜傳類八　儀注類九　刑法類十

目錄類十一　譜牒類十二　地理類十三

史記一百三十卷司馬遷作　史記八十卷裴駰集解

又一百三十卷許子儒注　史記音義十三卷徐廣撰

史記音義三卷鄒誕生撰　又三十卷劉伯莊撰

漢書一百十五卷班固作　又一百二十卷顏師古注

御銓定漢書八十一卷郝處俊等撰　漢書音訓一卷服虔撰

漢書集解音義二十四卷應劭撰　漢書叙傳五卷項岱撰

漢書音義九卷孟康撰　漢書集注十四卷晉灼注

漢書音義七卷韋昭撰　漢書駁義二卷劉寶撰

漢書新注一卷陸澄撰　孔氏漢書音義抄二卷孔文祥撰

漢書續訓二卷韋稜撰　漢書訓纂三十卷姚察撰

漢書音義二十六卷劉嗣等撰　漢書二卷夏侯泳撰

又十二卷包愷撰　又十二卷蕭該撰

漢書決疑十二卷顏延年撰　漢書古今集義二十卷顧胤撰

漢書正義三十卷釋務靜撰　漢書正名氏義十三卷

漢書辯惑三十卷李善撰　漢書律曆志音義一卷陰景倫作

漢書英華八卷　東觀漢記一百二十七卷劉珍撰

後漢書一百三十卷謝承撰　後漢記一百卷薛瑩作

後漢書八十三卷司馬彪撰　又五十八卷劉義慶撰

後漢書三十一卷華嶠作　又一百二卷謝沈撰

後漢書外傳十卷謝沈撰　漢南紀五十八卷張瑩撰

後漢書一百二卷袁山松作　又九十二卷范曄撰

後漢書論贊五卷范曄撰　後漢書五十八卷劉昭補注

又一百卷皇太子賢注　後漢書音三卷蕭該作

又三卷臧競撰　後漢書音義二十七卷韋機撰

魏書四十四卷王沈撰　魏略三十八卷魚豢注

魏國志三十卷陳壽撰裴松之注　晉書八十九卷王隱撰

又五十八卷虞預撰　又十四卷朱鳳撰

又三十五卷謝靈運撰　晉中興書八十卷何法盛撰

晉書一百一十卷臧榮緒撰　又九卷蕭子雲撰

又一百三十卷許敬宗等撰　宋書四十二卷徐爰撰

又四十六卷孫嚴撰　又一百卷沈約撰

後魏書一百三十卷魏收撰　魏書一百七卷張大素撰

又一百卷張大素撰　後周書五十卷令狐德棻撰

隋書八十五卷魏徵等撰　又三十二卷張大素撰

齊書五十九卷蕭子顯撰　又八卷劉陟撰

梁書三十四卷謝吳姚察等撰　又五十卷姚思廉撰

陳書三卷顧野王撰　又三卷傅縡撰

又三十六卷姚思廉撰　北齊未修書二十四卷李德林撰

北齊書五十卷李百藥撰　又二十卷張大素撰

通史六百二卷梁武帝撰　南史八十卷李延壽撰

北史一百卷李延壽撰

右八十一部史記六家前漢二十五家後漢十七家魏三家晉八家宋三家後魏三家後周一家隋二家齊二家梁二家陳三家北齊三家都史三家凡四千四百四十三卷

紀年十四卷　漢紀三十卷荀悅撰

漢紀音義三卷崔浩撰　漢皇德紀三十卷侯瑾撰

後漢紀三十卷張璠撰　又三十卷袁宏撰

漢晉陽春秋五十四卷習鑿齒撰　漢靈獻二帝紀六卷劉艾撰

漢獻帝春秋十卷袁曄撰　山陽義紀樂資撰

魏武本紀三卷　魏武春秋二十卷孫盛撰

魏記十二卷魏澹撰　國紀十卷梁祚撰

吳記十卷環濟撰　晉帝紀四卷陸機撰

晉錄五卷　晉記二十二卷干寶作

又六十卷干寶撰劉協注　晉陽秋二十卷檀道鸞注

晉紀二十卷劉謙之撰　又十卷曹嘉之撰

又四十五卷徐廣撰
晉陽春秋二十二卷鄧粲撰
晉史草三十卷蕭景暢撰
晉紀十一卷鄧粲撰
戰國春秋二十卷李槩撰
崇安記二卷周祗撰
又十卷王韶之撰
晉續記五卷郭秀彥撰
三十國春秋三十卷蕭方撰
宋紀三十卷王智深撰
晉春秋略二十卷杜延業撰
又一百卷武敏之撰
宋略二十卷裴子野撰
宋春秋二十卷鮑衡卿撰
齊紀二十卷沈約撰
齊春秋三卷吳均撰
乘輿龍飛記二卷鮑衡卿撰
梁典三十卷劉璠撰
皇帝紀七卷
梁太清紀十卷蕭韶撰
又三十卷何元之撰
梁撮要三十卷陰僧仁撰
淮海亂離志四卷蕭大圜撰
棲鳳春秋五卷臧嚴撰
梁昭後略十卷姚最撰
天啓記十卷守節先生撰
梁末代記一卷
後梁春秋十卷蔡允恭撰

唐志二十六　十七

北齊記二十卷
北齊志十七卷王劭撰
鄴洛鼎峙記十卷
隋大業略記三卷趙毅撰
隋後略十卷張大素撰
蜀國志十五卷陳壽撰
吳國志二十一卷陳壽撰裴松之注
吳書五十五卷韋昭撰
華陽國志三卷常璩撰
蜀李書九卷常璩撰
漢趙記十卷和包撰
趙石記二十卷田融撰
二石記二十卷田融撰
二石偽事六卷王度隋翽等撰
燕書二十卷范亨撰
秦記十一卷裴景仁撰杜惠明注
涼記十卷張諮撰
西河記二卷段龜龍撰
南燕錄六卷王景暉撰
南燕書五卷張銓撰
拓跋涼錄十卷
燕志十卷
十六國春秋一百二十卷崔鴻
右七十五部編年五十五家雜偽國史二十家凡一千四百十卷

周書八卷孔晁注
古文瑣語四卷
春秋前傳十卷何承天撰
春秋前傳雜語十卷何承天撰
周載三十卷孟儀注
春秋國語十卷孔衍撰
越絕書十六卷子貢撰
吳越春秋十二卷趙曄撰
吳越春秋削煩五卷楊方撰
吳越春秋傳十卷皇甫遵撰
吳越記六卷
春秋後傳三十卷樂資撰
戰國策三十二卷劉向撰
戰國策論一卷延篤撰
戰國策三十二卷高誘注
魯後春秋二十卷劉允濟撰
楚漢春秋二十卷陸賈撰
漢尚書十卷孔衍撰
漢春秋十卷孔衍撰
後漢尚書六卷孔衍撰
後漢春秋六卷孔衍撰
後魏尚書十四卷張溫撰
後魏春秋九卷孔衍撰
典略五十卷魚豢撰
三史要略三十卷張溫撰
正史削繁十四卷阮孝緒撰
東殿新書二百卷高宗大帝撰
史記要傳十卷衛颯撰

唐志二十六　十八

古史考二十五卷譙周撰
史記正傳九卷張瑩撰
史要三十八卷王延秀撰
合史二十卷
史漢要集二卷王蔑撰
後漢書抄三十卷葛洪撰
後漢書略二十五卷張緬撰
後漢書纘十三卷范曄撰
後漢文武釋論二十卷王越客撰
三國評三卷徐衆撰
晉書鈔三十卷張緬撰
代譜四百八十卷周武帝敕撰
漢書英雄記十卷王粲等撰
九州春秋九卷司馬彪撰
魏陽秋異同八卷孫壽撰
魏武本紀年曆五卷
漢表十卷袁希之撰
刪補蜀記七卷王隱撰
吳錄三十卷張勃撰
魏記三十三卷盧彥卿撰
關東風俗傳六十三卷宋孝王撰
隋書八十卷王劭撰
王業曆二卷趙弘禮撰
隋開業平陳記十二卷裴矩撰
古今注八卷伏無忌撰
帝王本紀十卷來奧撰
拾遺錄三卷王嘉撰
王子拾遺記十卷蕭綺錄

帝王略要十二卷環濟撰　先聖本紀十卷劉滔撰
華夷帝王記三十七卷楊曄撰　後漢雜事十卷
漢魏晉帝要記三卷賈匪之撰　魏晉代語十卷郭頒撰
吳朝人士品秩狀八卷胡沖撰　吳士人行狀名品二卷虞尚撰
江表傳五卷虞溥撰　晉諸公讚二十二卷傅暢撰
晉後略記五卷荀綽撰　宋拾遺錄十卷謝綽撰
宋齊語錄十卷孔思尚撰　帝王略論五卷虞世南撰
十世興王論十卷朱敬則撰　洞曆記九卷周樹撰
帝系譜二卷張愔等撰　洞記九卷韋昭撰
三五曆記二卷徐整撰　通曆二卷徐整撰
雜曆五卷徐整撰　國志曆五卷孔衍撰
帝王代記十卷皇甫謐撰　年曆六卷皇甫謐撰
續帝王代記十卷何茂撰　十五代略十卷吉文甫撰
吳曆六卷胡沖撰　晉曆二卷
○帝王代紀十六卷　年曆帝紀二十六卷姚恭撰
帝錄十卷諸葛忱撰　長曆十四卷
曆代記三十卷庾和之撰　千年曆二卷
千歲曆三卷謝氏志作　十代記十卷熊襄撰
帝王年曆五卷陶弘景撰　分王年表八卷芊瑗撰
曆紀十卷　通曆七卷李仁實撰
帝王編年錄五十一卷盧元福撰　共和已來甲乙紀年二卷盧元福撰
帝王紀錄三卷
右雜史一百二部凡二千五百五十九卷
穆天子傳六卷郭璞撰　漢獻帝起居注五卷
晉太始起居注二十卷李軌撰　晉愍帝起居注三十卷李軌撰
晉太康起居注二十二卷李軌撰　晉永平起居注八卷李軌撰
晉建武大興永昌起居注二十二卷　晉咸和起居注十八卷李軌撰
晉咸康起居注二十二卷李軌撰　晉建元起居注四卷

晉永和起居注二十四卷　晉永平起居注十卷
晉崇和興寧起居注五卷　晉太和起居注六卷
晉咸安起居注三卷　晉寧康起居注六卷
晉太元起居注五十二卷　晉崇寧起居注十卷
晉元興起居注九卷　晉義熙起居注三十四卷
晉元熙起居注二卷　晉起注三百二十卷劉道會撰
宋永初起居注六卷　宋景平起居注三卷
宋元嘉起居注六十卷　宋太明起居八卷
梁皇帝實錄三卷周興嗣撰　又五卷
梁太清實錄八卷　後魏起居注三百三十六卷
陳起居注四十一卷　大唐創業起居注三卷溫大雅撰
高祖實錄二十卷房玄齡撰　太宗實錄二十卷房玄齡撰
太宗實錄四十卷長孫無忌撰　高祖實錄三十卷許敬宗撰
述聖記一卷大聖天后撰　高祖實錄一百卷大聖天后撰
○聖母神皇實錄十八卷宗秦客撰　中宗皇帝實錄二十卷吳兢撰
漢武故事二卷　西京雜記一卷葛洪撰
三輔舊事一卷韋氏撰　秦漢已來舊事八卷
漢魏吳蜀舊事八卷　晉書雜詔書一百卷
又二十八卷　晉雜詔書六十六卷
晉詔書黃素制五卷　晉定品制一卷
晉太元副詔二十一卷　晉崇安元興大亨副詔八卷
晉義熙詔二十二卷　晉故事四十三卷
晉諸雜故事二十二卷　尚書大義二十一卷
晉太始康故事五卷　晉建武咸和咸康故事四卷孔愉撰
晉建武已來故事三卷　修復山林故事五卷車灌撰
先朝故事二十卷劉道會撰　東宮舊事十一卷張敞撰
交州雜故事九卷　四王起居四卷盧綝撰
晉八王故事十二卷盧綝撰　晉故事三卷

晉朝雜事二卷
大司馬陶公故事三卷
桓公偽事二卷 應德詹志
荊江楊山州遷代記四卷
宋元嘉詔二十一卷
中興代逆事二卷
東宮典記七十卷 宇文礼等志
春坊舊事三卷
公卿故事二卷 王方慶撰
魏官儀一卷 荀攸撰
晉官屬名四卷
百官名四十卷
晉永嘉流士十三卷 衛禹撰
百官階次一卷 沈瞻撰
。百官春秋十三卷 王道秀撰
職官要録三十卷 陶藻撰
陳將軍簿一卷
大建十一年百官簿狀二卷

江南故事三卷
郗太尉為尚書令故事三卷
拯襄陽上都督府事一卷 王愆期撰
宋永初詔六卷
晉宋舊事一百三十卷
東宮儀記二十二卷 張鏡撰
春坊要録四卷 杜正倫撰
漢官儀十卷 應劭志
漢官解故事三卷
晉公卿禮秩九卷 傅暢撰
晉魏帝百官名三卷 陸機撰
晉過江人士目一卷
登城三職簿三卷
宋百官階次三卷 荀欽明撰
齊職儀五十卷 范曄撰
梁選簿三卷 徐勉撰
職員令百官古今注十卷 郭演之撰
職員舊事三十卷

右一百四部列代起居注四十一家列代故事四十二家列代職官二十一家凡二千二百三十三卷

三輔決録七卷 趙岐撰 摯虞注
海內先賢行狀三卷 李氏撰
四海耆舊傳一卷 李氏撰
陳留耆舊傳三卷 蘇林撰
陳留志十五卷 江敞撰
廣州先賢傳七卷 陸胤撰
豫章舊志八卷 徐整撰
廣陵列士傳一卷 華隔撰

海內先賢傳四卷 魏明帝撰
海內士品録二卷 魏文帝撰
廬江七賢傳一卷
陳留先賢像讚一卷 陳英志
汝南先賢傳三卷 周裴撰
諸國先賢傳一卷
濟北先賢傳一卷
桂陽先賢畫讚五卷 張勝撰

會稽記四卷 朱育撰
會稽先賢傳五卷 謝承撰
會稽先賢像讚四卷 賀氏撰
吳國先賢讚三卷
魯國先賢志十四卷 白褒撰
荊州先賢傳三卷 高範撰
交州先賢傳四卷 范瑗撰
零陵先賢傳一卷
長沙耆舊傳讚三卷 劉成撰
燉煌實録二十卷 劉延明撰
海岱志十卷 崔慰祖撰
幽州古今人物志十三卷 陽休之撰
又八卷 師覺授撰
孝子傳十卷 宗躬撰
。孝子傳一卷 虞盤佐撰
孝子傳讚十卷 郭緣之撰
孝友傳八卷 梁元帝撰
顯忠録二十卷 元懌撰
英藩可録事二卷 殷系撰
列藩正論三十卷 章懷太子撰
丹陽尹傳十卷 梁元帝撰
上古以來聖賢高士傳讚三卷 周續之撰
高士傳七卷 皇甫謐撰
逸人傳三卷 張顯撰
名士傳三卷 袁尚撰
真隱傳二卷 袁淑撰
高隱傳二卷 阮孝緒撰
高才不遇傳四卷 劉晝撰

會稽典録二十四卷 虞預撰
會稽後賢傳三卷 鍾離岫撰
會稽大守像讚二卷 賀氏撰
益部耆舊傳十四卷 陳壽撰
楚國先賢志十二卷 楊方撰
兗州山陽先賢讚 仲長統撰
襄陽耆舊傳五卷 習鑿齒撰
徐州先賢傳一卷
徐州先賢傳九卷
武昌先賢傳三卷 郭延生撰
吳郡錢塘先賢傳五卷 吳均撰
孝子傳十五卷 蕭廣濟撰
孝子傳十五卷 王韶之撰
雜孝子傳二卷
又三卷 徐廣撰
孝德傳三十卷 梁元帝撰
忠臣傳三十卷 梁元帝撰
良吏傳十卷 鍾岏撰
忠孝圖傳讚二十卷 李襲譽撰
自古諸侯王善惡録二卷 魏徵撰
高士傳三卷 嵇康撰
續高士傳八卷 周弘讓撰
逸人高士傳八卷 習鑿齒撰
竹林七賢論二卷 戴逵撰
高士傳二卷 虞盤佐撰
七賢傳七卷 孟仲暉撰
列女傳二卷 劉向撰

陰德傳二卷 范晏撰
同姓名錄一卷 梁元帝撰
高僧傳六卷 虞孝敬撰
幼童傳十卷 劉昭撰
交遊傳二卷 鄭世翼撰
畫讚五十卷 漢明帝撰
四科傳讚四卷 姚濬撰
益州文翁學堂圖一卷
先儒傳五卷
又九卷
集記一百卷 王孝恭撰
李固別傳七卷
何顒傳一卷
毋丘儉記三卷
○諸葛亮隱沒五事一卷 郭沖撰
薛常侍傳二卷 荀伯子撰
文林館記十卷 鄭愷撰
文館詞林文人傳一百卷 許敬宗撰
神仙傳十卷 葛洪撰
高士老君內傳三卷 尹喜張林亭撰
關令尹喜傳一卷 鬼谷先生撰四皓注
李君內傳一卷
清虛真人王君內傳一卷
靈人辛玄子自序一卷 辛玄子撰
太極左仙公葛君內傳一卷 呂先生注
仙人馬君陰君內傳一卷 趙昇撰
紫虛元君南岳夫人內傳一卷 范邈撰
九華真妃內記一卷

止足傳十卷 王子良
全德志一卷 梁元帝撰
悼善列傳四卷
知己傳一卷 盧思道撰
秘錄二百七十卷 元暉等撰
春秋列國名臣傳九卷 孫敏撰
七國敘讚十卷
孔子弟子傳五卷
雜傳六十五卷
又四十卷
東方朔傳八卷
梁冀傳二卷
曹瞞傳一卷 吳人作
管輅傳三卷 管辰撰
玄晏春秋二卷 皇甫謐撰
桓玄傳二卷
文士傳五十卷 張騭撰
列仙傳讚二卷 劉向撰
洞仙傳十卷 見素子撰
孝子傳一卷
王喬傳一卷
漢武帝傳二卷
蘇君記一卷 周季通撰
三天法師張君內傳一卷 王長撰
紫陽真人周君傳一卷 華嶠撰
清虛真君內傳一卷 鄭子雲撰
許先生傳一卷 王羲之撰

養性傳二卷
學道傳二十卷 馬樞撰
華陽子自序一卷 茅處玄撰
名僧傳三十卷 釋寶唱撰
高僧傳十四卷 釋惠皎撰
續高僧傳三十卷 釋道宣撰
名僧錄十五卷 裴子野撰
草堂法師傳一卷 陶弘景撰
稠禪師傳一卷
甄異傳三卷 戴異撰
雜傳十卷
志怪四卷 祖台之撰
靈鬼志三卷 荀氏撰
幽明錄三十卷 劉義慶撰
○續齊諧記一卷 吳均撰
述異記十卷 祖沖之撰
冥祥記十卷 王琰撰
繫應驗記一卷 陸杲撰
妍神記十卷 梁元帝撰
近異錄二卷 劉質撰
集靈記十卷 顏之推撰
宣報記二卷 唐臨撰
列女後傳十卷 顏原撰
女記十卷 杜預撰
后妃記四卷 虞通之撰
古今內範記一百卷
保傅乳母傳一卷 大聖天后撰

周氏冥通記一卷 陶弘景撰
嵩高少室寇天師傳三卷 譙[illegible]撰
漢別國洞冥記四卷 郭憲撰
比丘尼傳四卷 釋寶唱撰
續高僧傳二十卷 釋道宣撰
西域永法高僧傳二卷 釋義淨撰
薩婆多部傳四卷 釋僧佑撰
草堂法師傳一卷 蕭理撰
列異傳三卷 張華撰
徵應集二卷
搜神記三十卷 干寶撰
志怪四卷 孔氏撰
鬼神列傳二卷 謝氏撰
齊諧記七卷 東陽無疑撰
石異得三卷 袁玉壽撰
感應傳八卷 王延秀撰
續冥祥記十一卷 王曼撰
神錄五卷 劉之道撰
因果記十卷 劉泳撰
冤魂志三卷 顏之推撰
旌異記十五卷 侯君集撰
列女傳六卷 皇甫謐撰
列女傳七卷 綦母邃撰
列女傳序讚一卷 孫夫人撰
列女傳一百卷 大聖天后撰
內範要略十卷
魯國先賢志三卷 白雜撰

右雜傳一百九十四部 褒先賢耆舊三十九家 孝友十家 忠

節三家列女三家良史二家高逸十八家雜傳五家科錄一家雜傳十一家文士三家仙靈二十六家高僧十家鬼神二十六家列女十六家凡一千九百七十八卷

漢書儀四卷衛宏撰
輿服志一卷董巴撰
甲辰儀注五卷
晉尚書儀曹新定儀注四十一卷徐廣撰
司徒儀注五卷干寶撰
車服雜注一卷徐廣撰
冠婚儀四卷
大駕鹵簿一卷
晉儀注三十九卷
晉雜儀注二十一卷
宋儀注三十六卷
諸王國雜儀十卷
雜府州郡儀十卷范汪撰
雜儀注一百八卷
古今輿服雜事十卷周遷撰
晉尚書儀曹吉禮儀注三卷
宋儀注二卷
梁祭地祇陰陽儀注二卷沈約撰
梁吉禮儀注十卷
梁吉禮十八卷明山賓等撰
陳吉禮儀注五十卷雜撰
北齊吉禮七十二卷趙彥琛撰

隋吉禮五十四卷高熲等撰
梁皇帝崩凶儀十一卷嚴植之撰
梁凶禮天子喪禮七卷
梁凶禮天子喪禮五卷嚴植之撰
梁太子妃薨凶儀注九卷
梁王侯以下凶禮九卷嚴植之撰
梁諸侯世子凶儀注九卷
北齊王太子喪禮十卷趙彥琛撰
隋書禮七卷高熲等撰
梁賓禮一卷賀瑒等撰
陳賓禮儀注六卷張彥志
梁嘉禮三十五卷司馬褧撰
梁嘉禮儀注二十一卷司馬褧撰
梁軍禮四卷陸璉撰
梁儀注十卷沈約撰
梁尚書儀注十八卷雜撰
陳尚書曹儀注二十卷雜志
梁陳大行皇帝崩儀注八卷
梁大行皇后崩儀注一卷
陳諸帝后崩儀注五卷陳雜吉儀志辞
陳雜儀注凶儀十三卷
陳皇太子妃薨儀注五卷儀曹志
陳雜儀注六卷
陳皇太后崩儀注四卷儀曹撰
理禮儀注九卷何點撰
後魏儀注三十二卷常景撰
魏明帝謚議二卷何晏撰
晉謚議八卷

晉簡文謚議四卷
魏氏郊丘三卷
魏臺雜訪儀三卷高宗撰
晉明堂郊社議三卷孔晁等撰
晉七廟議三卷蔡謨撰
雜議五卷干寶撰
晉雜議十卷荀顗等撰
要典三十九卷王景之撰
齊典四卷王逸志
皇典五卷丘仲孚撰
太宗文皇帝政典三卷李延壽撰
弔答書儀十卷王儉撰
書筆儀二十卷謝朏撰
雜儀三十卷鮑泉撰
皇室書儀十三卷鮑行卿撰
婦人書儀八卷唐瑾撰
童悟十三卷
大唐書儀十卷裴矩撰
皇帝封禪儀六卷令狐德棻撰
封禪錄十卷孟利貞撰
神岳封禪儀注十卷裴守貞撰
玉璽譜一卷僧約貞撰
傳國璽十卷姚察撰
玉璽正錄一卷徐令信撰
明堂義一卷張大賾撰
大享明堂儀注二卷郭仙舟撰
親享太廟儀三卷郭仙舟撰
明堂儀注七卷姚璠等撰

皇太子方岳亞獻儀二卷
右儀注八十四部凡一千一百四十六部
開元前格十卷姚崇等撰
開元後格九卷宋璟等撰
令三十卷
式二十卷姚崇等撰
永徽散行天下格中本七卷
永徽留本司行中本十八卷源直心等撰
永徽令三十卷
永徽留本司格後本十一卷劉仁軌撰
永徽成式十四卷
永徽散頒天下格七卷
永徽留本司行格十八卷長孫無忌撰
永徽中式本四卷
垂拱式二十卷
垂拱格二卷
垂拱留司格六卷裴居道撰
刑法律本二十一卷賈充等撰
律辯二十一卷張斐撰
漢建武律令故事三卷
律略論五卷劉劭撰
漢朝駁義三十卷應劭撰
漢名臣奏三十卷陳壽撰
又二十九卷
廷尉決事二十卷
廷尉駁事十一卷

廷尉雜詔書二十六卷　晉令四十卷賈充等撰
南臺奏事二十二卷　晉駁事四卷
晉彈事九卷　齊永明律八卷宋躬撰
梁律二十卷蔡法度撰　梁令三十卷蔡法度撰
梁科二卷蔡法度撰　陳令三十卷范泉等撰
陳科三十卷范泉志　北齊律二十卷趙郡王叡撰
北齊令八卷　周大律二十五卷趙肅等撰
隋律十二卷高熲等撰　隋大業律十八卷
隋開皇令三十卷裴正等撰　法例二卷崔知悌等撰
令律十二卷裴寂撰　律疏三十卷長孫无忌撰
武德令三十一卷裴寂等撰　貞觀格十八卷房玄齡撰
右刑法五十一部凡八百一十四部
七略別録二十卷劉向撰　七略七卷劉歆撰
今書七志七十卷王儉撰賀蹤補　七録十二卷阮孝緒撰
。

中書簿十四卷荀勗撰　永徽元年書目四卷王儉撰
梁天監四年書目四卷丘賓卿撰　陳天嘉四部書目四卷
隋開皇四年書目四卷牛弘撰　隋開皇二十年書目四卷王劭撰
史目三卷揚公珍撰　文章志四卷摯虞撰
新撰文章家集五卷荀勗撰　續文章志二卷傅亮撰
義熙已來雜集目録三卷丘深之撰　名手畫録一卷
法書目録六卷虞和撰　郡書四録二百卷元行冲撰
右雜四部書目十八部凡二百一十七卷
世本四卷宋衷撰　世本別録一卷
帝譜世本七卷宋均撰　世本譜二卷
漢氏帝王譜三卷　司馬氏世家二卷
百家集譜十卷王儉撰　百家譜三十卷王僧孺撰
氏族要狀十五卷賈希鏡撰　永和中表簿六卷
姓氏英賢譜一百卷賈執撰　百家譜五卷賈執撰

國親皇太子親傳四卷賈冠撰　太同四年中表簿三卷
齊梁宗簿三卷　後魏辯宗録二卷元暉業撰
姓苑十卷何承天撰　後魏譜二卷
後魏方司格一卷　十八州譜七百一十二卷王僧孺撰
冀州譜七卷　洪州譜九卷
袁州譜七卷　大唐氏族志一百卷高士廉撰
姓氏譜二卷許敬宗撰　著姓略記十卷路敬淳撰
衣冠譜六十卷路敬淳撰　大唐姓族系録二百卷柳沖撰
褚氏家傳一卷褚結撰褚淘注　殷氏家傳三卷殷敬等撰
桂氏世傳七卷崔項撰　邵氏家傳十卷
楊氏譜一卷　蘇氏譜一卷
韋氏家傳三卷皇甫謐撰　王氏家傳二十一卷
江氏家傳七卷江統撰　暨氏家傳一卷
虞氏家傳五卷虞覽撰　裴氏家記三卷裴松之撰
。

孫氏譜記十五卷　諸葛傳五卷
曹氏家傳一卷曹毗撰　荀氏家傳十卷荀伯子撰
諸王傳一卷　陸史十五卷陸煦撰
明氏世録五卷明粲撰　庾氏家傳三卷庾守業撰
韋氏譜十卷韋鼎等撰　爾朱氏家傳二卷王劭撰
何妥家傳二卷　令狐家傳一卷令狐德棻撰
裴若弼家傳一卷　燉煌張氏家傳二十卷張太素撰
裴氏家諜二十卷裴守真撰
右雜譜諜五十五部凡一千六百九十一卷
山海經十八卷郭璞撰　山海經圖讚二卷郭璞撰
山海經音二卷　水經二卷郭璞撰
又四十卷酈道元注　三輔黃圖一卷
漢宮閣簿三卷　洛陽宮殿簿三卷
關中記一卷潘岳撰　洛陽記一卷陸機撰

西京雜記一卷葛洪撰　洛陽圖一卷楊佺期撰
洛陽記一卷戴延之撰　廟記一卷
洛陽伽藍記五卷楊衒之撰　西京記三卷薛冥志
東都記三十卷鄧行儼撰　分吳會丹陽三郡記三卷
陳留風俗傳三卷圈稱撰　風土記十卷周處撰
吳地記一卷張勃撰　南雍州記三卷郭仲產撰
南徐州記二卷山謙之撰　東陽記一卷鄭緝之撰
京口記二卷劉損之撰　湘州圖記一卷
徐地錄一卷劉芳撰　齊州記四卷李叔布撰
中岳潁川志五卷樊文深撰　潤州圖經二十卷孫處玄撰
地記五卷太康三年撰　州郡縣名五卷太康三年撰
十三州志十四卷闞駰撰　魏諸州記二十卷
地理書一百五十卷陸澄撰　地記二百五十二卷任昉撰
雜志記十二卷　雜地記五卷

國郡城記九卷周明帝撰　輿地志三十卷顧野王撰
周地圖九十卷　隋國經集記一百卷郎蔚之撰
區宇圖一百二十八卷虞茂撰　括地志序略五卷魏王泰撰
交州異物志一卷楊孚撰　暢異物志一卷陳祈撰
南州異物志一卷萬震撰　扶南異物志一卷朱應撰
臨海水土異物志一卷沈瑩撰　江記五卷庾仲雍撰
漢水記五卷庾仲雍撰　尋江源記五卷庾仲雍撰
又一卷　四海百川水記一卷釋道安撰
西征記一卷戴祚撰　述征記二卷郭象撰
隋王入沔記十卷沈懷文撰　輿駕東幸記一卷薛泰撰
述行記二卷姚最撰　魏聘使行記五卷
巡撫揚州記七卷諸葛穎撰　諸郡土俗物產記十九卷
京兆郡方物志三十卷　十洲記一卷東方朔撰
神異經二卷東方朔撰　蜀王本紀一卷揚雄撰　三巴記一卷譙周撰

外國傳一卷釋智猛撰　歷國傳二卷釋法盛撰
南越志五卷沈懷遠撰　日南傳一卷
職貢圖一卷梁元帝撰　林邑國記一卷
真臘國事一卷　魏國已西十一國事一卷宋雲撰
交州已來外國傳一卷　奉使高麗記一卷
西域道里記三卷　赤土國記二卷常駿等撰
高麗風俗一卷裴矩撰　中天竺國行記十卷王玄策撰
西南蠻入朝首領記一卷　職方記十六卷
長安四年十道圖十三卷
開元三年十道圖十卷劍南地圖二卷
右地理九十三部凡一千七百八十二卷

唐書志第二十六

劉昫等修
聞人詮校刻沈桐同校

經籍下

丙部子録十七家七百五十三部書一萬五千六百三十七卷
儒家類一　道家類二　法家類三　名家類四
墨家類五　縱横家類六　雜家類七　農家類八
小說類九　天文類十　曆算類十一　兵書類十二
五行類十三　雜藝術類十四　事類十五　經脉類十六
醫術類十七
曾子二卷曾參撰　晏子春秋七卷晏嬰撰　子思子八卷孔伋撰
公孫尼子一卷公孫尼撰　孟子十四卷孟軻撰趙岐注　又七卷劉熙注
又七卷鄭玄撰　又七卷綦毋邃注　孫卿子十二卷荀況撰
董子二卷董無心撰　魯連子五卷魯仲連撰　新語二卷陸賈撰

○賈子九卷賈誼撰　鹽鐵論十卷桓寬撰　新序三十卷劉向撰
說苑三十卷劉向撰　楊子法言六卷楊雄撰　又十卷宋衷注
又十三卷李軌注　楊子太玄經十二卷楊雄撰陸績注　又十四卷虞翻注
又十二卷范望注　又一十卷蔡文邵注　桓子新論十七卷桓譚撰
潛夫論十卷王符注　申鑒五卷荀悅撰　魏子三卷魏朗注
典論五卷魏文帝撰　徐氏中論六卷徐幹撰　去伐論集三卷王粲撰
杜氏體論四卷杜恕撰　顧子新語五卷顧譚撰　通語十卷文禮撰殷興續
集誡二卷諸葛亮撰　典訓十卷陸景撰　譙子法訓八卷譙周撰
古今通論三卷王嬰撰　周生烈子五卷周生烈撰　譙子五教五卷譙周撰
袁子正論二十卷袁準撰　袁子正書二十五卷袁準撰　孫氏成敗志三卷孫毓撰
新論十卷夏侯湛撰　物理論十六卷楊泉撰　太元經十四卷楊泉撰劉緝注
新論十卷華譚撰　志林新書二十卷虞喜撰　後林新書十卷虞喜撰
顧子義訓十卷顧夷撰　淸化經十卷蔡洪撰　正言十卷干寶撰
要覽五卷呂竦撰　立言十卷干寶撰　正覽六卷周捨撰

欽文十卷陸澄撰　魯史欹器圖一卷劉徽撰　誡林三卷綦毋氏撰
家訓七卷顏之推撰　典言四卷李若等撰　增典三十卷盧辯撰
中說五卷王通撰　讀書記三十二卷王邵撰　正訓二十卷辛德源撰
太宗序志卷太宗撰　帝範四卷太宗撰賈行注　天訓四卷高宗天皇大帝撰
紫樞要録十卷天后撰　青宮記要三十卷天后撰　少陽正範三十卷天后撰
臣軌二卷天后撰　百寮新誡四卷天后撰　春宮要録十卷
君臣相發起事三卷　修身要録十卷並章懷太子撰　百里昌言二卷王勮撰
崔子至言六卷崔靈童撰　平臺百一寓言三卷張大素撰　女誡一卷曹大家撰
內訓二十卷辛德源王邵等撰　女則要録十卷文德皇后撰　鳳樓新誡二十卷張后撰
右儒家二十八部凡七百七十六卷
老子二卷老子撰　老子二卷何上公注　老子章句二卷安丘望之撰
老子道德經指趣四卷安丘望之撰　老子二卷王弼注　玄言新記道德二卷王弼注
老子二卷鍾會注　老子二卷羊祜注　老子二卷程部集注
老子二卷王尚注　老子二卷蜀才注　老子二卷孫登注

○老子二卷袁眞注　老子二卷張憑注　老子二卷鳩摩羅什注
老子二卷釋惠嚴注　老子四卷陶弘景注　老子道德經品四卷梁曠注
老子二卷樹鍾山注　老子二卷傅奕注　老子二卷楊上善注
老子集注四卷張道相集注　老子二卷辟閭仁諝注　老子二卷成玄英注
老子二卷李允愿注　老子二卷陳嗣古注　老子二卷釋義盈注
老子道德經集解四卷任眞子注　老子節解二卷　老子指歸十四卷嚴遵志
老子指歸十三卷馮廓撰　老子道德經序訣二卷葛洪撰　老子道德簡要義五卷玄景先生注
太上玄元皇帝道德經二卷楊上器撰　太上老君玄元皇帝聖紀十卷尹父操撰
老子章門老子玄旨八卷韓莊撰　老子玄譜一卷劉道人撰　老子道德論二卷何晏撰
老子指例略二卷　老子道德經義疏四卷顧歡撰　老子解釋四卷羊祜撰
老子義疏理綱一卷　老子講疏六卷梁武帝撰　老子私記十卷梁簡文帝撰
老子講疏四卷　老子義疏四卷孟智周撰　老子述義十卷賈大隱撰
老子道德指略論二卷楊上善撰　道德經三卷　略論三卷楊上善撰
老子西昇經一卷　老子黃庭經一卷　老子探眞經一卷

老君科律一卷
老子宣時誡一卷
老子入室經一卷
老子華蓋觀天訣一卷
老子消水經一卷
老子神策百二十條經一卷
莊子一卷崔譔注
又十卷郭象注
又二十卷向秀注
又二十一卷司馬彪注
莊子集解二十卷李頤集解
又二十卷王玄古撰
莊子十卷楊上善撰
莊子講疏三十卷梁簡文帝撰
莊子疏七卷
南華仙人莊子論三十卷梁曠撰
釋莊子論二卷李充撰
南華真人道德論三卷
莊子疏十卷王穆撰
莊子音一卷王穆撰
莊子文句義二十卷陸德明撰
莊子古今正義十卷馮廓撰
莊子疏十二卷成玄英撰
文子十二卷
鶡冠子三卷鶡冠子撰
列子八卷列禦寇撰張湛注
廣成子十二卷商洛公撰
任子道論十卷任嘏撰
渾輿經一卷姬威撰
唐子十卷唐滂撰
蘇子七卷蘇彥撰
宣子二卷宣聘撰
陸子十卷陸雲撰
抱朴子內篇二十卷葛洪撰
孫子十二卷孫綽撰
顧道論士三卷顧谷撰
幽求子三十卷杜夷撰
符子三十卷符朗撰
賀子十卷賀道養撰
真誥十卷陶弘景撰
無名子一卷張太衡撰
養生要集十卷張湛撰

○無上秘要七十二卷
玄書通義十卷張機撰
道要三十卷
登真隱訣二十五卷陶弘景撰
同光子八卷劉無待撰
牟子二卷牟融撰
淨住子二十卷蕭子良撰王融頌
統略淨住子二卷釋道宣撰
法苑十五卷釋僧祐撰
內典博要三十卷虞孝敬撰
真言要集十卷釋賢明撰
歷代三寶記三卷
修多羅法門二十卷郭瑜撰
集古今佛道論衡四卷釋道宣撰
六趣論六卷楊上善撰
十門辯惑論二卷釋復禮
經論纂要十卷駱子義撰
通惑決疑錄二卷釋道宣撰
夷夏論二卷顧歡撰
笑道論三卷甄鸞撰
齊三教論七卷衛元嵩撰
辯正論八卷釋法琳撰
破邪論三卷釋法琳撰
三教詮衡十卷楊上善撰
甄正論三卷杜乂撰
心鏡論十卷李思慎撰
崇正論六卷釋彥琮撰

右道家一百二十五部老子六十一家莊子十七家道釋諸說四十七家凡九百六十卷

管子十八卷管夷吾撰
商子五卷商鞅撰
慎子十卷慎到撰滕輔注
申子三卷申不害撰
韓子二十卷韓非撰
晁氏新書三卷晁錯撰
崔氏政論五卷崔寔撰
劉氏法言十卷劉邵撰
劉氏正論五卷劉廙撰
阮子政論五卷阮武撰
桓氏代要論十卷桓範撰
陳子要言十四卷陳融撰
治道集十卷李文博撰
春秋決獄十卷董仲舒撰
五經折疑三十卷邯鄲綽撰

右法家十五部凡一百五十八卷

鄧析子一卷鄧析撰
尹文子二卷尹文子撰
公孫龍子三卷公孫龍撰
又一卷賈大隱注
又一卷陳嗣古注
人物志三卷劉邵撰
又三卷劉邵撰劉炳注
士緯十卷姚信撰
士操一卷魏文帝撰
九州人士論一卷盧毓撰
兼名苑十卷釋遠年撰
辯名苑十卷范謐撰

右名家十二部凡五十六卷

墨子十五卷墨翟撰
胡非子一卷胡非子撰

右墨家三部凡一十六卷

鬼谷子二卷蘇秦撰
又三卷樂臺撰
又三卷尹知章注
補闕子十卷梁元帝撰

右縱橫家四部凡十八卷

尸子二十卷尸佼撰
尉繚子六卷尉繚子撰
呂氏春秋二十六卷呂不韋撰

○淮南商詁二十一卷劉安撰
淮南子注解二十一卷高誘撰
淮南鴻烈音二卷高誘撰
三將軍論一卷嚴尤撰
論衡三十卷王充撰
風俗通義三十卷應劭撰
仲長子昌言十卷仲長統撰
萬機論八卷蔣濟撰
篤論四卷杜恕撰
蒭蕘論五卷鍾會撰
傅子一百二十卷傅玄撰
默記三卷張儼撰
新言五卷裴玄撰
新義十八卷劉歆撰
秦子三卷秦菁撰
誓論三十卷張儼撰
說林五卷孔衍撰
又二十卷張大素撰
抱朴子外篇五十卷葛洪撰
時務論十二卷楊偉撰
古今善言三十卷范泰撰
記聞三卷徐益壽撰
何子五卷何楷撰
劉子十卷劉勰撰
金樓子十卷梁元帝撰
語麗十卷朱澹遠撰
袖中記一卷
要覽三卷陸士衡撰
古今注五卷崔豹撰
採璧記三卷庾肩吾撰
新略十卷韋道孫撰
名數十卷徐陵撰
典墳數十卷范謐撰
荊楚歲時記十卷宗懍撰
又二卷杜公瞻撰
玉燭寶典十二卷杜臺卿撰
四時錄十二卷王氏撰
物始十卷謝昊撰
事始三卷劉孝孫撰
古今辯作錄三卷
文章始一卷任昉撰張績補
續文章始一卷姚察撰

戚苑纂要十卷劉揚名撰 張掖郡玄石圖一卷孟衆撰 瑞應圖記二卷孫柔之撰
張掖郡玄石圖一卷高堂隆撰 瑞應圖讚三卷熊理撰 祥瑞圖十卷
符瑞圖十卷顧野王撰 皇隋靈感志十卷王劭撰 皇隋瑞文十四卷許善心撰
諫林十卷何望之撰 善諫二卷虞通之撰 諫事五卷魏徵撰
諫苑三十卷干志寧撰 子林二十卷孟儀撰 子鈔三十卷沈約撰
又三十卷庾仲容撰 子林三十卷倖克撰 述正論十三卷陸澄撰
博覽十五卷 文府七卷徐陵撰宗道寧注 翰墨林十卷
群書理要五十卷魏徵撰 麟閣詞英六十卷高宗勅撰 四部言心十卷劉守敬撰
右雜家七十一部凡九百八十二卷
氾勝之書二卷氾勝之撰 四人月令一卷崔寔撰 齊人要術十卷賈思協撰
竹譜一卷戴凱之撰 錢譜一卷顧烜撰 禁苑實錄一卷
種植法七十七卷諸葛穎撰 兆人本業三卷天后撰 相鶴經一卷浮丘公撰
鷙擊錄二十卷堯須跋撰 鷹經一卷 蠶經一卷
相鶴經一卷伯鑒撰 又三卷 又二卷徐成等撰
○相馬經六十卷諸葛穎等撰 相牛經一卷寗戚撰 相貝經一卷
養魚經一卷范蠡撰
右農家二十部凡一百九十二卷
鬻子一卷鬻熊撰 燕丹子三卷燕太子撰 笑林三卷邯鄲淳撰
博物志十卷張華撰 郭子三卷郭澄之撰賈泉注 世說八卷劉義慶撰
續世說十卷劉孝標撰 小說十卷劉義慶撰 小說十卷殷芸撰
釋俗語八卷劉霽撰 辨林二十卷蕭賁撰 酒孝經一卷劉炫定撰
座右方三卷庾元威撰 啓顔錄十卷侯白撰
右小說家十三部凡九十卷
周髀一卷趙嬰注 又一卷甄鸞注 又二卷李淳風撰
靈憲圖一卷張衡撰 渾天儀一卷張衡撰 渾天象注一卷王蕃撰
昕天論一卷姚信撰 石氏星經簿贊一卷石申甫撰 安天論一卷虞喜撰
甘氏四七法一卷甘德撰 論二十八宿度數一卷 荊州星占二卷劉表撰
又二十卷劉叡撰 天文集占七卷陳卓撰 四方星占一卷陳卓撰

唐志二十七 五

五星占二卷陳卓撰 天文集占三卷 天文錄三十卷祖暅之撰
天文橫圖一卷高文洪撰 天文雜占一卷吳雲撰 星占三十三卷孫僧化撰
十二次二十八宿星占十二卷史崇撰 乙巳占十卷李淳風撰 靈臺祕苑一百二十卷庾季才撰
玄機內事七卷逢行珪撰
右天文二十六家凡二百六十卷
三統曆一卷劉歆撰 乾象曆三卷闞澤注劉洪撰 魏景初曆三卷楊偉撰
四分曆一卷 乾象曆術三卷劉洪撰 乾象曆三卷
宋元嘉曆二卷何承天撰 梁大同曆一卷虞劇撰 後魏永安曆一卷孫僧化撰
後魏武定曆一卷 北齊天保曆一卷宋景業撰 周天象曆二卷王琛撰
隋開皇曆一卷劉孝孫撰 又一卷李德林撰 隋大業曆一卷張胄玄撰
皇極曆一卷劉焯撰 又一卷李淳風撰 河西壬辰元曆一卷趙歐撰
河西甲寅元曆一卷李淳風撰 大唐麟德曆一卷 大唐光宅曆草十卷
周甲子元曆一卷 齊甲子曆一卷 大唐甲子元辰曆一卷瞿曇羅撰
大唐戊寅曆一卷 陳七曜曆五卷吳伯善撰 七曜本起曆二卷
○七曜曆算二卷甄鸞撰 七曜雜術二卷劉孝孫撰 七曜曆疏三卷張胄玄撰
曆疏一卷崔浩撰 曆術一卷甄鸞撰 玄曆術一卷張胄玄撰
刻漏經一卷何承天撰 又一卷朱史撰 又一卷宋景撰
大唐刻漏經一卷 九章算經一卷徐岳撰 九章重差一卷劉向撰
九章重差圖一卷劉徽撰 九章算經九卷甄鸞撰 九章雜算文二卷劉祐撰
九章術疏九卷宋泉之撰 五曹算經五卷甄鸞撰 孫子算經三卷甄鸞撰注
海島算經一卷劉徽撰 張丘建算經一卷甄鸞撰 夏侯陽算經一卷甄鸞注
數術記遺一卷徐岳撰甄鸞注 三等數一卷董泉撰甄氏注 算經要用百法一卷徐岳撰
綴術五卷祖沖之撰李淳風注 五曹算經三卷甄鸞撰 七經算術通義七卷陰景愉撰
緝古算術四卷王孝通撰李淳風注 算經表序一卷
右曆算五十八部凡一百六十七卷
黃帝問玄女法三卷玄女撰 太公陰謀三卷 太公金匱二卷
太公六韜六卷 司馬法三卷田穰苴撰 孫子兵法十三卷孫武撰魏武帝注
又二卷孟氏解 又二卷沈友注 黃石公三略三卷

唐志二十七 六

三略訓三卷　張良經一卷張良撰　雜兵法二十四卷
兵書接要七卷魏武帝撰　兵書要略十卷魏文帝撰　兵記十二卷司馬彪撰
兵林六卷孔衍撰　玉韜十卷梁元帝撰　眞人水鏡十卷陶弘景撰
握鏡一卷陶弘景撰　兵書要略十卷宇文憲撰　太一兵法一卷
太公陰謀三十六用一卷　伍子胥兵法一卷　吳孫子三十二壘經一卷
玉帳經一卷　黃石公陰謀乘斗魁剛行軍祕一卷
武德圖五兵八陣法要一卷　三陰圖一卷　黃帝太公三宮法要訣一卷
張氏七篇七卷張良撰　承神兵書八卷　兵機十五卷
兵書要略一卷　新授兵書三十卷隋高祖撰　六軍鏡三卷李靖撰
用兵撮要二卷　兵春秋一卷　許子新書軍勝十卷
金海四十七卷蕭吉撰　王佐祕珠五卷樂產撰　金韜十卷劉祐撰
懸鏡十卷李淳風撰　龍武玄兵圖二卷解忠順撰　臨戎孝經二卷員半千撰
右兵書四十五部凡二百八十九卷
○焦氏周易林十六卷焦贛撰　京氏周易四時候二卷　京氏周易飛候六卷
京氏周易混沌四卷　京氏周易錯卦八卷京房撰　費氏周易林二卷費直撰
崔氏周易林十六卷　許氏周易雜占七卷許峻撰　周易參同契二卷魏伯陽撰
周易五相類一卷魏伯陽撰　周易林四卷管輅撰　周易雜占八卷尚廣撰
徐氏周易筮占二十四卷徐苗撰　周易立成占六卷　武氏周易雜占八卷武氏撰
周易集林十二卷伏曼容撰　又一卷伏氏撰　連山三十卷梁元帝撰
易林十四卷　新易林占三卷杜氏撰　周易雜占筮決文二卷梁運撰
周易新林一卷　周易林七卷張滿撰　易律曆一卷
周易服藥法一卷　周易洞林解三卷郭璞撰　洞林三卷梁元帝撰
易三備三卷　又一卷　易髓一卷
易腦一卷郭氏撰　孝經元辰二卷　推元辰厄命一卷
元辰章三卷　六甲周天曆一卷孫僧化作　風角要候一卷翼奉撰
風角六情訣一卷王琛撰　風角十卷　風角鳥情二卷劉孝恭撰
鳥情占一卷　鳥情逆占一卷管輅撰　九宮經解二卷
九宮行棊經三卷鄭玄撰　九宮行棊立成一卷王琛撰　逆刺三卷京房撰

婚嫁書二卷　推產婦何時產法一卷王琛撰　產圖一卷崔知悌撰
登壇經一卷　太一大遊曆二卷　大遊太一曆一卷
曜靈經一卷　七政曆一卷　六壬曆一卷
靈寶登圖　推二十四氣曆一卷　太一曆一卷
式經一卷宋琨撰　九旗飛變一卷鄭玄撰李淳風注　太史公萬歲曆一卷司馬談撰
萬歲曆祠二卷　千歲曆祠二卷任氏撰　黃帝飛鳥曆一卷張衡撰
太乙飛鳥曆一卷　堪輿曆注二卷　黃帝四序堪輿二卷殷紹撰
遁甲經一卷　遁甲文一卷伍子胥撰　遁甲囊中經一卷
三元遁甲圖三卷葛洪撰　遁甲萬一訣三卷　遁甲立成圖二卷
遁甲立成法三卷　遁甲九宮八門圖一卷　遁甲開山圖一卷王琛撰
又二卷榮氏撰　白澤圖一卷　武王須臾二卷
師曠占書一卷　東方朔占書一卷　范子問計然十五卷范蠡問計然答
淮南王萬畢術一卷劉安撰　神樞靈轄十卷樂產撰　祿命書二十卷劉孝恭撰
又二卷王琛撰　五行記五卷蕭吉撰　五姓宅經二卷
○陰陽書五十卷呂才撰　青烏子三卷　葬經八卷
又十卷　又二卷蕭吉撰　葬書地脈經一卷
墓書五陰一卷　雜墓圖一卷　墓圖立成一卷
六甲冢名雜忌要訣二卷　五姓墓圖要訣五卷孫氏撰　壙中伏尸一卷
玄女彈五音法相冢經一卷胡君撰　新撰陰陽書三十卷王粲撰　龜經三卷柳彥詢撰
又一卷劉寶眞撰　又一卷王弘禮撰　又一卷莊道名撰
又一卷孫思邈撰　百怪書一卷　祠竈經一卷
解文一卷　占夢書二卷　又三卷周宣撰
玄悟經三卷李淳風撰
右五行一百一十三部凡四百八十五卷
投壺經一卷郝冲虞譚法撰　大小博法二卷　皇博經一卷魏文帝撰
太博經行棊戲法二卷　小博經一卷鮑宏撰　博塞經一卷鮑宏撰
二儀簿經一卷隋煬帝撰　大博經二卷呂才撰　棊勢六卷
棊品五卷范汪等注　圍棊後九品序錄一卷　竹苑仙棊圖一卷

碁評一卷梁武帝撰　象經一卷周武帝撰　又一卷何妥撰

又一卷王裕注　今古術藝十五卷

右雜藝術一十八部，凡四十四卷

皇覽一百二十二卷何承天撰　又八十四卷徐爰并合　類苑一百二十卷劉孝標撰

壽光書苑二百卷劉香撰　華林徧略六百卷徐勉撰　修文殿御覽三百六十卷

長洲玉鏡一百三十八卷虞綽等撰　藝文類聚一百卷歐陽詢等撰　書抄一百七十三卷虞世南撰

要錄六十卷　書圖泉海七十卷張氏撰　檢事書一百六十卷

帝王要覽二十卷　玉藻瓊林一百卷孟利貞撰　玄覽一百卷天后撰

累璧四百卷許敬宗撰　碧玉芳林四百五十卷孟利貞撰　策府五百八十二卷張大素撰

玄門寶海一百二十卷諸葛穎撰　文思博要并目一千二百一十二卷張大素撰

三教珠英并目一千三百一十三卷張昌宗等撰

右類事二十二部，凡七千八十四卷

黃帝三部針經十三卷皇甫謐撰　黃帝八十一難經一卷秦越人撰　赤烏神針經一卷張子存撰

黃帝明堂經三卷　黃帝鍼灸經十二卷　明堂圖三卷秦承祖撰

龍銜素針經并孔穴蝦蟇圖三卷　黃帝素問八卷

黃帝內經明堂十三卷　黃帝雜注針經一卷　黃帝十二經脈明堂五藏圖一卷

黃帝十二經明堂偃側人圖十二卷　黃帝針經十卷　黃帝明堂三卷

黃帝九靈經十二卷靈寶注　玉匱針經十二卷　黃帝內經太素三十卷楊上善撰

三部四時五藏辨候診色脈經一卷　黃帝內經明堂類成十三卷楊上善撰

黃帝明堂經三卷楊玄孫撰注　灸經一卷　鈴和子十卷賈和光撰

脈經訣三卷徐氏撰　脈經二卷　五藏訣一卷

五藏論一卷

右明堂經脈二十六家，凡一百七十三卷

神農本草三卷　桐君藥錄三卷桐君撰　雷公藥對二卷

藥類二卷　本草用藥要妙二卷　本草病源合藥節度五卷

本草要術三卷　本草藥性三卷甄立言撰　療癰疽耳眼本草要妙五卷

種芝經九卷　芝草圖一卷　呂氏本草因六卷吳普撰

李氏本草三卷　名醫別錄三卷　藥目要用二卷

本草集經七卷陶弘景撰　靈秀本草圖六卷原平仲撰　諸藥異名十卷釋行智撰

四時採取諸藥及合和四卷　本草圖經七卷蘇敬撰　新修本草二十一卷蘇敬撰

新修本草圖一十六卷蘇敬等撰　本草音三卷蘇敬等撰　本草音義二卷殷子嚴撰

太清神丹中經三卷　太清神仙服食經五卷　又一卷抱朴子撰

太清璿璣文七卷沖和子撰　金匱仙藥錄三卷京里先生撰　神仙服食經十二卷京里先生撰

太清諸丹要錄集四卷　神仙藥食經一卷　神仙服食方十卷

神仙服食藥方十卷　服玉法并禁忌一卷　太清諸草木方集要三卷

太清玉石丹藥要集三卷陶弘景撰　太一鐵胤神丹方三卷蘇遊撰　養生要集十卷張湛撰

補養方三卷孟詵撰　諸病源候論五十卷吳景撰　四海類聚單方十六卷隋煬帝撰

太官食法一卷　太官食方十九卷　食經九卷崔浩撰

又十卷　又四卷竺暄撰　四時食法一卷趙氏撰

淮南王食經一百二十卷諸葛穎撰　淮南王食目十卷　淮南王食經音十三卷諸葛穎撰

食經三卷盧仁宗撰　張仲景藥方十五卷王叔和撰　華氏藥方十卷華佗方吳普集

肘後救卒方四卷葛洪撰　補肘後救卒備急方六卷陶弘景撰　阮河南方十六卷阮炳撰

雜藥方一百七十卷范汪方尹穆撰　胡居士方三卷胡洽撰　劉涓子南方十卷龔慶宣撰

療癰疽金瘡要方十四卷甘濬之撰　雜療方二十卷徐叔和撰　體療雜病方六卷徐叔和撰

腳弱方八卷徐叔向撰　藥方十七卷秦承祖撰　療癰疽金瘡要方十二卷甘伯齊撰

雜藥方十二卷褚澄撰　効驗方十卷陶弘景撰　百病膏方十卷

雜湯方八卷　療目方五卷　雜藥方十卷陳山提撰

又六卷　雜丸方一卷　調氣方一卷釋鸞撰

黃素方十五卷　雜湯丸散方五十七卷李思撰　僧深集方三十卷釋僧深撰

刪繁方十二卷謝士太撰　徐王八代効驗方十卷徐之才撰　徐氏落年方三卷徐嗣伯撰

雜病論一卷徐嗣伯撰　徐氏家秘方二卷徐之才撰　集驗方十卷姚僧垣撰

小品方十二卷陳延之撰　經心方八卷宋俠撰　名醫集驗方三卷

古今錄驗方五十卷甄權撰　崔氏纂要方十卷崔知悌撰　孟氏必効方十卷孟詵撰

延年秘錄十二卷　玄感傳屍方一卷蘇遊撰　骨蒸病灸方一卷崔知悌撰

寒食散方并消息節度二卷　解寒食散方十三卷徐叔和撰　婦人方十卷

又二十卷　少小方十卷　少小雜方二十卷

少小節療方一卷俞寶撰 狐子雜訣三卷 狐子方金訣二卷葛仙公撰
陵陽子秘訣一卷明月公撰 神臨藥秘經一卷黄公撰 黄白秘法一卷
又二十卷 玉房秘術一卷葛氏撰 房秘録訣八卷沖和子撰
類聚方二千六百卷
右醫術本草二十五家養生十六家病源單方二家食經
十家雜經方五十八家類聚方一家共一百一十家凡三
千七百八十九卷

丁部集録三類共八百九十部書一萬二千二十八卷
楚詞類一 別集類二 揔集類三
楚詞十六卷王逸撰 楚詞十卷郭璞撰 楚詞九悼一卷楊穆撰
離騷草木蟲魚疏二卷劉杳撰 楚詞音一卷孟奥撰 楚詞音一卷徐邈撰
楚詞音一卷釋道騫撰
漢武帝集二卷 魏武帝集三十卷 魏文帝集十卷
魏明帝集十卷 魏高貴鄉公集二卷 晉宣帝集十卷

晉文帝集一卷 晉明帝集五卷 晉簡文帝集五卷
宋武帝集二十卷 宋文帝集十卷 梁文帝集十八卷
梁武帝集十卷 梁簡文帝集八十卷 梁元帝集五十卷
梁元帝集十卷 後魏明帝集一卷 後魏文帝集四十卷
後周明帝集一卷 陳後主集五十卷 隋煬帝集三十卷
太宗文皇帝集三十卷 高宗大帝集八十六卷 中宗皇帝集四十卷
睿宗皇帝集十卷 垂拱集一百卷 金輪集十卷太后撰
梁昭明太子集二十卷 漢淮南王集二卷 漢東平王集二卷
魏陳思王集二十卷 魏陳思王集三十卷 晉齊王集二卷
晉會稽王集八卷 晉彭城王集八卷 晉譙王集三卷
宋長沙王集十卷 宋臨川王集八卷 宋衡陽王集十卷
宋江夏王集十三卷 宋南平王集五卷 宋建平王集十卷
宋建平王小集十五卷 齊竟陵王集三十卷 梁邵平王集四卷
梁武陵王集八卷 後周趙王集十卷 後周滕王集十二卷

趙荀況集二卷 楚宋玉集二卷 前漢賈誼集二卷
枚乘集二卷 司馬遷集二卷 東方朔集二卷
董仲舒集二卷 李陵集二卷 司馬相如集二卷
孔臧集二卷 魏相集二卷 張敞集二卷
韋玄成集二卷 劉向集五卷 王褒集五卷
谷永集五卷 杜鄴集五卷 師丹集五卷
息夫躬集五卷 劉歆集五卷 楊雄集五卷
崔篆集一卷 後漢桓譚集二卷 史岑集二卷
王文山集二卷 朱勃集二卷 梁鴻集二卷
黄香集二卷 馮衍集五卷 班彪集二卷
杜篤集五卷 傅毅集五卷 班固集十卷
崔駰集十卷 賈逵集二卷 劉騊駼集二卷
崔瑗集五卷 蘇順集二卷 竇章集二卷
胡廣集二卷 高彪集二卷 王逸集二卷

桓驎集二卷 邊韶集二卷 皇甫規集五卷
張奐集二卷 朱穆集二卷 趙壹集二卷
張升集二卷 侯瑾集二卷 酈炎集二卷
盧植集二卷 劉珍集二卷 張衡集十卷
葛龔集五卷 李固集十卷 馬融集五卷
崔琦集二卷 延篤集二卷 劉陶集二卷
荀爽集二卷 劉梁集二卷 鄭玄集二卷
蔡邕集二十卷 應劭集四卷 士孫瑞集二卷
張邵集五卷 禰衡集二卷 孔融集十卷
虞翻集三卷 潘勗集二卷 阮瑀集五卷
陳琳集十卷 張紘集一卷 繁欽集十卷
楊脩集二卷 王粲集十卷 魏華歆集二十卷
王朗集三十卷 邯鄲淳集二卷 袁渙集五卷
應瑒集二卷 徐幹集五卷 劉楨集二卷

路粹集二卷 丁儀集二卷 丁廙集二卷
吳質集五卷 劉廙集二卷 孟達集三卷
陳群集三卷 王脩集三卷 管寧集二卷
劉邵集二卷 麋元集五卷 李康集二卷
孫該集二卷 卞蘭集二卷 傅巽集二卷
高堂隆集十卷 繆襲集五卷 殷褒集二卷
韋誕集三卷 曹羲集五卷 傅嘏集二卷
桓範集二卷 夏侯霸集二卷 鍾毓集五卷
江奉集二卷 夏侯惠集二卷 毌丘儉集二卷
王弼集五卷 呂安集二卷 王昶集五卷
王肅集五卷 何晏集十卷 應璩集十卷
杜摯集一卷 夏侯玄集二卷 程曉集二卷
阮籍集五卷 嵇康集十五卷 鍾會集十卷
蜀許靖集二卷 諸葛亮集二十四卷 吳張溫集五卷

○士燮集五卷 駱統集十卷 暨豔集二卷
謝承集四卷 姚信集十卷 楊厚集二卷
華覈集三卷 胡綜集二卷 薛綜集二卷
張儼集二卷 韋昭集二卷 紀隲集三卷
晉王沉集五卷 鄭袤集二卷 應貞集五卷
嵇喜集二卷 傅玄集五十卷 成公綏集十卷
裴秀集三卷 何禎集五卷 袁準集二卷
山濤集五卷 向秀集二卷 阮沖集二卷
阮侃集五卷 羊祜集二卷 賈充集二卷
荀勗集二十卷 杜預集二十卷 王濬集二卷
皇甫謐集二卷 程咸集二卷 劉毅集二卷
庾峻集三卷 郄正集一卷 薛瑩集二卷
楊泉集二卷 陶濬集二卷 宣聘集三卷
曹志集二卷 鄒湛集四卷 孫毓集二卷

王渾集五卷 王深集四卷 江偉集五卷
閔鴻集二卷 裴楷集二卷 何劭集二卷
刘頌集三卷 王祐集二卷 裴頠集十卷
許孟集二卷 劉寔集二卷 王濟集二卷
華嶠集一卷 庾儵集三卷 謝衡集二卷
傅咸集三十卷 棗據集二卷 刘寶集三卷
孫楚集十卷 王讚集三卷 夏侯湛集十卷
夏侯淳集十卷 張敏集二卷 刘訏集二卷
李重集二卷 樂廣集二卷 阮渾集二卷
楊乂集三卷 張華集十卷 李虔集十卷
石崇集五卷 潘岳集十卷 潘尼集十卷
歐陽建集二卷 嵇紹集二卷 衛展集四十卷
盧播集二卷 欒肇集二卷 應亨集二卷
司馬彪集三卷 杜育集二卷 摯虞集二卷

○繆徵集二卷 左思集五卷 夏侯靖集二卷
鄭豐集二卷 陳略集二卷 張翰集二卷
陸機集十五卷 陸雲集十卷 陸沖集二卷
孫拯集二卷 張載集三卷 張協集二卷
束皙集五卷 華譚集二卷 曹攄集二卷
江統集十卷 胡濟集五卷 卞粹集二卷
閭丘沖集二卷 庾敳集二卷 阮瞻集二卷
阮脩集二卷 裴邈集二卷 郭象集五卷
嵇含集十卷 孫惠集十卷 蔡洪集三卷
牽秀集五卷 蔡克集二卷 索靖集二卷
閭纂集二卷 張輔集二卷 殷巨集二卷
陶佐集五卷 仲長敖集二卷 虞溥集二卷
吳商集五卷 刘弘集三卷 山簡集二卷
宗岱集三卷 王曠集五卷 王峻集二卷

棗腆集二卷
棗嵩集二卷
劉琨集十卷
盧諶集十卷
傅暢集五卷
東晉顧榮集二卷
荀組集二卷
周顗集二卷
周嵩集三卷
王道　集十卷
荀邃集二卷
王敦集五卷
謝鯤集二卷
張抗集二卷
賈霖集三卷
劉隗集三卷
應詹集三卷
陶侃集二卷
王洽集三卷
傅玹集五卷
張闓集三卷
卞壼集二卷
劉超集二卷
楊方集二卷
傅純集二卷
郗鑒集十卷
溫嶠集十卷
孔坦集五卷
王濤集五卷
王篪集五卷
甄述集五卷
戴邈集五卷
賀循集二十卷
張悛集二卷
曾瓌集五卷
熊遠集五卷
郭璞集十卷
王鑒集五卷
庾亮集二十卷
虞預集十卷
顧和集五卷
范宣集十卷
○張虞集五卷
庾冰集二十卷
庾翼集二十卷
何充集五卷
諸葛恢集五卷
祖台之集十五卷
李充集十四卷
蔡謨集十卷
謝艾集八卷
范汪集八卷
范甯集十五卷
阮放集五卷
王廙集十卷
王彪之集二十卷
謝安集五卷
謝方集十卷
王羲之集五卷
干寶集四卷
殷融集十卷
劉遐集五卷
殷浩集五卷
劉惔集二卷
王濛集五卷
謝尚集五卷
張馮集五卷
張望集三卷
韓康伯集五卷
王胡之集五卷
江霖集五卷
范宣集五卷
江淳集五卷
王述集五卷
郝默集五卷
黃整集十卷
王浹集二卷
王度集五卷
劉系之集五卷
劉恢集五卷
范起集五卷
殷康集五卷
孫嗣集三卷
王坦之集五卷

桓溫集二十卷
郗超集十五卷
謝朗集五卷
謝玄集十卷
王珣集十卷
許詢集三卷
孫統集五卷
孫綽集十五卷
孔嚴集五卷
江逌集五卷
車灌集五卷
丁纂集二卷
曹毗集十五卷
蔡系集二卷
李顒集十卷
顧夷集五卷
袁喬集五卷
謝沉集五卷
庾闡集十卷
王隱集十卷
殷允集十卷
徐邈集八卷
殷仲堪集十卷
殷叔獻集三卷
伏滔集五卷
桓嗣集五卷
習鑿齒集五卷
鈕滔集五卷
邵毅集五卷
孫盛集十卷
袁質集二卷
袁宏集二十卷
袁紹集三卷
羅含集三卷
孫放集十五卷
辛昞集四卷
庾統集二卷
郭愔集五卷
滕輔集五卷
庾龢集二卷
庾軌集二卷
庾倩集二卷
○庾肅之集十卷
王脩集二卷
戴逵集十卷
桓玄集二十卷
殷仲文集七卷
卞湛集五卷
蘇彥集十卷
袁豹集十卷
王謐集十卷
周祗集十卷
梅陶集十卷
湛方生集十卷
劉瑾集八卷
羊徽集一卷
卞裕集十四卷
王衍期集十卷
孔璠之集二卷
王茂略集四卷
薄肅之集十卷
滕演集一卷
宋劉義宗集十五卷
謝瞻集二卷
孔琳之集十卷
王叔之集十卷
孔琳之集十卷
徐廣集十五卷
孔甯子集十五卷
蔡廓集十卷
傅亮集十卷
孫康集十卷
鄭鮮之集二十卷
陶淵明集五卷
范泰集二十卷
王弘集二十卷
謝靈運集十五卷
荀昶集十四卷
孔欣集八卷
卞伯玉集五卷
王曇百集二卷
謝弘微集二卷
王韶之集二十四
沈林子集七卷

姚濤之集二十卷 賀道養集十卷 衛令元集八卷
褚詮之集八卷 荀欽明集六卷 殷淳集三卷
劉瑀集七卷 劉緄集五卷 霣宗集三十卷
宗炳集十五卷 伍緝之集十一卷 荀雍集十卷
袁淑集十卷 顏延之集三十卷 王微集十卷
王僧達集十卷 張暢集十四卷 何偃集八卷
沈懷文集十三卷 江智泉集十卷 謝莊集十五卷
殷琰集八卷 顏竣集十三卷 何承天集三十卷
裴松之集三十卷 卞璡　集十卷 丘泉之集六卷
顏測　集十一卷 湯惠休集三卷 沈勃集十五卷
徐爰集十卷 鮑照集十卷 庾蔚之集十一卷
虞通之集五卷 劉愔集十卷 孫緬集十卷
袁伯文集十卷 袁粲集十卷 齊褚彥回集十五卷
王儉集六十卷 周顒集二十卷 徐孝嗣集十二卷

○王融集十卷 謝朓集十卷 孔稚珪集十卷
陸厥集十卷 虞羲集十一卷 宗躬集十二卷
江奐集十一卷 張融玉海集六十卷 梁范雲集十二卷
江淹前集十卷 江淹後集十卷 任昉集三十四卷
宗史集十卷 王暕集二十卷 魏道微集三卷
司馬褧集九卷 沈約集一百卷 沈約集略三十卷
傅昭集十卷 袁昂集二十卷 徐勉前集二十五卷
徐勉後集十六卷 陶弘景集三十卷 周捨集二十卷
何遜集八卷 謝琛集五卷 謝郁集五卷
王僧孺集三十卷 張率集三十卷 楊朓集十卷
鮑幾集八卷 周興嗣集十卷 蕭洽集二卷
裴子野集十四卷 庾景興集十卷 陸子倕集二十卷
劉之遴前集十卷 劉之遴集三十卷 虞皭集六卷
王冏集三卷 劉孝綽集十一卷 劉孝儀集二十卷

劉孝威前集十卷 劉孝威後集十卷 丘遲集十卷
王錫集七卷 蕭子範集三卷 蕭子雲集二十卷
蕭子暉集十卷 江革集十卷 吳均集二十卷
庾肩吾集十卷 王筠洗馬集十卷 王筠中庶子集十卷
王筠左右集十卷 王筠臨海集十卷 王筠中書集十卷
王筠尚書集十一卷 鮑泉集一卷 謝瑱集十卷
任孝恭集十卷 張纘集十卷 陸雲公集四卷
張綰集十卷 甄玄成集十卷 蕭欣集十卷
沈君攸集十二卷 後魏高允集二十卷 宗欽集二卷
李諸集十卷 韓宗集五卷 袁躍集九卷
薛孝通集六卷 溫子昇集二十五卷 盧元明集六卷
陽固集三卷 魏孝景集一卷 北齊楊休之集二十卷
邢子才集三十卷 魏收集七十卷 劉逖集四十卷
後周宗懍集三十卷 王褒集三十卷 蕭撝集十卷

○庾信集二十卷 王衡集三卷 陳沈炯前集六卷
沈炯後集十三卷 周弘正集二十卷 徐陵集三十卷
張正見集四卷 陸珍集五卷 陸瑜集十卷
沈不害集十卷 張式集十三卷 褚介集十卷
顧越集二卷 顧覽集五卷 姚察集二十卷
隋盧思道集二十卷 李元操集二十二卷 辛德源集三十卷
李德林集十卷 牛弘集十二卷 薛道衡集三十卷
何妥集十卷 柳顧言集十卷 江總集二十卷
蔡英童集三十卷 蕭愨集九卷 魏澹集四卷
尹式集五卷 諸葛穎集十四卷 王胄集十卷
虞茂代集五卷 劉興宗集三卷 李播集三卷
唐陳叔達集五卷 褚亮集二十卷 虞世南集三十卷
蕭瑀集一卷 沈齊家集十卷 薛收集十卷
楊師道集十卷 庾抱集六卷 孔穎達集五卷

王績集五卷　郎楚之集十卷　魏徵集二十卷
許敬宗集六十卷　于志寧集四十卷　上官儀集三十卷
李義府集三十九卷　顏師古集四十卷　岑文本集六十卷
劉子翼集十卷　殷聞禮集十卷　陸士季集十卷
劉孝孫集三十卷　鄭代翼集八卷　崔君實集十卷
李伯藥集三十卷　孔紹安集三卷　高季輔集二卷
溫彥博集二十卷　李玄道集十卷　謝偃集十卷
沈叔安集二十卷　陸楷集十卷　曹憲集三十卷
蕭德言集三十卷　潘求仁集三卷　殷芊集三卷
蕭鈞集三十卷　袁朗集四卷　楊續集十卷
王約集一卷　任希古集五卷　麥敬集十四卷
王德儉集十卷　徐孝德集十卷　杜之松集十卷
宋令文集十卷　陳子良集十卷　顏頵集十卷
劉穎集十卷　司馬僉集十卷　鄖秀集十二卷

○耿義褒集七卷　楊元亨集五卷　劉綱集三卷
王歸一集十卷　馬周集十卷　薛元超集三十卷
高智周集五卷　褚遂良集二十卷　劉禕之集五十卷
郝處俊集十卷　崔知悌集五卷　李安期集二十卷
唐觀集五卷　張大素集十卷　鄧玄挺集十卷
劉允濟集二十卷　駱賓王集十卷　盧照鄰集二十卷
楊炯集三十卷　王勃集三十卷　狄仁傑集十卷
李懷遠集八卷　盧受采集十卷　王適集二十卷
喬知之集二十卷　蘇味道集十五卷　薛曜集二十卷
郎餘慶集十卷　盧光容集五卷　崔融集四十卷
閻鏡機集十卷　李嶠集三十卷　喬備集六卷
陳子昂集十卷　元希聲集十卷　李適集二十卷
沈佺期集十卷　徐彥伯前集十卷　後集十卷
宋之問集十卷　杜審言集十卷　谷倚集十卷

富嘉謨集十卷　吳少微集十卷　劉希夷集三卷
張東之集十卷　桓彥範集三卷　韋承慶集六十卷
閭丘均集三十卷　郭元振集二十卷　魏知古集二十卷
閻朝隱集五卷　蘇瓌集十卷　員半千集十卷
李乂集五卷　姚崇集十卷　丘悅集十卷
劉子玄集十卷　盧藏用集二十卷　道士江旻集三十卷
沙門靈諦集六卷　沙門惠遠集十五卷　沙門惠琳集五卷
沙門曇瑗集六卷　沙門亡名集十卷　沙門靈裕集二卷
沙門支遁集十卷　曹大家集二卷　鍾夫人集二卷
劉孫妻陳氏集五卷　九嬪集一卷　臨安公主集三卷
范靖妻沈滿願集五卷　徐悱妻劉氏集六卷　文章流別集三十卷摯虞撰
善文四十九卷杜預撰　名文集四十卷謝沈撰　文苑一百卷孔逭撰
文選三十卷梁昭明太子撰　文選六十卷李善注　又六十卷公孫羅撰
文選音十卷蕭該撰　又十卷公孫羅撰　文選音義十卷釋道淹撰

○小詞林五十三卷　集古今帝王正位文章九十卷
文海集三十六卷[illegible]撰　詞苑麗則二十卷康明貞撰　芳林要覽三百卷許敬宗撰
類文三百士館詞林一千卷許敬宗撰　賦集四十卷宋明帝撰
皇帝瑞應頌集十卷　五都賦五卷　獻賦集十卷卞鑠撰
上林賦一卷司馬相如撰　幽通賦一卷班固撰曹大家注　又一卷項岱撰
二京賦二卷張衡撰　二京賦音二卷薛綜撰　三都賦三卷
齊都賦一卷左太沖撰　齊都賦音一卷李軌撰　百賦音一卷褚令之撰
賦音二卷郭徵之撰　三京賦音一卷綦毋邃撰　木連理頌二卷
靖恭堂頌一卷李嵩撰　諸郡碑一百六十六卷　雜碑文集二十卷
翰林論二卷李充撰　雜論九十五卷殷仲堪撰　設論集三卷劉楷撰
又五卷謝靈運撰　連珠集五卷謝靈運撰　制旨連珠四卷梁武帝撰
又十一卷陸緬撰　讚集五卷謝莊撰　七國叙讚十卷
吳國先賢讚論三卷　會稽先賢讚四卷賀氏撰　會稽太守像讚二卷賀氏撰
列女傳叙讚一卷孫夫人撰　古今箴銘集十三卷張湛撰　衆賢誡集十五卷

雜誡箴二十四卷 詔集圖別二十七卷宋幹撰 霸朝雜集五卷李德林撰
古今詔集三十卷溫彥博撰 又一百卷李義府撰 聖朝詔集三十卷薛堯撰
書集八十卷王履撰 書林六卷夏赤松撰 山濤啓事三卷
死罪啓事十卷 梁中書表集二百五十卷 薦文集七卷
宋元嘉策五卷 策集六卷謝靈運撰 七林集十二卷卞氏撰
七悟集一卷顏延之撰 誹諧文十五卷袁淑撰 弘明集十四卷釋僧祐撰
廣弘明集三十卷釋道宣撰 陶神論五卷釋靈祐撰 婦人訓解集十卷徐湛撰
婦人詩集二卷顏竣撰 文訓集六卷 文釋十卷江邃撰
文心雕龍十卷劉勰撰 百志詩集五卷干寶撰 百國詩集二十九卷崔光撰
百一詩八卷應璩撰 百一詩集二卷李夔撰 清溪集三十卷齊武帝命撰
晉元氏宴會遊集四卷伏滔袁豹謝靈運等撰 元嘉宴會遊山詩集五卷
元嘉西池宴會詩集三卷顏延之撰 齊釋奠會詩集二十卷
文會詩集四卷徐伯陽撰 文林詩府六卷北齊後主作 西府新文十卷蕭淑撰
詩集新撰三十卷宋明帝撰 詩集二十卷宋明帝撰 詩集抄十卷謝靈運撰
詩集五十卷謝靈運撰 詩集二十卷劉和撰 又一百卷顏竣撰
詩例錄二卷顏竣撰 詩英十卷謝靈運撰
古今詩苑英華集二十卷梁昭明太子撰 續古今詩苑英華二十卷釋慧淨撰
詩林英選十一卷 類集一百一十三卷庾自直等撰 詩纘十二卷
又詞英八卷 六代詩集鈔四卷徐陵撰
古今類序詩苑三十卷劉孝孫撰 麗正文苑二十卷許敬宗撰
古今詩類聚七十九卷郭瑜撰 歌錄集八卷
漢魏吳晉鼓吹曲四卷 樂府歌詩十卷 太樂雜歌詞三卷荀勗撰
太樂歌詞二卷 樂府歌詞十卷 樂府歌詩十卷
三調相如歌詞三卷 新撰錄樂府集十一卷謝靈運撰 玉臺新詠十卷徐陵撰
迴文詩集一卷謝靈運撰 金門待詔集十卷劉允濟撰 集苑六十卷謝琨撰
集林二百卷劉義慶撰 集鈔四十卷

右集錄楚詞七家帝王二十七家太子諸王二十一家七國趙楚各一家前漢二十家後漢五十家魏四十六家蜀二家吳十四家西晉一百一十九家東晉一百四十四家宋六十家南齊十二家梁五十九家陳十四家後魏十家北齊四家後周五家隋十八家唐一百一十二家沙門七家婦人七家總集一百二十四大家凡八百九十二部一萬二千二十八卷

三代之書經秦燔煬殆盡漢武帝河間王始重儒術於灰燼之餘纂亡散篇卷僅而復存劉更生石渠典校之書卷軸無幾逮歆之七略在漢藝文志者裁三萬三千九百卷後漢蘭臺石室東觀南宮諸儒撰集部帙漸增董卓遷都載舟西上因罹寇盜沉之於河存者數船而已及魏武父子採掇遺亡至晉總括群書裁二萬九千九百四十五卷及永嘉之亂洛都覆沒靡有孑遺江表所存官書凡三千一十四卷至宋謝靈運造四部書目錄凡四千五百八十二卷其後王儉復造書目凡五千七十四卷南齊王亮謝朏四部書目凡一萬八千一十卷齊宋兵火延燒秘閣書籍煨燼梁元帝克平侯景收公私經籍歸于江陵凡七萬餘卷蓋佛老之書計於其間及周師入郢咸自焚煬周武保定之始書裁盈萬卷平齊所得數止五千及隋氏平陳南北一統秘書監牛弘奏請搜訪遺逸著定書目凡三萬餘卷煬帝寫五十副本分為三品國家平王充收其圖籍泝河西上多有沈沒存者重復八萬卷自武德已後文士既有修纂篇卷滋多開元時甲乙丙丁四部書各為一部置知書官八人分掌之凡四部庫書兩京各一本共一十二萬五千九百六十卷皆以益州麻紙寫其集賢院御書經庫皆鈿白牙軸黃縹帶紅牙籤史書庫鈿青牙軸縹帶綠牙籤子庫皆雕紫檀軸紫帶碧牙籤集庫皆綠牙軸朱帶白牙籤以分別之

唐書志卷第二十七

唐書志第二十八

劉　昫　等修

食貨上

先王之制度地以居人均其沃瘠差其貢賦蓋斂之必以道也量入而爲出節用而愛人度財省費蓋用之必有度也是故既庶且富而敎化行焉周有井田之制秦有阡陌之法二世發閭左而海內崩離漢武稅舟車而國用以竭自古有國有家興亡盛衰未嘗不由此也隋文帝因周氏平齊之後府庫充實庶事節儉未嘗虛費開皇之初議者以比漢代文景有粟陳貫朽之積煬帝即位大縱奢靡加以東西行幸輿駕不息征討四夷兵車屢動西失律於沙徼東喪師於遼碣數年之間公私罄竭財力既殫國遂亡矣高祖發跡太原因晉陽宮留守庫物以供軍用既平京城先封府庫賞賜給用皆有節制徵斂賦役務在寬簡未及踰年遂成帝業其後掌財賦者世有人焉開元已前事歸尚書省開元已後權移他官由是有轉運使租庸使鹽鐵使度支鹽鐵轉運使常平鑄錢鹽鐵使租庸青苗使水陸運鹽鐵租庸使兩稅使隨事立名沿革不一設官分職選賢任能得其人則有益於國家非其才則貽患於黎庶此又不可不知也如裴耀卿劉晏李巽數君子便時利物富國安民足爲世法者也開元中有御史宇文融獻策括籍外剩田色役僞濫及逃戶許歸首免五年征賦每丁量稅一千五百錢置攝御史分路檢括隱審得戶八十餘萬田亦稱是得錢數百萬貫玄宗以爲能數年間拔爲御史中丞戶部侍郎融又畫策開河北王莽河溉田數千頃以營稻田事未果而融敗時又楊崇禮爲太府卿清嚴善勾剝分寸錙銖躬親不厭轉輸納欠折估漬損必令徵送天下州縣徵財帛四時不止及老病致仕以其子愼矜爲御史專知太府出納其弟愼名又專知京倉皆以苛刻害人承主恩而徵責又有韋堅規宇文融楊愼矜之跡乃請於江淮轉運租米取州縣義倉粟轉市輕貨差富戶押舡若遲留損壞皆徵舡戶關中漕渠鑿廣運潭以挽山東之粟歲四百萬石帝以爲能又

至貴盛又王鉷進計奮身自爲戶口色役使徵剝財貨每歲進錢百億寶貨稱是云非正額租庸便入百寶大盈庫以供人主宴私賞賜之用玄宗日益眷之數年間亦爲御史大夫京兆尹帶二十餘使又楊國忠藉椒房之勢承恩幸帶四十餘使云經其聽覽必數倍弘益又見寵貴太平既久天下至安人不願亂而此數人設詭計以侵擾之凡二十五人同爲剝喪而人無敢言之者及安祿山反於范陽兩京倉庫盈溢而不可名楊國忠設計稱不可耗正庫之物乃使御史崔衆於河東納錢度僧尼道士旬日間得錢百萬玄宗幸巴蜀鄭昉使劍南請於江陵稅鹽麻以資國官置吏以督之肅宗建號於靈武後用雲間鄭叔清爲御史於江淮間豪族富商率貸及賣官爵以裨國用德宗朝討河朔及李希烈物力耗竭趙贊司國計纖瑣刻剝以爲國用不足宜賦取於下以資軍蓄與諫官陳京等更陳計策贊請稅京師居人屋宅據其間架差等計入陳京又請籍列肆商賈資產以分數借之宰相同爲欺罔遂行其計中外沸騰人懷怨望時又配王公已下及嘗在方鎮之家出家僮及馬以助征行公私囂然矣後又張滂裴延齡王涯等剝下媚上此皆足爲世戒者也先是興元克復京師後府藏盡虛諸道初有進奉以資經費復時有宣索其後諸賊既平朝廷無事常賦之外進奉不息韋皋劍南有日進李兼江西有月進杜亞揚州劉贊宣州王緯李錡浙西皆競爲進奉以固恩澤貢入之奏皆曰臣於正稅外方圓亦曰羨餘節度使或託言密旨乘此盜貿官物諸道有謫罰官吏入其財者刻祿廩通津達道者稅之蒔蔬藝果者稅之死亡者稅之節度觀察交代或先期稅入以爲進奉然十獻其二三耳其餘沒入不可勝紀此節度使進奉也其後裴肅爲常州刺史乃鬻貨薪炭按牘百賈之上皆規利焉歲餘又進奉無幾遷浙東觀察使天下刺史進奉自肅始也劉贊死於宣州嚴綬爲判官傾軍府資用進奉無幾拜刑部員外郎天下判官進奉自綬始也習以爲常流宕忘返大抵有唐之御天下也

有兩稅焉有鹽鐵焉有漕運焉有倉廩焉有雜稅焉今考其本
末敘其否臧以爲食貨志云
武德七年始定律令以度田之制五尺爲步步二百四十爲畝畝百
爲頃丁男中男給一頃篤疾廢疾給四十畝寡妻妾三十畝若爲
戶者加二十畝所授之田十分之二爲世業八爲口分世業之田
身死則承戶者便授之口分則收入官更以給人賦役之法每丁
歲入租粟二石調則隨鄉土所產綾絹絁各二丈布加五分之一
輸綾絹絁者兼調綿三兩輸布者麻三斤凡丁歲役二旬若不役
則收其傭每日三尺有事而加役者旬有五日免其調三旬則租
調俱免通正役並不過五十日若嶺南諸州則稅米上戶一石二
斗次戶八斗下戶六斗若夷獠之戶皆從半輸蕃胡內附者上戶
丁稅錢十文次戶五文下戶免之附經二年者上戶丁輸羊二口
次戶一口下三戶共一口凡水旱蟲霜爲災十分損四以上免租
損六已上免調損七以上課役俱免凡天下人戶量其資產定爲

九等每三年縣司注定州司覆之百戶爲里五里爲鄉四家爲鄰
五家爲保在邑居者爲坊在田野者爲村村坊鄰里遞相督察士
農工商四人各業食祿之家不得與下人爭利工商雜類不得預
於士伍男女始生者爲黃四歲爲小十六爲中二十一爲丁六十爲
老每歲一造計帳三年一造戶籍州縣留五比尚書省留三比神
龍元年韋庶人爲皇后務欲求媚於人上表請以二十二爲丁五
十八爲老制從之及韋氏誅復舊至天寶三年又降優制以十八
爲中男二十二爲丁天下籍始造四本京師及東京尚書省戶部
各貯一本以備車駕行幸省於載運之費焉凡權衡度量之制度
以北方秬黍中者一黍之廣爲分十分爲寸十寸爲尺十尺爲丈
量以秬黍中者容一千二百爲籥二籥爲合十合爲升十升爲斗
三升爲大升三斗爲大斗十大斗爲斛權衡以秬黍中者百黍之
重爲銖二十四銖爲兩三兩爲大兩十六兩爲斤調鍾律測晷景
合湯藥及冠冕制用小升小兩自餘公私用大升大兩又山東諸

州以一尺二寸爲大尺人間行用之其量制公私又不用籥合內
之分則有抄撮之細天寶九載二月敕車軸長七尺二寸麪三斤
四兩鹽斗量除陌錢每貫二十文先是開元八年正月敕頃者以
庸調無憑好惡須準故遣作樣以頒諸州令其好不得過精惡不
得至濫任土作貢防源斯在而諸州送物作巧生端苟欲副於斤
兩遂則加其丈尺至有五丈爲匹者理甚不然闊一尺八寸長四丈
同文共軌其事久行立樣之時亦載此數若求兩而加尺甚暮四
而朝三宜令所司簡閱有踰於此年常例丈尺過多奏聞二十二
年五月敕定戶口之時百姓非商戶郭外居宅及每丁一牛不得將
入貨財數其雜匠及幕士并諸色同類有番役合免征行者一戶
之內四丁已上任此色役不得過兩人三丁已上不得過一人其
年七月十八日敕自今已後京兆府關內諸州應徵庸調及資課
並限十月三十日畢至天寶三載二月二十五日赦文每載庸調
八月徵以農功未畢恐難濟辦自今已後延至九月三十日爲限二

十五年三月敕關輔庸調所稅非少既寡蠶桑皆資菽粟常賤
糶貴買損費逾深又江淮等苦變造之勞河路增轉輸之弊每計
其運脚數倍加錢今歲屬和平庶物穰賤南畝有十千之獲京師
同水火之饒均其餘以減遠費順其便使農無傷自今已後關內
諸州庸調資課並宜準時價變粟取米送至京逐要支用其路遠
處不可運送者宜所在收貯便充隨近軍糧其河南河北有不通
水利宜折租造絹以代關中調課所司仍明爲條件稱朕意焉天
寶元年正月一日赦文如聞百姓之內有戶高丁多苟爲規避父
母見在乃別籍異居宜令州縣勘會其一家之中有十丁已上者
放兩丁征行賦役五丁已上放一丁即令同籍共居以敦風教其
侍丁孝假免差科廣德元年七月詔一戶之中三丁放一丁庸調
地稅依舊每畝稅二升天下男子宜二十三成丁五十八爲老永泰
元年五月京兆麥大稔京兆尹第五琦奏請每十畝官稅一畝效
古什一之稅從之二年五月諸道稅地錢使殿中侍御史韋光裔

等自諸道使還得錢四百九十萬貫乾元以來屬天下用兵京司百寮俸錢減耗上即位推恩庶寮下議公卿或以税畝有苗者公私咸濟乃分遣憲官税天下地青苗錢以充百司課料至是仍以御史大夫爲税地錢物使歲以爲常均給百官大曆四年正月十八日勑有司定天下百姓及王公巳下每年税錢分爲九等上上戶四千文上中戶三千五百文上下戶三千文中上戶二千五百文中中戶二千文中下戶一千五百文下上戶一千文下中戶七百文下下戶五百文其見官一品準上上戶九品準下下戶餘品並準依此戶等税若一戶數處任官亦每處依品納税其內外官仍據正員及占額內闕者税其試及同正員文武官不在税限其百姓有邸店行鋪及鑪冶應準式合加本戶二等税者依此税數勘責徵納其寄莊戶準舊例從八等戶税寄住戶從九等戶税比類百姓事恐不均宜各遞加一等税其諸色浮客及權時寄住田等無問有官無官各所在爲兩等收税稍殷有準八等戶餘準九

等戶如數處有莊田亦每處税諸道將士莊田旣緣防禦勤勞不可同百姓例並一切從九等輸税其年十二月勑今關輔墾田漸廣江淮轉漕常加計一年之儲有太半之助其於税地固可從輕其京兆來秋税宜分作兩等上下各半上等每畝税一㪷下等每畝税六升其荒田如能佃者宜準今年十月二十九日勑一切每畝税二升仍委京兆尹及令長一一存撫令知朕意五年三月優詔定京兆府百姓税夏税上田畝税六升下田畝税四升秋税上田畝税五升下田畝税三升荒田開佃者畝率二升八年正月二十五日勑青苗地頭錢天下每畝率十五文以京師煩劇先加至三十文自今巳後宜準諸州每畝十五文建中元年二月遣黜陟使分行天下其詔略曰戶無主客以見居爲簿人無丁中以貧富爲差行商者在郡縣税三十之居一人之税秋夏兩徵之各有不便者三之餘征賦悉罷而丁額不廢其田畝之税率以大曆十四年墾數爲準徵夏税無過六月秋税無過十一月違者進退長吏令黜陟使

各量風土所宜人戶多少均之定其賦尚書度支揔統焉三年五月淮南節度使陳少遊請於本道兩税錢每千增二百因詔他州悉如之八年四月劒南西川觀察使韋臯奏請加税什二以增給官吏從之元和十五年八月中書門下奏伏準今年閏正月十七日勑令百寮議錢貨輕重者今據群官楊於陵等議伏請天下兩税搉鹽酒利等悉以布帛絲綿任土所産物充税並不徵見錢則物漸重錢漸輕農人見免賤賣匹帛者伏以群臣所議事皆至當深利公私請商量付度支據諸州府應徵兩税供上都及留州留使舊額起元和十六年巳後並改配端匹斤兩之物爲税額如大曆巳前租庸課調不計錢令其折納使人知定制供辦有常仍約元和十五年徵納布帛等估價其舊納虛估物與依虛估物迴計如舊納實估物并見錢即於端匹斤兩上量加估價迴計變法在長其物價價長則永利公私初雖微有加饒法行即當就實比舊給用固利而不害仍作條件處置編入旨符其鹽利酒利本以

搉率計錢有殊兩税之名不可除去錢額中有令納見錢者亦請令折納時估匹段上旣不專以錢爲税人得以所産輸官錢貨必均其重輕隴畝自廣於蠶織便時惠下庶得其宜其土之絲麻或地連邊塞風俗更異賦入不同亦請商量委所司裁酌隨便宜處置詔從之大和四年五月劒南西川宣撫使諫議大夫崔戎奏準詔旨制置西川事條今與郭釗商量兩税錢數內三分二分納見錢一分折納匹段每二貫加饒百姓五百文計一十三萬四千二百四十三貫文依此曉諭百姓訖經賊州縣準詔三分減放一分計減錢六萬七千六百二十貫文不經賊處先徵見錢今三分一分折納雜物計優饒百姓一十三萬貫舊有税薑芋之類每畝至七八百徵斂不時今併省税名盡依諸處爲四限等第先給戶帖餘一切名目勒停高祖即位仍用隋之五銖錢武德四年七月廢五銖錢行開元通寶錢徑八分重二銖四絫積十文重一兩一千文重六斤四兩仍置錢監於洛并幽益等州秦王齊王各賜三鑪鑄錢

右僕射裴寂賜一鑪敢有盜鑄者身死家口配沒五年五月又於桂州置監議者以新錢輕重大小最爲折衷遠近甚便之後盜鑄漸起而所在用錢濫惡顯慶五年九月勑以惡錢轉多令所在官私爲市取以五惡錢酬一好錢百姓以惡錢價賤私自藏之以候官禁之弛高宗又令以好錢一文買惡錢兩文弊仍不息至乾封元年封岳之後又改造新錢文曰乾封泉寶徑一寸重二銖六分仍與舊錢並行新錢一文當舊錢之十周年之後舊錢並廢初開元錢之文給事中歐陽詢制詞及書時稱其工其字含八分及隸體其詞先上後下次左後右讀之自上及左迴環讀之其義亦通流俗謂之開通元寶錢及鑄新錢乃同流俗乾字直上封字在左尋寤錢文之誤又緣改鑄商賈不通米帛增價乃議却用舊錢二年正月下詔曰泉布之興其來自久寔古今之要重爲公私之寶用年月既深僞濫斯起所以採乾封之號改鑄新錢靜而思之將爲未可高祖撥亂返正爰創軌模太宗立極承天無所改作今廢舊

造新恐乖先旨其開元通寶宜依舊施行爲萬代之法乾封新鑄之錢令所司貯納更不須鑄仍令天下置鑪之處並鑄開元通寶錢既而私鑄更多錢復濫惡高宗嘗臨軒謂侍臣曰錢之爲用行之已久公私要便莫甚於斯比爲州縣不存檢校私鑄過多如聞荆潭宣衡犯法尤甚遂有將舡栰宿於江中所部官人不能覺察自今嚴加禁斷所在追納惡錢一二年間使盡當時雖有約勑而姦濫不息儀鳳四年四月令東都出遠年糙米及粟就市給糶斗別納惡錢百文其惡錢令少府司農相知即令鑄破其厚重徑合斤兩者任將行用時米粟漸貴議者以爲鑄錢漸多所以錢賤而物貴於是權停少府監鑄錢尋而復舊則天長安中又令懸樣於市令百姓依樣用錢俄又簡擇艱難交易留滯又降勑非鐵錫銅蕩穿穴者並許行用其有熟銅排斗沙澁厚大者皆不許簡自是盜鑄蜂起濫惡益衆江淮之南盜鑄者或就陂湖巨海深山之中波濤險峻人跡罕到州縣莫能禁約以至神龍先天之際兩京用

錢尤濫其郴衡私鑄小錢纔有輪郭及鐵錫五銖之屬亦堪行用乃有買錫鎔銷以錢模夾之斯須則盈千百便賚用之開元五年車駕往東都宋璟知政事奏請一切禁斷惡錢六年正月又切斷天下惡錢行三銖四絫錢不堪行用者並銷破覆鑄至二月又勑曰古者聚萬方之貨設九府之法以通天下以便生人若輕重得中則利可知矣若眞僞相雜則官失其守頃者用錢不論此道深恐貧窶日困姦豪歲滋所以申明舊章懸設諸樣欲其人安俗阜禁止令行時江淮錢尤濫惡有官鑪偏鑪稜錢時錢等數色璟乃遣監察御史蕭隱之充江淮使隱之乃令率戶出錢務加督責百姓乃以上青錢充惡錢納之其小惡者或沉之於江湖以免罪戾於是市井不通物價騰起流聞京師隱之貶官璟因之罷相乃以張嘉貞知政事嘉貞乃弛其禁人乃安之開元二十二年中書侍郎張九齡初知政事奏請不禁鑄錢玄宗令百官詳議黃門侍郎裴耀卿李林甫河南少尹蕭炅等皆曰錢者通貨有國之權是

以歷代禁之以絕姦濫今若一啓此門但恐小人棄農逐利而濫惡更甚於事不便左監門錄事參軍劉秩上議曰伏奉今月二十一日勑欲不禁鑄錢令百寮詳議可否者夫錢之興其來尚矣將以平輕重而權本末齊桓得其術而國以霸周景失其道而人用弊考諸載籍國之興衰實繫於是陛下思變古以濟今欲反經以合道而不即改作詢之芻蕘臣雖蠢愚敢不薦其聞見古者以珠玉爲上幣黃金爲中幣刀布爲下幣管仲曰夫三幣握之則非有補於煖也舍之則非有損於飽也先王以守財物以御人事而平天下也是以命之曰衡衡者使物一高一下不得有常故與之在君奪之在君貧之在君富之在君是以人戴君如日月親君如父毋用此術也是爲人主之權今之錢即古之下幣也陛下若捨之任人則上無以御下下無以事上其不可一也夫物賤則傷農錢輕則傷賈故善爲國者觀物之貴賤錢之輕重夫物重則錢輕錢輕由乎物多多則作法收之使少少則重重則作法布之使輕輕

重之本必由乎是奈何而假於人其不可二也夫鑄錢不雜以鉛鐵則無利雜以鉛鐵則惡惡不重禁之不足以懲息且方今塞其私鑄之路人猶冒死以犯之況啓其源而欲人之從令乎是設陷穽而誘之入其不可三也夫許人鑄錢無利則人不鑄有利則人去南畝者衆去南畝者衆則草不墾草不墾又鄰於寒餒其不可四也夫人富溢則不可以賞勸貧餒則不可以威禁法令不行人之不理皆由貧富之不齊也若許其鑄錢則貧者必不能為臣恐貧者彌貧而服役於富室富室乘之而益恣昔漢文之時吳濞諸侯也富埒天子鄧通大夫也財侔王者此皆鑄錢之所致也必欲許其私鑄是與人利權而捨其柄其不可五也陛下必以錢重而傷本工費而利寡則臣願言其失以効愚計夫錢重者猶人日滋於前而鑪不加於舊又公錢重與銅之價頗等故盜鑄者破重錢以為輕錢錢輕禁寬則行禁嚴則止止則棄矣此錢之所以少也夫鑄錢用不贍者在乎銅貴銅貴在採用者衆夫銅以為兵則不如鐵以為器則不如漆禁之無害陛下何不禁於人禁於人則銅無所用銅益賤則錢之用給矣夫銅不布下則盜鑄者無因而鑄則公錢不破人不犯死刑錢又日增末復利矣是一舉而四美兼也惟陛下熟察之時公卿羣官皆建議以為不便事既不行但勑郡縣嚴斷惡錢而已至天寶之初兩京用錢稍好米粟豐賤數載之後漸又濫惡府縣不許好者加價迴博好惡通用富商姦人漸收好錢潛將往江淮之南每錢貨得私鑄惡者五文假託官錢將入京私用京城錢日加碎惡鵝眼鐵錫古文綖環之類每貫重不過三四斤十一載二月下勑曰泉貨之用所以通有無輕重之權所以禁踰越故周立九府之法漢備三官之制永言適便必在從宜如聞京師行用之錢頗多濫惡所資懲革絕其訛謬然安人在於存養化俗期於變通法若從寬事堪持久宜令所司即出錢三數十萬貫分於兩市百姓間應交易所用錢不堪久行用者官為換取仍限一月日內使盡庶單貧無患商旅必通其過限輒違犯

者一事已上並作條件處分是時京城百姓久用惡錢制下之後頗相驚擾時又令於龍興觀南街開場出左藏庫內排斗錢許市人博換貧弱者又爭次不得俄又宣勑除鐵錫銅沙穿穴古文餘並許依舊行用久之乃定乾元元年七月詔曰泉貨之興其來久矣代有沿革時為重輕周興九府實啓流泉之利漢造五銖亦弘改鑄之法必令小大兼適母子相權事有益於公私理宜循於通變但以干戈未息帑藏猶虛卜式獻助軍之誠弘羊興富國之算靜言立法諒在便人御史中丞第五琦奏請改錢以一當十別為新鑄不廢舊錢冀實三官之資用收十倍之利所謂於人不擾從古有經宜聽於諸監別鑄一當十錢文曰乾元重寶其開元通寶者依舊行用所請採鑄捉搦處置即條件聞奏二年三月琦入為相又請更鑄重輪乾元錢一當五十二十斤成貫詔可之於是新錢與乾元開通元寶錢三品並行尋而穀價騰貴米斗至七千餓死者相枕於道乃擡舊開元錢以一當十減乾元錢以一當三十緣人厭錢價不定人間擡加價錢為虛錢長安城中競為盜鑄寺觀鍾及銅像多壞為錢姦人豪族犯禁者不絕京兆尹鄭叔清擒捕之少不容縱數月間榜死者八百餘人人益無聊矣上元元年六月詔曰因時立制頃議新錢且是從權知非經久如聞官鑪之外私鑄頗多吞併小錢踰濫成弊抵罪雖衆禁姦未絕況物價益起人心不安事藉變通期於折衷其重稜五十價錢宜減作三十文行用其開元舊時錢宜一當十文行用其乾元十當錢宜依前行用仍令中京及畿縣內依此處分諸州待進止七月勑重稜五十價錢先令畿內減至三十價行其天下諸州並宜準此寶應元年四月改行乾元錢一以當二乾元重稜小錢亦以一當二重稜大錢一以當三尋又改行乾元大小錢並以一當一其私鑄重稜大錢不在行用之限大曆四年正月關內道鑄錢等使戶部侍郎第五琦上言請於絳州汾陽銅原兩監增置五鑪鑄錢許之建中元年九月戶部侍郎韓洄上言江淮錢監歲共鑄錢四萬五千貫輸

于京師度工用轉送之費每貫計錢二千是本倍利也今商州有
紅崖冶出銅益多又有洛源監久廢不理請增工鑿山以取銅興
洛源錢監置十鑪鑄之歲計出錢七萬二千貫度工用轉送之費
貫計錢九百則利浮本也其江淮七監請皆停罷從之貞元九年
正月張滂奏諸州府公私諸色鑄造銅器雜物等伏以國家錢少
損失多門興販之徒潛將銷鑄錢一千爲銅六斤造寫器物則斤
直六百餘有利既厚銷鑄遂多江淮之間錢實減耗伏請準從前
勑文除鑄鏡外一切禁斷元和三年五月鹽鐵使李巽上言得湖
南院申郴州平陽高亭兩縣界有平陽冶及馬跡曲木等古銅坑
約二百八十餘井差官檢覆實有銅錫今請於郴州舊桂陽監置
鑪兩所採銅鑄錢每日約二十貫計一年鑄成七千貫有益於人
從之其年六月詔曰泉貨之法義在通流若錢有所壅貨當益賤
故藏錢者得乘人之急居貨者必損己之資今欲著錢令以出滯
藏加數鑄以資流布使商旅知禁農桑獲安義切救時情非欲利

若革之無漸恐人或相驚應天下商賈先蓄見錢者委所在長吏
令收市貨物官中不得輒有程限逼迫商人任其貨易以求便利
計周歲之後此法遍行朕當別立新規設蓄錢之禁所以先有告
示許有方圓意在他時行法不貸又天下有銀之山必有銅鑛銅
者可資於鼓鑄銀者無益於生人權其重輕使務專一其天下自
五嶺以北見採銀坑並宜禁斷恐所在坑戶不免失業各委本州
府長吏勸課令其採銅助官中鑄作仍委鹽鐵使條流聞奏四年
閏三月京城時用錢每貫頭除二十文陌內欠錢及有鉛錫錢等
貞元九年三月二十六日勑陌內欠錢法當禁斷慮因捉搦或亦
生姦使人易從切於不擾自今已後有因交關用欠陌錢者宜但
令本行頭及居停主人牙人等檢察送官如有容隱兼許賣物領
錢人糾告其行頭主人牙人重加科罪府縣所由祗承人等並不
須干擾若非因買賣自將錢於街衢行者一切勿問其年六月勑
五嶺已北所有銀坑依前任百姓開採禁見錢出嶺六年二月制

公私交易十貫錢已上即須兼用匹段委度支鹽鐵使及京兆尹
即具作分數條流聞奏茶商等公私便換見錢並須禁斷其年十二
月河東節度使王鍔奏請於當管蔚州界加置鑪鑄銅錢廢管內
錫錢許之仍令加至五鑪七年五月戶部王紹度支盧坦鹽鐵王
播等奏伏以京都時用多重見錢官中支計近日殊少蓋緣比來
不許商人便換因茲家有滯藏所以物價轉高錢多不出臣等今
商量伏請許令商人於三司任便換見錢一切依舊禁約伏以比
來諸司諸使等或有便商人錢多留城中逐時收貯積藏私室無
復通流伏請自今已後嚴加禁約從之八年四月勑以錢重貨輕
出內庫錢五十萬貫令兩市收市布帛每端匹估加十之一十二年
正月勑泉貨之設故有常規將使重輕得宜是資斂散有節必通
其變以利於人今繒帛轉賤公私俱弊宜出見錢五十萬貫令京
兆府揀擇要便處開場依市價交易選清強官吏切加勾當仍各
委本司先作處置條件聞奏必使事堪經久法可通行又勑近日

布帛轉輕見錢漸少皆緣所在壅塞不得通流宜令京城內自文
武官僚不問品秩高下并公郡縣主中使等下至士庶商旅寺觀
坊市所有私貯見錢並不得過五千貫如有過此許從勑出後限
一月內任將市別物收貯如錢數校多處置未了任於限內於地
界州縣陳狀更請限縱有此色亦不得過兩箇月若一家內別有
宅舍店鋪等所貯錢並須計用在此數其兄弟本來異居曾經分
析者不在此限如限滿後有違犯者白身人等宜付所司決痛杖
一頓處死其文武官及公主等並委有司聞奏當重科貶戚屬中
使亦具名銜聞奏其賸貯錢不限多少並勒納官數內五分取一分
充賞錢止於五千貫此外察獲及有人論告亦重科處分并量給
告者時京師里閭區肆所積多方鎮錢王鍔韓弘李惟簡少者不
下五十萬貫於是競買第屋以變其錢多者竟里巷傭僦以歸其
直而高貲大賈者多依倚左右軍官錢爲名府縣不得窮驗法竟
不行十四年六月勑應屬諸軍諸使更有犯時用錢每貫除二十

文足陌內欠錢及有鉛錫錢者宜令京兆府枷項收禁牒報本軍本使府司差人就軍及看決二十如情狀難容復有違拒者仍令府司聞奏十五年八月中書門下奏伏準羣官所議鑄錢或請收市人間銅物令州郡鑄錢當開元以前未置鹽鐵使亦令州郡勾當鑄造今若兩稅盡納匹段或慮兼要通用見錢欲令諸道公私銅器各納所在節度團練防禦經略使便據元敕給與價直并折兩稅仍令本處軍人鎔鑄其鑄本請以留州留使年支未用物充所鑄錢便充軍府州縣公用當處軍人自有糧賜亦校省本所資衆力并收衆銅天下併功速濟時用待一年後鑄器物盡則停其州府有出銅鉛可以開鑪處具申有司便令同諸監冶例每年與本充鑄其收市銅器期限并禁鑄造買賣銅物等待議定便令有司條流聞奏其上都鑄錢及收銅器續處分將欲頒行尚資周慮請令中書門下兩省御史臺并諸司長官商量重議聞奏從之長慶元年九月敕泉貨之義所貴通流如聞比來用錢所在除陌不一與其禁人之必犯未若從俗之所宜交易往來務令可守其內外公私給用錢從今以後宜每貫一例除墊八十以九百二十文成貫不得更有加除及陌內欠少大和三年六月中書門下奏準元和四年閏三月敕應有鉛錫錢並合納官如有人糺得一錢賞百錢者當時敕條貴在峻切今詳事實必不可行只如告一錢賞百錢則有人告一百貫錫錢須賞一萬貫銅錢執此而行是無畔際今請以鉛錫錢交易者一貫已下以州府常行決脊杖二十十貫已下決六十徒三年過十貫已上所在集衆決殺其受鉛錫錢交易者亦準此處分其用鉛錫錢仍納官其能糺告者每一貫賞五千文不滿貫者準此計賞累至三百千仍且取當處官錢給付其所犯人罪不死者徵納家資充填賞錢可之四年十一月敕應私貯見錢家除合貯數外一萬貫至十萬貫限一周年內處置畢十萬貫至二十萬貫以下者限二周年處置畢如有不守期限安然蓄積過本限即任人糺告及所由覺察其所犯家錢並準元和

十二年敕納官據數五分取一分充賞糺告人賞錢數止於五千貫應犯錢法人色目決斷科貶並準元和十二年敕處分其所由覺察亦量賞一半事竟不行五年二月鹽鐵使奏湖南管內諸州百姓私鑄造到錢伏緣衡道數州連接嶺南山洞深邃百姓依模監司錢樣競鑄造到脃惡姦錢轉將賤價博易與好錢相和行用其江西鄂岳桂管鑄濫錢並請委本道觀察使條流禁絕敕旨宜依會昌六年二月敕緣諸道鼓鑄佛像鍾磬等新錢已有次第須令舊錢流布絹帛價稍增文武百寮俸料宜起三月一日並給見錢其一半先給虛估匹段對估價支給敕比緣錢重幣輕生人轉困今加鼓鑄必在流行通變救時莫切於此宜申先甲之令以誡居貨之徒京城及諸道起今年十月以後公私行用並取新錢其舊錢權停三數年如有違犯同用鉛錫惡錢例科斷其舊錢並納官事竟不行開元元年十一月河中尹姜師度以安邑鹽池漸涸師度開拓疏決水道置爲鹽屯公私大收其利其年十一月五日左拾遺劉彤上表曰臣聞漢孝武爲政廐馬三十萬後宮數萬人外討戎夷內興宮室殫費之甚實百當今而古費多而貨有餘今用少而財不足何也豈非古取山澤而今取貧民哉取山澤則公利厚而人歸於農取貧民則公利薄而人去其業故先王作法也山海有官虞衡有職輕重有術禁發有時一則專農二則饒國濟人盛事也臣實謂今疑之夫煮海爲鹽採山鑄錢伐木爲室農餘之輩寒而無衣飢而無食傭賃自資者窮苦之流也若能以山海厚利資農之餘人厚斂重徭免窮苦之子所謂損有餘而益不足帝王之道可不謂然乎臣願陛下詔鹽鐵木等官收興利貿遷於人則不及數年府有餘儲矣然後下寬貸之令蠲窮獨之徭可以惠羣生可以柔荒服雖戎狄猾夏堯湯水旱無足虞也奉天適變惟在陛下行之上令宰臣議其可否咸以鹽鐵之利甚益國用遂令將作大匠姜師度戶部侍郎強循俱攝御史中丞與諸道按察使檢責海內鹽鐵之課比令使人勾當除此外更無別求在外不

細委知如聞稱有侵刻且令本州刺史上佐一人檢校依令式收税
如有落帳欺没仍委按察使糾覺奏聞其姜師度除蒲州鹽池以
外州自餘處更不須巡檢貞元十六年十二月史牟奏澤潞鄭等
州多是末鹽請禁斷從之元和五年正月度支奏鄜州邠州涇原
諸將士請同當處百姓例食烏白兩池鹽六年閏十二月度支盧
坦奏河中兩池顆鹽敕文只許於京畿鳳翔陝虢河中澤潞河南
許汝等十五州界内糶貨比來因循兼越興鳳文成等六州臣移
牒勘責得山南西道觀察使報其果閬兩州鹽本土戸人及巴南
諸郡市糶又供當軍士馬尚有懸欠若兼數州自然闕絶又得興
元府諸耆老狀申訴臣今商量河中鹽請放入六州界糶貨從之
十年七月度支使皇甫鎛奏加峽内四監劍南東西川山南西道
鹽估以利供軍從之十三年鹽鐵使程异奏應諸州府先請置茶
鹽店收税伏準今年正月一日赦文其諸州府因用兵已來或慮
有權置職名及擅加科配事非常制一切禁斷者伏以榷税茶鹽

本資財賦贍濟軍鎮蓋是從權昨兵罷自合便停事久實爲重斂
其諸道先所置店及收諸色錢物等雖非擅加且異常制伏請準
赦文勒停從之十四年三月鄆青兖三州各置榷鹽院長慶元年
三月敕河朔初平人希德澤且務寬泰使之獲安其河北榷鹽法
且權停仍令度支與鎮冀魏博等道節度審察商量如能約計課
利錢數分付榷鹽院亦任穩便自天寶末兵興以來河北鹽法羈
縻而已暨元和中皇甫鎛奏置税鹽院同江淮兩池榷利人苦犯
禁戎鎮亦頻上訴故有是命其月鹽鐵使王播奏揚州白沙兩處
納榷場請依舊爲院又奏諸道鹽院糶鹽付商人請每㪷加五十
通舊三百文價諸處煎鹽停場置小鋪糶鹽每㪷加二十文通舊
一百九十文價又奏應管煎鹽戸及鹽商并諸鹽院停場官吏所
由等前後制敕除兩税外不許差役追擾今請更有違越者縣令
刺史貶黜罰俸從之二年五月詔曰兵革初寧亦資榷筦聞閭重
困則可蠲除如聞淄青鄆三道往來糶鹽價錢近取七十萬貫軍

資給贍優有餘自鹽鐵使收管已來軍府頓絶其利遂使經行
陣者有停糧之怨服隴畝者有加税之嗟犯鹽禁者困鞭撻之刑
理生業者乏贍資之具雖縣官受利而郡府益空俾人獲安寧我
節用其鹽鐵先於淄青兖鄆等道管内置小鋪糶鹽巡院納榷起
今年五月一日已後一切並停仍各委本道約校比來節度使自
收管充軍府逐急用度及均減管内貧下百姓兩税錢數至年終
各具糶鹽所得錢并均減兩税奏聞安邑解縣兩池舊置榷鹽使
仍各別置院官元和三年七月復以安邑解縣兩池留後爲榷鹽
使先是兩池鹽務隷度支其職視諸道巡院貞元十六年史牟以金
部郎中主池務恥同諸院遂奏置使額二十一年鹽鐵度支合爲
一使以杜佑兼領佑以度支既稱使其所管不宜更有使名遂與
東渭橋使同奏罷之至是裴均主池務職轉繁劇復有是請大和
三年四月敕安邑解縣兩池榷課以實錢一百萬貫爲定額至大
中二年正月敕但取匹段精好不必計舊額錢數及大中年度支

奏納榷利一百二十一萬五千餘貫女鹽池在解縣朝邑小池在
同州鹵池在京兆府奉先縣並禁斷不榷烏池在鹽州舊置榷税
使長慶元年三月敕烏池每年糶鹽收博榷米以一十五萬石爲
定額溫池大中四年三月因收復河隴敕令度支收管溫池鹽仍
差靈州分巡院官勾當至六年三月敕令割屬威州置榷税使緣
新制置未立榷課定額胡落池在豐州界河東供軍使收管每年
採鹽約一萬四千餘石供振武天德兩軍及營田水運官健自大
中四年党項叛擾饋運不通供軍使請榷市河東白池鹽供食其
白池屬河東節度使不係度支初玄宗已前亦有鹽池使景雲四
年三月蒲州刺史充關内鹽池使先天二年九月強循除幽州刺
史充鹽池使此即鹽州池也開元十五年五月兵部尚書蕭嵩除
關内鹽池使此是朔方節度常帶鹽池使也

唐書志卷第二十八　左從政郎紹興府録事參軍張亨賢校勘

食貨下

劉昫等修

武德八年十二月水部郎中姜行本請於隴州開五節堰引水通運許之永徽元年薛大鼎爲滄州刺史界内有無棣河隋末填廢大鼎奏開之引魚鹽於海百姓歌之曰新河得通舟楫利直達滄海魚鹽至昔日徒行今騁駟美哉薛公德滂被咸亨三年關中飢監察御史王師順奏請運晉絳州倉粟以贍之上委以運職河渭之間舟楫相繼會于渭南自師順之始也　大足元年六月於東都立德坊南穿新潭安置諸州租船　神龍三年滄州刺史姜師度於薊州之北漲水爲溝以備奚契丹之寇又約舊渠傍海穿漕號爲平虜渠以避海難運糧開元二年河南尹李傑奏汴州東有梁公堰年久堰破江淮漕運不通發汴鄭丁夫以濬之省功速就公私深以爲利　十五年正月令將作大匠范安及檢行鄭州河口斗門先是洛陽人劉宗器

上言請塞汜水舊汴河口於下流滎澤界開梁公堰置斗門以通淮汴擢拜左衛率府冑曹至是新漕塞行舟不通貶宗器焉安及遂發河南府懷鄭汴滑三萬人疏決兼舊河口旬日而畢　十八年宣州刺史裴耀卿上便宜事條曰江南戶口稍廣倉庫所資惟出租庸更無征防緣水陸遙遠轉運艱辛功力雖勞倉儲不益竊見每州所送租及庸調等本州正二月上道至揚州入斗門即逢水淺已有阻礙須留一月已上至四月已後始渡淮入汴多屬汴河乾淺又般運停留至六七月始至河口即逢黄河水漲不得入河又須停一兩月待河水小始得上河入洛即漕路乾淺船艘隘鬧般載停滯備極艱辛計從江南至東都停滯日多得行日少糧食既皆不足欠折因此而生又江南百姓不習河水皆轉顧河師水手更爲損費伏見國家舊法往代成規擇制便宜以垂長久河口元置武牢倉江南船不入黄河即於倉内便貯鞏縣置洛口倉從黄河不入漕洛即於倉内安置爰及河陽倉栢崖倉太原倉永豐倉渭南倉節級取便例皆如此水

通則隨近運轉不通即且納在倉不滯遠船不憂久耗比於曠年長運利便一倍有餘今若且置武牢洛口等倉江南船至河口即却還本州更得其船充運并取所減脚錢更運江淮變造義倉每年剩得一二百萬石即望數年之外倉廩轉加其江淮義倉下濕不堪久貯若無船可運三兩年色變即給貸費散公私無益疏奏不省至二十一年耀卿爲京兆尹京師雨水害稼穀價踊貴玄宗以問耀卿奏稱昔貞觀永徽之際禄廩未廣每歲轉運不過二十萬石便足今國用漸廣漕運數倍猶不能支從都至陝河路艱險既用陸運無由廣致若能兼河漕變陸爲水則所支有餘動盈萬計且江南租船候水始進吳人不便漕輓由是所在停留日月既淹遂生竊盜臣望於河口置一倉納江東租米便放船歸從河口即分入河洛官自雇船載運三門之東置一倉三門既水險即於河岸開山車運十數里三門之西又置一倉每運至倉即般下貯納水通即運水細便止自太原倉泝河更無停留所省鉅萬前漢

都關中年月稍久及隋亦在京師緣河皆有舊倉所以國用常贍上深然其言至二十二年八月置河陰縣及河陰倉河西栢崖倉三門東集津倉三門西鹽倉開三門山十八里以避湍險自江淮而泝鴻溝悉納河陰倉自河陰送納含嘉倉又送納太原倉謂之北運自太原倉浮于渭以實關中上大悅尋以耀卿爲黄門侍郎同中書門下平章事充江淮河南轉運都使以鄭州刺史崔希逸河南少尹蕭炅爲副凡三年運七百萬石省陸運之傭四十萬貫舊制東都含嘉倉積江淮之米載以大輿而西至于陝三百里率兩斛計傭錢十此耀卿所省之數也明年耀卿拜侍中而蕭炅代焉二十五年運米一百萬石二十九年陝郡太守李齊物鑿三門山以通運闢三門巔輸巖險之地俾負索引艦升于安流自齊物始也天寶三載韋堅代蕭炅以滻水作廣運潭於望春之東而藏舟焉是年楊釗以殿中侍御史爲水陸運使以代韋堅先是米至京師或砂礫糠粃雜乎其間開元初詔使揚擲而較其虛實揚擲之

名自此始也十四載八月詔水陸運宜停一半天寶以來楊國忠王鉷皆兼重使以權天下肅宗初第五琦始以錢穀得見請於江淮分置租庸使市輕貨以救軍食遂拜監察御史爲之使　乾元元年加度支郎中尋兼中丞爲鹽鐵使於是始大鹽法就山海井竈收搉其鹽立監院官吏其舊業戶洎浮人欲以鹽爲業者免其雜役隸鹽鐵使常戶自租庸外無横賦人不益稅而國用以饒明年琦以戶部侍郎同平章事詔兵部侍郎呂諲代之　寶應元年五月元載以中書侍郎代呂諲是時淮河阻兵飛輓路絶鹽鐵租賦皆泝漢而上以侍御史穆寧爲河南道轉運租庸鹽鐵使尋加戶部員外遷鄂州刺史以總東南貢賦是時朝議以寇盜未戢關東漕運宜有倚辦遂以通州刺史劉晏爲戶部侍郎京兆尹度支鹽鐵轉運使鹽鐵兼漕運自晏始也　二年拜吏部尚書同平章事依前充使晏始以鹽利爲漕傭自江淮至渭橋率十萬斛傭七千緡補綱吏督之不發丁男不勞郡縣蓋自古未之有也自此歲運

米數千萬石自淮北列置巡院搜擇能吏以主之廣牢盆以來商賈凡所制置皆自晏始　廣德二年正月復以第五琦專判度支鑄錢鹽鐵事而晏以檢校戶部尚書爲河南及江淮已來轉運使及與河南副元帥計會開決汴河　永泰二年晏爲東道轉運常平鑄錢鹽鐵使琦爲關內河東劍南三川轉運常平鑄錢鹽鐵使大曆五年詔停關內河東三川轉運常平鹽鐵使自此晏與戶部侍郎韓滉分領關內河東山劍租庸青苗使至十四年天下財賦皆以晏掌之建中初宰相楊炎用事尤惡劉晏炎乃奪其權詔曰朕以征稅多門郡邑凋耗聽于群議思有變更將致時雍宜遵古制其江淮米準言轉運入京者及諸軍糧儲宜令庫部郎中崔河圖權領之今年夏稅以前諸道財賦多輸京者及鹽鐵財貨委江州刺史包佶權領之天下錢穀皆歸金部倉部委中書門下簡兩司郎官準格式條理尋貶晏爲忠州刺史晏既罷黜天下錢穀歸尚書省既而出納無所統乃復置使領之其年三月以韓洄爲戶部侍郎判度支金部郎中杜佑權勾當江淮水陸運使炎尋殺晏于忠州自兵興已來凶荒相屬京師米斛萬錢官廚無兼時之食百姓在畿甸者拔穀授穗以供禁軍洎晏掌國計復江淮轉運之制歲入米數十萬斛以濟關中代第五琦領鹽務其法益密初年入錢六十萬季年則十倍其初大曆末通天下之財而計其所入總一千二百萬貫而鹽利過半李靈耀之亂河南皆爲盜據不奉法制賦稅不上供州縣益減晏以羨餘相補人不加賦所入仍舊議者稱之其相與商搉財用之術者必一時之選故晏沒後二十年韓洄元琇裴腆包佶盧貞李衡相繼分掌財賦出晏門下屬吏在千里外奉教如目前四方水旱及軍府纖芥莫不先知焉其年詔曰天下山澤之利當歸王者宜總搉鹽鐵使　三年以包佶爲左庶子汴東水陸運鹽鐵租庸使崔縱爲右庶子汴西水陸運鹽鐵租庸使　四年度支侍郎趙贊議常平事竹木茶漆盡稅之茶之有稅肇於此矣　貞元元年元琇以御史大夫爲鹽鐵水陸運使

其年七月以尚書右僕射韓滉統之滉歿宰相竇參代之　五年十二月度支轉運鹽鐵奏比年自揚子運米皆分配緣路觀察使差長綱發遣運路既遠實謂勞人今請當使諸院自差綱節級般運以救邊食從之　八年詔東南兩稅財賦自河南江淮嶺南東道至于渭橋以戶部侍郎張滂主之河東劍南山南西道以戶部尚書度支使班宏主之今戶部所領三川鹽鐵轉運自此始也其後宏滂互有短長宰相趙憬陸贄以其事上聞由是遵大曆故事如劉晏韓滉所分焉　九年張滂奏立稅茶法自後裴延齡專判度支與鹽鐵益殊塗而理矣　十年潤州刺史王緯代之理于朱方數年而李錡代之鹽院津堰改張侵剝不知紀極私路小堰厚斂行人多自錡始時鹽鐵轉運有上都留後以副使潘孟陽主之王叔文權傾朝野亦以鹽鐵副使兼學士爲留後順宗即位有司重奏鹽法以杜佑判鹽鐵轉運使理於揚州　元和二年三月以李巽代之先是李錡判使天下搉酤漕運由其操割專事貢獻牢其寵

僱中朝柄事者悉以利積於私室而國用日耗巽旣爲鹽鐵使大正其事其堪㥳先隷浙西觀察使者悉歸之因循權置者盡罷之增置河陰敖倉置桂陽監鑄平陽銅山爲錢又奏江淮河南峽內兗鄆嶺南鹽法監院去年收鹽價緡錢七百二十七萬比舊法張其估一千七百八十餘萬非實數也今請以其數除去之外付度支收其數鹽鐵使煑鹽利繫度支自此始也又以程异爲揚子留後四月五日巽卒自推廣之興惟劉晏得其術而巽次之然初年之利類晏之季年季年之利則三倍於晏矣舊制每歲運江淮米五十萬斛至河陰留十萬四十萬送渭倉晏歿久不登其數惟巽秉使三載無升斗之闕焉六月以河東節度使李鄘代之　五年李鄘爲淮南節度使以宣州觀察使盧坦代之　六年坦奏每年江淮運糧四十萬石到渭橋近日欠闕太半請旋收糴逐年貯備從之坦改戶部侍郎以京兆尹王播代之播遂奏元和五年江淮河南嶺南峽中兗鄆等鹽利錢六百九十八萬貫比量改法已前舊鹽利時價四倍虛估即此錢爲一千七百四十餘萬貫矣請付度支收管從之其年詔曰兩稅之法悉委郡國初極便人但緣約法之時不定物估今度支鹽鐵泉貨是司各有分巡置於都會爰命帖職周視四方簡而易從庶叶權便政有所弊事有所宜皆得舉聞副我憂寄以揚子鹽鐵留後爲江淮已南兩稅使江陵留後爲荆衡漢沔東界彭蠡已南兩稅使度支山南西道分巡院官充三川兩稅使峽內煎鹽五監先屬鹽鐵使今宜割屬度支便委山南西道兩稅使兼知糶貨峽內鹽屬度支自此始也　七年王播奏去年鹽利除割峽內鹽收錢六百八十五萬從實估也又奏商人於戶部度支鹽鐵三司飛錢謂之便換　八年以崔倰爲揚子留後淮嶺已來兩稅使崔祝爲江陵留後荆南已來兩稅使

十三年正月播又奏以軍興之時財用是切頃者劉晏領使皆自按置租庸至於州縣否臧錢穀利病之物虛實皆得而知今臣守務在城不得自往請令臣副使程异出巡江淮其州府上供錢穀

一切勘問從之閏五月异至江淮得錢一百八十五萬貫以進其年以播守禮部尚書以衛尉卿程异代之十四年异卒以刑部侍郎柳公綽代之長慶初王播復代公綽四年王涯以戶部侍郎代播敬宗初播復以鹽鐵使爲揚州節度使文宗即位入覲以宰相判使其後王涯復判二使表請使茶山之人移植根本舊有貯積皆使焚棄天下怨之　九年涯以事誅而令狐楚以戶部尚書右僕射主之以是年茶法大壞奏請付州縣而入其租于戶部人人悅焉　開成元年李石以中書侍郎判收茶法復貞元之制也

三年以戶部尚書同平章事楊嗣復主之多革前監院之陳事

開成三年至大中壬申凡一十五年多任以元臣以集其務崔珙自刑部尚書拜杜悰以淮南節度領之旣而皆踐公台薛元賞李執方盧弘正馬植敬晦五人於九年之中相踵理之植亦自、入居相位　大中五年二月以戶部侍郎裴休爲鹽鐵轉運使明年八月以本官平章事依前判使始者漕米歲四十萬斛其能至渭倉者十不三四漕吏狡蠹敗溺百端官舟之沉多者歲至七十餘隻緣河姦犯大紊晏法休使寮屬按之委河次縣令董之自江津達渭以四十萬斛之傭計緡二十八萬悉使歸諸漕吏巡院胥吏無得侵牟舉之爲法凡十事奏之　六年五月又立稅茶之法凡十二條陳奏上大悅詔曰裴休興利除害深見奉公盡可其奏由是三歲漕米至渭濵積一百二十萬斛無升合沉棄焉　武德元年九月四日置社倉其月二十二日詔曰特建農圃本督耕耘思俾齊民旣康且富鍾庾之量冀同水火宜置常平監官以均天下之貨市肆騰踊則減價而出田穡豐羨則增糴而收庶使公私俱濟家給人足抑止兼并宣通壅滯至五年十二月廢常平監官

貞觀二年四月尚書左丞戴胄上言曰水旱凶災前聖之所不免國無九年儲畜禮經之所明誡今喪亂之後戶口凋殘每歲納租未實倉廩隨時出給纔供當年若有凶災將何賑卹故隋開皇立制天下之人節級輸粟多爲社倉終於文皇得無饑饉及大業中

年國用不足並貸社倉之物以充官費故至末塗無以支給今請自王公已下爰及衆庶計所墾田稼穡頃畝至秋熟準其見在苗以理勸課盡令出粟稻麥之鄉亦同此稅各納所在為立義倉若年穀不登百姓飢饉當所州縣隨便取給太宗曰既為百姓預作儲貯官為舉掌以備凶年非朕所須橫生賦斂利人之事深是可嘉宜下所司議立條制戶部尚書韓仲良奏王公已下墾田畝納二升其粟麥粳稻之屬各依土地貯之州縣以備凶年可之自是天下州縣始置義倉每有飢饉則開倉賑給以至高宗則天數十年間義倉不許雜用其後公私窘迫漸貸義倉支用自中宗神龍之後天下義倉費用向盡高宗永徽二年六月勑義倉據地收稅實是勞煩宜令率戶出粟上上戶五石餘各有差　六年京東西二市置常平倉明慶二年十二月京常平倉置常平署官員開元二年九月勑天下諸州今年稍熟穀價全賤或慮傷農常平之法行之自古宜令諸州加時價三兩錢糴不得抑斂仍交相付

領勿許懸欠蠶麥時熟穀米必貴即令減價出糶豆穀等堪貯者熟亦準此以時出入務在利人其常平所須錢物宜令所司支料奏聞　四年五月二十一日詔諸州縣義倉本備飢年賑給近年已來每三年一度以百姓義倉糙米遠近京納仍勒百姓私出腳錢自今已後更不得義倉變造　七年六月勑關內隴右河南河北五道及荊揚襄夔綿益彭蜀漢劍茂等州並置常平倉其本上州三千貫中州二千貫下州一千貫十六年十月勑自今歲普熟穀價至賤必恐傷農加錢收糴以實倉廩縱逢水旱不慮阻飢公私之間或亦為便宜令所在以常平本錢及當處物各於時價上量加三錢百姓有糶易者為收糴事須兩和不得限數配糴訖具所用錢物及所糴物數申所司仍令上佐一人專勾當天寶六載三月太府少卿張瑄奏準四載五月并五載三月勑節文至貴時賤價出糶賤時加價收糴若百姓未辦錢物者任準開元二十年七月勑量事賒糶至粟麥熟時徵納臣使司商量且糶舊糴斛

不同別用其賒糶者至納錢日若粟麥雜種等時價甚賤恐更迴易艱辛請加價便與折納　廣德二年正月第五琦奏每州常平倉及庫使司商量置本錢隨當處米物時價賤則加價收糴貴則減價糶賣　建中元年七月勑夫常平者常使穀價如一大豐不為之減大儉不為之加雖遇災荒人無菜色自今已後忽米價貴時宜量出官米十萬石麥十萬石每日量付兩市行人下價糶貨　三年九月戶部侍郎趙贊上言曰伏以舊制置倉儲粟名曰常平軍興已來此事闕廢或因凶荒流散餓死相食者不可勝紀古者平準之法使萬室之邑必有萬鍾之藏千室之邑必有千鍾之藏春以奉耕夏以奉耘雖有大賈富家不得豪奪吾人者蓋謂能行輕重之法也自陛下登極以來許京城兩市置常平官糶鹽米雖經頻年少雨米價騰貴此乃即日明驗實要推而廣之當興軍之時與承平或異事須兼儲布帛以備時須臣今商量請於兩都并江陵東都揚汴蘇洪等州府各置常平輕重本錢上至百萬貫下至數

十萬貫隨其所宜量定多少唯貯斛斗匹段絲麻等候物貴則下價出賣物賤則加價收糴權其輕重以利疲人從之贊於是條奏諸道要都會之所皆置吏閱商人財貨計錢每貫稅二十天下所出竹木茶漆皆十一稅之以充常平本時國用稍廣常賦不足所稅亦隨時而盡終不能為常平本　貞元八年十月勑諸軍鎮和糴貯備共三十三萬石價之外更量與優饒其粟及麻據米數準折虛價直委度支以停江淮運腳錢充並支綾絹絁綿勿令折估所糴粟等委本道節度使監軍同勾當別貯非承特勑不得給用　十四年六月詔以米價稍貴令度支出官米十萬石於兩街賤糶其年九月以歲飢出太倉粟三十萬石出糶是歲冬河南府穀貴人流令以含嘉倉粟七萬石出糶　十五年二月以久旱歲飢出太倉粟十八萬石於諸縣賤糶　元和元年正月制歲時有豐歉穀價有重輕將備水旱之虞在權聚斂之術應天下州府每年所稅地子數內宜十分取二分均充常平倉及義倉仍各逐穩便收貯

以時出糶務在救人賑貸所宜速奏六年二月制如聞京畿之內舊穀已盡宿麥未登宜以常平義倉粟二十四萬石貸借百姓諸道州府有乏少粮種處亦委所在官長用常平義倉米借貸淮南浙西宣歙等道　元和二年四月賑貸並且停徵容至豐年然後塡納　九年四月詔出太倉粟七十萬石開六場糶之并賑貸外縣百姓至秋熟徵納便於外縣收貯以防水旱十二年四月詔出粟二十五萬石分兩街降估出糶其年九月詔諸道應遭水州府河中澤潞河東幽州江陵府等管內及鄭滑滄景易定陳許晉隰蘇襄復台越唐隨鄧等州人戶宜令本州厚加優恤仍各以當處義倉斛斗據所損多少量事賑給　十三年正月戶部侍郎孟簡奏天下州府常平義倉等斛斗請準舊例減估出糶但以石數奏申有司更不收管內州縣得專達以利百姓從之　長慶四年二月勅出太倉陳粟三十萬石於兩街出糶其年三月制曰義倉之制其來日久近歲所在盜用沒入致使小有水旱生人坐委溝

壑永言其弊職此之由宜令諸州錄事參軍專主當苟爲長吏迫制即許驛表上聞考滿之日戶部差官交割如無欠負與減一選如欠少者量加一選欠數過多戶部奏聞節級科處　大和四年八月勅今年秋稼似熟宜於關內七州府及鳳翔府和糴一百萬石大中六年四月戶部奏諸州府常平義倉斛斗本防水旱賑貸百姓其有災沴州府地遠申奏往復已至流亡自今已後諸道遭災旱請委所在長吏差清強官審勘如實有水旱處便任先從貸下不支濟戶給貸從之　建中四年六月戶部侍郎趙贊請置大田天下田計其頃畝官收十分之一擇其上腴樹桑環之曰公桑自王公至于匹庶差借其力得穀絲以給國用詔從其說贊熟計之自以爲非便皆寢不下復請行常平稅茶之法又以軍須迫蹙常平利不時集乃請稅屋間架筭除陌錢間架法凡屋兩架爲一間屋有貴賤約價三等上價間出錢二千中價一千下價五百所由吏秉筭執籌入人之廬舍而計其數衣冠士族或貧無他財獨守

故業坐多屋出筭者動數十萬人不勝其苦凡沒一間者杖六十告者賞錢五十貫取於其家除陌法天下公私給與貨易率一貫舊筭二十益加筭爲五十給與他物或兩換者約錢爲率筭之市牙各給印紙人有買賣隨自署記翌日合筭之有自貿易不用市牙者給其私簿無私簿者投狀自集其有隱錢百者沒入二千杖六十告者賞十千取其家資法既行而主人市牙得專其柄率多隱盜公家所入曾不得半而怨讟之聲囂然滿於天下至　興元二年正月一日赦悉停罷　貞元九年正月初稅茶先是諸道鹽鐵使張滂奏曰伏以去歲水災詔令減稅今之國用須有供儲伏請於出茶州縣及茶山外商人要路委所由定三等時估每十稅一充所放兩稅其明年已後所得稅外貯之若諸州遭水旱賦稅不辦以此代之詔可之仍委滂具處置條奏自此每歲得錢四十萬貫然稅無虛歲遭水旱處亦未嘗以錢拯贍　元和七年御史臺奏伏準大和三年十一月十八日赦文天下除兩稅外不得妄有

科配其擅加雜榷率一切宜停令御史臺嚴加察訪者臣昨因推南道擅置竹練場稅法至重害人頗深伏請起今已後應諸道自大和三年準赦文所停兩稅外科配雜榷率等復却置者仰勑至後十日內具却置事由聞奏仍申臺司每有出使郎官御史便令嚴加察訪苟有此色本判官重加懲責長吏奏聽進止從之

九年十二月左僕射令狐楚奏新置榷茶使額伏以江淮間數年以來水旱疾疫凋傷頗甚愁歎未平今夏及秋稍校豐稔方須惠恤各使安存昨者忽奏榷茶實爲蠹政蓋是王涯破滅將至怨怒合歸豈有令百姓移茶樹就官場中栽摘茶葉於官場中造有同兒戲不近人情方有恩權無敢沮議朝班相顧而失色道路以目而吞聲今宗社降靈姦凶盡戮聖明垂祐黎庶各安微臣伏蒙天恩兼授使務官銜之內猶帶此名俯仰若驚夙宵知愧伏乞特迴聖聽下鑒愚誠速委宰臣除此使額緣國家之用或闕山澤之利有遺許臣條流續具聞奏採造欲及妨廢爲虞前月二十一日

內殿奏對之次鄭覃與臣同陳論訖伏望聖慈早賜處分一依舊
法不用新條惟納榷之時須節級加價商人轉擡必校稍貴即是
錢出萬國利歸有司既無害茶商又不擾茶戶上以彰陛下愛人
之德下以竭微臣憂國之心遠近傳聞必當咸悅詔可之先是鹽
鐵使王涯表請使茶山之人移植根本舊有貯積皆使焚弃天下
怨之及是楚主之故奏罷焉　開成二年十二月武寧軍節度使
薛元賞奏泗口稅場應是經過衣冠商客金銀羊馬斛斗見錢茶
鹽綾絹等一物已上並稅今商量其雜稅並請停絕詔許之
大中六年正月鹽鐵轉運使裴休奏諸道節度觀察使置店停上
茶商每斤收搨地錢并稅經過商人頗乖法理今請釐革橫稅以
通舟船商旅既安課利自厚今又正稅茶商多被私販茶人侵奪
宜利今請強幹官吏先於出茶山口及廬壽淮南界內布置把捉
曉諭招收量加半稅給陳首帖子令其所在公行從此通流更無
苛奪所冀招恤窮困下絕姦欺使私販者免犯法之憂正稅者無

失利之歎欲尋究根本須舉綱條勑旨依奏其年四月淮南及天
平軍節度使并浙西觀察使皆奏軍用困竭伏乞且賜依舊稅茶
勑旨裴休條流茶法事極精詳制置之初理須畫一並宜準今年
正月二十六日勑處分　建中三年初榷酒天下悉令官釀斛收
直三千米雖賤不得減二千委州縣綜領醨薄私釀罪有差以京
師王者都特免其榷　元和六年六月京兆府奏榷酒錢除出正
酒戶外一切隨兩稅青苗據貫均率從之　會昌六年九月勑揚
州等八道州府置榷麴并置官店沽酒代百姓納榷酒并充資助
軍用各有權許限揚州陳許汴州襄州河東五處榷麴浙西浙東
鄂岳三處置官沽酒如聞禁止私酤過閒嚴酷一人違犯連累數
家閭里之間不免咨怨宜從今以後如有人私沽酒及置私麴者
但許罪止一身并所由容縱任據罪處分鄉井之內如不知情並
不得追擾其所犯之人任用重典兼不得沒入家產

唐書志卷第二十九

唐書志卷第三十

刑法

劉昫

古之聖人爲人父母莫不制禮以崇敎立刑以明威防閑於未然懼爭心之將作也故有輕重三典之異宮墨五刑之差度時而施宜因事以議制大則陳之原野小則肆諸市朝以禦姦究用懲禍亂興邦致理罔有弗由於此者也暨淳朴既消澆僞斯起刑增爲九章積三千雖有凝脂次骨之峻而錐刀之末盡爭之矣自漢迄隋世有增損而罕能折衷隋文帝參用周齊舊政以定律令除苛慘之法務在寬平比及晚年漸亦滋虐煬帝忌刻法令尤峻人不堪命遂至於亡高祖初起義師於太原即布寬大之令百姓苦隋苛政競來歸附旬月之閒遂成帝業既平京城約法爲二十條惟制殺人劫盜背軍叛逆者死餘並蠲除之及受禪詔納言劉文靜與當朝通識之士因開皇律令而損益之盡削大業所由煩峻之

○法又制五十三條格務在寬簡取便於時尋又勅尚書左僕射裴寂尚書右僕射蕭瑀及大理卿崔善爲給事中王敬業中書舍人劉林甫顏師古王孝遠涇州別駕靖延太常丞丁孝烏隋大理丞房軸上將府參軍李桐客太常博士徐上機等撰定律令大略以開皇爲準于時諸事始定邊方尚梗救時之弊有所未暇惟正五十三條格入於新律餘無所改至武德七年五月奏上乃下詔曰古不云乎萬邦之君有典有則故九疇之敘興於夏世兩觀之法大備隆周所以禁暴懲姦弘風闡化安民立政莫此爲先自戰國紛擾恃詐任力苛制煩刑於茲競起秦并天下隳滅禮教恣行酷烈害虐烝民宇內騷然遂以顚覆漢氏撥亂思易前軌雖復務從約法蠲削嚴刑尚行葅醢之誅猶設錙銖之禁字民之道實有未弘刑措之風以茲莫致爰及魏晉流弊相沿寬猛乖方綱維失序下凌上替政散民凋皆由法令煙訛條章混謬自斯以後寓縣瓜分戎馬交馳未遑典制有隋之世雖云釐革然而損益不定踈舛尚多品式章程罕能甄備加以微文曲致覽者惑其淺深異例同科用者殊其輕重遂使姦吏巧詆任情與奪愚民妄觸動陷羅網屢聞釐革卒以無成朕膺期受籙寧濟區宇永言至治興寐爲勞補千年之墜典拯百王之餘弊思所以正本澄源式清流末永垂憲則貽範後昆爰命羣才修定科律但今古異務文質不同喪亂之後事殊曩代應機適變救弊斯在是以斟酌繁省取合時宜矯正差遺務從體要迄茲歷稔撰次始畢宜下四方即令頒用庶使吏曹簡肅無取懸石之多奏讞平允靡競錐刀之末勝殘去殺此焉非遠於是頒行天下及太宗即位又命長孫無忌房玄齡與學士法官更加釐改戴胄魏徵又言舊律令重於是議絞刑之屬五十條免死罪斷其右趾應死者多蒙全活太宗尋又愍其受刑之苦謂侍臣曰前代不行肉刑久矣今忽斷人右趾意甚不忍諫議大夫王珪對曰古行肉刑以爲輕罪今陛下矜死刑之多設斷趾之法格本合死今而獲生刑者幸得全命豈憚去其一足且

○人之見者甚足懲誡上曰本以爲寬故行之然每聞惻愴不能忘懷又謂蕭瑀陳叔達等曰朕以死者不可再生思有矜愍故簡死罪五十條從斷右趾朕復念其受痛極所不忍叔達等咸曰古之肉刑乃在死刑之外陛下於死刑之內改從斷趾便是以生易死足爲寬法上曰朕意以爲如此故欲行之又有上書言此非便公可更思之其後蜀王法曹參軍裴弘獻又駮律令不便於時者四十餘事太宗令參掌刪改之弘獻於是與玄齡等建議以爲古者五刑刖居其一及肉刑廢制爲死流徒杖笞凡五等以備五刑今復設刖足是爲六刑減死在於寬弘加刑又加煩峻乃與八座定議奏聞於是又除斷趾法改爲加役流三千里居作　二年又舊條流兄弟分後廕不相及連坐俱死祖孫配沒會有同州人房強弟任統軍於岷州以謀反伏誅強當從坐太宗嘗錄囚徒憫其將死爲之動容顧謂侍臣曰刑典仍用蓋風化未洽之咎愚人何罪而肆重刑乎更彰朕之不德也用刑之道當審事理之輕重然後

加之以刑罰何者有不察其本而一槩加誅非所以恤刑重人命也然則反逆有二一爲興師動衆一爲惡言犯法輕重有差而連坐皆死豈朕情之所安哉更令百寮詳議於是玄齡等復定議曰案禮孫爲王父尸案令祖有蔭孫之義然則孫重而兄弟屬輕應重反流合輕翻死據禮論情深爲未愜今定律祖孫與兄弟緣坐俱配沒其以惡言犯法不能爲害者情狀稍輕兄弟免死配流爲允從之自是比古死刑殆除其半玄齡等遂與法司定律五百條分爲十二卷一曰名例二曰衛禁三曰職制四曰戶昏五曰廄庫六曰擅興七曰賊盜八曰鬭訟九曰詐僞十曰雜律十一曰捕亡十二曰斷獄有笞杖徒流死爲五刑笞刑五條自笞十至五十杖刑五條自杖六十至杖一百徒刑五條自徒一年遞加半年至三年流刑三條自流二千里遞加五百里至三千里死刑二條絞斬大凡二十等又有議請減贖當免之法八一曰議親二曰議故三曰議賢四曰議能五曰議功六曰議貴七曰議賓八曰議勳八議者犯死罪者皆條所坐及應議之狀奏請議定奏裁流罪已下減一等若官爵五品已上及皇太子妃大功已上親應議者周以上親犯死罪者上請流罪已下亦減一等若七品已上官爵得請者之祖父母兄弟姊妹妻子孫犯流罪已下各減一等若應議請減及九品已上官若官品得減者之祖父母父母妻子孫犯流罪已下聽贖其贖法笞十贖銅一斤遞加一斤至杖一百則贖銅十斤自此已上遞加十斤至徒三年則贖銅六十斤流二千里者贖銅八十斤流二千五百里者贖銅九十斤流三千里者贖銅一百二十斤又許以官當罪以官當徒者五品已上犯罪者一官當徒二年九品已上一官當徒一年若犯公罪者各加一年以官當流者三流同比徒四年仍各解見任除名者比徒三年免官者比徒二年免所居官者比徒一年又有十惡之條一曰謀反二曰謀大逆三曰謀叛四曰謀惡逆五曰不道六曰大不敬七曰不孝八曰不睦九曰不義十曰內亂其犯十惡者不得依議請之例年七十以上十五以下及

廢疾犯流罪以下亦聽贖八十已上十歲以下及篤疾犯反逆殺人應死者上請盜及傷人亦收贖餘皆勿論九十以上七歲已下雖有死罪不加刑比隋代舊律減大辟者九十二條減流入徒者七十一條其當徒之法唯奪一官除名之人仍同士伍凡削煩去蠹變重爲輕者不可勝紀又定令一千五百九十條爲三十卷貞觀十一年正月頒下之又刪武德貞觀已來勑格三千餘件定留七百條以爲格十八卷留本司施行斟酌今古除煩去弊甚爲寬簡便於人者以尚書省諸曹爲之目初爲七卷其曹之常務但留本司者別爲留司格一卷蓋編錄當時制勑永爲法則以爲故事貞觀格十八卷房玄齡等刪定永徽留司格十八卷散頒格七卷長孫無忌等刪定永徽中又令源直心等刪定惟改易官號曹局之名不易篇目永徽留司格後本劉仁軌等刪定垂拱留司格六卷散頒格三卷裴居道刪定太極格十卷岑羲等刪定開元前格十卷姚崇等刪定開元後格十卷宋璟等刪定皆以尚書省二十四司爲篇目凡式三十有三篇亦以尚書省列曹及秘書太常司農光祿太僕太府少府及監門宿衛計帳名其篇目爲二十卷永徽式十四卷垂拱神龍開元式並二十卷其刪定格令同太宗又制在京見禁囚刑部每月一奏從立春至秋分不得奏決死刑其大祭祀及致齋朔望上下弦二十四氣雨未晴夜未明斷屠日月及假日並不得奏決死刑其有赦之日武庫令設金雞及鼓於宮城門外之右勒集囚徒於闕前撾鼓千聲訖宣詔而釋之其赦書頒諸州用絹寫行下又繫囚之具有枷杻鉗鏁皆有長短廣狹之制量罪輕重節級用之其杖皆削去節目長三尺五寸訊囚杖大頭徑三分二釐小頭二分二釐常行杖大頭二分七釐小頭一分七釐笞杖大頭二分小頭一分半其決笞者腿分受決杖者背腿臀分受乃須數等拷訊者亦同其拷囚不過三度摠數不得過二百杖罪已下不得過所犯之數諸斷罪而無正條其應出罪者則舉重以明輕其應入罪者則舉輕以明重稱加者就重次稱減

者就輕次惟二死三流同為一減不得加至於死斷獄而失於出入者以其罪罪之失入者各減三等失出者各減五等初太宗以古者斷獄必訊於三槐九棘之官乃詔大辟罪中書門下五品已上及尚書等議之其後河内人李好德風疾瞀亂有妖妄之言詔按其事大理丞張藴古奏好德癲病有徵法不當坐治書侍御史權萬紀劾藴古貫相州好德之兄厚德為其刺史情在阿縱奏事不實太宗曰吾常禁囚於獄内藴古與之弈棊今復阿縱好德是亂吾法也遂斬於東市既而悔之又交州都督盧祖尚以忤旨斬於朝堂帝亦追悔下制凡決死刑雖令即殺仍三覆奏尋謂侍臣曰人命至重一死不可再生昔世充殺鄭頲既而悔之追止不及今春府史取財不多朕怒殺之後亦尋悔皆由思不審也比來決囚雖三覆奏須臾之間三奏便訖都未得思三奏何益自今已後宜二日中五覆奏下諸州三覆奏又古者行刑君為徹樂減膳朕令庭無常設之樂莫知何徹然對食即不啖酒肉自今已後令與

○尚食相知刑人日勿進酒肉内教及太常並宜停教且曹司斷獄多據律文雖情在可矜而不敢違法守文定罪或恐有寃自今門下覆理有據法合死而情可宥者宜録狀奏自是全活者甚衆其五覆奏以決前一日二日覆奏決日又三覆奏惟犯惡逆者一覆奏而已著之於令太宗既誅張藴古之後法官以出罪為誡時有失入者又不加罪焉由是刑網頗密帝嘗問大理卿劉德威曰近來刑網稍密何也德威對曰律文失入減三等失出減五等今失入則無辜失出則便獲大罪所由吏皆深文太宗然其言由是失於出入者令依律文斷獄者漸為平允 十四年又制流罪三等不限以里數量配邊惡之州其後雖存寛典而犯者漸少高宗即位遵貞觀故事務在恤刑嘗問大理卿唐臨在獄繫之數臨對曰見囚五十餘人惟二人合死帝以囚數全少怡然形於顔色永徽初勑太尉長孫無忌司空李勣左僕射于志寧右僕射張行成侍中高季輔黄門侍郎宇文節柳奭右丞段寶玄太常少卿令狐德棻吏部侍郎高敬言刑部侍郎劉燕客給事中趙文恪中書舍人李友益少府丞張行實大理丞元紹太府丞王文端刑部郎中賈敏行等共撰定律令格式舊制不便者皆隨刪改遂分格為兩部曹司常務為留司格天下所共者為散頒格其散頒格下州縣留司格但留本司行用焉三年詔曰律學未有定疏每年所舉明法遂無憑準宜廣召解律人條義疏奏聞仍使中書門下監定於是太尉趙國公無忌司空英國公勣尚書左僕射兼太子少師監修國史燕國公志寧銀青光禄大夫刑部尚書唐臨太中大夫守大理卿段寶玄朝議大夫守尚書右丞劉燕客朝議大夫守御史中丞賈敏行等參撰律疏成三十卷四年十月奏之頒于天下自是斷獄者皆引疏分析之 永徽五年五月上謂侍臣曰獄訟繁多皆由刑罰枉濫故曰刑者成也一成而不可變末代斷獄之人皆以苛刻為明是以秦氏網密秋荼而獲罪者衆今天下無事四海乂安欲與公等共行寛政今日刑罰得無枉濫乎無忌對曰陛下

○欲得刑法寛平臣下猶不識聖意此法彌來已久非止今日若情在體國即共號癡人意在深文便稱好吏所以罪雖合杖必欲遣徒理有可生務入於死非憎前人陷於死刑陛下矜而令放法司亦宜固請但陛下喜怒不妄加於人刑罰自然適中上以為然

永徽六年七月上謂侍臣曰律通比附條例太多左僕射志寧等對舊律多比附斷事乃稍難解科條極衆數至三千隋日再定惟留五百以事類相似者比附科斷今日所停即是參取隋律修易條章既少極成省便 龍朔二年改易官號因勑司刑太常伯源直心少常伯李敬玄司刑大夫李文禮等重定格式惟改曹局之名而不易篇第 麟德二年奏上至儀鳳中官號復舊又勑左僕射劉仁軌右僕射戴至德侍中張文瓘中書令李敬玄右庶子郝處俊黄門侍郎來恒左庶子高智周右庶子李義琰吏部侍郎裴行儉馬載兵部侍郎蕭德昭裴炎工部侍郎李義琛刑部侍郎張楚金部郎中盧律師等刪緝格式 儀鳳二年二月九日撰定奏上

先是詳刑少卿趙仁本撰法例三卷引以斷獄時議亦爲折衷後高宗覽之以爲煩文不便因謂侍臣曰律令格式天下通規非朕庸虛所能創制並是武德之際貞觀已來或取定宸衷參詳衆議條章備舉軌躅昭然臨事遵行自不能盡何爲更須作例致使觸緒多疑計此因循非適今日速宜改轍不得更然自是法例遂廢不用則天臨朝初欲大收人望垂拱初年令鑄銅爲匭四面置門各依方色共爲一室東面名曰延恩匭上賦頌及許求官爵者封表投之南面曰招諫匭有言時政得失及直言諫諍者投之西面曰申冤匭有得罪冤濫者投之北面曰通玄匭有玄象災變及軍謀秘策者投之每日置之於朝堂以收天下表疏既出之後不逞之徒或至攻訐陰私謗訕朝政者後乃令中書門下官一人專監其所投之狀仍責識官然後許進封行之至今焉則天又勅内史裴居道夏官尚書岑長倩鳳閣侍郎韋方質與刪定官袁智弘等十餘人刪改格式加計帳及勾帳式通舊式成二十卷又以武德已來

垂拱已後詔勅便於時者編爲新格二卷則天自製序其二卷之外別編六卷堪爲當司行用爲垂拱留司格時韋方質詳練法理又委其事及咸陽尉王守慎又有經理之才故垂拱格式議者稱爲詳密其律令惟改二十四條又有不便者大抵依舊然則天嚴於用刑屬徐敬業作亂及豫博兵起之後恐人心動搖欲以威制天下漸引酷吏務令深文以案刑獄長壽年有上封事言嶺表流人有陰謀逆者乃遣司刑評事萬國俊攝監察御史就案之若得反狀斬決國俊至廣州遍召流人擁之水曲以次加戮三百餘人一時併命然後鍛鍊曲成反狀乃更誣奏云諸道流人多有怨望若不推究爲變不遥則天深然其言又命攝監察御史劉光業王德壽鮑思恭王大貞屈貞筠等分往劍南黔中安南嶺南等六道按鞫流人光業所在殺戮光業誅九百人德壽誅七百人其餘少者不減數百人亦有雜犯及遠年流人亦枉及禍焉時周興來俊臣等相次受制推究大獄乃於都城麗景門内別置推事使院時

人謂之新開獄俊臣又與侍御史侯思止王弘義郭霸李敬仁評事康暐衛遂忠等招集告事數百人共爲羅織以陷良善前後枉遭殺害者不可勝數又造告密羅織經一卷其意旨皆網羅前人織成反狀俊臣每鞫囚無問輕重多以醋灌鼻禁地牢中或盛之于瓮以火圜遶炙之兼絶其糧餉至有抽衣絮以噉之者其所作大枷凡有十號一曰定百脈二曰喘不得三曰突地吼四曰著即承五曰失魂膽六曰實同反七曰反是實八曰死猪愁九曰求即死十曰求破家又令寢處糞穢備諸苦毒每有制書寬宥囚徒俊臣必先遣獄卒盡殺重罪然後宣示是時海内懾懼道路以目麟臺正字陳子昂上書曰臣聞古之御天下者其政有三王者化之用仁義也霸者威之任權智也強國脅之務刑罰也是以化之不足然後威之威之不足然後刑之故至於刑則非王者之所貴矣況欲光宅天下追功上皇專任刑殺以爲威斷可謂策之失者也臣伏覩陛下聖德聰明遊心太古將制靜宇宙保乂黎民發號施

令出於誠慊天下蒼生莫不懸望聖風既見神化道德爲政將待於陛下矣臣聞之聖人出必有驅除蓋天人之符應休命也日者東南微孽敢謀亂常陛下順天行誅罪惡咸伏豈非天意欲彰陛下威武之功哉而執事者不察天心以爲人意惡其首亂唱禍法合誅屠將息姦源窮其黨與遂使陛下大開詔獄重設嚴刑與以懲姦觀于天下逆黨親屬及其交遊有涉嫌疑辭相逮及莫不窮捕考校枝葉蟠挐大忽流血小禦魑魅至有姦人熒惑乘險相誣亂告疑似冀圖爵賞叫于闕下者日有數矣于時朝廷偟偟莫能自固海内傾聽以相驚恐賴陛下仁慈憫其危懼賜以恩詔許其大功已上一切勿論人時獲泰謂生再造愚臣竊以忻然賀陛下聖明得天之機也不謂議者異見又執前圖比者刑獄紛紛復起陛下不深思天意以順休期尚以督察爲理威刑爲務使前者之詔不信於人愚臣昧焉竊恐非五帝三王伐罪弔人之意也臣竊觀當今天下百姓思安久矣曩屬北胡侵塞西戎寇邊兵革相屠

向歷十載關河自北轉輸幽燕秦蜀之西馳鶩湟海當時天下疲極矣重以大兵之後屬遭凶年流離飢餓死喪略半幸賴陛下以至聖之德撫寧兆人邊境獲安中國無事陰陽大順年穀累登天下父子始得相養矣揚州構禍殆有五旬而海中晏然纖塵不動豈非天下柔服凶亂戢臣以此卜之百姓思安久矣今陛下不務玄默以救疲民而又任威刑以失其望欲以察察爲政肅理寰區愚臣暗昧竊有大惑且臣聞刑者政之末節也先王以禁暴釐亂不得已而用之今天下幸安萬物思泰陛下乃以末節之法察理平人愚臣以爲非適變隨時之義也頃年以來伏見諸方告密囚累百千輩大抵所告皆以揚州爲名及其窮竟百無一實陛下仁恕又屈法容之傍訐他事亦爲推劾遂使姦臣之黨快意相讎睚眦之嫌即稱有密一人被告百人滿獄使者推捕冠蓋如市或謂陛下愛一人而害百人天下喁喁莫知寧所臣聞自非聖人不有外患必有內憂物理之然也臣不敢以古遠言之請指隋而說

臣聞長老云隋之末也天下猶平煬帝不恭窮毒威武厭居皇極自總元戎以百萬之師觀兵遼海天下始騷然矣遂使楊玄感挾不臣之勢有大盜之心欲因人謀以竊皇業乃稱兵中夏將據洛陽哮虓之勢傾宇宙矣然亂未逾月而頭足異處何者天下之弊未有土崩蒸人之心猶望樂業煬帝不悟暗忽人機自以爲元惡既誅天下無巨猾也皇極之任可以刑罰理之遂使兵部尚書樊子蓋專行屠戮大窮黨與海內豪士無不罹殃遂至殺人如麻流血成澤天下靡然思爲亂矣於是蕭銑朱粲起於荊南李密竇建德亂於河北四海雲擾遂並起而亡隋族矣豈不哀哉長老至今談之委曲如是觀三代夏殷興亡已下至秦漢魏晉理亂莫不皆以毒刑而致敗壞也夫大獄一起不能無濫何者刀筆之吏寡識大方斷獄能者名在急刻文深網密則共稱至公爰及人主亦謂其奉法於是利在殺人害在平恕故獄吏相誡以殺爲詞非憎於人也而利在己故上以希人主之旨以圖榮身之利徇利既多則

不能無濫濫及良善則淫刑逞矣夫人情莫不自愛其身陛下以此察之豈非無濫矣冤人吁嗟感傷和氣和氣悖亂群生癘疫水旱隨之則有凶年人既失業則禍亂之心怵然而生矣頃來亢陽愆候雲而不雨農夫失業瞻望嗷嗷豈不猶陛下之有聖德而不降澤於人也儻旱遂過春廢於時種今年稼穡必有損矣陛下可不敬承天意以澤恤人臣聞古者明王重慎刑罰蓋懼此也書不云乎與其殺不辜寧失不經陛下奈何以堂堂之聖猶務強國之威愚臣竊爲陛下不取且愚人安則樂生危則思變故事有招禍法有起姦儻大獄未休支黨日廣天下疑惑相恐無辜人情之變不可不察昔漢武帝時巫蠱獄起江充行詐作亂京師至使太子奔走兵交宮闕無辜被害者以萬千數當時劉宗幾覆滅矣賴武帝得壺關三老上書廓然感悟夷江充三族餘獄不論天下少以安耳臣讀書至此未嘗不爲戾太子流涕也古人云前事不忘後事之師伏願陛下念之今臣不避湯鑊之罪以螻蟻之命輕觸宸嚴臣非不惡死而貪生也誠以負陛下恩遇以微命蔽塞聰明亦非敢欲陛下頓息嚴刑望在恤刑耳乞與三事大夫圖其可否夫往者不可諫來者猶可追無以臣微而忽其奏天下幸甚疏奏不省時司刑少卿徐有功常駮酷吏所奏每日與之廷爭得失以雪冤濫因此全濟者亦不可勝數語在有功傳及俊臣弘義等伏誅刑獄稍息前後宰相王及善姚元崇朱敬則等皆言垂拱已來身死破家者皆是枉濫則天頗亦覺悟於是監察御史魏靖上言曰臣聞國之綱紀在乎生殺其周興來俊臣丘神勣萬國俊王弘義侯思止郭弘霸李敬仁彭先覺王德壽張知默者即堯年四凶矣恣騁愚暴縱虐含毒讎嫉在位安忍朝臣罪逐情加刑隨意改當其時也囹圄如市朝廷以目既而素虛不昧冤魂有託行惡其報禍淫可懲具嚴天刑以懲亂首切見來俊臣身處極法者以其羅織良善屠陷忠賢籍沒以勸將來顯戮以謝天下臣又聞之道路上至聖主傍洎貴臣明明知有羅織之事矣俊臣既死推者獲

功胡元禮超遷裴談顯授中外稱慶朝廷載安破其黨者旣能
賞不逾時被其陷者豈可淹之累歲且稱反徒須得反狀惟據臣
辯即請行刑拷楚妄加款荅何限故徐有功以寬平而見忌斛瑟
羅以妓女而受拘中外具知枉直斯在借以爲喻其餘可詳臣又
聞之郭弘霸自刺而唱快萬國俊被遮而遽亡霍獻可臨終膝拳
於項李敬仁將死舌至於臍皆衆鬼滿庭群妖横道惟徵集應若
響符聲備在人謠不爲虛說伯有晝見殆無以過此亦羅織之一
變也臣以至愚不識大體儻使平反者數人衆共詳覆來俊臣等
所推大獄庶鄧艾獲申於今日孝婦不濫於昔時恩渙一流天下
幸甚疏奏制令錄來俊臣丘神勣等所推鞫人身死籍沒者令三
司重推勘有寃濫者並皆雪免中宗神龍元年制以故司僕少卿
徐有功執法平恕追贈越州都督特受一子官又以丘神勣來子
珣萬國俊周興來俊臣魚承曄王景昭索元禮傅遊藝王弘義張
知默裴籍焦仁亶侯思止郭霸李敬仁皇甫文備陳嘉言劉光業

王德壽王處貞屈貞筠鮑思恭二十三人自垂拱已來並枉濫殺人
所有官爵並令追奪天下稱慶時旣改易制盡依貞觀永徽故事
勑中書令韋安石禮部侍郎祝欽明尚書右丞蘇瓌兵部郎中狄
光嗣等刪定垂拱格後至神龍元年已來制勑爲散頒格七卷又
刪補舊式爲二十卷頒於天下景雲初睿宗又勑戶部尚書岑羲
中書侍郎陸象先右散騎常侍徐堅右司郎中唐紹刑部員外郎
邵知與刪定官大理寺丞陳義海右衞長史張處斌大理評事張
名播左衞率府倉曹參軍羅思貞刑部主事閻義顓凡十人刪
定格式律令太極元年二月奏上名爲太極格開元初玄宗勑
黃門監盧懷慎紫微侍郎兼刑部尚書李乂紫微侍郎蘇頲紫
微舍人呂延祚給事中魏奉古大理評事高智靜同州韓城縣丞
侯郢璡瀛州司法參軍閻義顓等刪定格式令至三年三月奏上
名爲開元格六年玄宗又勑吏部侍郎兼侍中宋璟中書侍郎
蘇頲尚書左丞盧從愿吏部侍郎裴漼慕容珣戶部侍郎楊滔中

書舍人劉令植大理司直高智靜幽州司功參軍侯郢璡等九人
刪定律令格式至七年三月奏上律令式仍舊名格曰開元後格
十九年侍中裴光庭中書令蕭嵩又以格後制勑行用之後頗與
格文相違於事非便奏令所司刪撰格後長行勑六卷頒于天下
二十二年戶部尚書李林甫又受詔改修格令林甫遷中書令乃
與侍中牛仙客御史中丞王敬從與明法之官前左武衞冑曹參
軍崔見衞州司戶參軍直中書陳承信酸棗尉直刑部俞元杞
等共加刪緝舊格式律令及勑總七千二十六條其一千三百二十
四條於事非要並刪之二千一百八十條隨文損益三千五百九十四
條仍舊不改總成十一卷律疏三十卷令三十卷式二十卷開元新
格十卷又撰格式律令事類四十卷以類相從便於省覽二十五
年九月奏上勑於尚書都省寫五十本發使散於天下其年刑
部斷獄天下死罪惟有五十八人大理少卿徐嶠上言大理獄院
由來相傳殺氣太盛鳥雀不棲至是有鵲巢其樹於是百寮以幾

至刑措上表陳賀玄宗以宰相燮理法官平允之功封仙客爲邠
國公林甫爲晉國公刑部大理官共賜帛二千匹自明慶至先天
六十年閒高宗寬仁政歸宮闈則天女主猜忌果於殺戮宗枝大
臣鉅於酷吏至於移易宗社幾亡李氏神龍之後后族干政景雲
繼立歸妹怙權開元之際刑政賞罰斷於宸極四十餘年可謂太
平矣及宰臣懷邪邊將內侮乘輿幸于巴蜀儲副立於朔方曾未
逾年載收京邑書契已來未有克復宗社若斯之速也而兩京衣
冠多被脅從至是相率待罪闕下而執事者務欲峻刑以取威盡
誅其族以令天下議久不定竟置三司使以御史大夫兼京兆尹
李峴兵部侍郎呂諲戶部侍郎兼御史中丞崔器刑部侍郎兼御
史中丞韓擇木大理卿嚴向等五人爲之初西京文武官陸大鈞
等陷賊來歸崔器草儀盡令免冠徒跣撫膺號泣以金吾府縣人
吏圍之於朝謝罪收付大理京兆府獄繫之又陳希烈等大臣至
者數百人又令朝堂徒跣如初令宰相苗晉卿崔圓李麟等百寮

同視以為棄辱宣詔以責之朝廷又以負罪者衆獄中不容乃賜
楊國忠宅鞫之器諲多希旨深刻而擇木無所是非獨李峴力爭
之乃定所推之罪為六等集百寮尚書省議之肅宗方用刑名公
卿但唯唯署名而已於是河南尹達奚珣等三十九人以為罪重與
衆共棄珣等十一人於子城西伏誅陳希烈張垍郭納獨孤朗等
七人於大理寺獄賜自盡達奚摯張岯李有孚劉子英冉大華二
十一人於京兆府門決重杖死大理卿張均引至獨柳樹下刑人
處免死配流合浦郡而達奚珣韋恒乃至腰斬先是慶緒至相州
史思明高秀巖等皆送款請命肅宗各令復位便領所管至是懼
不自安各率其黨叛其後三司用刑連年不定流貶相繼及王璵
為相素聞物議請下詔自今已後三司推勘未畢者一切放免大
收人望後蕭華拔魏州歸國嘗話於朝云初河北官聞國家宣詔
放陳希烈等脅從官一切不問各令復位聞者悔歸國之晚舉措
自失及後聞希烈等死皆相賀得計無敢歸者於是河北將吏人

人益堅大兵不解後有毛若虛敬羽之流皆深酷割剝驟求權柄
殺人以逞刑厚斂以資國六七年間大獄相繼州縣之內多是貶
降人肅宗復聞三司多濫嘗悔云朕為三司所誤深恨之及彌留
之際以元載為相乃詔天下流降人等一切放歸代宗寶應元年
迴紇與史朝義戰勝擒其將士妻子老幼四百八十人上以婦人雖
為賊家口皆是良家子女被賊逼略惻然愍之令萬年縣於勝業
佛寺安置給糧料若有親屬認者任還之如無親族者任其所適
仍給糧遞過於是人情莫不感戴欣悅大曆十四年六月一日德宗
御丹鳳樓大赦赦書節文律令格式條目有未折衷者委中書門
下簡擇理識通明官共刪定自至德已來制勑或因人奏請或臨
事頒行差互不同使人疑惑中書門下與刪定官詳決取堪久長
行用者編入格條三司使準式以御史中丞中書舍人給事中各
一人為之每日於朝堂受詞推勘處分建中二年罷刪定格令使
并三司使先是以中書門下充刪定格令使又以給事中中書舍

人御史中丞為三司使至是中書門下奏請復舊以刑部御史臺
大理寺為之其格令委刑部刪定元和四年九月勑刑部大理決
斷繫囚過為淹遲是長姦倖自今已後大理寺檢斷不得過二十
日刑部覆下不得過十日如刑部覆有異同寺司重加不得過十
五日省司量覆不得過七日如有牒外州府節目及於京城內勘
本推即日以報牒到後計日數被勘司却報不得過五日仍令刑
部具遣牒及報牒月日牒報都省及分察使各準勑文勾舉糾訪
六年九月富平縣人梁悅為父殺仇人秦果投縣請罪勑復讎殺
人固有彝典以其申寃請罪視死如歸自詣公門發於天性志在
徇節本無求生之心寧失不經特從減死之法宜決一百配流循
州職方員外郎韓愈獻議曰伏奉今月五日勑復讎據禮經則義
不同天徵法令則殺人者死禮法二事皆王教之端有此異同必
資論辯宜令都省集議聞奏者伏以子復父讎見於春秋見於禮
記又見於周官又見於諸子史不可勝數未有非而罪之者也最

宜詳於律而律無其條非闕文也蓋以為不許復讎則傷孝子之
心而乖先王之訓許復讎則人將倚法專殺無以禁止其端矣夫
律雖本於聖人然執而行之者有司也經之所明者制有司也丁
寧其義於經而深沒其文於律者其意將使法吏一斷於法而經
術之士得引經而議也周官曰凡殺人而義者令勿讎讎之則死
義宜也明殺人而不得其宜者子得復讎也此百姓之相讎者也
公羊傳曰父不受誅子復讎可也不受誅者罪不當誅也又周
官曰凡報仇讎者書於士殺之無罪言將復讎必先言於官則無
罪也今陛下垂意典章思立定制惜有司之守憐孝子之心示不
自專訪議群下臣愚以為復讎之名雖同而其事各異或百姓相
讎如周官所稱可議於今者或為官吏所誅如公羊所稱不可行於
今者又周官所稱將復讎先告於士則無罪者若孤稚羸弱抱微
志而伺敵人之便恐不能自言於官未可以為斷於今也然則殺
之與赦不可一例宜定其制曰凡有復父讎者事發具其事由下尚

書省集議奏聞酌其宜而處之則經律無失其指矣元和十三年八月鳳翔節度使鄭餘慶等詳定格後勑三十卷右司郎中崔郾等六人脩上其年刑部侍郎許孟容蔣乂等奉詔刪定復勒成三十卷刑部侍郎劉伯芻等考定如其舊卷長慶元年五月御史中丞牛僧孺奏天下刑獄苦於淹滯請立程限大事大理寺限三十五日詳斷畢申刑部限三十日聞奏中事大理寺三十日刑部二十五日小事大理寺二十五日刑部二十日一狀所犯十人以上所斷罪二十件以上爲大所犯六人以上所斷罪十件以上爲中所犯五人以下所斷罪十件以下爲小其或所抵罪狀并所結刑名並同者則雖人數甚多亦同一人之例違者罪有差二年四月刑部員外郎孫革奏京兆府雲陽縣人張莅欠羽林官騎康憲錢米憲徵之莅承醉拉憲氣息將絶憲男買得年十四將救其父以莅角觝力人不敢搊解遂持木鍤擊莅之首見血後三日致死者準律父爲人所毆子往救擊其人折傷減凡鬭三等至死者依常律即買得

救父難是性孝非暴擊張莅是切非兇以髫丱之歲正父子之親若非聖化所加童子安能及此王制稱五刑之理必原父子之親以權之慎測淺深之量以別之春秋之義原心定罪周書所訓諸罰有權今買得生被皇風幼符至孝哀矜之宥伏在聖慈臣職當讞刑合分善惡勑康買得尚在童年能知子道雖殺人當死而爲父可哀若從沉命之科恐失原情之義宜付法司減死罪一等大和七年十二月刑部奏先奉勑詳定前大理丞謝登新編格後勑六十卷者臣等據謝登所進詳諸理例參以格式或事非久要恩出一時或前後差殊或書寫錯誤並已落下及改正訖去繁舉要列司分門都爲五十卷伏請宜下施行可之八年四月詔應犯輕罪人除情狀巨蠹法所難原者其他過誤罪愆及尋常公事違犯不得鞭背遵太宗之故事也俄而京兆尹韋長奏京師浩穰姦豪所聚終日懲罰抵犯猶多小有寬容即難禁戢若恭守勑旨則無以肅清若臨事用刑則有違詔命伏望許依前據輕重處置

從之開成四年兩省詳定刑法格一十卷勑令施行會昌元年九月庫部郎中知制誥紇干泉等奏準刑部奏犯贓官五品已上合抵死刑請準獄官令賜死於家者伏請永爲定格從之大中五年四月刑部侍郎劉瑑等奉勑修大中刑法摠要格後勑六十卷起貞觀二年六月二十日至大中五年四月十三日凡二百二十四年雜勑都計六百四十六門二千一百六十五條七年五月左衛率倉曹參軍張戣進大中刑法統類一十二卷勑刑部詳定奏行之

唐書志卷第三十

左從政郎紹興府録事參軍張垚賓校勘

唐書列傳卷第一

劉　昫　等修

聞人詮校刻沈桐同校

后妃上

三代宮禁之職周官最詳自周已降彤史沿革各載本書此不備述唐因隋制皇后之下有貴妃淑妃德妃賢妃各一人爲夫人正一品昭儀昭容昭媛脩儀脩容脩媛充儀充容充媛各一人爲九嬪正二品婕妤九人正三品美人九人正四品才人九人正五品寶林二十七人正六品御女二十七人正七品采女二十七人正八品其餘六尚諸司分典乘輿服御龍朔二年官名改易内職皆更舊號咸亨二年復舊開元中玄宗以皇后之下立四妃法帝嚳也而后妃四星一爲正后今既立正后復有四妃非典法也乃於皇后之下立惠妃麗妃華妃等三位以代三夫人爲正一品又置芳儀六人爲正二品美人四人爲正三品才人七人爲正四品尚宮尚儀尚服各二人爲正五品自六品至九品即諸司諸典職員品第而序之後亦參用前號然而三代之政莫不以賢妃開國嬖寵傾邦秦漢已還其流寖盛大至移國小則臨朝煥車服以王宗枝裂土壤而僕肺腑洎末塗淪敗赤族夷宗高祖龍飛宮無正寢而婦言是用釁起維城大帝孝和仁而不武但恣池臺之賞寧顧衽席之嫌武室韋宗幾危運祚東京帝后歿從夫謚光烈和熹之類是也高宗自號天皇武氏自稱天后而韋庶人生有翌聖之名肅宗欲后張氏此不經之甚皆以凶終玄宗以惠妃之愛擯斥椒宮繼以太真幾喪天下歷觀前古邦家喪敗之由多基於子弟召禍子弟之亂必始於宮闈不正故息隱鬩牆秦王謀歸東洛馬嵬塗地太子不敢西行若中有聖善之慈胡能若是易曰家道正而天下定不其然歟自後累朝長秋虛位或以旁宗入繼母屬皆微徒有冊拜之文誶乏關雎之德今録其存於史冊者爲后妃傳云

高祖太穆皇后竇氏京兆始平人隋定州總管神武公毅之女也后母周武帝姊襄陽長公主后生而髮垂過頸三歲與身齊周武帝特愛重之養於宮中時武帝納突厥女爲后無寵后尚幼竊言於帝曰四邊未靜突厥尚強願舅抑情撫慰以蒼生爲念賴突厥之助則江南關東不能爲患矣武帝深納之毅聞之謂長公主曰此女才貌如此不可妄以許人當爲求賢夫乃於門屏畫二孔雀諸公子有求婚者輒與兩箭射之潛約中目者許之前後數十輩莫能中高祖後至兩發各中一目毅大悅遂歸于我及周武帝崩后追思如喪所生隋文帝受禪后聞而流涕自投於床曰恨我不爲男以救舅氏之難毅與長公主遽掩口曰汝勿妄言滅吾族矣后事元貞太后以孝聞太后素有羸疾時或危篤諸姒以太后性嚴懼譴皆稱疾而退惟后晝夜扶侍不脫衣履者動淹旬月焉善書學類高祖之書人不能辨工篇章而好存規誡大業中高祖爲扶風太守有駿馬數疋常言於高祖曰上好鷹愛馬公之所知此堪進御不可久留人或言者必爲身累願熟思之高祖未決竟以此獲譴未幾后崩於涿郡時年四十五高祖追思后言方爲自安之計數求鷹犬以進之俄而擢拜將軍因流涕謂諸子曰我早從汝母之言居此官久矣初葬壽安陵後祔葬獻陵上元元年八月改上尊號曰太穆順聖皇后

太宗文德順聖皇后長孫氏長安人隋右驍衛將軍晟之女也晟妻隋揚州刺史高敬德女生后少好讀書造次必循禮則年十三嬪于太宗隋大業中常歸寧於永興里后舅高士廉媵張氏於后所宿舍外見大馬高二丈鞍勒皆具以告士廉命筮之遇坤之泰筮者曰至哉坤元萬物資生乃順承天坤厚載物德合無疆牝馬地類行地無

彊變而之泰內陽而外陰內健而外順是天地交而萬物通也象曰后以輔相天地之宜而左右人也龍乾之象也馬坤之象也變而爲泰天地交也繇協於歸妹婦人之兆也女處尊位履中居順也此女貴不可言武德元年冊爲秦王妃時太宗功業既高隱太子猜忌滋甚后孝事高祖恭順妃嬪盡力彌縫以存內助及難作太宗在玄武門方引將士入宮授甲后親慰勉之左右莫不感激九年冊拜皇太子妃太宗即位立爲皇后贈后父晟司空齊獻公后性尤儉約凡所服御取給而已太宗彌加禮待常與后論及賞罰之事對曰牝雞之晨惟家之索妾以婦人豈敢豫聞政事太宗固與之言竟不之答時后兄無忌夙與太宗爲布衣之交又以佐命元勳委以腹心出入臥內將任之朝政后固言不可每乘間奏曰妾既託身紫宮尊貴已極實不願兄弟子姪布列朝廷漢之呂霍可爲切骨之誡特願聖朝勿以妾兄爲宰執太宗不聽竟用無忌爲左武候大將軍吏部尚書右僕射后又密遣無忌苦求遜職太宗不獲已而許焉改授開府儀同

三司后意乃懌有異母兄安業好酒無賴獻公之薨也后及無忌並幼安業斥還舅氏后殊不以介意每請太宗厚加恩禮位至監門將軍及預劉德裕逆謀太宗將殺之后叩頭流涕爲請命曰安業之罪萬死無赦然不慈於妾天下知之今寘以極刑人必謂妾恃寵以復其兄無乃爲聖朝累乎遂得減死后所生長樂公主太宗特所鍾愛及將出降勅所司資送倍於長公主魏徵諫曰昔漢明帝時將封皇子帝曰朕子安得同於先帝子乎然謂長主者良以尊於公主也情雖有差義無等別若令公主之禮有過長主理恐不可願陛下思之太宗以其言退而告后后歎曰嘗聞陛下重魏徵殊未知其故今聞其諫寔乃能以義制主之情可謂正直社稷之臣矣妾與陛下結髮爲夫婦曲蒙禮待情義深重每言必候顏色尚不敢輕犯威嚴況在臣下情疏禮隔故韓非爲之說難東方稱其不易良有以也忠言逆於耳而利於行有國有家者急務納之則俗寧杜之則政亂誠願陛下詳之則天下幸甚后因請遣中使齎帛五百疋詣徵宅以賜之太子承乾乳母遂安夫人常白后曰東宮器用闕少欲有奏請后不聽曰爲太子所患德不立而名不揚何憂少於器物也八年從幸九成宮染疾危惙太子承乾入侍密啓后曰醫藥備盡尊體不瘳請奏赦囚徒幷度人入道冀蒙福助后曰死生有命非人力所加若修福可延吾素非爲惡若行善無効何福可求赦者國之大事佛道者示存異方之教耳非惟政體靡弊又是上所不爲豈以吾一婦人而亂天下法承乾不敢奏以告左僕射房玄齡玄齡以聞太宗及侍臣莫不歔欷朝臣咸請肆赦太宗從之后聞之固爭乃止將大漸與太宗辭訣時玄齡以譴歸第后固言玄齡事陛下最久小心謹慎奇謀秘計皆所預聞竟無一言漏洩非有大故願勿弃之又妾之本宗幸緣姻戚既非德舉易履危機其保全永久慎勿處之權要但以外戚奉朝請則爲幸矣妾生既無益於時今死不可厚費且葬者藏也欲人之不見自古聖賢皆崇儉薄惟無道之世大起山陵勞費天下爲有識者笑但請因山而葬不須起墳無用棺槨所須器服皆以木瓦儉薄

送終則是不忘妾也十年六月己卯崩于立政殿時年三十六其年十一月庚寅葬於昭陵后嘗撰古婦人善事勒成十卷名曰女則自爲之序又著論駁漢明德馬皇后以爲不能抑退外戚令其當朝貴盛乃戒其龍馬水車此乃開其禍源而防其末事耳且誡主守者曰此吾以自防閑耳婦人著述無條貫不欲至尊見之愼勿言崩後宮司以聞太宗覽而增慟以示近臣曰皇后此書足可垂於後代我豈不達天命而不能割情乎以其每能規諫補朕之闕今不復聞善言是內失一良佐以此令人哀耳上元元年八月改上尊號曰文德順聖皇后

太宗賢妃徐氏名惠右散騎常侍堅之姑也生五月而能言四歲誦論語毛詩八歲好屬文其父孝德試擬楚辭云山中不可以久留詞甚典美自此徧涉經史手不釋卷太宗聞之納爲才人其所屬文揮翰立成詞華綺贍俄拜婕妤再遷充容時軍旅亟動宮室互興百姓頗倦勞役上疏諫曰自貞觀已來二十有二載風調雨順年登歲稔

人無水旱之弊國無飢饉之災昔漢武守文之常主猶登刻玉之符齊桓小國之庸君尚圖泥金之事望陛下推功損己讓德不居億兆傾心猶闕告成之禮云亭佇謁未展升中之儀此之功德足以咀嚼百王網羅千代者矣古人有云雖休勿休良有以也守初保末聖哲罕兼是知業大者易驕願陛下難之善始者難終願陛下易之竊見頃年已來力役兼總東有遼海之軍西有崐丘之役士馬疲於甲冑舟車倦於轉輸且召募役戍去留懷死生之痛因風阻浪人米有漂溺之危一夫力耕卒無數十之穫一舩致損則傾數百之糧是猶運有盡之農功塡無窮之巨浪圖未獲之他衆喪已成之我軍雖除凶伐暴有國常規然黷武翫兵先哲所戒昔秦皇幷吞六國反速危亡之基晉武奄有三方翻成覆敗之業豈非矜功恃大棄德而輕邦圖利忘害肆情而縱慾遂使悠悠六合雖廣不救其亡嗷嗷黎庶因弊以成其禍是知地廣非常安之術人勞乃易亂之源願陛下布澤流人矜弊恤乏減行役之煩增湛露之惠妾又聞爲政之本貴在無爲

○竊見土木之功不可兼遂北闕初建南營翠微曾未逾時玉華創制雖復因山藉水非無架築之勞損之又損頗有工力之費終以茅茨示約猶興木石之疲假使和雇取人不無煩擾之弊是以卑宮菲食聖主之所安金屋瑤臺驕主之爲麗故有道之君以逸逸人無道之君以樂樂身願陛下使之以時則力無竭矣用而息之則人斯悅矣夫珍翫伎巧乃喪國之斧斤珠玉錦繡寔迷心之酖毒竊見服翫纖靡如變化於自然織貢珍奇若神仙之所製雖馳華於季俗實敗素於淳風是知漆器非延叛之方桀造之而人叛玉杯豈招亡之術紂用之而國亡方驗侈麗之源不可不遏作法於儉猶恐其奢作法於奢何以制後伏惟陛下明鑑未形智周無際窮奧祕於麟閣盡探賾於儒林千王治亂之蹤百代安危之跡興衰禍福之數得失成敗之機故亦苞吞心府之中循環目圍之內乃宸衷之久察無假一二言焉惟恐知之非難行之不易志驕於業泰體逸於時安伏願抑志裁心愼終如始削輕過以添重德循今是以替前非則令名與日月無窮盛業與乾坤永大太宗善其言優賜甚厚及太宗崩追思顧遇之恩哀慕愈甚發疾不自醫病甚謂所親曰吾荷顧實深志在早歿魂其有靈得侍園寢吾之志也因爲七言詩及連珠以見其志永徽元年卒時年二十四詔贈賢妃陪葬於昭陵之石室

高宗廢后王氏幷州祁人也父仁祐貞觀中羅山令同安長公主即后之從祖母也公主以后有美色言於太宗遂納爲晉王妃高宗登儲冊爲皇太子妃以父仁祐爲陳州刺史永徽初立爲皇后以仁祐爲特進魏國公母柳氏爲魏國夫人仁祐尋卒贈司空初武皇后貞觀末隨太宗嬪御居於感業寺后及左右數爲之言高宗由是復召入宮立爲昭儀俄而漸承恩寵遂與后及良娣蕭氏遞相譖毀帝終不納后言而昭儀寵遇日厚后懼不自安密與母柳氏求巫祝厭勝事發帝大怒斷柳氏不許入宮中后舅中書令柳奭罷知政事幷將廢后長孫無忌褚遂良等固諫乃止俄又納李義府之策永徽六年十月廢后及蕭良娣皆爲庶人囚之別院武昭儀令人皆縊殺之后

○母柳氏兄尚衣奉御全信及蕭氏兄弟並配流嶺外遂立昭儀爲皇后尋又追改后姓爲蟒氏蕭良娣爲梟氏庶人良娣初囚大罵曰願阿武爲老鼠吾作猫兒生生扼其喉武后怒自是宮中不畜猫初囚高宗念之閒行至其所見其室封閉極密惟開一竅通食器出入高宗惻然呼曰皇后淑妃安在庶人泣而對曰妾等得罪廢弃爲宮婢何得更有尊稱名爲皇后言訖悲咽又曰今至尊思及疇昔使妾等再見日月出入院中望改此院名爲迴心院妾等再生之幸高宗曰朕即有處置武后知之令人杖庶人及蕭氏各一百截去手足投於酒甕中曰令此二嫗骨醉數日而卒後則天頻見王蕭二庶人披髮瀝血如死時狀武后惡之禱以巫祝又移居蓬萊宮復見故多在東都中宗即位復后姓爲王氏梟氏還爲蕭氏

中宗和思皇后趙氏京兆長安人祖綽 武德中以戰功至右領軍衛將軍父瓌尚高祖女常樂公主歷遷左千牛將軍中宗爲英王時納后爲妃既而妃母公主得罪妃亦坐廢幽死於內侍省則天臨朝瓌

爲壽州刺史坐與越王貞連謀被誅公主亦坐死神龍元年贈后謚爲恭皇后贈環左衛大將軍及中宗崩將葬于定陵議者以韋后得罪不宜祔葬於是追謚后爲和思莫知瘞所行招魂祔葬之禮太常博士彭景直上言古無招魂葬之禮不可備棺椁置轀輬宜據漢書郊祀志葬黃帝衣冠於橋山故事以皇后褘衣於陵所寢宮招魂置衣於魂轝以太牢告祭遷衣於寢宮舒於御榻之右覆以夷衾而祔葬焉從之

中宗韋庶人京兆萬年人也祖弘表貞觀中爲曹王府典軍中宗爲太子時納后爲妃仍擢后父普州參軍玄貞爲豫州刺史嗣聖元年立爲皇后其年中宗見廢后隨從房州時中宗懼不自安每聞制使至惶恐欲自殺后勸王曰禍福倚伏何常之有豈失一死何遽如是也累年同艱危情義甚篤所生懿德太子永徽永壽長寧安樂四公主安樂最幼生於房州帝自脫衣裹之遂名曰裹兒特寵異焉及中宗復立爲太子又立后爲妃時昭容上官氏常勸后行則天故事乃

上表請天下士庶爲出母服喪三年又請百姓以年二十三爲丁五十九免役改易制度以收時望制皆許之帝在房州時常謂后曰一朝見天日誓不相禁忌及得志受上官昭容邪說引武三思入宮中升御牀與后雙陸帝爲點籌以爲歡笑醜聲日聞于外乃大出宮女雖左右內職亦許時出禁中上官氏及宮人貴倖者皆立外宅出入不節朝官邪佞者候之恣爲狎遊祈其賞秩以至要官時侍中敬暉謀去諸武武三思患之乃結上官氏以爲援因得幸於后潛入宮中謀議乃諷百官上帝尊號爲應天皇帝后爲順天皇后帝與后親謁太廟告謝受尊號之意於是三思驕橫用事敬暉王同晈相次夷滅天下咸歸咎於后后方傾寵親屬內外封拜遍列清要又欲寵樹安樂公主乃制公主開府置官屬太平公主儀比親王長寧安樂二府不置長史而已宜城公主等以非后所生各減太平之半安樂恃寵驕恣賣官鬻獄勢傾朝廷常自草制勑掩其文而請帝書焉帝笑而從之竟不省視又請自立爲皇太女帝雖不從亦不加譴所署府寮皆猥濫非才又廣營第宅侈靡過甚長寧及諸公主迭相倣効天下咸嗟怨之神龍三年節愍太子死後宗楚客率百寮上表加后號爲順天翊聖皇后景龍二年春宮中希旨妄稱后衣箱中有五色雲出帝使畫工圖之出示於朝乃大赦天下百寮母妻各加邑號右驍衛將軍知太史事迦葉志忠上表曰昔高祖未受命時天下歌桃李子太宗未受命時天下歌秦王破陣樂高宗未受命時天下歌側堂堂天后未受命天下歌武媚娘伏惟應天皇帝未受命時天下歌英王石州順天皇后未受命時天下歌桑條韋也女行六合之內齊首蹀足應四時八節之會歌舞同歡豈與夫簫韶九成百獸率舞同年而語哉伏惟皇后降帝女之精合爲國母主蠶桑以安天下后妃之德於斯爲盛謹進桑條歌十二篇伏請宣布中外進入樂府皇后先蠶之時以享宗廟帝悅而許之特賜志忠莊一區雜綵七百段太常少卿鄭愔又引而申之播於舞詠亦受厚賞兵部尚書宗楚客又諷補闕趙延禧表陳符命解桑條以爲十八代之符請頒示天下編諸史

冊帝大悅擢延禧爲諫議大夫時上官昭容與其母鄭氏及尚宮柴氏賀婁氏樹用親黨廣納貨賂別降墨勑斜封授官或出臧獲屠販之類累居榮秩又引女巫趙氏出入禁中封爲隴西夫人勢與上官氏爲比三年冬帝將親祠南郊國子祭酒祝欽明司業郭山惲建議云皇后亦合助祭太常博士唐紹蔣欽緒上疏爭之尚書右僕射韋巨源詳定儀注遂希旨協同欽明之議帝納其言以后爲亞獻仍以宰相女爲齋娘以執籩豆欽明又欲請安樂公主爲終獻迫於時議而止四年正月望夜帝與后微行市里以觀燒燈又放宮女數千夜遊縱觀因與外人陰通逃逸不還時國子祭酒葉靜能善符禁小術散騎常侍馬秦客頗閑醫藥光祿少卿楊均以調膳侍奉皆出入宮掖均與秦客皆得幸於后相次丁母憂旬日悉起復舊職時安樂公主與駙馬武延秀侍中紀處訥中書令宗楚客司農卿趙履溫互相猜貳迭爲朋黨六月帝遇毒暴崩時馬秦客侍疾議者歸罪於秦客及安樂公主后懼秘不發喪引所親入禁中謀自安之策以刑部尚

書裴談工部尚書張錫知政事留守東都又命左金吾大將軍趙承恩及宦者左監門衛大將軍薛崇簡帥兵五百人往鈞州以備譙王重福后與兄太子少保溫定策立溫王重茂爲皇太子召諸府兵五萬人屯京城分爲左右營然後發喪少帝即位尊后爲皇太后臨朝攝政韋溫總知內外兵馬守援宮掖駙馬韋捷韋濯分掌左右屯營武延秀及溫從子播族弟璿外甥高嵩共典左右羽林軍及飛騎萬騎播璿欲先樹威嚴拜官日先鞭萬騎數人衆皆怨不爲之用時京城恐懼相傳將有革命之事往往偶語人情不安臨淄王率薛崇簡鍾紹京劉幽求領萬騎及總監丁夫入自玄武門至左羽林軍斬將軍韋璿韋播及中郎將高嵩於寢帳遂斬關而入至太極殿后惶駭遁入殿前飛騎營及武延秀安樂公主皆爲亂兵所殺分遣萬騎誅其黨與韋溫溫從子捷及族弟嬰宗楚客弟晉卿紀處訥馬秦客葉靜能楊均趙履溫衛尉卿王哲太常卿李璥將作少匠李守質及韋氏武氏宗族無少長皆斬之梟后及安樂公主首於東市翌日勑收后屍葬以一品之禮追貶爲庶人安樂公主葬以三品之禮追貶爲悖逆庶人

中宗上官昭容名婉兒西臺侍郎儀之孫也父庭芝與儀同被誅婉兒時在襁褓隨母配入掖庭及長有文詞明習吏事則天時婉兒忤旨當誅則天惜其才不殺但黥其面而已自聖曆已後百司表奏多令參決中宗即位又令專掌制命深被信任尋拜爲昭容封其母鄭氏爲沛國夫人婉兒既與武三思淫亂每下制勑多因事推尊武氏而排抑皇家節愍太子深惡之及舉兵至肅章門扣閤索婉兒婉兒大言曰觀其此意即當次索皇后以及大家帝與后遂激怒幷將婉兒登玄武門樓以避兵鋒俄而事定婉兒常勸廣置昭文學士盛引當朝詞學之臣數賜遊宴賦詩唱和婉兒每代帝及后長寧安樂二公主數首並作辭甚綺麗時人咸諷誦之婉兒又通於吏部侍郎崔湜引知政事湜嘗充使開商山新路功未半而中宗崩婉兒草遺制曲敘其功而加褒賞及韋庶人敗婉兒亦斬於旗下玄宗令收其詩

纂撰成文集二十卷令張說爲之序初婉兒在孕時其母夢人遺己大秤占者曰當生貴子而秉國權衡既生女聞者嗤其無効及婉兒專秉內政果如占者之言

睿宗肅明順聖皇后劉氏刑部尚書德威之孫也父延景陝州刺史景雲元年追贈尚書右僕射沛國公儀鳳中睿宗居藩納后爲孺人尋立爲妃生寧王憲壽昌代國二公主文明元年睿宗即位冊爲皇后及降爲皇嗣后從降爲妃長壽中與昭成皇后同被譖爲則天所殺景雲元年追謚肅明皇后招魂葬於東都城南陵曰惠陵睿宗崩遷祔橋陵以昭成太后故不得入太廟配饗常別祀於儀坤廟開元二十年始祔太廟

睿宗昭成順聖皇后竇氏將作大匠抗曾孫也祖誕大理卿莘國公父孝諶潤州刺史景雲元年追贈太尉邠國公后姿容婉順動循禮則睿宗爲相王時爲孺人甚見禮異光宅元年立爲德妃生玄宗及金仙玉真二公主長壽二年爲戶婢團兒誣譖與肅明皇后厭蠱呪詛正月二日朝則天皇后於嘉豫殿既退而同時遇害梓宮祕密莫知所在睿宗即位謚曰昭成皇后招魂葬於都城之南陵曰靖陵又立廟於京師號爲儀坤廟睿宗崩后以帝母之重追尊爲皇太后謚仍舊祔葬橋陵遷神主于太廟

玄宗廢后王氏同州下邽人梁冀州刺史神念之後上爲臨淄王時納后爲妃上將起事頗預密謀贊成大業先天元年爲皇后以父仁皎爲太僕卿累加開府儀同三司邠國公后兄守一以后無子常懼有廢立導以符厭之事有左道僧明悟爲祭南北斗刻霹靂木書天地字及上諱合而佩之且呪曰佩此有子當與則天皇后爲比事發上親究之皆驗開元十二年秋七月己卯下制曰皇后王氏天命不祐華而不實造起獄訟朋扇朝廷見無將之心有可諱之惡焉得敬承宗廟母儀天下可廢爲庶人別院安置刑于家室有媿昔王爲國大計蓋非獲已守一賜死其年十月庶人卒以一品禮葬於無相寺寶應元年雪免復尊爲皇后

玄宗貞順皇后武氏則天從父兄子恒安王攸止女也攸止卒後后
尚幼隨例入宮上即位漸承恩寵及王庶人廢後特賜號爲惠妃宮
中禮秩一同皇后所生母楊氏封爲鄭國夫人同母弟忠累遷國子
祭酒信祕書監惠妃開元初產夏悼王及懷哀王上仙公主並襁褓
不育上特垂傷悼及生壽王瑁不敢養於宮中命寧王憲於外養之
又生盛王琦咸宜太華二公主惠妃以開元二十五年十二月薨年
四十餘下制曰存有懿範沒有寵章豈獨被於朝班故乃施於亞政
可以垂裕斯爲通典故惠妃武氏少而婉順長而賢明行合禮經言
應圖史承戚里之華胄昇後庭之峻秩貴而不恃謙而益光以道飭
躬以和逮下四德粲其兼備六宮咨而是則法度在己靡資珩珮躬
儉化人率先絺紘夙有奇表將加正位前後固讓辭而不受奄至淪
殁載深感悼遂使玉衣之慶不及於生前象服之榮徒增於身後可
贈貞順皇后宜令所司擇日册命葬於敬陵時慶王琮等請制齊衰
之服有司請以忌日廢務上皆不許之立廟於京中昊天觀南乾元

之後祠享亦絕
玄宗楊貴妃高祖令本金州刺史父玄琰蜀州司戶妃早孤養於叔
父河南府士曹玄璬開元初武惠妃特承寵遇故王皇后廢黜二十
四年惠妃薨帝悼惜久之後庭數千無可意者或奏玄琰女姿色冠
代宜蒙召見時妃衣道士服號曰太真既進見玄宗大悅不朞歲禮
遇如惠妃太真姿質豐豔善歌舞通音律智算過人每倩盻承迎動
移上意宮中呼爲娘子禮數實同皇后有姊三人皆有才貌玄宗並
封國夫人之號長曰大姨封韓國三姨封虢國八姨封秦國並承恩
澤出入宮掖勢傾天下妃父玄琰累贈太尉齊國公母封涼國夫人
叔玄珪光祿卿再從兄銛鴻臚卿錡侍御史尚武惠妃女太華公主
以母愛禮遇過於諸公主賜甲第連於宮禁韓虢秦三夫人與銛錡
等五家每有請託府縣承迎峻如詔敕四方賂遺其門如市五載七
月貴妃以微譴送歸楊銛宅比至亭午上思之不食高力士探知上
旨請送貴妃院供帳器玩廩饌等辦具百餘車上又分御饌以送之

帝動不稱旨暴怒笞撻左右力士伏奏請迎貴妃歸院是夜開安興
里門入內妃伏地謝罪上歡然慰撫翌日韓虢進食上作樂終日左
右暴有賜與自是寵遇愈隆韓虢秦三夫人歲給錢千貫爲脂粉之
資銛授三品上柱國私第立戟姊妹昆仲五家甲第洞開僭擬宮掖
車馬僕御照耀京邑遞相夸尚每構一堂費踰千萬計見制度宏壯
於己者即徹而復造土木之工不捨晝夜玄宗頒賜及四方獻遺五
家如一中使不絕開元已來豪貴雄盛無如楊氏之比也玄宗凡有
遊幸貴妃無不隨侍乘馬則高力士執轡授鞭宮中供貴妃院織錦
刺繡之工凡七百人其雕刻鎔造又數百人揚益嶺表刺史必求良
工造作奇器異服以奉貴妃獻賀因致擢居顯位玄宗每年十月幸
華清宮國忠姊妹五家扈從每家爲一隊著一色衣五家合隊照映
如百花之煥發而遺鈿墜舄瑟瑟珠翠璨瓓芳馥於路而國忠私於
虢國而不避雄狐之刺每入朝或聯鑣方駕不施帷幔每三朝慶賀
五鼓待漏靚粧盈巷蠟炬如晝而十宅諸王百孫院婚嫁皆因韓虢

爲紹介仍先納賂千貫而奏請罔不稱旨天寶九載貴妃復忤旨送
歸外第時吉溫與中貴人善溫入奏曰婦人智識不遠有忤聖情然
貴妃久承恩顧何惜宮中一席之地使其就戮安忍取辱於外哉上
即令中使張韜光賜御饌妃附韜光泣奏曰妾忤聖顏罪當萬死衣
服之外皆聖恩所賜無可遺留然髮膚是父母所有乃引刀翦髮一
繚附獻玄宗見之驚惋即使力士召還國忠既居宰執兼領劍南節
度勢漸恣橫十載正月望夜楊家五宅夜遊與廣平公主騎從爭西
市門楊氏奴揮鞭及公主衣公主墮馬駙馬程昌裔扶公主因及數
撾公主泣奏之上令殺楊氏奴昌裔亦停官國忠二男昢暄妃弟鑑
皆尚公主楊氏一門尚二公主二郡主貴妃父祖立私廟玄宗御製
家廟碑文并書玄珪累遷至兵部尚書天寶中范陽節度使安祿山
大立邊功上深寵之祿山來朝帝令貴妃姊妹與祿山結爲兄弟祿
山母事貴妃每宴賜錫賚稠沓及祿山叛露檄數國忠之罪河北盜
起玄宗以皇太子爲天下兵馬元帥監撫軍國事國忠大懼諸楊聚

累貴妃衛士陳請帝遂不行內禪及潼關失守從幸至馬嵬禁軍大將陳玄禮密啓太子誅國忠父子旣而四軍不散玄宗遣力士宣問對曰賊本尚在蓋指貴妃也力士復奏帝不獲已與妃詔遂縊死於佛室時年三十八瘞於驛西道側上皇自蜀還令中使祭奠詔令改葬禮部侍郎李揆曰龍武將士誅國忠以其負國兆亂今改葬故妃恐將士疑懼葬禮未可行乃止上皇密令中使改葬於他所初瘞時以紫褥裹之肌膚已壞而香囊仍在內官以獻上皇視之悽惋乃令圖其形於別殿朝夕視之馬嵬之誅國忠也虢國夫人聞難作奔馬至陳倉縣令薛景仙率人吏追之走入竹林先殺其男裴徽及一女國忠妻裴柔曰娘子爲我盡命即刺殺之已而自刎不死縣吏載之閉於獄中猶謂吏曰國家乎賊乎吏曰互有之血凝至喉而卒遂瘞于郭外韓國夫人壻　祕書少監崔珣女爲代宗妃虢國男裴徽尚代宗女延安公主女嫁讓帝男秦國夫人壻柳澄先死男鈞尚長清縣主澄弟潭尚肅宗女和政公主

唐書列傳卷第一

唐書列傳卷第二

劉　昫　等修

聞人詮校刻沈桐同校

后妃下

玄宗元獻皇后楊氏　　肅宗張皇后
肅宗韋妃　　肅宗章敬皇后吳氏
代宗崔妃　　代宗睿眞皇后沈氏
代宗貞懿皇后獨孤氏　　德宗昭德皇后王氏
德宗韋妃　　順宗莊憲皇后王氏
憲宗懿安皇后郭氏　　憲宗孝明皇后鄭氏
女學士尚宫宋氏　　穆宗恭僖皇后王氏
敬宗郭貴妃　　穆宗貞獻皇后蕭氏
穆宗宣懿皇后韋氏　　武宗王賢妃
宣宗元昭皇后晁氏　　懿宗惠安皇后王氏
昭宗積善皇后何氏

玄宗元獻皇后楊氏弘農華陰人曾祖士達隋納言天授中以則天母族追封士達爲鄭王贈太尉父知慶左千牛將軍贈太尉鄭國公后景雲元年八月選入太子宮時太平公主用事尤忌東宮宮中左右持兩端而潛附太平者必陰伺察事雖纖芥皆聞於上太子心不自安后時方娠太子密謂張說曰用事者不欲吾多息胤恐禍及此婦人其如之何密令說懷去胎藥而入太子於曲室躬自煑藥醺然似寐夢神人覆鼎既寤如夢如是者三太子異之告說說曰天命也無宜他慮既而太平誅后果生肅宗太子妃王氏無子后班在下后不敢母肅宗王妃撫鞠慈甚所生開元中肅宗爲忠王后爲妃又生寧親公主張說以舊恩特承寵異說亦奇忠王儀表必知運曆所鍾故寧親公主降說子垍開元十七年后薨葬細柳原玄宗命說爲志文其銘云石獸澁兮綠苔黏宿草殘兮白露霑園寢閉兮脂粉膩不知何年開鏡奩二十四年忠王立爲皇太子至德元年肅宗即位於靈武二載五月玄宗在蜀誥曰聖人垂範是推顧復之恩王者建極抑有追尊之禮蓋母以子貴德以謚尊故妃弘農楊氏特稟坤靈久履陰教性以績塗山之慶降華渚之祥誕發異圖載光帝業而冊命猶闕幽靈尚閟夏王纘統方軫陽城之恩漢后褒崇庶協昭靈之稱宜於彼追冊爲元獻太后寶應二年正月祔葬泰陵

肅宗張皇后本南陽西鄂人後徙家昭應祖母竇氏玄宗母昭成皇太后之妹也昭成爲天后所殺玄宗幼失所恃爲竇姨鞠養景雲中封鄧國夫人恩渥甚隆其子去惑去疑去奢去逸皆至大官去盈尚玄宗女常芬公主去逸生后天寶中選入太子宮爲良娣后弟清又尚大寧郡主后辯惠豐碩巧中上旨祿山之亂玄宗幸蜀太子與良娣俱從車駕渡渭百姓遮道請留太子收復長安肅宗性仁孝以上皇播越不欲違離左右宦者李靖忠啓太子請留良娣贊成之白於玄宗太子如靈武時賊已陷京師從官單寡道路多虞每太子次舍宿止良娣必居其前太子曰捍禦非婦人之事何以居前

良娣曰今大家跋履險難兵衛非多恐有倉卒妾自當之大家可由後而出庶幾無患及至靈武產子三日起縫戰士衣太子勞之曰產忌作勞安可容易后曰此非妾自養之時須辦大家事肅宗即位冊爲淑妃贈父太僕卿去逸左僕射母竇氏封義章縣主姊李晏妻封清河郡夫人妹師師封郕國夫人乾元元年四月冊爲皇后弟駙馬都尉清加特進太常卿同正封范陽郡公皇后寵遇專房與中官李輔國持權禁中干預政事請謁過當帝頗不悅無如之何后於光順門受外命婦朝親蠶苑中內外命婦相見儀注甚盛先在靈武時太子弟建寧王倓爲后誣譖而死自是太子憂懼常恐后之構禍乃以恭遜取容后以建寧之隙常欲危之張后生二子興王佋定王侗興王早薨侗又孩幼故儲位獲安寶應元年四月肅宗大漸后與內官朱輝光馬英俊啖廷瑤陳仙甫等謀立越王係矯詔召太子入侍疾中官程元振李輔國知其謀及太子入二人以難告請太子在飛龍廐元振率禁軍收越王捕朱輝光等俄而肅宗崩太子監國遂移后

於別殿幽崩誅馬英俊女道士許靈素配流山人申大芝賜死駙馬
都尉清貶硤州司馬弟延和郡主壻鴻臚卿濬貶郴州司馬舅鴻臚
卿賓履信貶道州刺史
肅宗韋妃父元珪兗州都督肅宗爲忠王時納爲孺人及昇儲位爲
太子妃生兗王僩絳王佺永和公主永穆公主天寶中宰相李林甫
不利於太子妃兄堅爲刑部尚書林甫羅織起柳勣之獄堅連坐得
罪兄弟並賜死太子懼上表自理言與妃情義不睦請離婚玄宗慰
撫之聽離妃遂削髮被尼服居禁中佛舍西京失守妃亦陷賊至德
二年薨於京城
肅宗章敬皇后吳氏坐父事沒入掖庭開元二十三年玄宗幸忠王
邸見王服御蕭然傍無媵侍命將軍高力士選掖庭宮人以賜之而
吳后在籍中容止端麗性多謙抑寵遇益隆明年生代宗皇帝二十
八年薨葬於春明門外代宗即位之年十二月羣臣以肅宗山陵有
期準禮以先太后祔陵廟宰臣郭子儀等上表曰儷宸極者允歸於

淑德諡徽號者必副於鴻名當履運而承天則因心而追往此先王
之明訓聖人之茂典也伏惟先太后圖精挺質方祇稟秀禎符協於
四星典禮教於萬國得元和之正氣韞霄漢之清英顧史求箴道先
於壼則撝謙率禮教備於中闈太陰無員眺之徵丙殿有祝延之慶
尊敬師傅佩服禮經勤於蘋藻之薦罔貴珩璜之飾徽音允穆嘉慶
聿彰寔應輔佐之勞緝熙玄默之化足以光昭宗祀作配紫微豈騶
虞之風行於江漢之域葛覃之詠起自岐陽之下爰膺曆數作啓聖
明大極艱難永清夷夏雖復文母成周王之業慶都誕帝堯之聖異
代同符彼多慚德昊蒼不弔聖善長違當圓魄之成玉英早落有坤
儀之美象服未加悲懷於先遠之辰感慟於易名之日伏以山陵貞
兆良吉有期虞祔之儀式資配享率由故實敬奉嘉名謹按諡法敬
慎高明曰章法度明大曰章夙興夜寐曰敬齊莊中正曰敬敢遵先
典仰圖懿德謹上尊諡曰章敬皇后二年三月祔葬建陵啓春明門
外舊塋后容狀如生粉黛如故而衣皆赭黃色見者駭異以爲聖子

符兆之先后父令珪寶應初贈太尉母李氏贈秦國夫人叔令瑤拜
太子家令封馮翊郡公令瑜太子右諭德封濟陰郡公后兄溆鴻臚
少卿封鄄城縣公澄太子賓客濮陽縣公湊太子詹事臨濮縣公並
加開府儀同三司溆位終金吾大將軍湊位終京兆尹見外戚傳
代宗睿真皇后沈氏吳興人世爲冠族父易直祕書監開元末以良
家子選入東宮賜太子男廣平王天寶元年生德宗皇帝祿山之亂
玄宗幸蜀諸王妃主從幸不及者多陷於賊后被拘於東都掖庭及
代宗破賊收東都見之留於宮中方經略北征未暇迎歸長安俄而
史思明再陷河洛及朝義敗復收東都失后所在莫測存亡代宗遣
使求訪十餘年寂無所聞德宗即位下詔曰王者事父孝故事天明
事母孝故事地察則事天莫先於嚴父事地莫盛於尊親朕恭承天
命以主社稷執珪璧以事上帝祖宗克配園寢永終而內朝虛位闕
問安之禮銜悲內惻愛戀終歲思欲歷舟車之路以聽求音問而主
玆重器莫匪深衷是用仰稽舊儀敬崇大號率玆禮命式遵前典宜

令公卿大夫稽度前訓上皇太后尊號建中元年十一月遣尊聖母
沈氏爲皇太后陳禮于含元殿庭如正至之儀上袞冕出自東序門
立於東方朝臣班於位冊曰嗣皇帝臣名言恩莫重於顧復禮莫貴
於徽號上以展愛敬之道下以正春秋之義則祖宗之所稟命臣子
之所盡心尊尊親親此焉而在兩漢而下帝王嗣位崇奉尊稱厥有
舊章永惟丕烈敢墜前典臣名謹上尊號曰皇太后帝再拜歔欷不
自勝左右皆泣下仍以睦王述爲奉迎皇太后使工部尚書喬琳副
之候太后問至昇平公主宜備起居於是分命使臣周行天下明年
二月吉問至羣臣稱賀既而詐妄自是詐稱太后者數四皆不之罪
終貞元之世無聞焉德宗敦崇外族贈太后父易直太師易直子庭
部員外郎介福贈太傅介福子德州刺史士衡贈太保易直第二子
祕書少監震贈太尉時沈氏封贈拜爵者百餘人貞元七年詔外曾
祖隋陝令沈琳贈司徒追封徐國公與外祖贈太師易直等立五廟
以琳爲始祖祠廟所須官給后無近屬惟族子房爲近德宗用爲金

吾將軍主沈氏之祀憲宗即位之年九月禮儀使奏太后沈氏厭代
登眞於今二十七載大行皇帝至孝惟深哀思罔極建中之初已發
明詔冊車所至靡不周遍歲月滋深迎訪理絕按晉庾蔚之議尋求
三年之後又俟中壽而服之今參詳禮例伏請以大行皇帝啓攢宮
日百官舉哀於肅章門內之正殿先令有司造褘衣一副發哀日令
內官以褘衣置於幄自後宮人朝夕上食先啓告元陵次告天地宗
廟昭德皇后廟太皇太后謚冊造神主擇日祔於代宗廟其褘衣備
法駕奉迎於元陵祠復置於代宗皇帝袞衣之右便以發哀日爲國
忌詔如奏其年十一月冊謚曰睿眞皇后奉神主祔於代宗之室
代宗崔妃博陵安平人父峋祕書少監母楊氏韓國夫人天寶中楊
貴妃寵幸卽妃之姨母也時韓國虢國之寵冠於戚里時代宗爲廣
平王故玄宗選韓國之女嬪于廣平邸禮儀甚盛生召王偲初妃挾
母氏之勢性頗妬悍及西京陷賊母黨皆誅妃從王至靈武恩顧漸
薄達京而薨

○代宗貞懿皇后獨孤氏父穎左威衛錄事參軍以后貴贈工部尚書
后以美麗入宮嬖幸專房故長秋虛位諸姬罕所進御后始冊爲貴
妃生韓王迥華陽公主華陽聰悟過人能候上顏色發言必隨喜慍
上之所賞則因而美之上之所惡則曲以全之由是鍾愛特異大曆
九年公主薨上嗟悼過深數日不視朝宰臣等因中使吳承倩附奏
言修短常理以社稷之重宜節哀視事初公主疾上令宗師道教名
曰瓊華眞人及疾亟上親自臨視屬纊之際嚙傷上指其愛念如此
上既未聽朝宰臣等諫曰公主夙成神晤仁眷特鍾賞錫必親已承
減膳幽明遂間倍軫慈衷臣等微誠無由感達伏惟陛下守累聖之
公器御羣生之重畜夷百戰之艱患撫四海之傷殘虜候爲虞戎師
近警一言萬務裁成聖心得失謬於毫釐安危存於晷刻伏慮顧懷
猶切神志未和衆情以之不寧臣子以之兢悸伏願抑周喪之私痛
均品物於至公下慰黔黎上安宗社上始聽朝大曆十年五月貴妃
薨追謚曰貞懿皇后殯於內殿累年不忍出宮十三年十月方葬命

宰臣常袞爲哀冊曰維大曆十年歲在辛卯十月辛酉朔六日丙寅
貴妃獨孤氏薨粵明日追謚曰貞懿皇后殯于內殿之西階十三年
十月癸酉乃命門下侍郎同平章事常袞持節冊命以其月二十五
日丁酉遷座于莊陵禮也素紗列位黼帟周庭輅升玉綴軒載珠欞
皇帝悼鸞被以追懷感麟迹而增慟備百禮以殷遣命六宮而哀送
宗祝薦告司儀降收爰詔侍臣紀垂鴻休其辭曰祚祉攸乂寵靈誕
受元魏戚藩周隋帝后五侯迭興七貴居右肇啓皇運光膺文母纘
女是因以綱大倫生知陰教育我蒸人瑞雲呈彩瑤星降神聰明睿
智婉麗貞仁惟昔天監搜求才淑龍德在田舊章于谷周姜齊子漢
后推轂王業惟艱嬪風已穆繼文傳聖嗣徽克令不曜其光乃終有
慶祗奉園寢肅恭靈命越在哀煢聿追孝敬文纖絲組朱綠玄黃上
供祭服以祀明堂法度有節不待珩璜篇訓之制自盈縑緗敘我邦
族風于天下始於憂勤協成王化慈原諸女寵臨下嫁登進賢才榮
謙日夜服縉示儉脫簪申誡訪問後言讌遊夙退內加羣娣動有矜

○誨外睦諸親泣辭封拜闕翟有日親覽俟時忽歸清漢言復方祇萬
乘悼懷羣臣慕思玉衣追慶金鈿同儀嗚呼哀哉去昭陽兮窅然乘
雲駕兮何在人代宛兮如舊炎涼倏兮已改翠葆森以成列素旗儼
而相待言從王兆之貞永閟瑤華之彩別長秋之西苑過望春兮南
登招帝子于北渚從母后於東陵下土清兮動金翠外無像兮中有
憑合簫挽以攢咽結雲雨之淒凝吾君感於幽期俯層亭而望思悰
嬪嬙以延佇極容衞以盡時搖巾袂兮遠訣隔軒檻兮羣悲不復見
兮迴御輦傷如何兮軫睿慈下蘭皐兮背芷陽旌悠悠兮野蒼蒼帶
白花兮掩淚衣玄帉兮斷腸當盛明兮共樂忽幽處兮獨傷去故廷
兮日遠卽新宮兮夜長遂無文繡之飾器無珠貝之藏蓋自我之立
制刑有國之大方嗚呼哀哉見送往之空歸歎終焉之如此方士神
兮是與非甘泉畫兮疑復似遺音在於玉瑱陳迹留於金卮獻萬壽
兮無期存二南之餘美帝追思不已每事欲極哀情常袞當代才臣
詔爲哀詞文旨悽惋覽之者惻然華陽公主先葬于城東地卑濕至

是從葬祔於莊陵之園故哀詞云招帝子于北渚從毋后於東陵乃
詔常袞官爲挽歌上自選其傷切者令挽士歌之大曆初后寵遇無
雙以恩澤官其宗屬叔太常少卿卓爲少府監后兄良佐太子中允

德宗昭德皇后王氏父遇官至祕書監德宗爲魯王時納后爲嬪上
元二年生順宗皇帝特承寵異德宗即位冊爲淑妃貞元二年妃病
十一月甲午冊爲皇后是日崩於兩儀殿臨畢素服視事旣大殮成
服百寮服三日而釋用晉文明后崩天下發哀三日止之義上服凡
七日而釋謚曰昭德初令兵部侍郎李紓撰謚冊文旣進帝以紓文
謂皇后曰大行皇后非禮留中不出詔翰林學士吳通玄爲之通玄
又云咨后王氏議者亦以爲非知禮者以貞觀中岑文本撰文德皇
后謚冊曰皇后長孫氏斯得之矣五月葬于靖陵后毋郕國夫人鄭
氏請設祭詔曰祭筵不可用假花果欲祭者從之自是宗室諸親及
李晟渾瑊神策六軍大將皆設祭自啓殯後日數祭至發引方止宰
臣韓滉爲哀冊又命宰相張延賞柳渾撰昭德皇后廟樂章旣進以

詞句非工留中不下令學士吳通玄別撰進初后爲淑妃德宗贈后
父遇揚州大都督遇子果眉州司馬甥姪拜官者二十餘人永貞元
年十一月徙靖陵祔葬于崇陵

德宗韋賢妃不知氏族所出初爲良娣貞元二年冊爲賢妃性敏惠
言無苟容動必由禮德宗深重之六宮師其德行及德宗崩請於崇
陵終喪紀因侍於寢園元和四年薨

順宗莊憲皇后王氏琅邪人曾祖思敬試太子賓客祖難得贈潞州
都督封琅邪郡公父顏金紫光祿大夫衞尉卿后幼以良家子選入
宮爲才人順宗在藩時代宗以才人賜之時年十三大曆十三年生
憲宗皇帝立爲宣王孺人順宗升儲冊爲良娣后言容恭謹宮中稱
其德行順宗即位疾恙未平后供侍醫藥不離左右屬帝不能言冊
禮將行後止及永貞內禪冊爲太上皇后元和元年正月順宗晏駕
五月尊太上皇后爲皇太后冊禮畢憲宗御紫宸殿宣赦太后居興
慶宮后性仁和恭遜深抑外戚無絲毫假借訓厲內職有毋儀之風

焉元和十一年三月崩於南内之咸寧殿謚曰莊憲皇后初太常少
卿韋縕進謚議公卿署定欲告天地宗廟禮院奏議曰謹按曾子問
賤不誄貴幼不誄長禮也古者天子稱天以誄之皇后之謚則讀於
廟江都集禮引白虎通曰皇后何所謚之以爲於廟又曰皇后無外
事無爲于郊傳曰故雖天子必有尊也準禮賤不得誄貴子得爵母
所以必謚于廟者謚宜受成於祖宗故天子謚成于郊后妃謚成于
廟今請準禮集百官連署謚狀訖讀於太廟然後上謚於兩儀殿旣
符故事允合禮經從之初稱謚並云莊憲皇太后禮儀使鄭絪奏議
秦漢已來天子之后稱皇后母稱皇太后祖母稱太皇太后崩亦如
之加太字者所以別尊稱也國朝典禮皆依舊制開元六年正月太
常奏昭成皇太后謚號以牒禮部禮部非之太常報曰入廟稱后義
繫於夫在朝稱太后義繫於子此載於史冊垂之不刊今百司移牒
及奏狀參詳典故恐不合除太字如謚冊入陵神主入廟即當去之
其年八月祔葬于豐陵后生福王綰漢陽雲安遂安三公主后之祖

父母弟見外戚傳

憲宗懿安皇后郭氏尚父子儀之孫贈左僕射駙馬都尉曖之女母
代宗長女昇平公主憲宗爲廣陵王時納后爲妃以母貴父祖有大
勳於王室順宗深寵異之貞元十一年生穆宗皇帝元和元年八月
冊爲貴妃八年十二月百寮拜表請立貴妃爲皇后凡三上章上以
歲暮來年有子午之忌且止帝後庭多私愛以后門族華盛慮正位
之後不容嬖幸以是冊拜後時元和十五年正月穆宗嗣位閏正月
冊爲皇太后陳儀宣政殿庭冊曰嗣皇帝臣名再拜言伏以正坤元
母天下符至德以昇大號因景運而飾鴻徽煥乎前聞焯彼古訓以
極尊尊親親之義明因天事地之經有自來矣伏惟大行皇帝貴妃
大虹毓慶齎月披祥導靈派於昭回揖殊仁於氣母範圍百行表飾
六宮粤在中闈流宣陰教輔佐先聖勤勞庶工顧以沖眇遭罹閔凶
荷成命於守器之時奉寶圖於鑄鼎之日哀纏易月痛鉅終天而四
海無虞萬邦有截仰惟顧復之德敢揚聖善之風謹上尊號曰皇太

后是日百寮稱慶外命婦奉賀光順門詔皇太后曾祖贈太保追封岐國公敬之贈太傅太后父駙馬都尉曖贈太尉母號國大長公主贈齊國大長公主后兄司農卿釗為刑部尚書鏦為金吾大將軍太后居興慶宮帝每月朔望參拜三朝慶賀帝自率百官詣門上壽或遇良辰美景六宮命婦戚里親屬車騎駢噎於南內鑾珮之音鏘如九奏穆宗意頗奢縱朝夕供御尤為華侈太后嘗幸驪山登石瓮寺上命景王率禁軍侍從帝自於昭應奉迎游豫行樂數日方還敬宗即位尊為太皇太后及寶曆季年兇徒竊發昭愍暴殞內外震駭宦官迎絳王監國尋又加害太皇太后下令曰大行皇帝睿哲多能對越天命宜荷九廟之重永享億年之祚豈謂姦妖竊發矯專神器蠱惑中外扇誘羣情駭動神人釁深梟鏡咨爾江王聰哲精粹清明在躬智筭機開玄謀雷發躬率義勇大清醜類允膺當璧之符爰攄枕戈之憤既殲巨逆當重興福是命爾陟于元后宜令司空平章事晉國公度奉冊即皇帝位文宗孝而謹奉祖母有禮膳羞珍菓豪

奇貢獻郊廟之後及三宮而後進御武宗即位以后祖母之尊門地素貴帝之益隆既而宣宗繼統即后之諸子也恩禮愈異於前朝大中年崩於興慶宮謚曰懿安皇太后祔葬於景陵后歷位七朝五居太母之尊人君行子孫之禮福壽隆貴四十餘年雖漢之馬鄧無以加焉議者以為汾陽社稷之功未泯復鍾慶於懿安焉

憲宗孝明皇后鄭氏宣宗之母也蓋內職御女之列舊史殘缺未見族姓所出入宮之由宣宗為光王時后為王太妃既即位尊為皇太后會昌六年后弟光夢車中載日月光芒燭六合占者曰必暴貴月餘武宗崩宣宗即位光以元舅之尊檢校戶部尚書諸衛將軍出為平盧節度使后大中末崩謚曰孝明

女學士尚宮宋氏者名若昭貝州清陽人父庭芬世為儒學至庭芬有詞藻生五女皆聰惠庭芬始教以經藝既而課為詩賦年未及笄皆能屬文長曰若華次曰若昭若倫若憲若荀若華若昭文尤淡麗性復貞素閑雅不尚方華之飾嘗白父母誓不從人願以藝學揚名顯親若莘教誨四妹有如嚴師著女論語十篇其言模倣論語以韋逞母宣文君宋氏代仲尼以曹大家等代顏閔其間問荅悉以婦道所尚若昭注解皆有理致貞元四年昭義節度使李抱真表薦以聞德宗俱召入宮試以詩賦兼問經史中大義深加賞歎德宗能詩與侍臣唱和相屬亦令若莘姊妹應制每進御無不稱善嘉其節槩不羣不以宮妾遇之呼為學士先生庭芬起家受饒州司馬習藝館內敕賜第一區給俸料元和末若莘卒贈河內郡君自貞元七年已後宮中記注簿籍若華掌其事穆宗復令若昭代司其職拜尚宮姊妹中若昭尤通曉人事自憲穆敬三帝皆呼為先生六宮嬪媛諸王公主駙馬皆師之為之致敬進封梁國夫人寶曆初卒將葬詔所司供鹵簿敬宗復令若憲代司宮籍文宗好文以若憲善屬文能論議奏對尤重之太和中神策中尉王守澄用事委信翼城醫人鄭注賊臣李訓干竊時權訓注惡宰相李宗閔李德裕構宗閔陰邪為吏部侍郎時令駙馬都尉沈𥩟通賂於若憲求為宰相文宗怒貶宗閔為潮

州司戶𥩟柳州司馬幽若憲於外第賜死若憲弟姪女壻等連坐者十三人皆流嶺表李訓敗文宗悟其誣構深惜其才若倫若荀早卒

穆宗恭僖皇后王氏越人父紹卿婺州金華令后少入太子宮元和四年生敬宗穆宗皇帝立為妃長慶四年二月尊為皇太后昭愍崇重母族贈紹卿司空后母張氏贈趙國夫人文宗即位之初號寶曆太后太和八年詔伏以皇太后與寶曆太后每有司行遣稱號未分禮式非便稽諸前代詔令所施不斥言太后以宮名為稱今寶曆太后居義安殿宜準故事稱義安太后

敬宗郭貴妃父義右威衛將軍長慶末以姿貌選入太子宮敬宗即位為才人生晉王普帝以少年有子復以才人容德冠絕特寵異之贈其父禮部尚書又以兄環為少府少監賜第一區俄冊為貴妃及昭愍遇盜宮闈變起文宗即位尤憐晉王有若己子故貴妃禮遇不衰太和二年晉王薨帝深嗟惜贈曰悼懷太子

穆宗貞獻皇后蕭氏福建人初入十六宅為建安王侍者元和四年

十月生文宗皇帝寶曆三年正月敬宗遇弑中尉王守澄率兵討賊
迎江王即位文宗踐祚之日奉冊曰嗣皇帝臣名言古先哲王之有
天下也必以孝敬奉於上慈惠浹於下極誠意以厚人倫思由近以
及遠故自家而刑國以臣奉嚴慈之訓承教撫之仁而長樂尚鬱甚
濁名內朝未崇於正位則率土臣子勤懃懇懇延頸企踵曷以塞其
心乎是用特舉彝章式遵舊典稽首再拜謹上穆宗睿文惠孝皇帝
妃尊號曰皇太后伏惟與天合德義申錫慶允釐陰教祇修內則廣
六宮之教參十亂之功顧神保和弘覆萬有后因亂去鄉里自入王
邸不通家問別時父母已喪有母弟一人文宗以母族鮮親惟舅獨
存詔閩越連率於故里求訪有戶部茶綱役人蕭洪自言有姊流落
估人趙縝引洪見后姊徐國夫人女壻呂璋夫人亦不能省認俱見
太后嗚咽不自勝上以為復得元舅遂拜金吾將軍檢校戶部尚書
河陽懷節度使遷檢校左僕射鄜坊節度使先是有自神策兩軍出
為方鎮者軍中多貲其行裝至鎮三倍償之時有自左軍出為鄜坊
者貲錢未償而卒于鎮乃徵錢於洪宰相李訓雅知洪詐稱國舅洪
懼請訓兄仲京為鄜坊從事以彌縫之洪恃與訓交不與所償又徵
於卒者之子洪俾其子接訴於宰相李訓判絕之左軍中尉仇士良
深銜之時有閩人蕭本者復稱太后弟士良以本上聞發洪詐假自
鄜坊追洪下獄御史臺按鞫具服其偽詔長流驩州賜死于路趙縝
呂璋亦從坐洪以偽敗謂本為真乃拜贊善大夫賜緋魚仍追封其
曾祖倰為太保祖聰為太傅父俊為太師賜與鉅萬計本福建人太
后有真母弟孱弱不能自達本就之得其家代及內外族屬名諱復
士良保任之上亦不疑詐妄本歷衛尉少卿左金吾將軍開成二年
福建觀察使唐扶奏得泉州晉江縣令蕭弘狀自稱是皇太后親弟
送赴闕庭詔送御史臺按問事皆偽妄詔逐還本貫開成四年昭義
節度使劉從諫上章論蕭本偽稱太后弟云今自上及下異口同音
皆言蕭弘是真蕭本是偽請追蕭弘赴闕與本證明若含垢於一時
終取笑於千古遂詔御史中丞高元裕刑部侍郎孫簡大理卿崔郇

三司按弘本之獄具並偽詔曰恭以皇太后族望承齊梁之後僑寓
流滯久在閩中慶靈鍾集早歸椒掖終鮮兄弟常所咨嗟朕自臨御
已來便遣尋訪冀得諸舅以慰慈顏而姦濫之徒探我情抱因緣州
里之近附會祖先之名覬幸我國恩假託我外族蕭洪之惡迹未遠
蕭本之覆轍相尋弘之本末尤更乖戾三司推鞫曾無似是之蹤宰
臣參驗見其難容之狀文款繼入留中久之朕於視膳之時頻有咨
稟恭聞處分惟在真實豈沐蔭桑既無可驗繫空作偽豈得更容據
其罪狀合當極法尚為念忍投之荒裔蕭本除名長流愛州蕭弘配
流儋州初蕭洪詐稱國舅十數年兩授旄鉞寵貴崇於天下蕭本因
士良鄉導發洪之詐聯歷顯榮及從諫奏論偽迹難掩而太后終不
獲真弟文宗孝義天然太和中太皇太后居興慶宮寶曆太后居義
安殿皇太后居大內時號三宮太后上五日參拜四節獻賀皆由複
道幸南內朝臣命婦詣宮門起居上尤執禮造次不失有司嘗獻新
苽櫻桃命獻陵寢宗廟之後中使分送三宮十宅初有司送三宮物
○一例稱賜帝曰物上三宮安得名賜遽取筆塗籍改賜為奉開成中
正月望夜帝於咸泰殿陳燈燭奏仙韶樂三宮太后俱集奉觴獻壽
如家人禮諸親王公主駙馬戚屬皆侍宴上性恭儉延安公主衣裾
寬大即時遣還罰駙馬竇澣兩月賜錢武宗即位供養彌謹蕭太后
徙居積慶殿號積慶太后會昌中崩謚曰貞獻

穆宗宣懿皇后韋氏武宗昭肅皇帝之母也事闕

武宗王賢妃事闕

宣宗元昭皇后晁氏懿宗皇帝之母也事闕

懿宗惠安皇后王氏僖宗皇帝之母也事闕

昭宗積善皇后何氏東蜀人入侍壽王邸婉麗多智特承恩顧生德
王輝王昭宗即位立為淑妃乾寧中車駕在華州冊為皇后國家自
乾符已後盜滿天下妖生九重宮廟榛蕪奔播不暇景福之際姦臣
內侮后於蒙塵薄狩之中嘗膳禦侮不離左右左闕右輔之幸時事
危迫后消息撫御終獲保全自岐下還京崔胤盡誅黃門宦官每宣

論宰臣但令宮嬪來往是時國命奪於朱氏左右前後皆是汴人宮中動息雖纖芥必聞于朱全忠宮人常懷惴慄帝后垂泣相視天祐初全忠逼遷輿駕東幸洛陽其年八月昭宗遇弒翌日宰相柳璨獨孤損等詐宣皇后令云帝為宮人害輝王祚宜昇帝位仍尊后為皇太后遭罹變故迫以兇威宮中哭泣不敢聲聞于外明年十二月全忠將僭位先行九錫然後受禪全忠牙將蔣玄暉在洛陽宮知樞密與太常卿張廷範私議云山西河北未平禪代無利請俟盪定欲有咨諫宣徽副使趙殷衡素與張蔣不協且欲代知樞密事因使于梁誣告云玄暉私於何太后相與盟詛誓復唐室不欲王受九錫全忠大怒即日遣使至洛陽誅玄暉廷範柳璨等太后亦被害於積善宮又殺宮人阿秋阿虔仍廢太后為庶人

贊曰坤德既軌彤管有煒韋武喪邦毒侔蛇虺陰教斯僻嬪風宴毀賢哉長孫母儀何偉

唐書列傳卷第二

劉昫等修

聞人詮校刻沈桐同校

李密

李密字玄邃本遼東襄平人魏司徒弼曾孫後周賜弼姓徒何氏祖曜周太保魏國公父寬隋上柱國蒲山公皆知名當代徙爲京兆長安人密以父蔭爲左親侍嘗在仗下煬帝顧見之退謂許公宇文述曰向者左仗下黑色小兒爲誰許公對曰故蒲山公李寬子密也帝曰箇小兒視瞻異常勿令宿衛他日述謂密曰弟聰令如此當以才學取官三衛叢脞非養賢之所密大喜因謝病專以讀書爲事時人希見其面嘗欲尋包愷乘一黃牛被以蒲韉仍將漢書一帙掛於角上一手捉牛靷一手翻卷書讀之尚書令越國公楊素見於道從後按轡躡之既及問曰何處書生耽學若此密識越公乃下牛再拜自言姓名又問所讀書答曰項羽傳越公奇之與語大悅謂其子玄感等曰吾觀李密識度汝等不及於是玄感傾心結託大業九年煬帝伐高麗使玄感於黎陽監運時天下騷動玄感將謀舉兵潛遣人入關迎密以爲謀主密至謂玄感曰今天子出征遠在遼外地去幽州懸隔千里南有巨海之限北有胡戎之患中間一道理極艱危今公擁兵出其不意長驅入薊直扼其喉前有高麗退無歸路不過旬朔賫糧必盡舉麾一召其衆自降不戰而擒此計之上也關中四塞天府之國有衛文昇不足爲意若經城勿攻西入長安掩其無備天子雖還失其襟帶據險臨之固當必尅萬全之勢此計之中也若隨近逐便先向東都頓堅城之下勝負殊未可知此計之下也玄感曰公之下計乃上策也今百官家口並在東都若不取之安能動物且經城不拔何以示威密計遂不行玄感既至東都頻戰皆捷自謂天下響應功在朝夕及獲內史舍人韋福嗣又委以腹心是以軍旅之事不專歸密福嗣既非同謀因戰被執每設籌畫皆持兩端玄感後使作檄文福嗣固辭不肯密揣其情因謂玄感曰福嗣既非同盟實懷

觀望明公初起大事而姦人在側必爲所誤請斬之以謝衆方可安輯玄感曰何至於此密知言之不用退謂所親曰楚公好反而不圖勝如何吾屬今爲虜矣後玄感將西入福嗣竟亡歸東都隋左武衛大將軍李子雄坐事被收繫送行在所於路殺使者亡投玄感乃勸玄感速稱尊號玄感問於密密曰昔陳勝自欲稱王張耳諫而被外魏武將求九錫荀彧止而見疏今者密若正言還恐追蹤二子阿諛順意又非密之本圖何者兵起已來雖復頻捷至於郡縣未有從者東都守禦尚彊天下救兵益至公當身先士衆早定關中迺欲急自尊崇何示人不廣也玄感笑而止及隋將宇文述來護兒等率軍且至玄感謂曰計將安出密曰元弘嗣統彊兵於隴右今可陽言其反遣使迎公因此入關可得紿衆因引軍西入至陝縣欲圍弘農宮密諫之曰公今詐衆西入事宜在速況乃追兵將至安可稽留若前不得據關退無所守大衆一散何以自全玄感不從遂圍之三日不拔方引而西至於閿鄉追兵遂及玄感敗密乃間行入關爲捕者所獲時煬帝在高陽密與其黨俱送帝所謂其徒曰吾等之命同於朝露若至高陽必爲葅醢今在道中猶可爲計安得行就鼎鑊不規逃避也衆然之其多有金者密令出示使者曰吾等死日幸用相瘞其餘即皆報德使者利其金許之及出關外防禁漸弛密請市酒食每夜讌飲諠譁竟夕使者不以爲意行至邯鄲密等七人穿墻而遁抵平原賊帥郝孝德孝德不甚禮之密又捨去詣淮陽隱姓名自稱劉智遠聚徒教授經數月鬱鬱不得志爲五言詩曰金風蕩初節玉露凋晚林此夕窮塗士鬱陶傷寸心野平葭葦合村荒藜藿深眺聽良多感徙倚獨霑襟霑襟何所爲悵然懷古意秦俗猶未平漢道將何冀樊噲市井徒蕭何刀筆吏一朝時運會千古傳名謚寄言世上雄虛生眞可愧詩成而泣下數行時人有怪之者以告太守趙他下縣捕之密又亡去會東郡賊帥翟讓聚黨萬餘人密往歸之或有知密是玄感亡將潛勸讓害之讓因密於營外密因王伯當以策干讓曰當今主昏於上人怨於下銳兵盡於遼東和親絕於突厥方乃巡遊揚

越委弃京都此亦劉項奮起之會以足下之雄才大略士馬精勇席
卷二京誅滅暴虐則隋氏之不足亡也讓深加敬慕遽釋之遣說諸
小賊所至皆降密又說讓曰今兵衆既多糧無所出若曠日持久則
人馬困弊大敵一臨死亡無日矣未若直取滎陽休兵館穀待士勇
馬肥然可與人爭利讓以爲然自是破金堤關掠滎陽諸縣城堡多
下之滎陽太守楊慶及通守張須陁以兵討讓讓曾爲須陁所敗聞
其來大懼將遠避之密曰須陁勇而無謀兵又驟勝既驕且很可一
戰而擒之公但列陣以待爲公破之讓不得已勒兵將戰密分兵千
餘人於木林間設伏讓與戰不利稍却密發伏自後掩之須陁衆潰
與讓合擊大破之遂斬須陁於陣讓於是令密別統所部密軍陣整
肅凡號令兵士雖盛夏皆若背負霜雪躬服儉素所得金寶皆頒賜
麾下由是人爲之用尋復說讓曰昏主蒙塵播蕩吳越羣兵競起海
內飢荒明公以英傑之才而統驍雄之旅宜當廓清天下誅翦羣凶
豈可求食草間常爲小盜而已今東都士庶中外離心留守諸官政

○令不一明公親率大衆直掩興洛倉發粟以賑窮乏遠近孰不歸附
百萬之衆一朝可集先發制人此機不可失也讓曰僕起隴畝之間
望不至此必如所圖請君先發僕領諸軍便爲後殿得倉之日當別
議之大業十三年春密與讓領精兵千人出陽城北踰方山自羅口
襲興洛倉破之開倉恣人所取老弱襁負道路不絕衆至數十萬隋
越王侗遣虎賁郎將劉長恭率步騎二萬五千討密密一戰破之長
恭僅以身免讓於是推密爲主號爲魏公二月於鞏南設壇場即位
稱元年其文書行下稱行軍元帥魏公府以房彥藻爲左長史邴元
眞爲右長史楊得方爲左司馬鄭德韜爲右司馬拜翟讓爲司徒封
東郡公單雄信爲左武候大將軍徐世勣爲右武候大將軍祖君彥
爲記室其餘封拜各有差於是城洛口周迴四十里以居之長白山
賊孟讓率所部歸密鞏縣長柴孝和侍御史鄭頤以鞏縣降密隋虎
賁郎將裴仁基率其子行儼以武牢歸密拜爲上柱國封河東郡公
因遣仁基與孟讓率兵三萬餘人襲迴洛倉破之入東都俘掠居人

燒天津東都出兵乘之仁基等大敗僅以身免密復親率兵三萬逼
東都將軍段達虎賁郎將高毗劉長林等出兵七萬拒之戰於故都
城隋軍敗走密復下迴洛倉而據之大修營塹以逼東都仍作書以
移郡縣曰自元氣肇闢厥初生人樹之帝王以爲司牧是以羲農軒
項之后堯舜禹湯之君靡不祗畏上玄愛育黔首乾乾終日翼翼小
心馭朽索而同危履春冰而是懼故一物失所若納隍而愧之一夫
有罪遂下車而泣之謙德軫於責躬憂勞切於罪己普天之下率土
之濱蟠木距於流沙瀚海窮於丹穴莫不鼓腹擊壤鑿井耕田治致
昇平驅之仁壽是以愛之如父母敬之若神明用能享國多年祚延
長世未有暴虐臨人克終天位者也隋氏往因周末預奉綴衣狐媚
而圖聖寶胠篋以取神器及纘承負扆狼虎其心始蔑明兩之暉終
干少陽之位先皇大漸侍疾禁中遂爲梟獍便行鴆毒禍深於莒僕
釁酷於商臣天地難容人神嗟憤州吁安忍閼伯日尋[illegible][illegible]所以懷
凶晉陽所以興亂甸人爲罄淫刑斯逞夫九族既睦唐帝闡其欽明

○百世本枝文王表其光大況復隳壞盤石勦絕維城脣亡齒寒寧止
虞虢欲其長久其可得乎其罪一也禽獸之行在於聚麀人倫之體
別於內外而蘭陵公主逼幸告終誰謂毀首之賢翻見齊襄之恥逮
於先皇嬪御並進銀鐶諸王子女咸貯金屋牝雞鳴於詰旦雄雉恣
其羣飛祖衣戲陳侯之朝穹廬同冒頓之寢爵賞之出女謁遂成公
卿宣淫無復綱紀其罪二也平章百姓一日萬機未曉求衣昏不
食大禹不貴於尺璧光武不隔於支體以是憂勤深慮幽枉而荒湎
于酒俾晝作夜式號且呼甘嗜聲伎常居窟室每藉糟丘朝謁罕見
其身羣臣希覩其面斷決自此不行敷奏於是停擁中山千日之飲
酩酊無名襄陽三雅之盃留連詎比又廣召良家充選宮掖潛爲九
市親駕四驢自比商人見要逆旅殷辛之譴爲小漢靈之罪更輕內
外驚心遐邇失望其罪三也上棟下宇著在易爻茅茨采椽陳諸史
籍聖人本意惟避風雨詎待朱玉之華寧須綈錦之麗故璿室崇構
商辛以之滅亡阿房崛起二世是以傾覆而不遵古典不念前章廣

立池臺多營宮觀金鋪玉戶青瑣丹墀蔽虧日月隔閡寒暑窮生人之筋力罄天下之資財使鬼尚難為之勞人固其不可其罪四也公田所徹不過十畝人力所供纔止三日是以輕徭薄賦不奪農時寧積於人無藏於府而科稅繁猥不知紀極猛火屢燒漏卮難滿頭會箕斂逆折十年之租杼軸其空日損千金之費父母不保其赤子夫妻相棄於匡牀萬戶則城郭空虛千里則煙火斷滅西蜀王孫之室翻同原憲之貧東海糜竺之家俄成鄧通之鬼其罪五也古先哲王卜征巡狩唐虞五載周則一紀本欲親問疾苦觀省風謠乃復廣積薪芻多備饔餼年年歷覽處處登臨從臣疲弊供頓辛苦飄風凍雨聊竊比於先驅車轍馬跡遂周行於天下秦皇之心未已周穆之意難窮宴西母而歌雲浮東海而觀日家苦納秸之勤人阻來蘇之望且夫天子有道守在海外夷不亂華在德非險長城之役戰國所為乃是狙詐之風非關稽古之法而追蹤秦代板築更興襲其基墟延袤萬里屍骸蔽野血流成河積怨滿於山川號哭動於天地其罪六

唐傳三　五

也遼水之東朝鮮之地禹貢以為荒服周王棄而不臣示以羈縻達其聲教苟欲愛人非求拓土又強弩末矢理無穿於魯縞衝風餘力詎能動於鴻毛石田得而無堪雞肋啖而何用而恃眾怙力強兵黷武惟在并吞不思長策夫兵猶火也不戢將自焚遂令億兆夷人隻輪莫返夫差喪國寔為黃池之盟苻堅滅身良由壽春之役欲捕鳴蟬於前不知挾彈在後復矢相顧髽而成行義夫切齒壯士扼腕其罪七也直言啓沃王臣匪躬惟木從繩若金須礪唐堯建鼓思聞獻替之言夏禹懸鞀時聽箴規之美而愎諫違卜蠹賢嫉能直士正人皆由屠害左僕射齊國公高熲上柱國宋國公賀若弼或文昌上相或細柳功臣暫吐良藥之言翻加屬鏤之賜龍逢無罪便遭夏癸之誅王子何辜濫被商辛之戮遂令君子結舌賢人緘口指白日而比盛射蒼天而敢欺不悟國之將亡不知死之將至其罪八也設官分職貴在銓衡察獄問刑無聞販鬻而錢神起論銅臭為公梁冀受黃金之蛇孟佗薦蒲萄之酒遂使彝倫攸斁政以賄成君子在野小人

在位積薪居上同汲黯之言囊錢不如傷趙壹之賦其罪九也宣尼有言無信不立用命賞祖義豈食言自昏主嗣位每歲行幸南北巡狩東西征伐至如浩亹陪蹕東都守固閭鄉野戰鴈門解圍自外征夫不可勝紀既立功勳須酬官爵而志懷翻覆言行浮詭危急則勳賞懸授克定則絲綸不行異商鞅之刓印芳餌之下必有懸魚惜其重賞求人死力走丸逆坂匹此非難凡百驍雄誰不讎怨至於匹夫蕞爾宿諾不虧既在乘輿二三其德其罪十也有一於此未或不亡況四維不張三靈總瘁無小無大愚夫愚婦共識殷亡咸知夏滅罄南山之竹書罪未窮決東海之波流惡難盡是以窮奇災於上國猰貐暴於中原三河縱封豕之貪四海被長蛇之毒百姓殲亡殆無遺類十分為計纔一而已蒼生懍懍咸憂杞國之崩赤子嗷嗷但愁歷陽之陷且國祚將改必有常期六百殷亡之年三十姬終之世故讖籙云隋氏三十六年而滅此則厭德之象已彰代終之兆先見皇天無親惟德是輔況乃欃槍竟天申繻謂之除舊歲星

唐傳三　六

入井甘公以為義興兼朱雀門燒正陽日蝕狐鳴鬼哭川竭山崩並是宗廟為墟之妖荊棘旅庭之事夏氏則災釁非多殷人則咎徵更少牽牛入漢方知大亂之期王良策馬始驗兵車之會今者順人將革先天不違大誓孟津陳命景亳三千列國八百諸侯不謀而同辭不召而自至轟轟隱隱如霆如雷彪虎嘯而谷風生應龍驤而景雲起我魏公聰明神武齊聖廣淵總七德而在躬包九功而挺出周太保魏公之孫上柱國蒲山公之子家傳盛德武王承季歷之基地啓元勳世祖嗣元皇之業篤生白水日角之相便彰載誕丹陵大寶之文斯著加以姓符圖緯名協歌謠六合所以歸心三靈所以改卜文王厄於羑里赤雀方來高祖隱於碭山彤雲自起兵誅不道赤伏至自長安鋒鏑難當黃星出於梁宋九五龍飛之始天人豹變之初歷試諸難大敵彌勇上柱國司徒東郡公翟讓功宣締構翼亮經綸伊尹之佐成湯蕭何之輔高帝上柱國總管齊國公孟讓柱國歷城公孟暢柱國絳郡公裴行儼大將軍左長史邴元眞等並運籌千里勇

冠三軍擊劒則截蛟斷鼇彎弧則吟猨落鴈韓彭絳灌成沛公之基寇賈吳馮奉蕭王之業復有蒙輪挾輈之士拔距投石之夫驥馬追風吳戈照日魏公屬當期運伏兹億兆躬擐甲冑跋涉山川櫛風沐雨豈辭勞倦遂起西伯之師將問南巢之罪百萬成旅四七爲名呼吸則河渭絶流叱咤則嵩華自拔以此攻城何城不陷以此擊陣何陣不摧譬猶瀉滄海而灌殘熒舉崑崙而壓小卵鼓行而進百道俱前以今月二十一日屆於東都而昏朝文武留守段達等昆吾惡稔飛廉姦佞乆迷天數敢拒義兵驅率醜徒衆有十萬迴洛倉北遂來舉斧於是熊羆角逐貔虎爭先因其倒戈之心乘我破竹之勢曾未旋踵瓦解冰銷坑卒則長平未多積甲則熊耳爲小達等助桀爲虐嬰城自固梯衝亂舞徒設九拒之謀鼓角將鳴空憑百樓之險驚巢衛幕魚遊宋池殄滅之期匪朝伊暮然興洛虎牢國家儲積我巳先據爲日乆矣既得迴洛又取黎陽天下之倉盡非隋有四方起義足食足兵無前無敵裴光祿仁基雄才上將受脤專征遐邇依憑安危是託乃識機知變遷殷事夏袁謙擒自藍水張須陁獲在滎陽賀慶戰没於淮南郭詢授首於河北隋之亡候聊可知也清河公房彥藻近秉戎律略地東南師之所臨風行電擊安陸汝南隨機蕩定淮安濟陽俄然送款徐圓朗巳平魯郡孟海公又破濟陽海内英雄咸來響應封民瞻取平原之境郝孝德據黎陽之倉李士雄虎視於長平王德仁鷹揚於上黨滑公李景考功郎中房山基發自臨渝劉興祖起於白朔崔白駒在潁川起方獻伯以譙郡來各擁數萬之兵俱期牧野之會滄溟之右函谷以東牛酒獻於軍前壺漿盈於道路諸軍等並衣冠世胄杞梓良才神鼎靈繹之秋裂地封侯之始豹變鵲起今也其時鼉鳴鼈應見機而作宜各鳩率子弟共建功名耿弇之赴光武蕭何之奉高帝豈止金章紫綬華蓋朱輪富貴以重當年忠貞以傳來葉豈不盛哉若隋代官人同吠堯之犬尚荷王莽之恩仍懷蒯聵之禄審配死於袁氏不如張洽歸曹范增困於項王未若陳平從漢魏公推以赤心當加好爵擇木而處令不自疑脫猛虎猶豫舟

中敵國夙沙之人共縛其主彭寵之僕自殺其君高官上賞即以相授如闇於成事守迷不反崑山縱火玉石俱焚爾等噬臍悔將何及黃河帶地明余旦旦之言皎日麗天知我勤勤之意布告海内咸使聞知祖君彥之辭也俄而德韜德方俱死復以鄭頲爲左司馬鄭虔象爲右司馬柴孝和說密曰秦地阻山帶河西楚背之而亡漢高都之而覇如愚意者令仁基守迴洛翟讓守洛口明公親簡精銳西襲長安百姓孰不郊迎必當有征無戰既剋京邑業固兵强方更長驅崤函掃蕩東洛傳檄指撝天下可定但今英雄競起實恐他人我先一朝失之噬臍何及密曰君之所圖僕亦思之乆矣誠乃上策但昏主尚存從兵猶衆我之所部並是山東人既見未下洛陽何肯相隨西入諸將出於羣盜留之各競雄雌若然者殆將敗矣密將兵鋒甚銳每入苑與隋軍連戰會密爲流矢所中卧於營内東都復出兵乘之密衆大潰弃迴洛倉歸于洛口煬帝遣王世充率勁卒五萬擊之密與戰不利孝和溺死於洛水密哭之甚慟世充營於洛西與密相拒百餘日大小六十餘戰武陽郡丞元寶藏黎陽賊帥李文相洹水賊帥張昇清河賊帥趙君德平原賊帥郝孝德並歸於密共襲破黎陽倉據之永安大族周法明舉江黃之地以附密齊郡賊帥徐圓朗任城大俠徐師仁淮陽太守趙他皆歸之翟讓部將王儒信勸讓爲大冢宰摠統衆務以奪密之權讓兄寬復謂讓曰天子止可自作安得與人汝若不能作我當爲之密聞其言陰有圖讓之計會世充列陣而至讓出拒之爲世充所擊讓軍少失利密與單雄信等率精銳赴之世充敗走明日讓徑至密所欲爲宴樂密具饌以待之其所將左右各分令就食密引讓入坐以良弓示讓讓方引滿密遣壯士自後斬之并殺其兄寬及王儒信讓部將徐世勣爲亂兵所斫中重瘡密遽止之得免單雄信等頓首求哀密並釋而慰諭之於是詣讓營諭其將士無敢動者乃命徐世勣單雄信王伯當分統其衆未幾世充襲倉城密復破之世充復移營洛北造浮橋悉衆以擊密密與千餘騎拒之不利而退世充因薄其城下密簡銳卒數百人以邀之

世充大潰爭趣浮橋溺死者數萬虎賁郎將楊威王辯霍舉劉長恭梁德董智皆沒于陣世充僅而獲免其夜大雨雪士卒凍死者殆盡密乘勝陷偃師於是修金墉城居之有衆三十餘萬留守韋津又與密戰於上春門津大敗執於陣將作大匠宇文愷叛東都降于密東至海岱南至江淮郡縣莫不遣使歸密竇建德朱粲楊士林孟海公徐圓朗盧祖尚周法明等並隨使通表於密勸進於是密下官屬咸勸密即尊號密曰東都未平不可議此及義旗建密負其強盛欲自爲盟主乃致書呼高祖爲兄請合從以滅隋大略云欲與高祖爲盟津之會殪商辛於牧野執子嬰於咸陽其旨以弑後主執代王爲意高祖覽書笑曰李密陸梁放肆不可以折簡致之吾方安輯京師未遑東討即相阻絶便是更生一秦密今適所以爲吾拒東都之兵守成皐之扼更求韓彭莫如用密宜早辭推獎以驕其志使其不虞於我我得入關據蒲津而屯永豐阻崤函而臨伊洛吾大事濟矣令記室温大雅作書報密曰頃者昆山火烈海水羣飛赤縣丘墟黔黎塗炭布衣戎卒鋤耰棘矜爭霸圖王狐鳴蜂起翼翼京洛強弩圍城膴膴周原僵屍滿路主上南巡泛膠舟而忘返匈奴北熾將被髮於伊川輦上無虞羣下結舌大盜移國莫之敢指忽焉至此自貽伊戚七百之基窮於二世周齊以往書契以還邦國淪胥未有如斯之酷者也天生蒸民必有司牧當今爲牧非子而誰老夫年餘知命願不及此欣戴大弟攀鱗附翼惟冀早應圖籙以寧兆庶宗盟之長屬籍見容復封於唐斯榮足矣殪商辛於牧野所不忍言執子嬰於咸陽非敢聞命汾晉左右尚須安輯盟津之會未暇卜期今日鑾輿南幸恐同永嘉之勢顧此中原鞠爲茂草興言感歎實疚于懷脫知動靜數遲貽報未面虛襟用增勞軫名利之地鋒鏑縱橫深慎垂堂勉茲鴻業密得書甚悅示其部下曰唐公見推天下不足可定於是不虞義師而專意於世充俄而宇文化及率衆自江都北指黎陽兵十餘萬密乃自將步騎二萬拒之隋越王侗稱尊號遣使授密太尉尚書令東南道大行臺行軍元帥魏國公令先平化及然後入朝輔政密將

與化及相抗恐前後受敵因卑辭以報謝焉化及至黎陽與密相遇密知其軍少食利在急戰故不與交鋒又遏其歸路密遣徐世勣守倉城化及攻之不能下密知化及糧且盡因僞與和以弊其衆化及弗之悟大喜恣其兵食冀密饋之後知其計化及怒與密大戰于衛州之童山下密爲流矢所中頓於汲縣化及力竭糧盡衆多叛之掠汲縣北趣魏縣其將陳智略張童仁等率所部兵歸于密者前後相繼初化及留輜重於東都遣其所署刑部尚書王軌守之至是軌舉郡降密密引兵而西遣使朝于東都執弑煬帝人于弘達獻越王侗侗召密入朝至温縣聞世充作難而止乃歸金墉城時密兵少衣世充兵乏食乃請交易密初難之邴元眞好求私利屢勸密密遂許焉初東都絶糧兵士歸密者日有數百至此得食而降人益少密方悔而止密雖據倉而無府庫兵數戰皆不獲賞又厚撫初附之兵由是衆心漸怨武德元年九月世充以其衆五千來決戰密留王伯當守金墉自引精兵就偃師北阻邙山以待之世充軍至密遂敗績裴仁基祖君彥並爲世充所虜密與萬餘人馳向洛口世充圍偃師守將鄭頲之下兵士刼叛以城降世充密將入洛口倉城邴元眞已遣人潛引世充密陰知之不發其事欲待世充兵半渡洛水然後擊之及世充軍至密候騎不時覺比將出戰世充軍已濟矣密自度不能支引騎而遁徑赴武牢元眞竟以城降於世充密將如黎陽或謂密曰殺翟讓之際徐世勣幾至於死今向其所安可保乎時王伯當弃金墉保河陽密以輕騎自武牢歸之謂伯當曰兵敗矣久苦諸君我今自刎請以謝衆伯當抱密號叫慟絶衆皆泣莫能仰視密復曰諸軍幸不相棄當共歸關中密身雖愧無功諸君必保富貴其府掾柳爕對曰昔盆子歸漢尚食均輸明公與唐公同族兼有疇昔之遇雖不陪從起義然而阻東都斷隋歸路使唐公不戰而據京師此亦公之功也衆咸曰然密又謂王伯當曰將軍室家重大豈復與孤俱行哉伯當曰昔漢高誅項蕭何率子弟以從伯當恨不昆季盡從以此爲愧耳豈以公今日失利遂輕去就縱身分原野亦所甘心左右莫不

感激於是從入關者尚二萬人高祖遣使迎勞相望於道密大喜謂其徒曰我有衆百萬一朝至此命也今事敗歸國幸蒙殊遇當盡心竭忠以事所奉耳且山東連城數百知吾至此遣使招之盡當歸國比於竇融勳亦不細豈不以一台司見處乎及至京師禮數益薄執政者又來求賄意甚不平尋拜光祿卿封邢國公未幾聞其所部將帥皆不附世充高祖使密領本兵往黎陽招集故時將士經略世充時王伯當爲左武衛將軍亦令爲副密行至桃林高祖復徵之密大懼謀將叛伯當頗止之密不從因謂密曰義士之立志也不以存亡易心伯當荷公恩禮期以性命相報公必不聽今祇可同去死生以之然終恐無益也乃簡驍勇數千人著婦人衣戴冪䍦藏刀裙下詐爲妻妾自率之入桃林縣舍須臾變服突出因據縣城驅掠畜產直趣南山乘險而東遣人馳告張善相令以兵應接時右翊衛將軍史萬寶留鎮熊州遣副將盛彥師率步騎數千追躡至陸渾縣南七十里與密相及彥師伏兵山谷密軍半度橫出擊敗之遂斬密時年三十

七王伯當亦死之與密俱傳首京師時李勣爲黎陽總管高祖以勣舊經事密遣使報其反狀勣表請收葬詔許之高祖歸其屍勣發喪行服備君臣之禮大具威儀三軍皆縞素葬于黎陽山南五里故人哭之多有歐血者邴元眞之降世充也以爲行臺僕射鎮滑州密故將杜才幹恨元眞背密詐與之會伏甲斬之以其首祭于密冢

單雄信者曹州人也翟讓與之友善少驍健尤能馬上用槍密軍號爲飛將密偃師失利遂降於王世充署爲大將軍太宗圍逼東都雄信出軍拒戰援槍而至幾及太宗徐世勣呵止之曰此秦王也雄信惶懼遂退太宗由是獲免東都平斬於洛陽

史臣曰當隋政板蕩煬帝荒淫搖動中原遠征遼海內無賢臣以匡國外之良吏以理民兩京空虛兆庶疲弊李密因民不忍首爲亂階心斷機謀身臨陣敵據鞏洛之口號百萬之師竇建德輩皆効樂推唐公紿以欣戴不亦偉哉及偃師失律猶存麾下數萬衆苟去猜忌疾趣黎陽任世勣爲將臣信魏徵爲謀主成敗之勢或未可知至於天命有歸大事已去比陳涉有餘矣始則稱首舉義終乃甘心爲降虜其爲計也不亦危乎又不能委質爲臣竭誠事上竟爲叛者終是狂夫不取伯當之言遂及桃林之禍或以項羽擬之文武器度即有餘壯勇斷果則不及楊素既知密之才幹合爲王之爪牙委之羈兒卒爲謀主覆族之禍其宜也哉

贊曰烏陽既昇爝火不息狂哉李密始亂終逆

唐書列傳卷第三

唐書列傳卷第四

劉　昫　等修
聞人詮校刻沈桐同校

王世充　竇建德

王世充字行滿本姓支西域胡人也寓居新豐祖支頹耨早死父收隨母嫁霸城王氏因冒姓焉仕至汴州長史世充頗涉經史尤好兵法及龜策推步之術開皇中以軍功拜儀同累轉兵部員外郎善敷奏明習法律然舞弄文法高下其心或有駮難之者世充利口飾非辭議鋒起衆雖知其不可而莫能屈大業中累遷江都丞兼領江都宮監時煬帝數幸江都世充善候人主顏色阿諛順旨每入言事帝必稱善乃雕飾池臺陰奏遠方珍物以媚於帝由是益昵之世充知隋政將亂陰結豪俊多收羣心有繫獄抵罪皆枉法出之以樹私恩及楊玄感作亂吳人朱燮晉陵人管崇起兵江南以應之自稱將軍擁衆十餘萬隋遣將軍吐萬緒魚俱羅等討之不尅世充爲其偏將

募江都萬餘人頻擊破之每有尅捷必歸功於下所獲軍實皆推與士卒由此人爭爲用功最居多十年齊郡賊帥孟讓自長白山寇掠諸郡至盱眙有衆十餘萬世充以兵拒之保都梁山爲五柵相持不戰乃唱言兵走羸師自弱讓笑曰王世充文法小吏安能領兵吾今生縛取之踧行而入江都時百姓皆入壁野無所掠賊衆漸餒又苦柵當其道不得南侵即分兵圍五柵世充每日擊之陽不利走還入柵如是數日讓益輕之乃稍分人於南方抄留兵纔足以圍柵世充知其懈乃於營中夷竈撤幕設方陣四面外向毀柵而出奮擊大破之讓以數十騎遁去斬首萬餘級俘虜十餘萬人煬帝以世充有將帥才略復遣領兵討諸小盜所向盡平十一年突厥圍煬帝於鴈門世充盡發江都人將往赴難在軍中蓬首垢面悲泣無度曉夜不解甲藉草而臥煬帝聞之以爲忠益信任之十二年遷江都通守時厭次人格謙爲盜數年兵十餘萬在豆子䴚中爲大僕卿楊義臣所殺世充帥師擊其餘衆破之又擊盧明月於南陽虜獲數人後還江都

煬帝大悅自執杯酒以賜之及李密攻陷洛口倉進逼東都煬帝特詔世充大發兵於洛口拒密前後百餘戰未有勝負又遣就軍拜世充爲將軍趣令破賊世充引軍渡洛水與李密戰世充軍敗績溺死者萬餘人乃率餘衆歸河陽時天寒大雪兵士在道凍死者又數萬人比至河陽纔以千數世充自繫獄請罪越王侗遣使赦之徵還洛陽置營於含嘉倉城收合亡散復得萬餘人俄而宇文化及作難太府卿元文都武衛將軍皇甫無逸右司郎中盧楚奉越王侗嗣位於東都拜世充爲吏部尚書封鄭國公文都謂楚等曰今化及弒逆讎恥未報吾雖志在枕戈而力所不及爲國計者莫如以尊官寵李密以庫物權啗之使擊化及令兩賊自鬭化及既破而密之兵固亦疲矣又其士卒得我之賞居我之官內外相親易爲反間我師養力以乘其弊則密亦可圖也楚等以爲然即日遣使拜密爲太尉尚書令令討化及密遂稱臣奉制以兵拒化及於黎陽每戰勝則遣使告捷衆皆悅世充獨謂其麾下諸將曰文都之輩刀筆吏耳吾覩其勢必

爲李密所擒且吾軍人每與密戰殺其父兄子弟前後已多一旦爲之下吾屬無類矣出言以激怒其衆文都知而大懼與楚等謀因世充入內伏甲而殺之期有日矣納言段達庸懦恐事不果遣其女壻張志以楚等謀告世充其夜勒兵圍宮城將軍費曜田闍等拒戰於東太陽門外曜軍敗世充遂攻門而入無逸以單騎遁走獲楚殺之時宮門閉世充遣人扣門言於侗曰元文都等欲執皇帝降于李密段達知而告臣臣非敢反誅反者耳初文都聞變入奉侗於乾陽殿陳兵衛之令將帥乘城以拒難段達矯侗命執文都送於世充至則亂擊而死達又矯侗命開門以納世充世充悉遣人代宿衛者然後入謁陳謝曰文都等無狀謀相屠害事急爲此不敢背國侗與之盟其日進拜尚書左僕射總督內外諸軍事世充去含嘉城移居尚書省專宰朝政以其兄世惲爲內史令入居禁中子弟咸擁兵馬鎮諸城邑未幾李密破化及還其勁兵良馬多戰死士卒疲倦世充欲乘其弊而擊之恐人心不一乃假託鬼神言夢見周公乃立祠於洛水

遣巫宣言周公欲令僕射急討李密當有大功不則兵皆疫死世充兵多楚人俗信妖言衆皆請戰世充簡練精勇得二萬餘人馬二千餘匹軍於洛水南密軍偃師北山上時密新破化及有輕世充之心不設壁壘世充夜遣三百餘騎潛入北山伏谿谷中令軍人秣馬蓐食遲明而薄密密出兵應之陣未成列而兩軍合戰其伏兵發乘高而下馳壓密營又縱火焚其廬舍密軍潰降其將張童仁陳智略進下偃師密走保洛口初世充兄世偉及子玄應隨化及至東郡密得而囚之於城中至是盡獲之又執密長史邴元眞妻子司馬鄭虔象之母及諸將子弟皆撫慰之各令潛呼其父兄世充進兵次洛口邴元眞鄭虔象等舉倉城以應之密以數十騎走河陽率餘衆入朝世充盡收其衆振旅而還侗進拜世充太尉以尚書省爲其府備置官屬世充立三牓於府門之外一求文才學識堪濟世務者一求武藝絕人摧鋒陷陣者一求能理冤枉擁抑不申者於是上書陳事日有數百世充皆躬自省覽殷懃慰勞好行小惠下至軍營騎士皆飾辭

以誘之當時有識者見其心口相違頗以懷貳世充嘗於侗前賜食還家大嘔吐疑遇毒所致自是不復朝請與侗絕矣遣雲定興段達入奏於侗請加九錫之禮二年三月遂策授相國總百揆封鄭王加九錫備物有道士桓法嗣者自言解圖讖乃上孔子閉房記畫作丈夫持一竿以驅羊釋云隋楊姓也干一者王字也王居羊後明相國代隋爲帝也又取莊子人間世德充符二篇上之法嗣釋曰上篇言世下篇言充此即相國名矣明當德被人間而應符命爲天子也世充大悅曰此天命也再拜受之即以法嗣爲諫議大夫世充又羅取雜鳥書帛繫其頸自言符命而散放之有彈射得鳥來而獻者亦拜官爵段達雲定興等入見於侗曰天命不常鄭王功德甚盛願陛下揖讓告禪遵唐虞之迹侗怒曰天下者高祖之天下若隋德未衰此言不可而發必天命有改亦何論於禪讓公等皆是先朝舊臣忽有斯言朕復當何所望段達等莫不流涕世充又使人謂曰今海內未定須得長君待四方乂安復子明辟必若前盟義不違負四月假爲

侗詔策禪位遣兄世惲廢侗於含涼殿世充僭即皇帝位建元曰開明國號鄭先封同姓王隆爲淮陽王整爲東郡王楷爲馮翊王素爲樂安王次封叔瓌爲陳王兄世衡爲秦王世偉爲楚王世惲爲齊王又封瓌子辯爲杞王衡子虔壽爲蔡王偉子弘烈爲魏王行本爲荊王琬爲代王惲子仁則爲唐王道誠爲衛王道詢爲趙王道稜爲燕王兄世師子太爲宋王君度爲越王立子玄應爲皇太子封子玄恕爲漢王世充每聽朝必殷勤誨諭言辭重復千端萬緒百司奉事疲於聽受或輕騎遊歷街衢亦不清道百姓但避路而已按轡徐行謂百姓曰昔時天子深坐九重在下事情無由聞徹世充非貪寶位本欲救時今當如一州刺史每事親覽當與士庶共評朝政恐門禁有限慮致壅塞今止順天門外置座聽朝又令西朝堂受抑屈東朝堂受直諫於是獻書上事日有數百條疏既煩省覽難遍數日後不復更出五月世充禮部尚書裴仁基及其子左輔大將軍行儼尚書左丞宇文儒童等數十人謀誅世充復尊立侗事洩皆見害夷其三族

六月世惲因勸世充害侗以絕衆望世充遣其姪行本鴆殺侗謚曰恭皇帝其將軍羅士信率其衆千餘人來降十月世充率衆東徇地至于滑州仍以兵臨黎陽十一月竇建德入世充之殷州殺掠居人焚燒積聚以報黎陽之役三年二月世充殿中監豆盧達來降世充見衆心日離乃嚴刑峻制家一人逃者無少長皆坐爲戮父子兄弟夫妻許其相告而免之又令五家相保有全家叛去而隣人不覺者誅及四隣殺人相繼其逃亡益甚至於樵採之人出入皆有限數公私窘急皆不聊生又以宮城爲大獄意有所忌即收繫其人及家屬於宮中又每使諸將出外亦收其親屬質於宮內囚者相次不減萬口既艱食餒死者日數十人世充屯兵不散倉粟日盡城中人相食或握土置瓮中用水淘汰沙石沉下取其上浮泥投以米屑作餅餌而食之人皆體腫而脚弱枕倚於道路其尚書郎盧君業郭子高等皆死於溝壑七月秦王率兵攻之師至新安世充鎮堡相次來降八月秦王陳兵於青城宮世充悉兵來拒隔澗而言曰隋末喪亂天下

分崩長安洛陽各有分地世充唯願自守不敢西侵計能穀二州相去非遠若欲取之豈非度內既敦隣好所以不然王乃盛相侵軼遠入吾地三崤之道千里饋糧以此出師未見其可太宗謂曰四海之內皆承正朔唯公執迷獨阻聲教東都士庶亟請王師關中義勇感恩致力至尊重違衆願有斯弔伐若轉禍來降則富貴可保如欲相抗無假多言世充無以報太宗分遣諸將攻其城鎮所至輒下九月王君廓攻拔世充之轘轅縣東徇地至管城而還於是河南州縣相次降附竇建德自侵殷州之後與世充遂結深隙信使斷絕十一月竇建德又遣人結好并陳救援之意世充乃遣其兄子琬及內史令長孫安世報聘且乞師四年二月世充率兵出方諸門與王師相抗世充軍敗因乘勝追之屯其城門世充步卒不得入驚散南走追斬數千級虜五千餘人世充從此不復敢出但嬰城自守以待建德之援三月秦王擒建德并王琬長孫安世等于武牢迴至東都城下以示之且遣安世入城使言敗狀世充惶惑不知所爲將潰圍而出南走襄陽謀於諸將皆不荅乃率其將吏詣軍門請降於是收其府庫頒賜將士世充黃門侍郎薛德音以文檄不遜先誅之次收世充黨與段達楊汪單雄信陽公卿郭士衡郭什柱董濬張童仁朱粲等十餘人皆戮于洛渚之上秦王以世充至長安高祖數其罪世充對曰計臣之罪誠不容誅但陛下愛子秦王許臣不死高祖乃釋之與兄蕳妻子同徙于蜀將行爲讎人定州刺史獨孤修所殺子玄應及兄世偉等在路謀叛伏誅世充自篡位凡三年而滅

竇建德貝州漳南人也少時頗以然諾爲事嘗有鄉人喪親家貧無以葬時建德耕於田中聞而嘆息遽輟耕牛往給喪事由是大爲鄉黨所稱初爲里長犯法亡去會赦得歸父卒送葬者千餘人凡有所贈皆讓而不受大業七年募人討高麗本郡選勇敢尤異者以充小帥遂補建德爲二百人長時山東大水人多流散同縣有孫安祖家爲水所漂妻子餒死縣以安祖驍勇亦選在行中安祖辭貧白言漳南令令怒笞之安祖刺殺令亡投建德建德舍之是歲山東大飢建德謂安祖曰文皇帝時天下殷盛發百萬之衆以伐遼東尚爲高麗所敗今水潦爲災黎庶窮困而主上不恤親駕臨遼加以往歲西征瘡痍未復百姓疲弊累年之役行者不歸今重發兵易可搖動丈夫不死當立大功豈可爲逃亡之虜也我知高雞泊中廣大數百里莞蒲阻深可以逃難承間而出虜掠足以自資既得聚人且觀時變必有大功於天下矣安祖然其計建德招誘逃兵及無產業者得數百人令安祖率之入泊中爲群盜安祖自稱將軍鄃人張金稱亦結聚得百人在河阻中蓨人高士達又起兵得千餘人在清河界中時諸盜往來漳南者所過皆殺掠居人焚燒舍宅獨不入建德之閭由是郡縣意建德與賊徒交結收繫家屬無少長皆殺之建德聞其家被屠滅率麾下二百人亡歸士達自稱東海公以建德爲司兵後安祖爲張金稱所殺其兵數千人又盡歸于建德自此漸盛兵至萬餘人猶往來高雞泊中每傾身接物與士卒均執勤苦由是能致人之死力十二年涿郡通守郭絢率兵萬餘人來討士達士達自以智略不及建德乃進爲軍司馬咸以兵授焉建德既初董衆欲立奇功以威羣賊請士達守輜重自簡精兵七千人以拒絢詐爲與士達有隙而叛之士達又宣言建德背亡而取虜獲婦人給爲建德妻子於軍中殺之建德僞遣人遺絢書請降願爲前驅破士達以自效絢信之即引兵從建德至長河界期與爲盟共圖士達絢兵益懈而不備建德襲之大破絢軍殺略數千人獲馬千餘匹絢以數十騎遁走遣將追及於平原斬其首以獻士達由是建德之勢益振隋遣太僕卿楊義臣率兵萬餘人討張金稱破之於清河所獲賊衆皆屠滅餘散在草澤間者復相聚而投建德義臣乘勝至平原欲入高雞泊中建德謂士達曰歷觀隋將善用兵者唯義臣耳新破金稱遠來襲我其鋒不可當請引兵避之令其欲戰不得空延歲月將士疲倦乘便襲擊可有大功今與爭鋒恐公不能敵也士達不從其言因留建德守壁自率精兵逆擊義臣戰小勝而縱酒高宴有輕義臣之心建德聞之曰東海公未能破賊而自矜大此禍至不久矣隋兵乘勝必長驅至此

人心驚駭吾恐不全遂留人守壁自率精銳百餘據險以防士達之敗後五日義臣果大破士達於陣斬之乘勢追奔將圍建德守兵既少聞士達敗衆皆潰散建德率百餘騎亡去行至饒陽觀其無守備攻陷之撫循士衆人多願從又得三千餘兵初義臣既殺士達以爲建德不足憂建德復還平原收士達敗兵之死者悉收葬焉爲士達發喪三軍皆縞素招集亡卒得數千人軍復大振始自稱將軍初羣盜得隋官及山東士子皆殺之唯建德每獲士人必加恩遇初得饒陽縣長宋正本引爲上客與參謀議此後隋郡長吏稍以城降之軍容益盛勝兵十餘萬人十三年正月築壇場於河間樂壽界中自稱長樂王年號丁丑署置官屬七月隋遣右翊衞將軍薛世雄率兵三萬來討之至河間城南營於七里井建德聞世雄至選精兵數千人伏河間南界澤中悉拔諸城僞遁云亡入豆子䴚中世雄以爲建德畏己乃不設備建德覘知之自率敢死士一千人襲擊世雄會雲霧晝晦兩軍不辯隋軍大潰自相蹂藉死者萬餘世雄以數百騎而遁

○餘軍悉陷於是建德進攻河間頻戰不下其後城中食盡又聞煬帝被弒郡丞王琮率士吏發喪建德遣使弔之琮因使者請降建德退舍具饌以待焉琮率官屬素服面縛詣軍門建德親解其縛與言隋亡之事琮俯伏悲哀建德亦爲之泣諸賊帥或進言曰琮拒我久殺傷甚衆計窮方出今請烹之建德曰此義士也方加擢用以勵事君者安可殺之往在泊中共爲小盜容可恣意殺人今欲安百姓以定天下何得害忠良乎因令軍中曰先與王琮有隙者今敢動搖罪三族即日授琮瀛州刺史始都樂壽號曰金城宮自是郡縣多下之武德元年冬至日於金城宮設會有五大鳥降于樂壽羣鳥數萬從之經日而去因改年爲五鳳有宗城人獻玄珪一枚景城丞孔德紹曰昔夏禹膺籙天錫玄珪今瑞與禹同宜稱夏國建德從之先是有上谷賊帥王須拔自號漫天王擁衆數萬入掠幽州中流矢而死其亞將魏刀兒代領其衆自號歷山飛入據深澤有徒十萬建德與之和刀兒因弛守備建德襲破之又盡并其地二年宇文化及僭號於魏縣

建德謂其納言宋正本內史侍郎孔德紹曰吾爲隋之百姓數十年矣隋爲吾君二代矣今化及殺之大逆無道此吾讎也請與諸公討之何如德紹曰今海內無主英雄競逐大王以布衣而起漳浦隋郡縣官人莫不爭歸附者以大王仗順而動義安天下也宇文化及與國連姻父子兄弟受恩隋代身居不疑之地而行弒逆之禍篡隋自代乃天下之賊也此而不誅安用盟主建德稱善即日引兵討化及連戰大破之化及保聊城建德縱撞車拋石機巧絕妙四面攻城陷之建德入城先謁隋蕭皇后與語稱臣悉收弒煬帝元謀者宇文智及楊士覽元武達許弘仁孟景集隋文武官對而斬之梟首轅門之外化及幷其二子同載以檻車至大陸縣斬之建德每平城破陣所得資財並散賞諸將一無所取又不噉肉常食唯有菜蔬脫粟之飯其妻曹氏不衣紈綺所使婢妾纔十數人至此得宮人以千數並有容色應時放散得隋文武官及驍果尚且一萬亦放散聽其所去又以隋黃門侍郎裴矩爲尚書左僕射兵部侍郎崔君肅爲侍中少府

○令何稠爲工部尚書自餘隨才拜授委以政事其有欲往關中及東都者亦恣聽之仍給其衣糧以兵援之送出其境攻陷洺州虜刺史袁子幹遷都于洺州號萬春宮遣使往觀津祠竇青之墓置守冢二十家又與王世充結好遣使朝隋越王侗於洛陽後世充廢侗自立乃絕之始自尊大建天子旌旗出警入蹕下書言詔追諡隋煬帝爲閔帝封齊王暕子政道爲鄖公然猶依倚突厥隋義城公主先嫁突厥及是遣使迎蕭皇后建德勒兵千餘騎送之入蕃又傳化及首以獻公主既與突厥相連兵鋒益盛九月南侵相州河北大使淮安王神通不能拒退奔黎陽相州陷殺刺史呂珉又進攻衞州陷黎陽左武衞大將軍李世勣皇妹同安長公主及神通並爲所虜滑州刺史王軌爲奴所殺攜其首以奔建德曰奴殺主爲大逆我何可納之命立斬奴而返軌首於滑州吏人感之即日而降齊濟二州及兗州賊帥徐圓朗皆聞風而下建德釋李世勣使其領兵以鎮黎州三年正月世勣捨其父而逃歸執法者請誅之建德曰勣本唐臣爲我所虜

不忘其主逃還本朝此忠臣也其父何罪竟不誅舍同安長公主及神通於別館待以客禮高祖遣使與之連和建德即遣公主與使俱歸嘗破趙州執刺史張昂邢州刺史陳君賓大使張道源等以侵軼其境建德將戮之其國子祭酒凌敬進曰夫犬各吠非其主今隣人堅守力屈就擒此乃忠確士也若加酷害何以勸大王之臣乎建德盛怒曰我至城下猶迷不降勞我師旅罪何可赦敬又曰今大王使大將軍高士興於易水抗禦羅藝兵纔至士興即降大王之意復爲可不建德乃悟即命釋之其寬厚從諫多此類也又遣士興進圍幽州攻之不剋退軍旅龍火城爲藝所襲士興大潰先是其大將王伏寶多勇略功冠等倫羣帥嫉之或言其反建德將殺之伏寶曰我無罪也大王何聽讒言自斬左右手乎既殺之後用兵多不利九月建德自帥師圍幽州藝出兵與戰大破之斬首千二百級藝兵頻勝而驕進襲其營建德列陣於營中塡塹而出擊藝敗之建德薄其城不剋遂歸洺州其納言宋正本好直諫建德又聽讒言殺之是後人以

爲誡無復進言者由此政教益衰先曹州濟陰人孟海公擁精兵三萬據周橋城以掠河南之地其年十一月建德自率兵渡河以擊之時秦王攻王世充於洛陽建德中書舍人劉斌說建德曰今唐有關內鄭有河南夏居河北此鼎足相持之勢也聞唐兵悉衆攻鄭首尾二年鄭勢日蹙而唐兵不解唐強鄭弱其勢必破鄭鄭破則夏有齒寒之憂爲大王計者莫若救鄭鄭拒其內夏攻其外破之必矣若却唐全鄭此常保三分之勢也若唐軍破後而鄭可圖則因而滅之揔二國之衆乘唐軍之敗長驅西入京師可得而有此太平之基也建德大悅曰此良策矣適會世充遣使乞師于建德即遣其職方侍郎魏處繪入朝請解世充之圍四年二月建德剋周橋虜海公留其將范願守曹州悉發海公及徐圓朗之衆來救世充軍至滑州世充行臺僕射韓洪開城納之遂進逼元州梁州管州皆陷之屯于滎陽三月秦王入武牢進薄其營多所傷殺并擒其將殷秋石瓚時世充弟世辨爲徐州行臺遣其將郭士衡領兵數千人從之合衆十餘萬號

爲三十萬軍次成皐築宮于板渚以示必戰又遣間使約世充共爲表裏經二月迫於武牢不得進秦王遣將軍王君廓領輕騎千餘抄其糧運獲其大將張青特虜獲甚衆建德數不利人情危駭將帥已下破孟海公皆有所獲思歸洺州凌敬進說曰宜悉兵濟河攻取懷州河陽使重將居守更率衆鳴鼓建旗踰太行入上黨先聲後實傳檄而定漸趨壺口稍駭蒲津收河東之地此策之上也行此必有三利一則入無人之境師有萬全二則拓土得兵三則鄭圍自解建德將從之而世充之使長孫安世陰齎金玉啗其諸將以亂其謀衆咸進諫曰凌敬書生耳豈可與言戰乎建德從之退而謝敬曰今衆心甚銳此天贊我矣因此決戰必將大捷已依衆議不得從公言也敬固爭建德怒扶出焉其妻曹氏又言於建德曰祭酒之言可從大王何不納也請自滏口之道乘唐國之虛連營漸進以取山北又因突厥西抄關中唐必還師以自救此則鄭圍解矣今頓兵武牢之下日月淹久徒爲自苦事恐無功建德曰此非女子所知也且鄭國懸命

朝暮以待吾來既許救之豈可見難而退示天下以不信也於是悉衆進逼武牢官軍按甲挫其鋭及建德結陣於汜水秦王遣騎挑之建德進軍而戰竇抗當之建德少却秦王馳騎深入反覆四五合然後大破之建德中槍竄於牛口渚車騎將軍白士讓楊武威生獲之先是軍中有童謠曰豆入牛口勢不得乆建德行至牛口渚甚惡之果敗於此地建德所領兵衆一時奔潰妻曹氏及其左僕射齊善行將數百騎遁于洺州餘黨欲立建德養子爲主善行曰夏王平定河朔士馬精強一朝被擒如此豈非天命有所歸也不如委心請命無爲塗炭生人遂以府庫財物悉分士卒各令散去善行乃與建德右僕射裴矩行臺曹旦及建德妻率僞官屬舉山東之地奉傳國等八璽來降七月秦王俘建德至京師斬于長安市年四十九自起軍至滅凡六歲河北悉平其年劉黑闥復盜據山東○史臣曰世充姦人遭逢昏主上則諛佞詭俗以取榮名下則強辯飾非以制羣論終行篡逆自恣陸梁安忍殺人矯情馭衆凡所委任多是叛亡出降秦王不

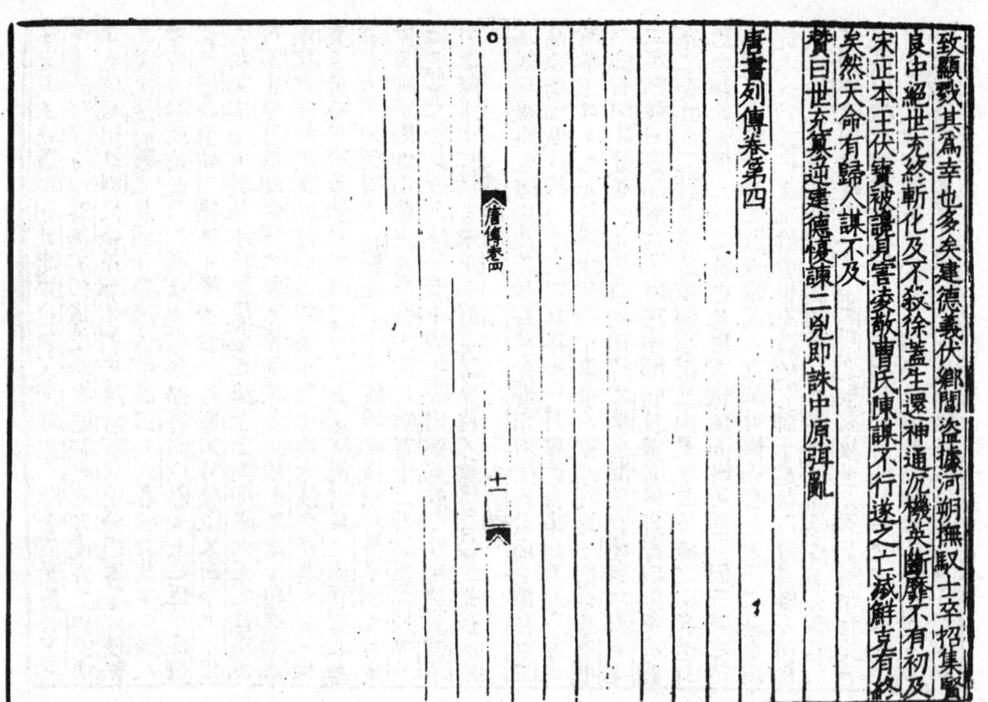

致顯戮其爲幸也多矣建德義伏鄉閭盜據河朔撫馭士卒招集賢良中絕世充終斬化及不殺徐蓋生還神通沉機英斷靡不有初及宋正本王伏寶被讒見害淩敬曹氏陳謀不行遂之亡滅鮮克有終矣然天命有歸人謀不及

贊曰世充篡逆建德愎諫二兇即誅中原弭亂

唐書列傳卷第四

劉昫　等修

聞人詮校刻沈桐同校

薛舉 子仁杲　李軌
劉武周 苑君璋附　高開道
劉黑闥 徐圓朗

薛舉河東汾陰人也其父汪徙居金城舉容貌瓌偉兇悍善射驍武絕倫家產鉅萬交結豪猾雄於邊朔初爲金城府校尉大業末隴西羣盜蜂起百姓飢餧金城令郝瑗募得數千人使舉討捕授甲於郡中吏人咸集置酒以饗士舉與其子仁杲及同謀者十三人於座中刼瑗矯稱收捕反者因發兵囚郡縣官開倉以賑貧乏自稱西秦霸王建元爲秦興封仁杲爲齊公少子仁越爲晉公有宗羅睺者先聚黨爲羣盜至是師衆會之封爲義興公餘皆以次封拜掠官收馬招集群盜兵鋒甚銳所至皆下隋將皇甫綰屯兵一萬在枹罕舉選精銳二千人襲之與綰軍遇於赤岸陳兵未戰俄而風雨暴至初風逆舉陣而綰不擊之忽返風正逆綰陣氣色昏昧軍中擾亂舉策馬先登衆軍從之隋軍大潰遂陷枹罕時羌酋鍾利俗擁兵二萬在岷山界盡以衆降舉兵遂大振進仁杲爲齊王授東道行軍元帥仁越爲晉王兼河州刺史羅睺爲義興王以副仁杲總兵略地又剋鄯廓二州數日間盡有隴西之地衆至十三萬十三年秋七月舉僭號於蘭州以妻鞠氏爲皇后母爲皇太后起墳塋置陵邑立廟於城南其月舉陳兵數萬出拜墓禮畢大會仁杲進兵圍秦州仁越兵趣劍口至河池郡太守蕭瑀拒退之舉命其將常仲興渡河擊李軌與軌將李贇大戰于昌松仲興敗績全軍陷於軌及仁杲剋秦州舉自蘭州遷都之遣仁杲引軍寇扶風郡汧源賊帥唐弼率衆拒之兵不得進初弼起扶風立隴西李弘芝爲天子有徒十萬舉遣使招弼弼殺弘芝引軍從舉仁杲因弼弛備襲破之並有其衆弼以數百騎遁免舉勢益張軍號三十萬將圖京師會義兵定關中遂留攻扶風太宗帥師

討敗之斬首數千級追奔至隴坻而還舉又懼太宗踰隴追之乃問其衆曰古來天子有降事否僞黃門侍郎褚亮曰昔越帝趙佗卒歸漢祖蜀主劉禪亦仕晉朝近代蕭琮至今猶貴轉禍爲福自古有之其衛尉卿郝瑗趨而進曰皇帝失問褚亮之言又何悖也昔漢祖屢經敗績蜀先主亟亡妻子戰之利害何代無之安得一戰不捷而爲亡國之計也舉亦悔之荅曰聊發此問試君等耳乃厚賞瑗引爲謀主瑗又勸舉連結梁師都共爲聲勢厚賂突厥餌其戎馬合從并力進逼京師舉從其言與突厥莫賀咄設謀取京師莫賀咄設許以兵隨之期有日矣會都水監宇文歆使于突厥歆說莫賀咄設止其出兵故舉謀不行武德元年豐州總管張長遜進擊宗羅睺舉悉衆來援軍屯高墌縱兵虜掠至于豳岐之地太宗又率衆擊之軍次高墌城度其糧少意在速戰乃命深溝堅壁以老其師未及與戰會太宗不豫行軍長史劉文靜殷開山請觀兵於高墌西南恃衆不設備爲舉兵掩乘其後太宗聞之知其必敗遽與書責之未至兩軍合戰竟爲舉所敗死者十五六大將慕容羅睺李安遠劉弘基皆陷于陣太宗歸于京師舉軍取高墌又遣仁杲進圍寧州郝瑗言於舉曰今唐兵新破將帥並擒京師騷動可乘勝直取長安舉然之臨發而舉疾召巫視之巫言唐兵爲祟舉惡之未幾而死舉每破陣所獲士卒皆殺之殺人多斷舌割鼻或碓擣之其妻性又酷暴好鞭撻其下見人不勝痛而宛轉於地則埋其足纔露腹背而捶之由是人心不附仁杲代董其衆僞謚舉爲武皇帝未葬而仁杲滅仁杲舉長子也多力善騎射軍中號爲萬人敵然所至多殺人納其妻妾獲庾信子立怒其不降磔於猛火之上漸割以啗軍士初拔秦州悉召富人倒懸之以醋灌鼻或杙其下竅以求金寶舉每誡之曰汝智略縱橫足辦我家事而傷於苛虐與物無恩終當覆我宗社舉死仁杲立於折墌城與諸將帥素多有隙及嗣位衆咸猜懼郝瑗哭舉悲思因病不起自此兵勢日衰自劉文靜爲舉所敗後高祖命太宗率諸軍以擊仁杲師次高墌而堅壁不動諸將咸請戰太宗曰我士卒新敗銳氣猶少

賊以勝自驕必輕敵好鬬故且閉壁以折之待其氣衰而後奮擊可
一戰而破此萬全計也乃令軍中曰敢言戰者斬相持者久之仁杲
勇而無謀兼糧餽不屬將士稍離其內史令翟長孫以其衆來降仁
杲妹夫爲左僕射鍾俱仇以河州歸國太宗知其可擊遣將軍龐玉
擊賊將宗羅睺於淺水原兩軍酣戰太宗以勁兵出賊不意奮擊大
破之乘勝進薄其折墌城仁杲窮蹙率僞百官開門降太宗納之王
師振旅以仁杲歸於京師及其首帥數千人皆斬之舉父子相繼僞
位至滅凡五年隴西平

李軌字處則武威姑臧人也有機辯頗窺書籍家富於財賑窮濟乏
人亦稱之大業末爲鷹揚府司馬時薛舉作亂於金城軌與同郡曹
珍關謹梁碩李贇安脩仁等謀曰薛舉殘暴必來侵擾郡官庸怯無
以禦之今宜同心戮力保據河右以觀天下之事豈可束手於人妻
子分散乃謀共舉兵皆相讓莫肯爲主曹珍曰常聞圖讖云李氏當
王今軌在謀中豈非天命也遂拜賀之推以爲主軌令脩仁夜率諸

胡入內苑城建旗大呼軌於郭下聚衆應之執縛隋虎賁郎將謝統
師郡丞韋士政軌自稱河西大涼王建元安樂署置官屬並擬開皇
故事初突厥曷娑那可汗率衆內屬遣弟闕達度闕設領部落在會
寧川中有二千餘騎至是自稱可汗來降于軌武德元年冬軌僭稱
尊號以其子伯玉爲皇太子長史曹珍爲左僕射謹等議欲盡殺隋
官分其家產軌曰諸人見逼爲主便須稟吾處分義兵之起意在救
焚今殺人取物是爲狂賊立計如此何以求濟乎迺署統師太僕卿士
政太府卿薛舉遣兵侵軌軌遣其將李贇擊敗于昌松斬首二千級
盡虜其衆復議放還之贇言於軌曰今竭力戰勝俘虜賊兵又縱放
之還使資敵不如盡坑之軌曰不然若有天命自擒其主此輩士卒
終爲我有若事不成留此何益遂遣之未幾攻陷張掖燉煌西平枹
罕盡有河西五郡之地其年軌殺其吏部尚書梁碩初軌之起也碩
爲謀主甚有智略衆咸憚之碩見諸胡種落繁盛乃陰勸軌宜加防
察與其戶部尚書安脩仁由是有隙又軌子仲琰懷恨形於辭色脩

仁因之構成碩罪更譖毀之云其欲反軌令齎鴆就宅殺焉是後故
人多疑懼之心脅從此稍離時高祖方圖薛舉遣使潛往涼州與之
相結下璽書謂之爲從弟軌大悅遣其弟懋入朝獻方物高祖授懋
大將軍遣還涼州又令鴻臚少卿張侯德持節冊拜爲涼州總管封
涼王給羽葆鼓吹一部軌召羣寮廷議曰今吾從兄膺受圖籙據有
京邑天命可知一姓不宜競立今去帝號受冊可乎曹珍進曰隋失
天下英雄競逐稱王號帝鼎峙瓜分唐國自據關中大涼自處河右
已爲天子奈何受人官爵若欲以小事大宜依蕭察故事自稱梁帝
而稱臣於周軌從之二年遣其尚書左丞鄧曉隨使者入朝表稱皇
從弟大涼皇帝臣軌而不受官時有胡巫惑之曰上帝當遣玉女從
天而降遂徵兵築臺以候玉女多所糜費百姓患之又屬年飢人相
食軌傾家賑之私家罄盡不能周遍又欲開倉給粟召衆議之珍等
對曰國以人爲本本既不立國將傾危安可惜此倉粟而坐觀百姓
之死乎其故人皆云給粟爲便謝統師等隋舊官人爲軌所獲雖被

任使情猶不附每與羣胡相結引進朋黨排軌舊人因其大餒欲離
其衆乃詬珍曰百姓餓者自是弱人勇壯之士終不肯困國家倉粟
須備不虞豈可散之以供小弱僕射苟悅人情殊非國計軌以爲然
由是士庶怨憤多欲叛之初安脩仁之兄興貴先在長安表請詣涼
州招慰軌高祖謂曰李軌據河西之地連好吐谷渾結援於突厥興
兵討擊尚以爲難豈單使所能致也興貴對曰李軌兇強誠如聖旨
今若諭之以逆順曉之以禍福彼則憑固負遠必不見從何則臣於
涼州奕代豪望凡厥士庶靡不依附臣之弟爲軌所信任職典樞密
者數十人以此候隙圖之易於反掌無不濟矣高祖從之興貴至涼
州軌授以左右衛大將軍又問以自安之術興貴諭之曰涼州僻遠
人物凋殘勝兵雖餘十萬開地不過千里既無險固又接蕃戎戎狄
豺狼非我族類此而可久實用爲疑今大唐據有京邑略定中原攻
必取戰必勝是天所啓非人力焉今若舉河西之地委質事之即漢
家竇融未足爲比軌默然不答久之謂興貴曰昔吳濞以江左之兵

猶稱己爲東帝我今以河右之衆豈得不爲西帝彼雖强大其如予
何君與唐爲計誘引於我酬彼恩遇耳興貴懼乃僞謝曰竊聞富貴
不在故鄉有如衣錦夜行今合家子弟並蒙信任榮慶實在一門豈
敢興心更懷他志興貴知軌不可動乃與脩仁等潛謀引諸胡衆起
兵圖軌將圍其城軌率步騎千餘出城拒戰先時有薛舉柱國奚道
宜率羌兵三百人亡奔于軌旣許其刺史而不授之禮遇又薄深懷
憤恚道宜率所部共脩仁擊軌軌敗入城引兵登陴冀有外救興貴
宣言曰大唐使我來殺李軌不從者誅及三族於是諸城老幼皆出
詣脩仁軌歎曰人心去矣天亡我乎攜妻子上玉女臺置酒爲別脩
仁執之以聞時鄧曉尚在長安聞軌敗舞蹈稱慶高祖數之曰汝委
質於人爲使來此聞軌淪陷曾無慼容苟悅朕情妄爲慶躍旣不能
留心於李軌何能盡節於朕乎竟廢而不齒軌尋伏誅自起至滅三
載河西悉平詔授興貴右武候大將軍上柱國封涼國公食實封六
百戶賜帛萬段脩仁左武候大將軍封申國公幷給田宅食實封六
百戶

劉武周河間景城人父匡徙家馬邑匡嘗與妻趙氏夜坐庭中忽見
一物狀如雄雞流光燭地飛入趙氏懷振衣無所見因而有娠遂生
武周驍勇善射交通豪俠其兄山伯每誡之曰汝不擇交遊終當滅
吾族也數詈辱之武周因去家入洛爲太僕楊義臣帳內募征遼東
以軍功授建節校尉還家爲鷹揚府校尉太守王仁恭以其州里之
雄甚見親遇每令率虞候屯於閤下因與仁恭侍兒私通恐事泄又
見天下已亂陰懷異計乃宣言於郡中曰今百姓飢餓死人相枕於
野王府君閉倉不恤豈憂百姓之意乎以此激怒衆人皆發憤怨武
周知衆心搖動因稱疾不起鄉閭豪傑多來候問遂椎牛縱酒大言
曰盜賊若此壯士守志並死溝壑今倉內積粟皆爛誰能與我取之
諸豪傑皆許諾與同郡張萬歲等十餘人候仁恭視事武周上謁萬
歲自後而入斬仁恭於郡廳持其首出徇郡中無敢動者於是開廩
以賑窮乏馳檄境內其屬城皆歸之得兵萬餘人武周自稱太守遣

使附于突厥隋鴈門郡丞陳孝意虎賁將王智辯合兵討之圍其桑
乾鎭會突厥大至與武周共擊智辯隋師敗績孝意奔還鴈門部人
殺之以城降于武周於是襲破樓煩郡進取汾陽宮獲隋宮人以賂
突厥始畢可汗以馬報之兵威益振乃攻陷定襄復歸于馬邑突厥
立武周爲定楊可汗遺以狼頭纛因僭稱皇帝以妻沮氏爲皇后建
元爲天興以衞士楊伏念爲左僕射妹壻同縣人苑君璋爲內史令
先是上谷人宋金剛有衆萬餘人在易州界爲羣盜定州賊帥魏刀
兒與相表裏後刀兒爲竇建德所滅金剛救之戰敗率餘衆四千人
奔于武周素聞金剛善用兵得之甚喜號爲宋王委以軍事中分家
產遺之金剛亦深自結納遂出其妻請娉武周之妹又說武周入圖
晉陽南向以爭天下武周授金剛西南道大行臺令率兵二萬人侵
并州軍黃蛇鎭又引突厥之衆兵鋒甚盛襲破楡次縣進陷介州高
祖遣太常少卿李仲文率衆討之爲賊所執一軍全沒仲文後得逃
還復遣右僕射裴寂拒之戰又敗績武周進逼總管齊王元吉委城

遁走武周遂據太原遣金剛進攻晉州六日城陷右驍衞大將軍劉
弘基沒于賊進取澮州屬縣悉下夏縣人呂崇茂殺縣令自號魏王
以應賊河東賊帥王行本又密與金剛連和關中大駭高祖命太宗
益兵進討屯于柏壁相持者久之又命永安王孝基陝州總管于筠
工部尚書獨孤懷恩內史侍郎唐儉進取夏縣不能克軍于城南崇
茂與賊將尉遲敬德襲破孝基營諸軍並陷四將俱沒敬德還澮州
太宗邀擊於美良川大破之敬德與賊將尋相又援王行本於蒲州
太宗復破之於蒲州高祖親幸蒲津關太宗自柏壁輕騎謁高祖於
行在所宋金剛遂圍絳州及太宗還金剛懼而引退武周復攻李仲
文于浩州頻戰皆敗又餽運不屬賊衆大餒於是金剛遂遁太宗復
追及金剛于雀鼠谷一日八戰皆破之俘斬數萬人獲輜重千餘兩
金剛走入介州王師逼之金剛尚有衆二萬出其西門背城而陣太
宗與諸將力戰破之金剛輕騎遁走其驍將尉遲敬德尋相張萬歲
收其精兵舉介州及永安來降武周大懼率五百騎棄并州北走自

乾燭谷亡奔突厥金剛復收其亡散以拒官軍人莫之從與百餘騎復奔突厥太宗進平并州悉復故地未幾金剛背突厥而亡將還上谷爲追騎所獲腰斬之武周又欲謀歸馬邑事洩爲突厥所殺武周自初起至死凡六載初武周引兵南侵死君璋說曰唐主舉一州之兵定三輔之地郡縣影附所向風靡此固天命豈曰人謀且并州巳南地形險阻若懸軍深入恐後無所繼不如連和突厥結援唐朝南面稱孤足爲上策武周不聽遣君璋守朔州遂侵汾晉及敗泣謂君璋曰恨不用君言乃至於此武周既死突厥又以君璋爲大行臺統其餘衆仍令郁射設督兵助鎮高祖遣諭之君璋部將高滿政謂君璋曰夷狄無禮本非人類豈可北面事之不如盡殺突厥以歸唐朝君璋不從滿政因人心夜逼君璋君璋亡奔突厥滿政遂以城來降拜朔州總管封榮國公明年君璋復引突厥來攻馬邑滿政死之君璋盡殺其黨而去退保恒安君璋所部稍稍離散勢蹙請降高祖許之遣使賜以金券會突厥頡利可汗復遣召之君璋猶豫未決其子

○孝政曰劉武周足爲殷鑒今既降唐又歸頡利取滅之道也粮儲巳盡人情悉離如更遲留變生肘腋恒安人郭子威說君璋曰恒安之地王者舊都山川形勝足爲險固突厥方強爲我脣齒據此堅城足觀天下之變何乃欲降於人也君璋然其計乃執我行人送於突厥與突厥合軍寇太原之北境君璋復見頡利政亂竟率所部來降拜安州都督封芮國公賜實封五百戶

高開道滄州陽信人也少以煑鹽自給有勇力走及奔馬隋大業末河間人格謙擁兵於豆子䴚開道往從之署爲將軍後謙爲隋師所滅開道與其黨百餘人亡匿海曲復出掠滄州招集得數百人北掠城鎮臨渝至于懷遠皆破之悉有其衆武德元年隋將李景守北平郡開道引兵圍之連年不能尅景自度不能支拔城而去開道又取其地進陷漁陽郡有馬數千匹衆且萬人自立爲燕王都于漁陽先是有懷戎沙門高曇晟者因縣令設齋士女大集曇晟與其僧徒五十人擁齋衆而反殺縣令及鎮將自稱大乘皇帝立尼靜宣爲耶輸皇后建元爲法輪至夜遣人招誘開道結爲兄弟改封齊王開道以衆五千人歸之居數月襲殺曇晟悉并其衆三年復稱燕王建元署置百官羅藝在幽州爲竇建德所圍告急於開道乃率二千騎援之建德懼其驍銳於是引去開道因藝遣使來降詔封北平郡王賜姓李氏授蔚州總管時幽州大饑開道許給之粟藝遣老弱就食開道皆厚遇之藝甚悅不以爲虞乃發兵三千人車數百乘驢馬千餘匹請粟于開道悉留之北連突厥告絕於藝復稱燕國是歲劉黑闥入寇山東開道與之連和引兵攻易州不尅而退又遣其將謝稜詐降於藝請兵援接藝出兵應之將至懷戎稜襲破藝兵開道又引突厥頻來爲寇恒定幽易等州皆罹其患突厥頡利可汗攻馬邑以開道兵善爲攻具引之陷馬邑而去時天下大定開道欲降自以數翻覆終恐致罪又北恃突厥之衆其將士多山東人思還本土人心頗離先是劉黑闥亡將張君立奔於開道因與其將張金樹潛相結連時開道親兵數百人皆勇敢士也號爲義兒常在閤內金樹每督兵於

閤下金樹將圖開道潛令數人入其閤內與諸義兒陽爲遊戲至日將夕陰斷其弓弦又藏其刀仗聚其矟於床下迨暝金樹以其徒大呼來攻閤下向所遣人抱義兒矟一時而出諸義兒遽將出戰而弓弦皆絕刀仗巳失君立於外城舉火相應表裏驚擾義兒窮蹙爭歸金樹開道知不免於是擐甲持兵坐堂上與其妻妾樂酣宴金樹之黨憚其勇不敢逼天將曉開道先縊其妻妾及諸子而後自殺金樹陳兵執其義兒皆斬之及殺張君立死者五百餘人遂歸國開道自初起至滅凡八歲以其地爲嬀州

劉黑闥貝州漳南人無賴嗜酒好博弈不治產業父兄患之與竇建德少相友善家貧無以自給建德每資之隋末亡命從郝孝德爲羣盜後歸李密爲裨將密敗爲王世充所虜世充素聞其勇以爲騎將見世充所爲而竊笑之乃亡歸質其父蓋而使世勣典兵攻新鄉詐以取信遂虜黑闥獻於建德建德署爲將軍封漢東郡公令將奇兵東西掩襲黑闥既遍遊諸賊善觀時變素驍勇多姦詐建德有所經略

必令專知斥候常間入敵中覘視虛實或出其不意乘機奮擊多所剋獲軍中號爲神勇及建德敗黑闥自匿於漳南杜門不出會高祖徵建德故將范願董康買曹湛高雅賢等將赴長安願等相與謀曰王世充以洛陽降其下驍將公卿單雄信之徒皆被夷滅我輩若至長安必無保全之理且夏王往日擒獲淮安王全其性命遣送還之唐家今得夏王即加殺害我輩殘命若不起兵報讎實亦恥見天下人物於是相率復謀反叛卜以劉氏爲主吉共往漳南見建德故將劉雅告之且請雅曰天下已平樂在丘園爲農夫耳起兵之事非所願也衆怒殺雅而去范願曰漢東公劉黑闥果敢多奇略寬仁容衆恩結於士卒吾久常聞劉氏當有王者今舉大事欲收夏王之衆非其人莫可遂往詣黑闥以告其意黑闥大悅殺牛會衆舉兵得百餘人襲破漳南縣貝州刺史戴元詳魏州刺史權威合兵擊之並爲黑闥所敗元詳及威皆沒于陣黑闥盡收其器械及餘衆千餘人於是范願高雅賢等宿舊左右漸來歸附衆至二千人武德四年七月設

壇於漳南祭建德告以舉兵之意自稱大將軍淮安王神通將軍秦武通王行敏前後討之皆爲所敗於是移書趙魏其建德將士往往殺官吏以應黑闥北連懷戎賊帥高開道兵鋒甚銳進至宗城有衆數萬黎州總管李世勣不能拒棄城走保洺州黑闥追擊破之步卒五千人皆歿于陣世勣與武通僅以身免黑闥又徵王琮爲中書令劉斌爲中書侍郎以掌文翰遣使北連突厥頡利可汗遣俟斤宋耶那率胡騎從之黑闥軍大振進陷相州半歲悉復建德故地兖州賊帥徐圓朗舉齊兖之地以附于黑闥其勢益張五年正月黑闥至相州僭稱漢東王建元爲天造以范願爲左僕射董康買爲兵部尚書高雅賢爲右領軍又引建德時文武悉復本位都於洺州其設法行政皆師建德而攻戰勇決過之於是太宗又自請統兵討之師次衛州黑闥數以兵挑戰輒爲官軍所挫黑闥懼委相州而退保于列人營時洺水縣人請爲內應太宗遣總管羅士信入城據守黑闥又攻陷其城士信死之遂據洺州三月太宗阻洺水列營以逼之分遣奇兵斷其糧道黑闥又數挑戰太宗堅壁不應以挫其鋒黑闥城中糧盡太宗度其必來決戰預擁洺水上流謂守堤吏曰我擊賊之日候賊半度而決堰黑闥果率步騎二萬渡洺水而陣與官軍大戰賊衆大潰水又大至黑闥衆不得渡斬首萬餘級溺死者數千人黑闥與范願等以千餘人奔于突厥山東悉定太宗遂引軍於河南以討徐圓朗六月黑闥復借兵於突厥來寇山東七月至定州其舊將曹湛董康買先亡在鮮虞復聚兵以應黑闥高祖遣淮陽王道玄原國公史萬寶討之戰于下博王師敗績道玄死于陣萬寶輕騎逃還由是河北諸州盡叛又降于黑闥旬日間悉復故城復都洺州十一月高祖遣齊王元吉擊之遲留不進又令隱太子建成督兵進討頻戰大捷六年二月又大破之于館陶黑闥引軍北走建成與元吉合千餘騎屯於永濟渠縱騎擊之黑闥敗走命騎將劉弘基追之黑闥爲王師所蹙不得休息道遠兵疲比至饒陽從者纔百餘人衆皆餒入城求食黑闥所署饒州刺史葛德威出門迎拜延之入城黑闥初不許

德威謬爲誠敬涕泣固請黑闥乃進至城傍德威勒兵執之送于建成斬於洺州山東復定

徐圓朗者兖州人也隋末亡命爲羣盜據本郡縱兵略地自瑯琊已西北至東平盡有之勝兵二萬餘人仍附於李密密敗歸王世充及洛陽平歸國拜兖州總管封魯郡公高祖令葛國公盛彥師安輯河南行至任城會劉黑闥作亂潛結於圓朗因執彥師舉兵應黑闥自稱魯王黑闥以圓朗爲大行臺元帥兖鄆陳杞伊洛曹戴等八州豪猾皆殺其長吏以應之太宗平黑闥進師曹州遣淮安王神通及李世勣攻之圓朗數出戰不利城內百姓爭踰城降圓朗窮蹙與數騎棄城夜遁爲野人所殺其地悉平

史臣曰薛舉父子勇悍絕倫性皆好殺仁杲尤甚無恩衆叛雖猛何爲李軌竊據鷹揚僭號河西安隋朝官屬不奪其財破李贇甲兵放還其衆是其興也及殺害謀主崇信妖巫衆叛親離其亡也宜哉武周始爲鼠竊偶恣鴟張不用君璋之謀竟爲突厥所殺苑君璋及總

餘衆別生異圖見頡利歸朝亦是見機者也黑闥開道勇而無謀顧
其行師祗是狂賊皆爲麾下所殺馭衆之道謬哉
贊曰國無紀綱盜興草澤不有隋亂焉知唐德

唐書列傳卷第五

劉昫 等修
聞人詮校刻沈桐同校

蕭銑後梁宣帝曾孫也祖巖隋開皇初叛隋降於陳陳亡爲文帝所誅銑少孤貧傭書自給事毋以孝聞煬帝時以外戚擢授羅川令大業十三年岳州校尉董景珍雷世猛旅帥鄭文秀許玄徹萬瓚徐德基郭華沔州人張繡等同謀叛隋郡縣官屬衆欲推景珍爲主景珍曰吾素寒賤雖名號衆必不從今若推主當從衆望羅川令蕭銑梁氏之後寬仁大度有武皇之風吾又聞帝王膺籙必有符命而隋氏冠帶盡號起梁斯乃蕭家中興之兆今請以爲主不亦應天順人乎。衆乃遣人諭意銑大悅報景珍書曰我之本國昔在有隋以小事大朝貢無闕乃貪我土宇滅我宗祊我是以痛心疾首無忘雪耻今天啓公等協我心事若合符豈非上玄之意也吾當糾率士庶敬從來請即日集得數千人揚言討賊而實欲相應遇穎川賊帥沈柳生來寇羅川縣銑擊之不利因謂其衆曰岳州豪傑首謀起義請我爲主今隋政不行天下皆叛吾雖欲獨守力不自全且吾先人昔都此地若從其請必復梁祚遣召柳生亦當從我衆皆大悅即日自稱梁公改隋服色建梁旗幟柳生以衆歸之拜爲車騎大将軍率衆往巴陵自起軍五日遠近投附者數萬人景珍遣徐德基郭華率州中首領數百人詣軍迎謁未及見銑而前遣柳生謂曰我先奉梁公勳居第一今岳州兵衆位多於我我若入城便出其下不如殺德基質其首領獨挾梁王進取州城遂與左右殺德基方詣中軍白銑銑大驚曰今欲撥亂忽自相殺我不能爲汝主矣乃步出軍門柳生大懼伏地請罪銑責而赦之令復舊位銑陳兵入城景珍進言於銑曰徐德基

丹誠奉主柳生凶悖擅殺之若不加誅何以爲政且其爲賊凶頑已久今雖從義不革此心同處一城必将爲變若不預圖後悔無及銑又從之景珍遂斬柳生於城內其下将帥皆潰散銑於是築壇於城南燔燎告天自稱梁王以有異鳥之瑞建元爲鳳鳴義寧二年僭稱皇帝署置百官一準梁故事僞謚其從父琮爲孝靖帝祖巖爲河間忠烈王父璿爲文憲王封董景珍爲晉王雷世猛爲秦王鄭文秀爲楚王許玄徹爲燕王萬瓚爲魯王張繡爲齊王楊道生爲宋王隋将張鎮州王仁壽擊之不能剋及聞隋滅鎮州因與甯長真等率嶺表諸州盡降於銑九江鄱陽初有林士弘僭號俄自相誅滅士弘逃于安成之山洞其郡亦降於銑遣其将楊道生攻陷南郡張繡略定嶺表東至三硤南盡交阯北拒漢川皆附之勝兵四十餘萬武德元年遷都江陵修復園廟引岑文本爲中書侍郎令掌機密銑又遣楊道生攻硤州刺史許紹出兵擊破之赴水死者太半高祖詔夔州總管趙郡王孝恭率兵討之拔其通開二州斬僞東平郡王蕭闍提時諸。将橫恣多專殺戮銑因令罷兵陽言營農實奪将帥之權也其大司馬董景珍之弟爲僞将軍怨銑放其兵遂謀爲亂事洩爲銑所誅時景珍出鎮長沙銑下書赦之召還江陵景珍懼遣間使詣孝恭送款銑遣其齊王張繡攻之景珍謂繡曰前年醢彭越往年殺韓信卿豈不見之乎奈何今日相攻繡不答進兵圍之景珍潰圍而走爲其麾下所殺銑以繡爲尚書令繡恃勳驕慢專恣弄權銑又惡而殺之既大臣相次誅戮故人邊将皆疑懼多有叛者銑不能復制以故兵勢益弱四年高祖命趙郡王孝恭及李靖率巴蜀兵發自夔州泝流而下廬江王瑗從襄州道黔州刺史田世康趣辰州道黃州總管周法明趣夏口道以圖銑及大軍将至銑江州總管蓋彥舉以五州降又遣其将文士弘等率兵拒戰孝恭與李靖皆擊破之進逼其都初銑之放兵散也自留宿衛兵士數千人忽聞孝恭至而倉卒追兵並江嶺之南道里遼遠未能相及孝恭縱兵入郭布長圍以守之數日尅其水城獲其舟艦數千艘其交州總管丘和長史高士廉司馬杜之

松等先來謁銑聞兵敗便詣李靖來降銑自度救兵不至謂其羣下曰天不祚梁數歸於滅若待力屈必害黎元豈以我一人致傷百姓及城未拔宜先出降冀免亂兵幸全衆庶諸人失我何患無君乃巡城號令守陴者皆慟哭銑以大牢告于其廟率官屬緦縗布幘而詣軍門曰當死者唯銑百姓非有罪也請無殺掠孝恭因之送于京師銑降後數日江南救兵十餘萬一時大至知銑降皆送款於孝恭銑至高祖數其罪銑對曰隋失其鹿英雄競逐銑無天命故至於此亦猶田橫南面非負漢朝若以爲罪甘從鼎鑊竟斬于都市年三十九銑自初起五年而滅

杜伏威齊州章丘人也少落拓不治產業家貧無以自給每穿窬爲盜與輔公祏爲刎頸之交公祏姑家以牧羊爲業公祏數攘羊以餽之姑有憾焉因發其盜事郡縣捕之急伏威與公祏遂俱亡命聚衆爲羣盜時年十六常營護諸盜出則居前入則殿後故其黨咸服之共推爲主大業九年率衆入長白山投賊帥左君行不被禮因捨去

轉掠淮南自稱將軍時下邳有苗海潮亦聚衆爲盜伏威使公祏謂曰今同苦隋政各興大義力分勢弱常恐見擒何不合以爲強則不患隋軍相制若公能爲主吾當敬從自揆不堪可來聽命不則一戰以決雄雌海潮懼即以其衆歸于伏威江都留守遣校尉宋顥率兵討之伏威與戰陽爲奔北引入葭蘆中而從上風縱火迫其步騎陷于大澤火至皆燒死有海陵賊帥趙破陣聞伏威兵少而輕之遣使召伏威請與并力伏威令公祏嚴兵居外以待變親將十人持牛酒入謁破陣大悅引伏威入幕盡集其酋帥縱酒高會伏威於坐斬破陣而并其衆由此兵威稍盛復屠安宜煬帝遣右禦衛將軍陳稜以精兵八千討之稜不敢戰伏威遺稜婦人之服以激怒之并致書號爲陳姥稜大怒悉兵而至伏威逆拒自出陣前挑戰稜部將射中其額伏威怒指之曰不殺汝我終不拔箭遂馳之稜部將走奔其陣伏威因入稜陣大呼衝擊所向披靡獲所射者使其拔箭然後斬之携其首復入稜軍奮擊殺數十人稜陣大潰僅以身免乘勝破高郵縣

引兵據歷陽自稱摠管分遣諸將略屬縣所至輒下江淮間小盜爭來附之伏威嘗選敢死之士五千人號爲上募寵之甚厚與同甘苦有攻戰輒令上募擊之及戰罷閱視有中在背便殺之以其退而被擊也所獲貲財皆以賞軍士有戰死者以其妻妾殉葬故人自爲戰所向無敵宇文化及之反也署爲歷陽大守伏威不受又移居丹陽進用人士大修器械薄賦斂除殉葬法其犯姦盜及官人貪濁者無輕重皆殺之仍上表於越王侗侗拜伏威爲東道大摠管封楚王太宗之圍王世充遣使招之伏威請降高祖遣使就拜東南道行臺尚書令江淮以南安撫大使上柱國封吳王賜姓李氏預宗正屬籍封其子德俊爲山陽公賜帛五千段馬三百匹伏威遣其將軍陳正通徐紹宗率兵來會武德四年遣其將軍王雄誕討李子通於杭州擒之以獻又破法華於歙州盡有江東淮南之地南接於嶺東至于海尋聞太宗平劉黑闥進攻徐圓朗伏威懼而來朝拜爲太子太保仍兼行臺尚書令留于京師禮之甚厚位在齊王元吉之上以寵異之

初輔公祏之反也詐稱伏威之令以紿其衆高祖遣趙郡王孝恭討之時伏威在長安暴卒及公祏平孝恭收得公祏反辭不曉其詐遽以奏聞乃除伏威名籍沒其妻子貞觀元年太宗知其冤赦之復其官爵葬以公禮

輔公祏齊州臨濟人隋末從杜伏威爲羣盜初伏威自稱摠管以公祏爲長史李子通之敗沈法興也伏威使公祏以精卒數千渡江討之子通率衆數萬以拒公祏兵鋒甚銳公祏簡甲士千人皆使執長刀仍令千餘人隨後令之曰有却者斬公祏自領餘衆復居其後俄而子通方陣而前公祏所遣千人皆殊死決戰公祏乃縱左右翼攻之子通大潰降其衆數千人公祏尋與伏威道使歸國拜爲淮南道行臺尚書左僕射封舒國公初伏威與公祏少相愛狎公祏年長伏威每兄事之軍中咸呼爲伯畏敬與伏威等伏威潛忌之爲署其養子闞稜爲左將軍王雄誕爲右將軍推公祏爲僕射外示尊崇而陰奪其兵權公祏知其意怏怏不平乃與故人左遊仙僞學道辟穀以

遠其事武德五年伏威將入朝留公祏居守復令雄誕典兵以副公祏陰謂曰吾入京若不失職無令公祏爲變其後左遊仙乃說公祏令反會雄誕屬疾於家公祏奪其兵詐言伏威不得還江南貽書令其起兵因僭即僞位自稱宋國於陳故都築宮以居焉署置百官以左遊仙爲兵部尚書東南道大使越州總管大修兵甲轉漕糧饋時吳興賊帥沈法興據毗陵公祏擊破之又遣其將馮惠亮屯於博望山陳正通徐紹宗屯於青林山以拒官軍高祖命趙郡王孝恭率諸將奮擊大破之紹宗正通以五騎奔於丹陽公祏懼而遁走欲就左遊仙於會稽至武康爲野人所執送於丹陽孝恭斬之傳首京師公祏與伏威同起至滅凡十三載江東悉平初伏威養壯士三十餘人爲假子分領兵馬唯闞稜王雄誕知名

闞稜齊州臨濟人善用大刀長一丈施兩刃名爲拍刃每一舉輒斃數人前無當者及伏威據有江淮之地稜數有戰功署爲左將軍伏威步兵皆出自羣賊類多放縱有相侵奪者稜必殺之雖親故無所

捨令行禁止路不拾遺後從伏威入朝拜左領軍將軍還越州都督及公祏僭號稜從軍討之與陳正通相遇陣方接稜脫兜鍪謂賊衆曰汝不識我邪何敢來戰其衆多稜舊之所部由是各無闘志或有還拜者公祏之破稜功居多頗有自矜之色及擒公祏誣稜與已通謀又杜伏威王雄誕及稜家產在賊中者合從原放孝恭乃皆籍沒稜訴理之有忤於孝恭孝恭怒遂以謀反誅之

王雄誕者曹州濟陰人初伏威之起也用其計屢有尅獲署爲驃騎將軍伏威後率衆渡淮與海陵賊李子通合後子通惡伏威雄武使騎襲之伏威被重瘡墮馬雄誕負之逃於葭蘆中伏威復招集餘黨攻刼郡縣隋將來整又擊破之亡失餘衆其部將西門君儀妻王氏勇決多力負伏威而走雄誕率麾下壯士十餘人衛護隋軍追至雄誕輒還禦之身被數槍勇氣彌厲竟脫伏威時闞稜年長於雄誕故軍中號稜爲大將軍雄誕爲小將軍後伏威令輔公祏擊李子通於江都使雄誕與稜爲副戰于溧水子通大敗公祏乘勝追之却爲子通所破軍士皆堅壁不敢出雄誕謂公祏曰子通軍無營壘且狃於初勝而不設備若擊之必尅公祏不從雄誕以其私屬數百人銜枚夜擊之因順風縱火子通大敗走渡太湖復破沈法興居其地高祖聞伏威據有吳楚遣使諭之雄誕率衆討之子通以精兵守獨松嶺雄誕遣其部將陳當率千餘人出其不意乘高據險多張旗幟夜則縛炬火於樹上布滿山澤間子通大懼燒營而走保於杭州雄誕追擊敗之擒子通於陣送于京師歙州首領汪華隋末據本郡稱王十餘年雄誕迴軍擊之華出新安洞口以拒雄誕甲兵甚銳雄誕伏精兵於山谷間率羸弱數千人當之戰纔合僞退歸本營華攻之不能尅會日暮欲還雄誕伏兵已據其洞口華不得入窘急面縛而降蘇州賊帥聞人遂安據崑山縣而無所屬伏威又命雄誕攻之雄誕以崑山險隘難以力勝遂單騎詣其城下陳國威靈示以禍福遂安感悅率諸將出降以前後功授歙州總管封宜春郡公伏威之入朝也留輔公祏鎮江南而兵馬屬於雄誕公祏將爲逆奪其兵拘之別室

遣西門君儀諭以反計雄誕曰當今方太平吳王又在京輦國家威靈無遠不被公何得爲族滅事耶雄誕有死而已不敢聞命公祏知不可屈遂縊殺之雄誕善撫恤將士皆得其死力每破城鎮約勒部下絲毫無犯故死之日江南士庶莫不爲之流涕高祖嘉其節命其子果襲封宜春郡公太宗即位追贈左衛大將軍越州都督謚曰忠果垂拱初官至廣州都督安西大都護

沈法興湖州武康人也父恪陳特進廣州刺史法興隋大業末爲吳興郡守東郡賊帥樓世幹舉兵圍郡城煬帝令法興與太僕丞元祐討之俄而宇文化及弑煬帝於江都法興自以代居南土宗族數千家爲遠近所服乃與祐部將孫士漢陳果仁執祐於坐號令遠近以誅化及爲名發自東陽行收兵將趨江都下餘杭郡比至烏程精卒六萬毗陵郡通守路道德率兵拒之法興請與連和因會盟襲殺道德進據其城時齊郡賊帥樂伯通據丹陽爲化及城守法興使果仁攻陷之於是據有江表十餘郡自署江南道總管後聞越王侗立乃上

表於侗自稱大司馬錄尚書事天門公承制置百官以陳果仁爲司徒孫士漢爲司空蔣元超爲尚書左僕射殷芊爲尚書左丞徐令言爲尚書右丞劉子翼爲選部侍郎李百藥爲府掾法興自剋毗陵後謂江淮已南可指撝而定專立威刑將士有小過便即誅戮而言笑自若由是將士解體稱梁建元曰延康改易隋官頗依陳氏故事是時杜伏威據歷陽陳稜據江都李子通據海陵並握強兵俱有窺覦江表之志法興三面受敵軍數挫衄陳稜尋被李子通圍於江都稜窘急送質求救法興使其子綸領兵數萬救之子通率衆攻綸大敗乘勝渡江陷其京口法興使蔣元超拒之於庱亭元超戰死法興左右數百人投吳郡賊帥聞人遂安遣其將葉孝辯迎之法興至中路而悔欲殺孝辯更向會稽孝辯覺之法興懼乃赴江死初法興以義寧二年起兵至武德三年而滅

李子通東海丞人也少貧賤以魚獵爲事居鄉里見班白提挈者必代之性好施惠家無蓄積睚眥之怨必報隋大業末有賊帥左才相

自號博山公據齊郡之長白山子通歸之以武力爲才相所重有鄉人陷於賊者必全護之時諸賊皆殘忍唯子通獨行仁恕由是人多歸之未半歲兵至萬人才相稍忌之子通自引去因渡淮與杜伏威合尋爲隋將來整所敗子通擁其餘衆奔海陵得衆二萬自稱將軍初宇文化及以隋將軍陳稜爲江都太守子通率師擊之稜南求救於沈法興西乞師於杜伏威二人各以兵至伏威屯清流法興保楊子相去數十里間子通納言毛文深進計募江南人詐爲法興之兵夜襲伏威不悟恨法興之侵已又遣兵襲法興二人相疑莫敢先動子通遂得盡銳攻陷江都陳稜奔于伏威子通入據江都盡虜其衆因僭即皇帝位國稱吳建元爲明政丹陽賊帥樂伯通率衆萬餘來降子通拜尚書左僕射更進擊法興於庱亭斬其僕射蔣元超法興棄城宵遁遂有晉陵之地獲法興府掾李百藥引爲內史侍郎使典文翰以法興尚書左丞殷芊爲太常卿使掌禮樂由是隋郡縣及江南人士多歸之後伏威遣輔公祏攻陷丹陽進屯溧水子通擊之反爲公祏所敗又屬糧盡子通棄江都保于京口江西之地盡歸伏威子通又東走太湖鳩集亡散得二萬人襲沈法興於吳郡破之率其官屬都于餘杭東至會稽南至于嶺西拒宣城北至太湖盡有其地未幾杜伏威遣其將王雄誕攻之大戰於蘇州子通敗績退保餘杭雄誕進逼之戰於城下軍復敗子通窮蹙請降伏威執之并其左僕射樂伯通送于京師盡收其地高祖不之罪賜宅一區公田五頃禮賜甚厚及伏威來朝子通謂伯通曰伏威既來東方未靜我所部兵多在江外往彼收之可有大功於天下矣遂相與亡至藍田關爲吏所獲與伯通俱伏誅時又有朱粲林士弘張善安皆僭號於江淮之間

朱粲者亳州城父人也初爲縣佐史大業末從軍討長白山賊遂聚結爲羣盜號可達寒賊自稱迦樓羅王衆至十餘萬引軍渡淮屠竟陵沔陽後轉掠山南郡縣不能守所至殺戮噍類無遺義寧中招慰使馬元規擊破之俄而收輯餘衆兵又大盛僭稱楚帝於冠軍建元

爲昌達攻陷鄧州有衆二十萬粲所剋州縣皆發其藏粟以充食遷徙無常去輒焚餘貲毀城郭又不務稼穡以刼掠爲業於是百姓大餒死者如積人多相食軍中罄竭無所虜掠乃取嬰兒蒸而噉之因令軍士曰食之美者寧過於人肉乎但令他國有人我何所慮即勒所部有略得婦人小兒皆烹之分給軍士乃稅諸城堡取小弱男女以益兵糧隋著作佐郎陸從典通事舍人顏愍楚因譴左遷並在南陽粲悉引之爲賓客後遭饑餒合家爲賊所噉又諸城懼稅皆相攜逃散顯州首領楊士林田瓚率兵以背粲諸州響應相聚而攻之大戰于淮源粲敗以數千兵奔于菊潭縣遣使請降高祖令假散騎常侍段確迎勞之確因醉侮粲曰聞卿噉人作何滋味粲曰若噉嗜酒之人正似糟藏猪肉確怒慢罵曰狂賊入朝後一頭奴耳更得噉人乎粲懼於坐收確及從者數十人奔于王世充拜爲龍驤大將軍東都平獲之斬于洛水之上士庶嫉其殘忍競投瓦礫以擊其屍須臾封之若冢

林士弘者饒州鄱陽人也大業十二年與其鄉人操師乞起爲羣盜乞師自號元興王攻陷豫章郡而據之以士弘爲大將軍隋遣侍書侍御史劉子翊率師討之乞師中矢而死士弘代董其衆復與子翊大戰于彭蠡湖隋師敗績子翊死之士弘大振兵至十餘萬大業十三年徙據虔州自稱皇帝國號楚建元太平以其黨王戎爲司空攻陷臨川廬陵南康宜春等諸郡北至九江 南泊番禺悉有其地其黨張善安保南康郡懷貳於士弘以舟師循江而下擊破豫章士弘復以南昌虔循潮數州之地及蕭銑破後散兵稍往歸之士弘復振荆州總管趙王孝恭遣使招慰之其循潮二州並來降武德五年士弘遣其弟鄱陽王藥師率兵二萬攻圍循州刺史楊略與戰大破之士弘懼而遁走潛保于安城之山洞王戎亦以南昌來降拜爲南昌州刺史戎於是召士弘襲之于宅招誘舊兵更謀作亂其年洪州總管張善安密知其事發兵討之會士弘死部兵潰散戎爲善安所虜

張善安者兗州方與人也年十七便爲劫盜轉掠淮南有衆百餘人會孟讓爲王世充所破其散卒稍歸之得八百人襲破廬江郡因渡江附林士弘於豫章士弘不信之營於南塘上善安憾之襲擊士弘焚其郛郭而士弘後去豫章善安復來據之仍以其地歸國授洪州總管輔公祏之反也善安亦舉兵相應公祏以爲西南道大行臺安撫使李大亮以兵擊之兩軍隔水而陣大亮諭以禍福荅曰善安無背逆之心但爲將士所誤今欲歸降又恐不免於死大亮謂曰張總管既有降心吾亦不相疑阻因獨身踰澗就之入其陣與善安握手交言示無猜意善安大喜因許降將數十騎至大亮營大亮引之而入因令武士執之從者遁走既而送善安於長安稱不與公祏交通高祖初善遇之及公祏敗搜得其書與相往復遂誅之

羅藝字子延本襄陽人也寓居京兆之雲陽父榮隋監門將軍藝性桀黠剛愎不仁勇於攻戰善射能弄矟大業時屢以軍功官至虎賁郎將煬帝令受右武衛大將軍李景節度督軍於北平藝少習戎旅分部嚴肅然任氣縱暴每凌侮於景頻爲景所辱藝深銜之後遇天

下大亂涿郡物殷阜加有伐遼器仗倉粟盈積又臨朔宮中多珍產屯兵數萬而諸賊競來侵掠留守官虎賁郎將趙什住賀蘭誼晉文衍等皆不能拒唯藝獨出戰前後破賊不可勝計威勢日重什住等頗忌藝藝陰知之將圖爲亂乃宣言於衆曰吾輩討賊甚有功效城中倉庫山積制在留守之官而無心濟貧此豈存恤之意也以此言激怒其衆衆人皆怨既而旋師郡丞出城候藝藝因執之陳兵而什住等懼皆來聽命於是發庫物以賜戰士開倉以賑窮乏境內咸悅殺渤海太守唐褘等不同己者數人威振邊朔柳城懷遠並歸附之藝黜柳城太守楊林甫改郡爲營州以襄平太守鄧暠爲總管藝自稱幽州總管宇文化及至山東遣使召藝藝曰我隋室舊臣感恩累葉大行顛覆實所痛心乃斬化及使者而爲煬帝發喪大臨三日竇建德高開道亦遣使於藝藝謂官屬曰建德開道皆劇賊耳化及弑逆並不可從今唐公起兵皆符人望入據關右事無不成吾率衆歸之意已決矣有沮衆異議者必戮之會我使人張道源綏輯山東遣人諭意藝大悅武德三年奉表歸國詔封燕王賜姓李氏預宗正屬籍太宗之擊劉黑闥也藝領本兵數萬破黑闥弟什善於徐河俘斬八千人明年黑闥引突厥俱入寇藝復將兵與隱太子建成會於洺州因請入朝高祖遇之甚厚俄拜左翊衛大將軍藝自以功高位重無所降下太宗左右嘗至其營藝無故毆擊之高祖怒以其屬吏久而乃釋待之如初時突厥屢爲寇患以藝素有威名爲北夷所憚令以本官領天節軍將鎮涇州太宗即位拜開府儀同三司而藝懼不自安遂於涇州詐言閱武因追兵矯稱奉密詔勒兵入朝率衆軍至于豳州治中趙慈皓不知藝反馳出謁之藝遂入據豳州太宗命吏部尚書長孫無忌右武候大將軍尉遲敬德率衆討藝王師未至慈皓與統軍楊岌潛謀擊之事洩藝執慈皓繫獄岌時在城外覺變遽勒兵攻之藝大潰棄妻子與數百騎奔於突厥至寧州界過烏氏驛從者漸散其左右斬藝傳首京師梟之于市復其本姓羅氏藝弟壽時爲利州都督緣坐伏誅先是曹州女子李氏爲五戒自言通於鬼

物有病癩者就療多愈流聞四方病人自遠而至門多車騎高祖聞之詔赴京師因往來藝家謂藝妻孟氏曰妃骨相貴不可言必當母儀天下孟篤信之命密觀藝又曰妃之貴者由於王王貴色發矣十日間當昇大位孟氏由是遂勸反孟及李皆坐斬

梁師都夏州朔方人也代爲本郡豪族仕隋爲鷹揚郎將大業末罷歸屬盜賊羣起師都陰結徒黨數十人殺郡丞唐宗據郡反自稱大丞相北連突厥隋將張世隆擊之反爲所敗師都因遣兵掠定雕陰弘化延安等郡於是僭即皇帝位稱梁國建元爲永隆突厥始畢可汗遺以狼頭纛號爲大度毗伽可汗師都乃引突厥居河南之地攻破鹽川郡武德二年高祖遣延州摠管段德操督兵討之師都與突厥之衆數千騎來寇延安營於野豬嶺德操以衆寡不敵按甲以挫其鋭後伺師都稍怠遣副摠管梁禮率衆擊之德操以輕騎出其不意師都與禮酣戰久之德操多張旗幟奄至其後師都大潰逐北二百餘里虜男女二百餘口經數月師都又以步騎五千來寇德操擊之俘斬略盡及劉武周之敗師都大將張舉劉旻相次來降師都大懼遣其尚書陸季覽說處羅可汗曰比者中原喪亂分爲數國勢均力弱所以北附突厥今武周既滅唐國益大師都甘從亡破亦恐次及可汗願可汗行魏孝文之事遣兵南侵師都請爲鄉導處羅從之謀令莫賀咄設入自原州泥步設與師都入自延州處羅入自幷州突利可汗與奚霫契丹靺鞨入自幽州合于竇建德經滏口道來會于晉絳兵臨發遇處羅死乃止高祖又令德操悉發邊兵進擊師都拔其東城師都退據西城又求救於突厥頡利可汗頡利以勁兵萬騎救援之時稽胡大帥企成率衆降師都師都信讒殺之於是羣情疑懼多叛師都來降師都勢蹙乃往朝頡利爲陳入寇之計自此頻致突厥之寇邊州略無寧歲頡利可汗之寇渭橋亦師都計也頡利政亂太宗知師都勢危援孤以書諭之不從遣夏州長史劉旻司馬劉蘭經略之有得其生口者輒縱遣令爲反間離其君臣之計頻選輕騎踐其禾稼城中漸虛歸命者相繼皆善遇之由是益相猜阻有李正寶辛獠兒者皆其名將謀執師都事洩不果正寶竟來降貞觀二年太宗遣右衛大將軍柴紹殿中少監薛萬均討之又使劉旻劉蘭率勁卒直據朔方東城以逼之頡利可汗遣兵來援師都紹逆擊破之進屯城下師都兵勢日蹙其從父弟洛仁斬師都詣紹降拜洛仁爲右驍衛將軍封朔方郡公師都自起至滅凡十二歲以其地爲夏州

時又有劉季眞李子和屯據北邊與劉武周梁師都遞爲表裏

劉季眞者離石胡人也父龍兒隋末擁兵數萬自號劉王以季眞爲太子龍兒爲虎賁郎將梁德所斬其衆漸散及義師起季眞與弟六兒復舉兵爲盜引劉武周之衆攻陷石州季眞北連突厥自稱突利可汗以小兒爲拓定王甚爲邊患時西河公張綸眞鄉公李仲文俱以兵臨之季眞懼而來降授石州摠管賜姓李氏封彭城郡王季眞見宋金剛與官軍相持於澮州久而未決遂親伏武周與之合勢及金剛敗季眞亡奔高滿政尋爲所殺

李子和者同州蒲城人也本姓郭氏大業末爲左翊衛犯罪徙榆林見郡內大饑遂潛引敢死士得十八人攻郡門執郡丞王才數以不恤百姓斬之開倉以賑窮乏自稱永樂王建元爲正平尊其父爲太公以弟子政爲尚書令子端子升爲左右僕射有衆二千餘騎南連梁師都北附突厥始畢可汗並送子爲質以自固始畢先署劉武周爲定楊天子梁師都爲解事天子又以子和爲平楊天子子和固辭不敢當始畢乃更署子和爲屋利設武德元年遣使歸款授榆林郡守尋就拜雲州摠管封金河郡公二年進封郟國公時師都強暴子和處爲所攻尋勒兵襲師都寧朔城尅之子和既絕師都又伺突厥間覺遣使以聞爲處羅可汗候騎所獲處羅大怒囚其弟子升子和自以孤危甚懼四年拔戶口南徙詔以延州故城居之五年從太宗平劉黑闥陷陣有功高祖嘉其誠節賜姓李氏拜右武衛將軍貞觀元年賜實封三百戶十一年除婺州刺史改封夷國公顯慶元年累轉黔州都督以年老乞骸骨許之加金紫光祿大夫麟德九年卒

史臣曰蕭銑聚烏合之衆當鹿走之時放兵以奪將權殺舊以求位

定涓大軍奄至東手出降宜哉杜伏威恃勇聚徒見機歸國或致疑於高祖竟見雪於太宗輔公祏竊兵爲叛王雄誕守節不回訓子孫以忠貞感士庶之流涕子通修仁馭衆終懷貳以伏誅羅藝歸國立功信妖言而爲叛善始令終者鮮矣沈法興狂賊梁師都兇人皆至覆亡殊無改悔自隋朝維絶宇縣瓜分小則鼠竊狗偷大則鯨吞虎據大唐舉義兆庶歸仁高祖運應瑶圖太宗天資神武羣兇席卷寰海鏡清祚享永年功宣後代謚曰神堯文武豈不韙哉

贊曰失政資盜圖王僭號眞主勃興風驅電掃

唐書列傳卷第六

唐書列傳卷第七

劉　昫　等修

聞人詮校刻沈桐同校

裴寂字玄真蒲州桑泉人也祖融司木大夫父瑜絳州刺史寂少孤為諸兄之所鞠養年十四補州主簿及長疎眉目偉姿容隋開皇中為左親衛家貧無以自業每徒步詣京師經華嶽廟祭而祝曰窮困至此敢修誠謁神之有靈鑒其運命若富貴可期當降吉夢再拜而去夜夢白頭翁謂寂曰卿年三十已後方可得志終當位極人臣耳後為齊州司戶大業中歷侍御史駕部承務郎晉陽宮副監高祖留守太原與寂有舊時加親禮每延之宴語間以博弈至於通宵連日情忘厭倦時太宗將舉義師而不敢發言見寂為高祖所厚乃出私錢數百萬陰結龍山令高斌廉與寂博戲漸以輸之寂得錢既多大喜每日從太宗遊見其歡甚遂以情告之寂即許諾寂又以晉陽宮人私侍高祖高祖從寂飲酒酣寂白狀曰二郎密纘兵馬欲舉義旗正為寂以宮人奉公恐事發及誅急為此耳今天下大亂城門之外皆是盜賊若守小節旦夕死亡若舉義兵必得天位眾情已協公意如何高祖曰我兒誠有此計既已定矣可從之及義兵起寂進宮女五百人幷上米九萬斛雜綵五萬段甲四十萬領以供軍用大將軍府建以寂為長史賜爵聞喜縣公從至河東屈突通拒守攻之不下三輔豪傑歸義者日有千數高祖將先定京師議者恐通為後患猶豫未決寂進說曰今通據蒲關若不先平前有京城之守後有屈突之援此乃腹背受敵敗之道也未若攻蒲州下之而後入關京師絕援可不攻而定矣太宗曰不然兵法尚權權在於速宜乘機早渡以駭其心我若遲留彼則生計且關中羣盜所在屯結未有定主易可招懷賊附兵強何城不克屈突通自守賊耳不足為虞若失入關之

機則事未可知矣高祖兩從之留兵圍河東而引軍入關及京師平賜良田千頃甲第一區物四萬段轉大丞相府長史進封魏國公食邑三千戶及隋恭帝遜位高祖固讓不受寂勸進又不答寂請見曰桀紂之亡亦各有子未聞湯武臣輔之可為龜鏡無所疑也寂之茅土大位皆受之於唐陛下不為唐帝臣當去官耳又陳符命十餘事高祖乃從之寂出命太常具禮儀擇吉日高祖既受禪謂寂曰使我至此公之力也拜尚書右僕射賜以服翫不可勝紀仍詔尚食奉御每日賜寂御膳高祖視朝必引與同坐入閤則延之臥內言無不從呼為裴監而不名當朝貴戚親禮莫與為比武德二年劉武周將黃子英宋金剛頻寇太原行軍總管姜寶誼李仲文相次陷沒高祖患之寂自請行因為晉州道行軍總管得以便宜從事師次介休而金剛據城以抗寂寂保于度索原營中乏水賊斷其澗路由是危迫欲移營就水賊因犯之師遂大潰死散略盡寂一日一夜馳至晉州以東城鎮俱沒金剛進逼絳州寂抗表陳謝高祖慰諭之復令鎮撫河東之地寂性怯無捍禦之才唯發使絡繹催督虞泰二州居人勒入城堡焚其積聚百姓惶駭復思為亂夏縣人呂崇茂遂殺縣令舉兵反引金剛為援寂擊之復為崇茂所敗被徵入朝高祖數之曰義舉之始公有翼佐之勳官爵亦極矣前拒武周兵勢足以破敵致此喪敗不獨愧於朕乎以之屬吏尋釋之顧待彌重高祖有所巡幸必令居守麟州刺史韋雲起告寂謀反訊之無端高祖謂寂曰朕之有天下者本公所推今豈有貳心皁白須分所以推究耳因令貴妃三人齎珍饌寶器就寂第宴樂極歡經宿而去又嘗從容謂寂曰我李氏昔在隴西富有龜玉降及祖禰姻婭帝室及舉義兵四海雲集纔涉數日昇為天子至如前代皇王多起微賤劬勞行陣下不聊生公復世冑名家歷職清顯豈若蕭何曹參起自刀筆吏也唯我與公千載之後無媿前修矣其年改鑄錢特賜寂令自鑄造又為趙王元景娉寂女為妃六年遷尚書左僕射賜宴於含章殿高祖極歡寂頓首而言曰臣初發太原以有慈旨清平之後許以退耕今四海乂安伏願

賜臣骸骨高祖泣下霑襟曰今猶未也要相偕老耳公爲台司我爲
太上逍遥一代豈不快哉俄册司空賜實封五百戸遣尚書員外郎
一人每日更直寂第其見崇貴如此貞觀元年加實封并前一千五
百戸二年太宗祠南郊命寂與長孫無忌同昇金輅寂辭讓太宗曰
以公有佐命之勲無忌亦宣力於朕同載參乘非公而誰遂同乘而
歸三年有沙門法雅初以恩倖出入兩宮至是禁絶之法雅怨望出
妖言伏法兵部尚書杜如晦鞫其獄法雅乃稱寂知其言寂對曰法
雅惟云時候方行疾疫初不聞妖言法雅證之坐是免官削食邑之
半放歸本邑寂請住京師太宗數之曰計公勲庸不至於此徒以恩
澤特居第一武德之時政刑紕繆官方弛紊職公之由但以舊情不
能極法歸掃墳墓何得復辭寂遂歸蒲州未幾有狂人自稱信行寓
居汾陰言多妖妄常謂寂家僮曰裴公有天分于時信行已死寂監
奴恭命以其言白寂寂惶懼不敢聞奏陰呼恭命殺所言者恭命縱
令亡匿寂不知之寂遣恭命收納封邑得錢百餘萬因用而盡寂怒
將遣人捕之恭命懼而上變太宗大怒謂侍臣曰寂有死罪者四位
爲三公而與妖人法雅親密罪一也事發之後乃負氣憤怒稱國家
有天下是我所謀罪二也妖人言其有天分匿而不奏罪三也陰行
殺戮以滅口罪四也我殺之非無辭矣議者多言流配朕其從衆乎
於是徙交州竟流靜州俄遇山羌爲亂或言反獠劫寂爲主太宗聞
之曰我國家於寂有性命之恩必不然矣未幾果稱寂率家僮破賊
太宗思寂佐命之功徵入朝會卒時年六十贈相州刺史工部尚書
河東郡公子律師嗣尚太宗妹臨海長公主官至汴州刺史律師子
承先則天時爲殿中監爲酷吏所殺
劉文靜字肇仁自云彭城人代居京兆之武功祖懿周石州刺史父
韶隋時戰没贈上儀同三司少以其父身死王事襲父儀同三司偉
姿儀有器幹倜儻多權略隋末爲晉陽令遇裴寂爲晉陽宮監因而
結友夜與同宿寂見城上烽火仰天歎曰卑賤之極家道屢空又屬
亂離當何取濟文靜笑曰世途若此時事可知吾二人相得何患於

卑賤及高祖鎮太原文靜察高祖有四方之志深自結託又竊觀太
宗謂寂曰非常人也大度類於漢高神武同於魏祖其年雖少乃天
縱矣寂初未然之後文靜坐與李密連婚煬帝令繫於郡獄太宗以
文靜可與謀議入禁所視之文靜大喜曰天下大亂非有湯武高光
之才不能定也太宗曰卿安知無但恐常人不能別耳今入禁所相
看非兒女之情相憂而已時事如此故來與君圖舉大計請善籌其
事文靜曰今李密長圍洛邑主上流播淮南大賊連州郡小盜阻山
澤者萬數矣但須真主驅駕取之誠能應天順人舉旗大呼則四海
不足定也今太原百姓避盜賊者皆入此城文靜爲令數年知其豪
傑一朝嘯集可得十萬人尊公所領之兵復且數萬君言出口誰敢
不從乘虛入關號令天下不盈半歲帝業可成太宗笑曰君言正合
人意於是部署賓客潛圖起義候機當發恐高祖不從沉吟者久之
文靜見高祖厚於裴寂欲因寂開說於是引寂交於太宗得通謀議
及高君雅爲突厥所敗高祖被拘太宗又遣文靜共寂進說曰易稱
知幾其神乎今大亂已作公處嫌疑之地當不賞之功何以圖全其
裨將敗衂以罪見歸事誠迫矣當須爲計晉陽之地士馬精強宮監
之中府庫盈積以茲舉事可立大功關中天府代王沖幼權豪並起
未有適從願公興兵西入以圖大事何乃受單使之囚乎高祖然之
時太宗潛結死士與文靜等協議剋日舉兵會高祖得釋而止乃命
文靜詐爲煬帝勑發太原西河鴈門馬邑人年二十已上五十已下
悉爲兵期以歲暮集涿郡將伐遼東由是人情大擾思亂者益衆文
靜因謂裴寂曰公豈不聞先發制人後發制於人乎唐公名應圖讖
聞於天下何乃推延自貽禍釁宜早勸唐公以時舉義又脅寂曰且
公爲宮監而以宮人侍客公死可爾何誤唐公也寂甚懼乃屢促高
祖起兵會馬邑人劉武周殺太守王仁恭自稱天子引突厥之衆將
侵太原太宗遣文靜及長孫順德等分部募兵以討武周爲辭又令
文靜與裴寂偽作符勑出宮監庫物以供留守資用因募兵集衆及
義兵將起副留守王威高君雅獨懷猜貳後數日將大會於晉祠威

及君雅潛謀害高祖晉陽鄉長劉世龍以白太宗太宗既知迫急欲先事誅之遣文靜與鷹揚府司馬劉政會投急變之書詣留守告威等二人謀反是日高祖與威君雅同坐視事文靜引政會至庭中云有密狀知人欲反高祖指威等取狀看之政會不肯與曰所告是副留守事唯唐公得看之耳高祖陽驚曰豈有是乎覽狀訖謂威等曰此人告公事如何君雅大詬曰此是反人欲殺我也文靜叱左右執之囚于別室既拘威等竟得舉兵高祖開大將軍府以文靜爲軍司馬文靜勸改旗幟以彰義舉又請連突厥以益兵威高祖並從之因遣文靜使于始畢可汗始畢曰唐公起事今欲何爲文靜曰皇帝廢冢嫡傳位後主致斯禍亂唐公國之懿戚不忍坐觀成敗故起義軍欲黜不當立者願與可汗兵馬同入京師人衆土地入唐公財帛金寶入突厥始畢大喜即遣將康鞘利領騎二千隨文靜而至又獻馬千疋高祖大悅謂文靜曰非公善辭何以致此尋率兵拒隋將屈突通於潼關通遣武牙郎將桑顯和率勁兵來擊文靜苦戰者半日死

○者數千人文靜度顯和軍稍怠潛遣奇兵掩其後顯和大敗悉虜其衆通尚擁兵數萬將遁歸東都文靜遣諸將追而執之略定新安以西之地轉大丞相府司馬進授光祿大夫封魯國公高祖踐祚拜納言時高祖每引重臣共食文靜奏曰陛下君臨億兆率土莫非臣而當朝撝抑言尚稱名又宸極位尊帝座嚴重乃使太陽俯同萬物臣下震恐無以措身帝不納時制度草創命文靜與當朝通識之士更刊隋開皇律令而損益之以爲通法高祖謂曰本設法令使人共解而往代相承多爲隱語執法之官緣此舞弄宜更刊定務使易知會薛舉寇涇州命太宗討之以文靜爲元帥府長史遇太宗不豫委於文靜及司馬殷開山誡之曰舉糧少兵疲懸軍深入意在決戰不利持久即欲挑戰慎無與決待吾差當爲君等取之文靜用開山計出軍爭利王師敗績文靜奔遷京師坐除名俄又從太宗討舉平之以功復其爵邑拜民部尚書領陝東道行臺左僕射武德二年從太宗鎮長春宮文靜自以才能幹用在裴寂之右又屢有軍功而位居其

下意甚不平每廷議多相違戾寂有所是文靜必非之由是與寂有隙文靜嘗與其弟通直散騎常侍文起酣宴出言怨望拔刀擊柱曰必當斬裴寂耳家中妖怪數見文起憂之遂召巫者於星下被髮銜刀爲厭勝之法時文靜有愛妾失寵以狀告其兄妾兄上變高祖以之屬吏遣裴寂蕭瑀問狀文靜曰起義之初忝爲司馬計與長史位望略同今寂爲僕射據甲第臣官賞不異衆人東西征討家口無託實有觖望之心因醉或有怨言不能自保高祖謂羣臣曰文靜此言反明白矣李綱蕭瑀皆明其非反太宗以文靜義旗初起先定非常之策始告寂知及平京城任遇懸隔止以文靜爲觖望非敢謀反極言佑助之而高祖素疎忌之裴寂又言曰文靜才略實冠時人性復麤險忿不思難醜言悖逆其狀已彰當今天下未定外有勍敵今若赦之必貽後患高祖竟聽其言遂殺文靜文起仍籍沒其家文靜臨刑撫膺歎曰高鳥逝良弓藏故不虛也時年五十二貞觀三年追復官爵以子樹義襲封魯國公許尚公主後與其兄樹藝怨其父被戮又

○謀反伏誅文靜初爲納言時有詔以太原元謀立功尚書令秦王某尚書左僕射裴寂及文靜特恕二死左驍衛大將軍長孫順德右驍衛大將軍劉弘右屯衛大將軍柴紹內史侍郎唐儉吏部侍郎殷開山鴻臚卿劉世龍衛尉少卿劉政會都水監趙文恪庫部郎中武士彠驃騎將軍張平高李思行李高遷左屯衛府長史許世緒等十四人約免一死武德九年十月太宗始定功臣實封差第文靜已死於是裴寂加食九百戶通前爲一千五百戶長孫無忌王君廓尉遲敬德房玄齡杜如晦等五人食邑一千三百戶長孫順德柴紹羅藝趙郡王孝恭等四人食邑一千二百戶侯君集張公謹劉師立等三人食邑一千戶李勣劉弘二人食邑九百戶高士廉宇文士及秦叔寶程知節四人食七百戶安興貴安脩仁唐儉竇軌屈突通蕭瑀封德彝劉義節八人各食六百戶錢九隴樊興公孫武達李孟嘗段志玄龐卿惲張亮李藥師杜淹元仲文十人各食四百戶張長遜張平高李安遠李子和秦行師馬三寶六人各食三百戶其王君廓事在廬江

王珪傳安興貴安修仁事在李軌傳李子和事在梁師都傳馬三寶
事在柴紹傳
李孟嘗趙州平棘人官至右威衛大將軍漢東郡公元仲文洛州人
至右監門將軍河南縣公秦行師幷州太原人至左監門將軍清水
郡公並事微不錄自餘無傳者盡附於此
劉世龍者幷州晉陽人大業末爲晉陽鄉長高祖鎭太原裴寂數薦
之由是甚見接待亦出入王威高君雅家然獨歸心於高祖義兵將
起威與君雅內懷疑惑世龍輒探得其情以白高祖及誅威等授銀
青光祿大夫從平京城累轉鴻臚卿仍改名義節時草創之始傾竭
府藏以賜勳人而國用不足義節進計曰今義師數萬並在京師樵
薪貴而布帛賤若採街衢及苑中樹爲樵以易布帛歲收數十萬疋
立可致也又藏內繒絹疋疋軸之使申截取剩物以供雜費動盈十
餘萬段矣高祖並從之大收其利再遷太府卿封葛國公貞觀初轉
少府監以罪配流嶺南尋授欽州別駕卒義節從子思禮萬歲通天

二年爲箕州刺史思禮少嘗學相術於許州張憬藏相已必歷刺史
位至太師及授箕州益自喜以爲太師之職位極人臣非佐命無以
致之與洛州錄事參軍綦連耀結構謀反謂耀曰公體有龍氣耀亦
謂思禮曰公是金刀合爲我輔因相解釋圖讖即定君臣之契又令
思禮自衒相術每所見人皆謂之合得三品使務進之士聞之滿望
然始謂云綦連耀有天分公因之以得富貴事發繫獄乃多諍引朝
士冀以自免所誅陷者三十餘家耀思禮並伏誅鳳閣侍郎李元素
夏官侍郎孫元亨知天官侍郎事石抱忠鳳閣舍人王勮勮兄前涇
州刺史勔太子司議郎路敬淳等坐與耀及思禮交結皆死初則天
命河內王武懿宗按思禮之獄懿宗寬思禮於外令廣引逆徒而思禮
以爲得計從容自若算與相忤者必引令枉誅臨刑猶在外尚不之
覺及衆人就戮乃收誅之
趙文恪者幷州太原人也隋末爲鷹揚府司馬義師之舉授右三統
軍武德二年拜都水監封新興郡公時大亂之後中州少馬遇突厥
蕃市牛馬以資國用俄而劉武周將宋金剛來寇太原屬城皆沒貞
鄉公李仲文退守浩州城孤兵弱元吉遣文恪率步騎千餘助爲聲
援及太原爲賊所陷文恪遂弃城遁去坐是賜死獄中
張平高綏州膚施人也隋末爲鷹揚府校尉戍太原爲高祖所識因
參謀議義旗建以爲軍頭從平京城累授左領軍將軍封蕭國公貞
觀初出爲丹州刺史坐事免令以右光祿大夫還第卒後改封羅國
公永徽中追贈潭州都督
李思行趙州人也嘗避仇太原高祖將舉義兵令赴京城覘動靜
及還具論機變深稱旨授左三統軍從破宋老生平京城累授嘉州
刺史封樂安郡公永徽初卒贈洪州都督謚曰襄
李高遷岐州岐山人也隋末客遊太原高祖常引之左右及擒高君
雅王威等高遷有功焉授右三統軍從平霍邑圍京城力戰功最累
遷左武衛大將軍封江夏郡公檢校西麟州刺史武德初突厥寇馬
邑朔州揔管高滿政請救高祖令高遷督兵助鎭俄而賊兵甚盛高

遷乃斬關宵遁其將士皆沒竟坐除名徙邊後以佐命功拜陵州刺
史永徽五年卒贈梁州都督
許世緒者幷州人也大業末爲鷹揚府司馬見隋祚將亡言於高祖
曰天道輔德人事與能蹈機不發必貽後悔今隋政不綱天下鼎沸
公姓當圖籙名應歌謠握五郡之兵當四戰之地若遂無他計當敗
不旋踵未若首建義旗爲天下唱此帝王業也高祖甚奇之親顧曰
厚義兵起授右一府司馬武德中累除蔡州刺史封眞定郡公卒弟
洛仁亦以元從功臣官至冠軍大將軍行左監門將軍永徽初卒贈
代州都督謚曰勇陪葬昭陵
劉師立者宋州虞城人也初爲王世充將軍親遇甚密洛陽平當誅
太宗惜其才特免之以爲左親衛太宗之謀建成元吉也嘗引師立密
籌其事或自宵達曙其後師立與尉遲敬德龐卿惲李孟嘗等九人
同誅建成有功超拜左衛率尋遷左驍衛將軍封襄武郡公賜絹五
千疋後人告師立自云眼有赤光體有非常之相姓氏又應符讖太

宗謂之曰人言卿欲反如何師立大懼俯而對曰臣任隋朝不過六品身材駑下不敢輒希富貴過蒙非常之遇常以性命許國而陛下功成事立臣復致位將軍顧己循躬實踰涯分臣是何人輒敢言反太宗笑曰知卿不然此妄言耳賜帛六十疋延入卧內慰諭之羅藝之反也長安人情騷動以師立檢校右武候大將軍以備非常及藝平憲司窮究黨與師立坐與交通遂除名又以藩邸之舊尋檢校岐州都督師立上書請討吐谷渾書奏未報便遣使間其部落諭以利害多有降附列其地為開橋二州又有党項首領拓拔赤辭先附吐谷渾貪險自固師立亦遣人為陳利害赤辭遂率其種落內屬太宗甚嘉之拜赤辭為西戎都督後師立以母憂當去職父老上表請留詔不許起衰復令居任時河西党項破丑氏常為邊患又阻新附師立總兵擊之軍未至破丑氏大懼遁於山谷師立追之至𨚗于真山而還吐谷渾於小莫門川擊破之多所虜獲尋轉始州刺史十四年卒謚曰肅

錢九隴本晉陵人也父在陳為境上所獲沒為皇家隸人九隴善騎射高祖信愛之常置左右義兵起以軍功授金紫光祿大夫及剋京城拜左監門郎將從平薛仁杲劉武周以前後戰功累授右武衛將軍其後從太宗擒獲竇建德平王世充從隱太子討劉黑闥於魏州力戰破賊策勳為最累封郇國公仍以本官為苑遊將軍貞觀初出為眉州刺史再遷右監門大將軍十二年改封郇國公加食廬州實封六百戶尋卒贈左武衛大將軍潭州都督謚曰勇陪葬獻陵

樊興者本安陸人也父犯罪配沒為皇家隸人興從平京城累除右監門將軍又從太宗破薛舉平王世充竇建德積戰功累封營國公賜物二千段黃金三十鋌尋坐事削爵貞觀六年陵州獠反興率兵討之拜左驍衛將軍又從特進李靖擊吐谷渾為赤水道行軍總管坐逗留不赴軍期又士卒多死失亡甲仗以勳減死久之累拜左監門大將軍封襄城郡公太宗之征 遼東以興忠謹令副司空房玄齡留守京師俄又檢校右武候將軍 永徽初卒贈左武候大將軍洪州都督陪葬獻陵

公孫武達者雍州櫟陽人也少有膂力稱為豪俠在隋為驍果武德初至長春宮請謁太宗從討劉武周力戰功居最又從平王世充竇建德累遷秦王府右三驃騎封清水縣公貞觀初檢校右監門將軍尋除肅州刺史歲餘突厥數千騎輜重萬餘入侵肅州欲南入吐谷渾武達領二千人與其精銳相遇力戰虜稍却急攻之遂大潰擒之於張掖河又命軍士於上流以柭渡兵擊其餘衆賊半濟兩岸夾攻之斬溺略盡璽書慰勉之拜左監門將軍後又受詔擊鹽州叛突厥武達引兵趨靈州追及之賊方渡河見武達至據河南岸武達引兵擊之斬其渠帥可邏拔扈餘黨幾盡進封東萊郡公永徽中累授右武衛大將軍及卒高宗廢朝舉哀贈荊州都督給東園祕器陪葬昭陵謚曰壯

龐卿惲者并州太原人從太宗討隱太子有功累拜右驍衛將軍封郇國公尋卒追封濮國公子同善官至右金吾大將軍同善子承宗開元初為太子賓客

張長遜雍州櫟陽人也隋代為里長平陳有功累至五原郡通守及天下亂遂附于突厥號長遜為割利特勤及義旗建長遜以郡降授五原太守尋除豐州總管是時梁師都薛舉請兵於突厥欲令渡河長遜知之偽為詔書與莫賀咄設示知其謀突厥乃拒師都等使高祖嘉之武德元年勑右武候驃騎將軍高靜致幣於始畢可汗路經豐州會可汗死勑於所到處納庫突厥聞而大怒欲南渡長遜乃遣高靜出塞申國家賻贈之禮突厥乃引還及征薛舉長遜不待命而至以功授豐州總管進封巴國公賜以錦袍金甲是時言事者以長遜久居豐州與突厥連結長遜懼請入朝拜右武候將軍徙封息國公賜以宮人綵物千餘段會有疾車駕親幸其第及竇軌率巴蜀兵擊王世充以長遜檢校益州行臺左僕射歷遂嶲二州總管所在皆有惠政貞觀十一年卒

李安遠者夏州朔方人也隋雲州刺史徹子也家富於財少從博徒

不遑晚始折節讀書敬慕士友襲父爵城陽公與王珪友善大業初珪坐叔頗當配流安遠爲之營護免後爲正平令及義兵攻絳郡安遠與通守陳叔達嬰城自守城陷高祖與安遠有舊馳至其宅撫慰之引與同食拜右翊衛統軍封正平縣公武德元年授右武衛大將軍從太宗征伐特蒙恩澤累戰功改封廣德郡公又使於吐谷渾與敦和好於是吐谷渾主伏允請與中國互市安遠之功也後隱太子建成潛引以爲黨援安遠固拒之由是太宗益加親信貞觀初歷潞州都督懷州刺史歷任頗有聲績然傷於嚴急時論少之七年卒追贈涼州都督謚曰密十三年追封爲遂安郡公

史臣曰裴寂歷任仕隋官至爲宮監揚孚女玉帛之務擅倉廩兵甲之饒喜博戲之利苟多啓舉義之謀爲首謁獄神以徼福始彰不遑之心留貴妃以經宿終昧爲臣之道居第一之位乏在三之規恃高祖之舊恩致文靜之極法終歸四罪尚保再生幸也文靜奮縱橫之畧立締構之功罔思寵辱之機過爲輕躁之行未及封而禍也惜哉凡

關佐命衮第賞封小大不遺賢愚自勸太宗之行賞也明矣

贊曰風雲初合共竭智力勢利既分遽變讎敵

唐書列傳卷第七

劉　昫　等修

聞人詮校刻沈桐同校

唐儉子觀 觀子從心 從心子晙　長孫順德　劉弘基子仁實

殷嶠　劉政會　柴紹平陽公主 馬三寶附

武士彠長兄士稜 次兄士逸

唐儉字茂約幷州晉陽人北齊尚書左僕射邕之孫也父鑒隋戎州刺史儉落拓不拘規檢然事親頗以孝聞初鑒與高祖有舊同領禁衛高祖在太原留守儉與太宗周密儉從容說太宗以隋室昏亂天下可圖太宗白高祖乃召入密訪時事儉曰明公日角龍庭李氏又在圖牒天下屬望非在今朝若開府庫南嘯豪傑北招戎狄東收燕趙長驅濟河據有秦雍海內之權指麾可取願弘達節以順群望則湯武之業不遠高祖曰湯武之事非所庶幾今天下已亂言私則圖存語公則拯溺卿宜自愛吾將思之及開大將軍府授儉記室參軍

○太宗爲渭北道行軍元帥以儉爲司馬平京城加光祿大夫相國府記室封晉昌郡公武德元年除內史舍人尋遷中書侍郎特加授散騎常侍王行本守蒲州城不降勑工部尚書獨孤懷恩率兵屯於其東以經略之尋又夏縣人呂崇茂以城叛降於劉武周高祖遣永安王孝基工部尚書獨孤懷恩陝州摠管于筠等率兵討之時儉使至軍所屬武周遣兵援崇茂儉與孝基筠等並爲所獲初懷恩屯兵蒲州與其屬元君實謀反時君實亦陷於賊中與儉同被拘執乃謂儉曰古人有言當斷不斷反受其亂獨孤尚書近者欲舉兵圖事遲疑之間遂至今日豈不由不斷耶俄而懷恩脫身得還仍令依前屯守君實又謂儉曰獨孤尚書今遂拔難得還復在蒲州屯守可謂王者不死儉聞之懼懷恩爲逆乃密令親信劉世讓以懷恩之謀奏聞適遇王行本以蒲州歸降高祖將入其城浮舟至中潬世讓謁見高祖讀奏大驚曰豈非天命也迴舟而歸分捕反者按驗之懷恩自縊餘黨伏誅俄而太宗擊破武周部將宋金剛追至太原武周懼而北走儉乃封其府庫收兵甲以待太宗高祖嘉儉身沒虜庭心存朝闕復舊官仍爲幷州道安撫大使以便宜從事幷賜獨孤懷恩田宅貲財等使還拜禮部尚書授天策府長史兼檢校黃門侍郎封莒國公與功臣等元勳恕一死仍除遂州都督食綿州實封六百戶圖形凌煙閣貞觀初使于突厥說誘之因以隋蕭后及楊正道以歸太宗謂儉曰卿觀頡利可圖否對曰銜國威恩亦可望獲遂令儉馳傳至虜庭示之威信頡利部落歡然定歸款之計因而兵衆弛懈李靖率輕騎掩襲破之頡利北走儉脫身而還歲餘授民部尚書後從幸洛陽苑射猛獸羣豕突出林中太宗引弓四發殪四豕有雄彘突及馬鐙儉投馬搏之太宗拔劍斷豕顧笑曰天策長史不見上將擊賊耶何懼之甚對曰漢祖以馬上得之不以馬上治之陛下以神武定四方豈復逞雄心於一獸太宗納之因爲罷獵尋加光祿大夫又特令其子善識尚豫章公主儉在官每盛修肴饌與親賓縱酒爲樂未嘗以職務留意又嘗託鹽州刺史張臣合收其私羊爲御史所劾以舊恩免

○罪貶授光祿大夫永徽初致仕于家加特進顯慶元年卒年七十八高宗爲之舉哀罷朝三日贈開府儀同三司幷州都督賻布帛一千段粟一千石賜東園祕器陪葬昭陵謚曰襄官爲立碑儉少子觀最知名官至河西令有文集三卷儉孫從心神龍中以子晙娶太平公主女官至殿中監晙先天中爲太常少卿坐與太平連謀伏誅

長孫順德文德順聖皇后之族叔也祖澄周秦州刺史父愷隋開府順德仕隋右勳衛避遼東之役逃匿於太原深爲高祖太宗所親委時羣盜並起郡縣各募兵爲備太宗外以討賊爲名因令順德與劉弘基等召募旬月之間衆至萬餘人結營於郭下遂誅王威高君雅等義兵起拜統軍從平霍邑破臨汾下絳郡俱有戰功尋與劉文靜擊屈突通於潼關每戰摧鋒及通將奔洛陽順德追及於桃林執通歸京師仍略定陝縣高祖即位拜左驍衛大將軍封薛國公武德九年與秦叔寶等討建成餘黨於玄武門太宗踐祚眞食千二百戶特賜以宮女每宿內省後順德監奴受人餽絹事發太宗謂近臣曰順

德地居外戚功即元勳位高爵厚足稱富貴若能勤覽古今以自鑒誡弘益我國家者朕當與之同有府庫耳何乃不遵名節而貪冒發聞乎然惜其功不忍加罪遂於殿庭賜絹數十疋以媿其心大理少卿胡演進曰順德枉法受財罪不可恕奈何又賜之絹太宗曰人生性靈得絹甚於刑戮如不知愧一禽獸耳殺之何益尋坐與李孝常交通除名歲餘太宗閱功臣圖見順德之像閔然憐之遣宇文士及視其所爲見順德頹然而醉論者以爲達命召拜澤州刺史復其爵邑順德素多放縱不遵法度及此折節爲政號爲明肅先是長吏多受百姓餽餉順德糾擿一無所容稱爲良牧前刺史張長貴趙士達並占境內膏腴之田數十頃順德並劾而追奪分給貧戶尋又坐事免發疾太宗聞而鄙之謂房玄齡曰順德無慷慨之節多兒女之情今有此疾何足問也未幾而卒太宗爲之罷朝遣使弔贈荊州都督謚曰襄貞觀十三年追改封爲邳國公永徽五年重贈開府儀同三司

○劉弘基雍州池陽人也父昇隋河州刺史弘基少落拓交通輕俠不事家產以父蔭爲右勳侍大業末嘗從煬帝征遼東家貧不能自致行至汾陰度已後期當斬計無所出遂與同旅屠牛潛諷吏捕之繫於縣獄歲餘竟以贖論事解亡命盜馬以供衣食因至太原會高祖鎮太原遂自結託又察太宗有非常之度尤委心焉由是大蒙親禮出則連騎入同臥起義兵將舉弘基召募得二千人王威高君雅欲爲變高祖伏弘基及長孫順德於廳事之後弘基因麾左右執威等又從太宗攻下西河義軍次賈胡堡與隋將宋老生戰破之進攻霍邑老生率衆陣於城外弘基從太宗擊之老生敗走弃馬投壍弘基下斬其首拜右光祿大夫師至河東弘基以兵千人先濟河進下馮翊爲渭北道大使得便宜從事以殷開山爲副西略地扶風有衆六萬南渡渭水屯於長安故城威聲大振耀軍金光門衛文昇遣兵來戰弘基逆擊走之擒甲士千餘人馬數百疋時諸軍未至弘基先至一戰而捷高祖大悅賜馬二十疋及破京城功爲第一從太宗擊薛舉於扶風破之追奔至隴山而返累拜右領軍都督封河間郡公又從太宗經略東都戰于瓔珞門外破之師旋弘基爲殿隋將段達張志陣於三王陵弘基擊敗之武德元年拜右驍衛大將軍以元謀之勳恕其一死領行軍左一揔管又從太宗討薛舉時太宗以疾頓於高墌城弘基劉文靜等與舉接戰於淺水原五師不利八揔管咸敗唯弘基一軍盡力苦鬭矢盡爲舉所獲高祖嘉其臨難不屈賜其家粟帛甚厚仁杲平得歸復其官爵會宋金剛陷太原遣弘基屯晉州裴寂爲宋金剛所敗人情崩駭莫有固志金剛以兵造城下弘基不能守復陷於賊俄得逃歸高祖慰諭之授左一揔管從太宗屯于柏壁率兵二千自隰州趣西河斷賊歸路時賊鋒甚勁弘基堅壁不能進及金剛遁弘基率騎邀之至于介休與太宗會追擊大破之累封任國公尋從擊劉黑闥於洺州師旋授秉鉞將軍會突厥入寇弘基率步騎一萬自豳州北界東拒子午嶺西接臨涇修營鄣塞副淮安王神通備胡寇於北鄙九年以佐命功眞食九百戶太宗即位顧待益

隆李孝常長孫安業之謀逆也坐與交遊除名歲餘起爲易州刺史復其封爵徵拜衛尉卿九年改封夔國公世襲朗州刺史例停不行後以年老乞骸骨授輔國大將軍朝朔望祿賜同於職事太宗征遼東以弘基爲前軍大揔管從擊高延壽於駐蹕山力戰有功太宗屢加勞勉永徽元年加實封通前一千一百戶其年卒年六十九高宗爲之舉哀廢朝三日贈開府儀同三司并州都督陪葬昭陵仍爲立碑謚曰襄弘基遺令給諸子奴婢各十五人良田五頃謂所親曰若賢固不藉多財不賢守此可以免饑凍餘財悉以散施子仁實襲官至左典戎衛郎將從子仁景神龍初官至司農卿

○殷嶠字開山雍州鄠縣人陳司農卿不害孫也其先本居陳郡陳亡徙關中父僧首隋祕書丞有名於世嶠少以學行見稱尤工尺牘仕隋太谷長有治名義兵起召補大將軍府掾參預謀略授心腹之寄累以軍功拜光祿大夫從隱太子攻剋西河太宗爲渭北道元帥引爲長史時關中羣盜往往聚結衆無適從令嶠招慰之所至皆下又

與統軍劉弘基率兵六萬屯長安故城隋將衞孝節自金光門出戰
嶠與弘基擊破之京城平賜爵陳郡公遷丞相府掾尋授吏部侍郎
從擊薛舉爲元帥府司馬時太宗有疾委軍於劉文靜誡之曰賊衆
遠來利在急戰難與爭鋒且宜持久待粮盡然後可圖嶠退謂文靜
曰王體不安慮公不濟故發此言宜因機破賊何乃以勍敵遺王也
乆之言於文靜曰王不豫恐賊輕我請曜武以威之遂陳兵於折墌
爲舉所乘軍乃大敗嶠坐減死除名後從平薛仁杲復其爵位武德
二年兼陝東道大行臺兵部尚書遷吏部尚書從太宗討平王世充
以功進爵鄖國公復從征劉黑闥道病卒太宗親臨喪哭之甚慟贈
陝東道大行臺右僕射謚曰節貞觀十四年詔與贈司空淮安王神
通贈司空河間王孝恭贈民部尚書劉政會俱以佐命功配饗高祖
廟庭十七年又與長孫無忌唐儉長孫順德劉弘基劉政會柴紹等
十七人俱圖其形於凌煙閣永徽五年追贈司空嶠從祖弟聞禮有
文學武德中爲太子中舍人修梁史未就而卒聞禮子仲容亦知名
則天深愛其才官至申州刺史

○劉政會滑州胙城人也祖環儁北齊中書侍郎政會隋大業中爲太
原鷹揚府司馬高祖爲太原留守政會率兵隸於麾下太宗與劉文
靜謀起義兵副留守王威高君雅獨懷猜貳後數日將大會於晉祠
威與君雅謀危高祖有人以白太宗旣知迫急欲先事誅之因遣政
會爲急變之書詣留守告威等二人謀反是日高祖與威君雅同坐
視事文靜引政會入至庭中云有密狀知人欲反高祖指威等令視
之政會不肯曰所告是副留守事唯唐公得省之耳君雅攘袂大呼
曰此是反人欲殺我也時太宗已列兵馬布於街巷文靜因令左右
引威等四于別室旣拘威等竟得舉兵政會之功也大將軍府建引
爲戶曹參軍從平長安除丞相府掾武德初授衞尉少卿留守太原
政會內輯軍士外和戎狄遠近莫不悅服尋而劉武周進逼幷州晉
陽豪右薛深等以城應賊政會爲賊所擒於賊中密表論武周形勢
賊平復其官爵歷刑部尚書光祿卿封邢國公貞觀初累轉洪州都
督賜實封三百戶九年卒太宗手勑曰舉義之日實有殊功所葬並
宜優厚贈民部尚書謚曰襄後與殷開山同配饗高祖廟庭子玄意
襲爵改封渝國公尚南平公主授駙馬都尉高宗時爲汝州刺史子
奇長壽中爲天官侍郎爲酷吏所陷也

柴紹字嗣昌晉州臨汾人也祖烈周驃騎大將軍歷遂梁二州刺史
封冠軍縣公父愼隋太子右內率封鉅鹿郡公紹幼趫捷有勇力任
俠聞於關中少補隋元德太子千牛備身高祖微時妻之以女即平
陽公主也義旗建紹自京間路趣太原時建成元吉自河東往會於
道建成謀於紹曰追書甚急恐已起事隋郡縣連城千有餘里中間
偷路勢必不全今欲且投小賊權以自濟紹曰不可追旣急宜速去
雖稍辛苦終當獲全若投小賊知君唐公之子執以爲功徒然死耳
建成從之遂共走太原入雀鼠谷知已起義於是相賀以紹之計爲
得授右領軍大都督府長史大軍發晉陽兼領馬軍摠管將至霍邑
紹先至城下察宋老生形勢白曰老生有匹夫之勇我師若到必來

出戰戰則成擒矣及義師至老生果出紹力戰有功下臨汾平絳郡
並先登陷陣授右光祿大夫隋將桑顯和來擊孫華率精銳渡河以
援之紹引軍直掩其背與史大奈合勢擊之顯和大敗因與諸將進
下京城武德元年累遷左翊衞大將軍尋從太宗平薛舉破宋金剛
攻平王世充於洛陽擒竇建德於武牢封霍國公賜實封千二百戶
轉右驍衞大將軍吐谷渾與党項俱來寇邊命紹討之虜據高臨下
射紹軍中矢下如雨紹乃遣人彈胡琵琶二女子對舞虜異之駐弓
矢而相與聚觀紹見虜陣不整密使精騎自後擊之虜大潰斬首五
百餘級貞觀元年拜右衞大將軍二年擊梁師都於夏州平之轉左
衞大將軍出爲華州刺史七年加鎮軍大將軍行右驍衞大將軍改
封譙國公十二年寢疾太宗親自臨問尋卒贈荆州都督謚曰襄
平陽公主高祖第三女也太穆皇后所生義兵將起公主與紹並在長
安遣使密召之紹謂公主曰尊公將掃清多難紹欲迎接義旗同去
則不可獨行恐罹後患爲計若何公主曰君宜速去我一婦人臨時

易可藏隱當别自爲計矣紹即間行赴太原公主乃歸鄠縣莊所遂散家資招引山中亡命得數百人起兵以應高祖時有胡賊何潘仁聚衆於司竹園自稱揔管未有所屬公主遣家僮馬三寶說以利害潘仁攻鄠縣陷之三寶又說羣盜李仲文向善志丘師利等各率衆數千人來會時京師留守頻遣軍討公主三寶潘仁屢挫其鋒公主掠地至盩厔武功始平皆下之每申明法令禁兵士無得侵掠故遠近奔赴者甚衆得兵七萬人公主令間使以聞高祖大悅及義軍渡河遣紹將數百騎趨華陰傍南山以迎公主時公主引精兵萬餘與太宗軍會於渭北與紹各置幕府俱圍京城營中號曰娘子軍京城平封爲平陽公主以獨有軍功每賞賜異於他主六年薨及將葬詔加前後部羽葆鼓吹大輅麾幢班劒四十人虎賁甲卒太常奏議以禮婦人無鼓吹高祖曰鼓吹軍樂也往者公主於司竹舉兵以應義旗親執金鼓有克定之勳周之文母列於十亂公主功參佐命非常婦人之所匹也何得無鼓吹遂特加之以旌殊績仍令所司按謚法

○明德有功曰昭謚公主爲昭子哲威歷右屯營將軍襲爵譙國公弟令武謀反徙嶺南起爲交州都督卒官令武尚巴陵公主累除太僕少卿衛州刺史封襄陽郡公永徽中坐與公主及房遺愛謀反遣使收之行至華陰自殺仍戮其屍公主賜死馬三寶初以平京城功拜太子監門率別擊叛胡劉拔眞於北山破之又從平薛仁杲遷左驍衛將軍復從柴紹擊吐谷渾於岷州先鋒陷陣斬其名王前後虜男女數千口累封新興縣公嘗從幸司竹高祖顧謂三寶曰是汝建英雄之處衛青大不惡累除左驍衛大將軍貞觀三年卒太宗爲之廢朝謚曰忠

武士彠幷州文水人也家富於財頗好交結高祖初行軍於汾晉休止其家因蒙顧接及爲太原留守引爲行軍司鎧時盜賊蜂起士彠嘗陰勸高祖舉兵自進兵書及符瑞高祖謂曰幸勿多言兵書禁物尚能將來深識雅意當同富貴耳及義兵將起高祖募人遣劉弘基長孫順德等分統之王威高君雅陰謂士彠曰弘基等皆鐖三衛所犯當死安得領兵吾欲禁身推覈士彠曰此並唐公之客也若爾便大紛紜威等由是疑而不發留守司兵田德平又欲勸王威等鞫問募人之狀士彠謂德平曰討捕之兵揔隸唐公王威高君雅等並寄坐耳彼何能爲德平遂止義旗起以士彠爲大將軍府鎧曹從平京城功拜光祿大夫封太原郡公初義師將起士彠不預知及平京師乃自說云嘗夢高祖入西京升爲天子高祖哂之曰汝王威之黨也以汝能諫止弘基等微心可錄故加酬效今見事成乃說迂誕而取媚也武德中累遷工部尚書進封應國公又歷利州荊州都督貞觀九年卒官贈禮部尚書謚曰定顯慶元年以后父累贈司徒政封周國公咸亨中又贈太尉太原王特詔配享高祖廟庭列在功臣之上孫承嗣事在外戚傳士彠長兄士稜性恭順勤於稼穡從起義官至司農少卿封宣城縣公常居苑中委以農圃之事貞觀中卒贈潭州都督次兄士逸亦有戰功武德初爲齊王府戶曹賜爵安陸縣公從齊王鎮幷州爲劉武周所獲於賊中密令人詣京師陳武周可圖之

○計及武周平甚見慰勉累授益州行臺左丞數陳時政得失高祖每嘉納之貞觀初爲韶州刺史卒

史臣曰唐儉委質義旗之下立功草昧之初被拘虜庭脫高祖蕭州之急侍獵苑囿諫太宗馬上之言可謂純臣矣順德佐命立功理郡著明肅之政弘基臨難不屈陷陣多尅捷之勳殷嶠劉政會柴嗣昌並在太原首預舉義從徵至著善始令終馬三寶出廝養之徒處將軍之位亦馬之善走者也武士彠首參起義例封功臣無戡難之勞有因人之跡載窺他傳過爲褒詞慮當武后之朝佞出敬宗之筆凡涉虛美削而不書

贊曰茂約忠純順德功勳弘基六士義合風雲

唐書列傳卷第八

唐書列傳卷第九

劉　昫　等修

聞人詮校刻沈桐同校

屈突通 子壽 少子詮 詮子仲翔　任瓌

丘和 子行恭 行恭子神勣　許紹 嫡孫力士 力士子欽明 紹次子智仁 少子圉師

李襲志 弟襲譽 子懷儼　姜謩 子行本 行本子簡 簡子柔遠 柔遠子皎 晦 皎男慶初

屈突通雍州長安人父長卿周邛州刺史通性剛毅志尚忠慤檢身清正好武略善騎射開皇中爲親衛大都督文帝遣通往隴西檢覆群牧得隱藏馬二萬餘匹文帝盛怒將斬太僕卿慕容悉達及諸監官千五百人通諫曰人命至重死不再生陛下至仁至聖子育群下豈容以畜產之故而戮千有餘人愚臣狂狷輒以死請文帝瞋目叱之通又頓首曰臣一身如死望免千餘人命帝寤曰朕之不明以至於是感卿此意良用惻然今從所請以旌諫諍悉達等竟以減死論

由是漸見委信擢爲右武候車騎將軍奉公正直雖親戚犯法無所縱捨時通弟蓋爲長安令亦以嚴整知名時人爲之語曰寧食三斗艾不見屈突蓋寧服三斗葱不逢屈突通爲人所忌憚如此及文帝崩煬帝遣通以詔徵漢王諒先是文帝與諒有密約曰若璽書召汝於勑字之傍別加一點又與玉麟符合者當就徵及發書無驗諒覺變詰通通占對無所屈竟得歸長安大業中累轉左驍衛大將軍時秦隴盜賊蜂起以通爲關內討捕大使有安定人劉迦論舉兵反據雕陰郡僭號建元署置百官有衆十餘萬稽胡首領劉鷂子聚衆與迦論相影響通發關中兵擊之師臨安定初不與賊戰軍中以通爲怯通乃揚聲旋師而潛入上郡迦論不之覺遂進兵南寇去通七十里而舍分兵掠諸城邑通候其無備簡精甲夜襲之賊衆大潰斬迦論幷首級萬餘於上郡南山築爲京觀虜男女數萬口而還煬帝幸江都令通鎮長安義兵起代王遣通進屯河東既而義師濟河大破通將桑顯和於飲馬泉永豐倉又爲義師所剋通大懼留鷹揚郎將堯君素守河東將自武關趨藍田以赴長安軍至潼關爲劉文靜所遏不得進相持月餘通又令顯和夜襲文靜詰朝大戰義軍不利顯和縱兵破二柵惟文靜一柵獨存顯和兵復入柵而戰者往覆數焉文靜爲流矢所中義軍氣奪垂至於敗顯和以兵疲傳餐而食文靜因得分兵以實二柵又有遊軍數百騎自南山來擊其背三柵之兵復大呼而出表裏齊奮顯和軍潰僅以身免悉虜其衆通勢彌蹙或說通歸降通泣曰吾蒙國重恩歷事兩主受人厚祿安可逃難有死而已每自摩其頸曰要當爲國家受人一刀耳勞勉將士未嘗不流涕人亦以此懷之高祖遣其家僮召之通遽命斬之通聞京師平家屬盡沒乃留顯和鎮潼關率兵東下將趨洛陽通適進路而顯和降於劉文靜遣副將竇琮段志玄等率精騎與顯和追之及於稠桑通結陣以自固竇琮縱通子壽令往諭之通大呼曰昔與汝爲父子今與汝爲仇讎命左右射之顯和呼其衆曰京師陷矣汝並關西人欲何所去衆皆釋仗通知不免乃下馬東南向再拜號哭曰臣力屈兵敗不

負陛下天地神祇實所鑒察遂擒通送于長安高祖謂曰何相見晚耶通泣對曰通不能盡人臣之節力屈而至爲本朝之辱以愧相王高祖曰隋室忠臣也命釋之授兵部尚書封蔣國公仍爲太宗行軍元帥長史從平薛舉時珍物山積諸將皆爭取之通獨無所犯高祖聞而謂曰公清正奉國著自終始名下定不虛也特賜金銀六百兩綵物一千段尋以本官判陝東道行臺僕射復從太宗討王世充時通有二子並在洛陽高祖謂通曰東征之事今以相屬其如兩子何通對曰臣以老朽誠不足以當重任但自惟疇昔執就軍門至尊釋其縲囚加之恩禮既不能死實荷再生當此之時心口相誓暗以身命奉許國家久矣今此行也臣願先驅兩兒若死自是其命終不以私害義高祖歎息曰徇義之夫一至於此及大兵圍洛陽竇建德且至太宗中分麾下以屬通令與齊王元吉圍守洛陽世充平通功爲第一尋拜陝東大行臺右僕射鎮于洛陽數歲徵拜刑部尚書通自以不習文法固辭之轉工部尚書隱太子之誅也通復檢校行臺僕

射馳鎭洛陽貞觀元年行臺廢授洛州都督賜實封六百戶加左光祿大夫明年卒年七十二太宗痛惜之贈尚書右僕射諡曰忠子壽襲爵太宗幸洛陽宮思通忠節拜其少子詮果毅都尉賜束帛以卹其家焉十七年詔圖形於凌煙閣二十三年與房玄齡配饗太宗廟庭永徽五年重贈司空詮官至瀛州刺史

詮子仲翔神龍中亦爲瀛州刺史

任瓌字瑋廬州合肥人陳鎭東大將軍蠻奴弟之子也父七寶仕陳定遠太守瓌早孤蠻奴愛之情踰已子每稱曰吾子姪雖多並備保耳門戶所寄惟在於瓌年十九試守靈溪令俄遷衡州司馬都督王勇甚敬異之委以州府之務屬隋師滅陳瓌勸勇據嶺南求陳氏子孫立以爲帝勇不能用以嶺外降隋瓌乃棄官而去仁壽中爲韓城尉俄又罷職及高祖討捕於汾晉瓌謁高祖於轅門承制爲河東縣戶曹高祖將之晉陽留隱太子建成以託於瓌義師起瓌至龍門謁見高祖謂之曰隋氏失馭天下沸騰吾忝以外戚屬當重寄不可坐

觀時變晉陽是用武之地士馬精强今率驍雄以匡國難卿將家子深有智謀觀吾此舉將爲濟否瓌曰後主殘酷無道征役不息天下恟恟思聞拯亂公天縱神武親舉義師所下城邑秋毫無犯軍令嚴明將士用命關中所在蜂起惟待義兵仗大順從衆欲何憂不濟瓌在馮翊積年人情諳練願爲一介之使銜命入關同州已東必當款伏於梁山船濟直指韓城進逼郃陽分取朝邑且蕭造文吏本無武略仰憚威靈理當自下孫華諸賊未有適從必當相率而至然後鼓行整衆入據永豐雖未得京城關中固已定矣高祖曰是吾心也迺授銀青光祿大夫遣陳演壽史大奈領步騎六千趣梁山渡河使瓌及薛獻爲招慰大使高祖謂演壽曰閫外之事宜與任瓌籌之孫華白玄度等聞兵且至果競來降幷具舟于河師遂利涉瓌說下韓城縣與諸將進擊飲馬泉破之拜左光祿大夫留守永豐倉高祖即位改授穀州刺史王世充數率衆攻新安瓌拒戰破之以功累封管國公太宗率師討世充瓌從至邙山使檢校水運以供餉饋關東初定持節爲河南道安撫大使世充弟辯爲徐州行臺尚書令率所部詣瓌降瓌至宋州屬徐圓朗據兗州反曹戴諸州咸應之副使柳濬勸瓌退保汴州瓌笑曰柳公何怯也老將居邊甚久自當有計非公所知圓朗俄又攻陷楚丘引兵將圍虞城瓌遣崔樞張公謹自鄢陵領諸州豪右質子百餘人守虞城以拒賊濬又諫曰樞與公謹並世充之將又諸州質子父兄皆反此必爲變瓌不答樞至則分配質子並與土人合隊居守賊既稍近質子有叛者樞因斬其隊帥城中人懼曰質子父兄悉來爲賊賊之子弟安可守城樞因縱諸隊各殺質子梟首于門外遣使報瓌瓌陽怒曰遣將去者欲招慰耳何罪而殺之退謂濬曰固知崔樞辦之既遣縣人殺賊質子兗隙已大吾何患焉樞果拒却圓朗事平遷徐州總管仍爲大使瓌選補官吏頗私親故或依倚其勢多所求納瓌知而不禁又妻劉氏妬悍無禮爲世所譏及輔公祏平拜邢州都督隱太子之誅也瓌弟璨時爲典膳監瓌坐左遷通州都督貞觀三年卒

丘和河南洛陽人也父壽魏鎭東將軍和少便弓馬重氣任俠及長始折節與物無忤無貴賤皆愛之周爲開府儀同三司入隋累遷右武衛將軍封平城郡公漢王諒之反也以和爲蒲州刺史諒使兵士服婦人服戴羃䍦奄至城中和脫身而免由是除名時宇文述方被任遇和傾心附之又以發武陵公元胄罪拜代州刺史屬煬帝北巡過代州和獻食甚精及至朔州刺史楊廓獨無所獻帝不悅而宇文述又盛稱之乃以和爲博陵太守仍令楊廓至博陵觀和爲式及駕至博陵和上食又豐帝益稱之由是所幸處獻食者競爲華侈和在郡善撫吏士甚得歡心尋遷天水郡守大業末以海南僻遠吏多侵漁百姓咸怨數爲亂逆於是選淳良太守以撫之黃門侍郎裴矩奏言丘和歷居二郡皆以惠政著聞寬而不擾煬帝從之遣和爲交趾太守既至撫諸豪桀甚得蠻夷之心會煬帝爲化及所弒鴻臚卿寧長眞以鬱林始安之地附於蕭銑馮盎以蒼梧高涼珠崖番禺之地附于林士弘各遣人召之和初未知隋亡皆不就林邑之西諸國並

遣遣和明珠文犀金寶之物富埒王者銑利之遣長眞率百越之衆
渡海侵和和遣高士廉率交愛首領擊之長眞退走境內獲全郡中
樹碑頌德會舊驍果從江都還者審知隋滅遂以州從銑及銑平和
以海南之地歸國詔使李道裕即授上柱國譚國公交州總管和遣
司馬高士廉奉表請入朝詔許之高祖遣其子師利迎之及謁見高
祖爲之興引入卧內語及平生甚歡奏九部樂以饗之拜左武候大
將軍和時年已衰老乃拜稷州刺史以是本鄉令自怡養九年除特
進貞觀十一年卒年八十六贈荆州總管謚曰襄賜東園秘器陪葬
獻陵有子十五人多至大官惟行恭知名
行恭善騎射勇敢絶倫大業末與兄師利聚兵於岐雍間有衆一萬
保故郿城百姓多附之群盜不敢入境初原州奴賊數萬人圍扶風
郡太守竇璡堅守經數月賊中食盡野無所掠衆多離散投行恭者
千餘騎行恭遣其酋渠說諸奴賊共迎義軍行恭又率五百人皆負
米麥持牛酒自詣賊營奴帥長揖行恭手斬之謂其衆曰汝等並是

○好人何因事奴爲主使天下號爲奴賊衆皆俯伏曰願改事公行恭
率其衆與師利共謁太宗于渭北拜光祿大夫從平京城討薛舉劉
武周王世充竇建德皆立殊勳授左一府驃騎賞賜甚厚隱太子之
誅也行恭以功遷左衞將軍貞觀中坐與嫡兄爭葬所生母爲法司
所劾除名因從侯君集平高昌封天水郡公累除右武候將軍高宗
嗣位歷遷右武候大將軍冀陝二州刺史尋請致仕拜光祿大夫麟
德二年卒年八十贈荆州都督謚曰襄賜溫明秘器陪葬昭陵行恭
性嚴酷所在僚列皆懾憚之數坐事解免太宗每思其功不踰時月
復其官初從討王世充會戰於邙山之上太宗欲知其虛實強弱乃
與數十騎衝之直出其後衆皆披靡莫敢當其鋒所殺傷甚衆既而
限以長堤與諸騎相失惟行恭獨從尋有勁騎數人追及太宗矢中
御馬行恭乃迴騎射之發無不中餘賊不敢復前然後下馬拔箭以
其所乘馬進太宗行恭於御馬前步執長刀巨躍大呼斬數人突陣
而出得入大軍貞觀中有詔刻石爲人馬以象行恭拔箭之狀立於

昭陵闕前子神勣嗣聖元年爲左金吾將軍則天使於巴州害章懷
太子既而歸罪於神勣左遷疊州刺史尋復入爲左金吾衞大將軍
深見親委嘗受詔鞫獄與周興來俊臣等俱號爲酷吏尋以罪伏誅
神龍初禁錮其子孫和少子行掩高宗時爲少府監
許紹字嗣宗本高陽人也梁末徙于周因家于安陸祖弘父法光俱
爲楚州刺史元皇帝爲安州總管故紹兒童時得與高祖同學特相
友愛大業末爲夷陵郡通守是時盜賊競起紹保全郡境流戶自歸
者數十萬口開倉賑給甚得人心及江都弑逆紹率郡人大臨三日
仍以郡遥屬越王侗王世充篡位乃率黔安武陵澧陽等諸郡遣使
歸國授陝州刺史封安陸郡公高祖降勑書曰昔在子衿同遊庠序
博士吳琰其妻姓仇追想此時宛然心目荏苒歲月遂成累紀且在
安州之日公家乃莅岳州渡遼之時伯裔又同戎旅安危契闊累葉
同之其間遊處觸事可想雖盧綰與劉邦同里吳質共曹丕接席以
今方古何足稱焉而公追硯席之舊歡存通家之曩好明鑒去就之

○理洞識成敗之機爰自荆門馳心絳闕綏懷士庶糺合賓寮踰越江
山遠申誠款覽此忠至彌以慰懷及蕭銑將董景珍以長沙來降命
紹率兵應之以破銑功拜其子智仁爲溫州刺史委以招慰時蕭銑
遣其將楊道生圍硤州紹縱兵擊破之銑又遣其將陳普環乘大艦
泝江入硤與開州賊蕭闍提規取巴蜀紹遣智仁及録事參軍李弘
節子壻張玄靜追至西陵硤大破之生擒普環收其船艦江南岸有
安蜀城與硤州相對次東有荆門城皆險峻銑並以兵鎭守紹遣智
仁及李弘節攻荆門鎭破之高祖大悅下制褒美許以便宜從事紹
與王世充蕭銑疆界連接紹之士卒爲賊所虜者輒見殺害紹執敵
人皆資給而遣之賊感其義不復侵掠闔境獲安趙郡王孝恭之擊
蕭銑也復令紹督兵以圖荆州會卒於軍高祖聞而流涕貞觀中贈
荆州都督嫡孫力士襲爵官至洛州長史卒
子欽寂嗣萬歲登封年爲夔州都督府長史時契丹入寇以欽寂兼
龍山軍討擊副使軍次崇州戰敗被擒其後賊將圍安東令欽寂說

屬城之末下者安東都督裴玄珪時在城下欽寂謂之曰狂賊天殃滅在朝夕公但謹守勵兵以全忠節賊大怒遂害之則天下制褒美贈衡州刺史謚曰忠又授其子輔乾左監門衛中候仍爲海東慰勞使令迎其喪柩以禮改葬輔乾開元中官至光祿卿欽寂弟欽明少以軍功歷左玉鈐衛將軍安西大都護封鹽山郡公萬歲通天元年授金紫光祿大夫涼州都督欽明嘗出按部突厥默啜率衆數萬奄至城下欽明拒戰久之力屈被執賊將欽明至靈州城下令說城中早降欽明大呼曰賊中都無飲食城内有美醬乞二升粱米乞二斗墨乞一梃是時賊營處四面阻泥河惟有一路得入欽明乞此物以喻城中冀其簡兵陳將候夜掩襲城中無悟其旨者尋遇害兄弟同年皆死王事論者稱之紹次子智仁初以父勳授溫州刺史封孝昌縣公尋繼其父爲硤州刺史後歷太僕少卿涼州都督貞觀中卒紹少子園師有器幹博涉藝文舉進士顯慶二年累遷黃門侍郎同中書門下三品兼修國史三年以修實錄功封平恩縣男賜物三百段四遷龍朔中爲左相俄以子自然因獵射殺人隱而不奏又爲李義府所構左遷虔州刺史尋轉相州刺史政存寬惠人吏刊石以頌之嘗有官吏犯贓事露園師不令推究但賜清白詩以激之犯者愧懼遂改節爲廉士其寬厚如此上元中再遷戶部尚書儀鳳四年卒贈幽州都督陪葬恭陵謚曰簡

李襲志字重光本隴西狄道人也五葉祖景避地安康復稱金州安康人也周信州總管安康郡公遷哲孫也父敬猷隋台州刺史安康郡公襲志初仕隋歷始安郡丞大業末江外盜賊尤甚襲志散家產招募得三千人以守郡城時蕭銑林士弘曹武徹等爭來攻擊襲志固守久之後聞宇文化及弒逆乃集士庶舉哀三日有郡人勸襲志曰公累葉冠族久臨鄙郡華夷畏威士女悅服雖曰隋臣實我之君長今江都篡逆四海鼎沸王號者非止一人公宜因此時據有嶺表則百越之人皆拱手向化追蹤尉他亦千載一遇也襲志厲聲曰吾世樹忠貞見危授命今雖江都陷沒而宗社猶存當與諸君戮力中原共雪讎耻豈可怙亂稱兵以圖不義吾寧蹈忠而死不爲逆節而求生尉他愚鄙無識何足景慕於是欲斬勸者從衆議而止襲志固守經二年而無援卒爲蕭銑所陷銑署爲工部尚書檢校桂州總管武德初高祖遣其子玄嗣齎書召之襲志乃密說嶺南首領隨永平郡守李光度與之歸國高祖又令間使齎書諭襲志曰卿昔久在桂州仍屬隋室運終四方圮絕率衆保境未知所統朕撫臨天下志在綏育眷彼幽遐思沾聲教況卿朕之宗姓情異於常家弟姪並立誠效公又分遣首領申諭諸州情深奉國甚副所望卿之子弟並據州縣俱展誠績每所嘉歎不能已已令並入屬籍著於宗正及蕭銑平江南道大使趙郡王孝恭擬襲志桂州總管武德五年入朝授柱國封始安郡公拜江州都督及輔公祏反又以襲志爲水軍總管討平之轉桂州都督襲志前後凡任桂州二十八載政尚清簡嶺外安之後表請入朝拜右光祿大夫行汾州刺史致仕卒於家襲志弟襲譽

襲譽字茂實少通敏有識度隋末爲冠軍府司兵時陰世師輔代王

爲京師留守所在盜賊蜂起襲譽說世師遣兵據永豐倉發粟以賑窮乏出庫物賞戰士移檄郡縣同心討賊世師不能用乃求外出募山南士馬世師許之既至漢中會高祖定長安召授太府少卿封安康郡公仍令與兄襲志附籍於宗正太宗討王世充以襲譽爲潞州總管時突厥與國和親又通使於世充襲譽掩擊悉斬之因委令轉運以餽大軍後歷光祿卿蒲州刺史轉揚州大都督府長史爲江南道巡察大使多所黜陟江都俗好商賈不事農桑襲譽乃引雷陂水又築勾城塘溉田八百餘頃百姓獲其利召拜太府卿襲譽性嚴整所在以威肅聞凡獲俸祿必散之宗親其餘資多寫書而已及從揚州罷職經史遂盈數車嘗謂子孫曰吾近京城有賜田十頃耕之可以充食河内有賜桑千樹蠶之可以充衣江東所寫之書讀之可以求官吾沒之後爾曹但能勤此三事亦何羨於人尋轉涼州都督加金紫光祿大夫行同州刺史坐在涼州陰憾番禾縣丞劉武杖而殺之至是有司議當死制除名流於泉州無幾而卒撰五經妙言四十

卷江東記三十卷忠孝圖二十卷兄子懷儼頗以文才著名歷蘭臺
侍郎受制檢校寫四部書進內以書有汙左授郢州刺史後卒于禮
部侍郎
姜謩秦州上邽人祖眞後魏南秦州刺史父景周梁州總管建平郡
公謩大業末爲晉陽長會高祖留守太原見謩深器之謩退謂所親
曰隋祚將亡必有命世大才以應圖籙唐公有霸王之度以吾觀之
必爲撥亂之主由是深自結納及大將軍府建引爲司功參軍從平
霍邑拔絳郡監督大軍濟河時兵士爭渡謩部勒諸軍自昏至曉六
軍畢濟高祖稱歎之平京城除相國兵曹參軍封長道縣公時薛舉
寇秦隴以謩西州之望詔於隴右安撫承制以便宜從事謩將行奏
曰天人之望誠有所歸願早膺圖籙以寧兆庶老夫犬馬暮齒恐先
朝露得一覩昇紫殿死無所恨高祖大悅謩與竇軌出散關下河池
漢陽二郡軍次長道與薛舉相遇軌輕敵爲舉所敗徵謩還京拜員
外散騎常侍及平薛仁杲拜謩秦州刺史高祖謂曰衣錦還鄉古人
所尚今以本州相授用荅元功涼州之路近爲荒梗宜弘方略有以
靜之謩至州撫以恩信州人相謂曰吾輩復見太平官府矣盜賊悉
來歸首士庶安之尋轉隴州刺史七年以老疾去職貞觀元年卒贈
岷州都督謚曰安子行本貞觀中爲將作大匠太宗修九成洛陽二
宮行本揔領之以勤濟稱旨賞賜甚厚有所遊幸未嘗不從又轉左
屯衛將軍時太宗選驍捷之士衣五色袍乘六閑馬直屯營以充仗
內宿衛名爲飛騎每遊幸即騎以從分隸於行本及高昌之役以行
本爲行軍副揔管率衆先出伊州未至柳谷百餘里依山造攻具其
處有班超紀功碑行本磨去其文更刻頌陳國威德而去遂與侯君
集進平高昌璽書勞之曰攻戰之重器械爲先將士屬心待以制敵
卿星言就路躬事修營干戈纔動梯衝暫臨三軍勇士因斯樹績萬
里逋寇用是剋平方之前古豈足相況及還進封金城郡公賜物一
百五十段奴婢七十人十七年太宗將征高麗行本諫以爲師未可
動太宗不從行本從至蓋牟城中流矢卒太宗賦詩以悼之贈左衛

大將軍郕國公謚曰襄陪葬昭陵
子簡嗣永徽中官至安北都護卒子晞嗣開元初左散騎常侍簡弟
柔遠美姿容善於敷奏則天時至左鷹揚衛將軍通事舍人內供奉
柔遠子皎長安中累遷尚衣奉御時玄宗在藩見而悅之皎察玄宗
有非常之度尤委心焉尋出爲潤州長史玄宗即位召拜殿中少監
數召入卧內命之捨敬曲侍宴私與后妃連榻間以擊毬鬪雞常呼
之爲姜七而不名也兼賜以宮女名馬及諸珍物不可勝數玄宗又
嘗與皎在殿庭翫一嘉樹皎稱其美玄宗遽令徙植於其家其寵遇
如此及竇懷貞等潛謀逆亂玄宗將討之皎協贊謀議以功拜殿中
監封楚國公實封四百戶玄宗以皎在藩之舊皎又有先見之明欲
宣布其事乃下勑曰朕聞士之生代始於事親中於事君終於立身
此其本也若乃移孝成忠策名委質命有太山之重義徇則爲輕草
有疾風之力節全則知勁況君臣之相遇而故舊之不遺乎銀青光
祿大夫殿中監楚國公姜皎簪紱聯華珪璋特秀寬厚爲量體靜而
安仁精微用心理和而專直往居藩邸潛款風雲亦由彭祖之同書
子陵之共學朕常遊幸于外至長楊鄠杜之間皎於此時與之累宿
私謂朕曰太上皇即登九五王必爲儲副凡如此者數四朕叱而後
止寧知非僕雖玩於鄧晨可收護軍遂訶於朱祐皎復言於朕兄弟
及諸駙馬等因聞徹太上皇太上皇遽奏於中宗孝和皇帝尋遣嗣
虢王邕等鞫問皎保護無怠辭意轉堅李逈之讖記不言田叔之疑
鉗罔憚仍爲宗楚客紀處訥等密奏請投皎炎荒中宗特降恩私左
遷潤州長史讒邪每構忠懇逾深戴于朕躬憂存王室以爲天且有
命預覩成龍之徵人而無禮常懷逐鳥之志游辭枉陷旋罹貶斥嚴
憲將及殆見誅夷履危本於初心遭險期於不貳雖禍福之際昭然
可圖而艱難之中是所繫賴洎朕祗膺寶位又共翦姦臣拜以光寵
不忘撝挹敬愛之極神明所知造膝則曾莫詭隨匪躬則動多規諫
補朕之闕斯人孔臧而悠悠之談噭噭妄作醜正惡直竊生於謗考
言詢事益亮其誠昔漢昭帝之保霍光魏太祖之明程昱朕之不德

庶幾於此剏夫否當其悔則滅宗毀族朕負之必深泰主其事則如山如河朕酬之未補豈流言之足聽而厚德之遂忘謀始有之圖終可也宜告示中外咸令知悉尋遷太常卿監修國史弟晦又歷御史中丞吏部侍郎兄弟當朝用事侍中宋璟以其權寵太盛恐非久安之道屢奏請稍抑損之開元五年下勑曰西漢諸將多以權貴不全南陽故人並以優閑自保觀夫先後之迹吉凶之數較然可知良有以也太常卿上柱國楚國公監修國史姜皎衣纓奕代忠讜立誠精識比於橋玄密私方於朱祐朕昔在藩邸早申款洽當謂我以不遺亦起予以自愛及膺大位屢錫崇班茅土列爵山河傳誓備紫光寵時冠等夷朕每欲戒盈用克終吉未若避榮公府守靖私第自弘高尚之風不涉顯塵之境沐我恩貸庇爾子孫宜放歸田園以恣娛樂又遷晦為宗正卿以去其權久之皎復起為秘書監十年坐漏洩禁中語為嗣濮王嶠所奏勑中書門下究其狀嶠即王守一之妹夫中書令張嘉貞希守一意構成其罪仍奏請先決杖配流嶺外下制曰

。秘書監姜皎往屬艱難頗效誠信功則可録寵是以加既忘滿盈之誠又虧靜慎之道假説休咎妄談宮掖據其作孽合處極刑念茲舊勳免此殊死宜決一頓配流欽州皎既決杖行至汝州而卒年五十餘皎之所親都水使者劉承祖配流雷州自餘流死者數人時朝廷頗以皎為冤而咎嘉貞焉源乾曜時為侍中不能有所持正論者亦深譏之玄宗復思皎舊勳令遞其柩還以禮葬之仍遣中使存問其家十五年追贈澤州刺史晦坐皎左遷春州司馬俄遷海州刺史卒天寶六載授皎男慶初等官七載贈皎吏部尚書仍贈實封二百戶以充享祀慶初襲封楚國公慶初生未晬玄宗許尚公主後淪落二十餘年李林甫為相當軸用事林甫即皎之甥從容奏之故驟加恩命天寶十載詔慶初尚新平公主授駙馬都尉永泰元年拜太常卿

史臣曰或問屈突通盡忠於隋而功立於唐事兩國而名愈彰者何也答云君立純誠遇明主一心可事百君寧限於兩國爾被稱忠之擒臨難無苟免破仁杲之衆臨財無苟得君子哉任瓌丘和許紹李襲志咸遇真主得為故人或敘舊立功或率衆歸國尋其履迹皆有可稱襲志為政襲譽訓子庶幾弘遠矣姜謩恩信有能官之譽行本勤濟多剋敵之功皎雖故舊恩倖不倫雖嘉貞致冤亦冒寵自掇豈非無德而祿福過災生之驗歟任瓌縱妬妻無禮任親戚求財丘和進食邀幸皆無取焉

贊曰屈突守節求仁得仁諸君遇主不足擬倫

唐書列傳卷第九

唐書列傳卷第十

劉　昫　等修

聞人詮校刻沈桐同校

永安王孝基高祖從父弟也父璋周梁州刺史與趙王祐謀殺隋文帝事洩被誅高祖即位追封畢王孝基武德元年封永安王歷陝州揔管鴻臚卿以罪免二年劉武周將宋金剛來寇汾澮夏縣人呂崇茂殺縣令舉兵反自稱魏王請援於武周復以孝基為行軍揔管討之工部尚書獨孤懷恩內史侍郎唐儉陝州揔管于筠悉隸焉武周遣其將尉遲敬德潛援崇茂大戰於夏縣王師敗績孝基與唐儉等皆沒於賊後謀歸國為武周所害高祖為之發哀廢朝三日賜其家帛千匹賊平購其屍不得招魂而葬之贈左衛大將軍謚曰壯無子以從兄韶子道立為嗣封高平郡王九年降為縣公永徽初卒於陳州刺史

淮安王神通高祖從父弟也父亮隋海州刺史武德初追封鄭王神通隋末在京師義師起隋人捕之神通潛入鄠縣山南與京師大俠史萬寶河東裴勣柳崇禮等舉兵以應義師遣使與司竹賊帥何潘仁連結潘仁奉平陽公主而至神通與之合勢進下鄠縣衆踰一萬自稱關中道行軍揔管以史萬寶為副裴勣為長史柳崇禮為司馬令狐德棻為記室高祖聞之大悅授光祿大夫從平京師拜宗正卿武德元年拜右翊衛大將軍封永康王尋改封淮安王為山東道安撫大使擊宇文化及於魏縣化及不能抗東走聊城神通進兵躡之

至聊城會化及糧盡請降神通不受其副使黃門侍郎崔幹勸納之神通曰兵士暴露已久賊計窮糧盡剋在旦暮正當攻取以示國威散其玉帛以為軍賞若受降者吾何以藉手乎幹曰今建德方至化及未平兩賊之間事必危迫不攻而下之此勳甚大今貪其玉帛敗無日矣神通怒囚幹于軍中既而士及自濟北餽之化及軍稍振遂拒戰神通督兵薄而擊之貝州刺史趙君德攀堞而上神通心害其功因止軍不戰君德大詬而下城又堅守神通乃分兵數千人往魏州取攻具中路復為莘人所敗竇建德軍且至遂引軍而退後二日化及為建德所虜賊勢益張山東城邑多歸建德神通兵漸散退保黎陽依徐勣俄為建德所陷及建德敗復授河北道行臺尚書左僕射從太宗平劉黑闥遷左武衛大將軍貞觀元年拜開府儀同三司賜實封五百戶時太宗謂諸功臣曰朕敘公等勳效量定封邑恐不能盡當各自言神通曰義旗初起臣率兵先至今房玄齡杜如晦等刀筆之人功居第一臣且不服上曰義旗初起人皆有心叔父雖率兵先至未嘗身履行陣山東未定受委專征建德南侵全軍陷沒及劉黑闥翻動叔父望風而破今計勳行賞玄齡等有籌謀帷幄定社稷功所以漢之蕭何雖無汗馬指蹤推轂故功居第一叔父于國至親誠無所愛必不可緣私濫與勳臣同賞耳四年薨太宗為之廢朝贈司空謚曰靖十四年詔與河間王孝恭贈陝州大行臺右僕射鄖節公殷開山贈民部尚書渝襄公劉政會配饗高祖廟廷有子十一人長子道彥武德五年封膠東王次孝察高密王孝同淄川王孝慈廣平王孝友河間王孝節清河王孝義膠西王初高祖受禪以天下未定廣封宗室以威天下皇從弟及姪年始孩童者數十人皆封為郡王太宗即位因舉宗正屬籍問侍臣曰遍封宗子於天下便乎尚書右僕射封德彝對曰歷觀往古封王者今最為多兩漢已降唯封帝子及親兄弟若宗室疎遠者非有大功如周之郇滕漢之賈澤並不得濫封所以別親疎也先朝敦睦九族一切封王爵命既隆多給力役蓋以天下為私殊非至公馭物之道太宗曰朕理天下本為百

姓非欲勞百姓以養己之親也於是宗室率以屬疏降爵為郡公唯有功者數十人封王是時道彥等並隨例降爵道彥與季弟孝逸最知名

道彥幼而事親甚謹初義師起神通逃難被疾于山谷綿歷數旬山中食盡道彥著故弊衣出人間乞丐及採野實以供其父身無所噉其父分以食之輒詐言已啗復藏留之以備闕乏及神通應義舉授朝請大夫高祖受禪封義興郡公進封膠東王授隴州刺史貞觀初轉相州都督例降爵為公拜岷州都督丁父憂廬於墓側負土成墳躬植松栢容貌哀毀親友皆不復識之太宗聞而嘉歎令侍中王珪就加開喻復授岷州都督道彥遣使告喻党項諸部申國威靈多有降附李靖之擊吐谷渾也詔道彥為赤水道行軍總管時朝廷復厚幣遺党項令為鄉導党項首領拓拔赤辭來詣靖軍請諸將曰往者隋人來擊吐谷渾我党項每資軍用而隋人無信必見侵掠今將軍若無他心者我當資給糧運如或我欺當即固險以塞軍路諸將

與之歃血而盟赤辭信之道彥既至闊水見赤辭無備遂襲之虜牛羊數千頭於是諸羌怨怒屯兵野狐硤道彥不能進為赤辭所乘軍大敗死者數萬人道彥退保松州竟坐減死徙邊後起為涼州都督尋卒贈禮部尚書孝逸少好學解屬文初封梁郡公高宗末歷給事中四遷益州大都督府長史則天臨朝入為左衛將軍甚見親遇光宅元年徐敬業據揚州作亂以孝逸為左玉鈐衛大將軍揚州行軍大總管督軍以討之孝逸引軍至淮而敬業方南攻潤州遣其弟敬猷屯兵淮陰偽將韋超據都梁山以拒孝逸裨將馬敬臣擊斬賊之別帥尉遲昭夏侯瓚等超乃擁眾憑山以自固或謂孝逸曰超眾守險且憑山為阻攻之則士無所施其力騎無所騁其足窮寇殊死殺傷必眾不若分兵守之大軍直趣揚州未數日其勢必降也支度使廣府司馬薛克構曰超雖據險其卒非多今逢小寇不擊何以示武若加兵以守則有闕前機捨之而前則終為後患不如擊之剋超則淮陰自懾淮陰破則楚州諸縣必關門而候官軍然後進兵高郵直趣江都逆豎之首可指掌而懸也孝逸從其言進兵擊超賊眾憑伏官軍登山急擊之殺數百人日暮圍解超銜枚夜遁孝逸引兵擊淮陰大破敬猷之眾時敬業迴軍屯於下阿溪以拒官軍有流星墜其營孝逸引兵渡溪以擊之敬業初勝後敗孝逸乘勝追奔數十里敬業窘迫與其黨攜妻子逃入海曲孝逸進據揚州盡捕斬敬業等振旅而還以功進授鎮軍大將軍轉左豹韜衛大將軍改封吳國公孝逸素有名望自是時譽益重武承嗣等深所忌嫉數譖毀之垂拱二年左遷施州刺史其冬承嗣等又使人誣告孝逸往任益州嘗自解逸字云走遶兔者常在月中月既近天合有天分則天以孝逸常有功減死配徙儋州尋卒景雲初贈益州大都督孝銳曾孫齊物孝同曾孫國貞別有傳

襄邑王神符神通弟也幼孤事兄以友悌聞義寧初授光祿大夫封安吉郡公武德元年進封襄邑郡王四年累遷并州總管突厥頡利可汗率眾來寇神符出兵與戰於汾水東敗之斬首五百級虜其馬

二千匹又戰於沙河之北獲其乙利達官并可汗所乘馬及甲獻之由是召拜太府卿九年遷揚州大都督移州府及居人自丹陽渡江州人賴焉貞觀初再遷宗正卿後以疾辭職太宗幸其第問疾賜以練帛每給羊酒又令乘小輿引入紫微殿以神符腳疾乃遣三衛輿之而升尋授開府儀同三司永徽二年薨年七十三贈司空荊州都督陪葬獻陵謚曰恭有子七人武德初並封郡王後例降封縣公次子德懋少子文暕最知名德懋官至少府監臨川郡公文暕歷幽州都督魏郡公垂拱中坐事貶為滕州別駕尋被誅文暕子佺開元中為宗正卿

長平王叔良高祖從父弟也父禕隋上儀同三司武德初追封郇王叔良義寧中授左光祿大夫封長平郡公武德元年拜刑部侍郎進爵為王師鎮涇州以禦薛舉舉乃陽言食盡引兵南去遣高墌人偽以降叔良遣驃騎劉感率眾赴之至百里細川伏兵發官軍敗績墜感沒于陣叔良大懼出金以賜士卒嚴為守備涇州僅全四年突厥

入寇命叔良率五軍擊之叔良中流矢而薨贈左翊衛大將軍靈州總管謚曰肅子孝協嗣武德五年封范陽郡王貞觀初以屬疎例降封鄅國公累遷魏州刺史麟德中坐受贓賜死孝協弟孝斌官至原州都督府長史孝斌子思訓高宗時累轉江都令屬則天革命宗室多見構陷思訓遂棄官潛匿神龍初中宗初復宗社以思訓舊齒驟遷宗正卿封隴西郡公實封二百戶歷益州長史開元初左羽林大將軍進封彭國公更加實封二百戶尋轉右武衛大將軍開元六年卒贈秦州都督陪葬橋陵思訓尤善丹青迄今繪事者推李將軍山水思訓弟思誨垂拱中揚州參軍思誨子林甫別有傳叔良弟德良少有疾不仕武德初封新興王貞觀十一年薨贈涼州都督德良孫晉先天中爲殿中監兼雍州長史甚有威名紹封新興王尋坐附會太平公主伏誅改姓厲氏初晉之就誅寮吏皆奔散唯司功李撝步從不失在官之禮仍哭其屍姚崇聞之曰欒向之儔也擢爲尚書郎後官至澤州刺史德良弟幼良武德初封長樂王時有人盜其馬者

○幼良獲盜而擅殺之高祖怒曰昔人賜盜馬者酒終獲其報爾輒行戮何無古風盜者信有罪矣專殺豈非枉邪遣禮部尚書李綱於朝堂集宗室王公而撻之自後累遷涼州都督嘗引不逞百餘人爲左右多侵暴市里行旅苦之太宗即位有告幼良陰養死士交通境外恐謀爲反叛詔遣中書令宇文士及代爲都督幷按其事士及慮其爲變遂縊殺之

襄武王琛高祖從父兄子也祖蔚周朔州總管父安隋領軍大將軍武德初追封蔚爲蔡王安爲西平王琛義寧中封襄武郡公與太常卿鄭元璹賷女妓遺突厥始畢可汗以結和親始畢甚重之贈名馬數百匹遣骨咄祿特勤隨琛貢方物高祖大悅拜刑部侍郎進爵爲王歷蒲絳二州總管及宋金剛陷澮州時稽胡多叛轉琛爲隰州總管以鎮之馭衆寬簡夷夏安之三年薨子儉嗣後隨例降爵爲公

河間王孝恭琛之弟也高祖剋京師拜左光祿大夫尋爲山南道招慰大使自金州出于巴蜀招攜以禮降附者三十餘州孝恭進擊朱粲破之諸將曰此食人賊也爲害實深請坑之孝恭曰不可自此已東皆爲寇境若聞此事豈有來降者乎盡赦而不殺由是書檄所至相繼降款武德二年授信州總管承制拜假蕭銑據江陵孝恭獻平銑之策高祖嘉納之三年進爵爲王改信州爲夔州使拜孝恭爲總管令大造舟楫教習水戰以圖蕭銑孝恭召巴蜀首領子弟量才授用致之左右外示引擢而實以爲質也尋授荊湘道行軍總管統水陸十二總管發自硤州進軍江陵攻其水城剋之所得船散於江中諸將皆曰虜得賊船當藉其用何爲弃之無乃資賊耶孝恭曰不然蕭銑僞境南極嶺外東至洞庭若攻城未拔援兵復到我則內外受敵進退不可雖有舟楫何所用之今銑緣江州鎮忽見船舸亂下必知銑敗未敢進兵來去覘伺動淹旬月用緩其救吾剋之必矣銑救兵至巴陵見船被江而下果狐疑不敢輕進既內外阻絕銑於是出降高祖大悅拜孝恭荊州大總管使畫工貌而視之於是開置屯田創立銅冶百姓利焉六年遷襄州道行臺尚書左僕射時荊襄雖定

○嶺表尚未悉平孝恭分遣使人撫慰嶺南四十九州皆來款附及輔公祏據江東反發兵寇壽陽命孝恭爲行軍元帥以擊之七年孝恭自荊州趣九江時李靖李勣黃君漢張鎮州盧祖尚並受孝恭節度將發與諸將宴集命取水忽變爲血在座者皆失色孝恭舉止自若徐諭之曰禍福無門唯人所召自顧無負於物諸公何見憂之深公祏惡積禍盈今承廟筭以致討盌中之血乃公祏授首之徵遂盡飲而罷時人服其識度而能安衆公祏遣其僞將馮惠亮陳當時領水軍屯于博望山陳正通徐紹宗率步騎軍于青林山孝恭至堅壁不與鬬使奇兵斷其糧道賊漸餒夜薄我營孝恭安卧不動明日縱羸兵以攻賊壘使盧祖尚率精騎列陣以待之俄而攻壘者敗走賊出追奔數里遇祖尚軍與戰大敗之正通弃營而走復與馮惠亮保梁山孝恭乘勝攻之破其梁山別鎮赴水死者數千人正通率陸軍夜遁總管李靖又下廣陵城拔楊子鎮公祏窮蹙弃丹陽東走孝恭命騎將追之至武康擒公祏及其僞僕射西門君儀等數十人致于

麾下江南悉平璽書褒賞賜甲第一區女樂二部奴婢七百人金寶珍翫甚衆授東南道行臺尚書左僕射後廢行臺拜揚州大都督孝恭既破公祏江淮及嶺南皆統攝之自大業末羣雄競起皆為太宗所平謀臣猛將並在麾下罕有別立勳庸者唯孝恭著方面之功聲名甚盛厚自崇重欲以威名鎮遠築宅於石頭陳廬徼以自衛尋徵拜宗正卿九年賜實封一千二百戶貞觀初遷禮部尚書以功臣封河間郡王除觀州刺史與長孫無忌等代襲刺史孝恭性奢豪重遊宴歌姬舞女百有餘人然而寬恕退讓無驕矜自伐之色太宗甚加親待諸宗室中莫與為比孝恭嘗悵然謂所親曰吾所居宅微為宏壯非吾心也當賣之別營一所粗令充事而已身歿之後諸子若才守此足矣如其不才冀免他人所利也十四年暴薨年五十太宗素服舉哀哭之甚慟贈司空揚州都督陪葬獻陵謚曰元配享高祖廟庭子崇義嗣降爵為譙國公歷蒲同二州刺史益州大都督長史甚有威名後卒於宗正卿孝恭次子晦乾封中累除營州都督以善政

聞璽書勞問賜物三百段轉右金吾將軍兼檢校雍州長史紀綱發姦豪無所容貸為人吏畏服晦私第有樓下臨酒肆其人嘗候晦言曰微賤之人雖則禮所不及然家有長幼不欲外人窺之家迫明公之樓出入非便請從此辭晦即日毀其樓高宗將幸洛陽令在京居守顧謂之曰關中之事一以付卿但令式跼人不可以成官政令式之外有利於人者隨事即行不須聞奏晦累有異績則天臨朝遷戶部尚書垂拱初拜右金吾衛大將軍轉秋官尚書永昌元年卒贈幽州都督子榮為酷吏所殺孝恭弟瑊武德中為尚書右丞封濟北郡王卒於始州刺史瑊弟瓌義師剋京城授瓌左光祿大夫武德元年封漢陽郡公五年進爵為王時突厥屢為侵寇高祖使瓌齎布帛數萬段與結和親頡利可汗初見瓌箕踞瓌餌以厚利頡利大悅改容加敬遣使隨瓌獻名馬後復將命頡利謂左右曰李瓌前來恨不屈之今者必令下拜瓌微知之及見頡利長揖不屈節頡利大怒乃留瓌不遣瓌神意自若竟不為之屈頡利知不可以威脅終禮遣之拜左

武候將軍轉衛尉卿代兄孝恭為荊州都督政存清靜深為士庶所懷嶺外豪帥屢相攻擊遣使喻以威德皆相次歸附嶺表遂定太宗即位例降爵為公時長史馮長命曾為御史大夫素矜衒事多專決瓌怒杖之坐是免貞觀四年拜宜州刺史加散騎常侍卒子沖玄垂拱中官至冬官尚書沖虛卒于尚方監

廬江王瑗高祖從父兄子也父哲隋柱國備身將軍追封濟南王瑗武德元年歷信州總管封廬江王九年累遷幽州大都督朝廷以瑗懦愞非邊將才遣右領軍將軍王君廓助典兵事君廓故嘗為盜勇力絕人瑗倚仗之許結婚姻以布心腹時隱太子建成將有異圖外結於瑗及建成誅死遣通事舍人崔敦禮召瑗入朝瑗有懼色君廓素險薄欲因事陷之以為己功遂紿瑗曰京都有變事未可知大王國之懿親受委作鎮擁兵數萬而從一使召耶且聞趙郡王先以被拘太子齊王又言若此大王今去能自保乎相與共泣瑗乃囚敦禮舉兵反召北齊州刺史王詵將與計事兵曹參軍王利涉說瑗

曰王不奉詔而擅發兵此為反矣須改易法度以權宜應變先定衆心今諸州刺史或有逆命王徵兵不集何以保全瑗曰若之何利涉曰山東之地先從竇建德酋豪首領皆是偽官今並黜之退居匹庶此人思亂若旱苗之望雨王宜發使復其舊職各於所在遣募本兵諸州儻有不從即委隨便誅戮此計若行河北之地可呼吸而定也然後分遣王詵北連突厥道自太原南臨蒲絳大王整駕親詣洛陽西入潼關兩軍合勢不盈旬月天下定矣瑗從之瑗以內外機悉付君廓利涉以君廓多翻覆又說瑗委兵於王詵而除君廓瑗不能決君廓知之馳斬詵持首告其衆曰李瑗與王詵共反禁錮勅使擅追兵集今王詵已斬獨李瑗在無能為也汝若從之終亦族滅若我取之立得富貴禍福如是意欲何從衆曰皆願討賊君廓領其麾下登城西面瑗未之覺君廓自領千餘人先往獄中出敦禮瑗始知之遽率數百人被甲繞出至門外與君廓相遇君廓謂其衆曰李瑗作逆誤人何忽從之自取塗炭衆皆倒戈一時潰走瑗塊然獨存謂君廓

曰小人賣我以自媚汝行當自及矣君廓擒瑗縊殺之年四十一傳首京師　絕其屬籍　君廓幷州石艾人也少亡命爲羣盜聚徒千餘人轉掠長平進逼夏縣李密遣使召之遂投於密尋又率衆歸國歷遷右武衞將軍累封彭國公從平劉黑闥令鎮幽州會突厥入寇君廓邀擊破之俘斬二千餘人獲馬五千匹高祖大悅徵入朝賜以御馬令於殿庭乘之而出因謂侍臣曰吾聞藺相如叱秦皇目皆出血君廓往擊竇建德將出戰李靖遏之君廓發憤大呼目及鼻耳一時流血此之壯氣何謝古人不可以常例賞之復賜錦袍金帶還鎮幽州尋以誅瑗功拜左領軍大將軍兼幽州都督以瑗家口賜之加左光祿大夫賜物千段食實封千三百戶在職多縱逸長史李玄道數以朝憲脅之懼爲所奏殊不自安後追入朝行至渭南殺驛史而遁將奔突厥爲野人所殺追削其封邑

淮陽王道玄高祖從父兄子也祖繪隋夏州總管武德初追封雍王父贊追封河南王道玄武德元年封淮陽王授右千牛從太宗擊宋

金剛于介州先登陷陣時年十五太宗壯之賞物千段後從討王世充頻戰皆捷竇建德至武牢太宗以輕騎誘賊令道玄率伏兵於道左會賊至追擊破之又從太宗轉戰于汜水麾戈陷陣直出賊後衆披靡復衝突而歸太宗大悅命副乘以給道玄又從太宗赴賊再入再出飛矢亂下箭如蝟毛猛氣益厲射人無不應弦而倒東都平拜洛州總管及府廢改授洛州刺史五年劉黑闥引突厥寇河北復授山東道行軍總管師次下博與賊軍遇道玄帥騎先登令副將史萬寶督軍繼進萬寶與之不協及道玄深入而擁兵不進謂所親曰吾奉手詔言淮陽小兒雖名爲將而軍之進止皆委於吾今其輕脫越澤交戰大軍若動必陷泥溺莫如結陣以待之雖不利於王而利於國道玄遂爲賊所擒全軍盡沒惟萬寶逃歸道玄遇害年十九太宗追悼久之嘗從容謂侍臣曰道玄終始從朕見朕深入賊陣所向必剋意常企慕所以每陣先登蓋學朕也惜其年少不遂遠圖因爲之流涕贈左驍衞大將軍謚曰壯無子詔封其弟武都郡公道明爲淮陽王令主道玄之祀累遷左驍衞將軍送弘化公主還蕃坐洩主非太宗女奪爵國除後卒於鄆州刺史

江夏王道宗道玄從父弟也父韶追封東平王贈戶部尚書道宗武德元年封略陽郡公起家左千牛備身討劉武周戰于度索原軍敗賊徒進逼河東道宗時年十七從太宗率衆拒之太宗登玉壁城望賊顧謂道宗曰賊恃其衆來邀我戰汝謂如何對曰羣賊乘勝其鋒不可當易以計屈難與力競今深壁高壘以挫其鋒烏合之徒莫能持久糧運致竭自當離散可不戰而擒太宗曰汝意闇與我合後賊果食盡夜遁追及介州一戰滅之又從平竇建德破王世充屢有殊効五年授靈州總管梁師都據夏州遣弟洛仁引突厥兵數萬至于城下道宗閉門拒守伺隙而戰賊徒大敗高祖聞而嘉之謂左僕射裴寂中書令蕭瑀曰道宗今能守邊以寡制衆昔魏任城王彰臨戎却敵道宗勇敢有同於彼遂封爲任城王初突厥連於梁師都其郁射設入居五原舊地道宗逐出之振耀威武開拓疆界斥地千餘里

邊人悅服貞觀元年徵拜鴻臚卿歷左領軍大理卿時太宗將經略突厥又拜靈州都督三年爲大同道行軍總管遇李靖襲破頡利可汗頡利以十餘騎來奔其部道宗引兵逼之徵其執送頡利頡利以數騎夜走匿于荒谷沙鉢羅懼馳追獲之遣使送於京師以功賜實封六百戶召拜刑部尚書吐谷渾寇邊詔右僕射李靖爲崑丘道行軍大總管道宗與吏部尚書侯君集爲之副賊聞兵至走入嶂山已行數千里諸將議欲息兵道宗固請追討李靖然之而君集不從道宗遂率偏師幷行倍道去大軍十日追及之賊據險苦戰道宗潛遣千餘騎踰山襲其後賊表裏受敵一時奔潰十二年遷禮部尚書改封江夏王尋坐贓下獄太宗謂侍臣曰朕富有四海士馬如林欲使轍跡周宇內遊觀無休息絕域採奇玩海外訪珍羞豈不得耶勞萬姓而樂一人朕所不取也人心無猒唯當以理制之道宗俸料甚高宴賜不少足有餘財而貪婪如此使人嗟惋豈不鄙乎遂免官削封邑十三年起爲茂州都督未行轉晉州刺史十四年復拜禮部尚書

時侯君集立功於高昌自負其才潛有異志道宗嘗因侍宴從容言
曰君集智小言大舉止不倫以臣觀之必爲戎首太宗曰何以知之
對曰見其恃有微功深懷矜伐恥在房玄齡李靖之下雖爲吏部尚
書未滿其志非毀時賢常有不平之語太宗曰不可億度浪生猜貳
其功勳才用無所不堪朕豈惜重位第未到耳俄而君集謀反誅太
宗笑謂道宗曰君集之事果如公所揣及大軍討高麗令道宗與李
勣爲前鋒濟遼水剋蓋牟城逢賊兵大至軍中僉欲深溝保險待太
宗至徐進道宗曰不可賊赴急遠來兵實疲頓恃衆輕我一戰必摧
昔耿弇不以賊遺君父我既職在前軍當須清道以待輿駕李勣然
之乃與壯士數十騎直衝賊陣左右出入勣因合擊大破之太宗至
深加賞勞賜奴婢四十人又築土山攻安市城土山崩道宗失於部
署爲賊所據歸罪於果毅傅伏愛斬之道宗跣行詣旗下請罪太宗
曰漢武殺王恢不如秦穆赦孟明土山之失且非其罪捨而不問道
宗在陣損足太宗親爲其鍼賜以御膳二十一年以疾請居閑職轉

太常卿永徽元年加授特進增實封并前六百戶四年房遺愛伏誅
長孫無忌褚遂良素與道宗不協上言道宗與遺愛交結配流象州
道病卒年五十四及無忌遂良得罪詔復其官爵道宗晚年頗好學
敬慕賢士不以地勢凌人宗室中唯道宗及河間王孝恭昆季最爲
當代所重道宗子景恒降封盧國公官至相州刺史

隴西王博乂高祖兄子也高祖長兄曰澄次曰湛次曰洪並早卒武
德初追封澄爲梁王湛爲蜀王洪爲鄭王澄洪並無後博乂即湛第
二子也武德元年受封高祖時歷宗正卿禮部尚書加特進博乂有
妓妾數百人皆衣羅綺食必粱肉朝夕絃歌自娛驕侈無比與其弟
渤海王奉慈俱爲高祖所鄙帝謂曰我怨讎有善猶擢以不次況於
親戚而不委任聞汝等唯昵近小人好爲不軌先王墳典不聞習學
今賜絹二百匹可各買經史習讀務爲善事咸亨二年薨贈開府儀
同三司荊州都督謚曰恭奉慈武德初封渤海王顯慶中累遷原州
都督薨謚曰敬

史臣曰無私於物物亦公焉高祖纔定中原先封疎屬致廬江爲叛
神通爭功封德彝論之於前房玄齡譏之於後君河間機謀深沉識
度弘遠縱虛舟而降蕭銑飲妖血而平公祏入朝定君臣之分責第
爲子孫之謀養始令終論功行賞即無私矣或問曰水變爲血信妖
矣竟成功而無咎者何也荅曰河間節貫神明志匡宗社故妖不勝
德明矣道宗軍謀武勇好學下賢於羣從之中稱一時之傑無忌遂
良銜不協之素致千載之寃永徽中無忌遂良忠而獲罪人皆哀之
殊不知誣陷劉洎吳王恪於前枉害道宗於後天網不漏不得其死
也宜哉

贊曰疎屬盡封啓亂害公河間孝恭獨稱軍功

唐書列傳卷第十

劉昫等修
閩人詮校刻沈桐同校

陳叔達

温大雅字彥弘太原祁人也父君悠北齊文林館學士隋泗州司馬大業末爲司隷從事見隋政日亂謝病而歸大雅性至孝少好學以才辯知名仕隋東宮學士長安縣尉以父憂去職後以天下方亂不求仕進高祖鎮太原甚禮之義兵起引爲大將軍府記室叅軍專掌文翰禪代之際與司録竇威主簿陳叔達叅定禮儀武德元年歷遷黄門侍郎弟彥博爲中書侍郎對居近密議者榮之高祖從容謂曰我起義晉陽爲卿一門耳尋轉工部進拜陝東道大行臺工部尚書太宗以隱太子巢剌王之故令大雅鎮洛陽以俟變大雅數陳祕策甚蒙嘉賞太宗即位累轉禮部尚書封黎國公大雅將改葬其祖父○筮者曰葬於此地害兄而福弟大雅曰若得家弟永康我將含笑入地葬訖歲餘而卒謚曰孝撰創業起居注三卷永徽五年贈尚書右僕射子無隱官至工部侍郎大雅弟彥博彥博幼聰悟有口辯涉獵書記初其父友薛道衡李綱常見彥博兄弟三人咸歎異曰皆卿相才也開皇末爲州牧秦孝王俊所薦授文林郎直內史省轉通直謁者及隋亂幽州總管羅藝引爲司馬藝以幽州歸國彥博贊成其事授幽州總管府長史未幾徵爲中書舍人俄遷中書侍郎封西河郡公時高麗遣使貢方物高祖謂羣臣曰名實之間理須相副高麗稱臣於隋終拒煬帝此亦何臣之有朕敬於萬物不欲驕貴但據土宇務共安人何必令其稱臣以自尊大可即爲詔述朕此懷也彥博進曰遼東之地周爲箕子之國漢家之玄菟郡耳魏晉已前近在提封之內不可許以不臣若與高麗抗禮則四夷何以瞻仰且中國之於夷狄猶太陽之比列星理無降尊俯同夷貊高祖乃止其年突厥入寇命右衞大將軍張瑾爲幷州道行軍總管出拒之以彥博爲行軍

長史與虜戰於太谷軍敗彥博沒於虜庭突厥以其近臣苦問以國家虛實及兵馬多少彥博固不肯言頡利怒遷於陰山苦寒之地太宗即位突厥送款始徵彥博還朝授雍州治中尋檢校吏部侍郎彥博意有沙汰多所損抑而退者不伏嚻訟盈庭彥博惟騁辭辯與之相詰終日諠擾頗爲識者所嗤復拜中書侍郎兼太子右庶子貞觀二年遷御史大夫仍檢校中書侍郎事彥博善於宣吐每奉使入朝詔問四方風俗承受綸言有若成誦聲韻高朗響溢殿庭進止雍容觀者拭目四年遷中書令進爵虞國公高祖常宴朝臣詔太宗諭旨既而顧謂近臣曰何如温彥博其見重如此初突厥之降也詔議安邊之術朝士多言突厥恃強擾亂中國爲日久矣今天實喪之窮來歸我本非慕義之心也因其歸命分其種落俘之河南散屬州縣各使耕田變其風俗百萬胡虜可得化而爲漢則中國有加戶之利塞北常空矣惟彥博議曰漢建武時置降匈奴於五原塞下全其部落得爲捍蔽又不離其土俗因而撫之一則實空虛之地二則示無猜○之心若遣向西南則乖物性故非含育之道也太宗從之遂處降人于朔方之地其入居長安者近且萬家議者尤爲不便欲建突厥國於河外彥博又執奏曰既已納之無故遣去深爲可惜與魏徵等爭論數年不決十年遷尚書右僕射明年薨年六十四彥博自掌知機務即杜絕賓客國之利害知無不言太宗以是嘉之及薨謂侍臣曰彥博以憂國之故勞精竭神我見其不逮已二年矣恨不縱其閑逸致夭性靈彥博家無正寢及卒之日殯於別室太宗命有司爲造堂焉贈特進謚曰恭陪葬昭陵子振少有雅望官至太子舍人居喪以毁卒振弟挺尚高祖女千金公主官至延州刺史大雅弟大有字彥將性端謹少以學行稱隋仁壽中尚書右丞李綱表薦之授羽騎尉尋丁憂去職歸鄉里義旗初舉高祖引爲太原令從太宗擊西河高祖謂曰士馬尚少要資經畧以卿叅謀軍事其善建功名也事之成敗當以此行卜之若剋西河帝業成矣及破西河而還復以本官攝大將軍府記室與兄大雅共掌機密大有以昆季同在機務意不自安

固請他職高祖曰我虛心相待不以爲疑卿何自疑也大有雖應命
然每退讓遠避機權寮列以此多之武德元年累轉中書侍郎會卒
高祖甚傷惜之贈鴻臚卿初大雅在隋與顏思魯俱在東宮彥博與
思魯弟愍楚同直內史省彥將與愍楚弟遊秦典校秘閣二家兄弟
各爲一時人物之選少時學業顏氏爲優其後職位溫氏爲盛
陳叔達字子聰陳宣帝第十六子也善容止頗有才學在陳封義陽
王年十餘歲嘗侍宴賦詩十韻援筆便就僕射徐陵甚奇之歷侍中
丹陽尹都官尚書入隋久不得調大業中拜內史舍人出爲絳郡通
守義師至絳郡叔達以郡歸款授丞相府主簿封漢東郡公與記室
溫大雅同掌機密軍書赦令及禪代文誥多叔達所爲武德元年授
黃門侍郎二年兼納言四年拜侍中叔達明辯善容止每有敷奏搢
紳莫不屬目江南名士薄遊長安者多爲薦拔五年進封江國公嘗
賜食於御前得蒲萄執而不食高祖問其故對曰臣母患口乾求之
不能致欲歸以遺母高祖喟然流涕曰卿有母可遺乎因賜物百段

○貞觀初加授光祿大夫尋坐與蕭瑀對御忿爭免官未幾丁母憂叔
達先有疾太宗慮其危殆遣使禁絕弔賓服闋授遂州都督以疾不
行久之拜禮部尚書建成元吉嫉害太宗陰行譖毀高祖惑其言將
有貶責叔達固諫乃止至是太宗勞之曰武德時危難潛構知公有
讜言今之此拜有以相荅叔達謝曰此不獨爲陛下社稷計耳後坐
閨庭不理爲憲司所劾朝廷惜其名臣不欲彰其罪聽以散秩歸第
九年卒謚曰繆後贈戶部尚書改謚曰忠有集十五卷
竇威字文蔚扶風平陸人太穆皇后從父兄也父熾隋太傅威家世
勳貴諸昆弟並尚武藝而威躭翫文史介然自守諸兄哂之謂爲書
癡隋內史令李德林舉秀異射策甲科拜秘書郎秩滿當遷而固守
不調在秘書十餘歲其學業益廣時諸兄並以軍功致仕通顯交結
豪貴賓客盈門而威職掌閑散諸兄更謂威曰昔孔丘積學成聖猶
狼狽當時棲遲若此汝效此道復欲何求名位不達固其宜矣威笑
而不荅久之蜀王秀辟爲記室以秀行事多不法稱疾還田里及秀

廢黜府僚多獲罪唯威以先見保全大業四年累遷內史舍人以數
陳得失忤旨轉考功郎中後坐事免歸京師高祖入關召補大丞相
府司録參軍時軍旅草創五禮曠墜威既博物多識舊儀朝章國典
皆其所定禪代文翰多參預焉高祖常謂裴寂曰叔孫通不能加也
武德元年拜內史令威奏議雍容多引古爲諭高祖甚親重之或引
入卧內常爲膝席又嘗謂曰昔周朝有八柱國之貴吾與公家咸登
此職今我已爲天子公爲內史令本同末異乃不平矣威謝曰臣家
昔在漢朝再爲外戚至於後魏三處外家陛下龍興復出皇后臣又
階緣戚里位忝鳳池自惟叨濫曉夕兢懼高祖笑曰比見關東人與
崔盧爲婚猶自矜伐公代爲帝戚不亦貴乎及寢疾高祖自往臨問
尋卒家無餘財遺令薄葬謚曰靖贈同州刺史追封延安郡公葬日
詔太子及百官並出臨送有文集十卷子惲嗣官至岐州刺史威兄
子軌從兄子抗並知名
軌字士則周雍州牧鄼國公恭之子也隋大業中爲資陽郡東曹掾

○後去官歸于家義兵起軌聚衆千餘人迎謁於長春宮高祖見之大
悅降席握手語及平生賜良馬十匹使掠地渭南軌先下永豐倉收
兵得五千人從平京城封贊皇縣公拜大丞相諮議參軍時稽胡賊
五萬餘人掠宜春軌討之行次黃欽山與賊相遇賊乘高縱火王師
稍却軌斬其部將十四人拔隊中小帥以代之軌自率數百騎殿於
軍後令之曰聞鼓聲有不進者自後斬之既聞鼓士卒爭先赴敵賊
射之不能止因大破之斬首千餘級虜男女二萬口武德元年授太
子詹事會赤排羌作亂與薛舉叛將鍾俱仇同寇漢中拜軌秦州揔
管與賊連戰皆捷餘黨悉降進封鄼國公三年遷益州道行臺左僕
射許以便宜從事屬党項寇松州詔軌援之又令扶州刺史蔣善合
與軌連勢時党項引吐谷渾之衆其鋒甚銳軌師未至善合先期至
鉗川遇賊力戰走之軌復軍於臨洮進擊左封破其部衆尋令率所
部兵從太宗討王世充于洛陽四年還益州時蜀土寇往往聚結悉討
平之軌每臨戎對寇或經旬月身不解甲其部衆無貴賤少長不恭

命即立斬之每日吏士多被鞭撻流血滿庭見者莫不重足股慄軌初入蜀將其甥以爲心腹嘗夜出呼之不以時至怒而斬之每誡家僮不得出外嘗遣奴就官廚取漿而悔之謂奴曰我誡使汝要當斬汝頭以明法耳遣其部將收奴斬之其奴稱寃監刑者猶豫未決軌怒俱斬之行臺郎中趙弘安知名士也軌動輒榜箠歲至數百後徵入朝賜坐御榻軌容儀不肅又坐而對詔高祖大怒因謂曰公之入蜀車騎驃騎從者二十人爲公所斬略盡我隴種車騎未足給公詔下獄俄而釋之還鎭益州軌與行臺尚書韋雲起郭行方素不協及隱太子誅有詔下益州軌藏諸懷中雲起問曰詔書安在軌不之示但曰卿欲反矣執而殺之行方大懼奔于京師軌追斬不及是歲行臺廢即授益州大都督加食邑六百戶貞觀元年徵授右衛大將軍二年出爲洛州都督洛陽因隋末喪亂人多浮僞軌並遣務農各令屬縣有遊手怠惰者皆按之由是人吏懾憚風化整肅四年卒官贈幷州都督

子奉節嗣尚高祖永嘉公主歷左衛將軍秦州都督軌弟琮亦有武幹隋左親衛大業末犯法亡命奔太原依於高祖琮與太宗有宿憾每自疑太宗方搜羅英傑降禮納之出入卧内其意乃解及將義舉琮協贊大謀大將軍府建爲統軍從平西河破霍邑拜金紫光祿大夫扶風郡公尋從劉文靜擊屈突通於潼關通遣裨將桑顯和來逼文靜義軍不利琮與段志玄等力戰久之隋軍大潰通遁走琮率輕騎追至稠桑獲通而返進兵東略下陝縣拔太原倉拜右領軍大將軍賜物伍伯段時隋河陽都尉獨孤武潛謀歸國乃令琮以步騎一萬自柏崖道應接之遲留不進武見殺坐是除名武德初以元謀勳特恕一死拜右屯衛大將軍復轉右領軍大將軍時將圖洛陽遣琮留守陝城以督糧運王世充遣其驍將羅士信來斷糧道琮潛使人說以利害士信遂帥衆降及從平東都賞物一千四百段後以本官檢校晉州總管尋從隱太子討平劉黑闥以功封譙國公賞黃金五十斤未幾而卒高祖以佐命之舊甚悼之贈左衛大將軍諡曰敬永徽五年重贈特進

抗字道生太穆皇后之從兄也隋洛州總管陳國公榮之子也母隋文帝萬安公主抗在隋以帝甥甚見崇寵少入太學略涉書史釋褐千牛備身儀同三司屬其父寢疾抗躬親扶侍衣不解帶者五十餘日及居喪哀毀過禮後襲爵陳國公累轉梁州刺史將之官隋文帝幸其第命抗及公主酣宴如家人之禮賞賜極厚母卒號慟絕而復蘇者數焉文帝令宮人至第節其哭泣歲餘起爲岐州刺史轉幽州總管所在並以寬惠聞及漢王諒作亂煬帝恐其爲變遣李子雄馳往代之子雄因言抗得諒書而不奏按之無驗以疑貳除名抗與高祖少相親狎及楊玄感作亂高祖統兵隴右抗言於高祖曰玄感抑爲發蹤耳李氏有名圖籙可乘其便天之所啓也高祖曰無爲禍始何言之妄也大業末抗於靈武巡長城以伺盜賊及聞高祖定京城抗對衆而忭曰此吾家妹壻也豁達有大度眞撥亂之主矣因歸長安高祖見之大悅握手引坐曰李氏竟能成事何如因縱酒爲樂尋

拜將作大匠武德元年以本官兼納言高祖聽朝或升御坐退朝之後延入卧内命之捨敬縱酒談謔敦平生之款常侍宴移時或留宿禁内高祖每呼爲兄而不名也宮内咸稱爲舅常陪侍遊宴不知朝務轉左武候大將軍領左右千牛備身大將軍尋從太宗平薛舉勳居第一四年又從征王世充及東都平册勳太廟者九人抗與從弟軌俱預焉朝廷榮之賜女樂一部金寶萬計武德四年因侍宴暴卒贈司空諡曰密子衍

衍嗣官至左武衛將軍時抗羣從内三品七人四品五品十餘人尚主三人妃數人冠冕之盛當朝無比

靜字元休抗第二子也武德初累轉幷州大總管府長史時突厥數爲邊患師旅歲興軍糧不屬靜表請太原置屯田以省餽運時議者以民物凋零不宜動衆書奏不省靜頻上書辭甚切至於是徵靜入朝與裴寂蕭瑀封德彝等爭論於殿庭寂等不能屈竟從靜議歲收數千斛高祖善之令檢校幷州大總管靜又以突厥頻來入寇請斷

石嶺以爲鄣塞復從之太宗即位徵拜司農卿封信都男尋轉夏州都督值突厥攜貳諸將出征多詰其所靜知虜中虛實潛令人間其部落郁射設所部鬱孤尼等九俟斤並率衆歸款太宗稱善賜馬百匹羊千口及擒頡利處其部衆於河南以爲不便上封曰臣聞夷狄者同夫禽獸窮則搏噬羣則聚麀不可以刑法威不可以仁義教衣食仰給不務耕桑徒損有爲之民以資無知之虜得之則無益於治失之則無損於化然彼首丘之情未易忘也誠恐一旦變生犯我王略愚臣之所深慮如臣計者莫如因其破亡之後加其無妄之福假以賢王之號妻以宗室之女分其土地析其部落使其權弱勢分易爲羈制自可永保邊塞俾爲藩臣此實長轡遠馭之道于時務在懷輯雖未從之太宗深嘉其志制曰北方之務悉以相委以卿爲寧朔大使撫鎮華戎朕無北顧之憂矣再遷民部尚書貞觀九年卒謚曰肅子逵

逵尚太宗女遂安公主襲爵信都男

○誕抗第三子也隋仁壽中起家爲朝請郎義寧初辟丞相府祭酒轉殿中監封安豐郡公尚高祖女襄陽公主從太宗征薛舉爲元帥府司馬遷刑部尚書轉太常卿高祖諸少子荆王元景等未出宮者十餘王所有國司家產之事皆令誕主之出爲梁州都督貞觀初召拜右領軍大將軍轉大理卿莘國公修營太廟賜物五百段復爲殿中監以疾解官復拜宗正卿太宗常與之言昏忘不能對乃手詔曰朕聞爲官擇人者治爲人擇官者亂竇誕比來精神衰耗殊異常時知不肖而任之覩尸祿而不退非唯傷風亂政亦恐爲君不明考績黜陟古今常典誕可光祿大夫還第尋卒贈工部尚書荆州刺史謚曰安子孝慈

孝慈嗣官至左衛將軍孝慈子希玠

希玠少襲爵中宗時爲禮部尚書以恩澤賜實封二百五十戶開元初爲太子少傅開府儀同三司　誕少子孝諶在外戚傳竇氏自武德至今再爲外戚一品三人三品已上三十餘人尚主者八人女爲王妃六人唐世貴盛莫與爲比

璡字之推抗季弟也大業末爲扶風太守高祖定京師以郡歸國歷禮部民部二尚書從太宗平薛仁杲尋鎮益州時蜀中尚多寇賊璡屢討平之時皇甫無逸在蜀與之不協璡屢請入朝高祖徵之中路詔令還鎮璡不得志遂於路左題山以申鬱積有使者至其所璡宴之臥內遺以綾綺無逸奏其事坐免官未幾拜秘書監封鄧國公貞觀初授太子詹事後爲將作大匠修葺洛陽宮璡於宮中鑿池起山崇飾雕麗虛費功力太宗怒遽令毀之坐事免會納其女爲酆王妃俄而復位加右光祿大夫七年卒贈禮部尚書謚曰安璡頗曉音律武德中與太常少卿祖孝孫受詔定正聲雅樂璡討論故實撰正聲調一卷行於代

史臣曰得人者昌如諸溫儒雅清顯爲一時之稱叔達才學明辯中二國之選皆抱廊廟之器俱爲社稷之臣威守道執臨戎抗居喪靜經略璡音律仍以懿親俱至顯位才能門第輝映數朝豈非得人歟

○唐之昌也不亦宜乎然彥博之褊竇軌之酷亦非全器焉

贊曰溫陳才位文蔚典禮諸竇戚里榮盛無比

唐書列傳卷第十一

唐書列傳卷第十二

劉昫等修

聞人詮校刻沈桐同校

李綱 綱子少植 少植子安仁　鄭善果 從弟元璹
楊恭仁 恭仁子思訓 執柔子滔 思訓孫睿交 執柔弟執一 恭仁弟續 恭仁少弟師道 續孫執柔
皇甫無逸 孫忠　李大亮 族孫迥秀

李綱字文紀觀州蓨人也祖元則後魏清河太守父制周車騎大將軍綱少慷慨有志節每以忠義自許初名瑗字子玉讀後漢書張綱傳慕而改之周齊王憲引爲參軍宣帝將害憲召僚屬證成其罪綱誓之以死終無撓辭及憲遇害露車載屍而出故吏皆散唯綱撫棺號慟躬自埋瘞哭拜而去隋開皇末爲太子洗馬皇太子勇嘗以歲首宴宮臣左庶子唐令則自請奏琵琶又歌武媚娘之曲綱白勇曰令則身任公卿職當調護乃於宴座自比倡優進淫聲穢視聽事若上聞令則罪在不測豈不累於殿下臣請遽正其罪勇曰我欲爲樂耳君勿多事綱趨而出及勇廢黜文帝召東宮官屬切讓之無敢對者綱對曰今日之事乃陛下之過非太子罪也勇器非上品性是常人若得賢明之士輔導之足堪繼嗣皇業方今多士盈朝當擇賢居任柰何以絃歌鷹犬之才居其側至令致此乃陛下訓導不足豈太子之罪耶辭氣凜然左右皆爲之失色文帝曰令汝在彼豈非擇人綱曰臣在東宮非得言者帝奇其對擢拜尚書右丞時左僕射楊素蘇威當朝用事綱每固執所見不與之同由是二人深惡之會遣大將軍劉方誅討林邑楊素言於文帝曰林邑多珍寶自非正人不可委因言綱可任文帝以爲行軍司馬劉方承素之意屈辱綱幾至於死及軍還久不得調後拜齊王府司馬未幾蘇威復令綱詣南海應接林邑久而不召綱後自來奏事威復言綱擅離所職以之屬吏綱見善卜者令筮之遇鼎因謂綱曰公易姓之後方可得志而爲卿輔宜早退不然有折足之敗也尋會赦免屏居于鄠大業末賊帥何潘仁以綱爲長史義師至京城綱來謁見高祖大悅授丞相府司録封

新昌縣公專掌選高祖踐祚拜禮部尚書兼太子詹事典選如故先是巢王元吉授并州總管於是縱其左右攘奪百姓宇文歆頻諫不納乃上表曰王在州之日多出微行常共竇誕遊獵蹂踐穀稼放縱親昵公行攘敓境內畜產取之殆盡當衢而射觀人避箭以爲笑樂分遣左右戲爲攻戰至相擊刺瘡傷致死夜開府門宣淫他室百姓怨毒各懷憤嘆以此守城安能自保元吉竟坐免又諷父老詣闕請之尋令復職時劉武周率五千騎至黃蛇嶺元吉遣車騎將軍張達以步卒百人先嘗之達以步卒少固請不行元吉強遣之至則盡沒于賊達憤怒因引武周攻陷榆次進逼并州元吉大懼紿其司馬劉德威曰卿以老弱守城吾以強兵出戰因夜出兵攜其妻妾棄軍奔還京師并州遂陷高祖怒甚謂綱曰元吉幼小未習時事故遣竇誕宇文歆輔之強兵數萬食支十年起義興運之資一朝而弃宇文歆首畫此計我當斬之綱曰賴歆令陛下不失愛子臣以爲有功高祖問其故綱對曰罪由竇誕不能規諷致令軍人怨憤又齊王年少肆行驕逸放縱左右侵漁百姓誕曾無諫止乃隨順掩藏以成其釁此誕之罪宇文歆論情則疎向彼又淺王之過失悉以聞奏且父子之際人所難言歆言之豈非忠懇今欲誅罪不録其心臣愚竊以爲過翌日高祖召綱入升御坐謂曰今我有公遂使刑罰不濫元吉自惡結怨於人歆既曾以表聞誕亦焉能制禁時高祖拜舞人安叱奴爲散騎常侍綱上疏諫曰謹案周禮均工樂胥不得預於仕伍雖復才如子野妙等師襄皆身終子繼不易其業故魏武使禰衡擊鼓衡先解朝服露體而擊之云不敢以先王法服爲伶人之衣雖齊高緯封曹妙達爲王授安馬駒爲開府既招物議大斁彝倫有國有家者以爲殷鑒方今新定天下開太平之基起義功臣行賞未遍高才碩學猶滯草萊而先令舞胡致位五品鳴玉曳組趨馳廊廟顧非創業垂統貽厥子孫之道也高祖不納尋令參詳律令綱在東宮隱太子建成初甚禮遇建成常往溫湯綱時以疾不從有進生魚於建成者將召饔人作鱠時唐儉趙元楷在座各自贊能爲鱠建成從之既而謂

曰飛刀鱠鯉調和鼎食公實有之至於審諭弼諧固屬於李綱矣於是遣使送絹二百匹以遺之建成後漸狎無行之徒有猜忌之謀不可諫止又思莚者之言頻乞骸骨高祖謾罵之曰卿爲潘仁長史何乃羞爲朕尚書且建成在東宮遣卿輔導何爲屢致辭乎綱頓首陳謝曰潘仁賊也誠在殺害毎諫便止所活極多爲其長史故得無愧陛下功成業泰頗自矜伐臣以凡劣才乖元凱所言如水投石安敢久爲尚書兼以愚臣事太子所懷鄙見復不採納旣無補益所以請退高祖謝曰知公直士勉弼我兒於是擢拜太子少保尚書詹事並如故綱又上書諫太子曰綱耄矣日過時流墳樹已拱幸未就土許傳聖躬無以酬恩請効愚直伏願殿下詳之竊見飲酒過多誠非養生之術且凡爲人子者務於孝友以慰君父之心不宜聽受邪言妄生猜忌建成覽書不懌而所爲如故綱以數言事忤太子旨道旣不行鬱鬱不得志武德二年以老表辭職優詔解尚書仍爲太子少保高祖以綱隋代名臣甚加優禮每手勑未嘗稱名其見重如此貞觀

四年拜太子少師時綱有脚疾不堪踐履太宗特賜步輿令綱乘至閤下數引入禁中問以政道又令轝入東宮皇太子引上殿親拜之綱於是陳君臣父子之道問寢視膳之方理順辭直聽者忘倦太子毎親政事太宗必令綱及左僕射房玄齡侍中王珪侍坐太子嘗商略古來君臣名教竭忠盡節之事綱凜然曰託六尺之孤寄百里之命古人以爲難綱以爲易毎吐論發言皆辭色慷慨有不可奪之志及遇疾太宗遣尚書左僕射房玄齡詣宅存問賜絹二百匹五年卒年八十五贈開府儀同三司謚曰貞太子爲之立碑初周齊王憲女孀居子立綱自以齊王故吏贍恤甚厚及綱卒其女被髮號哭如喪所生焉子少植隋武陽郡司功書佐先綱卒

少植子安仁永徽中爲太子左庶子屬太子被廢歸于陳邸官寮皆逃散無敢辭送者安仁獨涕泣拜辭而去朝野義之後卒於恒州刺史

鄭善果鄭州滎澤人也祖孝穆西魏少司空岐州刺史父誠周大將軍開封縣公大象初討尉遲迥力戰遇害善果年九歲以父死王事詔令襲其官爵家人以其嬰孺弗之告也受冊悲慟擗踊不能自勝觀者莫不爲之流涕隋開皇初改封武德郡公拜沂州刺史大業中累轉魯郡太守善果篤慎事親至孝母崔氏賢明曉於政道毎善果理務崔氏嘗於閤內聽之聞其剖斷合理歸則大悅若處事不允母則不與之言善果伏於牀前終日不敢食崔氏謂之曰吾非怒汝反愧汝家耳汝先君在官清恪未嘗問私以身徇國繼之以死吾亦望汝繼父之心自童子承襲茅土今位至方伯豈汝身能致之耶安可不思此事而妄加嗔怒內則墜爾家風或亡官爵外則虧天子之法以取罪戾吾寡婦也有慈無威使汝不知教訓以負清忠之業吾死之日亦何面目以事汝先君乎善果由此遂勵己爲清吏所在有政績百姓懷之及朝京師煬帝以其居官儉約莅政嚴明與武威太守樊子蓋考爲天下第一各賞物千段黃金百兩再遷大理卿後突厥圍煬帝於鴈門以守禦功拜右光祿大夫從幸江都宇文化及弑逆

署爲民部尚書隨化及至聊城淮安王神通圍化及善果爲化及守禦督戰爲流矢所中及神通退還竇建德進軍尅之建德將王琮獲善果詰之曰公隋室大臣也自尊夫人亡後而清稱益衰又忠臣子柰何爲弑君之賊殉命苦戰而傷痍若此善果深愧赧欲自殺僞中書令宋正本馳往救止之建德又不爲之禮乃奔相州淮安王神通送于京師高祖遇之甚厚拜太子左庶子檢校內史侍郎封滎陽郡公善果在東宮數進忠言多所匡諫未幾檢校大理卿兼民部尚書正身奉法甚有善績制與裴寂等十人毎奏事及侍立並令升殿與從兄元璹在其數時以爲榮尋坐事免及山東平持節爲招撫大使坐選舉不平除名後歷禮部刑部二尚書貞觀元年出爲岐州刺史復以公事免三年起爲江州刺史卒

元璹隋岐州刺史沛國公譯子也少以父功拜儀同大將軍襲爵沛國公累轉右武候將軍改封莘國公大業中出爲文城郡守義師至河東元璹以郡來降徵拜太常卿及定京城以本官兼參旗將軍元

璹少在戎旅尤明軍法高祖常令巡諸軍教其兵事突厥始畢可汗弟乙力設代其兄爲叱羅可汗又劉武周將宋金剛與叱羅共爲掎角來寇汾晋詔元璹入蕃諭以禍福叱羅竟不納乃欲揔其部落入冦太原以爲武周聲援未幾叱羅遇疾療之弗愈其下疑元璹令人毒之乃囚執元璹不得歸叱羅竟死頡利嗣立留元璹毎隨其牙帳經數年頡利後聞高祖遣其財物又許結婚始放元璹來還高祖勞之曰卿在虜庭累載拘縶蘇武弗之過也拜鴻臚卿尋而突厥又冦并州時元璹在母喪高祖令墨絰充使招慰突厥從介休至晋州數百里間精騎數十萬塡映山谷及見元璹責中國違背之事元璹隨機應對竟無所屈因數突厥背誕之罪突厥大慙不能報元璹又謂頡利曰漢與突厥風俗各異漢得突厥既不能臣突厥得漢復何所用且抄掠資財皆入將士在於可汗一無所得不如早收兵馬遣使和好國家必有重賚幣帛皆入可汗免爲劬勞坐受利益大唐初有天下即與可汗結爲兄弟行人往來音問不絕今乃捨善取怨違多

○就少何也頡利納其言即引還太宗致書慰之曰知公已共可汗結和遂使邊亭息警烽火不然和戎之功豈唯魏絳金石之錫固當非遠元璹自義寧已來五入蕃充使幾至於死者數矣貞觀三年又使入突厥還奏曰突厥興亡唯以羊馬爲準今六畜疲羸人皆菜色又其牙內炊飯化而爲血徵祥如此不出三年必當覆滅太宗然之無幾突厥果敗元璹後累轉左武候大將軍坐事免尋起爲宜州刺史復封沛國公元璹有幹略所在頗著聲譽然其父讓事繼母失溫凊之禮隋文帝嘗賜以孝經至元璹事親又不以孝聞淸論鄙之二十年卒贈幽州刺史謚曰簡弟孫杲知名則天時爲天官侍郎

楊恭仁本名綸弘農華陰人隋司空觀王雄之長子也隋仁壽中累除甘州刺史恭仁務舉大綱不爲苛察戎夏安之文帝謂雄曰恭仁在州甚有善政非唯朕舉得人亦是卿義方所致也大業初轉吏部侍郎楊玄感作亂煬帝制恭仁率兵經略與玄感戰于破陵大敗之玄感兄弟挺身遁走恭仁與屈突通等追討獲之軍旋煬帝召入内

殿謂曰我聞破陵之陣唯卿力戰功最難比雖知卿奉法淸愼都不知勇決如此也納言蘇威曰仁者必有勇固非虛也時蘇威及左衛大將軍宇文述御史大夫裴蘊黃門侍郎裴矩等皆受詔參掌選事多納賄賂士流嗟怨恭仁獨雅正自守不爲蘊等所容由是出爲河南道大使討捕盜賊時天下大亂行至譙郡爲朱粲所敗奔還江都宇文化及弒逆署吏部尚書隨至河北爲化及守魏縣時元寶藏據有魏郡會行人魏徵說下寶藏執恭仁送于京師高祖甚禮遇之拜黃門侍郎封觀國公尋爲涼州揔管恭仁素習邊事深悉羗胡情僞推心馭下人吏悅服自葱嶺已東並入朝貢未幾遷授納言充揔管如故俄而突厥頡利可汗率衆數萬奄至州境恭仁隨方備禦多設疑兵頡利懼而退走屬瓜州刺史賀拔威擁兵作亂朝廷憚遠未遑征討恭仁乃募驍勇倍道兼進賊不虞兵至之速剋其二城恭仁悉放俘虜賊衆感其寬惠遂相率執威而降久之徵拜吏部尚書遷左衛大將軍鼓旗將軍貞觀初拜雍州牧加左光祿大夫行揚州大都督

○府長史五年遷洛州都督太宗曰洛陽要重古難其人朕之子弟多矣恐非所任特以委公也恭仁性虛澹必以禮度自居謙恭下士未嘗忤物時人方之石慶恭仁弟師道尚桂陽公主從姪女爲巢剌王妃弟子思訓尚安平公主連姻帝室益見崇重後以老病乞骸骨聽以特進歸第十三年卒冊贈開府儀同三司潭州都督陪葬昭陵謚曰孝

子思訓襲爵顯慶中歷右屯衛將軍時右衛大將軍慕容寶節有愛妾置于別宅嘗邀思訓就之宴樂思訓深責寶節與其妻隔絕妾等怒密以毒藥置酒中思訓飲盡便死寶節坐是配流嶺表思訓妻又詣闕稱寃制遣使就斬之仍改賊盜律以毒藥殺人之科更從重法思訓孫睿交本名璥少襲爵觀國公尚中宗女長寧公主預誅張易之有功賜實封五百戶神龍中爲秘書監後被貶卒於絳州別駕恭仁弟續頗有辭學貞觀中爲鄆州刺史續孫執柔則天時爲地官尚書則天以外氏近屬甚優寵之時武承嗣攸寧相次知政事則天嘗

曰我今當宗及外家常一人爲宰相由是執柔同中書門下三品季
卒執柔子滔開元中官至吏部侍郎同州刺史執柔弟執一神龍初
以誅張易之功封河東郡公累至右金吾衛大將軍
恭仁少弟師道隋末自洛陽歸國授上儀同爲備身左右尋尚桂陽
公主超拜吏部侍郎累轉太常卿封安德郡公貞觀七年代魏徵爲
侍中性周慎謹密未嘗漏洩內事親友或問禁中之言乃更對以他
語嘗曰吾少窺漢史至孔光不言溫室之樹每欽其餘風所庶幾也
師道退朝後必引當時英俊宴集園池而文會之盛當時莫比雅善
篇什又工草隸酣賞之際援筆直書有如宿構太宗每見師道所製
必吟諷嗟賞之十三年轉中書令太子承乾逆謀事洩與長孫無忌
房玄齡同按其獄師道妻前夫之子趙節與承乾通謀師道微諷太
宗冀活之由是獲譴罷知機密轉吏部尚書師道貴家子四海人物
未能要練所署用多非其才而深抑貴勢及其親黨以避嫌疑時論
譏之太宗嘗從容謂侍臣曰楊師道性行純善自無愆過而情實怯

懦未甚更事緩急不可得力未幾從征高麗攝中書令及軍還有毀
之者稍貶爲工部尚書尋轉太常卿二十一年卒贈吏部尚書并州
都督陪葬昭陵賜東園秘器并爲立碑子豫之尚巢剌王女壽春縣
主居母喪與永嘉公主淫亂爲主壻竇奉節所擒具五刑而殺之師
道兄子思玄高宗時爲吏部侍郎國子祭酒玄弟思敬禮部尚書師
道從兄子崇敬太子詹事始恭仁父雄在隋以同姓寵貴自武德之
後恭仁兄弟名位尤盛則天時又以外戚崇寵一家之內駙馬三人
王妃五人贈皇后一人三品已上官二十餘人遂爲盛族
皇甫無逸字仁儉安定烏氏人父誕隋并州揔管府司馬其先安定
著姓徙居京兆萬年仁壽末漢王諒於并州起兵反誕抗節不從爲
諒所殺無逸時在長安聞諒反即同居喪之禮人問其故泣而對曰
大人平生徇節義既屬亂常必無苟免尋而凶問果至在喪柴毀過
禮事母以孝聞煬帝以誕死節贈柱國弘義郡公令無逸襲爵時五
等皆廢以其時忠義之後特封平輿侯拜淯陽太守甚有能名差品爲

天下第一再轉右武衛將軍甚見親委帝幸江都以無逸留守洛陽
及江都之變與段達元文都尊立越王侗爲帝王世充作難無逸棄
老母妻子斬關而走追騎且至無逸曰吾死而後已終不能同爾爲
逆因解所服金帶投之於地曰以此贈卿無爲相迫追騎競下馬取
帶自相爭奪由是得免高祖以隋代舊臣甚尊禮之拜刑部尚書封
滑國公歷陝東道行臺民部尚書明年遷御史大夫時益部新開刑
政未洽長吏橫恣贓汙狼藉令無逸持節巡撫之承制除授無逸宣
揚朝化法令嚴肅蜀中甚賴之有皇甫希仁者見無逸專制方面微
倖上變云臣父在洛陽無逸爲母之故陰遣臣與王世充相知高祖
審其詐數之曰無逸偏於世充棄母歸朕今之委任異於衆人其在
益州極爲清正此蓋羣小不耐欲誣之也此乃離間我君臣惑亂我
視聽於是斬希仁於順天門遣給事中李公昌馳往慰諭之俄而又
告無逸陰與蕭銑交通者無逸時與益州行臺僕射竇璡不協於是
上表自理又言璡罪狀高祖覽之曰無逸當官執法無所迴避必是

邪佞之徒惡直醜正共相搆扇也因令劉世龍溫彥博將按其事卒
無驗而止所告者坐斬竇璡亦以罪黜無逸既返命高祖勞之曰公
立身行已朕之所悉比多譖訴者但爲正直致邪佞所憎耳尋拜民
部尚書累轉益州大都督府長史閉門自守不通賓客左右不得出
門凡所貨易皆往他州每按部樵採不犯於人嘗夜宿人家遇燈炷
盡主人將續之無逸抽佩刀斷衣帶以爲炷其廉介如此然過於審
慎所上表奏懼有誤失必讀之數十遍仍令官屬再三披省使者就
路又追而更審毋遣一使輒連日不得上道議者以此少之母在長
安疾篤太宗令驛召之無逸性至孝承問惶懼不能飲食因道病而
卒贈禮部尚書太常考行謚曰孝禮部尚書王珪駁之曰無逸入蜀
之初自當扶侍老母與之同去申其色養而乃留在京師子道未足
何得爲孝竟謚爲良孫忠開元中爲衛尉卿
李大亮雍州涇陽人後魏度支尚書琰之曾孫也其先本居隴西狄
道代爲著姓祖綱後魏南岐州刺史父充節隋朔州揔管武陽公大

亮少有文武才幹隋末署韓國公龐玉行軍丘曹在東都與李密戰敗同輩百餘人皆就死賊帥張弼見而異之獨釋與語遂定交於幕下義兵入關大亮自東都歸國授土門令屬百姓饑荒盜賊侵寇大亮賣所乘馬分給貧弱勸以墾田歲因大稔躬捕寇盜所擊輒平時太宗在藩巡撫北境聞而嗟歎下書勞之賜馬一匹帛五十段其後胡賊寇境大亮衆少不敵遂單馬詣賊營召其豪帥諭以禍福羣胡感悟相率請降大亮又殺所乘馬以與之宴樂徒步而歸前後降者千餘人縣境以清高祖大悅超拜金州總管府司馬時王世充遣其兄子弘烈據襄陽令大亮安撫樊鄧以圖進取大亮進兵擊之所下十餘城高祖下書勞勉遷安州刺史又令徇廬州巴東行次九江會輔公祏反大亮以計擒公祏將張善安公祏尋遣兵圍猷州刺史左難當嬰城自守大亮率兵進援擊賊破之以功賜奴婢百人大亮謂曰汝輩多衣冠子女破亡至此吾亦何忍以汝爲賤隸乎一皆放遣高祖聞而嗟異復賜婢二十人拜越州都督貞觀元年轉交州都督

封武陽縣男在越州寫書百卷及徙職皆委之廨宇尋召拜太府卿出爲涼州都督以惠政聞嘗有臺使到州見有名鷹諷大亮獻之大亮密表曰陛下久絕畋獵而使者求鷹若是陛下之意深乖昔旨如其自擅便是使非其人太宗下之書曰以卿兼資文武志懷貞確故委藩牧當茲重寄比在州鎮聲績遠彰念此忠勤無忘寤寐使遣獻鷹遂不曲順論今引古遠獻直言披露腹心非常懇到覽用嘉歎不能便已有臣若此朕復何憂宜守此誠終始若一古人稱一言之重侔於千金卿之此言深足貴矣今賜卿胡瓶一枚雖無千鎰之重是朕自用之物又賜荀悅漢紀一部下書曰卿立志方直竭節至公處職當官每副所委方大任使以申重寄公事之閑宜尋典籍然此書敘致既明論議深博極爲治之體盡君臣之義今以賜卿宜加尋閱也時頡利可汗敗亡北荒諸部相率內屬有大度設拓設泥熟特勤及七姓種落等尚散在伊吾以大亮爲西北道安撫大使以綏集之多所降附朝廷愍其部衆凍餒遣於磧口貯糧特加賑給大亮以爲

於事無益上疏曰臣聞欲綏遠者必先安近中國百姓天下本根四夷之人猶於枝葉擾於根本以厚枝附而求久安未之有也自古明王化中國以信馭夷狄以權故春秋云戎狄豺狼不可厭也諸夏親暱不可棄也自陛下君臨區宇深根固本人逸兵強九州殷盛四夷自服今者招致突厥雖入提封臣愚稍覺勞費未悟其有益也然河西氓庶積禦蕃夷州縣蕭條戶口先少加因隋亂減耗尤多突厥未平之前尚不安業匈奴微弱已來始就農畝若即勞役恐致妨損以臣愚惑請停招慰且謂之荒服者故臣而不內是以周室愛人攘狄竟延七百之齡秦王輕戰事胡四十載而遂絕漢文養兵靜守天下安豐孝武揚威遠略海內虛耗雖悔輪臺追已不及至于隋室早得伊吾兼統鄯善且既得之後勞費日甚虛內致外竟損無益遠尋秦漢近觀隋室動靜安危昭然備矣伊吾雖已臣附遠在蕃磧人非中夏地多沙鹵其自豎立稱藩附庸者請羈縻受之使居塞外必畏威懷德永爲蕃臣蓋行虛惠而收實福矣近日突厥傾國入朝既不能俘

之江淮以變其俗置於內地去京不遠雖則寬仁之義亦非久安之計也每見一人初降賜物五匹袍一領酋帥悉授大官祿厚位尊理多糜費以中國之幣帛供積惡之兇虜其衆益多非中國之利也太宗納其奏八年爲劍南道巡省大使大亮激濁揚清甚獲當時之譽及討吐谷渾以大亮爲河東道行軍總管與大總管李靖等出北路涉青海歷河源遇賊於蜀渾山接戰破之俘其名王虜雜畜五萬計以功進爵爲公賜物千段奴婢一百五十人悉遺親戚仍罄其家資收葬五葉宗族無後者三十餘喪送終之禮一時稱盛後拜左衛大將軍十七年晉王爲皇太子東宮僚屬皆盛選重臣以大亮兼領太子右衛率俄兼工部尚書身居三職宿衛兩宮甚爲親信大亮每當宿直必通宵假寐太宗嘗勞之曰至公宿直我便通夜安臥其見任如此太宗每有巡幸多令居守房玄齡甚重之每稱大亮有王陵周勃之節可以當大位大亮雖位望通顯而居處卑陋衣服儉率至性忠謹雖妻子不見其惰容事兄嫂有同於父母每懷張弼之恩而久

不能得弼時爲將作丞自匿不言大亮嘗遇諸途而識之持弼而泣
恨相得之晚多推家產以遺弼弼拒而不受大亮言於太宗曰臣有
今日之榮張弼力也所有官爵請迴授太宗遂遷弼爲中郎將俄代
州都督時人皆賢大亮不背恩而多弼不自伐也十八年太宗幸洛
陽令大亮副司空玄齡居中尋遇疾太宗親爲調藥馳驛賜之臨終
上表請停遼東之役又言京師宗廟所在願深以關中爲意表成而
歎曰吾聞禮男子不死婦人之手於是命屏婦人言終而卒時五十
九死之日家無珠玉可以爲唅唯有米五石布三十端親戚孤遺爲
大亮所鞠養服之如父者十五人太宗爲舉哀於別次哭之甚慟廢
朝三日贈兵部尚書秦州都督謚曰懿陪葬昭陵兄子道裕末徵中
爲大理卿

迥秀大亮族孫也祖玄明濟州刺史父義本宣州刺史迥秀弱冠應
英材傑出舉拜相州參軍累轉考功員外郎則天雅愛其材甚寵待
之掌舉數年遷鳳閣舍人迥秀母氏庶賤而色養過人其妻崔氏嘗

叱其媵婢母聞之不悅迥秀即時出之或止云賢室雖不避嫌疑然
過非出狀何遽如此迥秀曰娶妻本以承順顏色顏色苟違何敢留
也竟不從長安初歷天官夏官二侍郎俄同鳳閣鸞臺平章事則天
令宮人參問其母又嘗迎入宮中待之甚優迥秀雅有文才飲酒斗
餘廣接賓朋當時稱爲風流之士然頗託附權倖傾心以事張易之
昌宗兄弟由是深爲讜正之士所譏俄坐贓出爲廬州刺史景龍中
累轉鴻臚卿修文館學士又持節爲朔方道行軍大摠管所居宅中
生芝草數莖又有猫爲犬所乳中宗以爲孝感所致使旌其門閭俄
代姚崇爲兵部尚書病卒子齊損開元十年與權梁山等搆逆伏誅
籍沒其家也

史臣曰孔子云邦有道危言危行如李綱直道事人執心不回始對
隋文慷慨獲免終忤楊素屈辱尤深及高祖臨朝諫舞胡鳴玉懷不
吐不茹之節存有始有卒之規可謂危矣非逢有道焉能免諸易曰
王臣蹇蹇匪躬之故李綱有焉善果幼事賢母長爲正人元璹於國
有功秪練邊事承家不孝終爲匪人恭仁仕隋忠厚馭衆謙恭破賊
立功方見仁者有勇掌選被斥所謂獨正者危自爲歸朝懷才遇主
連婚帝室列位藩宣始終無玷者鮮矣師道慎密純善怯懦無更事
之名抑勢避嫌署用致非才之誚無逸知父守節陷難辭母避逆終
吉忠信之道著矣絕賓客以閉府門斷衣帶以續鐙炷廉介之志彰
矣於乎蜀道初開親老地梗至孝滅性子道可知不得謚爲孝也惜
哉大亮文武兼才貞確成性賣馬勸農是爲政也投身諭賊略也放
奴婢從良者仁也因鷹諫獵臨終上表忠也論伊呂之衆智也葬五
葉無後報張弼恩義也侍兄嫂如父母孝也不死婦人之手禮也無
珠玉爲唅廉也房玄齡云大亮有王陵周勃之節名下無虛士矣迥
秀諂事權倖爰至台司餘不足觀清風替矣

贊曰李綱守道言行俱危善果母訓清貞是資元璹父子要道何虧
恭仁獨正令德無違師道慎密抑勢見機無逸廉介終於孝思大亮
才德陵勃名隨迥秀託附實汚台司

唐書列傳卷第十二

唐書列傳卷第十三

劉　昫　等修

聞人詮校刻沈桐同校

封倫 倫子言道 兄子行高　蕭瑀 兄子鈞 鈞子璟 鈞兄子嗣業

裴矩 矩子宣機　宇文士及

封倫字德彝觀州蓨人北齊太子太保隆之孫父子繡隋通州刺史倫少時其舅盧思道每言曰此子智識過人必能致位卿相開皇末江南作亂內史令楊素往征之署為行軍記室舩至海曲素召之倫墜於水中人救免溺乃易衣以見竟寢不言素後知問其故曰私事也所以不白素甚嗟異之素將營仁壽宮引為土木監隋文帝至宮所見制度奢侈大怒曰楊素為不誠矣殫百姓之力雕飾離宮為吾結怨於天下素惶恐慮將獲譴倫曰公當弗憂待皇后至必有恩詔明日果召素入對獨孤后勞之曰公知吾夫妻年老無以娛心盛飾此宮豈非孝順素退問倫曰卿何以知之對曰至尊性儉故初見而怒然雅聽后言后婦人也惟麗是好后心既悅帝慮必移所以知耳素嘆伏曰揣摩之才非吾所及素負貴恃才多所凌侮唯擊賞倫每引與論宰相之務終日忘倦因撫其牀曰封郎必當據吾此座驟稱薦於文帝由是擢授內史舍人大業中倫見虞世基幸於煬帝而不閑吏務每有承受多失事機倫又託附之密為指畫宣行詔命諂順主心外有表疏如忤意者皆寢而不奏決斷刑法多峻文深誣策勳行賞必抑削之故世基之寵日隆而隋政日壞皆倫所為也宇文化及之亂逼帝出宮使倫數帝之罪帝謂曰卿是士人何至於此倫赧然而退化及尋署內史令從至聊城倫見化及勢蹙乃潛結化及弟士及請於濟北運糧以觀其變遇化及敗與士及來降高祖以其前代舊臣遣使迎勞拜內史舍人尋遷內史侍郎高祖嘗幸溫湯經秦始皇墓謂倫曰古者帝王竭生靈之力殫府庫之財營起山陵此復何益倫曰上之化下猶風之靡草自秦漢帝王盛為厚葬故百官衆庶競相遵倣凡是古冢丘封悉多藏珍寶咸見開發若死而無知厚

葬深為虛費若魂而有識被發豈不痛哉高祖稱善謂倫曰從今之後宜自上導下悉為薄葬太宗之討王世充詔倫參謀軍事高祖以兵久在外意欲旋師太宗遣倫入朝親論事勢倫言於高祖曰世充得地雖多而羈縻相屬其所用命者唯洛陽一城而已計盡力窮破在朝夕今若還兵賊勢必振更相連結後必難圖未若乘其已衰破之必矣高祖納之及太宗凱旋高祖謂侍臣曰朕初發兵東討衆議多有不同唯秦王請行封倫贊成此計昔張華協同晉武亦復何以加也封平原縣公兼天冊府司馬會突厥寇太原復遣使來請和親高祖問羣臣和之與戰策將安出多言戰則怨深不如先和倫曰突厥憑陵有輕中國之意必謂兵弱而不能戰如臣計者莫若悉衆以擊之其勢必捷勝而後和恩威兼著若今歲不戰明年必當復來臣以擊之為便高祖從之六年以本官檢校吏部尚書曉習吏職甚獲當時之譽八年進封道國公尋徙封於密蕭瑀嘗薦倫於高祖高祖任倫為中書令太宗嗣位瑀遷尚書左僕射倫為右僕射倫素險詖與瑀商量可奏者至太宗前盡變易之由是與瑀有隙貞觀元年遘疾於尚書省太宗親自臨視即命尚輦送還第尋薨年六十太宗深悼之廢朝三日冊贈司空謚曰明初倫數從太宗征討特蒙顧遇以建成元吉之故數進忠款太宗以為至誠前後賞賜以萬計而倫潛持兩端陰附建成時高祖將行廢立猶豫未決謀之於倫倫固諫而止然所為祕隱時人莫知事具建成傳卒後數年太宗方知其事十七年治書侍御史唐臨追劾倫曰臣聞事君之義盡命不渝為臣之節歲寒無貳苟虧其道罪不容誅倫位望鼎司恩隆胙土無心報效乃肆姦謀熒惑儲藩獎成元惡寘于常典理合誅夷但苞藏之狀死而後發猥加褒贈未正嚴科罪惡既彰宜加貶黜豈可仍疇爵邑尚列台槐此而不懲將何沮勸太宗令百官詳議民部尚書唐儉等議倫罪暴身後恩結生前所歷衆官不可追奪請降贈改謚詔從之於是改謚繆黜其贈官削所食實封子言道尚高祖女淮南長公主官至宋州刺史倫兄子行高以文學知名貞觀中官至禮部郎中

蕭瑀字時文高祖梁武帝曾祖昭明太子祖察後梁宣帝父巋明帝
瑀年九歲封新安郡王幼以孝行聞姊爲隋晉王妃從入長安聚學
屬文端正鯁亮好釋氏常修梵行每與沙門難及苦空必詣微旨常
觀劉孝標辯命論惡其傷先王之教迷性命之理乃作非辯命論以
釋之大旨以爲人稟天地以生孰云非命然吉凶禍福亦因人而有
若一之於命其蔽已甚時晉府學士柳顧言諸葛頴見而稱之曰自
孝標後數十年間言性命之理者莫能詆詰今蕭君此論足療劉子
膏肓煬帝爲太子也授太子右千牛及踐祚遷尚衣奉御檢校左翊
衛鷹揚郎將忽遇風疾命家人不即醫療仍云若天假餘年因此望
爲栖遁之資耳蕭后聞而誨之以爾才智足堪揚名顯親豈得輕毀
形骸而求隱逸若以此致譴則罪在不測病且愈其姊勸勉之故復
有仕進志累加銀青光祿大夫內史侍郎既以后弟之親委之機務
後數以言忤旨漸見疏斥煬帝至鴈門爲突厥所圍瑀進謀曰如聞
始畢託校獵至此義成公主初不知其有違背之心且北蕃夷俗可

賀敦知兵馬事昔漢高祖解平城之圍乃是閼氏之力況義成以帝
女爲妻必恃大國之援若發一單使以告義成假使無益事亦無損
臣又竊聽輿人之誦乃慮陛下平突厥後更事遼東所以人心不一
或致挫敗請下明詔告軍中赦高麗而專攻突厥則百姓心安人自
爲戰煬帝從之於是發使詣可賀敦諭旨俄而突厥解圍去於後獲
其諜人云義成公主遣使告急於始畢稱北方有警由是突厥解圍
蓋公主之助也煬帝又將伐遼東謂羣臣曰突厥狂悖爲寇勢何能
爲以其少時未散蕭瑀遂相恐動情不可恕因出爲河池郡守即日
遣之既至郡有山賊萬餘人寇暴縱橫瑀潛募勇敢之士設奇而擊
之當陣而降其衆所獲財畜咸賞有功由是人竭其力薛舉遣衆數
萬侵掠郡境瑀要擊之自後諸賊莫敢進郡中復安高祖定京城遣
書招之瑀以郡歸國授光祿大夫封宋國公拜民部尚書太宗爲右
元帥攻洛陽以瑀爲府司馬武德五年遷內史令時軍國草創方隅
未寧高祖乃委以心腹凡諸政務莫不關掌高祖每臨軒聽政必賜

升御榻瑀既獨孤氏之壻與語呼之爲蕭郎國典朝儀亦責成於瑀
瑀孜孜自勉繩違舉過人皆憚之常奏便宜數十條多見納用手敕
曰得公之言社稷所賴運智者之策以能成人之美納諫者之言以
金寶酬其德今賜金一函以報智者勿爲推退瑀固辭優詔不許其
年州置七職務取才望兼美者爲之及太宗臨雍州牧以瑀爲州都
督高祖常有敕而中書不時宣行高祖責其遲瑀曰臣大業之日見
內史宣敕或前後相乖者百司行之不知何所承用所謂易必在前
難必在後臣在中書日久備見其事今皇基初構事涉安危遠方有
疑恐失機會比每受一敕臣必勘審使與前敕不相乖背者始敢宣
行遲晚之愆實由於此高祖曰卿能用心若此我有何憂初瑀之朝
也關內產業並先給勳人至是特還其田宅瑀皆分給諸宗子弟唯
留廟堂一所以奉蒸嘗及平王世充瑀以預軍謀之功加邑二千戶
拜尚書右僕射內外考績皆委之司會爲羣寮指南庶務繁摠瑀見
事有時偏駁而持法稍深頗爲時議所少瑀嘗薦封倫於高祖高祖

以倫爲中書令太宗即位遷尚書左僕射封倫爲右僕射倫素懷險
詖與瑀商量將爲可奏者至太宗前盡變易之于時房玄齡杜如晦
既新用事疎瑀親倫瑀心不能平遂上封事論之而辭旨寥落太宗
以玄齡等功高由是忤旨廢于家俄拜特進太子少師未幾復爲尚
書左僕射賜實封六百戶太宗常謂瑀曰朕欲使子孫長久社稷永
安其理如何瑀對曰臣觀前代國祚所以長久者莫若封諸侯以爲
盤石之固秦并六國罷侯置守二代而亡漢有天下郡國參建亦得
年餘四百魏晉廢之不能永久封建之法實可遵行太宗然之始議
封建尋坐與侍中陳叔達於上前忿諍聲色甚厲以不敬免歲餘授
晉州都督明年徵授左光祿大夫兼領御史大夫與宰臣參議朝政
瑀多辭辯每有評議玄齡等不能抗然心知其是不用其言瑀彌怏
怏玄齡魏徵溫彥博嘗有微過瑀劾之而罪竟不問因此自失由是
罷御史大夫以爲太子少傅不復預聞朝政六年授特進行太常卿
八年爲河南道巡省大使人有坐當推劾苦未得其情者遂置格置

繩以至於死太宗特免責之九年拜特進復令參預政事太宗嘗從容謂房玄齡曰蕭瑀大業之日進諫隋主出爲河池郡守應遭剖心之禍翻見太平之日北叟失馬事亦難常瑀頓首拜謝太宗又曰武德六年已後太上皇有廢立之心而不之定也我當此日不爲兄弟所容實有功高不賞之懼此人不可以厚利誘之不可以刑戮懼之真社稷臣也因賜瑀詩曰疾風知勁草版蕩識誠臣又謂瑀曰卿之守道耿介古人無以過也然則善惡太明亦有時而失瑀再拜謝曰臣特蒙誡訓又許臣以忠諒雖死之日猶生之年也魏徵進而言曰臣有逆衆以執法明主恕之以忠臣有孤特以執節明主恕之以勁昔聞其言今覩其實蕭瑀不遇明聖必及於難太宗悅其言十七年與長孫無忌等二十四人並圖形於凌煙閣是歲立晉王爲皇太子拜瑀太子太保仍知政事太宗之伐遼東也以洛邑衝要襟帶關河以瑀爲洛陽宮守車駕自遼還請解太保仍同中書門下太宗以瑀好佛道嘗賚繡佛像一軀并繡瑀形狀於佛像側以爲供養之容又

賜王褒所書大品般若經一部并賜袈裟以充講誦之服焉瑀嘗稱玄齡已下同中書門下內臣悉皆朋黨比周無至心奉上累獨奏云此等相與執權有同膠漆陛下不細諳知但未反耳太宗謂瑀曰爲人君者驅駕英材推心待士公言不亦甚乎何至如此太宗數日謂瑀曰知臣莫若君夫人不可求備自當捨其短而用其長朕雖才謝聰明不應頓迷臧否因數爲瑀信誓瑀既不自得而太宗積久銜之終以瑀忠貞居多而未廢也會瑀請出家太宗謂曰甚知公素愛桑門今者不能違意瑀旋踵奏曰臣頃思量不能出家太宗以對羣臣吐言而取捨相違心不能平瑀尋稱足疾時詣朝堂又不入見太宗謂侍臣曰瑀豈不得其所乎而自慊如此遂手詔曰朕聞物之順也雖異質而成功事之違也亦同形而罕用是以舟浮檝舉可濟千里之川轅引輪停不越一毫之地故知動靜相循易爲務曲直相反難爲功況乎上下之宜君臣之際者矣朕以無明於元首期託德於股肱思欲去僞歸真除澆反朴至於佛教非意所遵雖有國之常經固

弊俗之虛術何則求其道者未驗福於將來修其教者翻受辜於既往至若梁武窮心於釋氏簡文銳意於法門傾帑藏以給僧祇殫人力以供塔廟及乎三淮沸浪五嶺騰烟假餘息於熊蹯引殘魂於雀鷇子孫覆亡而不暇社稷俄頃而爲墟報施之徵何其繆也而太子太保宋國公瑀踐覆車之餘軌襲亡國之遺風棄公就私未明隱顯之際身俗口道莫辯邪正之心修累葉之殃源祈一躬之福本上以違忤君主下則扇習浮華往前朕謂張亮云卿既事佛何不出家瑀乃端然自應請先入道朕即許之尋復不用一廻一惑在於瞬息之間自可自否變於帷扆之所乖棟梁之大體豈具瞻之量乎朕猶隱忍至今瑀尚全無悛改宜即去茲朝闕出牧小藩可商州刺史仍除其封二十一年徵授金紫光祿大夫復封宋國公從幸玉華宮遘疾薨於宮所年七十四太宗聞而輟膳高宗爲之舉哀遣使弔祭太常謚曰肅太宗曰易名之典必考其行瑀性多猜貳此謚失於不直更宜摭實改謚曰貞褊公冊贈司空荊州都督賜東園秘器陪葬昭陵

臨終遺書曰生而必死理之常分氣絕後可著單服一通以充小斂棺內施單席而已冀其速朽不得別加一物無假卜日惟在速辦自古賢哲非無等例爾宜勉之諸子遵其遺志斂葬儉薄子銳嗣尚太宗女襄城公主歷太常卿汾州刺史公主雅有禮度太宗每令諸公主凡厥所爲皆視其楷則又令所司別爲營第公主辭曰婦人事舅姑如事父母若居處不同則定省多闕再三固讓乃止令於舊宅而改創焉永徽初公主薨詔葬昭陵瑀兄璟亦有學行武德中爲黃門侍郎累轉秘書監封蘭陵縣公貞觀中卒贈禮部尚書瑀兄子鈞隋遷州刺史梁國公珣之子也博學有才望貞觀中累除中書舍人甚爲房玄齡魏徵所重永徽二年歷遷諫議大夫兼弘文館學士時有左武候別駕盧文操踰垣盜左藏庫物高宗以別駕職在糾繩身行盜竊命有司殺之鈞進諫曰文操所犯情實難原然恐天下聞之必謂陛下輕法律賤人命任喜怒貴財物臣之所職以諫爲名愚衷所懷不敢不奏帝謂曰卿職在司諫能盡忠規遂特免其死罪顧謂侍

臣曰此乃眞諫議也尋而太常樂工宋四通等爲宮人通傳信物高
宗特令處死乃遣附律鈞上疏言四通等犯在未附律前不合至死
手詔曰朕聞防禍未萌先賢所重宮闕之禁其可漸歟昔如姬竊符
朕用爲永鑒不欲今茲自彰其過所搦憲章想非濫也但朕翹心紫
禁思覿引裾側席朱檻曩旌折檻今乃喜得其言特免四通等死遠
處配流鈞尋爲太子率更令兼崇賢館學士顯慶中卒所撰韻言二
十卷有集三十卷行於代子瓘官至渝州長史母終以毀卒瓘子崗
別有傳鈞兄子嗣業少隨祖姑隋煬帝后入于突厥貞觀九年歸朝
以深識蕃情充使統領突厥之衆累轉鴻臚卿兼單于都護府長史
調露中單于突厥反叛嗣業率兵戰敗配流嶺南而死
裴矩字弘大河東聞喜人祖他後魏東荆州刺史父訥之北齊太子
舍人矩襁褓而孤爲伯父讓之所鞠及長博學早知名仕齊爲高平
王文學齊亡隋文帝爲定州總管召補記室甚親敬之文帝即位遷給
事郎直內史省奏舍人事伐陳之役領元帥記室及陳平晉王廣令
○矩與高熲收陳圖籍歸之秘府累遷吏部侍郎以事免大業初西域
諸蕃款張掖塞與中國互市煬帝遣矩監其事矩知帝方勤遠略欲
吞幷夷狄乃訪西域風俗及山川險易君長姓族物產服章撰西域
圖記三卷入朝奏之帝大悅賜物五百段每日引至御座顧問西方
之事矩盛言西域多珍寶及吐谷渾可幷之狀帝信之仍委以經略
拜民部侍郎俄遷黃門侍郎參預朝政令往張掖引致西蕃至者十
餘國三年帝有事於恒嶽咸來助祭帝將巡河右復令矩往燉煌矩
遣使說高昌王麴伯雅及伊吾吐屯設等啗以厚利導使入朝及帝
西巡次燕支山高昌王伊吾設等及西蕃胡二十七國盛服珠玉錦
罽焚香奏樂歌舞相趨謁於道左復令武威張掖士女盛飾縱觀塡
咽周亘數十里帝見之大悅及滅吐谷渾蠻夷納貢諸蕃慴服相繼
來庭雖拓地數千里而役戍委輸之費歲巨萬計中國騷動焉帝以
矩有綏懷之略加位銀青光祿大夫其年帝幸東都矩以蠻夷朝貢
者多諷帝大徵四方奇技作魚龍曼延角觝於洛邑以誇諸戎狄終

月而罷又令三市店肆皆設帷帳盛酒食遣掌蕃率蠻夷與人貿易
所至處悉令邀延就坐醉飽而散夷人有識者咸私哂其矯飾焉帝
稱矩至誠謂宇文述牛弘曰裴矩大識朕意凡所陳奏皆朕之成算
朕未發頃矩輒以聞自非奉國用心孰能若是尋令與將軍薛世雄
城伊吾而還賜錢四十萬矩因進計縱反間於射匱使潛攻處羅後
處羅爲射匱所迫竟隨使者入朝帝甚悅賜矩貂裘及西域珍器從
帝巡于塞北幸啓民可汗帳時高麗遣使先通于突厥啓民不敢隱
引之見帝矩因奏曰高麗之地本孤竹國也周代以之封箕子漢時
分爲三郡晉氏亦統遼東今乃不臣列爲外域故先帝欲征之久矣
但以楊諒不肖師出無功當陛下時安得不有事於此使冠帶之境
仍爲蠻貊之鄉乎今其使者朝於突厥親見啓民從化必懼皇靈之
遠暢慮後服之先亡脅令入朝當可致也請面詔其使還本國遣語
其王令速朝覲不然者當率突厥即日誅之帝納焉高麗不用命始
建征遼之策王師臨遼以本官領虎賁郎將明年復從至遼東兵部
○侍郎斛斯政亡入高麗帝令矩兼掌兵部事以前後渡遼功進位右
光祿大夫矩後從幸江都及義兵入關屈突通敗問至帝問矩方略
矩曰太原有變京畿不靜遙爲處分恐失事機唯鑾輿早還方可平
定矩見天下將亂恐爲身禍每遇人盡禮雖至胥吏皆得其歡心時
從駕驍果多逃散矩言於帝曰車駕留此已經二歲人無匹合則不
能久安請聽兵士於此納室私相奔誘者因而配之帝從其計軍中
漸安咸曰裴公之惠也是時帝既昏侈逾甚矩無所諫諍但悅媚取
容而已宇文化及弑逆署爲尚書右僕射化及敗竇建德復以爲尚
書右僕射令專掌選事時建德起自羣盜事無節文矩爲之創定朝
儀權設法律憲章頗備建德大悅每諮訪焉及建德敗矩與僞將曹
旦及建德之妻齊傳國八璽舉山東之地來降封安邑縣公武德五
年拜太子左庶子俄遷太子詹事令與虞世南撰吉凶書儀參按故
實甚合禮度爲學者所稱至今行之八年兼檢校侍中及太子建成
被誅其餘黨尚保宮城欲與秦王決戰王遣矩曉諭之宮兵乃散尋

遷民部尚書矩年且八十而精爽不衰以曉習故事甚見推重太宗初即位務止姦吏或聞諸曹案典多有受賂者乃遣人以財物試之有司門令史受餽絹一匹太宗怒將殺之矩進諫曰此人受賂誠合重誅但陛下以物試之即行極法所謂陷人以罪恐非導德齊禮之義太宗納其言因召百寮謂曰裴矩遂能廷折不肯面從每事如此天下何憂不治貞觀元年卒贈絳州刺史謚曰敬撰開業平陳記十二卷行於代子宣機高宗時官至銀青光祿大夫太子左中護

宇文士及雍州長安人隋右衛大將軍述子化及弟也開皇末以父勳封新城縣公隋文帝嘗引入臥內與語奇之令尚煬帝女南陽公主大業中歷尚輦奉御從幸江都以父憂去職尋起爲鴻臚少卿化及之潛謀逆亂也以其主壻深忌之而不告既弒煬帝署爲內史令初高祖爲殿內少監時士及爲奉御深自結託及隨化及至黎陽高祖手詔召之士及亦潛遣家僮間道詣長安申赤心又因使密貢金環高祖大悅謂侍臣曰我與士及素經共事今貢金環是其來意也

○及至魏縣兵威日蹙士及勸之西歸長安化及不從士及乃與封倫求於濟北徵督軍糧俄而化及爲竇建德所擒濟北豪右多勸士及發青齊之衆北擊建德收河北之地以觀形勢士及不納遂與封倫等來降高祖數之曰汝兄弟率思歸之卒爲入關之計當此之時若得我父子豈肯相存今欲何地自處士及謝曰臣之罪誠不容誅但臣早奉龍顏久存心腹往在涿郡嘗夜中密論時事後於汾陰宮復盡丹赤自陛下龍飛九五臣實傾心西歸所以密申貢獻冀此贖罪耳高祖笑謂裴寂曰此人與我言天下事至今已六七年矣公輩皆在其後時士及妹爲昭儀有寵由是漸見親待授上儀同從太宗平宋金剛以功復封新城縣公妻以壽光縣主仍遷秦王府驃騎將軍又從平王世充竇建德以功進爵郢國公遷中書侍郎再轉太子詹事太宗即位代封倫爲中書令眞食益州七百戶尋以本官檢校涼州都督時突厥屢爲邊寇士及欲立威以鎮邊服每出入陳兵盛爲容衛又折節禮士涼土服其威惠徵爲殿中監以疾出爲蒲州刺史爲政寬簡吏人安之數歲入爲右衛大將軍甚見親顧每延入閤中乙夜方出遇其歸沐仍遣馳召同列莫與爲比然尤謹密其妻每問向中使召有何樂事士及終無所言尋録其功別封一子爲新城縣公在職七年復爲殿中監加金紫光祿大夫及疾篤太宗親問撫之流涕貞觀十六年卒贈左衛大將軍涼州都督陪葬昭陵士及撫幼弟及孤兄子以友愛見稱親戚故人貧乏者賑遺之然厚自封植衣食服玩必極奢侈謚曰恭黃門侍郎劉洎駁之曰士及居家侈縱不宜爲恭竟謚曰縱

史臣曰封倫多揣摩之才有附託之巧黨化及而數煬帝或有赧顏託士及以歸唐朝殊無愧色嘗建成之際事持兩端背蕭瑀之恩奏多異議太宗明主也不見其心玄齡賢相焉尚容其諂狡弄醜行死而後彰茍非唐臨之劾唐儉等議則姦人得計矣蕭瑀骨鯁亮直儒術清明執政隋朝忠而獲罪委質高祖知無不爲及太宗臨朝房杜用事不容小過欲居成功既形猜貳之言寧固或躍之位易名而稱

○加褊字所幸者猶多奉佛而不失道情非善也而何謂裴矩方略寬簡士及通變謹密皆一時之稱也

贊曰封倫揣摩謟詐蕭瑀骨鯁儒術裴矩方略寬簡士及通變謹密

唐書列傳卷第十三

唐書列傳卷第十四

劉昫　等修

聞人詮校刻沈桐同校

高祖二十二子

隱太子建成　衛王玄霸

巢王元吉　楚王智雲

荆王元景　漢王元昌

酆王元亨　周王元方

徐王元禮　韓王元嘉

彭王元則　鄭王元懿

霍王元軌　虢王鳳

道王元慶　鄧王元裕

舒王元名　魯王靈夔

江王元祥　密王元曉

滕王元嬰

高祖二十二男太穆皇后生隱太子建成及太宗衛王玄霸巢王元吉萬貴妃生楚王智雲尹德妃生酆王元亨莫嬪生荆王元景孫嬪生漢王元昌宇文昭儀生韓王元嘉魯王靈夔崔嬪生鄧王元裕楊嬪生江王元祥小楊嬪生舒王元名郭婕妤生徐王元禮劉婕妤生道王元慶楊美人生虢王鳳張美人生霍王元軌張寶林生鄭王元懿柳寶林生滕王元嬰王才人生彭王元則魯才人生密王元曉張氏生周王元方

隱太子建成高祖長子也大業末高祖捕賊汾晉建成携家屬寄於河東義旗初建遣使密召之建成與巢王元吉間行赴太原建成至高祖大喜拜左領軍大都督封隴西郡公引兵略西河郡從平長安義寧元年冬隋恭帝拜唐國世子開府置僚屬二年授撫軍大將軍東討元帥將兵十萬徇洛陽及還恭帝授尚書令武德元年立爲皇太子二年司竹羣盜祝山海有衆一千自稱護鄉公詔建成率將軍桑顯和進擊山海平之時涼州人安興貴殺賊帥李軌以衆來降令建成往原州應接之時甚暑而馳獵無度士卒不堪其勞逃者過半高祖憂其不閑政術每令習時事自非軍國大務悉委決之又遣禮部尚書李綱民部尚書鄭善果俱爲宮官與參謀議四年稽胡酋帥劉仚成擁部落數萬人爲邊害又詔建成率師討之軍次鄜州與仚成軍遇擊大破之斬首數百級虜獲千餘人建成設詐放其渠帥數十人並授官爵令還本所招慰羣胡仚成與胡中大帥亦請降建成以胡兵尚衆恐有變將盡殺之乃揚言增置州縣須有城邑悉課羣胡執板築之具會築城所陰勒兵士皆執之仚成聞有變奔於梁師都竟誅降胡六千餘人時太宗功業日盛高祖私許立爲太子建成密知之乃與齊王元吉潛謀作亂及劉黑闥重反王珪魏徵謂建成曰殿下但以地居嫡長爰踐元良功績既無可稱仁聲又未遐布而秦王勳業克隆威震四海人心所向殿下何以自安今黑闥率破亡之餘衆不盈萬加以糧運限絕瘡痍未瘳若大軍一臨可不戰而擒也

願請討之且以立功深自封植因結山東英俊建成從其計遂請討劉黑闥擒之而旋時高祖晚生諸王諸母擅寵椒房親戚並分事宮府競求恩惠太宗每總戎律惟以撫接才賢爲務至於參請妃媛素所不行初平洛陽高祖遣貴妃等馳往東都選閱宮人及府庫珍物因私有求索兼爲親族請官太宗以財簿先以封奏官爵皆酬有功並不允許因此銜恨彌切時太宗爲陝東道行臺詔於管內得專處分淮安王神通有功太宗乃給田數十頃後婕妤張氏之父令婕妤私奏以乞其地高祖手詔賜焉神通以教給在前遂不肯與婕妤矯奏曰敕賜妾父地秦王奪之以與神通高祖大怒攘袂責太宗曰我詔敕不行爾之教命州縣即受他日高祖呼太宗小名謂裴寂等此兒典兵既久在外專制爲讀書漢所教非復我昔日子也又德妃之父尹阿鼠所爲橫恣秦王府屬杜如晦行經其門阿鼠家僮數人牽如晦墜馬毆擊之罵云汝是何人敢經我門而不下馬阿鼠或慮上聞乃令德妃奏言秦王左右凶暴凌轢妾父高祖又怒謂太宗曰爾

之左右欺我妃嬪之家一至於此況凡人百姓乎太宗深自辯明卒不被納妃嬪等因奏言至尊萬歲後秦王得志母子定無子遺因悲泣哽咽又云東宮慈厚必能養育妾母子高祖惻愴久之自是於太宗恩禮漸薄廢立之心亦以此定建成元吉轉蒙恩寵自武德初高祖令太宗居西宮之承乾殿元吉居武德殿後院與上臺東宮晝夜並通更無限隔皇太子及二王出入上臺皆乘馬携弓刀雜用之物相遇則如家人之禮由是皇太子令及秦齊二王教與詔勑並行百姓惶惑莫知準的建成元吉又外結小人內連嬖幸高祖所寵張婕妤尹德妃皆與之淫亂復與諸公主及六宮親戚驕恣縱橫幷兼田宅侵奪犬馬同惡相濟掩蔽聰明苟行己志惟以甘言諛辭承候顏色建成乃私召四方驍勇幷募長安惡少年二千餘人畜為宮甲分屯左右長林門號為長林兵及高祖幸仁智宮留建成居守建成先令慶州摠管楊文幹募健兒送京師欲以為變又遣郎將爾朱煥校尉橋公山齎甲以賜文幹令起兵共相應接公山煥等行至豳州懼

○罪馳告其事高祖託以他事手詔追建成詣行在所既至高祖大怒建成叩頭謝罪奮身自投於地幾至於絕其夜置之幕中令殿中監陳萬福防禦而文幹遂舉兵反高祖馳使召太宗以謀之太宗曰文幹小豎狂悖起兵州府官司已應擒勦縱其假息時刻但須遣一將耳高祖曰文幹事連建成恐應之者衆汝宜自行還立汝為太子吾不能傚隋文帝誅殺骨肉廢建成封作蜀王地既僻小易制若不能事汝亦易取耳太宗既行元吉及四妃更為建成內請封倫又外為遊說高祖意便頓改遂寢不行復令建成還京居守惟責以兄弟不能相容歸罪於中允王珪左衛率韋挺及天策兵曹杜淹等並流之巂州後又與元吉謀行酖毒引太宗入宮夜宴既而太宗心中暴痛吐血數升淮安王神通狼狽扶還西宮高祖幸第問疾因勑建成秦王素不能飲更勿夜聚乃謂太宗曰發跡晉陽本是汝計尅平宇內是汝大功欲升儲位汝固讓不受以成汝美志建成自居東宮多歷年所今復不忍奪之觀汝兄弟是不和同在京邑必有忿競汝還行

臺居於洛陽自陝已東悉宜主之仍令汝建天子旌旗如梁孝王故事太宗泣而奏曰今日之授實非所願不能遠離膝下言訖嗚咽悲不自勝高祖曰昔陸賈漢臣尚有遞過之事況吾四方之主天下為家東西兩宮塗路咫尺憶汝即往無勞悲也及將行建成元吉相與謀曰秦王今往洛陽既得土地甲兵必為後患留在京師制之一匹夫耳密令數人上封事曰秦王左右多是東人聞往洛陽非常欣躍觀其情狀自今一去不作來意高祖於是遂停是後日夜陰與元吉連結後宮譖訴愈切高祖惑之太宗懼不知所為李靖李勣等數言大王以功高被疑靖等請申犬馬之力封倫亦潛勸太宗圖之並不許倫反言於高祖曰秦王恃有大勳不服居太子之下若不立之願早為之所又說建成作亂曰夫為四海者不顧其親漢高乞羹此之謂矣九年突厥犯邊詔元吉率師拒之元吉因兵集將與建成尅期舉事長孫無忌房玄齡杜如晦尉遲敬德侯君集等日夜固爭曰事急矣若不行權道社稷必危周公聖人豈無情於骨肉為存社稷大

○義滅親今大王臨機不斷坐受屠戮於義何成若不見聽無忌等將竄身草澤不得居王左右太宗然其計六月三日密奏建成元吉淫亂後宮因自陳曰臣於兄弟無絲毫所負今欲殺臣似為世充建德報讎臣今枉死永違君親魂歸地下實亦恥見諸賊高祖省之愕然報曰明日當勘問汝宜早參四日太宗將左右九人至玄武門自衛高祖已召裴寂蕭瑀陳叔達封倫宇文士及竇誕顏師古等欲令窮覈其事建成元吉行至臨湖殿覺變即迴馬將東歸宮府太宗隨而呼之元吉馬上張弓再三不彀太宗乃射之建成應弦而斃元吉中流矢而走尉遲敬德殺之俄而東宮及齊府精兵二千人結陣馳攻玄武門守門兵仗拒之不得入良久接戰流矢及于內殿太宗左右數百騎來赴難建成等兵遂敗散高祖大驚謂裴寂等曰今日之事如何蕭瑀陳叔達進曰臣聞內外無限父子不親當斷不斷反受其亂建成元吉義旗草創之際並不預謀建立已來又無功德常自懷憂相濟為惡釁起蕭牆遂有今日之事秦王功蓋天下率土歸心若

慮以元良委之國務陛下如釋重負蒼生自然乂安高祖曰善此亦吾之夙志也乃命召太宗而撫之曰近日已來幾有投杼之惑太宗哀號久之建成死時年三十八長子太原王承宗早卒次子安陸王承道河東王承德武安王承訓汝南王承明鉅鹿王承義並坐誅太宗即位追封建成爲息王謚曰隱以禮改葬葬日太宗於宜秋門哭之甚哀仍以皇子趙王福爲建成嗣十六年五月又追贈皇太子謚仍依舊○衛王玄霸高祖第三子也早薨無子武德元年追贈衛王謚曰懷四年封太宗子泰爲宜都王以奉其祀以禮改葬太子已下送于郭外泰後徙封於越又以宗室贈西平王瓊之子保定爲嗣貞觀五年薨無子國除

巢王元吉高祖第四子也義師起授太原郡守封姑臧郡公尋進封齊國公授十五郡諸軍事鎮北大將軍留鎮太原許以便宜行事武德元年進爵爲王授并州總管二年劉武周南侵汾晉詔遣右衛將軍宇文歆助元吉守并州元吉性好畋獵載網罟三千餘兩嘗言我

○寧三日不食不能一日不獵又縱其左右攘奪百姓歆頻諫不納乃上表曰王在州之日多出微行常共竇誕遊獵蹂踐穀稼放縱親昵公行攘奪境內六畜因之殆盡當衢而射觀人避箭以爲笑樂分遣左右戲爲攻戰至相擊刺毀傷致死夜開府門宣淫他室百姓怨毒各懷憤歎以此守城安能自保元吉竟坐免又諷父老詣闕請之尋令復職時劉武周率五千騎至黃蛇嶺元吉遣車騎將軍張達以步卒百人先嘗之達以步卒少固請不行元吉強遣之至則盡沒於賊達憤怒因引武周攻陷榆次進逼并州元吉大懼紿其司馬劉德威曰卿以老弱守城吾以強兵出戰因夜出兵攜其妻妾棄軍奔還京師并州遂陷高祖怒甚謂禮部尚書李綱曰元吉幼小未習時事故遣竇誕宇文歆輔之強兵數萬食支十年起義興運之基一朝而棄宇文歆首畫此計我當斬之綱曰賴歆令陛下不失愛子臣以爲有功高祖問其故綱對曰罪由竇誕不能規諷致令軍人怨憤又齊王年少肆行驕逸放縱左右侵漁百姓誕曾無諫止乃隨順掩藏以成

其釁此誕之罪宇文歆論情則疎向彼又淺王之過失悉以聞奏且父子之際人所難言而歆言之豈非忠懇今欲誅罪不錄其心臣愚竊以爲過翌日高祖召綱入升御坐謂曰今我有公遂使刑罰不濫元吉自惡結怨於人歆既曾以表聞誕亦焉能禁制皆非其罪也尋加授元吉侍中襄州道行臺尚書令稷州刺史四年太宗征竇建德留元吉與屈突通圍王世充於東都世充出兵拒戰元吉設伏擊破之斬首八百級生擒其大將樂仁昉甲士千餘人世充平拜司空餘官如故加賜袞冕之服前後部鼓吹樂二部班劍二十人黃金二千斤與太宗各聽三鑪鑄錢以自給六年加授隰州總管及與建成連謀各募壯士多匿罪人復內結宮掖遞加稱譽又厚賂中書令封倫以爲黨助由是高祖頗踈太宗而加愛元吉太宗嘗從高祖幸其第元吉伏其護軍宇文寶於寢內將以刺太宗建成恐事不果而止之元吉慍曰爲兄計耳於我何害九年轉左衛大將軍尋進位司徒兼侍中并州大都督隰州都督稷州刺史並如故高祖將避暑太和宮

○二王當從元吉謂建成曰待至宮所當與精兵襲取之置土窟中唯開一孔以通飲食耳會突厥郁射設屯軍河南入圍烏程建成乃薦元吉代太宗督軍北討仍令秦府驍將秦叔寶尉遲敬德程知節段志玄等並與同行又追秦府帳簿閱驍勇將奪太宗兵以益其府又譖杜如晦房玄齡逐令歸第高祖知其謀而不制元吉因密請加害太宗高祖曰是有定四海之功罪迹未見一旦欲殺何以爲辭元吉曰秦王常違詔敕初平東都之日偃蹇顧望不急還京分散錢帛以樹私惠違戾如此豈非反逆但須速殺何患無辭高祖不對元吉遂退建成謂元吉曰既得秦王精兵統數萬之衆吾與秦王至昆明池於彼宴別令壯士拉之於幕下因云暴卒主上義無不信吾當使人進說令付吾國務正位已後以汝爲太弟敬德等既入汝手一時坑之孰敢不服率更丞王晊聞其謀密告太宗太宗召府僚以告之皆曰大王若不正斷社稷非唐所有若使建成元吉肆其毒心羣小得志元吉狼戾終亦不事其兄往者薛實上齊王符籙云元吉合成唐

宇齊王得之喜曰但除秦王取東宮如反掌耳爲亂未成預懷相奪以大王之威襲二人如拾地芥太宗遲疑未決衆又曰大王以舜爲何如人也曰濬哲文明溫恭允塞爲子孝爲君聖焉可議之乎府僚曰向使舜浚井不出自同魚鱉之斃焉得爲孝子乎塗廩不下便成煨燼之餘焉得爲聖君乎小杖受大杖避良有以也太宗於是定計誅建成及元吉元吉死時年二十四有五子梁郡王承業漁陽王承鸞普安王承獎江夏王承裕義陽王承度並坐誅尋詔絕建成元吉屬籍太宗踐祚追封元吉爲海陵郡王謚曰剌以禮改葬貞觀十六年又追封巢王謚如故復以曹王明爲元吉後

楚王智雲高祖第五子也母曰萬貴妃性恭順特蒙高祖親禮宮中之事皆諮稟之諸王妃主莫不推敬後授楚國太妃薨陪葬獻陵智雲本名稚詮大業末從高祖於河東及義師將起隱太子建成潛歸太原以智雲年小委之而去因爲吏所捕送于長安爲陰世師所害年十四義寧元年贈尚書左僕射楚國公武德元年追封楚王謚曰

哀無子三年以太宗子寬爲嗣寬薨貞觀二年復以濟南公世都子靈龜嗣焉靈龜永徽中歷魏州刺史政尚清嚴姦盜屏跡又開永濟渠入于新市以控引商旅百姓利之卒官子福嗣嗣降爵爲公儀鳳中卒於右威衛將軍子承況神龍中爲右羽林將軍與節愍太子同舉兵入玄武門爲亂兵所殺

荊王元景高祖第六子也武德三年封爲趙王八年授安州都督貞觀初歷遷雍州牧右驍衛大將軍十年徙封荊王授荊州都督十一年定制元景等爲代襲刺史詔曰皇王受命步驟之迹以殊經籍所紀質文之道匪一雖治亂不同損益或異至於設官司以制海內建藩屏以輔王室莫不明其典章義存於致治崇其賢戚志在於無疆朕以寡昧丕承鴻緒寅畏三靈憂勤百姓考明哲之餘論求經邦之長策帝業之重獨任難以成務天下之曠因人易以獲安然則侯伯肇於自昔州郡始於中代聖賢異術沿革隨時復古則義難頓從尋今則事不盡理遂規模周漢斟酌曹馬採按部之嘉名參建侯之舊制共治之職重矣分土之實存焉已有制書陳其至理繼世垂範貽厥後昆維城作固同符前烈荊州都督荊王元景梁州都督漢王元昌徐州都督徐王元禮潞州都督韓王元嘉遂州都督彭王元則鄭州刺史鄭王元懿絳州刺史霍王元軌虢州刺史虢王鳳豫州刺史道王元慶鄧州刺史鄧王元裕壽州刺史舒王元名幽州都督燕王靈夔蘇州刺史許王元祥安州都督吳王恪相州都督魏王泰齊州都督齊王祐益州都督蜀王愔襄州刺史蔣王惲揚州都督越王貞并州都督晉王某秦州都督紀王慎等或地居旦奭或望及間平早稱才藝並爵隆土宇寵兼車服誠孝之心無忘於造次風政之舉克著於朞月宜冠恒冊祚以休命其所任刺史咸令子孫代代承襲尋又罷代襲之制元景父之轉鄜州刺史高宗即位進位司徒加實封通前滿一千五百戶永徽二年坐與房遺愛謀反賜死國除後追封沉黎王備禮改葬以渤海王奉慈子長沙爲嗣降爵爲侯神龍初追復爵土并封其孫逖爲嗣荊王尋薨國除

漢王元昌高祖第七子也少好學善隸書武德三年封爲魯王貞觀五年授華州刺史轉梁州都督十年改封漢王元昌在州頗違憲法太宗手敕責之初不自咎更懷怨望知太子承乾嫉魏王泰之寵乃相附託圖爲不軌十六年元昌來朝京師承乾頻召入東宮夜宿因謂承乾曰願殿下早爲天子近見御側有一宮人善彈琵琶事平之後當望垂賜承乾許諾又刻臂出血以帛拭之燒作灰和酒同飲共爲信誓潛伺間隙十七年事發太宗弗忍加誅特敕免死大臣高士廉李世勣等奏言王者以四海爲家以萬姓爲子公行天下情無獨親元昌苞藏凶惡圖謀逆亂觀其指趣察其心府罪深燕旦釁甚楚英天地之所不容人臣之所切齒五刑不足申其罰九死無以當其愆而陛下情屈至公恩加梟獍欲開疎網漏此鯨鯢臣等有司期不奉制伏願敷師憲典誅此凶慝順羣臣之願欽鷹鸇之心則吳楚七君不幽歎於往漢管蔡二叔不沉恨於有周太宗事不獲已乃賜元昌自盡於家妻子籍沒國除

鄧王元亨高祖第八子也武德三年受封貞觀二年授散騎常侍拜金州刺史及之藩太宗以其幼小甚思之中路賜以金盞遣使爲之設宴六年薨無子國除

周王元方高祖第九子也武德四年受封貞觀二年授散騎常侍三年薨贈左光祿大夫無子國除

徐王元禮高祖第十子也少恭謹善騎射武德四年封鄭王貞觀六年賜實封七百戶授鄭州刺史徙封徐王遷徐州都督十七年轉絳州刺史以善政聞太宗降璽書勞勉賜以錦綵二十三年加實封千戶永徽四年加授司徒兼潞州刺史咸亨三年薨贈太尉冀州大都督陪葬獻陵子淮南王茂嗣茂險薄無行元禮姬趙氏有美色及元禮遇疾茂遂逼之元禮知而切加責讓茂乃屏斥元禮侍衞斷其藥膳仍云既得五十年爲王更何煩服藥竟以餒終上元中事洩配流振州而死神龍初又封茂子璀爲嗣徐王景龍四年加銀青光祿大夫開元中除宗正員外卿卒子延年嗣開元二十六年封嗣徐王除員外洗馬天寶初援汗那王入朝延年將嫁女與之爲右相李林甫所奏貶文安郡別駕彭城長史坐贓貶永嘉司士至德初餘杭郡司馬卒永泰元年女壻黔中觀察使趙國珍入朝請以延年子前施州刺史諷爲嗣因封嗣徐王

韓王元嘉高祖第十一子也母宇文昭儀隋左武衞大將軍述之女也早有寵於高祖高祖初即位便欲立爲皇后固辭不受元嘉少以母寵特爲高祖所愛自登極晚生皇子無及之者武德四年封宋王徙封徐王貞觀六年賜實封七百戶授潞州刺史時年十五在州聞太妃有疾便涕泣不食及京師發喪哀毀過禮太宗嗟其至性屢慰勉之九年授右領軍大將軍十年改封韓王授潞州都督二十三年加實封滿千戶元嘉少好學聚書至萬卷又採碑文古跡多得異本閨門修整有類寒素士大夫與其弟靈夔甚相友愛凡弟集見如布衣之禮其修身潔己內外如一當代諸王莫能及者唯霍王元軌抑其次焉高宗末元嘉轉澤州刺史及天后臨朝攝政欲順物情乃進授元嘉爲太尉定州刺史霍王元軌爲司徒青州刺史舒王元名爲司空隆州刺史魯王靈夔爲太子太師蘇州刺史越王貞爲太子太傅安州都督紀王慎爲太子太保並外示尊崇實無所綜理其後漸將誅戮宗室諸王不附己者元嘉大懼與其子通州刺史黃公譔及越王貞父子謀起兵於是皇宗國戚內外相連者甚廣遣使報貞及貞子瑯琊王沖曰四面同來事無不濟沖與諸道計料未審而先發兵倉卒唯貞應之諸道莫有赴者故其事不成元嘉坐誅譔少以文才見知諸王子中與瑯琊王沖爲一時之秀凡所交結皆當代名士時天下犯罪籍沒者甚衆唯沖與譔父子書籍最多皆文句詳定秘閣所不及神龍初追復元嘉爵土并封其第五子訥爲嗣韓王官至員外祭酒開元十七年卒元嘉長子訓高祖時封潁川王早卒次子誼封武陵王官至濮州刺史開元中封訥子叔璩爲嗣韓王國子員外司業

彭王元則高祖第十二子也武德四年封荊王貞觀七年授豫州刺史十年改封彭王除遂州都督尋坐章服奢僭免官十七年拜澧州刺史更折節勵行頗著聲譽永徽二年薨高宗爲之廢朝三日贈司徒荊州都督陪葬獻陵謚曰思發引之日高宗登望春宮望其靈車哭之甚慟無子以霍王元軌子絅嗣龍朔中封南昌王子志暕神龍初封嗣彭王景龍初加銀青光祿大夫開元中宗正卿同正員卒

鄭王元懿高祖第十三子也頗好學武德四年封滕王貞觀七年授兗州刺史賜實封六百戶十年改封鄭王歷鄭潞二州刺史二十三年加實封滿千戶總章中累授絳州刺史數斷大獄甚有平允之譽高宗嘉之降璽書褒美賜物三百段咸亨四年薨贈司徒荊州大都督謚曰惠陪葬獻陵子璥上元初封爲嗣鄭王官至鄂州刺史神龍初又封璥嫡子希言爲嗣鄭王景龍四年嗣鄭王希言等共一十四人並加銀青光祿大夫開元中右金吾大將軍天寶初再爲太子詹事同正員卒

霍王元軌高祖第十四子也少多才藝高祖甚奇之武德六年封蜀

王八年徙封吳王貞觀初太宗嘗問羣臣曰朕子弟孰賢侍中魏徵對曰臣愚闇不盡知其能唯吳王數與臣言未嘗不自失上曰朕亦器之卿以爲前代誰比徵曰經學文雅亦漢之閒平也由是寵遇彌厚因令娶徵女爲從太宗遊獵遇羣獸命元軌射之矢不虛發太宗撫其背曰汝武藝過人恨今無所施耳當天下未定我得汝豈不美乎七年拜壽州刺史賜實封六百戶高祖崩去職毀瘠過禮自後常衣布示有終身之戚焉每至忌辰輒數日不食十年改封霍王授絳州刺史尋轉徐州刺史元軌前後爲刺史至州唯閉閤讀書吏事責成於長史司馬謹慎自守與物無忤爲人不妄在徐州唯與處士劉玄平爲布衣之交人或問玄平王之長玄平答曰無長問者怪而復問之玄平曰夫人有短所以見其長至於霍王無所不備吾何以稱之哉二十三年加實封滿千戶爲定州刺史突厥來寇元軌令開門偃旗虜疑有伏懼而宵遁州人李嘉運與賊連謀事洩高宗令收按其黨元軌以強寇在境人心不安惟殺嘉運餘無所及因自劾違制○上覽表大悅謂使曰朕亦悔之向無王則失定州矣有王文操遇賊而二子鳳賢遂以身蔽捍文操獲全二子皆死縣司抑而不申元軌察知遣使弔祭表上其事詔並贈朝散大夫令加旌表其禮賢愛善如此後因入朝屢上疏陳時政得失多所匡益高宗甚尊重之及在外藩朝廷每有大事或密制問焉高宗崩與侍中劉齊賢等知山陵葬事齊賢服其識練故事每謂人曰非我輩所及也元軌嘗使國令徵封令白請依諸國賦物貿易取利元軌曰汝爲國令當正吾失反說吾以利耶拒而不納垂拱元年加位司徒尋出爲襄州刺史轉青州四年坐與越王貞連謀起兵事覺徙居黔州仍令載以檻車行至陳倉而死有子七人長子緒最有才藝上元中封江都王累除金州刺史垂拱中坐與裴承光交通被殺神龍初與元軌並追復爵位仍封諸孫暉爲嗣霍王景龍四年加銀青光祿大夫開元中左千牛貟外將軍

號王鳳高祖第十五子也武德六年封豳王貞觀七年授鄧州刺史賜實封六百戶十年徙封虢王歷虢豫二州刺史二十三年加實封滿千戶麟德初累授青州刺史上元元年薨年五十二贈司徒揚州大都督陪葬獻陵謚曰莊子平陽郡王翼嗣官至光州刺史永隆二年卒子寓嗣則天時失爵鳳第三子定襄郡公宏則天初爲曹州刺史第五子東莞郡公融少以武勇見知垂拱中爲申州刺史初黃公譔將與越王貞通謀深倚仗融以爲外助時詔追諸親赴都融私使問其所親成均助教高子貢曰可入朝以否子貢報曰來必取死融乃稱疾不朝以俟諸藩期及得越王貞起兵書倉卒不能相應爲僚吏所逼不獲已而奏之於是擢授銀青光祿大夫行太子右贊善大夫未幾爲支黨所引被誅子徹神龍元年襲封東莞郡公開元五年繼密王元曉改爲嗣密王十二年改封濮陽郡王歷宗正卿金紫光祿大夫卒神龍初封鳳嫡孫邕爲嗣虢王邕娶韋庶人妹爲妻由是中宗時特承寵異轉秘書監俄又改封汴王開府置僚屬月餘而韋氏敗邕揮刃截其妻首以至於朝深爲物議所鄙貶沁州刺史不知○州事削封邑景雲二年復嗣虢王還封二百戶累遷衛尉卿開元十五年卒子巨嗣別有傳

道王元慶高祖第十六子也武德六年封漢王八年改封陳王貞觀九年拜趙州刺史賜實封八百戶十年改封道王授豫州刺史二十三年加實封滿千戶永徽四年歷滑州刺史以政績聞賜物二百段後歷徐沁衛三州刺史元慶事母甚謹及母薨又請躬脩墳墓優詔不許麟德元年薨贈司徒益州都督陪葬獻陵謚曰孝子臨淮王誘嗣官至澧州刺史永淳中坐贓削爵次子詢壽州刺史詢子微神龍初封爲嗣道王景龍四年加銀青光祿大夫景雲元年宗正卿卒子鍊開元二十五年襲封嗣道王廣德中官至宗正卿

鄧王元裕高祖第十七子也貞觀五年封鄶王十一年改封鄧王賜實封八百戶歷鄧梁黃三州刺史元裕好學善談名理與典籤盧照鄰爲布衣之交二十三年加實封通前一千五百戶高宗時又歷壽襄二州刺史兗州都督麟德二年薨贈司徒益州大都督陪葬獻陵

謚曰康無子以弟江王元祥子廣平公炅嗣神龍初封炅子孝先爲
嗣鄧王開元十三年右監門衛大將軍冠軍大將軍卒
舒王元名高祖第十八子也年十歲時高祖在大安宮太宗晨夕使
尚宮起居送珍饌元名保傅等謂元名曰尚宮品秩高者見宜拜之
元名曰此我二哥家婢也何用拜爲太宗聞而壯之曰此眞我弟也
貞觀五年封譙王十一年徙封舒王賜實封八百戶拜壽州刺史後
歷滑許鄭三州刺史二十三年加實封滿千戶轉石州刺史元名性
高潔罕問家人產業朝夕衿莊門庭清肅常誡其子豫章王亶等曰
藩王所乏者不慮無錢財官職但勉行善事忠孝持身此吾志也及
亶爲江州刺史以善政聞高宗手勅褒美元名以賞其義方之訓高
宗每欲授元名大州刺史固辭曰忝預藩戚豈以州郡戶口爲仕進
之資辭情懇到故在石州二十年賞翫林泉有塵外之意垂拱年除
青州刺史又除鄭州刺史州境隣接都畿諸王及帝戚莅官者或有
不檢攝家人爲百姓所苦及元名到大革其弊轉滑州刺史政理如

○
在鄭州尋加授司空永昌年與子亶俱爲丘神勣所陷被殺神龍初
贈司徒復其官爵仍令以禮改葬亶子津爲嗣舒王景龍四年加銀
青光祿大夫開元中左威衛將軍卒子萬嗣天寶二年卒子藻嗣天
寶九載封嗣舒王
魯王靈夔高祖第十九子也少有美譽善音律好學工草隸與同母
兄韓王元嘉特相友愛貞觀五年封魏王十年改封燕王賜實封八
百戶授幽州都督十四年改封魯王授兗州都督二十三年加實封
滿千戶永徽六年轉隆州刺史後歷絳滑定等州刺史太子太師垂
拱元年授邢州刺史四年與兄元嘉子黃公譔結謀欲起兵應接越
王貞父子事洩配流振州自縊而死有二子長子銑封清河王次子
藹封范陽王歷右散騎常侍爲酷吏所陷神龍初追復靈夔官爵仍
令以禮改葬封藹子道堅爲嗣魯王性嚴整雖在閨門造次必於莊
敬少年佐郡聲實已彰景龍四年加銀青光祿大夫歷果隴吉冀洺
汾滄等七州刺史國子祭酒開元二十二年兼檢校魏州刺史未行
改汴州刺史河南道採訪使此州都會水陸輻湊實曰膏腴道堅特
以清毅聞入爲宗正卿卒子宇嗣二十九年封嗣魯王至德元年從
幸巴蜀爲右金吾將軍寶應元年皇太子封爲魯王改宇嗣鄒王道
堅弟道邃中興初封戴國公以恭默自守修山東婚姻故事頻任清
列天寶中爲右丞大理宗正二卿卒
江王元祥高祖第二十子也貞觀五年封許王十一年徙封江王授
蘇州刺史賜實封八百戶二十三年加實封滿千戶高宗時又歷金
鄜鄭三州刺史性貪鄙多聚金寶營求無厭爲人吏所患時滕王元
嬰蔣王惲虢王鳳亦稱貪暴有授得其府官者以比嶺南惡處爲之
語曰寧向儋崖振白不事江滕蔣虢元祥體質洪大腰帶十圍飲啖
亦兼數人其時韓王元嘉虢王鳳魏王泰狀貌亦偉不逮於元祥又
眇一目永隆元年薨贈司徒并州大都督陪葬獻陵謚曰安子永嘉
王晫永隆中爲復州刺史以貪黷其行賜死于家中興初元祥子鉅
鹿郡公晃子欽嗣江王景龍四年加銀青光祿大夫娶王仁皎女至

○
千牛將軍卒
密王元曉高祖第二十一子也貞觀五年受封九年授虢州刺史十
四年賜實封八百戶二十三年加滿千戶轉澤州刺史永徽四年除
宣州刺史後歷徐州刺史上元三年薨贈司徒揚州都督陪葬獻陵
謚曰貞子南安王穎嗣神龍初封穎弟亮子昱爲嗣密王
滕王元嬰高祖第二十二子也貞觀十三年受封十五年賜實封八
百戶授金州刺史二十三年加實封滿千戶永徽中元嬰頗驕縱逸
遊動作失度高宗與書誡之曰王地在宗枝寄深盤石幼聞詩禮夙
承義訓實冀孜孜無怠漸以成德豈謂不遵軌轍踰越典章且城池
作固以備不虞關鑰開閉須有常準鳩合散樂并集府僚嚴關夜開
非復一度過密之悲尚纏比屋王以此情事何遽紛紜又巡省百姓
本觀風問俗遂乃驅率老幼借狗求罝志從禽之娛忽黎元之重時
方農要屢出畋遊以彈彈人將爲笑樂取適之方亦應多緒何必此
事方得爲娛晉陵雁主未可取則趙孝文趨走小人張四又倡優賤

隷王親與博戲極爲輕脫一府官僚何所瞻望凝寒方甚以雪埋人虐物既深何以爲樂家人奴僕侮弄官人至於此事彌不可長朕以王骨肉至親不能致王於法今與王下上考以媿王心人之有過貴在能改國有憲章私恩難再與言及此慙歎盈懷三年遷蘇州刺史尋轉洪州都督又數犯憲章削邑戶及親事帳內之半於滁州安置後起授壽州刺史轉隆州刺史弘道元年加開府儀同三司兼梁州都督文明元年薨贈司徒冀州都督陪葬獻陵子長樂王循琦嗣兄第六人垂拱中並陷詔獄神龍初以循琦弟循琯子涉嗣滕王本名茂宗狀貌類胡而豐碩開元十二年加銀青光祿大夫左驍衛將軍天寶初淮安郡別駕卒子湛然嗣十一載封滕王十五載從幸蜀除左金吾將軍

史臣曰一人元良萬國以貞若明兩重離道非出震雖居嫡長寧固鎡鐖况當開創之初未見太平之兆建成殘忍豈主鬯之才元吉凶狂有覆巢之迹若非太宗逆取順守積德累功何以致三百年之延洪二十帝之纂嗣或堅持小節必虧大猷欲比秦二世隋煬帝亦不及矣元嘉脩身元軌無玷元裕名理元名高潔靈夔嚴整皆有封冊之名而無磐石之固武氏之亂或連頸被刑姦臣擅權則束手爲制其望本枝百世也不亦難乎

贊曰有功曰祖有德曰宗建成元吉實爲二凶中外交構人神不容用晦而明殷憂啓聖運屬文皇功成守正善惡既分社稷乃定盤維封建本枝茂盛元嘉元軌修身慎行元裕元名行簡居正犬牙不固武氏易姓既無兵民若拘陷穽敢告後人無或失政

唐書列傳卷第十四

劉　昫　等修
聞人詮校刻沈桐同校

高士廉　長孫無忌

高儉字士廉渤海蓨人曾祖飛雀後魏贈太尉祖㬢北齊侍中左僕射太尉清河王父勵字敬德北齊樂安王尚書左僕射隋洮州刺史士廉少有器局頗涉文史隋司隸大夫薛道衡起居舍人崔祖濬並稱先達與士廉結忘年之好由是公卿藉甚大業中為治禮郎士廉妹先適隋右驍衛將軍長孫晟生子無忌及女晟卒士廉迎妹及甥於家恩情甚重見太宗潛龍時非常人因以晟女妻焉即文德皇后也隋軍伐遼時兵部尚書斛斯政亡奔高麗士廉坐與交遊謫為朱鳶主簿事父母以孝聞嶺南瘴癘不可同行留妻鮮于氏侍養供給不足又念妹無所庇乃賣大宅買小宅以處之分其餘資輕裝而去尋屬天下大亂王命阻絕交趾太守丘和署為司法書佐士廉久在

○南方不知母問安北顧彌切嘗晝寢夢其母與之言宛如膝下既覺而涕泗橫集明日果得母訃議者以為孝感之應時欽州寧長真率衆攻和和欲出門迎之士廉進說曰長真兵勢雖多懸軍遠至內離外蹙不能持久且城中勝兵足以當之奈何而欲受人所制和從之因命士廉為行軍司馬水陸俱進逆擊破之長真僅以身免餘衆盡降及蕭銑敗高祖使徇嶺南武德五年士廉與和上表歸國累遷雍州治中時太宗為雍州牧以士廉是文德皇后之舅素有才望甚親敬之及將誅隱太子士廉與其甥長孫無忌並預密謀六月四日士廉率吏卒釋繫囚授以兵甲馳至芳林門備與太宗合勢太宗昇春宮拜太子右庶子貞觀元年擢拜侍中封義興郡公賜實封九百戶士廉明辯善容止凡有獻納搢紳之士莫不屬目時黃門侍郎王珪有密表附士廉以聞士廉寢而不言坐是出為安州都督轉益州大都督府長史蜀土俗薄畏鬼而惡疾父母病有危殆者多不親扶侍杖頭挂食遙以哺之士廉隨方訓誘風俗頓改秦時李冰守蜀導引汶江創浸灌之利至今地居水側者頃直千金富強之家多相侵奪士廉乃於故渠外別更疏決蜀中大獲其利又因暇日汲引辭人以為文會兼命儒生講論經史勉勵後進蜀中學校粲然復興蜀人朱桃椎者淡泊為事隱居不仕披裘帶索沉浮人間竇軌之鎮益州也聞而召見遺以衣服逼為鄉正桃椎口竟無言棄衣於地逃入山中結菴澗曲夏則臝形冬則樹皮自覆人有贈遺一無所受每為芒屩置之於路人見之者曰朱居士之屩也為鬻米置於本處桃椎至夕而取之終不與人相見議者以為焦先之流士廉下車以禮致之及至降階與語桃椎不答直視而去士廉每令存問桃椎見使者輒入林自匿近代以來多輕隱逸士廉獨加褒禮蜀中以為美談五年入為吏部尚書進封許國公仍封一子為縣公掌鑒人倫雅諳姓氏凡所署用莫不人地俱允高祖崩士廉攝司空營山陵制度事畢加特進上柱國是時朝議以山東人士好自矜夸雖復累葉陵遲猶恃其舊地女適他族必多求聘財太宗惡

○之以為甚傷教義乃詔士廉與御史大夫韋挺中書侍郎岑文本禮部侍郎令狐德棻等刊正姓氏於是普責天下譜諜仍憑據史傳考其真偽忠賢者褒進悖逆者貶黜撰為氏族志士廉乃類其等第以進太宗曰我與山東崔盧李鄭舊既無嫌為其世代衰微全無冠蓋猶自云士大夫婚姻之間則多邀錢幣才識凡下而偃仰自高販鬻松檟依託富貴我不解人間何為重之祗緣齊家惟據河北梁陳僻在江南當時雖有人物偏僻小國不足可貴至今猶以崔盧王謝為重我平定四海天下一家凡在朝士皆功效顯著或忠孝可稱或學藝通博所以擢用見居三品以上欲共衰代舊門為親縱多輸錢帛猶被偃仰我今特定族姓者欲崇重今朝冠冕何因崔幹猶為第一等昔漢高祖止是山東一匹夫以其平定天下主尊臣貴卿等讀書見其行迹至今以為美談心懷敬重卿等不貴我官爵耶不須論數世以前止取今日官職高下作等級遂以崔幹為第三等及書成凡一百卷詔頒於天下賜士廉物

千段尋同中書門下三品十二年與長孫無忌等以佐命功並代襲刺史授申國公其年拜尚書右僕射士廉既任遇益隆多所表奏成輒焚藁人莫知之攝太子少師特令掌選十六年加授開府儀同三司尋表請致仕聽解尚書右僕射令以開府儀同三司依舊平章事又正受詔與魏徵等集文學之士撰文思博要一千二百卷奏之賜物千段十七年二月詔圖形凌煙閣十九年太宗伐高麗皇太子定州監國士廉攝太子太傅仍典朝政皇太子下令曰攝太傅申國公士廉朝望國華儀形攸屬寡人忝膺監守寔資訓導比日聽政常屈同榻庶因諮白少祛蒙滯但據案奉對情所未安已約束不許更進太傅誨諭深至使遵常式辭不獲免輒復從所司亦宜別以一案供太傅士廉固讓不敢當二十年遇疾太宗幸其第問之因敘說生平流涕歔欷而訣二十一年正月壬辰薨于京師崇仁里私第時年七十二太宗又命駕將臨之司空玄齡以上餌藥石不宜臨喪抗表切諫上曰朕之此行豈獨爲君臣之

禮兼以故舊情深姻戚義重卿勿復言也太宗從數百騎出興安門至延喜門長孫無忌馳至馬前諫曰餌石臨喪經方明忌陛下含育黎元須爲宗社珍愛臣亡舅士廉知將不救顧謂臣曰至尊覆載恩隆不遺簪履亡歿之後或致親臨內省凡才無益聖日安可以死亡之餘輒迴宸駕魂而有靈負譴斯及陛下恩深故舊亦請察其丹誠其言甚切太宗猶不許無忌乃伏於馬前流涕帝乃還宮贈司徒并州都督陪葬昭陵謚曰文獻士廉祖父俏身並爲僕射子爲尚書甥爲太尉當代榮之六子履行至行純行眞行審行慎行及喪柩出自橫橋太宗登故城西北樓望而慟高宗即位追贈太尉與房玄齡屈突通並配享太宗廟庭子履行貞觀初歷祠部郎中丁母憂哀悴踰禮太宗遣使諭之曰孝子之道毀不滅性汝宜強食不得過禮服闋累遷滑州刺史尚太宗女東陽公主拜駙馬都尉十九年除戶部侍郎加銀青光祿大夫無幾遭父艱居喪復以孝聞太宗手詔敦諭曰古人立孝毀不滅身聞卿絕粒殊乖大體幸抑摧裂之情割傷生之累俄起爲衞尉卿進加金紫光祿大夫襲爵申國公永徽元年拜戶部尚書檢校太子詹事太常卿顯慶元年出爲益州大都督府長史先是士廉居此職頗著能名至是履行繼之亦有善政大爲人吏所稱三年坐與長孫無忌親累左授洪州都督轉永州刺史卒於官履行弟眞行官至右衞將軍其子典膳丞岐坐與章懷太子陰謀事洩詔付眞行令自懲誡眞行遂手刃之仍棄其屍於衢路高宗聞而鄙之貶眞行爲睦州刺史卒

長孫無忌字輔機河南洛陽人其先出自後魏獻文帝第三兄初爲拓拔氏宣力魏室功最居多世襲大人之號後更跋氏爲宗室之長改姓長孫氏七世祖道生後魏司徒上黨靖王六世祖旃後魏特進上黨齊王五世祖觀後魏司徒上黨定王高祖稚西魏太保馮翊文宣王曾祖子裕西魏衞尉卿平原郡公祖兕周開府儀同三司襲爵平原公父晟隋右驍衞將軍無忌貴戚好學該博文史

性通悟有籌略文德皇后即其妹也少與太宗友善義軍渡河無忌至長春宮謁見授渭北道行軍典籤常從太宗征討累除比部郎中封上黨縣公武德九年隱太子建成齊王元吉謀將害太宗無忌請太宗先發誅之於是奉旨密召房玄齡杜如晦等共爲籌略六月四日無忌與尉遲敬德侯君集張公謹劉師立公孫武達獨孤彥雲杜君綽鄭仁泰李孟嘗等九人入玄武門討建成元吉平之太宗昇春宮授太子左庶子及即位遷左武候大將軍貞觀元年轉吏部尚書以功第一進封齊國公實封千三百戶太宗以無忌佐命元勳地兼外戚禮遇尤重常令出入臥內其年拜尚書右僕射時突厥頡利可汗新與中國和盟政教紊亂言事者多陳攻取之策太宗召蕭瑀及無忌問曰北番君臣昏亂殺戮無辜國家不違舊好便失攻昧之機今欲取亂侮亡復爽同盟之義二途不決孰爲勝耶蕭瑀曰兼弱攻昧古之爲善無忌曰今國家務在戢兵待其寇邊方可討擊彼既已弱必不能來若深入虜廷臣

未見其可且按甲存信臣以爲宜太宗從無忌之議矣厥幸政要
而減或有密表稱無忌權寵過盛太宗以表示無忌曰朕與卿君
臣之間凡事無疑若各懷所聞而不言則君臣之意無以獲通因
召百寮謂之曰朕今有子皆幼無忌於朕實有大功今者委之猶
如子也疏間親新間舊謂之不順朕所不取也無忌深以盈滿爲
誡懇辭機密文德皇后又爲之陳請太宗不獲已乃拜開府儀同
三司解尚書右僕射是歲太宗親祠南郊及將還命無忌與司空
裴寂同昇金輅五年與房玄齡杜如晦尉遲敬德四人以元勳各封
一子爲郡公七年十月冊拜司空無忌固辭不許又因高士廉奏曰
臣幸居外戚恐招聖主私親之誚敢以死請太宗曰朕之授官必
擇才行若才行不至縱朕至親亦不虛授襄邑王神符是也若才
有所適雖怨讎而不棄魏徵等是也朕若以無忌居后兄之愛當
多遺子女金帛何須委以重官蓋是取其才行耳無忌聰明鑒悟
雅有武略公等所知朕故委之台鼎無忌又上表切讓詔報之曰

昔黃帝得力牧而爲五帝先夏禹得咎繇而爲三王祖齊桓得管
仲而爲五伯長朕自居藩邸公爲腹心遂得廓清宇內君臨天下
以公功績才望允稱具瞻故授此官無宜多讓也太宗追思王業
艱難佐命之力又作威鳳賦以賜無忌其辭曰有一威鳳憩翮朝
陽晨遊紫霧夕飲玄霜資長風以舉翰戾天衢而遠翔西翥則
煙氛閉色東飛則日月騰光化垂鵬於北裔訓群鳥於南荒殷亂
世而方降應明時而自彰俛翼雲路歸功本樹仰喬枝而見猜俯
脩條而抱蠹同林之侶俱嫉共幹之儔並忤無桓山之義情有炎
洲之凶度若巢葦而居安獨懷危而履懼鴟鴞嘯乎側葉鷰雀
喧乎下枝慚己陋之至鄙害他賢之獨奇或聚咮而交擊乍分羅
而見羈戢凌雲之逸羽韜偉世之清儀遂乃蓄情宵影結志晨
暉霜殘綺翼露點紅衣嗟憂患之易結歎矰繳之難違期畢命於
一死本無情於再飛幸賴君子以依以恃引此風雲濯斯塵滓披
蒙翳於葉下發光華於枝裏仙翰屈而還舒靈音摧而復起眄八

極以遐翥臨九天而高峙庶廣德於衆禽非崇利於一己是以徘
徊感德顧慕懷賢憑明哲而禍散託英才而福全答惠之情彌
結報功之志方宣非知難而行易思令後而終前俾賢德之流慶
畢萬葉而芳傳十一年令與諸功臣世襲刺史詔曰周武定業胙
茅土於子弟漢高受命誓帶礪於功臣豈止重親賢之地崇其典
禮抑亦固盤石之基寄以藩翰魏晉已降事不師古建侯之制有
乖名實非所謂作屏王室永固無窮者也隋氏之季四海沸騰朕
運屬殷憂戡翦多難上憑明靈之祐下賴英賢之輔廓清寓縣
嗣膺寶曆豈予一人獨能致此時迍共資其力世安專享其利乃
睠於斯甚所不取但今刺史即古之諸侯雖立名不同監統一也
故申命有司斟酌前代宜條委共理之寄象賢存世及之典司空
齊國公無忌等並策名運始功參締構義貫休戚效彰夷險嘉
庸懿績簡于朕心宜委以藩鎮改錫土宇無忌可趙州刺史改封
趙國公尚書左僕射魏國公玄齡可宋州刺史改封梁國公故司

空蔡國公杜如晦可贈密州刺史改封萊國公特進代國公靖可
濮州刺史改封衛國公特進吏部尚書許國公士廉可申州刺史
改封申國公兵部尚書潞國公侯君集可陳州刺史改封陳國公
刑部尚書任城郡王道宗可鄂州刺史改封江夏郡王晉州刺史
趙郡王孝恭可觀州刺史改封河間郡王同州刺史吳國公尉遲
敬德可宣州刺史改封鄂國公并州都督府長史曹國公李勣可
蘄州刺史改封英國公左驍衛大將軍楚國公段志玄可金州刺
史改封褒國公左領軍大將軍宿國公程知節可普州刺史改封
盧國公太僕卿任國公劉弘基可朗州刺史改封夔國公相州都
督府長史郢國公張亮可澧州刺史改封鄖國公餘官食邑並如
故即令子孫奕葉承襲無忌等上言曰臣等披荊棘以事陛下今
海內寧一不願違離而乃世牧外州與遷徙何異乃與房玄齡上
表曰臣等聞質文迭變皇王之迹有殊今古相沿致理之方乃革
緬惟三代習俗靡常爰制五等隨時作教蓋由力不能制因而利

之禮樂節文多非已出遠于兩漢用矯前違置守宰頒條綱除暴
弊爲無益之文覃及萬方建不易之理有逾千載今曲爲臣等復
此奄荒欲其優隆錫之茅社施于子孫永貽長世斯乃大鈞播物
毫髮並施其生小人踰分後世必嬰其禍何者違時易務曲樹私
恩謀及庶僚義非僉允方招史冊之誚有紊聖代之綱此其不可
一也又臣等智效罕施器識庸陋或情緣右戚遂陟台階或顧想
披荊便蒙夜拜直當今日猶愧非才重裂山河愈彰濫賞此其不
可二也又且孩童嗣職義乖師儉之方任以褰帷寧無傷錦之弊
上干天憲彝典既有常科下擾生民必致餘殃於後 挂刑網自取
誅夷陛下深仁務延其世翻令勦絕誠有可哀此其不可三也當
今聖曆欽明求賢分政古稱良守寄在共理此道之目爲日滋久
因緣臣等或有改張封植兒曹失於求瘼百姓不幸將焉用之此
其不可四也在茲一舉爲損實多曉夕深思憂貫心髓所以披丹
上訴指事明心不敢浮辭同於矯飾伏願天澤諒其愚款特停渙

汗之旨賜其性命之恩太宗覽表謂曰割地以封功臣古今通義
意欲公之後嗣翼朕子孫長爲藩翰傳之永久而公等薄山河之
誓發言怨望朕亦安可強公以土宇耶於是遂止十二年太宗幸其
第凡是親族班賜有差十六年冊拜司徒十七年令圖畫無忌等
二十四人於凌煙閣詔曰自古皇王褒崇勲德既勒銘於鍾鼎又
圖形於丹青是以甘露良佐麟閣著其美建武功臣雲臺紀其跡
司徒趙國公無忌故司空揚州都督河間元王孝恭故司空萊國
成公如晦故司空相州都督太子太師鄭國文貞公徵司空梁國
公玄齡開府儀同三司鄂國公敬德特進衛國公靖特進宋國公
瑀故輔國大將軍揚州都督褒忠壯公志玄輔國大將軍夔國公
弘基故尚書左僕射蔣忠公通故陝東道行臺右僕射鄖節公開
山故荊州都督譙襄公柴紹故荊州都督邳襄公順德洛州都督
鄖國公張亮光祿大夫吏部尚書陳國公侯君集故左驍衛大將
軍郯襄公張公謹左領軍大將軍盧國公程知節故禮部尚書永

興文懿公虞世南故戶部尚書渝襄公劉政會光祿大夫戶部尚
書莒國公唐儉光祿大夫兵部尚書英國公勣故徐州都督胡壯
公秦叔寶等或材推棟梁謀猷經遠綢繆帷帳經綸霸圖或學綜
經籍德範光茂隱犯同致忠讜日聞或竭力義旗委質藩邸一心
表節百戰標奇或受脤廟堂闢土方面重氛載廓王略遐宣並契
闊屯夷劬勞師旅贊景業於草昧翼淳化於隆平茂績殊勳冠冕
列辟昌言直道牢籠搢紳宜酌故實弘茲令典可並圖畫於凌煙
閣庶念功之懷無謝於前載旌賢之義永貽於後昆其年太子承
乾得罪太宗欲立晉王而限以非次迴惑不決御兩儀殿羣官盡出
獨留無忌及司空房玄齡兵部尚書李勣謂曰我三子一弟所爲
如此我心無憀因自投於牀抽佩刀欲自刺無忌等驚懼爭前
扶抱取佩刀以授晉王無忌等請太宗所欲報曰我欲立晉王無
忌曰謹奉詔有異議者臣請斬之太宗謂晉王曰汝舅許汝宜拜
謝晉王因下拜太宗謂無忌等曰公等既符我意未知物論何如

無忌曰晉王仁孝天下屬心久矣伏乞召問百寮必無異辭若不
蹈舞同音臣負陛下萬死於是建立遂定因加授無忌太子太師
尋而太宗又欲立吳王恪無忌密爭之其事遂輟太宗嘗謂無忌
等曰朕聞主賢則臣直人苦不自知公宜面論攻朕得失無忌奏
言陛下武功文德跨絕古今發號施令事皆利物孝經云將順其
美臣順之不暇實不見陛下有所愆失太宗曰朕冀聞已過公乃
妄相諛悅朕今面談公等得失以爲鑒誡言之者可以無過聞之
者可以自改因目無忌曰善避嫌疑應對敏速求之古人亦當無
比而揔兵攻戰非所長也高士廉涉獵古今心術聰悟臨難既不
改節爲官亦無朋黨所少者骨鯁規諫耳唐儉言辭俊利善和解
人酒杯流行發言啓齒事朕三十載遂無一言論國家得失楊師道
性行純善自無愆過而情實怯懦未甚便事緩急不可得力岑文
本性道敦厚文章自其所長而持論常據經遠自當不負於物劉
洎性最堅貞言多利益然其意上然諾於朋友能自補闕亦何以

尚馬周見事敏速性甚貞正至於論量人物直道而行朕比任使多所稱意褚遂良學問稍長性亦堅正既寫忠誠甚親附於朕譬如飛鳥依人自加憐愛十九年太宗征高麗令無忌攝侍中還無忌固辭師傅之位優詔聽罷太子太師二十一年遥領揚州都督二十三年太宗疾篤引無忌及中書令褚遂良二人受遺令輔政太宗謂遂良曰無忌盡忠於我我有天下多是此人力爾輔政後勿令讒毀之徒損害無忌若如此者爾則非復人臣高宗即位進拜太尉兼揚州都督知尚書及門下二省事並如故無忌固辭知尚書省事許之仍令以太尉同中書門下三品永徽二年監修國史高宗嘗謂公卿朕開獻書之路冀有意見可錄將擢用之比者上疏雖多而遂無可採者無忌對曰陛下即位政化流行條式律令固無遺闕言事者率其鄙見妄希僥倖至於裨俗益教理當無足可取然須開此路猶冀時有讜言如或杜絕便恐下情不達帝曰又聞所在官司猶自多有顏面無忌曰顏面阿私自古不免

然聖化所漸人皆向公至于肆情曲法實謂必無此事小小收取人情恐陛下尚亦不免況臣下私其親戚豈敢頓言絕無時無忌位當元舅數進謀議高宗無不優納之明年以旱上疏辭職高宗頻降手詔敦諭不許五年親幸無忌第見其三子並擢授朝散大夫又命圖無忌形像親為畫贊以賜之六年帝將立昭儀武氏為皇后無忌屢言不可帝乃密遣使賜無忌金銀寶器各一車綾錦十車以悅其意昭儀母楊氏復自詣無忌宅屢加祈請時禮部尚書許敬宗又屢申勸請無忌嘗厲色折之帝後又召無忌左僕射于志寧右僕射褚遂良謂曰武昭儀有令德朕欲立為皇后卿等以為如何無忌曰自貞觀二十三年後先朝付託遂良望陛下問其可否帝竟不從無忌等言而立昭儀為皇后皇后以無忌先受重賞而不助已心甚銜之顯慶元年無忌與史官國子祭酒令狐德棻綴集武德貞觀二朝史為八十卷表上之無忌以監領功賜物二千段封其子潤為金城縣子四年中書令許敬宗遣人上封事稱監察御史李巢與無忌交通謀反帝令敬宗與侍中辛茂將鞫之敬宗奏言無忌謀反有端帝曰我家不幸親戚中頻有惡事高陽公主與朕同氣往年遂與房遺愛謀反今阿舅復作惡心近親如此使我慙見萬姓敬宗曰房遺愛乳臭兒與女子謀反豈得成事且無忌與先朝謀取天下衆人服其智作宰相三十年百姓畏其威可謂威能服物智能動衆臣恐無忌知事露即為急計攘袂一呼嘯命同惡必為宗廟深憂誠願陛下斷之不日即收捕準法破家帝泣曰我決不忍處分與罪後代良史道我不能和其親戚使至于此敬宗曰漢文帝漢室明主薄昭即是帝舅從代來日亦有大勳與無忌不別於後惟坐殺人文帝惜國之法令朝臣喪服就宅哭而殺之良史不以為失今無忌忘先朝之大德捨陛下之至親聽受邪謀遂懷悖逆意在塗炭生靈若比薄昭罪惡未可同年而語案諸刑典合誅五族臣聞當斷不斷反受其亂大機之事間不容髮若少遲延恐即生變惟請早決帝竟不親問無忌謀反所由惟聽敬宗誣構之說遂去其官爵流黔州仍遣使發次州府兵援

送至流所其子秘書監駙馬都尉沖等並除名流於嶺外敬宗尋與吏部尚書李義府遣大理正袁公瑜就黔州重鞫無忌反狀公瑜逼令自縊而死籍沒其家無忌既有大功而死非其罪天下至今哀之上元元年優詔追復無忌官爵特令無忌孫延主齊獻公之祀無忌從父兄安世仕王世充署為內史令東都平死於獄中安世子祥以文德皇后近屬累除刑部尚書坐與無忌通書見殺

史臣曰士廉才望素高操秉無玷保君臣終始之義為子孫襲繼之謀社稷之臣功亦隆矣獎遇之恩賞亦厚矣及子真行手刃其子何凶忍也若是積慶之道不其惑哉無忌戚里右族英冠人傑定立儲闈力安社稷勳庸茂著終始不渝及黜廢中宫竟不阿旨報先帝之顧託為敬宗之誣構嗟乎忠信獲罪今古不免無名受戮族滅何辜主暗臣姦足貽後代

贊曰嚴嚴申公功名始終文皇題品信謂酌中趙公右戚兩朝宜力功成不去竟逢鬼蜮

唐書列傳卷第十五　右文林郎充兩浙東路提舉茶塩司幹辦公事臣蘇之勤校勘

房玄齡　杜如晦

房喬字玄齡齊州臨淄人曾祖翼後魏鎮遠將軍宋安郡守襲壯武伯祖熊字子釋褐州主簿父彥謙好學通涉五經隋涇陽令隋書有傳玄齡幼聰敏博覽經史工草隸善屬文嘗從其父至京師時天下寧晏論者咸以國祚方永玄齡乃避左右告父曰隋帝本無功德但誑惑黔黎不爲後嗣長計混諸嫡庶使相傾奪儲后藩枝競崇淫侈終當內相誅夷不足保全家國今雖清平其亡可翹足而待彥謙驚而異之年十八本州舉進士授羽騎尉吏部侍郎高孝基素稱知人見之深相嗟挹謂裴矩曰僕閱人多矣未見如此郎者必成偉器但恨不覩其聳壑凌霄耳父病綿歷十旬玄齡盡心藥膳未嘗解衣交睫父終酌飲不入口者五日後補隰城尉會義旗入關太宗徇地渭北玄齡杖策謁於軍門溫彥博又薦焉太宗見

○便如舊識署渭北道行軍記室參軍玄齡既遇知己罄竭心力知無不爲賊寇每平衆人競求珍玩玄齡獨先收人物致之幕府及有謀臣猛將皆與之潛相申結各盡其死力既而隱太子見太宗勳德尤盛轉生猜間太宗嘗至隱太子所食中毒而歸府中震駭計無所出玄齡因謂長孫無忌曰今嫌隙已成禍機將發天下恟恟人懷異志變端一作大亂必興非直禍及府朝正恐傾危社稷此之際會安可不深思也僕有愚計莫若遵周公之事外寧區夏內安宗祏申孝養之禮古人有云爲國者不顧小節此之謂歟孰若家國淪亡身名俱滅乎無忌曰久懷此謀未敢披露公今所說深會宿心無忌乃入白之太宗召玄齡謂曰阽危之兆其迹已見將若之何對曰國家患難今古何殊自非睿聖欽明不能安輯大王功蓋天地事鍾壓紐神贊所在匪藉人謀因與府屬杜如晦同心勠力仍隨府遷授秦王府記室封臨淄侯又以本職兼陝東道大行臺考功郎中加文學館學士玄齡在秦府十餘年常典管記每

軍書表奏駐馬立成文約理贍初無稾草高祖嘗謂侍臣曰此人深識機宜足堪委任每爲我兒陳事必會人心千里之外猶對面語耳隱太子以玄齡如晦爲太宗所親禮甚惡之譖之於高祖由是與如晦並被驅斥隱太子將有變也太宗令長孫無忌召玄齡及如晦令衣道士服潛引入閤計事及太宗入春宮擢拜太子右庶子賜絹五千匹貞觀元年代蕭瑀爲中書令論功行賞以玄齡及長孫無忌杜如晦尉遲敬德侯君集五人爲第一進爵邢國公賜實封千三百戶太宗因謂諸功臣曰朕敘公等勳效量定封邑恐不能盡當各許自言皇從父淮安王神通進曰義旗初起臣率兵先至今房玄齡杜如晦等刀筆之吏功居第一臣竊不服上曰義旗初起人皆有心叔父雖率得兵來未嘗身履行陣山東未定受委專征建德南侵全軍陷沒及劉黑闥翻動叔父望風而破今計勳行賞玄齡等有籌謀帷幄定社稷之功所以漢之蕭何雖無汗馬指蹤推轂故得功居第一叔父於國至親誠無所愛必不可緣私濫

○與功臣同賞耳初將軍丘師利等咸自矜其功或攘袂指天以手畫地及見神通理屈自相謂曰陛下以至公行賞不私其親吾屬何可妄訴三年拜太子少師固讓不受攝太子詹事兼禮部尚書明年代長孫無忌爲尚書左僕射改封魏國公監修國史既任總百司虔恭夙夜盡心竭節不欲一物失所聞人有善若己有之明達吏事飾以文學審定法令意在寬平不以求備取人不以己長格物隨能收敘無隔卑賤論者稱爲良相焉或時以事被譴則累日朝堂稽顙請罪悚懼踧踖若無所容九年護高祖山陵制度以功加開府儀同三司十一年與司空長孫無忌等四人並代襲刺史以本官爲宋州刺史改封梁國公事竟不行十三年加太子少師玄齡頻表請解僕射詔報曰夫選賢之義無私爲本奉上之道當仁是貴列代所以弘風通賢所以協德公忠肅恭懿明允篤誠草昧霸圖綢繆帝道儀形黃閣庶政惟和輔翼春宮望實斯著而忘彼大體徇茲小節雖恭教諭之職乃辭機衡之務豈所謂弼

予一人共安四海者也玄齡遂以本官就職時皇太子將行拜禮備儀以待之玄齡深自卑損不敢修謁遂歸于家有識者莫不重其崇讓玄齡自以居端揆十五年女爲韓王妃男遺愛尚高陽公主實顯貴之極頻表辭位優詔不許十六年又與士廉等同撰文思博要成錫賚甚優進拜司空仍綜朝政依舊監修國史玄齡抗表陳讓太宗遣使謂之曰昔留侯讓位竇融辭榮自懼盈滿知進能退善覽止足前代美之公亦欲齊蹤往哲實可嘉尚然國家久相任使一朝忽無良相如失兩手公若筋力不衰無煩此讓玄齡遂止十八年與司徒長孫無忌等圖形於凌煙閣讚曰才兼藻翰思入機神當官勵節奉上忘身高宗居春宮加玄齡太子太傅仍知門下省事監修國史如故尋以撰高祖太宗實錄成降璽書褒美賜物一千五百段其年玄齡丁繼母憂去職特敕賜以昭陵葬地未幾起復本官太宗親征遼東命玄齡京城留守手詔曰公當蕭何之任朕無西顧之憂矣軍戎器械戰士糧廩並委令處分發

○遣玄齡屢上言敵不可輕尤宜誡慎尋與中書侍郎褚遂良受詔重撰晉書於是奏取太子左庶子許敬宗中書舍人來濟著作郎陸元仕劉子翼前雍州刺史令狐德棻太子舍人李義府薛元超起居郎上官儀等八人分功撰錄以臧榮緒晉書爲主參考諸家甚爲詳洽然史官多是文詠之士好採詭謬碎事以廣異聞又所評論競爲綺豔不求篤實由是頗爲學者所譏唯李淳風深明星曆善於著述所修天文律曆五行三志最可觀採太宗自著宣武二帝及陸機王羲之四論於是總題云御撰至二十年書成凡一百三十卷詔藏于秘府頒賜加級各有差玄齡嘗因微譴歸第黃門侍郎褚遂良上疏曰君爲元首臣號股肱龍躍雲興不嘯而集苟有時來千年朝暮陛下昔在布衣心懷拯溺手提輕劍仗義而起平諸寇亂皆自神功文經之助頗由輔翼爲臣之勤玄齡爲最昔呂望之扶周武伊尹之佐成湯蕭何關中王導江外方之於斯可以爲匹且武德初策名伏事忠勤恭孝衆所同歸而前宮海陵憑

凶侍亂于時事主人不自安居累卵之危有倒懸之急命視一刻身縻寸景玄齡之心終始無變及九年之際機臨事迫身被斥逐闕於謨謀猶服道士之衣與文德皇后同心影助其於臣節自無所負及貞觀之始萬物惟新甄吏事君物論推與而勳庸無比委質惟舊自非罪狀無赦搢紳同尤不可以一犯一愆輕示遐棄陛下必矜玄齡齒髮薄其所爲古者有諷諭大臣遣其致仕自可在後式遵前事退之以禮不失善聲今數十年勳舊以一事而斥逐在外云云以爲非是夫天子重大臣則人盡其力輕去就則物不自安臣以庸薄忝預左右敢冒天威以申管見二十一年太宗幸翠微宮授司農卿李緯爲民部尚書玄齡時在京城留守會有自京師來者太宗問曰玄齡聞李緯拜尚書如何對曰玄齡但云李緯好髭鬚更無他語太宗遽改授緯洛州刺史其爲當時準的如此二十三年駕幸玉華宮時玄齡舊疾發詔令臥總留臺及漸篤追赴宮所乘擔輦入殿將至御座乃下太宗對之流涕玄齡亦感咽

○不能自勝敕遣名醫救療尚食每日供御膳若微得減損太宗即喜見顏色如聞增劇便爲改容悽愴玄齡因謂諸子曰吾自度危篤而恩澤轉深若孤負聖君則死有餘責當今天下清謐咸得其宜唯東討高麗不止方爲國患主上含怒意決臣下莫敢犯顏吾知而不言則銜恨入地遂抗表諫曰臣聞兵惡不戢武貴止戈當今聖化所覃無遠不屆洎上古所不臣者陛下皆能臣之所不制者皆能制之詳觀今古爲中國患害者無如突厥遂能坐運神策不下殿堂大小可汗相次束手分典禁衛執戟行間其後延陀鴟張尋就夷滅鐵勒慕義請置州縣沙漠以北萬里無塵至如高昌叛渙於流沙吐渾首鼠於積石偏師薄伐俱從平蕩高麗歷代逋誅莫能討擊陛下責其逆亂弒主虐人親總六軍問罪遼碣未經旬月即拔遼東前後虜獲數十萬計分配諸州無處不滿雪往代之宿恥掩崤陵之枯骨比功較德萬倍前王此聖心之所自知微臣安敢備說且陛下仁風被於率土孝德彰於配天覩夷狄之將

亡則指期數歲授將帥之節度則使機萬里屈指而候驛視景而
望書符應若神筭無遺策擢將於行伍之中取士於凡庸之末遠夷
單使一見不忘小臣之名未嘗再問箭穿七札弓貫六鈞加以留情
墳典屬意篇什筆邁鍾張辭窮班馬文鋒既振則管磬自諧輕
翰蹔飛則花蘤競發撫萬姓以慈遇羣臣以禮褒秋毫之善解吞
舟之網逆耳之諫必聽膚受之訴斯絕好生之德焚障塞於江湖
惡殺之仁息鼓刀於屠肆鳧鶴荷稻粱之惠犬馬蒙帷蓋之恩降
乘吮思摩之瘡登堂臨魏徵之柩哭戰亡之卒則哀動六軍負塡
道之薪則精感天地重黔黎之大命特盡心於庶獄臣心識昏憒
豈足論聖功之深遠談天德之高大哉陛下兼衆美而有之靡不
備具微臣深爲陛下惜之重之愛之寶之周易曰知進而不知退
知存而不知亡知得而不知喪又曰知進退存亡不失其正者惟聖
人乎由此言之進有退之義存有亡之機得有喪之理老臣所以
爲陛下惜之者蓋此謂也老子曰知足不辱知止不殆謂陛下威

名功德亦可足矣拓地開疆亦可止矣彼高麗者邊夷賤類不
足待以仁義不可責以常禮古來以魚鼈畜之宜從闊略若必欲
絕其種類恐獸窮則搏且陛下每決一死囚必令三覆五奏進素食
停音樂者蓋以人命所重感動聖慈也況今兵士之徒無一罪戾無
故驅之於行陣之間委之於鋒刃之下使肝腦塗地魂魄無歸令
其老父孤兒寡妻慈母望轊車而掩泣抱枯骨以摧心足以變動
陰陽感傷和氣實天下冤痛也且兵者凶器戰者危事不得已而
用之向使高麗違失臣節陛下誅之可也侵擾百姓而陛下滅之
可也久長能爲中國患而陛下除之可也有一於此雖日殺萬夫不
足爲愧今無此三條坐煩中國內爲舊王雪恥外爲新羅報讎
豈非所存者小所損者大願陛下遵皇祖老子止足之誡以保萬
代巍巍之名發霈然之恩降寬大之詔順陽春以布澤許高麗以
自新焚凌波之船罷應募之衆自然華夷慶賴遠肅邇安臣老
病三公旦夕入地所恨竟無塵露微增海嶽謹罄殘魂餘息預代

結草之誠儻蒙録此哀鳴即臣死且不朽太宗見表謂玄齡子婦
高陽公主曰此人危惙如此尚能憂我國家後疾增劇遂鑿苑牆
開門累遣中使候問上又親臨握手敘別悲不自勝皇太子亦就
之與之訣即日授其子遺愛右衛中郎將遺則中散大夫使及目
前見其通顯尋薨年七十廢朝三日冊贈太尉并州都督謚曰文
昭給東園秘器陪葬昭陵玄齡嘗誡諸子以驕奢沉溺必不可以
地望凌人故集古今聖賢家誡書於屏風令各取一具謂曰若能
留意足以保身成名又云袁家累葉忠節是吾所尚汝宜師之高
宗嗣位詔配享太宗廟庭子遺直嗣永徽初爲禮部尚書汴州刺
史次子遺愛尚太宗女高陽公主拜駙馬都尉官至太府卿散騎
常侍初主有寵於太宗故遺愛特承恩遇與諸主壻禮秩絕異主
既驕恣謀黜遺直而奪其封爵永徽中誣告遺直無禮於己高
宗令長孫無忌鞫其事因得公主與遺愛謀反之狀遺愛伏誅公
主賜自盡諸子配流嶺表遺直以父功特宥之除名爲庶人停玄
齡配享

杜如晦字克明京兆杜陵人也曾祖皎周贈開府儀同大將軍遂
州刺史祖徽周河內太守祖果周溫州刺史入隋工部尚書義興
公周書有傳父吒隋昌州長史如晦少聰悟好談文史隋大業中
以常調預選吏部侍郎高孝基深所器重顧謂之曰公有應變之
才當爲棟梁之用願保崇令德今欲俯就卑職爲須少祿俸耳遂
補滏陽尉尋棄官而歸太宗平京城引爲秦王府兵曹參軍俄遷
陝州總管府長史時府中多英俊被外遷者衆太宗患之記室房
玄齡曰府僚去者雖多蓋不足惜杜如晦聰明識達王佐才也若
大王守藩端拱無所用之必欲經營四方非此人莫可太宗大驚曰
爾不言幾失此人矣遂奏爲府屬後從征薛仁杲劉武周王世充
竇建德常參謀帷幄時軍國多事剖斷如流深爲時輩所服累
遷陝東道大行臺司勳郎中封建平縣男食邑三百戶尋以本官
兼文學館學士天策府建以爲從事中郎畫象於丹青者十有八

人而如晦爲冠首令文學褚亮爲之贊曰建平文雅休有烈光懷忠履義身立名揚其見重如此隱太子深忌之謂齊王元吉曰秦王府中所可憚者惟杜如晦與房玄齡耳因譖之於高祖乃與玄齡同被斥逐後又潛入畫策及事捷與房玄齡功等擢拜太子左庶子俄遷兵部尚書進封蔡國公賜實封千三百戶貞觀二年以本官檢校侍中攝吏部尚書仍摠監東宮兵馬事號爲稱職三年代長孫無忌爲尚書右僕射仍知選事與房玄齡共掌朝政至於臺閣規模及典章文物皆二人所定甚獲當代之譽談良相者至今稱房杜焉如晦以高孝基有知人之鑒爲其樹神道碑以紀其德其年冬遇疾表請解職許之祿賜特依舊太宗深憂其疾頻遣使存問名醫上藥相望於道四年疾篤令皇太子就第臨問上親幸其宅撫之流涕賜物千段及其未終見子拜官遂起遷其子左千牛構爲尚舍奉御尋薨年四十六太宗哭之甚慟廢朝三日贈司空徙封萊國公謚曰成太宗手詔著作郎虞世南曰朕與如晦

君臣義重不幸奄從物化追念勳舊痛悼于懷卿體吾此意爲製碑文也太宗後因食瓜而美愴然悼之遂輟食之半遣使奠於靈座又嘗賜房玄齡黃銀帶顧謂玄齡曰昔如晦與公同心輔朕今日所賜唯獨見公因泣然流涕又曰朕聞黃銀多爲鬼神所畏命取黃金帶遣玄齡親送于靈所其後太宗忽夢見如晦若平生及曉以告玄齡言之歔欷令送御饌以祭焉明年如晦亡日太宗復遣尚宮至第慰問其妻子其國官府佐並不之罷終始恩遇未之有焉子構襲爵官至慈州刺史坐弟荷謀逆徙於嶺表而卒初荷以功臣子尚城陽公主賜爵襄陽郡公授尚乘奉御貞觀中與太子承乾謀反坐斬如晦弟楚客少隨叔父淹沒於王世充淹素與如晦兄弟不睦譖如晦兄於王行滿王世充殺之并囚楚客幾至餓死楚客竟無怨色洛陽平淹當死楚客泣涕請如晦救之如晦初不從楚客曰叔已殺大兄今兄又結恨棄叔一門之內相殺而盡豈不痛哉因欲自刎如晦感其言請於太宗淹遂蒙恩宥楚客因

隱於嵩山貞觀四年召拜給事中上謂曰聞卿山居日久志意甚高自非宰相之任則不能出何有是理耶夫涉遠者必自邇升高者必自下但在官爲衆所許無慮官之不大爾兄雖與我體異其心猶一於我國家非無大功爲憶爾兄意欲見爾宜識朕意繼爾兄之忠義也拜楚客蒲州刺史甚有能名後歷魏王府長史拜工部尚書攝魏王泰府事楚客知太宗不悅承乾魏王泰又潛令楚客友朝臣用事者至有懷金以賂之因說泰聰明可爲嫡嗣人或以聞太宗隱而不言及釁發太宗始揚其事以其兄有佐命功免死廢于家尋授虔化令卒如晦叔父淹淹字執禮祖業周豫州刺史父徵河內太守淹聰辯多才藝弱冠有美名與同郡韋福嗣爲莫逆之交相與謀曰好嘉遁蘇威以幽人見徵擢居美職遂共入太白山揚言隱逸實欲邀求時譽隋文帝聞而惡之謫戍江表後還鄉里雍州司馬高孝基上表薦之授承奉郎大業末官至御史中丞王世充僭號署爲吏部大見親

用及洛陽平初不得調淹將委質於隱太子時封德彝典選以告房玄齡恐隱太子得之長其姦計於是遽啓太宗引爲天策府兵曹參軍文學館學士武德八年慶州摠管楊文幹作亂辭連東宮歸罪於淹及王珪韋挺等並流於越嶲太宗知淹非罪贈以黃金三百兩及即位徵拜御史大夫封安吉郡公賜實封四百戶以淹多識典故特詔東宮儀式簿領並取淹節度尋判吏部尚書參議朝政前後表薦四十餘人後多知名者淹嘗薦刑部員外郎邸懷道太宗因問淹懷道才行何如淹對曰懷道在隋日作吏部主事甚有清慎之名又煬帝向江都之日召百官問去住之計時行計已決公卿皆阿旨請去懷道官位極卑獨言不可臣目見此事太宗曰卿爾可從何計對曰臣從行計太宗曰事君之義有犯無隱卿稱懷道爲是何因自不正諫對曰臣爾日不居重任又知諫必不從徒死無益太宗曰孔子稱從父之命未爲孝子故父有爭子國有爭臣若以主之無道何爲仍仕其世既食其祿豈得不匡其

非因謂群臣曰公等各言諫事如何王珪曰昔比干諫紂而死孔子稱其仁洩冶諫而被戮孔子曰民之多僻無自立辟是則祿重責深理須極諫官卑望下許其從容太宗又召淹笑謂曰卿在隋日可以位下不言近仕世充何不極諫對曰亦有諫但不見從太宗曰世充若修德從善當不滅亡既無道拒諫卿何免禍淹無以對太宗又曰卿在今日可為備任復欲極諫否對曰臣在今日必盡死無隱且百里奚在虞虞亡在秦秦霸臣竊比之太宗笑時淹兼二職而無清潔之譽又素與無忌不協為時論所譏及有疾太宗親自臨問賜帛三百匹貞觀二年卒贈尚書右僕射謚曰襄子敬同襲爵官至鴻臚少卿敬同子從則中宗時為蒲州刺史

○史臣曰房杜二公皆以命世之才遭逢明主謀猷允協以致昇平議者以比漢之蕭曹信矣然萊成之見用文昭之所舉也世傳太宗嘗與文昭圖事則曰非如晦莫能籌之及如晦至焉竟從玄齡之策也蓋房知杜之能斷大事杜知房之善建嘉謀裨諶草創東里潤色相須而成俾無悔事賢達用心良有以也若以往哲方之房則管仲子產杜則鮑叔罕虎矣

贊曰肇啓聖君必生賢輔何歟二公實開運祚文含經緯謀深夾輔笙磬同音唯房與杜

唐書列傳卷第十六

右文林郎充兩浙東路提舉茶鹽司幹辦公事蘇之勤校勘

唐書列傳卷第十七

李靖　李勣 孫敬業　　劉昫

李靖本名藥師雍州三原人也祖崇義後魏殷州刺史永康公父詮隋趙郡守靖姿貌瓌偉少有文武材略每謂所親曰大丈夫若遇主逢時必當立功立事以取富貴其舅韓擒虎號爲名將每與論兵未嘗不稱善撫之曰可與論孫吳之術者惟斯人矣初仕隋爲長安縣功曹後歷駕部員外郎左僕射楊素吏部尚書牛弘皆善之素嘗拊其牀謂靖曰卿終當坐此大業末累除馬邑郡丞會高祖擊突厥於塞外靖察高祖知有四方之志因自鎖上變將詣江都至長安道塞不通而止高祖克京城執靖將斬之靖大呼曰公起義兵本爲天下除暴亂不欲就大事而以私怨斬壯士乎高祖壯其言太宗又固請遂捨之太宗尋召入幕府武德二年從討王世充以功授開府時蕭銑據荊州遣靖安輯之輕騎至

金州遇蠻賊數萬屯聚山谷廬江王瑗討之數爲所敗靖與瑗設謀擊之多所剋獲既至硤州阻蕭銑久不得進高祖怒其遲留陰勅硤州都督許紹斬之紹惜其才爲之請命於是獲免會開州蠻首冉肇則反率衆寇夔州趙郡王孝恭與戰不利靖率兵八百襲破其營後又要險設伏臨陣斬肇則俘獲五千餘人高祖甚悅謂公卿曰朕聞使功不如使過李靖果展其効因降璽書勞曰卿竭誠盡力功効特彰遠覽至誠極以嘉賞勿憂富貴也又手勑靖曰既往不咎舊事吾久忘之矣四年靖又陳十策以圖蕭銑高祖從之授靖行軍總管兼攝孝恭行軍長史高祖以孝恭未更戎旅三軍之任一以委靖其年八月集兵於夔州銑以時屬秋潦江水泛漲三峽路險必謂靖不能進遂休兵不設備九月靖乃率師而進將下峽諸將皆請停兵以待水退靖曰兵貴神速機不可失今兵始集銑尚未知若乘水漲之勢倏忽至城下所謂疾雷不及掩耳此兵家上策縱彼知我倉卒徵兵無以應敵此必成擒也孝恭從

之進兵至夷陵銑將文士弘率精卒數萬屯清江孝恭欲擊之靖曰士弘銑之健將士卒驍勇今新失荊門盡兵出戰此是救敗之師恐不可當也宜且泊南岸勿與爭鋒待其氣衰然後奮擊破之必矣孝恭不從留靖守營率師與賊合戰孝恭果敗奔于南岸賊舟大掠人皆負重靖見其軍亂縱兵擊破之獲其舟艦四百餘艘斬首及溺死將萬人孝恭遣靖率輕兵五千爲先鋒至江陵屯營於城下士弘既敗銑甚懼始徵兵於江南果不能至孝恭以大軍繼進靖又破其驍將楊君茂鄭文秀俘甲卒四千餘人更勒兵圍銑城明日銑遣使請降靖即入據其城號令嚴肅軍無私焉時諸將咸請孝恭云銑之將帥與官軍拒戰死者罪狀既重請籍沒其家以賞將士靖曰王者之師義存弔伐百姓既受驅逼拒戰豈其所願且犬吠非其主無容同叛逆之科此蒯通所以免大戮於漢祖也今新定荊郢宜弘寬大以慰遠近之心降而籍之恐非救焚拯溺之義但恐自此已南城鎮各堅守不下非計之善於是遂止

江漢之域聞之莫不爭下以功授上柱國封永康縣公賜物二千五百段詔命檢校荊州刺史承制拜授仍度嶺至桂州遣人分道招撫其大首領馮盎李光度甯真長等皆遣子弟來謁靖承制授其官爵凡所懷輯九十六州戶六十餘萬優詔勞勉授嶺南道撫慰大使檢校桂州總管十六年輔公祏於丹陽反詔孝恭爲元帥靖爲副以討之李勣任瓌張鎮州黃君漢等七總管並受節度師次舒州公祏遣將馮惠亮率舟師三萬屯當塗陳正通徐紹宗領步騎二萬屯青林山仍於梁山連鐵鎖以斷江路築却月城延袤十餘里與惠亮爲犄角之勢孝恭集諸將會議皆云惠亮正通並握強兵爲不戰之計城柵既固卒不可攻請直指丹陽掩其巢穴丹陽既破惠亮自降孝恭欲從其議靖曰公祏精銳雖在水陸二軍然其自統之兵亦皆勁勇惠亮等城柵尚不可攻公祏既保石頭豈應易拔若我師至丹陽留停旬月進則公祏未平退則惠亮爲患此便腹背受敵恐非萬全之計惠亮正通皆是百戰

餘賊必不憚於野戰止爲公祏立計令其持重但欲不戰以老我師今若攻其城柵乃是出其不意滅賊之機唯在此舉孝恭然之靖乃率黃君漢等先擊慧亮苦戰破之殺傷及溺死者萬餘人慧亮奔走靖率輕兵先至丹陽公祏大懼先遣僞將左遊仙領兵守會稽以爲形援公祏擁兵東走以趨遊仙至吳郡與惠亮正通並相次擒獲江南悉平於是置東南道行臺拜靖行臺兵部尚書賜物千段奴婢百口馬百匹其年行臺廢又檢校揚州大都督府長史丹陽連罹兵寇百姓凋弊靖鎮撫之吳楚以安八年突厥寇太原以靖爲行軍總管統江淮兵一萬與張瑾屯大谷時諸軍不利靖衆獨全尋檢校安州大都督高祖每云李靖是蕭銑輔公祏膏肓古之名將韓白衛霍豈能及也九年突厥莫賀咄設寇邊徵靖爲靈州道行軍總管頡利可汗入涇陽靖率兵倍道趨豳州邀賊歸路既而與虜和親而罷太宗嗣位拜刑部尚書并錄前後功賜實封四百戶貞觀二年以本官兼檢校中書令三年轉兵部尚

○書突厥諸部離叛朝廷將圖進取以靖爲代州道行軍總管率驍騎三千自馬邑出其不意直趨惡陽嶺以逼之突利可汗不虞於靖見官軍奄至於是大懼相謂曰唐兵若不傾國而來靖豈敢孤軍而至一日數驚靖候知之潛令間諜離其心腹其所親康蘇密來降四年靖進擊定襄破之獲隋齊王暕之子楊正道及煬帝蕭后送于京師可汗僅以身遁以功進封代國公賜物六百段及名馬寶器焉太宗嘗謂曰昔李陵提步卒五千不免身降匈奴尚得書名竹帛卿以三千輕騎深入虜庭克復定襄威振北狄古今所未有足報往年渭水之役自破定襄後頡利可汗大懼退保鐵山遣使入朝謝罪請舉國內附又以靖爲定襄道行軍總管往迎頡利頡利雖外請朝謁而潛懷猶豫其年二月太宗遣鴻臚卿唐儉將軍安修仁慰諭靖揣知其意謂將軍張公謹曰詔使到彼虜必自寬遂選精騎一萬齎二十日糧引兵自白道襲之公謹曰詔許其降行人在彼未宜討擊靖曰此兵機也時不可失韓信

所以破齊也如唐儉等輩何足可惜督軍疾進師至陰山遇其斥候千餘帳皆俘以隨軍頡利見使者大悅不虞官兵至也靖軍將逼其牙帳十五里虜始覺頡利畏威先走部衆因而潰散靖斬萬餘級俘男女十餘萬殺其妻隋義城公主頡利乘千里馬將走投吐谷渾西道行軍總管張寶相擒之以獻俄而突利可汗來奔遂復定襄常安之地斥土界自陰山北至于大漠太宗初聞靖破頡利大悅謂侍臣曰朕聞主憂臣辱主辱臣死往者國家草創太上皇以百姓之故稱臣於突厥朕未嘗不痛心疾首志滅匈奴坐不安席食不甘味今者暫動偏師無往不捷單于款塞恥其雪乎於是大赦天下酺五日御史大夫溫彥博害其功譖靖軍無綱紀致令虜中奇寶散於亂兵之手太宗大加責讓靖頓首謝久之太宗謂曰隋將史萬歲破達頭可汗有功不賞以罪致戮朕則不然當赦公之罪錄公之勳詔加左光祿大夫賜絹千匹眞食邑通前五百戶未幾太宗謂靖曰前有人讒公今朕意已悟公勿以爲懷賜

○絹二千匹拜尚書右僕射靖性沈厚每與時宰參議恂恂然似不能言八年詔爲畿內道大使伺察風俗尋以足疾上表乞骸骨言甚懇至太宗遣中書侍郎岑文本謂曰朕觀自古已來身居富貴能知止足者甚少不問愚智莫能自知才雖不堪強欲居職縱有疾病猶自勉強公能識達大體深足可嘉朕今非直成公雅志欲以公爲一代楷模乃下優詔加授特進聽在第攝養賜物千段尚乘馬兩匹祿賜國官府佐並依舊給患若小瘳每三兩日至門下中書平章政事九年正月賜靖靈壽杖助足疾也未幾吐谷渾寇邊太宗顧謂侍臣曰得李靖爲帥豈非善也靖乃見房玄齡曰靖雖年老固堪一行太宗大悅即以靖爲西海道行軍大總管統兵部尚書任城王道宗涼州都督李大亮右衛將軍李道彥利州刺史高甑生等三總管征之九年軍次伏俟城吐谷渾燒去野草以餒我師退保大非川諸將咸言春草未生馬已羸瘦不可赴敵唯靖決計而進深入敵境遂踰積石山前後戰數十合殺傷甚衆大

破其國吐渾之衆遂殺其可汗來降靖又立大寧王慕容順而還
初利州刺史高甑生爲鹽澤道總管以後軍期靖薄責之甑生
因有憾於靖及是與廣州都督府長史唐奉義告靖謀反太宗命
法官按其事甑生等貣以誣罔得罪靖乃闔門自守杜絶賓客雖
親戚不得妄進十一年改封衛國公授濮州刺史仍令代襲例竟不
行十四年靖妻卒有詔墳塋制度依漢衛霍故事築闕象突厥內
鐵山吐谷渾內積石山形以旌殊績十七年詔圖畫靖及趙郡王
孝恭等二十四人於凌煙閣十八年帝幸其第問疾仍賜絹五百匹
進位衛國公開府儀同三司太宗將伐遼東召靖入閤賜坐御前
謂曰公南平吳會北清沙漠西定慕容唯東有高麗未服公意如
何對曰臣往者憑藉天威薄展微効今殘年朽骨唯擬此行陛下
若不棄老臣病期瘳矣太宗愍其羸老不許二十三年薨于家年七
十九册贈司徒并州都督給班劒四十人羽葆鼓吹陪葬昭陵謚曰
景武子德謇嗣官至將作少匠靖弟客師貞觀中官至右武衛將

軍以戰功累封丹陽郡公永徽初以年老致仕性好馳獵四時從
禽無暫止息有別業在昆明池南自京城之外西際澧水鳥獸皆
識之每出則鳥鵲隨逐而噪野人謂之鳥賊總章中卒年九十餘
客師孫令問玄宗在藩時與令問款狎及即位以協贊功累遷至
殿中少監先天中預誅竇懷貞等功封宋國公實封五百戶令問
固辭實封詔不許開元中轉殿中監左散騎常侍知尚食事令問
雖特承恩寵未嘗干預時政深爲物論所稱然厚於自奉食饌豐
侈廣畜芻豢躬臨宰殺時方奉佛其篤信之士或譏之令問曰此物
畜生與果菜何異胡爲強生分別不亦遠於道乎略不以恩眄自
恃閑適郊野從禽自娛十五年涼州都督王君㚟奏迴紇部落叛
令問坐與連姻左授撫州別駕尋卒大和中令問孫芳任鳳翔府
司錄參軍詣闕進高祖太宗所賜衛國公靖官告勅書手詔等十
餘卷內四卷太宗文皇帝筆迹文宗寶惜不能釋手其佩筆尚堪
書僉藥木匣製作精巧帝並留禁中令書工模寫本還之賜芳絹

二百匹衣服靴笏以酬之
李勣曹州離狐人也隋末徙居滑州之衛南本姓徐氏名世勣永
徽中以犯太宗諱單名勣焉家多僮僕積粟數千鍾與其父蓋皆
好惠施拯濟貧乏不問親踈大業末韋城人翟讓聚衆爲盜勣往
從之時年十七謂讓曰今此土地是公及勣鄉壤人多相識不宜自
相侵掠且宋鄭兩郡地管御河商旅往還船乘不絶就彼邀截足
以自相資助讓然之於是劫公私船取物兵衆大振隋遣齊郡通
守張須陁率師二萬討之勣與頻戰竟斬須陁於陣初李密亡命
在雍丘浚儀人王百當匿於野百當共勣說翟讓奉密爲主隋令
王世充討密勣以奇計敗世充於洛水之上密拜勣爲東海郡公時
河南山東大水死者將半隋帝令飢人就食黎陽開倉賑給時政
教已紊倉司不時賑給死者日數萬人勣言於密曰天下大亂本
是爲飢今若得黎陽一倉大事濟矣密乃遣勣領麾下五千人自
原武濟河掩襲即日剋之開倉恣食一旬之間勝兵二十萬餘經歲

餘宇文化及於江都弒逆擁兵北上直指東郡時越王侗即位於
東京赦密之罪拜爲太尉封魏國公授勣右武候大將軍命討化
及密遣勣守倉城勣於城外掘深溝以固守化及設攻具四面攻倉
阻塹不得至城下勣於塹中爲地道出兵擊之大敗而去武德二
年密爲王世充所破擁衆歸朝其舊境東至于海南至于江西至
汝州北至魏郡勣並據之未有所屬謂長史郭恪曰魏公既歸大
唐今此人衆土地魏公所有也吾若上表獻之即是利主之敗自爲
己功以邀富貴吾所恥也今宜具錄州縣名數及軍人戶口總啓魏
公聽公自獻此則魏公之功也乃遣使啓使人初至高祖聞其無表
惟有啓與密甚怪之使者以勣意聞奏高祖大喜曰徐世勣感德
推功實純臣也詔授黎陽總管上柱國萊國公尋加右武候大將
軍改封曹國公賜姓李氏賜良田五十頃甲第一區封其父蓋爲濟
陰王蓋固辭王爵乃封舒國公授散騎常侍陵州刺史令勣總統
河南山東之兵以拒王世充及李密反叛伏誅高祖以勣舊經事密

遣使報其父狀勣表請收葬詔許之勣服衰絰與舊僚吏將士葬
密於黎山之南墳高七仞釋服而散朝野義之尋而竇建德擒化
及於魏縣復進軍攻勣力屈降之建德收其父從軍爲質令勣復
守黎陽三年自拔歸京師四年從太宗伐王世充于東都累戰大
捷又東略地至武牢僞鄭州司兵沈悅請翻武牢勣夜潛兵應接
尅之擒其僞刺史荆王行本又從太宗平竇建德降王世充振旅
而還論功行賞太宗爲上將勣爲下將與太宗俱服金甲乘戎輅
告捷于太廟其父自洺州與裴矩入朝高祖見之大喜復其官爵勣
又從太宗破劉黑闥徐圓朗累遷左監門大將軍圓朗重據兗州
反授勣河南大總管以討之尋獲圓朗斬首以獻兗州平七年詔
與趙郡王孝恭討輔公祏孝恭領舟師巡江而下勣領步卒一萬
渡淮拔其壽陽至硤石公祏之將陳正通率兵十萬屯于梁山又
遣其大將馮惠亮帥水軍十萬鎖連大艦以斷江路仍於江西結
壘分守水陸以禦王師勣攻其壘尋尅之惠亮單舸而遁勣乘勝

逼正通大潰以十餘騎奔于丹陽公祏棄城夜遁勣縱騎追斬之
于武康江南悉定八年突厥寇并州命勣爲行軍總管擊之于太
谷走之太宗即位拜并州都督賜實封九百戶貞觀三年爲通漠
道行軍總管至雲中與突厥頡利可汗兵會大戰於白道突厥敗
屯營于磧口遣使請和詔鴻臚卿唐儉往赦之勣時與定襄道大
總管李靖軍會相與議曰頡利雖敗人衆尚多若走渡磧保于九
姓道遥阻深追則難及今詔使唐儉至彼其必弛備我等隨後襲
之此不戰而平賊矣靖扼腕喜曰公之此言乃韓信滅田橫之策
也於是定計靖將兵逼夜而發勣勒兵繼進靖軍既至賊營大潰
頡利與萬餘人欲走渡磧勣屯軍於磧口頡利至不得渡磧其大
酋長率其部落並降于勣虜五萬餘口而還時高宗爲晉王遥
領并州大都督授勣光祿大夫行并州大都督府長史父憂解尋
起復舊職十一年改封英國公代襲蘄州刺史時並不就國復以
本官遥領太子左衞率勣在并州凡十六年令行禁止號爲稱職

太宗謂侍臣曰隋煬帝不能精選賢良安撫邊境惟解築長城
以備突厥情識之惑一至於此朕今委任李世勣於并州遂使突厥
畏威遁走塞垣安靜豈不勝遠築長城耶十五年徵拜兵部尚書
未赴京會薛延陁遣其子大度設帥騎八萬南侵李思摩部落命
勣爲朔州行軍總管率輕騎三千追及延陁於青山擊大破之斬
其名王一人俘獲首領虜五萬餘計以功封一子爲縣公勣時遇暴
疾驗方云鬚灰可以療之太宗乃自翦鬚爲其和藥勣頓首見血
泣以懇謝帝曰吾爲社稷計耳不煩深謝十七年高宗爲皇太子
轉勣太子詹事兼左衞率加位特進同中書門下三品太宗謂曰
我兒新登儲貳卿舊長史今以宮事相委故有此授雖屈階資可
勿怪也太宗又嘗閑宴顧勣曰朕將屬以幼孤思之無越卿者公
往不遺於李密今豈負於朕哉勣雪涕致辭因噬指流血俄而沉
醉乃解御服覆之其見委信如此十八年太宗將親征高麗授勣
遼東道行軍大總管攻破蓋牟遼東白崖等數城又從太宗摧殄

駐蹕陣以功封一子爲郡公二十年延陁部落擾亂詔勣將二百騎
便發突厥兵討擊至烏德鞬山大戰破之其大首領梯眞達官率
衆來降其可汗咄摩支南竄于荒谷遣通事舍人蕭嗣業招慰部
領送于京師磧北悉定二十二年轉太常卿仍同中書門下三品旬
日復除太子詹事二十三年太宗寢疾謂高宗曰汝於李勣無恩我
今將責出之我死後汝當授以僕射即荷汝恩必致其死力乃出
爲疊州都督高宗即位其月召拜洛州刺史尋加開府儀同三司
令同中書門下參掌機密是歲冊拜尚書左僕射永徽元年抗表
求解僕射仍令以開府儀同三司依舊知政事四年冊拜司空初
貞觀中太宗以勳庸特著嘗圖其形於凌煙閣至是帝又命寫形
焉仍親爲之序顯慶三年從幸東都在路遇疾帝親臨問麟德初
東封泰山詔勣爲封禪大使乃從駕次滑州其姊早寡居勣舊閭
皇后親自臨問賜以衣服仍封爲東平郡君勣又墜馬傷足上親
降問以所乘賜之乾封元年高麗莫離支男產爲其弟男建所逐

保于國內城遣子獻誠詣闕乞師總章元年命勣爲遼東道行軍
摠管率兵二萬略地至鴨綠水賊遣其弟來拒戰勣縱兵擊敗之
追奔二百里至于平壤城男建閉門不敢出賊中諸城駭懼多拔
人衆遁走降款者相繼勣又引兵圍平壤遼東道副大摠管劉仁
軌郝處俊將軍薛仁貴並會于平壤掎角圍之經月餘剋其城虜
其王高藏及男建男產裂其諸城並爲州縣振旅而旋令勣便道
以高藏及男建獻于昭陵禮畢備軍容入京城獻太廟二年加太
子太師增食實封通前一千一百戶其年寢疾詔以勣弟晉州刺
史弼爲司衛正卿使得視疾尋薨年七十六帝爲之舉哀輟朝七
日贈太尉揚州大都督謚曰貞武給東園祕器陪葬昭陵令司平
太常伯楊昉攝同文正卿監護及葬日帝幸未央古城登樓臨送
望柳車慟哭幷爲設祭皇太子亦從駕臨送哀慟悲感左右詔百
官送至故城西北所築墳一準衛霍故事象陰山鐵山及烏德鞬
山以旌破突厥薛延陁之功光宅元年詔勣配享高宗廟庭勣前後

○ 二十六 唐傳十七 九 余全

戰勝所得金帛皆散之於將士初得黎陽倉就倉者數十萬人魏
徵高季輔杜正倫郭恪皆客遊其所一見於衆人中即加禮敬引之
臥內談讌忘倦及平武牢獲僞鄭州長史戴胄知其行能尋釋放
貴推薦咸至顯達當時稱其有知人之鑒又初平王世充獲其故
人單雄信依例處死勣表稱其武藝絕倫若收之於合死之中必大
感恩堪爲國家盡命請以官爵贖之高祖不許臨將就戮勣對之
號慟割股肉以啖之曰生死永訣此肉同歸於土矣仍收養其子每
行軍用師頗任籌筭臨敵應變動合事機與人圖計識其臧否
聞其片善扼腕而從事捷之日多推功於下以是人皆爲用所向
多剋捷洎勣之死聞者莫不悽愴與弟弼特存友愛閨門之內
肅若嚴君自遇疾高宗及皇太子送藥即取服之家中召醫巫皆
不許入門子弟固以藥進勣謂曰我山東一田夫耳攀附明主濫居
富貴位極三台年將八十豈非命乎脩短必是有期寧容浪就醫
人求活竟拒而不進忽謂弼曰我似得小差可置酒以申宴樂於

是堂上奏女妓簷下列子孫宴罷謂弼曰我自量必死欲與汝一別
耳恐汝悲哭誑言似差可未須啼泣聽我約束我見房玄齡杜如
晦高季輔辛苦作得門戶亦望垂裕後昆並遭癡兒破家蕩盡我
有如許豚犬將以付汝汝可防察有操行不倫交遊非類急即打
殺然後奏知又見人多埋金玉亦不須爾惟以布裝露車載我棺
柩棺中斂以常服惟加朝服一副死儻有知望著此奉見先帝明
器惟作馬五六匹下帳用幔皁爲頂白紗爲裙其中著十箇木人
示依古禮芻靈之義此外一物不用姬媵已下有兒女而願住自
養者聽之餘並放出事畢汝即移入我堂撫恤小弱違我言者同
於戮屍此後略不復語弼等遵行遺言勣少弟感幼有志操李
密之敗也陷於王世充世充逼令以書召勣感曰家兄立身不虧名
節今已事主君臣分定決不以感造次改圖卒不肯世充怒遂害
焉時年十五勣長子震顯慶初官至梓州刺史先勣卒勣孫敬業
高宗崩則天太后臨朝既而廢帝爲廬陵王立相王爲皇帝而政

○ 二十六 唐傳十七 十 余全

由天后諸武皆當權任人情憤怨時給事中唐之奇貶授括蒼令
長安主簿駱賓王貶授臨海丞詹事司直杜求仁黜黟縣丞敬業坐
事左授柳州司馬其弟盩厔令敬猷亦坐累左遷俱在揚州敬業
用前盩厔尉魏思溫謀據揚州嗣聖元年七月敬業遣其黨監察
御史薛璋先求使江都又令雍州人韋超詣璋告變云揚州長史
陳敬之與唐之奇謀逆璋乃收敬之繫獄居數日敬業矯制殺敬
之自稱揚州司馬詐言高州首領馮子猷叛逆奉密詔募兵進討
是日開府庫令士曹參軍李宗臣解繫囚及丁役工匠得數百人皆
授之以甲錄事參軍孫處行拒命敬業斬之以徇遂據揚州鳩聚
民衆以匡復廬陵爲辭乃開三府一曰匡復府二曰英公府三曰揚州
大都督府敬業自稱匡復府上將領揚州大都督以杜求仁唐
之奇駱賓王爲府屬餘皆僞署有職位旬日之間勝兵有十餘萬仍
移檄諸郡縣曰僞臨朝武氏者人非溫順地實寒微昔充太宗下
陳嘗以更衣入侍洎乎晚節穢亂春宮密隱先帝之私陰圖後庭

之嬖入門見嫉蛾眉不肯讓人掩袖工讒狐媚偏能惑主踐元后
於翬翟陷吾君於聚麀加以虺蜴爲心豺狼成性近狎邪僻殘害
忠良殺姊屠兄弒君鴆母人神之所同嫉天地之所不容猶復苞藏
禍心窺竊神器君之愛子幽之於別宮賊之宗盟委之以重任嗚
呼霍子孟之不作朱虛侯之已亡燕啄皇孫知漢祚之將盡龍漦
帝后識夏廷之遽衰敬業皇唐舊臣公侯冢子奉先君之成業
荷本朝之舊恩宋微子之興悲良有以也袁君山之流涕豈徒然
哉是用氣憤風雲志安社稷因天下之失望順宇內之推心爰舉
義旗誓清妖孽南連百越北盡三河鐵騎成羣玉軸相接海陵紅
粟倉儲之積靡窮江浦黃旗匡復之功何遠班聲動而北風起劍
氣衝而南斗平喑嗚則山嶽崩頹叱吒則風雲變色以此制敵何
敵不摧以此圖功何功不克公等或家傳漢爵或地協周親或膺
重寄於爪牙或受顧命於宣室言猶在耳忠豈忘心一抔之土未乾
六尺之孤何在儻能轉禍爲福送往事居共立勤王之師無廢舊君

之命凡諸爵賞同裂山河請看今日之域中竟是誰家之天下則
天命左玉鈐衛大將軍李孝逸將兵三十萬討之追削敬業祖父
官爵剖墳斲棺復本姓徐氏初敬業兵集問其所向薛璋曰金陵
王氣猶在大江設險可以自固且取常潤等州以爲霸基然後治兵
北渡魏思溫曰兵貴神速但宜早渡淮而北招合山東豪傑乘其
未集直取東都據關決戰此上策也敬業不從十月率衆渡江攻
拔潤州殺刺史李思文先是太子賢爲天后所廢死于巴州敬業
乃求狀貌似賢者置於城中奉之爲主云賢本不死孝逸軍渡淮
至楚州敬業之衆狼狽還江都屯兵高郵以拒之頻戰大敗孝逸
乘勝追躡敬業奔至揚州與唐之奇杜求仁等乘小舸將入海投
高麗追兵及皆擒獲之初敬業傳檄至京師則天讀之微哂至一抔
之土未乾遽問侍臣曰此語誰爲之或對曰駱賓王之辭也則天
曰宰相之過安失此人中宗返正詔曰故司空勣往因敬業毀廢墳
塋朕追想元勳永懷佐命昔竇憲干紀無累安豐之祠霍禹亂常

猶全博陸之墜罪不相及國之通典宜特垂恩禮令所司速爲起
墳所有官爵並宜追復勣諸子孫坐敬業誅殺靡有遺胤偶脫禍
者皆竄迹胡越貞元十七年吐蕃陷麟州驅掠民畜而去至鹽州
西橫槽烽蕃將號徐舍人者環集漢俘於呼延州謂僧延素曰師
勿甚懼予本漢五代孫也屬武太后斲喪王室吾祖建義不果子
孫流落絕域今三代矣雖代居職任掌握兵要然思本之心無忘
於國但族屬已多無由自拔耳此地蕃漢交境放師還鄉數千百
人解縛而遣之

史臣曰近代稱爲名將者英衛二公誠煙閣之最英公振彭黥之迹
自拔草莽常能以義藩身與物無忤遂得功名始終賢哉垂命之
誡敬業不蹈貽謀至於覆族悲夫衛公將家子綽有渭陽之風臨
戎出師凜然威斷位重能避功成益謙銘之鼎鍾何慙耿鄧美
哉

贊曰功以懋賞震則危辭祿避位除猜破疑功定華夷志懷忠義白

首平戎賢哉英衛

唐書列傳卷第十七

唐書列傳卷第十八

劉昫　等修

尉遲敬德　秦叔寶　程知節　段志玄　張公謹

尉遲敬德朔州善陽人大業末從軍於高陽討捕羣賊以武勇稱累授朝散大夫劉武周起以為偏將與宋金剛南侵陷晉澮二州敬德深入至夏縣應接呂崇茂襲破永安王孝基執獨孤懷恩唐儉等武德三年太宗討武周于栢壁武周令敬德與宋金剛來拒王師於介休金剛戰敗奔於突厥敬德收其餘衆城守介休太宗遣任城王道宗宇文士及往諭之敬德與尋相舉城來降太宗大悅賜以曲宴引為右一府統軍從擊王世充於東都既而尋相與武周下降將皆叛諸將疑敬德必叛囚於軍中行臺左僕射屈突通尚書殷開山咸言敬德初歸國家情志未附此人勇健非常縶之又久既被猜貳怨望必生留之恐貽後悔請即殺之太宗曰寡人所見有異於此敬德若懷翻背之計豈在尋相之後耶遽命釋之

○引入臥內賜以金寶謂曰丈夫以意氣相期勿以小疑介意寡人終不聽讒言以害忠良公宜體之必應欲去今以此物相資表一時共事之情也是日因從獵於榆窠遇王世充領步騎數萬來戰世充驍將單雄信領騎直趨太宗敬德躍馬大呼橫刺雄信墜馬賊徒稍卻敬德翼太宗以出賊圍更率騎兵與世充交戰數合其衆大潰擒偽將陳智略獲排矟兵六千人太宗謂敬德曰比衆人證公必叛天誘我意獨保明之福善有徵何相報之速也特賜金銀一篋此後恩眄日隆敬德善解避矟每單騎入賊陣賊矟攢刺終不能傷又能奪取賊矟還以刺之是日出入重圍往返無礙齊王元吉亦善馬矟聞而輕之欲親自試命去矟刃以竿相刺敬德曰縱使加刃終不能傷請勿除之敬德矟謹當卻刃元吉竟不能中太宗問曰奪矟避矟何者難易對曰奪矟難乃命敬德奪元吉矟元吉執矟躍馬志在刺之敬德俄頃三奪其矟元吉素驍勇雖相歎異甚以為恥及竇建德營於板渚太宗將挑戰先伏李勣程知節秦叔寶等兵太宗持弓矢敬德執矟造建德壘下大呼致師賊衆大驚擾出兵數千騎太宗逡巡漸卻前後射殺數人敬德所殺亦十數人遂引賊以入伏內於是與勣等奮擊大破之王世充兄子偽代王琬使於建德軍中乘隋煬帝所御驄馬鎧甲甚鮮迥出軍前以誇衆太宗曰彼之所乘真良馬也敬德請往取之乃與高甑生梁建方三騎直入賊軍擒琬引其馬以歸賊衆無敢當者又從討劉黑闥於臨洺黑闥軍來襲李世勣太宗勒兵掩賊復以救之既而黑闥衆至其軍四合敬德率壯士犯圍而入大破賊陣太宗與江夏王道宗乘之以出又從破徐圓朗累有戰功授秦王府左二副護軍隱太子巢刺王元吉將謀害太宗密致書以招敬德曰願迂長者之眷敷布衣之交幸副所望也仍贈以金銀器物一車敬德辭曰敬德起自幽賤逢遇隋亡天下土崩竄身無所久淪逆地罪不容誅實荷秦王惠以生命今又隸名藩邸唯當以身報恩於殿下無功不敢謬當重賜若私許殿下便是二心徇

○利忘忠殿下亦何所用建成怒是後遂絕敬德尋以啟聞太宗曰公之素心鬱如山嶽積金至斗知公情不可移送來但取寧須慮也若不然恐公身不安且知彼陰計足為良策元吉等深忌敬德令壯士往刺之敬德知其計乃重門洞開安臥不動賊頻至其庭終不敢入元吉乃譖敬德於高祖下詔獄訊驗將殺之太宗固諫得釋會突厥侵擾烏城建成舉元吉為將密謀請太宗同送於昆明池將加屠害敬德聞其謀與長孫無忌遽啟太宗曰大王若不速正之則恐被其所害社稷危矣太宗歎曰今二宮離阻骨肉滅弃君親危亡之機共所知委寡人雖深被猜忌禍在須臾然同氣之情終所未忍欲待其先起然後以義討之公意以為何如敬德曰人情畏死衆人以死奉王此天授也若天與不取反受其咎雖存仁愛之小情忘社稷之大計禍至而不恐將亡而自安失人臣臨難不避之節乏先賢大義滅親之事非所聞也以臣愚誠請先誅之王若不從敬德言請奔逃亡命不能交手受戮且因敗成功明

賢之高見轉禍爲福智士之先機敬德今若逃亡無忌亦欲同去太宗猶豫未決無忌曰王今不從敬德之言必知敬德等非王所有事今敗矣其若之何太宗曰寡人所言未可全弃公更圖之敬德曰王今處事有疑非智臨難不決非勇王縱不從敬德言請自決計其如家國何其如身命何且在外勇士八百餘人今悉入宮控弦被甲事勢已就王何得辭敬德又與侯君集日夜進勸然後計定時房玄齡杜如晦皆被高祖斥出秦府不得復入太宗令長孫無忌密召之玄齡等報曰有勅不許更事王今若私謁必至誅滅不敢奉命太宗大怒謂敬德曰玄齡如晦豈背我耶取所佩刀授敬德曰公且往觀其無來心可並斷其首持來也敬德又與無忌喻曰王已決計克日平賊公宜即入籌之我等四人不宜羣行在道於是玄齡如晦著道士服隨無忌入敬德別道亦至六月四日建成既死敬德領七十騎躡踵繼至元吉走馬東奔左右射之墜馬太宗所乘馬又逸於林下橫被所絓墜不能興元吉遽來奪弓

垂欲相扼敬德躍馬叱之於是步走欲歸武德殿敬德奔逐射殺之其宮府諸將薛萬徹謝叔方馮立等率兵大至屯於玄武門殺屯營將軍敬德持建成元吉首以示之宮府兵遂散是時高祖泛舟於海池太宗命敬德侍衛高祖敬德擐甲持矛直至高祖所高祖大驚問曰今日作亂是誰卿來此何也對曰秦王以太子齊王作亂舉兵誅之恐陛下驚動遣臣來宿衛高祖意乃安南衙北門兵馬及二宮左右猶相拒戰敬德奏請降手勅令諸軍兵並受秦王處分於是內外遂定高祖勞敬德曰卿於國有安社稷之功賜珍物甚衆太宗昇春宮授太子左衛率時議者以建成等左右百餘人並合從坐籍沒唯敬德執不聽曰爲罪者二凶今已誅訖若更及支黨非取安之策由是獲免及論功敬德與長孫無忌爲第一各賜絹萬匹齊王府財幣器物封其全邸盡賜敬德貞觀元年拜右武候大將軍賜爵吳國公與長孫無忌房玄齡杜如晦四人並食實封千三百戶會突厥來入寇授涇州道行軍總管以擊

之賊至涇陽敬德輕騎與其挑戰殺其名將賊遂敗敬德好訐直負其功每見無忌玄齡如晦等短長必面折廷辯由是與執政不平三年出爲襄州都督八年累遷同州刺史嘗侍宴慶善宮時有班在其上者敬德怒曰汝有何功合坐我上任城王道宗次其下因解喻之敬德勃然拳毆道宗目幾至眇太宗不懌而罷謂敬德曰朕覽漢史見高祖功臣獲全者少意常尤之及居大位以來常欲保全功臣令子孫無絕然卿居官輒犯憲法方知韓彭夷戮非漢祖之愆國家大事唯賞與罰非分之恩不可數行勉自脩飭無貽後悔也十一年封建功臣爲代襲刺史册拜敬德宣州刺史改封鄂國公後歷鄜夏二州都督十七年抗表乞骸骨授開府儀同三司令朝朔望尋與長孫無忌等二十四人圖形於凌煙閣及太宗將征高麗敬德奏言車駕若自往遼左皇太子又在定州東西二京府庫所在雖有鎮守終是空虛遼東路遙恐有玄感之變且邊隅小國不足親勞萬乘伏請委之良將自可應時摧滅太宗不納令以

本官行太常卿爲左一馬軍總管從破高麗於駐蹕山軍還依舊致仕敬德末年篤信仙方飛鍊金石服食雲母粉穿築池臺崇飾羅綺嘗奏清商樂以自奉養不與外人交通凡十六年顯慶三年高宗以敬德功追贈其父爲幽州都督其年薨年七十四高宗爲之舉哀廢朝三日令京官五品以上及朝集使赴宅哭册贈司徒并州都督謚曰忠武賜東園祕器陪葬於昭陵子寶琳嗣官至衛尉卿

秦叔寶名瓊齊州歷城人大業中爲隋將來護兒帳內叔寶喪母護兒遣使弔之軍吏怪曰士卒死亡及遭喪者多矣將軍未嘗降問獨弔叔寶何也答曰此人勇悍加有志節必當自取富貴豈得以卑賤處之隋末羣盜起從通守張須陁擊賊帥盧明月於下邳賊衆十餘萬須陁所統纔萬人力勢不敵去賊六七里立柵相持十餘日糧盡將退謂諸將士曰賊見兵却必輕來追我其衆既出營內即虛若以千人襲營可有大利此誠危險誰能去者人皆莫對唯叔寶與羅士信請行於是須陁委柵遁使二人分領千兵伏

於蘆葦間既而明月果悉兵追之叔寶與士信馳至其柵柵門閉
不得入二人超升其樓拔賊旗幟各殺數人營中大亂叔寶士信又
斬關以納外兵因縱火焚其三十餘柵煙焰漲天明月奔還須陁
又遇軍奮擊大破賊衆明月以數百騎遁去餘皆虜之由是勇氣
聞於遠近又擊孫宣雅於海曲先登破之以前後累勳授建節尉
從須陁進擊李密於滎陽軍敗須陁死之叔寶以餘衆附裴仁基
會仁基以武牢降於李密密得叔寶大喜以為帳內驃騎待之甚
厚密與化及大戰於黎陽童山為流矢所中墮馬悶絕左右奔散
追兵且至唯叔寶獨捍衛之密遂獲免叔寶又收兵與之力戰化及
乃退後密敗又為王世充所得署龍驤大將軍叔寶薄世充之多
詐因其出抗官軍至于九曲與程齩金吳黑闥牛進達等數十騎
西馳百許步下馬拜世充曰雖蒙殊禮不能仰事請從此辭世充
不敢逼於是來降高祖令事秦府太宗素聞其勇厚加禮遇從鎮
長春宮拜馬軍總管又從征於美良川破尉遲敬德功最居多高

祖遣使賜以金瓶勞之曰卿不顧妻子遠來投我又立功效朕肉可
為卿用者當割以賜卿況子女玉帛乎卿當勉之尋授秦王右三
統軍又從破宋金剛於介休錄前後勳賜黃金百斤雜綵六千段
授上柱國從討王世充每為前鋒太宗將拒竇建德於武牢叔寶
以精騎數十先陷其陣世充平進封翼國公賜黃金百斤帛七千
段從平劉黑闥賞物千段叔寶每從太宗征伐敵中有驍將銳卒
炫燿人馬出入來去者太宗頗怒之輒命叔寶往取叔寶應命躍
馬負槍而進必刺之萬衆之中人馬辟易太宗以是益重之叔寶
亦以此頗自矜尚六月四日從誅建成元吉事寧拜左武衛大將
軍食實封七百戶其後每多疾病因謂人曰吾少長戎馬所經二
百餘陣屢中重瘡計吾前後出血亦數斛矣安得不病乎十二年
卒贈徐州都督陪葬昭陵太宗特令所司就其塋內立石人馬以
旌戰陣之功焉十三年改封胡國公十七年與長孫無忌等圖形
於凌煙閣

程知節本名齩金濟州東阿人也少驍勇善用馬矟大業末聚徒
數百共保鄉里以備他盜後依李密署為內軍驃騎時密於軍中
簡勇士尤異者八千人隸四驃騎分為左右以自衛號為內軍自云
此八千人可當百萬知節既領其一甚被恩遇及王世充出城決戰
知節領內馬軍與密同營在偃
師城北世充來襲雄信營密遣知節及裴行儼助之行儼先馳赴
敵為流矢所中墜於地知節救之殺數人世充軍披靡乃抱行儼
重騎而還為世充騎所逐刺槊洞過知節迴身捩折其槊兼斬獲
追者於是與行儼俱免及密敗世充得之接遇甚厚知節謂秦叔
寶曰世充器度淺狹而多妄語好為呪誓乃巫師老嫗耳豈是撥
亂主乎及世充拒王師於九曲知節領兵在其陣與秦叔寶等馬
上揖世充曰荷公接待極欲報恩公性猜貳傍多扇惑非僕託身
之所今謹奉辭於是躍馬與左右數十人歸國世充懼不敢追之
授秦王府左三統軍破宋金剛擒竇建德降王世充並領左一馬

軍總管每陣先登以功封宿國公武德七年建成忌之構之於高
祖除康州刺史知節白太宗曰大王手臂今並翦除身必不久知
節以死不去願速自全六月四日從太宗討建成元吉事定拜太子
右衛率遷右武衛大將軍賜實封七百戶貞觀中歷瀘州都督
左領軍大將軍與長孫無忌等代襲刺史改封盧國公授普州刺
史十七年累轉左屯衛大將軍檢校北門屯兵加鎮軍大將軍永
徽六年遷左衛大將軍顯慶二年授葱山道行軍大總管以討賀
魯師次怛篤城有胡人數千家開門出降知節屠城而去賀魯遂
即遠遁軍還坐免官未幾授岐州刺史表請乞骸骨許之麟德二
年卒贈驃騎大將軍益州大都督陪葬昭陵子處默襲爵盧國公
處亮以功臣子尚太宗女清河長公主授駙馬都尉左衛中郎將
少子處弼官至右金吾將軍處弼子伯獻開元中左金吾大將軍

段志玄齊州臨淄人也父偃師隋末為太原郡司法書佐從高祖
起義官至郢州刺史志玄從父在太原甚為太宗所接待義兵起

志玄募得千餘人授右領大都督府軍頭從平霍邑下絳郡攻永豐倉先登為先鋒歷遷左光祿大夫從劉文靜拒屈突通于潼關文靜為通將桑顯和所襲軍營已潰志玄率二十騎赴擊殺數十人而還為流矢中足慮衆心動忍而不言更入賊陣者再三顯和軍亂大軍因此復振擊大破之及屈突通之遁志玄與諸將追而擒之以功授樂遊府驃騎將軍從討王世充深入陷陣馬倒為賊所擒兩騎夾持其髻將渡洛水志玄踴身而奮二人俱墮馬馳歸追者數百騎不敢逼及破竇建德平東都功又居多遷秦王府右二護軍嘗賞物二千段隱太子建成巢剌王元吉競以金帛誘之志玄拒而不納密以白太宗竟與尉遲敬德等同誅建成元吉太宗即位累遷左驍衛大將軍封樊國公食實封九百戶文德皇后之葬也志玄與宇文士及分統士馬出肅章門太宗夜使宮官至二將軍所士及開營內使者志玄閉門不納曰軍門不可夜開使者曰此有手勑志玄曰夜中不辯真偽竟停使者至曉太宗聞而歎曰此真將軍也周亞夫無以加焉十一年定世封之制授金州刺史改封褒國公十二年拜右衛大將軍十四年加鎮軍大將軍十六年寢疾太宗親自臨視涕泣而別顧謂曰當與卿子五品志玄頓首固請迴授母弟志感太宗遂授志感左衛郎將及卒上為發哀哭之甚慟贈輔國將軍揚州都督陪葬昭陵謚曰忠壯十七年正月詔圖形於凌煙閣子瓚襲爵褒國公武太后時官至左屯衛大將軍子懷簡襲爵開元中官至太子詹事

張公謹字弘慎魏州繁水人也初為王世充洧州長史武德元年與王世充所署洧州刺史崔樞以州城歸國授鄒州別駕累除右武候長史初未知名李勣驟薦於太宗尉遲敬德亦言之乃引入幕府時太宗為隱太子建成巢王元吉所忌因召公謹問以自安之策對甚合旨漸見親遇及太宗將討建成元吉遣卜者灼龜占之公謹自外來見遽投于地而進曰凡卜筮者將以決嫌疑定猶豫今既事在不疑何卜之有縱卜之不吉勢不可已願大王思之太宗深然其言六月四日公謹與長孫無忌等九人伏於玄武門以俟變及斬建成元吉其黨來攻玄武門兵鋒甚盛公謹有勇力獨閉關以拒之以功累授左武候將軍封定遠郡公賜實封一千戶貞觀元年拜代州都督上表請置屯田以省轉運又前後言時政得失十餘事並見納用後遣李靖經略突厥以公謹為副公謹因言突厥可取之狀曰頡利縱欲肆情窮凶極暴誅害良善暱近小人即主昏於上其可取一也又其別部同羅僕骨迴紇延陀之類並自立君長將圖反噬此則衆叛於下其可取二也突厥被疑輕騎自免拓設出討匹馬不歸欲谷喪師立足無地此則兵挫將敗其可取三也塞北霜旱糇糧乏絕其可取四也頡利疎其突厥親委諸胡胡人翻覆是其常性大軍一臨內必生變其可取五也華人入北其類實多比聞自相嘯聚保據山險師出塞垣自然有應其可取六也太宗深納之破定襄敗頡利璽書慰勞進封鄒國公轉襄州都督甚有惠政卒官年三十九太宗聞而嗟悼出次發哀有司奏言准陰陽書日子在辰不可哭泣又為流俗所忌太宗曰君臣之義同於父子情發於衷安避辰日遂哭之贈左驍衛大將軍謚曰襄十三年追思舊功改封郯國公十七年圖形於凌煙閣永徽中又贈荊州都督長子大象嗣官至戶部侍郎次子大業大安並知名大業龍朔中歷位東臺舍人兼修國史卒於懷州長史撰後魏書一百卷隋書三十卷大安上元中歷太子庶子同中書門下三品時章懷太子在春宮令大安與太子洗馬劉訥言等注范曄後漢書官廢左授普州刺史光宅中卒於橫州司馬大安子悅開元中為國子祭酒

史臣曰敬德奮稍陷陣鼓勇王師卻賂報恩竭忠霸主然而奮拳負氣非自全之道文皇告誡之言可為功臣藥石叔寶善用馬稍拔賊壘則以寡敵衆可謂勇矣知節志平國難拜隼旟則致命輔君可謂忠矣而並曉世充之猜貳識唐代之霸圖可謂見機君子矣志玄中鏑不言竟安師旅公謹投龜定議志助儲君皆所謂猛

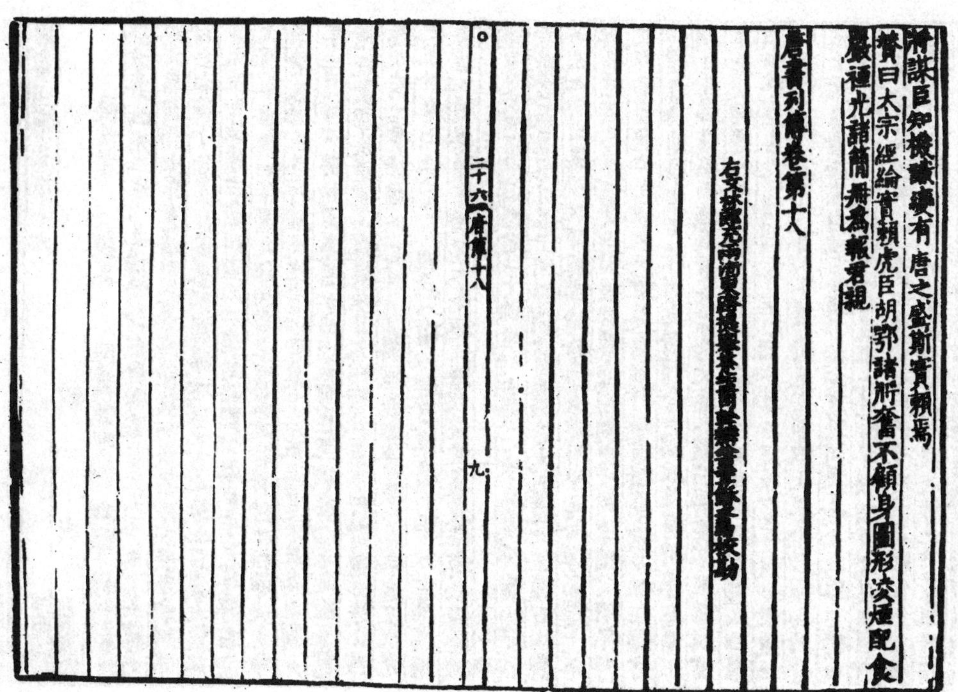

將謀臣知機識變有唐之盛斯實賴焉

贊曰太宗經綸實賴虎臣胡鄂諸將奮不顧身圖形淩煙配食嚴禋光諸簡冊爲報君親

唐書列傳卷第十八

右文林郎充兩浙東路提舉茶鹽司幹辦公事臣孫之宏校勘

二十六 唐傳十八 九

唐書列傳卷第十九　劉昫

侯君集　張亮　薛萬徹兄萬均 劉世讓 劉師立 劉蘭 盧祖尚 李君羨等附

侯君集豳州三水人也性矯飾好矜誇翫弓矢而不能成其藝乃以武勇自稱太宗在藩引入幕府數從征伐累除左候車騎將軍封全椒縣子漸蒙恩遇參預謀議建成元吉之誅也君集之策居多太宗即位遷左衛將軍以功進封潞國公賜邑千戶尋拜右衛大將軍貞觀四年遷兵部尚書參議朝政時將討吐谷渾伏允命李靖爲西海道行軍大總管以君集及任城王道宗並爲之副九年三月師次鄯州君集言於靖曰大軍已至賊虜尚未走險宜簡精銳長驅疾進彼不我虞必有大利若此策不行潛遁必遠山障爲阻討之實難靖然其計乃簡精銳輕齎深入道宗追及伏允之衆於庫山破之伏允輕兵入磧以避官軍靖乃中分士馬爲兩道並入靖與薛萬均李大亮趣北路使侯君集道宗趣南路歷破

○邏眞谷踰漢哭山經途二千餘里行空虛之地盛夏降霜山多積雪轉戰過星宿川至于柏海頻與虜遇皆大剋獲北望積石山觀河源之所出焉乃旋師與李靖會于大非川平吐谷渾而還十一年與長孫無忌等俱受世封授君集陳州刺史改封陳國公明年拜吏部尚書進位光祿大夫君集出自行伍素無學術及被任遇方始讀書典選舉定考課出爲將領入參朝政並有時譽高昌王麴文泰時遏絕西域商賈太宗徵文泰入朝而稱疾不至詔以君集爲交河道行軍大總管討之文泰聞王師將起謂其國人曰唐國去此七千里沙磧闊二千里地無水草冬風凍寒夏風如焚風之所吹行人多死常行百人不能得至安能致大軍乎若頓兵於吾城下二十日食必盡自然魚潰乃接而虜之何足憂也及軍至磧口而文泰卒其子智盛襲位君集率兵至柳谷候騎言文泰剋日將葬國人咸集諸將請襲之君集曰不可天子以高昌驕慢無禮使吾龔行天罰今襲人於墟墓之閒非問罪之師也於是鼓行而

前攻其田地賊嬰城自守君集諭之不行先是大軍之發也上召山東善爲攻城器械者悉遣從軍君集遂刊木填隍推撞車撞其睥睨數丈穴拋車石擊其城中其所當者無不糜碎或張氈被用障拋石城上守陴者不復得立遂拔之虜其男女七千餘口仍進兵圍其都城智盛窮蹙致書於君集曰有罪於天子者先王也天罰所加身已喪背智盛襲位未幾不知所以愆闕冀尚書哀憐君集報曰若能悔禍宜束手軍門智盛猶不出因命士卒填其隍塹發拋車以攻之又爲十丈高樓俯視城內有行人及飛石所中處皆唱言之人多入室避石初文泰與西突厥欲谷設約有兵至共爲表裏及聞君集至欲谷設懼而西走千餘里智盛失援計無所出遂開門出降君集分兵略地遂平其國俘智盛及其將吏刻石紀功而還君集初破高昌曾未奏請輒配沒無罪人又私取寶物將士知之亦競來盜竊君集恐發其事不敢制及京師有司請推其罪詔下獄中書侍郎岑文本以爲功臣大將不可輕加屈

○辱上疏曰君集等或位居輔佐或職惟爪牙並蒙拔擢受將帥之任不能正身奉法以報陛下之恩舉厝肆情罪負盈積實宜繩之刑典以肅朝倫但高昌昏迷人神共棄在朝議者以其地在遐荒咸欲置之度外唯陛下運獨見之明授決勝之略君集等奉行聖算遂得指期平殄若論事實並是陛下之功君集等有道路之勞未足稱其勳力而陛下天德弗宰乃推功於將帥露布初至便降大恩從征之人皆霑藻蕩及其凱旋特蒙曲宴又對萬國加之重賞內外文武咸欣陛下賞不踰時而不經旬日並付大理雖乃君集等自挂網羅而在朝之人未知所犯恐海內又疑陛下唯錄其過似遺其功臣以下才謬參近職既有所見不敢默然臣聞古之人君出師命將克敵則獲重賞不克則受嚴刑是以賞其有功也雖貪殘淫縱必蒙青紫之寵當其有罪也雖勤躬潔己不免鈇鉞之誅故周書曰記人之功忘人之過宜爲君者也昔漢貳師將軍李廣利捐五萬之師糜億萬之費經四年之勞唯獲駿馬三十四

雖斬宛王之首而貪不愛卒罪惡甚多武帝為萬里征伐不錄其過遂封廣利海西侯食邑八千戶又校尉陳湯矯詔興師雖斬郅支單于而湯素貪盜所收康居財物事多不法為司隸所繫湯乃上疏曰與吏士共誅郅支幸得擒滅今司隸乃收繫案驗是為郅支報讎也元帝赦其罪封湯關內侯賜黃金百斤又晉龍驤將軍王濬有平吳之功而王渾等論濬違詔不受節度軍人得孫皓寶物幷燒皓宮及船濬上表曰今年平吳誠為大慶於臣之身更為咎累武帝赦而不推拜輔國大將軍封襄陽侯賜絹萬匹近隋新義郡公韓擒虎平陳之日縱士卒暴亂叔寶宮內文帝亦不問罪雖不進爵拜擒虎上柱國賜物八千段由斯觀之將帥之臣廉慎者寡貪求者衆是以黃石公軍勢曰使智使勇使貪使愚故智者樂立其功勇者好行其志貪者邀趨其利愚者不計其死是知前聖莫不收人之長棄人之短良為此也臣又聞夫天地之道以覆載為先帝王之德以含弘為美夫以區區漢武及歷代諸帝猶

能宥廣利等況陛下天縱神武振宏圖以定六合豈獨正茲刑網不行古人之事哉伏惟聖懷當自已有斟酌臣今所以陳聞非敢私君集等庶以螢燭末光增暉日月儻陛下降雨露之澤收雷電之威錄其微勞忘其大過使君集重升朝列復預驅馳雖非清貞之臣猶是貪愚之將斯則陛下聖德雖屈法而德彌顯君集等愆過雖蒙宥而過更彰足使立功之士因茲而皆勸負罪之將由斯而改節矣疏奏乃釋君集君集自以有功於西域而以貪冒被囚志殊怏怏十七年張亮以太子詹事出為洛州都督君集激怒亮曰何為見排亮曰是公見排更欲誰冤君集曰我平一國來逢屋許大嗔何能仰排因攘袂曰鬱鬱不可活公能反乎當與公反耳亮密以聞太宗謂亮曰卿與君集俱是功臣君集獨以語卿無人聞見若以屬吏君集必言無此兩人相證事未可知遂寢其事待君集如初尋與諸功臣同畫像於凌煙閣時庶人承乾在東宮恐有廢立又知君集怨望遂與通謀君集子壻賀蘭楚石時為東宮千牛承乾令數引君集入內問以自安之術君集以承乾劣弱意欲乘釁以圖之遂贊承乾陰圖不軌嘗舉手謂承乾曰此好手當為用之君集或慮謀洩心不自安每中夜蹶然而起歎咤久之其妻怪而謂之曰公國之大臣何為乃耳必當有故若有不善之事孤負國家宜自歸罪首領可全君集不能用及承乾事發君集被收楚石又詣闕告其事太宗親臨問曰我不欲令刀筆吏辱公故自鞫驗耳君集辭窮太宗謂百寮曰往者家國未安君集實展其力不忍寘之於法我將乞其性命公卿其許我乎羣臣爭進曰君集之罪天地所不容請誅之以明大法太宗謂君集曰與公長訣矣而今而後但見公遺像耳因歔欷下泣遂斬於四達之衢籍沒其家君集臨刑容色不改謂監刑將軍曰君集豈反者乎蹉跌至此然嘗為將破滅二國頗有微功為言於陛下乞令一子以守祭祀由是特原其妻及一子徙于嶺南

張亮鄭州滎陽人也素寒賤以農為業倜儻有大節外敦厚而

內懷詭詐人莫之知大業末李密略地滎汴亮杖策從之未被任用屬軍中有謀反者亮告之密以為至誠署驃騎將軍隸於徐勣及勣以黎陽歸國亮頗贊成其事乃授鄭州刺史會王世充陷鄭州亮不得之官孤軍無援遂亡命於共城山澤後房玄齡李勣以亮倜儻有智謀薦之於太宗引為秦府車騎將軍漸蒙顧遇委以心膂會建成元吉將起難太宗以洛州形勝之地一朝有變將出保之遣亮之洛陽統左右王保等千餘人陰引山東豪傑以俟變多出金帛恣其所用元吉告亮欲圖不軌坐是屬吏亮卒無所言事釋遣還洛陽及建成死授懷州總管封長平郡公貞觀五年歷遷御史大夫轉光祿卿進封鄅國公賜實封五百戶後歷豳夏鄜三州都督七年魏王泰為相州都督而不之部進亮金紫光祿大夫行相州大都督長史十一年改封鄖國公亮所莅之職潛遣左右伺察善惡發擿姦隱動若有神抑豪強而恤貧弱故所在見稱初亮之在州也棄其本妻更娶李氏李素有淫行驕妬特甚亮

寵悼之後至相州有鄴縣小兒以賣筆為業善歌舞李見而悅
之遂與私通假言亮先與其母野合所生收為亮子名曰慎幾亮
前婦子慎微每以養慎幾致諫亮不從李尤好左道所至巫覡
盈門又干預政事由是亮之聲稱漸損十四年入為工部尚書明
年遷太子詹事出為洛州都督及侯君集誅以亮先奏其將反
優詔褒美遷刑部尚書參預朝政太宗將伐高麗亮頻諫不納因
自請行以亮為滄海道行軍大總管管率舟師自東萊渡海襲
卑沙城破之俘男女數千口進兵頓於建安城下營壘未固士卒
多樵牧賊衆奄至軍中惶駭亮素怯懦無計策但踞胡床直視而
無所言將士見之翻以亮為有膽氣其副總管張金樹等乃鳴鼓
令士衆擊賊破之太宗知其無將帥材而不之責有方術人程公
穎者亮親信之初在相州陰召公穎謂曰相州形勝之地人言不
出數年有王者起公以為何如公穎知其有異志因言亮臥似龍
形必當大貴又有公孫常者頗擅文辭自言有黃白之術尤與亮

善亮謂曰吾嘗聞圖讖有弓長之君當別都雖有此言實不願聞
常又言亮名應圖籙亮大悅二十年有陝人常德玄告其事并
言亮有義兒五百人太宗遣法官按之公穎及常證其罪亮曰此
二人畏死見誣耳又自陳佐命之舊冀有寬貸太宗謂侍臣曰亮有
義兒五百畜養此輩將何為也正欲反耳命百寮議其獄多言亮
當誅唯將作少匠李道裕言亮反形未具明其無罪太宗既盛怒
竟斬于市籍沒其家歲餘刑部侍郎有闕令執政者妙擇其人
累奏皆不可太宗曰朕得其人也往者李道裕議張亮云反形未具
此言當矣雖不即從至今追悔遂授道裕刑部侍郎

薛萬徹雍州咸陽人自燉煌徙焉隋左禦衛大將軍世雄子也世
雄大業末卒於涿郡太守萬徹少與兄萬均隨父在幽州俱以武
略為羅藝所親待尋與藝歸附高祖授萬均上柱國永安郡
公萬徹車騎將軍武安縣公會竇建德率衆十萬來寇范陽藝逆
拒之萬均謂藝曰衆寡不敵今若出門百戰百敗當以計取之可

令羸兵弱馬阻水背城為陣以誘之觀賊之勢必渡水交兵萬均
請精騎百人伏於城側待其半渡擊之破賊必矣藝從其言建德
果引軍渡水萬均邀擊大破之明年建德率衆二十萬復攻幽州
賊已攀堞萬均與萬徹率敢死士百人從地道而出直掩賊背擊
之賊遂潰走及太宗平劉黑闥引萬均為右二護軍恩顧甚至隱
太子建成又引萬徹置于左右建成被誅萬徹率宮兵戰於玄武
門鼓譟欲入秦府將士大懼及梟建成首示之萬徹與數十騎亡
於終南山太宗累遣使諭意萬徹釋仗而來太宗以其忠於所
事不之罪也萬均貞觀初歷遷殿中少監柴紹之擊梁師都以萬
徹為副未至朔方數十里突厥四面而至官軍稍卻萬均與萬徹
橫出擊之斬其驍將虜陣亂因而乘之殺傷被野鼓行而進遂圍
師都徹而師都見殺城降突厥不敢來援萬徹後從李靖擊突厥
頡利可汗於塞北以功授統軍進爵郡公及靖擊吐谷渾詔萬
徹同行及至賊境與諸將各率百餘騎先行卒與虜數千騎相遇

萬徹單騎馳擊之虜無敢當者還謂諸將曰賊易與耳躍馬復進
諸將隨之斬數千級人馬流血勇冠三軍又與萬均破吐谷渾天
柱王於赤水源獲其雜畜二十萬計追至河源萬均此後官至左
屯衛大將軍累封潞國公而卒萬徹尋丁母憂解職俄起為右衛
將軍出為蒲州刺史會薛延陀率迴紇同羅之衆渡磧南擊李思
摩萬徹副李勣援之與虜相遇率數百騎為先鋒擊其陣後騎
皆散賊顧見遂大潰追奔數十里斬首三千餘級獲馬萬五千匹
以功別封一子為縣侯十八年授左衛將軍尚丹陽公主拜駙馬都
尉尋遷右衛大將軍轉杭州刺史遷代州都督復召拜右武衛大
將軍太宗從容謂從臣曰當今名將唯李勣道宗萬徹三人而已
李勣道宗不能大勝亦不大敗萬徹非大勝即大敗太宗嘗召司
徒長孫無忌等十餘人宴於丹霄殿各賜以膝皮萬徹預焉太宗
意在賜萬徹而謬呼萬均因愴然曰萬均朕之勳舊不幸早亡不
覺呼名豈其魂靈欲朕之賜也因令取膝皮呼萬均以同賜而焚

之於前侍坐者無不感歎二十二年萬徹又爲青丘道行軍大總管
率甲士三萬自萊州泛海伐高麗入鴨綠水百餘里至泊灼城高
麗震懼多棄城而遁泊灼城主所夫孫率步騎萬餘人拒戰萬
徹遣右衛將軍裴行方領步卒爲支軍繼進萬徹及諸軍乘之
賊大潰追奔百餘里於陣斬所夫孫進兵圍泊灼城其城因山設
險阻鴨綠水以爲固攻之未拔高麗遣將高文率烏骨安地諸城
兵三萬餘人來援分置兩陣萬徹分軍以當之鋒刃纔接而賊大
潰萬徹在軍仗氣凌物人或奏之及謁見太宗謂曰上書者論卿
與諸將不協朕錄功弃過不罪卿也因取書焚之尋爲副將右衛
將軍裴行方言其怨望於是廷驗之萬徹辭屈英國公李勣進曰
萬徹職乃將軍親惟主壻發言怨望罪不容誅因除名徙邊會赦
得還永徽二年授寧州刺史入朝與房遺愛款昵因謂遺愛曰今
雖患脚坐置京師凜輩猶不敢動遺愛謂萬徹曰公若國家有
變我當與公立荊王元景爲主及謀洩吏逮之萬徹不之伏遺愛
證之遂伏誅臨刑大言曰薛萬徹大健兒留爲國家効死力固好
豈得坐房遺愛殺之乎遂解衣謂監刑者疾斫執刀者斬之不殊
萬徹叱之曰何不加力三斫乃絕萬徹長兄萬淑亦有戰功貞觀初至
營州都督檢校東夷校尉封梁郡公季弟萬備有孝行毋終廬
於墓側太宗降璽書弔慰仍旌表其門後官至左衛將軍並先萬
徹卒初武德貞觀之際有盛彥師盧祖尚劉世讓劉蘭李君羨等
並有功名而不終其位

盛彥師者宋州虞城人大業中爲澄城長義師至汾陰率賓客千
餘人濟河上謁拜銀青光祿大夫行軍總管從平京城俄與史萬
寶鎮宜陽以拒東寇及李密之叛將出山南史萬寶懼密威名不
敢拒謂彥師曰李密驍賊也又輔以王伯當決策而叛其下兵士
思欲東歸若非計出萬全則不爲也兵在死地殆不可當彥師笑
曰請以數千之衆邀之必梟其首萬寶曰計將安出對曰軍法尚
詐不可爲公說之便領衆踰熊耳山南傍道而止令弓弩者挾路

乘高刀楯者伏於溪谷令曰待賊半渡一時齊發弓弩據高縱射
刀楯即亂出薄之或問之曰聞李密欲向洛州而公入山何也彥師
曰密聲言往洛實走襄城就張善相耳必當出人不意若賊入谷口
我自後追之山路險隘無所展力一夫殿後必不能制今吾先得入
谷擒之必矣李密既度陝州以爲餘不足慮遂擁衆徐行果踰山
南渡彥師擊之密衆首尾斷絕不得相救遂斬李密追擒伯當以
功封葛國公拜武衛將軍仍鎮熊州太宗討王世充遣彥師與萬
寶軍于伊闕絕其山南之路賊平除宋州總管初彥師之入關也
王世充以其將陳寶遇爲宋州刺史與其家不以禮及此彥師因
事殺之平生所惡數十家亦皆殺之州中震駭重足而立會徐圓
朗反彥師爲安撫大使因戰遂没於賊圓朗即禮厚之令彥師作書
報其弟令舉城降己彥師爲書曰吾奉使無狀被賊所擒爲臣不
忠誓之以死汝宜善待老母勿以吾爲念圓朗初色動而彥師自
若圓朗乃笑曰盛將軍乃有壯節不可殺也待之如舊賊平彥師
竟以罪賜死

盧祖尚者字季良光州樂安人也父禧隋虎賁郎將累葉豪富
傾財散施甚得人心大業末召募壯士逐捕羣盜時年甚少而武
力過人又御衆嚴整所向有功羣盜畏憚不敢入境及宇文化及
作亂州人請祖尚爲刺史祖尚時年十九昇壇歃血以誓其衆泣
涕歔欷悲不自勝衆皆感激王世充立越王侗祖尚遣使從之侗
授祖尚光州總管及世充自立遂舉州歸款高祖嘉之賜璽書勞
勉拜光州刺史封弋陽郡公武德六年從趙郡王孝恭討輔公祏
爲前軍總管攻其宣歙二州克之進擊賊帥馮惠亮陳正通並破
之賊平以功授蔣州刺史又歷壽州都督瀛州刺史並有能名貞
觀初交州都督遂安公壽以貪冒得罪太宗思求良牧朝臣咸言
祖尚才兼文武廉平正直徵至京師臨朝謂之曰交州大藩去京
甚遠須賢牧撫之前後都督皆不稱職卿有安邊之略爲我鎮之
勿以道遠爲辭也祖尚拜謝而出既而悔之以舊疾爲辭太宗遣

杜如晦諭旨祖尚固辭又遣其妻兄周範往諭之曰匹夫相許
猶須存信卿面許朕豈得後方悔之宜可早行三年必自相召
卿勿推拒朕不食言對曰嶺南瘴癘皆日飲酒臣不便酒去無
還理太宗大怒曰我使人不從何以為天下命斬之於朝時年
三十餘尋悔之使復其官蔭

劉世讓字元欽雍州醴泉人也仕隋徵仕郎高祖入長安世讓
以湋川歸國拜通議大夫時唐弼餘黨寇扶風世讓自請安輯
許之俄得數千人復為安定道行軍總管率兵以拒薛舉戰敗
世讓及弟寶俱為舉軍所獲舉將至城下令紿說城中曰大軍五
道已趣長安宜開門早降世讓偽許之因告城中曰賊兵多少
極於此矣宜善自固以圖安全舉重其執節竟不之害太宗時
屯兵高墌世讓潛遣寶逃歸言賊中虛實高祖嘉之賜其家帛
千匹及賊平得歸授彭州刺史尋領陜東道行軍總管與永安
王孝基擊呂崇茂於夏縣諸軍敗績世讓與唐儉俱為賊所獲
獄中聞獨孤懷恩有逆謀逃還以告高祖時高祖方濟河將幸
懷恩之營聞難驚曰劉世讓之至豈非天命哉因勞之曰卿往陷
薛舉遣弟潛効款誠今復冒危告難是皆憂國忘身也尋封弘
農郡公賜莊一區錢百萬累遷并州總管統兵屯於鴈門突厥處
羅可汗與高開道苑君璋合衆攻之甚急鴻臚卿鄭元璹先使
在蕃可汗令元璹來說之世讓厲聲曰大丈夫奈何為夷狄作說
客耶經日餘虜乃退及元璹還述世讓忠貞勇幹高祖下制褒
美之錫以良馬未幾召拜廣州總管將之任高祖問以備邊之
策世讓答曰突厥南寇徒以馬邑為其中路耳如臣所計請於
崞城置一智勇之將多儲金帛有來降者厚賞賜之數出奇兵
略其城下芟踐禾稼敗其生業不出歲餘彼當無食馬邑不足
圖也高祖無可任者乃使馳驛往經略之突厥懼其威名乃縱
反間言世讓與可汗通謀將為亂高祖不之察遂誅世讓籍沒
其家貞觀初突厥來降者言世讓初無逆謀始原其妻子

劉蘭字文郁青州北海人也仕隋鄱陽郡書佐頗涉經史善言
成敗然性多兇狡見隋末將亂交通不逞于時北海完富蘭利
其子女玉帛與羣盜相應破其本鄉城邑武德中淮安王神通
為山東道安撫大使蘭率宗黨往歸之以功累遷尚書員外郎
貞觀初梁師都尚據朔方蘭上言攻取之計太宗善之命為夏
州都督府司馬時梁師都以突厥之師頓於城下蘭偃旗臥鼓
不與之爭鋒賊徒宵遁蘭追擊破之遂進軍夏州及師都平以
功遷豐州刺史徵為右領軍將軍十一年幸洛陽以蜀王愔為夏
州都督愔不之藩以蘭為長史總其府事時突厥攜離有郁射
設阿史那摸末率其部落入居河南蘭縱反間以離其部落頡
利果疑摸末摸末懼而頡利又遣兵追之蘭率衆逆擊敗之太
宗以為能超拜豐州刺史再轉夏州都督封平原郡公貞觀末
以謀反要斬右驍衛大將軍丘行恭探其心肝而食之太宗聞
而召行恭讓之曰刑典自有常科何至於此必若食逆者心肝
而為忠孝則劉蘭之心為太子諸王所食豈至卿邪行恭無以答

李君羨者洺州武安人也初為王世充驃騎惡世充之為人乃
與其黨叛而來歸太宗引為左右從討劉武周及王世充等每
戰必單騎先鋒陷陣前後賜以宮女馬牛黃金雜綵不可勝數
太宗即位累遷華州刺史封武連郡公貞觀初太白頻晝見太
史占曰女主昌又有謠言當有女武王者太宗惡之時君羨
為左武衛將軍在玄武門太宗因武官內宴作酒令各言
小名君羨自稱小名五娘子太宗愕然因大笑曰何物女子如
此勇猛又以君羨封邑及屬縣皆有武字深惡之會御史奏君
羨與妖人員道信潛相謀結將為不軌遂下詔誅之天授二年
其家屬詣闕稱冤則天乃追復其官爵以禮改葬

史臣曰侯君集摧兇克敵効用居多恃寵矜功麤率無檢弃前
功而罹後患貪愚之將明矣張亮聽公穎之妖言恃弓長之邪
讖義兒斯畜惡跡遂彰雖道裕云反狀未形而詭詐之性於斯

驗矣萬徹籌高深行陣勇冠戎夷不能保其首領以至誅戮夫二
三子非慎始而保終也
贊曰君子立功守以謙沖小人得位足爲身害侯張兇險望窺
聖代雄若韓彭難逃葅醢

唐書列傳卷第十九

右文林郎充兩浙東路提舉茶鹽司幹辦公事臣蔡之勤校勘

劉　昫　等修

王珪　戴冑兄子至德　岑文本文本兄子長倩　子羲　格輔元附　杜正倫

王珪字叔玠太原祁人也在魏爲烏九氏曾祖神念自魏奔梁復姓王氏祖僧辯梁太尉尚書令父顗北齊樂陵太守珪幼孤性雅澹少嗜慾志量沉深能安於貧賤體道履正交不苟合季叔頗當時通儒有人倫之鑒嘗謂所親曰門戶所寄唯在此兒耳開皇末爲奉禮郎及頗坐漢王諒反事被誅珪當從坐遂亡命於南山積十餘歲高祖入關丞相府司錄李綱薦珪貞諒有器識引爲世子府諮議參軍及東宮建除太子中舍人尋轉中允甚爲太子所禮後以連其陰謀事流于巂州建成誅後太宗素知其才召拜諫議大夫貞觀元年太宗嘗謂侍臣曰正主御邪臣不能致理正臣事邪主亦不能致理唯君臣相遇有同魚水則海內可安也昔漢高祖田舍翁耳提三尺劒定天下既而規模弘遠慶流子孫者此蓋

任得賢臣所致也朕雖不明幸諸公數相匡救冀憑嘉謀致天下於太平耳珪對曰臣聞木從繩則正后從諫則聖故古者聖主必有諍臣七人言而不用則相繼以死陛下開聖慮納芻蕘愚臣處不諱之朝實願罄其狂瞽太宗稱善勑自今後中書門下及三品已上入閤必遣諫官隨之珪每推誠納忠多所獻替太宗顧待益厚賜爵永寧縣男遷黃門侍郎兼太子右庶子二年代高士廉爲侍中太宗嘗閒居與珪宴語時有美人侍側本廬江王瑗之姬瑗敗籍沒入宮太宗指示之曰廬江不道賊殺其夫而納其室暴虐之甚何有不亡者乎珪避席曰陛下以廬江取此婦人爲是耶爲非耶太宗曰殺人而取其妻卿乃問朕是非何也對曰臣聞於管子曰齊桓公之郭問其父老曰郭何故亡父老曰以其善善而惡惡也桓公曰若子之言乃賢君也何至於亡父老曰不然郭君善善而不能用惡惡而不能去所以亡也今此婦人尚在左右竊以聖心爲是之陛下若以爲非此謂知惡而不去也太宗雖不出此美人而甚重

其言時太常少卿祖孝孫以教宮人聲樂不稱旨爲太宗所譴珪及溫彥博諫曰孝孫妙解音律非不用心但恐陛下顧問不得其人以惑陛下視聽且孝孫雅士陛下忽爲教女樂而恠之臣恐天下恠愕太宗怒曰卿皆我之腹心當進忠獻直何乃附下罔上反爲孝孫言也彥博拜謝珪獨不拜曰臣本事前宮罪已當死陛下矜恕性命不以不肖置之樞近責以忠直今臣所言豈是爲私不意陛下忽以疑事誚臣是陛下負臣臣不負陛下帝默然而罷翌日帝謂房玄齡曰自古帝王能納諫者固難矣昔周武王尚不用伯夷叔齊宣王賢主杜伯猶以無罪見殺吾夙夜庶幾前聖恨不能仰及古人昨責彥博王珪朕甚悔之公等勿以此而不進直言也時房玄齡李靖溫彥博戴冑魏徵與珪同知國政後嘗侍宴太宗謂珪曰卿識鑒清通尤善談論自房玄齡等咸宜品藻又可自量孰與諸子賢對曰孜孜奉國知無不爲臣不如玄齡才兼文武出將入相臣不如李靖敷奏詳明出納惟允臣不如溫彥博處

繁理劇衆務必舉臣不如戴冑以諫諍爲心恥君不及於堯舜臣不如魏徵至如激濁揚清嫉惡好善臣於數子亦有一日之長太宗深然其言羣公亦各以爲盡己所懷謂之確論後進爵爲郡公七年坐漏泄禁中語左遷同州刺史明年召拜禮部尚書十一年與諸儒正定五禮書成賜帛三百段封一子爲縣男是歲兼魏王師既而上問黃門侍郎韋挺曰王珪爲魏王泰師與其相見若爲禮節挺對曰見師之禮拜荅如禮王問珪以忠孝珪荅曰陛下王之君也事君思盡忠陛下王之父也事父思盡孝忠孝之道可以立身可以成名當年可以享天祐餘芳可以垂後葉王曰忠孝之道已聞教矣願聞所習珪荅曰漢東平王蒼云爲善最樂上謂侍臣曰古來帝子生於宮闈及其成人無不驕逸是以傾覆相踵少能自濟我今嚴教子弟欲令皆得安全王珪我久驅使是所諳悉以其意存忠孝選爲子師爾宜語泰汝之待珪如事我也可以無過泰每爲之先拜珪亦以師道自居物議善之時珪子敬直尚南平公主禮

有婦見舅姑之儀自近代公主出降此禮皆廢珪曰今主上欽明
動循法制吾受公主謁見豈爲身榮所以成國家之美耳遂與其
妻就席而坐令公主親執笄行盥饋之道禮成而退是後公主下
降有舅姑者皆備婦禮自珪始也珪少時貧寒人或遺之初不辭
謝及貴皆厚報之雖其人已亡必賑贍其妻子事寡嫂盡禮撫孤
姪恩義極隆宗姻困匱者亦多所周卹珪通貴漸久而不營私廟
四時蒸嘗猶祭於寢坐爲法司所劾太宗優容弗之譴也因爲立
廟以媿其心珪既儉不中禮時論以是少之十三年遇疾勑公主就
第省視又遣民部尚書唐儉增損藥膳尋卒年六十九太宗素服
舉哀於別次悼惜久之詔魏王泰率百官親往臨哭贈吏部尚書
謚曰懿長子崇基襲爵官至主爵郎中少子敬直以尚主拜駙
馬都尉坐與太子承乾交結徙于嶺外崇基孫旭開元初爲左司
郎中兼侍御史時光祿少卿盧崇道犯罪配流嶺南逃歸匿於東
都爲讎家所發玄宗令旭究其獄旭欲擅其威權因捕繫崇道親

黨數十人皆極其楚毒然後結成其罪崇道及其三子並坐死親
友皆決杖流貶時得罪多是知名之士四海寃之旭又與御史大
夫李傑不協遞相糺訐傑竟坐左遷衢州刺史旭既得志擅行威
福由是朝廷畏而鄙之俄以贓罪黜爲龍川尉憤恚而死甚爲
時之所快

戴胄字玄胤相州安陽人也性貞正有幹局明習律令尤曉文簿
隋大業末爲門下錄事納言蘇威黃門侍郎裴矩甚禮之越王侗
以爲給事郎王世充將篡侗位胄言於世充曰君臣之分情均父
子理須同其休戚弱以終始明公以文武之才當社稷之寄與存
與亡在於今日所願推誠王室擬跡伊周使國有泰山之安家傳
代祿之盛則率土之濱莫不幸甚世充詭辭稱善勞而遣之世充
後逼越王加其九錫胄又抗言切諫世充不納由是出爲鄭州長
史令與兄子行本鎮武牢太宗尅武牢而得之引爲秦府士曹參
軍及即位除兵部郎中封武昌縣男貞觀元年遷大理少卿時吏

部尚書長孫無忌嘗被召不解佩刀入東上閤尚書右僕射封德
彝議以監門校尉不覺罪當死無忌誤帶入罰銅二十斤上從之
胄駮曰校尉不覺與無忌帶入同爲誤耳臣子之於尊極不得稱
誤準律云供御湯藥飲食舟船誤不知者皆死陛下若錄其功非
憲司所決若當據法罰銅未爲得衷太宗曰法者非朕一人之法
乃天下之法也何得以無忌國之親戚便欲阿之更令定議德彝
執議如初太宗將從其議胄又曰校尉緣無忌以致罪於法當輕
若論其誤則爲情一也而生死頓殊敢以固請上嘉之竟免校尉
之死于時朝廷盛開選舉或有詐僞資蔭者帝令其自首不首
者罪至于死俄有詐僞者事洩胄據法斷流以奏之帝曰朕下勑
不首者死今斷從流是示天下以不信卿欲賣獄乎胄曰陛下當
即殺之非臣所及既付所司臣不敢虧法帝曰卿自守法而令我
失信邪胄曰法者國家所以布大信於天下言者當時喜怒之所
發耳陛下發一朝之忿而許殺之既知不可而寘之於法此乃忍小

忿而存大信也若順忿違信臣竊爲陛下惜之帝曰法有所失公
能正之朕何憂也胄前後犯顏執法多此類所論刑獄皆事無寃
濫隨方指擿言如泉涌其年轉尚書右丞尋遷左丞先是每歲水
旱皆以正倉出給無倉之處就食他州百姓多致饑乏二年胄上
言水旱凶災前聖之所不免國無九年儲蓄禮經之所明誡今喪
亂已後戶口凋殘每歲納租未實倉廩隨即出給纔供當年若有
凶災將何賑卹故隋開皇立制天下之人節級輸粟名爲社倉終
文皇代得無饑饉及大業中年國用不足並取社倉之物以充官
費故至末塗無以支給自王公已下爰及衆庶計所墾田稼穡頃畝
每至秋熟準其苗以理勸課盡令出粟稻麥之鄉亦同此稅各納
所在立爲義倉太宗從其議以其家貧賚錢十萬時尚書左僕射
蕭瑀免官僕射封德彝又卒太宗謂胄曰尚書省天下綱維百司
所稟若一事有失天下必有受其弊者今無令僕繫之於卿當稱
朕所望也胄性明敏達於從政處斷明速議者以爲左右丞稱職

武德已來一人而已又領諫議大夫令與魏徵更日供奉三年進拜
民部尚書兼檢校太子左庶子先是右僕射杜如晦專掌選舉臨
終請以選事委胄由是詔令兼攝吏部尚書其民部庶子諫議並
如故胄雖有幹局而無學術居吏部抑文雅而奬法吏甚爲時論
所譏四年罷吏部尚書以本官參預朝政尋進爵爲郡公五年太
宗將修復洛陽宮胄上表諫曰陛下當百王之弊屬暴隋之後拯
餘燼於塗炭救遺黎於倒懸遠至邇安率土清謐大功大德豈臣
之所稱替臣誠小人才識非遠唯知耳目之近不達長久之策敢
竭區區之誠論臣職司之事比見關中河外盡置軍團富室強丁
並從戎旅重以九成作役餘丁向盡去京二千里內先配司農將作
假有遺餘勢何足紀亂離甫爾戶口單弱一人就役舉家便廢入
軍者督其戎仗從役者責其糇糧盡室經營多不能濟以臣愚
慮恐致怨嗟七月已來霖潦過度河南河北厥田洿下時豐歲稔
猶未可量加以軍國所須皆資府庫絹布所出歲過百萬丁既

役盡賦調不減費用不止將恐其虛且洛陽宮殿足蔽風雨數年
功畢亦謂非晚若頓修營恐傷勞擾太宗甚嘉之因謂侍臣曰
戴胄於我無骨肉之親但以忠直勵行情深體國事有機要無不
以聞所進官爵以酬厥誠耳七年卒太宗爲之舉哀廢朝三日贈
尚書右僕射追封道國公謚曰忠詔虞世南爲撰碑文又以胄宅
宇弊陋祭享無所令有司特爲造廟房玄齡魏徵並美胄才用
俱與之親善及胄卒後嘗見其遊處之地數爲之流涕胄無子以
兄子至德爲後至德乾封中累遷西臺侍郎同東西臺三品尋轉
戶部尚書依舊知政事父子十數年間相繼爲尚書預知國政時
以爲榮咸亨中高宗爲飛白書以賜侍臣賜至德曰泛洪源俟舟
檝賜郝處俊曰飛九霄假六翮賜李敬玄曰資啓沃罄丹誠又賜
中書侍郎崔知悌曰竭忠節贊皇猷其辭皆有興比俄遷尚書右
僕射時劉仁軌爲左僕射每遇申訴冤滯者輒美言許之而至德
先據理難詰未嘗與奪若有理者密爲奏之終不顯己之斷決

由是時議歸於仁軌或以問至德答曰夫慶賞刑罰人主之權柄
凡爲人臣豈得與人主爭權柄哉其慎密如此後高宗知而深歎
美之儀鳳四年薨輟朝三日使百官以次赴宅哭之贈開府儀同
三司幷州大都督謚曰恭

岑文本字景仁南陽棘陽人祖善方仕蕭察吏部尚書父之象
隋末爲邯鄲令嘗被人所訟理不得申文本性沈敏有姿儀博考
經史多所貫綜美譚論善屬文時年十四詣司隸稱冤辭情既切
召對明辯衆頗異之試令作蓮花賦下筆便成屬意甚佳合臺
莫不歎賞其父冤雪由是知名其後郡舉秀才以時亂不應蕭銑
僭號於荊州召署中書侍郎專典文翰及河間王孝恭定荊州軍
中將士咸欲大掠文本進說孝恭曰自隋室無道羣雄鼎沸四海
延頸以望眞主今蕭氏君臣江陵父老決計歸降者實望去危就
安耳王必欲縱兵虜掠誠非郢州來蘇之意亦恐江嶺以南向化
之心沮矣孝恭稱善遂止之署文本荊州別駕孝恭進擊輔公祏

召典軍書復署行臺考功郎中貞觀元年除秘書郎兼直中書省
遇太宗行藉田之禮文本上藉田頌及元日臨軒宴百寮文本復
上三元頌其辭甚美文本才名既著李靖復稱薦之擢拜中書舍
人漸蒙親顧初武德中詔誥及軍國大事文皆出於顏師古至是
文本所草詔誥或衆務繁湊即命書僮六七人隨口並寫須臾悉
成亦殆盡其妙時中書侍郎顏師古以譴免職頃之溫彥博奏曰
師古諳練時事長於文法時無及者冀蒙復用太宗曰我自舉一
人公勿憂也於是以文本爲中書侍郎專典機密又先與令狐德
棻撰周史其史論多出於文本至十年史成封江陵縣子十一年從
至洛陽宮會穀洛泛溢文本上封事曰臣聞創撥亂之業其功既
難守已成之基其道不易故居安思危所以定其業也有始有卒
所以隆其基也今雖億兆乂安方隅寧謐既承喪亂之後又接凋
弊之餘戶口減損尚多田疇墾闢猶少覆燾之恩著矣而瘡痍未
復德敎之風被矣而資産屢空是以古人譬之種樹年祀綿遠則

枝葉扶踈若種之日淺根本未固雖壅之以黑墳暖之以春日一人搖之必致枯槁今之百姓頗類於此常加含養則日就滋息暫有征役則隨而凋耗凋耗既甚則人不聊生人不聊生則怨氣充塞怨氣充塞則離叛之心生矣故帝舜曰可愛非君可畏非人孔安國曰人以君為命故可愛君失道人叛之故可畏仲尼曰君猶舟也人猶水也水所以載舟亦所以覆舟是以古之哲王雖休勿休日慎一日者良為此也伏惟陛下覽古今之事察安危之機上以社稷為重下以億兆在念明選舉慎賞罰進賢才退不肖聞過即改從諫如流為善在於不疑出令期於必信頤神養性省畋遊之娛去奢從儉減工役之費務靜方內而不求闢土載櫜弓矢而無忘武備凡此數者雖為國之常道陛下之所常行臣之愚心唯願陛下思之而不倦行之而不怠則至道之美與三五比隆億載之祚與天地長久雖使桑穀為妖龍蛇作孽雉雊於鼎耳石言於晉地猶當轉禍為福變咎為祥況水雨之患陰陽常理豈可謂之天譴

而繫聖心哉臣聞古人有言農夫勞而君子養焉愚者言而智者擇焉輒陳狂瞽伏待斧鉞是時魏王泰寵冠諸王盛修第宅文本以為侈不可長上疏盛陳節儉之義言泰宜有抑損太宗並嘉之賜帛三百段十七年加銀青光祿大夫文本自以出自書生每懷撝挹平生故人雖微賤必與之抗禮居處卑陋室無茵褥帷帳之飾事母以孝聞撫弟姪恩義甚篤太宗每言其弘厚忠謹吾親之信之是時新立晉王為皇太子名士多兼領宮官太宗欲令文本兼攝文本再拜曰臣以庸才久踰涯分守此一職猶懼滿盈豈宜更忝春坊以速時謗臣請一心以事陛下不願更希東宮恩澤太宗乃止仍令五日一參東宮皇太子執賓友之禮與之答拜其見待如此俄拜中書令歸家有憂色其母怪而問之文本曰非勳非舊濫荷寵榮責重位高所以憂懼親賓有來慶賀輒曰今受弔不受賀也又有勸其營產業者文本歎曰南方一布衣徒步入關疇昔之望不過祕書郎一縣令耳而無汗馬之勞徒以文墨致位中

書令斯亦極矣荷俸祿之重為懼已多何得更言產業乎言者歎息而退文本既久在樞揆當塗任事賞錫稠疊凡有財物出入皆委季弟文昭一無所問文昭時任校書郎多與時人遊款太宗聞而不悅嘗從容謂文本曰卿弟過爾多交結恐累卿朕將出之為外官如何文本泣曰臣弟少孤老母特所鍾念不欲信宿離於左右若今外出母必憂悴儻無此弟亦無老母也因歔欷嗚咽太宗愍其意而止唯召見文昭嚴加誡約亦卒無愆過及將伐遼凡所籌度一皆委之文本受委既深神情頓竭言辭舉措頗異平常太宗見而憂之謂左右曰文本今與我同行恐不與我同返及至幽州遇暴疾太宗親自臨視撫之流涕尋卒年五十一其夕太宗聞嚴鼓之聲曰文本殞逝情深惻怛今宵夜警所不忍聞命停之贈侍中廣州都督謚曰憲賜東園祕器陪葬昭陵有集六十卷行於代文本兄文叔文叔子長倩少為文本所鞠同於己子永淳中累轉兵部侍郎同中書門下平章事垂拱初自夏官尚書遷內史知

夏官事俄拜文昌右相封鄧國公則天初革命尤好符瑞長倩懼罪頗有陳奏又上疏請改皇嗣姓為武氏以為周室儲貳則天許之賞封五百戶天授二年加特進輔國大將軍其年鳳閣舍人張嘉福與洛州人王慶之等列名上表請立武承嗣為皇太子長倩以皇嗣在東宮不可更立承嗣與地官尚書格輔元竟不署名仍奏請切責上書者由是大忤諸武意乃斥令西征吐蕃充武威道行軍大總管中路召還下制獄被誅仍發掘其父祖墳墓來俊臣又脅迫長倩子靈原令誣納言歐陽通及格輔元等數十人皆陷以同反之罪並誅死長倩子義長安中為廣武令有能名則天嘗令宰相各舉堪為員外郎者鳳閣侍郎韋嗣立薦義且奏曰恨其從父長倩犯逆為累則天曰苟有材幹何限微累遂拜天官員外郎由是緣坐近親相次入省登封令劉守悌為司門員外郎渭南令裴惓為地官員外郎先是義為金壇令守悌及惓稱為清儉義以文吏著名俱為巡察使所薦皆授畿縣令又同為尚書郎忝有

美譽守佛後至陝州刺史惓至杭州刺史羲神龍初爲中書舍人時武三思用事侍中敬暉欲上表請削諸武之爲王者募爲表者衆畏三思皆辭託不敢爲之羲便操筆辭甚切直由是忤三思意轉秘書少監再遷吏部侍郎時吏部侍郎崔湜太常少卿鄭愔大理少卿李元恭分掌選事皆以贓貨聞羲最守正時議美之尋加銀青光祿大夫右散騎常侍同中書門下三品睿宗即位出爲陝州刺史復歷刑部戶部二尚書門下三品監修國史刪定格令仍修氏族錄初中宗時侍御史冉祖雍誣奏睿宗及太平公主與節愍太子連謀請加推究羲與中書侍郎蕭至忠密申保護及羲監修中宗實錄自書其事睿宗覽而大加賞歎賜物三百段細馬一匹仍下制書褒美之時羲兄獻爲國子司業弟翔爲陝州刺史休爲商州刺史從族兄弟子姪因羲引用登清要者數十人羲歎曰物極則返可以懼矣然竟不能有所抑退尋遷侍中先天元年坐預太平公主謀逆伏誅籍沒其家

○格輔元者汴州浚儀人也伯父德仁隋剡縣丞與同郡人齊王文學王孝逸文林郎繁師玄羅川郡戶曹靖君亮司隸從事鄭祖咸宣城縣長鄭師善王世充中書舍人李行簡處士盧協等八人以辭學擅名當時號爲陳留八俊輔元弱冠舉明經歷遷御史大夫地官尚書同鳳閣鸞臺平章事初張嘉福等請立武承嗣也則天以問輔元固稱不可遂爲承嗣所譖而死海內冤之輔元兄希玄高宗時洛川司法參軍章懷太子召令與洗馬劉訥言等注解范曄後漢書行於代先輔元卒

杜正倫相州洹水人也隋仁壽中與兄正玄正藏俱以秀才擢第隋代舉秀才止十餘人正倫一家有三秀才甚爲當時稱美正倫善屬文深明釋典仕隋爲羽騎尉武德中歷遷齊州總管府錄事參軍太宗聞其名令直秦府文學館貞觀元年尚書右丞魏徵表薦正倫以爲古今難匹遂擢授兵部員外郎太宗謂曰朕今令舉行能之人非朕獨私於行能者以其能益於百姓也朕於宗親及以

勳舊無行能者終不任之以卿忠直朕今舉卿卿宜勉稱所舉二年拜給事中兼知起居注太宗嘗謂侍臣曰朕每日坐朝欲出一言即思此言於百姓有利益否所以不能多言正倫進曰君舉必書言存左右史臣職當修起居注不敢不盡愚直陛下若一言乖於道理則千載累於聖德非直當今損於百姓願陛下慎之太宗大悅賜綵二百段四年累遷中書侍郎六年正倫與御史大夫韋挺秘書少監虞世南著作郎姚思廉等咸上封事稱旨太宗爲之設宴因謂曰朕歷觀自古人臣立忠之事若值明王便得盡誠規諫至如龍逢比干竟不免孥戮爲君不易爲臣極難我又聞龍可擾而馴然喉下有逆鱗觸之則殺人人主亦有逆鱗卿等遂不避犯觸各進封事常能如此朕豈慮有危亡哉我思卿等此意豈能暫忘故聊設宴樂也仍並賜帛有差尋加散騎常侍行太子右庶子兼崇賢館學士太宗謂曰國之儲副自古所重必擇善人爲之輔佐今太子年在幼沖志意未定朕若朝夕見之可得隨事誡約

○今既委以監國不在目前知卿志懷貞慤能敦直道故輒輟卿於朕以匡太子宜知委任輕重也十年復授中書侍郎賜爵南陽縣侯仍兼太子左庶子正倫出入兩宮參典機密甚以幹理稱時太子承乾有足疾不能朝謁好暱近羣小太宗謂正倫曰我兒疾病乃可事也但全無令譽不聞愛賢好善私所引接多是小人卿可察之若教示不得須來告我正倫數諫不納乃以太宗語告之承乾抗表聞奏太宗謂正倫曰何故漏洩我語對曰開導不入故以陛下語嚇之冀其有懼或當反善帝怒出爲穀州刺史又左授交州都督後承乾構逆事與侯君集相連稱遺君集將金帶遺正倫由是配流驩州顯慶元年累授黃門侍郎兼崇賢館學士尋同中書門下三品二年兼度支尚書仍依舊知政事俄拜中書令兼太子賓客弘文館學士進封襄陽縣公三年坐與中書令李義府不協出爲橫州刺史仍削其封邑尋卒有集十卷行於代

史臣曰王珪履正不回忠讜無比君臣時命胥會于茲易曰自天

祐之吉無不利叔玠有焉戴胄兩朝仕官一乃心力刑無僭濫事有箴規雖學術不能求備而匡益自可矯時亦所謂巧於任大矣文本文傾江海忠貫雪霜申慈父之寬匡明主之業及委繁劇俄致暴終書曰小心翼翼昭事上帝所謂憂能傷人不復永年矣洎義而下登清要者數十人積善之道焉可忽諸正倫以能文被舉以直道見委參與機密出入兩宮斯謂得時然被承乾金帶之譏孰與夫耆慈之誚士大夫慎之

贊曰五靈嘉瑞出繫時隆人中麟鳳王戴諸公動必由禮言皆匡躬獻規納諫貞觀之風

唐書列傳卷第二十

右文林郎充兩浙東路提舉茶鹽司幹辦公事蘇之勤校勘

劉昫

魏徵

魏徵字玄成鉅鹿曲城人也父長賢北齊屯留令徵少孤貧落拓有大志不事生業出家爲道士好讀書多所通涉見天下漸亂尤屬意縱橫之說大業末武陽郡丞元寶藏舉兵以應李密召徵使典書記密每見寶藏之疏未嘗不稱善既聞徵所爲遽使召之徵進十策以干密雖奇之而不能用及王世充攻密於洛口徵說密長史鄭頲曰魏公雖驟勝而驍將銳卒死傷多矣又軍無府庫有功不賞戰士心惰此二者難以應敵未若深溝高壘曠日持久不過旬月敵人糧盡可不戰而退追而擊之取勝之道且東都食盡世充計窮意欲死戰可謂窮寇難與爭鋒請愼無與戰頲曰此老生之常談耳徵曰此乃奇謀深策何謂常談因拂衣而去及密敗徵隨密來降至京師久不見知自請安輯山東乃授秘書丞驅傳

○至黎陽時徐世勣尚爲李密擁衆徵與世勣書曰自隋末亂離群雄競逐跨州連郡不可勝數魏公起自叛徒奮臂大呼四方響應萬里風馳雲合霧聚衆數十萬威之所被將半天下破世充于洛口摧化及於黎山方欲西蹈咸陽北凌玄闕揚旌瀚海飲馬渭川翻以百勝之威敗於奔亡之虜固知神器之重自有所歸不可以力爭是以魏公思皇天之乃睠入函谷而不疑公生于擾攘之時感知己之遇根本已拔確乎不動鳩合遺散據守一隅世充以乘勝餘勇息其東略建德因侮亡之勢不敢南謀公之英聲足以振于今古然誰無善始終之慮難去就之機安危大節若策名得地則九族蔭其餘輝委質非人則一身不能自保殷鑒不遠公所聞見孟賁猶豫童子先之知幾其神不俟終日今公處必爭之地乘宜速之機更事遲疑坐觀成敗恐凶狡之輩先人生心則公之事去矣世勣得書遂定計遣使歸國開倉運糧以餽淮安王神通之軍俄而建德悉衆南下攻陷黎陽獲徵署爲起居舍人及建德就

擒與裴矩西入關隱太子聞其名引直洗馬甚禮之徵見太宗勲業日隆每勸建成早爲之所及敗太宗使召之謂曰汝離間我兄弟何也徵曰皇太子若從徵言必無今日之禍太宗素器之引爲詹事主簿及踐祚擢拜諫議大夫封鉅鹿縣男使安輯河北許以便宜從事徵至磁州遇前宮千牛李志安齊王護軍李思行錮送詣京師徵謂副使李桐客曰吾等受命之日前宮齊府左右皆令赦原不問今復送思行此外誰不自疑徒遣使往彼必不信此乃差之毫釐失之千里且公家之利知無不爲寧可慮身不可廢國家大計今若釋遣思行不問其罪則信義所感無遠不臻古者大夫出疆苟利社稷專之可也況今日之行許以便宜從事主上既以國士見待安可不以國士報之乎即釋遣思行等仍以啓聞太宗甚悅太宗新即位勵精政道數引徵入臥內訪以得失徵雅有經國之才性又抗直無所屈撓太宗與之言未嘗不欣然納受徵亦喜逢知己之主思竭其用知無不言太宗嘗勞之曰卿所陳諫

○前後二百餘事非卿至誠奉國何能若是其年遷尚書左丞或有言徵阿黨親戚者帝使御史大夫溫彥博案驗無狀彥博奏曰徵爲人臣雖存形迹不能遠避嫌疑遂招此謗雖情在無私亦有可責帝令彥博讓徵且曰自今後不得不存形迹他日徵入奏曰臣聞君臣協契義同一體不存公道唯事形迹若君臣上下同遵此路則邦之興喪或未可知帝瞿然改容曰吾已悔之徵再拜曰願陛下使臣爲良臣勿使臣爲忠臣帝曰忠良有異乎徵曰良臣稷契咎陶是也忠臣龍逢比干是也良臣使身獲美名君受顯號子孫傳世福祿無疆忠臣身受誅夷君陷大惡家國並喪空有其名以此而言相去遠矣帝深納其言賜絹五百匹貞觀二年遷秘書監參預朝政徵以喪亂之後典章紛雜奏引學者校定四部書數年之間秘府圖籍粲然畢備時高昌王麴文泰將入朝西域諸國咸欲因文泰遣使貢獻太宗令文泰使人厭怛紇干往迎接之徵諫曰中國始平瘡痍未復若微有勞役則不自安往年文泰入

朝所經州縣猶不能供況加於此輩若任其商賈來往邊人則獲
其利若爲賓客中國即受其弊矣漢建武二十二年天下已寧西
域請置都護送侍子光武不許蓋不以蠻夷勞弊中國也今若許
十國入貢其使不下千人欲使緣邊諸州何以取濟人心萬端後
雖悔之恐無所及上善其議時厥恒紇千已發遽追止之後太宗
幸九成宮因有宮人還京憩於湋川縣之官舍俄又右僕射李靖
侍中王珪繼至官屬移宮人於別所而舍靖等太宗聞之怒曰威
福之柄豈由靖等何爲禮靖而輕我宮人即令案驗湋川官屬及
靖等徵諫曰靖等陛下心膂大臣宮人皇后掃除之隸論其委付事
理不同又靖等出外官吏訪朝廷法式歸來陛下問人間疾苦靖等
自當與官吏相見官吏亦不可不謁也至於宮人供食之外不合參
承若以此罪責縣吏恐不益德音徒駭天下耳目帝曰公言是也乃
釋官吏之罪李靖等亦寢而不問嘗宴於丹霄樓酒酣太宗謂長孫
無忌曰魏徵王珪昔在東宮盡心所事當時誠亦可惡我能拔擢用
之以至今日足爲無愧古人然徵每諫我不從發言輒即不應何也
對曰臣以事有不可所以陳論若不從輒應便恐此事即行帝曰但
當時且應更別陳論豈不得耶徵曰昔舜誡羣臣爾無面從退有後
言若臣面從陛下方始諫此即退有後言豈是稷契事堯舜之意耶
帝大笑曰人言魏徵舉動疏慢我但覺嫵媚適爲此耳徵拜謝曰陛
下導之使言臣所以敢諫若陛下不受臣諫豈敢數犯龍鱗是月長
樂公主將出降帝以皇后所生敕有司資送倍於永嘉長公主徵曰
不可昔漢明欲封其子云我子豈與先帝子等可半楚淮陽前史以
爲美談天子姊妹爲長公主子爲公主既加長字即是有所尊崇或
可情有淺深無容禮相踰越上然其言入告長孫皇后后遣使齎錢
四十萬絹四百匹詣徵宅以賜之尋進爵郡公七年代王珪爲侍中
尚書省滯訟有不決者詔徵評理之徵性非習法但存大體以情處
斷無不悅服初有詔遣令狐德棻岑文本撰周史孔穎達許敬宗撰
隋史姚思廉撰梁陳史李百藥撰齊史徵受詔總加撰定多所損益

務存簡正隋史序論皆徵所作梁陳齊各爲總論時稱良史史成
加左光祿大夫進封鄭國公賜物二千段徵自以無功於國徒以辯
說遂參帷幄深懼滿盈後以目疾頻表遜位太宗曰朕拔卿於讎
虜之中任公以樞要之職見朕之非未嘗不諫公獨不見金之在
鑛也何足貴哉良冶鍛而爲器便爲人所寶朕方自比於金以卿
爲良匠卿雖有疾未爲衰老豈得便爾其年徵又面請遜位太宗
難違之乃拜徵特進仍知門下事其後又頻上四疏以陳得失其
一曰臣觀自古受圖膺運繼體守文控御英傑南面臨下皆欲
配厚德於天地齊高明於日月本枝百代傳祚無窮然而克終者
鮮敗亡相繼其故何哉所以求之失其道也殷鑒不遠可得而言
昔在有隋統一寰宇甲兵強盛四十餘年風行萬里威動殊俗一
旦舉而棄之盡爲他人之有彼煬帝豈惡天下之治安不欲社稷
之長久故行桀虐以就滅亡哉恃其富強不虞後患驅天下以從
欲罄萬物以自奉採域中之子女求遠方之奇異宮宇是飾臺榭
是崇徭役無時干戈不戢外示威重內多險忌讒邪者必受其福
忠正者莫保其生上下相蒙君臣道隔人不堪命率土分崩遂以
四海之尊殞於匹夫之手子孫殄滅爲天下笑深可痛哉聖哲乘
機拯其危溺八柱傾而復正四維絕而更張遠肅邇安不踰於朞
月勝殘去殺無待於百年今宮觀臺榭盡居之矣奇珍異物盡收
之矣姬姜淑媛盡侍於側矣四海九州盡爲臣妾矣若能鑒彼之
所以亡念我之所以得日愼一日雖休勿休焚鹿臺之寶衣毀阿房
之廣殿懼危亡於峻宇思安處於卑宮則神化潛通無爲而理德
之上也若成功不毀即仍其舊除其不急損之又損雜茅茨於桂
棟參玉砌以土階悅以使人不竭其力常念居之者逸作之者勞
億兆悅以子來羣生仰而遂性德之次也若惟聖罔念不愼厥終
忘締構之艱難謂天命之可恃忽彩椽之恭儉追雕牆之侈靡因
其基以廣之增其舊而飾之觸類而長不思止足人不見德而勞
役是聞斯爲下矣譬之負薪救火揚湯止沸以亂易亂與亂同道

莫可則也後嗣何觀則人怨神怒人怨神怒則災害必下則禍亂必作禍亂既作而能以身名令終者鮮矣順天革命之后隆七百之祚貽厥孫謀傳之萬世難得易失可不念哉其二曰臣聞求木之長者必固其根本欲流之遠者必浚其泉源思國之安者必積其德義源不深而豈望流之遠根不固而何求木之長德不厚而思國之治雖在下愚知其不可而況於明哲乎人君當神器之重居域中之大將崇極天之峻永保無疆之休不念於居安思危戒貪以儉德不處其厚情不勝其欲斯亦伐根以求木茂塞源而欲流長者也凡百元首承天景命莫不殷憂而道著功成而德衰有善始者實繁能克終者蓋寡豈其取之易而守之難乎昔取之而有餘今守之而不足何也夫在殷憂必竭誠以待下既得志則縱情以傲物竭誠則胡越為一體傲物則骨肉為行路雖董之以嚴刑振之以威怒終苟免而不懷仁貌恭而不心服怨不在大可畏惟人載舟覆舟所宜深慎奔車朽索其可忽乎君人者誠能見可欲則思知足以自戒將有所作則思知止以安人念高危則思謙沖而自牧懼滿溢則思江海而下百川樂盤遊則思三驅以為度恐懈怠則思慎始而敬終慮壅蔽則思虛心以納下想讒邪則思正身以黜惡恩所加則思無因喜以謬賞罰所及則思無因怒而濫刑總此十思弘茲九德簡能而任之擇善而從之則智者盡其謀勇者竭其力仁者播其惠信者效其忠文武爭馳君臣無事可以盡豫遊之樂可以養松喬之壽鳴琴垂拱不言而化何必勞神苦思代下司職役聰明之耳目虧無為之大道哉其三曰臣聞書曰明德慎罰惟刑恤哉禮云為上易事為下易知則刑不煩矣上多疑則百姓惑下難知則君長勞矣夫上易事下易知君長不勞百姓不惑故君有一德臣無二心上播忠厚之誠下竭股肱之力然後太平之基不墜康哉之詠斯起當今道被華夷功高宇宙無思不服無遠不臻然言尚於簡大志在於明察刑賞之本在乎勸善而懲惡帝王之所以與天下為畫一不以親疏貴賤而輕重者也今

之刑賞未必盡然或申屈在乎好惡輕重由乎喜怒遇喜則矜其刑於法中逢怒則求其罪於事外所好則鑽皮出其毛羽所惡則洗垢求其瘢痕瘢痕可求則刑斯濫矣毛羽可出則賞典謬矣刑濫則小人道長賞謬則君子道消小人之惡不懲君子之善不勸而望治安刑措非所聞也且夫暇豫清談皆敦尚於孔老威怒所至則取法於申韓直道而行非無三黜危人自安蓋亦多矣故道德之旨未弘刻薄之風已扇夫上風既扇則下生百端人競趨時則憲章不一稽之王度實虧君道昔州犂上下其手楚國之法遂差張湯輕重其心漢朝之刑以弊人臣之頗僻猶莫能申其欺罔況人君之高下將何以措其手足乎以睿聖之聰明無幽微而不燭豈神有所不達智有所不通哉安其所安不以卹刑為念樂其所樂遂忘先笑之變禍福相倚吉凶同域唯人所召安可不思頃者責罰稍多威怒微厲或以供給不贍或以人不從欲皆非致治之所急實乃驕奢之攸漸是知貴不與驕期而驕自來富不與奢期而奢自至非徒語也且我之所代實在有隋隋氏亂亡之源聖明之所臨照以隋氏之甲兵況當今之士馬以隋氏之府藏譬今日之資儲以隋氏之戶口校今時之百姓度長計大曾何等級然隋氏以富強而喪敗動之也我以貧寡而安寧靜之也靜之則安動之則亂人皆知之非隱而難見也微而難察也鮮蹈平易之塗多遵覆車之轍何哉在於安不思危治不念亂存不慮亡之所致也昔隋氏之未亂自謂必無亂隋氏之未亡自謂必不亡所以甲兵屢動徭役不息至于身將戮辱竟未悟其滅亡之所由也可不哀哉夫鑒形之美惡必就於止水鑒國之安危必取於亡國詩以殷鑒不遠在夏后之世又曰伐柯伐柯其則不遠臣願當今之動靜思隋氏以為鑒則存亡治亂可得而知若能思其所以危則安矣思其所以亂則治矣思其所以亡則存矣存亡之所在節嗜欲以從人省畋遊之娛息靡麗之作罷不急之務慎偏聽之怒近忠厚遠便佞杜悅耳之邪說聽苦口之忠言去易進之人賤難得之

貨採堯舜之誹謗追禹湯之罪己惜十家之產順百姓之心近取諸身恕以待物思勞謙以受益不自滿以招損有動則庶類以和出言而千里斯應超上德於前載樹風聲於後昆此聖哲之宏規帝王之盛業能事斯畢在乎慎守而已夫守之則易取之實難既得其所以難豈不能保其所以易其或保之不固則驕奢淫泆動之也慎終如始可不勉歟易云君子安不忘危存不忘亡治不忘亂是以身安而國家可保誠哉斯言不可以不深察也伏惟陛下欲善之志不減於昔時聞過必改少虧於曩日若能以當今之無事行嚮昔之恭儉則盡善盡美固無得而稱焉其四曰臣聞為國之基必資於德禮君子所保唯在於誠信誠信立則下無二心德禮形則遠人斯格然則德禮誠信國之大綱在於父子君臣不可斯須而廢也故孔子曰君使臣以禮臣事君以忠又曰自古皆有死人無信不立文子曰同言而信信在言前同令而行誠在令外然則言而不行言不信也令而不從令無誠也不信之言無誠之

令為上則敗國為下則危身雖在顛沛之中君子所不為也自王道休明十有餘載威加海外萬國來庭倉廩日積土地日廣然而道德未益厚仁義未益博者何哉由乎待下之情未盡於誠信雖有善始之勤未覩克終之美故也其所由來者漸非一朝一夕之故昔貞觀之始聞善若驚暨五六年間猶悅以從諫自茲厥後漸惡直言雖或勉強時有所容非復曩時之豁如也謇諤之士稍避龍鱗便佞之徒肆其巧辯謂同心者為朋黨謂告訐者為至公謂強直者為擅權謂忠讜者為誹謗謂之朋黨雖忠信而可疑謂之至公雖矯偽而無咎強直者畏擅權之議忠讜者慮誹謗之尤至於竊斧生疑投杼致惑正人不得盡其言大臣莫能與之諍熒惑視聽鬱於大道妨化損德其在茲乎故孔子惡利口之覆邦家蓋為此也且君子小人貌同心異君子掩人之惡揚人之善臨難無苟免殺身以成仁小人不恥不仁不畏不義唯利之所在危人以自安夫苟在危人則何所不至今將求致治必委之於

君子事有得失或訪之於小人其得君子也則敬而踈遇小人也必輕而狎狎則言無不盡踈則情或不通是譽毀在於小人刑罰加於君子寔興喪所在亦安危所繫可不慎哉夫中智之人豈無小慧然才非經國慮不及遠雖竭力盡誠猶未免於傾敗況內懷姦利承顏順旨其為患禍不亦深乎故孔子曰君子或有不仁者焉未見小人而仁者然則君子不能無小惡惡不積無妨於正道小人或時有小善善不積不足以立忠今謂之善人矣復慮其有不信何異夫立直木而疑其影之不直乎雖竭精神勞思慮其不可亦已明矣夫君能盡禮臣得竭忠必在於內外無私上下相信上不信則無以使下下不信則無以事上信之為義大矣哉故自天祐之吉無不利昔齊桓公問於管仲曰吾欲酒腐於爵肉腐於俎得無害於霸乎管仲曰此極非其善者然亦無害霸也公曰何如而害霸乎曰不能知人害霸也知而不能用害霸也用而不能信害霸也既信而又使小人參之害霸也晉中行穆伯攻鼓經年而不

能下餽間倫曰鼓之嗇夫間倫知之請無疲士大夫而鼓可得穆伯不應左右曰不折一戟不傷一卒而鼓可得君奚為不取穆伯曰間倫之為人也佞而不仁若間倫下之吾不可以不賞賞之是賞佞人也佞人得志是使晉國之士捨仁而為佞雖得鼓將何用之夫穆伯列國大夫管仲霸者之佐猶慎於信任遠避佞人也如此況乎為四海之大君應千齡之上聖而可使巍巍之盛德復將有所間然乎若欲令君子小人是非不雜必懷之以德待之以信厲之以義節之以禮然後善善而惡惡審罰而明賞則小人絕其佞邪君子自強不息無為之化何遠之有善善而不能進惡惡而不能去罰不及於有罪賞不加於有功則危亡之期或未可保永錫祚胤將何望哉太宗手詔嘉美優納之嘗謂長孫無忌曰朕即位之初上書者或言人主必須威權獨運不得委任羣下或欲耀兵振武懾服四夷唯有魏徵勸朕偃革興文布德施惠中國既安遠人自服朕從其語天下大寧絕域君長皆來朝貢九夷重譯相

望於道此皆魏徵之力也太宗嘗嫌上封者衆不近事實欲加黜
責徵奏曰古者立誹謗之木欲聞己過今之封事謗木之流也陛
下思聞得失秖可恣其陳道若所言衷則有益於陛下若不衷無
損於國家太宗曰此言是也並勞而遣之後太宗在洛陽宮幸積
翠池宴群臣酒酣各賦一事太宗賦尚書曰日昃玩百篇臨燈披
五典夏康既逸豫商辛亦流湎恣情昏主多克己明君鮮滅身資
累惡成名由積善徵賦西漢曰受降臨軹道爭長趣鴻門驅傳渭
橋上觀兵細柳屯夜宴經栢谷朝遊出杜原終藉叔孫禮方知皇
帝尊太宗曰魏徵每言必約我以禮也尋以修定五禮當封一子
爲縣男請讓孤兄子叔慈太宗愴然曰卿之此心可以勵俗遂許
之十二年禮部尚書王珪奏言三品以上遇親王於塗皆降乘違
法申敬有乖儀準太宗曰卿輩皆自崇貴卑我兒子乎徵進曰自
古迄茲親王班次三公之下今三品皆曰天子列卿及八座之長爲
王降乘非王所宜當也求諸故事則無可憑行之於今又乖國憲

○太宗曰國家所以立太子者擬以爲君也然則人之修短不在老
少設無太子則母弟次立以此而言安得輕我子耶徵曰殷家尚
質有兄終弟及之義自周以降立嫡必長所以絕庶孼之窺覦塞
禍亂之源本有國者之所深愼於是遂可珪奏會皇孫誕育召公
卿賜宴太宗謂侍臣曰貞觀以前從我平定天下周旋艱險玄齡
之功無所與讓貞觀之後盡心於我獻納忠讜安國利民犯顏正
諫匡朕之違者唯魏徵而已古之名臣何以加也於是親解佩刀
以賜二人徵以戴聖禮記編次不倫遂爲類禮二十卷以類相從
削其重復採先儒訓注擇善從之研精覃思數年而畢太宗覽而
善之賜物一千段錄數本以賜太子及諸王仍藏之秘府先是遣使
詣西域立葉護可汗未還又遣使多齎金銀帛歷諸國市馬徵
諫曰今以立可汗爲名可汗未定即詣諸國市馬彼必以爲意在
市馬不爲專意立可汗可汗得立則不甚懷恩諸蕃聞之以爲中
國薄義重利未必得馬而失義矣昔漢文有獻千里馬者曰吾

凶行日三十里吉行五十里鑾輿在前屬車在後吾獨乘千里
馬將安之乃償其道里所費而返之漢光武有獻千里馬及寶劒
者馬以駕鼓車劒以賜騎士陛下凡所施爲皆邈踰三王之上奈
何至於此事欲爲孝文光武之下乎又魏文帝欲求市西域大珠
蘇則曰若陛下惠及四海則不求自至求而得之不足爲貴也陛
下縱不能慕漢文之高行可不畏蘇則之言乎太宗納其言而止
時公卿大臣並請封禪唯徵以爲不可太宗曰朕欲卿極言之豈
功不高耶德不厚耶諸夏未治安耶遠夷不慕義耶嘉瑞不至耶年
穀不登耶何爲而不可對曰陛下功則高矣而民未懷惠德雖厚
矣而澤未滂流諸夏雖安未足以供事遠夷慕義無以供其求符
瑞雖臻罻羅猶密積歲豐稔倉廩尚虛此臣所以竊謂未可臣未
能遠譬且借喻於人今有人十年長患療治且愈此人應皮骨僅
存便欲使負米一石日行百里必不可得隋氏之亂非止十年陛下
爲之良醫疾苦雖已乂安未甚充實告成天地臣竊有疑且陛下

東封萬國咸萃要荒之外莫不奔走今自伊洛以東暨乎海岱灌
莽巨澤蒼茫千里人煙斷絕雞犬不聞道路蕭條進退艱阻豈可
引彼夷狄示以虛弱竭財以賞未厭遠人之望重加給復不償百
姓之勞或遇水旱之災風雨之變庸夫橫議悔不可追豈獨臣之
懇誠亦有輿人之誦太宗不能奪是後右僕射缺欲拜之徵固辭
乃止及皇太子承乾不修德業魏王泰寵愛日隆內外庶僚並有
疑議太宗聞而惡之謂侍臣曰當今朝臣忠謇無踰魏徵我遣傅
皇太子用絕天下之望十六年拜太子太師知門下省事如故徵自
陳有疾詔荅曰漢之太子四皓爲助我之賴公即其義也知公疾
病可臥護之其年稱綿惙中使相望徵宅先無正寢太宗欲爲小
殿輟其材爲徵營構五日而成遣中使齎素褥布被而賜之遂其
所尚也及病篤輿駕再幸其第撫之流涕問所欲言徵曰嫠不恤
緯而憂宗周之亡後數日太宗夜夢徵若生平及旦而奏徵薨時
年六十四太宗親臨慟哭廢朝五日贈司空相州都督謚曰文貞

給羽葆鼓吹班劒四十人賻絹布千段米粟千石陪葬昭陵及將祖載徵妻裴氏曰徵平生儉素今以一品禮葬羽儀甚盛非亡者之志悉辭不受竟以布車載柩無文彩之飾太宗登苑西樓望喪而哭詔百官送出郊外帝親製碑文并爲書石其後追思不已賜其實封九百戶嘗臨朝謂侍臣曰夫以銅爲鏡可以正衣冠以古爲鏡可以知興替以人爲鏡可以明得失朕常保此三鏡以防己過今魏徵殂逝遂亡一鏡矣徵亡後朕遣人至宅就其書函得表一紙始立表草字皆難識唯前有數行稍可分辯云天下之事有善有惡任善人則國安用惡人則國亂公卿之內情有愛憎憎者唯見其惡愛者唯見其善愛憎之間所宜詳慎若愛而知其惡憎而知其善去邪勿疑任賢勿貳可以興矣其遺表如此然在朕思之恐不免斯事公卿侍臣可書之於笏知而必諫也徵狀貌不逾中人而素有膽智每犯顏進諫雖逢王赫斯怒神色不移嘗密薦中書侍郎杜正倫及吏部尚書侯君集有宰相之材徵卒後正倫以

罪黜君集犯逆伏誅太宗始疑徵阿黨徵又自錄前後諫諍言辭往復以示史官起居郎褚遂良太宗知之愈不悅先許以衡山公主降其長子叔玉於是手詔停婚顧其家漸衰矣徵四子叔琬叔璘叔瑜叔玉襲爵國公官至光祿少卿叔瑜至潞州刺史叔璘禮部侍郎則天時爲酷吏所殺神龍初繼封叔玉子膺爲鄭國公叔瑜子華開元初太子右庶子

史臣曰臣嘗讀漢史劉更生傳見其上書論王氏擅權恐移運祚漢成不悟更生徘徊伊鬱極言而不顧禍患何臣益忠盡也如此當更生時諫者甚多如谷永楊興之上言圖爲姦利與賊臣爲鄉導梅福王吉之言雖近古道未切事情則納諫任賢詎宜容易臣嘗閱魏公故事與文皇討論政術往復應對凡數十萬言其臣過彌達能近取譬博約連類皆前代諍臣之不至者其實根於道義發爲律度身正而心勁上不負時主下不阿權幸中不侈親族外不爲朋黨不以逢時改節不以圖位賣忠所載章疏四篇可爲萬代王者法雖漢之劉向魏之徐邈晉之山濤宋之謝朏才則才矣比文貞之雅道不有遺行乎前代諍臣一人而已

贊曰智者不諫諫或不智智者盡言國家之利鄭公達節才周經濟太宗用之子孫長世

唐書列傳卷第二十一

右文林郎充兩浙東路提舉茶鹽司幹辦公事蔡之勸校勘

唐書列傳卷第二十二

劉昫　等修

虞世南　李百藥子安期　褚亮李玄道 李守素附

虞世南字伯施越州餘姚人隋内史侍郎世基弟也祖檢梁始興
王諮議父荔陳太子中庶子俱有重名叔父寄陳中書侍郎無子
以世南繼後故字曰伯施世南性沈靜寡欲篤志勤學少與兄世
基受學於吳郡顧野王經十餘年精思不倦或累旬不盥櫛善屬
文常祖述徐陵陵亦言世南得己之意又同郡沙門智永善王羲
之書世南師焉妙得其體由是聲名籍甚天嘉中荔卒世南尚幼
哀毀殆不勝喪陳文帝知其二子博學每遣中使至其家將護之
及服闋召為建安王法曹參軍寄陷於陳寶應在閩越中世南雖
除喪猶布衣蔬食至太建末寶應破寄還方令世南釋布食肉至
德初除西陽王友陳滅與世基同入長安俱有重名時人方之二陸
時煬帝在藩聞其名與秦王俊辟書交至以母老固辭晉王令使

者追之大業初累授秘書郎遷起居舍人時世基當朝貴盛妻子
被服擬於王者世南雖同居而躬履勤儉不失素業及至隋滅宇
文化及弑逆之際世基為内史侍郎將被誅世南抱持號泣請以
身代化及不納因哀毀骨立時人稱焉從化及至聊城又陷于竇
建德偽授黃門侍郎太宗滅建德引為秦府參軍尋轉記室仍授
弘文館學士與房玄齡對掌文翰太宗嘗命寫列女傳以裝屏風
于時無本世南暗疏之不失一字太宗升春宮遷太子中舍人及即
位轉著作郎兼弘文館學士時世南年已衰老抗表乞骸骨詔不
許遷太子右庶子固辭不拜除秘書少監上聖德論辭多不載七
年轉秘書監賜爵永興縣子太宗重其博識每機務之隙引之談
論共觀經史世南雖容貌儒愞若不勝衣而志性抗烈每論及古
先帝王為政得失必存規諷多所補益太宗常謂侍臣曰朕因暇
日與虞世南商略古今有一言之失未嘗不悵恨其懇誠若此朕
用嘉焉羣臣皆若世南天下何憂不理八年隴右山崩大蛇屢見

山東及江淮多大水太宗以問世南對曰春秋時山崩晉侯召伯
宗而問焉對曰國主山川故山川崩竭君為之不舉降服乘縵徹
樂出次祝幣以禮焉梁山晉所主也晉侯從之故得無害漢文帝
元年齊楚地二十九山同日崩水大出令郡國無來貢獻施惠於
天下遠近歡洽亦不為災後漢靈帝時青蛇見御座晉惠帝時大
蛇長三百步見齊地經市入朝案蛇宜在草野而入市朝所以可
為怪耳今蛇見山澤蓋深山大澤必有龍蛇亦不足怪也又山東
足雨雖則其常然陰淫過久恐有冤獄宜省繫囚庶幾或當天意
且妖不勝德唯修德可以銷變太宗以為然因遣使者賑恤饑餒
申理獄訟多所原宥後有星孛于虛危歷于氐百餘日乃滅太宗
謂羣臣曰天見彗星是何妖也世南曰昔齊景公時有彗星見公
問晏嬰對曰穿池沼畏不深起臺榭畏不高行刑罰畏不重是以
天見彗星為公誡耳景公懼而脩德後十六日而星沒臣聞天時不
如地利地利不如人和若德義不脩雖獲麟鳳終是無補但政事

無闕雖有災星何損於時然願陛下勿以功高古人而自矜伐勿
以太平漸久而自驕怠慎終如始彗星雖見未足為憂太宗斂容
謂曰吾之撫國良無景公之過但吾纔弱冠舉義兵年二十四平
天下未三十而居大位自謂三代以降撥亂之主莫臻於此重以
薛舉之驍雄宋金剛之鷙猛竇建德跨河北王世充據洛陽當此
之時足為勍敵皆為我所擒及逢家難復決意安社稷遂登九五
降服北夷吾頗有自矜之意以輕天下之士此吾之罪也上天見變
良為是乎秦始皇平六國隋煬帝富有四海既驕且逸一朝而敗吾亦
何得自驕也言念於此不覺惕焉震懼四月康國獻師子詔世南
為之賦命編之東觀辭多不載後高祖崩有詔山陵制度準漢長
陵故事務從隆厚程限既促功役勞弊世南上封事諫曰臣聞古
之聖帝明王所以薄葬者非不欲崇高光顯珍寶具物以厚其親
然審而言之高墳厚壟珍物畢備此適所以為親之累非曰孝也
是以深思遠慮安於菲薄以為長久萬代之計割其常情以定耳

昔漢成帝造延昌二陵制度甚厚功費甚多諫議大夫劉向上書其言深切皆合事理其略曰孝文居霸陵悽愴悲懷顧謂羣臣曰嗟乎以北山石爲椁用紵絮斮陳漆其間豈可動哉張釋之進曰使其中有可欲雖錮南山猶有隙使其中無可欲雖無石椁又何慼焉夫死者無終極而國家有廢興釋之所言爲無窮計也孝文寤焉遂以薄葬又漢氏之法人君在位三分天下貢賦以一分入山陵武帝曆年長久比葬陵中不復容物霍光暗於大體奢侈過度其後至更始之敗赤眉賊入長安破茂陵取物猶不能盡無故聚斂百姓爲盜之用甚無謂也魏文帝於首陽東爲壽陵作終制其略曰昔堯葬壽陵因山爲體無封樹無立寢殿園邑爲棺椁足以藏骨爲衣衾足以朽肉吾營此不食之地欲使易代之後不知其處無藏金銀銅鐵一以瓦器自古及今未有不亡之國無不發掘至乃燒取玉匣金縷骸骨並盡乃不重痛哉若違詔妄有變改吾爲戮屍於地下死而重死不忠不孝使魂而有知將不福汝以爲永制

藏之宗廟魏文帝此制可謂達於事矣向使陛下德止如秦漢之君臣則緘口而已不敢有言伏見聖德高遠堯舜猶所不逮而俯與秦漢之君同爲奢泰捨堯舜殷周之節儉此臣所以尤慼也今爲丘隴如此其內雖不藏珍寶亦無益也萬代之後但見高墳大墓豈謂無金玉耶臣之愚計以爲漢文霸陵既因山勢雖不起墳自然高顯今之所卜地勢即平不可不起宜依白武通所陳周制爲三仞之墳其方中制度事事減少事竟之日刻石於陵側明丘封大小高下之式盟器所須皆以瓦木合於禮文一不得用金銀銅鐵使萬代子孫並皆遵奉一通藏之宗廟豈不美乎且臣下除服用三十六日已依霸陵今爲墳隴又以長陵爲法恐非所宜伏願深覽古今爲長久之慮臣之赤心惟願萬歲之後神道常安陛下孝名揚於無窮耳書奏不報世南又上疏曰漢家即位之初便營陵墓近者十餘歲遠者五十年方始成就今以數月之間而造數十年之事其於人力亦已勞矣又漢家大郡五十萬戶即目人衆未及往時而功役與之一等此臣所以致疑也時公卿又上奏請遵遺詔務從節儉因下其事付所司詳議於是制度頗有減省焉太宗後頗好獵世南上疏諫曰臣聞秋獮冬狩蓋惟恒典射隼從禽備乎前誥伏惟陛下因聽覽之餘辰順天道以殺伐將欲躬摧班掌親御皮軒窮猛獸之窟穴盡逸材之林藪夷凶翦暴以衛黎元收革擢羽用充軍器舉旗效獲式遵前古然黃屋之尊金輿之貴八方之所仰德萬國之所係心清道而行猶戒銜橜斯蓋重慎防微爲社稷也是以馬卿直諫於前張昭變色於後臣誠微賤敢忘斯義且天弧星罼所殪已多頒禽賜獲皇恩亦溥伏願時息獵車且韜長戟不拒芻蕘之請降納涓澮之流袒裼徒搏任之羣下則貽範百王永光萬代其有犯無隱多此類也太宗以是益親禮之嘗稱世南有五絕一曰德行二曰忠直三曰博學四曰文辭五曰書翰十二年又表請致仕優制許之仍授銀青光祿大夫弘文館學士祿賜防閤並同京官職事尋卒年八十一太宗舉哀於別次哭

之甚慟賜東園秘器陪葬昭陵贈禮部尚書謚曰文懿手勅魏王泰曰虞世南於我猶一體也拾遺補闕無日暫忘實當代名臣人倫准的吾有小失必犯顏而諫之今其云亡石渠東觀之中無復人矣痛惜豈可言耶未幾太宗爲詩一篇追述往古興亡之道既而歎曰鍾子期死百牙不復鼓琴朕之此詩將何以示令起居郎褚遂良詣其靈帳讀訖焚之冀世南神識感悟後數歲太宗夜夢見之有若平生翌日下制曰禮部尚書永興文懿公虞世南德行淳備文爲辭宗夙夜盡心志在忠益奄從物化倏移歲序昨因夜夢忽覩其人兼進讜言有如平生之日追懷遺美良增悲歎宜資冥助申朕思舊之情可於其家爲設五百僧齋并爲造天尊像一區又勑圖其形於凌煙閣有集三十卷令褚亮爲之序世南子昶官至工部侍郎

李百藥字重規定州安平人隋內史令安平公德林子也爲童兒時多疾病祖母趙氏故以百藥爲名七歲解屬文父友齊中書舍人

陸又馬元熙嘗造德林讌集有讀徐陵文者云既取成周之禾將刈
瑯琊之稻並不知其事百藥時侍立進曰傳稱鄅人藉稻杜預注
云鄅國在瑯琊開陽又等大驚異之開皇初授東宮通事舍人遷
太子舍人兼東宮學士或嫉其才而毀之者乃謝病免去十九年追
赴仁壽宮令襲父爵左僕射楊素吏部尚書牛弘雅愛其才奏授
禮部員外郎皇太子勇又召爲東宮學士詔令修五禮定律令撰
陰陽書臺內奏議文表多百藥所撰時煬帝出鎮揚州嘗召之百
藥辭疾不赴煬帝大怒及即位出爲桂州司馬爲沈法興所得署
爲掾其後罷州置郡因解職還鄉里大業五年授魯郡臨泗府步
兵校尉九年充戍會稽尋授建安郡丞行達烏程屬江都難作復
會沈法興爲李子通所破子通又命爲中書侍郎國子祭酒及杜
伏威攻滅子通又以百藥爲行臺考功郎中或有譖之者伏威因
之百藥著省躬賦以致其情伏威亦知其無罪乃令復職伏威既
據有江南高祖遣使招撫百藥勸伏威入朝伏威從之遣其行臺

僕射輔公祏與百藥留守遂詣京師及渡江至歷陽狐疑中悔將
害百藥乃飲以石灰酒因大洩痢而宿病皆除伏威知百藥不死
乃作書與公祏令殺百藥賴伏威養子王雄誕保護獲免公祏反
又授百藥吏部侍郎有譖百藥於高祖云百藥初說杜伏威入朝
又與輔公祏同反高祖大怒及公祏平得伏威與公祏令殺百藥
書高祖意稍解遂配流涇州太宗重其才名貞觀元年召拜中書
舍人賜爵安平縣男受詔修定五禮及律令撰齊書二年除禮部
侍郎朝廷議將封建諸侯百藥上封建論曰臣聞經國庇民王者
之常制尊主安上人情之本方思闡治定之規以弘長世之業者
萬古不易百慮同歸然命曆有賒促之殊邦家有理亂之異遐觀
載籍論之詳矣咸云周過其數秦不及期存亡之理在於郡國可以
監夏殷之長久遵黃唐之並建維城盤石深根固本雖王綱弛廢
枝幹相持故使逆節不生宗祀不絕秦氏背師古之訓棄先王之
道踐華恃險罷侯置守子弟無尺土之邑兆庶罕共治之憂故一

夫號澤七廟隳祀臣以爲自古皇王君臨寓內莫不受命上玄飛
名帝籙締構遇興王之運殷憂屬啓聖之期雖魏武攜養之資
漢高徒役之賤非止意有覬覦推之亦不能去也若其獄訟不歸
菁華已竭雖帝堯之光被四表大舜之上齊七政非止情存揖讓
守之亦不可固焉以放勛重華之德尚不能克昌厥後是知祚之
長短必在天時政或盛衰有關人事隆周卜代三十卜年七百雖淪
胥之道斯極而文武之器猶存斯則龜鼎之祚已懸定於杳冥也
至使南征不返東遷避逼禋祀如綫郊畿不守此乃凌夷之漸有
累於封建焉暴秦運短閏餘數鍾百六受命之主德異禹湯繼世
之君才非啓誦借使李斯王綰之輩盛開四履將閭子嬰之徒俱
啓千乘豈能逆帝子之勃興抗龍顏之基命者也然則得失成敗
各有由焉而著述之家多守常轍莫不情亡今古理蔽澆淳欲以
百王之季行三代之法天下五服之內盡封諸侯王畿千乘之間
俱爲采地是以結繩之化行虞夏之朝用象刑之典治劉曹之末

紀綱既紊斷可知焉鍥船求劍未見其可膠柱成文彌所多惑徒
知問鼎請隧有懼霸王之師白馬素車無復藩籬之援不悟望夷
之釁未甚羿浞之災高貴之殃寧異申繒之酷乃欽明昏亂自革
安危固非守宰公侯以成興廢且數世之後王室浸微始自藩屏
化爲仇敵家殊俗國異政強凌弱衆暴寡疆場彼此干戈日尋狐
駘之役女子盡髽崤陵之師隻輪不返斯蓋略舉一隅其餘不可
勝數陸士衡方規規然云嗣王委其九鼎凶族據其大邑天下晏
然以治待亂何斯言之謬也而設官分職任賢使能以循吏之才
膺共治之寄刺郡分竹何代無人至使地或呈祥天不愛寶民稱
父母政比神明曹元首方區區然稱與人共其樂者人必憂其憂
與人同其安者人必拯其危豈容委以侯伯則同其安危任之牧
宰則殊其憂樂何斯言之妄也封君列國藉慶門資忘其先業之
艱難輕其自然之崇貴莫不世增淫虐代益驕侈自離宮別館切
漢凌雲或刑人力而將盡或召諸侯而共樂陳靈則君臣悖禮共

侮謗舒衛實則父子聚麀終誅壽朔乃云爲己思治豈若是乎內
外羣官選自朝廷擢士庶以任之澄水鏡以鑒之年勞優其階品
考績明其黜陟進取事切砥礪情深或俸祿不入私門妻子不之
官舍頒條之貴食不舉火剖符之重衣唯補葛南郡太守弊布裹
身萊蕪縣長凝塵生甑專云爲利圖物何其爽歟總而言之爵非
世及用賢之路斯廣民無定主附下之情不固此乃愚智所辨安可
惑哉至如滅國弒君亂常干紀春秋二百年間略無寧歲次睢咸秩
遂用玉帛之君魯道有蕩每等衣裳之會縱使西漢哀平之際東
洛桓靈之時下吏淫暴必不至此爲政之理可一言以蔽之伏惟陛下
握紀御天膺期啓聖救億兆之焚溺掃氛祲於寰區創業垂統
配二儀以立德發號施令妙萬物而爲言獨照寂寞永懷前古將
復五等而脩舊制建萬國以親諸侯竊以漢魏以還餘風之弊未
盡勳華既往至公之道斯革況晉氏失馭寓縣崩離後魏時乘華
夷雜處重以關河分阻吳楚懸隔習文者學長短縱橫之術習武

者盡干戈戰爭之心畢爲狙詐之階彌長澆浮之俗開皇在運因
藉外家驅御羣英任雄猜之數坐移時運非克定之功年踰二紀
民不見德及大業嗣文世道交喪一時人物掃地將盡雖天縱神
武削平寇虐兵威不息勞止未康自陛下仰順聖慈嗣膺寶曆
情深致治綜覈前王雖至道無名言象所紀略陳梗槩實所庶幾
愛敬蒸蒸勞而不倦大舜之孝也訪安內豎親嘗御膳文王之德
也每憲司讞罪尚書奏獄大小必察枉直咸申舉斷趾之法易大
辟之刑仁心隱惻貫徹幽顯大禹之泣辜也正色直言虛心受納
不簡鄙訥無棄蒭蕘帝堯之求諫也弘獎名教勸勵學徒既擢
明經於青紫將升碩儒於卿相聖人之善誘也羣臣以宮中暑濕
寢膳或乖請徙御高明營一小閣遂惜家人之產竟抑子來之願
不吝陰陽所感以安卑陋之居去歲荒儉普天飢饉喪亂甫爾倉
廩空虛聖情矜愍勤加惠卹竟無一人流離道路猶且食唯藜藿
樂撤簨簴言必悽動貌成癯瘠公旦喜於重譯文命矜其即序陛
下每四夷款附萬里歸仁必退思進省凝神動慮恐妄勞中國以
事遠方不藉萬古之英聲以存一時之茂實心切憂勞跡絕遊幸
每旦視朝聽受無倦智周於萬物道濟於天下罷朝之後引進名
臣討論是非備盡肝膈唯及政事更無異辭纔及日昃命才學之
士賜以清閑高談典籍雜以文詠間以玄言乙夜忘疲中宵不寐
此之四道獨邁往初斯實生民以來一人而已弘茲風化昭示四方信
可以朞月之間彌綸天壤而淳粹尚阻浮詭未移此由習之永久
難以卒變請待斲雕成朴以質代文刑措之教一行登封之禮云
畢然後定疆理之制議山河之賞未爲晚焉易稱天地盈虛與時
消息況於人乎美哉斯言也太宗竟從其議四年授太子右庶子
五年與左庶子于志寧中允孔穎達舍人陸敦信侍講于弘教殿
時太子頗留意典墳然閑讌之後嬉戲過度百藥作贊道賦以諷
焉辭多不載太宗見而遣使謂百藥曰朕於皇太子處見卿所獻
賦悉述古來儲貳事以誡太子甚是典要朕選卿以輔弼太子正

爲此事大稱所委但須善始令終耳因賜綵物五百段然太子卒
不悟而廢十年以撰齊史成加散騎常侍行太子左庶子賜物四
百段俄除宗正卿十一年以撰五禮及律令成進爵爲子後數歲以
年老固請致仕許之太宗嘗制帝京篇命百藥並作上歎其工手
詔曰卿何身之老而才之壯何齒之宿而意之新乎二十二年卒
年八十四諡曰康百藥以名臣之子才行相繼四海名流莫不宗
仰藻思沈鬱尤長於五言詩雖樵童牧豎並皆吟諷性好引進後
生提獎不倦所得俸祿多散之親黨又至性過人初侍父母喪還
鄉徒跣單衣行數千里服闋數年容貌毀悴爲當時所稱及懸車
告老怡然自得穿池築山文酒談賞以舒平生之志有集三十
卷子安期

安期幼聰辯七歲解屬文初百藥大業末出爲桂州司馬行至太
湖遇逆賊將加白刃安期跪泣請代父命賊哀而釋之貞觀初累
轉符璽郎預修晉書成除主客員外郎永徽中遷中書舍人又

與李義府等於武德殿內修書再轉黃門侍郎龍朔中爲司列少常伯參知軍國有事太山詔安期爲朝覲壇碑文安期前後三爲選部頗爲當時所稱時高宗屢引侍臣責以不進賢良衆皆莫對獨安期進曰臣聞聖帝明王莫不勞於求賢逸於任使設使堯舜善已癯瘠不能用賢終亦王化不行自夏殷已來歷國數十皆委賢良以共致理且十室之邑必有忠信況今天下至廣非無英彥但比來公卿有所薦引即遭囓謗以爲朋黨沉屈者未申而在位者以損所以人思苟免競爲緘默若陛下虛己招納務於搜訪不忌親讎唯能是用讒毀亦既不入誰敢不竭忠誠此皆事由陛下非臣等所能致也高宗深然其言俄檢校東臺侍郎同東西臺三品出爲荊州大都督府長史咸亨初卒自德林至安期三世皆掌制誥安期孫羲仲又爲中書舍人

褚亮字希明杭州錢塘人曾祖湮梁御史中丞祖蒙太子中舍人父玠陳秘書監並著名前史其先自陽翟徙居焉亮幼聰敏好學

善屬文博覽無所不至經目必記於心喜遊名賢尤善談論年十八詣陳僕射徐陵陵與商搉文章深異之陳後主聞而召見使賦詩江揔及諸辭人在坐莫不推善禎明初爲尚書殿中侍郎陳亡入隋爲東宮學士大業中授太常博士時煬帝將改置宗廟亮奏議曰謹按禮記天子七廟三昭三穆與太祖之廟而七鄭玄注曰此周制也七者太祖及文王武王之祧與親廟四也殷則六廟契及湯與二昭二穆也夏則五廟無太祖禹與二昭二穆而已玄又據禮王者禘其祖之所自出而立四廟案鄭玄義天子唯立四親廟并始祖而爲五周以文武爲受命之祖特立二祧是爲七廟王肅注禮記曰尊者尊統上卑者尊統下故天子七廟諸侯五廟其有殊功異德非太祖而不毀不在七廟之數案肅以爲天子七廟是百代之言又據王制天子七廟諸侯五廟大夫三廟降二爲差是則天子立四親廟又立高祖之父高祖之祖父太祖而爲七周有文武姜嫄合爲十廟漢世諸帝之廟各立無毀迭之義至元帝時

貢禹匡衡之徒始議其禮以高帝爲太祖而立四親是爲五廟唯劉歆以爲天子七廟諸侯五廟降殺以兩之義七者其正法可常數也宗不在此數內有功德則宗之不可豫設爲數也是以班固稱考論諸儒之儀劉歆博而篤矣光武即位建高廟於洛陽乃立南頓君以上四廟就祖宗而爲七至魏初高堂隆爲鄭學議立親廟四太祖武帝猶在四親之內乃虛置太祖及二祧以待後世至景初間乃依王肅更立六廟二世祖就四親而爲六廟晉武受禪博議宗祀自文帝已上至六世親祖征西府君而宣帝亦序於昭穆未升太祖故祭止六世江左中興賀循知禮至於寢廟之儀皆依魏晉舊事宋武初受命爲王依諸侯立親廟四即位之後增祠五世祖相國掾府君六世祖右北平府君止於六廟建身沒主升亦從昭穆猶太祖之位也降及齊梁守而勿革加宗迭毀禮無違舊臣又案姬周自太祖已下皆別立廟至於禘祫俱合食於太祖是以炎漢之初諸廟各立歲時常享亦隨處而祭所用廟樂皆像功德而歌

舞焉至光武乃揔立一堂而羣主異室斯則新承寇亂欲從約省自此已來因循不變皇隋太祖武元皇帝仁風潛暢至澤傍通以昰彭之勳開稷契之緒高祖文皇帝睿哲玄覽神武應期撥亂返正遠肅邇安受命開基垂統聖嗣鴻名冠於三代寶祚傳於七百當文明之運定祖宗之禮且損益不同沿襲異趣時王所制可以垂法自歷代已來親用王鄭二義若尋其旨歸校以優劣康成止論周代非謂經通子雍揔貫皇王事兼長遠今請依據古典崇建七廟受命之廟宜別立廟祧百世之後不毀之法至於鑾駕親奉申孝享於高廟有司行事竭誠敬於羣主俾夫規模可則嚴祀易遵表有功而彰明德大復古而貴能變臣又案周人立廟亦無處置之文據冢人職而言之先王居中以昭穆爲左右阮忱所撰禮圖亦從此義漢京諸廟既遠又不序禘祫今若依周制理有未安雜用漢儀事難全採謹詳立別圖附之議未行尋坐與楊玄感有舊左遷西海郡司戶時京兆郡博士潘徽亦以筆札爲玄感所禮

降威定縣主簿當時寇盜縱橫六親不能相保亮與同行至隴山繳遇病終亮親加棺斂瘞之路側慨然傷懷遂題詩於隴樹好事者皆傳寫諷誦信宿遍於京邑焉薛舉僭號隴西以亮爲黃門侍郎委之機務及舉滅太宗聞亮名深加禮接因從容自陳太宗大悅賜物二百段馬四匹從還京師授秦王文學時高祖以寇亂漸平每冬畋狩亮上疏諫曰臣聞堯鼓納諫舜木求箴茂克昌之風致昇平之道伏惟陛下應千祀之期拯百王之弊平壹天下劬勞帝業旰食思政廢寢憂人用農隙之餘遵冬狩之禮獲車之所遊踐虞旗之所涉歷網唯一面禽止三驅縱廣成之獵士觀上林之手搏斯固畋弋之常規而皇王之壯觀至於親逼猛獸臣竊惑之何者筋力驍悍爪牙輕捷連弩一發未必挫其凶心長戟纔撝不能當其憤氣雖孟賁抗左夏說居前卒然驚軼事生慮表如或近起林叢未填坑谷駭屬車之後乘犯官騎之清塵小臣怯懦私懷戰慄陛下以至聖之資垂將來之教降情納下無隔直言臣叨逢明時遊宦藩邸身漸榮渥日用不知敢緣天造冒陳丹懇高祖甚納之太宗每有征伐亮常侍從軍中宴筵必預歡賞從容諷議多所裨益又與杜如晦等十八人爲文學館學士太宗入居春宮除太子舍人遷太子中允貞觀元年爲弘文館學士九年進授員外散騎常侍封陽翟縣男拜通直散騎常侍學士如故十六年進爵爲侯食邑七百戶後致仕歸于家太宗幸遼東亮子遂良爲黃門侍郎詔遂良謂亮曰昔年師旅卿常入幕今茲遐伐君已懸車倏忽之間移三十載眷言疇昔我勞如何今將遂良東行想公於朕不惜一兒於膝下耳故遣陳離意善居加食亮奉表陳謝及寢疾詔遣醫藥救療中使候問不絕卒時年八十八太宗甚悼惜之不視朝一日贈太常卿陪葬昭陵謚曰康長子遂賢守雍王友次子遂良自有傳始太宗既平寇亂留意儒學乃於宮城西起文學館以待四方文士於是以屬大行臺司勳郎中杜如晦記室考功郎中房玄齡及于志寧軍諮祭酒蘇世長天策府記室薛收文學褚亮姚思廉太學博士陸德明孔穎達主簿李玄道天策倉曹李守素記室參軍虞世南參軍事蔡允恭顏相時著作佐郎攝記室許敬宗薛元敬太學助教蓋文達軍諮典籤蘇勗並以本官兼文學館學士及薛收卒復徵東虞州錄事參軍劉孝孫入館尋遣圖其狀貌題其名字爵里乃命亮爲之像贊號十八學士寫眞圖藏之書府以彰禮賢之重也諸學士並給珍膳分爲三番更直宿于閤下每軍國務靜參謁歸休即便引見討論墳籍商略前載預入館者時所傾慕謂之登瀛洲顏相時兄師古蘇勗兄子幹劉孝孫者荊州人也祖貞周石臺太守孝孫弱冠知名與當時辭人虞世南蔡君和孔德紹庾抱庾自直劉斌等登臨山水結爲文會大業末沒于王世充世充弟僞杞王辯引爲行臺郎中洛陽平辯面縛歸國衆皆離散孝孫猶攀援號慟追送遠郊時人義之武德初歷虞州錄事參軍太宗召爲秦府學士貞觀六年遷著作佐郎吳王友嘗採歷代文集爲王撰古今類序詩苑四十卷十五年遷本府諮議參軍尋遷太子洗馬未拜卒

李玄道者本隴西人也世居鄭州爲山東冠族祖瑾魏著作佐郎父行之隋都水使者玄道仕隋爲齊王府屬李密據洛口引爲記室及密破爲王世充所執是時同遇囚俘者並懼死達曙不寐唯玄道顏色自若曰死生有命非憂能了同拘者雅推其識量及見世充舉措不改其常世充素知其名益重之釋縛以爲著作佐郎東都平太宗召爲秦王府主簿文學館學士貞觀元年累遷給事中封姑臧縣男時王君廓爲幽州都督朝廷以其武將不習時事拜玄道爲幽州長史以維持府事君廓在州屢爲非法玄道數正議裁之嘗又遺玄道一婢玄道問婢所由云本良家子爲君廓所掠玄道因放遣之君廓甚不悅後遇君廓入朝房玄齡即玄道之從甥也玄道附書君廓私發不識草字疑其謀已懼而奔叛玄道坐流巂州未幾徵還爲常州刺史在職清簡百姓安之太宗下詔褒美賜以綾綵三年表請致仕加銀青光祿大夫以祿歸第尋卒

子雲將知名官至尚書左丞

李守素者趙州人代為山東名族太宗平王世充徵為文學館學士署天策府倉曹參軍守素尤工譜學自晉宋已降四海士流及諸勳貴華戎閥閱莫不詳究當時號為行譜嘗與虞世南共談人物言江左山東世南猶相酬對及言北地諸侯次第如流顯其世業皆有援證世南但撫掌而笑不復能答歎曰行譜定可畏許敬宗因謂世南曰李倉曹以善談人物乃得此名雖為美事然非雅目公既言成準的宜當有以改之世南曰昔任彥昇美談經籍梁代稱為五經笥今目倉曹為人物志可矣貞觀初卒

史臣曰劉并州有言和氏之璧不獨耀於郢握夜光之珠何專玩於隋掌天下之寶固當與天下共之虞永興之從建德李安平之佐公祏褚陽翟之依薛舉蓋大渴不能擇泉而飲大暑不能擇蔭而息耳非不識其飲啄之所及文皇帝揭三辰而燭天下羣賢霧集人知所奉方得躍鱗天池擅價春山為一代之至寶則所託之勢異也隋掌郢握曷有常哉二虞昆仲文章炳蔚於隋唐之際褚河南父子箴規獻替洋溢於貞觀永徽之間所謂代有人焉而三家尤盛

贊曰文皇盡瘁刷清蒼昊十八文星連輝炳耀虞褚之筆動若有神安平之什老而彌新

唐書列傳卷第二十二

右文林郎充兩浙東路提舉茶鹽司幹辦公事[illegible]校勘

薛收 兄子元敬 收子元超 從子稷　姚思廉　顏師古
令狐德棻 鄧世隆 顧胤 李延壽 李仁實等附　孔穎達 司馬才章 王恭 馬嘉運等附

薛收字伯褒蒲州汾陰人隋内史侍郎道衡子也事繼從父孺以
孝聞年十二解屬文以父在隋非命乃潔志不仕大業末郡舉秀
才固辭不應義旗起遁於首陽山將協義舉蒲州通守堯君素潛
知收謀乃遣人迎收所生母王氏置城内收乃還城後君素將應
王世充收遂踰城歸國秦府記室房玄齡薦之於太宗即日召見
問以經略收辯對縱橫皆合旨要授秦府主簿判陜東道大行臺
金部郎中時太宗專任征伐檄書露布多出於收言辭敏速還同
宿構馬上即成曾無點竄太宗討王世充也竇建德率兵來拒諸
將皆以爲宜且退軍以觀賊形勢收獨建策曰世充據有東都府
庫塡積其兵皆是江淮精銳所患者在於乏食是以爲我所持求
○戰不可建德親摠軍旅來拒我師亦當盡彼驍雄期於奮決若縱
其至此兩寇相連轉河北之糧以相資給則伊洛之間戰鬭不已
今宜分兵守營深其溝防即世充欲戰愼勿出兵大王親率猛銳
先據成皐之險訓兵坐甲以待其至彼以疲弊之師當我堂堂之
勢一戰必剋建德即破世充自下矣不過兩旬二國之君可面縛麾
下若退兵自守計之下也太宗納之卒擒建德東都平太宗入觀隋
氏宮室嗟後主竭人力以逞奢侈收進曰竊聞峻宇雕牆殷辛以
滅土階茆棟唐堯以昌秦帝增阿房之飾漢后罷露臺之費故漢
祚延而秦禍速自古如此後主曾不能察以萬乘之尊困一夫之手
傾土崩瓦解取譏後代以奢虐所致也太宗悅其對及軍還授天
策府記室參軍太宗初授天策上將尚書令命收與世南並作第
一讓表[illegible]用[illegible]太宗嘗[illegible]祖遊後園中獲白魚命收爲獻表
收[illegible]立跡不[illegible]停思時[illegible]其表贍而速從平劉黑闥封汾
陰縣男武德六年以本官兼文學館學士與房玄齡杜如晦特蒙

二十七　唐傳二十三　弓成

殊禮受心腹之寄又嘗上書諫獵太宗手詔曰覽讀所陳實悟心
膽今日成我卿之力也明珠兼乘豈比來言當以誠心書何能盡
今賜卿黃金四十鋌以酬雅意七年寢疾太宗遣使臨問相望於
道尋命輿疾詣府太宗親以衣袂撫收論敘生平潸然流涕尋卒
年三十三太宗親自臨哭哀慟左右與收從父兄子元敬書曰吾
與卿叔共事或軍旅多務或文詠從容何常不驅馳經略款曲襟
抱比雖疾苦日冀痊除何期一朝忽成萬古追尋痛惋彌用傷懷
且聞其兒子幼小家徒壁立未知何處安置宜加安撫以慰吾懷
因使人弔祭贈物三百段及後遍圖學士等形像太宗歎曰薛收
遂成故人恨不早圖其像及登極顧謂房玄齡曰薛收若在朕當
以中書令處之又嘗夢收如平生又勑有司特賜其家粟帛貞觀
七年贈定州刺史永徽六年又贈太常卿陪葬昭陵文集十卷
元敬隋選部侍郎邁子也有文學少與收及收族兄德音齊名時
人謂之河東三鳳收爲長雛德音爲鸑鷟元敬以年最小爲鵷鶵
○武德中元敬爲秘書郎太宗召爲天策府參軍兼直記室收與元
敬俱爲文學館學士時房杜等處心腹之寄深相友託元敬畏於
權勢竟不之狎如晦常云小記室不可得而親不可得而踈太宗
入東宮除太子舍人時軍國之務摠於東宮元敬專掌文翰號爲
稱職尋卒收子元超
元超早孤九歲襲爵汾陰男及長好學善屬文太宗甚重之令尚
巢剌王女和靜縣主累授太子舍人預撰晉書高宗即位擢拜給
事中時年二十六數上書陳君臣政體及時事得失高宗皆嘉納之
俄轉中書舍人加弘文館學士兼修國史中書省有一盤石初道
衡爲内史侍郎嘗踞而草制元超每見此石未嘗不泫然流涕永
徽五年丁母憂解明年起授黃門侍郎兼檢校太子左庶子元超
既擅文辭兼好引寒俊嘗表薦任希古高智周郭正一王義方孟
利貞等十餘人由是時論稱美後以疾出爲饒州刺史三年拜東
臺侍郎右相李義府以罪配流巂州舊制流人禁乘馬元超奏請

二十七　唐傳二十三　二　陳達

給之坐貶爲簡州刺史歲餘西臺侍郎上官儀伏誅又坐與文章款密配流嶲州上元初遇赦還拜正諫大夫三年遷中書侍郎尋同中書門下三品時高宗幸溫泉校獵諸蕃酋長亦持弓矢而從元超以爲既非族類深可爲虞上疏切諫帝納焉時元超特承恩遇常召入與諸王同預私讌又重其文學政理之才曾謂元超曰長得卿在中書固不藉多人也永隆二年拜中書令兼太子左庶子高宗幸東都太子於京師監國因留元超以侍太子帝臨行謂元超曰朕之留卿如去一臂但吾子未閑庶務關西之事悉以委卿所寄既深不得默爾於是元超表薦鄭祖玄鄧玄挺崔融爲崇文館學士又數上疏諫太子高宗知而稱善遣使慰諭賜物百段弘道元年以疾乞骸加金紫光祿大夫聽致仕其年冬卒年六十二贈光祿大夫秦州都督陪葬乾陵文集四十卷子曜亦以文學知名聖曆中修三教珠英官至正諫大夫元超從子稷

稷舉進士累轉中書舍人時從祖兄曜爲正諫大夫與稷俱以辭學知名同在兩省爲時所稱景龍末爲諫議大夫昭文館學士好古博雅尤工隸書自貞觀永徽之際虞世南褚遂良時人宗其書跡自後罕能繼者稷外祖魏徵家富圖籍多有虞褚舊跡稷銳精模倣筆態遒麗當時無及之者又善畫博採古跡睿宗在藩留意於小學稷於是特見招引俄又令其子伯陽尚仙源公主及踐祚累拜中書侍郎與蘇頲等對掌制誥俄與中書侍郎崔日用叅知政事睿宗以鍾紹京爲中書令稷勸令禮讓因入言於帝曰紹京素無才望出自胥吏雖有功勳未聞令德一朝超居元宰師長百寮臣恐清濁同貫失於聖朝具瞻之美帝然其言因紹京表讓遂轉爲戶部尚書稷又於帝前面折崔日用遞相短長由是罷知政事遷左散騎常侍歷工部禮部二尚書以翊贊睿宗功封晉國公賜實封三百戶除太子少保睿宗常召稷入宮中參決庶政恩遇莫與爲比及竇懷貞伏誅稷以知其謀賜死於萬年縣獄中子伯陽以尚公主拜右千牛衛將軍駙馬都尉亦以功封安邑郡公

別食實封四伯戶及父死特免坐左遷晉州員外別駕尋而配徙嶺表在道自殺伯陽子談開元十六年尚常山公主拜駙馬都尉光祿員外卿旬日暴卒

姚思廉字簡之雍州萬年人父察陳吏部尚書入隋歷太子內舍人秘書丞北絳公學兼儒史見重於三代陳亡察自吳興始遷關中思廉少受漢史於其父能盡傳家業勤學寡慾未嘗言及家人產業在陳爲揚州主簿入隋爲漢王府參軍丁父憂解職初察在陳常修梁陳二史未就臨終令思廉續成其志丁繼母憂廬於墓側毀瘠加人服闋補河間郡司法書佐思廉上表陳父遺言有詔許其續成梁陳史煬帝又令與起居舍人崔祖濬修區宇圖志後爲代王侑侍讀會義師剋京城侑府寮奔駭唯思廉侍王不離其側兵將昇殿思廉厲聲謂曰唐公舉義本匡王室卿等不宜無禮於王衆服其言於是布列階下高祖聞而義之許其扶侑至順陽閤下泣拜而去觀者咸歎曰忠烈之士也仁者有勇此之謂乎高祖受禪授秦王文學從太宗征徐圓朗思廉時在洛陽太宗嘗從容言及隋亡之事慨然歎曰姚思廉不懼兵刃以明大節求諸古人亦何以加也因寄物三百段以遺之書曰想節義之風故有斯贈尋引爲文學館學士太宗入春宮遷太子洗馬貞觀初遷著作郎弘文館學士寫其形像列於十八學士圖令文學褚亮爲之讚曰志苦精勤紀言實錄臨危殉義餘風勵俗三年又受詔與祕書監魏徵同撰梁陳二史思廉又採謝炅等諸家梁史續成父書并推究陳事刪益博綜顧野王所修舊史撰成梁書五十卷陳書三十卷魏徵雖裁其總論其編次筆削皆思廉之功也賜綵絹五百段加通直散騎常侍思廉以藩邸之舊深被禮遇政有得失常遣密奏之思廉亦直言無隱太宗將幸九成宮思廉諫曰離宮遊幸秦皇漢武之事固非堯舜禹湯之所爲也言甚切至太宗諭曰朕有氣疾熱便頓劇固非情好遊賞也因賜帛五十匹九年拜散騎常侍賜爵豐城縣男十一年卒太宗深悼惜之廢朝一日贈太常

御謚曰康賜葬地於昭陵子處平官至通事舍人處平子璹珽別有傳

顏籀字師古雍州萬年人齊黃門侍郎之推孫也其先本居琅琊世仕江左及之推歷事周齊齊滅始居關中父思魯以學藝稱武德初爲秦王府記室參軍師古少傳家業博覽羣書尤精詁訓善屬文隋仁壽中爲尚書左丞李綱所薦授安養尉尚書左僕射楊素見師古年弱貌羸因謂曰安養劇縣何以克當師古曰割雞焉用牛刀素奇其對到官果以幹理聞時薛道衡爲襄州總管與高祖有舊又悅其才有所綴文嘗使其擿撫利病甚見昵之尋坐事免歸長安十年不得調家貧以教授爲業及起義師古至長春宮謁見授朝散大夫從平京城拜燉煌公府文學轉起居舍人再遷中書舍人專掌機密于時軍國多務凡有制誥皆成其手師古達於政理册奏之工時無及者太宗踐祚擢拜中書侍郎封琅琊縣男以母憂去職服闋復爲中書侍郎歲餘坐事免太宗以經籍去

聖久遠文字訛謬令師古於秘書省考定五經師古多所釐正既成奏之太宗復遣諸儒重加詳議于時諸儒傳習已久皆共非之師古輒引晉宋已來古今本隨言曉荅援據詳明皆出其意表諸儒莫不歎服於是兼通直郎散騎常侍頒其所定之書於天下令學者習焉貞觀七年拜秘書少監專典刋正所有奇書難字衆所共惑者隨疑剖析曲盡其源是時多引後進之士爲讎校師古抑素流先貴勢雖富商大賈亦引進之物論稱其納賄由是出爲郴州刺史未行太宗惜其才謂之曰卿之學識良有可稱但事親居官未爲清論所許今之此授卿自取之朕以卿曩日任使不忍遐棄宜深自誡勵也於是復以爲秘書少監師古既負其才又早見驅策累被任用及頻有罪譴意甚喪沮自是闔門守靜杜絕賓客放志園亭葛巾野服然搜求古跡及古器耽好不已俄又奉詔與博士等撰定五禮十一年禮成進爵爲子時承乾在東宮命師古注班固漢書解釋詳明深爲學者所重承乾表上之太宗令編之秘閣賜

師古物二百段良馬一匹十五年太宗下詔將有事于泰山所司與公卿弁諸儒博士詳定儀注太常卿韋挺禮部侍郎令狐德棻爲封禪使參考其儀時論者競起異端師古奏曰臣撰定封禪儀注書在十一年春于時諸儒參詳以爲適中於是詔公卿定其可否多從師古之說然而事竟不行師古俄遷秘書監弘文館學士十九年從駕東巡道病卒年六十五謚曰戴有集六十卷其所注漢書及急就章大行于世永徽三年師古子揚庭爲符璽郎又表上師古所撰匡謬正俗八卷高宗下詔付秘書閣仍賜揚庭帛五十匹師古弟相時亦有學業武德中與房玄齡等爲秦府學士貞觀中累遷諫議大夫拾遺補闕有諍臣之風尋轉禮部侍郎相時羸瘠多疾病太宗常使賜以醫藥性仁友及師古卒不勝哀慕而卒師古叔父遊秦武德初累遷廉州刺史封臨沂縣男時劉黑闥初平人多以強暴寡禮風俗未安遊秦撫恤境内敬讓大行邑里歌曰廉州顏有道性行同莊老愛人如赤子不殺非時草高祖璽書

勞勉之俄拜鄆州刺史卒官撰漢書決疑十二卷爲學者所稱後師古注漢書亦多取其義耳

令狐德棻宜州華原人隋鴻臚少卿熙之子也先居燉煌代爲河西右族德棻博涉文史早知名大業末爲藥城長以世亂不就職及義旗建淮安王神通據太平宮自稱總管以德棻爲記室參軍高祖入關引直大丞相府記室武德元年轉起居舍人甚見親待五年遷秘書丞與侍中陳叔達等受詔撰藝文類聚高祖問德棻曰比者丈夫冠婦人髻競爲高大何也對曰在人之身冠爲上飾所以古人方諸君上昔東晉之末君弱臣強江左士女皆衣小而裳大及宋武正位之後君德尊嚴衣服之製俄亦變改此即近事之徵高祖然之時承喪亂之餘經籍亡逸德棻奏請購募遺書重加錢帛增置楷書令繕寫數年間羣書略備德棻嘗從容言於高祖曰竊見近代已來多無正史梁陳及齊猶有文籍至周隋遺文大業離亂多有遺闕當今耳目猶接尚有可憑如更十數年後恐事

跡湮沒陛下既受禪於隋復承周氏歷數國家二祖功業並在周
時如文史不存何以貽鑑今古如臣愚見並請修之高祖然其奏
下詔曰司典序言史官記事考論得失究盡變通所以裁成義類
懲惡勸善多識前古貽鑑將來伏犧以降周秦斯及兩漢傳緒三
國受命迄于晉宋載籍備焉自有魏南徙乘機撫運周隋禪代歷
世相仍梁氏稱邦跨據淮海齊遷龜鼎陳建皇宗莫不自命正朔
綿歷歲祀各殊徽號刪定禮儀至於發跡開基受終告代嘉謀善
政名臣奇士立言著績無乏於時然而簡牘未編紀傳咸闕炎涼
已積謠俗遷訛餘烈遺風倏焉將墜朕握圖馭宇長世字人方立
典謨永垂憲則顧彼湮落用深軫悼有懷撰次實資良直中書令
蕭瑀給事中王敬業著作郎殷聞禮可修魏史侍中陳叔達秘書
丞令狐德棻太史令庾儉可修周史兼中書令封德彝中書舍人
顏師古可修隋史大理卿崔善為中書舍人孔紹安太子洗馬蕭
德言可修梁史太子詹事裴矩兼吏部郎中祖孝孫前秘書丞魏

徵可修齊史秘書監竇璡給事中歐陽詢秦王文學姚思廉可修
陳史務加詳覈博採舊聞義在不刊書法無隱瑀等受詔歷數年
竟不能就而罷貞觀三年太宗復勅修撰乃令德棻與秘書郎岑
文本修周史中書舍人李百藥修齊史著作郎姚思廉修梁陳史
秘書監魏徵修隋史與尚書左僕射房玄齡揔監諸代史衆議以
魏史既有魏收魏彥二家已為詳備遂不復修德棻又奏引殿中
侍御史崔仁師佐修周史德棻仍揔知類會梁陳齊隋諸史武德
已來創修撰之源自德棻始也六年累遷禮部侍郎兼修國史賜
爵彭陽男十年以修周史賜絹四百匹十一年修新禮成進爵為子
又以撰氏族志成賜帛二百匹十五年轉太子右庶子承乾敗隨例
除名十八年起為雅州刺史以公事免尋有詔改撰晉書房玄齡奏
德棻令預修撰當時同修一十八人並推德棻為首其體制多取決
焉書成除秘書少監永徽元年又受詔撰定律令復為禮部侍郎
兼弘文館學士監修國史及五代史志尋遷太常卿兼弘文館學

士時高宗初嗣位留心政道常召宰臣及弘文館學士於中華殿
而問曰何者為王道霸道又孰為先後德棻對曰王道任德霸道
任刑自三王已上皆行王道唯秦任霸術漢則雜而行之魏晉已
下王霸俱失如欲用之王道為最而行之為難高宗曰今之所行
何政為要德棻對曰古者為政清其心簡其事以此為本當今天
下無虞年穀豐稔薄賦斂少征役此乃合於古道為政之要莫
過於此高宗曰政道莫尚於無為也又問曰禹湯何以興桀紂何以
亡德棻對曰傳稱禹湯罪己其興勃焉桀紂罪人其亡也忽焉二主
惑於末喜妲己誅戮諫者造炮烙之刑是其所以亡也高宗甚悅
既罷各賜以繒綵四年遷國子祭酒以修貞觀十三年以後實錄
功賜物四百段兼授崇賢館學士尋又撰高宗實錄三十卷進爵
為公龍朔二年表請致仕許之仍加金紫光祿大夫乾封元年卒
于家年八十四謚曰憲德棻暮年尤勤於著述國家凡有修撰無不
參預自武德已後有鄧世隆顧胤李延壽李仁實前後修撰國史
頗為當時所稱

鄧世隆者相州人也大業末王世充兄子太守河陽引世隆為賓
客大見親遇及太宗攻洛陽遺書諭太世隆為復書言辭不遜洛
陽平後世隆懼罪變姓名自號隱玄先生竄於白鹿山貞觀初徵
授國子主簿與崔仁師慕容善行劉顗庾安禮敬播等俱為修史
學士世隆負宿罪猶不自安太宗聞之遣房玄齡諭之曰爾為王
太作書誠合重罪但各為其主於朕豈有惡哉朕今為天子何能
追責匹夫之過爾宜坦然勿懷危懼也擢授著作佐郎歷衛尉丞
初太宗以武功定海內櫛風沐雨不暇於詩書暨于嗣業進引忠
良銳精思政數年之後道致隆平遂於聽覽之暇留情文史敘事
言懷時有構屬天才宏麗興託玄遠貞觀十三年世隆上疏請編
錄御集太宗竟不許之世隆又採隋代舊事撰為東都記三十卷
遷著作郎尋卒
顧胤者蘇州吳人也祖越陳給事黃門侍郎父覽隋秘書學士胤

永徽中歷遷起居郎兼修國史撰太宗實錄二十卷成以功加朝散
大夫授弘文館學士以撰武德貞觀兩朝國史八十卷成加朝請
大夫封餘杭縣男賜帛五百段龍朔三年遷司文郎中尋卒播又
撰議書古今集二十卷行於代子琮長安中為天官侍郎同鳳閣
鸞臺平章事
李延壽者本隴西著姓世居相州貞觀中累補太子典膳丞崇賢
館學士嘗受詔與著作佐郎敬播同修五代史志又預撰晉書尋
轉御史臺主簿兼直國史延壽嘗撰太宗政典三十卷表上之歷
遷符璽郎兼修國史尋卒調露中高宗嘗觀其所撰政典歎美
久之令藏于秘閣賜其家帛五十段延壽又嘗刪補宋齊梁陳及
魏齊周隋等八代史謂之南北史凡一百八十卷頗行於代
李仁實魏州頓丘人官至左史嘗著格論三卷通歷八卷戎州記
並行於時

○孔穎達字仲達冀州衡水人也祖碩後魏南臺丞父安齊青州法
曹參軍穎達八歲就學日誦千餘言及長尤明左氏傳鄭氏尚書
王氏易毛詩禮記兼善算曆解屬文同郡劉焯名重海內穎達造
其門焯初不之禮穎達請質疑滯多出其意表焯改容敬之穎達
固辭歸焯固留不可還家以教授為務隋大業初舉明經高第授
河內郡博士時煬帝徵諸郡儒官集于東都令國子秘書學士與
之論難穎達為最時穎達少年而先輩宿儒恥為之屈潛遣刺客
圖之禮部尚書楊玄感舍之於家由是獲免補太學助教屬隋亂
避地於武牢太宗平王世充引為秦府文學館學士武德九年擢
授國子博士貞觀初封曲阜縣男轉給事中時太宗初即位留心
庶政穎達數進忠言益見親待太宗嘗問曰論語云以能問於不
能以多問於寡有若無實若虛何謂也穎達對曰聖人設教欲人
謙光己雖有能不自矜大仍就不能之人求訪能事己之才藝雖
多猶以為少仍就寡少之人更求所益己之雖有其狀若無己之
雖實其容若虛非唯匹庶帝王之德亦當如此夫帝王內蘊神明

外須玄默使深不可測度不可知易稱以蒙養正以明夷莅衆若
其位居尊極炫燿聰明以才凌人飾非拒諫則上下情隔君臣道
乖自古滅亡莫不由此也太宗深善其對六年累除國子司業歲
餘遷太子右庶子仍兼國子司業與諸儒議曆及明堂皆從穎達
之說又與魏徵撰成隋史加位散騎常侍十一年又與朝賢修定
五禮所有疑滯咸諮決之書成進爵為子賜物三百段庶人承乾
令撰孝經義疏穎達因文見意更廣規諷之道學者稱之太宗以
穎達在東宮數有匡諫與左庶子于志寧各賜黃金一斤絹百匹
十二年拜國子祭酒仍侍講東宮十四年太宗幸國學觀釋奠
命穎達講孝經既畢穎達上釋奠頌手詔襃美後承乾不循法度
穎達每犯顏進諫承乾乳母遂安夫人謂曰太子成長何宜屢致
面折穎達對曰蒙國厚恩死無所恨諫諍逾切承乾不能納先是
與顏師古司馬才章王恭王談等諸儒受詔撰定五經義訓凡一
百八十卷名曰五經正義太宗下詔曰卿等博綜古今義理該洽

○考前儒之異說符聖人之幽旨實為不朽付國子監施行賜穎達
物三百段時又有太學博士馬嘉運駮穎達所撰正義詔更令詳
定功竟未就十七年以年老致仕十八年圖形淩煙閣讚曰道光
列第風傳闕里精義霞開掞辭飈起二十二年卒陪葬昭陵贈太
常卿謚曰憲
司馬才章者魏州貴鄉人也父烜博涉五經善緯候才章少傳其
業隋末為郡博士貞觀六年左僕射房玄齡薦之屢蒙召問擢
授國子助教論議該洽學者稱之
王恭者滑州白馬人也少篤學博涉六經每於鄉閭教授弟子自
遠方至數百人貞觀初徵拜太學博士其所講三禮皆別立義證
甚為精博蓋文懿文達等皆當時大儒罕所推借每講三禮皆遍
舉先達義而亦暢恭所說
馬嘉運者魏州繁水人也少出家為沙門明於三論後更還俗專
精儒業尤善論難貞觀初累除越王東閤祭酒頃之罷歸隱居

白鹿山十一年召拜太學博士兼弘文館學士預修文思博要嘉運
以穎達所撰正義頗多繁雜每掎摭之諸儒亦稱爲允當高宗居
春宮引爲崇賢館學士數與洗馬秦暐侍講殿中甚蒙禮異十九
年遷國子博士卒
史臣曰唐德勃興英儒間出佐命協力寔有其人薛收左右厥猷
輝謀雅道不幸短命殲我良士上言恨不圖形若在當以中書令
處之才可知矣元敬藻翰明敏而畏權勢晉不狎房杜深沉至愼
不亦優哉元超藉父風望彌亮宏略諒非其罪而再遷流及登大
任益有嘉謀汲引多才以隆弘納其感恩之重時其聞諸有始有
卒其殆庶幾乎稷出自名家涉于大用及自貽謀釁如貞亮何姚
思廉篤學寡欲受漢史於家尊果執明義臨大節而不可奪及筆
削成書蔵規翊聖言其命世亦當仁乎師古家籍儒風該博經義
至于詳注史策探測典禮清明在躬天有才格然而三黜之負音
在時譏孔子曰才難不其然乎令狐德棻貞度應時待問平直徵
〇　二十七　唐傳二十三　十一　王成
舊史修新禮以暢國風辨治亂談王霸以資帝業允首明哉股肱
良哉其斯之謂歟鄧世隆國史時譽固有諒直其復書不遜何不
知之甚也上疏請編御集其殆直乎顧胤清芬可觀彝範積善
餘慶其有子哉李延壽研考史學修撰刪補克成大典方之班馬
何代無人仁實掎摭抑又次焉孔穎達風格高爽幼而有聞探賾
明徵辨析應對天有通才人道惡盈必有毀訐及正義炳煥乃異
人也雖其掎摭亦何損於明司馬才章籍時崇儒明數致業王恭
弘闡聲教禮學研詳馬嘉運達識自通克成典雅並材才用闕
色丹青其掎摭繁雜蓋求備者也
贊曰河東三鳳俱瑞黃圖棻爲良史穎實名儒解經不窮希顔
之徒登瀛入館不甚盛乎

唐書列傳卷第二十三

右文林郎充兩浙東路提舉茶鹽司幹辦公事蘇之勤校勘

劉昫等修

劉洎　馬周　崔仁師 孫湜 湜弟液 液子論

劉洎字思道荊州江陵人也隋末仕蕭銑為黃門侍郎銑令略地嶺表得五十餘城未還而銑敗遂以所得城歸國授南康州都督府長史貞觀七年累拜給事中封清苑縣男十五年轉治書侍御史上疏曰尚書萬機寔為政本伏尋此選受授誠難是以八座比於文昌二丞方於管轄爰至曹郎上應列宿苟非稱職竊位興譏伏見比來尚書省詔勑稽停文案擁滯臣誠庸劣請述其源貞觀之初未有令僕于時省務繁雜倍多於今左丞戴冑右丞魏徵並曉達吏方質性平直事應彈舉無所迴避陛下又假以恩慈自然肅物百司匪懈抑此之由及杜正倫續任右丞頗亦厲下比者綱維不舉並為勳親在位品非其任功勢相傾凡在官寮未循公道雖欲自強先懼囂謗所以郎中抑奪唯事諮稟尚書依違不得

斷或憚聞奏故事稽延案雖理窮仍更盤下去無程限來不責遲一經出手便涉年載或希旨失情或避嫌抑理勾司以案成為事了不究是非尚書用便僻為奉公其論當否遞相姑息唯務彌縫且選賢授能非材莫舉天工人代焉可妄加至於懿戚元勳但優其禮秩或年高耄及或積病智昏既無益於時宜當致之以閑逸久妨賢路殊為不可將救茲弊且宜精簡四員左右丞左右司郎中如並得人自然綱維略舉亦當矯正趨競豈唯息其稽滯哉書奏未幾拜尚書右丞十三年遷黃門侍郎十七年加授銀青光祿大夫尋除散騎常侍洎性疎俊敢言太宗工王羲之書尤善飛白嘗宴三品已上於玄武門帝操筆作飛白字賜羣臣或乘酒爭取於帝手洎登御座引手得之皆奏曰洎登御牀罪當死請付法帝笑而言曰昔聞婕妤辭輦今見常侍登牀尋攝黃門侍郎加上護軍太宗善持論每與公卿言及古道必詰難往復洎上書諫曰帝王之與凡庶聖哲之與庸愚上下相懸擬倫斯絕是知以至

愚而對至聖以極卑而對至尊徒思自強不可得也陛下降恩旨假慈顏凝旒以聽其言虛襟以納其說猶恐羣下未敢對颺況動神機縱天辯飾辭以折其理援古以排其議欲令凡庶何階應荅臣聞皇天以無言為貴聖人以不言為德老君稱大辯若訥莊生稱至道無文此皆不欲煩也齊侯讀書輪扁竊歎漢皇慕古長孺陳譏此亦不欲勞也且多記則損心多語則損氣心氣內損形神外勞初雖不覺後必為累須為社稷自愛豈為性好自傷乎竊以今日昇平皆陛下力行所至欲其長久匪由辯博但當忘彼愛憎慎茲取捨每事敦朴無非至公若貞觀之初則可矣至如秦政強辯失人心於自矜魏文宏才虧衆望於虛說此才辯之累較然可知矣伏願略茲雄辯浩然養氣簡彼緗圖淡焉自怡固萬壽於南岳齊百姓於東戶則天下幸甚皇恩斯畢手詔荅曰非慮無以臨下非言無以述慮比有談論遂致煩多輕物驕人恐由茲道形神心氣非此為勞今聞讜言虛懷以改時皇太子初立洎以為

宜尊賢重道上書曰臣聞郊迎四方孟侯所以成德齒學三讓元良由是作貞斯皆屈主祀之尊申下交之義故得芻言咸薦睿問傍通不出軒庭坐知天壤率由茲道永固鴻基者焉原夫太子宗祧是繫善惡之際興亡斯在不勤于始將悔于終是以晁錯上書令先通政術賈誼獻策務前知禮教竊惟皇太子孝友仁義明允篤誠皆挺自天姿非勞審諭固以華夷仰德翔泳希風矣然則寢門視膳已表於三朝藝官論道宜弘於四術雖春秋鼎盛飭躬有漸實恐歲月易往情業與識取適宴安方從此始臣以愚短幸參侍從恩廣難明輕願聞徹不敢曲陳故事請以聖德言之伏惟陛下誕敷膺圖登庸歷試多才多藝道著於匡時允武允文功成於纂祀萬方即序九圍清晏尚且雖休勿休日慎一日求異聞於振古勞睿思於當年乙夜觀書事高漢帝馬上披卷勤過魏后陛下自勵如此而今太子優游棄日不習圖書臣所未諭一也加以暫屏機務即寓雕蟲綜寶思於天文則長河韜映摛玉字於仙札則流霞

成彩固以錙銖萬代冠冕百王屈宋不足以昇堂鍾張何階於入
室陛下自好如此而太子悠然靜處不尋篇翰臣所未諭一也陛
下歷選眾妙獨秀寰中猶晦天聰俯詢凡識聽朝之隙引見羣官
降以溫顏訪以今古故得朝廷是非里閭好惡凡有巨細必關聽
覽陛下自好如此而令太子久入趨侍不接正人臣所未諭二也陛
下若謂無益則何事勞神若謂有成則宜申勵厥躬而不急未見
其可伏願俯推睿範訓及儲君授以良書娛之嘉客晨披經史觀
成敗於前躬晚接賓遊訪得失於當代閒以書札繼以篇章則日
聞所未聞日見所未見副德逾光羣生之福也古之太子問安而
退所以廣敬於君父異宮而處所以分別於嫌疑今太子一侍天
闈動移旬朔師傅以下無由接見假令供奉有隙暫還東宮拜謁
既踈且事欣仰規諫之道固所未暇陛下不可以親教宮寀無由
以進言雖有具寮亦將何補伏願俯循前躅稍抑下流弘遠大之
規展師友之義則儲徽克茂帝圖斯廣凡在黎元孰不慶賴自此

勅洎令與岑文本同馬周遞日往東宮與皇太子談論太宗嘗怒
苑西守監穆裕命於朝堂斬之皇太子遽進諫太宗謂司徒長孫
無忌曰夫人久相與處自然染習自朕臨御天下虛心正直即有
魏徵朝夕進諫自徵云亡劉洎岑文本馬周褚遂良等繼之皇太
子幼在朕膝前每見朕心悅諫者因染以成性固有今日之諫
耳十八年遷侍中太宗嘗謂侍臣曰夫人臣之對帝王多順旨而
不逆甘言以取容朕今發問欲聞己過卿等須言朕愆失長孫無
忌李勣楊師道等咸云陛下聖化致太平臣等不見其失洎對曰
陛下化高萬古誠如無忌等言然頃上書人不稱旨者或面加窮
詰無不慙退恐非獎進言者之路太宗曰卿言是也當為卿改之
太宗征遼令洎與高士廉馬周留輔皇太子定州監國仍兼左庶
子檢校民部尚書太宗謂洎曰我今遠征使卿輔翼太子社稷安
危之機所寄尤重卿宜深識我意洎進曰願陛下無憂大臣有愆
失者臣謹即行誅太宗以其妄發頗怪之謂曰君不密則失臣臣

不密則失身卿性踈而太健恐以此則敗深宜誡慎以保終吉十
九年太宗遼東還發定州在道不康洎與中書令馬周入謁洎周
出遂良傳問起居洎泣曰聖體患癰極可憂懼遂良誣奏之曰洎
云國家之事不足慮正當傅少主行伊霍故事大臣有異志者誅
之自然定矣太宗疾愈詔問其故洎以實對又引馬周以自明太
宗問周周對與洎所陳不異遂良又執證不已乃賜洎自盡洎臨
引決請紙筆欲有所奏憲司不與洎死太宗知憲司不與紙筆怒
之並令屬吏洎文集十卷行於時則天臨朝其子弘業上言洎被
遂良譖而死詔令復其官爵

馬周字賓王清河茌平人也少孤貧好學尤精詩傳落拓不為州
里所敬武德中補博州助教日飲醇酎不以講授為事刺史達奚
恕屢加咎責周乃拂衣遊於曹汴又為浚儀令崔賢首所辱遂感
激西遊長安宿於新豐逆旅主人唯供諸商販而不顧待周遂命
酒一斗八升悠然獨酌主人深異之至京師舍於中郎將常何之家

貞觀五年太宗令百寮上書言得失何以武吏不涉經學周乃為
何陳便宜二十餘事令奏之事皆合旨太宗怪其能問何何答曰
此非臣所能家客馬周具草也每與臣言未常不以忠孝為意太
宗即日召之未至間遣使催促者數四及謁見與語甚悅令直門
下省六年授監察御史奉使稱旨帝以常何舉得其人賜帛三百
匹是歲周上疏曰微臣每讀經史見前賢忠孝之事臣雖小人竊
希大道未嘗不廢卷長想思履其迹臣以不幸早失父母犬馬之
養已無所施顧來事可為者唯忠義而已是以徒步二千里而自
歸于陛下陛下不以臣愚瞽過垂齒錄竊自顧瞻無階答謝輒以
微軀丹款惟陛下所擇臣伏見大安宮在宮城之西其牆宇宮闕
之制方之紫極尚為卑小臣伏以東宮皇太子之宅猶處城中大安
乃至尊所居更在城外雖太上皇遊心道素志存清儉陛下重違
慈旨愛惜人力而蕃夷朝見及四方觀者有不足焉臣願營築雉
堞脩起門樓務從高顯以稱萬方之望則大孝昭乎天下矣臣又

伏見明勅以二月二日幸九成宮臣竊惟太上皇春秋已高陛下宜朝夕視膳而晨昏起居今所幸宮去京三百餘里鑾輿動軔嚴蹕經旬非可以旦暮至也太上皇情或思感而欲即見陛下者將何以赴之且車駕今行本為避暑然則太上皇尚留熱所而陛下自逐涼處溫凊之道臣竊未安然勅書既出業已成就願示速返之期以開衆惑臣又見詔書令宗室勳賢作鎮藩部貽厥子孫嗣守其政非有大故無或黜免臣竊惟陛下封植之者誠愛之重之欲其胤裔承守而與國無疆也臣以為如詔旨者陛下宜思所以安存之富貴之然則何用代官也何則以堯舜之父猶有朱均之子儻有孩童嗣職萬一驕愚兆庶被其殃而國家受其敗正欲絕之也則子文之治猶在正欲留之也而欒黶之惡已彰與其毒害於見存之百姓則寧使割恩於已亡之一臣明矣然則向所謂愛之者乃適所以傷之也臣謂宜賦以茅土疇其戶邑必有材行隨器方授則雖其翰翮非強亦可以獲免尤累昔漢光武不任功臣以

吏事所以終全其代者良得其術也願陛下深思其事使夫得奉大恩而子孫終其福祿也臣又聞聖人之化天下莫不以孝為基故曰孝莫大於嚴父嚴父莫大於配天又曰國之大事在祀與戎孔子亦云吾不預祭如不祭是聖人之重祭祀也如此伏惟陛下踐祚以來宗廟之享未曾親事伏緣聖情獨以鑾輿一出勞費稍多所以忍其孝思以便百姓遂使一代之史不書皇帝入廟之事將何以貽厥孫謀垂則來葉臣知大孝誠不在俎豆之間然聖人之訓人固有屈己以從時願聖慈顧省愚款臣又聞致化之道在於求賢審官為政之基在於揚清激濁孔子曰唯名與器不以假人是言慎舉之為重也臣伏見王長通白明達本自樂工輿皂雜類韋槃提斛斯正則更無他材獨解調馬縱使術踰儕輩伎能有取作可厚賜錢帛以富其家豈得列預士流超授高爵遂使朝會之位萬國來庭騶子倡人鳴玉曳履與夫朝賢君子比肩而立同坐而食臣竊恥之然朝命既往縱不可追謂宜不使在朝班預於

士伍太宗深納之尋除侍御史加朝散大夫十一年周又上疏曰臣歷觀前代自夏殷及漢氏之有天下傳祚相繼多者八百餘年少者猶四五百年皆為積德累業恩結於人心豈無僻王賴前哲以免自魏晉以還降及周隋多者不過六十年少者纔二三十年而亡良由創業之君不務廣恩化當時僅能自守後無遺德可思故傳嗣之主政教少衰一夫大呼而天下土崩矣今陛下雖以大功定天下而積德日淺固當思隆禹湯文武之道廣施德化使恩有餘地為子孫立萬代之基但今政教無失以持當年而已然自古明王聖主雖因人設教寬猛隨時而大要唯以節儉於身恩加於人二者是務故其下愛之如日月畏之如雷霆此其所以卜祚遐長而禍亂不作也今百姓承喪亂之後比於隋時纔十分之一而供官傜役道路相繼兄去弟還首尾不絕遠者往來五六千里春秋冬夏略無休時陛下雖每有恩詔令其減省而有司作既不廢自然須人徒行文書役之如故臣每訪問四五年來百姓頗有嗟怨之

言以為陛下不存養之昔唐堯茅茨土階夏禹惡衣菲食如此之事臣知不可復行於今漢文帝惜百金之費輟露臺之役集上書囊以為殿帷所幸慎夫人衣不曳地至景帝以錦繡纂組妨害女功特詔除之所以百姓安樂至孝武帝雖窮奢極侈而承文景遺德故人心不動向使高祖之後即有武帝天下必不能全此於時代差近事迹可見今京師及益州諸處營造供奉器物并諸王妃主服飾議者皆不以為儉臣聞昧旦丕顯後世猶怠作法於理其弊猶亂陛下少處人間知百姓辛苦前代成敗目所親見尚猶如此而皇太子生長深宮不更外事即萬歲之後固聖慮所當憂也臣尋往代以來之事但有黎庶怨叛聚為盜賊其國無不即滅人主雖改悔未有重能安全者凡修政教當修之於可修之時若事變一起而後悔之則無益者也故人主每見前代之亡則知其政教之所由喪而皆不知其身之失是知殷紂笑夏桀之亡而幽厲亦笑殷紂之滅隋煬帝大業之初又笑齊魏之失國今之視煬帝亦

猶煬帝之視齊魏也故京房謂漢元帝云臣恐後之視今亦猶今
之視古此言不可不誡也往者貞觀之初率土霜儉一匹絹纔得一
斗米而天下帖然百姓知陛下甚憂憐之故人人自安曾無謗讟自
五六年來頻歲豐稔一匹絹得粟十餘碩而百姓皆以為陛下不
憂憐之咸有怨言又今所營為者頗多不急之務故也自古以來
國之興亡不由積蓄多少唯在百姓苦樂且以近事驗之隋家貯洛
口倉而李密因之東都積布帛而世充據之西京府庫亦為國家
之用至今未盡向使洛口東都無粟帛則世充李密未能必聚大
衆但貯積者固是有國之常事要當人有餘力而後收之豈人勞
而彊斂之更以資寇積之無益也然儉以息人貞觀之初陛下已
躬為之故今行之不難也為之一日則天下知之式歌且舞矣若人
既勞矣而用之不息儻中國被水旱之災邊方有風塵之警狂狡
因之以竊發則有不可測之事非徒聖躬旰食晏寢而已古語云
動人以行不以言應天以實不以文以陛下之明誠欲勵精為政

〇不煩遠采上古之術但及貞觀之初則天下幸甚昔賈誼為漢文
帝云可慟哭及長歎息者言當韓信王楚彭越王梁英布王淮南
之時使文帝即天子位必不能安又言賴諸王年少傅相制之長
大之後必生禍亂歷代以來皆以誼言為是臣竊觀今諸將功臣
陛下所與定天下者皆仰稟成規備盡犬馬之用無威略振主如韓
彭之難駕馭者而諸王年並幼少縱其長大當陛下之日必無他心
然則萬代之後不可不慮自漢晉以來亂天下者何嘗不是諸王
皆為樹置失宜不預為節制以至於滅亡人主熟知其然但溺於私
愛故使前車既覆而後車不改轍也今天下百姓極少諸王甚多
寵遇之恩有過厚者臣之愚慮不唯慮其恃恩驕矜也昔魏武帝
寵陳思及文帝即位防守禁閉有同獄囚以先帝加恩太多故嗣
王疑而畏之也此則武帝寵陳思適所以苦之也且帝子何患不
富貴身食大國封戶不少好衣美食之外更何所須而每年加別
優賜曾無紀極俚語曰貧不學儉富不學奢言自然也今大聖創

業豈唯處置在子弟而已當制長久之法使萬代遵行又言臨天
下者以人為本欲令百姓安樂唯在刺史縣令縣令既衆不可皆
賢若每州得良刺史則合境蘇息天下刺史悉稱聖意則陛下端
拱巖廊之上百姓不慮不安自古郡守縣令皆妙選賢德欲有擢
昇宰相必先試以臨人或從二千石入為丞相今朝廷獨重內官縣
令刺史頗輕其選刺史多是武夫勳人或京官不稱職方始外出
而折衝果毅之內身材強者先入為中郎將其次始補州任邊遠
之處用人更輕其材堪宰莅以德行見稱擢者十不能一所以百姓
未安殆由於此疏奏太宗稱善久之先是京城諸街每至晨暮遣
人傳呼以警衆周遂奏諸街置鼓每擊以警衆令罷傳呼時人
便之太宗益加賞勞俄拜給事中十二年轉中書舍人周有機辯
能敷奏深識事端動無不中太宗嘗曰我於馬周暫不見則便思
之中書侍郎岑文本謂所親曰吾見馬君事論多矣援引事類揚
搉古今舉要刪蕪會文切理一字不可加一言不可減聽之靡靡令人

〇忘倦昔蘇張終賈正應此耳然鳶肩火色騰上必速恐不能久耳
十五年遷持書侍御史兼知諫議大夫又兼檢校晉王府長史王
為皇太子拜中書侍郎兼太子右庶子十八年遷中書令依舊兼
太子右庶子周既職兼兩宮處事精密甚獲當時之譽太宗伐遼
東皇太子定州監守令周與高士廉劉洎留輔皇太子太宗還以
本官攝吏部尚書二十一年加銀青光祿大夫太宗嘗以神筆賜周
飛白書曰鸞鳳凌雲必資羽翼股肱之寄誠在忠良周病消渴彌
年不瘳時駕幸翠微宮敕求勝地為周起宅名醫中使相望不絕
每令尚食以膳供之太宗躬為調藥皇太子親臨問疾周臨終索
所陳事表草一帙手自焚之慨然曰管晏彰君之過求身後名吾
弗為也二十二年卒年四十八太宗為之舉哀贈幽州都督陪葬昭陵
高宗即位追贈尚書右僕射高唐縣公垂拱中配享高宗廟庭子
載咸亨年累遷吏部侍郎善選補于今稱之卒於雍州長史
崔仁師定州安喜人武德初應制舉授管州錄事參軍五年侍中

陳叔達薦仁師才堪史職進拜右武衛錄事參軍預修梁魏等史
貞觀初再遷殿中侍御史時青州有逆謀事發州縣追捕支黨俘
囚滿獄詔仁師按覆其事仁師至州悉去杻械仍與飲食湯沐以
寬慰之唯坐其魁首十餘人餘皆原免及奏報詔使將往決之大
理少卿孫伏伽謂仁師曰此獄徒侶極衆而足下雪免者多人皆
好生誰肯讓死今既臨命恐未甘心深爲足下憂也仁師曰嘗聞
理獄之體必務仁恕故稱殺人刖足亦皆有禮豈有求身之安知枉
不爲申理若以一介暗短但易得十囚之命亦所願也伏伽慙而退及
勑使至青州更訊諸囚咸曰崔公仁恕事無枉濫請伏罪皆無異
辭仁師後爲度支郎中嘗奏支度財物數千言手不執本太宗怪
之令黃門侍郎杜正倫齎本仁師對唱一無差殊太宗大奇之時校
書郎王玄度注尚書毛詩毀孔鄭舊義上表請廢舊注行已所注
者詔禮部集諸儒詳議玄度口辯諸博士皆不能詰之郎中許敬
宗請付秘閣藏其書河間王孝恭特請與孔鄭並行仁師以玄度

穿鑿不經乃條其不合大義駁奏請罷之詔竟依仁師議玄度遂
廢十六年遷給事中時刑部以賊盜律反逆緣坐兄弟沒官爲輕
請改從死奏請八座詳議右僕射高士廉吏部尚書侯君集兵部
尚書李勣等議請從重民部尚書唐儉禮部尚書江夏王道宗工部
尚書杜楚客等議請依舊不改時議者以漢及魏晉謀反皆夷三
族咸欲依士廉等議仁師獨駁曰自羲農以降爰及唐虞或設言
而人不犯或畫象而下知禁三代之盛泣辜解網父子兄弟罪不
相及咸臻至理俱爲稱首及其世亂獄訟滋煩周之季年不勝其
弊列火原於子產峭潤起於安于韓李申商爭持急刻衆夷相坐
始於此也秦用其法遂至土崩漢高之務寬大未爲盡善文帝之
存仁厚仍多涼德遂使新垣族滅信越菹醢見譏良史謂之過刑
魏晉至隋有損有益疑脂猶密秋荼尚煩皇上爰發至仁念茲刑
憲酌前王之令典採往代之嘉猷革弊蠲苛可大可久仍降綸綍
頒之九區故得斷獄數簡手足有措刑清化洽未有不安忽以暴

秦酷法爲隆周中典乖惻隱之情反惟行之令進退參詳未見其
可且父子天屬昆季同氣誅其父子足累其心此而不顧何愛兄
弟既欲改法請更審量竟從仁師駁議後仁師密奏請立魏王爲
太子忤旨轉爲鴻臚少卿遷民部侍郎征遼之役詔太常卿韋挺
知海運仁師爲副仁師又別知河南水運仁師以水路險遠恐遠
州所輸不時至海遂便宜從事遞發近海租賦以充轉輸及韋挺
以壅滯失期除名爲民仁師以運夫逃走不奏坐免官既不得志
遂作體命賦以暢其情辭多不載太宗還至中山起爲中書舍人
尋兼檢校刑部侍郎太宗幸翠微宮仁師上清暑賦以諷太宗稱
善賜帛五十段二十二年遷中書侍郎參知機務時仁師甚承恩遇
中書令褚遂良頗忌嫉之會有伏閤上訴者仁師不奏太宗以仁
師罔上遂配龔州會赦還永徽初起授簡州刺史尋卒年六十餘
神龍初以子挹爲國子祭酒恩例贈同州刺史挹子湜
湜少以文辭知名舉進士累轉左補闕預修三教珠英遷殿中侍

御史神龍初轉考功員外郎時桓彥範敬暉等既知國政懼武三
思讒間引湜爲耳目使伺其動靜俄而中宗踈忌功臣於三思恩
寵漸厚湜乃反以桓敬等計議潛告三思尋遷中書舍人及桓敬
等徙于嶺外湜又說三思盡宜殺之以絕其歸望三思問誰可使者
湜表兄周利貞先爲桓敬等所惡自侍御史出嘉州司馬湜乃舉
充此行桓敬等聞利貞至多自殺三思引利貞爲御史中丞湜景
龍二年遷兵部侍郎挹爲禮部父子同爲南省副貳有唐已來未有
也時昭容上官氏屢出外宅湜託附之由是中宗遇湜甚厚俄拜
吏部侍郎尋轉中書侍郎同中書門下平章事與鄭愔同知選事
銓綜失序爲御史李尚隱所劾愔坐配流嶺表湜左轉爲江州司
馬上官昭容密與安樂公主曲爲申理中宗乃以愔爲江州司馬
授湜襄州刺史未幾入爲尚書左丞韋庶人臨朝復爲中書侍郎
同中書門下三品睿宗即位出爲華州刺史俄又拜太子詹事初
湜景龍中獻策開南山新路以通商州水陸之運役功數萬死者

十三四仍歲錮舊道禁行旅所開新路以通貢為夏潦衝突崩壓
不通至是追論湜開山路功加銀青光祿大夫俄為太平公主所
引復遷中書門下三品先天元年拜中書令與劉幽求爭權不協
陷幽求徙于嶺表仍促廣州都督周利貞以逼留殺之不果而止
時挹以年老累除戶部尚書致仕挹性貪冒受人請託數以公事
干湜湜多違拒不從大為時論所嗤玄宗在東宮數幸其第恩意
甚密湜既私附太平公主時人咸為之懼門客陳振鷺獻海鷗
賦以諷之湜雖稱善而心實不悅及帝將誅蕭至忠等召湜託為
腹心湜弟滌謂湜曰主上若有所問不得有所隱也湜不從及見
帝對問失旨至忠等既誅湜坐徙嶺外時新興王晉亦連坐伏誅
臨刑歎曰本謀此事出自崔湜今我就死而湜得生何冤濫也俄
而所司奏宮人元氏款稱與湜曾密謀進酖乃追湜賜死初湜與
張說有隙說時為中書令議者以為說構陷之時湜與尚書右丞
盧藏用同配流俱行湜謂藏用曰家弟承恩或冀寬宥因遲留不

速進行至荊州夢於講堂照鏡曰鏡者明象吾當為人主所明也
以告占夢人張由對曰講堂者受法之所鏡者於文為立見金此
非吉徵其日追使至縊於驛中時年四十三湜美姿儀早有才名
弟液滌及從兄涖並有文翰居清要每宴私之際自比東晉王導
謝安之家謂人曰吾之一門及出身歷官未嘗不為第一丈夫當先
據要路以制人豈能默默受制於人也是故進趣不已而不以令終
液尤工五言之作湜常歎伏之曰海子我家之龜也海子即液小
名官至殿中侍御史坐兄配流逃匿於郢州人胡履虛之家作幽
征賦以見意辭甚典麗遇赦還道病卒友人裴耀卿纂其遺文
為集十卷

液子論以吏幹稱天寶中自櫟陽令遷司勳員外郎濮陽太守乾
元後歷典名郡皆以理行稱大曆末元載以罪誅朝廷方振起淹
滯遷同州刺史未幾為黜陟使庾何所按廢免議者以何舉奏涉
於深刻復用論為衢州刺史秩滿寓於揚楚間德宗舊族耆年授
大理卿致仕卒

液弟滌多辯智善諧謔素與玄宗款密兄湜坐太平黨誅玄宗常
思之故待滌踰厚用為秘書監出入禁中與諸王侍宴不讓席而
坐或在寧王之上後賜名澄從東封還加金紫光祿大夫封安喜
縣子開元十四年卒贈兗州刺史

史臣曰劉洎始以章疏切直以至位望隆顯至于提綱整帝者聖
嘉猷籍國士之談體廊廟之器噫樞機之發榮辱之主一言不慎
責陷詔奏雖君親甚悔而駟不及舌良足悲矣馬周遭承際會天
有深沉悟主談微寘忠本孝沖讓廣度兗涉穹崇詩曰嘉樂君子
顯顯令德惜其中壽不憖遺平崔仁師以史材進其刊正覆駁
雅得詳明至于本仁恕申枉濫其事可觀沮穿鑿之徒止從重之
刑其言甚直書曰疑謀勿成而以魏王為請不亦惑乎及參機務
竟致忌嫉罔上之名抑有由也崔湜之德去祖逾遠謂勢可恃請
進無傷及位極人臣而心無止足覽海鷗賦知而不誡及荊州之夢

人知不免易曰不節之嗟又誰咎也

贊曰驥逢造父一日千里英主取賢不拘階陛文本王佐岑洎為賊
吏一見文皇皆登相位

唐書列傳卷第二十四

右文林郎充兩浙東路提舉茶鹽司幹辦公事臣蘇之勤校勘

劉　昫　等修

蘇世長 子良嗣　韋雲起
孫伏伽　張玄素

蘇世長雍州武功人也祖彤後魏直散騎常侍父振周宕州刺史建威縣侯周武帝時世長年十餘歲上書言事武帝以其年小召問讀何書對曰讀孝經論語武帝曰孝經論語何所言對曰孝經云爲國者不敢侮於鰥寡論語曰爲政以德武帝善其對令於獸門館讀書以其父殁王事因令襲爵世長於武帝前擗踊號泣武帝爲之改容隋文帝受禪世長又屢上便宜頗有補益超遷長安令大業中爲都水少監使於上江督運會江都難作世長爲煬帝發喪慟哭哀感路人王世充僭號署爲太子太保行臺右僕射與世充兄子弘烈爲將豆盧褒俱鎮襄陽時弘烈娶世長女爲妻深相結託高祖與褒有舊屢以書諭之不從頻斬使者武德四年洛陽平世長首勸弘烈歸降既至京師高祖誅褒而責世長來晚之故世長頓顙曰自古帝王受命爲逐鹿之喻一人得之萬夫斂手豈有獲鹿之後忿同獵之徒問爭肉之罪也陛下應天順人布德施惠又安得忘管仲雍齒之事乎且臣武功之士經涉亂離死亡略盡惟臣殘命得見聖朝陛下若復殺之是絕其類也實望天恩使有遺種高祖與之有故笑而釋之尋授王山屯監後於玄武門引見語及平生恩意甚厚高祖曰卿自謂諂佞耶正直耶對曰臣實愚直高祖曰卿若直何爲背世充而歸我對曰洛陽既平天下爲一臣智窮力屈始歸陛下向使世充尚在臣據漢南天意雖有所歸人事足爲勍敵高祖大笑嘗嘲之曰名長意短口正心邪棄忠貞於鄭國忘信義於吾家世長對曰名長意短實如聖旨口正心邪未敢奉詔昔竇融以河西降漢十世封侯臣以山南歸國惟蒙屯監即日擢拜諫議大夫從幸涇陽校獵大獲禽獸於旌門高祖入御營顧謂朝臣曰今日畋樂乎世長進曰陛下遊獵薄廢萬

機不滿十旬未爲大樂高祖色變既而笑曰狂態發耶世長曰爲臣私計則狂爲陛下國計則忠矣及突厥入寇武功郡縣多失戶口是後下詔將幸武功校獵世長又諫曰突厥初入大爲民害陛下救恤之道猶未發言乃於其地又縱畋獵非但仁育之心有所不足百姓供頓將何以堪高祖不納又嘗引之於披香殿世長酒酣奏曰此殿隋煬帝所作耶是何雕麗之若此也高祖曰卿好諫似直其心實詐豈不知此殿是吾所造何須設詭疑而言煬帝乎對曰臣實不知但見傾宮鹿臺琉璃之瓦並非受命帝王愛民節用之所爲也若是陛下作此誠非所宜臣昔在武功幸常陪侍見陛下宅宇纔蔽風霜當此之時亦以爲足今因隋之侈民不堪命數歸有道而陛下得之實謂懲其奢淫不忘儉約今初有天下而於隋宮之內又加雕飾欲撥其亂寧可得乎高祖深然之後歷陝州長史天策府軍諮祭酒秦府初開文學館引爲學士與房玄齡等一十八人皆蒙圖畫令文學褚亮爲之贊曰軍諮諧噱超然辯悟

○正色于庭匪躬之故貞觀初聘于突厥與頡利爭禮不受賂遺朝廷稱之出爲巴州刺史覆舟溺水而卒世長機辯有學博涉而簡率嗜酒無威儀初在陝州部內多犯法世長莫能禁乃責躬引咎自撻於都街五伯嫉其詭鞭之見血世長不勝痛大呼而走觀者咸以爲笑議者方稱其詐

子良嗣高宗時遷周王府司馬王時年少舉事不法良嗣正色匡諫甚見敬憚王府官屬多非其人良嗣守文檢括莫敢有犯深爲高宗所稱遷荊州大都督府長史高宗使宦者緣江採異竹將於苑中植之宦者科舟載竹所在縱暴還過荊州良嗣囚之因上疏切諫稱遠方求珍異以疲道路非聖人抑己愛人之道又小人竊弄威福以虧皇明言甚切直疏奏高宗下制慰勉遽令棄竹於江中永淳中爲雍州長史時關中大飢人相食盜賊縱橫良嗣爲政嚴明盜發三日內無不擒擿則天臨朝遷工部尚書尋代王德眞爲納言累封溫國公爲西京留守則天賦詩餞送賞遇甚渥時尚

方監裴匪躬檢校京苑將鬻苑中果蔬以收其利良嗣駁之曰昔公儀相魯猶能拔葵去織未聞萬乘之主鬻其果蔬以與下人爭利也匪躬遂止無幾追入都遷文昌左相同鳳閣鸞臺三品載初元年春罷文昌左相加位特進仍依舊知政事與地官尚書韋方質不協及方質坐事當誅辭引良嗣則天特保明之良嗣謝恩拜伏便不能復起輿歸其家詔御醫張文仲韋慈藏往視疾其日薨年八十五則天輟朝三日舉哀於觀風門敕百官就宅赴弔贈開府儀同三司益州都督賜絹布八百段米粟八百碩兼降璽書弔祭其子踐言太常丞尋為酷吏所陷配流嶺南而死追削良嗣官爵籍沒其家景龍元年追贈良嗣司空踐言子務玄襲爵溫國公開元中為邠王府長史

韋雲起雍州萬年人伯父澄武德初國子祭酒綿州刺史雲起隋開皇中明經舉授符璽直長嘗因奏事文帝問曰外間有不便事汝可言之時兵部侍郎柳述在帝側雲起應聲奏曰柳述驕豪未嘗經事兵機要重非其所堪徒以公主之壻遂居要職臣恐物議以陛下官不擇賢濫以天秩加於私愛斯亦不便之大者帝甚然其言顧謂述曰雲起之言汝藥石也可師友之仁壽初詔在朝文武舉人述乃舉雲起進授通事舍人大業初改為通事謁者又上疏奏曰今朝廷之內多山東人而自作門戶更相談薦附下罔上共為朋黨不抑其端必傾朝政臣所以痛心扼腕不能默已謹件朋黨人姓名及姦狀如左煬帝令大理推究於是左丞郎蔚之司隸別駕郎楚之並坐朋黨配流漫頭赤水餘免官者九人會契丹入抄營州詔雲起護突厥兵往討契丹部落啟人可汗發騎二萬受其處分雲起分為二十營四道俱引營相去各一里不得交雜聞鼓聲而行聞角聲而止自非公使勿得走馬三令五申之後擊鼓而發軍中有犯約者斬紇干一人持首以徇於是突厥將帥來入謁之皆膝行股戰莫敢仰視契丹本事突厥情無猜忌雲起既入其界使突厥詐云向柳城郡欲共高麗交易勿言營中有隋使敢

漏泄者斬之契丹不備去賊營百里詐引南度夜復退還去營五十里結陣而宿契丹弗之知也既明俱發馳騎襲之盡獲其男女四萬口女子及畜產以半賜突厥餘將入朝男子皆殺之煬帝大喜集百官曰雲起用突厥而平契丹行師奇譎才兼文武又立朝謇諤朕今親自舉之擢為治書御史雲起乃奏劾曰內史侍郎虞世基職典樞要寄任隆重御史大夫裴蘊特蒙殊寵維持內外今四方告變不為奏聞賊數實多或減言少陛下既聞賊少發兵不多眾寡懸殊往皆莫尅故使官軍失利賊黨日滋此而不繩為害將大請付有司結正其罪大理卿鄭善果奏曰雲起詆訾名臣所言不實非毀朝政妄作威權由是左遷大理司直煬帝幸揚州雲起告歸長安屬義旗入關於長樂宮謁見義寧元年授司農卿封陽城縣公武德元年加授上開府儀同三司判農圃監事是歲欲大發兵討王世充雲起上表諫曰國家承喪亂之後百姓流離未蒙安養頻年不熟關內阻飢京邑初平物情未附鼠竊狗盜猶為國憂盩厔司竹餘氛未殄藍田谷口羣盜實多朝夕伺間極為國害雖京城之內每夜賊發北有師都連結胡寇斯乃國家腹心之疾也捨此不圖而窺兵函洛若師出之後內盜乘虛一旦有變禍將不小臣謂王世充遠隔千里山川懸絕無能為害待有餘力方可討之今內難未弭且宜弘於度外如臣愚見請暫戢兵務穡勸農安人和眾關中小盜自然寧息秦川將卒賈勇有餘三年之後一舉便定今雖欲速臣恐未可乃從之會突厥入寇詔雲起總領豳寧已北九州兵馬便宜從事四年授西麟州刺史司農卿如故尋代趙郡王孝恭為夔州刺史轉遂州都督懷柔夷獠咸得眾心遷益州行臺民部尚書尋轉行臺兵部尚書行臺僕射竇軌多行殺戮又妄奏獠反冀得集兵因此作威肆其凶暴雲起多執不從雲起又嘗私產交通生獠以規其利軌亦對眾言之由是構隙情相猜貳隱太子之死也敕遣軌息馳驛詣益州報軌軌乃疑雲起弟慶儉堂弟慶嗣及親族並事東宮慮其聞狀或將為變

先設備而後告之雲起果不信問曰詔書何在軌曰公建成黨也
今不奉詔同反明矣遂執殺之初雲起年少時師事太學博士王
頍頍每與之言及時事甚嘉歎之乃謂之曰韋生識悟如是必能
自取富貴然剛腸嫉惡終當以此害身耆如頍言子師實垂拱初
官至華州刺史太子少詹事封扶陽郡公師實子方質則天初鸞
臺侍郎地官尚書同鳳閣鸞臺平章事時改修垂拱格式方質
多所損益甚爲時人所稱俄而武承嗣三思當朝用事諸宰相咸
傾附之方質疾假承嗣等詣宅問疾方質據牀不爲之禮左右云
踞見權貴恐招危禍方質曰吉凶命也大丈夫豈能折節曲事近
戚以求苟免也尋爲酷吏周興來子珣所構配流儋州仍籍沒其
家尋卒神龍初雪免

孫伏伽貝州武城人大業末自大理寺史累補萬年縣法曹武德
元年初以三事上諫其一曰臣聞天子有諍臣雖無道不失於天
下父有諍子雖無道不陷於不義故云子不可不諍於父臣不可

○不諍於君以此言之臣之事君猶子之事父故也隋後主所以失天
下者何也止爲不聞其過當時非無直言之士由君不受諫自謂
德盛唐堯功過夏禹窮侈極慾以恣其心天下之士肝腦塗地戶口
减耗盜賊日滋而不覺知者皆由朝臣不敢告之也向使修嚴父
之法開直言之路選賢任能賞罰得中人人樂業誰能搖動者乎
所以前朝好爲變更不師古訓者止爲天誘其咎將以開今聖唐
也陛下龍舉晉陽天下響應計不旋踵大位遂隆陛下勿以唐得
天下之易不知隋失之不難也陛下貴爲天子富有天下動則左
史書之言則右史書之既爲竹帛所拘何可恣情不慎凡有蒐狩
須順四時既代天理安得非時妄動陛下二十日龍飛二十一日有
獻鷂雛者此乃前朝之弊風少年之事務何忽今日行之又聞相
國參軍事盧牟子獻琵琶長安縣丞張安道獻弓箭頻蒙賞勞
但普天之下莫非王土率土之濱莫非王臣陛下必有所欲何求
而不得陛下所少者豈此物哉願陛下察臣愚忠則天下幸甚其

二曰百戲散樂本非正聲有隋之末大見崇用此謂淫風不可不
改近者太常官司於人間借婦女裙襦五百餘具以充散妓之服
云擬五月五日於玄武門遊戲臣竊思審實損皇猷亦非貽厥子
孫謀爲後代法也故書云無以小怨爲無傷而弗去恐從小至於
大故也論語云放鄭聲遠佞人又云樂則韶舞以此言之散妓定
非功成之樂也如臣愚見請並廢之則天下不勝幸甚其三曰臣
聞性相近而習相遠以其所好相染也故書云與治同道罔弗興
與亂同事罔弗亡以此言之興亂其在斯與皇太子及諸王等左
右羣僚不可不擇而任之也如臣愚見但是無義之人及先來無
賴家門不能邕睦及好奢華馳獵馭射專作慢遊狗馬聲色歌
舞之人不得使親而近之也此等止可悅耳目備驅馳至於拾遺
補闕決不能爲也臣歷窺往古下觀近代至於子孫不孝兄弟離
間莫不爲左右亂之也願陛下妙選賢才以爲皇太子僚友如此
即克隆盤石永固維城矣高祖覽之大悅下詔曰秦以不聞其過

○而亡典籍豈無先誡臣僕謟諛故弗之覺也漢高祖反政從諫如
流洎乎文景繼業宣元承緒不由斯道孰隆景祚周隋之季忠臣
結舌一言喪邦諒足深誡永言於此常深歎息朕每惟寡薄恭
膺寶命雖不能性與天道庶思勉力常冀彌諧以匡不逮而羣公
卿士罕進直言將申虛受之懷物所未諭萬年縣法曹孫伏伽至
誠慷慨詞義懇切指陳得失無所迴避非有不次之舉曷貽利行
之益伏伽既懷諒直宜處憲司可治書侍御史仍頒示遠近知朕
意焉兼賜帛三百匹時軍國多事賦斂繁重伏伽屢奏請改革高
祖並納焉二年高祖謂裴寂曰隋末無道上下相蒙主則驕矜臣
惟謟佞上不聞過下不盡忠至使社稷傾危身死匹夫之手朕撥
亂反正志在安人平亂任武臣官方委文吏庶得各展器能以匡
不逮比每虛心接待冀聞讜言然惟李綱差盡忠款孫伏伽可謂
誠直餘人猶踵弊風俛眉而已豈朕所望哉及平王世充竇建德
大赦天下既而責其黨與並令配遷伏伽上表諫曰臣聞王言無

戲自古格言去食存信聞諸舊典故書云爾無不信朕不食言又
論語云一言出口駟不及舌以此而論言之出口不可不慎伏惟陛
下光臨區宇覆育羣生率土之濱誰非臣妾絲綸一發取信萬
方使聞之者不疑見之者不惑陛下今月二日發雲雨之制光被
黔黎無所間然公私蒙賴既云常赦不免皆赦除之此非直赦其
有罪亦是與天下斷當許其更新以此言之但是赦後既便無事
因何王世充及建德部下赦後始欲遷之此是陛下自違本心欲
遣下人若為取則若欲子細推尋逆城之內人誰無罪故書云殲
厥渠魁脅從罔治若論渠魁世充等為首渠魁尚免脅從何辜
且古人云蹠狗吠堯蓋非其主在東都城內及建德部下乃有與
陛下積小故舊編髮友朋猶尚有人敗後始至者此等豈忘陛下
皆云被擁故也以此言之自外疎者竊謂無罪又書云非知之艱
行之惟艱上古已來何代無君所以秖稱堯舜之善者何也直由
為天子者實難善名難得故也往者天下未平威權須應機而

作今四方既定設法須與人共之但法者陛下自作之還須守之
使天下百姓信而畏之今自為無信欲遣兆人若為信畏故書云
無偏無黨王道蕩蕩無黨無偏王道平平賞罰之行達乎貴賤
聖人制法無限親疎如臣愚見世充建德下偽官經赦合免責情
欲遷配者請並放之則天下幸甚又上表請置諫官高祖皆納焉
太宗即位賜爵樂安縣男貞觀元年轉大理少卿太宗嘗馬射伏
伽上書諫曰臣聞千金之子坐不垂堂百金之子立不倚衡以此
言之天下之主不可履險乘危明矣臣又聞天子之居也則禁衞
九重其動也則出警入蹕此非直尊其居處乃為社稷生靈之大
計耳故古人云一人有慶兆人賴之臣竊聞陛下猶自走馬射帖娛
悅近臣此乃無禁乘危竊為陛下有所不取也何者一則非光史
冊二則未足顯揚又非所以導養聖躬亦不可以垂範後代此秖
是少年諸王之所務豈得既為天子今日猶行之乎陛下雖欲自
輕其奈社稷天下何如臣愚見竊謂不可太宗覽之大悅五年坐

奏囚誤失免官尋起為刑部郎中累遷大理少卿轉民部侍郎十
四年拜大理卿後出為陝州刺史永徽五年以年老致仕顯慶三年卒
張玄素蒲州虞鄉人隋末為景城縣戶曹竇建德攻陷景城玄素
被執將就戮縣民千餘人號泣請代其命曰此人清慎若是今儻
殺之乃無天也大王將定天下當深加禮接以招四方如何殺之
使善人解體建德遽命釋之署為治書侍御史固辭不受及江
都不守又召拜黃門侍郎始應命建德平授景城都督府錄事參
軍太宗聞其名及即位召見訪以政道對曰臣觀自古已來未有
如隋室喪亂之甚豈非其君自專其法日亂向使君虛受於上臣
弼違於下豈至於此且萬乘之重又欲自專庶務日斷十事而五
條不中中者信善其如不中者何況一日萬機已多虧失以日繼
月乃至累年乖謬既多不亡何待如其廣任賢良高居深視百司
奉職誰敢犯之臣又觀隋末沸騰被於寓縣所求天下者不過
十數人餘皆保邑全身思歸有道是知人欲背主為亂者鮮矣但
人君不能安之遂致於亂陛下若近覽危亡日慎一日堯舜之道

何以能加太宗善其對擢拜侍御史尋遷給事中貞觀四年詔發
卒修洛陽宮乾陽殿以備巡幸玄素上書諫曰微臣竊思秦始皇
之為君也藉周室之餘六國之盛將貽之萬葉及其子而亡良由
逞嗜奔欲逆天害人者也是知天下不可以力勝神祇不可以親
恃惟當弘儉約薄賦斂慎終如始可以永固方今承百王之末屬
凋弊之餘必欲節之以禮制陛下宜以身為先東都未有幸期即
何須補葺諸王今並出藩又須營構興發漸多豈疲人之所望其
不可一也陛下初平東都之始層樓廣殿皆令撤毀天下翕然同心
欣仰豈有初則惡其侈靡今乃襲其雕麗其不可二也每承音
旨未即巡幸此則事不急之務成虛費之勞國無兼年之積何用
兩都之好勞役過度怨讟將起其不可三也百姓承亂離之後財
力凋盡天恩含育粗見存立飢寒猶切生計未安三五年間恐未
平復奈何營未幸之都奪疲人之力其不可四也昔漢高祖將都

洛陽婁敬一言即日西駕豈不知地惟土中貢賦所均但以形勝不如關內也伏惟陛下化凋弊之人革澆漓之俗爲日尚淺未甚淳和斟酌事宜詎可東幸其不可五也臣又嘗見隋室造殿楹棟宏壯大木非隨近所有多從豫章採來二千人曳一柱其下施轂皆以生鐵爲之若用木輪便即火出鐵轂既生行一二里即有破壞仍數百人別齎鐵轂以隨之終日不過進三二十里略計一柱已用數十萬功則餘費又過於此臣聞阿房成秦人散章華就楚衆離及乾陽畢功隋人解體且以陛下今時功力何如隋日役瘡痍之人襲亡隋之弊以此言之恐甚於煬帝深願陛下思之無爲由余所笑則天下幸甚太宗曰卿謂我不如煬帝何如桀紂對曰若此殿卒興所謂同歸於亂且陛下初平東都太上皇勑大殿高門並宜焚毀陛下以瓦木可用不宜焚灼請賜與貧人事雖不行然天下翕然謳歌至德今若遵舊制即是隋役復興五六年間趨捨頓異何以昭示子孫光敷四海太宗歎曰我不思量遂至於

○此顧謂房玄齡曰洛陽土中朝貢道均朕故修營意在便於百姓今玄素上表實亦可依後必事理須行露坐亦復何苦所有作役宜即停之然以卑干尊古來不易非其忠直安能若此可賜綵二百匹侍中魏徵歎曰張公論事遂有迴天之力可謂仁人之言其利博哉累遷太子少詹事轉右庶子時承乾居春宮頗以遊畋廢學玄素上書諫曰臣聞皇天無親惟德是輔苟違天道人神同棄然古三驅之禮非欲教殺將爲百姓除害故湯羅一面天下歸仁今苑中娛獵雖名異遊畋若行之無常終虧雅度且傅說曰學不師古匪說攸聞然則弘道在於學古學古必資師訓既奉恩詔令孔穎達侍講望數存問以補萬一仍博選有名行學士兼朝夕侍奉覽聖人之遺教察既行之往事日知其所不足月無忘其所能此則盡善盡美夏啓周誦焉足言哉夫爲人上者未有不求其善但以性不勝情耽惑成亂耽惑既甚忠言遂塞所以臣下苟順君道漸虧古人有言勿以小惡而不去小善而不爲故知禍福之來皆起於漸微殿下地居儲兩當須廣樹嘉猷既有好畋之淫何以主斯匕鬯愼終如始猶懼漸衰始尚不愼終將安保尋又兼太子少詹事十三年又上書諫曰臣聞周公以大聖之材猶握髮吐飧引納白屋而況後之聖賢敢輕斯道是以禮制皇太子入學而行齒冑欲使太子知君臣父子長幼之道然君臣之義父子之親尊卑之序長幼之節用之方寸之內弘之四海之外皆因行以遠聞假言以光被伏惟殿下睿質已隆尚須學文以飾其表至如孔穎達趙弘智等非惟宿德鴻儒亦兼達政要望令數得侍講開釋物理覽古諭今增暉睿德而雕蟲小伎之流秖可時命追隨以代博弈耳若其騎射畋遊酣歌戲翫苟悅耳目終穢心神漸染既久必移情性古人有言心爲萬事主動而無節即亂臣恐殿下敗德之源在於此矣承乾並不能納太宗知玄素在東宮頻有進諫十四年擢授銀青光祿大夫行太子左庶子時承乾久不坐朝玄素諫曰宮內止有婦人耳不知如樊姬之徒可與弘益聖德者

○有幾若遂無賢哲便是親嬖倖遠忠良人不見德何以光敷三善且宮儲之寄於國爲重所以廣置羣僚以輔睿德今乃動經時月不見宮臣納誨既疎將何補闕承乾嫌其數諫遣戶奴夜以馬檛擊之殆至於死承乾又嘗於宮中擊鼓聲聞于外玄素叩閤請見極言切諫承乾乃出宮內鼓對玄素毀之是歲太宗嘗對朝問玄素歷官所由玄素旣出自刑部令史甚以慚恥諫議大夫褚遂良上疏曰臣聞君子不失言於人聖主不戲言於臣言則史書之禮成之樂歌之居上能禮其臣臣始能盡力以奉其上近代宋孝武輕言肆口侮弄朝臣攻其門戶乃至狼狽良史書之以爲非是陛下昨見問張玄素云隋任何官奏云縣尉又問未爲縣尉已前奏云流外又問在何曹司玄素將出閤門殆不能移步精爽頓盡色類死灰朝臣見之多所驚怪大唐創曆任官以才卜祝庸保量能使用陛下禮重玄素頻年任使擢授三品翼贊皇儲自不可更對羣臣窮其門戶弃昔日之殊恩成一朝之愧恥人君之御臣下也

禮義以導之惠渾以驅之使其習貫載乏天然臣節猶恐德禮不
加人不自勵若無故忽略使其奢縱鬱結於懷衷心靡非樂責其
伏節死義其可得乎書奏太宗謂遂良曰朕亦慱此問今得御疏
深會我心承乾既敗德日增玄素又上書諫曰臣聞孔子云能近
取譬可謂仁之方也已然書傳所載言之或遠尋覽近事得失斯
存至如周武帝平定山東卑宫菲食以安海內太子贇舉措無端
積德日著烏丸軌知其不可具言於武帝武帝慈仁望其漸改及
至踐祚狂暴肆情區宇崩離宗祀覆滅即隋文帝所代是也文
帝因周衰藉藩翰女資雖無大功於天下然布德行仁足爲萬姓
所賴勇爲太子不能近遵君父之節儉而務驕侈今之山池遺跡
即殿下所親覩是也此時亦恃君親之恩自謂太山之固詎知邪
臣敢進其說向使動靜有常進退合度親君子踈小人捨浮華尚
恭儉雖有邪臣間之何能致慈父之隙豈不由積德未弘令問不
著讒言一至遂成其禍竊惟皇儲之寄荷戴殊重如其積德不弘

何以嗣守成業聖上以殿下親則父子事兼家國所應用物不爲
節限恩旨未踰六旬用物已過七萬驕奢之極孰云過此龍樓之
下惟聚工匠望苑之内不覩賢良今言孝敬則闕視膳問安之禮
語恭順則違君父慈訓之方求風聲則無愛學好道之實觀舉措
則有因緣誅戮之罪宮臣正士未嘗在側羣邪淫巧昵近深宮愛
好者皆遊手雜色施與者並圖畫雕鏤在外瞻仰已有此失居中
隱密寧可勝計哉宣猷禁門不異闤闠朝入暮出穢聲已遠臣
以德音自損頻上諫書自爾已來縱逸尤甚右庶子趙弘智經明
行修當今善士臣每奏請望數召進與之談論庶廣徽猷令旨反
有猜嫌謂臣妄相推引從善如流尚恐不逮飾非拒諫必招敗損
方崇閉塞之源不慕欽明之術雖抱睿哲之資終罹罔念之咎古
人云苦藥利病苦言利行伏惟居安思危日慎一日書入承乾不納
乃遣刺客將加屠害俄屬宮廢玄素隨例除名十八年起授潮州
刺史轉鄧州刺史永徽中以年老致仕龍朔三年加授銀青光祿

大夫麟德元年卒
史臣曰伏伽上疏於高祖玄素進言於太宗從踈賤以干至尊懷
切直以明正理可謂至難矣既而並見抽擢咸蒙顧遇自非下情
忠到効匪躬之節上聽聰明致如流之美孰能至於此乎書曰木
從繩則正后從諫則聖斯之謂矣世長幼而聰悟長能規諫雲起
屏絶朋黨罔避驕豪歷覽言行咸有可觀而雲起吐茹無方世
長終成詭詐其不令也宜哉方諸孫張二子知不逮矣
贊曰言爲身文感義忘身不有忠膽安輕逆鱗蘇韋果俊伽素
忠純悟主匡失犄歟諍臣

唐書列傳卷第二十五

右文林郎充兩浙東路提舉茶鹽司幹辦公事蘇之勤校勘

唐書列傳卷第二十六

劉　昫

太宗十四子文德皇后生高宗大帝恒山王承乾濮王泰楊妃生吳王恪蜀王愔陰妃生庶人祐燕妃生越王貞江王囂韋妃生紀王慎楊妃生趙王福楊氏生曹王明王氏生蔣王惲後宮生楚王寬代王簡

恒山王承乾太宗長子也生於承乾殿因以名焉武德三年封恒山王七年徙封中山太宗即位為皇太子時年八歲性聰敏太宗甚愛之太宗居諒闇庶政皆令聽斷頗識大體自此太宗每行幸常令居守監國及長好聲色慢遊無度然懼太宗知之不敢

見其迹每臨朝視事必言忠孝之道退朝後便與群小褻狎宮臣或欲進諫者承乾必先揣其情便危坐斂容引咎自責樞機辨給智足飾非群臣拜答不暇故在位者初皆以為明而莫之察也承乾先患足行甚艱難而魏王泰有當時美譽太宗漸愛重之承乾恐有廢立甚忌之泰亦負其材能潛懷奪嫡之計於是各樹朋黨遂成釁隙有太常樂人年十餘歲美姿容善歌舞承乾特加寵幸號曰稱心太宗知而大怒收稱心殺之坐稱心死者又數人承乾意泰告訐其事怨心逾甚痛悼稱心不已於宮中構室立其形像列偶人車馬於前令宮人朝暮奠祭承乾數至其處徘徊流涕仍於宮中起冢而葬之并贈官樹碑以申哀悼承乾自此託疾不朝參者輒逾數月常命戶奴數十百人專習伎樂學胡人椎髻翦綵為舞衣尋橦跳劍晝夜不絕鼓角之聲日聞於外時左庶子于志寧右庶子孔穎達並詔輔導志寧撰諫苑二十卷諷之穎達又多所規奏太宗並嘉之二人各賜帛百匹黃金十斤以勵承乾之意仍遷志寧為詹事未幾志寧以母憂去職承乾侈縱日甚太宗復起志寧為詹事志寧與左庶子張玄素數上書切諫承乾並不納又嘗召壯士左衛副率封師進及刺客張師政紇干承基深禮賜之令殺魏王泰不剋而止尋與漢王元昌兵部尚書侯君集左屯衛中郎將李安儼洋州刺史趙節駙馬都尉杜荷等謀反將縱兵入西宮貞觀十七年齊王祐反於齊州承乾謂紇干承基曰我西畔宮牆去大內正可二十步來耳此間大親近豈可並齊王乎會承基亦外連齊王繫獄當死遂告其事太宗召承乾幽之別室命司徒長孫無忌司空房玄齡特進蕭瑀兵部尚書李勣大理卿孫伏伽中書侍郎岑文本御史大夫馬周諫議大夫褚遂良等參鞫之事皆明驗廢承乾為庶人徙黔州元昌賜令自盡侯君集等咸伏誅其宮僚左庶子張玄素右庶子趙弘智令狐德棻中舍人蕭鈞並以村選用承乾既敗太宗引大義以讓之咸坐免十九年承乾卒於徙所太宗為之廢朝葬以國公之禮二子象厥

象官至懷州別駕厥至鄂州別駕象子適之別有傳

楚王寬太宗第二子也出繼叔父楚哀王智雲早薨貞觀初追封無後國除

吳王恪太宗第三子也武德三年封蜀王授益州大都督以年幼不之官十年又徙封吳王十二年累授安州都督及將赴職太宗書誡之曰吾以君臨兆庶表正萬邦汝地居茂親寄惟藩屏勉思橋梓之道善侔閒平之德以義制事以禮制心三風十愆不可不慎如此則克固盤石永保維城外為君臣之忠內有父子之孝宜自勵志以勗日新汝方違膝下悽戀何已欲遺汝珍玩恐益驕奢故誡此一言以為庭訓高宗即位拜司空梁州都督恪母隋煬帝女也恪又有文武才太宗常稱其類己既名望素高甚為物情所向長孫無忌既輔立高宗深所忌嫉永徽中會房遺愛謀反遂因事誅恪以絕衆望海內冤之有子四人仁瑋琨璄並流于嶺表尋追封恪為鬱林王并為立廟又封仁為鬱林縣侯永昌元年授襄州

刺史不知州事後改名千里天授後歷唐廬許衛蒲五州刺史時皇室諸王有德望者必見誅戮惟千里褊躁無才復數進獻符瑞事故則天朝竟免禍長安三年充嶺南安撫討擊使歷遷右金吾將軍中興初進封成王拜左金吾大將軍兼領益州大都督又追贈其父爲司空三年又領廣州大都督五府經略安撫大使節愍太子誅武三思千里與其子天水王禧率左右數十人斫右延明門將殺三思黨與宗楚客紀處訥等及太子兵敗千里與禧等坐誅仍籍沒其家改姓蝮氏睿宗即位詔曰故左金吾衛大將軍成王千里保國安人克成忠義願除兇醜翻陷誅夷永言淪沒良深痛悼宜復舊班用加新寵可還舊官又令復姓琨早卒中興初追封郇陵王子炫本名褕出繼蜀王愔景龍四年加銀青光祿大夫秘書少監開元十三年改封廣漢郡王太僕卿同正員薨琨則天朝歷淄衛宋鄭梁幽六州刺史有能名聖曆中嶺南獠反敕琨爲招慰使安輯荒徼甚得其宜長安二年卒官贈司衛卿神龍初贈張

掖郡王開元十七年以子禕貴贈工部尚書追封吳王琨中興初封歸政郡王歷宗正卿坐千里事貶南州司馬卒琨子禕禕少有志尚事母甚謹撫弟祗等以友愛稱景龍四年爲太子僕兼徐州別駕加銀青光祿大夫少繼江王囂後封爲嗣江王景雲元年復爲德蔡衢等州刺史開元後累轉蜀濮等州刺史政號清嚴人吏畏而服之漸見委任入爲光祿卿遷將作大匠丁母憂去官起復授瀛州刺史又上表固請終制許之十二年改封信安郡王十五年服除拜左金吾衛大將軍朔方節度副大使知節度事兼攝御史大夫尋遷禮部尚書仍充朔方軍節度使先是石堡城爲吐蕃所據侵擾河右敕禕與河西隴右議取之禕到軍總率士伍刻期攻之或曰此城據險又爲吐蕃所惜今總軍深入賊必併力拒守事若不捷退則狼狽不如按軍持重以觀形勢禕曰人臣之節豈憚艱險必期衆寡不敵吾則以死繼之苟利國家此身何惜於是督率諸將倍道兼進併力攻之遂拔石堡城斬獲首級并獲糧儲器

械其數甚衆仍分兵據守以遏賊路上聞之大悅始改石堡城爲振武軍自是河隴諸軍遊弈拓地千餘里十九年契丹衙官可突干殺其王邵固率部落降于突厥玄宗遣忠王爲河北道行軍元帥以討奚及契丹兩蕃以禕爲副王既不行禕率戶部侍郎裴耀卿等諸副將分道統兵出於范陽之北大破兩蕃之衆擒其酋長餘黨竄入山谷軍還禕以功加開府儀同三司兼關內支度營田等使兼採訪處置使仍與二子官禕既有勳績執政頗害其功故其賞不厚甚爲當時所歎二十二年遷兵部尚書入爲朔方節度大使父之坐事出爲衢州刺史俄歷滑懷二州刺史天寶初拜太子少師以年老仍聽致仕二年遷太子太師制出病薨年八十餘上聞而痛惜者久之禕居家嚴毅善訓諸子皆有令名三子峘嶧峴皆至達官別有傳祗神龍中封爲嗣吳王景雲元年加銀青光祿大夫天寶十四載爲東平太守安祿山反率衆渡河兇威甚盛河南陳留滎陽靈昌等郡皆陷於賊祗起兵勤王玄宗壯之十五載

二月授祗靈昌太守又左金吾大將軍河南都知兵馬使其月又加兼御史中丞陳留太守持節充河南道節度採訪使本官如故五月詔以爲太僕卿遣御史大夫虢王巨代之

濮王泰字惠褒太宗第四子也少善屬文武德三年封宜都王四年進封衞王以繼衞懷王霸後貞觀二年改封越王授揚州大都督五年兼領左武候大都督並不之官八年除雍州牧左武候大將軍七年轉鄜州大都督十年徙封魏王遙領相州都督餘官如故太宗以泰好士愛文學特令就府別置文學館任自引召學士又以泰腰腹洪大趨拜稍難復令乘小輿至于朝所其寵異如此十二年司馬蘇勗以自古名王多引賓客以著述爲美勸泰奏請撰括地志泰遂奏引著作郎蕭德言秘書郎顧胤記室參軍蔣亞卿功曹參軍謝偃等就府修撰十四年太宗幸泰延康坊宅因曲赦雍州及長安大辟罪已下免延康坊百姓無出今年租賦又賜泰府官僚帛有差十年泰撰括地志功畢表上之詔令付秘

閻賜泰物萬段蕭德言等咸加給賜物俄又每月給泰料物有踰於皇太子諫議大夫褚遂良上疏諫曰昔聖人制禮尊嫡卑庶謂之儲君道亞霄極其為崇重用物不計泉貨財帛與王者共之庶子體卑不得為例所以塞嫌疑之漸除禍亂之源而先王必本人情然後制法知有國家必有嫡庶然庶子雖愛不得超越嫡子正體特須尊崇如當親者疎當尊者卑則佞巧之姦乘機而動私恩害公惑志亂國伏惟陛下功超邃古道冠百王發號施令為世作法一日萬機或未盡美臣職在諫諍無容靜默伏見儲君料物翻少魏王朝野見聞不以為是傳曰臣聞愛子教之以義方忠孝恭儉義方之謂昔漢竇太后及景帝遂驕恣梁孝王封四十餘城苑方三百里大營宮室複道彌望積財鉅萬計出入警蹕小不得意發病而死宣帝亦驕恣淮陽憲王幾至於敗輔以退讓之臣僅乃獲免且魏王既新出閤伏願常存禮則言提其耳且示儉節自可在後月加歲增妙擇師傅示其成敗既敦之以謙儉又勸之以文學

惟忠惟孝因而獎之道德齊禮乃為良器此所謂聖人之教不肅而成者也太宗又令泰入居武德殿侍中魏徵上表曰伏見勑旨令魏王泰移居武德殿此殿在內處所寬閑參奉往來極為便近但魏王既是愛子陛下常欲其安全每事抑其驕奢不處嫌疑之地今移此殿便在東宮之西海陵昔居時人以為不可雖時異事異猶恐人之多言又王之本心亦不安息既能以寵為懼伏願成人之美明早是朔日或恐未得面陳愚慮有疑不敢寧寢輕干聽覽追深戰悚太宗並納其言時皇太子承乾有足疾泰潛有奪嫡之意招駙馬都尉柴令武房遺愛等二十餘人厚加贈遺寄以腹心黃門侍郎韋挺工部尚書杜楚客相繼攝泰府事二人俱為泰要結朝臣津通賂遺文武羣官各有附託自為朋黨承乾懼其陵奪陰遣人詐稱泰府典籤詣玄武門為泰進封事太宗省之其書皆言泰之罪狀太宗知其詐而捕之不獲十七年承乾敗太宗面加譴讓承乾曰臣貴為太子更何所求但為泰所圖特與朝臣謀自安之道不逞之人遂教臣為不軌之事今若以泰為太子所謂落其度內太宗因謂侍臣曰承乾言亦是我若立泰便是儲君之位可經求而得耳泰立承乾晉王皆不存晉王立泰共承乾可無恙也乃幽泰於將作監下詔曰朕聞生育品物莫大乎天地愛敬罔極莫重乎君親是故為臣貴於盡忠虧之者有罰為子在於行孝違之者必誅大則肆諸市朝小則終貽黜辱雍州牧相州都督左武候大將軍魏王泰朕之愛子實所鍾心幼而聰令頗好文學恩遇極於崇重爵位踰於寵章不思聖哲之誡自構驕僭之釁惑讒諛之言信離間之說以承乾雖居長嫡久纏痾恙潛有代宗之望靡思孝義之則承乾懼其陵奪泰亦日增猜阻爭結朝士競引凶人遂使文武之官各有託附親戚之內分為朋黨朕志存公道義在無偏彰厥巨釁兩從廢黜非惟作則四海亦乃貽範百代可解泰雍州牧相州都督左武候大將軍降封東萊郡王太宗因謂侍臣曰自今太子不道藩王窺嗣者兩棄之傳之子孫以為永制尋

改封泰為順陽王徙居均州之鄖鄉縣太宗後嘗持泰所上表謂近臣曰泰文辭美麗豈非才士我中心念泰卿等所知但社稷之計斷割恩寵責其居外者亦是兩相全也二十一年進封濮王高宗即位為泰開府置僚屬車服羞膳特加優異永徽三年薨于鄖鄉年三十有五贈太尉雍州牧謚曰恭文集二十卷二子欣徽欣封嗣濮王徽封新安郡王欣則天初陷酷吏獄貶昭州別駕卒子嶠本名餘慶中興初封嗣濮王景雲元年加銀青光祿大夫開元十二年為國子祭酒同正員以王守一妹壻貶邵州別駕移鄧州別駕後復其爵

庶人祐太宗第五子也武德八年封宜陽王其年改封楚王貞觀二年徙封燕王累轉幽州都督十年改封齊王授齊州都督其舅尚乘直長陰弘智謂祐曰王兄弟既多即上百年之後須得武士自助乃引其妻兄燕弘信謁祐祐接之甚厚多賜金帛令潛募劒士初太宗以子弟成長慮乖法度長史司馬必取正人王有虧

違皆遣聞奏而祐溺情羣小尤好弋獵長史薛大鼎屢諫不聽太宗以大鼎輔導無方貰坐免權萬紀前爲吳王恪長史有正直節以萬紀爲祐長史以匡正之萬紀見祐非法常犯顏切諫有昝君謩梁猛彪者並以善騎射得幸於祐萬紀驟諫不納遂斥逐之而祐潛遣招延狎暱逾甚太宗慮其不能悔過數以書責讓祐萬紀恐并獲罪謂祐曰王帝之愛子陛下欲王改悔故加教訓若能飭躬引過萬紀請入朝言之祐因附表謝罪萬紀既還言祐必能改過太宗意稍解賜萬紀而諭之仍以祐前過敕書詰誡之祐聞萬紀勞免而獨被責以爲賣己意甚不平萬紀性又褊隘專以嚴急羈持之城門外不許祐出所有鷹犬並令解放又斥出君謩猛彪不許與祐相見祐及君謩以此銜怒謀殺萬紀會事洩萬紀悉收繫獄而發驛奏聞十七年詔刑部尚書劉德威往按之并追祐及萬紀入京祐大懼俄而萬紀奉詔先行祐遣燕弘信兄弘亮追于路射殺之既殺萬紀君謩等勸祐起兵乃召城中男子年十

五已上僞署上柱國開府儀同三司開官庫物以行賞驅百姓入城繕甲兵署官司其官有拓東王拓西王之號詔遣兵部尚書李勣與劉德威便道發兵討之祐每夜引弘亮等五人對妃宴樂以爲得志戲笑之際語及官軍弘亮曰不須憂也右手持酒啗左手刀拂之祐愛信弘亮聞之甚樂太宗手詔祐曰吾常誡汝勿近小人正爲此也汝素乖誡德重惑邪言自延伊禍以取覆滅痛哉何愚之甚也遂乃爲梟爲獍忘孝忘忠擾亂齊郊誅夷無罪去維城之固就積薪之危壞盤石之親爲尋戈之釁且夫背禮違義天地所不容棄父逃君人神所共怒往是吾子今爲國讎萬紀存爲忠烈死不妨義汝生爲賊臣死爲逆鬼彼則嘉聲不隕爾則惡蹟無窮吾聞鄭叔漢戾並爲猖獗豈期生子乃自爲之吾所以上慙皇天下愧后土歎惋之甚知復何云太宗題書畢爲之灑泣時李勣等兵未至齊境而青淄等數州兵並不從祐之命祐又傳檄諸縣亦不從或勸祐虜城中子女走入豆子鹹爲盜計未決而兵曹杜行敏謀將執祐兵士多願從是夜乃鑿垣而入祐與弘亮等五人被甲控弦入室以自固行敏列兵圍之謂祐曰昔爲帝子今乃國賊行敏爲國討賊更無所顧王不速降當爲煨燼命薪草欲積而焚之祐遂出就擒餘黨悉伏誅行敏送祐至京師賜死於內省貶爲庶人國除尋以國公禮葬之

蜀王愔太宗第六子也貞觀五年封梁王七年授襄州刺史十年改封蜀王轉益州都督十三年賜實封八百戶除岐州刺史愔嘗非理毆擊所部縣令又畋獵無度數爲非法太宗怒曰禽獸調伏可以馴擾於人鐵石鐫鍊可爲方圓之器至如愔者曾不如禽獸鐵石乎乃削封邑及國官之半貶爲虢州刺史二十三年加實封滿千戶愔在州數遊獵不避禾稼深爲百姓所怨典軍楊道整叩馬諫愔曳而捶之永徽元年爲御史大夫李乾祐所劾高宗謂荊王元景等曰先朝櫛風沐雨平定四方遠近肅清車書混一上天降禍奄弃萬邦朕纂承洪業懼均馭朽與王共感同憂爲家爲國蜀

王畋獵無度侵擾黎庶縣令典軍無罪被罰阿諛即喜忤意便嗔如此居官何以共理百姓歷觀古來諸王若能動遵禮度則慶流子孫違越條章則誅不旋踵愔爲法司所劾朕實恥之帝又引楊道整勞勉之拜爲匡道府折衝都尉賜絹五十匹貶愔爲黃州刺史四年坐與恪謀逆黜爲庶人徙居巴州尋改爲涪陵王乾封二年薨咸亨初復其爵土贈益州大都督陪葬昭陵謚曰悼封子璠爲嗣蜀王永昌年配流歸誠州而死神龍初以吳王恪孫朗陵王瑋子褕爲嗣蜀王

蔣王惲太宗第七子也貞觀五年封郯王八年授洺州刺史十年改封蔣王安州都督賜實封八百戶二十三年加實封滿千戶永徽三年除梁州都督惲在安州多造器用服翫及將行有遞車四百兩州縣不堪其勞爲有司所劾帝特宥之後歷遂相二州刺史上元年有人詣闕誣告惲謀反惶懼自殺贈司空荊州大都督陪葬昭陵子煒嗣歷沂州刺史垂拱中爲則天所害子銑早卒神龍初封

銑子紹宗爲嗣濟王景龍二年加銀青光祿大夫開元初爲太子
家令同正員卒子欽福嗣爲率更令同正員天寶初削官於錦州
安置十二載爲南郡長史同正惲子煒襲蔡國公煒孫之芳幼有令
譽頗善五言詩宗室推之開元末爲駕部員外郎天寶十三載安
祿山奏爲范陽司馬及祿山起逆自拔歸西京授右司郎中歷工
部侍郎太子右庶子廣德元年兵革未清吐蕃又犯邊使獻原會
乃遣之芳兼御史大夫使吐蕃被留境上二年而歸除禮部尚書
尋改太子賓客惲子休道道子璀本名思順中興封嗣道王加銀
青光祿大夫開元十二年改封中山郡王右領軍將軍
越王貞太宗第八子也貞觀五年封漢王七年授徐州都督十年
改封原王尋徙封越王拜揚州都督賜實封八百戶十七年轉相
州刺史二十三年加實封滿千戶永徽四年授安州都督咸亨中復
轉相州刺史貞少善騎射頗涉文史兼有吏幹所在或偏受讒言
官僚有正直者多被貶退又縱諸僮豎侵暴部人由是人伏其才

而鄙其行則天臨朝加太子太傅除蔡州刺史自則天稱制貞與
韓王元嘉魯王靈夔霍王元軌及元嘉子黃國公譔靈夔子范
陽王藹元軌子江都王緒并貞長子博州刺史琅邪王沖等密有
匡復之志垂拱三年七月譔作諧書與貞云內人病漸重恐須早
療若至今冬恐成痼疾宜早下手仍速相報是歲則天以明堂成
將行大享之禮追皇宗赴集元嘉因遞相語云大享之際神皇必
遣人告諸王密因大行誅戮皇家子弟無遺種矣譔遂詐爲皇帝
璽書與沖云朕被幽縶王等宜各救拔我也沖在博州又僞爲皇
帝璽書云神皇欲傾李家之社稷移國祚於武氏遂命長史蕭
德琮等召募士卒分報韓魯霍越紀等五王各令起兵應援以赴
神都初沖與諸王連謀及沖先發而莫有應者唯貞以父子之故
獨舉兵以應之尋遣兵破上蔡縣聞沖敗恐懼索鏁欲自拘馳驛
詣闕謝罪會其所署新蔡令傅延慶得勇士二千餘人貞遂有拒
敵之意乃宣言於其衆曰琅邪王已破魏相數州聚兵至二十萬

朝夕即到爾宜勉之徵屬縣兵至七千人分爲五營貞自爲中營
署其所親汝陽縣丞裴守德爲大將軍內營總管趙成美爲左中
郎將押左營閻弘道爲右中郎將押右營安摩訶爲郎將後軍總
管王孝忠爲右將軍前軍總管又以蔡州長史韋慶禮爲銀青光
祿大夫行其府司馬凡署九品已上官五百餘人令道士及僧轉
讀諸經以祈事集家僮戰士咸帶符以辟兵其所署官皆迫脅
見從本無鬭志惟裴守德實與之同守德驍勇善騎射貞將起事
便以女良鄉縣主妻之而委以爪牙心腹之任則天命左豹韜衛大
將軍麴崇裕爲中軍大總管夏官尚書岑長倩爲後軍大總管率
兵十萬討之仍令鳳閣侍郎張光輔爲諸軍節度於是制削貞及
沖屬籍改姓虺氏崇裕等軍至蔡州城東四十里貞命少子規及
裴守德拒戰規等兵潰而歸貞大懼閉門自守裴守德排闥入閤
王家在意欲殺貞以自贖也官軍進逼州城貞家僮悉力衛貞曰
事既如此豈得受戮辱當須自爲計貞乃飲藥而死家僮方始一

時散捨伏就擒規亦縊其母自殺守德攜良鄉縣主亦同縊子別
所麴崇裕斬貞父子及裴守德等傳首東都梟於闕下貞起兵
凡二十日而敗貞之在蔡州數奏免所部租賦以結人心家僮千人
馬數千匹外託以畋獵內實習武備嘗遊于城西水門橋臨水自
鑒不見其首心甚惡之未幾而及禍神龍初追復爵土與子沖俱
復舊姓初貞將起兵作書與壽州刺史駙馬都尉趙瓌曰欲總義
兵來入貴境瓌甚喜復許率兵相應瓌妻常樂長公主高祖第
七女和思皇后之母也謂其使曰爲我報越王與其進不與其退爾
諸王若是男兒不應至許時尚未舉動我常見耆老云隋文帝將
篡奪周室尉遲迥是周家外甥猶能起兵相州連結突厥天下聞
風甚不響應況爾諸王並國家懿親宗社是託豈不學尉遲迥感
恩效節捨生取義耶夫爲臣子若救國家則爲忠不救則爲逆諸
王必須以匡救爲急不可虛生浪死取笑於後代及貞等敗瓌與
公主亦伏誅沖貞長子也好文學善騎射歷密濟博三州刺史皆

有能名初沖自博州募得五千餘人欲渡河攻濟州先取武水縣縣令郭務悌赴魏州請援魏州莘縣令馬玄素領兵千七百人邀之于路恐力不敵先入武水城閉門拒守沖乃令積草車上放火燒南門擬乘火突入火之未起南風甚急及火已燃遽迴爲北風未至城門燒草已盡沖軍由是沮氣有堂邑丞董玄寂爲沖統帥兵伇及沖擊武水玄寂曰琅邪王與國家交戰此乃反也沖聞之斬玄寂以徇兵衆懼而散入草澤不可禁止惟有家僮左右不過數十而乃却走入博州城爲守門者所殺則天命左金吾將軍丘神勣爲清平道行軍大總管以討沖兵未至沖已死傳首東都梟於闕下沖起兵凡七日而敗沖三弟蒨封常山公歷常州別駕坐與父兄連謀伏誅溫以告其朋黨得實減死流嶺南尋卒神龍初侍中敬暉等以沖父子翼戴皇家義存社稷請復其官爵武三思令昭容上官氏代中宗手詔不許開元四年詔追復爵土令備禮改葬太常奏謚議曰故越王貞往者顧臣宗社夙懷誅呂之謀迺心王國用擊

非劉之議以茲獲戾上悼聖心謹按謚法死不忘君曰敬請謚曰敬從之五年下詔曰九族以親克敦其教百代必祀允資厥德故蔡州刺史越王貞執心不回臨事能斷粤自藩國勤于王家弘道之後寶圖將缺懷劉章之輔漢追鄭武之翊周遂能奮不顧身率先唱義雖英謀未剋而忠節居多嗣絕國除年踰二紀典章淪廢甚爲憫焉永言興繼式備典冊其封貞姪孫故許王男左監門衛將軍嘉國公琳爲嗣越王以奉其祀仍官爲立碑琳尋卒國除

紀王愼太宗第十子也貞觀五年封申王七年授秦州都督十年改封紀王賜實封八百戶十七年遷襄州刺史以善政聞璽書勞勉百姓爲之立碑二十三年加實封滿千戶永徽元年拜左衛大將軍二年授荊州都督累除邢州刺史文明元年加授太子太師轉貝州刺史愼少好學長於文史皇族中與越王貞齊名時人號爲紀越初貞將起事愼不肯同謀及貞敗愼亦下獄臨刑放免改姓虺氏仍載以檻車配流嶺表道至蒲州而卒愼長子和州刺史東平王續最知名早卒次子沂州刺史義陽王琮楚國公叡遂州別駕襄郡公秀廣化郡公獻建平郡公欽等五人垂拱中並遇害家屬徙嶺南中興初追復官爵令以禮改葬封愼少子鐵誠爲嗣紀王後改名澄景雲元年加銀青光祿大夫開元初歷德瀛巽三州刺史左驍衛將軍薨子行同嗣天寶中爲右贊善大夫同正員

江王囂太宗第十一子也貞觀五年受封六年薨謚曰殤

代王簡太宗第十二子也貞觀五年受封其年薨無後國除

趙王福太宗第十三子也貞觀十三年受封出後隱太子建成十八年授秦州都督賜實封八百戶二十三年加右衛大將軍累授梁州都督咸亨元年薨贈司空幷州都督陪葬昭陵中興初封溥王惲孫思順爲嗣趙王

曹王明太宗第十四子貞觀二十一年受封二十三年賜實封八百戶尋加滿千戶顯慶中授梁州都督後歷虢蔡蘇三州刺史詔令繼巢剌王元吉後永崇中坐與庶人賢通謀降封零陵王徙黔

州都督謝祐希旨逼脅令自殺帝深悼之黜府官僚咸坐免景雲元年明喪柩歸于京師陪葬昭陵有二子南州別駕零陵王俊黎國公傑垂拱中並遇害中興初封傑子胤爲嗣曹王胤叔父備自南州還又封備爲嗣曹王衛尉少卿同正員胤遂停封後備招慰忠州叛獠沒于賊又封胤爲王銀青光祿大夫右武衛將軍卒子戢嗣左衛率府中郎將卒子臯嗣臯自有傳

史臣曰太宗諸子吳王恪濮王泰最賢皆以才高辯悟爲長孫公忌嫉離間父子遽爲豺狼而無忌破家非陰禍之報歟武后斲喪王室潛移龜鼎越王貞父子痛憤義不圖全毀室之悲鴟鴞之詩傷矣比齊祐之妄作豈同年而語哉

贊曰子弟作藩盤石維城驕侈取敗身無令名沖謀慎發視死如生承乾齊祐愚悉弟庸兄

唐書列傳卷第二十六

唐書列傳卷第二十七

劉　昫　等修

韋挺 子待價 弟萬石　楊纂 族子弘禮 弘武 武子元禕 元禧
劉德威 子審禮　閻立德 立德弟立本
柳亨 兄子奭 亨孫渙 澤　崔義玄 子神慶

韋挺雍州萬年人隋民部尚書沖子也少與隱太子相善及高祖
平京城引為隴西公府祭酒武德中累遷太子左衛驃騎檢校左
率太子遇之甚厚宮臣罕與為比七年高祖避暑仁智宮會有上
書言事者稱太子與宮臣潛構異端時慶州刺史楊文幹謀逆伏
誅辭涉東宮挺與杜淹王珪等並坐流於越巂及太宗在東宮徵
拜主爵郎中貞觀初王珪數舉之由是遷尚書右丞俄授吏部侍
郎轉黃門侍郎進拜御史大夫封扶陽縣男太宗以挺女為齊王
祐妃常與房玄齡王珪魏徵戴胄等俱承顧問議以政事又與
高士廉令狐德棻等同修氏族志累承賞賚太宗嘗謂挺曰卿之
任御史大夫獨朕意耳左右大臣無為卿地者卿勉之哉挺陳謝
曰臣駑下不足以辱陛下高位且臣非勳非舊而超處藩邸故寮
之上臣願後之以勸立功者太宗不許尋改授銀青光祿大夫行
黃門侍郎兼魏王泰府事時泰有寵太子承乾多過失太宗微
有廢立之意中書侍郎杜正倫以漏泄禁中語左遷時挺亦預泰
事太宗謂曰朕已罪正倫不忍更置卿於法特原之尋遷太常卿
初挺為大夫時馬周為監察御史挺以周寒士殊不禮之至是周
為中書令太宗嘗復欲用挺在門下周密陳挺傲很非宰相器遂
寢十九年將有事於遼東擇人運糧周又奏挺才堪麤使太宗從
之挺以父在隋為營州總管有經略高麗遺文因此奏之太宗甚
悅謂挺曰幽州已北遼水二千餘里無州縣軍行資糧無所取給
卿宜為此使但得軍用不乏功不細矣以人部侍郎崔仁師為副使
任自擇文武官四品十人為子使以幽易平三州驍勇二百人官馬二
百匹為從詔河北諸州皆取挺節度許以便宜行事太宗親解貂裘

及中廄馬二匹賜之挺至幽州令燕州司馬王安德巡渠通塞先出
幽州庫物市木造船運米而進自桑乾河下至盧思臺去幽州八
百里逢安德還曰自此之外漕渠擁塞挺以北方寒雪不可更進遂
下米於臺側權貯之待開歲發春方事轉運度大兵至軍糧必足
仍馳以聞太宗不悅詔挺曰兵尚拙速不貴工遲朕欲十九年春
大舉今言二十年運漕甚無謂也乃遣繁畤令韋懷質往挺所支
度軍糧檢覆渠水懷質還奏曰挺不先視漕渠輒集工匠造船
運米即下至盧思臺方知渠閉欲進不得還復水涸乃便貯之無
達平夷之日又挺在幽州日致飲會實乖至公陛下明年出師以
臣度之恐未符聖策太宗大怒令將作少監李道裕代之仍令治
書侍御史唐臨馳傳械挺赴洛陽依議除名仍令白衣散從及前
軍破蓋牟城詔挺統兵士鎮蓋牟示漸用之也挺城守去大軍懸
遠與高麗新城鄰接日夜戰鬪鼓譟之聲不絕挺不堪其憂且不
平於失職素與衛士公孫常善乃與常書以敘所懷會常以他事
被拘自縊而死索其囊中得挺書論城中危蹙兼有嗟悵之辭太
宗以挺怨望謫為象州刺史歲餘卒年五十　子待價初為左千牛
備身永徽中江夏王道宗得罪待價即道宗之壻也緣坐左遷盧
龍府果毅時將軍辛文陵率兵招慰高麗行至吐護真水高麗掩
其不備襲擊敗之待價與中郎將薛仁貴受詔經略東蕃因率所
部救之文陵苦戰賊漸退軍始獲全待價被重瘡流矢中其左足
竟不言其功以足疾免官而歸後累授蘭州刺史時吐蕃屢為邊
患高宗以沛王賢為涼州大都督以待價為司馬俄又遷肅州刺
史頗有守禦之功徵拜右武衛將軍兼檢校右羽林軍事儀鳳三
年吐蕃又犯塞待價復以本官檢校涼州都督兼知鎮守兵馬事
俄又徵還舊職復封扶陽侯則天臨朝拜吏部尚書攝司空營高
宗山陵功畢加金紫光祿大夫改為天官尚書同鳳閣鸞臺三品
賜物一千段仍與一子五品待價素無藻鑑之才自武職而起居選
部既銓綜無敘甚為當時所嗤垂拱元年十月復為燕然道行軍

大總管以禦突厥明年春還六月拜文昌右相依舊同鳳閣鸞臺三品既累登非據頗不自安頻上表辭職則天每降優制不許之又表請削官秩迴恩贈父於是贈挺潤州刺史明年上疏請自効戎旅之用於是拜安息道行軍大總管督三十六總管以討吐蕃進封扶陽郡公軍至寅識迦河與吐蕃合戰初勝後敗又屬天寒凍雪師人多死糧饋又不支給乃旋師弓月頓於高昌則天大怒副將閻溫古以逗留伏法待價坐除名配流繡州尋卒弟萬石頗有學業而特善音律上元中自吏部郎中遷太常少卿當時郊廟樂調及讌會雜樂皆萬石與太史令姚玄辯增損之時人以為稱職尋又兼知吏部選事卒官挺從祖兄子安石別有傳

楊纂華州華陰人也祖儉周東雍州刺史父文偉隋鹽州刺史纂略涉經史尤明時務少與瑯琊顏師古燉煌令狐德棻友善大業中進士舉授朔方郡司法書佐坐楊玄感近屬除名乃家于蒲城義軍渡河於長春宮謁見累授侍御史數上書言事因被召問擢為考功郎中貞觀初長安令賜爵長安縣男有婦人袁氏妖逆為人所告纂究問之不得其狀袁氏後又事發伏誅太宗以纂為不忠將殺之中書令溫彥博以纂過悞罪不至死固諫乃赦之三遷吏部侍郎八年副特進蕭瑀為河南道巡察大使與瑀情有不協屢相表奏瑀因以獲罪纂尋拜尚書左丞纂既長於吏道所在皆有聲績俄又除吏部侍郎前後典選十餘載銓叙人倫稱為允當然而抑文雅進酷吏觀時任數頗為時論所譏後歷太常少卿雍州別駕加銀青光祿大夫復為尚書左丞遷太僕卿檢校雍州別駕遷戶部尚書永徽初卒贈幽州都督謚曰敬子守愚則天時官至雍州長史守挹岐州刺史族子弘禮

弘禮隋尚書令素弟之子也父岳大業中為萬年令與素子玄感不協嘗密上表稱玄感必為亂及玄感被誅岳在長安繫獄帝遣使赦之比使至岳以為留守所殺弘禮等遂免從坐高祖受禪以楊素隋代有勳業詔弘禮襲其清河郡公拜太子通事舍人貞觀

中歷兵部員外郎仍為西河道行軍大總管府長史三遷中書舍人太宗有事遼東以弘禮有文武材擢拜兵部侍郎專典兵機之務弘禮每入參謀議出則統衆攻戰駐蹕之陣領馬步二十四軍出其不意以擊之所向摧破太宗自山下見弘禮所統之衆人皆盡力殺獲居多甚壯之謂許敬宗等曰越公兒郎故有家風矣時諸宰相並在定州留輔皇太子唯有褚遂良許敬宗及弘禮在行所掌知機務二十年拜中書侍郎明年加銀青光祿大夫尋遷司農卿兼充崑丘道副大總管諸道軍將咸受節度於是破處月降處密殺焉耆王降駁支部獲龜茲于闐王凱旋未及行賞太宗晏駕弘禮頗忤大臣之旨由是出為涇州刺史永徽初論崑丘之功改授勝州都督尋遷太府卿四年卒贈蘭州都督謚曰質弟弘武

弘武少修謹武德初拜左千牛備身永徽中為吏部郎中孝敬初為皇太子精擇寮寀以弘武為中舍人麟德中將有事於東岳弘武自荊州司馬擢拜司戎少常伯從駕還高宗特令弘武補授吏部選人五品已上官由是漸見親委后母榮國夫人楊氏以與弘武同宗又稱薦之俄遷西臺侍郎乾封二年與戴至德李安期等同東西臺三品及在政事頗以請簡見稱總章元年卒于官贈汴州刺史謚曰恭子元亨則天時為司府少卿元禧尚食奉御元禧頗有藝術為則天所任嘗忤張易之之意易之密奏元禧是楊素兄弟之後素父子在隋有逆節子孫不合供奉則天乃下制曰隋尚書令楊素昔在本朝早荷殊遇稟凶邪之德懷諂佞之才惑亂君上離間骨肉搖動冢嫡寧唯掘蠱之禍誘扇後主卒成請蹕之釁隋室喪亡蓋惟多僻究其萌兆寔此之由生為不忠之人死為不義之鬼身雖幸免子竟族誅斯則姦逆之謀是其庭訓險薄之行遂成門風刑戮雖加枝胤仍在豈可復肩隨近侍齒迹朝行朕接統百王恭臨四海上嘉賢佐下悼賊臣常欲從容於萬機之餘褒貶於千載之外況年代未遠耳目所存者乎其楊素及兄弟子孫並不得令任京官及侍衛於是左貶元亨為睦州刺史元禧為貝州長

史元禕弟緱氏令元禕爲梓州司馬張易之誅後元亨等皆復任
京職元亨至齊州刺史元禕台州刺史元禕宣州刺史
劉德威徐州彭城人也父子將隋毗陵郡通守德威姿貌魁偉頗
以幹略見稱大業末從左光祿大夫裴仁基討賊淮左手斬賊帥
李青蛙傳首於行在所後與仁基同歸李密密素聞其名與麾下
兵令於懷州鎮守武德元年密與王世充戰敗入朝德威亦率所
部隨密歸款高祖嘉之授左武候將軍封滕縣公及劉武周南侵
詔德威統兵擊之又判并州總管府司馬俄而裴寂失律於介州
齊王元吉棄并州還朝德威總知留府事元吉纔出武周已至城
下百姓相率投賊武周獲德威令率其本兵往浩州招慰德威自
拔歸朝高祖親勞問之兼陳賊中虛實及晉絳諸部利害高祖皆
嘉納之改封彭城縣公未幾檢校大理少卿從擒建德平世充皆
有功轉刑部侍郎加散騎常侍妻以平壽縣主貞觀初歷大理太
僕二卿加金紫光祿大夫俄出爲綿州刺史以廉平著稱百姓爲

之立碑尋檢校益州大都督府長史十一年復授大理卿太宗嘗問
之曰近來刑網稍密其過安在德威奏言誠在主上不由臣下人
主好寬則寬好急則急律文失入減三等失出減五等今則反是
失入則無辜失出便獲大罪所以吏各自愛競執深文非有教使
之然畏罪之所致耳陛下但捨所急則寧失不經復行於今日矣
太宗深然之數歲遷刑部尚書兼檢校雍州別駕十七年馳驛往
濟州推齊王祐還至濮州聞祐殺長史權萬紀德威入據濟州遣
使以聞詔德威便發河南兵馬以申經略會遭母憂而罷十八年
起爲遂州刺史三遷同州刺史永徽三年卒年七十一贈禮部尚書
幽州都督謚曰襄陪葬獻陵德威閨門友穆接物寬平所得財貨
多以分贍宗親子審禮襲爵審禮少喪母爲祖母元氏所養隋末
德威從裴仁基討擊道路不通審禮年未弱冠自鄉里負載元氏
渡江避亂及天下定始西入長安元氏甞有疾審禮必親嘗湯藥元
氏顧謂孫曰我兒孝順貫徹幽微吾一顧念宿疾頓輕貞觀中歷

左驍衛郎將丁父憂去職及葬跣足隨車流血灑地行路稱之服
闋當襲爵累表讓弟朝議不許永徽中累遷將作大匠兼檢校
燕然都護襲封彭城郡公審禮父歿雖久猶悲慕不已每見父時
寮舊必嗚咽流涕母鄭氏早亡事繼母平壽縣主稍疾輒憂懼形
于容色終夕不寐撫繼母男延景友愛甚篤所得祿俸皆送母處
以資延景之費而審禮妻子處飢寒晏然未嘗介意再從同居家
無異爨合門二百餘口人無間言稍遷工部尚書兼檢校左衞大將
軍儀鳳二年吐蕃寇涼州命審禮爲行軍總管與中書令李敬玄
合勢討擊遇賊於青海敬玄後期不至審禮軍敗爲賊所執永隆
二年卒于蕃中贈工部尚書謚曰僖延景官至陝州刺史睿宗初
以后父追贈尚書右僕射審禮子易從歷岐州司兵參軍審禮
之沒吐蕃詔許易從入蕃省之及審禮卒易從號哭晝夜不止毀
瘠過禮吐蕃哀其志行還其父屍柩易從徒跣萬里扶護歸彭城
爲朝野之所嗟賞後歷彭城長史任城男永昌中坐爲徐敬眞所

誣構遇害易從在官仁恕及將刑人吏無遠近奔走竟解衣相率造
功德以爲長史祈福州人從之者十餘萬其爲人所愛如此易從
子昇開元中爲中書舍人太子右庶子審禮從父弟延嗣文明年
爲潤州司馬屬徐敬業作亂率衆攻潤州延嗣與刺史李思文固
守不降俄而城陷敬業執延嗣邀之令降辭曰延嗣世蒙國恩當
思効命州城不守多負朝廷終不能苟免偷生以累宗族豈以身
之故爲千載之辱今日之事得死爲幸敬業大怒將斬之其黨魏
思溫救之獲免乃囚之于江都獄俄而賊敗竟以裴炎近親不得敘
功遷爲梓州長史再轉汾州刺史卒宗族至刺史者二十餘人
閻立德雍州萬年人隋殿內少監毗之子也其先自馬邑徙關中毗
初以功藝知名立德與弟立本早傳家業武德中累除尚衣奉御
立德所造袞冕大裘等六服并腰輿傘扇咸依典式時人稱之貞
觀初歷遷將作少匠封大安縣男高祖崩立德以營山陵功擢爲
將作大匠貞觀十年文德皇后崩又令攝司空營昭陵坐怠慢解

職俄起爲博州刺史十三年復爲將作大匠十八年從征高麗及師旅至遼澤東西二百餘里泥淖人馬不通立德塡道造橋兵無留礙太宗甚悅尋受詔造翠微宮及玉華宮咸稱旨賞賜甚厚俄遷工部尚書二十三年攝司空營護太宗山陵事畢進封爲公顯慶元年卒贈吏部尚書幷州都督子玄邃子知微聖曆初歷位右豹韜衞將軍時突厥默啜有女請和親則天令淮陽王武延秀往納其女命知微攝春官尚書送延秀虜庭默啜以延秀非皇室諸王大怒遂拘之別所與知微率衆自恒岳道攻陷趙定二州知微經歲餘自突厥所還則天以其隨賊入寇令百官臠割然後斬之幷夷其三族立本顯慶中累遷將作大匠後代立德爲工部尚書兄弟相代爲八座時論榮之總章元年遷右相賜爵博陵縣男立本雖有應務之才而尤善圖畫工於寫眞秦府十八學士圖及貞觀中凌煙閣功臣圖並立本之跡也時人咸稱其妙太宗嘗與侍臣學士泛舟於春苑池中有異鳥隨波容與太宗擊賞數四詔

座者爲詠召立本令寫焉時閣外傳呼云畫師閻立本時已爲主爵郎中奔走流汗俛伏池側手揮丹粉瞻望座賓不勝愧赧退誡其子曰吾少好讀書幸免牆面緣情染翰頗及儕流唯以丹青見知躬廝役之務辱莫大焉汝宜深誡勿習此末伎立本爲性所好欲罷不能也及爲右相與左相姜恪對掌樞密恪旣歷任將軍立功塞外立本唯善於圖畫非宰輔之器故時人以千字文爲語曰左相宣威沙漠右相馳譽丹青咸亨元年百司復舊名改爲中書令四年卒

柳亨蒲州解人魏尚書左僕射慶之孫也父旦隋太常少卿新城縣公亨隋末歷熊耳王屋二縣長陷於李密密敗歸國累授駕部郎中亨容貌魁偉高祖甚愛重之特以殿中監竇誕之女妻焉卽帝之外孫也三遷左衞中郎將封壽陵縣男未幾以譴出爲邛州刺史加散騎常侍被代還數年不調因兄喪遇太宗遊於南山召見與語頗哀矜之數日止門引見深加誨獎拜銀青光祿大夫行光祿少卿太宗每誡之曰與卿舊親情素兼宿卿爲人交遊過多今授此職宜存簡靜亨性好射獵有飮酒之名此後頗自勗勵杜絕賓客約身節儉勤於職事太宗亦以此稱之二十三年以修太廟功加金紫光祿大夫久之拜太常卿從幸萬年宮檢校岐州刺史永徽六年卒贈禮部尚書幽州都督謚曰敬亨族子範貞觀中爲侍御史時吳王恪好畋獵損居人範奏彈之太宗因謂侍臣權萬紀事我兒不能匡正其罪合死範進曰房玄齡事陛下猶不能諫止畋獵豈可獨罪萬紀太宗大怒拂衣而入久之獨引範謂曰何得逆折我範曰臣聞主聖臣直陛下仁明臣敢不盡愚直太宗意乃解範高宗時歷位尚書右丞揚州大都督府長史亨兄子奭奭父則隋左衞騎曹因使卒於高麗奭入蕃迎喪柩哀號逾禮深爲夷人所慕貞觀中累遷中書舍人後以外生女爲皇太子妃擢拜兵部侍郎妃爲皇后奭又遷中書侍郎永徽三年代褚遂良爲中書令仍監修國史俄而后漸見疎忌奭憂懼頻上疏請辭樞密之任

轉爲吏部尚書及后廢累貶愛州刺史尋爲許敬宗李義府所構云奭潛通宮掖謀行鴆毒又與褚遂良等朋黨構扇罪當大逆高宗遣使就愛州殺之籍沒其家奭旣死非其罪甚爲當時之所傷痛神龍初則天遺制與褚遂良韓瑗等並還官爵子孫親屬當時緣坐者咸從曠蕩開元初亨孫渙爲中書舍人表曰臣堂伯祖奭去明慶三年與褚遂良等五家同被譴戮雖蒙遺制盪雪而子孫亡役並盡唯有曾孫無忝見貫龍州蒙雪多年猶同遠竄陛下自臨寓縣優政必被鴻恩及於泉壤大造加於亡絕先天已後頻降絲綸曾任宰相之家並許收其淪滯況臣伯祖往叨執政無犯受誅甚蒙宣尚隔故鄉後嗣遂編蠻服臣不申號訴義所難安伏乞許臣伯祖還葬鄉里其曾孫無忝放歸本貫庶奏勑令奭歸葬官造靈輿遞還無忝後歷位潭州都督渙弟澤景雲中爲右率府鎧曹參軍先是姚元之宋璟知政事奏請停中宗朝斜封官數千員及元之等出爲刺史太平公主又特爲之言有勑總令復舊職澤

上疏諫曰臣聞藥不毒不可以蠲疾詞不切不可以補過是以習
甘旨者非攝養之方適諫佞者積危殆之本臣實愚樸志懷剛厲
或聞政之不當事之不直常慷慨關心夢寐懷憤毋顧殉身以諫
伏死而爭但利於社稷有便於君上雖蒙禍被難殺身不悔也竊
見神龍已來羣邪作孽法綱不振綱維大紊實由內寵專命外嬖
擅權因貴憑寵賣官鬻爵朱紫之榮出於僕妾之口賞罰之命
乖於章程之典妣主之門有同商賈舉選之署實均闤闠屠販之
子悉由邪而忝官黜斥之人咸因姦而冒進天下為亂社稷幾危賴
陛下聰明神武拯其將墜此陛下耳目之所親擊固可永為炯誡
者也臣聞作法於理猶恐其亂作法於亂誰能救之秖如斜封授
官皆是僕妾汲引迷謬先帝昧自前朝豈是孝和情之所憐心之
所愛陛下初即位時納姚元之宋璟之計所以咸令黜之頃日已來
又令敘之將謂為斜封之人不忍弃也以為先帝之意不可違也若
斜封之人不忍弃也是韋月將燕欽融之流亦不可褒贈也李多

祚鄭克乂之徒亦不可清雪也陛下何不能忍於此而獨能忍於
彼使善惡不定反覆相攻使君子道銷小人道長為邪者獲利為
正者銜冤奈何導人以為非勸人以為僻將何以懲風俗將何以
止姦邪今海內咸稱太平公主令胡僧慧範曲引此輩將有誤於
陛下矣謗議盈耳咨嗟滿衢故語曰姚宋為相邪不如正太平用
事正不如邪書曰無偏無陂遵王之義無反無側王道正直臣恐
因循流遁致遠積小為大累微起高勿謂何傷其禍將長勿謂何
害其禍將大又賞罰之典紀綱不謬天秩有禮君爵有功不可因
怒以妄罰不可因喜以妄賞伏見尚醫奉御彭君慶以邪巫小道
超授三品奈何輕用名器加非其才昔公主為子求郎明帝不許
今聖朝私愛賞及憸人董狐不亡豈有所隱臣聞賞一人而千萬
人悅者賞之罰一人而千萬人歡者罰之臣雖未覩聖朝之妄罰
已覩聖朝之妄賞矣書曰官不及私昵惟其能爵罔及惡德惟其
賢臣恐近習之人為其先容有謬於陛下也惟陛下熟思而察之

雖往者不可諫亦來者猶可追願杜請謁之路塞恩倖之門覽諫
前非無累後悔申畫一之法明不二之刑不詢之謀勿庸無稽之言
勿聽則天下之化人無間焉日新之德天鑒不遠擇後奈選會有
勑令選人上書陳事將加收擢澤又上書曰頃者韋氏險詖姦臣
同惡賞罰紊弛綱紀紛綸政以賄成官因寵進言正者獲戾行殊
者見疑海內寒心實將莫救賴神明祐德宗廟降靈天討有罪人
用不保陛下斂謀神聖勇智聰明安宗廟於已危拯黎庶於將溺
今尨眉鮐背歡欣踴躍望聖朝之撫輯聽聖朝之德音今陛下
蠲煩省苛法明德舉萬邦愷樂室家胥慶臣又聞危者保其存也
亂者有其理也伏惟陛下安不忘危理不忘亂存不忘亡則克享
天心國家長保矣詩曰罔不有初鮮克有終伏惟陛下慎厥終修
其初非禮勿視非禮勿動書曰惟德罔小萬邦惟慶惟不德罔大
墜厥宗甚可畏也甚可懼也伏惟陛下慎之哉夫驕奢起於親貴
綱紀亂於寵倖願陛下禁之於親貴則天下隨風矣制之於寵倖

則天下法明矣詩曰刑於寡妻至於兄弟以御于家邦若親貴為
之而不禁寵倖撓之而見從是政之不常令之不一則姦詐斯起暴
亂生焉雖嚴刑峻制朝戮暮戮而法不行矣縱陛下親之愛之莫
若安之福之寵祿之過罪之漸也非安之也驕奢之淫危之本也
非福之也前事不忘後之師也伏願陛下精求俊哲朝夕納誨繼
有逆于耳謬于心者無速之罰姑容之以道省于厥躬雖木朴忌
忤願恕之以直開諫諍之路也或有順於耳便於身者無急之賞
當求諸非道稽之典訓其不協於德必寘之以法用杜側媚之行
也有蓄謟巧於陛下者遠黜之則謟巧息矣有進忠讜於陛下者
遠賞之則忠讜進矣臣又聞生於富者驕生於貴者傲石碏曰臣
聞愛子教之以義方不納於邪驕奢淫逸所自邪也書曰罔淫於
逸罔遊於樂穆王有命寔賴前後左右有位之士繩愆糾謬格其
非心今儲宮肇建王府初啟至於賓友必惟妙擇今驕奢之後淫逸
未變慢遊之樂餘風或存夫小人倖臣易合於意奇伎淫巧多適

於心臣恐狎於非德茲爲悆怠書曰愼簡乃僚無以巧言令色其惟吉士僕臣正厥后克正僕臣諛厥后自聖伏願採溫良博聞之士恭儉忠鯁之人任以東宮及諸王府官仍請東宮量置拾遺補闕之職令朝夕講論出入侍從授以訓誥交修不逮臣又聞馳騁畋獵令人發狂名教之中自有樂地承前貴戚鮮克由禮或打毬擊鼓比周伎術或飛鷹奔犬盤遊藪澤此甚爲不道非進德修業之本也書曰內作色荒外作禽荒又曰無若丹朱傲惟慢遊是好朋淫于家用殄厥世伏惟陛下誕降謀訓敦勸學業示之以好惡陳之以成敗以義制事以禮制心圖之於未萌慮之於未有則福祿長享與國並休矣臣又聞富不與驕期而驕自至驕不與罪期而罪自至罪不與死期而死自至信矣斯語明哉至誠頃韋庶人安樂公主武延秀等可謂貴矣可謂寵矣權侔人主威震天下然怙侈滅德神怒人弃豈不謂愛之太極富之太多不節之以禮不防之以法終轉吉爲凶變福爲禍諺曰千人所指無病自死不

其然歟書曰殷鑒不遠在彼夏王今陛下何勸豈非皇祖謀訓之則也今陛下何懲豈非孝和寵任之甚也禮曰愛而知其惡憎而知其善可不愼哉夫寵愛之心則不免去其太甚閑之禮節適則可矣今諸王公主駙馬亦陛下之所親愛也矯枉之道在於厥初鑒誡之義其取不遠使觀過務善居寵思危夙夜惟寅聿修厥德經曰在上不驕高而不危所以長守貴也制節謹度滿而不溢所以長守富也富貴不離其身然後能保其社稷書曰制于官刑警于有位敢有常舞于宮酣歌于室時謂巫風敢有徇于貨色常于遊畋時謂淫風敢有侮聖言逆忠直遠耆德比頑童時謂亂風惟茲三風十愆卿士有一于身家必喪邦君有一于身國必亡甚可畏也甚可懼也伏惟陛下必察而明之必信而勸之有奢僭驕怠者削其祿封樸素修業者錫以紳服以勗其非心使其奉命無使久而忽之無使遠而墜之臣聞非知之艱行之惟艱又曰常厥德保厥位厥德匪常九有以亡伏惟陛下愼之哉前車之覆實惟

明詔先王之誡可以終吉若陛下奉伊尹之訓崇傅說之命不作無益不啓私門刑不差賞不濫則惟德是輔惟人之懷天祿永終景福是集儻陛下忘精一之德開恩倖之門爵賞有差刑罰不當則忠臣正士亦不復談矣睿宗覽而善之令中書省重詳議擢拜監察御史開元中累遷太子右庶子出爲鄭州刺史未行病卒贈兵部侍郎

崔義玄貝州武城人也大業末往依李密初不見用義玄見羣鼠渡洛又鞘刃有花文謂所親曰此王敦敗亡之兆也時黃君漢守據柏崖義玄往說之曰見機而作不俟終日今羣盜蜂起九州幅裂神器所歸必在有德唐公據有秦京名應符籙此眞主也足下孤城獨立宜遵寇恂竇融之策及時歸誠以取封侯也君漢然之即與義玄歸國拜懷州總管府司馬世充遣將高毗侵掠河內義玄擊敗之多下城堡君漢將分子女金帛與之義玄皆拒而不受以功封清丘縣公後從太宗討世充屢獻籌策太宗頗納用之

東都平轉隰州都督府長史貞觀初歷左司郎中兼韓王府長史行州府事與友人孟神慶雖志好不同各以介直臣正府慕帝王並委任之永徽初累遷婺州刺史屬睦州女子陳碩眞舉兵反遣其黨童文寶領徒四千人掩襲婺州義玄將督軍拒戰時百姓訛言碩眞嘗昇天犯其兵馬者無不滅門衆皆兇懼司功參軍崔玄籍言於義玄曰起兵仗順猶且不成此乃妖誑豈能得久義玄以爲然因命玄籍爲先鋒義玄率兵繼進至下淮戍擒其間諜二十餘人夜有流星墜賊營義玄曰此賊滅之徵也詰朝進擊身先士卒左右以楯蔽箭義玄曰刺史尚欲避箭誰肯致死由是士卒勠力斬首數百級餘悉許其歸首進兵至睦州界歸降萬計及碩眞平義玄以功拜御史大夫義玄少愛章句之學五經大義先儒所疑及音韻不明者兼採衆家皆爲解釋傍引證據各有條流至是高宗令義玄討論五經正義與諸博士等詳定是非事竟不就高宗之立皇后武氏義玄協贊其謀及長孫無忌等得罪皆義玄

承中旨繩之顯慶元年出爲蒲州刺史尋卒年七十一贈幽州都
督諡曰貞則天時思其功重贈揚州大都督賜其家實封二百戶
子神基襲爵長壽中爲司賓卿同鳳閣鸞臺平章事爲相月
餘爲酷吏所陷減死配流後漸錄用中宗初爲大理卿神基弟神
慶神慶明經舉則天時累遷萊州刺史因入朝待制於億歲殿奏
事稱旨則天以神慶歷職皆有美政又其父嘗有翊贊之勳甚賞
慰之擢拜并州長史因謂曰并州朕之枌榆又有軍馬比日簡擇
無如卿者前後長史皆從尚書爲之以其委重所以授卿也因自
爲按行圖擇日而遣之神慶到州有豪富僞作改錢文敕文書下
州穀麥踊貴百姓驚擾神慶執奏以爲不便則天下制褒賞之
先是并州有東西二城隔汾水神慶始築城相接每歲省防禦兵
數千人邊州甚以爲便尋而兄神基下獄當死神慶馳赴都告事
得召見則天出神基推狀以示之神慶據狀申理神基竟得減死
神慶亦緣坐貶授歙州司馬長安中累轉禮部侍郎數上疏陳時

政利害則天每嘉納之轉太子右庶子賜爵魏縣子時有突厥使
入朝準儀注太子合預朝參先降敕書神慶上疏曰伏以五品已
上所以佩龜者比爲別敕徵召恐有詐妄內出龜合然後應命況
太子元良國本萬方所瞻古來徵召皆用玉契此誠重慎之極防
萌之慮昨緣突厥使見太子合預朝參直有文符下宮曾不降敕
處分今人稟淳化內外同心然古人慮事於未萌之前所以長無
悔吝之咎況太子至重不可不深爲誡慎以臣愚見太子既與陛
下異宮伏望每召太子預報來日非朔望朝參應須別喚望降墨
敕及玉契則天甚然之尋令神慶與詹事祝欽明更日於東宮侍
讀俄歷司刑司禮二卿神慶嘗受詔推張昌宗而竟寬其罪神龍
初昌宗等伏誅神慶坐流於欽州尋卒年七十餘明年敬暉等得
罪緣昌宗被誅貶者例皆雪免贈神慶幽州都督開元中神慶子
琳等皆至大官羣從數十人趨奏省闥每歲時家宴組珮輝映以
一榻置笏重疊於其上開元天寶間中外族屬無緦麻之喪其福

履昌盛如此東都私第門與弟太子詹事琎光祿卿瑤俱列棨
戟時號三戟崔家琳位終太子少保
史臣曰周隋已來韋氏世有令人鬱爲冠族而安石嗣立亨大其
門毀侍才傲物固虧長者之風賓王報之以不仁難與議乎君子
矣議者以堯舜有溢美桀紂有溢惡蓋以一爲凶德則羣惡所
歸楊素父子傾覆隋祚醜聲流聞雖弘禮弘武之邪士而元
亨兄弟竟以凶族竄逐古人守死善道不無爲也德威奏議鍊刑
名之要俾長秋卿美哉審禮仁孝治行可爲世範辛與禍會悲夫
二閭曲學甚工措思精巧藝成而下垂誡宜然柳氏世稱謇諤奭
澤有正人風彩忠規獻納抑有人焉義玄附麗武后神慶寬縱殲
臣弃世纖邪以至傾敗宜哉
贊曰韋子驕矜終損功名楊家積惡宗門擯落閻以藝辱劉
孝愍二崔能吏行無取焉

唐書列傳卷第二十七
右文林郎充兩浙東路提舉茶鹽司幹辦公事蘇之勤校勘

唐書列傳卷第二十八

劉　昫　等修

于志寧 玄孫休烈　高季輔　張行成 族孫易之 昌宗

于志寧雍州高陵人周太師燕文公謹之曾孫也父宣道隋內史舍人志寧大業末為冠氏縣長時山東羣盜起乃弃官歸鄉里高祖將入關率羣從於長春宮迎接高祖以其有名於時甚加禮遇授銀青光祿大夫太宗為渭北道行軍元帥召補記室與殷開山等參贊軍謀及太宗為秦王天策上將志寧累授天策府從事中郎每侍從征伐兼文學館學士貞觀三年累遷中書侍郎太宗命貴臣內殿宴恠不見志寧或奏曰勑召三品已上志寧非三品所以不來太宗特令預宴即加授散騎常侍行太子左庶子累封黎陽縣公時議者欲立七廟以涼武昭王為始祖房玄齡等皆以為然志寧獨建議以為武昭遠祖非王業所因不可為始祖太宗又以功臣為代襲刺史志寧以今古事殊恐非久安之道上疏爭之

○皆從志寧所議太宗因謂志寧曰古者太子既生士負之即置輔弼昔成王幼小周召為師傅日聞王道習以成性今皇太子既幼小卿當輔之以正道無使邪僻開其心勉之無怠當務所委官賞可不次而得也志寧以承乾數虧禮度志在匡救撰諫苑二十卷諷之太宗大悅賜黃金十斤絹三百匹十四年兼太子詹事明年以母憂解尋起復本官屢表請終喪禮太宗遣中書侍郎岑文本就宅敦喻之曰忠孝不並我兒須人輔弼卿宜抑割不可徇以私情志寧遂起就職時皇太子承乾嘗以盛農之時營造曲室累月不止所為多不法志寧上書諫曰臣聞克儉節用實弘道之源崇侈恣情乃敗德之本是以凌雲槩日戎人於是致譏峻宇雕墻夏書以之作誡昔趙盾匡晉呂望師周或勸之以節財或諫之以厚斂莫不盡忠以佐國竭誠以奉君欲茂實播於無窮英聲被乎物聽咸著簡策以為美談今所居東宮隋日營建覩之者尚譏其侈見之者猶歎其華何容此中更有修造財帛日費土木不停窮斤斧之工極磨礱之妙且丁匠官奴入內比者曾無伏監此等或兄犯國章或弟羅王法往來御苑出入禁闈鉗鑿緣其身槌杵在其手監門本防非慮宿衛以備不虞直長既自不知千牛又復不見爪牙在外廝役在內所司何以自安臣下豈容無懼又鄭衛之樂古謂淫聲昔朝歌之鄉迴車者墨翟夾谷之會揮劍者孔丘先聖既以為非通賢將以為失頃聞宮內屢有鼓聲大樂伎兒入便不出聞之者股慄言之者心戰往年口勑伏請重尋聖旨殷勤明誡懇切在於殿下不可不思至於微臣不得無懼臣自驅馳宮闕已積歲年犬馬尚解識恩木石猶能知感所有管見敢不盡言如鑒以丹誠則臣有生路若責其愆旨則臣是罪人但悅意取容臧孫方之疾疹犯顏逆耳春秋比之藥石伏望停工匠之作罷久役之人絕鄭衛之音斥羣小之輩則三善允備萬國作貞矣承乾不納承乾又令閹官多在左右志寧上書諫曰臣聞堯稱稽古功著於搜揚舜曰聰明績彰於去惡然開元立極布政辨方莫不旌賢

○英賢驅除不肖理亂之本咸在於茲況閹官之徒體非全氣便蕃階闥左右宮闈託親近以立威權假出納以為禍福昔易牙被任變起齊邦張讓執鈞亂生漢室伊戾為詐宋國受其殃趙高作姦秦氏鍾其弊加以弘石用事京賈則連首受誅王曹掌權何竇則踵武被戮遂使搢紳重足宰司屏氣然順其情者則榮逮幼沖迕其意者則災及繈褓爰暨高齊都鄴亦弊閹官鄧長顒位至侍中陳德信爵隆開府外干朝政內預宴私宗枝藉其吹噓重臣仰其鼻息罪積山岳釁挂於刑書功無涓塵已勒於鍾鼎富踰金穴財甚銅山是以冢起怨嗟人懷憤歎骨鯁之士語不見聽謇諤之臣言必被斥齊都顛覆職此之由向使任諒直之臣退佞給之士據趙魏之地擁漳滏之兵修德行仁養政施化何區區周室而敢窺覦者焉然杜漸防萌古人所以遠禍以大喻小先哲於焉取則伏惟殿下道茂重離德光守器憲章古始祖述前修欲使休譽遠聞英聲遐暢臣竊見寺人一色未識上心或輕忽高班凌轢貴仕便是品

命失序綱紀不立取笑通方之人見譏有識之士然與內職掌唯
在門外通傳給使主司但緣階闥供奉今乃往來閤內出入宮中
行路之人咸以爲怪伏望押近君子屏黜小人上副聖心下允衆
望承乾覽書甚不悅承乾嘗驅使司馭等不許分番又私引突
厥達哥友入宮內志寧上書諫曰臣聞上天蓋高日月以光其德
明君至聖輔佐以贊其功是以周誦升儲見匡毛畢漢盈居震取
資黃綺姬旦抗法於伯禽賈生陳事於文帝莫不殷勤於端士懇
切於正人昔鄧禹名臣方居審諭之任踈受宿望始除輔導之官
歷代賢君莫不丁寧於太子者良以地膺上嗣位處副君善則率
土霑其恩惡則海內罹其禍近聞僕寺司馭爰及駕士獸醫始自
春初迄茲夏晚常居內役不放分番或家有尊親闕於溫凊或室
有幼弱絶於撫養春則廢其耕墾夏又妨其播殖事乖存愛恐致
怨嗟且突厥達哥友等人面獸心豈得以禮教期不可以仁信待
心則未識於忠孝言則莫辯其是非近之有損於英聲暱之無益

於盛德引之入閤人皆驚駭豈臣愚識獨用不安臣下爲殿下之股
肱殿下爲臣下之君父君父以存撫爲務股肱以匡救爲心是以苦口之藥
以奉身逆耳之言以安位古人樹誹謗之木以求己愆懸敢諫之
鼓以思身過由是從諫之主鼎祚克昌愎諫之君洪業墮墜承乾
大怒陰遣刺客張師政紇干承基就殺之二人潛入其第見志寧寢
處苫廬竟不忍而止及承乾敗後推鞫具知其事太宗謂志寧曰
知公數有規諫事無所隱深加勉勞右庶子令狐德棻等以無諫
書皆從貶責及高宗爲皇太子復授志寧太子左庶子未幾遷侍
中永徽元年加光祿大夫進封燕國公二年監修國史時洛陽人
李弘泰坐誣告太尉長孫無忌詔令不待時而斬決志寧上疏諫
曰伏惟陛下情篤功臣恩隆右戚以無忌横遭誣告事並是虛欲
戮告人以明賞罰一以絕誣告之路二以慰勳戚之心又以所犯是
眞無忌便有破家之罪今告爲妄弘泰宜戮不待時且眞犯之人
事當罪逆誣謀之類罪唯及身以罪較量明非惡逆若欲依律合

待秋分今時屬陽和萬物生育而特行刑罰此謂傷春竊案左傳
聲子曰賞以春夏刑以秋冬順天時也又禮記月令曰孟春之月
無殺孩蟲省囹圄去桎梏無肆掠止獄訟又漢書董仲舒曰王者
欲有所爲宜求其端於天道天道之大者在陰陽陽爲德陰爲刑
刑主殺而德主生陽常居大夏而以生育養長爲事陰常居大冬
而積於空虛不用之處以此見天之任德不任刑也伏惟陛下纂
聖昇祚繼明御極追連胥之絕軌蹈軒頊之良規欲使舉動順於
天時刑罰依於律令陰陽爲之式序景宿於是靡差風雨不愆雩
祭輟祀方今太蔟統律青陽應期當生長之辰施肅殺之令伏願
暫迴聖慮察古人言儻蒙垂納則生靈幸甚疏奏帝從之是時衡
山公主欲出降長孫氏議者以時旣公除合行吉禮志寧上疏曰
臣聞明君馭曆當俟獻替之臣聖主握圖必資鹽梅之佐所以堯
詢四岳景化洽於區中舜任五臣懿德被於無外左有記言之史
右立記事之官大小咸書善惡俱載著懲勸於簡牘垂褒貶於

人倫爲萬古之範圍作千齡之龜鏡伏見衡山公主出降欲就今
秋成禮竊按禮記云女十五而笄二十而嫁有故二十三而嫁鄭玄
云有故謂遭喪也固知須終三年春秋云魯莊公如齊納幣杜預
云母喪未再朞而圖婚二傳不譏失禮明故也此即史策具載是
非歷然斷在聖情不待問於臣下其有議者云準制公除之後須
並從吉此漢文創制其儀爲天下百姓至於公主服是斬縗縱使
服隨例除無宜情隨例改心喪之內方復成婚非唯違於禮經亦
是人情不可伏惟陛下嗣膺寶位臨統萬方理宜繼美羲軒齊芳
陽禹弘獎仁孝之日敦崇名教之秋此事行之若難猶須抑而守
禮況行之甚易何容廢而受譏此理有識之所共知非假愚臣之
說也伏願遵高宗之令軌略孝文之權制國家於法無虧公主情
禮得畢於是詔公主待三年服闋然後成禮其年拜尚書左僕射
同中書門下三品三年以本官兼太子少師顯慶元年遷太子太傅
嘗與右僕射張行成中書令高季輔俱蒙賜地志寧奏曰臣居關

右代雖襲衰周魏巳來基址不墜行成等新營居宅尚少田園於臣有餘乞申私讓帝嘉其意乃分賜行成及季輔四年表請致仕聽解尚書左僕射拜太子太師仍同中書門下三品高宗之將廢王庶人也長孫無忌褚遂良執正不從而李勣許敬宗密申勸請志寧獨無言以持兩端及許敬宗搆陷長孫無忌詔獄因誣構志寧黨附無忌坐是免職尋降授榮州刺史麟德元年累轉華州刺史年老請致仕許之二年卒于家年七十八贈幽州都督謚曰定上元三年追復其左光祿大夫太子太師志寧雅愛賓客接引忘倦後進文筆之士無不影附然亦不能有所薦達議者以此少之前後預撰格式律令五經義疏及修禮修史等功賞賜不可勝計有集二十卷子立政太僕少卿志寧玄孫休烈休烈子益自有傳

高季輔德州蓨人也祖表魏安德太守父衡隋萬年令季輔少好學兼習武藝居母喪以孝聞兄元道仕隋爲汲令武德初縣人翻城從賊元道被害季輔率其黨出鬭竟擒殺其兄者斬之持首以祭墓甚爲士友所稱由是羣盜多歸附之衆至數千尋與武陟人李厚德率衆來降授陟州總管府戶曹參軍貞觀初擢拜監察御史多所彈糾不避權要累轉中書舍人時太宗數召近臣令指陳時政損益季輔上封事五條其略曰陛下平定九州富有四海德超邃古道高前烈時已平矣功已成矣然而刑典未措者何哉良由謀猷之臣不弘簡易之政臺閣之吏昧於經遠之道執憲者以深刻爲奉公當官者以侵下爲益國未有坦平恕之懷副聖明之旨至如設官分職各有司存尚書八座責成斯在王者司契義屬於茲伏願隨方訓誘使各揚其職仍須擢溫厚之人升清潔之吏敦朴素革澆浮先之以敬讓示之以好惡使家識孝慈人知廉恥醜言過行見嗤於鄉閭忘義不暱取擯於親族杜其利欲之心載以清淨之化自然家肥國富氣和物阜禮節於是競興禍亂何由而作又曰竊見聖躬每存節儉而凡諸營繕工徒未息正丁正匠不供驅使和雇和市非無勞費人主所欲何事不成猶願愛

其財而勿殫惜其力而勿竭今畿內數州實惟邦本地狹人稠耕植不博菽粟雖賤儲蓄未多特宜優矜令得休息強本弱枝自古常事關河之外徭役全少帝京三輔差科非一江南河北彌復優閑須爲差等均其勞逸又曰今公主之室封邑足以給資用勳貴之家俸祿足以供器服乃戚戚於儉約汲汲於華侈放息出舉追求什一公侯尚且求利黎庶豈覺其非錐刀必競寔由於此有黷朝風謂宜懲革又曰仕以應務代耕外官卑品猶未得祿既離鄉家理必貧匱但妻子之戀賢達其猶累懷飢寒之切夷惠罕全其行爲政之道期於易從若不恤其匱乏唯欲責其清勤凡在末品中庸者多止恐巡察歲去輶軒繼軌不能肅其侵漁何以求其政術今戶口漸殷倉廩已實斟量給祿使得養親然後督以嚴科責其報効則庶官畢力物議斯允又曰竊見密王元曉等俱是懿親陛下友愛之懷義高古昔分以車服委以藩維須依禮儀以副瞻望比見帝子拜諸叔諸叔亦荅拜王爵既同家人有禮豈合如此顛倒昭穆伏願一垂訓誡永循彝則書奏太宗稱善十七年授太子右庶子又上疏切諫時政得失特賜鍾乳一劑曰進藥石之言故以藥石相報十八年加銀青光祿大夫兼吏部侍郎凡所銓敘時稱允當太宗嘗賜金背鏡一面以表其清鑒焉二十二年遷中書令兼檢校吏部尚書監修國史賜爵蓨縣公永徽二年授光祿大夫行侍中兼太子少保以風疾廢於家乃召其兄虢州刺史季通爲宗正少卿視其疾又屢降中使觀其進食問其增損尋卒年五十八帝爲之舉哀廢朝三日贈開府儀同三司荊州都督謚曰憲子正業仕至中書舍人坐與上官儀善配流嶺外

張行成定州義豐人也少師事河間劉炫勤學不倦炫謂門人曰張子體局方正廊廟才也大業末察孝廉爲謁者臺散從員外郎王世充僭號以爲度支尚書世充平以隋資補宋州穀熟尉又應制舉乙科授雍州富平縣主簿理有能名秩滿補殿中侍御史糺劾不避權戚太宗以爲能謂房玄齡曰觀古今用人必因媒

介若行成者朕自舉之無先容也太宗嘗言及山東關中人意有
同異行成正侍宴跪而奏曰臣聞天子以四海為家不當以東西
為限若如是則示人以隘陋太宗善其言賜名馬一匹錢十萬衣一
襲自是每有大政常預議焉累遷給事中太宗嘗臨軒謂侍臣
曰朕所以不能恣情欲取樂當年而勵節苦心卑宮菲食者正為
蒼生耳我為人主兼行將相之事豈不是奪公等名昔漢高祖得
蕭曹韓彭天下寧晏舜禹湯武有稷契伊呂四海乂安此事朕並
兼之行成退而上書諫曰有隋失道天下沸騰陛下撥亂反正拯
生人於塗炭何周漢君臣之所能擬陛下聖德含光規模弘遠雖
文武之烈實兼將相何用臨朝對衆與其校量以萬乘至尊共臣
下爭功哉臣聞天何言哉四時行焉又聞汝惟不矜天下莫與汝
爭能臣備員樞近非敢知獻替之事輒陳狂直伏待葅醢太宗深
納之轉刑部侍郎太子少詹事太宗東征皇太子於定州監國即
行成本邑也太子謂行成曰今者遣公衣錦還鄉於是令有司祀

其先人墓行成因薦鄉人魏唐卿崔寶權馬龍駒張君劼等皆以
學行著聞太子召見以其老不任職皆厚賜而遣之太子又使行
成詣行在所太宗見之甚悅賜馬二匹縑三百匹駕還京為河南
巡察大使還稱旨以本官兼檢校尚書左丞是歲太宗幸靈州太
子當從行成上疏曰伏承皇太子從幸靈州臣愚以為皇太子養
德春宮日月未幾華夷遠邇佇聽嘉音如因以監國接對百寮決
斷庶務明習政理既為京師重鎮且示四方盛德與其出陪私愛
曷若俯從公道太宗以為忠進位銀青光祿大夫二十三年遷侍中
兼刑部尚書太宗崩與高季輔侍高宗即位於太極殿梓宮前壽
封北平縣公監修國史時晉州地連震有聲如雷高宗以問行成
行成對曰天陽也地陰也陽君象陰臣象君宜轉動臣宜安靜今
晉州地動彌旬不休雖天道玄邈窺算不測而人事較量昭然作
戒恐女謁用事大臣陰謀脩德禳災在於陛下且陛下本封晉也
今地震晉州下有徵應豈徒然耳伏願深思遠慮以杜未萌二年

八月拜尚書左僕射尋加授太子少傅四年自三月不雨至于五
月復抗表請致仕高宗手制荅曰密雲不雨遂淹旬月此朕之寡
德非宰臣咎實甘萬方之責用陳六事之過策免之科義乖罪己
令勑斷表勿復為辭賜宮女黃金器物固請乞骸骨高宗曰公我
之故舊腹心奈何捨我而去因愴然流涕行成不得已復起視事
九月卒於尚書省時年六十七高宗哭之甚哀輟朝三日令九品已
上就第哭比斂中使三至賜內衣服令尚宮宿於家以視殯斂贈開
府儀同三司并州都督所司備禮冊命祭以少牢賻絹布八百段
米粟八百石賜東園秘器謚曰定弘道元年詔以行成配享高宗
廟庭子洛客嗣官至雍州渭南令行成族孫
易之父希臧雍州司戶易之初以門蔭累遷為尚乘奉御年二十
餘白皙美姿容善音律歌詞則天臨朝通天二年太平公主薦易
之弟昌宗入侍禁中既而昌宗啓天后曰臣兄易之器用過臣兼工
合鍊即令召見甚悅由是兄弟俱侍宮中皆傅粉施朱衣錦繡服

俱承辟陽之寵俄以昌宗為雲麾將軍行左千牛中郎將易之為
司衛少卿賜第一區物五伯段奴婢駝馬等信宿加昌宗銀青光
祿大夫賜防閤同京官朔望朝參仍贈希臧襄州刺史母韋氏阿
臧封太夫人使尚宮至宅問訊仍詔尚書李迥秀私侍阿臧武承
嗣三思懿宗宗楚客宗晉卿候其門庭爭執鞭轡呼易之為五
郎昌宗為六郎俄加昌宗左散騎常侍聖曆二年置控鶴府官員
以易之為控鶴監內供奉餘官如故久視元年改控鶴府為奉宸府
又以易之為奉宸令引辭人閻朝隱薛稷員半千並為奉宸供奉
每因宴集則令嘲戲公卿以為笑樂若內殿曲宴則二張諸武侍
坐樗蒲笑謔賜與無算時諛佞者奏云昌宗是王子晉後身乃令
被羽衣吹簫乘木鶴奏樂於庭如子晉乘空辭人皆賦詩以美之
崔融為其絕唱其句有昔遇浮丘伯今同丁令威中郎才貌是藏
史姓名非天后令選美少年為左右奉宸供奉右補闕朱敬則諫
曰臣聞志不可滿樂不可極嗜慾之情愚智皆同賢者能節之不

使過度則前聖格言也陛下內寵已有薛懷義張易之昌宗固應足矣近聞尚舍奉御柳模自言子良賓潔白美鬚眉左監門衛長史侯祥云陽道壯偉過於薛懷義專欲自進堪奉宸內供奉無禮無儀溢于朝聽臣愚職在諫諍不敢不奏則天勞之曰非卿直言朕不知此賜綵百段以昌宗醜聲聞于外欲以美事揜其迹乃詔昌宗撰三教珠英於內乃引文學之士李嶠閻朝隱徐彥伯張說宋之問崔湜富嘉謨等二十六人分門撰集成一千三百卷上之加昌宗司僕卿封鄴國公易之爲麟臺監封恒國公各實封三百戶俄改昌宗爲春官侍郎易之昌宗皆粗能屬文如應詔和詩則宋之問閻朝隱爲之代作則天春秋高政事多委易之兄弟中宗爲皇太子太子男召王重潤及女弟永泰郡主竊言二張專政易之訴於則天付太子自鞫問處置太子並自縊殺之又御史大夫魏元忠嘗奏二張之罪易之懼不自安乃誣奏元忠與司禮丞高戩云天子老矣當挾太子爲耐久

朋則天曰汝何以知之易之曰鳳閣舍人張說爲證翌日則天召元忠及說廷詰之皆妄則天尚以二張之故逐元忠爲高要尉張說長流欽州長安二年易之贓賂事發爲御史臺所劾下獄兄司府少卿昌儀司禮少卿同休皆貶黜及則天臥疾長生院宰臣希得進見唯易之兄弟侍側恐禍變及已乃引用朋黨陰爲之備人有牓其事于路左臺御史中丞宋璟請按之則天陽許尋敕宋璟使幽州按都督屈突仲翔令司禮卿崔神慶鞫之神慶希旨雪昌宗兄弟神龍元年正月則天病甚是月二十日宰臣崔玄暐張柬之等起羽林兵迎太子至玄武門斬關而入誅易之昌宗於迎仙院並梟首於天津橋南則天遜居上陽宮易之兄昌期歷岐汝三州刺史所在苛猛暴橫是日亦同梟首朝官房融崔神慶崔融李嶠宋之問杜審言沈佺期閻朝隱等皆坐二張竄逐凡數十人

史臣曰于燕公輔導儲皇高侍中敷陳理行張北平斥言陰診皆人所難言者苟非金玉其度松筠挺操安能咈人主之意獻苦口之忠宜其論道巖廊克終顯盛古所謂能以義匡主之失三君有焉

贊曰犄歟于公獻替兩宮前修克繼嗣德彌隆高酬藥劑張感宸衷君臣之義斯爲始終

唐書列傳第二十八

右文林郎充兩浙東路提舉茶塩司幹辦公事蘇之勤校勘

劉　昫　等修

聞人詮校刻沈桐同校

李淳風　呂才

祖孝孫　傅仁均　傅弈

祖孝孫幽州范陽人也父崇儒以學業知名仕至齊州長史孝孫博學曉曆筭早以達識見稱初開皇中鍾律多缺雖何妥鄭譯蘇夔萬寶常等亟共討詳紛然不定及平江左得陳樂官蔡子元于普明等因置清商署時牛弘爲太常卿引孝孫爲協律郎與子元普明參定雅樂時又得陳陽山太守毛爽妙知京房律法布琯飛灰順月皆驗爽時年老弘恐失其法於是奏孝孫從其受律孝孫得爽之法一律而生五音十二律而爲六十音因而六之故有三百六十音以當一歲之日又祖述沈重依淮南本數用京房舊術求之得三百六十律各因其月律而爲一部以律數爲母以一中氣所有日爲子以母命子隨所多少分直一歲以配七音起于冬至以黃鍾爲宮太蔟爲商林鍾爲徵南呂爲羽姑洗爲角應鍾爲變宮蕤賓爲變徵其餘日建律皆依運行每日各以本律爲宮旋宮之義由斯著矣然牛弘既初定樂難復改張至大業時又採晉宋舊樂唯奏皇夏等十有四曲旋宮之法亦不施用高祖受禪擢孝孫爲著作郎歷吏部郎太常少卿漸見親委孝孫由是奏請作樂時軍國多務未遑改創樂府尚用隋氏舊文武德七年始命孝孫及秘書監竇璡修定雅樂孝孫又以陳梁舊樂雜用吳楚之音周齊舊樂多涉胡戎之伎於是斟酌南北考以古音作大唐雅樂以十二月各順其律旋相爲宮制十二樂合三十二曲八十四調事具樂志旋宮之義亡絕已久世莫能知一朝復古自孝孫始也孝孫尋卒其後協律郎張文收復採三禮增損樂章然因孝孫之本音

傅仁均滑州白馬人也善曆筭推步之術武德初太史令庾儉太史丞傅弈表薦之高祖因召令改修舊曆仁均因上表陳七事其一曰昔洛下閎以漢武太初元年歲在丁丑創曆起元元在丁丑今大唐以戊寅年受命甲子日登極所造之曆即上元之歲歲在戊寅命日又起甲子以三元之法一百八十去其積歲武德元年戊寅爲上元之首則合璧連珠懸合於今日其二曰堯典爲日短星昴以正仲冬前代造曆莫能允合臣今創法五十餘年冬至輒差一度則却檢周漢千載無違其三曰經書日蝕毛詩爲先十月之交朔日辛卯臣今立法却推得周幽王六年辛卯朔蝕即能明其中間並皆符合其四曰春秋命曆序云魯僖公五年壬子朔旦冬至諸曆莫能符合臣今造曆却推僖公五年正月壬子朔旦冬至則同自斯以降並無差爽其五曰古曆日蝕或在於晦或在二日月蝕或在望前或在望後臣今立法月有三大三小則日蝕常在於朔月蝕在望前却驗魯史並無違爽其六曰前代造曆命辰不從子半命度不起虛中臣今造曆命辰起子半度起於虛六度命合辰得中於子符陰陽之始會曆術之宜其七曰前代諸曆月行或有晦猶東見朔以西朓臣今以遲疾定朔永無此病經數月曆成奏上號曰戊寅元曆高祖善之武德元年七月詔頒新曆授仁均員外散騎常侍賜物二百段後中書令封德彝奏曆術差謬勑吏部郎中祖孝孫考其得失又太史丞王孝通執甲辰曆法以駁之曰案堯典云日短星昴以正仲冬孔氏云七宿畢見舉中者言耳是知中星無定故互舉一分兩至之星以爲成驗也昴西方處中之宿虛爲北方居中之星一分各舉中者即餘六星可知若乃仲冬舉鳥仲夏舉火此一至一分又舉七星之體則餘二方可見今仁均專守昴中而爲定朔執文害意不亦謬乎又案月令仲冬昏在東壁明知昴中則非常準若言陶唐之代定是昴中後代漸差遂至東壁然則堯前七千餘載冬至之日即便合翼中逾遠彌却尤成不隱且今驗東壁昏中日體在斗十有三度若昏於翼中日應在井十有三度夫井極北去人最近而斗極南去人最遠在井則大熱在斗乃大寒然堯前冬至即應翻熱及於夏至便應反寒四時倒錯寒暑易位以理推尋必不然矣又鄭康成博達之士也對弟子孫皓云日永星火只是大火之次三十度有其中者非謂心之火星

也實正中也又平朔定朔舊有二家平望定望由來兩術然三大三小是定朔定望之法一大一小是平朔平望之義且日月之行有遲有疾每月一相及謂之合會故晦朔無定由人消息若定大小合朔者合會雖定而蔀元紀首三端並失若上合履端之始下得歸餘於終合會時有進退履端又皆允協則甲辰元曆爲通術矣仁均對曰宋代祖沖之久立差術至於隋代張胄玄等同而修之雖差度不同各明其意今孝通不達宿度之差移未曉黃道之遷改乃執南斗爲冬至之恒星東井爲夏至之常宿率意生難豈爲通理夫太陽行於宿度如郵傳之過逆旅宿度每歲既差黃道隨而變易豈得以膠柱之說而爲斡運之難乎又案易云治曆明時禮云天子玄端聽朔於南門之外尚書云正月上日受終于文祖孔氏云上日朔日也又云季秋月朔辰不集于房孔氏云集合也不合則日蝕可知矣又云先時不及時皆殺無赦先時謂朔日不及時也若有先後之差是不知定朔之道矣詩云十月之交朔日辛卯又春秋日蝕三十有五左丘明云不書朔官失之也明聖人之教不論於晦唯取朔耳自春秋以後去聖久遠曆術差違莫能詳正故秦漢以來多非朔蝕而宋代御史中丞何承天微欲見意不能詳究乃爲太史令錢樂之散騎侍郎皮延宗之抑止孝通今語乃是延宗舊辭承天既非甄明故有當時之屈今略陳梗槩申以明之夫理曆之本必推上元之歲日月如合璧五星如連珠夜半甲子朔旦冬至自此以後既行度不同七曜分散不知何年更得餘分普盡還復總會之時也唯曰分氣分得有可盡之理因其得盡即有三端之元故造經立法者小餘盡即爲元首此乃紀其日數之元不關合璧之事矣時人相傳皆云大小餘俱盡即定夜半甲子朔旦冬至者此不達其意故也何者冬至自有常數朔名由於月起既月行遲疾無常三端豈得即合故必須日月相合與冬至同日者始可得名爲合朔冬至耳故前代諸曆不明其意乃於大餘正盡之年而立其元法將以爲常而不知七曜散行氣朔不合今法唯取上元連珠合璧夜半甲子朔旦冬至合朔之始以定

一九相因行至於今日常取定朔之宜不論三端之事皮延宗本來不知何承天亦自未悟何得引而相難耶孝孫以仁均之言爲然貞觀初有益州人陰弘道又執孝通舊說以駁之終不能屈李淳風復駁仁均曆十有八事勅大理卿崔善爲考二家得失七條改從淳風餘一十一條並依舊定仁均後除太史令卒官

傅奕相州鄴人也尤曉天文曆數隋開皇中以儀曹事漢王諒及諒舉兵謂奕曰今茲熒惑入井是何祥也奕對曰天上東井黃道經其中正是熒惑行路所涉不爲怪異若熒惑入地上井是爲災也諒不悅及諒敗由是免誅徙扶風高祖爲扶風太守深禮之及踐祚召拜太史丞太史令庾儉以其父質在隋言占候忤煬帝意竟死獄中遂懲其事又恥以數術進乃薦奕自代遂遷太史令奕既與儉同列數排毀儉而儉不之恨時人多儉仁厚而稱奕之率直奕所奏天文密狀屢會上旨置參旗井鉞等十二軍之號奕所定也武德三年進漏刻新法遂行於時七年奕上疏請除去釋教曰佛在西域言妖路遠漢譯胡書恣其假託故使不忠不孝削髮而揖君親遊手遊食易服以逃租賦演其妖書述其邪法僞啓三塗謬張六道恐嚇愚夫詐欺庸品凡百黎庶通識者稀不察根源信其矯詐乃追既往之罪虛規將來之福布施一錢希萬倍之報持齋一日冀百日之糧遂使愚迷妄求功德不憚科禁輕犯憲章其有造作惡逆身墜刑網方乃獄中禮佛口誦佛經晝夜忘疲規免其罪且生死壽夭由於自然刑德威福關之人主乃謂貧富貴賤功業所招而愚僧矯詐皆云由佛竊人主之權擅造化之力其爲害政良可悲矣案書云惟辟作福威惟辟玉食臣有作福作威玉食害于而家凶于而國人用側頗僻降自犧農至于漢魏皆無佛法君明臣忠祚長年久漢明帝假託夢想始立胡神西域桑門自傳其法西晉以上國有嚴科不許中國之人輒行髡髮之事洎于苻石羌胡亂華主庸臣佞政虐祚短皆由佛教致災也梁武齊襄足爲明鏡昔褒姒一女妖惑幽王尚致亡國況天下僧尼數盈十萬翦刻繒綵裝束泥人而爲厭魅迷惑萬姓者乎今之僧

尼請令疋配即成十萬餘戸產育男女十年長養一紀教訓自然益國可以足兵四海免蠶食之殃百姓知威福所在則妖惑之風自革淳朴之化還興且古今忠諫鮮不及禍竊見齊朝章仇子他上表言僧尼徒衆糜損國家寺塔奢侈虛費金帛爲諸僧附會宰相對朝讒毀諸尼依託妃主潛行謗讟子他竟被囚執刑於都市及周武平齊制封其墓臣雖不敏竊慕其蹤又上疏十一首詞甚切直高祖付羣官詳議唯太僕卿張道源稱奕奏合理中書令蕭瑀與之爭論曰佛聖人也奕爲此議非聖人者無法請寘嚴刑奕曰禮本於事親終於奉上此則忠孝之理著臣子之行成而佛踰城出家逃背其父以疋夫而抗天子以繼體而悖所親蕭瑀非出於空桑乃遵無父之教臣聞非孝者無親其瑀之謂矣瑀不能荅但合掌曰地獄所設正爲是人高祖將從奕言會傳位而止奕武德九年五月密奏太白見秦分秦王當有天下高祖以狀授太宗及太宗嗣位召奕賜之食謂曰汝前所奏幾累於我然今後但須盡言無以前事爲慮也太宗常臨朝

謂奕曰佛道玄妙聖迹可師且報應顯然屢有徵驗卿獨不悟其理何也奕對曰佛是胡中桀黠欺誑夷狄初止西域漸流中國遵尚其教皆是邪僻小人模寫莊老玄言文飾妖幻之教耳於百姓無補於國家有害太宗頗然之貞觀十三年卒年八十五臨終誡其子曰老莊玄一之篇周孔六經之說是爲名教汝宜習之妖胡亂華舉時皆惑唯獨竊歎衆不我從悲夫汝等勿學也古人裸葬汝宜行之奕生平遇患未嘗請毉服藥雖究陰陽數術之書而並不之信又常醉臥蹶然起曰吾其死矣因自爲墓誌曰傅奕青山白雲人也因酒醉死嗚呼哀哉其縱達皆此類注老子幷撰音義又集魏晉已來駁佛教者爲高識傳十卷行於世

李淳風岐州雍人也其先自太原徙焉父播隋高唐尉以秩卑不得志弃官而爲道士頗有文學自號黃冠子注老子撰方志圖文集十卷並行於代淳風幼俊爽博涉羣書尤明天文曆筭陰陽之學貞觀初以駁傅仁均曆議多所折衷授將仕郎直太史局尋又上言曰今靈臺候儀是魏代遺範觀其制度疎漏㝡多臣案虞書稱舜在璿璣玉衡以齊七政則是古以混天儀考七曜之盈縮也周官大司徒職以土圭正日景以定地中此亦據混天儀日行黃道之明證也暨于周末此器乃亡漢孝武時洛下閎復造渾天儀事多疎闕故賈逵張衡各有營鑄陸績王蕃遞加修補或綴附經星機應漏水或孤張規郭不依日行推驗七曜並循赤道今驗冬至極南夏至極北而赤道當定於中全無南北之異以測七曜豈得其眞黃道渾儀之闕至今千餘載矣太宗異其說因令造之至貞觀七年造成其制以銅爲之表裏三重下據準基狀如十字末樹鼇足以張四表焉第一儀名曰六合儀有天經雙規渾緯規金常規相結於四極之內備二十八宿十干十二辰經緯三百六十五度第二名三辰儀圓徑八尺有璿璣規道月遊天宿矩度七曜所行並備于此轉於六合之內第三名四遊儀玄樞爲軸以連結玉衡遊筩而貫約規矩又玄樞北樹北辰南距地軸傍轉於內又玉衡在玄樞之間而南北遊仰以觀天之辰宿

下以識器之晷度時稱其妙又論前代渾儀得失之差著書七卷名爲法象志以奏之太宗稱善置其儀於凝暉閣加授承務郎十五年除太常博士尋轉太史丞預撰晉書及五代史其天文律曆五行志皆淳風所作也又預撰文思博要二十二年遷太史令初太宗之世有祕記云唐三世之後則女主武王代有天下太宗嘗密召淳風以訪其事淳風曰臣據象推筭其兆已成然其人已生在陛下宮內從今不踰三十年當有天下誅殺唐氏子孫殲盡帝曰疑似者盡殺之如何淳風曰天之所命必無禳避之理王者不死多恐枉及無辜且據上象今已成復在宮內已是陛下眷屬更三十年又當衰老老則仁慈雖受終易姓其於陛下子孫或不甚損今若殺之即當復生少壯嚴毒殺之立讎若如此即殺戮陛下子孫必無遺類太宗善其言而止淳風每占候吉凶合若符契當時術者疑其別有役使不因學習所致然竟不能測也顯慶元年復以修國史功封昌樂縣男先是太史監候王思辯表稱五曹孫子十部筭經理多踳駁淳風復與國

子監筭學博士梁述太學助教王眞儒等受詔注五曹孫子十部筭經書成高宗令國學行用龍朔二年改授祕閣郎中時戊寅曆法漸差淳風又增損劉焯皇極曆改撰麟德曆奏之術者稱其精密咸亨初官名復舊還爲太史令年六十九卒所撰典章文物志乙巳占祕閣錄幷演齊人要術等凡十餘部多傳於代子諺孫仙宗並爲太史令

呂才博州清平人也少好學善陰陽方伎之書貞觀三年太宗令祖孝孫增損樂章孝孫乃與明音律人王長通白明達遞相長短太宗令侍臣更訪能者中書令溫彥博奏才聰明多能眼所未見耳所未聞一聞一見皆達其妙尤長於聲樂請令考之侍中王珪魏徵又盛稱才學術之妙徵曰才能爲尺十二枚尺八長短不同各應律管無不諧韻太宗卽徵才令直引文館太宗嘗覽周武帝所撰三局象經不曉其旨太子洗馬蔡允恭年少時嘗爲此戲太宗召問亦廢而不通乃召才使問焉才尋繹一宿便能作圖解釋允恭覽之依然記其

○舊法與才正同由是才遂知名累遷太常博士太宗以陰陽書近代以來漸致訛僞穿鑿旣甚拘忌亦多遂命才與學者十餘人共加刊正削其淺俗存其可用者勒成五十三卷幷舊書四十七卷十五年書成詔頒行之才多以典故質正其理雖爲術者所短然頗合經義今略載其數篇其敍宅經曰易曰上古穴居而野處後世聖人易以宮室蓋取諸大壯迨于殷周之際乃有卜宅之文故詩稱相其陰陽書云卜惟洛食此則卜宅吉凶其來尚矣至於近代師巫更加五姓之說言五姓者謂宮商角徵羽等天下萬物悉配屬之行事吉凶依此爲法至如張王等爲商武庚等爲羽欲似同韻相求及其以柳姓爲宮以趙姓爲角又非四聲相管其間亦有同是一姓分屬宮商後有複姓數字徵羽不別驗於經典本無斯說諸陰陽書亦無此語直是野俗口傳竟無所出之處唯堪輿經黃帝對於天老乃有五姓之言且黃帝之時不過姬姜數姓曁於後代賜族者多至如管蔡郕霍魯衛毛聃郜雍曹滕畢原酆郇並是姬姓子孫孔殷宋華向蕭亳皇甫並是子姓苗裔自餘諸國準例皆然因邑因官分枝布葉未知此等諸姓是誰配屬又檢春秋以陳衞及秦並同水姓齊鄭及宋皆爲火姓或承所出之祖或繫所屬之星或取所居之地亦非宮商角徵共相管攝此則事不稽古義理乖僻者也敍祿命曰謹案史記宋忠賈誼譏司馬季主云夫卜筮者高人祿命以悅人心矯言禍福以盡人財又案王充論衡云見骨體而知命祿覩命祿而知骨體此卽祿命之書行之久矣多言或中人乃信之今更研尋本非實錄但以積善餘慶不假建祿之吉積惡餘殃豈由劫殺之災皇天無親常與善人禍福之應其猶影響故有夏多罪天命剿絕宋景修德妖孛夜移學也祿在豈待生當建學文王勤憂損壽不關月值空亡長平坑卒未聞共犯三刑南陽貴士何必俱當六合歷陽成湖非獨河魁之上蜀郡炎燎豈由災厄之下今時亦有同年同祿而貴賤懸殊共命共胎而夭壽更異案春秋魯桓公六年七月魯莊公生今檢長曆莊公生當乙亥之歲建申之月以此推之莊公乃當祿之空亡依祿命書法合

○貧賤又犯勾絞六害背驛馬三刑當此生者並無官爵火命七月生當病鄉爲人尫弱身合矬陋今案齊詩譏莊公猗嗟昌兮頎若長兮美目揚兮巧趨蹌兮唯有向命一條法當長命依檢春秋莊公薨時計年四十五矣此則祿命不驗一也又案史記秦莊襄王四十八年始皇帝生宋忠注云因正月生乃名政依檢襄王四十八年歲在壬寅此年正月生者命當背祿法無官爵假得祿合奴婢尚少始皇又當破驛馬三刑身剋驛馬法當望官不到金命正月生當絕下爲人無始有終老而彌吉今檢史記始皇乃是有始無終老更彌凶唯建命生法合長壽計其崩時不過五十祿命不驗二也又漢武故事武帝以乙酉之歲七月七日平旦時生亦當祿空亡下法無官爵雖向驛馬尚隔四辰依祿命法少無官榮老而方盛今檢漢書武帝卽位年始十六末年已後戶口減半祿命不驗三也又按後魏書云孝文皇帝皇興元年八月生今按長曆其年歲在丁未以此推之孝文皇帝背祿命幷驛馬三刑身剋驛馬依祿命書法無官爵命當父死中生

法當生不見父今檢魏書孝文皇帝身受其父顯祖之禪禮云嗣子
位定於初喪踰年之後方始正號是以天子無父事三老也孝文受
禪異於常禮躬率天子以事其親而祿命云不合識父祿命不驗四
也又按沈約宋書云宋高祖癸亥歲三月生依此而推祿之與命並
當空亡依祿命書法無官爵又當子墓中生唯宜嫡子假有次子法
當早卒今檢宋書高祖長子先被篡弒次子義隆享國多年高祖又
當祖祿下生法得嫡孫財祿今檢宋書其孫劉劭劉濬並爲篡逆幾
失宗祧祿命不驗五也敘葬書曰易曰古之葬者衣之以薪不封不
樹喪期無數後世聖人易之以棺槨蓋取諸大過禮云葬者藏也欲
使人不得見之然孝經云卜其宅兆而安厝之以其顧復 事畢長
爲感慕之所窀穸禮終永作魂神之宅朝市遷變不得豫測於將來
泉石交侵不可先知於地下是以謀及龜筮庶無後艱斯乃備於慎
終之禮曾無吉凶之義暨乎近代已來加之陰陽葬法或選年月便
利或量墓田遠近一事失所禍及死生巫者利其貨賄莫不擅加妖

言遂使葬書一術乃有百二十家各說吉凶拘而多忌且天覆地載
乾坤之理備焉一剛一柔消息之義詳矣或成於晝夜之道感於男
女之化三光運於上四氣通於下斯乃陰陽之大經不可失之於斯
須也至於喪葬之吉凶乃附此爲妖妄傳云王者七日而殯七月而
葬諸侯五日而殯五月而葬大夫經時而葬士及庶人踰月而已此
則貴賤不同禮亦異數欲使同盟同軌赴弔有期量事制宜遂爲常
式法既一定不得違之故先期而葬謂之不懷後期而不葬譏之殆
禮此則葬有定期不擇年月一也春秋又云丁巳葬定公雨不克葬
至於戊午襄事禮經善之禮記云卜葬先遠日者善選月終之日所
以避不懷也今檢葬書以己亥之日用葬最凶謹按春秋之際此日
葬者凡有二十餘件此則葬不擇日二也禮記又云周尚赤大事用
平旦殷尚白大事用日中夏尚黑大事用昏時鄭玄注云大事者何
謂喪葬也此則直取當代所尚不擇時之早晚春秋云鄭卿子產及
子太叔葬鄭簡公於時司墓大夫室當葬路若壞其室即平旦而窆

不壞其室即日中而窆子產不欲壞室欲待日中子太叔云若至日
中而窆恐久勞諸侯大夫來會葬者然子產既云博物君子太叔乃
爲諸侯之選國之大事無過喪葬必是義有吉凶斯等豈得不用今
乃不問時之得失唯論人事可否曾子問云葬逢日蝕捨於路左待
明而行所以備非常也若依葬書多用乾艮二時並是近半夜此即
文與禮違今檢禮傳葬不擇時三也葬書云富貴官品皆由安葬所
致年命延促亦曰墳壟所招然今按孝經云立身行道則揚名於後
世以顯父母易曰聖人之大寶曰位何以守位曰仁是以日慎一日
則澤及於無疆苟德不建則而人無後此則非由安葬吉凶而論福
祚延促臧孫有後於魯不關葬得吉日若敖絕祀於荊不由遷厝失
所此則安葬吉凶不可信用其義四也今之喪葬吉凶皆依五姓便
利古之葬者並在國都之北域兆既有常所何取姓墓之義趙氏之
葬並在九原漢之山陵散在諸處上利下利蔑爾不論大墓小墓其
義安在及其子孫富貴不絕或與三代同風或分六國而王此則五

姓之義大無稽古吉凶之理何從而生其義五也且人臣名位進退
何常亦有初賤而後貴亦有始泰而終否是以子文三已令尹展禽
三黜士師卜葬一定更不迴改冢墓既成曾不革易則何因名位無
時暫安故知官爵弘之在人不由安葬所致其義六也野俗無識皆
信葬書巫者詐其吉凶愚人因而徼幸遂使擗踊之際擇葬地而希
官品荼毒之秋選葬時以規財祿或云辰日不宜哭泣遂莞爾而對
賓客受弔或云同屬忌於臨壙乃吉服不送其親聖人設教豈其然
也葬書敗俗一至於斯其義七也太宗又令才造方域圖及教飛騎
戰陣圖皆稱旨擢授太常丞永徽初預修文思博要及姓氏錄顯慶
中高宗以琴曲古有白雪近代頓絕使太常增修舊曲才上言曰臣
按禮記及家語云舜彈五弦之琴歌南風之詩是知琴操曲弄皆合
於歌又張華博物志云白雪是天帝使素女鼓五十弦瑟曲名又楚
大夫宋玉對襄王云有客於郢中歌陽春白雪國中和者數十人是
知白雪琴曲本宜合歌以其調高人和遂寡自宋玉已來迄今千祀

未有能歌白雪曲者臣今準勑依琴中舊曲定其宮商然後教習並合於歌輒以御製雪詩爲白雪歌詞又案古今樂府奏正曲之後皆別有送聲君唱臣和事彰前史今取太尉長孫無忌僕射于志寧侍中許敬宗等奉和雪詩以爲送聲合十六節今悉教訖並皆合韻高宗大悅更作白雪歌詞十六首付太常編於樂府時右監門長史蘇敬上言陶弘景所撰本草事多舛謬詔中書令許敬宗與才及李淳風禮部郎中孔志約幷諸名醫增損舊本仍令司空李勣摠監定之幷圖合成五十四卷大行於代才龍朔中爲太子司更大夫麟德二年卒著隋記二十卷行於時子方毅七歲能誦周易毛詩太宗聞其幼敏召見甚奇之賜以縑帛後爲右衛鎧曹參軍母終哀慟過禮竟以毀卒布車載喪隨母轜車而葬友人郎餘令以白粥玄酒生蒭一東於路隅奠祭甚爲時人之所哀惜

史臣曰孝孫定音律仁均正曆數淳風候象緯呂才推陰陽訂於其倫咸以爲稗梓京管之流也然旋宮三代之法秦火籍煬歷代缺其正音而云孝孫復始大可嘆也淳風精於術數能知女主革命而不知其人則所未喻矣呂才覈拘忌之曲學皆有經據不亦賢乎古人所以存而不議蓋有意焉

贊曰祖傳淳才彰往考來裁筠嶰谷運箸清臺推迎幹運圖寫昭回重黎之後諸子賢哉

唐書列傳卷第二十九

唐書列傳卷第三十

劉　昫　等修

閩人詮校刻沈桐同校

褚遂良　韓瑗　來濟　上官儀

褚遂良散騎常侍亮之子也大業末隨父在隴右薛舉僭號署爲通
事舍人舉敗歸國授秦州都督府鎧曹參軍貞觀十年自祕書郎遷
起居郎遂良博涉文史尤工隸書父友歐陽詢甚重之太宗嘗謂侍
中魏徵曰虞世南死後無人可以論書徵曰褚遂良下筆遒勁甚得
王逸少體太宗卽日召令侍書太宗嘗出御府金帛購求王羲之書
跡天下爭齎古書詣闕以獻當時莫能辯其眞僞遂良備論所出一
無舛誤十五年詔有事太山先幸洛陽有星孛于太微犯郎位遂良
言於太宗曰陛下撥亂反正功超前烈將告成東嶽天下幸甚而行
至洛陽彗星輒見此或有所未允合者也且漢武優柔數年始行岱
禮臣愚伏願詳擇太宗深然之下詔罷封禪之事其年遷諫議大夫
○兼知起居事太宗嘗問曰卿知起居記錄何事大抵人君得觀之否
遂良對曰今之起居古左右史書人君言事且記善惡以爲鑒誡庶
幾人主不爲非法不聞帝王躬自觀史太宗曰朕有不善卿必記之
耶遂良曰守道不如守官臣職當載筆君舉必記黃門侍郎劉洎曰
設令遂良不記天下亦記之矣太宗以爲然時魏王爲太宗所愛禮
秩如嫡其年太宗問侍臣曰當今國家何事最急中書侍郎岑文本
曰傳稱導之以德齊之以禮由斯而言禮義爲急遂良進曰當今四
方仰德誰敢爲非但太子諸王須有定分陛下宜爲萬代法以遺子
孫太宗曰此言是也朕年將五十已覺衰怠既以長子守器東宮弟
及庶子數將五十心常憂慮頗在此耳但古嫡庶無良何嘗不傾敗
國家公等爲朕搜訪賢德以傳儲宮爰及諸王咸求正士且事人歲
久卽分義情深非意窺窬多由此作於是限王府官寮不得過四考
七年太宗問遂良曰舜造漆器禹雕其俎當時諫舜禹者十餘人食
器之間苦諫何也遂良對曰雕琢害農事纂組傷女工首創奢淫危

亡之漸漆器不已必金爲之金器不已必玉爲之所以諍臣必諫其
漸及其滿盈無所復諫太宗以爲然因曰夫爲人君不憂萬姓而事
奢淫危亡之機可反掌而待也時皇子年幼者多任都督刺史遂良
上疏曰昔兩漢以郡國理人除郡以外分立諸子割土分疆雜用周
制皇唐州縣粗依秦法皇子幼年或授刺史陛下豈不以王之骨肉
鎭扞四方此之造制道高前烈如臣愚見有小未盡何者刺史郡帥
民仰以安得一善人部內蘇息遇一不善合州勞弊是以人君愛恤
百姓常爲擇賢或稱河潤九里京師蒙福或人興歌詠生爲立祠漢
宣帝云與我共理者惟良二千石如臣愚見陛下兒子內年齒尚幼
未堪臨人者且留京師教以經學一則畏天之威不敢犯禁二則觀
見朝儀自然成立因此積習自知爲人審堪臨州然後遣出臣謹按
漢明章和三帝能友愛子弟自茲已降取爲準的封立諸王雖各有
國土年尚幼小者召留京師訓以禮法垂以恩惠訖三帝世諸王數
十百人唯二王稍惡自餘食和染教皆爲善人則前事已驗惟陛下
○詳察太宗深納之其年太子承乾以罪廢魏王泰入侍太宗面許立
爲太子因謂侍臣曰昨青雀自投我懷云臣今日始得與陛下爲子
更生之日也臣唯有一子臣百年之後當爲陛下殺之傳國晉王父
子之道故當天性我見其如此甚憐之遂良進曰陛下失言伏願審
思無令錯誤也安有陛下百年之後魏王執權爲天下之主而能殺
其愛子傳國於晉王者乎陛下昔立承乾爲太子而復寵愛魏王禮
數或有踰於承乾者良由嫡庶不分所以至此殷鑑不遠足爲龜鏡
陛下今日既立魏王伏願陛下別安置晉王始得安全耳太宗涕泗
交下曰我不能卽日召長孫無忌房玄齡李勣與遂良等定策立晉
王爲皇太子時頻有飛雉集於宮殿之內太宗問羣臣曰是何祥也
對曰昔秦文公時有童子化爲雉雌者鳴於陳倉雄者鳴於南陽童
子曰得雄者王得雌者霸文公遂以爲寶雞後漢光武得雄遂起南
陽而有四海陛下舊封秦王故雄雉見於秦地此所以彰表明德也
太宗悅曰立身之道不可無學遂良博識深可重也尋授太子賓客

時薛延陁遣使請婚太宗許以女妻之納其財聘既而不與遂良上疏曰臣聞信爲國本百姓所歸是以文王許枯骨而不違仲尼去食而存信延陁曩歲廼一俟斤耳值神兵北指盪平沙塞狼山瀚海萬里蕭條陛下兵加諸外而恩起於内以爲餘冠奔波須立酋長璽書鼓纛立爲可汗其懷恩光仰天無極而餘方戎狄莫不聞知以共沐和風同食恩信頃者頻年遣使請婚大國陛下復降鴻私許其姻媾於是報吐蕃告思摩示中國五尺童子人皆知之於是御幸北門受其獻食于時百寮端笏戎夷左衽虔奉歡宴皆承德音口歌手舞樂以終日百官會畢亦各有言咸以爲陛下欲得百姓安寧不欲邊境交戰遂不惜一女而妻可汗預在含生所以感德今一朝生進退之意有改悔之心臣爲國家惜茲聲聽君子不失色於物不失口於人晉文公圍原命三日粮原不降命去之諜出曰原將降矣軍吏請待之公曰信國之寳也民之庇也得原失信何以庇之陛下慮生意表信在言前今者臨事忽然乖殊所惜尤少所失滋多情既不通方生嫌隙一方所以相畏忌邊境不得無風塵西州朔方能無勞擾彼胡以主被欺而心怨此士以此無信而懷慚不可以訓戎兵不可以勵軍事伏惟陛下以聖德神功廓清西表自君臨天下十有七載以仁恩而結庶類以信義而撫戎夷莫不欣然負之無力其見在之人皆思報厚德其所生孫嗣亦望報陛下子孫今者得一公主配之以成陛下之信有始有卒其唯聖人乎且又龍沙以北部落無算中國擊之終不能盡亦由可比敗荒荒興突厥亡延陁盛時以古人虛外實内懷之以德爲惡在夷不在華失信在彼不在此伏惟陛下聖德無涯威靈遠震遂平高昌破吐渾立延陁滅頡利輕刑薄賦庶事無壅祓粟豐賤祥符累臻此則堯舜禹湯不及陛下遠矣伏願旁垂愷悌廣茲含育而常嘆絶域有意遠藩非偃伯興文之道非止戈爲武之義臣以膺暗忝居左右敢獻瞽言不勝戰懼時太宗欲親征高麗顧謂侍臣曰高麗莫離支賊殺其王虐用其人夫出師弔伐當乘機便今因其弑虐誅之甚易遂良對曰陛下兵機神筭人莫能知昔隋

末亂離手平寇亂及北狄侵邊西蕃失禮陛下欲命將擊之羣臣莫不苦諫陛下獨斷進討卒並誅夷海内之人徼外之國畏威懾伏爲此舉也今陛下將興師遼東臣意熒惑何者陛下神武不比前代人君兵既渡遼指期剋捷萬一差跌無以威示遠方若再發忿兵則安危難測太宗深然之兵部尚書李勣曰近者延陁犯邊陛下必欲追擊此時陛下取魏徵之言遂失機會若如聖策延陁無一人生還可五十年間疆埸無事帝曰誠如卿言由魏徵誤計耳朕不欲以一計不當而尤之後有良筭安肯矢謀繇是從勣之言經畫渡遼之師遂良以太宗銳意三韓懼其遺悔翌日上疏諫曰臣聞有國家者譬諸身兩京等於心腹四境方乎手足他方絶域若在身外臣近於坐下伏奉口勑布語臣下云自欲伐遼臣數夜思量不達其理高麗王爲陛下之所立莫離支輒殺其主陛下討逆收地斯實乘機關東賴陛下德澤久無征戰但命二三勇將發兵四五萬飛石輕梯取如迴掌夫聖人有作必履常規貴能剋平兇亂駕馭才傑惟陛下弘兩儀之道廓三五之風提厲人物皆思効命昔侯君集李靖所謂庸夫猶能掃萬里之高昌平千載之突厥皆是陛下發蹤指示聲歸聖明臣旁求史籍訖乎近代爲人之主無自伐遼人臣往征則有之矣漢朝則荀彘楊僕魏代則毋丘儉王頎司馬懿猶爲人臣慕容眞僭號之子皆爲其主長驅高麗虜其人民削平城壘陛下立功同於天地美化包於古昔自當超邁於百王豈止俯同於六子陛下昔翦平寇逆大有爪牙年齒未衰猶堪任用匪唯陛下之所使亦何行而不克方今太子新立年實幼少自餘藩屏陛下所知今一旦棄金湯之全渡遼海之外臣忽三思煩愁並集大魚依於巨海神龍據於川泉此謂人君不可輕而遠也且以長遼之左或遇霖滛水潦騰波平地數尺夫帶方玄菟海途深渺非萬乘所宜行踐東京太原謂之中地東擊可以爲聲勢西指足以摧延陁其於西京逕路非遠爲其節度以設軍謀擊莫離支頸獻皇家之廟此實處安全之上計社稷之根本特乞天慈一垂省察太宗不納十八年拜黃門侍郎參綜朝政高麗莫離

支遣使貢白金遂良言於太宗曰莫離支虐弒其主九夷所不容陛下以之興兵將事弔伐爲遼山之人報主辱之恥古者討弒君之賊不受其賂昔宋督遺魯君以郜鼎桓公受之於太廟臧哀伯諫曰君人者昭德塞違今滅德立違而寘其賂器於太廟百官象之其又何誅焉武王克商遷九鼎於洛邑義士猶或非之而況將昭違亂之賂器寘諸太廟其若之何夫春秋之書百王取法若受不臣之筐篚納弒逆之朝貢不以爲愆何所致伐臣謂莫離支所獻自不得受太宗納焉以其使屬吏太宗既滅高昌每歲調發千餘人防遏其地遂良上疏曰臣聞古者哲后必先事華夏而後夷狄務廣德化不事遐荒是以周宣薄伐至境而止始皇遠塞中國分離漢武負文景之聚財翫士馬之餘力始通西域初置校尉軍旅連出將三十年復得天馬於宛城採蒲萄於安息而海內虛竭生人失所租及六畜算至舟車因之凶年盜賊並起搜粟都尉桑弘羊復希主意遣士卒遠田輪臺築城以威西域帝翻然追悔情發於中棄輪臺之野下哀痛之詔人

神感悅海內乃康向使武帝復用弘羊之言天下生靈皆盡之矣是以光武中興不踰葱嶺孝章即位都護來歸陛下誅滅高昌威加西域收其鯨鯢以爲州縣然則王師初發之歲河西供役之年飛芻輓粟十室九空數郡蕭然五年不復陛下歲遣千餘人遠事屯戍終年離別萬里思歸去者資裝自須營辦既賣菽粟傾其機杼經途死亡復在其外兼遣罪人增其防遏彼罪人者生於販肆終朝惰業犯禁違公止能擾於邊城實無益於行陣所遣之內復有逃亡官司捕捉爲國生事高昌途路沙磧千里冬風冰冽夏風如焚行人去來遇之多死易云安不忘危理不忘亂設令張掖塵飛酒泉烽舉陛下豈能得高昌一人菽粟而及事乎終須發隴右諸州星馳電擊由斯而言此河西者方於心腹彼高昌者他人手足豈得糜費中華以事無用書曰不作無益害有益其此之謂乎陛下道映先天威行無外平頡利於沙塞滅吐渾於西海突厥餘落爲立可汗吐渾遺萌更樹君長復立高昌非無前例此所謂有罪而誅之既伏而立之四海百蠻誰

不聞見蠕動懷生畏威慕德宜擇高昌可立者立之徵給首領遣還本國負戴洪恩長爲藩翰中國不擾既富且寧傳之子孫以貽永世二十年太宗於寢殿側別置一院令太子居絕不令往東宮遂良復上疏諫曰臣聞周世問安三朝必退漢儲視膳五日乃來前賢作法規模弘遠禮曰男子十年出就外傅出宿於外學書計也然則古之達者豈無慈心減茲私愛欲使成立凡人尚猶如此況君之世子乎自當春誦夏絃親近師傅體人間之庶事適君臣之大道使翹足延首皆聆善聲若獻歲之有陽春玄天之有日月弘此懿德乃作元良伏惟陛下道育三才功包九有親樹太子莫不欣欣既云廢昏立明須稱天地瞻望而教成之道實深乖闕不離膝下常居宮內保傅之說無暢經籍之談蔑如且朋友不可以深交深交必有怨父子不可以滯愛滯愛或生愆伏願遠覽殷周近遵漢魏不可頓革事須階漸嘗計旬日半遣還宮專學藝以潤身布芳聲於天下則微臣雖死猶曰生年太宗從之遂良前後諫奏及陳便宜書數十上多見採納其

年加銀青光祿大夫二十一年以本官檢校大理卿尋丁父憂解明年起復舊職俄拜中書令二十三年太宗寢疾召遂良及長孫無忌入臥內謂之曰卿等忠烈簡在朕心昔漢武寄霍光劉備託葛亮朕之後事一以委卿太子仁孝卿之所悉必須盡誠輔佐永保宗社又顧謂太子曰無忌遂良在國家之事汝無憂矣仍命遂良草詔高宗即位賜爵河南縣公永徽元年進封郡公尋坐事出爲同州刺史三年徵拜吏部尚書同中書門下三品監修國史加光祿大夫其月又兼太子賓客四年代張行成爲尚書右僕射依舊知政事六年高宗將廢皇后王氏立昭儀武氏爲皇后召太尉長孫無忌司空李勣尚書左僕射于志寧及遂良以籌其事將入遂良謂無忌等曰上意欲廢中宮必議其事遂良今欲陳諫衆意如何無忌曰明公必須極言無忌請繼焉及入高宗難於發言再三顧謂無忌曰莫大之罪絕嗣爲甚皇后無胤息昭儀有子今欲立爲皇后公等以爲何如遂良曰皇后出自名家先朝所娶伏事先帝無愆婦德先帝不豫執陛下手

以謂臣曰我好兒好婦今將付卿陛下親承德音言猶在耳皇后自此未聞有愆恐不可廢臣今不敢曲從上違先帝之命特願再三思審愚臣上忤聖顏罪合萬死但願不負先朝厚恩何顧性命遂良致笏於殿陛曰還陛下此笏仍解巾叩頭流血帝大怒令引出長孫無忌曰遂良受先朝顧命有罪不加刑翌日帝謂李勣曰冊立武昭儀之事遂良固執不從遂良既是受顧命大臣事若不可當且止也勣對曰此乃陛下家事不合問外人帝乃立昭儀爲皇后左遷遂良潭州都督顯慶二年轉桂州都督未幾又貶爲愛州刺史明年卒官年六十三遂良卒後二歲餘許敬宗李義府奏言長孫無忌所構逆謀並遂良扇動乃追削官爵子孫配流愛州弘道元年二月高宗遺詔放還本郡神龍元年則天遺制復遂良及韓瑗爵位

韓瑗雍州三原人也祖紹隋太僕少卿父仲良武德初爲大理少卿受詔與郎楚之等掌定律令仲良言於高祖曰周代之律其屬三千秦法已來約爲五百若遠依周制繁紊更多且官吏至公自當奉法

苟若徇巳豈顧刑名請崇寬簡以允惟新之望高祖然之於是採定開皇律行之時以爲便貞觀中位至刑部尚書秦州都督府長史潁川縣公瑗少有節操博學有吏才貞觀中累至兵部侍郎襲父潁川公永徽三年拜黃門侍郎四年與中書侍郎來濟皆同中書門下三品監修國史五年加銀青光祿大夫六年遷侍中其年兼太子賓客時高宗欲廢王皇后瑗涕泣諫曰皇后是陛下在藩府時先帝所娶今無愆過欲行廢黜四海之士誰不惕然且國家屢有廢立非長久之術願陛下爲社稷大計無以臣愚不垂採察帝不納明日瑗又諫悲泣不能自勝帝大怒促令引出尋而尚書左僕射褚遂良以忤旨左授潭州都督瑗後上疏理之曰古之聖王立諫鼓設謗木冀欲聞逆耳之言甘苦口之議發揚大化禆益洪猷垂之令典於將來播休聲於不朽者也伏見詔書以褚遂良爲潭州都督臣夙夜思之用增感歎臣識慚知遠業謝通經載撫愚情誠爲未可遂良運偶昇平道昭前烈束髮從官方淹累稔趨侍陛下俄歷歲年不聞涓滴之愆常觀

勤勞之効竭忠誠於早歲罄直道於茲年體國忘家捐身徇物風霜其操鐵石其心誠可重於皇明詎專方於曩昔且先帝納之於帷幄寄之以心膂德逾水石義冠舟車公家之利言無不可及纏悲四海遏密八音竭忠國家親承顧託一德無二千古懍然此不待臣言陛下備知之矣臣實有此心未敢聞奏且萬姓失業旰食忘勞一物不安納隍軫慮在於微細寧得過差況社稷之舊臣陛下之賢佐無聞罪狀斥去朝廷內外甿黎咸嗟舉措觀其近日言事披誠懇切詎肯後陛下之德異於堯舜懼陛下之過塵於史冊而乃深遭厚謗責資飄言可以痛志士之心損陛下之明也臣聞晉武弘裕不貽劉毅之誅漢祖深仁無恚周昌之直而遂良被遷已經寒暑違忤陛下其罰塞焉伏願緬鑒無辜稍寬非罪俯矜微款以順人情疏奏帝謂瑗曰遂良之情朕亦知之矣然其悖戾犯上以此責之朕豈有過卿言何若是之深也瑗對曰遂良可謂社稷忠臣臣恐以諛佞之輩蒼蠅點白損陷忠貞昔微子去之而殷國以亡張華不死而綱紀不亂國之

欲謝善人其衰今陛下富有四海八紘清泰忽驅逐舊臣而不垂省察乎伏願違彼覆車以收往過垂勸誡於事君則群生幸甚帝竟不納瑗以言不見用憂憤上表請歸田里詔不許顯慶二年許敬宗李義府希皇后之旨誣奏瑗與褚遂良潛謀不軌以桂州用武之地故授遂良桂州刺史實以爲外援於是更貶遂良爲愛州刺史左授瑗振州刺史四年卒官年五十四明年長孫無忌死敬宗等又奏瑗與無忌通謀遣使殺之及使至瑗已死更發棺驗屍而還籍沒其家子孫配徙嶺表神龍元年則天遺制令復其官爵

來濟揚州江都人隋左翊衛大將軍榮國公護子也宇文化及之難闔門遇害濟幼逢家難流離艱險而篤志好學有文詞善談論尤曉時務舉進士貞觀中累轉通事舍人太子承乾之敗太宗謂侍臣曰欲何以處承乾群臣莫敢對濟進曰陛下上不失作慈父下得盡天年即爲善矣帝納其言俄除考功員外郎十八年初置太子司議郎妙選人望遂以濟爲之仍兼崇賢館直學士尋遷中書舍人與令狐

德棻等撰晉書永徽二年拜中書侍郎兼弘文館學士監修國史四年同中書門下三品五年加銀青光祿大夫以修國史功封南陽縣男賜物七百段六年遷中書令檢校吏部尚書時高宗欲立昭儀武氏爲宸妃濟密表諫曰宸妃古無此號事將不可武皇后既立濟等懼不自安后乃抗表稱濟忠公請加賞慰而心實惡之顯慶元年兼太子賓客進爵爲侯中書令如故二年又兼太子詹事尋而許敬宗等奏濟與褚遂良朋黨構扇左授台州刺史五年徙庭州刺史龍朔二年突厥入寇濟總兵拒之謂其衆曰吾嘗挂刑網蒙赦性命當以身塞責特報國恩遂不釋甲冑赴賊沒於陣時年五十三贈楚州刺史給靈轝遞還鄉有文集三十卷行於代濟兄亘有學行與濟齊名上元中官至黃門侍郎同中書門下三品

○上官儀本陝州陝人也父弘隋江都宮副監因家于江都大業末弘爲將軍陳稜所殺儀時幼藏匿獲免因私度爲沙門游情釋典尤精三論兼涉獵經史善屬文貞觀初楊仁恭爲都督深禮待之舉進士太宗聞其名召授弘文館直學士累遷祕書郎時太宗雅好屬文每遣儀視草又多令繼和凡有宴集儀嘗預焉俄又預撰晉書成轉起居郎加級賜帛高宗嗣位遷祕書少監龍朔二年加銀青光祿大夫西臺侍郎同東西臺三品兼弘文館學士如故本以詞彩自達工於五言詩好以綺錯婉媚爲本儀既貴顯故當時多有效其體者時人謂爲上官體儀頗恃才任勢故爲當代所嫉麟德元年宦者王伏勝與梁王忠抵罪許敬宗乃構儀與忠通謀遂下獄而死家口籍沒子庭芝歷位周王府屬與儀俱被殺庭芝有女中宗時爲昭容每侍帝草制誥以故追贈儀爲中書令秦州都督楚國公庭芝黃門侍郎岐州刺史天水郡公仍令以禮改葬

史臣曰褚河南上書言事亹亹有經世遠略魏徵王珪之後骨鯁風彩落落負王佐器者殆難其人名臣事業河南有焉昔齊人饋樂而仲尼去戎王溺妓而由余奔婦人之言聖哲懼罹其禍況二佞據衡軸之地爲正人之魑魅乎古之志士仁人一言相期死不之悔況於

君臣之間受託孤之寄而以利害禍福忘平生之言哉而韓來諸公可謂守死善道求福不回者焉

贊曰諸公之言和樂愔愔鍾石在簴動成雅音二猶見嗤三賢一心人皆覬望我不浮沉

舊唐書列傳卷第三十

唐書列傳卷第三十一

劉　昫　等修

聞人詮校刻沈桐同校

崔敦禮　盧承慶　劉祥道　李敬玄

李義琰　孫處約　樂彥瑋　趙仁本

崔敦禮雍州咸陽人隋禮部尚書仲方孫也其先本居博陵世爲山東著姓魏末徙關中敦禮本名元禮高祖改名焉頗涉文史重節義嘗慕蘇子卿之爲人武德中拜通事舍人九年太宗使敦禮往幽州召廬江王瑗瑗舉兵反執敦禮問京師之事敦禮竟無異詞太宗聞而壯之遷左衛郎將賜以良馬及黃金雜物貞觀元年擢拜中書舍人遷兵部侍郎頻使突厥累轉靈州都督二十年徵爲兵部尚書又奉詔安撫迴紇鐵勒部落時延陁冠邊敦禮與英國公李勣擊破之又有瀚海都督迴紇吐迷度爲其下所殺詔敦禮往就部落綏輯之因立其嗣子而還敦禮深識蕃情凡所奏請事多允會永徽四年代

○高季輔爲侍中累封固安縣公仍修國史六年加光祿大夫代柳奭爲中書令尋又兼檢校太子詹事敦禮以老疾屢陳乞請退顯慶元年拜太子少師仍同中書門下三品勑召其子定襄都督府司馬餘慶使侍其疾尋卒年六十餘高宗舉哀於東雲龍門賜東園祕器贈開府儀同三司幷州大都督陪葬昭陵賻絹布八百段米粟八百碩謚曰昭子餘慶官至兵部尚書敦禮孫貞愼神龍初爲兵部侍郎

盧承慶幽州范陽人隋武陽太守思道孫也父赤松大業末爲河東令與高祖有舊聞義師至霍邑弃縣迎接拜行臺兵部郎中武德中累轉率更令封范陽郡公尋卒承慶美風儀博學有才幹少襲父爵貞觀初爲秦州都督府戶曹參軍因奏河西軍事太宗奇其明辯擢拜考功員外郎累遷民部侍郎太宗嘗問歷代戶口多少之數承慶敘夏殷以後迄于周隋皆有依據太宗嗟賞久之尋令兼檢校兵部侍郎仍知五品選事承慶辭曰選事職在尚書臣今掌之便是越局太宗不許曰朕今信卿卿何不自信也俄歷雍州別駕尚書左丞永徽初爲褚遂良所構出爲益州大都督府長史遂良俄又求索承慶在雍州舊事奏之由是左遷簡州司馬歲餘轉洪州長史會高宗將幸汝州之溫湯擢承慶爲汝州刺史入爲光祿卿顯慶四年代杜正倫爲度支尚書仍同中書門下三品尋坐度支失所出爲潤州刺史再遷雍州長史加銀青光祿大夫總章二年代李乾祐爲刑部尚書以年老請致仕許之仍加金紫光祿大夫三年病卒年七十六臨終誡其子曰死生至理亦猶朝之有暮吾終斂以常服晦朔常饌不用牲牢墳高可認不須廣大事辦即葬不須卜擇墓中器物瓷漆而已有棺無槨務在簡要碑誌但記官號年代不須廣事文飾贈幽州都督謚曰定弟承業亦有學識貞觀末官至雍州長史檢校尚書左丞兄弟相次居此任時人榮之俄坐承慶事左遷忠州刺史顯慶初復爲雍州長史前後皆有能名三遷左肅機兼掌司列選事賜爵[illegible]縣子總章中卒於揚州大都督府長史贈洺州刺史謚曰簡承業弟承泰齊州長史承泰子齊卿長安初爲雍州錄事參軍時則天令雍州

○長史薛季昶擇寮吏堪爲御史者季昶以問齊卿齊卿薦長安尉盧懷愼李休光萬年尉李乂崔湜咸陽丞倪若水盩厔尉田崇壁新豐尉崔日用後皆至大官齊卿開元初爲幽州刺史時張守珪爲果毅齊卿禮接之謂曰十年內當知節度果如其言時人謂齊卿有人倫之鑒齊卿好酒飲至斗餘不亂寬厚可親士友以此善之累遷太子詹事封范陽縣公尋卒承慶弟孫藏用別有傳

劉祥道魏州觀城人也父林甫武德初爲內史舍人時兵機繁遽庶事草創高祖委林甫專典其事以才幹見稱尋詔與中書令蕭瑀等撰定律令林甫因著律議萬餘言久之擢拜中書侍郎賜爵樂平男貞觀初再遷吏部侍郎初隋代赴選者以十一月爲始至春即停選限既促選司多不究悉時選人漸衆林甫奏請四時聽選隨到注擬當時甚以爲便時天下初定州府及詔使多有赤牒授官至是停省盡來赴集將萬餘人林甫隨才銓擢咸得其宜時人以林甫典選比隋之高孝基三年病卒臨終上表薦賢太宗甚嘉悼之賜絹二百五

十定祥道少襲父爵永徽初歷中書舍人御史中丞吏部侍郎顯慶二年遷黃門侍郎仍知吏部選事祥道以銓綜之術猶有所闕乃上疏陳其得失其一曰今之選司取士傷多且濫每年入流數過一千四百傷多也雜色入流不加銓簡是傷濫也經明行脩之士猶或罕有正人多取胥徒之流豈能皆有德行即知共釐務者善人少而惡人多有國以來已四十載尚未刑措豈不由此乎但服膺先王之道者奏第然始付選趨走几案之間者不簡便加祿秩稽古之業雖則難知斗筲之材何其易進其雜色應入流人望令曹司試判訖簡爲四等奏聞第一等付吏部第二等付兵部次付主爵次付司勳其行署等私犯公坐情狀可責者雖經赦降亦量配三司不經赦降者放還本貫冀入流不濫官無冗雜且令胥徒之輩漸知勸勉其二曰古之選者爲官擇人不聞取人多而官員少今官員有數入流無限以有數供無限遂令九流繁總人隨歲積譴約準所須人量支年別入流者今內外文武官一品以下九品已上一萬三千四百六十五員

略舉大數當一萬四千人壯室而仕耳順而退取其中數不過支三十年此則一萬四千人三十年而略盡若年別入流者五百人經三十年便得一萬五千人定須者一萬三千四百六十五人足充所須之數況三十年之外在官者猶多此便有餘不慮其少今年常入流者遂逾一千四百計應須數外其餘兩倍又常選放還者仍停六七千人更復年別新加實非處置之法其三曰儒爲教化之本學者之宗儒教不興風俗將替今庠序遍於四海儒生溢於三學誘掖之方理實爲備而獎進之道事或未周但永徽已來于今八載在官者以善政粗聞論事者以一言可採莫不光被綸言超升不次而儒生未聞恩及臣故以爲獎進之道未周其四曰國家富有四海已四十年百姓官寮未有秀才之舉豈今人之不如昔人將薦賢之道未至寧可方稱多士遂闕斯人望六品已下爰及山谷特降綸言更審搜訪仍量爲條例稍加優獎不然赫赫之辰斯舉遂絕一代盛事實爲朝廷惜之其五曰唐虞三載考績黜陟幽明兩漢用人亦久居其職所

以因官命氏有會庚之姓魏晉以來事無可紀今之在任四考即遷官人知將秩滿必懷去就百姓見有遷代能無苟且以去就之人臨苟且之輩責以移風易俗其可得乎望經四考就任加階至八考滿然後聽選還淳反樸雖未敢必期送故迎新實稍減勞弊其六曰尚書省二十四司及門下省中書都事主書主事等比來選補皆取舊任流外有刀筆之人縱欲參用士流皆以儔類爲恥前後相承遂成故事但掖省崇峻王言祕密尚書政本人物攸歸而多用胥徒恐未盡銓衡之理望有釐革稍清其選明年中書令杜正倫亦言入流人多爲政之弊高宗遣祥道與正倫詳議其事時公卿已下憚於改作事竟不行祥道尋以修禮功進封陽城縣侯四年遷刑部尚書每覆大獄必歔欷累歎奏決之日爲之再不食龍朔元年權檢校蒲州刺史三年兼檢校雍州長史俄遷右相祥道性謹慎既居宰相深懷憂懼數自陳老疾請退就閑職俄轉司禮太常伯罷知政事麟德二年將有事於泰山有司議依舊禮皆以太常卿爲亞獻光祿卿爲終獻

祥道駁曰昔在三代六卿位重故得佐祠漢魏以來權歸臺省九卿皆爲常伯屬官今登封大禮不以八座行事而用九卿無乃循虛名而忘實事乎高宗從其議竟以司徒徐王元禮爲亞獻祥道爲終獻事畢進爵廣平郡公乾封元年又上表乞骸骨優制加金紫光祿大夫聽致仕其年卒年七十一贈幽州都督謚曰宣子齊賢襲爵齊賢初自侍御史出爲晉州司馬高宗聞其方正甚禮之時將軍史興宗嘗從帝於苑中弋獵因言晉州出好鷂劉齊賢見爲司馬請使捕之帝曰劉齊賢豈是覓鷂人耶卿何以此待之遂止齊賢後避章懷太子名改名景先永淳中累遷黃門侍郎同中書門下平章事則天臨朝代裴炎爲侍中及裴炎下獄景先與鳳閣侍郎胡元範抗詞明其不反則天甚怒之炎既誅死景先左遷普州刺史未到又貶授吉州長史永昌年爲酷吏所陷繫於獄自縊死仍籍沒其家景先自祖父三代皆爲兩省侍郎及典選又叔父吏部郎中應道從父弟禮部侍郎令植等八人前後爲吏部郎中員外有唐已來無有其比云

李敬玄亳州譙人也父孝節穀州長史敬玄博覽群書特善五禮貞觀末高宗在東宮馬周啓薦之召入崇賢館兼預侍讀仍借御書讀之敬玄雖風格高峻有不可犯之色然勤於造請不避寒暑馬周及許敬宗等皆推薦延譽之乾封初歷遷西臺舍人弘文館學士總章二年累轉西臺侍郎兼太子右中護同東西臺三品兼檢校司列少常伯時員外郎張仁禕有時務才敬玄以曹事委之仁禕始造姓歷改修狀樣銓曆等程式處事勤勞遂以心疾而卒敬玄因仁禕之法典選累年銓綜有序自永徽以後選人轉多當其任者罕聞稱職及敬玄掌選天下稱其能預選者歲有萬餘人每於街衢見之莫不知其姓名其被放有訴者即口陳其書判失錯及身負殿累略無差殊時人咸伏其強記莫之敢欺選人有杭州參軍徐太玄者初在任時同僚有張惠犯贓至死太玄哀其母老乃詣獄自陳與惠同受惠贓數既少遂得減死太玄亦坐免官不調十餘年敬玄知而大嗟賞之擢授鄭州司功參軍太玄由是知名後官至祕書少監申王師以德

〇行爲時所重敬玄賞鑒多此類也咸亨二年授中書侍郎餘並如故三年加銀青光祿大夫行吏部侍郎依舊兼太子右庶子同中書門下三品四年監修國史上元二年拜吏部尚書仍依舊兼太子左庶子監修國史同中書門下三品敬玄久居選部人多附之前後三娶皆山東士族又與趙郡李氏合譜故臺省要職多是其同族婚媾之家高宗知而不悅然猶不彰其過儀鳳元年代劉仁軌爲中書令調露二年吐蕃入寇仁軌先與敬玄不協遂奏請敬玄鎮守西邊敬玄自以素非邊將之才固辭高宗謂曰仁軌若須朕朕即自往卿不得辭也竟以敬玄爲洮河道大總管兼安撫大使仍檢校鄯州都督率兵以禦吐蕃及將戰副將工部尚書劉審禮先鋒擊之敬玄聞賊至狼狽却走審禮既無繼援遂沒于陣俄有詔留敬玄於鄯州防禦敬玄累表稱疾乞還醫療許之既入見驗疾不重高宗責其詐妄又積其前後愆失貶授衡州刺史稍遷揚州大都督府長史永淳元年卒年六十八贈兗州都督撰禮論六十卷正論三卷文集三十卷子思沖神龍初歷工部侍郎左羽林軍將軍從節愍太子誅武三思事敗見殺籍沒其家敬玄弟元素亦有吏才初爲武德令時懷州刺史李文暕將調率金銀造常滿樽以獻百姓甚弊之官吏無敢異議者元素抗詞固執文暕乃損其制度以家財營之延載元年自文昌左丞遷鳳閣侍郎鳳閣鸞臺平章事加銀青光祿大夫萬歲通天二年坐與洛州錄事參軍綦連耀交結爲武懿宗所陷被殺神龍初雪免

李義琰魏州昌樂人常州刺史玄道族孫也其先自隴西徙山東世爲著姓父玄德瓊陶令義琰少舉進士累補太原尉時李勣爲并州都督家吏皆望風懾懼義琰獨廷折曲直勣甚禮之義琰麟德中爲白水令有能名拜司刑員外郎上元中累遷中書侍郎又授太子右庶子同中書門下三品時天后預知國政高宗嘗欲下詔令后攝知國事義琰與中書令郝處俊固爭以爲不可事竟寢義琰身長八尺博學多識高宗每有顧問言皆切直章懷太子之廢也高宗慰勉宮寮盡捨罪令復其位庶子薛元超等皆舞蹈謝恩義琰獨引罪涕泣

〇時論美之義琰宅無正寢弟義璡爲岐州司功參軍乃市堂材送焉及義璡來覲義琰謂曰以吾爲國相豈不懷愧更營美室是速吾禍此豈愛我意哉義璡曰凡人仕爲丞尉即營第宅兄官高祿重豈宜卑陋以偪下也義琰曰事難全遂物不兩興既有貴仕又廣其宇若無令德必受其殃吾非不欲之懼獲戾也竟不營構其木爲霖雨所腐而棄之義琰後改葬父母使舅氏移其舊塋高宗知而怒曰豈以身在樞要凌蔑外家此人不可更知政事義琰聞而不自安以足疾上疏乞骸骨乃授銀青光祿大夫聽致仕乃將歸東都田里公卿已下祖餞於通化門外時人以比漢之二疏垂拱初起爲懷州刺史義琰自以失則天意恐禍及固辭不拜四年卒於家義琰從祖弟義琛永淳初爲雍州長史時關輔大飢高宗令貧人散於商鄧逐食義琛恐黎人流轉因此不還固爭之由是忤旨出爲梁州都督轉岐州刺史稱爲良吏卒官高宗時宰相又有孫處約樂彥瑋趙仁本並有名跡

孫處約者汝州郟城人也貞觀中爲齊王祐記室祐既失德處約數
上書諫之祐既誅太宗親檢其家文跡得處約諫書甚嗟賞之累轉
中書舍人其年中書令杜正倫奏請更授一舍人與處約同知制誥
高宗曰處約一人足辦我事何須多也處約以預修太宗實錄成賜
物七百段三遷中書侍郎與李勣許敬宗同知國政尋避中宮諱改
名茂道坐事左轉司禮少常伯顯慶中拜少司成以老疾請致仕許
之尋卒子佺睿宗時爲左羽林大將軍征契丹戰没
樂彥瑋者雍州長安人顯慶中爲給事中時故侍中劉洎之子詣闕
上言洎貞觀末爲褚遂良所譖枉死稱寃請雪中書侍郎李義府又
左右之高宗以問近臣衆希義府之旨皆言其枉彥瑋獨進曰劉洎
大臣舉措須合軌度人主暫有不豫豈得即擬負國先朝所責未是
不愜且國君無過舉若雪洎之罪豈可謂先帝用刑不當乎然其言
遂寢其事彥瑋尋丁憂起爲唐州刺史及入辭高宗記其言直復拜
東臺舍人累遷西臺侍郎同東西臺三品乾封元年代劉仁軌爲大

司憲官名復舊改爲御史大夫上元三年卒贈秦州都督永昌年以
子思晦貴重贈揚州大都督思晦則天時官至鸞臺侍郎兼檢校天
官尚書同鳳閣鸞臺三品爲酷吏所殺
趙仁本者陝州河北人也貞觀中累轉殿中侍御史自義寧已來詔
勑皆手自纂録臨事皆暗記之甚爲當時所伏會有勑差一御史遠
使同列遞相辭託仁本越次請行言於治書侍御史馬周曰食君之
禄死君之事雖復跋涉艱險所不敢辭也及迴事又稱旨擢吏部員
外郎乾封中歷遷東臺侍郎同東西臺三品尋轉司列少常伯知政
事如故時許敬宗爲右相頗任權勢仁本拒其請託遂爲敬宗所搆
俄授尚書左丞罷知政事咸亨初卒官
史臣論曰崔盧數公皆以忠清文行致位樞要恪恭匪懈以保名位
誠所謂持盈守成太平之君子然敬玄之擢太玄可謂能舉善者矣
義琰廢材而不營第舍可謂有儉德矣彥瑋獨遏姦臣仁本請當遠
使終昇輔相不亦宜乎

贊曰盧劉兩族弈世名卿二李二樂俱號公清權臣獨抗美第不營
以兹輔弼無愧德聲

唐書列傳卷第三十一

劉　昫　等修

聞人詮校刻沈桐同校

許敬宗　李義府

許敬宗杭州新城人隋禮部侍郎善心子也其先自高陽南渡世仕江左敬宗幼善屬文舉秀才授淮陽郡司法書佐俄直謁者臺奏通事舍人事江都之難善心爲宇文化及所害敬宗流轉投於李密密以爲元帥府記室與魏徵同爲管記武德初赤牒擬漣州別駕太宗聞其名召補秦府學士貞觀八年累除著作郎兼修國史遷中書舍人十年文德皇后崩百官縗絰率更令歐陽詢狀貌醜異衆或指之敬宗見而大笑爲御史所劾左授洪州都督府司馬累遷給事中兼修國史十七年以修武德貞觀實錄成封高陽縣男賜物八百段權檢校黃門侍郎高宗在春宮遷太子右庶子十九年太宗親伐高麗皇太子定州監國敬宗與高士廉等共知機要中書令岑文本卒於行所令敬宗以本官檢校中書侍郎太宗大破遼賊於駐蹕山敬宗立於馬前受旨草詔書詞彩甚麗深見嗟賞先是庶人承乾廢黜宮僚多被除削久未收叙敬宗上表曰臣聞先王慎罰務在於恤刑往哲寬仁義在於有過聖人之道莫尚于茲竊見廢官五品以上除名弃斥頗歷歲時但庶人疇昔之年身處不疑之地苞藏悖逆陰結寃臣所預姦謀多連宗戚禍生膚表非可防萌宮內官寮迫無關預今乃投鼠及器孰謂無寃焚山毁玉稍同遷怒伏尋先典例有可原昔吳國陪臣則爰絲不坐於劉濞昌邑中尉則王吉免縲於海昏暨諸欒布乃策名於彭越比乎田叔亦委質於張敖主以凶逆陷其誅夷臣以賢良銜彼收擢歷觀往代此類尤多近者有隋又遵斯義楊勇之廢罪止加於佞人李綱之徒皆不預於刑網古今裁其折衷史籍稱爲美談而今張玄素令狐德棻趙弘智裴宣機蕭鈞等並砥節勵操有雅望於當朝經明行修播令名於天下或以直言而遭擯扑或以忤意而見猜嫌一槩雷同並罹天憲恐於王道傷在未弘由是玄

素等稍得敘用二十一年加銀青光祿大夫高宗嗣位代于志寧爲禮部尚書敬宗嫁女與蠻酋馮盎之子多納金寶爲有司所劾左授鄭州刺史永徽三年入爲衛尉卿加弘文館學士兼修國史六年復拜禮部尚書高宗將廢皇后王氏而立武昭儀敬宗特贊成其計長孫無忌褚遂良韓瑗等並直言忤旨敬宗與李義府潛加誣構並流死於嶺外顯慶元年加太子賓客尋冊拜侍中監修國史三年進封郡公尋贈其父善心爲冀州刺史高宗因於古長安城遊覽問侍臣曰朕觀故城舊基宮室似與百姓雜居自秦漢已來幾代都此敬宗對曰秦都咸陽郭邑連跨渭水故云渭水貫都以象天河至漢惠帝始築此城其後苻堅姚萇後周並都之帝又問昆明池是漢武帝何年中開鑿敬宗對曰武帝遣使通西南夷而爲昆明滇池所閉欲伐昆明國故因鎬之舊澤以穿此池用習水戰元狩三年事也帝因令敬宗與弘文館學士具檢秦漢已來歷代宮室處所以奏其年代李義府爲中書令任遇之重當朝莫比龍朔二年從新令改爲右相加光祿大夫三年冊拜太子少師同東西臺三品並依舊監修國史乾封初以敬宗年老不能行步特令與司空李勣每朝日各乘小馬入禁門至內省敬宗自掌知國史記事阿曲初虞世基與敬宗父善心同爲宇文化及所害封德彝時爲內史舍人備見其事因謂人曰世基被誅世南匍匐而請代善心之死敬宗舞蹈以求生人以爲口實敬宗深銜之及爲德彝立傳盛加其罪惡敬宗嫁女與左監門大將軍錢九隴本皇家隸人敬宗貪財與婚乃爲九隴曲敘門閥妄加功績并升與劉文靜長孫順德同卷敬宗爲子娶尉遲寶琳孫女爲妻多得賂遺及作寶琳父敬德傳悉爲隱諸過咎太宗作威鳳賦以賜長孫無忌敬宗改云賜敬德白州人龐孝泰蠻酋凡品率兵從征高麗賊知其懦襲破之敬宗又納其寶貨稱孝泰頻破賊徒斬獲數萬漢將驍健者唯蘇定方與龐孝泰耳曹繼叔劉伯英皆出其下虛美隱惡如此初高祖太宗兩朝實錄其敬播所修者頗多詳直敬宗又輒以己愛憎曲事刪改論者尤之然自貞觀已來朝廷所修五代史

及晉書東殿新書西域圖志文思博要文館詞林累璧瑤山玉彩姓氏錄新禮皆摠知其事前後賞賚不可勝紀敬宗好色無度其長子昂頗有才藻歷位太子舍人母裴氏早卒裴侍婢有姿色敬宗嬖之以爲繼室假姓虞氏昂素與通烝之不絕敬宗怒黜虞氏加昂以不孝奏請流于嶺外顯慶中表乞昂還除虔化令尋卒咸亨元年抗表乞骸骨詔聽致仕仍加特進俸祿如舊三年薨年八十一高宗爲之舉哀廢朝三日詔文武百官就第赴哭冊贈開府儀同三司揚州大都督陪葬昭陵文集八十卷太常將定謚博士袁思古議曰敬宗位以才升歷居清級然棄長子於荒徼嫁少女於夷落聞詩學禮事絕於趨庭納采問名唯聞於黷貨白圭斯玷有累清塵易名之典須凴實行按謚法名與實爽曰繆請謚爲繆敬宗孫太子舍人彥伯不勝其恥與思古大相忿競又稱思古與許氏先有嫌隙請改謚官太常博士王福畤議曰謚者飾終之稱也得失一朝榮辱千載若使嫌隙是實即合據法推繩如其不虧直道義不可奪官不可侵二三其德何以言禮福畤忝當官守匪躬之故若順風阿意背直從曲更是甲令虛設將謂禮院無人何以激揚雅道顧視同列請依思古謚議爲定戶部尚書戴至德謂福畤曰高陽公任遇如此何以定謚爲繆荅曰昔晉司空何曾薨太常博士秦秀謚爲繆醜公何曾既忠且孝徒以日食萬錢所以貶爲繆醜況敬宗忠孝不逮於曾飲食男女之累有踰於何氏而謚之爲繆無負於許氏矣時有詔令尚書省五品已上重議禮部尚書袁思敬議稱按謚法既過能改曰恭請謚曰恭詔從其議彥伯昂之子起家著作郎敬宗末年文筆多令彥伯代作又納婢妾讒言奏流於嶺表後遇赦得還除太子舍人早卒有集十卷

李義府瀛州饒陽人也其祖爲梓州射洪縣丞因家於永泰貞觀八年劍南道巡察大使李大亮以義府善屬文表薦之對策擢第補門下省典儀黃門侍郎劉洎持書御史馬周皆稱薦之尋除監察御史又勑義府以本官兼侍晉王及昇春宮除太子舍人加崇賢館直學士與太子司議郎來濟俱以文翰見知時稱來李義府嘗獻承華箴其辭曰邃初冥昧元氣氤氳二儀始闢三才既分司乾立宰出震爲君化昭淳朴道映典墳功成揖讓事極華勛肇興夏啓降及姬文咸資繼德永樹高芬百代以襲千齡奉聖尊若羲后不承實命允穆三階爰齊七政時雍化洽風移俗盛載崇國本式延家慶寶維様德離暉體正寄切宗祧事隆監撫思皇茂則敬詢端輔業光啓誦藝優于羽九載崇儒三朝問豎歷選儲儀遺文在斯望試登組高論喬枝俯容思順非禮無施前修盛業來哲通規飭躬是蹈則敷問風馳立志或爽則玄猷日虧無恃尊極修途難測無恃親賢失德靡全勿輕小善積小而名自聞勿輕微行累微而身自正佞諛有類邪巧多方其萌不絕其害必彰監言斯彝儲業攸昌竊惟令嗣有殊前事雖以貴以賢而非長非次皇明睠德超倫作貳匪懋聲華莫酬恩異匪崇徽烈莫符天志勉之又勉光茲守器下臣司箴敢告近侍太子表上其文優詔賜帛四十疋又令預撰晉書高宗嗣位遷中書舍人永徽二年兼修國史加弘文館學士高宗將立武昭儀爲皇后義府嘗密申協贊尋擢拜中書侍郎同中書門下三品監修國史賜爵廣平縣男義府貌狀溫恭與人語必嬉怡微笑而褊忌陰賊既處權要欲人附己微忤意者輒加傾陷故時人言義府笑中有刀又以其柔而害物亦謂之李貓顯慶元年以本官兼太子右庶子進爵爲侯有洛州婦人淳于氏坐姦繫于大理義府聞其姿色屬大理丞畢正義求爲別宅婦特爲雪其罪卿段寶玄疑其故遽以狀聞詔令按其事正義惶懼自縊而死侍御史王義方廷奏義府犯狀因言其初容貌爲劉洎馬周所幸由此得進言詞猥褻帝怒出義方爲萊州司戶而不問義府姦濫之罪義府云王御史妄相彈奏得無愧乎義方對云仲尼爲魯司寇七日誅少正卯於兩觀之下義方任御史旬有六日不能去姦邪於雙闕之前實以爲愧尋兼太子左庶子二年代崔敦禮爲中書令兼檢校御史大夫監修國史學士並如故尋加太子賓客進封河間郡公三年又追贈其父德晟爲魏州刺史諸子孩抱者並列清官詔爲造甲第榮寵莫之能比而義府貪冒無猒與母妻及諸子女

壻賣官鬻獄其門如市多引腹心廣樹朋黨傾動朝野初杜正倫為中書侍郎義府時任典儀至是乃與正倫同為中書令正倫每以先進自處不下義府而中書侍郎李友益密與正倫共圖議義府更相伺察義府知而密令人封奏其事正倫與義府訟於上前各有曲直上以大臣不和兩責之左貶義府為普州刺史正倫為橫州刺史友益配流峯州四年復召義府兼吏部尚書同中書門下三品自餘官封如故龍朔元年丁母憂去職二年起復為司列太常伯同東西臺三品義府尋請改葬其祖父營墓於永康陵側三原令李孝節私課丁夫車牛為其載土築墳晝夜不息於是高陵櫟陽富平雲陽華原同官涇陽等七縣以孝節之故懼不得已悉課丁車赴役高陵令張敬業恭勤怯懦不堪其勞死於作所王公已下爭致贈遺其羽儀導從轜輴器服並窮極奢侈又會葬車馬祖奠供帳自灞橋屬於三原七十里間相繼不絕武德已來王公葬送之盛未始有也義府本無藻鑑才怙武后之勢專以賣官為事銓序失次人多怨讟時殷王初

出閤又以義府兼王府長史三年遷右相殷王府長史仍知選事並如故義府入則諂言自媚出則肆其姦宄百寮畏之無敢言其過者帝頗知其罪失從容誡義府云聞卿兒子女壻皆不謹慎多作罪過我亦為卿掩覆未即公言卿可誡勗勿令如此義府勃然變色腮頸俱起徐曰誰向陛下道此上曰但我言如是何須問我所從得耶義府睆然殊不引咎緩步而去上亦優容之初五禮儀注自前代相沿吉凶畢舉太常博士蕭楚材孔志約以皇室凶禮為預備凶事非臣子所宜言之義府深然之於是悉刪而焚焉義府既貴之後又自言本出趙郡始與諸李敘昭穆而無賴之徒苟合藉其權勢拜伏為兄叔者甚衆給事中李崇德初亦與同譜敘昭穆及義府出為普州刺史遂即除削義府聞而銜之及重為宰相乃令人誣構其罪竟下獄自殺初貞觀中太宗命吏部尚書高士廉御史大夫韋挺中書侍郎岑文本禮部侍郎令狐德棻等及四方士大夫諳練門閥者修氏族志勒成百卷升降去取時稱允當頒下諸州藏為永式義府恥其家

代無名乃奏改此書專委禮部郎中孔志約著作郎楊仁卿太子洗馬史玄道太常丞呂才重修志約等遂立格云皇朝得五品官者皆升士流於是兵卒以軍功致五品者盡入書限更名為姓氏錄由是搢紳士大夫多恥被甄敘皆號此書為勳格義府仍奏收天下氏族志本焚之闗東魏齊舊姓雖皆淪替猶相矜尚自為婚姻義府為子求婚不得乃奏隴西李等七家不得相與為婚陰陽占候人杜元紀為義府望氣云所居宅有獄氣發積錢二千萬乃可猒勝義府信之聚斂更急切義府居母服有制朔望給哭假義府輒微服與元紀凌晨共出城東登古塚候望衰禮都廢由是人皆言其窺覘災眚陰懷異圖義府又遣其子右司議郎津召長孫無忌之孫延謂曰相為得一官數日詔書當出居五日果授延司津監乃取延錢七百貫於是右金吾倉曹參軍楊行穎表言義府罪狀制下司刑太常伯劉祥道與侍御詳刑對推其事仍令司空李勣監焉按皆有實乃下制曰右相行殷王府長史河間郡公李義府洩禁中之語鬻寵授之朝恩交

占候之人輕朔望之哀禮蓄邪黷貨實玷衣冠稔惡嫉賢載虧政道特以任使多年未忍便加重罰宜從遐棄以肅朝倫可除名長流巂州其子太子右司議郎津專恃權門罕懷忌憚姦淫是務賄賂無厭交遊非所潛報機密亦宜明罰屏跡荒裔可除名長流振州義府次子率府長史洽千牛備身洋子壻少府主簿柳元貞等皆憑恃受贓並除名長流廷州朝野莫不稱慶時人為之語曰今日巨唐年還誅四凶族四凶者謂洽及柳元貞等四人也或作河間道行軍元帥劉祥道破銅山大賊李義府露布牓之通衢義府先多取人奴婢及敗一時奔散各歸其家露布稱混奴婢而亂放各識家而竟入者謂此也乾封元年大赦長流人不許還義府憂憤發疾卒年五十餘文集三十卷傳於代又著宦遊記二十卷尋亡失自義府流放後朝士常憂懼恐其復來及聞其死於是始安上元元年大赦義府妻子得還洛陽如意元年則天以義府與許敬宗御史大夫崔義玄中書舍人王德儉大理正侯善業大理丞袁公瑜等六人在永徽中有翊贊之

功追贈義府揚州大都督義玄益州大都督德儉魏州刺史公瑜江州刺史長安元年又賜義府子左千牛衛將軍湛及敬宗諸子實封各三百戶義玄子司賓卿基德儉子殿中監璿實封各二百五十戶善業子太子右庶子知一公瑜子殿中丞忠臣實封各二百戶睿宗即位景雲元年並停義府等六家實封義府少子湛年十六歲時以父貴授周王文學神龍初累遷右散騎常侍襲封河間郡公時鳳閣侍郎張柬之將誅張易之兄弟遂引湛爲左羽林將軍令與敬暉等啓請皇太子備陳將誅易之兄弟意太子許之及兵發湛與右羽林大將軍李多祚等詣東宮迎皇太子拒而不時出湛進啓曰逆豎反道亂常將圖不軌宗社危敗實在須臾湛等諸將與南衙執事尅期誅翦伏願殿下暫至玄武門以副衆望太子曰凶豎悖亂誠合誅夷然聖躬不豫慮有驚動公等且止以俟後圖湛曰諸將弃家族共宰相同心戮力匡輔社稷殿下奈何不哀其懇誠而欲陷之鼎鑊湛等微命雖不足惜殿下速出自止過太子乃馳馬就路湛從至玄武門斬

關而入率所部兵直至則天所寢長生殿環繞侍衛因奏臣等奉令誅逆賊易之昌宗恐有漏洩遂不獲預奏輒陳兵禁掖是臣等死罪則天謂湛曰卿亦是誅易之軍將耶我於汝父子恩不少何至是也則天移就上陽宮因留湛宿衛中宗即位拜右羽林大將軍進封趙國公加實封通前滿五百戶頃之復授左散騎常侍累轉左領軍衛大將軍開元初卒崔義玄別有傳

史臣曰許高陽武德之際已爲文皇入館之賓垂三十年位不過列曹尹而馬周劉洎起羈旅徒步六七年間皆登宰執考其行實則高陽之文學宏奧周洎無以過之然而太宗任遇相殊者良以高陽才優而行薄故也及屬嗣君沖暗嬖妾姦邪阿附犲狼窺圖權軸人之兇險一至於斯仲尼所謂雖有周公之才不足觀也義府才思精密所謂猩猩能言鄙哉

贊曰貞觀文士高陽河間圖形學館染翰書山進身以筆得位由姦爲虎傅翼即又胡顏

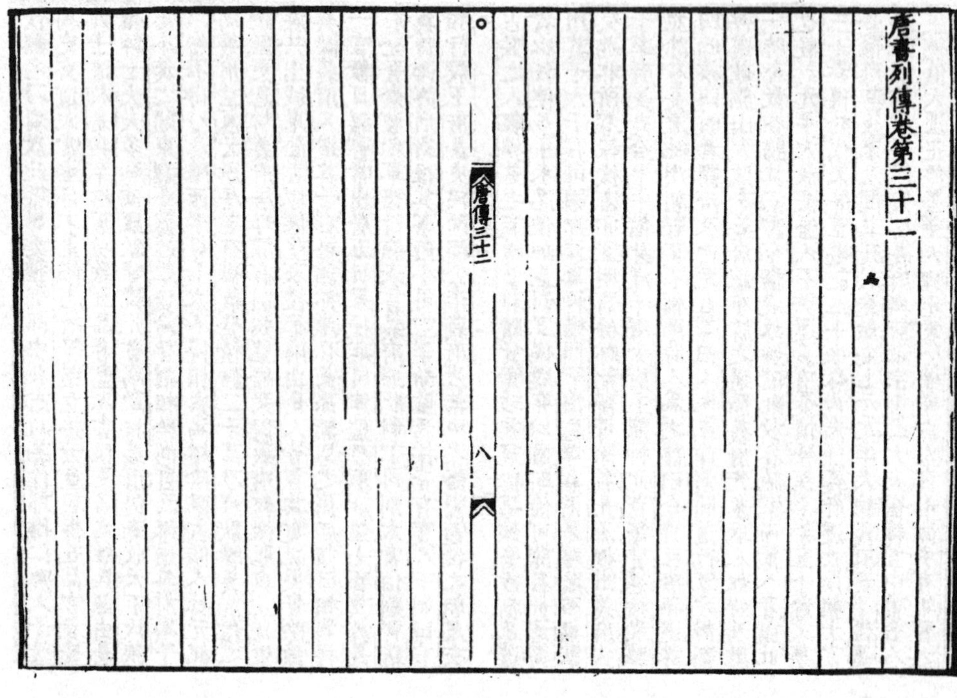

唐書列傳卷第三十二

唐書列傳卷第三十三

劉昫 等修

聞人詮校刻沈桐同校

郭孝恪　張儉　蘇定方

程務挺　張士貴　趙道興　薛仁貴

郭孝恪許州陽翟人也少有志節隋末率鄉曲數百人附於李密密大悅之謂曰昔稱汝潁多奇士故非謬也令與徐勣守黎陽後密敗勣令孝恪入朝送款封陽翟郡公拜宋州刺史令與徐勣經營武牢已東所得州縣委以選補其後竇建德率衆來援王世充孝恪於青城宮進策於太宗曰世充日踧月迫力盡計窮懸首面縛翹足可待建德遠來助虐糧運阻絕此是天喪之時請固武牢屯軍氾水隨機應變則易為剋殄太宗然其計及破建德平世充太宗於洛陽置酒高會諸將曰郭孝恪謀擒建德之策王長先龍門下米之功皆出諸人之右也歷遷貝趙江涇四州刺史所在有能名入為太府少卿轉

左驍衛將軍貞觀十六年累授金紫光祿大夫行安西都護西州刺史其地高昌舊都士流與流配及鎮兵雜處又限以沙磧與中國隔絕孝恪推誠撫御大獲其歡心初王師之滅高昌也制以高昌所虜焉耆生口七百盡還之焉耆王尋叛歸欲谷可汗朝貢稀至令孝恪伺其機便因表請擊之以孝恪為西道行軍總管率步騎三千出銀山道以伐焉耆孝恪夜襲其城虜其王龍突騎支太宗大悅璽書勞之曰卿破焉耆虜其偽王功立威行深副所委但焉耆絕域地阻天山恃遠憑深敢懷叛逆卿望崇位重報効情深遠涉沙場龔行罰罪取其堅壁曾不崇朝再廓遊魂遂無遺寇緬思竭力必大艱辛超險成功深足嘉尚俄又以孝恪為崑丘道副大總管以討龜茲破其都城孝恪自留守之餘軍分道別進龜茲國相那利率衆遁逃孝恪以城外未賓乃出營於外有龜茲人來謂孝恪曰那利為相人心素歸今亡在野必思為變城中之人頗有異志公宜備之孝恪不以為虞那利等果率衆萬餘陰與城內降胡表裏為應孝恪失於警候賊將入城鼓譟孝恪始覺之乃率部下千餘人入城與賊合戰城中人復應那利攻孝恪孝恪力戰而入至其王所居旋復出戰於城門中流矢而死孝恪子待詔亦同死於陣賊竟退走將軍曹繼叔復拔其城太宗聞之初責孝恪不加警備以致顚覆後又憐之為其家舉哀高宗即位追贈安西都護陽翟郡公待詔贈游擊將軍仍賻物三百段孝恪性奢侈僕妾器玩務極鮮華雖在軍中床帳完具嘗以遺行軍大總管阿史那社爾社爾一無所受太宗聞之曰二將優劣之不同也郭孝恪今為寇虜所屠可謂自貽伊咎耳次子待封高宗時官至左豹韜衛將軍咸亨中與薛仁貴率兵討吐蕃於大非川戰敗減死除名少子待聘長安中官至宋州刺史

張儉雍州新豐人隋相州刺史皖城公威之孫也父植車騎將軍連城縣公儉即高祖之從甥也貞觀初以軍功累遷朔州刺史時頡利可汗自恃強盛每有所求輒遣書稱勑緣邊諸州遞相承稟及儉至遂拒不受太宗聞而嘉之儉又廣營屯田歲致穀十萬斛邊糧益饒

及遭霜旱勸百姓相贍遂免飢餒州境獨安後檢校勝州都督以母憂去職儉前在朔州屬李靖平突厥之後有思結部落貧窮離散儉招慰安集之其不來者或居磧北既親屬分住私相往還儉並不拘責但存綱紀羈縻而已及儉移任州司謂其將叛遽以奏聞朝廷議發兵進討仍起儉為使就觀動靜儉單馬推誠入其部落召諸首領布以腹心咸匍匐啓顙而至便移就代州即令檢校代州都督儉遂勸其營田每年豐熟慮其私蓄富實易生驕侈表請和糴擬充貯備蕃人喜悅邊軍大收其利遷營州都督兼護東夷校尉太宗將征遼東遣儉率蕃兵先行抄掠儉軍至遼西為遼水汎漲久而未渡太宗以為畏懦召還儉詣洛陽謁見面陳利害因說水草好惡山川險易太宗甚悅仍拜行軍總管兼領諸蕃騎卒為六軍前鋒時有獲高麗候者稱莫離支將至遼東詔儉率兵自新城路邀擊之莫離支竟不敢出儉因進兵渡遼趨建安城賊徒大潰斬首數千級以功累封皖城郡公賞賜甚厚其後改東夷校尉為東夷都護仍以儉為之永徽

初加金紫光禄大夫四年卒於官年六十謚曰密儉兄大師累以軍
功仕至太僕卿華州刺史武功縣男儉弟延師永徽初累授左衛大
將軍封范陽郡公延師廉謹周慎典羽林屯兵前後三十餘年未嘗
有過朝廷以此稱之龍朔三年卒官贈荆州都督謚曰敬陪葬昭陵
唐制三品已上門列棨戟儉兄弟三院門皆立戟時人榮之號爲三
戟張家
蘇定方冀州武邑人也父邕大業末率鄉閭數千人爲本郡討賊定
方驍悍多力膽氣絶倫年十餘歲隨父討捕先登陷陣父卒郡守又
令定方領兵破賊首張金稱于郡南手斬金稱又破楊公卿于郡西
追奔二十餘里殺獲甚衆鄉黨賴之後仕竇建德建德將高雅賢甚
愛之養以爲子雅賢俄又爲劉黑闥攻陷城邑定方每有戰功及黑
闥雅賢死定方歸鄉里貞觀初爲匡道府折衝隨李靖襲突厥頡利
于磧口靖使定方率二百騎爲前鋒乘霧而行去賊一里許忽然霧
歇望見其牙帳馳掩殺數十百人頡利及隋公主狼狽散走餘衆俯
伏靖軍既至遂悉降之軍還授左武候中郎將永徽中轉左衛勳一
府中郎將從左衛大將軍程知節征賀魯爲前軍總管至鷹娑川突
厥有二萬騎來拒總管蘇海政與戰互有前却既而突厥別部鼠尼
施等又領二萬餘騎續至定方正歇馬隔一小嶺去知節十許里望
見塵起率五百騎馳往擊之賊衆大潰追奔二十里殺千五百餘人
獲馬二千疋死馬及所弃甲仗綿亘山野不可勝計副大總管王文
度害其功謂知節曰雖云破賊官軍亦有死傷蓋決成敗法耳何爲
此事自今正可結爲方陣輜重並納腹中四面布隊人馬被甲賊來
即戰自保萬全無爲輕脫致有傷損又矯稱別奉聖旨以知節恃勇
輕敵使文度爲其節制遂收軍不許深入終日跨馬被甲結陣由是
馬多瘦死士卒疲勞無有戰志定方謂知節曰本來討賊今乃自守
馬餓兵疲逢賊即敗怯懦如此何功可立又公爲大將閫外之事不
許自專別遣軍副專其號令理必不然須囚繫文度飛表奏之知節
不從至恒篤城有胡降附文度又曰比我兵迴彼還作賊不如盡殺

取其資財定方曰如此自作賊耳何成伐叛文度不從及分財唯定
方一無所取師還文度坐處死後得除名明年擢定方爲行軍大總
管入征賀魯以任雅相迴紇婆潤爲副自金山之北指處木昆部落
大破之其俟斤嬾獨禄以衆萬餘帳來降定方撫之發其千騎進至
突騎施部賀魯率胡禄屋闕啜攝舍提暾啜鼠尼施處半啜處木昆
屈律啜五弩失畢兵馬衆且十萬來拒官軍定方率迴紇及漢兵萬
餘人擊之賊輕定方兵少四面圍之定方令步卒據原攢矟外向親
領漢騎陣於北原賊先擊步軍三衝不入定方乘勢擊之賊遂大潰
追奔三十里殺人馬數萬明日整兵復進於是胡禄屋等五弩失畢
悉衆來降賀魯獨與處木昆屈律啜數百騎西走餘五咄六闕賀魯
敗各向南道降于步真於是西蕃悉定唯賀魯及咥運率其牙內餘
衆而奔定方追之彼大戰于伊麗水上殺獲略盡賀魯及咥運十餘
騎逼夜亡走定方遣副將蕭嗣業追捕之至于石國擒之而還高宗
臨軒定方戎服操賀魯以獻列其地爲州縣極于西海定方以功遷
左驍衛大將軍封邢國公又封子慶節爲武邑縣公俄有思結闕俟
斤都曼先鎮諸胡擁其所部及疎勒朱俱般葱嶺三國復叛詔定方
爲安撫大使率兵討之至葉葉水而賊保馬頭川於是選精卒一萬
人馬三千疋馳掩襲之一日一夜行三百里詰朝至城西十里都曼
大驚率兵拒戰於城門之外賊師敗績退保馬保城王師進屯其門
入夜諸軍漸至四面圍之伐木爲攻具布列城下都曼自知不免面
縛開門出降俘還至東都高宗御乾陽殿定方操都曼特勒獻之葱
嶺以西悉定以功加食邢州鉅鹿眞邑五百戶顯慶五年從幸太原
制授熊津道大總管率師討百濟定方自城山濟海至熊津江口賊
屯兵據江定方升東岸乘山而陣與之大戰揚帆蓋海相續而至賊
師敗績死者數千人自餘奔散遇潮且上連舳入江定方於岸上擁
陣水陸齊進飛檝鼓譟直趣眞都去城二十許里賊傾國來拒大戰
破之殺虜萬餘人追奔入郭其王義慈及太子隆奔于北境定方進
圍其城義慈次子泰自立爲王嫡孫文思曰王與太子雖並出城而

身見在叔揔兵馬即擅爲王假令漢兵退我父子當不全矣遂率其
左右投城而下百姓從之泰不能止定方命卒登城建幟於是泰開
門頓顙其大將禰植又將義慈來降太子隆幷與諸城主皆同送款
百濟悉平分其地爲六州俘義慈及隆泰等獻于東都定方前後滅
三國皆生擒其主賞賜珍寶不可勝計仍拜其子慶節爲尚輦奉御
定方俄遷左武衛大將軍乾封二年卒年七十六高宗聞而傷惜謂
侍臣曰蘇定方於國有功例合褒贈卿等不言遂使哀榮未及興言
及此不覺嗟悼遽下詔贈幽州都督謚曰莊

薛仁貴絳州龍門人貞觀末太宗親征遼東仁貴謁將軍張士貴應
募請從行至安地有郎將劉君卬爲賊所圍甚急仁貴往救之躍馬
徑前手斬賊將懸其頭於馬鞍賊皆懾伏仁貴遂知名及大軍攻安
地城高麗莫離支遣將高延壽高惠眞率兵二十五萬來拒戰依山
結營太宗分命諸將四面擊之仁貴自恃驍勇欲立奇功乃異其服
色著白衣握戟腰鞬張弓大呼先入所向無前賊盡披靡却走大軍

乘之賊乃大潰太宗遙望見之遣馳問先鋒白衣者爲誰特引見賜
馬兩疋絹四十疋擢授游擊將軍雲泉府果毅仍令北門長上幷賜
生口十人及軍還太宗謂曰朕舊將並老不堪受閫外之寄每欲抽
擢驍雄莫如卿者朕不喜得遼東喜得卿也尋遷右領軍郎將依舊
北門長上永徽五年高宗幸萬年宮甲夜山水猥至衝突玄武門宿
衛者散走仁貴曰安有天子有急輒敢懼死遂登門桄叫呼以驚宮
內高宗遽出乘高俄而水入寢殿上使謂仁貴曰賴得卿呼方免淪
溺始知有忠臣也於是賜御馬一疋蘇定方之討賀魯也於是仁貴
上疏曰臣聞兵出無名事故不成明其爲賊敵乃可伏今泥熟仗素
幹不伏賀魯爲賊所破虜其妻子漢兵有於賀魯諸部落得泥熟等
家口將充賤者宜括取送還仍加賜賚即是矜其枉破使百姓知賀
魯是賊知陛下德澤廣及也高宗然其言使括泥熟家口送還之於
是泥熟等請隨軍効其死節顯慶二年詔仁貴副程名振於遼東經
略破高麗於貴端城斬首三千級明年又與梁建方契苾何力於遼

東共高麗大將溫沙門戰於橫山仁貴疋馬先入莫不應弦而倒高
麗有善射者於石城下射殺十餘人仁貴單騎直往衝之其賊弓矢
俱失手不能舉便生擒之俄又與辛文陵破契丹於黑山擒契丹王
阿卜固及諸首領赴東都以功封河東縣男尋又領兵擊九姓突厥
於天山將行高宗內出甲令仁貴試之上曰古之善射有穿七札者
卿且射五重仁貴射而洞之高宗大驚更取堅甲以賜之時九姓有
衆十餘萬令驍健數十人逆來挑戰仁貴發三矢射殺三人自餘一
時下馬請降仁貴恐爲後患並坑殺之更就磧北安撫餘衆擒其僞
葉護兄弟三人而還軍中歌曰將軍三箭定天山戰士長歌入漢關
九姓自此衰弱不復更爲邊患乾封初高麗大將泉男生率衆內附
高宗遣將軍龐同善高等迎接之男生弟男建率國人逆擊同善等
詔仁貴統兵爲後援同善等至新城夜爲賊所襲仁貴領驍勇赴救
斬首數百級同善等又進至金山爲賊所敗高麗乘勝而進仁貴橫
擊之賊衆大敗斬首五萬餘級遂拔其南蘇木底蒼巖等三城始與

男生相會高宗手勑勞之曰金山大陣兇黨寔繁卿身先士卒奮不
顧命左衝右擊所向無前諸軍賈勇致斯剋捷宜善建功業全此令
名也仁貴乘勝領二千人進攻扶餘城諸將咸言兵少仁貴曰在主
將善用耳不在多也遂先鋒而行賊衆來拒逆擊大破之殺獲萬餘
人遂拔扶餘城扶餘川四十餘城乘風震慴一時送款仁貴便並海
略地與李勣大會軍于平壤城高麗既降詔仁貴率兵二萬人與劉
仁軌於平壤留守仍授右威衛大將軍封平陽郡公兼檢校安東都
護移理新城撫恤孤老有幹能者隨才任使忠孝節義咸加旌表高
麗士衆莫不欣然慕化咸亨元年吐蕃入寇又以仁貴爲邏娑道行
軍大總管率將軍阿史那道眞郭待封等以擊之待封嘗爲鄯城鎮
守恥在仁貴之下多違節度軍至大非川將發赴烏海仁貴謂待封
曰烏海險遠車行艱澁若引輜重將失事機破賊即迴又煩轉運彼
多瘴氣無宜久留大非嶺上足堪置柵可留二萬人作兩柵輜重等
並留柵內吾等輕銳倍道掩其未整即撲滅之矣仁貴遂率先行至

河口遇賊擊破之斬獲略盡收其牛羊萬餘頭迴至烏海城以待後援待封遂不從仁貴之命領輜重繼進比至烏海吐蕃二十餘萬悉衆來救邀擊待封敗走趨山軍粮及輜重並爲賊所掠仁貴遂退軍屯於大非川吐蕃又益衆四十餘萬來拒戰官軍大敗仁貴遂與吐蕃大將論欽陵約和仁貴歎曰今年歳在庚午軍行逆歳鄧艾所以死於蜀吾知所以敗也仁貴坐除名尋而高麗衆相率復叛詔起仁貴爲雞林道摠管以經略之上元中坐事徙象州會赦歸高宗思其功開耀元年復召見謂曰往九成宮遭水無卿已爲魚矣卿又北伐九姓東擊高麗漢北遼東咸遵聲教者並卿之力也卿雖有過豈可相忘有人云卿烏海城下自不擊賊致使失利朕所恨者唯此事耳今西邊不靜瓜沙路絶卿豈可高枕鄉邑不爲朕指揮耶於是起授瓜州長史尋拜右領軍衛將軍檢校代州都督又率兵擊突厥元珍等於雲州斬首萬餘級獲生口二萬餘人駝馬牛羊三萬餘頭賊聞仁貴復起爲將素憚其名皆奔散不敢當之其年仁貴病卒年七十

贈左驍衛將軍官造靈轝并家口給傳還鄉子訥別有傳

程務挺洺州平恩人也父名振大業末仕竇建德爲普樂令甚有能名諸賊不敢犯其境尋棄建德歸國高祖遥授永年令仍令率兵經略河北名振夜襲鄴縣俘其男女千餘人以歸去鄴八十里閱婦人有乳汁者九十餘人悉放遣之鄴人感其仁恕爲之設齋以報其恩及建德敗始之任俄而劉黑闥陷洺州名振復與刺史陳君賓自拔歸朝母潘妻李在路爲賊所掠没於黑闥名振又從太宗討黑闥時黑闥於冀貝滄瀛等州水陸運粮以拒官軍名振率千餘人邀擊之盡毀其舟車黑闥聞之大怒遂殺名振母妻及黑闥平名振請手斬黑闥以其首祭母名振以功拜營州都督府長史封東郡公賜物二千段黃金三百兩累轉洺州刺史太宗將征遼東召名振問以經略之事名振初對失旨太宗動色詰之名振酬對逾辯太宗意解謂左右曰房玄齡常在我前每見別嗔餘人猶顔色無主名振生平不見我向來責讓而詞理縱横亦奇士也即日拜右驍衛將軍授平壤道行軍摠管前後攻沙卑城破獨山陣皆以少擊衆稱爲名將永徽六年累除營州都督兼東夷都護又率兵破高麗於貴端水焚其新城殺獲甚衆後歷晉蒲二州刺史龍朔二年卒贈右衛大將軍謚曰烈

務挺少隨父征討以勇力聞遷右領軍衛中郎將永隆中突厥史伏念反叛定襄道行軍摠管李文暕曹懷舜竇義昭等相次戰敗又詔禮部尚書裴行儉率兵討之務挺爲副將仍檢校豐州都督時伏念屯於金牙山務挺與副摠管唐玄表引兵先逼之伏念懼不能支遂間道降於行儉許伏念以不死中書令裴炎以伏念懼務挺等兵勢而降非行儉之功伏念遂伏誅務挺以功遷右衛將軍封平原郡公永淳二年綏州城平縣人白鐵余率部落稽之黨據縣城反僞稱尊號署百官又進寇綏德殺掠人吏焚燒村落詔務挺與夏州都督王方翼討之務挺進攻其城拔之生擒白鐵余盡平其餘黨又以功拜左驍衛大將軍檢校左羽林軍嗣聖初與右領軍大將軍檢校右羽林軍張虔勗同受則天密旨帥兵入殿庭廢中宗爲廬陵王立豫王

爲皇帝則天臨朝累受賞賜特拜其子齊之爲尚乘奉御務挺泣請迴授其弟則天嘉之下制襃美乃拜其弟原州司馬務忠爲太子洗馬又明年以務挺爲左武衛大將軍單于道安撫大使督軍以禦突厥務挺善於綏禦威信大行偏裨已下無不盡力突厥甚憚之相率遁走不敢近邊及裴炎下獄務挺密表申理之由是忤旨務挺素與唐之奇杜求仁友善或構言務挺與裴炎徐敬業皆潛相應接則天遣左鷹揚將軍裴紹業就軍斬之籍没其家突厥聞務挺死所在宴樂相慶仍爲務挺立祠每出師攻戰即祈禱焉貞觀永徽間軍將又有張士貴趙道興狀跡可錄

張士貴者虢州盧氏人也本名忽峍善騎射膂力過人大業末聚衆爲盜攻剽城邑遠近患之號爲忽峍賊高祖降書招懷之士貴以所統送款拜右光祿大夫累有戰功賜爵新野縣公從平東都授虢州刺史高祖謂之曰欲卿衣錦晝遊耳尋入爲右武候將軍貞觀七年破反獠而還太宗勞之曰聞公親當矢石爲士卒先雖古名將何以

加也朕甞聞以身報國者不顧性命但聞其語未聞其實於公見之矣後累遷左領軍大將軍改封號國公顯慶初卒贈荆州都督陪葬昭陵

趙道興者甘州酒泉人隋右武候大將軍才之子也道興貞觀初歷遷左武候中郎將明閑宿衛號爲稱職太宗甞謂之曰卿父爲隋武候將軍甚有當官之譽卿今克傳弓冶可謂不墜家聲因授右武候將軍賜爵天水縣子其父時廨宇仍舊不改時人以爲榮道興甞自指其廳事曰此是趙才將軍廳還使趙才將軍兒坐爲朝野所笑傳爲口實儀鳳中累遷左金吾衛大將軍文明年以老病致仕於家子皎亦爲金吾將軍凡三代執金吾爲時所稱

史臣曰孝恪機鈐果毅協草昧之際樹勳建策有傑世之風然而務奢爲恒既未盡善舉衆失律不其惑與張公經略有天然才度務穡勸分董和成績惜哉中壽其才未盡邢國公神略翕張雄謀戡定輔平屯難始終成業疏封陟位未暢茂典蓋闕如也仁貴驍悍壯勇爲

○一時之傑至忠大略勃然有立噫待封不協以敗全略孔子曰可與立未可與權上加 明命竟致立功知臣者君信哉務挺勇力驍果固有父風英槩輔時克繼洪烈然而苟預廢立竟陷讒構古之言曰惡之來也如火之燎于原不可嚮邇其是之謂乎士貴道與逢時立効得盡義勇以覯厥成而繼父風槩三代執金不亦美乎

賛曰五將雄雄俱立邊功張蘇二族功名始終郭薛務挺徼功奮命垂則窮邊兵無常勝

唐書列傳卷第三十三

劉　昫　等修

閩人詮校刻沈桐同校

劉仁軌　郝處俊　裴行儉　子光庭

劉仁軌汴州尉氏人也少恭謹好學遇隋末喪亂不遑專習每行坐所在輒書空地由是博涉文史武德初河南道大使管國公任瓌將上表論事仁軌見其起草因為改定數字瓌甚異之遂赤牒補息州參軍稍除陳倉尉部人有折衝都尉魯寧者恃其高班豪縱無禮歷政莫能禁止仁軌特加誡喻期不可再犯寧又暴横尤甚竟杖殺之州司以聞太宗怒曰是何縣尉輒殺吾折衝遽追入與語奇其剛正擢授櫟陽丞貞觀十四年太宗將幸同州校獵屬收穫未畢仁軌上表諫曰臣聞屋漏在上知之者在下愚夫之計擇之者聖人是以周王詢于芻蕘殷后謀于板築故得享國彌久傳祚無疆功宣清廟慶流後葉伏惟陛下天性仁愛躬親節儉朝夕克念百姓為心一物失

所納隍軫慮臣伏聞大駕欲幸同州教習臣伏知四時蒐狩前王恒典事有沿革未必因循今年甘雨應時秋稼極盛玄黄亘野十分纔收一二盡力刈穫月半猶未訖功貧家無力禾下始擬種麥直據尋常科喚田家已有所妨今既供承獵事兼之修理橋道縱大簡略動費一二萬工百姓收斂實為狼狽臣願陛下少留萬乘之恩垂聽一介之言退近旬日收刈總了則人盡暇豫家得康寧輿輪徐動公私交泰太宗特降璽書勞曰卿職任雖卑竭誠奉國所陳之事朕甚嘉之尋拜新安令累遷給事中顯慶四年出為青州刺史五年太宗征遼令仁軌監統水軍以後期坐免特令以白衣隨軍自効時蘇定方既平百濟留郎將劉仁願於百濟府城鎮守又以左衛中郎將王文度為熊津都督安撫其餘衆文度濟海病卒百濟為僧道琛舊將福信率衆復叛立故王子扶餘豐為王引兵圍仁願於府城詔仁軌檢校帶方州刺史代文度統衆便道發新羅兵合勢以救仁願轉鬬而前仁軌軍容整肅所向皆下道琛等乃釋仁願之圍退保任存城尋

而福信殺道琛併其兵馬招誘亡叛其勢益張仁軌乃與仁願合軍休息時蘇定方奉詔伐高麗進圍平壤不克而還高宗勅書與仁軌曰平壤軍迴一城不可獨固宜拔就新羅共其屯守若金法敏藉卿等留鎮宜且停彼若其不須即宜泛海還也將士咸欲西歸仁軌曰春秋之義大夫出疆有可以安社稷便國家專之可也況在滄海之外密邇豺狼者哉且人臣進思盡忠有死無貳公家之利知無不為主上欲吞滅高麗先誅百濟留兵鎮守制其心腹雖妖孽充斥而備預甚嚴宜礪戈秣馬擊其不意彼既無備何攻不剋戰而有勝士卒自安然後分兵據險開張形勢飛表聞上更請兵船朝廷知其有成必當出師命將聲援纔接凶逆自殲非直不弃成功實亦永清海外今平壤之軍既迴熊津又拔則百濟餘燼不日更興高麗逋藪何時可滅且今以一城之地居賊中心如其失脚即為亡虜拔入新羅又是坐客脫不如意悔不可追況福信兇暴殘虐過甚餘豐猜惑外合內離鴟張共處勢必相害唯宜堅守觀變乘便取之不可動也衆從

之時扶餘豐及福信等以眞峴城臨江高險又當衝要加兵守之仁軌引新羅之兵乘夜薄城四面攀草而上比明而入據其城遂通新羅運糧之路俄而餘豐襲殺福信又遣使往高麗及倭國請兵以拒官軍詔右威衛將軍孫仁師率兵浮海以為之援仁師既與仁軌等相合兵士大振於是諸將會議或曰加林城水陸之衝請先擊之仁軌曰加林險固急攻則傷損戰士固守則用日持久不如先攻周留城周留賊之巢穴群兇所聚除惡務本須拔其源若剋周留則諸城自下於是仁師仁願及新羅王金法敏帥陸軍以進仁軌乃別率杜爽扶餘隆率水軍及糧船自熊津江往白江會陸軍同趣周留城仁軌遇倭兵於白江之口四戰捷焚其舟四百艘煙焰漲天海水皆赤賊衆大潰餘豐脫身而走獲其寶劒偽王子扶餘忠勝忠志等率士女及倭衆并耽羅國使一時並降百濟諸城皆復歸順賊帥遲受信據任存城不降先是百濟首領沙吒相如黑齒常之自蘇定方軍迴後鳩集亡散各據險以應福信至是率其衆降仁軌諭以恩信令自

領子弟以取任存城又欲分兵助之孫仁師曰相如等獸心難信若授以甲仗是資寇兵也仁軌曰吾觀相如常之皆忠勇有謀感恩之士從我則成背我必滅因機立効在於茲日不須疑也於是給其粮仗分兵隨之遂拔任存城遲受信弃其妻子走投高麗於是百濟之餘燼悉平孫仁師與劉仁願振旅而還詔留仁軌勒兵鎮守初百濟經福信之亂合境凋殘殭屍相屬仁軌始令收斂骸骨瘞埋弔祭之修錄戶口署置官長開通塗路整理村落建立橋梁補葺堤堰修復陂塘勸課耕種賑貸貧乏存問孤老頒宗廟忌諱立皇家社稷百濟餘衆各安其業於是漸營屯田積粮撫士以經略高麗仁願既至京師上謂曰卿在海東前後奏請皆合事宜而雅有文理卿本武將何得然也對曰劉仁軌之詞非臣所及也上深歎賞之因超加仁軌六階正授帶方州刺史幷賜京城宅一區厚賚其妻子遣使降璽書勞勉之仁軌又上表曰臣蒙陛下曲垂天獎弃瑕錄用授之刺舉又加連率材輕職重憂責更深常思報効冀酬萬一智力淺短淹滯無成

久在海外每從征役軍旅之事實有所聞具狀封奏伏願詳察臣看見在兵募手脚沉重者多勇健奮發者少兼有老弱衣服單寒唯望西歸無心展効臣聞往在海西見百姓人人投募爭欲征行乃有不用官物請自辦衣粮投名義征何因今日募兵如此儜弱皆報臣云今日官府與往日不同人心又別貞觀永徽年中東西征役身死王事者並蒙勑使弔祭追贈官職亦有迴亡者官爵與其子弟從顯慶五年以後征役身死更不借問往前渡遼海者即得一轉勳官從顯慶五年以後頻經渡海不被記錄州縣發遣兵募人身少壯家有錢財參逐官府者東西藏避並即得脫無錢參逐者雖是老弱推背即來顯慶五年破百濟勳及向平壤苦戰勳當時軍將號令並言與高官重賞百方購募無種不道洎到西岸唯聞枷鎖推禁奪賜破勳州縣追呼求住不得公私困弊不可言盡發海西之日已有自害逃走非獨海外始逃又為征役蒙授勳級將為榮寵頻年征役唯取勳官牽挽辛苦與白丁無別百姓不願征行特由於此陛下再興兵馬平

定百濟留兵鎮守經略高麗百姓有如此議論若為成就功業臣聞琴瑟不調改而更張布政施化隨時取適自非重賞明罰何以成功臣又問見在兵募舊留鎮五年尚得支濟爾等始經一年何因如此單露並報臣道發家來日唯遣作一年裝束自從離家已經二年在朝陽甕津又遣來去運糧涉海遭風多有漂失臣勘責見在兵募衣裳單露不堪度冬者給大軍還日所留衣裳且得一冬充事來年秋後更無準擬陛下若欲殄滅高麗不可棄百濟土地餘豐在北餘勇在南百濟高麗舊相黨援倭人雖遠亦相影響若無兵馬還成一國既須鎮壓又置屯田事藉兵士同心同德兵士既有此議不可膠柱因循須還其渡海官勳及平百濟向平壤功効除此之外更相褒賞明勑慰勞以起兵募之心若依今日以前布置臣恐師老且疲無所成就臣又見晉代平吳史籍具載內有武帝張華外有羊祜杜預籌謀策畫經緯諮詢王濬之徒折衝萬里樓船戰艦已到石頭賈充王渾之輩猶欲斬張華以謝天下武帝報云平吳之計出自朕意張華

同朕見耳非其本心是非不同乖亂如此平吳之後猶欲苦繩王濬賴武帝擁護始得保全不逢武帝聖明王濬不存首領臣每讀其書未嘗不撫心長歎伏惟陛下既得百濟欲取高麗須外內同心上下齊奮舉無遺策始可成功百姓既有此議更宜改調臣恐是逆耳之事無人為陛下盡言自顧老病日侵殘生詎幾奄忽長逝銜恨九泉所以披露肝膽昧死聞奏上深納其言又遣劉仁願率兵渡海與舊鎮兵交代仍授扶餘隆熊津都督遣以招輯其餘衆扶餘勇者扶餘隆之弟也是時走在倭國以為扶餘豐之應故仁軌表言之於是仁軌浮海西還初仁軌將發帶方州謂人曰天將富貴此翁耳於州司請曆日一卷幷七廟諱人怪其故答曰擬削平遼海頒示國家正朔使夷俗遵奉焉至是皆如其言麟德二年封泰山仁軌領新羅及百濟耽羅倭四國酋長赴會高宗甚悅擢拜大司憲乾封元年遷右相兼檢校太子左中護累前後戰功封樂城縣男三年為熊津道安撫大使兼浿江道總管副司空李勣討平高麗總章二年軍迴以疾辭

職加金紫光祿大夫聽致仕咸亨元年復授隴州刺史三年徵拜太子左庶子同中書門下三品監修國史五年為雞林道大摠管東伐新羅仁軌率兵徑度瓠盧河破其北方大鎮七重城以功進爵為公并子姪三人並授上柱國州黨榮之號其所居為樂城鄉三柱里上元二年拜尚書左僕射同中書門下三品兼太子賓客依舊監修國史儀鳳二年以吐蕃入寇命仁軌為洮河道行軍鎮守大使仁軌每有奏請多被中書令李敬玄抑之由是與敬玄不恊仁軌知敬玄素非邊將才冀欲中傷之上言西蕃鎮守事非敬玄莫可高宗遽命敬玄代之敬玄至洮河軍尋為吐蕃所敗永隆二年兼太子太傅未幾以老乞骸骨聽解尚書左僕射以太子太傅依舊知政事永淳元年高宗幸東都皇太子京師監國遣仁軌與侍中裴炎中書令薛元超留輔太子二年太子赴東都又令太孫重照京師留守仍令仁軌為副則天臨朝加授特進復拜尚書左僕射同中書門下三品專知留守事仁軌復上疏辭以衰老請罷居守之任因陳呂后禍敗之事以

申規諫則天使武承嗣齎璽書往京慰喻之曰今日以皇帝諒闇不言眇身且代親政遠勞勸誡復表辭衰疾怪望既多徊徨失據又云呂后見嗤於後代祿產貽禍於漢朝引喻良深愧慰交集公忠貞之操終始不渝勁直之風古今罕比初聞此語能不罔然靜而思之是為龜鏡且端揆之任儀刑百辟況公先朝舊德遐邇具瞻願以匡救為懷無以暮年致請尋進封郡公垂拱元年從新令改為文昌左相同鳳閣鸞臺三品尋薨年八十四則天廢朝三日令在京百官以次赴弔冊贈開府儀同三司幷州大都督陪葬乾陵賜其家實封三百戶仁軌雖位居端揆不自矜倨每見貧賤時故人不改布衣之舊初為陳倉尉相工袁天綱謂曰君終當位鄰台輔年將九十後果如其言仁軌身經隋末之亂輯其見聞著行年記行於代子濬官至太子中舍人垂拱二年為酷吏所陷被殺妻子籍沒中宗即位以仁軌春宮舊寮追贈太尉濬子冕開元中為祕書省少監表請為仁軌立碑諡曰文獻史臣韋述曰世稱劉樂城與戴至德同為端揆劉則甘言接人以收物衆戴則正色拒下推美於君故樂城之善于今未弭而戴氏之勳無所聞焉嗚呼高名美稱或因邀飾而致遠深仁至行或以韜晦而莫傳豈唯劉戴而然蓋自古有之矣故孔子曰衆好之必察焉衆惡之必察焉非夫聖智鮮不惑也且劉公逞其私忿陷人之所不能覆徒貽國之恥忠恕之道豈其然乎

郝處俊安州安陸人也父相貴隋末與妻父許紹據硤州歸國以功授滁州刺史封甑山縣公處俊年十歲餘其父卒於滁州父之故吏賻送甚厚僅滿千餘匹悉辭不受及長好讀漢書略能暗誦貞觀中本州進士舉吏部尚書高士廉甚奇之解褐授著作佐郎襲爵甑山縣公兄弟篤睦事諸舅甚謹再轉滕王友恥為王官遂棄官歸耕久之召拜太子司議郎五遷吏部侍郎乾封二年改為司列少常伯屬高麗反叛詔司空李勣為浿江道大摠管以處俊為副嘗次賊城未遑置陣賊徒奄至軍中大駭處俊獨據胡床方餐乾糒乃潛簡精銳擊敗之將士多服其膽略總章二年拜東臺侍郎尋同東西臺三品

咸亨初高宗幸東都皇太子於京師監國盡留侍臣戴至德張文瓘等以輔太子獨以處俊從時東州道摠管高侃破高麗餘衆於安市城奏稱有高麗僧言中國災異請誅之上謂處俊曰朕聞為君上者以天下之目而視以天下之耳而聽蓋欲廣聞見也且天降災異所以警悟人君其變苟實言之者何罪其事必虛聞之者足以自戒舜立誹謗木良有以也欲箝天下之口其可得乎此不足以加罪特令赦之因謂處俊曰王者無外何藉於守禦雖然重門擊柝蓋備不虞方知禁衛在於謹肅朕嘗以秦法猶為太寬荊軻匹夫耳而匕首竊發始皇駭懼莫有拒者豈不由積習寬慢使其然乎處俊對曰此由法急所致非寬慢也上曰何以知之對曰秦法輒升殿者夷三族人皆懼族安有敢拒者遠乎魏武法尚峻臣見魏令云京城有變九卿各居其府其後嚴才作亂與其徒屬數十人攻左掖門魏武登銅雀臺遠望無敢救者時王脩為奉常聞變召車馬未至便將官屬步至宮門魏武望見之曰彼來者必王脩乎此由王脩察變知機違法赴難

向各守法遂成其禍故王者設法敷化不可以太急夫政寬則人慢政急則人無所措手足聖王之道寬猛相濟詩曰不懈于位人之攸暨謂仁政也又曰式遏寇虐無俾作慝謂威刑也洪範曰高明柔克沉潛剛克謂中道也上曰善又有胡僧盧伽阿逸多受詔合長年藥高宗將餌之處俊諫曰脩短有命未聞萬乘之主輕服蕃夷之藥昔貞觀末年先帝令婆羅門僧那羅邇娑寐依其本國舊方合長生藥胡人有異術徵求靈草祕石歷年而成先帝服之竟無異效大漸之際名醫莫知所為時議者歸罪於胡人將申顯戮又恐取笑夷狄法遂不行龜鏡若是惟陛下深察高宗納之但加盧伽為懷化大將軍不服其藥尋而官名復舊處俊授黃門侍郎三年加銀青光祿大夫轉中書侍郎四年監修國史上元元年高宗御含元殿東翔鸞閣觀大酺時京城四縣及太常音樂分為東西兩朋帝令雍王賢為東朋周王諱為西朋務以角勝為樂處俊諫曰臣聞禮所以示童子無誑者恐其欺詐之心生也伏以二王春秋尚少意趣未定當須推多讓

美相敬如一今忽分為二朋遞相誇競且俳優小人言辭無度酣樂之後難為禁止恐其交爭勝負譏誚失禮非所以導仁義示和睦也高宗矍然曰卿之遠識非衆人所及也遽令止之尋代閻立本為中書令歲餘兼太子賓客檢校兵部尚書三年高宗以風疹欲遜位令天后攝知國事與宰相議之處俊對曰嘗聞禮經云天子理陽道后理陰德則帝之與后猶日之與月陽之與陰各有所主守也陛下今欲違反此道臣恐上則謫見于天下則取怪于人昔魏文帝著令身崩後尚不許皇后臨朝今陛下奈何遂欲躬自傳位於天后況天下者高祖太宗二聖之天下非陛下之天下也陛下正合謹守宗廟傳之子孫誠不可持國與人有私於后族伏乞特垂詳納中書侍郎李義琰進曰處俊所引經旨足可依憑惟聖慮無疑則蒼生幸甚帝曰是遂止儀鳳二年加金紫光祿大夫行太子左庶子並依舊知政事監修國史四年代張文瓘為侍中處俊性儉素土木形骸自叅綜朝政每與上言議必引經籍以應對多有匡益甚得大臣之體侍中平

恩公許圉師即處俊之舅早同州里俱宦達於時又其鄉人田氏彭氏以殖貨見稱有彭志筠顯慶中上表請以家絹布二萬段助軍詔受其絹萬疋特授奉義郎仍布告天下故江淮間語曰貴如許郝富若田彭處俊遷太子少保開耀元年薨年七十五贈開府儀同三司荊州大都督高宗甚傷悼之顧謂侍臣曰處俊志存忠正兼有學識至於雕飾服翫雖極知無益然常人不能抑情棄捨皆好尚奢侈處俊嘗保其質素終始不渝雖非元勳佐命固亦多時驅使又見遺表憂國忘家今既云亡深可傷惜即於光順門舉哀一日不視事給祭以少牢贈絹布八百段米粟八百碩令百官赴哭給靈轝并家口遞還鄉官供葬事其子祕書郎北叟上表辭所贈賻及葬遞之事高宗不許侍中裴炎曰處俊臨亡臣往見之屬臣曰生既無益明時死後何宜煩費瞑目之後儻有恩賜贈物及歸鄉遞送葬日營造不欲勞官司供給高宗深嘉歎之從其遺意唯加贈物而已處俊孫象賢垂拱中為太子通事舍人坐事伏誅臨刑言多不順則天大怒令斬訖

仍支解其體發其父母墳墓焚爇尸體處俊亦坐斵棺毀柩自此法司每將殺人必先以木丸塞其口然後加刑訖於則天之代

裴行儉絳州聞喜人曾祖伯鳳周驃騎大將軍汾州刺史琅琊郡公祖定高馮翊郡守襲封琅琊公父仁基隋左光祿大夫陷於王世充後謀歸國事洩遇害武德中贈原州都督諡曰忠行儉幼以門蔭補弘文生貞觀中舉明經拜左屯衛倉曹叅軍時蘇定方為大將軍甚奇之盡以用兵奇術授行儉顯慶二年六遷長安令時高宗將廢皇后王氏而立武昭儀行儉以為國家憂患必從此始與太尉長孫無忌尚書左僕射褚遂良私議其事大理袁公瑜於昭儀母榮國夫人譖之由是左授西州都督府長史麟德二年累拜安西大都護西域諸國多慕義歸降徵拜司文少卿總章中遷司列少常伯咸亨初官名復舊改為吏部侍郎與李敬玄為貳同時典選十餘年甚有能名時人稱為裴李行儉始設長名姓歷牓引銓注等法又定州縣升降官資高下以為故事上元二年加銀青光祿大夫高宗以行儉工於

草書皆以絹素百卷令行儉草書文選一部帝覽之稱善賜帛五百段行儉嘗謂人曰褚遂良非精筆佳墨未嘗輒書不擇筆墨而妍捷者唯余及虞世南耳三年吐蕃背叛詔行儉爲洮州道左二軍摠管尋又爲秦州鎮撫右軍摠管並受元帥周王節度儀鳳二年十姓可汗阿史那匐延都支及李遮匐扇動蕃落侵逼安西連和吐蕃議者欲發兵討之行儉建議曰吐蕃叛換干戈未息敬玄審禮失律喪元安可更爲西方生事今波斯王身没其子泥涅師師充質在京望差使往波斯册立即路由二蕃部落便宜從事必可有功高宗從之因命行儉册送波斯王仍爲安撫大食使途經莫賀延磧屬風沙晦暝導者益迷行儉命下營虔誠致祭令告將吏泉井非遥俄而雲收風靜行數百步水草甚豐後來之人莫知其處衆皆悅服比之貳師將軍至西州人吏郊迎行儉召其豪傑子弟千餘人隨已而西乃揚言紿其下曰今正炎蒸熱坂難冒涼秋之後方可漸行都支覘知之遂不設備行儉仍召四鎮諸蕃酋長豪傑謂曰憶昔此遊未嘗厭倦雖

還京輦無時暫忘今因是行欲尋舊賞誰能從吾獵也是時蕃酋子弟投募者僅萬人行儉假爲畋遊教試部伍數日遂倍道而進去都支部落十餘里先遣都支所親問其安否外示閑暇似非討襲續又使人趣召相見都支先與遮匐通謀秋中擬拒漢使卒聞軍到計無所出自率兒姪首領等五百餘騎就營來謁遂擒之是日傳其契箭諸部酋長悉來請命並執送碎葉城簡其精騎輕齎曉夜前進將虜遮匐途中果獲都支還使與遮匐使同來行儉釋遮匐行人令先往曉喻其主兼述都支已擒遮匐尋復來降於是將吏已下立碑於碎葉城以紀其功擒都支遮匐而還高宗廷勞之曰比以西服未寧遣卿摠兵討逐孤軍深入經途萬里卿權略有聞誠節夙著兵不血刃而兇黨殄滅伐叛柔服深副朕委尋又賜宴謂行儉曰卿文武兼資今故授卿二職即日拜禮部尚書兼檢校右衞大將軍調露元年突厥阿史德溫傅反單于管內二十四州並叛應之衆數十萬單于都護蕭嗣業率兵討之返爲所敗於是以行儉爲定襄道行軍大摠管

率太僕少卿李思文營州都督周道務等部兵十八萬幷西軍程務挺東軍李文暕等摠三十餘萬連亘數千里並受行儉節度唐世出師之盛未之有也行儉行至朔州知蕭嗣業以運糧被掠兵多餒死遂詐爲糧車三百乘每車伏壯士五人各齎陌刀勁弩以羸兵數百人援車兼伏精兵令居險以待之賊果大下羸兵棄車散走賊驅車就泉水解鞍牧馬方擬取糧車中壯士齊發伏兵亦至殺獲殆盡餘衆奔潰自是續遣糧車無敢近之者及軍至單于之北際晚下營壕塹方周遽令移就崇崗將士皆以士衆方就安堵不可勞擾行儉不從更令促之比夜風雨暴至前設營所水深丈餘將士莫不歎伏賊衆於黑山拒戰行儉頻戰皆捷前後殺虜不可勝數僞可汗泥熟匐爲其下所殺以其首來降又擒其大首領奉職而還餘黨走保狼山行儉既迴阿史那伏念又僞稱可汗與溫傅合勢鳩集餘衆明年行儉復摠諸軍討之頓軍於代州之陘口縱反間說伏念與溫傅令相猜貳伏念恐懼密送降款仍請自効行儉不泄其事而密表以聞數

日有煙塵漲天而至斥候惶惑來白行儉召三軍謂曰此是伏念執溫傅來降非他然受降如受敵但須嚴備更遣單使迎前勞之少間伏念果率其屬縛溫傅詣軍門請罪盡平突厥餘黨高宗大悅遣戶部尚書崔知悌赴軍勞之侍中裴炎害行儉之功摠管程務挺張虔勗上言伏念爲子營逼逐又磧北迴紇等同向南逼之窘急而降由是行儉之功不録斬伏念及溫傅於都市行儉歎曰渾濬前事古今恥之但恐殺降之後無復來者因稱疾不出以勳封聞喜縣公永淳元年十姓僞可汗車簿反叛詔復以行儉爲金牙道大摠管率十將軍以討之師未行其年四月行儉病卒年六十四贈幽州都督謚曰獻特詔令皇太子差六品京官一人檢校家事五六年間待兒孫稍成長日停中宗即位追贈揚州大都督有集二十卷撰草字雜體數萬言並傳於代又撰選譜十卷安置軍營行陣部統剋料勝負甄別器能等四十六訣則天令祕書監武承嗣詣宅並密收入內行儉尤曉陰陽算術兼有人倫之鑒自掌選及爲大摠管凡遇賢俊無不甄

採每制敵權兇必先期捷日時有後進楊炯王勃盧照鄰駱賓王並
以文章見稱吏部侍郎李敬玄盛爲延譽引以示行儉行儉曰才名
有之爵祿蓋寡楊應至令長餘並鮮能令終是時蘇味道王勮未知
名因調選行儉一見深禮異之仍謂曰有晚年子息恨不見其成長
二公十數年當居衡石願記識此輩其後相繼爲吏部皆如其言行
儉嘗所引偏裨有程務挺張虔勗崔智䛒王方翼党金毗劉敬同郭
待封李多祚黑齒常之盡爲名將至刺史將軍者數十人其所知賞
多此類也行儉嘗令竪人合藥請犀角麝香送者誤遺失已而惶懼
潛竄又有勑賜馬及新鞍令史輒馳驟馬倒鞍破令史亦逃行儉並
委所親招到謂曰爾曹豈相輕耶皆錯誤耳待之如故初平都支遮
匐大獲瓌寶番酋將士願觀之行儉因宴設遍出歷示有馬腦盤廣
二尺餘文彩殊絕軍吏王休烈捧盤歷階趨進誤躡衣足趺便倒盤
亦隨碎休烈驚惶叩頭流血行儉笑而謂曰爾非故也何至於是更
不形顏色詔賜都支等資產金器皿三千餘事駝馬稱是並分給親

故并副使已下數日便盡少子光庭開元中爲侍中以恩例贈行儉
爲太尉
光庭早孤母庫狄氏則天時召入宮甚見親待光庭由是累遷太常
丞後以武三思之壻緣坐左遷郢州司馬開元初六遷右率府中郎
將擢授司門郎中歲餘轉兵部郎中光庭沉靜少言寡於交遊既歷
清要時人初未許之及在職公務修整衆方歎伏爲十三年將有事
于岱岳中書令張說以大駕東巡京師空虛恐夷狄乘閒竊發議欲
加兵守邊以備不虞召光庭謀兵事光庭曰封禪者所以告成功也
夫成功者恩德無不及百姓無不安萬國無不懷今將告成而懼夷
狄何以昭德也大興力役用備不虞且非安人也方謀會同而阻戎
心又非懷遠也有此三者則名實乖矣且諸蕃之國突厥爲大贄幣
往來願修恩好有年矣今茲遣一使徵其大臣赴會必欣然應命突
厥受詔則諸蕃君長必相率而來雖偃旗息鼓高枕有餘矣說曰善
吾所不及矣因奏而行之尋轉鴻臚少卿東封還遷兵部侍郎十七

年拜中書侍郎同中書門下平章事尋兼御史大夫無幾遷黃門侍
郎依舊知政事從巡五陵迴拜侍中兼吏部尚書又加弘文館學士
光庭乃撰瑤山往則及維城前軌各壹卷上表獻之手制褒美賜絹
五百疋上令皇太子已下於光順門與光庭相見以重其諷誡之意
光庭又引壽安丞李融拾遺張琪著作左郎司馬利賓等令直弘文
館撰續春秋傳上表請以經爲御撰而光庭等依左氏之體爲之作
傳上又手制褒賞之光庭委筆削於李融書竟不就時有上書請以
皇室爲金德者中書令蕭嵩奏請集百寮詳議光庭以國家符命久
著史策若有改易恐貽後學之誚密奏請依舊爲定乃下詔停百寮
集議之事二十年扈從祠后土加光祿大夫封正平男尋卒年五十
八優制贈太師輟朝三日初光庭與蕭嵩爭權不協及爲吏部奏用
循資格幷促選限至正月三十日令畢其流外行署亦令門下省之
光庭卒後嵩又奏請一切罷之光庭所引進者盡出爲外職時有門
下主事閻麟之爲光庭腹心專知吏部選官每麟之裁定光庭隨而

下筆時人語曰麟之口光庭手太常博士孫琬將議光庭謚以其用
循資格非獎勸之道建議謚爲克時人以爲希嵩意旨上聞而特下
詔賜謚曰忠獻仍令中書令張九齡爲其碑文史官韋述以改謚爲
非論之曰春秋之義諸侯死王事者葬之加一等嘉其有功而不及
其賞也爰至漢魏則襚之印綬寵被窀穸唯德是褒豈虛授也近代
已來寵贈無紀或以職位崇顯一切優錫或以子孫榮貴恩例所加
賢愚虛實爲一貫矣裴光庭以守法之吏驟登相位踐歷機衡豈不
多愧贈以師範何其濫歟張燕公有扶翊之勳居講諷之舊秩躋九
命官歷二端議者猶謂贈之過當況光庭去斯猶遠何妄竊之甚哉
蓋名器假人昔賢之所惋也
史臣曰昔晉侯選任將帥取其閱禮樂而敦詩書良有以也夫權謀
方略兵家之大經邦國繫之以存亡政令因之而強弱則馮衆怙力
豨勇虎暴者安可輕言推轂授任哉故王猛諸葛亮振起窮巷驅駕
豪傑左指右顧廓定霸圖非他道也蓋智力權變適當其用耳劉樂

城裴聞喜文雅方略無謝昔賢治戎安邊綽有心術儒將之雄者也太后預政之時刑峻如壑多以諛佞希恩而樂城甑山昌言規正若時無君子安及此言正平銓藻吏能文學政事頗有深識而前史譏其謬謚有涉陳壽短武侯應變之論乎非通論也

贊曰殷禮阿衡周師呂尚王者之兵儒者之將樂城聞喜當仁不讓管葛之譚是吾心匠

唐書列傳卷第三十四

唐書列傳卷第三十五

劉　昫　等修

聞人詮校刻沈桐同校

唐臨 孫紹　張文瓘 兄文琮　徐有功

唐臨京兆長安人周內史瑾孫也其先自北海徙關中伯父令則開皇末為左庶子坐諂事太子勇誅死臨少與兄皎俱有令名武德初隱太子總兵東征臨詣軍獻平王世充之策太子引直典書坊尋授右衛率府鎧曹參軍宮殿廢出為萬泉丞縣有輕囚十數人會春暮時雨臨白令請出之令不許臨曰明公若有所疑臨請自當其罪令因請假臨召囚悉令歸家耕種與之約令歸繫所囚等皆感恩貸至時畢集詣獄臨因是知名再遷侍御史奉使嶺外按交州刺史李道彥等申叩寃繫三千餘人累轉黃門侍郎加銀青光祿大夫儉薄寡欲不治第宅服用簡素寬於待物嘗欲弔喪令家童自歸家取白衫家僮誤將餘衣懼未敢進臨察知之使召謂曰今日氣逆不宜哀泣向取白衫且止之也又嘗令人煑藥失制潛知其故謂曰陰暗不宜服藥宜即棄之竟不揚言其過其寬恕如此高宗即位檢校吏部侍郎其年遷大理卿高宗嘗問臨在獄繫囚之數臨對詔稱旨帝喜曰朕昔在東宮卿已事朕朕承大位卿又居近職以疇昔相委故授卿此任然為國之要在於刑法法急則人殘法寬則失罪務令折中稱朕意焉高宗又嘗親錄死囚前卿所斷者號叫稱寃臨所入者獨無言帝怪問狀囚曰罪實自犯唐卿所斷既非寃濫所以絕意耳帝歎息良久曰為獄者不當如此耶永徽元年為御史大夫明年華州刺史蕭齡之以前任廣州都督贓事發制付羣官集議及議奏帝怒令於朝堂處置臨奏曰臣聞國家大典在於賞刑古先聖王惟刑是卹虞書曰罪疑惟輕功疑惟重與其殺不辜寧失不經周禮刑平國用中典刑亂國用重典天下太平應用堯舜之典比來有司多行重法敘勳必須刻削論罪務從重科非是憎惡前人止欲自為身計今議蕭齡之事有輕有重重至自流死輕者請除名以齡之嘗委大藩贓罪

狼藉原情取事死有餘辜然既遣詳議終須近法竊惟議事羣官未盡識議刑本意律有八議並依周禮舊文矜其異於衆臣所以特制議法禮王族刑於隱者所以議親刑不上大夫所以議貴知重其親貴議欲緩刑非為嫉其賢能謀致深法今既許議而加重刑是與堯舜相反不可為萬代法高宗從其奏齡之竟得流於嶺外尋遷刑部尚書加金紫光祿大夫復歷兵部度支吏部三尚書顯慶四年坐事貶為潮州刺史卒官年六十所撰冥報記二卷大行於世兄皎武德初為秦府記室從太宗征討專掌書檄深見親待貞觀中累轉吏部侍郎先是選集無限隨到補職時漸太平選人稍衆皎始請以冬初一時大集終季春而畢至今行之歷遷益州長史卒贈太常卿子之奇調露中為給事中坐嘗為章懷太子僚屬從邊文明元年起為括蒼令與徐敬業作亂伏誅臨孫紹博學善三禮神龍中為太常博士景龍二年韋庶人上言自妃主及命婦宮官葬日請給鼓吹中宗特制許之紹上疏諫曰竊聞鼓吹之樂本為軍容昔黃帝涿鹿有功以為警衛故掆鼓曲有靈夔吼鵰鶚爭石墜崖壯士怒之類自昔功臣備禮適得用之丈夫有四方之功以恩加寵錫假如郊天祀地誠是重儀惟有宮懸本無案據故知軍樂所備尚不洽於神祇鉦鼓之音豈能接於閨閫準式公主王妃已下葬禮惟有團扇方扇綵帷錦鄣之色加之鼓吹歷代未聞又準令五品官婚葬元無鼓吹惟京官五品得借四品官則不當給限便是班秩本因天子儀飾乃後過之事非倫次難為定制參詳義理不可常行請停前勑各依常典疏奏不納紹尋遷左臺侍御史兼太常博士中宗將親拜南郊國子祭酒祝欽明等希旨皇后為亞獻紹與博士蔣欽緒固爭以為不可又則天父母二陵各置守戶五百人武三思及子崇訓墓各置守戶六十人以武氏外戚乃與昭陵禮同三思等復追親王之制又上疏切諫當時雖皆不從深為議者所美睿宗即位又數陳時政損益累轉給事中仍知禮儀事先天二年冬今上講武於驪山紹以修儀注不合旨坐斬時今上既怒講武失儀坐紹於纛下右金吾將軍李邈遽請宣

勑遂斬之時人旣痛惜紹而深咎於邈尋有勑罷邈官遂擯廢終其
身
張文瓘貝州武城人大業末徙家魏州之昌樂瓘幼孤事母兄以孝
友聞貞觀初舉明經補幷州參軍時英國公李勣爲長史深禮之累
遷水部員外郎時兄文琮爲戶部侍郎舊制兄弟不許並居臺閣遂
出爲雲陽令龍朔年累授東西臺舍人參知政事尋遷東臺侍郎同
東西臺三品兼知左史事時初造蓬萊上陽合璧等宮又征討四夷
廐馬有萬疋倉庫漸虛文瓘因進諫曰人力不可不惜百姓不可不
養養之逸則富以康使之勞則怨以叛秦皇漢武廣事四夷多造宮
室使土崩瓦解戶口減半臣聞制化於未亂保邦於未危人罔常懷
懷於有仁陛下不制於未亂之前安能救於旣危之後百姓不堪其
弊必構禍難殷鑒不遠近在隋朝臣願稍安撫之無使生怨上深納
其言於是節減廐馬數千疋賜文瓘繒錦百段咸亨三年官名復舊
改授黃門侍郎兼太子左庶子俄遷大理卿依舊知政事文瓘至官

旬日決遺疑事四百餘條無不允當自是人有抵罪者皆無怨言文
瓘嘗有疾繫囚相與齋禱願其視事當時咸稱其執法平恕以比戴
冑上元二年拜侍中兼太子賓客大理諸囚聞文瓘改官一時慟哭
其感人心如此文瓘性嚴正諸司奏議多所糾駁高宗甚委之或時
臥疾在家朝廷每有大事上必問諸宰臣曰與文瓘議未奏云未者
則遣共籌之奏云已議者皆報可從之其後新羅外叛高宗將發兵
討除時文瓘疾病在家乃輿疾請見奏曰比爲吐蕃犯邊兵屯寇境
新羅雖未卽順師不內侵若東西俱事征討臣恐百姓不堪其弊請
息兵脩德以安百姓高宗從之儀鳳二年卒年七十三贈幽州都督
諡曰懿以其經事孝敬皇帝特勑陪葬恭陵四子潛沛洽涉中宗時
潛官至魏州刺史沛同州刺史洽衞尉卿涉殿中監父子兄弟五人
皆至三品官時人謂之萬石張家及韋溫等被誅之際涉爲亂兵所
殺兄文琮貞觀中爲持書侍御史三遷亳州刺史爲政清簡百姓安
之永徽初表獻太宗文皇帝頌優制襃美賜絹百疋徵拜戶部侍郎

從毋弟房遺愛以罪貶授房州刺史文琮作詩祖餞及遺愛誅坐是
出爲建州刺史州境素尚淫祀不修社稷文琮下教書曰春秋二社
蓋本爲農惟獨此州廢而不立禮典旣闕風俗何觀近年已來田多
不熟抑不祭先農所致乎神在於敬何以邀福於是示其節限條制
百姓欣而行之尋卒文集二十卷子戩官至江州刺史撰喪儀纂要
七卷行於時戩弟錫則天時爲鳳閣侍郎同鳳閣鸞臺平章事先是
錫姊子李嶠知政事錫拜官而嶠罷相出爲國子祭酒舅甥相代爲相
時人榮之錫與鄭杲俱知天官選事坐贓則天將斬之以徇臨刑而
特赦之中宗時累遷工部尚書兼修國史尋令於東都留守中宗崩
韋庶人臨朝詔錫與刑部尚書裴談並同中書門下三品旬日出爲
絳州刺史累封平原郡公以年老致仕而卒文琮從父弟文收隋內
史舍人虔威子也尤善音律嘗覽蕭吉樂譜以爲未甚詳悉更博採
羣言及歷代沿革裁竹爲十二律吹之備盡旋宮之義時太宗將創
制禮樂召文收於太常令與少卿祖孝孫參定雅樂太樂有古鍾十

二近代惟用其七餘有五俗號啞鍾莫能通者文收吹律調之聲皆
響徹時人咸服其妙尋授協律郎十一年文收表請釐正太樂上謂
侍臣曰樂本緣人人和則樂和至如隋煬帝末年天下喪亂縱令改
張音律知其終不和諧若使四海無事百姓安樂音律自然調和不
藉更改竟不依其請十四年景雲見河水清文收採朱鴈天馬之義
制景雲河清樂名曰燕樂奏之管絃爲樂之首今元會第一奏者是
也咸亨元年遷太子率更令卒官撰新樂書十二卷
徐有功國子博士文遠孫也舉明經累轉蒲州司法參軍紹封東莞
男爲政寬仁不行杖罰吏人感其恩信遞相約曰若犯徐司法杖者
衆必斥罰之由是人爭用命終於代滿不戮一人載初元年累遷司
刑丞時酷吏周興來俊臣丘神勣王弘義等構陷無辜皆抵極法公卿
震恐莫敢正言有功獨存平恕詔下大理者有功皆議出之前後濟
活數十百家常於殿庭論奏曲直則天厲色詰之左右莫不悚慄有
功神色不撓爭之彌切尋轉秋官員外郎轉郎中俄而鳳閣侍郎任

知古冬官尚書裴行本等七人被構陷當死則天謂公卿曰古人以殺止殺我今以恩止殺就羣公乞知古等錫以再生各授以官佇申來效俊臣嫖默等又抗表請申大法則天不許之俊臣乃獨引行本重驗前罪奏曰行本潛行悖逆告張知謇與廬陵王反不實罪當處斬有功駮奏曰俊臣乖明主再生之賜虧聖人恩信之道爲臣雖當嫉惡然事君必將順其美行本竟以免死道州刺史李仁褒及弟榆次令長沙又爲唐奉一所構高宗末私議吉凶謀復李氏將誅之有功又固爭之不能得秋官侍郎周興奏有功曰臣聞兩漢故事附下罔上者腰斬面欺者亦斬又禮云析言破律者殺有功故出反囚罪當不赦請推按其罪則天雖不許繫問然竟坐免官久之起爲左臺侍御史則天特褒異之時遠近聞有功授職皆欣然相賀有功嘗上疏論天官秋官及朝堂三司理匭使愆失其略曰陛下即位已來海內職員一定而天下選人漸多望選之曹用捨不平補擬乖次囂請公行顏面罔懼遂使罵謗滿路怨讟盈朝浸以爲常殊無愧憚又往

屬唐朝季年時多逆節鞫訊結斷刑獄至嚴革命以來載祀遼積餘風未殄用法猶深今推鞫者猶行酷法妄動斷臣即按驗奏而劾之獲其枉狀請即付法斷罪亦奪祿貶考以懲其慝其三司受表及理匭申冤使不速與奪致令擁塞有理不爲申者亦望準前彈奏貶考奪祿臣昔處法緣蒙擢用臣無以上荅至造願以執法酬恩無縱詭隨不避強禦猛噬鷙擊是臣之分如蒙允納請降勑施行庶不越旬時亦可以除殘革弊刑措不用天下幸甚後潤州刺史竇孝諶妻龐氏爲奴誣告云夜解祈福則天令給事中薛季昶鞫之季昶鍛鍊成其罪龐氏當坐斬有功獨明其無罪而季昶等遂陷有功黨援惡逆奏付法法司結刑當棄市有功方視事令史垂泣以告有功曰豈吾獨死而諸人長不死耶乃徐起而歸則天覽奏召有功詰之曰卿比斷獄失出何多對曰失出臣下之小過好生聖人之大德願陛下弘大德則天下幸甚則天默然於是龐氏減死流於嶺表有功除名爲庶人尋起爲左司郎中累遷司刑少卿有功謂所親曰今身爲大理人命所懸必不能順旨詭辭以求苟免故前後爲獄官以諫奏枉誅者三經斷死而執志不渝酷吏由是少衰時人比漢之于張焉或曰若獄官皆然刑措何遠久之轉司僕少卿長安二年卒年六十二贈司刑卿中宗即位制曰忠正之臣自昔攸尚褒贈之典舊章所重故贈大理卿徐有功節操貞勁器懷亮直徇古人之志業定一代之寶良司彼刑書深存敬慎周興來俊臣等性惟殘酷務在誅夷不順其情立加誣害有功卓然守法雖死不移無屈撓之心有忠烈之議當其執斷並遇平反定國釋之何以加此朕惟新庶政追想前蹤其人既歿其德可稱追往贈終慰茲泉壤可贈越州刺史仍遣使就家吊祭賜物百段授一子官令上踐祚竇孝諶之子希瑊等請以身之官爵讓有功子惀以報舊恩惀由是自太子司議郎恭陵令累遷申王府司馬卒

史臣曰文法理具之大者故舜命皐陶爲士昌言誡勑勤亦至焉蓋人命所懸一失其平冤不可復聖王所以效心也如臨之守法文瓘

之議刑時屬哲王可以理奪當賊后還鼎之際酷吏羅織之辰徐有功獨抗羣邪持平不撓此所以爲難也比釋之定國徐亦過之希瑊讓爵酬恩可知遺愛

贊曰聽訟惟明持法惟平二者或爽人何以生猗歟徐公獬豸之精世皆紛濁不改吾清

唐書列傳卷第三十五

唐書列傳卷第三十六

劉　昫　等修
聞人詮校刻沈桐同校

高宗中宗諸子

燕王忠　原王孝
澤王上金　許王素節
孝敬皇帝弘（裴居道附）　章懷太子賢（賢子邠王守禮）
懿德太子重潤　庶人重福
節愍太子重俊　殤帝重茂

高宗八男則天順聖皇后生中宗睿宗及孝敬皇帝弘章懷太子賢後宮劉氏生燕王忠鄭氏生原王孝楊氏生澤王上金蕭淑妃生許王素節

燕王忠字正本高宗長子也高宗初入東宮而生忠宴宮寮於弘教殿太宗幸宮顧謂宮臣曰頃來王業稍可非無酒食而唐突卿等宴會者朕初有此孫故相就爲樂耳太宗酒酣起舞以屬群臣在位於是遍舞盡日而罷賜物有差貞觀二十年封爲陳王永徽元年拜雍州牧時王皇后無子其舅中書令柳奭說后謀立忠爲皇太子以忠母賤冀其親己后然之奭與尚書右僕射褚遂良侍中韓瑗諷太尉長孫無忌左僕射于志寧等固請立忠爲儲后高宗許之三年立忠爲皇太子大赦天下五品已上子爲父後者賜勳一級六年加元服制大辟罪已下並降一等大酺三日其年王皇后被廢武昭儀所生皇子弘年三歲禮部尚書許敬宗希旨上疏曰伏惟陛下憲章千古含育萬邦爰立聖慈母儀天下既而皇后生子合處少陽出自塗山是謂吾君之胤夙聞胎教宜展問豎之心乃復爲孽奪宗降居藩邸是使前星匿彩瑤嶽韜華臣以愚誠竊所未喻且今之守器素非皇嫡永徽爰始國本未生權引彗星越升明兩近者元妃載誕正胤降神重光日融爝暉宜息安可以茲傍統叨據溫文國有諍臣孰逃其責竊惟息姑克讓可以思齊劉彊守藩宜遵往軌追蹤太伯不亦休哉踵武延陵故常安矣寧可反植枝幹久易位於天庭倒襲裳衣使

遠方於震位蠢爾黎庶云誰係心垂裕後昆將何播美高宗從之顯慶元年廢忠爲梁王授梁州都督賜實封二千戶物二萬段甲第一區其年轉房州刺史忠年漸長大常恐不自安或私衣婦人之服以備刺客又數有妖夢常自占卜事發五年廢爲庶人徙居黔州囚於承乾之故宅麟德元年又誣忠與東臺侍御上官儀宦者王伏勝謀反賜死於流所年二十二無子儀等伏誅明年皇太子弘表請收葬許之神龍初追封燕王贈太尉揚州大都督

原王孝高宗第二子也永徽元年封王三年拜并州都督顯慶三年累除遂州刺史麟德元年薨贈益州大都督謚曰悼神龍初追贈原王司徒益州大都督

澤王上金高宗第三子也永徽元年封杞王三年遥授益州大都督乾封元年累轉壽州刺史有罪免官削封邑仍於澧州安置上金既爲則天所惡所司希旨求索罪失以奏之故有此黜永隆二年二月則天矯抗表杞王上金鄱陽王素節許同朝集之例義陽宣城二公主緣毋蕭氏獲譴從夫外官請授官職以上金爲沔州刺史素節爲岳州刺史仍不預朝集嗣聖元年上金素節義陽宣城二公主聽赴哀文明元年上金封畢王素節封爲葛王又改上金封爲澤王蘇州刺史素節許王隆州刺史垂拱元年改陳州刺史永昌元年授太子左衛率出爲隨州刺史載初元年武承嗣使酷吏周興誣告上金素節謀反召至都繫於御史臺舒州刺史許王素節見殺於都城南驛因害其支黨上金恐懼自縊死子義珍義玫義璋義環義瑾義璲七人並配流顯州而死神龍初追復上金官爵封庶子義珣爲嗣澤王先是義珣竄在嶺外匿於傭保之間及紹封無幾有人告義珣非上金子假冒襲爵義珣不能自明復流于嶺外開元初封素節子璆爲嗣澤王繼上金後十二年玉眞公主表稱義珣實上金遺胤被嗣許王瓘兄弟利其封爵謀構廢之令上由是削璆王爵復召義珣爲嗣澤王拜率更令因是諸宗室非本宗襲爵自中興已後繼爲嗣王者皆令歸宗削其爵邑也

許王素節高宗第四子也年六歲永徽二年封雍王尋授雍州牧素節能日誦古詩賦五百餘言受業於學士徐齊聃精勤不倦高宗甚愛之又轉岐州刺史年十二改封郇王初則天未爲皇后也與素節毋蕭淑妃爭寵遞相譖毀六年則天立爲皇后後淑妃竟爲則天所譖毀幽辱而殺之素節尤被讒嫉出爲申州刺史乾封初下勑曰素節既舊疾患宜不須入朝而素節實無疾素節自以久乖朝覲遂著忠孝論以見意詞多不載時王府倉曹參軍張柬之因使潛封此論以進則天見之逾不悅誣以贓賄降封鄱陽郡王仍於袁州安置儀鳳二年禁錮終身又改於岳州安置永隆元年轉岳州刺史後改封葛王則天稱制又進封許王累除舒州刺史天授中與上金同被誣告追赴都臨發州聞有遺喪哭者謂左右曰病死何由可得更何須哭行至都城南龍門驛被縊死年四十三則天令以庶人禮葬之中宗即位追封許王贈開府儀同三司許州刺史仍以禮改葬陪於乾陵素節被殺之時子瑛琬璣瑒等九人並爲則天所殺惟少子琳瓘

璆欽古以年小特令長禁雷州神龍初封瓘爲嗣許王開元[illegible]封琳爲嗣越王以紹越王貞之後璆爲嗣澤王以繼伯父澤王上金之後琳官至右監門將軍卒瓘開元十一年爲衛尉卿以抑伯上金男不得承襲以弟璆繼之遽譴瓘爲鄂州別駕於是下詔絕其外繼乃以故澤王上金男義珣爲嗣澤王江王禕爲信安郡王嗣蜀王褕爲廣漢郡王嗣密王徽爲濮陽郡王嗣曹王臻爲濟國公嗣趙王琚爲中山郡王武陽郡王繼宗爲澧國公瓘累遷邠州刺史祕書監守太子詹事璆性仁厚謹愿居家邕睦朝廷重之天寶六載卒贈蜀郡大都督瓘晚有子命璆子益爲嗣及卒有解需二子皆幼孺十一載益襲封許王十四載解娶楊銛女乃襲許王璆初爲嗣澤王降爲郢國公宗正卿同正員持封褒信郡王進龍池皇德頌遷宗正卿光祿卿殿中監天寶初重拜宗正卿加金紫光祿大夫璆友弟聰敏聞善若驚宗子中有一善無不薦拔故宗枝居省闥者多是璆之所舉九載卒贈江陵大都督

孝敬皇帝弘高宗第五子也永徽四年封代王顯慶元年立爲皇太子大赦改元弘嘗受春秋左氏傳於率更令郭瑜至楚子商臣之事廢卷而歎曰此事臣子所不忍聞經籍聖人垂訓何故書此瑜對曰孔子修春秋義存褒貶故善惡必書褒善以示代貶惡以誡後故使商臣之惡顯於千載太子曰非唯口不可道故亦耳不忍聞請改讀餘書瑜再拜賀曰里名勝母曾子不入邑號朝歌墨子迴車殿下誠孝冥資睿情天發凶悖之迹黜於視聽循奉德音實深慶躍臣聞安上理人莫善於禮非禮無以事天地之神非禮無以辨君臣之位故先王重焉孔子曰不學禮無以立請停春秋而讀禮記太子從之龍朔元年命中書令太子賓客許敬宗侍中兼太子右庶子許圉師中書侍郎上官儀太子中舍人楊思儉等於文思殿博採古今文集摘其英詞麗句以類相從勒成五百卷名曰瑤山玉彩表上之制賜物三萬段敬宗已下加級賜帛有差總章元年二月親釋菜司成館因請贈顏回太子少師曾參太子少保高宗並從之時有勑征邊遼軍

人逃亡限內不首及更有逃亡者身並處斬家口沒官太子上表諫曰竊聞所司以背軍之人身久不出家口皆擬沒官亦有限外出首未經斷罪諸州因禁人數至多或臨時遇病不及軍伍緣茲怖懼遂即逃亡或因樵採被賊抄掠或渡海來去漂沒滄波或深入賊庭有被傷殺軍法嚴重皆須相傔若不給傔及不因戰亡即同隊之人兼合有罪遂有無故死失多注爲逃軍旅之中不暇勘當直據隊司通狀將作眞逃家口令總沒官論情實可哀愍書曰與其殺不辜寧失不經伏願逃亡之家免其配沒制從之咸亨二年駕幸東都留太子於京師監國時屬大旱關中饑乏令取廊下兵士糧視之見有食榆皮蓬實者乃令家令等各給米使足是時戴至德張文瓘兼左庶子與右庶子蕭德昭同爲輔弼太子多疾病庶政皆決於至德等時義陽宣城二公主以母得罪幽于掖庭太子見之驚惻遽奏請令出降又請以同州沙苑地分借貧人詔並許之又召詣東都納右衛將軍裴居道女爲妃所司奏以白鴈爲贄適會苑中獲白鴈高宗喜曰漢

獲朱鴈遂爲樂府今獲白鴈得爲婚贄彼禮但成謠頌此禮便首人倫異代相望我無慙德也裴氏甚有婦禮高宗嘗謂侍臣曰東宮内政吾無憂矣上元二年太子從幸合璧宮尋薨年二十四制曰皇太子弘生知誕質惟幾毓性直城趨駕肅敬著於三朝中寢問安仁孝聞於四海自琰圭在手沉瘵嬰身顧惟輝掌之珍特切鍾心之念庶其瘳復以禪鴻名及腠理微和將遜于位而弘天資仁厚孝心純確既承朕命掩欻不言因茲感結舊疾增甚億兆攸繫方崇下武之基五福無徵俄遷上賓之駕昔周文至愛遂延慶於九齡朕之不慈遽永訣於千古天性之重追懷哽咽宜申往命加以尊名夫謚者行之跡也號者事之表也慈惠愛親曰孝死不忘君曰敬謚爲孝敬皇帝其年葬於緱氏縣景山之恭陵制度一準天子之禮百官從權制三十六日降服高宗親爲製叡德紀并自書之於石樹於陵側初將營築恭陵功費鉅億萬姓厭役呼嗟滿道遂亂投磚瓦而散太子無子長壽中制令楚王璍繼其後中宗踐祚制祔于太廟號曰義宗又追

贈妃裴氏爲哀皇后景雲元年中書令姚元之吏部尚書宋璟奏言準禮大行皇帝山陵事終即合祔廟其太廟第七室先祔皇昆義宗孝敬皇帝哀皇后裴氏神主伏以義宗未登大位崩後追尊至神龍之初乃特令升祔春秋之義國君即位未踰年者不合列昭穆又古者祖宗各別立廟孝敬皇帝恭陵既在洛州望於東都別立義宗之廟遷祔孝敬皇帝哀皇后神主命有司以時享祭則不違先旨又協古訓人神允穆進退得宜在此神主望入夾室安置伏願陛下以禮斷恩詔從之開元六年有司上言孝敬皇帝今別廟將建享祔有期準禮不合更以義宗爲廟號請以本謚孝敬爲廟稱於是始停義宗之號

裴居道絳州聞喜人隋兵部侍郎鏡民孫也父熈載貞觀中爲尚書左丞居道以女爲太子妃則天時歷位納言内史太子少保封翼國公載初元年春爲酷吏所陷下獄死

章懷太子賢字明允高宗第六子也永徽六年封潞王顯慶元年遷授岐州刺史其年加雍州牧幽州都督時始出閤容止端雅深爲高宗所嗟賞高宗嘗謂司空李勣曰此兒已讀得尚書禮記論語誦古詩賦復十餘篇暫經領覽遂即不忘我曾遣讀論語至賢賢易色遂再三覆誦我問何爲如此乃言性愛此言方知夙成聰敏出自天性龍朔元年徙封沛王加揚州都督兼左武衛大將軍雍州牧如故二年加揚州大都督麟德二年加右衛大將軍咸亨三年改名德徙封雍王授涼州大都督雍州牧右衛大將軍如故食實封一千戶上元元年又依舊名賢上元二年孝敬皇帝薨其年六月立爲皇太子大赦天下尋令監國賢處事明審爲時論所稱儀鳳元年手勑襃之曰皇太子賢自頃監國留心政要撫字之道既盡於哀矜刑網所施務存於審察加以聽覽餘暇專精墳典往聖遺編咸窺壼奧先王策府備討菁華好善載彰作貞斯在家國之寄深副所懷可賜物五百段賢又招集當時學者太子左庶子張大安洗馬劉訥言洛州司戶格希玄學士許叔牙成玄一史藏諸周寶寧等注范曄後漢書表上之

賜物三萬段仍以其書付祕閣時正議大夫明崇儼以符劾之術爲則天所任使密稱英王狀類太宗又宮人潛議云賢是后姊韓國夫人所生賢亦自疑懼則天又嘗爲賢撰少陽政範及孝子傳以賜之仍數作書以責讓賢賢逾不自安調露二年崇儼爲盜所殺則天疑賢所爲俄使人發其陰謀事詔令中書侍郎薛元超黃門侍郎裴炎御史大夫高智周與法官推鞫之於東宮馬坊搜得皁甲數百領乃廢賢爲庶人幽于別所永淳二年遷於巴州文明元年則天臨朝令左金吾將軍丘神勣往巴州檢校賢宅以備外虞神勣遂閉於別室逼令自殺年三十二則天舉哀於顯福門貶神勣爲疊州刺史追封賢爲雍王神龍初追贈司徒仍遣使迎其喪柩陪葬于乾陵睿宗踐祚又追贈皇太子謚曰章懷有三子光順守禮守義光順天授中封安樂郡王尋被誅守義文明年封犍爲郡王垂拱四年徙封永安郡王病卒守禮本名光仁垂拱初改名守禮授太子洗馬封嗣雍王時中宗遷于房陵睿宗雖居帝位絕人朝謁諸武贊成革命之計深嫉宗枝

守禮以父得罪與睿宗諸子同處于宮中凡十餘年不出庭院至聖曆元年睿宗自皇嗣封爲相王許出外邸睿宗諸子五人皆封郡王與守禮始居于外神龍元年中宗纂位授守禮光祿卿同正員神龍中遺詔進封邠王賜實封五百戶景雲二年帶光祿卿兼幽州刺史轉左金吾衛大將軍遥領單于大都護先天二年遷司空開元初歷虢隴襄晉滑六州刺史非奏事及大事並上佐知州時寧申岐薛邠同爲刺史皆擇首僚以持綱紀源乾曜袁嘉祚潘好禮皆爲邠府長史兼州佐守禮唯弋獵伎樂飲謔而已九年已後諸王並徵還京師守禮以外枝爲王才識猥下尤不逮岐薛多寵嬖不修風教男女六十餘人男無中才女負貞稱守禮居之自若高歌擊鼓常帶數千貫錢債或有諫之者曰王年漸高家累甚衆須有愛惜守禮曰豈有天子兄沒人葬諸王因內讌言之以爲歡笑雖積陰累日守禮白於諸王曰欲晴果晴愆陽涉旬守禮曰即雨果連澍岐王等奏之云邠哥有術守禮曰臣無術也則天時以章懷遷謫臣幽閉宮中十餘年每

歲被勑杖數頓見瘢痕甚厚欲雨臣脊上即沉悶欲晴即輕健臣以此知之非有術也涕泗霑襟玄宗亦憫然二十九年薨年七十餘贈太尉子承宏開元初封廣武郡王歷祕書員外監又爲宗正卿同正員廣德元年吐蕃凌犯上都乘輿幸陝蕃渾之衆入城吐蕃宰相馬重英立承宏爲帝以于可封霍瓌等爲宰相補署百餘人旬餘日賊退郭子儀率衆入城送承宏於行在上不之責止於虢州尋死承寧天寶初授率更令同正員嗣邠王承宷至德二載封爲燉煌郡王加開府儀同三司與僕固懷恩使迴紇和親因納其女爲妃冊爲毗佐公主迴紇著勳承宷甚遇恩寵乾元元年六月卒贈司空唐法嗣郡王但加四品階親王子例著緋開元中張九齡爲中書令奏請寧薛王男並賜紫邠王三男衣紫餘二十人衣緋官亦不越六品郎王府掾屬仍員外置十五載扈從至巴蜀依例著紫○中宗四男韋庶人生懿德太子重潤後宮生庶人重福節愍太子重俊殤帝重茂

懿德太子重潤中宗長子也本名重照以避則天諱故改焉開耀二年中宗爲皇太子生重潤於東宮內殿高宗甚悅及月滿大赦天下改元爲永淳是歲立爲皇太孫開府置官屬及中宗遷于房州其府坐廢聖曆初中宗爲皇太子封爲邵王大足元年爲人所構與其妹永泰郡主壻魏王武延基等竊議張易之兄弟何得恣入宮中則天令杖殺時年十九重潤風神俊朗早以孝友知名既死非其罪大爲當時所悼惜中宗即位追贈皇太子謚曰懿德陪葬乾陵仍爲娉國子監丞裴粹亡女爲冥婚與之合葬又贈永泰郡主爲公主令備禮改葬仍號其墓爲陵焉○庶人重福中宗第二子也初封唐昌王聖曆三年徙封平恩王長安四年進封譙王歷遷國子祭酒左散騎常侍神龍初爲韋庶人所譖云與張易之兄弟潛構成重潤之罪由是左授濮州員外刺史轉均州司防守不許視事景龍三年中宗親祀南郊大赦天下流人並放還重福不得歸京師尤深鬱快上表自陳曰臣聞功同賞異則勞臣疑罪均刑殊則百姓惑伏惟陛下德侔造化明齊日月恩及飛鳥惠加走獸近者焚柴展禮郊祀上玄萬物霑愷

悌之仁六合承曠蕩之澤事無輕重咸赦除之蒼生並得赦除赤子偏加擯弃皇天平分之道固若此乎天下之人聞者爲臣流涕況陛下慈念豈不愍臣栖惶伏望捨臣罪愆許臣朝謁儻得一仰雲陛再覩聖顏雖沒九泉實爲萬足重投荒徼亦所甘心表奏不報及韋庶人臨朝遣令左屯衛大將軍趙承恩以兵五百人就均州守衛重福俄而韋氏伏誅睿宗即位又轉集州刺史未行洛陽人張靈均進計於重福曰大王地居嫡長自合繼爲天子相王雖有討平韋氏功安可越次而居大位昔漢誅諸呂猶迎代王今東都百官士庶皆願王來王若潛行直詣洛陽亦是從天上落遣人襲殺留守即擁兵西據陝州東下河北此天下可圖也初景龍三年鄭愔自吏部侍郎出爲江州司馬便道詣重福陰相結託至是又與靈均通傳動靜亦密遣使勸重福構逆預推尊重福爲天子溫王重茂爲皇太弟自署爲左丞相重福乃遣家臣王道先赴東都潛募勇敢之士重福遽自均州詐乘驛與靈均繼進王道始至東都俄有洩其謀者洛州司馬崔日

知捕獲其黨數十人頃聞重福至王道等率衆隨重福徑取左右屯營兵作亂將至天津橋願從者已數百人皆執持器仗助其威勢侍御史李邕先詣左掖門令閉關拒守又至右屯營號令云重福雖先帝之子已得罪於先帝今者無故入城必是作亂君等皆委質聖朝宜盡誠節立功立事以取富貴有頃重福果來奪右屯營堅壁不動營中矢射如雨便趣左掖門擬取留守遇門閉遂縱火以燒城門左屯營兵又來逼之重福度勢窮出自上東門而遁匿於山谷間明日東都留守裴談等大出兵搜索重福窘迫自投漕河而死磔屍三日時年三十一詔曰集州刺史譙王重福幼則兇頑長而險詖幸託體於先聖早通交於巨逆子而不子自絕於天有國有家莫容於代往者頗不會忍長令幽繫自大行晏駕萬氏臨朝將肆誅滅尤加防衛洎天有成命集于朕躬永懷猶子之情無協先親之義所以關置寮屬任隆剌舉冀其悛改以祐恩榮而詿誤有徒狂狡未息便即死出均州詐乘驛騎至于都下遂逞其謀先犯屯兵次燒左掖計窮力屈投河而斃雖人所共弃邦有常刑我非不慈爾自招咎且聞其故有惻于懷昔劉長既殁楚英遂殞以禮收葬抑惟舊章屈法申恩宜仍舊寵可以三品禮葬

節愍太子重俊中宗第三子也聖曆元年封義興郡王長安中累授衛尉員外少卿神龍初封衛王拜洛州牧賜實封千戶尋遷左衛大將軍兼遙授揚州大都督二年秋立為皇太子重俊性雖明果未有賢師傅舉事多不法儀以祕書監楊璬太常卿武崇訓並為太子賓客璬等皆主壻年少唯以蹴鞠猥戲取狎於重俊竟無調護之意左庶子姚珽數上疏諫諍右庶子平貞眘又獻孝經議養德傳以諷重俊皆優納焉時武三思得幸中宮深忌重俊三思子崇訓尚樂公主常教公主凌忽重俊以其非韋氏所生常呼之為奴或勸公主請廢重俊為王自立為皇太女重俊不勝忿恨三年七月率左羽林大將軍李多祚右羽林將軍李思沖李承況獨孤禕之沙吒忠義等矯制發左右羽林兵及千騎三百餘人殺三思及崇訓于其第并殺黨與十餘人又令左金吾大將軍成王千里分兵守宮城諸門自率兵趨肅章門斬關而入求韋庶人及安樂公主所在又以昭容上官氏素與三思姦通扣閤索之韋庶人及公主遽擁帝馳赴玄武門樓召左羽林將軍劉仁景等令率留軍飛騎及百餘人於樓下列守俄而多祚等兵至欲突玄武門樓宿衛者拒之不得進帝據檻呼多祚等所將千騎謂曰汝並是我爪牙何故作逆若能歸順斬多祚等與汝富貴於是千騎王歡喜等倒戈斬多祚及李承況獨孤禕之沙吒忠義等於樓下餘黨遂潰散重俊既敗率其屬百餘騎趨肅章門奔終南山帝令長上果毅趙思慎率輕騎追之重俊至鄠縣西十餘里騎不能屬惟從奴數人會日暮憩林下為左右所殺制令梟首于朝又獻之於太廟并以祭三思崇訓屍柩睿宗即位下制曰朕聞曾氏之孝也慈親惑於疑聽趙虜之族也明主哀而望思歷考前聞率由舊典重俊大行之子元良守器往羅構間困於讒嫉莫顧鈇鉞輕盜甲兵有此誅夷無不悲悅今四凶咸服十起何追方申赤暈之冤以紓黃

泉之痛可贈皇太子謚曰節愍陪葬定陵一子宗暉開元初封湖陽郡王初重俊被害宮府僚吏莫敢近者永和丞甯嘉勗解衣裹重俊首號哭時人義之宗楚客聞而大怒收付制獄貶為平輿丞尋卒睿宗踐祚下制曰甯嘉勗能重名節事高欒向幽塗已往生氣凜然靜言忠義追存褒寵可贈永和縣丞宗暉天寶中為衛尉員外卿十一載王鉷反宗暉以賣宅與鉷貶涪川郡長史量移盧陽長史至德元年追赴行在所授特進鴻臚卿宗暉無他才以外族之親受恩顧轉太僕常員外卿卒

殤皇帝重茂中宗第四子也聖曆三年封北海王神龍初進封溫王授右衛大將軍兼遙領并州大都督未出閤景龍四年中宗崩韋庶人立重茂為帝而自臨朝稱制及韋氏敗重茂遂遜位讓叔父相王退居別所景雲二年改封襄王遷於集州令中郎將率兵五百人守衛開元二年轉房州刺史尋薨時年十七謚曰殤皇帝葬於武功西原

史臣曰前代以嬖婦孽子破國亡家者多矣然未如大帝孝和之甚也高宗八子二王早世為武后所斃者四人章懷以母子之愛穎悟之賢猶不免於虎口況燕濮素節異腹之胤乎覆載胡心産茲鴆毒悲夫孝和毋嚚婦傲女暴如置身羣魅之中安有保其終吉哉天將滌盪昏氛非重茂所能枝也

贊曰父子天性嬖能害正宜曰申生讒為不令唐年鈞德章懷最仁兇毋畏明取樂於身

唐書列傳卷第三十六

唐書列傳卷第三十七

劉　昫　等修

聞人詮校刻沈桐同校

裴炎　劉禕之

魏玄同　李昭德

裴炎絳州聞喜人也少補弘文生每遇休假諸生多出遊炎獨不廢業歲餘有司將薦舉辭以學未篤而止在館垂十載尤曉春秋左氏傳及漢書擢明經第尋爲濮州司倉參軍累歷兵部侍郎中書門下平章事侍中中書令永淳元年高宗幸東都留太子哲守京師命炎與劉仁軌薛元超爲輔明年高宗不豫炎從太子赴東都侍疾十一月高宗疾篤命太子監國炎奉詔與黃門侍郎劉齊賢中書侍郎郭正一並於東宮平章事十二月丁巳高宗崩太子即位未聽政宰臣奏議天后降令於門下施行中宗既立欲以后父韋玄貞爲侍中又欲與乳母子五品炎固爭以爲不可中宗不悅謂左右曰我讓國與

○玄貞豈不得何爲惜侍中耶炎懼乃與則天定策廢立炎與中書侍郎劉禕之羽林將軍程務挺張虔勗等勒兵入内宣太后令扶帝下殿帝曰我有何罪太后報曰汝欲將天下與韋玄貞何得無罪乃廢中宗爲廬陵王立豫王旦爲帝炎以定策功封河東縣侯太后臨朝天授初又降豫王爲皇嗣時太后姪武承嗣請立武氏七廟及追王父祖太后將許之炎進諫曰皇太后天下之母聖德臨朝當存至公不宜追王祖禰以示自私且獨不見呂氏之敗乎臣恐後之視今亦猶今之視昔太后曰呂氏之王權在生人今者追尊事歸前代存歿殊迹豈可同日而言炎曰蔓草難圖漸不可長殷鑒未遠當絕其源太后不悅而止時韓王元嘉魯王靈夔等皆皇屬之近承嗣與從父弟三思屢勸太后因事誅之實絕宗室之望劉禕之韋仁約並懷畏憚唯唯無言炎獨固爭以爲不可承嗣深憾之文明元年官名改易炎爲内史秋徐敬業構逆太后召炎議事炎奏曰皇帝年長未俾親政乃致猾竪有詞若太后返政則此賊不討而解矣御史崔察聞而上言曰裴炎伏事先朝二十餘載受遺顧託大權在己若無異圖何故請太后歸政乃命御史大夫騫味道御史魚承曅鞫之鳳閣侍郎胡元範奏曰炎社稷忠臣有功於國悉心奉上天下所知臣明其不反右衛大將軍程務挺密表申理之文武之間證炎不反者甚衆太后皆不納光宅元年十月斬炎于都亭驛之前街炎初被擒左右勸炎遜詞於使者炎歎曰宰相下獄焉有更全之理竟無折節及籍沒其家乃無儋石之蓄胡元範申州義陽人坐救炎流死瓊州程務挺伏法納言劉齊賢貶吉州長史吏部侍郎郭侍舉貶岳州刺史皆坐救炎之罪也先是開耀元年十月定襄道行軍大總管裴行儉獻定襄所獲俘囚除曲赦外斬阿史那伏念溫傅等五十四人於都市初行儉討伐之時許伏念以不死伏念乃降時炎害行儉之功奏云伏念是程務挺張虔勗逼逐于營又磧北廻紇南向逼之窘急而降乃殺之行儉歎曰渾濬之事古今恥之但恐殺降之後無復來者行儉因此稱疾不出炎致國家負義而殺降妬能害功構成陰禍其敗也

○宜哉睿宗踐祚下制曰飾終追遠斯乃舊章表德旌賢有光恒策故中書令裴炎含弘稟粹履信居貞望重國華才稱人秀唯幾成務績宣千代工偶居無猜義深於奉上文明之際王室多虞以朕躬實著誠節而危疑起釁倉卒罹災歲月屢遷丘封莫樹永言先正感悼良多宜追賁於九原俾增榮於萬古可贈益州大都督炎長子彥先後爲太子舍人從子伷先後爲工部尚書

劉禕之常州晉陵人也祖興宗陳鄱陽王諮議參軍父子翼善吟諷有學行隋大業初歷秘書監河東柳顧言甚重之性不容非朋僚有短常面折之友人李伯藥常稱曰劉四雖復罵人人都不恨貞觀元年詔追入京以母老固辭太宗許其終養江南大使李襲譽嘉其至孝恒以米帛賚之因上表旌其門閭改所居爲孝慈里母卒服竟徵拜吳王府功曹再遷著作郎弘文館直學士預修晉書加朝散大夫永徽初卒高宗遣使弔贈給靈輿還鄉有集二十卷禕之少與孟利貞高智周郭正一俱以文藻知名時人號爲劉孟高郭尋與利貞等

同直昭文館上元中遷左史弘文館直學士與著作郎元萬頃左史
范履冰苗楚客右史周思茂韓楚賓等皆召入禁中共撰列女傳臣
軌百寮新誡樂書凡千餘卷時又密令參決以分宰相之權時人謂
之北門學士禕之兄懿之時爲給事中兄弟並居兩省論者美之儀
鳳二年轉朝議大夫中書侍郎兼豫王府司馬尋加中大夫禕之有
姊在宮中爲內職天后令省榮國夫人之疾禕之潛伺見之坐是配
流巂州歷數載天后表請高宗召還拜中書舍人轉相王府司馬復
遷檢校中書侍郎高宗謂曰相王朕之愛子以卿忠孝之門藉卿師
範所冀蓬生麻中不扶自直耳禕之居家孝友甚爲士族所稱每得
俸祿散於親屬高宗以此重之則天臨朝甚見親委及豫王立禕之
參預其謀擢拜中書侍郎同中書門下三品賜爵臨淮男時軍國多
事所有詔敕獨出禕之構思敏速皆可立待及官名改易禕之爲鳳
閣侍郎同鳳閣鸞臺三品時有司門員外郎房先敏得罪左授衞州
司馬詣宰相陳訴內史騫味道謂曰此乃皇太后處分也禕之謂先

敏曰緣坐改官例從臣下奏請則天聞之以味道善則歸己過則推
君貶青州刺史以禕之推善於君引過在己加授太中大夫賜物百
段細馬一疋因謂侍臣曰夫爲臣之體在揚君之德君德發揚豈非
臣下之美事且君爲元首臣作股肱情同休戚義均一體未聞以手
足之疾移於腹背而得一體安乎味道不存忠赤已從屏退禕之竭
忠奉上情甚可嘉納言王德真對曰昔戴至德每有善事必推於君
太后曰先朝每稱至德能有此事遂其終歿有制褒崇爲臣之道豈
過斯行傳名萬代可不善歟儀鳳中吐蕃爲邊患高宗謂侍臣曰吐
蕃小醜屢犯邊境我比務在安輯未即誅夷而戎狄豺狼不識恩造
置之則壃場日駭圖之則未聞上策宜論得失各盡所懷時劉景仙
郭正一皇甫文亮楊思徵薛元超各有所奏禕之時爲中書舍人對
曰臣觀自古明王聖主皆患夷狄吐蕃時擾邊隅有同禽獸得其上
地不可依居被其憑陵未足爲恥願戢萬乘之威且寬百姓之役高
宗嘉其言後禕之嘗竊謂鳳閣舍人賈大隱曰太后既能廢昏立明

何用臨朝稱制不如返政以安天下之心大隱密奏其言則天不悅
謂左右曰禕之我所引用乃有背我之心豈復顧我恩也垂拱三年
或誣告禕之受歸州都督孫萬榮金兼與許敬宗妾有私則天特令
肅州刺史王本立推鞫其事本立宣敕示禕之禕之曰不經鳳閣鸞
臺何名爲敕則天大怒以爲拒捍制使乃賜死于家時年五十七初
禕之既下獄睿宗爲之抗疏申理禕之親友咸以爲必見原宥竊賀
之禕之曰吾必死矣太后臨朝獨斷威福任己皇帝上表徒使速吾
禍也禕之在獄時嘗上疏自陳及臨終既洗沐而神色自若命其子
執筆草謝表其子將絕殆不能書監刑者促之禕之乃自操數紙援
筆則成詞理懇至見者無不傷痛時麟臺郎郭翰太子文學周思鈞
共稱歎其文則天聞而惡之左遷翰爲巫州司法思鈞爲播州司倉
睿宗即位以禕之宮府舊僚追贈中書令有集七十卷傳於時
魏玄同定州鼓城人也舉進士累轉司列大夫坐與上官儀文章屬
和配流嶺外上元初赦還工部尚書劉審禮薦玄同有時務之才拜

岐州長史累遷至吏部侍郎玄同以既委選舉恐未盡得人之術乃
上疏曰臣聞製器者必擇匠以簡材爲國者必求賢以蒞官匠之不
良無以成其工官之非賢無以致於理君者所以牧人也臣者所以
佐君也君不養人失君道矣臣不輔君失臣任矣任人者誠國家之
基本百姓之安危也方今人不加富盜賊不衰獄訟未清禮義猶闕
者何也下吏不稱職庶官非其才也官之不得其才者取人之道有
所未盡也臣又聞傳說曰明王奉若天道建邦設都樹后王君公承
以大夫師長不惟逸豫惟以理人昔之邦國今之州縣士有常君人
有定主自求臣佐各選英賢其大臣乃命於王朝耳秦并天下罷侯
置守漢氏因之有沿有革諸侯得自置吏四百石以下其傅相大官則
漢爲置之州郡掾吏督郵從事悉任之於牧守爰自魏晉始歸吏部
遞相祖襲以迄于今用刀筆以量才按簿書而察行法令之弊其來
自久蓋君子重因循而憚改作有不得已者亦當運獨見之明定卓
然之議如今選司所行者非上皇之令典乃近代之權道所宜遷革

實爲至要何以言之夫尺丈之量所及者蓋短鍾庾之器所積者寧
多非其所及焉能度之非其所受何以容之況天下之大士人之衆
而可委之數人之手乎假使平如權衡明如水鏡力有所極照有所
窮銓綜既多紊失斯廣又以比居此任時有非人豈直媿彼清通昧
於甄察亦將竭其庸妄糅彼棼絲情故既行何所不至贓私一啓以
及萬端至乃爲人擇官爲身擇利顧親疎而下筆看勢要而措情悠
悠風塵此焉奔競擾擾遊宦同乎市井加以厚貌深衷險如溪壑擇
言觀行猶懼不周今使百行九能折之於一面具僚庶品專斷於一
司不亦難矣且魏人應運所據者乃三分晉氏播遷所臨者非一統
逮乎齊宋以及周隋戰爭之日多安泰之時少瓜分瓦裂各在一方
隋氏平陳十餘年耳接以兵禍繼以饑饉既德業之不逮或時事所
未遑非謂是今而非古也武德貞觀與今亦異皇運之初庶事草創
豈唯日不暇給亦乃人物常稀天祚大聖享國永年比屋可封異人
間出咸以爲有道恥賤得時無怠諸色入流歲以千計羣司列位無

復新加官有常員人無定限選集之始霧積雲屯擢敘於終十不收
一淄澠雜混玉石難分用捨去留得失相半撫即事之爲弊知及後
之滋失夏殷已前制度多闕周監二代煥乎可觀豈諸侯之臣不皆
命於天子王朝庶官亦不專於一職故周穆王以伯冏爲太僕正命
之曰愼簡乃僚無以巧言令色便辟側媚惟吉士此則令其自擇下
吏之文也太僕正中大夫耳尚以僚屬委之則三公卿亦必然矣周
禮太宰內史並掌爵祿廢置司徒司馬別掌興賢詔事當是分任於
群司而統之以數職各自求其小者而王命其大者焉夫委任責成
君之體也所委者當所用者精故能得濟濟之多士盛芃芃之棫樸
裴子野有言曰官人之難先王言之尚矣居家視其孝友鄉黨服其
誠信出入觀其志義憂歡取其智謀煩之以事以觀其能臨之以利
以察其廉周禮始於學校論之州里告諸六事而後貢之王庭其在
漢家尚猶然矣州郡積其功能然後爲五府所辟五府舉其掾屬而
升于朝三公參得除署尚書奏之天子一人之身所關者衆一士之

進其謀也詳故官得其人鮮有敗事魏晉反是所失弘多子野所論
蓋區區之宋朝耳猶謂不勝其弊而況于當今乎又夫從政莅官不
可以無學故書曰學古入官議事以制傳曰我聞學以從政不聞以
政入學今貴戚子弟例早求官髫齓之年已腰銀艾或童丱之歲已
襲朱紫弘文崇賢之生千牛輦脚之類課試既淺藝能亦薄而門閥
有素資望自高夫象賢繼父古之道也所謂冑子必裁諸學修六禮
以節其性明七敎以興其德齊八政以防其淫舉上賢以崇德簡不
肖以黜惡少則受業長而出仕並由德進必以才昇然後可以利用
賓王移家事國少仕則廢學輕試則無才於此一流良足惜也又勳
官三衛流外之徒不待州縣之舉直取之於書判恐非先德而後言
才之義也臣又以爲國之用人有似人之用財貧者猒糟糠思短褐
富者餘粱肉衣輕裘然則當衰弊乏賢之時則可磨策朽鈍而乘馭
之在太平多士之日亦宜妙選髦俊而任使之詩云翹翹錯薪言刈
其楚楚荊也在薪之翹翹者方之用才理亦當爾選人幸多尤宜簡

練臣竊見制書每令三品五品薦士下至九品亦令舉人此聖朝側
席旁求之意也但以褒貶不甚明得失無大隔故人上不憂黜責下
不盡搜揚苟以應命莫愼所舉且惟賢知賢聖人篤論伊皐既舉不
仁咸遠復患階秩雖同人才異等身且濫進鑒豈知人今欲務得實
才兼宜擇其舉主流清以源潔影端由表正不群舉主之行能而責
舉人之庸濫不可得已漢書云張耳陳餘之賓客廝役皆天下俊傑
彼之蕞爾猶能若斯況以神皇之聖明國家之德業而不建久長之
策爲無窮之基盡得賢取士之術而但顧望魏晉之遺風留意周隋
之末事臣竊惑之伏願稍迴聖慮時採芻言略依周漢之規以分吏
部之選即望所用精詳鮮於差失疏奏不納弘道初轉文昌左丞兼
地官尚書同中書門下三品則天臨朝遷太中大夫鸞臺侍郎依前
知政事垂拱二年加銀青光祿大夫檢校納言封鉅鹿男玄同素與
裴炎結交能保終始時人呼爲耐久朋而與酷吏周興不協永昌初
爲周興所構云玄同言太后老矣須復皇嗣太后聞之怒乃賜死於

家監刑御史房濟謂玄同曰何不告事冀得召見當自陳訴玄同歎曰人殺鬼殺有何殊也豈能爲告人事乎乃就刑年七十三子怙閑元中爲潁王傅

李昭德京兆長安人也父乾祐貞觀初爲殿中侍御史時有鄃令裴仁軌私役門夫太宗欲斬之乾祐奏曰法令者陛下制之於上率土尊之於下與天下共之非陛下獨有也仁軌犯輕罪而致極刑是乖畫一之理刑罰不中則人無所措手足臣忝憲司不敢奉制太宗意解仁軌竟免乾祐尋遷侍御史毋卒廬於墓側負土成墳太宗遣使就墓弔之仍旌表其門後歷長安令治書御史皆有能名擢拜御史大夫乾祐與中書令褚遂良不協竟爲遂良所構永徽初繼充邢魏等州刺史乾祐雖強直有器幹而昵於小人既與外郡與令史結友書疏往返令伺朝廷之事俄爲友人所發坐流愛州乾封中起爲桂州都督歷拜司刑太常伯舉京兆功曹參軍崔擢爲尚書郎擢既不果私以告擢後擢有犯乃告乾祐泄禁中語以贖罪乾祐復坐免官尋卒

○昭德即乾祐之孽子也強幹有父風少舉明經累遷至鳳閣侍郎長壽二年增置夏官侍郎三員時選昭德與婁師德侯知一爲之是歲又遷鳳閣鸞臺平章事尋加檢校內史長壽中神都改作文昌臺及定鼎上東諸門又城外郭皆昭德創其制度時人以爲能初都城洛水天津之東立德坊西南隅有中橋及利涉橋以通行李上元中司農卿韋機始移中橋置于安衆坊之左街當長夏門都人甚以爲便因廢利涉橋所省萬計然歲爲洛水衝注常勞治葺昭德創意積石爲腳銳其前以分水勢自是竟無漂損時則天以武承嗣爲文昌左相昭德密奏曰承嗣陛下之姪又是親王不宜更在機權以惑衆庶且自古帝王父子之間猶相篡奪況在姑姪豈得委權與之脫若乘便寶位寧可安乎則天矍然曰我未之思也承嗣亦嘗返譖昭德則天曰自我任昭德每獲高臥是代我勞苦非汝所及也承嗣俄轉太子少保罷知政事延載初鳳閣舍人張嘉福令洛陽人王慶之率輕薄惡少數百人詣闕上表請立武承嗣爲皇太子則天不許慶之固請不已則天令昭德詰責之令散昭德便杖殺慶之餘衆乃息昭德因奏曰臣聞文武之道布在方策豈有姪爲天子而爲姑立廟乎以親親言之則天皇是陛下夫也皇嗣是陛下子也陛下正合傳之子孫爲萬代計況陛下承天皇顧託而有天下若立承嗣臣恐天皇不血食矣則天寤之乃止時朝廷諛佞者多獲進用故幸恩者事無大小但近諂諛皆獲進見有人於洛水中獲白石數點赤詣闕輒進諸宰相詰之對云此石赤心所以來進昭德叱之曰此石赤心洛水中餘石豈能盡反耶左右皆笑是時來俊臣侯思止等枉撓刑法誣陷忠良人皆懾懼昭德每廷奏其狀由是俊臣黨與少自摧屈來俊臣又嘗弃故妻而娶太原王慶詵女侯思止亦奏娶趙郡李自挹女勑政事堂共商量昭德撫掌謂諸宰相曰大可笑往年俊臣賊劫王慶詵女已大辱國今日此奴又請索李自挹女無乃復辱國耶尋奏寢之侯思止後竟爲昭德所繩榜殺之既而昭德專權用事頗爲朝野所惡前魯王府功曹參軍丘愔上疏言其罪狀曰臣聞百王之失

○皆由權歸於下宰臣持政常以勢盛爲殃魏冉誅庶族以安秦非不忠也弱諸侯以強國亦有功也然以出入自專擊斷無忌威震人主不聞有王張祿一進深言卒用憂死向使昭王不即覺悟魏冉果以專權則秦之霸業或不傳其子孫陛下創業興王撥亂英主總權收柄司契握圖天授已前萬機獨斷發命皆中舉事無遺公卿百寮具職而已自長壽已來厭怠細政委任昭德使掌機權然其雖幹濟小才不堪軍國大用直以性好凌轢氣負剛強盲聾下人芻狗同列刻薄慶賞矯枉憲章國家所賴者微所妨者大天下杜口莫敢一言聲威翕赫日已熾盛臣近於南臺見勑曰諸處奏事陛下已依昭德請不依陛下便不依如此改張不可勝數昭德參奉機密獻可替否事有便利不預諮謀要待畫旨將行方始別生駁異揚露專擅顯示於人歸美引愆義不如此州縣列位臺寺庶官入謁出辭望塵慴氣一切奏讞與奪事宜皆承旨意附會上言今有秩之吏多爲昭德之人陛下勿謂昭德小心是我手臂臣觀其膽乃大於身鼻息所衝上拂雲

漢近者新陷來張兩族兼挫侯王二仇鋒銳更不可當方寸良難窺
測書曰知人亦未易人亦未易知漢光武將龐萌可以託孤卒爲
戎首魏明帝期司馬懿以安國竟肆姦回夫小家治生有千百之資
將以託人尚憂失授況兼天下之重而可輕忽委任者乎今昭德作
福專威横絕朝野愛憎與奪傍若無人陛下恩遇至深蔽過甚臣
聞蟻穴壞堤針芒寫氣涓涓不絕必成江河履霜堅氷須防其漸權
重一去收之極難臣又聞輕議近臣犯顏深諫明君聖主亦有不容
臣孰知今詔之於前明日伏誅於後但使國安身死臣實不悔陛下
深覽臣言爲萬姓自愛特長上果殺鄧注又著石論數千言備述昭
德專權之狀鳳閣舍人逢弘敏遽奏其論則天乃惡昭德謂納言姚
璹曰昭德身爲內史備荷殊榮誠如所言實負於國延載初左遷欽
州南賓尉數日又命免死配流尋又召拜監察御史時太僕少卿來
俊臣與昭德素不協乃誣構昭德有逆謀因被下獄與來俊臣同日
而誅是日大雨士庶莫不痛昭德而慶俊臣也相謂曰今日天雨可
○謂一悲一喜矣神龍中降制曰故李昭德勤恪在公強直自達立朝
正色不吐剛以茹柔當軸勵詞必抗情以歷詆構陷府寺樹勳良多
爰更規模殁而不朽道淪福善業虧嫉惡名級不追風流將沫式旌
壞樹光被幽明可贈左御史大夫德宗建中三年加贈司空
史臣曰裴炎位居相輔時屬艱難歷覽前蹤非無忠節但見遲而慮
淺又遺命以會時何者當是時高宗晏駕尚新武氏革命未見炎也
稚慮中宗之過失是其淺也不見太后之苞藏是其遲也及乎承嗣
請封祖禰三思勸殺宗親然後徒有諫章何嘗濟事是喜遺託豈痛
伏誅時論則然遲淺須信況閻覩構逆則示其閑暇俾殺降則彰彼
猜嫌小數有餘大度何足又其驗也禕之名父之子諒知其才著述
頗精履歷無愧師範王府秉執相權咸有能名固愜群議何乃失言
於大隱取金於萬榮潛見內人私通嬖妾使濁跡玷其清譽滔行汙
於貞名若言俗困濫刑公行誣告即又自昧周防之道人非盡戮之
冤賜死於家猶爲多幸臨終不撓抑又徒勞玄同富於詞學公任權

衡當爲典選之時備蹠擇才之理但以高宗弃代之後則天居位之
間革命是懷附已爲數苟一言之不順則赤族以嬰是以唐之名臣
難忘中興之計周之酷吏常謀並進之讒玄同欲復皇儲固宜難逃免
死而無過人殺何妨昭德強幹爲臣機巧蒞事凡所制置動有規模
武承嗣方持左相權將立爲皇太子尋更所任後寢其謀咸由昭德
之言能拒則天之言又觀其誅侯思止法王慶之控來俊臣致朋黨
漸衰諫使稍退又則天謂承嗣曰我任昭德每獲高臥代我勞苦非
汝所及也此則強幹機巧之驗焉公忠之道亦在其中矣不然則何
以致是哉若是昭德用謙御下以柔守剛不恃專權常能寡過則復
皇嗣而非晚保臣節而必終蓋由道乏弘持器難苞貯純剛是失卷
智不全所以丘憒抗陳鄧注深論瓦解而固難收拾風權而豈易扶
持自取誅夷人誰憾懟
贊曰政無刑法時屬艱危裴炎之智慮淺見遲禕之履行貨色自欺
○昭德強猛何由不斷死無今善孰謂非宜玄同不幸顛殞亦隨

唐書列傳卷第三十七

唐書列傳卷第三十八

劉　昫

韋思謙 子承慶 嗣立　陸元方　蘇瓌 子頲

韋思謙鄭州陽武人也本名仁約字思謙以音類則天諱故稱字焉其先自京兆南徙家于襄陽舉進士累補應城令歲餘調選思謙在官坐公事微殿舊制多未敘進吏部尚書高季輔曰自居選部今始得此一人豈以小疵而棄大德擢授監察御史由是知名嘗謂人曰御史出都若不動搖山岳震懾州縣誠曠職耳時中書令褚遂良賤市中書譯語人地思謙奏劾其事遂良左授同州刺史及遂良復用思謙不得進出為清水令謂人曰吾狂鄙之性假以雄權觸機便發固宜為身災也大丈夫當正色之地必明目張膽以報國恩終不能為碌碌之臣保妻子耳左肅機皇甫公義檢校沛王府長史引思謙為同府倉曹謂思謙曰公豈池中之物屈公為數旬之客以望此府耳累遷右司郎中永淳初歷尚書左丞御

史大夫時武候將軍田仁會與侍御史張仁禕不協而誣奏之高宗臨軒問仁禕仁禕惶懼應對失次思謙歷階而進曰臣與仁禕連曹頗知事由仁禕懦而不能自理若仁會眩惑聖聰致仁禕非常之罪即臣亦事君不盡矣請專對其狀辭辯縱橫音旨明朗高宗深納之思謙在憲司每見王公未嘗行拜禮或勸之答曰鵰鶚鷹鸇豈眾禽之偶奈何設拜以狎之且耳目之官固當獨立也初拜左丞奏曰陛下為官擇人非其人則闕今不惜美錦令臣製之此陛下知臣之深亦微臣盡命之秋振舉綱目朝廷肅然則天臨朝轉宗正卿會官名改易改為司屬卿光宅元年分置左右肅政臺復以思謙為右肅政大夫大夫舊與御史抗禮思謙獨坐受其拜或以為辭思謙曰國家班列自有等差奈何以姑息為事耶垂拱初賜爵博昌縣男遷鳳閣鸞臺三品二年代蘇良嗣為納言三年上表告老請致仕許之仍加太中大夫永昌元年卒於家贈幽州都督二子承慶嗣立

承慶字延休少恭謹事繼母以孝聞弱冠舉進士補雍王府參府中文翰皆出於承慶辭藻之美擅於一時累遷太子司議郎儀鳳四年五月詔皇太子賢監國時太子頗近聲色與戶奴等款狎承慶上書諫曰臣聞太子者君之貳國之本也所以承宗廟之重繫億兆之心萬國以貞四海屬望殿下以仁孝之德明叡之姿岳峙泉渟金貞玉裕天皇升殿下以儲副寄殿下以監撫欲使照無不及恩無不覃百寮仰重曜之暉萬姓聞洊雷之響夫君無民無以保其位人非食無以全其生故孔子曰百姓足君孰與不足百姓不足君孰與足自頃年已來頻有水旱菽粟不能豐稔黎庶自致煎窮今夏亢陽米價騰踊貧窶之室無以自資朝夕遑遑唯憂餒饉下人之瘼實可哀矜稼穡艱難所宜詳悉天皇所以垂衣北極殿下所以守器東宮為天下之所尊得天下之所利者豈唯上玄之幽贊亦百姓之力也百姓危則社稷不得獨安百姓亂則帝王不能獨理故古之明君飽而知人飢溫而知人寒每以天下為

憂不以四海為樂今關隴之外兇寇憑陵西土編甿凋喪將盡干戈日用烽柝薦興千里有勞於饋糧三農不遑於稼穡殿下為臣為子乃國乃家為臣在於竭忠為子明於盡孝在家不可以自逸在國不可以自康一物有虧聖上每留神念三邊或梗殿下豈不兢懷況當養德之秋非是任情之日伏承北門之內造作不常鼓好所營或有煩費倡優雜伎不息於前鼓吹繁聲亟聞於外既喧聽覽且黷宮闈兼之僕隸小人緣此得親左右亦既奉承顏色能不恃託恩光作福作威莫不由此不加防慎必有愆非儻使微累德音於後悔之何及書云不作無益害有益此皆無益之事固不可耽而悅之臣又聞高而不危所以長守貴滿而不溢所以長守富是知高危不可不慎滿溢不可不持易曰君子終日乾乾夕惕若厲無咎蓋慎之謂也伏於凡庶能守而行之猶可以高擬繫華坐致榮祿況殿下有少陽之位有天挺之姿片善而天下必聞小能而天下咸服豈可不為盡善盡美之道以取可大可久之名哉

伏願博覽經書以廣其德屏退聲色以抑其情靜默無爲恬虛寡欲非禮勿動非法不言居處服玩必循節儉畋獵遊娛不爲縱逸正人端士必引而親之便僻側媚必斥而遠之使惠聲溢於遠近仁風翔於內外則可以克享終吉長保利貞爲上嗣之稱首奉聖人之鴻業者矣又嘗爲諭善箴以獻太子太子善之賜物甚厚承慶又以人之用心多擾濁浮躁罕詣沖和之境乃著靈臺賦以廣其志辭多不載調露初東宮廢出爲烏程令風化大行長壽中累遷鳳閣舍人兼掌天官選事承慶屬文迅捷雖軍國大事下筆輒成未嘗起草尋坐忤大臣旨出爲沂州刺史未幾詔復舊職依前掌天官選事久之以病免改授太子諭德後歷豫虢等州刺史頗著聲績制書褒美長安初入爲司僕少卿轉天官侍郎兼修國史承慶自天授已來三掌天官選事銓授平允海內稱之尋拜鳳閣侍郎同鳳閣鸞臺平章事仍依舊兼修國史神龍初坐附推張易之弟昌宗失實配流嶺表時易之等既伏誅承慶去巾解帶而

待罪時欲草赦書衆議以爲無如承慶者乃召承慶爲之承慶神色不撓援筆而成辭甚典美當時咸歎服之歲餘起授辰州刺史未之任入爲秘書員外少監兼修國史尋以修則天實錄之功賜爵扶陽縣子賚物五百段又制撰則天皇后紀聖文中宗稱善特加銀青光祿大夫俄授黃門侍郎仍依舊兼修國史未拜而卒中宗傷悼久之乃召其弟相州刺史嗣立令赴葬事仍拜黃門侍郎令繼兄位其見用如此贈秘書監謚曰溫子長裕膳部員外郎嗣立承慶異母弟也母王氏遇承慶甚嚴每有杖罰嗣立必解衣請代母不聽輒私自杖母察知之漸加恩貸議者比晉人王祥王覽少舉進士累補雙流令政有殊績爲蜀中之最三遷萊蕪令會承慶自鳳閣舍人以疾去職則天召嗣立謂曰卿父往日嘗謂朕曰臣有兩男忠孝堪事陛下自卿兄弟効職如卿父言今授卿鳳閣舍人令卿兄弟自相替代即日遷鳳閣舍人時學校頹廢刑法濫酷嗣立上疏諫曰臣聞古先哲王立學官掌教國子以六德六

行六藝三教備而人道畢矣禮記曰化人成俗必由學乎學之於人其用蓋博故立太學以教於國設庠序以化於邑王之諸子卿大夫士之子及國之俊選皆造焉八歲入小學十五入太學春秋教以禮樂冬夏教以詩書是以教洽而化流行成而不悖自天子以至于庶人未有不須學而成者也國家自永淳已來二十餘載國學廢散胄子衰缺時輕儒學之官莫存章句之選貴門後進競以僥倖昇班寒族常流復因凌替弛業考試之際秀茂罕登驅之臨人何以從政又垂拱之後文明在辰盛典鴻休日書月至因藉際會入仕尤多加以讒邪兇黨來俊臣之屬妄執威權恣行枉陷正直之伍死亡爲憂道路以目人無固志罕有執不撓之懷殉至公之節偷安苟免聊以卒歲遂使綱領不振請託公行選舉之曹彌長渝濫隨班少經術之士攝職多庸瑣之才徒以猛暴相誇罕能清惠自勗使海內黔首擾然不安州縣官寮貪鄙未息而望事必循理俗致康寧不可得也陛下誠能下明制發德音廣開庠

序大敦學校三館生徒即令追集王公已下子弟不容別求仕進皆入國學服膺訓典崇館廟尊尚儒師盛陳奠菜之儀宏敷講說之會使士庶觀聽有所發揚弘獎道德於是乎在則四海之內靡然向風延頸舉足咸知所向然後審持衡鏡妙擇良能以之臨人寄之調俗則官無侵暴之政人有安樂之心居人則相與樂業百姓則皆戀桑梓豈復憂其逃散而貧窶哉今天下戶口亡逃過半租調既減國用不足理人之急尤切於茲故知務學之源豈唯潤身進德而已將以誨人利國可不務之哉臣聞堯舜之日畫其衣冠文景之時幾致刑措歷茲千載以爲美談臣伏惟陛下叡哲欽明窮神知化自軒昊已降莫之與京獨有往之論法或未盡善皆由主司姦兇惑亂視聽尋而陛下聖察具詳之矣然責未能顯其本源明其前事今天下萬姓識陛下本心尚使四海多銜冤之人九泉有抱痛之鬼臣誠愚暗不識大綱請爲陛下始末而言其事揚預之後刑獄漸興用法之伍務於窮竟連坐相牽數年不絕遂使巨姦大

猾伺隙乘間内苞豺狼之心外示㢘謹之跡陰圖潛結共相影會構似是之言成不赦之罪皆深爲巧詆恣行楚毒人不勝痛便乞自誣公卿士庶連頸受戮道路籍籍雖知非辜而鍛鍊已成辯占皆合縱臯陶爲理于公定刑則謂汙宮毁柩猶未塞責雖陛下仁慈哀念恤獄緩死及覽辭狀便已周密皆謂勤勤得情是其實犯雖欲寛捨其如法何於是小乃身誅大則族滅相緣共坐者不可勝言此豈宿構讎嫌將申報復皆圖苟成功效自求官賞將時稱傳謂爲羅織其中陷刑得罪者雖有敏識通材被告言者便遭枉抑心徒痛其寃酷口莫能以自明或受誅夷或遭竄殛並甘心引分赴之如歸故知弄法徒文傷人實甚賴陛下特迴聖察昭然詳究周興丘勣之類弘義俊臣之徒皆相次伏誅事暴遐邇而朝野慶泰若再覩陽和且如仁傑元忠俱罹枉陷被勒輸之際亦皆已自誣向非陛下至明垂以省察則菹醢之戮已及其身欲望輸忠聖代安可復得陛下擢而升之各爲良輔國之棟幹稱此二人何乃前非

而後是哉誠由枉陷與甄明爾但恐往之得罪者多並此流則向時之寃者其數甚衆昔殺一孝婦尚或降災而濫者蓋多寧無怨氣寃氣上達則水旱所興欲望歲登不可得也儻陛下弘天地之德施雷雨之深仁歸罪於削刻之徒降恩於枉濫之伍自垂拱已來大辟罪已下常赦所不原者罪無輕重一皆原洗被以昭蘇伏法之輩追還官爵緣累之徒普霑恩造如此則天下知此所陷罪元非陛下之意咸是虐吏之辜幽明懽欣則感通和氣和氣下降則風雨以時風雨以時則五穀豐稔歲既稔矣人亦安矣太平之美亦何遠哉伏願陛下深察尋遷秋官侍郎三遷鳳閣侍郎同鳳閣鸞臺平章事長安中則天嘗與宰臣議及州縣官吏納言李嶠夏官尚書唐休璟等奏曰臣等謬膺大任不能使兵革止息倉府殷盈戶口尚有逋逃官人未免貪濁使陛下臨朝軫歎憂以爲言夙夜慙惶不知啓處伏思當今要務莫過富國安人富國安人之方在擇刺史竊見朝廷物議莫不重內官輕外職每除授牧伯皆再三

擬議此來所遣外任多是貶累之人風俗不澄寔由於此今望於臺閣寺監妙簡賢良分典大州共康庶績臣等請輟近侍率先具寮務在興國濟人所當庶有補益則天曰卿等處鸞臺鳳閣誰爲此行嗣立率先對曰臣以庸愚謬膺獎擢內掌機密非臣所堪承乏外遣庶當盡節儻垂採録臣願此行於是嗣立帶本官檢校汴州刺史無幾嗣立兄承慶知政事嗣立轉成均祭酒兼檢校魏州刺史又徙洺州刺史尋坐承慶左授饒州長史歲餘徵爲太僕少卿兼掌吏部選事神龍二年爲相州刺史及承慶卒代爲黄門侍郎轉太府卿加修文館學士景龍三年轉兵部尚書同中書門下三品時中宗崇飾寺觀又濫食封邑者衆國用虚竭嗣立上疏諫曰臣聞國無九年之儲家無三年之蓄家非其家國非其國故知五國立家皆資於儲蓄矣夫水旱之災關之陰陽運數非人智力所能及也堯遭大水湯遭大旱則知仁聖之君所不能免當此時不至於困弊者積也今陛下倉庫之內比稍空竭尋常用度不支

一年儻有水旱人須賑給徵發時動兵要資裝則將何以備之其緣倉庫不實妨於政化者觸類而是臣竊見比者營造寺觀其數極多皆務取宏博競崇瓌麗大則費耗百十萬小則尚用三五萬餘略計都用資財動至千萬已上轉運木石人牛不停廢人功害農務事既非急時多怨咨故書曰不作無益害有益功乃成不貴異物賤用物人乃伏誠哉此言非虚談也且玄旨秘妙歸於空寂苟非修心定慧諸法皆涉有爲至如土木雕刻等功唯是殫竭人力但學相誇壯麗豈關降伏身心且凡所興功皆須掘鑿蟄蟲在土種類寔多每日殺傷動盈萬計連年如此損害可知聖人慈悲爲心豈有須行此事不然之理皎在目前世俗衆僧未通其旨且不慮府庫空竭不思聖人憂勞謂廣樹福田即是增修法教儻水旱爲災人至飢餒夷狄作梗兵無資糧陛下雖有龍象如雲伽藍櫛比豈能裨萬分之一救元元之苦哉於道法既有乖在生人極爲損陛下豈可不深思之臣竊見食封之家其數甚衆昨略問戶部

云用六十餘萬丁一丁兩匹即是一百二十萬已上臣頃在太府知每年庸調絹數多不過百萬少則七八十萬已來比諸封家所入全少僅有虫霜旱澇曾不半在國家支供何以取給臣聞自封茅土列山河皆須業著經綸功申草昧然後配宗廟之享承帶礪之恩皇運之初功臣共定天下當時食封才上三二十家今以尋常特恩遂至百家已上國家租賦太半私門私門則貢用有餘國家則支計不足有餘則或致奢侈不足則坐致憂危制國之方豈謂爲得封戶之物諸家自徵或是官典或是奴僕多挾勢騁威凌突州縣凡是封戶不勝侵擾或輸物多索裹頭或相知要取中物百姓怨歎遠近共知復有因將貨易轉更生釁徵打紛紛曾不寧息貧乏百姓何以克堪若必限丁物送太府封家但於左藏請受不得輒自徵催則必免侵擾人冥蘇息臣又聞設官分職量事致吏此本於理人而務安之也故書曰在官人在安人官人則哲安人則惠能哲而惠何憂乎驩兜何畏乎有苗者也是明官得其人而天下自

理矣古者取人必先採鄉曲之譽然後辟於州郡州郡有聲然後辟於五府才著五府然後昇之天朝此則用一人所擇者甚悉擢一士所歷者甚深孔子曰譬有美錦不可使人學製此明用人不可不審擇也用得其才則理非其才則亂所繫甚焉可不深擇之哉今之取人有異此道多未甚試効即頓至遷擢夫趨競者人之常情僥倖者人之所趣而今務進不避僥倖者接踵比肩布於文武之列有文者用理內外則有回邪贓汙上下敗亂之憂有武者用將軍戎則有庸儒怯弱師旅喪亡之患補授無限員闕不供遂至員外置官數倍正闕曹署典吏困於祗承府庫倉儲竭於資奉國家大事豈甚於此古者懸爵待士唯有才者得之若任用無才則有才之路塞賢人君子所以遁迹銷聲懷歎恨者也且賢人君子守於正直之道遠於僥倖之門若僥倖開則賢者不可復出矣賢者遂退若欲求人安化洽復不可得也人若不安國將危矣陛下安可不深慮之又刺史縣令理人之首近年已來不存簡擇京官有

犯及瞻望下者方遣牧州吏部選人暮年無手筆者方擬縣令此風久扇上下同知將此理人何以率化今歲非豐稔戶口流亡國用空虛租調減削陛下不以此留念將何以理國乎臣望下明制具論前事使有司改換簡擇天下刺史縣令皆取才能有稱望者充自今已往應有遷除諸曹侍郎兩省兩臺及五品已上清望官先於刺史縣令中選用牧宰得人天下大理萬姓欣欣然豈非太平樂事哉唯陛下詳擇疏奏不納嗣立與韋庶人宗屬疎遠中宗特令編入屬籍由是顧賞尤重嘗於驪山構營別業中宗親往幸焉自製詩序令從官賦詩賜絹二千匹因封嗣立爲逍遙公名其所居爲清虛原幽棲谷韋氏敗幾爲亂兵所害寧王憲以嗣立是從母之夫救護免之睿宗踐祚拜中書令旬日出爲許州刺史以定冊尊立睿宗之功賜實封一百戶開元初入爲國子祭酒先是中宗遺制睿宗輔政宗楚客韋温等改削藁草嗣立時在政事不能正之至是爲憲司所劾左遷岳州別駕又之遷陳州刺史

時河南道巡察使工部尚書劉知柔奏嗣立清白可陟之狀詔命未下開元七年卒贈兵部尚書謚曰孝中書門下又奏嗣立衣冠之內夙表才名兄弟之間特稱和睦承恩歷事位列宰臣中年以不能正身頗近兇戚爲憲司糾劾因兹出貶若循其始終是吉人宜弃其瑕以從衆望請贈物一百段從之嗣立承慶俱以學行齊名長壽中嗣立代承慶爲鳳閣舍人長安三年承慶代嗣立爲天官侍郎頃之又代嗣立知政事及承慶卒嗣立又代爲黃門侍郎前後四職相代又父子三人皆至宰相有唐已來莫與爲比嗣立三子孚亘濟皆知名孚累遷至左司員外郎亘開元初爲碭山令爲政寬惠人吏愛之會車駕東巡縣當供帳時山東州縣皆懼不辦務於鞭扑亘獨不杖罰而事皆濟理遠近稱焉御史中丞宇文融即亘之姑子也嘗密薦亘有經濟之才請以己之官秩迴授乃擢拜殿中侍御史歷度支左司等員外太常少卿給事中二十九年爲隴右道河西黜陟使亘至河西時節度使蓋嘉運恃託中貴

公爲非法兼僞敘功勞旦抗表請劾之人代其懼因出爲陳留太
守未行而卒時人甚傷惜之濟早以辭翰聞開元初調補鄄城令
時有人密奏玄宗曰今歲吏部選敘大濫縣令非材全不簡擇及
縣令謝官日引入殿庭問安人策一道試者二百餘人獨濟策第一
或有不書紙者擢濟爲醴泉令二十餘人還舊官四五十人放歸
習讀侍郎盧從愿李朝隱貶爲刺史濟至醴泉以簡易爲政人
用稱之三遷爲庫部員外郎二十四年爲尚書戶部侍郎累歲轉太
原尹製先德詩四章述祖父之行辭致高雅天寶七載又爲河南
尹遷尚書左丞三代爲省轄衣冠榮之濟從容雅度所莅人推善
政後出爲馮翊太守

陸元方蘇州吳縣人世爲著姓曾祖琛陳給事中黃門侍郎伯父柬
之以工書知名官至太子司議郎元方舉明經又應八科舉累轉監
察御史則天革命使元方安輯嶺外將涉海時風濤甚壯舟人莫
敢舉帆元方曰我受命無私神豈害我遽命之濟既而風濤果息

使還稱旨除殿中侍御史即以其月擢拜鳳閣舍人仍判侍郎事
俄爲來俊臣所陷則天手敕特赦之長壽二年再遷鸞臺侍郎同
鳳閣鸞臺平章事延載初又加鳳閣侍郎證聖初內史李昭德得
罪以元方附會昭德貶綏州刺史尋復爲春官侍郎又轉天官侍
郎尚書左丞尋拜鸞臺侍郎平章事則天嘗問以外事對曰臣備
位宰臣有大事即奏人間碎務不敢以煩聖聽由是忤旨責授太
子右庶子罷知政事尋轉文昌左丞病卒元方在官清謹再爲宰
相則天將有遷除每先以訪之必密封以進未嘗露其私恩臨終
取前後草奏悉命焚之且曰吾陰德於人多矣其後庶幾福不衰
矣又有書一匣常自緘封家人莫有見者及卒視之乃前後敕書
其慎密如此贈越州都督開元十八年又贈揚州大都督子象先
象先本名景初少有器量應制舉拜揚州參軍秩滿調選時吉頊
爲吏部侍郎擢授洛陽尉元方時亦爲吏部固辭不敢當頊曰爲
官擇人至公之道陸景初才望高雅非常流所及實不以吏部之

子妄推薦也頊奏授之遷左臺監察御史轉殿中歷授中書侍郎
景雲二年冬同中書門下平章事監修國史初太平公主將引中
書侍郎崔湜知政事密以告之湜固讓象先主不許之湜曰亦請
辭主遽言於睿宗乃並拜焉象先清淨寡欲不以細務介意言論
高遠雅爲時賢所伏湜每謂人曰陸公加於人一等太平公主時既
用事同時宰相蕭志忠岑義及湜等咸傾附之唯象先孤立未
嘗造謁先天二年至忠等伏誅象先獨免其難以保護功封兗國
公賜實封二百戶加銀青光祿大夫時窮討至忠等枝黨連累稍
衆象先密有申理全濟甚多然未嘗言及當時無知之者其年
出爲益州大都督府長史仍爲劍南道按察使在官務以寬仁爲
政司馬韋抱眞言曰望明公稍行杖罰以立威名不然恐下人怠
隋無所懼也象先曰爲政者理則可矣何必嚴刑樹威損人益已
恐非仁恕之道竟不從抱眞之言歷遷河中尹六年廢河中府依
舊爲蒲州象先爲刺史仍爲河東道按察使嘗有小吏犯罪但

示語而遣之錄事白曰此例當合與杖象先曰人情相去不遠此
豈不解吾言若必須行杖即當自汝爲始錄事慚懼而退象先嘗
謂人曰天下本自無事祇是庸人擾之始爲繁耳但當靜之於源
則亦何憂不簡前後爲刺史其政如一人吏咸懷思之按察使停
入爲太子詹事歷工部尚書十年冬知吏部選事又加刑部尚書
以繼母憂免官十三年起復同州刺史尋遷太子少保二十四年卒年
七十二贈尚書左丞相謚曰文貞象先弟景倩歷監察御史景融歷
大理正滎陽郡太守河南尹兵吏部侍郎左右丞工部尚書東都
留守襄陽郡太守陳留郡太守並兼採訪使景獻歷殿中侍御史
屯田員外郎景裔河南令庫部郎中皆有美譽僧一行少時嘗
與象先昆弟相善常謂人曰陸氏兄弟皆有才行古之荀陳無以
加也其爲當時所稱如此元方從叔餘慶陳右軍將軍珦孫也少
與知名之士陳子昂宋之問盧藏用道士司馬承禎道人法成等
交遊雖才學不逮子昂等而風流強辯過之累遷中書舍人則

天甞引入草詔餘慶惶惑至晚竟不能措一辭責授左司郎中累
除大理卿散騎常侍太子詹事以老疾致仕尋卒彖先四代孫
文宗大和四年除釋褐參軍文學
蘇瓌字昌容京兆武功人隋尚書右僕射威曾孫也祖夔隋鴻臚
卿父亶貞觀中台州刺史瓌弱冠本州舉進士累授豫王府錄事
參軍長史王德眞司馬劉禕之皆器重之長安中累遷揚州大都
督府長史揚州地當衝要多富商大賈珠翠珍怪之產前長史張
潛于辯機皆致之數萬唯瓌挺身而去神龍初入爲尚書右丞
以明習法律多識臺閣故事特命刪定律令格式尋加銀青光祿
大夫是歲再遷戶部尚書奏計帳所管戶時有六百一十五萬六
千一百四十一尋加侍中封淮陽縣子充西京留守時秘書員外監鄭
普思謀爲妖逆雍岐二州妖黨大發瓌收普思繫獄考訊之普思
妻第五氏以鬼道爲韋庶人所寵居止禁中由是中宗特勅慰諭
瓌令釋普思之罪瓌上言普思幻惑罪當不赦中宗至京瓌又面

陳其狀尚書左僕射魏元忠奏曰蘇瓌長者其忠懇如此願陛下
察之帝乃配流普思於儋州其黨並誅瓌遷吏部尚書進封淮
陽縣侯景龍三年轉尚書右僕射同中書門下三品進封許國公
是歲將拜南郊國子祭酒祝欽明希庶人旨建議請皇后爲亞獻
安樂公主爲終獻瓌深非其議嘗於御前面折欽明帝雖悟竟從
欽明所奏公卿大臣初拜官者例許獻食名爲燒尾瓌拜僕射無
所獻後因侍宴將作大匠宗晉卿曰拜僕射竟不燒尾豈不喜耶
帝默然瓌奏曰臣聞宰相者主調陰陽代天理物今粒食踴貴百
姓不足臣見宿衞兵至有三日不得食者臣愚不稱職所以不敢
燒尾是歲六月與唐休璟並加監修國史四年中宗崩秘不發喪
韋庶人召諸宰相韋安石韋巨源蕭至忠宗楚客紀處訥韋溫李
嶠韋嗣立唐休璟趙彥昭及瓌等十人入禁中會議初遺制遣韋
庶人輔少主知政事授安國相王太尉參謀輔政中書令宗楚客
謂韋溫曰今須請皇太后臨朝宜停相王輔政且皇太后於相王居

嫂叔不通問之地甚難爲儀注理全不可瓌獨正色拒之謂楚客
等曰遺制是先帝意安可更改楚客及韋溫大怒遂削相王輔政
而宣行焉是月韋氏敗相王即帝位下詔曰尚書右僕射同中書
門下三品監修國史許國公蘇瓌自周旋近密損益樞機謀猷有
成匡贊無忌頃者遺恩顧託先意昭明姦回動搖內外危逼獨申
讜議實挫邪謀況潛邸寮屬念形惟舊無德不報抑惟令典可
尚書左僕射餘如故景雲元年以老疾轉太子少傅是歲十一月薨
贈司空荊州大都督諡曰文貞瓌臨終遺令薄葬及祖載之日官
給儀仗外唯有布車一乘論者稱焉開元二年下詔曰疇庸賞善
百王攸先追遠飾終千載同德故尚書左丞相太子少傅贈司空
荊州大都督許國文貞公瓌履正體道外方內直悉心奉上畢身
率禮協贊帷幄三朝有鹽梅之任燮諧台衮九命爲社稷之臣先
朝晏駕釁起宮掖國擅稱制之姦人懷綴旒之懼兇威孔熾宗祀
幾傾顧命遺恩太皇輔政逆臣刊削韋氏臨朝遂能首發昌言偶

朕正色列諸視聽暴於朝野松檟已遠風烈猶存緬懷誠節良深
耿歎可賜實封一百戶四年詔與徐國公劉幽求配享睿宗廟庭十
七年加贈司徒瓌子頲少有俊才一覽千言弱冠舉進士授烏程
尉累遷左臺監察御史長安中詔頲按覆來俊臣等舊獄頲皆
申明其枉由此雪冤者甚衆神龍中累遷給事中加修文館學士
俄拜中書舍人尋而頲父同中書門下三品父子同掌樞密時以
爲榮機事填委文誥皆出頲手中書令李嶠歎曰舍人思如湧泉
嶠所不及也俄遷太常少卿景雲中瓌薨詔頲起復爲工部侍郎
加銀青光祿大夫頲抗表固辭辭理懇切詔許其終制服闋就職
襲父爵許國公玄宗謂宰臣曰有從工部侍郎得中書侍郎否對
曰任賢用能非臣等所及玄宗曰蘇頲可中書侍郎仍供政事食
明日加知制誥有政事食自頲始也頲入謝玄宗曰常欲用卿每
有好官闕即望宰相論及宰相皆卿之故人卒無言者朕爲卿歎
息中書侍郎朕極重惜自陸象先歿後朕每思之無出卿者時李

又爲紫微侍郎與頲對掌文誥他日上謂頲曰前朝有李嶠蘇
味道謂之蘇李今有卿及李乂亦不謝之卿所製文誥可錄一
本封進題云臣某撰朕要留中披覽其禮遇如此玄宗欲於靖
陵建碑頲諫曰帝王及后無神道碑且事不師古動皆不法若
靖陵獨建陛下祖宗之陵皆須追造玄宗從其言而止開元四
年遷紫微侍郎同紫微黃門平章事與侍中宋璟同知政事璟
剛正多所裁斷頲皆順從其美若上前承旨敷奏及應對則頲
爲之助相得甚悅璟嘗謂人曰吾與蘇家父子前後同時爲宰
相僕射長厚誠爲國器若獻可替否罄盡臣節斷割吏事至公
無私即頲過其父也八年除禮部尚書罷政事俄知益州大都
督府長史事前司馬皇甫恂破庫物織新樣錦以進頲一切罷
之或謂頲曰公今在遠豈得忤聖意頲曰明主不以私愛奪至
公豈以遠近間易忠臣節也竟奏罷之巂州蠻酋苴院私與吐
蕃通謀將爲內寇頲獲其間謀將士咸請出兵討之頲不從乃

作書并間諜以送苴院苴院慚悔竟不敢入寇十三年從駕東封
玄宗令頲撰朝覲碑文俄又知吏部選事頲性廉儉所得俸祿
盡推與諸弟或散之親族家無餘資十五年卒年五十八初優
贈之制未出起居舍人韋述上疏曰臣伏見貞觀永徽之時每
有公卿大臣薨卒皆輟朝舉哀所以成終始之恩厚君臣之義
上有旌賢錄舊之德下有生榮死哀之美列於史冊以示將來
昔智悼子卒平公宴樂杜蒯一言方始感悟春秋載其盛烈禮
經以爲美譚今古舊事昭然可覩臣伏見故禮部尚書蘇頲累
葉輔弼代傳忠清頲又伏事軒陛二十餘載入參謀猷出總藩
牧誠績斯著操履無虧天不慭遺奄違聖代伏願陛下思帷蓋
之舊念股肱之親修先朝之盛典鑒晉平之遠跡爲之輟朝舉
哀以明同體之義使歿者荷德於泉壤存者盡節於周行凡百
卿士孰不幸甚臣官忝記事君舉必書敢申舊典上瀆宸扆希
降恩貸俯垂詳擇即日於洛城南門舉哀輟朝兩日贈尚書右

承相謚曰文憲及葬日玄宗遊咸宜宮將出獵聞頲喪出愴然
曰蘇頲今日葬吾寧忍娛遊中路還宮頲弟詵冰乂詵歷授右
司郎中給事中徐州刺史先是拜給事中時頲爲中書侍郎上
表讓詵所授玄宗曰古來有內舉不避親乎頲曰晉祁奚是也
玄宗曰若然則朕用蘇詵何得屢言近日卿父子猶同在中書
兄弟有何不得卿言非至公也冰爲虞部郎中乂爲職方郎中
幹瓌從父兄也父勗武德中爲秦王府文學館學士貞觀中尚
南康公主拜駙馬都尉累遷魏王泰府司馬勗既博學有美名
甚爲泰所重因勸泰請開文學館引才名之士撰括地志後歷
吏部郎太子左庶子卒幹少以明經累授徐王府記室參軍徐
王好畋獵幹每諫止之垂拱中歷遷魏州刺史時河北飢饉舊
吏苛酷百姓多有逃散幹乃督察姦吏務勸農桑由是逃散者
皆來復業稱爲良牧召拜右羽林將軍尋遷冬官尚書酷吏來
俊臣素忌嫉之遂誣奏幹在魏州與琅邪王沖私書往復因繫

獄鞫訊幹發憤而卒瓌四代孫翔文宗大和四年釋褐文學參軍
史臣曰韋思謙始以州縣奮於煙霄持綱不避於權豪報國能
忘於妻子自強不息剛毅近仁信有之矣高季輔皇甫公義可
謂知人矣且福善餘慶不謂無徵二子構堂俱列相輔文昔經
濟政盡明能加以承慶方危涂翰而曾非恐悚嗣立見用襲封
而罔墜逍遙無忝父風寧慙祖德謚温謚孝何愧易名陸元方
博學大度再踐鈞衡當則天時非有忠貞應無黜責綏州之任
抑又何慙觀其續海無私狂風自止臨終焚其槀温樹始彰故知
正可以動神明德可以延家代象先益高人品尤著相才全濟
有名孤立無禍景倩景融景獻景裔等咸居清列得非有後於
魯弃蘇瓌孔子云居其室出其言善則千里之外應之況其邇
者乎又言行君子之樞機樞機之發榮辱之主也當中宗弃代
韋氏奪權預謀者十有九人咸生異議瓌志存大節獨發讜言
其後善惡顯彰黜陟明著聖人之言驗於斯矣頲唯公是相以

儉承家李嶠許之涌泉宋璟稱其過父艱難之際節操不回善始令終先後無愧

贊曰善人君子懷忠秉正盡富文章咸推諫諍豈愧明庭無慙重柄子子孫孫濟承餘慶

唐書列傳卷第三十八

右文林郎充兩浙東路提舉茶鹽司幹辦公事[illegible]之勤校勘

唐書列傳卷第三十九

劉　昫　等修

狄仁傑 孫兼謨　王方慶　姚璹 弟班

狄仁傑字懷英并州太原人也祖孝緒貞觀中尚書左丞父知遜夔州長史仁傑兒童時門人有被害者縣吏就詰之衆皆接對唯仁傑堅坐讀書吏責之仁傑曰黃卷之中聖賢備在猶不能接對何暇偶俗吏而見責耶後以明經舉授汴州判佐時工部尚書閻立本爲河南道黜陟使仁傑爲吏人誣告立本見而謝曰仲尼云觀過知仁矣足下可謂海曲之明珠東南之遺寶薦授并州都督府法曹其親在河陽別業仁傑赴并州登太行山南望見白雲孤飛謂左右曰吾親所居在此雲下瞻望佇立久之雲移乃行仁傑孝友絶人在并州有同府法曹鄭崇質母老且病當充使絶域仁傑謂曰太夫人有危疾而公遠使豈可貽親萬里之憂乃詣長史藺仁基請代崇質而行時仁基與司馬李孝廉不協因謂曰吾等豈

獨無愧耶由是相待如初仁傑儀鳳中爲大理丞周歲斷滯獄一萬七千人無冤訴者時武衛大將軍權善才坐誤斫昭陵栢樹仁傑奏罪當免職高宗令即誅之仁傑又奏罪不當死帝作色曰善才斫陵上樹是使我不孝必須殺之左右矚仁傑令出仁傑曰臣聞逆龍鱗忤人主自古以爲難臣愚以爲不然居桀紂時則難堯舜時則易臣今幸逢堯舜不懼比干之誅昔漢文時有盜高廟玉環張釋之廷諍罪止棄市魏文將徙其人辛毗引裾而諫亦見納用且明主可以理奪忠臣不可以威懼今陛下不納臣言瞑目之後羞見釋之辛毗於地下陛下作法懸之象魏徒流死罪俱有等差豈有犯非極刑即令賜死法既無常則萬姓何所措其手足陛下必欲變法請從今日爲始古人云假使盜長陵一抔土陛下何以加之今陛下以昭陵一株栢殺一將軍千載之後謂陛下爲何主此臣所以不敢奉制殺善才陷陛下於不道帝意稍解善才因而免死居數日授仁傑侍御史時司農卿韋機兼領將作少府二司高

宗以恭陵玄宮狹小不容送終之具遣機續成其功機於埏之左右爲便房四所又造宿羽高山上陽等宮莫不壯麗仁傑奏其太過機竟坐免官左司郎中王本立恃寵用事朝廷懾懼仁傑奏之請付法寺高宗特原之仁傑奏曰國家雖乏英才豈少本立之類陛下何惜罪人而虧王法必欲曲赦本立請棄臣於無人之境爲忠貞將來之誡本立竟得罪由是朝廷肅然尋加朝散大夫累遷度支郎中高宗將幸汾陽宮以仁傑爲知頓使并州長史李沖玄以道出妬女祠俗云盛服過者必致風雷之災乃發數萬人別開御道仁傑曰天子之行千乘萬騎風伯清塵雨師灑道何妬女之害耶遽令罷之高宗聞之歎曰眞大丈夫也俄轉寧州刺史撫和戎夏人得歡心郡人勒碑頌德御史郭翰巡察隴右所至多所按劾及入寧州境內耆老歌刺史德美者盈路翰既授館召州吏謂之曰入其境其政可知也願成使君之美無爲久留州人方散翰薦名於朝徵爲冬官侍郎充江南巡撫使吳楚之俗多淫祠仁傑奏

毀一千七百所唯留夏禹吳太伯季札伍員四祠轉文昌右丞出爲豫州刺史時越王貞稱兵汝南事敗緣坐者六七百人籍沒者五千口司刑使逼促行刑仁傑哀其詿誤緩其獄密表奏曰臣欲顯奏以爲逆人申理知而不言恐乖陛下存恤之旨表成復毀意不能定此輩咸非本心伏望哀其詿誤特敕原之配流豐州豫囚次于寧州父老迎而勞之曰我狄使君活汝輩耶相携哭於碑下齋三日而後行豫囚至流所復相與立碑頌狄君之德初越王之亂宰相張光輔率師討平之將士恃功多所求取仁傑不之應光輔怒曰州將輕元帥耶仁傑曰亂河南者一越王貞耳今一貞死而萬貞生光輔質其辭仁傑曰明公董戎三十萬平一亂臣不戢兵鋒縱其暴橫無罪之人肝腦塗地此非萬貞何耶且兇威脅從勢難自固及天兵暫臨乘城歸順者萬計縋墜四面成蹊公奈何縱邀功之人殺歸降之衆但恐冤聲騰沸上徹于天如得尚方斬馬劍加於君頸雖死如歸光輔不能詰心甚銜之還都奏仁傑

不避左授復州刺史入爲洛州司馬天授二年九月丁酉轉地官侍
郎判尚書同鳳閣鸞臺平章事則天謂曰卿在汝南時甚有善政
欲知譖卿者乎仁傑謝曰陛下以臣爲過臣當改之陛下明臣無
過臣之幸也臣不知譖者並爲善友臣請不知則天深加歎異未
幾爲來俊臣誣構下獄時一問即臣者例得減死來俊臣逼脅仁
傑令一問臣反仁傑歎曰大周革命萬物唯新唐朝舊臣甘從
誅戮反是實俊臣乃少寬之判官王德壽謂仁傑曰尚書必得減
死德壽意欲求少階級憑尚書牽楊執柔可乎仁傑曰若何牽
之德壽曰尚書爲春官時執柔任其司員外引之可也仁傑曰皇
天后土遣仁傑行此事以頭觸柱流血被面德壽懼而謝焉既承
反所司但待日行刑不復嚴備仁傑求守者得筆硯拆被頭帛書
冤置綿衣中謂德壽曰時方熱請付家人去其綿德壽不之察仁
傑子光遠得書持以告變則天召見覽之而問俊臣俊臣曰仁傑不
免冠帶寢處甚安何由伏罪則天使人視之俊臣遽命仁傑巾帶

而見使者乃令德壽代仁傑作謝死表附使者進之則天召仁傑
謂曰臣反何也對曰向若不臣反已死於鞭笞矣何爲作謝死表
曰臣無此表示之乃知代署也故得免死貶彭澤令武承嗣屢奏
請誅之則天曰朕好生惡殺志在恤刑渙汗已行不可更返萬歲
通天年契丹寇陷冀州河北震動徵仁傑爲魏州刺史前刺史獨
孤思莊懼賊至盡驅百姓入城繕修守具仁傑既至悉放歸農畝
謂曰賊猶在遠何必如是萬一賊來吾自當之必不關百姓也賊
聞之自退百姓咸歌誦之相與立碑以紀恩惠俄轉幽州都督神
功元年入爲鸞臺侍郎同鳳閣鸞臺平章事加銀青光祿大夫
兼納言仁傑以百姓西戍疏勒等四鎮極爲凋弊乃上疏曰臣聞
天生四夷皆在先王封疆之外故東拒滄海西隔流沙北橫大漠
南阻五嶺此天所以限夷狄而隔中外也自典籍所紀聲教所及
三代不能至者國家盡兼之矣此則今日之四境已逾於夏殷者也
詩人矜薄伐於太原美化行於江漢則是前代之遠裔而國家之

域中至前漢時匈奴無歲不陷邊殺掠吏人後漢則西羌侵軼漢
中東寇三輔入河東上黨幾至洛陽由此言之則陛下今日之土
宇過於漢朝遠矣若其用武荒外邀功絕域竭府庫之實以爭磽
确不毛之地得其人不足以增賦獲其土不可以耕織苟求冠帶
遠夷之稱不務固本安人之術此秦皇漢武之所行非五帝三皇之
事業也若使越荒外以爲限竭資財以騁欲非但不愛人力亦所
以失天心也昔始皇窮兵極武以求廣地男子不得耕於野女子
不得蠶於室長城之下死者如亂麻於是天下潰叛漢武追高文
之宿憤籍四帝之儲實於是定朝鮮討西域平南越擊匈奴府庫
空虛盜賊蜂起百姓嫁妻賣子流離於道路者萬計末年覺悟息
兵罷役封丞相爲富人侯故能爲天所祐也昔人有言與覆車同
軌者未嘗安此言雖小可以諭大近者國家頻歲出師所費滋廣
西戍四鎮東戍安東調發日加百姓虛弊開守西域事等石田費
用不支有損無益轉輸靡絕杼軸殆空越磧踰海分兵防守行役

既久怨曠亦多昔詩人云王事靡盬不能藝稷黍豈不懷歸畏此
罪罟念彼恭人涕零如雨此則前代怨思之辭也上不是恤則政
不行而邪氣作邪氣作則蟲螟生而水旱起若此雖禱祀百神不
能調陰陽矣方今關東飢饉蜀漢逃亡江淮已南徵求不息人不
復業則相率爲盜本根一搖憂患不淺其所以然者皆爲遠戍方
外以竭中國爭蠻貊不毛之地乖子養蒼生之道也昔漢元納賈
捐之謀而罷珠崖郡宣帝用魏相之策而棄車師之田豈不欲慕
尚虛名蓋憚勞人力也近貞觀年中剋平九姓冊李思摩爲可汗
使統諸部者蓋以夷狄叛則伐之降則撫之得推亡固存之義無
遠戍勞人之役此則近日之令典經邊之故事竊見阿史那斛瑟
羅陰山貴種代雄沙漠若委之四鎮使統諸蕃封爲可汗遣禦寇
患則國家有繼絕之美荒外無轉輸之役如臣所見請捐四鎮以
肥中國罷安東以實遼西省軍費於遠方并甲兵於塞上則恒
代之鎮重而邊州之備實矣況綏撫夷狄蓋防其越逸無侵侮之

患則可矣何必窮其窟穴與螻蟻計校長短哉且王者外寧必有內憂蓋爲不勤修政故也伏惟陛下弃之度外無以絕域未平爲念但當勑邊兵謹守備蓄銳以待敵待其自致然後擊之此李牧所以制匈奴也當今所要者莫若令邊城警守遠備斥候聚軍實蓄威武以逸待勞則戰士力倍以主禦客則我得其便堅壁清野則寇無所得自然賊深入必有顛躓之慮淺入必無虜獲之益如此數年可使二虜不擊而服矣仁傑又請廢安東復高氏爲君長停江南之轉輸慰河北之勞弊數年之後可以安人富國事雖不行識者是之尋檢校納言兼右肅政臺御史大夫聖曆初突厥侵掠趙定等州命仁傑爲河北道元帥以便宜從事突厥盡殺所掠男女萬餘人從五迴道而去仁傑揔兵十萬追之不及便制仁傑河北道安撫大使時河朔人庶多爲突厥逼脅賊退後懼誅又多逃匿仁傑上疏曰臣聞朝廷議者以爲契丹作梗始明人之逆順或因迫脅或有願從或受僞官或爲招慰或兼外賊或是土人跡雖

不同心則無別誠以山東雄猛由來重氣一顧之勢至死不回近緣軍機調發傷重家道悉破或至逃亡剔屋賣田人不爲售內顧生計四壁皆空重以官典侵漁因事而起取其髓腦曾無心媿修築池城繕造兵甲州縣役使十倍軍機官司不矜期之必取枷杖之下痛切肌膚事迫情危不循禮義愁苦之地不樂其生有利則歸且圖賒死此乃君子之愧辱小人之常行人猶水也壅之則爲泉疏之則爲川通塞隨流豈有常性昔董卓之亂神器播遷及卓被誅部曲無赦事窮變起毒害生人京室丘墟化爲禾黍此由恩不普洽失在機先臣一讀此書未嘗不廢卷歎息今以負罪之伍必不在家露宿草行潛竄山澤赦之則出不赦則狂山東群盜緣茲聚結臣以邊塵暫起不足爲憂中土不安以此爲事臣聞持大國者不可以小道理事廣者不可以細分人主恢弘不拘常法罪之則衆情恐懼恕之則反側自安伏願曲赦河北諸州一無所問自然人神道暢率土歡心諸軍凱旋得無侵擾制從之軍還授

內史聖曆三年則天幸三陽宮王公百寮咸經侍從唯仁傑特賜宅一區當時恩寵無比是歲六月左玉鈐衛大將軍李楷固右武威衛將軍駱務整討契丹餘衆擒之獻俘於含樞殿則天大悅特賜楷固姓武氏楷固務整並契丹李盡忠之別帥也初盡忠之作亂楷固等屢率兵以陷官軍後兵敗來降有司斷以極法仁傑議以爲楷固等並有驍將之才若恕其死必能感恩效節又奏請授其官爵委以專征制並從之及楷固等凱旋則天召仁傑預宴因舉觴親勸歸賞於仁傑授楷固左玉鈐衛大將軍賜爵燕國公則天又將造大像用功數百萬令天下僧尼每日人出一錢以助成之仁傑上疏諫曰臣聞爲政之本必先人事陛下矜群生迷謬溺喪無歸欲令像教兼行覩相生善非爲塔廟必欲崇奢豈令僧尼皆須檀施得秖尚捨而況其餘今之伽藍制過宮闕窮奢極壯畫繢盡工寶珓殫於綴飾瓌材竭於輪奐工不使鬼止在役人物不天來終須地出不損百姓將何以求生之有時用之無度編戶所

奉常若不充痛切肌膚不辭箠楚游僧一說矯陳禍福翦髮解衣仍慙其少亦有離間骨肉事均路人身自納妻謂無彼我皆託佛法詿誤生人里陌動有經坊闤闠亦立精舍化誘倍急切於官徵法事所須嚴於制勑膏腴美業倍取其多水碾莊園數亦非少逃丁避罪併集法門無名之僧凡有幾萬都下檢括已得數千且一夫不耕猶受其弊浮食者衆又劫人財臣每思惟實所悲痛往在江表像法盛興梁武簡文捨施無限及其三淮沸浪五嶺騰煙列剎盈衢無救危亡之禍緇衣蔽路豈有勤王之師比年已來風塵屢擾水旱不節征役稍繁家業先空瘡痍未復此時興役力所未堪伏惟聖朝功德無量何必要營大像而以勞費爲名雖斂僧錢百未支一尊容既廣不可露居覆以百層尚憂未徧自餘廊廡不得全無又云不損國財不傷百姓以此事主可謂盡忠臣今思惟兼採衆議咸以爲如來設教以慈悲爲主下濟群品應是本心豈欲勞人以存虛飾當今有事邊境未寧宜寬征鎮之偪省不急

之費設今雇作皆以利趨旣失田時自然弃本今不樹稼來歲必
饑役在其中難以取給況無官助義無得成若費官財又盡人力
一隅有難將何救之則天乃罷其役是歲九月病卒則天爲之舉
哀廢朝三日贈文昌右相謚曰文惠仁傑常以舉賢爲意其所
引拔桓彥範敬暉竇懷貞姚崇等至公卿者數十人初則天嘗
問仁傑曰朕要一好漢任使有乎仁傑曰陛下作何任使則天曰
朕欲待以將相對曰臣料陛下若求文章資歷則今之宰臣李嶠
蘇味道亦足爲文吏矣豈非文士齷齪思得奇才用之以成天下
之務者乎則天悅曰此朕心也仁傑曰荆州長史張柬之其人雖
老眞宰相才也且久不遇若用之必盡節於國家矣則天乃召拜
洛州司馬他日又求賢仁傑曰臣前言張柬之猶未用也則天曰
已遷之矣對曰臣薦之爲相今爲洛州司馬非用之也又遷爲秋
官侍郎後竟召爲相柬之果能興復中宗蓋仁傑之推薦也仁
傑嘗爲魏州刺史人吏爲立生祠及去職其子暉爲魏州司功參

軍頗貪暴爲人所惡乃毀仁傑之祠長子光嗣聖曆初爲司府丞
則天令宰相各舉尚書郎一人仁傑乃薦光嗣拜地官員外郎莅
事稱職則天喜而言曰祁奚內舉果得其人開元七年自汴州刺
史轉揚州大都督府長史坐贓貶歙州別駕卒初中宗在房陵而
吉頊李昭德皆有匡復讜言則天無復辟意唯仁傑每從容奏對
無不以子母恩情爲言則天亦漸省悟竟召還中宗復爲儲貳初
中宗自房陵還宮則天匿之帳中召仁傑以廬陵爲言仁傑慷慨
敷奏言發涕流遽出中宗謂仁傑曰還卿儲君仁傑降階泣賀旣
已奏曰太子還宮人無知者物議安審是非則天以爲然乃復置
中宗於龍門具禮迎歸人情感悅仁傑前後匡復奏對凡數萬言
開元中北海太守李邕撰爲梁公別傳備載其辭中宗返正追贈
司空睿宗追封梁國公仁傑族曾孫兼謨
兼謨登進士第祖郊父邁仕官皆微兼謨元和末解褐襄陽推官
試校書郎言行剛正使府知名憲宗召爲左拾遺累上書言事歷

尚書郎長慶大和中歷鄭州刺史以治行稱入爲給事中開成初
度支左藏庫妄破漬汙縑帛等贓罪文宗以事在赦前不理兼謨
封還勅書文宗召而諭之曰嘉卿舉職然朕已赦其長官典吏亦
宜有然事或不可卿勿以封勅爲艱遷御史中丞謝日文宗顧
謂之曰御史臺朝廷綱紀臺綱正則朝廷理朝廷正則天下理凡
執法者大抵以畏忌顧望爲心職業由茲不舉卿梁公之後自有
家法豈復爲常常之心哉兼謨謝曰朝法或未得中臣固悉心彈
奏會江西觀察使吳士矩違額加給軍士破官錢數十萬計兼謨
奏曰觀察使守陛下土地宣陛下詔條臨戎賞軍州有定數而士
矩與奪由己盈縮自專不唯貽弊一方必致諸軍援例請下法司
正行朝典士矩坐貶蔡州別駕兼謨尋轉兵部侍郎明年檢校工
部尚書太原尹充河東節度使會昌中累歷方鎮卒
王方慶雍州咸陽人也周少司空石泉公褒之曾孫也其先自琅
琊南度居於丹陽爲江左冠族褒北徙入關始家咸陽焉祖弘隋

備尉丞伯父弘讓有美名貞觀中爲中書舍人父弘直爲漢王元
昌友畋獵無度乃上書切諫其略曰夫宗子維城之託者所以固
邦家之業也大王功無任城戰剋之効行無河間樂善之譽爵高
五等邑富千室當思答極施之供慈保無疆之永祚其爲計者在
乎修德冠屨詩禮畋獵史傳覽古人成敗之所由鑒旣往存亡之
異軌覆前戒後居安慮危柰何列騎齊驅交橫壟畝野有遊客巷
無居人貽衆庶之憂逞一情之樂從禽不息宜是用寒心元昌覽書
而遽止漸見疎斥轉荆王友龍朔中卒方慶年十六起家越王府
參軍嘗就記室任希古受史記漢書希古遷爲太子舍人方慶隨
之卒業永淳中累遷太僕少卿則天臨朝拜廣州都督廣州地際
南海每歲有崑崙乘舶以珍物與中國交市舊都督路元叡冒求
其貨崑崙懷刃殺之方慶在任數載秋毫不犯又管內諸州首領
舊多貪縱百姓有詣府稱寃者府官以先受首領參餉未嘗鞫問
方慶乃集止府寮絕其交往首領縱暴者悉繩之由是境內清肅

當時議者以爲有唐已來治廣州者無出方慶之右有制褒之
曰朕以卿歷職著稱故授此官既美化遠聞實副朝寄今賜卿雜
綵六十段幷瑞錦等物以彰善政也證聖元年召拜洛州長史尋
加銀青光祿大夫封石泉縣男萬歲登封元年轉幷州長史封琅
琊縣男未行遷鸞臺侍郎同鳳閣鸞臺平章事俄轉鳳閣侍
郎依舊知政事神功元年七月淸邊道大總管建安王攸宜破契
丹凱還欲以是月詣闕獻俘内史王及善以爲將軍入城例有軍
樂既今上孝明高皇帝忌月請備而不奏方慶奏曰臣按禮經
但有忌日而無忌月晉穆帝納后用九月九日是康帝忌月于時
持疑不定下太常禮官荀訥議稱禮祇有忌日無忌月若有忌月
即有忌時忌歲益無理據當時從訥所議軍樂是軍容與常不
等臣謂振作於事無嫌則天從之則天嘗幸萬安山玉泉寺以山
逕危懸欲御腰輿而上方慶諫曰昔漢元帝嘗祭廟出便門御樓
舩光祿勳張猛奏曰乘舩危就橋安元帝乃從橋即前代舊事今

○山徑危險石路曲狹上瞻駭目下視寒心比於樓舩安危不等陛
下蒸人父母奈何踐此畏塗伏望停輿駐蹕則天納其言而止是
歲改封石泉子時有制每月一日於明堂行告朔之禮司禮博士
辟閭仁諝奏議其略曰經史正文無天子每月告朔之事唯禮記
玉藻云天子聽朔於南門之外其每月告朔者諸侯之禮也臣謹
按禮論及三禮義宗江都集禮貞觀禮顯慶禮及祠令無天子
每月告朔之事若以爲無明堂故無告朔之禮有明堂即合告朔
則周秦有明堂而無天子每月告朔之事臣等參求既無其禮不
可習非天子之尊而用諸侯之禮方慶又奏議其略曰明堂天子
布政之宮也謹按穀梁傳云閏者附月之餘日天子不以告朔
非禮也閏以正時時以作事事以厚生生人之道於是乎在矣不
告閏朔棄時政也臣據此文則天子閏月亦告朔矣寧有他日而
廢其禮乎先儒舊說天子行事一年十八度入明堂矣大享不問
卜一入也每月告朔十二入也四時迎氣四入也巡狩之年一入也今禮

官議唯歲首一入耳與先儒既異在臣不敢同宋朝何承天纂集
其文以爲禮論雖加編次事則闕如梁代崔靈恩撰三禮義宗但
捃摭前儒因循故事而已隋煬帝命學士撰江都集禮秪抄撮舊
禮更無異文貞觀顯慶禮及祠令不言告朔者蓋爲歷代不傳所
以其文乃闕各有緣由不足依據今禮官引爲明證在臣誠實
有疑則天又令春官廣集衆儒取方慶仁諝所奏議以定得失時
成均博士吳揚善太學博士郭仙舟等奏案周禮及三傳皆有天
子告朔之禮秦滅詩書由是告朔禮廢望依方慶議有制從之則
天以方慶家多書籍嘗訪求右軍遺跡方慶奏曰臣十代從伯
祖羲之書先有四十餘紙貞觀十二年太宗購求先臣並已進之唯
有一卷見今在又進臣十一代祖導十代祖洽九代祖珣八代祖曇
首七代祖僧綽六代祖仲寶五代祖騫高祖規曾祖褒幷九代三
從伯祖晉中書令獻之已下二十八人書共十卷則天御武成殿示
羣臣仍令中書舍人崔融爲寶章集以叙其事復賜方慶當時

○甚以爲榮方慶又奏曰令文朞喪大功未葬不預朝賀未終喪不
預宴會比來朝官不遵禮法身有哀容陪預朝會手舞足蹈公違
憲章名教既虧實玷皇化伏望申明令式更禁斷從之方慶漸以
老疾乞從閑逸乃授麟臺監修國史及中宗立爲東宮方慶兼檢
校太子左庶子聖曆二年壹月則天欲季冬講武有司稽緩延入
孟春方慶上疏曰謹按禮記月令孟冬之月天子命將帥講武習
射御角力此乃三時務農一時講武以習射御角校才力蓋王者
常事安不忘危之道也孟春之月不可以稱兵兵者甲冑干戈之
揔名兵金性刻木春盛德在木而舉金以害盛德逆生氣孟春行
冬令則水潦爲敗雪霜大摯首種不入蔡邕月令章句云太陰新
休少陽尚微而行冬令以導水氣故水潦至而敗生物也雪霜大
摯折陽者也太陰干時雨雪而霜故大傷首種首種謂宿麥也麥
以秋種故謂之首種入收也春爲陽寒所傷故至夏麥不成長也
今孟春講武是行冬令以陰政犯陽氣害發生之德臣恐水潦敗

物霜雪損稼夏麥不登無所收入也伏望天恩不違時令至孟冬教習以順天道手制荅曰比為久屬太平多歷年載人皆廢戰並悉學文今者用整兵威故令教習卿以春行冬令則水潦為敗舉金傷木則便害發生循覽所陳深合典禮若違此請乃月令虛行佇啓直言用依來表是歲正授太子左庶子封石泉公餘並如故俸料同職事三品兼侍皇太子讀書方慶又上言謹按史籍所載人臣與人主言及上表未有稱皇太子名者當為太子皇儲其名尊重不敢指斥所以不言晉尚書僕射山濤啓事稱皇太子而不言名濤中朝名士必詳典故其不稱名應有憑准朝官尚猶如此宮臣諱則不疑今東宮殿及門名皆有觸犯臨事論啓迴避甚難孝敬皇帝為太子時改弘教門為崇教門沛王為皇太子改崇賢館為崇文館皆避名諱以遵典禮此即成例足為軌模伏望天恩因循舊式付司改換制從之長安二年五月卒贈兗州都督謚曰貞中宗即位以宮寮之舊追贈吏部尚書方慶博學好著

述所撰雜書凡二百餘卷尤精三禮好事者多詢訪之每所酬荅咸有典據故時人編次名曰禮雜荅問聚書甚多不減秘閣至於圖畫亦多異本諸子莫能守其業卒後尋亦散亡長子光輔開元中官至潞州刺史少子晙工書知名尤善琴棊而性多嚴整官至殿中侍御史

姚璹字令璋散騎常侍思廉之孫也少孤撫弟妹以友愛稱博涉經史有才辯永徽中明經擢第累補太子宮門郎與司議郎孟利貞等奉令撰瑤山玉彩書書成遷秘書郎調露中累遷至中書舍人封吳興縣男則天臨朝遷夏官侍郎坐從父弟敬節同徐敬業之亂貶桂州都督府長史時則天雅好符瑞璹至嶺南訪諸山川草樹其名號有武字者皆以為上膺國姓列奏其事則天大悅召拜天官侍郎善於選補時人稱之長壽二年遷文昌左丞同鳳閣鸞臺平章事自永徽已後左右史雖得對仗承旨仗下後謀議皆不預聞璹以為帝王謨訓不可暫無紀述若不宣自宰相史官

無從得書乃表請仗下所言軍國政要宰相一人專知撰錄號為時政記每月封送史館宰相之撰時政記自璹始也是歲九月坐事轉司賓少卿罷知政事延載初擢拜納言有司以璹從父弟犯法奏言不合更為侍臣璹上言昔王敦稱兵犯順王導仍典樞機嵇康戮於晉朝嵇紹忠於晉室稽惟前古尚不為疑今奉聖恩豈由臣下必以體例有乖伏請甘從屏退則天曰此乃我意卿復何言但當盡忠無聽浮說時武三思率蕃夷酋長請造天樞於端門外刻字紀功以頌周德璹為督作使證聖初璹加秋官尚書同平章事是歲明堂災則天欲責躬避正殿璹奏曰此實人火非曰天災至如成周宣榭卜代愈隆漢武建章盛德彌永臣又見彌勒下生經云當彌勒成佛之時七寶臺須臾散壞覩此無常之相便成正覺之因故知聖人之道隨緣示化方便之利博濟良多可使由之義存於此況今明堂乃是布政之所非宗廟之地陛下若避正殿於禮未為得也左拾遺劉承慶廷奏云明堂宗祀之所今既被

焚陛下宜輟朝思過璹又前議以爭之則天乃依璹奏先令璹監造天樞至是以功當賜爵一等璹表請迴贈父一官乃追贈其父豫州司戶參軍處平為博州刺史天后將封嵩岳命璹總知撰儀注并充封禪副使及重造明堂又令璹充使督作以功加銀青光祿大夫時有大石國使請獻師子璹上疏諫曰師子猛獸唯止食肉遠從碎葉以至神都肉既難得極為勞費陛下以百姓為心慮一物有失鷹犬不蓄漁獵總停運不殺以闡大慈垂好生以敷至德凡在翾飛蠢動莫不感荷仁恩豈容自菲薄於身而厚資給於獸求之至理必不然乎疏奏遽停來使又九鼎初成制令黃金千兩塗之璹進諫曰夫鼎者神器貴在質朴自然無假別為浮飾臣覩其狀先有五彩輝煥錯雜其間豈待金色方為炫耀則天又從之尋屬契丹犯塞命梁王武三思為榆關道安撫大使璹為副使以備之及還坐事神功初左授益州大都督府長史蜀中官吏多貪暴璹屢有發擿姦無所容則天嘉之降璽書勞之曰

夫嚴霜之下識貞松之擅奇疾風之前知勁草之為貴物既有此人亦宜哉卿早荷朝恩委任斯重居中作相弘益已多防邊訓兵心力俱盡歲寒無改終始不渝廼眷蜀中眊俗殷雜久缺良守弊於僥漁政以賄成人無厝足是用命卿出鎮寄茲存養果能攬轡澄清下車整肅吏不敢犯姦無所容前後糺擿蓋非一緒貪殘之伍屏跡於列城剽奪之儔遁形於外境詎勞朞月康此黎元言念德聲良深嘉尚宜布琅琊之化當以豫州為法則天又嘗謂侍臣曰凡為長官能清自身者甚易清得寮吏者甚難至於姚璹可謂兼之矣時新都丞朱待辟坐贓至死逮捕繫獄待辟素善沙門理中陰結諸不逞因待辟以殺璹為名擬據巴蜀為亂人竊表告之者制令璹按其獄璹深持之事涉疑似引而誅死者僅以千數則天又令洛州長史宋元爽御史中丞霍獻可等重加詳覆亦無所發明遂繫獄數百人不勝酷毒遞相附會以就反狀因此籍沒者復五十餘家其餘稱知反配流者亦十八九道路冤之監察

御史袁恕己劾奏其事則天初令璹與恕己對定又尋令罷推俄拜地官尚書歲餘轉冬官尚書仍西京留守長安中累表乞骸骨制聽致仕進爵為伯遇官名復舊為工部尚書神龍元年卒遺令薄葬贈越州都督謚曰成弟班

班少好學以勤苦自立舉明經累除定汴滄虢豳等五州刺史加銀青光祿大夫轉秦州刺史以善政有聞璽書褒美賜絹百匹神龍元年累封宣城郡公三遷太子詹事仍兼左庶子時節愍太子舉事不法班前後上書進諫今載四事其一曰臣聞賈誼曰選天下之端士孝悌博聞有道術者使與太子居處出入故太子見正事聞正言行正道左右前後皆正人也夫習與正人居之不能無正習與不正人居之不能無不正太子既冠成人免於保傅之嚴則有記過之史徹膳之宰進善之旌誹謗之木敢諫之鼓瞽史誦箴大夫進謀故習其智化其心成夫教得而左右正則太子正矣太子正而天下定矣臣又聞之木從繩則正后從諫則聖善言古者所以驗於今伏惟殿下睿德洪深天姿聰敏近代成敗前古安危莫不懸鑒在心動合典禮臣以庸朽濫居輔弼虛備耳目叨預股肱輒薦塵露庶裨山海伏以內置作坊工巧得入宮闈之內禁衛之所或言語內出或事狀外通小人無知不識輕重因為詐偽有玷徽猷臣望並付所司以停宮內造作如或要須役造猶望宮外安置庶得工匠不於宮禁出入其二曰臣聞漢文帝身衣弋綈足履革舄齊高帝欄檻用銅者皆易以鐵經侯帶玉具劍環珮以過魏太子不視經侯曰魏國亦有寶乎太子曰主信臣忠魏之寶也經侯委劍珮而去太子使追還之謂曰珠玉珍玩寒不可衣飢不可食無遺我賊經侯杜門不出臣觀聖賢經籍務以簡素為貴皇王政化皆以菲薄為德伏惟殿下留心恭儉靡尚浮奢臣愚猶望損之又損之居簡以行簡減省造作節量用度其三曰臣聞錄牓銅樓宮闈嚴秘門閤來往皆有簿曆殿下時有所須唯門司宣令或恐姦偽之輩因此妄為增減脫有文狀舛錯事理便即差違

且近日呂昇之便乃代署宣勅伏賴殿下睿敏當即覺其姦偽自餘臣下庸淺豈能深辯真虛望墨令及覆事行下並用內印印畫署之後具得免有詐假乃是長久規模臣又聞之忠臣事君有犯而無隱明主馭下納諫以進德故書云有言逆於志必求諸道有言順於心必求諸非道伏惟殿下仁明昭著聖哲日躋探幽洞微窮神索隱事之善惡豪釐靡差理有危疑錙銖無爽臣以庸謏叨侍春闈職居獻替豈敢緘默其四曰臣聞聖人不專其德賢智必有所師故曰與善人言如入芝蘭之室久自芬芳與不善人言如火銷膏不覺而盡今司經見無學士供奉未有侍讀伏望時因視膳奏請置人所冀講席談筵務盡忠規之道披文摘句方資審諭之勤臣又聞臣之事主必盡乃誠君之進賢務求忠讜伏惟殿下養德儲闈以端靜為務恭膺守器以學業為先經所以立行修身史所以諳識成敗雅誥既習忠孝乃成傳記方通安危斯辨知父子君臣之道識古今鑒戒之規經史為先斯乃急務至於工巧

造作寮吏直司實爲末事無足勞慮臣以庸淺猷替是司臣而不
言負譴聖日言而獲罪是所甘心伏願留意經書簡略細事一蒙
採納萬損無辭尤降儲明俯矜狂瞽察奏太子雖稱善竟不悛革
太子敗詔遣索其宫中得璟諫書中宗嘉其切直時宫臣皆貶黜
唯璟擢拜右散騎常侍歲餘遷秘書監睿宗即位累授戶部尚
書轉太子賓客先天二年加金紫光祿大夫復拜戶部尚書璟與
兄璹數年間俱爲定州刺史戶部尚書時人榮之開元二年卒年
七十四璟嘗以其曾祖察所撰漢書訓纂多爲後之注漢書者隱
沒名氏將爲已說璟乃撰漢書紹訓四十卷以發明舊義行於代
史臣曰天子有諍臣七人雖無道不失其天下致廬陵復位唐祚
中興諍由狄公一人以蔽或曰許之太甚荅曰當革命之時朋邪甚
衆非推誠竭力致身忘家者孰能與於此乎仁傑流死不避骨鯁
有彰雖逢好殺無辜能使終畏大義竟存天下豈不然乎王方
慶千城南海羽翼東宮臺閣樞機無不功濟所謂君子不器者

也苟非文學斯焉取斯璹成都布政始卒不倅相國上章或否或
中且焚明堂而避正殿固諍何多黜唐頌而立天樞一言非措刎乃
擢求符瑞已失忠貞精擇楚茅難禪過咎不常其德罔畏承搴
璟規諫有才牧守多善儲幄之任可謂得人
贊曰犯顏忤旨返政扶危是人難事狄能有之終替武氏克復唐
基功之莫大人無以師方慶之才周旋特立璹也無常璟能操執

唐書列傳卷第三十九

右文林郎充兩浙東路提舉茶鹽司幹辦公事臣蘇之勤校勘

唐書列傳卷第四十

劉昫

王及善　杜景儉　朱敬則　楊再思

李懷遠 子景伯 景伯子彭年附　豆盧欽望 張光輔 史務滋 崔元綜 周允元附

王及善洺州邯鄲人也父君愕隋大業末并州人王君廓掠邯鄲君愕往說君廓曰方今萬乘失御英雄競起誠宜撫納遺氓保全形勝按甲以觀時變擁衆而歸真主此富貴可圖也今足下居無尺土之地守無兼旬之糧恣心行殘忍所過擄掠竊為足下寒心矣君廓曰計將安出君愕為陳井陘之險可先往據之君廓從其言乃屯井陘山歲餘會義師入定關中乃與君廓率所部萬餘人來降拜大將軍類以戰功封新興縣公累遷左武衞將軍從太宗征遼東兼領左屯營兵馬與高麗戰於駐蹕山君愕先鋒陷陣力戰而死太宗深痛悼之贈左衞大將軍幽州都督邢國公賜東園祕器陪葬昭陵及善年十四以父死王事授朝散大夫襲爵邢國公高宗時累遷左奉裕率孝敬之居春宮因宴集命宮官擲倒次至及善辭曰殿下自有樂官臣止當守職此非臣任也臣將奉令恐非殿下羽翼之備太子謝而遣之高宗聞而特加賞慰賜絹百匹尋除右千牛衞將軍高宗謂曰朕以卿忠謹故與卿三品要職他人非搜辟不得至朕所卿佩大橫刀在朕側知此官貴否俄以病免尋起為衞尉卿垂拱中歷司屬卿時山東飢及善為巡撫賑給使尋拜春官尚書秦州都督轉益州大都督府長史以老病請乞致仕加授光祿大夫後契丹作亂山東不安起授滑州刺史則天謂曰邊賊反叛卿雖疾病可將妻子日行三十里緩步至彼與朕卧理此州以斷河路也因問朝廷得失及善備陳理亂之宜十餘道則天曰彼末事也此為本也卿不可行乃留拜內史時御史中丞來俊臣常以飛禍陷良善自侯王將相被其羅織受戮者不可勝計後俊臣坐事繫獄有司斷以極刑則天欲赦之及善執奏曰俊臣兇狡不軌所信任者皆屠販小人所誅戮者多名德君子臣愚以為若不斷絕元惡恐搖動朝廷禍從此始則天納之俄而則天將追廬陵王立為太子及善贊成其計及太子立又請太子外朝以慰人心則天從之及善雖無學術在官每以清正見知臨事難奪有大臣之節時張易之兄弟恃寵每內宴皆無人臣之禮及善屢奏抑之則天不悅謂及善曰卿既高年不宜更侍遊讌但撿校閤中可也及善因病請假月餘則天都不問之及善歎曰豈有中書令而天子得一日不見乎事可知矣乃上疏乞骸骨三上不許聖曆二年拜文昌左相旬日而薨年八十二廢朝三日贈益州大都督謚曰貞陪葬乾陵

杜景儉冀州武邑人也少舉明經累除殿中侍御史出為益州錄事參軍時隆州司馬房嗣業除益州司馬除書未到即欲視事又鞭笞僚吏將以示威景儉謂曰公雖受命為此州司馬而州司未受命也何藉數日之祿而不待九重之旨即欲視事不亦急耶嗣業益怒景儉又曰公今持咫尺之制真偽未知即欲攬一州之權誰敢相保揚州之禍非此類耶乃叱左右各令罷散嗣業慙赧而止俄有制除嗣業荊州司馬竟不如志人吏謂之語曰錄事意與天通益州司馬折威風景儉由是稍知名入為司賓主簿轉司刑丞天授中與徐有功來俊臣侯思止專理制獄時人稱云遇徐杜者必生遇來侯者必死累遷洛州司馬尋轉鳳閣侍郎同鳳閣鸞臺平章事則天常以季秋內出梨花一枝示宰臣曰是何祥也諸宰臣曰陛下德及草木故能秋木再花雖周文德及行葦無以過也景儉獨曰謹按洪範五行傳陰陽不相奪倫瀆之即為災又春秋云冬無愆陽夏無伏陰春無淒風秋無苦雨今已秋矣草木黃落而忽生此花瀆陰陽也臣慮陛下布教施令有虧禮典又臣等忝為宰臣助天理物理而不和臣之罪也於是再拜謝罪則天曰卿真宰相也延載初為鳳閣侍郎周允元奏景儉黨於李昭德左遷秦州刺史後累除司刑卿聖曆二年復拜鳳閣侍郎同鳳閣鸞臺平章事時契丹入寇河北諸州多陷賊中及事定河內

王武懿宗將盡論其罪景儉以爲皆是驅逼非其本心請悉原之
則天竟從景儉議歲餘轉秋官尚書坐漏洩禁中語左授司刑少
卿出爲幷州長史道病卒贈相州刺史子澄頗以文藻著名官至
犖縣尉

朱敬則字少連亳州永城人也代以孝義稱自周至唐三代旌表
門標六闕州黨美之敬則倜儻重節義早以辭學知名與三從
兄同居財產無異又與左史江融左僕射魏元忠特相友善咸亨
中高宗聞而召見與語甚奇之將加擢用爲中書舍人李敬玄所
毀乃授洹水尉長壽中累除右補闕敬則以則天初臨朝稱制天
下頗多流言異議至是既漸寧晏宜絕告密羅織之徒上疏曰臣
聞李斯之相秦也行申商之法重刑名之家杜私門張公室弃無
用之費損不急之官惜日愛功疾耕急戰人繁國富乃屠諸侯此
救弊之術也故曰刻薄可施於進趨變詐可陳於攻戰兵猶火也
不戢將自焚況鋒鏑已銷石城又毀諒可易之以寬泰潤之以淳
和八風之樂以柔之三代之禮以導之秦既不然淫虐滋甚往而不
返卒至土崩此不知變之禍也陸賈叔孫通之事漢王也當滎陽
成皋之間糧饋已窮智勇俱困不敢開一說効一奇唯進豪猾之
材薦貪暴之客及區宇適平干戈向戢金鼓之聲未歇傷痍之痛
尚聞二子顧眄綽有餘態乃陳詩書說禮樂開王道謀帝圖高
皇帝忿然曰吾以馬上得之安事詩書乎對曰馬上得之可馬上
理之乎高皇默然於是陸賈著新語叔孫通定禮儀始知天子之
尊此知變之善也向使高皇排二子而不教置詩書而不顧重攻
戰之吏尊首級之材積道爭功張良已知其變拔劍擊柱吾屬不
得無謀即晷漏難逾何十二帝乎亡秦續何二百年乎故曰仁義
者聖人之蘧廬禮經者先王之陳迹然則祝祠向畢芻狗須投淳
精已流糟粕可弃仁義尚捨況輕此者乎自文明草昧天地屯蒙
三叔流言四凶構難不設鉤距無以應天順人不切刑名不可摧
姦息暴故置神器開告端曲直之影必呈包藏之心盡露神道助

直無罪不除人心保能無妖不戮以兹妙算窮造化之幽深用此
神謀入天人之秘術故能計不下席聽不出闈蒼生晏然紫宸易
主大哉偉哉無得而稱也豈比造攻鳴條大戰牧野血變草木頭
折不周可同年而語乎然而急趨無善迹促柱少和聲拯溺不規
行療飢非鼎食即向時之妙策乃當今之芻狗也伏願覽秦漢之
得失考時事之合宜審糟粕之可遺覺蘧廬之須毀見機而作豈
勞終日乎陛下必不可偃蹇太平徘徊中路伏願改法制立章程
下恬愉之辭流曠蕩之澤去萋菲之牙角頓姦險之鋒芒窒羅織
之源掃朋黨之迹使天下蒼生坦然大悅豈不樂哉則天甚善之
敬則長安三年累遷正諫大夫壽同鳳閣鸞臺平章事時御史
大夫魏元忠鳳閣舍人張說爲張易之兄弟所誣構將陷重辟諸
宰相無敢言者敬則獨抗疏申理曰元忠張說素稱忠正而所坐
無名若令得罪豈不失天下之望也乃得減死四年以老疾請罷
知政事許之累轉冬官侍郎仍依舊兼修國史張易之昌宗嘗
命畫工圖寫武三思及納言李嶠鳳閣侍郎蘇味道夏官侍郎李
迥秀麟臺少監王紹宗等十八人形像號爲高士圖每引敬則預
其事固辭不就其高潔守正如此神龍元年出爲鄭州刺史尋以
老致仕二年侍御史冉祖雍素與敬則不協乃誣奏云與王同皎
親善貶授廬州刺史經數月洎代到還鄉里無淮南一物唯有所
乘馬一匹諸子姪步從而歸敬則重然諾善與人交每拯人急難
不求其報又嘗與三從兄同居四十餘年財產無異雅有知人之鑒
凡在品論者後皆如其言景龍三年五月卒于家年七十五敬則
嘗採魏晉已來君臣成敗之事著十代興亡論又以前代文士論
廢五等者以秦爲失事未折衷乃著五等論曰昔秦廢五等崔寔
仲長統王朗曹冏等皆以爲秦之失予竊異之試通其志云蓋明
王之理天下也先之以博愛本之以仁義張四維尊五美懸禮樂於
庭宇置軌範於中衢然後決玄波使橫流揚薰風以高扇浮愷悌
之甘澤浸曠蕩之膏腴正理革其淫邪淳風柔其骨髓使天下之

人心醉而神足其於忠義也立則見其參於前其於進趨也若章程之在目禮經所及等日月之難踰聲教所行雖風雨之不輟聖人知俗之漸化也王道之已行也於是體國經野庸功勳親分山裂河設盤石之固內守外御有維城之基連絡徧於域中膠葛盡於封內雖道昏時喪澤竭政塞鄭伯逐王申侯弒主曾不供物宋不成周吳爭伯宰楚問九鼎小白之一匡天下重耳之一戰諸侯無君之迹顯然篡奪之謀中寢者直以周禮尚存簡書不隕故曰不敢失墜天威在顏自春秋之後禮義漸頹風俗塵昏愧恥心盡疾走先得者為上奪攘知命者為能加以八世專齊三家分晉子貢之亂五國蘇秦之關七雄苛刻薄興經籍道息莫不長詐術貴交戰萬姓皆藏爪牙無人不厲觜距所以商鞅欺故友李斯囚舊交孫臏喪足於龐涓張儀得志于陳軫一旅之衆便欲稱王再戰之雄爭來奉帝先王會盟之禮昔時樽俎之容三代玄風掃地至盡況始皇剗平區宇殊非至公李斯之作股肱罕循大道人無見德唯虐是聞當此時也主猜於上人駭於下父不能保之於子君不能得之於臣欲使始皇分土字雄建侯薄俗君諭晉鄭之可依使借賊兵而資盜糧寄龍魚而助風雨不可行也是以秦鑒周德之綿深懼己圖之不遠罷侯置守高下在心天下制在一人百姓不聞二主直是不得行世封非薄功臣而賤骨肉也高皇帝揭日月之明懷天地之量筭弄財不足以分賞論地不足以受封邑皆百城土有千里人將國富地廣兵強五十年間七國同反賈誼憂其國大鼂錯請削其地若言由大而反也不若召陵之師踐土之衆也若言有地而起也劉濞非王霸之材田祿無先管之略直是齊晉以逆禮為愆吳楚以犯上非娛豈由數起其所由來遠矣自此之後雜霸又衰中興不能遠復網觀漢魏之際尋其經緯之初未有積德重光澤及萬物觀其敎倫薄於秦風察其人豺狼於漢曰故魏太祖曰若使無孤天下幾人稱帝幾人稱王明竊號議者僭自昔是欲以此時開四履之祚垂萬代之封必有通軍三

川以闕周室介馬汾隰而遂召五侯而王司徒屢請於當時曹元首又勤於宗室皆不知時也當時賢者是之敬則知政事時每以用人為先桂州蠻叛薦裴懷古鳳閣舍人缺薦魏知古右史缺薦張思敬則天以為知人睿宗即位嘗謂侍臣曰神龍已來李多祚王同皎並復舊官韋月將燕欽融咸有褒贈不知更有何人尚抱寃抑吏部尚書劉幽求對曰故鄭州刺史朱敬則往在則天朝任正諫大夫知政事忠貞義烈為天下所推神龍時被宗楚客冉祖雍等誣構左授廬州刺史長安年中嘗謂臣云相王必膺期受命當須盡節事之及韋氏篡逆干紀臣遂見危赴難翼戴興曆雖則天誘其事亦是敬則先啓之心今陛下龍興寶位凶黨就戮敬則尚銜寃泉壤未蒙昭雪況復事符先覺誠即可嘉睿宗然之贈敬則秘書監謚曰元

楊再思鄭州原武人也少舉明經授玄武尉充使詣京師止於客舍會盜竊其囊裝再思邂逅遇之盜者伏罪再思謂曰足下當苦貧匱至此無行速去勿作聲恐為他人所擒幸留公文餘財盡以仰遺盜者齎去再思初不言其事假貸以歸累遷天官員外郎歷左右肅政臺御史大夫延載初守鸞臺侍郎同鳳閣鸞臺平章事證聖初轉鳳閣侍郎依前同平章事兼太子右庶子尋遷內史自弘農縣男累封至鄭國公再思自歷事三主知政十餘年未嘗有所薦達為人巧佞邪媚能得人主微旨主意所不欲必因而毀之主意所欲必因而譽之然恭慎畏忌未嘗忤物或謂再思曰公名高位重何為屈折如此再思曰世路艱難直者受禍苟不如此何以全其身哉長安末昌宗既為法司所鞫司刑少卿桓彥範斷解其職昌宗俄又抗表稱寃則天意將申理昌宗廷問宰臣曰昌宗於國有功否再思對曰昌宗往因合鍊神丹聖躬服之有効此實莫大之功則天甚悅昌宗竟以復職時人貴彥範而賤再思也時左補闕戴令言作兩腳野狐賦以譏刺之再思聞之甚怒出令言為長社令朝士尤加嗤笑再思為御史大夫時張易之兄司

禮少卿同休嘗奏請公卿大臣宴于司禮寺預其會者皆盡醉極
歡同休戲曰楊內史面似高麗再思欣然請剪紙自帖於巾卻披
紫袍為高麗舞縈頭舒手舉動合節滿座嗤笑又易之弟昌宗以姿
貌見寵倖再思又諛之曰人言六郎面似蓮花再思以為蓮花似六郎
非六郎似蓮花也其傾巧取媚也如此長安四年以本官檢校京兆
府長史又遷檢校揚州大都督府長史中宗即位拜戶部尚書兼中
書令轉侍中以宮寮封鄭國公賜實封三百戶又為冊順天皇后使
賜物五百段鞍馬稱是時武三思將誣殺王同皎再思與吏部尚書
李嶠刑部尚書韋巨源並受制考按其獄竟不能發明其枉致同皎
至死眾冤之再思俄復為中書令吏部尚書景龍三年遷尚書右僕
射加光祿大夫其年薨贈特進并州大都督陪葬乾陵謚曰恭子植
植子獻並為司勳員外郎再思弟昭為考功郎中溫玉為戶部侍郎
李懷遠邢州柏仁人也早孤貧好學善屬文有宗人欲以高蔭
相假者懷遠竟拒之退而歎曰因人之勢高士不為假蔭求官豈
吾本志未幾應四科舉擢第累除司禮少卿出為邢州刺史以
其本鄉固辭不就改授冀州刺史俄歷揚益等州大都督府長
史未行又授同州刺史在職以清簡稱入為太子左庶子兼太
子賓客歷遷右散騎常侍春官侍郎大足年遷鸞臺侍郎尋同
鳳閣鸞臺平章事歲餘加銀青光祿大夫拜秋官尚書兼檢校太
子左庶子賜爵平鄉縣男長安四年以老辭職聽解秋官尚書正
除太子左庶子尋授太子賓客神龍初除左散騎常侍兵部尚書
同中書門下三品加金紫光祿大夫進封趙郡公特賜實封三百戶
俄以疾請致仕許之中宗將幸京師又令以本官知東都留守懷
遠雖久居榮位而彌尚簡率園林宅室無所改作常乘款段馬左
僕射豆盧欽望謂曰公榮貴如此何不買駿馬乘之答曰此馬幸
免驚蹶無假別求聞者莫不歎美神龍二年八月卒中宗特賜錦
被以充斂輟朝一日親為文以祭之贈侍中謚曰成子景伯
景伯景龍中為給事中又遷諫議大夫中宗嘗宴侍臣及朝集使

酒酣令各為迴波辭眾皆為諂佞之辭及自要榮位次至景伯曰
迴波爾時酒卮微臣職在箴規侍宴既過三爵諠譁竊恐非儀中
宗不悅中書令蕭至忠稱之曰此真諫官也景雲中累遷右散騎
常侍尋以老疾致仕開元中卒子彭年彭年吏才工於剖析有高
時之稱開元中歷考功員外郎知舉又遷中書舍人給事中兵部
侍郎天寶初又為吏部侍郎與右相李林甫善慕山東著姓為婚
姻引就清列以大其門典銓管七年後以贓污為御史中丞宋渾
所劾長流嶺南臨賀郡累月渾及弟恕又以贓下獄詔渾流嶺南
高要郡恕流南康郡天寶十二載起彭年為濟陰太守又遷馮翊
太守入為中書舍人給事中吏部侍郎十五載玄宗幸蜀賊陷西
京彭年沒於賊脅授偽官憂憤忽忽不得志與韋斌相次而卒
及剋復兩京優制贈彭年為禮部尚書
豆盧欽望京兆萬年人也曾祖通隋相州刺史南陳郡公祖寬即
隋文帝之甥也大業末為梁泉令及高祖定關中寬與郡守蕭瑀
率豪右赴京師由是累授殿中監仍詔其子懷讓尚萬春公主高
祖以寬曾祖萇魏太和中例稱單姓至是改寬為盧氏貞觀中歷
遷禮部尚書左衛大將軍封芮國公永徽元年卒贈特進并州都
督陪葬昭陵謚曰定又復其姓為豆盧氏父仁業高宗時為左衛
將軍欽望則天時累遷司賓卿長壽二年代宗秦客為內史時李
昭德亦為內史執權用事欽望與同時宰相韋巨源陸元方蘇味
道杜景儉等並委曲從之證聖元年昭德坐事左遷涪陵尉則天
以欽望等不能執正又為司刑少卿皇甫文備奏欽望附會昭德
罔上附下乃左遷欽望為趙州刺史韋巨源自右丞為鄜州刺史
陸元方自秋官侍郎為綏州刺史蘇味道自鳳閣侍郎為集州刺
史其年欽望入為司禮卿遷秋官尚書封芮國公出為河北道宣
勞使俄而廬陵王復為皇太子以欽望為皇太子宮尹聖曆二年
拜文昌右相同鳳閣鸞臺三品尋授太子賓客停知政事中宗即
位以欽望宮寮舊臣拜尚書左僕射知軍國重事兼檢校安國相

王府長史兼中書令知兵部事監修國史欽望作相兩朝前後十餘年張易之兄弟及武三思父子皆專權驕縱圖為逆亂欽望獨謹其身不能有所匡正以此獲譏於代神龍二年拜開府儀同三司景龍三年五月表請乞骸不許十一月卒年八十餘贈司空并州大都督諡曰元賜東園秘器陪葬乾陵則天時宰相又有張光輔史務滋崔元綜周允元等並有名蹟

張光輔者京兆人也少明辯有吏幹累遷司農少卿文昌右丞以討平越王貞之功拜鳳閣侍郎知政事永昌元年遷納言旬日又拜內史皆有能名其年洛州司馬房嗣業洛陽令張嗣明坐與徐敬業弟敬眞相交結敬眞自流所繡州逃歸將北投突厥引虜入寇途經洛下嗣業嗣明二人資其衣糧而遣之行至定州為人所覺嗣業於獄中自縊死嗣明與敬眞多引海內相識冀緩其死嗣明稱光輔征豫州日私說圖讖天文陰懷兩端顧望以觀成敗光輔由是被誅家口籍沒

史務滋者宣州溧陽人累至內史天授中雅州刺史劉行實及弟渠州刺史行瑜尚衣奉御行感并兄子左鷹揚將軍虔通並為侍御史來子珣誣以謀反誅又於盱眙毀其父左監門大將軍伯英棺柩初務滋素與行感周密意欲寢其反狀則天怒令俊臣鞫之務滋恐被陷刑乃自殺

崔元綜者鄭州新鄭人也祖君肅武德中黃門侍郎鴻臚卿元綜天授中累轉秋官侍郎長壽元年遷鸞臺侍郎同鳳閣鸞臺平章事元綜勤於政事每在中書必束帶至晚未嘗休偃好絜細行薰辛不歷口者二十餘年雖外示謹厚而情深刻薄每受制鞫獄必披毛求疵陷於重辟以此故人多畏而鄙之明年犯罪配流振州朝野莫不稱慶尋赦還復拜監察御史中宗時累遷尚書左丞蒲州刺史以老疾致仕晚年好攝養導引之術年九十餘卒

周允元者豫州人也弱冠舉進士延載初累轉左肅政御史中丞俄除鳳閣鸞臺平章事嘗與諸宰臣侍宴則天令各述書傳中善言允元曰恥其君不如堯舜武三思以為語有指斥糺而駁之則天曰聞此言足以為誡豈特將為過耶證聖元年卒贈貝州刺史則天為七言詩以傷之又自繕寫時以為榮

史臣曰王及善在孝敬東宮誠能奉職當俊臣下獄力諫除兇是憂濫及賢良而欲明彰羽翼興復之志不謂無心杜景儉五刑有濫濟活為心四氣不和歸罪在己則天謂曰眞宰相然奈柔順李昭德不無吐剛之過也朱敬則文學有稱節行無愧諫諍果決推擇精眞苟非洞鑒古今深識王霸何由立其高論哉惜乎相不得時矣楊再思佞而取貴苟以全身掩不善而自欺謂無十目十手也李懷遠名不苟於假蔭貴不銜於故鄉無改陋居常乘劣馬亦一時之善矣耿匪躬之道未之聞也豆盧欽望張光輔史務滋崔元綜周允元等咸有片言非無小善登于大用可謂具臣

贊曰及善奉職非無智力景儉當權不謂不賢雄文高節少連為絕守道安貧懷遠當仁欽望之屬片善何足諂媚再思祇宜遐遠

唐書列傳卷第四十

右文林郎充兩浙東路提舉茶鹽司幹辦公事[illegible]校勘

劉　昫　等修

桓彥範　敬暉曾孫元膺　崔玄暐弟昇 暐子璩

張柬之子漪 玄孫瑨　袁恕己曾孫德文

桓彥範

彥範潤州曲阿人也祖法嗣雍王府諮議參軍弘文館學士彥範慷慨俊爽少以門蔭調補右翊衛聖曆初累除司衛寺主簿納言狄仁傑特相禮異嘗謂曰足下才識如是必能自致遠大尋擢授監察御史長安三年歷遷御史中丞四年轉司刑少卿時司僕卿張昌宗坐遣術人李弘泰占己有天分御史中丞宋璟請收付制獄窮理其罪則天不許彥範上疏曰昌宗無德無才謬承恩寵自宜粉骨碎肌以答殊造豈得苞藏禍心有此占相陛下以簪屨恩久不忍先刑昌宗以逆亂罪多自招其咎此是皇天降怒非唯陛下故誅違天不祥乞陛下裁擇原其本奏以防事敗事敗即言奏訖不敗則候時為逆此乃姦臣詭計疑惑聖心今果遂其所謀陛下何忍不察若昌宗措此占相奏後不合更與弘泰往還尚令修福禳災此則期於必遂元無悔心縱雖奏聞情實難恕此而可捨誰其可刑況經兩度事彰天恩並垂捨宥昌宗自為得計人亦以為應運即不勞兵甲天下皆從萬方識之以為陛下縱成其亂也君在臣圖天分是為逆臣不誅社稷亡矣伏請付鸞臺鳳閣三司考竟其罪疏奏不報時又內史李嶠等奏稱往屬革命之時人多逆節鞫訊決斷刑獄至嚴刻薄之吏恣行酷法其周興丘勣來俊臣所劾破家者並請雪免彥範又奏請自文明元年已後得罪人除揚豫博三州及諸謀逆魁首一切赦之表疏前後十奏辭旨激切至是方見允納彥範凡所奏議若逢人主詰責則辭色無懼爭之愈厲又嘗謂所親曰今既躬為大理人命所懸必不能順旨詭辭以求苟免是歲冬則天不豫張易之與弟昌宗入閤侍疾潛圖逆亂鳳閣侍郎張柬之與桓彥範及中臺右丞敬暉等建策將誅之柬之遽引彥範及暉並為左右羽林將軍委以禁兵

共圖其事時皇太子每於北門起居彥範與暉因得謁見密陳其計太子從之神龍元年正月彥範與敬暉及左羽林將軍李湛李多祚右羽林將軍楊元琰左威衛將軍薛思行等率左右羽林兵及千騎五百餘人討易之昌宗於宮中令李湛李多祚就東宮迎皇太子兵至玄武門彥範等奉太子斬關而入兵士大譟時則天在迎仙宮之集仙殿斬易之昌宗於廊下并就第斬其兄汴州刺史昌期司禮少卿同休並梟首於天津橋南士庶見者莫不懽叫相賀或臠割其肉一夕都盡明日太子即位彥範以功加銀青光祿大夫拜納言賜勳上柱國封譙郡公賜實封五百戶又改為侍中從新令也彥範嘗表論時政數條其大略曰昔孔子論詩以關雎為始言后妃者人倫之本理亂之端也故皇英降而虞道興任姒歸而姬宗盛桀奔南巢禍階末喜魯桓滅國惑以齊姜伏見陛下每臨朝聽政皇后必施帷幔坐於殿上預聞政事臣愚歷選列辟詳求往代帝王有與婦人謀及政者莫不破國亡身傾輈繼路且以陰乘陽違天也以婦凌夫違人也違天不祥違人不義由是古人譬以牝雞之晨惟家之索易曰無攸遂在中饋言婦人不得預於國政也伏願陛下覽古人之言察古人之意上以社稷為重下以蒼生在念宜令皇后無往正殿干預外朝專在中宮聿修陰教則坤儀式固鼎命惟永又曰臣聞京師喧喧道路籍籍皆云胡僧慧範矯託佛教詭惑后妃故得出入禁闈撓亂時政陛下又輕騎微行數幸其室上下媟黷有虧尊嚴臣抑嘗聞興化致理必由進善康國寧人莫大棄惡故孔子曰執左道以亂政者殺假鬼神以危人者殺今慧範之罪不殊於此也若不急誅必生變亂除惡務本去邪勿疑實願天聰早加裁貶疏奏不納時有墨勅授方術人鄭普思秘書監葉淨能國子祭酒彥範苦言其不可帝曰既要用之無容便止彥範又對曰陛下自龍飛寶位遽下制云軍國政化皆依貞觀故事昔貞觀中嘗以魏徵虞世南顏師古為秘書監孔穎達為國子祭酒至如普思等是方伎庸流豈足以比蹤前烈臣恐

物議請陛下官不擇才濫以天秩加於私愛惟陛下少加慎擇帝竟不納時韋皇后既干朝政德靜郡王武三思又居中用事以則天爲彥範等所廢常深憤怨又慮彥範等漸除武氏乃先事圖之皇后韋氏既雅爲帝所信寵言無不從三思又私通於韋氏乃日夕譖毀彥範等帝竟用三思計進封彥範爲扶陽郡王敬暉爲平陽郡王張柬之爲漢陽郡王崔玄暐爲博陵郡王袁恕己爲南陽郡王並加特進令罷知政事彥範仍賜姓韋氏令與皇后同屬籍仍賜雜綵錦繡金銀鞍馬等雖外示優崇而實奪其權也易州刺史趙履溫者即彥範之妻兄也彥範誅易之後奏言先與履溫共謀其事於是召拜司農少卿履溫得之乃以二婢遺彥範及彥範罷知政事履溫又奪其婢大爲時論所譏尋出爲洛州刺史轉濠州刺史二年光祿卿駙馬都尉王同晈以武三思與韋氏姦通潛謀誅之事洩爲三思誣構言同晈將廢皇后韋氏彥範等通知其情乃貶彥範爲瀧州司馬敬暉崖州司馬袁恕己竇州司馬崔玄暐白州司馬張柬之新州司馬並仍令長任勳封並削彥範仍復其本姓桓氏是歲秋武三思又陰令人疏皇后穢行牓於天津橋請加廢黜中宗聞之怒命御史大夫李承嘉推求其人承嘉希三思旨奏言彥範與敬暉張柬之袁恕己崔玄暐等教人密爲此牓雖託廢后爲名實有危君之計請加族滅制依承嘉所奏大理丞李朝隱執奏云敬暉等既未經鞫問不可即肆誅夷請差御史按罪待至準法處分大理卿裴談奏云敬暉等祇合據勑斷罪不可別俟推鞫請並處斬籍沒中宗納其議仍以彥範等五人嘗賜鐵券許以不死乃長流彥範於瀼州敬暉於崖州張柬之於瀧州袁恕己於環州崔玄暐於古州並終身禁錮子弟年十六已上者亦配流嶺外擢授承嘉金紫光祿大夫進封襄武郡公韋氏又特賜承嘉綵物五百段瑞錦被一張擢拜裴談爲刑部尚書左遷李朝隱爲聞喜令三思猶又諷節愍太子抗表請夷彥範等三族中宗以既有前命不依其請三思猶慮彥範等重被進用又納中書

舍人崔湜之計特令湜姨兄嘉州司馬周利用攝右臺侍御史就嶺外並矯制殺之彥範赴流所行至貴州利用遇之於途乃令左右執縛曳於竹槎之上肉盡至骨然後杖殺時年五十四睿宗即位延和元年並追復其官爵仍特還其子孫實封二百戶玄宗即位開元六年詔曰皇輿肇建必有輔佐之臣天步多艱爰伏經綸之業故侍中譙國公桓彥範侍中平陽郡公敬暉中書令兼吏部尚書漢陽郡公張柬之特進博陵郡公崔玄暐中書令南陽郡公袁恕己等並德惟神降材與運生道協台嶽名書讖緯寅亮帝載勤勞王家悉復禹之元謀奉昇唐之景命雖殂謝易久而勳烈益彰撫彝鼎以念功想旂常而增感緬邁故實用表徽懿俾列在清廟登于明堂克申從祀之儀式茂疇庸之典並可配享中宗孝和皇帝廟庭其子弟咸加收擢建中元年重贈司徒

敬暉絳州太平人也弱冠舉明經聖曆初累除衛州刺史時河北新有突厥之寇方秋而修城不輟暉下車謂曰金湯非粟而不守豈有弃收穫而繕城郭哉悉令罷散由是人吏咸歌詠之再遷夏官侍郎出爲太州刺史大足元年遷洛州長史天后幸長安令暉知副留守事在職以清幹著聞璽書勞勉賜物百段長安三年拜中臺右丞加銀青光祿大夫神龍元年轉右羽林軍將軍以誅張易之昌宗功加金紫光祿大夫擢拜侍中賜爵平陽郡公食實封五百戶尋進封齊國公天后崩遺制加實封通前滿七百戶暉等以唐室中興武氏諸王咸宜降爵上章論奏於是諸武降爲公武三思益怒乃諷帝陽尊暉等爲郡王罷知政事仍賜鐵券恕十死朔望趨朝初暉與彥範等誅張易之兄弟也洛州長史薛季昶謂暉曰二凶雖除產祿猶在請因兵勢誅武三思之屬匡正王室以安天下暉與張柬之屢陳不可乃止季昶歎曰吾不知死所矣翌日三思因韋后之助潛入宮中內行相事反易國政爲天下所患時議以此歸咎於暉暉等既失政柄受制於三思暉每推牀嗟惋或彈指出血柬之歎曰主上疇昔爲英王時素稱勇烈吾留

諸武與自誅鋤可令事勢已去知復何道三思既深憤惋以許州司功參軍鄭愔素被暉等廢黜因令上表陳其罪狀中宗詔曰則天大聖皇后往以憂勞不豫兇豎弄權暉等因興甲兵剗除妖孽朕錄其勞效備極寵勞自謂勳高一時遂欲權傾四海擅作威福輕侮國章悖道弃義莫斯之甚然收其薄效猶爲隱忍錫其郡王之重優以特進之榮不謂溪壑之志殊難盈滿既失大權多懷怨望乃與王同皎窺覘內禁潛相謀結更欲權兵絳闕圖廢掖宮險迹醜辭驚視駭聽屬以帝圖伊始務靜萌牙所以久爲含容未能暴諸遐邇自同皎伏法疊跡彌彰儻若兼其發明何以懲撫悖亂迹其巨逆合實嚴誅緣其昔立微功所以特從寬宥咸宜貶降出佐遐藩暉可崖州司馬東之可新州司馬恕己可竇州司馬玄暐可白州司馬並員外置暉到崖州竟爲周利用所殺睿宗即位追復五王官爵贈暉秦州都督謚曰肅愍建中初重贈太尉曾孫元膺開成三年自試太子通事舍人爲河南縣丞

○崔玄暐博陵安平人也父行謹爲胡蘇令本名曄以字下體有則天祖諱乃改爲玄暐少有學行深爲叔父秘書監行功所器重龍朔中舉明經累補庫部員外郎其母盧氏嘗誡之曰吾見姨兄屯田郎中辛玄馭云兒子從官者有人來云貧乏不能存此是好消息若聞貲貨充足衣馬輕肥此惡消息吾常重此言以爲確論比見親表中仕官者多將錢物上其父母父母但知喜悅竟不問此物從何而來必是祿俸餘資誠亦善事如其非理所得此與盜賊何別縱無大咎獨不內愧於心孟母不受魚鮓之饋蓋爲此也汝今坐食祿俸榮幸已多若其不能忠清何以戴天履地孔子云雖日殺三牲之養猶爲不孝又曰父母惟其疾之憂特宜修身絜己勿累吾此意也玄暐遵奉母氏教誡以清謹見稱尋授天官郎中遷鳳閣舍人長安元年超拜天官侍郎每介然自守都絕請謁頗爲執政者所忌轉文昌左丞經月餘則天謂曰自卿改職已來選司大有罪過或聞令史乃設齋自慶此欲盛爲貪惡耳今要卿復

舊任又除天官侍郎賜雜綵七十段三年拜鸞臺侍郎同鳳閣鸞臺平章事兼太子左庶子四年遷鳳閣侍郎加銀青光祿大夫仍依舊知政事先是來俊臣周興等誣陷良善冀圖爵賞因緣籍沒者數百家玄暐固陳其枉狀則天乃感悟咸從雪免則天季年宋璟劾奏張昌宗謀爲不軌玄暐亦屢有讜言則天乃令法司正斷其罪玄暐弟昇時爲司刑少卿又請寘以大辟其兄弟守正如此是時則天不豫宰相不得召見者累月及疾少閒玄暐奏言皇太子相王仁明孝友足可親侍湯藥宮禁事重伏願不令異姓出入則天曰深領卿厚意尋以預誅張易之功擢拜中書令封博陵郡公中宗將授方術人鄭普思爲秘書監玄暐切諫竟不納尋進爵爲王賜實封四百戶檢校益州大都督府長史兼知都督事其後累被貶授白州司馬在道病卒建中初贈太子太師玄暐與弟昇甚相友愛諸子弟孤貧者多躬自撫養教授頗爲當時所稱昇官至尚書左丞玄暐少時頗屬詩賦晚年以爲非己所長乃不復

構思唯篤志經籍述作爲事所撰行己要範十卷友義傳十卷義士傳十五卷訓注文館辭林策二十卷並行於代子璩頗以文學知名官歷中書舍人禮部侍郎璩子渙自有傳曾孫鄲開成三年自商州防禦判官兼殿中侍御史入爲監察御史

○張柬之字孟將襄州襄陽人也少補太學生涉獵經史尤好三禮國子祭酒令狐德棻甚重之進士擢第累補青城丞永昌元年以賢良徵試同時策者千餘人柬之獨爲當時第一擢拜監察御史聖曆初累遷鳳閣舍人時弘文館直學士王元感著論云三年之喪合三十六月柬之著論駁之曰三年之喪二十五月不刊之典也謹案春秋魯僖公三十三年十二月乙巳公薨文公二年冬公子遂如齊納幣左傳曰禮也杜預注云僖公喪終此年十一月納幣在十二月士婚禮納采納徵皆有玄纁束帛諸侯則謂之納幣蓋公爲太子已行婚禮故傳稱禮也公羊傳曰納幣不書此何以書譏喪娶在三年之外何以譏三年之內不圖婚何休注云僖

公以十二月薨至此冬未滿二十五月納采問名納吉皆在三年之內故譏何休以公十二月薨至此冬十二月纔二十四月非二十五月是未三年而圖婚也案經書十二月乙巳公薨杜以長曆推乙巳是十一月十二日非書十二月是經誤文公元年四月葬我君僖公傳曰緩也諸侯五月而葬若是十二月薨即是五月不得言緩明知是十一月薨故注僖公喪終此年至十一月而滿二十五月故丘明傳曰禮也據此推步杜之考校豈公羊之所能逮況丘明親受經於仲尼乎且二傳何杜所爭唯爭一月不爭一年其二十五月除喪由來無別此則春秋三年之喪二十五月之明驗也尚書伊訓云成湯旣沒太甲元年惟元祀十有二月伊尹祀于先王奉嗣王祗見厥祖孔安國注云湯以元年十一月崩據此則二年十一月小祥三年十一月大祥故太甲中篇云惟三祀十有二月朔伊尹以冕服奉嗣王歸于亳是十一月大祥訖十二月朔日加王冕服吉而歸亳也是孔言湯元年十一月之明驗顧命云四月哉生魄

○王不懌是四月十六日也翌日乙丑王崩是十七日也丁卯命作冊度是十九日也越七日癸酉伯相命士須材是四月二十五日也則成王崩至康王麻冕黼裳中間有十日康王方始見廟則知湯崩在十一月淹停至殯訖方始十二月祗見其祖顧命見廟訖諸侯出廟門俟伊訓言祗見厥祖侯甸羣后咸在則崩及見廟殯廟之禮並同此周因於殷禮損益可知也不得元年以前別有一年此尚書三年之喪二十五月之明驗也禮記三年問云三年之喪二十五月而畢哀痛未盡思慕未忘然而服以是斷之者豈不以送死有已復生有節又喪服四制云變而從宜故大祥鼓素琴告人以終又間傳云朞而小祥食菜果又朞而大祥有醯醬中月而禫食酒肉又喪服小記云再朞之喪三年也朞之喪二年也九月七月之喪三時也五月之喪二時也三月之喪一時也此禮記三年之喪二十五月之明驗也儀禮士虞禮云朞而小祥又朞而大祥中月而禫是月也吉祭此禮周公所制則儀禮三年之喪二十五月之明驗也此四

驗者並禮經正文或周公所制或仲尼所述吾子豈得以禮記戴聖所修輒欲排毀漢初高堂生傳禮旣未周備宣帝時少傅后倉因淹中孔壁所得五十六篇著曲臺記以授弟子戴德戴聖慶普三人合以正經及孫卿所述並相符會列于學官年代已久今無端構造異論旣無依據深可歎息其二十五月先儒考校唯鄭康成注儀禮中月而禫以中月間一月自死至禫凡二十七月又解禫云言澹澹然平安之意也今皆二十七月復常從鄭議也踰月入禫禫既復常則二十五月爲免喪矣二十五月二十七月其議本同竊以子之於父母喪也有終身之痛創巨者日久痛深者愈遲豈徒歲月而已乎故練而慨然蓋悲慕之懷未盡而踴擗之情已歇祥而廓然者蓋哀傷之痛已除而孤邈之念更起此皆情之所致豈外飾哉故記曰三年之喪義同過隙先王立其中制以成文理是以祥則縞帶素紕禫則無所不佩今吾子將徇情弃禮實爲乖僻夫弃縗麻之服襲錦縠之衣行道之人皆不忍也直爲節之以禮

○無可奈何故由也不能過制爲姊服縓也不能過朞與其母夫豈不懷懼名教逼已也若孔鄭何杜之徒並命代挺生範模來裔宮牆積仞未易可窺但鑽仰不休當漸入勝境謬勞終年矻矻虛肆莠言請所有摘擿先儒願且以時消息時人以柬之所駮頗合於禮典是歲突厥默啜表言有女請和親則天盛意許之欲令淮陽郡王延秀娶之柬之奏曰自古無天子求娶夷狄女以配中國王者表入頗忤其旨神功初出爲合州刺史尋轉蜀州刺史舊例每歲差兵募五百人往姚州鎮守路越山險死者甚多柬之表論其弊曰臣竊按姚州者古哀牢之舊國絕域荒外山高水深自生人已來洎於後漢不與中國交通前漢唐蒙開夜郎滇莋而哀牢不附至光武季年始請內屬漢置永昌郡以統理之乃收其鹽布氈罽之稅以利中土其國西通大秦南通交趾奇珍異寶進貢歲時不闕劉備據有巴蜀常以甲兵不充及備死諸葛亮五月渡瀘收其金銀鹽布以益軍儲使張伯岐選其勁卒搜兵以增武

備故蜀志稱自亮南征之後國以富饒甲兵充足由此言之則前代置郡其利頗深今鹽布之税不供珍奇之貢不入戈戟之用不實於戎行寶貨之資不輸於大國而空竭府庫驅率平人受役蠻夷肝腦塗地臣竊為國家惜之昔漢以得利既多歷博南山涉蘭倉水更置博南哀牢二縣蜀人愁怨行者作歌曰歷博南越蘭津渡蘭倉為他人蓋譏漢貪珍奇鹽布之利而為蠻夷之所驅役也漢獲其利人且怨歌今減耗國儲費用日廣而使陛下之赤子身膏野草骸骨不歸老母幼子哀號望祭於千里之外於國家無絲髮之利在百姓受終身之酷臣竊為國家痛之往者諸葛亮破南中使其渠率自相統領不置漢官亦不留兵鎮守人問其故亮言置官留兵有三不易大意以置官夷漢雜居猜嫌必起留兵運糧為患更重忽若反叛勞費更多但粗設紀綱自然安定臣竊以亮之此策妙得羈縻蠻夷之術今姚府所置之官既無安邊靜寇之心又無葛亮且縱且擒之伎唯知詭謀狡筭恣情割剝貪叨劫

掠積以為常扇動酋渠遣成朋黨折支諂笑取媚蠻夷拜跪趨伏無復慙恥提挈子弟嘯引凶愚聚會蒲博一擲累萬劍南逋逃中原亡命有二千餘戶見散在彼州專以掠奪為業姚州本龍朔中武陵縣主簿石子仁奏置之後長史李孝讓辛文協並為羣蠻所殺前朝遣郎將趙武貴討擊貴及蜀兵應時破敗噍類無遺又使將軍李義總等往征郎將劉惠基在陣戰死其州乃廢臣竊以諸葛亮稱置官留兵有三不易其言乃驗至垂拱四年蠻郎將王善寶昆州刺史爨乾福又請置州奏言所有課稅自出姚府管內更不勞擾蜀中及置州後錄事參軍李稜為蠻所殺延載中司馬成琛奏請於瀘南置鎮七所遣蜀兵防守自此蜀中騷擾于今不息且姚府總管五十七州巨猾游客不可勝數國家設官分職本以化俗防姦無恥無厭狼籍至此今不問夷夏負罪並深見道路劫殺不能禁止恐一旦驚擾為禍轉大伏乞省罷姚州使隸巂府歲時朝覲同之蕃國瀘南諸鎮亦皆悉廢於瀘北置關

百姓自非奉使入蕃不許交通往來增巂府兵選擇清良宰牧以統理之臣愚將為穩便疏奏則天不納後累拜荊州大都督府長史長安中召為司刑少卿遷秋官侍郎時夏官尚書姚崇為靈武軍使將行則天令舉外司堪為宰相者崇對曰張柬之沉厚有謀能斷大事且其人年老惟陛下急用之則天登時召見尋同鳳閣鸞臺平章事未幾遷鳳閣侍郎仍知政事及誅張易之兄弟柬之首謀其事中宗即位以功擢拜天官尚書鳳閣鸞臺三品封漢陽郡公食實封五百戶未幾遷中書令監修國史月餘進封漢陽郡王加授特進令罷知政事其年秋柬之表請歸襄州養疾許之仍特授襄州刺史又拜其子漪為著作郎令隨父之任上親賦詩祖道又令羣公餞送於定鼎門外柬之至襄州有鄉親舊交抵罪者必深文致法無所縱捨其子漪恃以立功毋見諸少長不以禮接時議以為不能易荊楚之剽性焉尋為武三思所構貶授新州司馬柬之至新州憤恚而卒年八十餘景雲元年制曰褒德紀功

事華典冊飾終追遠理光名教故吏部尚書張柬之翼戴興謀明帝道經綸謇諤風範猶存往屬回邪搆成[illegible]放逐淪役荒遐言念勳賢良深軫悼宜加寵贈式賁幽泉可贈中書令封漢陽郡公建中初又贈司徒玄孫璟開成三年自宜城尉遷壽安尉

袁恕己滄州東光人也長安中歷遷司刑少卿兼知相王府司馬事敬暉等將誅張易之兄弟恕己預其謀議又從相王統率南衙兵仗以備非常及事定加銀青光祿大夫行中書侍郎同中書門下三品封南陽郡公食實封五百戶將作少匠楊務廉素以工巧見用中興初恕己恐其更啓游娛侈靡之端言於中宗曰務廉致位九卿積有歲年苦言嘉謀無足可紀每宮室營構必務其侈若不斥之何以廣昭聖德由是左授務廉陵州刺史恕己俄擢拜中書令仍加特進封南陽郡王罷知政事則天崩遺制加實封滿七百戶後與敬暉等累遭貶黜流于環州尋為周利用所逼飲野葛汁數升恕己常服黃金飲毒發憤悶以手掘地取土而食爪甲

殆盡晉不死乃擊殺之建中初贈太子太傅曾孫德文舉進士開
成三年授秘書省校書郎
史臣曰昔夫差入越句踐保於會稽不聽子胥之言而有甬東之
歎此五王除凶返正得計成功當是時彥範軌暐握兵全勢三思
彼既首黨平殲若從季昶之言曾有利用之禍蓋以心懷不忍遽
失後圖黜削流移理固然也且芟蔓而不能拔本建謀而尚欠防
微死即無辜禍由自掇失斷召亂也不亦宜哉
贊曰桀彼五王忠于有唐知火在木謂無其傷禍發既兆勢擅
靡當何事不敵周身之防

唐書列傳卷第四十一

右文林郎充兩浙東路提舉茶鹽司幹辦公事蘇之勤校勘

劉 昫

魏元忠

韋安石 子陟 斌 斌子況 從父元子抗 從祖兄子巨源 [illegible] 附

蕭至忠 宗楚客 紀處訥 附

魏元忠，宋州宋城人也。本名眞宰，以避則天母號改焉。初爲太學生，志氣倜儻，不以舉薦爲意，累年不調。時有左史盩厔人江融撰九州設險圖，備載古今用兵成敗之事，元忠就傳其術。儀鳳中，吐蕃頻犯塞，元忠赴洛陽上封事，言命將用兵之工拙，曰：臣聞理天下之柄，二事焉，文與武也。然則文武之道，雖有二門，至於制勝御人，其歸一揆。方今王略遐宣，皇威遠振，建禮樂而陶士庶，訓軍旅而惛生靈。然論武者以弓馬爲先，而不稽之以權略；談文者以篇章爲首，而不問之以經綸。而奔競相因，遂成浮俗。臣嘗讀魏晉史，每鄙何晏、王衍終日談空；近觀齊梁書，才士亦復不少，並何益於理亂哉。從此而言，則陸士衡著辯亡論，而不救河橋之敗；養由基射能

穿札，而不止鄢陵之奔，斷可知矣。昔趙岐撰禦寇之論，山濤陳用兵之本，皆坐運帷幄，暗合孫吳。宣尼稱有德者必有言，仁者必有勇，則何平叔、王夷甫豈得同日而言哉。臣聞才生於代，代實須才，何代而不生才，何才而不生代。故物有不求，未有無物之歲；士有不用，未有無士之時。夫有志之士，在富貴之與貧賤，皆思立於功名，冀傳芳於竹帛。故班超投筆而歎，祖逖擊楫而誓，此皆有其才而申其用矣。且知己難逢，英哲罕遇，士之懷琬琰以就埃塵，抱棟梁而困溝壑者，則悠悠之淚，直觀此士之貧賤，安知此士之方略哉。故漢拜韓信，舉軍驚笑；蜀用魏延，群臣觖望。嗟乎，富貴者易爲善，貧賤者難爲工，至於此也。亦有位處立功之際，而不展其志略，身爲時主所知，竟不能盡其才用，則貧賤之士焉足道哉。漢文帝時，魏尚、李廣並身任邊將，位爲郡守，文帝不知魏尚之賢而囚之，不知李廣之才而不能用之，常歎李廣恨生不逢時，令當高祖日，萬戶侯豈足道哉。夫以李廣才氣，天下無雙，匈奴畏之，號爲飛將，爾時胡騎憑凌，足伸其用，文帝不能大任，反歎其生不逢時，近不知魏尚之賢，而乃遠想廉頗、李牧。故馮唐曰：雖有頗、牧而不能用。近之矣。從此言之，跡斥賈誼，復何怪哉。此則身爲時主所知，竟不能盡其才用。昔羊祜獻計平吳，賈充、荀勖沮其策，祜歎曰：天下不如意，恒十居七八。緣荀、賈不同，竟不大舉。此則位處立功之際，而不得展其志略。而布衣韋帶之人，懷一奇，抱一策，上書闕下，朝進而望夕召，何可得哉。臣請歷訪內外文武職事五品已上，得不有智計如羊祜、武藝如李廣，在用與不用之間，不得騁其才略。伏願降寬大之詔，使各言其志，無令汲黯直氣卧死於淮陽，仲舒大才位屈於諸侯相。又曰：臣聞帝王之道，務崇經略，經略之術，必仗英奇。自國家良將，可得言矣：李靖破突厥，侯君集滅高昌，蘇定方開西域，李勣平遼東，雖奉國威靈，亦其才力所致。古語有之：人無常俗，政有理亂；兵無強弱，將有能否。由此觀之，安邊境，立功名，在於良將也。故趙充國征先零，馮子明討南羌，皆計不空施，機不虛

發，則良將立功之驗也。然兵革之用，王者大事，存亡所繫。若任得其才，則摧兇而拒暴；苟非其任，則敗國而殄人。北齊段孝玄云：持大兵者如擎盤水，傾在俯仰間，一致蹉跌，求止豈得哉。從此而言，周亞夫堅壁以挫吳楚，司馬懿閉營而困葛亮，俱爲上策，此皆不戰而却敵，全軍以制勝。是知大將臨戎，以智爲本。漢高之英雄大度，尚曰吾寧鬭智；魏武之機神冠絕，猶依法孫吳。假有項籍之氣，袁紹之基，而皆恨智任情，終以破滅，何況復出其下哉。且上智下愚，明暗異等，多奇少欲，眾寡殊科。故魏用栢直以拒漢，韓信輕爲孺子；燕任慕容評以抗秦，王猛謂之奴才。即栢直、慕容評智勇俱亡者也。夫中材之人，素無智略，一旦居元帥之任，而意氣軒昂，自謂當其鋒者無不摧碎，豈知戎昭果毅、敦詩悅禮之事乎。故李信求以二十萬眾獨舉鄢郢，其後果辱秦軍；樊噲願得十萬眾橫行匈奴，登時見折季布，皆其事也。當今朝廷用人，類取將門子弟，亦有死事之家而蒙抽擢者，此等本非幹略見知，雖竭力盡誠，亦不免

於傾敗者之何使當閫外之任哉後漢馬賢討西羌皇甫規陳其
必敗宋文帝使王玄謨收復河南沈慶之懸知不剋謝玄以書生
之姿拒符堅天下之衆郗超明其必勝桓溫提數萬之兵萬里而
襲成都劉真長期於必取雖時有今古人事皆可推之取驗大體
觀其銳之與識略耳明者隨分而察成敗之形昭然自露京房有
言後之視今亦猶今之視古則昔賢之與今哲意況何殊當事機
之際或昔隨時而立功豈復取賢於往代待才於未來也即論知
與不知用與不用夫建功者言其所濟不言所起言其所能不言
所藉若陳湯呂蒙馬隆孟觀並出自貧賤勳濟其高未聞其家代
爲將帥董仲舒曰爲政之用譬之琴瑟不調甚者必解絃而更張
之乃可鼓也故陰陽不和擢士爲相蠻夷不龔拔卒爲將即更張
之義也以四海之廣億兆之衆其中豈無卓越奇絕之士臣恐未
之思也夫何遠之有又曰臣聞賞者禮之基罰者刑之本故禮崇
謀夫竭其能賞厚義士輕其死刑正君子勗其心罰重小人懲其
過然則賞罰者軍國之綱紀政教之藥石綱紀舉而衆務自理藥
石行而文武用命彼吐蕃蟻結蜂聚本非勍敵薛仁貴郭待封受
閫外之寄奉命專征不能激勵熊羆乘機掃撲敗軍之後又不能
轉禍爲福因事立功遂乃棄甲喪師脫身而走幸逢寬政罪止削
除國家綱漏吞舟何以過此天皇還念舊恩收其後效當今朝廷
所少豈此三人乎且賞不勸謂之止善罰不懲謂之縱惡仁貴自
宣力海東功無尺寸坐玩金帛瀆貨無厭今又不誅縱惡更甚臣
以疎賤干非其事豈欲間天皇之君臣生厚薄於仁貴直以刑賞
一虧百年不復區區所懷實在於此古人云國無賞罰雖堯舜不
能爲化今罰不能行賞亦難信故人間議者皆言近日征行虛有
賞格而無其事良由中才之人不識大體恐賞賜勳庸傾竭倉庫
留意鋒刃將此益國徇目前之近利忘經久之遠圖所謂錯之毫
釐失之千里者也且黔首雖微不可欺以得志瞻望恩澤必因事
而生心旣有所因須應之以實豈得懸不信之令設虛賞之科比

者師出無功未必不由於此文子曰同言而信信在言前同令而
行誠在令外故商君移木以表信曹公割髮以明法豈禮也哉有
由然也自蘇定方定遼東李勣破平壤賞絕不行勳仍淹滯數年紛
紜真偽相雜縱加沙汰未至澄清臣以吏不奉法慢自京師偽勳
所由主司之過其則不遠近在尚書省中不聞斬一臺郎戮一令
史使天下知聞天皇何能照遠而不照近哉神州化首萬國共尊
文昌政本四方是則軌物宜風理亂攸在臣是以披露不已冒死
盡言且明鏡所以照形往事所以知今臣識不稽古請以近事言
之貞觀年中萬年縣尉司馬玄景舞文飾智以邀乾沒太宗審其
姦詐棄之都市及征高麗也總管張君乂擊賊不進斬之旗下臣
以偽勳之罪多於玄景仁貴等敗重於君乂向使早誅薛仁貴郭
待封則自餘諸將豈敢失利於後哉韓子云慈父多敗子嚴家無
格虜此言雖小可以喻大公孫弘有言人主病不廣大人臣病不
節儉臣恐天皇病之於不廣大過在於慈父斯亦日月之一蝕也又
今之將吏率多貪暴所務唯口馬所求唯財物無趙奢吳起散金
養士之風縱使行軍悉是此屬臣恐吐蕃之平未可旦夕望也帝
甚歎異之授秘書省正字令直中書省仗內供奉尋除監察御史
文明年遷殿中侍御史其年徐敬業據揚州作亂左玉鈐衛大將
軍李孝逸督軍討之則天詔元忠監其軍事孝逸至臨淮而偏將
雷仁智爲敬業先鋒所敗敬業又攻陷潤州迴兵以拒孝逸孝逸
懼其鋒按甲不敢進元忠謂孝逸曰朝廷以公王室懿親故委以
閫外之事天下安危實資一決且海內承平日久忽聞狂狡莫不
注心傾耳以俟其誅今大軍留而不進則解遠近之望萬一朝廷
更命他將代公其將何辭以逃逗撓之罪幸速進兵以立大效不
然則禍難至矣孝逸然其言乃部勒士卒以圖進發時敬業屯於
下阿谿敬業弟敬猷率偏師以逼淮陰元忠請先擊敬猷諸將咸
曰不如先攻敬業敬業敗則敬猷不戰而擒矣若擊敬猷則敬業
引兵救之是腹背受敵也元忠曰不然賊之勁兵精卒盡在下阿

懷衆而來利在一決萬一失捷則大事去矣敬猷本出博徒不習戰鬭其衆寡弱人情易搖大軍臨之其勢必剋既剋敬猷我軍乘勝而進彼若引救淮陰計程則不及又恐我之進掩江都必邀我於中路彼則勞倦我則以逸待之破之必矣譬之逐獸弱者先擒豈可捨必擒之弱獸趣勢敵之強兵恐未可也孝逸從之乃引兵擊敬猷一戰而破之敬猷脫身而遁孝逸乃進軍與敬業隔溪相拒前軍揔管蘇孝祥為賊所破孝逸又懼欲引退初敬業至下阿有流星墜其營及是有羣烏飛噪於陣上元忠曰驗此即賊敗之兆也風順荻乾火攻之利固請決戰乃平敬業元忠以功擢司刑正稍遷洛陽令尋陷周興獄詣市將刑則天以元忠有討平敬業功特免死配流貴州時承勑者將至市先令傳呼監刑者遽釋元忠令起元忠曰未知勑虛實豈可造次徐待宣勑然始起謝觀者咸歎其臨刑而神色不撓聖曆元年召授侍御史擢拜御史中丞又為來俊臣侯思止所陷再被流于嶺表復還授御史中丞元忠前

後三被流於時人多稱其無罪則天嘗謂曰卿累負謗鑠何也對曰臣猶鹿也羅織之徒有如獵者苟須臣肉作羹耳此輩殺臣以求達臣復何辜聖曆二年擢拜鳳閣侍郎同鳳閣鸞臺平章事檢校并州長史未幾加銀青光祿大夫遷左肅政臺御史大夫兼檢校洛州長史政號清嚴長安中相王為并州元帥元忠為副時奉宸令張易之嘗縱其家奴凌暴百姓元忠笞殺之權豪莫不敬憚時突厥與吐蕃數犯塞元忠皆為大揔管拒之元忠在軍唯持重自守竟無所克獲然亦未嘗敗失中宗在春坊時元忠檢校太子左庶子時張易之昌宗權寵日盛傾朝附之元忠嘗奏則天曰臣承先帝顧眄受陛下厚恩不徇忠死節使小人得在君側臣之罪也則天不悅易之昌宗由是含怒因則天不豫乃譖元忠與司禮丞高戩謀曰主上老矣吾屬當挾太子而令天下則天惑其言乃下元忠詔獄召太子相王及諸宰相令昌宗與元忠等參對反覆不決昌宗又引鳳閣舍人張說令執證元忠說初偽許

之入則天召說驗問說確稱元忠實無此語則天乃悟元忠被誣然以昌宗之故特貶授端州高要尉中宗即位其日驛召元忠授衛尉卿同中書門下三品旬日又遷兵部尚書知政事如故尋進拜侍中兼檢校兵部尚書時則天崩中宗居諒闇多不視事軍國大政獨委元忠者數日未幾遷中書令加授光祿大夫累封齊國公監修國史神龍二年元忠與武三思祝欽明徐彥伯柳沖韋承慶崔融岑羲徐堅等撰則天皇后實錄二十卷編次文集一百二十卷奏之中宗稱善賜元忠物千段仍封其子衞王府諮議參軍昇為任城縣男時元忠特承寵榮當朝用事初元忠作相於則天朝議者以為公清至是再居政事天下莫不延首傾屬冀有所弘益元忠乃親附權豪抑棄寒俊竟不能賞善罰惡勉修時政議者以此少之四年秋代唐璟為尚書右僕射兼中書令仍知兵部尚書事監修國史未幾元忠請歸鄉拜掃特賜錦袍一領銀千兩幷給千騎四人充其左右手勑曰衣錦晝遊在乎茲日散金敷惠諒屬斯辰

元忠至鄉里竟自藏其銀無所賑施及還帝又幸白馬寺以迎勞之其恩遇如此是時安樂公主嘗私請廢節愍太子立己為皇太安中宗以問元忠元忠固稱不可乃止尋遷左僕射餘並如故元忠又嫉武三思專權用事心常憤歎思欲誅之三年秋節愍太子起兵誅三思元忠及左羽林大將軍李多祚等皆陰預其事太子既斬三思又率兵詣闕將請廢韋后為庶人遇元忠子太僕少卿昇於永安門脅令從已太子兵至玄武樓下多祚等猶豫不戰元忠又持兩端由是不剋昇為亂兵所殺中宗以元忠有平寇之功又素為高宗天后所禮遇竟不以昇為累委任如初是時三思之黨兵部尚書宗楚客與侍中紀處訥等又執證元忠及昇云素與節愍太子同謀構逆請夷其三族中宗不許元忠懼不自安上表固請致仕手制聽解左僕射以特進齊國公致仕于家仍朝朔望楚客等又引右衞郎將姚庭筠為御史中丞令劾奏元忠由是貶渠州員外司馬侍中楊再思中書令李嶠皆依楚客之旨以致元

忠之罪唯中書侍郎蕭至忠正議云當從寬宥楚客大怒又遣給
事中冉祖雍與楊再思奏言元忠既緣犯逆不合更授內地官遂
左遷思州務川尉頃之楚客又令御史袁守一奏言則天昔在三陽
宮不豫內史狄仁傑奏請陛下監國元忠密進狀云不可據此則
知元忠懷逆日久伏請加以嚴誅中宗謂楊再思等曰以朕思之
此是守一大錯人臣事主必在一心豈有主上少有不安即請太子知
事乃是狄仁傑樹私惠未見元忠有失守一假借前事羅織元忠豈
是道理楚客等遂止元忠行至涪陵而卒年七十餘景龍四年追
贈尚書左僕射齊國公本州刺史仍令所司給靈輿送至鄉里睿
宗即位制令陪葬定陵景雲三年又降制曰故左僕射齊國公魏
元忠代洽人望時稱國良歷事三朝俱展誠效晚年遷謫頗非其
罪宜特還其子著作郎晃實封一百戶開元六年謚曰貞二子昇晃

韋安石京兆萬年人周大司空鄖國公孝寬曾孫也祖津大業末
為民部侍郎煬帝之幸江都敕津與段達元文都等於洛陽留守
仍檢校民部尚書事李密逼東都津拒戰於上東門外兵敗為密
所囚及王世充殺文都等津獨免其難密敗歸東郡世充僭號深
被委遇及洛陽平高祖與津有舊徵授諫議大夫檢校黃門侍郎
出為陵州刺史卒父琬成州刺史叔琨戶部侍郎琨弟璲倉部員
外安石應明經舉累授乾封尉蘇良嗣甚禮之永昌元年三遷雍
州司兵良嗣時為文昌左相謂安石曰大材須大用何為徒勞於
州縣也特薦於則天擢拜膳部員外郎永昌令并州司馬則天手
制勞之曰聞卿在彼庶事存心善政表於能官仁明彰於鎮撫如
此稱職深慰朕懷俄拜并州刺史又歷德鄭二州刺史安石性持
重少言笑為政清嚴所在人吏咸畏憚之久視年遷文昌右丞尋
拜鸞臺侍郎同鳳閣鸞臺平章事兼太子左庶子長安三年為神
都留守兼判天官秋官二尚書事後與崔神慶等同為侍讀尋知
納言事是歲又加檢校中臺左丞兼太子左庶子鳳閣鸞臺三品
如故時張易之兄弟及武三思皆恃寵用權安石數折辱之甚為

易之等所忌嘗於內殿賜宴易之引蜀商宋霸子等數人於前博
戲安石跪奏曰蜀商等賤類不合預登此筵因顧左右令逐出之
座者皆為失色則天以安石辭直深慰勉之時鳳閣侍郎陸元方
在座退而告人曰此真宰相非吾等所及也則天嘗幸興泰宮欲
就捷路安石奏曰千金之子且有垂堂之誡萬乘之尊不宜輕乘
危險此路板築初成無自然之固鑾駕經之臣等敢不請罪則天
登時為之迴輦安石俄又舉奏易之等罪狀敕付安石及夏
官尚書唐休璟推問未竟而事變四年出為揚州大都督府長史
神龍初徵拜刑部尚書是歲又遷吏部尚書復知政事俄代張柬
之為中書令封鄖國公以嘗為宮寮賜實封三百戶又兼相王府
長史俄轉戶部尚書復為侍中監修國史中宗與庶人嘗因正月
十五日夜幸其第賜賚不可勝數又中宗嘗幸安樂公主城西池
館公主具舟楫請御樓船安石諫曰御輕舟乘不測臣恐非帝王
之事乃止睿宗踐祚拜太子少保改封郇國公俄又歷侍中中書
令景雲二年加開府儀同三司時太平公主與竇懷貞等潛有異
圖將引安石預其事公主屢使子壻唐晙邀安石至宅安石竟拒
而不往睿宗嘗密召安石謂曰聞朝廷傾心東宮卿何不察也安
石對曰陛下何得亡國之言此必太平之計太子有大功於社稷仁
明孝友天下所稱願陛下無信讒言以致惑也睿宗瞿然曰朕知
之矣卿勿言也太平於簾中竊聽之乃搆飛語欲令鞫之賴郭元
振保護獲免俄而遷尚書左僕射兼太子賓客依舊同中書門下
三品雖假以崇寵實去其權其冬罷知政事拜特進充東都留守
太常主簿李元澄即安石之子壻其妻病死安石夫人薛氏疑元
澄先所幸婢厭殺之其婢久已轉嫁薛氏使人捕而捶之致死由
是為御史中丞楊茂謙所劾出為蒲州刺史無幾轉青州刺史安
石初在蒲州時太常卿姜皎有所請託安石拒之皎大怒開元二
年皎弟晦為御史中丞以安石等作相時同受中宗遺制宗楚客
韋溫削除相王輔政之辭安石不能正其事令侍御史洪子輿舉

劾之子輿以事經赦令固稱不可監察御史郭震希皎等意越
次奏之於是下詔曰青州刺史韋安石太子賓客韋嗣立刑部尚
書趙彥昭等往在先朝曲蒙厚賞因緣幸會見在廟堂朋黨比周
間於行路景龍之末長蛇縱禍蒼卒之間人神憤怨未聞捨生取
義直道昌言遂俾太上皇輔政之辭用韋氏臨朝之策比常隱忍
復以崇班將其愧畏稍懲前惡而尚款回邪苟安榮寵宜從謫官
之典以勵事君之節安石可沔州別駕嗣立可嶽州別駕彥昭可
袁州別駕並員外置安石既至沔州晦又奏安石嘗檢校定陵
造作隱官物入己勅符下州徵贓安石歎曰此祇應須我死耳憤
激而卒年六十四開元十七年贈蒲州刺史天寶初以子貴追贈開
府儀同三司尚書左僕射郇國公諡曰文貞二子陟斌並早知名
陟字殷卿代爲關中著姓人物衣冠弈世榮盛安石晚有子及爲
幷州司馬始生陟及斌俱少聰敏頗異常童陟自幼風標整峻獨
立不羣安石尤愛之神龍二年安石爲中書令陟始十歲拜溫王

三十二　唐傳四十二　九　趙宗

府東閤祭酒加朝散大夫累遷秘書太常丞有文彩善隸書辭人
秀士已遊其門矣開元初丁父憂居喪過禮自此杜門不出八年
與弟斌相勸勵探討典墳不捨晝夜文華當代俱有盛名于時才
名之士王維崔顥盧象等常與陟唱和遊處廣平宋公見陟歎曰
盛德遺範盡在是矣歷洛陽令轉吏部郎中張九齡一代辭宗爲
中書令引陟爲中書舍人與孫逖梁涉對掌文誥時人以爲美談
後爲禮部侍郎陟好接後輩尤鑒于文雖辭人後生靡不諳練曩
者主司取與皆以一場之善登其科[二]不盡其才陟先責舊文仍令舉
人自通所工詩筆先試一日知其所長然後依常式考覈片善無遺
美聲盈路後爲吏部侍郎常病選人冒名接腳闕員既少取士良
難正調者被擠僞集者冒進陟剛腸嫉惡風彩嚴正選人疑其有
瑕案聲盤詰無不首伏每歲皆贖得數百員闕以待淹滯常謂所
親曰使陟知銓衡一二年則無人可選矣陟門地豪華早踐清列
侍兒閹閽列侍左右者十數衣書藥食咸有典掌而輿馬僮奴勢

侔於王家主第自以才地人物坐取三公頗以簡貴自處善誘納後
進其同列朝要視之蔑如也如道義相知靡隔貴賤而布衣韋帶
之士恒虛席倒屣以迎之時人以此稱重李林甫忌之出爲襄陽太
守兼本道採訪使又改陳留採訪使復加銀青光祿大夫天寶中
襲封郇國公以親累貶鍾離太守重貶義陽太守尋移河東太守
充本道採訪使十二年入考在華清宮右相楊國忠惡其才望恐
踐台衡乃引河東人吳象之謂曰子能使人告陟乎吾以子爲御
史象之曰能乃告陟與御史中丞吉溫結託欲謀陷朝廷又誘陟
姪韋元志證之陟坐貶爲桂州桂嶺尉未之任再貶昭州平樂尉
會祿山反陷洛陽陟憂弟斌爲賊所得國忠欲構陟與賊通應濟
令吏卒伺其所居欲脅之令陟憂死其去哀人勸陟曰昔張燕公
寬遂藏於陳氏以免危亡詔命儻來誰敢申覆未若輕舟千里
且泛谿洞候事清徐出豈不美也陟慨然應之曰我積信於國朝
非一代也況素所秉心無負神理命之合爾其敢逃刑燕公之謀

三十二　唐傳四十二　十　趙宗

誠甥厚意不能從也因謝遣之乃堅臥不動經歲餘潼關失守肅
宗即位於靈武起爲吳郡太守兼江南東道採訪使未到郡肅宗
使中官賈遊巖手詔追之未至鳳翔會江東永王擅起兵令陟招
諭除御史大夫兼江東節度使陟以季廣琛從永王下江非其本
意懼罪出奔未有所適乃有表請拜廣琛爲丹陽太守兼御史中
丞緣江防禦使以安反側因與淮南節度使高適淮西節度使來
瑱等同至安州陟謂適瑱曰今中原未復江淮動搖人心安危實
在茲日若不齊盟質信以示四方令知三帥協心萬里同力則難
以集事矣陟推瑱爲地主乃爲載書登壇誓衆曰淮西節度使
兼御史大夫瑱江東節度使御史大夫陟淮南節度使御史大夫
適等銜國威命各鎮方隅糾合三垂翦除兇慝好惡同之無有異
志有渝此盟墜命亡族皇天后土祖宗神明實鑒斯言陟等辭旨
慷慨血淚俱下三軍感激莫不隕泣其後江表樹碑以紀忠烈無
何有詔令陟赴行在陟以廣琛雖承恩命猶且遲迴恐後變生禍

貽於陟欲往招慰然後赴行乃發使上表懇言其急陟馳至歷陽
見廣琛且宣恩旨勞徠行賞陟自以私馬數匹賜之安其疑懼即
日便赴行在謁見肅宗肅宗深器之拜御史大夫拾遺杜甫上表
論房琯有大臣度眞宰相器聖朝不容辭旨迂誕肅宗令崔光遠
與陟及憲部尚書顏眞卿同訊之陟因入奏曰杜甫所論房琯事
雖被貶黜不失諫臣大體上由此踈之時朝臣立班多不整肅至
有班頭相弔哭者乃罷陟御史大夫顏眞卿代授吏部尚書自後
任事寵臣皆後來初用望風畏忌道竟不行因宗人伐墓栢坐不
能禁出爲絳州刺史乾元二年入爲太常卿呂諲再入相薦爲禮部
尚書東京留守判尚書省事兼東京畿觀察處置等使逆賊史思
明寇逼河洛副元帥李光弼議守河陽令陟率東京官屬入關迴
避乃領兵守陝州有詔兼吏部尚書留守如故令止於永樂不許
至京候光弼收復河洛令陟依前居守陟早有台輔之望間被李
林甫楊國忠所擠及中原兵起天下事殷陟常自謂負經綸之器

遭後生騰謗明主見疑常鬱鬱不得志乃歎曰吾道窮於此乎有
志不伸得非天命乎因遘疾上元元年八月卒於虢州時年六十
五贈荊州大都督永泰元年詔曰竭忠之臣歿不廢命奉上之節
行固無私言念飾終抑惟恒典故金紫光祿大夫吏部尚書兼御
史大夫充東京留守兼判留司尚書省事東京畿觀察處置使上
柱國郇國公韋陟敦敏直方端嚴峻整弘敷典禮表正人倫學冠
通儒文含大雅頃者詢謨舊德保釐成周眷彼郊圻資其禦固而
兇胡殘醜密邇河洛命居陝虢時侯翦除纔加喉舌之榮遽嬰霜
露之疾方期克享眉壽冀其有瘳奄此殂歿良深震悼昇東而復
以申三槐之恩在牖加紳冝崇八座之寵可贈尚書左僕射太常
博士程皓議謚爲忠孝刑部尚書顏眞卿以爲忠則以身許國見
危致命孝則晨昏色養取樂庭闈不合二行殊高以成忠孝主客
員外郎歸崇敬又駮之紛議不已右僕射郭英乂不達其體請從
太常之狀而奏陟子允

斌景雲初安石爲宰輔時授太子通事舍人早修整尚文藝容止
嚴厲有大臣體與兄陟齊名開元十七年司徒薛王業爲女平恩
縣主求婚以斌才地奏配焉遷秘書丞天寶初轉國子司業徐安
貞王維崔顥當代辭人特爲推挹天寶中拜中書舍人兼集賢院
學士兄陟先爲中書舍人未幾遷禮部侍郎陟在南省斌又掌文
誥改太常少卿天寶五載右相李林甫構陷刑部尚書韋堅斌以
親累貶巴陵太守移臨安太守加銀青光祿大夫斌授五品時兄陟
爲河東太守寔兄由爲右金吾將軍縚爲太子少師四人同時列
戟衣冠之盛罕有其比十四載安祿山反陷洛陽斌爲賊所得僞
授黃門侍郎憂憤而卒及剋復兩京肅宗乾元元年贈秘書監安
石兄叔夏別有傳從父兄子抗從祖兄子巨源抗弱冠舉明經累
轉吏部郎中以清謹著稱景雲初爲永昌令不務威刑而政令肅
一都輦繁劇前後爲政寬猛得中無如抗者無幾遷右臺御史中
丞人吏詣闕請留不許因立碑於通衢紀其遺惠開元三年自左

庶子出爲益州長史四年入爲黃門侍郎八年河曲叛胡康待賓
擁徒作亂詔抗持節慰撫抗素無武略不爲寇所憚在路遲留不
敢進因墜馬稱疾竟不至賊所而還俄以本官檢校鴻臚卿代王
晙爲御史大夫兼按察京畿時抗弟拯爲萬年令兄弟同領本部
時人榮之尋以薦御史非其人出爲安州都督轉蒲州刺史十一年
入爲大理卿其年代陸象先爲刑部尚書尋又分掌吏部選事十
四年卒抗歷職以清儉自守不務產業及終喪事殆不能給玄宗
聞其貧特令給靈轝遞送還鄉贈太子少傅謚曰貞抗爲京畿按
察使時舉奉天尉梁昇卿新豐尉王倕金城尉王冰華原尉王燾
爲判官及支使其後昇卿等皆名位通顯時人以抗有知人之鑒
巨源周京兆尹捴曾孫也祖匡伯襲祖爵鄖國公入隋改封舒國
公官至尚衣奉御巨源則天時累遷司賓少卿轉司府卿文昌右
丞同鳳閣鸞臺平章事三年轉夏官侍郎依前平章事有吏才勾
覆省內文案下符剋徵雖爲下所怨苦然亦頗收其利證聖初出

爲鄜州刺史尋拜地官尚書神都留守長安二年詔入轉刑部尚書又加太子賓客再爲神都留守神龍初入拜工部尚書封同安縣子又遷吏部尚書同中書門下三品進封郇縣伯時安石爲中書令以是巨源近屬罷知政事巨源尋遷侍中中書令進封舒國公附入韋后三等親叙爲兄弟編在屬籍是歲巨源奉制與唐休璟李懷遠祝欽明蘇瓌等定垂拱格及格後勑前後計二十卷頒下施行時武三思先有實封數千戸在貝州時屬大水刺史宋璟議稱租庸及封丁並合損免巨源以爲穀稼雖被湮沉其蠶桑見在可勒輸庸調由是河朔戸口頗多流散景龍二年順天翊聖皇后衣箱中裙上有五色雲起久而方歇巨源以爲非常佳瑞請布告天下許之中宗又令畫工圖其狀以示百寮仍大赦天下內外五品已上官母妻各加封邑時中宗既雅信符瑞巨源又賛成其妖妄是歲星墜如雷野雉皆雊咎徵若此不聞巨源有言甚與韋皇后繼叙源流侫媚官爵疑其開導以踵則天時有驍衞將軍迦

葉志忠太常少卿鄭愔兵部尚書宗楚客右補闕趙延禧等或相諷諭或上表章謬說符祥朋黨取媚識者嗟憤景龍三年拜尚書左僕射依舊知政事未幾又拜尚書令同中書門下三品仍舊監修國史時國家將有事於南郊而巨源希韋后之旨協同祝欽明之議言皇后合助郊祀貢以皇后爲亞獻巨源爲終獻又以大臣女爲齋娘及韋庶人之難家人令巨源逃匿巨源曰吾國之大臣豈得聞難不赴乃出至都街爲亂兵所殺時年八十睿宗即位贈特進荆州大都督太常博士李處直議巨源謚曰昭戸部員外郎李邕駁之曰三思引之爲相阿韋託之爲親無功而封無德而祿同族則醜正安石他人則附邪楚客謚之曰昭良恐不當初巨源與安石迭爲宰相時人以爲情不相協故邕以此稱之處直仍固請依前謚爲定邕又駁曰夫古之謚在乎勸沮將杜小人之業冀長君子之風故爲善者雖存不貴往而没有餘名此賢達所以砥節也爲惡者雖生有所幸死懼所懲此回邪所以易心也嗚呼巨源嘗

未斯察而乃闇義不從與惡相濟蓄罔上之志協羣兇之謀苟容聖朝貪昧厚祿自以宰臣之貴不崇朝而賈害者固鬼得而誅之也彼則匹夫之微未受命而行刑者固人得而誅之也幽明之憤斷焉可知天地之心自此而見矣頃者皇運中興功臣翼政時序未幾邪逆執權姦慝者拜爵於私門忠正者降黜於藩郡巨源此際用事方殷且於阿韋何親而結爲昆季於國家何力而累忝大官此則闇通中人附會武氏託城社之固亂皇家之基故其罪一也又國之大事在祀與戎酌於禮經陳於郊祭將以對越天地光揚祖宗既告成功以觀海內惟昔亞獻不聞婦人阿韋蓄無君之誠懷自達之意潛圖帝位議啄皇孫昇壇擬儀拜賜明命將預家事無守國章巨源創跡於前悖逆演成於後時有禮部侍郎徐堅太常博士唐紹蔣欽緒彭景直並言之莫從其罪二也又上天不弔先帝遇毒悔禍無徵阿韋將纂畫計未果逆心尚搖周章夷猶倉卒迭謀於是太平公主矯爲陳謨上官昭容紿草遺詔故

得令上輔政阿韋參謀將大業垂成而休命中輟者職由巨源竊韋溫之足楚客附巨源之耳梟聲遽發狼顧相驚以阿韋臨朝以韋溫當國其罪三也又人爲邦本財實聚人奪其財則人心自離無其人則國本何恃巨源屢踐台輔專行勾徵壓越條章崇侈剝樹怨天下剝害生靈兆庶流離戸口減耗況以三思食邑往在貝州時屬久陰災逢多雨租庸損免申令昭明匪令獨然自古不易三思慮其封物巨源啓此異端以爲稼穡湮沉雖無蔽粟蠶桑織維可輸庸調致使河朔黎人海隅士女去其鄉井鬻其子孫飢寒切身朝夕奔命其罪四也但巨源長於華宗仕於累代作萬國之相處具瞻之地蔽日月之曾暉負丘山之重責今乃妄加褒述安能分謗者哉當時雖不從邕議而論者是之巨源與安石及則天時文昌右相待價並是五服之親自餘近屬至大官者數十人趙彥昭者甘州張掖人也父武孟初以馳騁佃獵爲事嘗獲肥鮮以遺母母泣曰汝不讀書而佃獵如是吾無望矣竟不食其膳武

孟感激勤學遂博通經史舉進士官至右臺侍御史撰河西人物志十卷彥昭少以文辭知名中宗時累遷中書侍郎同中書門下三品兼修國史充修文館學士景龍四年金城公主出降吐蕃贊普中宗命彥昭為使彥昭以既充外使恐失其寵殊不悅司農卿趙履温私謂曰公國之宰輔而為一介之使不亦鄙乎彥昭曰計將安出履温因為陰託安樂公主密奏留之中宗乃遣左驍衛大將軍楊矩代彥昭而往睿宗時出為涼州都督為政清嚴將士已下皆動足股慄又為宋州刺史入為吏部侍郎又為刑部尚書關內道持節巡邊使檢校左御史臺大夫彥昭素與郭元振張說友善及蕭至忠等伏誅元振說等稱彥昭先嘗密圖其事乃以功遷刑部尚書封耿國公賜實封一百戸殿中侍御史郭震奏彥昭以女巫趙五娘左道亂常託為諸姑潛相影援既因提挈乃踐台階驅車造門著婦人之服攜妻就謁申猶子之情于時南憲直臣劾以霜憲斷足加徽貶旋登寵秩同惡相濟一至於此乾坤交泰宇宙

再清不加貶削法將安措請付紫微黃門準法處分俄而姚崇入相甚惡彥昭之為人由是累貶江州別駕卒

蕭至忠秘書少監德言曾孫也少仕為畿尉以清謹稱嘗與友人期於路隅會風雪凍冽諸人皆奔避就宇下至忠曰寧有與人期而求安失信乎獨不去衆咸歎服神龍初武三思擅權至忠附之自吏部員外擢拜御史中丞遷吏部侍郎仍兼御史中丞侍武三思勢掌選無所忌憚請謁杜絕威風大行尋遷中書侍郎兼中書令節愍太子誅武三思後有三思黨與宗楚客紀處訥令侍御史冉祖雍奏言安國相王及鎮國太平公主亦與太子連謀舉兵請收付制獄中宗召至忠令按其事至忠泣而奏曰陛下富有四海貴為天子豈不能保一弟一妹受人羅織宗社存亡實在於此臣雖愚昧竊為陛下不取漢書云一尺布尚可縫一斗粟尚可舂兄弟二人不相容願陛下詳察此言且往者則天皇后欲令相王為太子王累日不食請迎陛下固讓之誠天下傳說足明冉祖雍等所奏

咸是構虛帝深納其言而止尋轉黃門侍郎同中書門下平章事至忠上疏陳時政曰臣聞王者列職分司為人求理求理之道必在用賢得其人則公務克修非其才則厥官如曠官曠則事廢事廢則人殘漸至凌遲率由於此頃者選曹授職政事官人或異才昇多非德進皆因依貴要爭為粉飾苟得即是曾無遠圖上下相蒙誰肯言及臣聞官爵者公器也恩倖者私惠也秖可金帛富之粱肉食之以存私澤也若以公器為私用則公議不行而勞人解體以小私而妨至公則私謁門開而正言路絕儉人遮進君子道消日削月朘卒見凋弊者為官非其人也昔漢館陶公主為子求郎明帝謂曰郎官上應列宿出宰百里苟非其人則人受其殃賜錢十萬而已此即至公之道不虧恩私之情無替良史直筆將為美談于今稱之不輟其口者也當今列位已廣冗員倍多祈求未厭日月增數陛下降不貲之澤近戚有無涯之請賣官利己鬻法徇私臺寺之內朱紫盈滿官秩益輕恩賞彌數儉利之輩冒進而

莫識廉隅方雅之流知難而斂分丘隴才者莫用用者不才二事相刑十有其五故人不效力而官匪為人欲求其理實亦難成臣竊見宰相及近侍要官子弟多居美爵此並勢要親戚罕有才藝遞相囑託虛踐官榮詩云東人之子職勞不賚西人之子粲粲衣服私人之子百寮是試或以其酒不以其漿鞙鞙佩璲不以其長此言王政不平衆官廢職私家之子列試於榮班非任之人徒長其飾佩臣愚伏願陛下想居安思危之義行改絃易張之道愛惜爵賞審量材識官無虛授人必為官進大雅於樞近退小子於闕僻政令惟一威恩以信私不害公情不撓法則天下幸甚臣伏見永徽故事宰相子弟多居外職者非直抑強宗分大族亦以退不肖擇賢才伏願陛下遠稽舊典近遵先聖特降明勅令宰相已下及諸司長官子弟並改授外官庶望分職四方共寧百姓表裏相統遐邇人安疏奏不納明年代韋巨源為侍中仍依舊修史尋遷中書令時宗楚客紀處訥潛懷姦計自樹朋黨韋巨源楊再思李嶠

皆唯諾自全無所匡正至忠處於其間頗存正道時議翕然重之
中宗亦自謂宰相中至忠最憐我韋庶人又為亡弟贈汝南王洵
與至忠亡女為冥婚合葬及韋氏敗至忠發墓持其女柩歸人以
此譏之至忠又以女適庶人舅崔從裕之子成禮日中宗為蕭氏
婿主韋庶人為崔氏婿主時人謂之天子嫁女皇后娶婦睿宗即
位景雲初出為晉州刺史甚有能名時太平公主用事至忠潛遣
間使申意求入為京職誅韋氏之際至忠一子任千牛為亂兵所殺
公主冀至忠以此怨望可與謀事即納其請召拜刑部尚書右御
史大夫再遷吏部尚書先天二年復為中書令是歲至忠與竇懷
貞魏知古崔湜陸象先柳沖徐堅劉子玄等撰成姓族系錄二百
卷有制加爵賜物各有差未幾左僕射竇懷貞侍中岑羲及至忠
并戶部尚書李晉太子少保薛稷左散騎常侍賈膺福左羽林大
將軍常元楷右羽林將軍李慈等與太平公主謀逆事洩至忠遽
遁入山寺數日捕而伏誅籍沒其家至忠雖清儉刻己然簡約自

高未嘗接待賓客所得俸祿亦無所賑施及籍沒財帛甚豐由是
頓絕聲望矣弟元嘉工部侍郎廣微工部員外
宗楚客者蒲州河東人則天從父姊之子也兄秦客垂拱中潛勸
則天革命稱帝由是累遷內史後與楚客及弟晉卿並以姦贓事
發配流嶺外秦客死楚客等尋復追還楚客累遷夏官侍郎同鳳
閣鸞臺平章事神龍初為太僕卿武三思用事引楚客為兵部尚
書同中書門下三品晉卿累遷將作大匠節愍太子既殺武三思
兵敗逃於鄠縣楚客遣使追斬之仍令以其首祭三思及崇訓柩
極韋庶人及安樂公主尤加親信未幾遷中書令楚客雖跡附韋
氏而嘗別有異圖與侍中紀處訥共為朋黨故時人呼為宗紀景
龍中西突厥娑葛與阿史那忠節不和屢相侵擾西陲不安安西
都護郭元振奏請徙忠節於內地楚客與晉卿處訥等各納忠節
重賂奏請發兵以討娑葛不納元振所奏娑葛知而大怒舉兵入
寇甚為邊患於是監察御史崔琬劾奏楚客等曰臣聞四牡項領

良御不乘二心事君明罰無捨謹案宗楚客紀處訥等性惟險詖
志越溪壑幸以遭逢聖主累忝殊榮承愷悌之恩居弼諧之地不
能刻意砥操憂國如家微效涓塵以裨川嶽遂乃專作威福敢樹
朋黨有無君之心闕大臣之節潛通獫狁納賄不貲公引頑兇受
賂無限醜問充斥穢行昭彰且境外之交情狀難測今娑葛反叛
邊鄙不寧由此賊臣取怨中國論之者憚禍以結舌語之者避罪
以鉗口但晉卿昔居榮職素闕忠誠屢抵嚴刑皆由黷貨今又叨
忝頻沐殊恩厚祿重權當朝莫比曾無悛改仍徇贓私此而可容
孰不可恕臣謬忝直指義在觸邪請除巨蠹用答天造楚客處訥
晉卿等驕恣跋扈人神同疾不加天誅詎清王度並請收禁差三
司推鞫舊制大臣有被御史對仗劾彈者即俯僂趨出立于朝堂
待罪楚客更咤䩄作色而進自言以執性忠鯁被琬誣奏中宗竟
不能窮覈其事遽令琬與楚客等結為義兄弟以和解之韋氏
敗楚客與晉卿等皆伏誅

紀處訥者秦州上邽人也娶武三思妻之姊由是累轉太府卿神
龍中嘗因穀貴中宗召處訥親問其故武三思諷知太史事右驍
衛將軍迦葉志忠太史令傅孝忠奏言其夜有攝提星入太微至
帝座此則王者與大臣私相接大臣能納忠故有斯應帝以為然降
勑褒述處訥賜衣一副綵六十段無幾進拜侍中與楚客同時伏誅
史臣曰大帝孝和之朝政不由己則天在位已絕綴旒韋后履前
蹤覆轍當是時姦邪有黨宰執求容順之則恐其名彰逆之則憂
其禍及欲存身致理者非中智常才之所能也況元忠安石巨源
至忠彥昭等行非純一識昧存亡徇利貪榮猶始無卒不得其死宜
哉楚客晉卿處訥等讒諂並進威虐貫盈不使逃刑可謂政正
贊曰為唐重臣食唐重祿顛危不持富貴何足二宗紀誅邪酷
毒與前數公死不知辱

唐書列傳卷第四十二　右文林郎充淛東路提舉茶鹽司幹辦公事蘇立勤校正

婁師德　王孝傑　唐休璟
張仁愿　薛訥　王晙

婁師德鄭州原武人也弱冠進士擢第授江都尉揚州長史盧承業奇其才嘗謂之曰吾子台輔之器當以子孫相託豈可以官屬常禮待也上元初累補監察御史屬吐蕃犯塞募猛士以討之師德抗表請爲猛士高宗大悅特假朝散大夫從軍西討頻有戰功遷殿中侍御史兼河源軍司馬兼知營田事天授初累授左金吾將軍兼檢校豐州都督仍依舊知營田事則天降書勞曰卿素積忠勤兼懷武略朕所以寄之襟要授以甲兵自卿受委北陲總司軍任往還靈夏檢校屯田收率既多京坻遽積不煩和糴之費無復轉輸之艱兩軍及北鎮兵數年咸得支給勤勞之誠久而彌著覽以嘉尚欣悅良深長壽元年召拜夏官侍郎判尚書事明年同

鳳閣鸞臺平章事則天謂師德曰王師外鎮必籍邊境營田卿須不憚劬勞更充使檢校又以爲河源積石懷遠等軍及河蘭鄯廓等州檢校營田大使稍遷秋官尚書萬歲登封元年轉左肅政御史大夫仍並依舊知政事證聖元年吐蕃寇洮州令師德與夏官尚書王孝傑討之與吐蕃大將論欽陵贊婆戰於素羅汗山官軍敗績師德貶授原州員外司馬萬歲通天二年入爲鳳閣侍郎同鳳閣鸞臺平章事是歲兼檢校右肅政御史大夫仍知左肅政臺事又與王懿宗狄仁傑分道安撫河北諸州神功元年拜納言累封譙縣子尋詔師德充隴右諸軍大使仍校檢河西營田事聖曆二年突厥入寇復令檢校并州長史仍充天兵軍大總管是歲九月卒贈涼州都督諡曰貞初狄仁傑未入相時師德嘗薦之及爲宰相不知師德薦己數排師德令充外使則天嘗出師德舊表示之仁傑大慚謂人曰吾爲婁公所含如此方知不逮婁公遠矣師德頗有學涉器量寬厚喜怒不形於色自專綜邊任前後三十餘年恭勤接下孜孜不怠雖參知政事深懷畏避竟能以功名始終爲己任識者所重

王孝傑京兆新豐人也高宗末爲副總管從工部尚書劉審禮西討吐蕃戰於大非川爲賊所獲吐蕃贊普見孝傑垂泣曰貌類吾父厚加敬禮由是免死尋得歸則天時累遷右鷹揚衛將軍孝傑久在吐蕃中悉其虛實長壽元年爲武威軍總管與左武衛大將軍阿史那忠節率衆以討吐蕃乃克復龜茲于闐疏勒碎葉四鎮而還則天大悅謂侍臣曰昔貞觀中具綾得此蕃城其後西陲不守並陷吐蕃今既盡復於舊邊境自然無事孝傑建斯功效竭此款誠遂能裹足徒行身與士卒齊力如此忠懇深是可嘉乃拜孝傑爲左衛大將軍明年遷夏官尚書同鳳閣鸞臺三品封清源男延載初又爲瀚海道行軍總管餘如故證聖初又爲朔方道總管尋坐與吐蕃戰敗免官萬歲通天年契丹李盡忠孫萬榮反叛復詔孝傑白衣起爲清邊道總管統兵十八萬以討之孝傑軍至東

峽石谷遇賊道隘虜甚衆孝傑率精銳之士爲先鋒且戰且前及出谷布方陣以捍賊後軍總管蘇宏暉畏賊衆棄甲而遁孝傑既無後繼爲賊所乘營中潰亂孝傑墮谷而死兵士爲賊所殺及奔踐而死殆盡時張說爲節度管記馳奏其事則天問孝傑敗亡之狀說曰孝傑忠勇敢死乃誠奉國深入寇境以少禦衆但爲後援不至所以致敗於是追贈孝傑夏官尚書封耿國公拜其子无擇爲朝散大夫遣使斬宏暉以徇使未至幽州而宏暉已立功贖罪竟免誅開元中无擇官至左驍衛將軍以恩例贈孝傑特進

唐休璟京兆始平人也曾祖規周驃騎大將軍安邑縣公祖宗隋大業末爲朔方郡丞時爲梁師都舉兵將據城宗抗節不從乃爲所害休璟少以明經擢第永徽中解褐吳王府典籤無異材調授營府戶曹調露中單于突厥背叛誘扇奚契丹侵掠州其後奚羯胡又與桑乾突厥同反都督周道務遣休璟將兵擊破之於獨護山斬獲甚衆超拜豐州司馬永淳中突厥圍豐州都督崔智辯戰

殁朝議欲罷豐州徙百姓于靈夏休璟以為不可上書曰豐州控河遏賊實為襟帶自秦漢已來列為郡縣田疇良美尤宜耕牧隋季喪亂不能堅守乃遷徙百姓就寧慶二州致使戎羯交侵乃以靈夏為邊界貞觀之末始募人以實之西北一隅方得寧謐今若廢棄則河傍之地復為賊有靈夏等州人不安業非國家之利也朝廷從其言豐州復存垂拱中遷安西副都護會吐蕃攻破焉耆安息道大總管文昌右相韋待價及副使閻溫古失利休璟收其餘衆以安西土還西州都督上表請復取四鎮則天遣王孝傑破吐蕃拔四鎮亦休璟之謀也聖曆中為司衞卿兼涼州都督右肅政御史大夫持節隴右諸軍州大使久視元年秋吐蕃大將麴莽布支率騎數萬寇涼州入自洪源谷將圍昌松縣休璟以數千人往擊之臨陣登高望見賊衣甲鮮盛謂麾下曰自欽陵死贊婆降麴莽布支新知賊兵欲曜威武故其國中貴臣酋豪子弟皆從之人馬雖精不習軍事吾為諸君取之乃被甲先登與賊六戰六尅大破之斬其副將二人首二千五百級築京觀而還是後休璟入朝吐蕃亦遣使來請和因宴屢覘休璟則天問其故對曰往歲洪源戰時此將軍雄猛無比殺臣將士甚衆故欲識之則天大加歎異擢拜右武威右金吾二衞大將軍休璟尤諳練邊事自碣石西踰四鎮綿亘萬里山川要害皆能記之長安中西突厥烏質勒與諸蕃不和舉兵相持安西道絕表奏相繼則天令休璟與宰相商度事勢俄頃間草奏便遣施行後餘日安西諸州表請兵馬應接程期一如休璟所畫則天謂休璟曰恨用卿晚因遷夏官尚書同鳳閣鸞臺三品又謂魏元忠及楊再思李嶠姚元崇李迥秀等曰休璟諳練邊事卿等十不當一也尋轉太子右庶子依舊知政事以契丹入寇復拜夏官尚書兼檢校幽營等州都督兼安東都護時中宗在春宮將行進啓於皇太子曰張易之兄弟幸蒙寵遇數侍宴禁中縱情失禮非人臣之道惟加防察中宗即位召拜輔國大將軍同中書門下三品封酒泉郡公顧謂曰卿曩日直言朕今不忘

初欲召卿計事但以遐遠兼懷北狄之憂耳未幾加特進拜尚書右僕射是歲秋大水休璟兩上表自咎請免官甚切辭多不載中宗竟不允手制荅曰陰陽乖爽事屬在予待罪私門難依來表尋遷中書令充京師留守俄加檢校吏部尚書又以宮寮之舊賜實封三百戶累封宋國公休璟在任無所弘益景龍二年致仕于家年力雖衰進取彌銳時尚宮賀婁氏頗關預國政憑附者皆得寵榮休璟乃為其子娶賀婁氏養女為妻因以自達由是起為太子少師同中書門下三品監修國史仍封宋國公休璟年踰八十而不知止足依託求進為時所譏景雲元年又拜特進充朔方道行軍大總管以備突厥停其舊封別賜實封一百戶二年表請致仕許之祿及品子課並令全給休璟初得封時以絹數千匹分散親族又以家財數十萬大開塋域備禮葬其五服之親時人稱之延和元年七月薨年八十六贈荊州大都督謚曰忠子先慎襲爵官至陳州刺史次子先擇開元中為右金吾衞將軍

張仁愿華州下邽人也本名仁亶以音類睿宗諱改焉少有文武材幹累遷殿中侍御史時有御史郭霸上表稱則天是彌勒佛身鳳閣舍人張嘉福與洛州人王慶之等請立武承嗣為皇太子皆請仁愿連名署表仁愿正色拒之甚為有識所重尋而夏官尚書王孝傑為咗剌軍總管統衆以禦吐蕃詔仁愿往監之仁愿與孝傑不協因入奏事稱孝傑軍敗誣罔之狀孝傑由是免為庶人仁愿遷侍御史萬歲通天二年監察御史孫承景監清邊軍戰還畫戰圖以奏每陣必畫承景躬當矢石先鋒禦賊之狀則天歎曰御史乃能盡誠如此擢拜右肅政臺中丞令仁愿敘錄承景下立功人仁愿未發都先問承景對陣勝負之狀承景身實不行問之皆不能對又虛增功狀仁愿廷奏承景罔上之罪於是左遷崇仁令擢仁愿為肅政臺中丞檢校幽州都督會突厥默啜入寇攻陷趙定擁衆迴至幽州仁愿勒兵出城邀擊之流矢中手賊亦引退則天遣使勞問賜以醫藥累遷并州大都督府長史神龍二年中

宗還京以仁愿爲左屯衛大將軍兼檢校洛州長史時都城穀貴盜竊甚衆仁愿一切皆捕獲杖殺之積屍府門遠近震慴無敢犯者初高宗時賈敦頤爲洛州刺史亦有政績與仁愿皆爲一時之最故時人爲之語曰洛州有前賈後張可敵京兆三王其見稱如此三年突厥入寇朔方軍摠管沙吒忠義爲賊所敗詔仁愿攝御史大夫代忠義統衆仁愿至軍而賊衆已退乃躡其後夜掩大破之先朔方軍北與突厥以河爲界河北岸有拂雲神祠突厥將入寇必先詣祠祭酹求福因牧馬料兵而後渡河時突厥默啜盡衆西擊突騎施娑葛仁愿請乘虛奪取漠南之地於河北築三受降城首尾相應以絕其南寇之路太子少師唐休璟以爲兩漢已來皆北守黃河今於寇境築城恐勞人費功終爲賊虜所有建議以爲不便仁愿固請不已中宗竟從之仁愿表留年滿鎮兵以助其功時咸陽兵二百餘人逃歸仁愿盡擒之一時斬於城下軍中股慄役者盡力六旬而三城俱就以拂雲祠爲中城與東西兩城相去各四

百餘里皆據津濟遙相應接北拓地三百餘里於牛頭朝那山北置烽候一千八百所自是突厥不得度山放牧朔方無復寇掠減鎮兵數萬人仁愿初建三城不置壅門及曲敵戰格之具或問曰此邊城禦賊之所不爲守備何也仁愿曰兵貴在攻取不宜退守寇若至此即當併力出戰迴顧望城猶須斬之何用守備生其退恧之心也其後常元楷爲朔方軍摠管始築壅門以備寇議者以此重仁愿而輕元楷焉仁愿在朔方奏用監察御史張敬忠何鸞長安尉寇泚鄠縣尉王易從始平主簿劉體微分判軍事太子文學柳彥昭爲管記義烏尉晁良貞爲隨機敬忠等皆以文吏著稱多至大官時稱仁愿有知人之鑒景龍二年拜左衛大將軍同中書門下三品累封韓國公春還朝秋復督軍備邊中宗賦詩祖餞賞賜不可勝紀尋加鎮軍大將軍睿宗即位以老致仕特全給祿俸又拜兵部尚書加光祿大夫依舊致仕開元二年卒贈太子少傅賻物二百段命五品官一人爲監護使子韓之開元初爲趙州刺史

薛訥絳州萬泉人也左武衛大將軍仁貴子也爲藍田令有富商倪氏於御史臺理其私債中丞來俊臣受其貨財斷出義倉米數千石以給之訥曰義倉本備水旱以爲儲蓄安敢絕衆人之命以資一家之產竟報上不與會俊臣得罪其事乃不行其後突厥入寇河北則天以訥將門使攝左武威衛將軍安東道經略臨行於同明殿召見與語訥因奏曰醜虜憑凌以廬陵爲辭今雖有制昇儲外議猶恐未定若此命不易則狂賊自然款伏則天深然其言尋拜幽州都督兼安東都護轉幷州大都督府長史兼檢校左衛大將軍久當邊鎮之任累有戰功玄宗即位於新豐講武訥爲左軍節度時元帥與禮官得罪諸部頗亦失序唯訥及解琬之軍不動玄宗令輕騎召訥等至軍門皆不得入禮畢上甚加慰勞時契丹及奚與突厥連和屢爲邊患訥建議請出師討之開元二年夏詔與左監門將軍杜賓客定州刺史崔宣道等率衆二萬出檀州道以討契丹等杜賓客以爲時屬炎暑將士負戈甲齎資糧深入寇

境恐難爲制勝中書令姚元崇亦以爲然訥獨曰夏月草茂羔犢生息之際不費糧儲亦可漸進一舉振國威靈不可失也時議咸以爲不便玄宗方欲威服四夷特令訥同紫微黃門三品摠兵擊奚契丹議者乃息六月師至灤河遇賊時既蒸暑諸將失計會盡爲契丹等所覆訥脫身走免歸罪於崔宣道及蕃將李思敬等八人詔盡令斬之特免杜賓客之罪下制曰幷州大都督府長史兼檢校左衛大將軍和戎大武等諸軍州節度大使同紫微黃門三品薛訥摠戎禦邊建議爲首暗於料敵輕於接戰張我王師衂之虜境覩其嚚昔頗常輸罄每欲資忠報主見義忘身特緩嚴刑俾期來效宜放其罪所有官爵等並從除削其年八月吐蕃大將坌達延乞力徐等率衆十萬寇臨洮軍又進寇蘭州及渭州之渭源縣掠羣牧而去詔訥白衣攝左羽林將軍爲隴右防禦使與太僕少卿王晙等率兵邀擊之十月訥領衆至渭源遇賊戰於武階驛與王晙掎角夾攻之大破賊衆追奔至洮水又戰于長城堡豐安

軍使王海賓先鋒力戰死之將士乘勢進擊又敗之殺獲萬人擒其將六指鄉彌洪盡收其所掠羊馬并獲其器械不可勝數時有詔將以十二月親征吐蕃及聞訥等剋捷玄宗大悅乃停親征追贈王海賓左金吾衛大將軍賻物三百段粟三百石名其稚子為忠嗣拜朝散大夫命紫微舍人倪若水往即便敘錄功狀拜訥為左羽林軍大將軍復封平陽郡公仍拜子暢朝散大夫俄又充涼州鎮軍大揔管尋以年老特聽致仕八年卒年七十餘贈太常卿謚曰昭定訥沉勇寡言臨大敵而益壯訥弟楚玉開元中為幽州大都督府長史以不稱職見代而卒

王晙滄州景城人徙家于洛陽祖有方岷州刺史晙弱冠明經擢第歷遷殿中侍御史加朝散大夫時朔方軍元帥魏元忠討賊失利歸罪於副將韓思忠奏請誅之晙以思忠既是偏裨制不由己又有勇智可惜不可獨殺非辜乃廷議爭之思忠竟得釋而晙亦由是出為渭南令景龍末累轉為桂州都督桂州舊有屯兵常運

衡永等州糧以饋之晙始改築羅郭奏罷屯兵及轉運又堰江水開屯田數千頃百姓賴之尋上疏請歸鄉拜墓州人詣闕請留晙乃下勑曰彼州往緣寇盜戶口凋殘委任失材乃令至此卿與事強濟遠邇寧靜築城務農利益已廣隱括綏緝復業者多宜須政成安此黎庶百姓又有表請不須來也晙在州又一年州人立碑以頌其政尋轉鴻臚少卿充朔方軍副大揔管兼安西大都護豐安定遠三城及側近軍並受晙節度後轉太僕少卿隴右羣牧使開元二年吐蕃精甲十萬寇臨洮軍晙率所部二千人卷甲倍程與臨洮兩軍合勢以拒之賊營於大來谷口吐蕃將坌達延又率兵繼至晙乃出奇兵七百人衣之蕃服夜襲之相去五里置鼓角令前者遇寇大呼後者鳴鼓以應之賊眾大懼疑有伏兵自相殺傷死者萬計俄而攝右羽林將軍薛訥率眾邀擊吐蕃至武街谷去大來谷二十里為賊所隔晙率兵迎訥之軍賊置兵於兩軍之間連亘數十里晙夜出壯士銜枚擊之賊又大潰乃與訥合軍擒其餘衆

追奔至洮水殺獲不可勝數盡收所掠牧馬而還以功加銀青光祿大夫封清源縣男兼原州都督仍拜其子珽為朝散大夫尋除并州大都督府長史明年突厥默啜為九姓所殺其下酋長多款塞投降置之河曲之內俄而小殺繼立降者漸叛晙上疏曰突厥時屬亂離所以款塞降附其與部落非有讎嫌情異北風理固明矣養成其釁雖悔可追今者河曲之中安置降虜此輩生梗寔難處置日月漸久姦詐逾深窺邊間隙必為患難今有降者部落不受軍州進止輒動兵馬屢有傷殺詢問勝州左側被損五百餘人私置烽鋪潛為抗拒公私行李頗實危懼北虜如或南牧降戶必與連衡臣問没蕃歸人云却逃者甚眾南北信使委曲通傳此輩降人翻成細作儻收合餘燼來逼軍州虜騎憑凌胡兵應接表裏有敵進退無援雖復韓彭之勇孫吳之策令其制勝其可必乎望至秋冬之際令朔方軍盛陳兵馬告其禍福啗以繒帛之利示以麋鹿之饒說其魚米之鄉陳其畜牧之地並分配淮南河南寬鄉安

置仍給程糧逓至配所雖復一時勞弊必得久長安穩二十年外漸染淳風持以充兵皆為勁卒若以北狄降者不可南中安置則高麗俘虜置之沙漠之曲西域編甿散在青徐之右唯利是視務安疆埸何獨降胡不可移徙近者在邊將士爰及安蕃使人多作諛辭不為實對或言北虜破滅或言降戶安靜志欲自言功効非有以徇邦家伏願察斯利口行茲遠慮邊荒清晏黎元幸甚臣料留住之議謀者云遵故事必言降戶之輩舊置河曲之中昔年既得康寧今日還應穩便但同時異事先典攸傳往者頡利破亡邊境寧謐降戶之輩無復他心所以多歷歲年此類皆無動靜今虜見未破滅降戶私使往來或畏北虜之威或懷北虜之惠又是北虜戚屬劉夫豈不識親踈將比昔年安可同日臣料其中頗有三策若盛陳兵馬散令分配內獲精兵之實外祛黠虜之謀暫是勞永安此上策也若多屯士卒廣為備擬亭障之地蕃漢相參費甚人勞此上策也若置之朔塞任之來往通傳信息結成禍胎此無策也

伏願察斯三者詳其善惡利害之狀長短可尋縱因遷移或致逃
叛但有移得之者即是今日良圖留待河冰恐即有變臣蒙天澤
叨居重鎮逑耳利行敢不盡言疏奏未報降虜果叛勑晙帥并州
兵西濟河以討之晙乃間行倍道以夜繼晝卷甲捨幕而趨之夜
於山中忽遇風雪甚盛晙恐失期仰天誓曰晙若事君不忠不討
有罪明靈所殛固自當之而士衆何辜令其艱苦若誠心忠烈天
監孔明當止雪迴風以濟戎事言訖風迴而雪止時叛者分爲兩
道其在東者晙追及之殺一千五百餘人生獲一千四百餘人駞馬牛
羊甚衆晙以功遷左散騎常侍持節朔方道行軍大摠管尋還御
史大夫時突厥跌跌部落及僕固都督勺磨等散在受降城左右
居止且謀引突厥共爲表裏陷軍城而叛晙因入奏密請誅之八
年秋晙誘跌跌等黨與八百餘人於中受降城由是乃授晙兵部
尚書復充朔方軍大摠管九年蘭池州胡苦於賦役誘降虜餘燼
攻夏州反叛詔隴右節度使羽林將軍郭知運與晙相知討之晙

○奏朔方軍兵自有餘力其郭知運請還本軍未報而知運兵至與
晙頗不相協晙所招撫降者知運縱兵擊之賊以爲晙所賣皆相
率叛走晙進封清源縣公仍兼御史大夫俄而賊衆復相結聚晙
坐左遷梓州刺史十年拜太子詹事累封中山郡公屬車駕北巡
以晙爲吏部尚書兼太原尹十一年夏代張説爲兵部尚書同中書
門下三品追録破胡之功加金紫光祿大夫仍充朔方軍節度大使
其年冬上親郊祀追晙赴京以會大禮晙以時屬冰壯恐虜騎乘
隙入寇表辭不赴手勑慰勉仍賜衣一副會許州刺史王喬家奴
告喬與晙潛謀搆逆勑侍中源乾曜中書令張説鞫其狀晙既無
反狀乃以違詔追不到左遷蘄州刺史十四年累遷戶部尚書復
爲朔方軍節度使二十年卒年七十餘贈尚書左丞相謚曰忠烈往
歲魏元忠爲張易之昌宗所搆左授高要尉晙密狀申明之宋璟
時爲鳳閣舍人謂晙曰魏公且全矣子胥威嚴而理坐恐子之狼
狽也晙曰魏公忠而獲罪晙爲義所激顛沛無恨璟歎曰璟不能

申魏公之枉深負朝廷矣晙氣貌雄壯時人謂之有熊虎之狀然
慕義激勵有古人之風御下整肅人吏畏而愛之晙卒後信安王
褘於幽州討奚告捷奏稱軍士咸見晙與蕃將高昭領兵馬先軍
討賊上聞而嗟異久之戶部郎中陽伯城上疏請晙等墳特乞增
脩封域量加表異降使饗祭優其子孫玄宗乃遣使就其家廟祭
仍加其子官秩

史臣曰婁師德應召而慷慨勇也薦仁傑而入用忠也不使仁傑
知之公也營田贍軍智也恭勤接下和也參知政事功名有卒是
人之難也又何愧於將相乎王孝傑唐休璟張仁愿薛訥王晙等
皆韜武幹亟立邊功然孝傑失於再擒休璟虧於餘行先敗後勝
薛訥何慙止雪迴風王晙難掩仁愿操履中否相兼

贊曰拯物之心不形於色將相之材人何以測臣有始終功無爽忒
多忌樂公自招慙德唐張訥晙善陣能師共服戎虜不憂邊陲

唐書列傳卷第四十三

右文林郎充兩浙東路提舉茶塩司幹辦公事蘇之勤校勘

唐書列傳卷第四十四

劉昫 等修

蘇味道 李嶠 崔融

盧藏用 徐彥伯

蘇味道趙州欒城人也少與鄉人李嶠俱以文辭知名時人謂之蘇李弱冠本州舉進士累轉咸陽尉吏部侍郎裴行儉先知其貴甚加禮遇及征突厥阿史那都之引為管記孝敬皇帝妃父裴居道再登左金吾將軍訪當時才子為謝表託於味道援筆而成辭理精密盛傳於代延載初歷遷鳳閣舍人檢校鳳閣侍郎同鳳閣鸞臺平章事尋加正授證聖元年坐事出為集州刺史俄召拜天官侍郎聖曆初遷鳳閣侍郎同鳳閣鸞臺三品味道善敷奏多識臺閣故事然而前後居相位數載竟不能有所發明但脂韋其間苟度取容而已嘗謂人曰處事不欲決斷明白若有錯誤必貽咎譴但摸稜以持兩端可矣時人由是號為蘇摸稜長安中請還鄉改

葬其父優制令州縣供其葬事味道因此侵毀鄉人墓田役使過度為憲司所劾左授坊州刺史未幾除益州大都督府長史神龍初以親附張易之昌宗貶授郿州刺史俄而復為益州大都督府長史未行而卒年五十八贈冀州刺史味道與其弟太子洗馬味玄甚相友愛味玄若請託不諧輒面加凌折味道對之怡然不以為忤論者稱焉有文集行於代

李嶠趙州贊皇人隋內史侍郎元操從曾孫也代為著姓父鎮惡襄城令嶠早孤事母以孝聞為兒童時夢有神人遺之雙筆自是漸有學業弱冠舉進士累轉監察御史時嶺南邕嚴二州首領反叛發兵討擊高宗令嶠往監軍事嶠乃宣朝旨特赦其罪親入獠洞以招諭之叛者盡降因罷兵而還高宗甚嘉之累遷給事中時酷吏來俊臣構陷狄仁傑李嗣真裴宣禮等三家奏請誅之則天使嶠與大理少卿張德裕侍御史劉憲覆其獄德裕等雖知其枉懼罪並從俊臣所奏嶠曰豈有知其枉濫而不為申明哉孔子曰見義不為無勇也乃與德裕等列其枉狀由是忤旨出為潤州司馬詔入轉鳳閣舍人則天深加接待朝廷每有大手筆皆特令嶠為之時初置右御史臺巡按天下嶠上疏陳其得失曰陛下創置右臺分巡天下察吏人善惡觀風俗得失斯政途之綱紀禮法之準繩無以加也然猶有未折衷者臣請試論之夫禁網尚疏法令宜簡簡則法易行而不煩雜疏則所羅廣而無苛碎竊見垂拱二年諸道巡察使所奏科目凡有四十四件至於別準格敕令察訪者又有三十餘條而巡察使率是三月已後出都十一月終奏事時限迫促簿書填委晝夜奔逐以赴限期而每道所察文武官多至二千餘人少者一千已下皆須品量才行褒貶得失欲令曲盡行能則皆不暇此非敢墮於職而慢於官也實才有限而力不及耳臣望量其功程與其節制使器周於用力濟於時然後進退可以責成得失可以精覈矣又曰今之所察但準漢之六條推而廣之則無不包矣無為多張科目空費簿書且朝廷萬機非無事之動富

在四方是故冠蓋相望郵驲繼踵今巡使既出其外州之事悉當委之則傳驛大減矣然則御史之職故不可得閑自非分州統理無由濟其繁務請大小相兼率十州置御史一人以周年為限使其親至屬縣或入閭里督察姦訛觀採風俗然後可以求其實效課其成功若此法果行必大裨政化且御史出持霜簡入奏天闕其於勵己自修奉職存憲比於他吏可相百也若其按劾姦邪糾擿欺隱比於他吏[illegible]相十也陛下試用臣言妙擇賢能委之心膂假溫言以樹之陳賞罰以勸之則莫不盡力而效死矣何政事之不理何禁令之不行何妖孽之敢興則天善之乃下制分天下為二十道簡擇堪為使者會有沮議者竟不行尋知天官侍郎事遷麟臺少監聖曆初與姚崇偕遷同鳳閣鸞臺平章事俄轉鸞臺侍郎依舊平章事兼修國史久視元年嶠舅天官侍郎張錫入知政事嶠轉成均祭酒罷知政事及修史舅甥相繼在相位時人榮之嶠尋檢校文昌左丞東都留守長安三年嶠復以本官平章事尋

知納言事明年遷內史嶠後固辭煩劇復拜成均祭酒平章事如
故長安末則天將建大像於白司馬坂嶠上疏諫之其略曰臣以法
王慈愍菩薩護持唯擬饒益衆生非要營修土木伏聞造像稅非
戶口錢出僧尼不得州縣祗承必是不能濟辦終須科率豈免勞
擾天下編戶貧弱者衆亦有庸力客作以濟糇糧亦有賣舍貼田
以供王役造像錢見有一十七萬餘貫若將散施廣濟貧窮人與
一千濟得一十七萬餘戶拯飢寒之弊省勞役之勤順諸佛慈悲之心霑
聖君亭育之意人神胥悅功德無窮疏奏不納中宗即位嶠以附
會張易之兄弟出爲豫州刺史未行又貶爲通州刺史數月徵拜
吏部侍郎封贊皇縣男無幾遷吏部尚書進封縣公神龍二年代
韋安石爲中書令初嶠在吏部時志欲曲行私惠冀得復居相位
奏置員外官數千人至是官僚倍多府庫減耗乃抗表引咎辭職
并陳利害十餘事中宗以嶠昌言時政之失輒請罷免手制慰諭
而不允尋令復居舊職三年又加修文館大學士監修國史封趙

國公景龍三年罷中書令以特進守兵部尚書同中書門下三品
睿宗即位出爲懷州刺史尋以年老致仕初中宗崩嶠密表請處
置相王諸子勿令在京及玄宗踐祚宮內獲其表以示侍臣或請
誅之中書令張說曰嶠雖不辯逆順然亦爲當時之謀吠非其主
不可追討其罪上從其言乃下制曰事君之節危而不變爲臣則
忠貳乃無捨特進趙國公李嶠往緣宗韋執逆朕恭行戡定揖讓
之際天命有歸嶠有窺覦不知逆順狀陳詭計朕親臨覽焉以其早
負辭學累居台輔忍而莫言特掩其惡今忠邪既辨具物惟新賞
罰儻乖下人安勸雖經赦令猶宜放斥矜其老疾俾遂餘生宜聽
隨子虔州刺史暢赴任尋起爲廬州別駕而卒有文集五十卷
崔融齊州全節人初應八科舉擢第累補宮門丞兼直崇文館學
士中宗在春宮制融爲侍讀兼侍屬文東朝表疏多成其手聖曆
中則天幸嵩嶽見融所撰啟母廟碑深加歎美及封禪畢乃命融
撰朝覲碑文自魏州司功參軍擢授著作佐郎尋轉右史聖曆二

年除著作郎仍兼右史內供奉四年遷鳳閣舍人久視元年坐忤
張昌宗意左授婺州長史頃之昌宗怒解又請召爲春官郎中知
制誥事長安二年再遷鳳閣舍人三年兼修國史時有司表稅關
市融深以爲不可上疏諫曰伏見有司稅關市事條不限工商但
是行人盡稅者臣謹按周禮九賦其七曰關市之賦竊惟市縱繁
巧關通末遊欲令此徒止抑所以咸增賦稅臣謹商度今古料量
家國竊將爲不可稅謹件事跡如左伏惟聖旨擇焉往古之時淳
樸未散公田籍而不稅關防譏而不征中代已來澆風驟進桑麻
疲弊稼穡辛勤於是各徇通財爭趨作巧求徑捷之欲速忘歲計
之無餘遂使田萊日荒倉廩不積蠶織休廢弊縕闕如飢寒猥臻
亂離斯起先王懲其若此所以變古隨時依本者恒科占末者增
稅夫關市之稅者謂市及國門關門者也唯斂出入之商賈不稅來
往之行人今若不論商人通取諸色事不師古法乃任情悠悠末
代於何瞻仰濟濟盛朝自取嗤笑雖欲憲章姬典乃是違背周官

臣知其不可者一也臣謹案易繫辭稱庖犧氏沒神農氏作日中爲
市致天下之人聚天下之貨交易而退各得其所班志亦云財者帝
王聚人守位養成羣生奉順天德理國安人之本也仕農工商四
人有業學以居位曰仕闢土殖穀曰農作巧成器曰工通財鬻貨
曰商聖王量能授事四人陳力受職然則四人各業久矣今復安得
動而搖之蕭何云人情一定不可復動班固又云曹參相齊齊國安
集大稱賢相參去屬其後相曰以齊獄市爲寄愼勿擾也後相曰
理無大於此者乎參曰不然夫獄市者所以并容也今若擾之姦
人安所容乎吾是以先之夫獄市兼受善惡若窮極姦人無所容
竄姦人無所容竄久且爲亂秦人極刑而天下叛孝武峻法而刑
獄繁此其效也老子曰我無爲而人自化我好靜而人自正參欲
以道化其本不欲擾其末臣知其不可者二也四海之廣九州之雜
關必據險路市必憑要津若乃富商大賈豪宗惡少輕死重義結
黨連羣喑嗚則彎弓睚眦則挺劍小有失意且猶如此一旦變法

定是相驚乘茲困窮或致搔動便恐南走越北走胡非唯流逆齊人亦自擾亂殊俗又如邊徼之地寇賊爲隣興胡之旅歲月相繼儻因科賦致有猜疑一從散亡何以制禁求利雖切爲害方深而有司上言不識大體徒欲益帑藏助軍國殊不知軍國益擾帑藏逾空臣知其不可者三也孟軻又云古之爲關也將以禦暴今之爲關也將以爲暴今行者皆稅本末同流且如天下諸津舟航所聚旁通巴漢前指閩越七澤十藪三江五湖控引河洛兼包淮海弘舸巨艦千軸萬艘交貨往還昧旦永日今若江津河口置鋪納稅納稅則檢覆檢覆則遲留此津纔過彼鋪復止非唯國家稅錢更遭主司儌賂舩有大小載有少多量物而稅觸途淹久統論一日之中未過十分之一因此擁滯必致吁嗟一朝失利則萬商廢業萬商廢業則人不聊生其間或有輕訬任俠之徒斬龍刺蛟之黨鄱陽暴謔之客富平悍壯之夫居則藏鏹出便竦劍加之以重稅因之以威脅一旦獸窮則搏鳥窮則攫執事者復何以安之哉臣知其

不可者四也五帝之初不可詳已三王之後厥有著云秦漢相承典章大備至如關市之稅史籍有文秦政以雄圖武力捨之而不用也漢武以霸略英才去之而勿取也何則關爲禦暴之所市爲聚人之地稅市則人散稅關則暴興暴興則起異圖人散則懷不軌夫人心莫不背善而樂禍易動而難安一市不安則天下之市心搖矣一關不安則天下之關心動矣況澆風久扇變法爲難徒欲禁末遊規小利豈知失玄默亂大倫魏晉眇小齊隋齷齪亦所不行斯道存也臣知其不可者五也今之所以稅關市者何也豈不以國用不足邊寇爲虞一行斯術冀有所贍然也微臣敢借前箸以籌之伏惟陛下當聖期御玄籙沉璧于洛刻石于嵩鑄寶鼎以窮姦坐明堂而布政神化廣洽至德潛通東夷暫驚應時平殄南蠻纔動計日歸降西域五十餘國廣輪一萬餘里城堡清夷亭候靜謐比爲患者唯苦二蕃今吐蕃請命邊事不起即目雖尚屯兵久後終成弛柝獨有默啜假息孤恩惡貫禍盈覆亡不暇征

役日已省矣繁費日已稀矣然猶下明制遵大樸愛人力惜人財王侯舊封妃主新禮所有支料咸令減削此陛下以躬率先堯舜之用心也且關中河北水旱數年諸處逃亡今始安輯儻加重稅或慮相驚況承平歲積薄賦日久俗荷深恩人知自樂卒有變法必多生怨生怨則驚擾驚擾則不安中既不安外何能禦文王曰帝王富其人霸王富其地理國若不足亂國若有餘古人有言帝王藏於天下諸侯藏於百姓農夫藏於庾商賈藏於篋惟陛下詳之必若師興有費國儲多窘即請倍算商客加斂平人如此則國保富強人免憂懼天下幸甚臣知其不可者六也陛下留神繫表屬想政源冒茲炎熾早朝晏坐一日二日機務不遺先天後天虛心空應時政得失小子何知率陳瞽辭伏紙惶懼跡奏則天納之乃寢其事四年除司禮少卿仍知制誥時張易之兄弟頗招集文學之士融與納言李嶠鳳閣侍郎蘇味道麟臺少監王紹宗等俱以文才降節事之及易之伏誅融左授袁州刺史尋召拜國子司

業兼修國史神龍二年以預修則天實錄成封清河縣子賜物五百段璽書褒美融爲文典麗當時罕有其比朝廷所須洛出寶圖頌則天哀冊文及諸大手筆並手勑付融撰哀冊文用思精苦遂發病卒時年五十四以侍讀之恩追贈衛州刺史謚曰文有集六十卷二子禹錫翹開元中相次爲中書舍人

盧藏用字子潛度支尚書承慶之姪孫也父璥有名於時官至魏州司馬藏用少以辭學著稱初舉進士選不調乃著芳草賦以見意尋隱居終南山學辟穀練氣之術長安中徵拜左拾遺時則天將營興泰宮於萬安山藏用上疏諫曰臣愚雖不達時變竊嘗讀書見自古帝王之迹衆矣臣聞土階三尺茅茨不翦采椽不斲者唐堯之德也卑宮室菲飲食盡力於溝洫者大禹之行也惜中人十家之產而罷露臺之制者漢文之明也並能垂名無窮爲帝皇之烈豈不以克念徇物博施濟衆以臻於仁恕哉今陛下崇臺邃宇離宮別館亦已多矣更窮人之力以事土木臣恐議者以陛下

爲不愛人務奉己也且頃歲已來雖年穀頻登而百姓未有儲蓄陛下西幸東巡人未休息土木之役歲月不空陛下不因此時施德布化復廣造宮苑臣恐人未易堪今左右近臣多以順意爲忠朝廷具僚皆以犯忤爲患至令陛下不知百姓失業亦不知左右傷陛下之仁也臣聞忠臣不避死亡之患以納君於仁也明主不惡切直之言以垂名千載陛下誠能發明恕之制以勞人爲辭則天下必以陛下爲惜人力而苦己也小臣固陋不識忌諱敢冒死上聞乞下臣此章與執事者議其可否則天下幸甚神龍中累轉起居舍人兼知制誥俄遷中書舍人藏用常以俗多拘忌有乖至理乃著析滯論以暢其事辭曰客曰天道玄微神理幽化聖人所以法象衆庶由其運行故大撓造甲子容成著律曆黃公裁變女娭謨八門御時六神直事從之者則兵強國富違之者則將弱朝危有同影響若合符契先生亦嘗聞之乎主人曰何爲其然也子所謂曲學所習曠昧所守徒識偏方之詭說未究亨衢之通論蓋易曰

先天不違傳稱人神之主範圍不過三才所以虛中進退非邪百王所以無外故曰國之將興聽於人將亡聽於神又曰禍福無門唯人所召人無釁焉妖不自作由是言之得喪興亡並關人事吉凶悔悋無涉天時且皇天無親唯德是輔爲不善者天降之殃高宗修德桑穀以變宋君引過法星退舍此天道所以從人者也古之爲政者刑獄不濫則人壽賦斂省則人富法令有常則國靜賞罰得中則兵強所以禮者士之所歸賞者士之所死禮賞不倦則士爭先苟違此途雖卜時行刑擇日出令必無成功矣自叔世澆訛俗多徼倖競稱怪力爭誦詭言屈政教而就孤虛棄信賞而從推步附會前史變易舊經依託空文以爲徵據覆軍敗將者則隱秘無聞偶同幸中者則共相文飾豈唯德之增惑亦乃學人自是嗚呼習俗訛謬一至此焉昔者甲子興師非成功之日往亡用事異制勝之辰人事苟脩何往不濟至若環城自守接陣重圍無關地形不乖天道若兵強將智粟積城堅雖復屢轉魁剛頻移

太歲坐推白虎行計貪很自符雞鬬之祥多貽蟻附之困故曰任賢使能則不時日而事利明法審令則不卜筮而事吉養勞賞功則不禱祠而得福此所謂天時不如地利地利不如人和太公祀雨違天時也韓信背水乖地利也並存人事俱成大業蒯樹而斬龐涓舉火而屠張郃未必暗同歲德冥會日遊俱運三門並占四殺杜郵齒劍抑唯計沮坂下悲歌實階刑印若以並資厭勝不事良圖則長平盡坑固須悟濟襄城無噍亦可常保是知拘而多忌終喪大功百姓與能必遺小數金雞玉鶴方爲楚國之殃蒿畢枕中適構淮南之禍刻符捐盜反更亡身被髮嗷神翻招夷族嗟乎威斗不禳赤伏之運築城斷罔何救素靈之哭火災不驗禪竈無力以窺天超乘階凶王孫取監於觀德九變九變是曰長途人謀鬼謀良歸有道此並經史陳迹賢聖通規仁遠乎哉詎宜滯執客乃蹙然避席曰鄙人困蒙不階至道請事斯語歸于正途而今而後焚蓍龜毀律曆廢六合斥五行浩然清慮則將奚若荅曰此所謂

過猶不及也夫甲子所以配日月律曆所以通歲時金木所以備法象蓍龜所以筮吉凶聖人以此神明德行輔助謀猷存之則協贊成功執之則凝滯於物消息之義其在茲乎客於是循牆匍匐惝然無氣口呿心醉不知所以荅矣景龍中爲吏部侍郎藏用性無挺特多爲權要所逼頗隳公道又遷黃門侍郎兼昭文館學士轉工部侍郎尚書右丞先天中坐託附太平公主配流嶺表開元初起爲黔州都督府長史兼判都督事未行而卒年五十餘有集二十卷藏用工篆隸好琹碁當時稱爲多能之士少與陳子昂趙貞固友善二人並早卒藏用厚撫其子爲時所稱然初隱居之時有貞儉之操往來于少室終南二山時人稱爲隨駕隱士及登朝趑趄詭佞專事權貴奢靡淫縱以此獲譏于世

徐彥伯兗州瑕丘人也少以文章擅名河北道安撫大使薛元超表薦之對策擢第累轉蒲州司兵參軍時司戶韋暠善判事司士李亘工於翰札而彥伯以文辭雅美時人謂之河中三絕彥

伯聖曆中累除給事中時王公卿士多以言語不愼密爲酷吏周
興來俊臣等所陷彦伯乃著樞機論以誡于代其辭曰書曰惟口
起羞惟甲冑起戎又云齊乃位度迺口易曰愼言語節飲食又云
出其言善千里應之出其言不善千里違之禮亦云可言也不可行
也君子不言也可行也不可言也君子不行也嗚呼先聖知言之
爲大也知言之爲急也精微以勸之典謨以告之禮經以防之守
名教者何可不脩其詁訓而服其糟粕乎故曰言語者君子之樞機
動則物應物應則得失之見也得之者江海比踰失之者肝膽楚越
然後知否泰榮辱繫於言乎夫言者德之柄也行之主也志之端
也身之文也既可以濟身亦可以覆身故中庸鏤其心左階銘其
背南容復於白圭箕子疇於洪範良有以也是以揖撫瑕玷參詳
躁競審無㗊以階亂將不密以致危利生於口森然覆邦之說道
不由衷變彼如簧之刺可不懼之哉其有識暗邪正慮微形朕破
金湯之險封禍亂之根用詁謨爲全計以號謚爲令德至若梧宮

○問答荆齊所以奔命韓魏加肘智伯所以危殘蔡侯繩息嬀也巫
招甲兵之罰鄭晏圖宗卿也而受鼎鑊之誅史遷輕議終下蠶室
張紘詭說更齒龍淵凡此過言其流匪一或穢猶糞土或動成刀劍
或苟且其心或膏肓其吻挾邪作蠱守之而不懈往輒破的去之
而彌遠亦何異韓皐聚音庬也羣吠得死爲幸何循名之立乎辟
復伯玉沮顏追謝於元凱蔣濟貽恨失譽於王陵犀首没齒於季
章曹满齰舌於劉主當何及哉孔子曰予欲無言又云終身爲善一
言敗之惜也老子亦云多言數窮又云聰明深察而近於死者議
人者也何聖人之深思偉慮杜漸防萌之至乎夫不可言而言者
曰狂可言而不言者曰隱鉗舌拱默曷通彼此之懷括囊而觀孰
啓其明之訓則上言者下聽也下言者上用也睿喆之言猶天地也
人覆燾而生焉大雅之言猶鐘鼓也人考擊而樂焉作以龜鏡姬
公之言也出爲金石曾子之言也存其家邦國僑之言也立而不
朽臧孫之言也是謂德音詣我宗極滿于天下貽厥後昆彤宗甘

之於酒醴孫卿諭之以琴瑟關里重於四時郢都輕其千乘豈不
韙哉豈不休哉但楙楶世歟克念丕訓審思而應精慮而動謀其
心以後發擇其交以後談不感趨於非黨不屏營於詭遇非先王
之至德不敢行非先王之法言不敢道翦其謀謀之緒撲其炎炎
之勢自然介爾景福錫茲純嘏則悔吝何由而生怨惡何由而至
哉孔子曰終日行不遺己患終日言不遺己憂如此迺可以言也
戒之哉戒之哉神龍元年遷太常少卿兼修國史以預修則天實
錄成封高平縣子賜物五百段未幾出爲衛州刺史以善政聞璽
書勞勉俄轉蒲州刺史入爲工部侍郎尋除衞尉卿兼昭文館學
士景龍三年中宗親拜南郊彦伯作南郊賦以獻辭甚典美景雲
初加銀青光祿大夫遷右散騎常侍太子賓客仍兼昭文館學士
先天元年以疾乞骸骨許之開元二年卒彦伯事寡嫂甚謹撫諸
姪同於己子自晚年屬文好爲强澀之體頗爲後進所效焉有文
集二十卷行於時

○史臣曰才出於智行出於性故文章巧拙由智之深淺也行義詭
實由性之善惡也然則智性稟之於氣不可使之彊也蘇味道李
嶠等俱爲輔相各處穹崇觀其章跡之能非無輿贍驗以弼諧之
道罔有貞純故狄仁傑有言曰蘇李足爲文吏矣得非齷齪者乎
摸稜之病尤足可譏崔融盧藏用徐彦伯等文學之功不讓蘇李
止有守常之道而無應變之機規諫之深崔比盧徐稍爲優矣
贊曰房杜姚宋俱立大功咸以二族譚爲美風蘇李文學一代之
雄有慙輔弼稱之豈同凡人有言未必有德崔與盧徐皆攻翰墨
文雖堪尚義無可則備位守常斯言罔忒

唐書列傳卷第四十四

右文林郎充兩浙東路提舉茶鹽司幹辦公事蘇之勤校勘

劉昫

讓皇帝憲　惠莊太子撝　惠文太子範
惠宣太子業　隋王隆悌

睿宗六子昭成順聖皇后竇氏生玄宗肅明順聖皇后劉氏生讓
皇帝宮人柳氏生惠莊太子崔孺人生惠文太子王德妃生惠宣
太子後宮生隋王隆悌
讓皇帝憲本名成器睿宗長子也初封永平郡王文明元年立爲
皇太子時年六歲及睿宗降爲皇嗣則天冊授成器爲皇孫與諸
弟同日出閤開府置官屬長壽二年改封壽春郡王仍却入閤長
安中累轉左贊善大夫加銀青光祿大夫中宗即位改封蔡王遷
宗正員外卿加賜實封四百戶通舊爲七百戶成器固辭不敢當
大國依舊爲壽春郡王唐隆元年進封宋王其月睿宗踐祚拜左
衛大將軍時將建儲貳以成器嫡長而玄宗有討平韋氏之功意

久不定成器辭曰儲副者天下之公器時平則先嫡長國難則歸
有功若失其宜海內失望非社稷之福臣今敢以死請累日涕泣
固讓言甚切至時諸王公卿亦言平王有社稷大功合居儲位睿
宗嘉成器之意乃許之玄宗又以成器嫡長再抗表固讓睿宗不
許乃下制曰左衛大將軍宋王成器朕之元子當踐副君以隆基
有社稷大功人神僉屬由是朕前懇讓言在必行天下至公誠不
可奪爰符立季之典庶協從人之願成器可雍州牧揚州大都督
太子太師別加實封二千戶賜物五千段細馬二十匹奴婢十房甲
第一區良田三十頃其年十一月拜尚書左僕射尋遷司徒其太師
都督並如故明年表讓司徒拜太子賓客兼揚州大都督如故時
太平公主陰有異圖姚元之宋璟等請出成器及申王成義爲刺
史以絕謀者之心由是成器以司徒兼蒲州刺史玄宗嘗製一大
被長枕將與成器等共申友悌之好睿宗知而大悅累加賞歎先
天元年八月進封司空及玄宗討平蕭至忠岑義等成器又進位

太尉依舊兼揚州大都督加實封一千戶月餘加授開府儀同三
司其太尉揚州大都督並停開元初歷岐州刺史開府如故四年
避昭成皇后尊號改名憲封爲寧王實封累至五千五百戶又歷澤
涇等州刺史初玄宗兄弟聖曆初出閤列第於東都積善坊五人
分院同居號五王宅大足元年從幸西京賜宅於興慶坊亦號五王
宅及先天之後興慶是龍潛舊邸因以爲宮憲於勝業東南角
賜宅申王撝岐王範於安興坊東南賜宅薛王業於勝業西北角
賜宅邸第相望環於宮側玄宗於興慶宮西南置樓西面題曰花
萼相輝之樓南面題曰勤政務本之樓玄宗時登樓聞諸王音樂
之聲咸召登樓同榻宴謔或便幸其第賜金分帛厚其歡賞諸王
每日於側門朝見歸宅之後即奏樂縱飲擊毬鬬雞或近郊從禽
或別墅追賞不絕於歲月矣遊踐之所中使相望以爲天子友悌
近古無比故人無間然玄宗既篤於昆季雖有讒言交搆其間而
友愛如初憲尤恭謹畏慎未曾干議時政及與人交結玄宗尤加

信重之嘗與憲及岐王範等書曰昔魏文帝詩云西山一何高高處
殊無極上有兩僊童不飲亦不食賜我一九藥光耀有五色服藥
四五日身輕生羽翼朕每思服藥而求羽翼何如骨肉兄弟天生
之羽翼乎陳思有超代之才堪佐經綸之務絕其朝謁卒令憂死
魏祚未終遭司馬宣王之奪豈神九之效也虞舜至聖捨象傲之
愆以親九族九族既睦平章百姓此爲帝王之軌則于今數千歲
天下歸善焉朕未嘗不廢寢忘食欽歎者也頃因餘暇妙選僊經
得此神方古老云服之必驗今分此藥願與兄弟等同保長齡永
無限極憲開元九年兼太常卿十四年停太常卿依舊爲開府儀
同三司二十一年復拜太尉二十八年冬憲寢疾上令中使送醫藥
及珍膳相望於路僧崇一療憲稍瘳上大悅特賜緋袍魚袋以賞
異崇一時申王等皆先薨唯憲獨在上尤加恩貸每年至憲生日
必幸其宅移時宴樂居常無日不賜酒酪及異饌等尚食摠監及
四方有所進獻食之稍甘即皆分以賜之憲嘗奏請年終錄付史

館每年至數百紙二十九年冬京城寒甚凝霜封樹時學者以爲
春秋雨木冰即此是亦名樹介言其象介冑也憲見而歎曰此俗
謂樹稼者也諺曰樹稼達官怕必有大臣當之吾其死矣十月薨
時年六十三上聞之號叫失聲左右皆掩涕翌日下制曰能以位
讓爲吳太伯存則用成其節歿則當表其賢非常之稱旌德斯在
故太尉寧王憲誕含粹靈允膺大雅孝悌之至本乎中誠仁和之
深非因外獎率由禮度雅尚文儒蘇以自牧樂以爲善比兩獻而
有光與二南而合德自出臨方鎮入配台階論道勵忠勤益聞周慎
實謂永爲藩屏以輔邦家曾不憖遺奄焉殂沒友于之痛震慟良
深惟王朕之元昆合昇上嗣以朕奉先朝之睿略定宗社之阽危推
而不居請予主鬯又承慈旨焉敢固違不然者則宸極之尊豈歸
於薄德茂行若此易名是憑自非大號孰副休烈按諡法推功尚
善曰讓德性寬柔曰讓宜追諡曰讓皇帝宜令所司擇日備禮冊
命憲長子汝南郡王璡又上表懇辭盛陳先意謙退不敢當帝號

○手制不許及將斂之日內出御衣一副仍令右監門大將軍高力士
賷手書寘于靈座之前其書曰隆基白一代兄弟一朝存歿家人
之禮是用申情興言感思悲涕交集大哥孝友近古莫儔嘗號
五王同開邸第遠自童幼洎乎長成出則同遊學則同業事均形
影無不相隨頃以國步艱危義資克定先帝御極日月照臨大哥
嫡長合當儲貳以功見讓爰在薄躬既嗣守紫宸萬機事擁朝
之暇得展于懷十數年間棣華猶茂謂之手足唯有大哥今復淪
亡眇然無對以茲感慕何恨如之然以厥初生人孰不殂謝所貴光
昭德行以示崇高立德立名斯爲不朽大哥事跡身歿讓存故冊
曰讓皇帝神之昭格當茲寵榮況庭訓傳家璡等申讓善述先志
實有遺風成其美也恭惟緒言悅焉如在寄之翰墨悲不自勝又
制追贈憲妃元氏爲恭皇后祔葬于橋陵之側及將葬上遣中使
勑璡等務令儉約送終之物皆令衆見所司請依諸陵舊例壙內
置千味食監護使左僕射裴耀卿奏曰尚食所料水陸等味一千

餘種每色瓶盛安於藏內皆是非時瓜菓及馬牛驢犢麞鹿等
肉并諸藥酒三十餘色儀注禮料皆無所憑臣據禮司所料眞祭
相次事無不備典制分明天恩每申讓帝之志務令儉約禮外加
數竊恐不安又非時之物馬犢驢等并野味魚鴈鵝鴨之屬所用
銖兩動皆宰殺盛夏胎養聖情所禁又須造作什物動逾千計
求欲市井實謂煩勞千味不供禮無所闕伏望依禮減省以取折
衷制從之及發引時屬大雨上令慶王潭已下泥中步送十數里
制號其墓爲惠陵憲凡十子璡嗣莊琳璹珣瑀玢琯璀等
十人歷官封襲璡封汝陽郡王歷太僕卿與賀知章褚庭誨爲詩
酒之交天寶初終父喪加特進九載卒贈太子太師莊嗣封濟陰
郡王早卒琳封嗣寧王歷秘書員外監從玄宗幸蜀郡至德二載
卒璹封嗣申王珣封同安郡王珣脩身淳謹不自矜貴閨門之內
常默如也開元二十五年薨玄宗甚悼之輟朝三日制曰猶子之
恩特深於情禮睦親之義必備於哀榮同安郡王珣稟氣淳和執

○心忠順邦國垣翰宗枝羽儀磐石跡封將期永固逝川不捨俄歎
促齡悼往之懷因心所切宜增寵命用飾幽泉可贈太子少保葬
事官給陪葬橋陵瑀封漢中王歷都水使者恒王府司馬衞尉員
外卿瑀早有才望偉儀表初爲隴西郡公天寶十五載從玄宗幸
蜀至漢中因封漢中王仍加銀青光祿大夫漢中郡太守乾元二
年以特進試太常卿送寧國公主至迴紇充冊立使貶蒼梧郡開
國公歷銀青光祿大夫秘書監員外置同正員卒贈江陵大都督
玢封晉昌郡開國公琯魏郡開國公璀文安郡開國公天寶十一
載玢琯璀並食邑三千戶

惠莊太子撝睿宗第二子也本名成美母柳氏掖庭宮人撝之初
生則天嘗以示僧萬迴萬迴曰此兒是西域大樹之精養之宜兄
弟則天甚悅始令列於兄弟之次垂拱三年封恒王尋却入閤改
封衡陽郡王累授尚衣奉御神龍元年加賜實封二百戶通前五
百戶遷司農少卿加銀青光祿大夫睿宗踐祚進封申王遷右衞

大將軍景雲元年七月遷殿中監兼檢校右衛大將軍二年轉光
祿卿右金吾衛大將軍先天元年七月加實封一千戶八月行司徒
兼益州大都督開元二年帶司徒兼幽州刺史俄避昭成太后之
諱改名撝歷鄧號絳三州刺史八年因入朝停刺史依舊爲司徒
性弘裕儀形瓌偉善於飲啖十二年病薨冊贈惠莊太子陪葬
橋陵無子初養讓帝子琎封同安郡王先卒天寶三載又以讓
帝子琳爲嗣申王授鴻臚員外卿
惠文太子範睿宗第四子也本名隆範後避玄宗連名改單稱範
初封鄭王尋改封衛王長壽二年隨例却入閤徙封巴陵郡王累
授尚食奉御神龍元年遷太府員外少卿加賜實封二百戶通前
五百戶景龍年兼隴州別駕加銀青光祿大夫睿宗踐祚進封岐
王又加實封五百戶拜太常卿兼左羽林大將軍先天二年從上
討竇懷貞蕭至忠等以功加賜實封滿五千戶下制褒美開元
初拜太子少師帶本官歷絳鄭岐三州刺史八年遷太子太傅範

好學工書雅愛文章之士士無貴賤皆盡禮接待與閻朝隱劉庭
琦張諤鄭繇篇題唱和又多聚書畫古跡爲時所稱時上禁約王
公不令與外人交結駙馬都尉裴虛己坐與範遊讌兼私挾讖緯
之書配徙嶺外萬年尉劉庭琦太祝張諤皆坐與範飲酒賦詩黜
庭琦爲雅州司戶諤爲山茌丞然上未嘗間範恩情如初謂左右
曰我兄弟友愛天至必無異意祗是趨競之輩強相託附耳我終
不以纖芥之故責及兄弟也時王毛仲等本起微賤皆崇貴傾於
朝廷諸王每相見假立引待獨範見之色莊十四年病薨上哭之
甚慟輟朝三日爲之追福手寫老子經徹膳累旬百寮上表勸喻
然後復常開元十四年命工部尚書攝太尉盧從愿冊贈王爲惠
文太子陪葬橋陵一子瑾封河東郡王官至太僕卿冒于酒色音
樂卒贈太子少師天寶三載又以惠宣太子男略陽公珍爲嗣岐
王銀青光祿大夫宗正員外卿上元二年珍與朱融善珍儀表偉
如頗類玄宗融乃誘崔昌趙非熊等并中官六軍人同謀逆融謂

金吾將軍邢濟曰今城中草草關外近更漸凌若何濟曰我金吾
天子押衙死生隨之安能自脫融曰有一人足下見之自當知縱不
出城亦無慮乃引以見珍濟奏之乃令御史中丞敬羽訊之珍賜
死其同謀右武衛將軍竇如玢試都水使者崔昌右羽林軍大將
軍劉從諫蔚州長鎮將朱融右衛將軍胡冽直司天臺通玄院高
抱素右司禦率府率魏兆內侍省內謁者監王道成等九人特宜
斬決試太子洗馬兼知司天臺冬官正事趙非熊陳王府長史陳
閎楚州司馬張昂右武衛兵曹焦自榮前鳳翔府郿縣主簿李岳
國子監廣文進士張奐等六人特宜決殺駙馬都尉薛履謙預逆
謀宜賜自盡乃以濟兼桂州都督侍御史充桂管防禦都使左散
騎常侍張鎬坐與交通貶辰州司戶鄭繇者鄭州滎陽人北齊吏
部尚書述五代孫也工五言詩開元初範爲岐州刺史繇爲長史範
失白鷹繇爲失白鷹詩當時以爲絕唱後爲湖州刺史子審亦善
詩詠乾元中任秦州刺史

惠宣太子業睿宗第五子也本名隆業後單名業垂拱三年封趙
王開府置官屬長壽二年隨例却入閤改封中山郡王累授都水
使者尋又改封彭城郡王神龍元年加賜實封二百戶通前五百
戶景龍二年兼陳州別駕銀青光祿大夫太僕少卿別駕如故睿
宗即位進封薛王加封滿一千戶拜秘書監兼右羽林大將軍俄
轉宗正卿睿宗以業好學而授秘書監及玄宗誅蕭至忠岑羲等
業以翊從之功加實封通舊爲五千戶開元初歷太子少保同涇
豳衛虢等州刺史八年遷太子太保初業母早終從母賢妃親鞠
養之至是迎賢妃出就外宅事之甚謹業同母妹淮陽涼國二公
主亦早卒業撫愛其子逾於己子上以業孝友特加親愛業嘗疾
病上親爲祈禱及愈車駕幸其第置酒讌樂更爲初生之歡玄
宗賦詩曰昔見漳濱臥言將人事違今逢誕慶日猶謂學仙歸棠
棣花重滿鴒原鳥再飛其恩意如此十三年上嘗不豫業妃弟內
直郎韋賓與殿中監皇甫恂私議休咎事發玄宗令杖殺韋賓左

遷皇甫恂為錦州刺史妃惶懼降服待罪業亦不敢入謁上遽令召之業至階下逡巡請罪上降階執其手曰吾若有心猜阻兄弟者天地神明所共咎罰乃歡讌久之仍慰諭妃令復其位二十一年業進拜司徒二十年正月薨冊贈惠宣太子陪葬橋陵有子十一人瑗樂安郡王瑒宗正卿滎陽郡王琄封嗣薛王珍嗣岐王瑨為金紫光祿大夫鴻臚卿同正員天寶五載坐甥刑部尚書韋堅為右相李林甫所構貶夷陵郡別駕長任毋隨琄竟以憂死七載琄於夜郎安置後移南浦郡十四載安祿山反赴于西京

隋王隆悌睿宗第六子也初封汝南郡王長安初拜尚乘直長早薨睿宗踐祚追封隋王贈荊州大都督無子

史臣曰夫得天下而貽者其道舒而有變讓天下而遂者其道卷而常存何者飛龍在天舒也亢龍有悔變也讓皇帝守亢咎於或躍利然吉於勞謙其用有光其間莫朽惠莊惠文惠宣隋王等或守常而獲免終保皇枝或過望而包羞貴壓青史略陽公信覬偉之狀起圖讖之心福善禍淫宜哉不令

贊曰讓而受益謙以成賢唐屬之美寗憲得其先長不居震剛不乘乾讓之大者胡可比焉撫歡巳降同氣連枝性習何遠非革即聯有善有懸禍福不揆

唐書列傳卷第四十五

右文林郎充兩浙東路提舉茶鹽司幹辦公事蘇之勤校勘

姚崇　宋璟

姚崇本名元崇陝州硤石人也父善意貞觀中任巂州都督元崇爲孝敬挽郎應下筆成章舉授濮州司倉五遷夏官郎中時契丹寇陷河北數州兵機填委元崇剖析若流皆有條貫則天甚奇之超遷夏官侍郎又尋同鳳閣鸞臺平章事聖曆初則天謂侍臣曰往者周興來俊臣等推勘詔獄朝臣遞相牽引咸承反逆國家有法朕豈能違中間疑有枉濫更使近臣就獄親問皆得手狀承引不虛朕不以爲疑即可其奏近日周興來俊臣死後更無聞有反逆者然則以前就戮者不有寃濫耶元崇對曰自垂拱已後被告身死破家者皆是枉酷自誣而死告者特以爲功天下號爲羅織甚於漢之黨錮陛下令近臣就獄問者近臣亦不自保何敢輒有動搖被問者若翻又懼遭其毒手將軍張虔朂李安靜等皆

是也賴上天降靈聖情發寤誅鋤凶豎朝廷乂安今日已後臣以微軀及一門百口保見在內外官更無反逆者乞陛下得告狀但收掌不須推問若後有徵驗反逆有實臣請受知而不告之罪則天大悅曰以前宰相皆順成其事陷朕爲淫刑之主聞卿所說甚合朕心其日遣中使送銀千兩以賜元崇時突厥叱利元崇構逆則天不欲元崇與之同名乃改爲元之俄遷鳳閣侍郎依舊知政事長安四年元之以母老表請解職侍養言甚哀切則天難違其意拜相王府長史罷知政事俾獲其養其月又令元之兼知夏官尚書事同鳳閣鸞臺三品元之上言臣事相王知兵馬不便臣非惜死恐不益相王則天深然其言改爲春官尚書是時張易之請移京城大德僧十人配定州私置寺僧等苦訴元之斷停易之屢以爲言元之終不納由是爲易之所譖改爲司僕卿知政事如故使充靈武道大總管神龍元年張柬之桓彥範等謀誅易之兄弟適會元之自軍還都遂預謀以功封梁縣侯賜實封二百戶則天移居上陽

宮中宗率百官就閤起居王公已下皆欣躍稱慶元之獨嗚咽流涕彥範柬之謂元之曰今日豈是啼泣時恐公禍從此始元之曰事則天歲久乍此辭違情發於衷非忍所得昨預公誅兇逆者是臣子之常道豈敢言功今辭違舊主悲泣者亦臣子之終節緣此獲罪實所甘心無幾出爲亳州刺史轉常州刺史睿宗即位召拜兵部尚書同中書門下三品尋遷中書令時玄宗在東宮太平公主干預朝政宋王成器爲閑廄使岐王範薛王業皆掌禁兵外議以爲不便元之同侍中宋璟密奏請令公主往就東都出成器等諸王爲刺史以息人心睿宗以告公主公主大怒玄宗乃上疏以元之璟等離間兄弟請加罪乃貶元之爲申州刺史再轉揚州長史淮南按察使爲政簡肅人吏立碑紀德俄除同州刺史先天二年玄宗講武在新豐驛召元之代郭元振爲兵部尚書同中書門下三品復遷紫微令避開元尊號又改名崇進封梁國公固辭實封乃停其舊封特賜新封一百戶先是中宗時公主外戚皆奏請度人爲僧

尼亦有出私財造寺者富戶強丁皆經營避役遠近充滿至是崇奏曰佛不在外求之於心佛圖澄最賢無益於全趙羅什多藝不救於亡秦何充苻融皆遭敗滅齊襄梁武未免災殃但發心慈悲行事利益使蒼生安樂即是佛身何用妄度姦人令壞正法上納其言令有司隱括僧徒以偽濫還俗者萬二千餘人開元四年山東蝗蟲大起崇奏曰毛詩云秉彼蟊賊以付炎火又漢光武詔曰勉順時政勸督農桑去彼螟蜮以及蟊賊此並除蝗之義也蟲既解畏人易爲驅逐又苗稼皆有地主救護必不辭勞蝗既解飛夜必赴火夜中設火火邊掘坑且焚且瘞除之可盡承山東百姓皆燒香禮拜設祭祈恩眼看食苗手不敢近自古有討除不得者秖是人不用命但使齊心勠力必是可除乃遣御史分道殺蝗汴州刺史倪若水執奏曰蝗是天災自宜修德劉聰時除既不得爲害更深仍拒御史不肯應命崇大怒牒報若水曰劉聰僞主德不勝妖今日聖朝妖不勝德古之良守蝗蟲避境若其修德可免彼

豈無德致然今坐看食苗何忍不救因以飢饉將何自安幸勿遲
迴自招悔悋若水乃行焚瘞之法獲蝗一十四萬石投汴渠流下
者不可勝紀時朝廷諠議皆以驅蝗爲不便上聞之復以問崇崇
曰庸儒執文不識通變凡事有違經而合道者亦有反道而適權
者昔魏時山東有蝗傷稼緣小忍不除致使苗稼揔盡人至相食
後秦時有蝗禾稼及草木俱盡牛馬至相噉毛今山東蝗蟲所在
流滿仍極繁息實所稀聞河北河南無多貯積儻不收穫豈免流
離事繫安危不可膠柱縱使除之不盡猶勝養以成災陛下好生
惡殺此事請不煩出勑乞容臣出牒處分若除不得臣在身官爵
並請削除上許之黃門監盧懷愼謂崇曰蝗是天災豈可制以人
事外議咸以爲非又殺蟲太多有傷和氣今猶可復請公思之崇
曰楚王吞蛭厥疾用瘳叔敖殺蛇其福乃降趙宣至賢也恨用其
犬孔丘將聖也不愛其羊皆志在安人思不失禮今蝗蟲極盛驅
除可得若其縱食所在皆空山東百姓豈擬餓殺此事崇已面經

奏定訖請公勿復爲言若救人殺蟲因緣致禍崇請獨受義不仰
關懷愼旣庶事曲從竟亦不敢逆崇之意蝗因此亦漸止息是時
上初卽位務修德政軍國庶務多訪於崇同時宰相盧懷愼源乾
曜等但唯諾而已崇獨當重任明於吏道斷割不滯然縱其子光
祿少卿彝宗正少卿异廣引賓客受納饋遺由是爲時所譏時有
中書主書趙誨爲崇所親信受蕃人珍遺事發上親加鞫問下獄
處死崇結奏其罪復營救之上由是不悅其冬曲赦京城勑文特
標誨名令決杖一百配流嶺南崇自是憂懼頻面陳避相位薦宋
璟自代俄授開府儀同三司罷知政事居月餘玄宗將幸東都而
太廟屋壞上召宋璟蘇頲問其故璟等奏言陛下三年之制未畢
誠不可行幸凡災變之發皆所以明教誡陛下宜增崇大道以荅
天意且停幸東都上又召崇問曰朕臨發京邑太廟無故崩壞恐
神靈誡以東行不便耶崇對曰太廟殿本是符堅時所造隋文帝
創立新都移宇文朝故殿造此廟國家又因隋氏舊制歲月滋深

朽蠹而毀山有朽壞尚不免崩旣久來枯木合將摧折偶與行期
相會不是緣行乃崩且四海爲家兩京相接陛下以關中不甚豐
熟轉運又有勞費所以爲人行幸豈是無事煩勞東都百司已作
供擬不可失信於天下以臣愚見舊廟旣朽爛不堪修理望移神
主於太極殿安置更改造新廟以申誠敬車駕依前徑發上曰卿
言正合朕意賜絹二百匹令所司奉七廟神主於太極殿改新廟
車駕乃幸東都因令崇五日一參仍入閤供奉甚承恩遇後又除
太子少保以疾不拜九年薨年七十二贈揚州大都督謚曰文獻
崇先分其田園令諸子姪各守其分仍爲遺令以誡子孫其略曰
古人云富貴者人之怨也貴則神忌其滿人惡其上富則鬼瞰其
室虜利其財自開闢已來書籍所載德薄任重而能壽考無咎者
未之有也故范蠡疏廣之輩知止足之分前史多之況吾才不逮古
人而久竊榮寵位逾高而益懼恩彌厚而增憂往在中書遘疾
虛憊雖終匪懈而諸務多闕薦賢自代屢有誠祈人欲天從竟蒙

哀允優游園沼放浪形骸人生一代斯亦足矣田巴云百年之期未有
能至王逸少云俛仰之間已爲陳迹誠哉此言皆見諸達官身亡
以後子孫旣失覆蔭多至貧寒斗尺之間參商是競豈唯自玷仍
更辱先無論曲直俱受嗤毀莊田水碾旣衆有之遞相推倚或致
荒廢陸賈石苞皆古之賢達也所以預爲定分將以絕其後爭吾
靜思之深所歎服昔孔丘亞聖母墓毀而不修梁鴻至賢父亡席
卷而葬昔楊震趙咨盧植張奐皆當代英達通識今古咸有遺言
屬以薄葬或濯衣時服或單帛幅巾知眞魂去身貴於速朽子孫
皆遵成命迄今以爲美談凡厚葬之家例非明哲或溺於流俗不
察幽明咸以奢厚爲忠孝以儉薄爲慳惜至令亡者致戮尸暴骸
之酷存者陷不忠不孝之謗可爲痛哉可爲痛哉死者無知自同
糞土何煩厚葬使傷素業若也有知神不在柩復何用違君父之
令破衣食之資吾身亡後可殮以常服四時之衣各一副而已吾性
甚不愛冠衣必不得將入棺墓紫衣玉帶足便於身念爾等勿復

違之且神道惡奢冥塗尚質若違吾處分使吾受戮於地下於汝心安乎念而思之今之佛經羅什所譯姚興執本與什對翻姚興造浮屠於永貴里傾竭府庫廣事莊嚴而興命不得延國亦隨滅又齊跨山東周據關右周則多除佛法而修繕兵威齊則廣置僧徒而依憑佛力及至交戰齊氏滅亡國既不存寺復何有修福之報何其蔑如梁武帝以萬乘爲奴胡太后以六宮入道豈特身戮名辱皆以亡國破家近日孝和皇帝發使贖生傾國造寺太平公主武三思悖逆庶人張夫人等皆度人造寺竟術彌街咸不免受戮破家爲天下所笑經云求長命得長命求富貴得富貴刀尋段段壞火坑變成池比來緣精進得富貴長命者爲誰生前易知尚覺無應身後難究誰見有徵且五帝之時父不葬子兄不哭弟言其致仁壽無夭橫也三王之代國祚延長人用休息其人臣則彭祖老聃之類皆享遐齡當此之時未有佛教豈抄經鑄像之力設齋施物之功耶宋書西域傳有名僧爲白黑論理證明白足解沉

疑宜觀而行之且佛者覺也在乎方寸假有萬像之廣不出五蘊之中但平等慈悲行善不行惡則佛道備矣何必溺於小說惑於凡僧仍將喻品用爲實錄抄經寫像破業傾家乃至施身亦無所悋可謂大惑也亦有緣亡人造像名爲追福方便之教雖則多端功德須自發心旁助寧應獲報遞相欺誑浸成風俗損耗生人無益亡者假有通才達識亦爲時俗所拘如來普慈意存利物損衆生之不足厚豪僧之有餘必不然矣且死者是常古來不免所造經像何所施爲夫釋迦之本法爲蒼生之大弊汝等各宜警策正法在心勿效兒女子曹終身不悟也吾亡後必不得爲此弊法若未能全依正道須順俗情從初七至終七任設七僧齋若隨齋須布施宜以吾緣身衣物充不得輒用餘財爲無益之枉事亦不得妄出私物徇追福之虛談道士者本以玄牝爲宗初無趨競之教而無識者慕僧家之有利約佛教而爲業敬尋老君之說亦無過齋之文抑同僧例失之彌遠汝等勿拘鄙俗輒屈於家汝等身沒之

後亦教子孫依吾此法云十七年重贈崇太子太保崇長子彝開元初光祿少卿次子异坊州刺史少子弈少而脩謹開元末爲禮部侍郎尚書右丞天寶元年右相牛仙客薨彝男閎爲侍御史仙客判官見仙客疾亟逼爲仙客表請以弈及兵部侍郎盧奐爲宰相代己其妻因中使奏之玄宗聞而怒之閎決死弈出爲永陽太守奐爲臨淄太守玄孫合登進士第授武功尉遷監察御史位終給事中

宋璟邢州南和人其先自廣平徙焉後魏吏部尚書弁七代孫也父玄撫以璟貴贈邢州刺史璟少耿介有大節博學工於文翰弱冠舉進士累轉鳳閣舍人當官正色則天甚重之長安中倖臣張易之誣構御史大夫魏元忠有不順之言引鳳閣舍人張說令證之說將入於御前對覆惶惑迫懼璟謂曰名義至重神道難欺必不可黨邪陷正以求苟免若緣犯顏流貶芬芳多矣或至不測吾必叩閤救子將與子同死努力萬代瞻仰在此舉也說感其言及入乃保明元忠竟得免死璟尋遷左御史臺中丞張易之與弟昌

宗縱恣益橫傾朝附之昌宗私引相工李弘泰觀占吉凶言涉不順爲飛書所告璟庭奏請窮究其狀則天曰易之等已自奏聞不可加罪璟曰易之等事露自陳情在難恕且謀反大逆無容首免請勒就御史臺勘當以明國法易之等久蒙驅使分外承恩臣必知言出禍從然義激於心雖死不恨則天不悅內史楊再思恐忤旨遽宣勅令璟出璟曰天顏咫尺親奉德音不煩宰臣擅宣王命則天意稍解乃收易之等就臺將加鞫問俄有特勅原之仍令易之等詣璟辭謝璟拒而不見曰公事當公言之若私見則法無私也璟嘗侍宴朝堂時易之兄弟皆爲列卿位三品璟本階六品在下座易之素畏璟妄悅其意虛位揖璟曰公第一人何乃下座璟曰才劣品卑張卿以爲第一人何也當時朝列皆以二張內寵不名官呼易之爲五郎昌宗爲六郎天官侍郎鄭善果謂璟曰中丞奈何呼五郎爲卿璟曰以官言之正當爲卿若以親故當爲張五足下非易之家奴何郎之有鄭善果一何懦哉其剛正皆此類也自是

易之等常欲因事傷之則天察其情竟以獲免神龍元年遷吏部侍郎中宗嘉璟正直仍令兼諫議大夫內供奉仗下後言朝廷得失尋拜黃門侍郎時武三思特寵執權嘗請託於璟璟正色謂之曰當今復子明辟王宜以侯就第何得尚干朝政王獨不見產祿之事乎俄有京兆人韋月將上書訟三思潛通宮掖將爲禍患之漸三思諷有司奏月將大逆不道中宗特令誅之璟執奏請按其罪狀然後申明典憲月將竟免極刑配流嶺南而死中宗幸西京令璟權檢校幷州長史未行又帶本官檢校貝州刺史時河北頻遭水潦百姓飢餒三思封邑在貝州專使徵其租賦璟又拒而不與由是爲三思所擠又歷杭相二州刺史在官清嚴人吏莫有犯者中宗晏駕拜洛州長史睿宗踐祚遷吏部尚書同中書門下三品玄宗在春宮又兼右庶子加銀青光祿大夫先是外戚及諸公主干預朝政請託滋甚崔湜鄭愔相次典選爲權門所制九流失敘預用兩年員闕注擬不足更置比冬選人大爲士庶所歎至是璟

與侍郎李乂盧從愿等大革前弊取捨平允銓綜有敘時太平公主謀不利於玄宗嘗於光範門內乘輦伺執政以諷之衆皆失色璟昌言曰東宮有大功於天下眞宗廟社稷之主安得有異議乃與姚崇同奏請令公主就東都玄宗懼抗表請加罪於璟等乃貶璟爲楚州刺史無幾歷魏兗冀三州刺史河北按察使遷幽州都督兼御史大夫尋拜國子祭酒兼東都留守歲餘轉京兆尹復拜御史大夫坐事出爲睦州刺史轉廣州都督仍爲五府經略使廣州舊俗皆以竹茅爲屋屢有火災璟教人燒瓦改造店肆自是無復延燒之患人皆懷惠立頌以紀其政開元初徵拜刑部尚書四年遷吏部尚書兼黃門監明年官名改易爲侍中累封廣平郡公其秋駕幸東都次永寧之崤谷馳道隘狹車騎停擁河南尹李朝隱知頓使王怡並失於部伍上令黜其官爵璟入奏曰陛下富有春秋方事巡狩一以墊隘致罪二臣竊恐將來人受艱弊於是遽令捨之璟曰陛下責之以臣言免之是過歸於上而恩由於下請且使

待罪於朝然後詔復其職則進退得其度矣上深善之俄又令璟與中書侍郎蘇頲爲皇子制名及封邑幷公主等邑號璟等奏曰王子將封三十餘國周之麟趾漢之犬牙彼何足云於斯爲盛竊以郯郊王等傍有古邑字臣等以類推擇謹件三十國名又王子先有名者皆上有嗣字又公主邑號亦選擇三十美名皆文不害意言足定體又令臣等別撰一佳名及一美邑號者七子均養百王至仁今若同等別封或緣母寵子愛骨肉之際人所難言天地之中典有常度昔袁盎降愼夫人之席文帝竟納之愼夫人亦不以爲嫌美其得久長之計臣等故同進更不別封上彰覆載無偏之德上稱歎之七年開府儀同三司王皎卒及將葬其子駙馬都尉守一請同昭成皇后父竇孝諶故事其墳高五丈一尺璟及蘇頲請一依禮式上初從之翌日又令準孝諶舊例璟等上言曰夫儉德之恭侈惡之大高墳乃昔賢所誡厚葬實君子所非古者墓而不墳蓋此道也凡人子於哀送之際則不以禮制爲思故周孔設齊

斬緦免之差衣衾棺槨之度賢者俯就私懷不果且蒼梧之野驪山之徒善惡分區圖史所載衆人皆務奢靡而獨能革之斯所謂至孝要道也中官者以爲言則此理固可敦諭在外或云竇太尉墳甚高取則不遠者縱令往日無極言其事偶行令出一時故非常式又貞觀中文德皇后嫁所生女長樂公主奏請儀注加於長公主魏徵諫云皇帝之姑姊爲長公主皇帝之女爲公主既有長字合高於公主若加於長公主事甚不可引漢明故事云群臣欲封皇子爲王帝曰朕子豈敢以先帝子等時太宗嘉納之文德皇后奏降中使致謝於徵此則乾坤輔佐之間綽有餘裕豈若韋庶人父追加王位擅作酆陵禍不旋踵爲天下笑則犯顏逆耳阿意順旨不可同日而言也況令之所載預作紀綱情既無窮故爲之制度不因人以搖動不變法以愛憎頃謂金科玉條蓋以此也比來蕃夷等輩及城市閒人遞以奢靡相高不將禮儀爲意今以后父之寵開府之榮金穴玉衣之資不憂少物高墳大寢之役不畏無人百

事皆出於官一朝亦可以就而臣等區區不已以聞諒欲成朝廷
之政崇國母之德化洽寰區聲光竹素儻中宮情不可奪陛下不
能苦違即準一品合陪陵葬者墳高三丈已上四丈已下降勑將同
陪陵之例即極是高下得宜上謂璟等曰朕每事常欲正身以成
綱紀至於妻子情豈有私然人所難言亦在於此卿等乃能再三
堅執成朕美事足使萬代之後光揚我史策乃遣使賚綵絹四百
匹分賜之先是朝集使每至春將還多有改轉率以為常璟奏請
一切勒還絕其僥求之路又禁斷惡錢發使分道檢括銷毀之頗
招士庶所怨俄授璟開府儀同三司罷知政事明年京兆人權梁
山構逆伏誅制河南尹王怡馳傳往長安窮其枝黨怡禁繫極衆
久之未能決斷乃詔璟兼京兆留守并按覆其獄璟至惟罪元謀
數人其餘緣梁山詐稱婚禮因假借得罪及脅從者盡奏原之十
二年駕又東巡璟復為留守上臨發謂璟曰卿國之元老為朕股肱
耳目今將巡洛邑為別歷時所有嘉謨嘉猷宜相告也璟因極言

得失特賜綵絹等仍手制曰所進之言書之座右出入觀省以誡
終身其見重如此俄又兼吏部尚書十七年遷尚書右丞相與張
說源乾曜同日拜官勑太官設饌太常奏樂於尚書都省大會百
寮玄宗賦詩褒述自寫與之二十年以年老上表曰臣聞力不足者
老則更衰心無主者疾而尤廢臣昔聞其語今驗諸身況且兼之
何能為也臣自拔跡幽介欽屬盛明才不逮人藝非經國復以久
承驅策歷忝試用命偶時來榮因歲積遂使再升台座三入冢司
進階開府增封本郡所更中外已忝彝章遠居端揆左叨名職何
者丞相官師之長任重昔時愚臣衰朽之餘用慙他日位則逾盛人
則浸微盡知其然何居而可頃偏恍從政昏耄不言實懷覆餗之
懼冀竭涓塵之効今積羸成憊沉錮莫療耳目更昏手足多廢顧
惟殞越寧遂宿心安可以茍循大名仍尸重祿且留章綬不上闕
庭儀形此乖禮法何設伏惟陛下審能以授官而擇察臣之懇
詞矜臣之不逮使罷歸私第養疾衡門上弭官謗下知死所則歸

全之望獲在愚臣養老之恩成於聖代日暮途遠天高聽卑瞻望
軒墀伏深感戀謹奉表陳乞以聞手勑許之仍令全給祿俸璟乃
退歸東都私第屏絕人事以就醫藥二十二年駕幸東都璟於路
左迎謁上遣榮王親勞問之自是頻遣使送藥餌二十五年薨年
七十五贈太尉謚曰文貞子昇天寶初太僕少卿次尚漢東太守
次渾與右相李林甫善引為諫議大夫平原太守御史中丞東京
採訪使次恕都官郎中劒南採訪判官依倚權勢頗為貪暴渾
在平原重徵一年庸調作東畿採訪使又使河南尉楊朝宗影娶
妻鄭氏鄭氏即薛稷外孫姊為宗婦孀居有色渾有妻使朝宗娉
而渾納之奏朝宗為赤尉恕在劒南有雒縣令崔珪恕之表兄妻
美恕誘而私之而貶珪官又養刺客李晏至九載並為人所發贓
私各數萬貫林甫奏稱璟子渾就東京臺推恕就本使劒南推皆
有實狀渾流嶺南高要郡恕流海康郡尚其載又為人訟其贓貶
臨海長史其子華衡居官皆坐贓相次流貶其後渾會赦量移至

東陽郡下請託過求及役使人吏求其資課人不堪其弊訟之配
流潯江郡然兄弟盡善飲謔俳優雜戲衡最麤險廣平之風
教無復存矣廣德後渾除太子諭德為物議薄之乃留寓於江
嶺卒

史臣曰履艱危則易見良臣處平定則難彰賢相故房杜預創業
之功不可儔匹而姚宋經武韋二后政亂刑淫頗涉履於中克全
聲跡抑無愧焉

贊曰姚宋入用刑政多端為政匪易防刑益難諫諍以猛施張用
寬不有其道將何以安

唐書列傳卷第四十六

右文林郎充兩浙東路提舉茶鹽司幹辦公事蘇之勤校勘

唐書列傳卷第四十七　　劉　昫　等修

劉幽求　鍾紹京

郭元振　張說　說子均垍　陳希烈附

劉幽求冀州武強人也聖曆年應制舉拜閬中尉刺史不禮焉乃棄官而歸久之授朝邑尉初桓彥範敬暉等雖誅張易之兄弟竟不殺武三思幽求謂桓敬曰三思尚存公輩終無葬地若不早圖恐噬臍無及桓敬等不從其言後果爲三思誣構死於嶺外及韋庶人將行篡逆幽求與玄宗潛謀誅之乃與苑總監鍾紹京長上果毅麻嗣宗及太平公主之子薛崇暕等夜從入禁中討平之是夜所下制勑百餘道皆出於幽求以功擢拜中書舍人令參知機務賜爵中山縣男食實封二百戶翌日又授其二子五品官祖父俱追贈刺史睿宗即位加銀青光祿大夫行尚書右丞仍舊知政事進封徐國公加實封通前五百戶賜物千段奴婢二十人宅一區地十頃馬四匹加以金銀雜器景雲二年遷戶部尚書罷知政事月餘轉吏部尚書擢拜侍中降璽書曰頃者王室不造中宗厭代外戚專政姦臣擅國將傾社稷幾遷龜鼎朕躬與王公皆將及於禍難卿見危思奮在變能通翊贊儲君協和義士殄殲元惡放殛凶徒我國家之復存繄汝是賴厥庸甚茂朕用嘉焉故委卿以衡軸旌卿以茅土然征賦未廣寵錫猶輕昔西漢行封更擇多戶東京定賞復增大邑故加賜卿實封二百戶兼舊七百戶使夫高岸爲谷長河如帶子子孫孫傳國無絕又以卿忘軀徇難宜有恩榮故特免卿十死罪並書諸金鐵俾傳于後卿其保茲功業永作國禎可不美歟先天元年拜尚書右僕射同中書門下三品監修國史幽求初自謂功在朝臣之右而志求左僕射兼領中書令俄而竇懷貞爲左僕射崔湜爲中書令幽求心甚不平形於言色湜又託附太平公主將謀逆亂幽求乃與右羽林將軍張暐請以羽林兵誅之仍令暐密奏玄宗曰宰相中有崔湜岑羲俱是太平公主進用

見作方計其事不輕殿下若不早謀必成大患一朝事出意外太上皇何以得安古人云當斷不斷反受其亂唯請急擇此賊劉幽求已共臣作定謀計訖願以身正此事赴死如歸臣旣職典禁兵若奉殿下命當即除翦上深以爲然暐又洩其謀於侍御史鄧光賓玄宗大懼遽列上其狀睿宗下幽求等詔獄令法官推鞫之法官奏幽求等以疏間親罪當死玄宗屢救獲免乃流幽求于封州暐于峯州歲餘太平公主等伏誅其日下詔曰劉幽求風雲玄感川嶽粹靈學綜九流文窮三變義以臨事精能貫日忠以成謀用若投水茂勳立艱難之際嘉話啓沃之初存讜直以不顧爲姦邪之所忌疊萌頗露讒端潛發元宰見逐讒人孔多旣殄奸凶方宜大化期問政於經始載登賢於夢卜可依舊金紫光祿大夫守尚書左僕射知軍國事監修國史上柱國徐國公仍依舊還封七伯戶幷賜錦衣一襲開元初改尚書左右僕射爲左右丞相乃授幽求尚書左丞相兼黃門監未幾除太子少保罷知政事姚崇

素嫉忌之乃奏言幽求鬱快於散職兼有怨言貶授睦州刺史削其實封六百戶歲餘稍遷杭州刺史三年轉桂陽郡刺史在道憤恚而卒年六十一贈禮部尚書謚曰文獻配享睿宗廟庭建中三年重贈司徒

鍾紹京虔州贛人也初爲司農錄事以工書直鳳閣則天時明堂門額九鼎之銘及諸宮殿門牓皆紹京所題景龍中爲苑總監玄宗之誅韋氏紹京夜中帥戶奴及丁夫以從及事成其夜拜紹京銀青光祿大夫中書侍郎參知機務翌日進拜中書令加光祿大夫封越國公賜實封五百戶賜物二千段馬十匹紹京旣當朝用事恣情賞罰甚爲時人所惡俄又抗疏讓官睿宗納薛稷之言乃轉爲戶部尚書出爲蜀州刺史玄宗即位復召拜戶部尚書遷太子詹事時姚崇素惡紹京之爲人因奏紹京發言怨望左遷綿州刺史及坐事累貶琰川尉盡削其階爵及實封俄又歷遷溫州別駕開元十五年入朝因垂泣奏曰陛下豈不記疇昔之事耶何忍棄臣荒

外永不見闕庭且當時立功之人今並亡歿唯臣衰老獨在陛下豈
不垂愍耶玄宗為之憫然即日拜銀青光祿大夫右諭德久之轉
少詹事年八十餘卒紹京雅好書畫古跡聚二王及褚遂良書至
數十百卷建中元年重贈太子太傅

郭元振魏州貴鄉人舉進士授通泉尉任俠使氣不以細務介意
前後掠賣所部千餘人以遺賓客百姓苦之則天聞其名召見與語
甚奇之時吐蕃請和乃授元振右武衛鎧曹充使聘於吐蕃吐蕃
大將論欽陵請去四鎮兵分十姓之地朝廷使元振因察其事宜
元振還上疏曰臣聞利或生害害亦生利國家難消息者唯吐蕃
與默啜耳今吐蕃請和默啜受命是將大利於中國也若圖之不
審則害必隨之今欽陵欲分裂十姓去四鎮兵此誠動靜之機不
可輕舉措也今若直塞其善意恐邊患之起必甚於前若以鎮不
可拔兵不可抽則宜為計以緩之藉事以誘之使彼和望未絕則
其惡意亦不得頓生且四鎮之患遠甘涼之患近取捨之計實宜

深圖今國之外患者十姓四鎮是內患者甘涼瓜肅是關隴之人
久事屯戍向三十年力用竭矣脫甘涼有不虞豈堪廣調發耶夫
善為國者當先料內以敵外不貪外以害內然後夷夏晏安昇平
可保如欽陵云四鎮諸部接界懼漢侵竊故有是請此則吐蕃所
要者然青海吐渾密邇蘭鄯比為漢患實在茲輩斯亦國家之要
者今宜報欽陵云國家非恡四鎮本置此以扼蕃國之要分蕃國
之力使不得併兵東侵今委之於蕃力強易為東擾必實無東侵
意則還漢吐渾諸部及青海故地即俟斤部落亦還吐蕃如此則
足塞欽陵之口而事未全絕也如欽陵小有乖則曲在彼矣又西
邊諸國款附歲久論其情義豈可與吐蕃同日而言今未知其利
害未審其情實遙有分裂亦恐傷彼諸國之意非制馭之長筭也
則天從之又上言曰臣揣吐蕃百姓倦傜戍久矣咸願早和其大將
論欽陵欲分四鎮境統兵專制故不欲歸款若國家每歲發和親
使而欽陵常不從命則彼蕃之人怨欽陵日深望國恩日甚設欲

廣舉醜徒固亦難矣斯亦離間之漸必可使其上下俱懷猜阻則
天甚然之自是數年間吐蕃君臣果相猜貳因誅大將論欽陵其
弟贊婆及兄子莽布支並來降則天仍令元振與河源軍大使夫
蒙令卿率騎以接之後吐蕃將麴莽布支率兵入寇涼州都督唐
休璟勒兵破之元振叅預其謀以功拜主客郎中大足元年遷涼
州都督隴右諸軍州大使先是涼州封界南北不過四百餘里既
逼突厥吐蕃二寇頻歲奄至城下百姓苦之元振始於南境硤口
置和戎城北界磧中置白亭軍控其要路乃拓州境一千五百自是
寇虜不復更至城下元振又令甘州刺史李漢通開置屯田盡其
水陸之利舊涼州粟麥斛至數千及漢通收率之後數年豐稔乃
至一匹絹糴數十斛積軍糧支數十年元振風神偉壯而善於撫
御在涼州五年夷夏畏慕令行禁止牛羊被野路不拾遺神龍中
遷左驍衛將軍兼檢校安西大都護時西突厥首領烏質勒部
落強盛款塞通和元振就其牙帳計會軍事時天大雪元振立於

帳前與烏質勒言議須臾雪深風凍元振未嘗移足烏質勒年老
不勝寒苦會罷而死其子娑葛以元振故殺其父謀勒兵攻之副
使御史中丞解琬知其謀勸元振夜遁元振曰吾以誠信待人何
所疑懼且深在寇庭遁將安適乃安臥帳中明日親入虜帳哭之
甚哀行弔贈之禮娑葛乃感其義復與元振通好因遣使進馬
五千匹及方物制以元振為金山道行軍大總管先是娑葛與阿
史那闕啜忠節不和屢相侵掠闕啜兵衆寡弱漸不能支元振奏
請追闕啜入朝宿衛移其部落入於瓜沙等州安置制從之闕啜
行至播仙城與經略使右威衛將軍周以悌相遇以悌謂之曰國
家以高班厚秩待君者以君統攝部落下有兵衆故也今輕身入
朝是一老胡耳在朝之人誰復喜見非唯官資難得亦恐性命在
人今宰相有宗楚客紀處訥並專權用事何不厚貺二公請留不
行仍發安西兵并引吐蕃以擊娑葛求阿史那獻為可汗以招十
姓使郭虔瓘往拔汗那徵甲馬以助軍用既得報讎又得存其部

落如此與入朝安置共入豈復同也闕啜然其言便勒兵攻陷于闐坎城獲金寶及生口遣人間道納賂於宗紀元振聞其謀遽上疏曰往者吐蕃所爭唯論十姓四鎮國家不能捨與所以不得通和今吐蕃不相侵擾者不是顧國家和信不來直是其國中諸豪及泥婆羅門等屬國自有攜貳故贊普躬往南征身殞寇庭國中大亂嫡庶競立將相爭權自相屠滅兼以人畜疲癘財力困窮人事天時俱未稱愜所以屈志且共漢和非是本心能忘情於十姓四鎮也如國力殷足之後則必爭小事方便絕和縱其醜徒來相吞擾此必然之計也今忠節乃不論國家大計直欲為吐蕃作鄉導主人四鎮危機恐從此啓頃緣默啜憑陵所應處兼四鎮兵士歲久貧羸其勢未能得為忠節經略非是憐突騎施也忠節不體國家中外之意而別求吐蕃吐蕃得志忠節則在其掌握若為復得事漢往年吐蕃於國非有恩有力猶欲爭十姓四鎮今若効力樹恩之後或請分于闐疎勒不知欲何理抑之又其國中諸蠻及

婆羅門等國見今攜背忽請漢兵助其除討亦不知欲以何詞拒之是以古之賢人皆不願夷狄妄惠非是不欲其力懼後求請無厭益生中國之事故臣愚以為用吐蕃之力實為非便又請阿史那獻者豈不以獻等並可汗子孫來即可以招脅十姓但獻父元慶叔僕羅兄俀子并斛瑟羅及懷道豈不俱是可汗子孫往四鎮以他匐十姓不安請冊元慶為可汗竟不能招脅得十姓卻令元慶沒賊四鎮盡淪頃年忠節請斛瑟羅及懷道俱為可汗亦不能招脅得十姓卻遣碎葉數年被圍兵士飢餒又吐蕃頃年亦冊俀子及僕羅并拔布相次為可汗亦不能招得十姓皆自磨滅何則此等子孫非有惠下之才恩義素絕故人心不歸來者既不能招攜唯與四鎮卻生瘡痏則知冊可汗子孫亦未獲招脅十姓之算也今料獻之恩義又隔遠於其父兄向來既未樹立得威恩亦何由即遣人心懸附若自舉兵力勢能取則可招脅十姓不必要須得可汗子孫也又欲令郭虔瓘入拔汗那稅甲稅馬以充軍用者但往年虔瓘已曾與忠節擅入拔汗那稅甲稅馬臣在疎勒具訪不聞得一甲入軍拔汗那胡不勝侵擾南勾吐蕃即將俀子重擾四鎮又虔瓘往入之際拔汗那四面無賊可勾恣意侵吞如獨行無人之境猶引俀子為蔽今北有娑葛強寇知虔瓘等西行必請相救胡人則內堅城壘突厥則外伺邀遮必知虔瓘等不能更如往年得恣其吞噬內外受敵自陷危道徒與賊結隙令四鎮不安臣愚揣之亦為非計疏奏不省楚客等既受闕啜之賂乃建議遣攝御史中丞馮嘉賓持節安撫闕啜御史呂守素處置四鎮持璽書便報元振除牛師獎為安西副都護便領甘涼已西兵募兼徵吐蕃以討娑葛娑葛進馬使娑臘知楚客計馳還報娑葛娑葛是日發兵五千騎出安西五千騎出撥換五千騎出焉耆五千騎出疏勒時元振在疏勒於河口柵不敢動闕啜在計舒河口候見嘉賓娑葛兵掩至生擒闕啜殺嘉賓等呂守素至僻城亦見害又殺牛師獎於火燒城乃陷安西四鎮路絕楚客又奏請周以悌代元振

統眾徵元振將陷之使阿史那獻為十姓可汗置軍焉耆以取娑葛娑葛遺元振書曰與漢本來無惡只讎於闕啜而宗尚書取闕啜金枉擬破奴部落馮中丞牛都護相次而來奴等豈坐受死又聞史獻欲來徒擾軍州恐未有寧日乞大使商量處置元振奏娑葛狀楚客怒奏言元振有異圖元振使其子鴻間道奏其狀以悌竟得罪流于白州復以元振代以悌赦娑葛罪冊為十四姓可汗元振奏稱西土未寧事資安撫逗遛不敢歸京師會楚客等被誅睿宗即位徵拜太僕卿加銀青光祿大夫景雲二年同中書門下三品代宋璟為吏部尚書無幾轉兵部尚書封館陶縣男時元振父愛年老在鄉就拜濟州刺史仍聽致仕其冬與韋安石張說等俱罷知政事先天元年為朔方軍大總管始築定遠城以為行軍計集之所至今賴之明年復同中書門下三品及蕭至忠竇懷貞等附太平公主潛謀不順玄宗發羽林兵誅之睿宗登承天門元振躬率兵侍衛之事定論功進封代國公食實封四百戶賜物一千

叚又令兼御史大夫持節爲朔方道大揔管以備突厥未行玄宗
於驪山講武坐軍容不整坐于纛下將斬以徇劉幽求張說於馬
前諫曰元振有翊贊大功雖有罪當從原宥乃赦之流于新州尋
又思其舊功起爲饒州司馬元振自恃功勳怏怏不得志道病卒
開元十年追贈太子少保有文集二十卷
張說字道濟其先范陽人代居河東近又徙家河南之洛陽弱冠
應詔舉對策乙第授太子校書累轉右補闕預修三教珠英久視
年則天幸三陽宮自夏涉秋不時還都說上疏諫曰陛下屯萬乘
幸離宮暑退涼歸未降還旨愚臣固陋恐非良策請爲陛下陳其
不可三陽宮去洛城一百六十里有伊水之隔崿坂之峻過夏涉秋
水潦方積道壞山險不通轉運河廣無梁咫尺千里扈從兵馬日
費資給連雨彌旬即難周濟陛下太倉武庫並在都邑紅粟利器
蘊若山丘奈何去宗廟之上都安山谷之僻處是猶倒持劒戟示
人鐏柄臣竊爲陛下不取夫禍變之生在人所忽故曰安樂必誡無

行所悔此不可止之理一也告成褊小萬方輻湊填城溢郭併插無
所排斥居人蓬宿草次風雨暴至不知庇託孤惸老病流轉衢巷
陛下作人父母將若之何此不可止之理二也池亭奇巧誘掖上心削
巒起觀竭流漲海俯貫地脉仰出雲路易山川之氣奪農桑之土
延木石運斧斤山谷連聲春夏不輟勸陛下作此者豈正人耶詩云
人亦勞止汔可小康此不可止之理三也御苑東西二十里所出入來
往雜人甚多外無牆垣扃禁內有榛蘩谿谷猛獸所伏暴慝是
憑陛下往往輕行警蹕不肅歷巉巖乘嶮巇卒然有逸獸狂夫驚
犯左右豈不殆哉雖萬全無疑然人主之動不宜易也易曰思患
預防願陛下爲萬姓持重此不可止之理四也今國家北有胡寇
覷邊南有夷獠騷徼關西小旱耕稼是憂安東地平輸漕方始臣
願陛下及時旋軫深居上京息人以展農農修德以來遠罷不急之
役省無用之費澄心澹懷惟億萬年蒼蒼群生莫不幸甚臣自度
芻議十不一從何者沮盤遊之娛閒林沚之玩規遠圖而替近適

要後利而弃前歡未沃明主之心已戾貴臣之意然臣血誠密奏而
不愛死者不顧負陛下言責之職耳輕觸天威伏地待罪疏奏不
省長安初修三教珠英畢遷右史內供奉兼知考功貢舉事擢拜
鳳閣舍人時麟臺監張易之與其弟昌宗構陷御史大夫魏元忠
稱其謀反引說令證其事說至御前揚言元忠實不反此是易之
誣構耳元忠由是免誅說坐忤旨配流欽州在嶺外歲餘中宗即
位召拜兵部員外郎累轉工部侍郎景龍中丁母憂去職起復授
黃門侍郎累表固辭言甚切至優詔方許之是時風教頹紊多以
起復爲榮而說固節懇辭竟終其喪制大爲識者所稱服終復爲
工部侍郎俄拜兵部侍郎加弘文館學士睿宗即位遷中書侍郎
兼雍州長史景雲元年秋譙王重福於東都構逆而死留守捕繫
枝黨數百人考訊結構之狀經時不決睿宗令說往按其獄一宿
捕獲重福謀主張靈均鄭愔等盡得其情狀自餘枉被繫禁者一
切釋放睿宗勞之曰知卿按此獄不枉良善又不漏罪人非卿忠正豈

能如此玄宗在東宮說與國子司業褚无量俱爲侍讀深見親敬
明年同中書門下平章事監修國史是歲二月睿宗謂侍臣曰有
術者上言五日內有急兵入宮卿等爲朕備之左右相顧莫能對
說進曰此是讒人設計擬搖動東宮耳陛下若使太子監國則君
臣分定自然窺覦路絕災難不生睿宗大悅即日下制皇太子監
國明年又制皇太子即帝位俄而太平公主引蕭至忠崔湜等爲
宰相以說爲不附己轉爲尚書左丞罷知政事仍令往東都留司
說既知太平等陰懷異計乃因使獻佩刀於玄宗請先事討之玄
宗深嘉納焉及至忠等伏誅徵拜中書令封燕國公賜實封二百
戶其冬改易官名拜紫微令自則天末年季冬爲潑寒胡戲中宗
嘗御樓以觀之至是因蕃夷入朝又作此戲說上疏諫曰臣聞韓
宣適魯見周禮而歎孔子會齊數倡優之罪列國如此況天朝乎
今外蕃請和選使朝謁所望接以禮樂示以兵威雖曰戎夷不可
輕易焉知無騶支之辯由余之賢哉且潑寒胡未聞典故裸體跳

足盛德何觀揮水投泥失容斯甚法殊魯禮褻比齊優恐非干羽柔遠之義樽俎折衝之禮自是此戲乃絕俄而為姚崇所構出為相州刺史仍充河北道按察使俄又坐事左轉嶽州刺史仍停所食實封三百戶遷右羽林將軍兼檢校幽州都督開元七年檢校并州大都督府長史兼天兵軍大使攝御史大夫兼修國史仍賫史本隨軍修撰八年秋朔方大使王晙誅河曲降虜阿布思等千餘人時并州大同橫野等軍有九姓同羅拔曳固等部落皆懷震懼說率輕騎二十人持旌節直詣其部落宿于帳下召酋帥以慰撫之副使李憲以為夷虜難信不宜輕涉不測馳狀以諫說報書曰吾肉非黃羊必不畏喫血非野馬必不畏刺士見危致命是吾效死之秋也於是九姓感義其心乃安九年四月胡賊康待賓率衆反據長泉縣自稱葉護攻陷蘭池等六州詔王晙率兵討之仍令說相知經略時叛胡與党項連結攻銀城連谷以據倉糧說統馬步萬人出合河關掩擊大破之追至駱駝堰胡及党項自相殺阻

○夜胡乃西遁入鐵建山餘黨潰散說招集党項復其居業副使史獻請因此誅党項絕其翻動之計說曰先王之道推亡固存如盡誅之是逆天道也因奏置麟州以安置党項餘燼其年拜兵部尚書同中書門下三品仍依舊修國史明年又勑說為朔方軍節度大使往巡五城處置兵馬時有康待賓餘黨慶州方渠降胡康願子自立為可汗舉兵反謀掠監牧馬西涉河出塞說進兵討擒之并獲其家屬於木盤山送都斬之其黨悉平獲男女三千餘人於是移河曲六州殘胡五萬餘口配許汝唐鄧仙豫等州始空河南朔方千里之地說以討賊功復賜實封二百戶先是緣邊鎮兵常六十餘萬說以時無強寇不假師衆奏罷二十餘萬勒還營農玄宗頗以為疑說奏曰臣久在疆場具悉邊事軍將但欲自衛及雜使營私若禦敵制勝不在多擁閑冗以妨農務陛下若以為疑臣請以闔門百口為保以陛下之明四夷畏伏必不慮減兵而招寇也上乃從之時當番衛士浸以貧弱逃亡略盡說又建策請一切召募強壯令其宿衛不簡色役優為條例逋逃者必爭來應募上從之旬日得精兵一十三萬人分繫諸衛更番上下以實京師其後彍騎是也是歲玄宗將還京而便幸并州說進言曰太原是國家王業所起陛下行幸振威耀武并建碑紀德以申永思之意若便入京路由河東有漢武脽上后土之祀此禮久闕歷代莫能行之願陛下紹斯墜典以為三農祈穀此誠萬姓之福也上從其言及祀后土禮畢說代張嘉貞為中書令夏四月玄宗親為詔曰動惟直道累聞獻替之誠言則不諛自得謀猷之體政令必俟其增損圖書又藉其刊削才望兼著理合褒升考中上說又首建封禪之議十三年受詔與右散騎常侍徐堅太常少卿韋縚等撰東封儀注舊儀不便者說多所裁正語在禮志玄宗尋召說及禮官學士等賜宴於集仙殿謂說曰今與卿等賢才同宴於此宜改名為集賢殿因下制改麗正書院為集賢殿書院授說集賢院學士知院事及將東封授說為右丞相兼中書令源乾曜為左丞相兼

○侍中蓋勸成岱宗以明宰相佐成王化也說又撰封禪壇頌以紀聖德初源乾曜本意不欲封禪而說固贊其事由是頗不相平及登山說引所親攝供奉官及主事等從升加階超入五品其餘官多不得上又行從兵士惟加勳不得賜物由是頗為內外所怨先是御史中丞宇文融獻策請括天下逃戶及籍外剩田置十道勸農使分往檢察說嫌其擾人不便數建議違之及東封還融又密奏分吏部置十銓融與禮部尚書蘇頲等分掌選事融等每有奏請皆為說所抑由是銓綜失敘融乃與御史大夫崔隱甫中丞李林甫奏彈說引術士夜解及受賕等狀勑宰臣源乾曜刑部尚書韋抗大理少卿明珪御史大夫崔隱甫就尚書省鞫問說兄左庶子光詣朝堂割耳稱冤時中書主事張觀左衛長史范堯臣並依倚說勢詐假納賂又私度僧王慶則往來與說占卜吉凶為隱甫等所鞫伏罪說經兩宿玄宗使中官高力士視之迴奏說坐於草上於瓦器中食蓬首垢面自罰憂懼之甚玄宗憫之力士奏曰說曾

爲侍讀又於國有功玄宗然其奏由是停兼中書令觀及慶則決
杖而死連坐遷貶者十餘人隱甫及融等恐說復用爲巳患又密
奏毁之明年詔說致仕仍令在家修史初說爲相時玄宗意欲討
吐蕃說密奏許其通和以息邊境玄宗不從及瓜州失守王君
㚟死說因獲嶲州鬬羊上表獻之以申諷諭其表曰臣聞勇士冠雞
武夫戴鶡推情舉類獲此鬬羊遠生越嶲蓄性剛決敵不避強戰
不顧死雖爲微物志不可挫伏惟陛下選良家於六郡求猛士於四
方鳥不逭才獸不藏伎如蒙効奇靈囿角力天場却鼓怒以作
氣前躑躅以奮擊此若奔雲之交觸碎如轉石之相叩裂骨賭勝
濺血爭雄敢殺見而衝冠鷙狠聞而擊節冀將少助明主市駿骨
揖怒蛙之意也若使羊能言必將曰若鬬不解立有死者所賴至
仁無殘量力取勸焉臣緣損足未堪履地謹遣男詣金明門奉進
玄宗深悟其意賜絹及雜綵一千匹十七年復拜尚書左丞相集賢
院學士尋代源乾曜爲尚書左丞相視事之日上勑所司供帳設音

樂内出酒食御製詩一篇以叙其事尋以修謁陵儀注功加開府
儀同三司時長子均爲中書舍人次子垍尚寧親公主拜駙馬都
尉又特授說兄慶王傅光爲銀青光祿大夫當時榮寵莫以爲比
十八年遇疾玄宗每日令中使問疾并手寫藥方賜之十二月薨
時年六十四上惜惻久之遽於光順門舉哀因罷十九年元正朝
會詔曰弘濟艱難參其功者時傑經緯禮樂贊其道者人師式瞻
而百度允釐既往而千載貽範台衡軒鼎垂黼藻於當今徽策寵
章播芳蕤於後葉故開府儀同三司尚書左丞相集賢院學士知
院事上柱國燕國公張說辰象降靈雲龍合契元和體其冲粹妙
有釋其至賾挹而莫測仰之彌高精義探繫表之微英辭鼓天下
之動昔侍春誦綢繆歲華含舂容之聲叩而盡應藴泉源之智
啓而斯沃授命興國則天衢以通濟用和民則朝政惟允司鈞揔六
官之紀端揆爲萬邦之式方弘風緯俗返本於上古之初而遽德
振仁不臻於中壽之福于嗟不慭既喪斯文宣室餘談泠然在耳

一殿遺草究留其蹟言念忠賢良深震悼是使當宁撫几臨樂徹
懸罷稱觴之儀遵往䄍之禮可贈太師賜物五百段始玄宗在東
宮說已蒙禮遇及太平用事儲位頗危說獨排其黨請太子監國
深謀密畫竟清内難遂爲開元宗臣前後三秉大政掌文學之任
凡三十年爲文俊麗用思精密朝廷大手筆皆特承中旨撰述天
下詞人咸諷誦之尤長於碑文墓誌當代無能及者喜延納後進
善用己長引文儒之士佐佑王化當承平歲久志在粉飾盛時其封
泰山祠脽上謁五陵開集賢修太宗之政皆說爲倡首而又敦氣
義重然諾於君臣朋友之際大義甚篤時中書舍人徐堅自負
文學常以集賢院學士多非其人所司供膳太厚嘗謂朝列曰此
輩於國家何益如此虛費將建議罷之說曰自古帝王功成則有
奢縱之失或興池臺或玩聲色今聖上崇儒重道親自講論刊正
圖書詳延學者今麗正書院天子禮樂之司永代規模不易之道
也所費者細所益者大徐子之言何其隘哉玄宗知之由是薄堅說

旣遭訕黷罷知政事專集賢文史之任每軍國大事帝遣中使先
訪其可否說嘗自製其父贈丹州刺史騭碑文玄宗聞之而御書
其碑額賜之曰嗚呼積善之墓有文集三十卷太常謚議曰文貞
左司郎中陽伯城駁議以爲不稱工部侍郎張九齡立議請依太
常爲定紛綸未決玄宗爲說自製神道碑文御筆賜謚曰文貞繇
是方定均垍俱能文說在中書兄弟已掌綸翰之任居父憂服闋
均除戶部侍郎轉兵部二十六年坐累貶饒州刺史以太子左庶
子徵復爲戶部侍郎九載遷刑部尚書自以才名當爲宰輔常爲
李林甫所抑及林甫卒依輔權臣陳希烈期於必取旣而楊國忠
用事心頗惡之罷希烈知政事引文部侍郎韋見素代之仍以均
爲大理卿均大失望意常鬱鬱祿山之亂受僞命爲中書令掌賦
樞衡李峴呂諲條流陷賊官均當大辟肅宗於說有舊恩特免死
長流合浦郡
垍以主壻玄宗特深恩寵許於禁中置内宅侍爲文章嘗賜珍玩

不可勝數時兄均亦供奉翰林院常以所賜示均均戲謂垍曰此婦翁與女壻非天子賜學士也天寶中玄宗嘗幸垍內宅謂垍曰希烈累辭機務朕擇其代者孰可垍錯愕未對帝即曰無踰吾愛壻矣垍降階陳謝楊國忠聞而惡之及希烈罷相舉韋見素代垍深觖望天寶十三年正月范陽節度使安祿山入朝時祿山立破奚契丹功尤加寵異祿山求帶平章事下中書擬議國忠進言曰祿山誠立軍功然眼不識字制命若行臣恐四夷輕國玄宗乃止加左僕射而已及祿山還鎮命中官高力士餞於滻坡既還帝曰祿山慰意否力士曰觀其深心鬱鬱必伺知宰相之命不行故也帝告國忠國忠曰此議他人不知必張垍所告帝怒盡逐張垍兄弟出均為建安太守垍為盧溪郡司馬埱為宜春郡司馬歲中召還再遷為太常卿祿山之亂玄宗幸蜀宰相韋見素楊國忠御史大夫魏方進等從朝臣多不至次咸陽帝謂高力士曰昨日蒼黃離京朝官不知所詣今日誰當至者力士曰張垍兄弟世受國恩

又連戚屬必當先至房琯素有宰相望深為祿山所器必不此來帝曰事未可料是日琯至帝大悅因問均垍琯曰臣離京時亦過其舍比約同行均報云已於城南取馬觀其趣向來意不切既而均弟兄果受祿山偽命垍與陳希烈為賊宰相垍死於賊中

陳希烈者宋州人也精玄學書無不覽開元中玄宗留意經義自褚無量元行沖卒後得希烈與鳳翔人馮朝隱常於禁中講老易累遷至秘書少監代張九齡專判集賢院事玄宗凡有撰述必經希烈之手李林甫知上睠待深異又以和裕易制乃引為宰相同知政事相得甚歡而林甫居位日久雖陰謀姦畫足以自固亦希烈佐佑唱和之力也累遷兼兵部尚書左相封穎川郡開國公寵過侔於林甫及林甫死楊國忠用事素忌嫉之乃引韋見素同列罷希烈知政事守太子太師希烈失恩心頗怏怏祿山之亂與張垍達奚珣同掌賊之機衡六等定罪希烈當斬肅宗以上皇素遇賜死于家

史臣曰劉徐公負不羈之材逢抵巇之運遂能奮命決策扶力中興謂為徒步之人夕據公侯之位苟非輕死重利不恥不義之富安及此哉郭代公張燕公解逢掖而登將壇驅貔虎之師斷獯戎之臂暨居衡軸克致隆平可謂武緯文經惟中與甫而已惜乎均垍務速失節賊廷自武德已來稱賢相者房杜姚宋四公皆遭無賴子弟汙圯先業非獨燕國之不幸也希烈柔而多智長於名理音死於名所謂雖多不見其眉睫與夫平叔太初同膏骨耳

贊曰箕微去紂閎散扶昌謀不近義旋踵而已幽求不令道濟允臧偉哉郭侯勳德煒煌

唐書列傳卷第四十七

右文林郎充兩浙東路提舉茶鹽司幹辦公事蘇之勤校勘

唐書列傳卷第四十八

劉　昫　等修

聞人詮校刻沈桐同校

魏知古　盧懷愼

源乾曜　李元紘

杜暹　韓休

裴耀卿

魏知古深州陸澤人也性方直早有才名弱冠舉進士累授著作郎兼修國史長安中歷遷鳳閣舍人衛尉少卿時睿宗居藩兼檢校相王府司馬神龍初擢拜吏部侍郎仍並依舊兼修國史尋進位銀青光祿大夫明年丁母憂去職服闋授晉州刺史睿宗即位以故吏召拜黃門侍郎兼修國史景雲二年遷右散騎常侍睿宗女金仙玉真二公主入道有制各造一觀雖屬季夏盛暑尚營作不止知古上疏諫曰臣聞穀梁傳曰古之君人者必時視人之所勤人勤於力則功築空人勤於財則貢賦少人勤於食則百事廢書曰不作無益害有益又曰罔咈百姓以從己之欲禮曰季夏之月樹木方盛無有斬伐不可興土功以妨農又曰季夏行冬令則風寒不時語曰修己以安百姓此皆興化立理之教爲政養人之本今陛下爲公主造觀將樹功德以祈福祐但兩觀之地皆百姓之宅卒然逼迫令其轉移扶老攜幼投竄無所發剔椽甍呼嗟道路乖人事違天時起無用之作崇不急之務群心搖搖衆口籍籍陛下爲人父母欲何以安之且國有簡冊君舉必記動則左史書之言則右史書之是以非禮勿言非禮勿動夫如是則君之所舉可不愼歟微臣備位諫諍兼秉史筆書而不法後嗣何觀臣愚必以爲不可伏願俯順人欲仰稽天意降德音下明策速罷功役收之桑榆疏奏不納頃之又進諫曰臣聞人以君爲天君以人爲本人安則政理本固則邦寧自陛下翦除兇逆君臨寶位蒼生顒顒以爲朝有新政今風教頹替日甚一日府庫空虛人力凋弊造作不息官員日增今諸司試及員外檢校等官僅至二千

餘人太府之布帛以殫太倉之米粟難給又金仙玉真等觀造作咸非急務臣先奏請停竟仍未止今歲前水後旱五穀不熟若至來春必甚飢饉陛下爲人父母欲何方以賑恤療飢拯溺須及其時又突厥爲患其來自久本無禮儀焉有誠信今雖遣使來請結婚犲狼之心首鼠何定弱則卑順強則驕逆屬草衰月滿弓勁馬肥乘中國飢虛在和親際會儻或窺犯亭鄣國家何以防之臣所論者事甚急切伏願特垂詳察睿宗嘉其切直尋令同中書門下平章事玄宗在春宮又令兼左庶子未幾遷戶部尚書餘如故明年擢拜侍中先天元年冬從上畋獵于渭川因獻詩諷曰嘗聞夏太康五弟訓禽荒我后來冬狩三驅盛禮張順時鷹隼擊講事武功揚奔走未及去翾飛豈暇翔非熊從渭水瑞雀想陳倉此欲誠難縱茲遊不可常子雲陳羽獵僖伯諫漁棠得失鑒齊楚仁恩念禹湯邕熙諒在宥亭毒匪多傷辛甲今爲史虞箴遂孔彰手制褒之曰夫詩者志之所以寫其心懷實可諷諭君主是故揚雄陳羽獵馬卿賦上林爰自風雅率由茲道

于頃向溫泉觀省風俗時因暇景掩渭而畋方開一面之羅式展三驅之禮躬親校獵聊以從禽豈意卿有箴規輔予不逮自非款誠夙著其孰能繼於此耶今賜卿物五十段用申勸獎二年累封梁國公竇懷貞等將謀逆也知古獨密奏其事及懷貞誅賜實封二百戶物五百段仍以前賞猶薄又手勑曰魏知古去年十月已前屢申啓沃每竭忠誠姦臣有謀預奏其兆事君之節良有可嘉可更賜實封一百戶其年冬令往東都知吏部尚書事深以爲稱職手制曰卿以宰臣往知大選官人之委情寄尤切遂能端本革弊忘私徇公正色而行厝心不撓鏡已澈則妍媸必鑒衡已舉則輕重罔違朕遠聞之益用嘉歎今賜卿衣裳一副以示所懷開元元年官名改易改爲黃門監二年還京上屢有顧問恩意甚厚尋改紫微令姚崇深忌憚之陰加讒毀乃除工部尚書罷知政事三年卒時年六十九御史大夫宋璟聞而歎曰叔向古之遺直子產古之遺愛能兼之者其在魏公贈幽州都督謚曰忠知古初爲黃門侍郎表薦洹水令呂太一蒲州司

功參軍齊澣前右內率府騎曹參軍柳澤及知吏部尚書事又擢用密縣尉宋遙左補闕袁暉右補闕封希顏伊闕尉陳希烈後咸累居清要時論以爲有知人之鑒文集七卷

盧懷慎滑州靈昌人其先家于范陽爲山東著姓祖悊爲靈昌令因徙焉懷慎少淸謹舉進士歷監察御史吏部員外郎景龍中遷右御史臺中丞上疏以陳時政得失今略載其三篇其一曰臣聞孔子曰爲邦百年可以勝殘去殺又曰苟有用我者朞月而已三年有成故書云三載考績校其功也昔子產相鄭更法令布刑書一年而人歌之曰取我田疇而伍之取我衣冠而著之孰殺子產吾其與之三年而人又歌之曰我有子弟子產教之我有田疇子產殖之子產而死誰其嗣之終有遺愛流芳史策子產賢者也其爲政尚累年而化成況其常材乎臣竊見比來州牧上佐及兩畿縣令下車布政罕終四考在任多者一二年少者三五月遽即遷除不論課最或有歷時未改便傾耳而聽企踵而望爭求冒進不顧廉恥亦何暇爲陛下宣風布化求瘼恤人哉禮義未能興行風俗未能齊一戶口所以流散倉庫所以空虛百姓凋弊日更滋甚職爲此也何則人知吏之不久則不從其教吏知遷之不遥又不盡其力偷安爵祿但養資望陛下雖勤勞之懷宵衣旰食然僥倖路啓上下相蒙共爲苟且而已寧盡至公乎此國之病也昔賈誼所謂蹠盭之病乃小小者耳此弊久而不革臣恐爲膏肓雖和緩不能療豈蹠盭而已哉漢宣帝綜覈名實興理致化黃霸良二千石也就增秩賜金以旌其能而不遷於潁川前代之美政也又古之爲吏者長子孫倉氏庾氏即其後也書云事不師古以克永代匪說攸聞臣望請諸州都督刺史上佐及兩畿縣令等在任未經四考已上不許遷除察其課効尤異者或錫以車裘或就加祿秩或降使臨問并璽書慰勉若公卿有闕則擢以勸能其政績無聞及犯貪暴者免歸田里以明聖朝賞罰之信則萬方之人一變于道矣致此之美豈彼之弊易於反掌陛下何惜而不行哉其二曰臣聞尚書云唐虞稽古建官惟百夏商官倍亦克用乂此省官之義也又云官不必備惟其人又云無曠庶官天工人其代之此爲官擇人之義也臣竊見京諸司員外官所在委積多者數餘十倍近古以來未之有也官不必備此則有餘人代天工多不釐務廣有除拜無所裨益俸祿之費歲巨億萬空竭府藏而已豈致理之基哉方今倉庫空虛百姓凋弊河渭漕輓西給京師公私損耗不可勝紀況邊隅未靜兵革尤興節用愛人正在今日增官廣費豈曰其時儻災旱成災租稅減入水衡無貫朽之蓄京庾闕流衍之儲或疆場外守兵車遠出或收歛無藏賑救在辰此軍國之急務也陛下將何以濟之乎書云無輕人事惟艱無安厥位惟危又云不見是圖此皆慎微之深言也臣竊見員外官中或簪裾雅望或臺閣舊人或明習憲章或諳閑政要皆一時之良幹也多不司案牘空尸祿俸滞其才而不申其用等其位而不盡其力周稱多士漢曰得人豈其然歟必有異於此矣臣望請諸司員外官有才能器識衆共聞知堪爲州牧縣宰及上佐者並請遷擢使宣力四方申其智効有老病及不堪理務者咸從廢省使賢不肖較然殊貫此濟時之切務也安可謂行之艱哉其三曰臣聞天吏逸德烈於猛火貪人敗類取興大風則知冒于寵賂侮於鰥寡爲政之蠹莫先于茲臣竊見內外官人有不率憲章公犯贓汚侵牟萬姓剝割蒸人鞫按非虛刑憲已及者或俄復舊資雖負殘削之名還膺牧宰之任或江淮嶺磧微示懲貶而御財黷貨罕能悛革委以共理俟河之清臣聞明主之於萬姓也必暢以平分而無偏施若犯罪之吏作牧遐方便是屈法惠姦恤近遺遠矣凡左降之人鮮能省過必懷自弃長惡滋深則小州遠郡黎庶夷落何負於聖化獨受其弊政乎昔孟嘗廉明方臨合浦隱之清絜乃莅番禺郅都之鎮靜朔方耿恭之輯寧疏勒誠則遐僻必擇賢良務以寧濟爲懷豈以遐荒見隔況邊徼之地夷夏雜處負險恃遠易擾難安彌藉循良以寄綏撫若委失其任官非其才凌虐黎庶侵剥蕃部小則坐致流亡大則起爲盜賊由此言之不可用凡材而況於滑吏乎其內外官人有犯贓賄推勘得實者臣望請削迹簪裾十數年間不許齒錄

書云旌別淑慝黜陟幽明即其義也若不循此道去邪有疑善政能官甄獎或未之徧權臧貪賄僥倖或即蒙升則賞罰無章沮勸安寄浮競之風轉扇廉恥之行漸隤其源不塞為蠹斯甚疏奏不納累遷黃門侍郎賜爵漁陽伯先天二年與侍中魏知古於東都分掌選事尋徵還同中書門下三品開元三年遷黃門監懷慎與紫微令姚崇對掌樞密懷慎自以為吏道不及崇每事皆推讓之時人謂之伴食宰相四年兼吏部尚書其秋以疾篤累表乞骸骨許之旬日而卒贈荊州大都督謚曰文成懷慎臨終遺表曰臣素無才識叨沐恩榮待罪樞密頗積年序報國之心空知自竭推賢之志終未克申孤負明恩夙夜惶懼臣染疾已久形神欲離鳥鳶之飛未為之少而犬馬之志終祈上聞其鳴也哀乞求聖察宋璟立性公直執心貞固文學足以經務識略期於佐時動惟直道行不苟合聞諸朝野之說實為社稷之臣李傑勤苦絕倫貞介獨立公家之事知無不為幹時之材衆議推許李朝隱操履堅貞才識通贍守文奉法頗懷鐵石之心事上

謁誠實盡人臣之節盧從愿清貞謹慎理識周密始終若一朝野共知簡要之才不可多得並明時重器聖代良臣比經任使微有愆失所坐者小所弃者大所累者輕所貶者遠日月雖近譴責傷深望垂矜錄漸加進用臣竊聞黃帝所以垂衣裳而天下理者任風力也帝堯所以光宅天下者任稷卨也且朝廷者天下之本賢良者風化之源得人則庶績其凝失士則彝倫攸斁臣每見陛下憂勞庶政勤求理道慎擇群司必期稱職使鴛鷺成列草澤無遺故得歲稔時和政平訟理此陛下用賢之明効也臣非木石早識天心瞑目不遺厚恩未報黜殯之義敢不庶幾城郢之言思布愚懇上深嘉納之懷慎清儉不營產業器用服飾無金玉綺文之麗所得祿俸皆隨時分散而家無餘蓄妻子匱乏及車駕將幸東都四門博士張星上言懷慎忠清直道終始不渝不加寵贈無以勸善乃下制賜其家物帛伯段米粟貳伯碩明年上還京師因校獵於城南經懷慎別業見家人方設祥齋憫其貧匱賜絹百匹仍遣中書侍郎蘇頲為其碑文上自書焉

子奐早修整歷任皆以清白聞開元中為中書舍人御史中丞陝州刺史二十四年玄宗幸京師次陝城頻審其能政於廳事題贊而去曰專城之重分陝之雄人多惠愛性實謙冲亦既利物在乎匪躬斯為國寶不墜家風尋除兵部侍郎天寶初為晉陵太守時南海郡利兼水陸瓌寶山積劉巨鱗彭杲相替為太守五府節度皆坐贓鉅萬而死乃特授奐為南海太守遐方之地貪吏斂迹人用安之以為自開元已來四十年廣府節度清白者有四謂宋璟裴伷先李朝隱及奐中使市舶亦不干法加銀青光祿大夫經三年入為尚書右丞卒弟弈亦傳清白歷御史中丞而死王事見忠義傳弈子杞德宗朝位至宰輔別有傳

源乾曜相州臨漳人隋比部侍郎師之孫也父直心高宗時為司刑太常伯坐事配流嶺南而卒乾曜舉進士景雲中累遷諫議大夫時久廢公卿百官三九射禮乾曜上疏曰夫聖王之教天下也必制禮以正人情人情正則孝於家忠於國此道不替所以理也所以君子

三年不為禮禮必壞三年不為樂樂必崩所以古之擇士先觀射禮以明和容之義非取一時之樂夫射者別正邪觀德行中祭祀辟寇戎古先哲王莫不遵奉臣竊見數年已來射禮便廢或緣所司惜費遂令大射有虧臣愚以為所費者財所全者禮故孔子云爾愛其羊我愛其禮今乾坤再闢日月貞明臣望大射之儀春秋不廢聖人之教今古常行則天下幸甚乾曜尋出為梁州都督開元初邠王府寮吏有犯法者上令左右求堪為王府長史者太常卿姜皎薦乾曜公清有吏幹因召見與語乾曜神氣清爽對答皆有倫序上甚悅之乃拜少府少監兼邠王府長史尋遷戶部侍郎兼御史中丞無幾轉尚書左丞四年冬擢拜黃門侍郎同紫微黃門平章事旬日與姚元之俱罷知政事時行幸東都以乾曜為京兆尹仍京師留守乾曜政存寬簡不嚴而理嘗有仗內白鷹因縱遂失所在上令京兆切捕之俄於野外獲之其鷹掛於叢棘而死官吏懼得罪相顧失色乾曜徐曰事有避逅死亦常理主上仁明當不以此責罪必其獲戾吾自當之

不須懼也遂入自請失旨之罪上一切不問之衆咸伏乾曜臨事不懾而能引過在己也在京兆三年政令如一八年春復爲黃門侍郎同中書門下三品尋加銀青光祿大夫遷侍中久之上疏曰臣竊見形要之家併求京職俊乂之士多任外官王道平分不合如此臣三男俱是京任望出二人與外官以叶均平之道上從之於是改其子河南府參軍弼爲絳州司功太祝絜爲鄭尉因下制曰源弼等父在樞近深惟謙挹恐代官之咸列慮時才之未序率先庶寮崇是讓德既請外其職復降資以授傳不云乎晉范宣子讓其下皆讓晉國之人於是大和道之或行仁豈云遠因令文武百寮父子兄弟三人併任京司者任自通容依資次處分由是公卿子弟京官出外者百餘人俄又有上書者以爲國之執政同其休戚若不稍加崇寵何以責其盡心十年十一月勑中書門下共食實封三百戶自乾曜及張嘉貞始也乾曜後扈從東封拜尚書左丞相仍兼侍中乾曜在政事十年時張嘉貞張說相次爲中書令乾曜不敢與之爭權每事皆推讓

之及李元紘杜暹知政事乾曜遂無所參議但唯諾署名而已初乾曜因姜皎所薦遂擢用及皎得罪爲張嘉貞所擠乾曜竟不救之議者以此譏焉十七年夏停兼侍中事其秋遷太子少師以祖名師固辭乃拜太子少傅封安陽郡公十九年駕幸東都乾曜以年老辭疾不堪扈從因留京養疾是年冬卒詔贈幽州大都督上於洛城南門舉哀輟朝二日乾曜從孫光裕亦有令譽歷職清謹撫諸弟以友義聞初爲中書舍人與楊滔劉令植等同删定開元新格歷刑部戶部二侍郎尚書左丞累遷鄭州刺史稱爲良吏尋卒光裕子洧亦早有美稱閨門雍睦士友推之歷踐清要天寶中爲給事中鄭州刺史襄州刺史本道採訪使及安祿山反既犯東京乃以洧爲江陵郡大都督府長史本道採訪防禦使攝御史中丞以兵部郎中徐浩爲襄州刺史本州防禦守捉使以禦之洧至鎮卒

李元紘其先滑州人世居京兆之萬年本姓丙氏曾祖粲隋大業中屯衛大將軍屬關中賊起煬帝令粲往京城以西二十四郡逐捕盜賊粲撫循士衆甚得其心及義旗入關粲率其衆歸附拜宗正卿封應國公賜姓李氏高祖與之有舊特蒙恩禮遷爲左監門大將軍以年老特令乘馬於宮中檢校年八十餘卒謚曰明祖寬高宗時爲太常卿別封隴西郡公父道廣則天時爲汴州刺史時屬突厥及契丹寇陷河北兼發河南諸州兵募百姓騷擾道廣寬猛折衷稱爲善政存心慰撫汴州獨不逃散尋入爲殿中監同鳳閣鸞臺平章事累封金城縣侯卒贈秦州都督謚曰成元紘少謹厚初爲涇州司兵累遷雍州司戶時太平公主與僧寺爭碾磑公主方承恩用事百司皆希其旨意元紘遂斷還僧寺竇懷貞爲雍州長史大懼太平勢促令元紘改斷元紘大署判後曰南山或可改移此判終無搖動竟執正不撓懷貞不能奪之俄轉好畤令遷潤州司馬所歷咸有聲績開元初三遷萬年縣令賦役平允不嚴而理俄擢爲京兆尹尋有詔令元紘疏決三輔諸王公權要之家皆緣渠立碾以害水田元紘令吏人一切毀之百姓大獲其利又歷工部兵部吏部三侍郎十三年戶部侍

郎楊瑒白知慎坐支度失所皆出爲刺史上令宰臣及公卿已下精擇堪爲戶部者多有薦元紘者將授以戶部尚書時執政以其資淺未宜超授加中大夫拜戶部侍郎元紘因條奏人間利害及時政得失以奏之上大悅因賜衣一副絹二百匹明年擢拜中書侍郎同中書門下平章事頃之加銀青光祿大夫賜爵清水男元紘性清儉既知政事稍抑奔競之路務進者頗憚之時初廢京司職田議者請於關輔置屯以實倉廩元紘建議曰軍國不同中外異制若人閑無役地棄不墾發閑人以耕棄地省餽運以實軍糧於是乎有屯田其爲益多矣今百官所退職田散在諸縣不可　聚也百姓所有私田皆力自耕墾不可取也若置屯田即須公私相換徵發丁夫徵役則業廢於家免庸則賦闕於國內地置屯古所未有得不補失或恐未可其議遂止先是左庶子吳兢舊任史官撰唐書一百卷唐春秋三十卷其書未成以丁憂罷職至是上疏請終其功有詔特令就集賢院修成其書及張說致仕又令在家修史元紘奏曰國史者記人君善

惡國政損益一字褒貶千載稱之前賢所難事匪容易今張說在家修史吳兢又在集賢撰錄遂令國之大典散在數處且太宗別置史館在於禁中所以重其職而秘其事也望勒說等就史館參詳撰錄則典冊有憑舊章不墜矣從之乃詔說及吳兢並就史館修撰元紘在政事累年不改第宅僕馬弊劣未曾改飾所得封物皆散之親族右丞相宋璟嘗嘉歎之每謂人曰李侍郎引宋遷之美才黜劉晃之貪冒貴爲國相家無儲積雖季文子之德何以加也後與杜暹多所異同情遂不叶至有相執奏者上不悅由是罷知政事出爲曹州刺史以疾去官久之拜戶部尚書仍聽致仕二十一年疾瘳起爲太子詹事旬日而卒贈太子少傅謚曰文忠

杜暹濮州濮陽人也父承志則天初爲監察御史時懷州刺史李文暕以皇枝近屬爲讎人所告承志推出之俄而文暕得罪承志坐貶授方義令累轉天官員外郎既羅織事起承志恐懼遂稱疾去官而歸卒于家自暹高祖至暹五代同居暹尤恭謹事繼母以孝聞初舉

明經補婺州參軍秩滿將歸州吏以紙萬餘張以贈之暹惟受一百餘悉還之時州寮別者見而歎曰昔清吏受一大錢復何異也俄授鄭尉復以清節見知華州司馬楊孚公直士也深賞重之尋而孚遷大理正暹坐公事下法司結罪孚謂人曰若此尉得罪則公清之士何以勸矣特薦之於執政由是擢拜大理評事開元四年遷監察御史仍往磧西覆屯會安西副都護郭虔瓘與西突厥可汗史獻鎮守使劉遐慶等不叶更相執奏詔暹按其事實時暹已迴至涼州承詔復往磧西因入突厥騎施以究虔瓘等犯狀蕃人賫金以遺暹固辭不受左右曰公遠使絕域不可失蕃人情暹不得已受之埋幕下既去出境乃移牒令收取之蕃人大驚度磧追之不及而止暹累遷給事中丁繼母憂去職十二年安西都護張孝嵩遷爲太原尹或薦暹往使安西蕃人伏其清慎深思慕之乃奪情擢拜黃門侍郎兼安西副大都護暹單騎赴職明年于闐王尉遲眺陰結突厥及諸蕃國圖爲叛亂暹密知其謀發兵捕而斬之并誅其黨與五十餘人更立君長于闐遂安暹以功特加光祿大夫暹在安西四年綏撫將士不憚勤苦甚得夷夏之心十四年詔暹同中書門下平章事仍遣中使往迎之及謁見又賜絹二百匹馬一匹宅一區後與李元紘不叶罷知政事出爲荊州大都督府長史又歷魏州刺史太原尹二十年上幸北都拜暹爲戶部尚書便令扈從入京行幸東都詔暹爲京留守暹因抽當番衛士繕修三宮增峻城隍躬自巡檢未嘗休懈上聞而嘉之賜勑書曰卿素以清直兼之勤幹自委居守每事多能政肅官寮恵及黎庶城隍宮室隨事修營且有成功不疲人力甚善甚善慰朕懷也俄代李林甫爲禮部尚書累封魏縣侯二十八年病卒年六十餘詔贈尚書右丞相暹在家孝友愛撫異母弟昱甚厚然素無學術每當朝談議涉於淺近常以公清勤儉爲己任時亦矯情爲之弱冠便自誓不受親友贈遺以終其身及卒上甚悼惜之遣中使就家視其喪事內出絹三百匹以賜之尚書省及故吏賻贈者其子孝友遵其素約皆拒而不受太常謚曰貞肅右司員外郎劉同升都官員外

郎韋廉以暹有忠孝之美所謚不盡其行建議駁之太常博士裴總執曰杜尚書往以墨縗受職事雖云奉國不得爲孝請依舊爲定孝友又詣闕陳訴上聞而更令所司詳定竟謚曰貞孝

韓休京兆長安人伯父大敏則天初爲鳳閣舍人時梁州都督李行褒爲部人誣告云有逆謀則天令大敏就州推究或謂大敏曰行褒諸李近屬太后意欲除之忽若失旨禍將不細不可不爲身謀也大敏曰豈有求身之安而陷人非罪竟奏雪之則天俄又命御史重覆遂構成其罪大敏坐推反失情與知反不告同罪賜死于家父大智官至洛州司功休早有詞學初應制舉累授桃林丞又舉賢良玄宗時在春宮親問國政休對策與校書郎趙冬曦並爲乙第擢授左補闕尋判主爵員外郎歷遷中書舍人禮部侍郎兼知制誥出爲虢州刺史時虢州以地在兩京之間駕在京及東都並爲近州常被支稅草以納閑廄休奏請均配餘州中書令張說駁之曰若獨免虢州即當移向他郡牧守欲爲私惠國體固不可依又下符不許之休復將

執奏寢吏曰更奏必忤執政之意休曰爲刺史不能救百姓之弊何以爲政必以忤上得罪所甘心也竟執奏獲免歲餘以母艱去職固陳誠乞終禮制許之服闋除工部侍郎仍知制誥遷尚書右丞開元二十一年侍中裴光庭卒上令蕭嵩舉朝賢以代光庭者嵩盛稱休志行遂拜黃門侍郎同中書門下平章事休性方直不務進趨及拜甚允當時之望俄有萬年尉李美玉得罪上特令流之嶺外休進曰美玉卑位所犯又非巨害今朝廷有大姦尚不能去豈得捨大而取小也臣竊見金吾大將軍程伯獻依恃恩寵所在貪冒第宅輿馬僭擬過縱臣請先出伯獻而後罪美玉上初不許之休固爭曰美玉微細猶不容伯獻巨猾豈得不問陛下若不出伯獻臣即不敢奉詔流美玉上以其切直從之初蕭嵩以休柔和易制故薦引之休既知政事多折正嵩遂與休不叶宋璟聞之曰不謂韓休乃能如是仁者之勇也其年夏加銀青光祿大夫十二月轉工部尚書罷知政事二十四年遷太子少師封宜陽子二十七年病卒年六十八贈揚州大都督諡曰文忠寶應元年重贈太子太師

子洽洪汯滉皆有學尚風韻高雅洽天寶初爲殿中侍御史卒洪爲司庫員外郎洽弟渾除大理司直御史大夫王鉷犯法籍沒其家洽兄浩爲萬年主簿捕其資財有所容隱爲京兆尹鮮于仲通所發配流循州洪汯並坐貶職後遇赦量移洪爲華州長史屬安祿山反西京失守洪陷於賊賊授官將見委任洪與浩及汯滉渾同奔山谷以投行在至谷口洪浩渾及洪子四人並爲賊所擒併命於通衢洪重交友籍甚於時見者掩涕肅宗聞其重臣子能以忠而死贈太常卿浩贈吏部郎中渾贈太常少卿汯上元中爲諫議大夫滉洄別有傳

裴耀卿贈戶部尚書守眞子也少聰敏數歲解屬文童子舉弱冠拜秘書正字俄補相王府典籤時睿宗在藩甚重之令與掾丘悅文學韋利器更直府中以備顧問府中稱爲學直及睿宗升極拜國子主簿開元初累遷長安令長安舊有配戶和市之法百姓苦之耀卿到官一切令出儲蓄之家預給其直遂無姦僦之弊公私甚以爲便在職二年寬猛得中及去官縣人甚思詠之十三年爲濟州刺史其年車駕東巡州當大路道里綿長而戶口寡弱耀卿躬自條理科配得所時大駕所歷凡十餘州耀卿稱爲知頓之最又歷宣冀二州刺史皆有善政入爲戶部侍郎二十年禮部尚書信安王禕受詔討契丹詔以耀卿爲副俄又令耀卿賫絹二十萬匹分賜立功奚官就部落以給之耀卿謂人曰夷虜貪殘見利忘義今賫持財帛深入寇境不可不爲備也乃令先期而往分道互進一朝而給付並畢時突厥及室韋果勒兵邀險謀劫襲之比至而耀卿已還其冬遷京兆尹明年秋霖雨害稼京城穀貴上將幸東都獨召耀卿問救人之術耀卿對曰臣聞前代聖王亦時有憂害更施惠澤活國濟人由是蒼生仰德史冊書美伏以陛下仁聖至深憂勤庶政小有飢乏降情哀矜躬親支計救其危急上玄降鑒當更延福祚是因有小災而增輝聖德也今既大駕東巡百司扈從太倉及三輔先所積貯且隨見在發重臣分道賑給計可支一二年從東都更廣漕運以實關輔待稍充實車駕西還即事無不濟臣以國家帝業本在京師萬國朝宗百代不易之所但爲秦中地狹收粟不多儻遇水旱便即匱乏往者貞觀永徽之際祿廩數少每年轉運不過一二十萬石所用便足以此車駕久得安居今國用漸廣漕運數倍於前支猶不給陛下數幸東都以就貯積爲國大計不憚劬勞祗爲憂人而行豈是故欲不往若能更廣陝運支粟入京倉廩常有三二年糧即無憂水旱今天下輸丁約有四百萬人每丁支出錢百文五十文充營窖等用貯納司農及河南府陝州以充其費租米則各隨遠近任自出腳送納東都從都至陝河路艱險既用陸腳無由廣致若能開通河漕變陸爲水則所支有餘動盈萬計且河南租船候水始進吳人不便河漕由是所在停留日月既淹遂生隱盜臣望沿流相次置倉上深然其言尋拜黃門侍郎同中書門下平章事充轉運使語在食貨志凡三年運七百萬石省腳錢三十萬貫或說耀卿請進所省腳錢以明功利耀卿曰此蓋公卿盈縮之利耳不可以之求寵也乃奏充所司和市和糴等錢明年遷侍

中二十四年拜尚書左丞相罷知政事累封趙城侯時夷州刺史楊濬犯贓處死詔令杖六十配流古州耀卿上疏諫曰伏以聖恩天覆仁育庶類凡死罪之色不欲尸諸市朝全其性命流竄而已所以政致刑措獄無冤人曠古以來未有斯美臣愚以爲全生免死誠爲至化有恥且格爲訓將來徇有未安不敢緘默臣以爲刺史縣令與諸吏稍別人之父母風化所瞻一爲本部長官即合終身致敬決杖者五刑之末只施於扶扑徒隸之間官蔭稍高即免鞭撻令決杖贖死誠則已優解體受笞事頗爲辱法至於死天下共之刑至於辱或有所恥況本州刺史百姓所崇一朝對其人吏背脊加杖屈挫拘執人或哀憐忘其免死之恩且有傷心之痛恐非敬官長勸風俗之意又雜犯死罪無杖刑奏報三覆然後行決今非時不覆決杖便發儻或未盡又暑熱不耐因杖或死即是促期處分不得順時將欲生之却夭其命又恐非聖明寛宥之意前後頻在州縣或緣犯決人每大暑盛夏多之時決杖多死秋冬已後至有全者伏望凡刺史縣令於本部

決杖及夏暑生長之時所是杖刑並乞停減即副陛下好生之德於死者皆有再生之恩俄而特進蓋嘉運破突騎施立功還詔加河西隴右兩節度使仍令經略吐蕃嘉運既承恩寵日夕酣宴不時赴軍耀卿密上疏曰伏見蓋嘉運立功破賊更委兩軍以勇果之才承戰勝之勢吐蕃小醜不足殲夷然臣近日與其同班觀其舉措精勁勇烈誠則有餘言氣矜誇恐難成事莫敖敗於蒲騷之役舉趾稍高春秋書之爲懲誡恐其有驕敵之色臣竊憂之入秋防邊日月稍逼接對人吏須識其宜今將撫邊軍未言發日若臨事始去人吏未識雖決在一時恐將非制勝萬全之道況兵未訓練不知禮法人未懷惠士未生心求其忘性命於一時憚嚴刑於少選縱威逼而進因而立功恐非師出以律久長之義又萬人性命決在將軍不得已而行之鑿凶門而即路今酣宴朝夕優渥有餘亦恐非愛人憂國之意不可不察若不可迴換即望速遣進途仍乞聖恩勗以嚴命疏奏上乃促嘉運赴軍竟以無功而還天寶元年改爲尚書右僕射尋轉左僕射

一歲薨年六十三贈太子太傅諡曰文獻子綜吏部郎中綜子佶佶字弘正幼能屬文弱冠舉進士補校書郎判入高等授藍田尉時有詔命畿內諸縣城奉天時嚴郢爲京兆政尚峻暴加以朝旨甚迫尹正之命急如風霆本曹尉韋重規其室方娠而疾畏郢之暴不敢以事故免佶因請代役無愆素當時義之德宗南狩佶詣行在拜拾遺轉補闕李懷光以河中叛朝廷欲以含垢爲意佶抗議請討上深器之前席慰免三遷吏部員外歷駕部兵部郎中遷諫議大夫會黔中觀察使韋士文慘酷馭下爲夷獠所逐俾佶代之酋渠自化其後爲權幸所傾堅請入覲拜同州刺史徵入爲中書舍人遷尚書右丞時兵部尚書李巽兼鹽鐵使將以使局置於本行經構已半會佶拜命堅執以爲不可遂令徹之巽恃恩而強時重佶之有守就拜吏部侍郎以疾除國子祭酒尋遷工部尚書致仕元和八年卒年六十二贈吏部尚書佶清勁溫敏凡所定交時稱爲第一流與鄭餘慶特相友善佶歿後餘慶行朋友之服搢紳美之

史臣曰魏知古盧懷慎源乾曜李元紘杜暹韓休裴耀卿悉蘊器能咸居宰輔或心存啓沃或志在薦賢或出愛子爲外官或止屯田於關輔或不受蕃人之賂或堅劾伯獻之姦或廣漕渠以充國用此皆立事立功有足嘉尚者也盧李杜三君子又以清白垂美簡書公孫弘之流也乾曜職當機密無所是非持祿保身焉用彼相

贊曰盧魏乾曜弼違進賢裴韓李杜遠財劾姦汗簡書事清風肅然萬歲之後其名不刊

唐書列傳卷第四十八

唐書列傳卷第四十九

劉　昫　等修

聞人詮校刻沈桐同校

崔日用　張嘉貞
蕭嵩　張九齡
李適之　嚴挺之

崔日用滑州靈昌人其先自博陵徙家焉進士舉初爲芮城尉大足元年則天幸長安路次陝州宗楚客時爲刺史日用支供頓事廣求珍味稱楚客之命徧饋從官楚客知而大加賞歎盛稱薦之由是擢爲新豐尉無幾拜監察御史神龍中秘書監鄭普思納女後宮潛謀左道日用遽奏劾之普思方承恩中宗不之省日用廷爭懇至詞甚抗直普思竟伏其罪時宗楚客武三思武延秀等遞爲朋黨日用潛皆附之驟遷兵部侍郎兼修文館學士中宗暴崩韋庶人稱制日用恐禍及己知玄宗將圖義舉乃因沙門普潤道士王曅密詣藩邸深

自結納潛謀翼戴玄宗嘗謂曰今謀此舉直爲親不爲身日用曰此乃孝感動天事必剋捷望速發出其不意若少遲延或恐生變及討平韋氏其夜令權知雍州長史事以功授銀青光禄大夫黄門侍郎叅知機務封齊國公食實封二百戶爲相月餘與中書侍郎薛稷不恊於中書忿競由是轉雍州長史停知政事尋出爲楊州長史歷婺汴二州刺史兖州都督荆州長史因入奏事言太平公主謀逆有期陛下往在宮府欲有討捕猶是子道臣道須用謀用力今旣光臨大寶但須下一制誰敢不從忽姦宄得志則禍亂不小上曰誠如此直恐驚動太上皇卿宜更思之日用曰臣聞天子孝與庶人孝全別庶人孝謹身節用承順顏色天子孝安國家定社稷今若逆黨竊發即大業都弃豈得成天子之孝乎伏請先定北軍次收逆黨即不驚動太上皇玄宗從其議及討蕭至忠竇懷貞之際又令權檢校雍州長史加實封通前滿四百戶尋拜吏部尚書日用嘗採毛詩大雅小雅二十篇及司馬相如封禪書因上生日表上之以申規諷并述告成之事手詔答曰夫詩者動天地感鬼神厚於人美於教矣朕志之所尚思與之齊庶乎採詩之官補朕之闕且古者封禪升中告成朕以菲德未明於至道竦然以聽頗壯相如之詞惕然載懷復見夷吾之語卿洽聞殫見温故知新逮此發揮益彰忠懇豈非討蓬山之籍心不忘於起予因蘭殿之祥言固深於啓沃朕循環覽諷用慰于懷今賜卿衣裳一副物五十段以示無言不酬之信也尋出爲常州刺史削實封三百戶轉汝州刺史開元七年差降口賦特下勑曰唐元之際逆黨構兇崔日用當時潛謀其事及于戡翦實預元謀而所食之封後以例減功旣居多特宜準初食之封與二百戶十年轉并州大都督長史尋卒時年五十贈吏部尚書謚曰昭後又贈荆州大都督子宗之襲日用才辯過人見事敏速每朝廷有事轉禍爲福以取富貴及先天已後復求入相竟亦不遂常謂人曰吾一生行事皆臨時制變不必重專守始謀每一念之不覺芒刺在於背也日用從父兄日知亦有吏幹景雲中爲洛州司馬會譙王重福入東都作亂羣臣

皆避難逃匿日知獨督率人吏赴留守與屯營合勢討賊重福旣死以功加銀青光禄大夫累遷京兆尹坐贓爲御史李如璧所劾左遷歙縣丞俄又歷遷殿中監日知素與張説友善説薦之奏請授御史大夫上不許遂以爲左羽林衛大將軍而以河南尹崔隱甫爲御史大夫隱甫由是與説不叶日知俄遷太常卿自以歷任年久每朝士叅集常與尚書同列時人號爲尚書裏行遂爲口實開元十六年出爲潞州大都督府長史尋以年老致仕卒謚曰襄

張嘉貞蒲州猗氏人也弱冠應五經舉拜平鄉尉坐事免歸鄉里長安中侍御史張循憲爲河東採訪使薦嘉貞材堪憲官請以己之官秩授之則天召見垂簾與之言嘉貞奏曰以臣草萊而得入謁九重是千載一遇也咫尺之間如隔雲霧竟不覩日月恐君臣之道有所未盡則天遽令卷簾與語大悅擢拜監察御史累遷中書舍人歷秦州都督并州長史爲政嚴肅甚爲人吏所畏開元初因奏事至京師上聞其善政數加賞慰嘉貞因奏曰臣少孤兄弟相依以至今臣弟

嘉祐今授鄯州別駕與臣各在一方同心離居魂絶萬里乞移就臣側近臣兄弟盡力報國死無所恨上嘉其友愛特改嘉祐爲忻州刺史時突厥九姓新來内附散居太原已北嘉貞奏請置軍以鎮之於是始於幷州置天兵軍以嘉貞爲使六年春嘉貞又入朝俄有告其在軍奢僭及贓賄者御史大夫王晙因而劾奏之按驗無狀上將加告者反坐之罪嘉貞奏曰昔者天子聽政於上瞍賦矇誦百工諫庶人謗而後天子斟酌焉今反坐此輩是塞言者之路則天下之事無由上達特望免此罪以廣謗誦之道從之遂令減死自是帝以嘉貞爲忠嘉貞又嘗奏曰今志力方壯是効命之秋更三數年即衰老無能爲也惟陛下早垂任使死且不憚上以其明辯尤重之八年春宋璟蘇頲罷知政事擢嘉貞爲中書侍郎同中書門下平章事數月加銀青光祿大夫遷中書令嘉貞斷決敏速善於敷奏然性強躁自用頗爲時論所譏時中書舍人苗延嗣呂太一考功員外郎員嘉靜殿中侍御史崔訓皆嘉貞所引位列清要常在嘉貞門下共議朝政時人

爲之語曰令公四俊苗呂員訓開元十年車駕幸東都有洛陽主簿王鈞爲嘉貞修宅將以求御史因受贓事發上特令朝堂集衆決殺之嘉貞促所由速其刑以滅口乃歸罪於御史大夫韋抗中丞韋虛心皆貶黜之其冬秘書監姜皎犯罪嘉貞又附會王守一奏請杖之皎遂死于路俄而廣州都督裴伷先下獄上召侍臣問當何罪嘉貞又請杖之兵部尚書張說進曰臣聞刑不上大夫以其近於君也故曰士可殺不可辱臣今秋受詔巡邊中途聞姜皎以罪於朝堂決杖配流而死皎官是三品亦有微功若其有犯應死即殺應流即流不宜決杖廷辱以卒伍待之且律有八議勳貴在焉皎事以往不可追悔伷先秖宜據狀流貶不可輕又決罰上然其言嘉貞不悅退謂說曰何言事之深也說曰宰相者時來即爲豈能長據若貴臣盡當可杖但恐吾等行當及之此言非爲伷先乃爲天下士君子也初嘉貞爲兵部員外郎時張說爲侍郎及是說位在嘉貞下既無所推讓說頗不平因以此言激怒嘉貞由是與說不叶上又以嘉貞弟嘉祐爲金吾將軍兄弟並居將相之位甚爲時人之所畏憚十一年上幸太原行在所嘉祐贓汙事發張說勸嘉貞素服待罪不得入謁因出爲幽州刺史說遂代爲中書令嘉貞惋恨謂人曰中書令幸有二員何相迫之甚也明年復拜戶部尚書兼益州長史判都督事勅嘉貞就中書省與宰相會宴嘉貞既恨張說擠已因攘袂勃罵源乾曜王晙共和解之明年坐與王守一交往左轉台州刺史復代盧從愿爲工部尚書定州刺史知北平軍事累封河東侯將行上自賦詩詔百寮於上東門外餞之至州於恒嶽廟中立頌嘉貞自爲其文乃書於石其碑用白石爲之素質黑文甚爲奇麗先是嶽祠爲遠近祈賽有錢數百萬嘉貞自以爲頌文之功納其數萬十七年嘉貞以疾請就醫東都制從之至都目瞑無所見上令醫人内直郎田休裕郎將呂弘泰馳傳往省療之其秋卒年六十四贈益州大都督謚曰恭肅嘉貞雖久歷清要然不立田園及在定州所親有勸植田業者嘉貞曰吾忝歷官榮曾任國相未死之際豈憂飢餒若負譴責雖富田莊亦無

用也比見朝士廣占良田及身沒後皆爲無賴子弟作酒色之資甚無謂也聞者皆歎伏初嘉貞作相薦萬年縣主簿韓朝宗擢爲監察御史及嘉貞卒後十數歲朝宗爲京兆尹因奏曰自陛下臨御已來所用宰相皆進退以禮善始令終身雖已沒子孫咸在朝廷唯張嘉貞晚年一子今猶未登官序上亦憫然遽令召之賜名延賞特拜左内率府兵曹參軍德宗朝位至宰輔自有傳嘉祐有幹略自右金吾將軍貶浦陽府折衝至二十五年爲相州刺史相州自開元已來刺史死貶者十數人嘉祐訪知尉遲迥周末爲相州總管身死國難乃立其神祠以邀福經三考改左金吾將軍後吳兢爲鄴郡守又加尉遲神冕服自後郡守無患

蕭嵩貞觀初左僕射宋國公瑀之曾姪孫祖鈞中書舍人有名於時嵩美鬚髯儀形偉麗初娶會稽賀晦女與吳郡陸象先爲僚壻象先時爲洛陽尉宰相子門望甚高嵩尚未入仕宣州人夏榮稱有相術謂象先曰陸郎十年内位極人臣然不及蕭郎一門盡貴官位高而

有壽時人未之許神龍元年嵩調補洺州參軍尋而侍中扶陽王桓彥範出為洺州刺史見之推重待以殊禮景雲元年爲醴泉尉時陸象先已爲中書侍郎引爲監察御史及象先知政事嵩又驟遷殿中侍御史開元初爲中書舍人與崔琳王丘齊澣同列皆以嵩寡學術未異之而紫微令姚崇許其致遠眷之特深歷宋州刺史三遷爲尚書左丞兵部侍郎十五年涼州刺史河西節度王君㚟恃衆每歲攻擊吐蕃吐蕃大將悉諾邏恭祿及燭龍莽布支攻陷瓜州城執刺史田元獻及君㚟父壽盡取城中軍資及倉糧仍毀其城而去又攻玉門軍及常樂縣縣令賈師順嬰城固守賊遂引退無何君㚟又爲廻紇諸部殺之於鞏筆驛河隴震駭玄宗以君㚟勇將無謀果及於難擇堪邊任者乃以嵩爲兵部尚書河西節度使判涼州事嵩乃請以裴寬郭虛已牛仙客在其幕下又請以建康軍使左金吾將軍張守珪爲瓜州刺史修築州城招輯百姓令其復業又加嵩銀青光祿大夫時悉諾邏恭祿威名甚振嵩乃縱反間於吐蕃言其與中國潛通

贊普遂召而誅之明年秋吐蕃大下悉末明復率衆攻瓜州守珪出兵擊走之隴右節度使鄯州都督張志亮引兵至青海西南渴波谷與吐蕃接戰大破之八月嵩又遣副將杜賓客率弩手四千人與吐蕃戰于祁連城下自晨至暮散而復合賊徒大潰臨陣斬其副將一人散走山谷哭聲四合露布至玄宗大悅乃加嵩同中書門下三品恩顧莫比十七年授宇文融裴光庭宰相又加嵩兼中書令自十四年燕國公張說罷中書令後缺此位四年而嵩居之常帶河西節度遙領之加集賢殿學士知院事兼修國史進位金紫光祿大夫子衡尚新昌公主嵩夫人賀氏入覲拜席玄宗呼爲親家母禮儀甚盛尋又進封徐國公二十一年二月侍中裴光庭卒光庭與嵩同位數年情頗不協及是玄宗遣嵩擇相嵩以右丞韓休長者舉之及休入相嵩舉事休峭直輒不相假互於玄宗前論曲直因讓位玄宗眷嵩厚乃許嵩授尚書右丞相令罷相以休爲工部尚書尋又以嵩子華爲給事中二十四年拜太子太師及幽州節度使張守珪坐賂遺中官

牛仙童貶爲括州刺史嵩嘗賄仙童李林甫發之貶青州刺史尋又追拜太子太師嵩又請老嵩性好服餌及罷相於林園植藥合鍊自適華時爲工部侍郎衡以主壻三品嵩皤然就養十餘年家財豐贍衣冠榮之天寶八年薨年八十餘贈開府儀同三司子華天寶末轉兵部侍郎祿山之亂從駕不及陷賊僞署魏州刺史乾元元年郭子儀與九節度之師渡河攻安慶緒於相州華潛遣表疏俟官軍至爲內應賊伺知之禁錮華於獄崔光遠收魏州破械出華魏人美華之惠政詣光遠請留朝廷正授魏州刺史既而史思明率衆南下子儀懼華復陷乃表崔光遠代華召至軍中及相州兵潰華歸京仍以僞命所汙降授試秘書少監華謹重方雅綽有家法人士稱之尋遷尚書右丞乾元二年出爲河中尹河中晉絳節度使上元元年十二月制曰弼予之選審象是求天步未平廟謨尤切必資明表佇以佐時畫一之才取則不遠正議大夫前河中尹兼御史中丞充本府晉絳等州節度觀察等使上柱國嗣徐國公賜紫金魚袋蕭華公輔成名

承家繼業詞標麗則德蘊謨明再踐宮坊尤知至行致君望美閱相求能且惟伊陟之賢更啓漢臣之閣還依日月佐理陰陽俾参政於紫宸用建中於皇極可中書侍郎同中書門下平章事集賢殿崇文館大學士監修國史時中官李輔國專典禁兵怙寵用事求爲宰相諷宰臣裴冕等薦己華頗拒之輔國怒肅宗方寢疾輔國矯命罷華相位守禮部尚書仍引元載代華肅宗崩代宗在諒闇元載希輔國旨貶華爲硤州員外司馬卒於貶所衡子復德宗朝位亦至宰輔華子恒悟恒子俛大和中宰輔悟子倣咸通中宰輔皆自有傳

張九齡字子壽一名博物曾祖君政韶州別駕因家于始興今爲曲江人父弘愈以九齡貴贈廣州刺史九齡幼聰敏善屬文年十三以書干廣州刺史王方慶大嗟賞之曰此子必能致遠登進士第應舉登乙第拜校書郎玄宗在東宮舉天下文藻之士親加策問九齡對策高第遷右拾遺時帝未行親郊之禮九齡上疏曰伏以天者百神之君而王者之所由受命也自古繼統之主必有郊配之義蓋以敬

天命以報所受故於郊之義則不以德澤未洽年穀不登凡事之故而闕其禮孝經云昔者周公郊祀后稷以配天斯謂成王幼沖周公居攝猶用其禮明不暫廢漢丞相匡衡亦云帝王之事莫重乎郊祀董仲舒又云不郊而祭山川失祭之序逆於禮正故春秋非之臣愚以爲匡衡仲舒古之知禮者皆謂郊之爲祭所宜先也伏惟陛下紹休聖緒其命惟新御極已來于今五載旣光太平之業未行大報之禮竊考經傳義或未通今百穀嘉生鳥獸咸若夷狄內附兵革用寧將欲鑄劍爲農泥金封禪用彰功德之美允答神祇之心能事畢行光耀帝載況郊祀常典猶闕其儀有若怠於事天臣恐不可以訓伏望以迎日之至展焚柴之禮升紫壇陳采席定天位明天道則聖朝典則可謂無遺矣九齡以才鑒見推當時吏部試拔萃選人及應舉者咸令九齡與右拾遺趙冬曦考其等第前後數四每稱平允開元十年三遷司勳員外郎時張說爲中書令與九齡同姓敘爲昭穆尤親重之常謂人曰後來詞人稱首也九齡既欣知己亦依附焉十一

年拜中書舍人十三年車駕東巡行封禪之禮說自定侍從升中之官多引兩省錄事主書及已之所親攝官而上遂加特進階超授五品初令九齡草詔九齡言於說曰官爵者天下之公器德望爲先勞舊次焉若顛倒衣裳則譏謗起矣今登封霈澤千載一遇清流高品不沐殊恩胥吏末班先加章紱但恐制出之後四方失望今進草之際事猶可改唯令公審籌之無貽後悔也說曰事已決矣悠悠之談何足慮也竟不從及制出內外甚咎於說時御史中丞宇文融方知田戶之事每有所奏說多建議違之融亦以此不平於說九齡復勸說爲備說又不從其言無幾說果爲融所劾罷知政事九齡亦改太常少卿尋出爲冀州刺史九齡以母老在鄉而河北道里遼遠上疏固請換江南一州望得數承母音耗優制許之改爲洪州都督俄轉桂州都督仍充嶺南道按察使上又以其弟九章九臯爲嶺南道刺史令歲時伏臘皆得寧覲初張說知集賢院事常薦九齡堪爲學士以備顧問說卒後上思其言召拜九齡爲秘書少監集賢院學士副知院事再遷中書侍郎常密有陳奏多見納用尋丁母喪歸鄉里二十一年十二月起復拜中書侍郎同中書門下平章事明年遷中書令兼修國史時范陽節度使張守珪以裨將安祿山討奚契丹敗衂執送京師請行朝典九齡奏劾曰穰苴出軍必誅莊賈孫武教戰亦斬宮嬪守珪軍令必行祿山不宜免死上特捨之九齡奏曰祿山狼子野心面有逆相臣請因罪戮之冀絕後患上曰卿勿以王夷甫知石勒故事誤害忠良遂放歸藩二十三年加金紫光祿大夫累封始興縣伯李林甫自無學術以九齡文行爲上所知心頗忌之乃引牛仙客知政事九齡屢言不可帝不悅二十四年遷尚書右丞相罷知政事後宰執每薦引公卿上必問風度得如九齡否故事皆搢笏於帶而後乘馬九齡體羸常使人持之因設笏囊笏囊之設自九齡始也初九齡爲相薦長安尉周子諒爲監察御史至是子諒以妄陳休咎上親加詰問令於朝堂決殺之九齡坐引非其人左遷荊州大都督府長史俄請歸拜墓因遇疾卒年六十八贈荊州大都督謚曰文憲

九齡在相位時建議復置十道採訪使又教河南數州水種稻以廣屯田議置屯田費功無利竟不能就罷之性頗躁急動輒忿詈議者以此少之子拯伊闕令祿山之亂陷賊不受僞命兩京克復詔加太子右贊善弟九臯自尚書郎歷唐徐宋襄廣五州刺史九章歷吉明曹三州刺史鴻臚卿九齡爲中書令時天長節百寮上壽多獻珍異唯九齡進金鏡錄五卷言前古興廢之道上賞異之又與中書侍郎嚴挺之尚書左丞袁仁敬右庶子梁升卿御史中丞盧怡結交友善挺之等有才幹而交道終始不渝甚爲當時之所稱至德初上皇在蜀思九齡之先覺下詔褒贈曰正大廈者柱石之力昌帝業者輔相之臣生則保其雄名歿乃稱其盛德飾終未允於人望加贈寔存乎國章故中書令張九齡維嶽降神濟川作相開元之際寅亮成功讜言定其社稷先覺合於蓍策永懷賢弼可謂大臣竹帛猶存樵蘇必禁爰從八命之秩更進三台之位可贈司徒仍遣使就韶州致祭有集二十卷九臯曾孫仲方少朗秀爲兒童時父友高郢見而奇之曰此

子非常必爲國器吾獲高位必振發之後郢爲御史大夫首請仲方
爲御史歷金州刺史郡人有田產爲中人所奪仲方三疏奏聞竟理
其冤入爲度支郎中駁李吉甫謚吉甫之黨惡之出爲遂州司馬稍
遷復曹鄭三郡守爲諫議大夫時鄠縣令崔發因辱小黃門敬宗赫
怒付臺推鞫及元日大赦獨發不得宥仲方上疏其略曰鴻恩將布
於天下而不行御前霈澤始被於昆蟲而獨遺崔發由是發得不死
時論美之太和九年爲京兆尹將相從累者皆大戮仲方密令識之
旋詔下許令收葬得認遺骸實仲方之力也是時軍人橫恣仲方脂
韋坐不稱職出爲華州刺史改秘書監開成二年卒年七十二贈禮
部尚書謚曰成

李適之一名昌恒山王承乾之孫也父象官至懷州別駕適之神龍
初起家拜左衛郎將開元中累遷通州刺史以強幹見稱時給事中
韓朝宗爲按察使特表薦之擢拜秦州都督俄轉陝州刺史入爲河
南尹適之性簡率不務苛細人吏便之歲餘拜御史大夫開元二十

○七年兼幽州大都督府長史知節度事適之以祖得罪見廢父又遭
則天所黜葬禮有闕上疏請歸葬昭陵之闕內於是下詔追贈承乾
爲恒山愍王象爲越州都督郇國公伯父厥及亡兄數人並有褒贈
數喪同至京師葬禮甚盛仍刊石於墳所俄拜刑部尚書適之雅好
賓友飲酒一斗不亂夜則宴賞晝決公務庭無留事天寶元年代牛
仙客爲左相累封清和縣公與李林甫爭權不叶適之性疏爲其陰
中林甫嘗謂適之曰華山有金鑛採之可以富國上未之知適之心
善其言他日從容奏之玄宗大悅顧問林甫對曰臣知之久矣然華
山陛下本命王氣所在不可穿鑿臣故不敢上言帝以爲愛已薄適
之言疏隴右節度皇甫惟明刑部尚書韋堅戶部尚書裴寬京兆尹
韓朝宗悉與適之善林甫皆中傷之構成其罪相繼放逐適之懼不
自安求爲散職五載罷知政事守太子少保遽命親故歡會賦詩曰
避賢初罷相樂聖且銜盃爲問門前客今朝幾箇來竟坐與韋堅等
相善貶宜春太守後御史羅希奭奉使殺韋堅盧幼臨裴敦復李邕
等於貶所州縣且聞希奭到無不惶駭希奭過宜春郡適之聞其來
仰藥而死子季卿弱冠舉明經頗工文詞應制舉登博學宏詞科再
遷京兆府鄠縣尉肅宗朝累遷中書舍人以公事坐貶通州別駕代
宗即位大舉淹抑自通州徵爲京兆少尹尋復中書舍人拜吏部侍
郎俄兼御史大夫奉使河南江淮宣慰振拔幽滯進用忠廉時人稱
之在銓衡數年轉右散騎常侍季卿有宇量性識博達善與人交襟
懷豁如其在朝以進賢爲務士以此多之大曆二年卒贈禮部尚書
孫融立性嚴整善吏事貞元十年歷官至渭州節度使卒

嚴挺之華州華陰人叔父方嶷景雲中戶部郎中挺之少好學舉進
士神龍元年制舉擢第授義興尉遇姚崇爲常州刺史見其體質昂
藏雅有吏幹深器異之及崇再入爲中書令引挺之爲右拾遺睿宗
好樂聽之忘倦玄宗又善音律先天二年正月望胡僧婆陀請夜開
門燃百千燈睿宗御延喜門觀樂凡經四日又追作先天元年大酺
睿宗御安福門樓觀百司酺宴以夜繼晝經月餘日挺之上疏諫曰

○微臣竊惟陛下應天順人發號施令躬親大禮昭布鴻澤孜孜庶政
業業萬機蓋以天下心爲心深戒安危之理此誠堯舜禹湯之德教
也柰何親御城門以觀大酺累日兼夜臣愚竊所未諭夫酺者因人
所利合醵爲歡無相奪倫不至糜弊且臣卜其晝史冊攸存君舉必
書帝王重慎今乃暴衣冠於上路羅妓樂於中宵雜鄭衛之音縱倡
優之樂陛下還淳復古宵衣旰食不矜細行恐非聖德所宜臣以爲
一不可也誰何警夜伐鼓通晨以備非常存之善教今陛下不深惟
戒慎輕違動息重門弛禁巨猾多徒儻有躍馬奔車流言駭叫一塵
聽覽有累宸衷臣以爲二不可也且一人向隅滿堂不樂一物失所
納隍增慮陛下北宮多暇西墉暫臨青春日長已積埃塵之弊紫微
漏永重窮歌舞之樂儻令有司跛倚下人飢倦以陛下近猶不恤而
況於遠乎聖情攸聞豈不懷然祇畏臣以爲四不可也且元正首祚
大禮頻光百姓顒顒咸謂業盛配天功垂曠代今陛下恩似薄於衆
望酺即過於往年王公貴人各承微旨州縣坊曲競爲課稅吁嗟道

路貿易家產損萬人之力營百戲之資適欲同其歡而乃遺其患復令兼夜人何以堪臣以爲五不可也書曰罔咈百姓以從己之欲況自去夏霖霪經今元旱農之收成市有騰貴損其實崇其虛馳不急之務擾方春之業前代聖主明王忽於細微而成過患多矣陛下可效之哉伏望晝則歡娛暮令休息要令兼夜恐無益於聖朝上納其言而止時侍御史任知古恃憲威於朝行詬詈衣冠挺之深讓之以爲不敬乃爲臺司所劾左遷萬州員外參軍開元中爲考功員外郎典舉二年大稱平允登科者頓減二分之一遷考功郎中特勅又令知考功貢舉事稍遷給事中時黃門侍郎杜暹中書侍郎李元紘同列爲相不叶暹與挺之善元紘素重宋遥引爲中書舍人及與起居舍人張垍等同考吏部等第判遥復與挺之好尚不同遥言於元紘元紘詰讓挺之挺之曰明公位尊國相情溺小人乃有憎惡甚爲不取也詞色俱厲元紘曰小人爲誰挺之曰即宋遥也因出爲登州刺史太原少尹殿中監王毛仲使太原朔方幽州計會兵馬事隔數年

乃牒太原索器仗挺之以不挾勑毛仲寵幸乆恐有變故密奏之尋遷濮汴二州刺史挺之所歷皆嚴整吏不敢犯及莅大郡人乃重足側息二十年毛仲得罪賜死玄宗思曩日之奏擢爲刑部侍郎深見恩遇改太府卿與張九齡相善九齡入相用挺之爲尚書左丞知吏部選陸景融知兵部選皆爲一時精選時侍中裴耀卿禮部尚書李林甫與九齡同在相位九齡以詞學進入視草翰林又爲中書令甚承恩顧耀卿與九齡素善林甫巧密知九齡方承恩遇善事之意未相與林甫引蕭炅爲戶部侍郎嘗與挺之同行慶弔客次有禮記蕭炅讀之曰蒸嘗伏獵炅早從官無學術不識伏臘之意誤讀之挺之戲問炅對如初挺之白九齡曰省中豈有伏獵侍郎由是出爲岐州刺史林甫深恨之九齡嘗欲引挺之同居相位謂之曰李尚書深承聖恩足下宜一造門款狎挺之素負氣薄其爲人三年非公事竟不私造其門以此彌爲林甫所嫉及挺之囑蔚州刺史王元琰林甫使人詰於禁中以此九齡罷相挺之出爲洺州刺史二十九年移絳郡

太守天寶元年玄宗嘗謂林甫曰嚴挺之何在此人亦堪進用林甫乃召其弟損之至門叙故云當授子員外郎因謂之曰聖人視賢兄極深要須作一計入城對見當有大用令損之取絳郡一狀云有少風氣請入京就醫林甫將狀奏云挺之年高近患風且須授閑官就醫玄宗歎吒乆之林甫奏授員外詹事便令東京養疾挺之素歸心釋典事僧惠義及至東都鬱鬱不得志成疾自爲墓誌曰天寶元年嚴挺之自絳郡太守抗疏陳乞天恩允請許養疾歸閑兼授太子詹事前後歷任二十五官每承聖恩嘗忝奬擢不盡驅策驚寵何階仰荅鴻造春秋七十無所展用爲人士所悲其年九月寢疾終于洛陽某里之私第十一月葬于大照和尚塔次西原禮也盡忠事君叨載國史勉拙從仕或布人謠陵谷可以自紀文章焉用爲飾遺文薄葬斂以時服挺之與裴寬皆奉佛開元末惠義卒挺之服緦麻送於龕所寬爲河南尹僧普寂卒寬與妻子皆服縗絰設次哭臨妻子送喪至嵩山故挺之誌文云葬於大照塔側祈其靈祐也挺之素重交結

有許與凡舊交先歿者厚撫其妻子凡嫁孤女數十人時人重之子武廣德中黃門侍郎成都尹劒南節度使

史臣曰崔日用附會三思以取高位預討韋氏遂握重權自言吾一生行事皆臨時制變不必專始守謀信矣與夫守死善道者不可同年而語也張嘉貞雖不立田園柰急於勢利朋比近習杖姜皎佃先非中立之士也蕭嵩位極中令輿政無聞樹破虜之勳真致遠之器九齡文學政事咸有所稱一時之選也適之臨下雖簡在公克勤惜乎不得其死也挺之才略器識不下諸公恥近權門爲人所惡不登台輔養疾宮寮雖富貴在天窮達有命彼林甫者誠可投畀豺虎也

賛曰開元之代多士盈庭日用無守嘉貞近名嵩齡適挺各有度程大位俱極半懸德聲

唐書列傳卷第四十九

唐書列傳卷第五十

劉　昫

尹思貞　李傑　解琬　畢構
蘇珦子晉　鄭惟忠　王志愔　盧從愿
李朝隱　裴漼從祖弟寬　王丘

尹思貞京兆長安人也弱冠明經舉補隆州參軍時晉安縣有豪族蒲氏縱橫不法前後官吏莫能制州司令思貞推按發其姦贓萬計竟論殺之遠近稱慶刻石以紀其事由是知名累轉明堂令以善政聞三遷殿中少監檢校洺州刺史會契丹孫萬榮作亂河朔不安思貞善於綏撫境內獨無驚擾則天降璽書褒美之長安中七遷秋官侍郎以忤張昌宗被構出為定州刺史轉晉州刺史尋復入為司府少卿時卿侯知一亦厲威嚴吏人為之語曰不畏侯卿杖惟畏尹卿筆其為人所伏若此尋加銀青光祿大夫於宅中掘得古戟十二枚而門加棨戟時人異焉神龍初為大理卿時武三

思擅權御史大夫李承嘉附會之雍州人韋月將上變告三思謀逆中宗大怒命斬之思貞以發生之月固執奏以為不可行刑竟有勑決杖配流嶺南三思令所由因此非法害之思貞又固爭之承嘉希三思旨託以他事不許思貞入朝廷謂承嘉曰公擅作威福不顧憲章附託姦臣以圖不軌將先除忠良以自恣耳承嘉大怒遂劾奏思貞出為青州刺史境內有蠶一年四熟者黜陟使衞州司馬路敬潛八月至州見繭歎曰非善政所致孰能至於此乎特表薦之思貞前後為十三州刺史皆以清簡為政奏課連最睿宗即位徵為將作大匠累封天水郡公時左僕射竇懷貞興造金仙玉真兩觀調發夫匠思貞常節減之懷貞怒頻詰責思貞思貞曰公職居端揆任重弼諧不能翼贊聖明光宣大化而乃盛興土木害及黎元豈不愧也又受小人之譖輕辱朝臣今日之事不能苟免請從此辭拂衣而去闔門累日上聞而特令視事其年懷貞伏誅乃下制曰國之副相位亞中台自匪邦直孰司天憲將作大匠尹思

貞賢良方正碩儒耆德剛不護缺請而畏知簡言易從莊色難犯御先王之體要敷衽必陳折佞臣之怙權拂衣而謝故以事聞海內名動京師鷹隼是擊豺狼自遠必能條理前弊發揮舊章宜承弄印之榮式允登車之志可御史大夫俄兼申王府長史遷戶部尚書轉工部尚書以老疾累表請致仕許之開元四年卒年七十七贈黃門監謚曰簡

李傑本名務光相州滏陽人後魏并州刺史寶之後也其先自隴西徙焉傑少以孝友著稱舉明經累遷天官員外郎明敏有吏才甚得當時之譽神龍初累遷衞尉少卿為河東道巡察黜陟使奏課為諸使之最開元初為河南尹傑既勤於聽理每有訴列雖衢路當食無廢處斷由是官無留事人吏愛之先是河汴之間有梁公堰年久堰破江淮漕運不通傑奏調發汴鄭丁夫以濬之省功速就公私深以為利刊石水濱以紀其績尋代宋璟為御史大夫時皇后妹壻尚衣奉御長孫昕與其妹壻楊仙玉因於里巷遇傑遂

毆擊之上大怒令斬昕等散騎常侍馬懷素以為陽和之月不可行刑累表陳請乃下勑曰夫為令者自近而及遠行罰者先親而後疎長孫昕楊仙玉等憑恃姻戚恣行兇險輕侮常憲損辱大臣情特難容故令斬決令群官等累陳表疏固有誠請以陽和之節非肅殺之時援引古今詞義懇切朕志從深諫情亦惜法宜寬異門之罰聽從枯木之斃即宜決殺以謝百寮傑明年以護橋陵作賜爵武威子初傑護作時引侍御史王旭為判官旭貪冒受賦傑將繩之而不得其實反為旭所構出為衢州刺史俄轉揚州大都督府長史又為御史所劾免官歸第尋卒贈戶部尚書

解琬魏州元城人也少應幽素舉拜新政尉累轉成都丞因奏事稱旨超遷監察御史丁憂離職則天以琬識練邊事起復舊官令往西域安撫夷虜抗疏固辭則天嘉之下勑曰解琬孝性淳至哀情懇切固辭權奪之榮乞就終憂之典足可以激揚風俗敦獎名教宜遂雅懷允其所請仍令服闋後赴上聖曆初遷侍御史充使

安撫烏質勒及十姓部落咸得其便宜蕃人大悅以功擢拜御史中丞兼北庭都護持節西域安撫使琬素與郭元振同官相善遂爲宗楚客所毀由是左遷滄州刺史爲政務存大體甚得人和景龍中遷右臺御史大夫兼持節朔方行軍大總管琬前後在軍二十餘載務農習戰多所利益邊境安之景雲二年復爲朔方軍大總管琬分遣隨軍要籍官河陽丞張冠宗肥鄉令韋景駿普安令于處忠等校料三城兵募於是減十萬人奏罷之尋授右武衛大將軍兼檢校晉州刺史賜爵濟南縣男以年老乞骸骨拜表訖不待報而去優詔加金紫光祿大夫聽致仕其祿準品全給尋降璽書勞之曰卿器局堅正才識高遠公忠彰其立身貞固足以幹事頻張騫之出使同魏絳之和戎職縮文武功申方面勤于王家是爲國老頃者顧斯側景願言勇退深惜馬援之能未遂祁奚之請然章疏頻上雅懷難奪今知脫屣歸閑拂衣高謝固可以激勵頹俗儀形庶僚永言終始良可嘉尚宜善攝養以介期頤未幾吐蕃

○寇邊復召拜左散騎常侍令與吐蕃分定地界兼處置十姓降戶琬言吐蕃必潛懷叛計請預支兵十萬於秦渭等州嚴加防遏其年冬吐蕃果入寇竟爲支兵所擊走之俄又表請致仕不許遷太子賓客開元五年出爲同州刺史明年卒年八十餘

畢構河南偃師人也父憬則天時爲司衛少卿構少舉進士神龍初累遷中書舍人時敬暉等奏請降削武氏諸王構次當讀表旣聲韻朗暢兼分析其文句左右聽者皆歷然可曉由是武三思惡之出爲潤州刺史累除益州大都督府長史景雲初召拜左御史大夫轉陝州刺史加銀青光祿大夫封魏縣男頃之復授益州大都督府長史兼充劍南道按察使所歷州府咸著聲績在蜀中尤革舊弊政號清嚴睿宗聞而善之璽書勞曰我國家創開天地再造黎元四夷來王萬邦會至置州立郡分職設官貞觀永徽之前皇猷惟穆咸亨垂拱之後淳風漸替征賦將急調役頗繁選吏舉人涉於浮濫省閣臺寺罕有公直苟貪祿秩以度歲時中外因循紀綱弛紊且無懲革弊乃滋深爲官旣不擇人非親即賄爲法又不按罪作孽寧逃貪殘放手者相仍清白潔己者斯絕蓋由賞罰不舉生殺莫行更以水旱時乖邊隅未謐日損一日當敝不休大東小東杼軸爲怨就更割剝何以克堪昔聞當官以留犢還珠爲上今之從職以充車聯駟爲能或交結富豪抑弃貧弱或矜假典正樹立腹心邑屋之間囊篋俱委或地有椿榦梓漆或家有畜產資財即被暗通並從取奪若有固恡即因事以繩麤杖大枷動傾性命懷冤抱痛無所告陳此差御史委令巡察或有貴要所囑未能不避權豪或有親故在官又罕絕於顏面載馳原隰徒煩出使之名安問狐狸未見埋車之者揚清激濁涇渭不分嫉惡好善蕭蘭莫別官守旣其若此下人豈以聊生數年已來凋殘更甚卿孤潔獨行有古人之風自臨蜀川弊化頓易覽卿前後執奏何異破柱求姦諸使之中在卿爲最並能盡節似卿如此百郡何憂乎不理萬人何慮乎不安卿當益堅勿爲後顧朕嘉卿直道今賜袍帶并

○衣一副尋拜戶部尚書轉吏部尚書並遙領益州大都督府長史玄宗即位累拜河南尹遷戶部尚書開元四年遇疾上手疏鑿方以賜之時議戶部尚書爲凶官遽改授太子詹事冀其有瘳尋卒贈黃門監謚曰景構初喪繼母時有二妹在襁褓親加鞠養咸得成立及構卒二妹號絕久之以撫育恩遂制三年之服其弟栩亦甚哀毀並爲當時所稱栩官至荊州司馬

蘇珦雍州藍田人明經舉累授鄠縣尉雍州長史李義琰召而謂曰鄠縣本多訴訟近日遂絕訪問果由明公爲其疏理因顧指廳事曰此座即明公座也但恨非遲暮所見耳垂拱初拜右臺監察御史時則天將誅韓魯等諸王使珦按其密狀珦訊問皆無徵驗或誣告珦與韓魯等同情則天召見詰問珦抗議不回則天不悅曰卿大雅之士朕當別有驅使此獄不假卿也遂令珦於河西監軍五遷右司郎中時御史王弘義託附來俊臣構陷無罪朝廷疾之會受詔於虢州採木役使不節丁夫多死珦按奏其事弘義竟

以坐黜珣尋遷給事中累授左肅政臺御史大夫時有詔白司馬
坡營大像糜費巨億珣以妨農上疏切諫則天納焉神龍初武三
思擅權韋將告三思將有逆謀返爲三思所構中宗令斬之珣奏
非時不可行刑由是忤三思旨轉爲右御史大夫尋出爲岐州刺
史復爲右臺大夫會節愍太子敗詔珣窮其黨與時睿宗在藩爲
得罪者所引珣因辯析事狀密奏以保持之中宗意解因是多所
原免擢珣爲戶部尚書賜爵河內郡公尋授太子賓客檢校詹事
以年老致仕開元三年卒年八十一贈兗州都督謚曰文
子晉亦知名晉數歲能屬文作八卦論吏部侍郎房穎叔秘書少
監王紹宗見而賞歎曰此後來王粲也弱冠舉進士又應大禮舉
皆居上第先天中累遷中書舍人兼崇文館學士玄宗監國每有
制命皆令晉及賈曾爲之晉亦數進讜言深見嘉納俄出爲泗州
刺史以父老乞辭職歸侍許之父卒後歷戶部侍郎襲爵河內郡
公開元十四年遷吏部侍郎時開府宋璟兼尚書事晉及齊澣遞

於京都知選事既糊名考判晉獨多賞拔甚得當時之譽俄而侍
中裴光庭知尚書事每過官應批退者但對衆披簿以朱筆點頭
而已晉遂牓選院云門下點頭者更引注擬光庭以爲侮己甚不
悅遂出爲汝州刺史三遷魏州刺史加銀青光祿大夫入爲太子左
庶子二十二年卒年五十九初晉與洛陽人張循之仲之兄弟友善
循之等並以學業著名循之則天時上書忤旨被誅仲之神龍中
謀殺武三思爲友人宋之遜所發下獄死晉厚撫仲之子漸有如
己子教之書記爲營婚宦及晉卒漸制猶子之服時人甚以此稱之
鄭惟忠宋州宋城人也儀鳳中進士舉授井陘尉轉湯陰尉天授
中應舉召見則天臨軒問諸舉人何者爲忠諸人對不稱旨惟忠
對曰臣聞忠者外揚君之美內匡君之惡則天曰善授左司禦率
府胄曹參軍累遷水部員外郎則天幸長安惟忠待制引見則天
謂曰朕識卿前於東都言忠臣外揚君之美內匡君之惡至今不
忘尋加朝散大夫再遷鳳閣舍人中宗即位甚見重之擢拜黃門

侍郎時議請禁嶺南首領家畜兵器惟忠曰夫爲政不可革以習
俗且吳都賦云家有鶴膝戶有犀渠如或禁之豈無驚擾耶遂寢
無何守大理卿節愍太子與將軍李多祚等舉兵誅武三思事變
伏誅其詿誤守門者並配流將行有韋氏黨與密奏請盡誅之中
宗令推斷惟忠奏曰今大獄始決人心未寧若更改推必遞相驚
恐則反側之子無由自安敕令百司議遂依舊斷所全者甚多俄
拜御史大夫持節賑給河北道仍黜陟牧宰還數奏稱旨加銀青
光祿大夫封滎陽縣男開元初爲禮部尚書轉太子賓客十年卒
贈太子少保
王志愔博州聊城人也少以進士擢第神龍年累除左臺御
史加朝散大夫執法剛正百僚畏憚時人呼爲皁鵰言其顧瞻
人吏如鵰鶚之視燕雀也尋遷大理正嘗奏言法令者人之隄防
隄防不立則人無所禁竊見大理官寮多不奉法以縱罪爲
寬恕以守文爲苛刻臣濫執刑典實恐爲衆所謗遂表上

所著應正論以見志其詞曰嘗讀易至萃利見大人亨聚以正也
六二引吉無咎注曰居萃之時體柔當位處坤之中己獨處正異
操而聚獨正者危未能變體以遠於害故必見引然後乃吉而無
咎王肅曰六二與九五相應俱履貞正引由迎也爲吉所迎何咎
之有未嘗不輟書而歎曰居中履正事之常體見引無咎道亦宜
然有客聞而惑之因謂僕曰今主上文明域中理定君累司典憲不
務和同處正之志雖存見引之吉誰應行之不已余竊惟焉僕斂
襟降階揖而謝曰補遺闕於袞職用忠讜爲己任以蒙養正見引
獲吉應此道也仁何遠哉昔咎繇謨虞登朝作士設教理物開訓
成務是以五流有宅五宅三居怙終賊刑刑故無小於是舜美其
事曰汝明於五刑以弼五教期于予理刑期于無刑人協于中時
乃功懋哉故孔子歎其政曰舜舉咎繇不仁者遠此非明辟執法
大人見引之應乎季孫行父之事君也舉竊寶之慝黜授邑之賞
明善惡而糺愿議僭賞以塞違在虞舜之功居二十之一主司得行

其道時君不以爲嫌此非已獨處正應正而無咎矢漁于棠臧伯
正色賂鼎在廟哀伯抗詞言者得盡其忠聞之不加其罪故春秋
稱臧氏之正曰積善之家必有餘慶此非曩操而發引吉之所致乎
魏絳理直晉侯乃復其位郗人辭順趙盾不伐其國此非正體未
變爲吉所迎者乎夫在上垂拱臣下守制若正應乎上乃引吉於
下而中士聞道若存若亡交戰於譎正之門懷疑乎語默之境懼
獨正之莫引忌此正之必亨于嗟乎行己立身居正踐義其動也
直其正也方維正直而是與何往而非攸利何以明之坤六二直方
大不習無不利文言曰直其正也方其義也君子敬以直內義以
方外敬義立而德不孤直方大則不疑其所行也嵇康釋私論
曹羲著至公篇皆以崇公激俗抑私事主一言可以蔽之歸於體
正而已矣禮記曰刑者侀也侀者成也一成而不可變故君子盡心
焉若以喜怒制刑輕重設比是則橋前驚馬用希言論人苑中獵
免以從欲廢法理有違而合道物貴和而不同不同之和正在其中

矣昔任延爲武威太守漢帝誡之曰善事上官無失名譽延對曰
臣聞忠臣不私私臣不忠上下雷同非國家之福善事上官臣不
敢奉詔任延雅奏漢主是其言此則歸正不回乖旨順義不以忤
懷見忌斯亦違而合道晏子春秋景公見梁丘據曰據與我和晏
子曰此同也和者君甘則臣酸君澹則臣鹹今據也君甘亦甘所
謂同也安得爲和是以濟鹽梅以調羹乃適乎心之味獻可否而
論道方恢政體之節侯引正而遵度故曰物貴和而不同劉晏山
辯和同之義有旨哉若以不同見譏未敢聞誨客曰和同乖訓則
已聞之援法成而不變者豈恤獄之寬憲耶書曰御衆以寬傳曰
寬則得衆若以嚴統物異乎寬政矣對曰刑賞二柄唯人主操之
崇厚任寬是謂帝王之德慎子曰以力役法者百姓也以死守法
者有司也以道變法者君上也然則匪人臣所操後魏游肇之爲
廷尉也魏帝嘗私勑肇有所降恕肇執而不從曰陛下自能恕
之豈足令臣曲筆也是知寬恕是君道曲從非臣節人或未達斯

旨不料其務以平刑爲峻將曲法爲寬謹守憲章號爲深密內律
釋種虧戒一誅五百人如來不救其罪豈謂佛法爲殘刻耶老子
道德經云天網恢恢踈而不漏豈謂道教爲凝峻耶家語曰王者
之誅有五而竊盜不預焉即心辯言僞之流禮記亦陳四殺破律
亂名之謂豈是儒家執禁孔子之深文哉此三教之用法者所以
明眞諦重玄猷存天網立人極也然則乾象震曜天道明威肩衆
惟刑百王所以垂範折人以法三后於是成功所務掌憲決平斯廷
尉之職耳易曰家人嗃嗃無咎婦子嘻嘻終吝嚴於其家可移於
國昔崔寔達於理而作政論仲長統曰凡爲人主宜寫政論一通置
諸坐側其大抵云爲國者以嚴致平非以寬致平者也然則稱嚴
者不必踰條越制疑網重罰在於施隱括以矯枉用平典以禁非
刑故有常罰輕無捨人不易犯防之難越故也但人慢吏濫僞積
贓深而曰以寬理之可以爲過何異乎命王良御駻捨銜策於奔
踶請俞附攻疾停藥石於膚腠適見秋駕轉逸膏肓更深豎人

僕夫何功之有又謂僕曰成法而變唯帝王之命敢對曰何爲其
然也昔漢武帝甥昭平君殺人以公主子廷尉上請論左右爲言武
帝垂涕歎曰法令者先帝之所造也用親故誣先帝之法吾何面
目入高廟乎又下負萬人乃可其奏近代隋文帝子秦王俊爲幷
州摠管以奢縱免官僕射楊素奏言王陛下愛子請捨其過文帝
曰法不可違若如公意我是五兒之父非兆人之父何不別制天子兒
律乎我安能虧法卒不許此是帝王操法協于禮經不變之義況
於秋官典職司寇肅事而可變動者乎我皇睿哲登宸高視巖廊
之上宰衡明允就列輔弼廟堂之下乾坤交泰日月光華庶績其
凝衆工咸理聚以正也僕幸利見大人引其吉焉期養正於下位中
正是託子何懼乎夫君子百行之基出處二途而已出則策名委
質行直道以事人進善納忠仰太階而緝政謇謇其節思爲社稷
之臣謇謇匪躬顧爲柱石之任處則高謝公卿孝友揚名是亦爲
政煙霞尚志其用永貞行藏事業心迹斯在至如水中泛泛天下

悠悠執馭爲樊擁門自媚拜塵邀勢括囊守祿從來長息以爲深
恥客乃逡巡不對遂無以間傑世中宗覽而嘉之稍遷駕部郎中
景雲元年累轉左御史中丞尋遷大理少卿二年制依漢置刺史
監郡於天下衝要大州置都督二十人妙選有威重者爲之遂拜
志愔齊州都督事竟不行又授齊州刺史充河南道按察使未幾
遷汴州刺史仍舊充河南道按察使太極元年又令以本官兼御
史中丞內供奉特賜實封一百戶尋加銀青光祿大夫拜戶部侍
郎出爲魏州刺史轉揚州大都督府長史俱充本道按察使所在
令行禁止姦猾屏迹境內肅然久之召拜刑部尚書開元九年上幸
東都令充京師留守十年有京兆人權梁山僞稱襄王男自號光
帝與其黨及左右屯營押官謀反夜半時擁左屯營兵百餘人自
景風長樂等門斬關入宮城將殺志愔志愔踰牆避賊俄而屯營
兵潰散翻殺梁山等五人傳首東都志愔遂以駭卒

○盧從愿相州臨漳人後魏度支尚書昶六代孫也自范陽徙家焉世
爲山東著姓弱冠明經舉授絳州夏縣尉又應制舉拜右拾遺俄
遷右肅政監察御史充山南道黜陟巡撫使奉使稱旨拜殿中侍
御史累遷中書舍人睿宗踐祚拜吏部侍郎中宗之後選司頗失
綱紀從愿精心條理大稱平允其有冒名僞選及虛增功狀之類
皆能擿發其事典選六年前後無及之者上嘉之特與一子太子通
事舍人從愿上疏乞迴恩贈父乃贈其父吉陽丞敬一爲鄭州長
史初高宗時裴行儉馬載爲吏部最爲稱職及是從愿與李朝
隱同時典選亦有美譽時人稱曰吏部前有馬裴後有盧李開元
四年上盡召新授縣令一時於殿庭策試考入下第者一切放歸學
問從愿以注擬非才左遷豫州刺史爲政嚴簡按察使奏課爲天
下第一降璽書勞問賜絹百匹無幾入爲工部侍郎轉尚書左丞
又與楊滔及吏部侍郎裴漼禮部侍郎王丘中書舍人劉令植刪
定開元後格遷中書侍郎十一年拜工部尚書加銀青光祿大夫
仍令東都留守十三年從升泰山又加金紫光祿大夫代韋抗爲

刑部尚書頻年充校京外官考使前後咸稱允當御史中丞宇文
融承恩用事以括獲田戶之功本司校考爲上下從愿抑不與之
融頗以爲恨密奏從愿廣占良田至有百餘頃其後上嘗擇堪爲
宰相者或薦從愿上曰從愿廣占田園是不廉也遂止不用從愿
又因早朝途中爲人所射中其從者捕賊竟不獲時議從愿久在
選司爲被抑者所讎十六年東都留守時坐子起居郎諭糴米入
官有剩利爲憲司所糺出爲絳州刺史再遷太子賓客二十年河
北穀貴勑從愿爲宣撫處置使開倉以救飢餒使迴以年老抗表
乞骸骨乃拜吏部尚書聽致仕給全祿二十五年卒年七十餘贈
益州大都督謚曰文

李朝隱京兆三原人也少以明法舉拜臨汾尉累授大理丞神龍
年功臣敬暉桓彥範爲武三思所構諷侍御史鄭愔奏請誅之勑
大理結其罪朝隱以暉等所犯不經推窮未可即正刑名時裴談
爲大理卿異筆斷斬仍籍役其家朝隱由是忤旨中宗令貶嶺南
○惡處侍中韋巨源中書令李嶠奏曰朝隱素稱清正斷獄亦甚當
事一朝遠徙嶺表恐天下疑其罪中宗意解出爲聞喜令尋遷侍
御史三遷長安令有宦官閭興貴詣縣請託朝隱命拽出之睿宗
聞而嘉歎廷召朝隱勞曰卿爲京縣令能如此朕復何憂乃下制
曰夫不吐剛而諂上不茹柔而黷下者君子之事也踐霜必繩登
車無屈者正人之務也長安縣令李朝隱德義不回清強自遂亟聞
嘉政累著能名近者品官入縣有乖儀式遂能責之以禮繩之以
憲但閹豎之流多有憑恃柔寬之代必弄威權歷觀載籍常所
歎息朕規誡前古勤求典憲能副朕意實賴斯人昔虞延持皇后
之客梅陶鞭太子之傅古稱遺直復見于今思欲旌其美行遷
以重職爲時屬閹戶政在養人宜加一階用表剛烈可太中大夫
特賜中上考兼絹百匹七遷絳州刺史兼知吏部選事開元二年
遷吏部侍郎銓敘平允甚爲當時所稱降璽書褒美授一子太子
通事舍人四年春以授縣令非其人出爲滑州刺史轉同州刺史

駕幸東都路由同州朝隱蒙旨召見賞慰賜衣一副絹百匹尋遷河南尹政甚清嚴豪右屏跡時太子舅趙常奴恃勢侵害平人朝隱曰此而不繩何以為政執而杖之上聞又降勅書慰勉之十年遷大理卿時武強令裴景仙犯乞取贓積五千匹事發逃走上大怒令集衆殺之朝隱執奏曰裴景仙緣是乞贓犯不至死又景仙曾祖故司空寂往屬締構首預元勳載初年中家陷非罪凡有兄弟皆被誅夷唯景仙獨存今見承嫡據贓未當死坐準犯猶入請條十代宥賢功實宜錄一門絶祀情或可哀願寬暴市之刑俾就投荒之役則舊勳斯允手詔不許朝隱又奏曰有斷自天處之極法生殺之柄人主合專輕重有條臣下當守枉法者枉理而取十五匹便抵死刑乞取者因乞為贓數千匹止當流坐今若乞取得罪便處斬刑後有枉法當科欲加何辟所以為國惜法期守律文非敢以法隨人曲矜仙命射兎魏苑驚馬漢橋初震皇赫竟從廷議豈威不能制而法貴有常又景仙曾祖寂草昧忠節定為元勳位

至台司恩倍常數載初之際枉被破家諸子各犯非辜唯仙今見承嫡若寂勳都弃仙罪特加則叔向之賢何足稱者若敖之鬼不其餒而捨罪念功乞垂天聽應勅決杖及有犯配流近發德音普標殊澤杖者既聽減數流者仍許給程天下顒顒孰不幸甚曠被四海已被深恩豈於一人獨峻常典伏乞採臣之議致仙於法乃下制曰罪不在大本乎情罰在必行不在重朕垂範作訓庶動植咸若豈嚴刑逞戮使手足無措者哉裴景仙幸藉緒餘超升令宰輕我憲法蠹我風猷不慎畏知之金詎識無貪之寶家盈黷貨身乃逃亡殊不知天孽可違自慭難逭所以不從本法加以殊刑冀懲貪暴之流以塞侵漁之路然以其祖父昔預經綸佐命有功締構斯重緬懷賞延之義俾協政寬之典宜捨其極法以竄遐荒仍決杖一百流嶺南惡處朝隱俄轉岐州刺史母憂去官起為揚州大都督府長史抗疏固辭制許之朝隱性孝友時年已衰葬暮在喪尤加毀瘠明年制又起為揚州長史不獲已而就職復入為大理

卿累封金城伯代崔隱甫為御史大夫朝隱素有公直之譽每御史大夫缺時議咸許之及居其職竟無所糾劾唯煩於細務時望由是稍減俄轉太常卿二十一年兼判廣州事仍攝御史大夫充嶺南採訪處置使明年卒於嶺外年七十贈吏部尚書官給靈轝兼家口給遞還鄉謚曰貞

裴漼絳州聞喜人也世為著姓父琰之永徽中為同州司戶參軍時年少美容儀刺史李崇義初甚輕之先是州中有積年舊案數百道崇義促琰之使斷之琰之命書吏數人連紙進筆斯須剖斷並畢文翰俱美且盡與奪之理崇義大驚謝曰公何忍藏鋒以成鄙夫之過由是大知名號為霹靂手後為永年令有惠政人吏刊石頌之歷位倉部郎中以老疾廢于家漼色養劬勞十數年不求仕進父卒後應大禮舉拜陳留主簿累遷監察御史時吏部侍郎崔湜鄭愔坐贓為御史李尚隱所劾漼同鞫其獄安樂公主及上官昭容阿黨湜等漼竟執正奏其罪甚為當時所稱三遷中書舍

人太極元年睿宗為金仙玉真公主造觀及寺等時屬春旱興役不止漼上疏諫曰臣謹案禮記春夏令曰無聚大衆無起大役不可興土功恐妨農事若號令乖度役使不時則加疾疫之危國有水旱之災此五行之必應也今自春至夏時雨愆期下人憂心莫知所出陛下雖降哀矜之言兩都仍有寺觀之作時旱之應寔此之由且春令告期東作方始正是丁壯就功之日而土木方興臣恐所妨尤多所益尤少耕夫蠶妾飢寒之源故春秋莊公三十一年冬不雨五行傳以為歲三築臺僖公二十一年夏大旱五行傳以時作南門勞人興役陛下每以萬方為念睿言殷勤安國濟人防微慮遠伏願下明制發德音順天時副人望兩京公私營造及諸和市木等並請且停則蒼生幸甚農桑失時戶口流散縱寺觀營構豈救黎元飢寒之弊哉疏奏不報尋轉兵部侍郎以銓敘平允特授一子為太子通事舍人開元五年遷吏部侍郎典選數年多所持拔再轉黃門侍郎代韋抗為御史大夫漼早與張說特相友善

時說在相位數稱薦之擢又善於數奏上亦嘉重焉由是擢拜吏部尚書尋轉太子賓客濰家世儉約既久居清要頗飾妓妾後庭有綺羅之賞由是爲時論所譏二十四年卒年七十餘贈禮部尚書謚曰懿濰從祖弟寬寬父無晦袁州刺史寬通略以文詞進騎射彈棊投壺特妙景雲中爲潤州參軍刺史韋銑爲按察使引爲判官清幹善於剖斷銑重其才以女妻之後應拔萃舉河南丞再轉爲長安尉時宇文融爲侍御史括天下田戶使奏差爲江南東道勾當租庸地稅兼覆田判官轉太常博士禮部擬國忌之辰享廟用樂下太常寬深達禮節特建新意以爲廟尊忌卑則登歌廟卑忌尊則去樂中書令張說謂寬明識舉而行之再遷爲刑部員外郎有萬騎將軍馬崇正晝殺人時開府霍國公王毛仲恩幸用事將鬻其獄寬執之不回兵部尚書蕭嵩爲河西節度使奏寬及郭虛已爲判官累年專見委任嵩加中書令寬歷中書舍人御史中丞兵部侍郎開元二十一年冬裴耀卿以黃門侍郎知政事扈從出關

知江淮轉運於河陰置倉奏寬爲戶部侍郎爲其副寬性友愛弟兄多宦達子姪亦有名稱於東京立第同居八院相對甥姪皆有休憩所擊鼓而食當世榮之遷吏部侍郎及玄宗還京又改蒲州刺史州境久旱入境雨乃大浹遷河南尹不附權貴務於恤隱政乃大理改左金吾衛大將軍一年除太原尹賜紫金魚袋玄宗賦詩而餞之曰德比岱雲布心如晉水清天寶初除陳留太守兼採訪使尋而范陽節度李適之入爲御史大夫除寬范陽節度兼採訪使河北替之其年又加御史大夫時北平軍使烏承恩恃以蕃酋興中貴通恣求貨賄寬以法按之檀州刺史何僧獻生口數十人寬悉命歸之故夷夏感悅三載以安祿山爲范陽節度寬爲戶部尚書兼御史大夫玄宗素重寬日加恩顧刑部尚書裴敦復討海賊迴頗張賊勢又廣敘功以開請託之路寬嘗微奏之居數日有河北將士入奏盛言寬在范陽能政塞上思之玄宗嗟賞久之李林甫懼其入相又惡寬與李適之善乃呼裴敦復且以寬之語

告之敦復使氣性躁與寬素不相下以爲林甫推誠於己因願結之且訴其冤先是寬以親故名囑敦復求請軍功至是敦復氣憤發其事林甫曰公宜速奏無後於人尋而敦復扈從幸溫泉宮寬在京城未發遇有敦復下軍將程藏曜郎將曹鑒鑒郴州富人藏曜嶺南首領之子皆有他事與人詣臺告訴寬受其狀捕鑒等鞫之敦復判官太常博士王悅聞之謂寬求其過連夜詣湯所以告敦復大懼促裴待罪因令子婿以五百金賂於貴妃姊楊三娘楊氏遽爲言之明日貶寬爲睢陽太守寬以清簡爲政故所莅人皆愛之當時望爲宰輔及韋堅構禍寬又以親累貶爲安陸別駕負外置林甫使羅希奭南殺李適之紆路至安陸過擬怖死之寬叩頭祈請希奭不宿而過寬又懼死上表請爲僧詔不許然崇信釋典常與僧徒往來焚香禮懺老而彌篤累遷東海太守襄州採訪使銀青光祿大夫轉馮翊太守入拜禮部尚書十四載卒年七十五詔贈太子少傅賻帛一百五十段粟一百五十石兄弟八人皆明經及

第入臺省典郡者五人寬歿之後弟珣爲河內郡太守安祿山反以執父喪將投闕庭恐累其母乃詣河東節度訴誠而退後在母憂又陷史思明授其僞官委任使弟助密奉表疏至上京代宗時爲左司郎中兼侍御史河東道租庸判官

王丘光祿卿同皎從兄子也父同晊左庶子丘年十一童子舉擢第時類皆以誦經爲課丘獨以屬文見擢由是知名弱冠又應制舉拜奉禮郎丘神氣清古而志行修潔尤善詞賦族人左庶子方慶及御史大夫魏元忠皆稱薦之長安中自偃師主簿擢第拜監察御史開元初累遷考功員外郎先是考功舉人請託大行取士頗濫每年至數百人丘一切覈其實材登科者僅滿百人議者以爲自則天已後凡數十年無如丘者其後席豫嚴挺之爲其次焉三遷紫微舍人以知制誥之勤加朝散大夫再轉吏部侍郎典選累年甚稱平允擢用山陰尉孫逖桃林尉張鏡微湖城尉張晉明進士王泠然皆稱一時之秀俄換尚書左丞十一年拜黃門侍郎其年

山東旱儉朝議選朝臣爲刺史以撫貧民制曰昔咎繇與禹言曰在知人在安人此皆念存邦本允于帝載乾乾夕惕無忘一日而長吏或不稱蒼生或未寧深思循良以矯過弊仍重諸侯之選故自朝廷之始於是以丘爲懷州刺史又以中書侍郎崔沔等數人皆爲山東諸州刺史至任皆無可稱唯丘在職清嚴人吏甚畏慕之俄又分知吏部選事入爲尚書左丞丁父憂去職服闋拜右散騎常侍仍知制誥二十一年侍中裴光庭病卒中書令蕭嵩與丘有舊將薦丘知政事丘知而固讓且盛推尚書右丞韓休嵩因而奏之及休作相遂薦丘代崔琳爲御史大夫丘既訥於言詞敷奏多不稱旨俄轉太子賓客襲父爵宿預男尋以疾拜禮部尚書仍聽致仕丘雖歷要職固守清儉未嘗受人饋遺第宅輿馬稱爲弊陋致仕之後藥餌殆將不給上聞而嘉歎下制曰王丘夙負良材累升茂秩比緣疾疹假以優閑聞其家道屢空毉藥靡給久此從官遂無餘貲特操若斯古人何遠且優賢之義方冊所先

周急之宜沮勸攸在其俸祿一事已上並宜全給式表殊常之澤用旌貞白之吏天寶二年卒贈荊州大都督

史臣曰有唐之興綿歷年所骨鯁清廉之士懷忠抱義之臣臺省之間駕肩接武但時有夷險道有汙隆用與不用而已睿玄之世若李傑畢構蘇珦鄭惟忠王志愔盧從愿裴漼王丘並位歷亞台名德兼著如尹思貞李朝隱折李承嘉竇懷貞辱閻興貴趙常奴詩人所謂不畏強禦者也解琬揔兵朔野料敵如神功遂身退深知止足茲亦有足多也

贊曰尚書亞台京尹方伯我朝重官云誰稱職傑構珦忠能竭其力愔愿漼丘聿修厥德貞慙大僚隱繩貴戚琬馳令名燕蜀之北

唐書列傳卷第五十

右文林郎充兩浙東路提舉茶鹽司幹辦公事崔文冣校勘

唐書列傳卷第五十一

劉昫 等修

李乂　薛登　韋湊（湊從子虛心 虛舟）　韓思復（思復孫佽）

張廷珪　王求禮　辛替否

李乂本名尚真趙州房子人也少與兄尚一尚貞俱以文章見稱
舉進士景龍中累遷中書舍人時中宗遣使江南分道贖生以所
在官物充直乂上疏曰江南水鄉採捕為業魚鼈之利黎元所資
土地使然有自來矣伏以聖慈含育恩周動植布天地之大德及
鱗介之微品雖雲雨之私有霑於末類而生成之惠未洽於平人
何則江湖之饒生育無限府庫之用支供易殫費之若少則所濟
何成用之儻多則常支有闕在於拯物豈若憂人且鬻生之徒唯
利斯視錢刀日至網罟年滋施之一朝營之百倍未若迴救贖之
錢物減困貧之傜賦活國愛人其福勝彼乂知制誥凡數載景雲
元年遷吏部侍郎與宋璟盧從愿同時典選銓敘平允甚為當時
所稱尋轉黃門侍郎時睿宗令造金仙玉真二觀乂頻上疏諫帝
每優容之開元初特令乂與中書侍郎蘇頲纂集起居注錄其
嘉謨昌言可體國經遠者別編奏之乂在門下多所駮正開元初
姚崇為紫微令薦乂為紫微侍郎外託薦賢其實引在己下去其
糾駮之權也俄拜刑部尚書乂方雅有學識朝廷稱其有宰相之
望會病卒兄尚一清源尉早卒尚貞官至博州刺史兄弟同為一
集號曰李氏花萼集總二十卷

薛登本名謙光常州義興人也父士通大業中為鷹揚郎將江都
之亂士通與鄉人聞人嗣安等同據本郡以禦寇賊武德二年遣
使歸國高祖嘉之降璽書勞勉拜東武州刺史俄而輔公祏於江
都構逆遣其將西門君儀等寇常州士通率兵拒戰大破之君儀
等僅以身免及公祏平累功封臨汾侯貞觀初歷遷泉州刺史卒
謙光博涉文史每與人談論前代故事必廣引證驗有如目擊少
與徐堅劉子玄齊名友善文明中解褐閬中主簿天授中為左補

闕時選舉頗濫謙光上疏曰臣聞國以得賢為寶臣以舉士為忠
是以子皮之讓國僑鮑叔之推管仲燕昭委兵於樂毅苻堅託政
於王猛子產受國人之謗夷吾貪共賈之財昭王錫輅馬以止讒永
固戮樊世以除譖慮猜嫌而益信行間毀而無疑此由識之委之
而察之深也至若宰我見遇於宣尼逢萌被知於文叔韓信無聞
於項氏毛遂不齒於平原此失士之故也是以人主受不肖之士則
政乖得賢良之佐則時泰故堯資八元而庶績其理周任十亂而
天下和平由是言之則士不可不察而官不可妄授也何者比來
舉薦多不以才假譽馳聲互相推獎希潤身之小計忘臣子之大
猷非所以報國求賢副陛下翹翹之望者也臣竊窺古之取士實
異於今先觀名行之源考其鄉邑之譽崇禮讓以勵己明節義以
標信以敦朴為先最以雕蟲為後科故人崇勸讓之風士去輕浮
之行希仕者必修貞確不拔之操行難進易退之規眾議以定其
高下郡將難誣於曲直故計貢之賢愚即州將之榮辱穢行彰
露亦鄉人之厚顏是以李陵降而隴西慙干木隱而西河美故名
勝於利則小人之道消利勝於名則貪暴之風扇是以化俗之本
須擯輕浮昔冀缺以禮讓升朝則晉人知禮文翁以儒林獎俗則
蜀士多儒燕昭好馬則駿馬來庭葉公好龍則真龍入室由是言
之未有上之所好而下不從其化者也自七國之季雖雜縱橫而漢
代求才猶徵百行是以禮節之士敏德自修閭里推高然後為府
寺所辟魏氏取人尤愛放達晉宋之後祇重門資獎為人求官之
風乖授職惟賢之義有梁薦士雅愛屬詞陳氏簡賢特珍賦詠故
其俗以詩酒為重不以修身為務逮至隋室餘風尚在開皇中李
諤論之於文帝曰魏之三祖更好文詞忽君人之大道好雕蟲之小
藝連篇累牘不出月露之形積案盈箱唯是風雲之狀代俗以此
相高朝廷以茲擢士故文筆日煩其政日亂帝納李諤之策由是
下制禁斷文筆浮詞其年泗州刺史司馬幼之以表不典實得罪
於是風俗改勵政化大行煬帝嗣興又變前法置進士等科於是

後生之徒復相放傚因陋就寡赴速邀時緝綴小文名之策學不以指實爲本而以浮虛爲貴有唐纂曆雖漸革於故非陛下君臨思察才於共理樹本崇化惟在旌賢今之舉人有乖事實鄉議決小人之筆行修無長者之論策第喧競於州府祈恩不勝於拜伏或明制纔出試遣搜敭驅馳府寺之門出入王公之第上啓陳詩唯希欬唾之澤摩頂至足冀荷提攜之恩故俗號舉人皆稱覓舉覓爲自求之稱未是人知之辭察其行而度其材則人品於茲見矣徇己之心切則至公之理乖貪仕之性彰則廉潔之風薄是知府命雖高異叔度勤勤之讓黃門已貴無秦嘉耿耿之辭縱不能抑己推賢亦不肯待於三命豈與夫白駒皎皎不雜風塵束帛戔戔榮高物表校量其廣狹也是以耿介之士羞自拔而致其辭循常之人捨其疎而取其附故選司補署諠然於禮闈州貢賓王爭訟於階闥謗議紛合浸以成風夫競榮者必有競利之心謙遜者亦無貪賄之累自非上智焉能不移在於中人理由習俗若重

謹厚之士則懷祿者必崇德以修名若開趨競之門邀仕者皆戚施而附會附會則百姓罹其弊潔己則兆庶蒙其福故風化之漸靡不由茲今訪鄉閭之談唯祇歸於里正縱使名虧禮則罪挂刑章或冒籍以偷資或邀勳而竊級假其不義之賂則是無犯鄉閭豈得比郭有道之銓量茅容望重裴逸人之賞拔夏少名高語其優劣也祇如才應經邦之流唯令試策武能制敵之例只驗彎弧若其文擅清奇便充甲第藻思微減便即告歸以此收人恐乖事實何者樂廣假筆於潘岳靈運詞高於穆之平津文劣於長卿子建筆麗於荀彧若以射策爲最則潘謝曹馬必居孫樂之右若使協贊機猷則安仁靈運亦無裨附之益由此言之不可一槩而取也至如武藝則趙雲雖勇資諸葛之指撝周勃雖雄乏陳平之計略若使樊噲居蕭何之任必失指蹤之機使蕭何入戲下之軍亦無免主之效鬬將長於摧鋒謀將審於料事是以文泉聚米知隗囂之可圖陳湯屈指識烏孫之自解八難之謀設高祖追慙於酈生九

拒之計窮公輸息心於伐宋謀將不長於弓馬良相寧資於射策豈與夫元長自表妄飾詞鋒曹植題章虛飛麗藻校量其可否違伏願陛下降明制頒峻科千里一賢尚不爲少僥倖冒進須立隄防斷浮虛之飾詞收實用之良策不取無稽之說必求忠告之言文則試以效官武則令其守禦始既察言觀行終亦循名責實自然僥倖濫吹之伍無所藏其妄庸故晏嬰云舉之以語考之以事寡其言而多其行拙於文而工於事此取人得賢之道也其有武藝超絕文鋒挺秀有效伎之偏用無經國之大才爲軍鋒之爪牙作詞賦之標準自可試凌雲之策練穿札之工承上命而賦甘泉稟中軍而令赴敵既有隨才之任必無負乘之憂臣謹案吳起臨戰左右進劍吳子曰夫提鼓揮桴臨難決疑此將事也一劍之任非將事也謹案諸葛亮臨戎不親戎服頓蜀兵於渭南宣王持劍卒不敢當此豈弓矢之用也謹案楊得意誦長卿之文武帝曰恨不得與此人同時及相如至終於文園令不以公卿之位處之者

蓋非其所任故也謹案漢法所舉之主終身保任楊雄之坐田儀責其冒薦成子之居魏相酬於得賢賞罰之令行則請謁之心絕退讓之義著則貪競之路消自然朝廷無爭祿之人選司有謙撝之士仍請寬立年限容其採訪簡汰堪用者令其試守以觀能否參驗行事以別是非不實免王丹之官得人加翟璜之賞自然見賢不隱食祿自專荀彧進鍾繇郭嘉劉隱薦李膺朱穆勢不云遠有稱職者受薦賢之賞濫舉者抵欺罔之罪自然舉得賢行則君子之道長矣尋轉水部員外郎累遷給事中檢校常州刺史屬宣州狂寇朱大目作亂百姓奔走謙光嚴備安輯闔境肅然轉刑部侍郎加銀青光祿大夫再遷尚書左丞景雲中擢拜御史大夫時僧惠範恃太平公主權勢逼奪百姓店肆州縣不能理謙光將加彈奏或請寢之謙光曰憲臺理寃滯何所迴避朝彈暮黜亦可矣遂與殿中慕容珣奏彈之反爲太平公主所構出爲岐州刺史惠範既誅遷太子賓客轉刑部尚書加金紫祿大夫昭文館

學士開元初爲東都留守又轉太子賓客以與太子同名表請行
字特勑賜名登壽以孽子悅千牛爲憲司所劾放歸田里朝廷以
其家貧又特給致仕祿七年卒年七十三贈晉州刺史撰四時記
二十卷
韋湊京兆萬年人曾祖瓚隋尚書右丞祖叔諧蒲州刺史父玄植
州都督府長史湊永淳二年解褐授婺州參軍累轉揚府法曹
參軍州人前仁壽令孟神爽豪縱數犯法交通貴戚前後官吏莫
敢繩按湊白長史張潛請因事除之會神爽坐事推問湊無所假
借神爽妄稱有密究問引虛遂杖殺之遠近稱伏湊景龍中歷遷
將作少匠司農少卿嘗以公事忤宗楚客出爲貝州刺史睿宗即
位拜鴻臚少卿加銀青光祿大夫景龍二年轉太府少卿又兼通
事舍人時改葬節愍太子優詔加謚又雪李多祚等罪還其官爵
仍議更加贈官湊上書曰臣聞王者發號施令必法乎天道使三
綱敘十等咸若者善善明惡惡著也善善者懸爵賞以勸之也

惡惡者設刑罰以懲之也其賞罰所不加者則考行立謚以襃貶
之所以勸誡將來也斯並至公之大猷非私情之可徇故其微獲
用管禁爲戮謚者臣議其君子議其父而曰靈曰厲者不敢以私
而亂大猷也則其餘安可失哉臣竊見節愍太子與李多祚等
擁北軍禁旅上犯宸居破扉斬關突禁而入兵指黃屋騎騰紫微
孝和皇帝移御玄武門親降德音諭以逆順而太子據鞍自若督
衆不停俄而其黨悔非轉逆爲順或迴兵討賊或投狀自拘多祚
等伏誅太子方事逃竄向使同惡相濟天道無徵賊徒闕倒戈之
人侍臣虧陛戟之衛其爲禍也胡可忍言于時臣任將作少匠賜
通事舍人內供奉其明日孝和皇帝引見供奉官等雨淚謂曰幾
不與卿等相見其爲危懼不亦甚乎而今聖朝雪罪禮葬謚爲節
愍以臣愚識竊所惑焉夫臣子之禮嚴敬斯極故過位必趨蹙路
馬芻有誅昔漢成之爲太子也行不敢絕馳道當周室之衰微也
秦師過周北門左右免胄而下王孫滿猶以其不卷甲束兵譏其

無禮知其必敗由是言之則太子稱兵宮內跨馬御前悖禮已甚
矣況將更甚乎而可襃謚此臣所未諭也以其斬武三思父子而
嘉之乎然弄兵討逆以安君父則可嘉也而乃因欲自取之是競
爲逆可襃謚乎此又臣所未諭也將廢韋氏而嘉之乎然韋氏逆
彰義絕雖誅之亦可也當此時也韋氏未有逆彰未爲義絕於太
子母豈有廢母之理乎且既非中宗之命而廢之是劫父廢母亦
悖逆也可襃謚乎此又臣所未諭也夫君或不君臣安可不臣父
或不父子安可不子借如君父有桀紂之行臣子無廢殺之理況
先帝功格宇宙德被生靈廟號中宗謚曰孝和皇帝而逆命之子
可襃謚乎此又臣所未諭昔獻公惑驪姬之譖將殺其太子申生
公子重耳謂之曰子盍言子之志於公乎太子曰不可君安驪姬
是我傷君之心也曰然則盍行乎曰不可君謂我欲弒君也天下
豈有無父之國哉吾何行之使人辭於狐突曰申生不敢愛其死
雖然吾君老矣子少國家多難伯氏苟出而圖吾君申生受賜而

死再拜稽首乃自縊其行如是其謚僅可爲恭今太子之行反是
可謚爲節愍乎此又臣所未諭也昔漢武帝末年江充與太子有
隙恐帝晏駕後爲太子所誅會巫蠱事起充典理其事因此爲姦
遂至太子宮掘蠱得桐木以誣太子時武帝避暑甘泉宮獨皇后
太子在太子不能自明納其少傅石德謀遂矯節斬充因敗逃匿
非稱兵詣闕無逆謀於父然身死於湖不葬無謚至昭帝時有男
子詣北闕自稱衛太子制使公卿識視至者莫敢發言京兆尹雋
不疑後至叱從吏收縛之或曰是非未可知且安之不疑曰諸君何
患於衛太子昔蒯聵出奔輒拒而不納春秋是之衛太子得罪先
帝亡不即死今來自詣此罪人也遂送制獄天子聞而嘉之曰公
卿大臣當用經術明於大義者及後太子孫立爲天子是曰孝宣
皇帝太子方獲禮葬而謚曰戾今節愍太子之行比之豈可同年
而語其於陛下又猶子也而謚爲節愍乎此又臣所未諭也昔項
羽之臣丁公常將危漢高祖高祖謂之曰二賢豈相厄哉丁公乃

止及高祖滅項氏遂戮丁公以徇曰使項王失天下者丁公也夫戮之大義至公也不私德之所以誡其後之事君者今節愍太子之爲逆復非欲保護陛下其可褒謚乎此又臣之所未諭也陛下天縱聖哲所任賢明以臣至愚寧可干議然臣又惟堯舜聖君也八凱五臣良佐也猶廣聽芻蕘之言者蓋爲智者千慮或有一失愚者千慮或有一得也故曰狂夫之言聖人擇焉臣輒緣斯義敢以陳聞願得與議謚者對議於御前若臣言非也甘受謗聖政之罪甘鼎鑊之誅仍請申明義以示天下使臣輩愚惑者咸蒙冰釋則無復異議矣若所謚未當奈何施之聖朝垂之史冊使後代逆臣賊子因而引譬責以爲辭是開悖亂之門豈示將來之法伏望改定其謚務合禮經其李多祚等罪請從宥免不謂爲雪以順天下之心則盡善盡美矣書奏睿宗引湊謂曰誠如卿言事已如此如何改動湊曰太子實行悖逆不可褒美請稱其行改謚以一字多祚等以兵犯君非曰無罪祇可云放不可稱雪帝然其言當時執

政以制令已行難於改易唯多祚等停贈官而已明年春起金仙玉眞兩觀用功巨億湊進諫曰陛下去夏以妨農停兩觀作今正農月翻欲興功雖知用公主錢不出庫物但土木作起高價雇人三輔農人趨目前之利捨農受雇弃本逐末臣聞一夫不耕天下有受其飢者臣竊恐不可帝不應湊又奏曰且陽和布氣萬物生育土木之間昆蚑無數此時興造傷殺甚多臣亦恐非仁聖本言睿宗方納其言令在外詳議中書令崔湜侍中岑羲謂湊曰公敢言此大是難事湊曰叨食厚祿死且不辭況在明時必知不死尋出爲陝州刺史無幾轉汝州刺史開元二年夏勑靖陵建碑徵料夫匠湊以自古園陵無建碑之禮又時正旱儉不可興功飛表極諫工役乃止尋遷岐州刺史四年入爲將作大匠時有勑復孝敬廟爲義宗湊上書曰臣聞王者制禮是曰規模規模之興實由師古師古之道必也正名名之與實故當相副其在宗廟禮之大者豈可失哉禮祖有功而宗有德祖宗之廟百代不毁故殷太甲爲

太宗太戊曰中宗武丁曰高宗周宗文王武王漢則文帝爲太宗武帝爲代宗其後代有稱宗者皆以方制海內德澤可宗列於昭穆期於不毁稱宗之義不亦大乎伏惟孝敬皇帝位止東宮未嘗南面聖道誠冠於儲副德教不被於寰瀛立廟稱宗恐非合禮況別起寢廟不入昭穆稽諸祀典何義稱宗而廟號義宗稱之萬代以臣庸識竊謂不可陛下率循典禮以關大獄有司所議以致此失或虧盡善豈不惜哉望更詳議務合於禮於是勑太常議改傳義宗之號湊前後上書論時政得失多見採納再遷河南尹累封彭城郡公以公事左授杭州刺史轉汾州刺史十年拜太原尹兼節度支度營田大使其年卒官年六十五贈幽州都督謚曰文子見素自有傳湊從子虛心

虛心父維少習儒業博涉文史舉進士自大理丞累至戶部郎中善於剖判時員外郎宋之問工於詩時人以爲戶部有二妙終於左庶子虛心舉孝廉爲官嚴整累至大理丞侍御史神龍年推按

大獄時僕射竇懷貞侍中劉幽求意欲寬假虛心堅執法令有不可奪之志景龍中西域羌胡背叛時並擒獲有勑盡欲誅之虛心論奏但罪元首其所全者千餘人虛心有孝行及丁父憂哀毀過禮鬚鬢盡白朝廷深所嗟尚後遷御史中丞左右丞兵部侍郎荊揚潞長史兼採訪使所在官吏振肅威令甚舉中外以爲標準歷戶部尚書東京留守卒年六十七季弟虛舟亦以舉孝廉自御史累至戶部司勳左司郎中歷荊州長史洪魏州刺史兼採訪使多著能政入爲刑部侍郎終大理卿家有禮則父子兄弟更踐郎署時稱郎官家

韓思復京兆長安人也祖倫貞觀中爲左衛率賜爵長山縣男思復少襲祖爵初爲汴州司戶參軍爲政寬恕不行杖罰在任丁憂家貧鬻薪終喪制時姚崇爲夏官侍郎知政事深嘉歎之擢授司禮博士景龍中累遷給事中時左散騎常侍嚴善思坐譙王重福事下制獄有司言善思昔嘗任汝州刺史素與重福交遊召至京

師旉不言其謀逆唯奏云東都有兵氣據狀正當匿反請從絞刑思復駁奏曰議獄緩死列聖明規刑疑從輕有國常典嚴善思往在先朝屬韋氏擅內侍寵宮掖謀危宗社善思此時遂能先覺因詣相府有所發明進論聖躬必登宸極雖交遊重福蓋謀陷韋氏及其謁見猶不奏聞將此行藏卽從極法且勑追善思書至便發向懷逆節寧卽奔命一面疏網誠合順生三驅取禽來而可宥惟刑是恤事合昭詳請付刑部集羣官議定奏裁以符愼獄是時議者多云善思合從原宥有司仍執前議請誅之思復又駁曰臣聞刑人於市爵人於朝必僉謀攸同始行之無惑謹按諸司所議嚴善思十繼一入抵罪惟輕夫帝闇九重塗遠千里故借天下之耳以聽聽無不聰借天下之目以視視無不接今群言上聞採擇宜審若弃多就少臣實懼焉輿誦一乖下情不達雖欲從衆其可及乎凡百京司逢時之泰列官分職有賢有親親則列藩諸王陛下愛子賢則脂茅關國陛下名臣見無禮於君寧肯雷同不異今

措詞多出法合從輕上納其奏旉免善思死配流靜州思復尋轉中書舍人數上疏陳得失多見納用開元初爲諫議大夫時山東蝗蟲大起姚崇爲中書令奏遣使分往河南河北諸道殺蝗蟲而埋之思復以爲蝗蟲是天災當修德以攘之恐非人力所能翦滅上疏曰臣聞河南河北蝗蟲頃日更益繁熾經歷之處苗稼都損今漸翾飛向西游食至洛使命來往不敢昌言山東數州甚爲惶懼且天災流行埋瘞難盡望陛下悔過責躬發使宣慰損不急之務召至公之人上下同心君臣一德持此誠實以荅休咎前後驅蝗使等伏望總停書云皇天無親惟德是輔人心無親惟惠是懷不可不收攬人心也上深然之出思復疏以付崇崇乃請遣思復往山東檢蝗蟲所損之處及還具以實奏崇又請令監察御史劉沼重加詳覆沼希崇旨意遂箠撻百姓迴改舊狀以奏之由是河南數州竟不得免思復遂爲崇所擠出爲德州刺史轉絳州刺史入爲黃門侍郎加銀青光祿大夫代裴漼爲御史大夫思復性恬澹好

玄言安仁體道非紀綱之任無幾轉太子賓客十三年卒年七十餘子朝宗天寶初爲京兆尹曾孫攸字伯之少有文學性尚簡澹舉進士累辟藩方自襄州從事拜殿中侍御史遷刑部員外求爲澧州刺史歲滿受代宰相牛僧孺鎮鄂渚辟爲從事拜刑部郎中轉京兆少尹遷給事中出爲桂州觀察使桂管二十餘郡州掾而下至邑長三百員由吏部而補者什一他皆廉吏量其才而補之攸旣至桂吏以常所爲官者數百人引謁一吏執籍而前曰具員請補其闕攸戒曰在任有政者不奪所理有過者必繩以法缺者當俟稽諸故籍取其可者然後補之會春衣使內官至求賄於郡吏二豪家因厚其貲以求邑宰攸悉諾之使去坐以撓法各笞其背自是豪猾斂跡皆得清廉吏以蘇活其人未幾詔置五管都監計所費盡一境地征不足飽其意攸特用儉約處之遂爲定制君子以爲難開成二年卒于官贈工部侍郎

張廷珪河南濟源人其先自常州徙焉廷珪少以文學知名性慷

慨有志尚弱冠應制舉長安中累遷監察御史則天稅天下僧尼出錢欲於白司馬坂營建大像廷珪上疏諫曰夫佛者以覺知爲義因心而成不可以諸相見也經云若以色見我以音聲求我是人行邪道不能見如來此眞如之果不外求也陛下信心歸依發弘誓願壯其塔廟廣其尊容已徧於天下久矣蓋有住於相而行布施非最上第一希有之法何以言之經云若人滿三千大千世界七寶以用布施及恒河沙等身命布施其福甚多若人於此經中受持及四句偈等爲人演說其福勝彼如佛所言則陛下傾四海之財殫萬人之力窮山之木以爲塔極治之金以爲像雖勞則甚矣費則多矣而所獲福不愈於禪一房之匠夫菩薩作福德不應貪著蓋有爲之法不足高也況此營建事殷土木或開發盤礴峻築基階或塞穴洞通轉採斫輾壓蟲蟻動盈巨億豈佛標坐夏之義愍蠢動而不忍害其生哉又役鬼不可唯人是營通計工匠率多貧窶朝驅暮役勞筋苦骨簞食瓢飲晨炊星飯飢渴所致疾

矜交集豈佛標徒行之義慇懃獸而不忍殘其力哉又營築之資
僧尼是稅雖乞丐所致而貧闕猶多州縣徵輸星火逼迫或謀計
靡所或鬻賣以充怨聲載路和氣未洽豈佛標隨喜之義慇愍蒙
而不忍奪其産哉且邊朔未寧軍裝日給天下虛竭海內勞弊伏
惟陛下愼之重之思菩薩之行爲利益一切衆生應如是布施則
其福德若南西北方四維上下虛空不可思量矣何必勤於住相
凋蒼生之業崇不急之務乎臣以時政論之則宜先邊境蓄府庫
養人力臣以釋教論之則宜救苦厄滅諸相崇无爲伏願陛下察
臣之愚行佛之意務以理爲上不以人廢言幸甚幸甚則天從其
言即停所作仍於長生殿召見深賞慰之景龍末爲中書舍人再
轉洪州都督仍爲江南西道按察使開元初入爲禮部侍郎時久
旱關中飢儉下制求直諫昌言弘益政理者廷珪上疏曰臣聞古
有多難興王殷憂啓聖者皆以事危則志銳情迫則思深故能自
下登高轉禍爲福者也伏見景龍之末中宗遇禍先天之際兇黨

構謀社稷有危於綴旒國朝將均於絶綖陛下神武超代精誠動
天再掃氛沴六合清朗而後上順皇旨俯念黔黎高運璿衡光膺
寶籙日月所燭之地書軌未通之鄉無不霑濡渥恩被服淳化十堯
九舜未足稱也明明上帝照臨下土宜錫介祉以荅鴻休然爾頃
歲已來陰陽愆候九穀失稔萬姓阻飢關輔之間更爲尤劇至有
糠覈莫嬰糟粃靡貴不復聊生方員轉死偶會昌運講茲彝否
者臣竊思之皇天之意將恐陛下春秋鼎盛神聖在躬不崇朝而
建大功自藩邸而陟元后或簡下濟之道獨滿雄圖之志輕虞舜
而不法思漢武以自高是故昭見咎徵載加警誘將欲大君日愼
一日雖休勿休永保大和以固邦本也斯皇天於陛下睠顧深矣
陛下焉不奉若休旨而寅畏哉臣愚誠願陛下約心削志澄思勵
精考羲農之書敦素樸之道登庸端士放黜佞人屏退後宮減徹
外廄場無蹴鞠之翫野絶從禽之賞促石田之遠境罷金甲之懸
軍矜恤惸嫠蠲薄傜賦去奇伎淫巧捐和璧隋珠不見可欲使

心不亂自然波清四海塵銷九域農夫樂其業餘糧棲於畝則和
氣上通於天雖五星連珠兩曜合璧未足多也珍祥下降於地雖
鳳皇巢閣麒麟在郊未足奇也或謂天之炯戒不足畏者則將上
帝憑怒風雨迷錯荒饉日甚無以濟下矣或謂人之窮乏不足恤
也則將齊甿沮志億兆攜離愁苦勢極無以奉上矣斯蓋安危所
繫禍福之源奈何朝廷曾不是察況今陛下受命伊始敷政惟新
卿士百寮華夷萬族莫不清耳以聽刮目而視延頸企踵冀有所
聞見顒顒如也何可怠棄典則坐辜其望哉再遷黃門侍郎時監
察御史蔣挺以監決杖刑稍輕勅朝堂杖之廷珪奏曰御史憲司
清望耳目之官有犯當殺即殺當流即流不可決杖士可殺不可
辱也時制命已行然議者以廷珪之言爲是俄坐泄禁中語出爲
沔州刺史又歷蘇宋魏三州刺史入爲少府監加金紫光祿大夫
封范陽男四遷太子詹事以老疾致仕二十二年卒年七十餘贈工
部尚書謚曰貞穆廷珪素與陳州刺史李邕親善屢上表薦之邕

所撰碑碣之文必請廷珪八分書之廷珪既善楷隸甚爲時人所重
王求禮許州長社人則天朝爲左拾遺遷監察御史性忠謇敢言
每上封彈事無所畏避時契丹李盡忠反叛其將孫萬榮寇陷河
北數州河內王武懿宗擁兵討之畏懦不敢進既而賊大掠而去
懿宗條奏滄瀛百姓爲賊詿誤者數百家請誅之求禮執而劾之
曰此詿誤之人比無良吏教習城池又不牢固爲賊驅逼苟徇圖全
豈素有背叛之心哉懿宗擁強兵數十萬聞賊將至走保城邑罪
當誅戮今乃移禍於詿誤之人豈是爲臣之道請斬懿宗以謝河
北百姓懿宗大懼則天竟降制赦之契丹陷幽州饋輓不給左相
豆盧欽望請輟京官兩月俸料以助軍求禮謂欽望曰公祿厚俸
優輟之可也國家富有四海足以儲軍國之用何藉貧官薄俸公
此舉豈宰相法邪欽望作色拒之乃奏曰秦漢皆有稅算以贍軍
求禮不識大體妄有諍辭求禮對曰秦皇漢武稅天下虛中以事
邊奈何使聖朝則效不知欽望此言是大體耶事遂不行時三月

雪鳳閣侍郎蘇味道等以爲瑞草表將賀求禮止之曰宰相調燮
陰陽而致雪降暮春災也安得爲瑞如三月雪爲瑞雪則臘月雷
亦瑞雷矣舉朝嗤笑以爲口實求禮青以剛正名位不達而卒
辛替否京兆人也景龍年爲左拾遺時中宗置公主府官屬安樂
公主府所補尤多猥濫又駙馬武崇訓死後棄舊宅別造一宅侈
麗過甚時又盛興佛寺百姓勞弊帑藏爲之空竭替否上疏諫曰
臣聞古之建官員不必備九卿已下皆有其位而闕其選賞一人謀
乎三事職一人訪乎群司負寵者畏權勢之在躬知榮者避權門
而不入故稱賞不僭官不濫士皆完行家有廉節朝廷有餘俸百
姓有餘食下忠於上上禮於下委裘而無蒼卒之危垂拱而無顛
沛之患夫事有惕耳目動心慮作不師古以行於今者蓋有之矣
伏惟陛下百倍行賞十倍增官金銀不供其印束帛無充於錫何
媿於無用之臣何慙於無力之士至於公府補授罕存推擇遂使富
商豪賈盡居纓冕之流鬻伐行巫咸涉膏腴之地臣聞古人曰福

生有基禍生有胎伏惟公主陛下之愛女選賢良以嫁之設官職
以輔之傾府庫以賜之壯第觀以居之廣池籞以嬉之可謂之至
重也可謂之至憐也然而用不合於古義行不根於人心將恐變
愛成憎轉福爲禍何者竭人之力人怨也費人之財人怨也奪人之
家人怨也愛數子而取三怨於天下使邊疆之士不盡力朝廷之
士不盡忠人之散矣獨持所愛何所恃乎向者魯王賞同諸晉禮
等朝臣則亦有今日之福無曩時之禍人徒見其禍不知禍之所
來所以禍者寵愛過於臣子也去年七月五日已見其徵矣而今
事無改更尚因循棄一宅而造一宅忘前禍而忽後禍臣竊謂陛
下憎之矣非愛之也臣聞君以人爲本本固則邦寧邦寧則陛下
夫婦母子長相保也伏惟外謀宰臣爲久安之計以存之不使姦
臣賊子以伺之臣聞微不可不防遠不可不慮當今疆場危駭倉
廪空虛揭竿守禦之士賞不及肝腦塗地之卒輸不充而方大起
寺舍廣造第宅伐木空山不足充梁棟運土塞路不足充牆壁誇

古耀今踰章越制百僚鉗口四海傷心夫釋教者以清淨爲基慈
悲爲主故當體道以濟物不欲利己以損人故常去己以全眞不爲
榮身以害教三時之月掘山穿池損命也殫府虛帑損人也廣殿
長廊榮身也損命則不慈悲損人則不濟物榮身則不清淨豈大
聖大神之心乎臣以爲非眞教非佛意違時行違人欲自像王西
下佛教東傳青螺不入於周前白馬方行於漢後風流雨散千帝
百王飾彌盛而國彌空役彌重而禍彌大覆車繼軌曾不改途晉
臣以佞佛取譏梁主以捨身構隙若以造寺必爲其理體養人不
足以經邦則殷周已往皆暗亂漢魏已降皆聖明殷周已往爲不
長漢魏已降爲不短臣聞夏爲天子二十餘代而殷受之殷爲天
子二十餘代而周受之周爲天子三十餘代而秦受之自漢已後歷
代可知也何者有道之長無道之短豈因其窮金玉修塔廟方得
久長之祚乎臣聞於經曰菩薩心住於法而行布施如人入暗即
無所見又曰一切有爲法如夢幻泡影如露亦如電臣以滅雕琢

之費以賑貧下是有如來之德息穿掘之苦以全昆蟲是有如來
之仁罷營構之直以給邊陲是有湯武之功迴不急之祿以購廉
清是有唐虞之理陛下緩其所急急其所緩親未來而疏見在失
眞實而冀虛無重俗人之所爲而輕天子之功業臣竊痛之矣當
今出財依勢者盡度爲沙門避役姦訛者盡度爲沙門其所未度
唯貧窮與善人將何以作範乎將何以役力乎臣以爲出家者捨
塵俗離朋黨無私愛今殖貨營生非捨塵俗拔親樹知非離朋黨
畜妻養孥非無私愛是致人以毀道非廣道以求人伏見今之宮觀
臺榭京師之與洛陽不增修飾猶恐奢麗陛下尚欲塡池塹捐苑
囿以賑貧人無產業者今天下之寺蓋無其數一寺當陛下一宮壯
麗之甚矣用度過之矣是十分天下之財而佛有七八陛下何有之
矣百姓何食之矣雖以陰陽爲炭萬物爲銅役不食之人使不衣之
士猶尚不給況資於天生地養風動雨潤而後得之乎臣聞國無
九年之儲國非其國伏以倉廩度府庫百寮供給百事用度臣恐

辛歲不充況九年之積乎一旦風塵再擾霜雹荐臻沙門不可擐
干戈寺塔不足攘飢饉臣竊痛之矣疏奏不納歲餘安樂公主被
誅睿宗即位又爲金仙玉眞公主廣營二觀先是中宗時斜封受
官人一切停任凡數百千人又有勑放令却上替否時爲左補闕
又上疏陳時政曰臣嘗以爲古之用度不時爵賞不當破家亡國
者口説不如身逢耳聞不如眼見臣請以有唐已來理國之得失
陛下之所眼見者以言之惟陛下審之聽之擇善而從之則萬歲
之業自可致矣何憂乎黎庶之不康福祚之不永伏以太宗文武
聖皇帝陛下之祖撥亂反正開階立極得至理之體設簡要之方
省其官清其吏舉天下職司無一虛受用天下財帛無一枉費賞必
俟功官必得俊所爲無不成所征無不伏不多造寺觀而福德自至不
多度僧尼而殃咎自滅道合乎天地德通乎神明故天地憐之神
明祐之使陰陽不愆風雨合度四人樂其業五穀遂其成腐粟爛
帛塡街委巷千里萬里貢賦于郊九夷百蠻歸款于闕自有帝

皇已來未有若斯之神聖者也故得享國久長多歷年所陛下何
不取而則之中宗孝和皇帝陛下之兄居先人之業忽先人之化不
取賢良之言而恣子女之意官爵非擇虛食祿者數千人封建
無功妄食土者百餘戶造寺不止枉費財者數百億度人不休免
租庸者數十萬是使國家所出加數倍所入減數倍倉不停卒歲
之儲庫不貯一時之帛所惡者逐逐多忠良所愛者賞賞多讒慝
朋佞喋喋交相傾動容身不爲於朝廷保位皆由於黨附奪百姓
之食以養殘兇剝萬人之衣以塗土木於是人怨神怒親忿衆離
水旱不調疾疫屢起遠近殊論公私罄然五六年間再三禍變享
國不永受終于兇婦人寺舍不能保其身僧尼不能護妻子取譏
萬代見笑四夷此陛下之所眼見也何不除而改之依太宗之理國
則百官以理百姓無憂故太山之安立可致矣依中宗之理國則
萬人以怨百事不寧故累卵之危立可致矣頃自夏已來霪雨不
解穀荒于壟麥爛于場入秋已來亢旱成災苗而不實霜損蟲

暴草菜枯黃下人咨嗟未知賙賑而營寺造觀日繼于時檢校試
官充臺溢署伏惟陛下愛兩女爲造兩觀燒瓦運木載土塡坑道
路流言皆云計用錢百餘萬貫惟陛下聖人也無所不知陛下明
君也無所不見旣知且見知倉有幾年之儲庫有幾年之帛知百
姓之間可存活乎三邊之上可轉輸乎當今發一卒以禦邊陲追
一兵以衞社稷多無衣食皆帶飢寒賞賜之間迥無所出軍旅驟
敗莫不由斯而乃以百萬貫錢造無用之觀以受六合之怨乎以違
萬人之心乎伏惟陛下族阿韋之醜跡而不改阿韋之亂政忍棄
太宗之理本不忍棄中宗之亂階忍棄太宗久長之謀不忍棄中
宗短促之計陛下又何以繼祖宗觀萬國昔陛下爲皇太子在阿
韋之時危亡是懼常切齒於群兇今貴爲天子富有海內而不改
群兇之事臣恐復有切齒於陛下者也陛下又何以非群兇而誅
之臣往見明勑自今已後一依貞觀故事且貞觀之時豈有今日
之造寺營觀加僧尼道士益無用之官行不急之務而亂政者也

臣以爲棄其言而不行其信慕其善而不遷其惡陛下又何以刑
於四海往者和帝之憐悖逆也爲姦人之所誤宗晉卿勸爲第宅
趙履温勸爲園亭損數百家之居侵數百家之地工徒斲而未息
義兵紛以交馳卒使亭不得遊宅不得坐信邪佞之説成骨肉之
刑此陛下之所眼見也今茲造觀臣必知非陛下公主之本意得無
趙履温之徒將勸爲之冀誤其骨肉不可不明察也臣聞出家修
道者不預人事專清其身心以虛泊爲高以無爲爲妙依兩卷老
子視一軀天尊無欲無營不損不害何必璇臺玉榭寶像珍龕使
人困窮然後爲道哉且舊觀足可歸依無造無營以取窮竭若此
行之三年國不富人不安朝廷不清陛下不樂則臣請殺身於朝
以令天下言事者伏惟陛下行非常之惠權停兩觀以俟豐年以
兩觀之財爲公主施貧窮塡府庫則公主福德無窮矣不然臣恐
下人怨望不減於前朝之時前朝之時賢愚知敗人雖有口而不
敢言言未發聲禍將及矣韋月將受誅於丹徼燕欽融見殺於紫

庭此人皆不惜其身而納忠於主身既死矣朝亦危矣故先朝誅
之陛下賞之是陛下知直言之事有裨於國臣今直言亦先代之
直惟陛下察之疏奏睿宗嘉其公直稍遷爲右臺殿中侍御史
開元中累轉潁王府長史天寶初卒年八十餘
史臣曰夫好聞其善惡聞其過君人者之常情也寧諂媚以取
容不逆耳以招禍臣人者之常情也能反此者不亦善乎李辞等
六君吐忠讜之言補朝廷之失有犯無隱不愧古人有唐之良臣也
贊曰臣之事君有邪有正君之使臣從諫則聖李辭輸忠救人之
命韋韓讜言醫國之病辛王竟踈犯顏竦聽張子法言實裨時政

唐書列傳卷第五十

右文林郎充兩浙東路提舉茶鹽司幹辦公事臣霍文昭校勘

唐書列傳卷第五十二　　　劉昫

馬懷素　褚无量　劉子玄　徐堅
元行沖　吳兢　韋述

馬懷素潤州丹徒人也寓居江都少師事李善家貧無燈燭晝採
薪蘇夜燃讀書遂博覽經史善屬文舉進士又應制舉登文學
優贍科拜郿尉四遷左臺監察御史長安中御史大夫魏元忠為
張易之所構配徙嶺表太子僕崔貞慎東宮率獨孤禕之餞于郊
外易之怒使人誣告貞慎等與元忠同謀則天令懷素按鞫遣中
使促迫諷令構成其事懷素執正不受命則天怒召懷素親加詰
問懷素奏曰元忠犯罪配流貞慎等以親故相送誠為可責若以
為謀反臣豈誣罔神明昔彭越以反伏誅欒布奏事於其屍下漢
朝不坐況元忠罪非彭越陛下豈加追送之罪陛下當生殺之柄
欲加之罪取快聖衷可矣若付臣推鞫臣敢不守陛下之法則天

○意解貞慎等由是獲免時夏官侍郎李迥秀侍張易之之勢受納
貨賄懷素奏劾之迥秀遂罷知政事懷素累轉禮部員外郎與源
乾曜盧懷慎李傑等充十道黜陟使懷素處事平恕當時稱之
使還遷考功員外郎時貴戚縱恣請託公行懷素無所阿順典舉
平允擢拜中書舍人開元初為戶部侍郎加銀青光祿大夫累封
常山縣公三遷秘書監兼昭文館學士懷素雖居吏職而篤學手
不釋卷謙恭謹慎深為玄宗所禮令與左散騎常侍褚无量同
為侍讀每次閤門則令乘肩輿以進上居別館以路遠則命宮中
乘馬或親自送迎以申師資之禮是時秘書省典籍散落條疏無
敘懷素上疏曰南齊已前墳籍舊編王儉七志已後著述其數盈
多隋志所書亦未詳悉或古書近出前志闕而未編或近人相傳
浮詞鄙而猶記若無編錄難辯淄澠望括檢近書篇目并前志所
遺者續王儉七志藏之秘府上於是召學涉之士國子博士尹知
章等分部撰錄并刊正經史粗創首尾會懷素病卒年六十上特

為之舉哀廢朝一日贈潤州刺史謚曰文
褚无量字弘度杭州鹽官人也幼孤貧勵志好學家近臨平
湖中有龍鬪傾里閈就觀之无量時年十二讀書晏然不動及長
尤精三禮及史記舉明經累除國子博士景龍三年遷國子司業
兼修文館學士是歲中宗將親祀南郊詔禮官學士修定儀注國
子祭酒祝欽明司業郭山惲皆希旨請以皇后為亞獻无量獨與
太常博士唐紹蔣欽緒固爭以為不可无量建議曰夫郊祀者明
王之盛事國家之大禮行其禮者不可以臆斷不可以情求皆上
順天心下符人事欽若稽古率由舊章然後可以交神明可以膺
福祐然禮文雖衆莫如周禮周禮者周公致太平之書先聖極由
衷之典法天地而行教化辯方位而敘人倫其義可以幽贊神明
其文可以經緯邦國備物致用其可忽乎至如冬至圓丘祭中最
大皇后內主禮位甚尊若合郊天助祭則當具著禮典今遍檢周
官無此儀制蓋由祭天南郊不以地配唯將始祖為主不以祖妣

○配天故唯皇帝親行其禮皇后不合預也謹按大宗伯職云若王
不祭祀則攝位注云王有故代行其祭事下文云凡大祭祀王后不
與則攝而薦豆籩徹若皇后合助祭承此下文即當云若不祭祀
則攝而薦豆籩今於文上更起凡則是別生餘事夫事與上異則
別起凡凡者生上起下之名不專繫於本職周禮一部之內此例
極多備在文中不可具錄又王后助祭親薦豆籩而不徹案九嬪
職云凡祭贊后薦徹豆籩注云后進之而不徹則知中徹者為宗
伯生文若宗伯攝祭則宗伯親徹不別使人又案外宗掌宗廟之
祀王后不與則贊宗伯此之一文與上相證何以明之案外宗唯掌
宗廟祭祀不掌郊天足明此文是宗廟祭也案王后行事揔在內
宰職中檢其職文唯云大祭祀后祼獻則贊瑤爵亦如之鄭注云
謂祭宗廟也注所以知者以文云祼獻祭天無祼以此得知又祭
天之器則用陶匏亦無瑤爵注以此得知是宗廟也又內司服掌
王后六服無祭天之服而巾車職掌王后之五輅亦無后祭天之

輅祭天亡獻無后亞獻以此諸文參之故知后不合助祭天也唯
漢書郊祀志則有天地合祭皇后預享之事此則西漢末代強臣
擅朝悖亂彝倫黷神諂祭不經之典事涉誣神故易傳曰誣神者
殃及三代太誓曰正稽古立功立事可以永年承天之大律斯史
策之良誡豈可不知今南郊禮儀事不稽古忝守經術不敢默然
請旁詢碩儒俯摭舊典採曲臺之故事行圜丘之正儀使聖朝叶
昭曠之塗天下知文物之盛豈不幸甚時左僕射韋巨源等阿旨
叶同欽明之議竟不從无量所奏尋以母老請停官歸侍景雲初
玄宗在春宮召拜國子司業兼皇太子侍讀嘗撰翼善記以進之
皇太子降書嘉勞賚絹四十匹太極元年皇太子國學親釋奠令
无量講孝經禮記各隨端立義博而且辯觀者歎服焉既畢進授
銀青光祿大夫兼賜以章服并綵絹百段玄宗即位遷郯王傅兼
國子祭酒尋以師傅恩遷左散騎常侍仍兼國子祭酒封舒國公
實封二百戶未幾丁憂解職廬於墓側其所植松柏時有鹿犯之

无量泣而言曰山中衆草不少何忍犯吾先塋樹栽因通夕守護
伐有群鹿馴狎不復侵害无量因此終身不食鹿肉服闋召拜左
散騎常侍復為侍讀以其年老每隨仗出入特許緩行又為造腰
輿令內給使輿於內殿无量頻上書陳時政得失多見納用又嘗
手勑褒美賜物二百段无量以內庫舊書自高宗代即藏在宮中
漸致遺逸奏請繕寫刊校以弘經籍之道玄宗令於東都乾元殿
前施架排次大加搜寫廣天下異本數年間四部充備仍引公卿
已下入殿前令縱觀焉開元六年駕還又勑无量於麗正殿以續
前功皇太子及郯王嗣直等五人年近十歲尚未就學无量繕寫
論語孝經各五本以獻上覽之曰吾知无量意无量遽令選經明
篤行之士國子博士郗恒通郭謙光左拾遺潘元祚等為太子及
郯王已下侍讀七年詔太子就國子監行齒胄之禮无量登座說
經百寮集觀禮畢賞賜甚厚明年无量病卒年七十五臨終遺言
以麗正寫書未畢為恨上為舉哀廢朝兩日贈禮部尚書謚曰

文初无量與馬懷素俱為侍讀顧待甚厚及无量等卒後秘書少
監康子元國子博士侯行果等又入侍講雖屢加賞賜而禮遇不
逮褚馬焉
劉子玄本名知幾楚州刺史胤之族孫也少與兄知柔俱以詞學
知名弱冠舉進士授獲嘉主簿證聖年有制文武九品已上各言
時政得失知幾上表陳四事詞甚切直是時官爵僭濫而法網嚴
密士類競為趨進而多陷刑戮知幾乃著思慎賦以刺時且以見
意鳳閣侍郎蘇味道李嶠見而歎曰陸機豪士所不及也知幾
長安中累遷左史兼修國史擢拜鳳閣舍人修史如故景龍初再
轉太子中允依舊修國史時侍中韋巨源紀處訥中書令楊再思
兵部尚書宗楚客中書侍郎蕭至忠並監修國史知幾以監修
者多甚為國史之弊蕭至忠又嘗責知幾著述無課知幾於是求
罷史任奏記於至忠曰僕自策名士伍待罪朝列三為史臣再入
東觀竟不能勒成國典貽彼後來者何哉靜言思之其不可者五

也何者古之國史皆出自一家如魯漢之丘明子長晉齊之董狐
南史咸能立言不朽藏諸名山未聞藉以衆功方云絕筆唯後漢
東觀大集群儒而著述無主條章靡立由是伯度譏其不實公理
以為可焚張蔡二子紕之於當代傅范兩家嗤之於後葉今史司
取士有倍東京人自以為荀袁家自稱為政駿每欲記一事載一
言皆閣筆相視含毫不斷故首白可期而汗青無日其不可一也前
漢郡國計書先上太史副上丞相後漢公卿所撰始集公府乃上蘭
臺由是史官所修載事為博原自近古此道不行史臣編錄唯自
詢採而左右二史闕注起居衣冠百家罕通行狀求風俗於州郡
視聽不該討沿革於臺閣簿籍難見雖使尼父再出猶且成其管
窺況限以中才安能遂其博物其不可二也昔董狐之書弒也執
簡以往而近代史局皆通籍禁門幽居九重欲人不見尋其義者
由杜彼顏面防諸請謁故也然今館中作者多士如林皆願長喙
無聞齰舌儻有五始初成一字加貶言未絕口而朝野具知筆未

棲毫而搢紳咸誦夫孫盛實錄取嫉權門王韶直書見讎貴族人
之情也能無畏乎其不可三也古者刊定一史纂成一家體統各
殊指歸咸別夫尚書之教也以疏通知遠爲主春秋之義也以懲
惡勸善爲先史記則退處士而進姦雄漢書則抑忠臣而飾主闕
斯並曩賢得失之例良史是非之準作者言之詳矣頃史官注記
多取禀監修楊令公則云必須直詞宋尚書則宜多隱惡十羊九
牧其事難行一國三公適從焉在其不可四也竊以史置監修雖
無古式尋其名號可得而言夫言監者蓋總領之義耳如創紀
編年則年有斷限草傳敘事則事有豐約或可略而不略或應書
而不書此刊削之修也屬詞比事勞逸宜均揮鉛奮墨勤惰須等
某秦某篇付之此職某紀某傳歸之此官此銓配之理也斯並宜
明立科條審定區域儻人思自勉則書可立成今監之者既不指
授修之者又無遵奉用使爭學苟且務相推避坐變炎涼徒延歲
月其不可五也凡此不可其流實多一言以蔽三隅自反而時談物

議焉得笑僕編次無聞者哉比者伏見明公每汲汲於勸誘勤勤
於課責或云墳籍事重努力用心或云歲序已淹何時輟手竊
以綱維不舉而督課徒勤雖威以刺骨之刑勗以懸金之賞終不
可得也語曰陳力就列不能則止僕所以比者布懷知己歷詆群
公屢辭載筆之官願罷記言之職者正爲此耳當今朝號得人國
稱多士蓬山之下良直差肩芸閣之中英奇接武僕既功虧刻鵠
筆未獲麟徒殫太官之膳虛索長安之米乞以本職還其舊居多
謝簡書請避賢路惟明公足下哀而許之至忠惜其才不許解史
任宗楚客嫉其正直謂諸史官曰此人作書如是欲置我何地時
知幾又著史通子二十卷備論史策之體太子右庶子徐堅深重
其書嘗云居史職者宜置此書於座右知幾自負史才常慨時無
知己乃委國史於著作郎吳兢別撰劉氏家史十五卷譜考三卷
推漢氏爲陸終苗裔非堯之後彭城叢亭里諸劉出自宣帝子楚
孝王囂曾孫司徒居巢侯劉愷之後不承楚元王交皆按據明白

正前代所誤雖爲流俗所譏學者服其該博初知幾每云若得
受封必以居巢爲名以紹司徒舊邑後以修則天實錄功果封居
巢縣子又鄉人以知幾兄弟六人進士及第文學知名改其鄉里爲
高陽鄉居巢里景雲中累遷太子左庶子兼崇文館學士仍依舊
修國史加銀青光祿大夫時玄宗在東宮知幾以名音類上名乃
改子玄二年皇太子將親釋奠於國學有司草儀注令從臣皆
乘馬著衣冠子玄進議曰古者自大夫已上皆乘車而以馬爲騑
服魏晉已降迄乎隋代朝士又駕牛車歷代經史具有其事不可
一二言也至如李廣北征解鞍憩息馬援南伐據鞍顧盼斯則鞍
馬之設行於軍旅戎服所乘貴於便習者也按江左官至尚書郎
而輒輕乘馬則爲御史所彈又顏延之罷官後好騎馬出入閭里
當代稱其放誕此則專車憑軾可擐朝衣單馬御鞍宜從褻服求
之近古灼然之明驗也自皇家撫運沿革隨時至如陵廟巡謁王
公冊命則盛服冠履乘彼輅車其士庶有衣冠親迎者亦時以服

箱充馭在於他事無復乘車貴賤所行通用鞍馬已臣伏見比者
鑾輿出幸法駕首途左右侍臣皆以朝服乘馬夫冠履而出只可
配車而行今乘車既停而冠履不易可謂唯知其一而未知其二
也何者褒衣博帶革履高冠本非馬上所施自是車中之服必也
韈而升鐙跣以乘鞍非唯不師古道亦自取驚今俗求諸折中進
退無可且長裾廣袖襜如翼如鳴珮行組鏘鏘弈弈馳驟於風塵
之內出入於旌旗之間儻馬有驚逸人從顛墜遂使屬車之右遺
履不收清道之傍絓驂相續固以受嗤行路有損威儀今議者皆
云秘閣有梁武帝南郊圖多有危冠乘馬者此則近代故事不得
謂無其文臣案此圖是後人所爲非當時所撰且觀代間有古今
圖畫者多矣如張僧繇畫群公祖二疏而兵士有著芒屩者閻立
本畫明君入匈奴而婦人有著帷帽者夫芒屩出於水鄉非京華
所有帷帽創於隋代非漢宮所作議者豈可徵此二畫以爲故實
者乎由斯而言則梁南郊之圖義同於此又傳稱因俗禮貴緣情

駙幹闕見規模不一秦冠漢佩用捨無常況我國家道軼百王功
高萬古事有不便理資變通其乘馬衣冠竊謂宜從省廢臣懷此
異議其來自久日不暇給未及推揚今屬殿下親從齒胄將臨國
學凡有衣冠乘馬皆憚此行所以輒進狂言用申鄙見皇太子手
令付外宜行仍編入令以爲常式開元初遷左散騎常侍修史如
故九年長子貺爲太樂令犯事配流子玄詣執政訴理上聞而怒
之由是貶授安州都督府別駕子玄掌知國史首尾二十餘年多
所撰述甚爲當時所稱禮部尚書鄭惟忠嘗問子玄曰自古已來
文士多而史才少何也對曰史才須有三長世無其人故史才少也
三長謂才也學也識也夫有學而無才亦猶有良田百頃黃金滿
籯而使愚者營生終不能致於貨殖者矣如有才而無學亦猶思
兼匠石巧若公輸而家無楩柟斧斤終不果成其宮室者矣猶須
好是正直善惡必書使驕主賊臣所以知懼此則爲虎傅翼善無
可加所向無敵者矣脫苟非其才不可叨居史任自敻古已來能應

斯目者罕見其人時人以爲知言子玄至安州無幾而卒年六十一
自幼及長述作不倦朝有論著必居其職預修三教珠英文館詞
林姓族系錄論孝經非鄭玄注老子無河上公注修唐書實錄皆
行於代有集三十卷後數年玄宗勑河南府就家寫史通以進讀
而善之追贈汲郡太守尋又贈工部尚書謚曰文兒知柔少以文學
政事歷荊揚曹益宋海唐等州長史刺史戶部侍郎國子司業鴻
臚卿尚書右丞工部尚書東都留守卒贈太子少保謚曰文代傳
儒學之業時人以述作名其家子玄子貺餗彙秩迅迥皆知名於
時貺博通經史明天文律曆音樂醫算之術終於起居郎修國史
撰六經外傳三十七卷續說苑十卷太樂令壁記三卷眞人肘後方
三卷天官舊事一卷餗右補闕集賢殿學士修國史著史例三卷
傳記三卷樂府古題解一卷彙給事中尚書右丞左散騎常侍荊
南長沙節度有集三卷秩給事中尚書右丞國子祭酒撰政典三
十五卷止戈記七卷至德新議十二卷指要三卷論喪紀制度加

嚴遐宜許私鑄錢改制國學事各在本志迅右補闕撰六說五卷迥
諫議大夫給事中有集五卷貺子浹滋彙子贊滋貞元中位至宰
輔贊觀察使自有傳
徐堅西臺舍人齊聃子也少好學徧覽經史性寬厚長者進士舉
累授太學聖曆中車駕在三陽宮御史大夫楊再思太子左庶子
王方慶爲東都留守引堅爲判官表奏專以委之方慶善三禮之
學每有疑滯常就堅質問堅必能徵舊說訓釋詳明方慶深善之
又賞其文章典實常稱曰掌綸誥之選也再思亦曰此鳳閣舍人
樣如此才識走避不得堅又與給事中徐彥伯定王府倉曹劉知
幾右補闕張說同修三教珠英時麟臺監張昌宗及成均祭酒李
嶠總領其事廣引文詞之士日夕談論賦詩聚會歷年未能下筆
堅獨與說構意撰錄以文思博要爲本更加姓氏親族二部漸有
條流諸人依堅等規制俄而書成遷司封員外郎則天又令堅刪
改唐史會則天遜位而止神龍初再遷給事中時雍州人韋月將

上書告武三思不臣之跡反爲三思所陷中宗即令殺之時方盛
夏堅上表曰月將誣構良善故違制命準其情狀誠合嚴誅但今
朱夏在辰天道生長即從明戮有乖時令謹按月令夏行秋令則
丘隰水潦禾稼不熟陛下誕膺靈命中興聖圖將弘羲軒之風以
光史策之美豈可非時行戮致傷和氣哉君舉必書將何以訓伏
願詳依國典許至秋分則知恤刑之規冠於千載哀矜之惠洽乎
四海中宗納堅所奏遂令決杖配流嶺表睿宗即位堅自刑部侍
郎加銀青光祿大夫拜左散騎常侍俄轉黃門侍郎時監察御史
李知古請兵以擊姚州西貳河蠻既降附又請築城重征稅之堅以
蠻夷生梗可以羈縻屬之未得同華夏之制勞師涉遠所損不補
所獲獨建議以爲不便睿宗不從令知古發劍南兵往築城將以
列置州縣知古因是欲誅其豪傑沒子女以爲奴婢蠻衆恐懼乃
殺知古相率反叛役徒奔潰姚巂路由是歷年不通堅妻即侍中
岑羲之妹堅以與羲近親固辭機密乃轉太子詹事謂人曰非敢

求高蓋避難也及羲誅堅竟免深累出爲絳州刺史五轉復入爲
秘書監開元十三年再遷左散騎常侍其年玄宗改麗正書院爲
集賢院以堅爲學士副張說知院事累封東海郡公以修東封儀
注及從升太山之功特加光祿大夫堅多識典故前後修撰格式
氏族及國史等凡七入書府時論美之十七年卒年七十餘上深
悼惜之遣中使就家弔內出絹布以賻之贈太子少保謚曰文堅
長姑爲太宗充容次姑爲高宗婕妤並有文藻堅父子以詞學著
聞議者方之漢世班氏

元行沖河南人後魏常山王素連之後也少孤爲外祖司農卿韋
機所養博學多通尤善音律及詁訓之書舉進士累轉通事舍人
納言狄仁傑甚重之行沖性不阿順多進規誡嘗謂仁傑曰下之
事上亦猶蓄聚以自資也譬貴家儲積則脯腊膎胰以供滋膳參
术芝桂以防痾疾伏想門下賓客堪充旨味者多願以小人備一藥
物仁傑笑而謂人曰此吾藥籠中物何可一日無也尤遷至陝州刺

史兼隴右關內兩道按察使未行拜太常少卿行沖以本族出於
後魏而未有編年之史乃撰魏典三十卷事詳文簡爲學者所稱
初魏明帝時河西柳谷瑞石有牛繼馬後之象魏收舊史以爲晉
元帝是牛氏之子冒姓司馬以應石文行沖推尋事跡以後魏昭
成帝名犍繼晉受命考校謠讖特著論以明之開元初自太子詹
事出爲岐州刺史又充關內道按察使行沖自以書生不堪將帥
之任固辭按察乃以寧州刺史崔琬代焉俄復入爲右散騎常侍
東都副留守時嗣彭王志暕庶兄志謙被人誣告謀反考訊自誣
繫獄待報連坐十數人行沖察其冤濫並奏原之四遷大理卿時
揚州長史李傑爲侍御史王旭所陷詔下大理結罪行沖以傑歷
政清貞不宜枉爲讒邪所構又奏請從輕條出之當時雖不見從
深爲時論所美俄又固辭刑獄之官求爲散職七年復轉左散騎
常侍九遷國子祭酒月餘拜太子賓客弘文館學士累封常山郡
公先是秘書監馬懷素集學者續王儉今書七志左散騎常侍褚

无量於麗正殿校寫四部書事未就而懷素无量卒詔行沖總代
其職於是行沖表請通撰古今書目名爲群書四錄命學士鄠縣
尉毋煚櫟陽尉韋述曹州司法參軍殷踐猷太學助教余欽等分
部修檢歲餘書成奏上之上又特令行沖撰御所注孝經疏義列
於學官尋以衰老罷知麗正殿校寫書事初有左衛率府長史
魏光乘奏請行用魏徵所注類禮上遽令行沖集學者撰義疏將
立學官行沖於是引國子博士范行恭四門助教施敬本檢討刊
削勒成五十卷十四年八月奏上之尚書左丞相張說駁奏曰今之
禮記是前漢戴德戴聖所編錄歷代傳習已向千年著爲經教
不可刊削至魏孫炎始改舊本以類相比有同鈔書先儒所非竟
不行用貞觀中魏徵因孫炎所修更加整比兼爲之注先朝雖厚
加賞錫其書竟亦不行今行沖等解徵所注勒成一家然與先儒
第乖章句隔絕若欲行用竊恐未可上然其奏於是賜行沖等絹
二百匹留其書貯於內府竟不得立於學官行沖恚諸儒排己退

而著論以自釋名曰釋疑其詞曰客問主人曰小戴之學行之已久
康成銓注見列學官傳聞魏公乃有刊易又承制旨造疏將頒朱
紫二經孰爲優劣主人答曰小戴之禮行於漢末馬融注之時所
未覩盧植分合二十九篇而爲說解代不傳習鄭因子幹師於季
長屬黨錮獄起師門道喪康成於竄伏之中理紛挐之典志存探
究靡所咨謀而猶緝述忘疲聞義能徙具於鄭志向有百科章句
之徒曾不窺覽猶遵覆轍頗類刻舟王肅因之重茲開釋或多改
駮仍按本篇又鄭學之徒有孫炎者雖扶玄義乃易前編自後條
例支分箴石間起馬伷增革向踰百篇葉遵刪修僅全十二魏公
病群言之錯雜紬眾說之精深經文不同未敢刊正注理睽誤寧
不芟礱成畢上聞太宗嘉賞賚縑千匹錄賜儲藩將期頒宣未有
踈義聖皇纂業耽古崇儒高曾規矩宜所修襲乃制昏愚甄分
舊義其有注移往說理變新文務加搜窮積稔方畢具錄呈進敕
付群儒庶能斟詳以課疏密豈悟章句之士堅持昔言特嫌知新

愆欲仍舊貫侃疑多月擯壓不申優劣短長定於通識手成口荅
安敢銓量客曰當局稱迷傍觀見審累朝銓定故是周詳何所為
疑不為申列荅曰是何言歟談豈容易昔孔安國注壁中書會巫
蠱事經籍道息族兄臧與之書曰相如常忿俗儒淫詞冒義欲撥
亂反正而未能果然雅達通博不代而生浮學守株比肩皆是衆
非難正自古而然誠恐此道未申而以獨智為議也則知變易章
句其難一矣漢有孔季產者專於古學有孔扶者隨俗浮沉扶謂
產云今朝廷皆為章句內學而君獨修古義修古義則非章句內
學非章句內學則危身之道也獨善不容於代必將貽患禍乎則
知變易章句其難二矣劉歆以通書屬文待詔官署見左氏傳而
大好之後蒙親近欲建斯業哀帝欣納令其討論各遷延推辭不
肯置對劉歆移書責讓其言甚切諸博士等皆忿恨之名儒龔
勝時為光祿見歆此議乃乞骸骨司空師丹因大發怒奏歆改亂
前志非毀先朝所立帝曰此廣道術何為毀耶由是犯忤大臣懼

誅求出為河南太守宗室不典三河又徙五原太守以君賓之著
名好學公仲之深博守道猶迫同門朋黨之議卒令子駿負謗於
時則知變易章句其難三矣子雍規玄數十百件守鄭學者時有
中郎馬昭上書以為肅繆詔王學之輩占荅以聞又遣博士張融
案經論詰融登召集分別推處理之是非具聖證論王肅酬對疲
於歲時則知變易章句其難四矣卜商疑聖納誚於曾輿木賜近
賢貽嗤於武叔自此之後唯推鄭公王粲稱伊洛已東淮漢之北一
人而已莫不宗焉咸云先儒多闕鄭氏道備粲竊嗟怪因求其學
得尚書注退而思之以盡其意意皆盡矣所疑之者猶未諭焉凡有
兩卷列於其集又王肅改鄭六十八條張融覈之將定臧否融稱玄
注泉深廣博兩漢四百餘年未有偉於玄者然二郊之祭殊天之
祀此玄誤也其殊皇天祖所自出之帝亦玄慮之失也及服虔釋
傳未免差違後代言之思弘聖意非謂揚己之善掩人之名也何
者君子用心願聞其過故仲尼曰過也人皆見之更也人皆仰之是

也而專門之徒恕己及物或攻先師之誤如聞父母之名將謂亡
者之德言而見壞於重壤也故王邵史論曰魏晉浮華古道夷替
預王肅杜預更開門戶歷載三百士大夫恥為章句唯草野生以
專經自許不能究覽異義擇從其善徒欲父康成兄子慎寧道
孔聖誤諱聞鄭服非然於鄭服甚憒憒鄭服之外皆讎也則知
變易章句其難五也伏以安國尚書劉歆左傳悉遭擯於曩葉咸
見重於來今故知二人之鑒高於漢廷遠矣孔季產云物極則變比
及百年外當有明直君子恨不與吾同代者於戲道之行廢必有
其時者歟僕非專經罕習章句高名不著易受輕誣頃者修撰殆
淹年月賴諸賢輩能左右之免致愆尤仍叨賞賚內省昏朽其榮
已多何遽持一己之區區抗群情之嘈嘈捨揔矜之美成自我之私觸近
名之誡興犯衆之禍一舉四失中村不為是用韜聲甘此沉默也行沖
俄又累表請致仕制許之十七年卒年七十七贈禮部尚書謚曰獻
吳兢汴州浚儀人也勵志勤學博通經史宋州人魏元忠亳州人

朱敬則深器重之及居相輔薦兢有史才堪居近侍因令直史館
修國史累月拜右拾遺內供奉神龍中遷右補闕與韋承慶崔融
劉子玄撰則天實錄成轉起居郎俄遷水部郎中丁憂還鄉里開
元三年服闋抗疏言曰臣修史已成數十卷自停職還家匪忘紙
札乞終餘功乃拜諫議大夫依前修史俄兼修文館學士歷衛尉
少卿左庶子居職殆三十年敘事簡要人用稱之末年傷於太簡
國史未成十七年出為荊州司馬制許以史藁自隨中書令蕭嵩
監修國史奏取兢所撰國史得六十五卷累遷台洪饒蘄四州刺
史加銀青光祿大夫遷相州長史封襄垣縣子天寶初改官名為
鄴郡太守入為恒王傅兢嘗以梁陳齊周隋五代史繁雜乃別撰
梁齊周史各十卷陳史五卷隋史二十卷又傷疎略兢雖衰耗猶
希史職而行步傴僂李林甫以其年老不用天寶八年卒於家時
年八十餘兢卒後其子進兢所撰唐史八十餘卷事多紕繆不逮
於壯年兢家聚書頗多嘗目錄其卷第號吳氏西齋書目

韋述司農卿弘機曾孫也父景駿房州刺史述少聰敏篤志文學家有書二千卷述爲兒童時記覽皆徧人駭異之景龍中景駿爲肥鄉令述從父至任洺州刺史元行沖景駿之姑子爲時大儒常載書數車自隨述入其書齋忘寢與食行沖異之引與之談貫穿經史事如指掌探賾奧旨如遇師資又試以綴文操牘便就行沖大悅引之同榻曰此吾外家之寶也舉進士西入關時述甚少儀形眇小考功員外郎宋之問曰韋學士童年有何事業述對曰性好著書述有所撰唐春秋三十卷恨未終篇至如詞策仰待明試之問曰本求異才果得遷固是歲登科開元五年爲櫟陽尉秘書監馬懷素受詔編次圖書乃奏用左散騎常侍元行沖左庶子齊澣秘書少監王珣衛尉少卿吳兢并述等二十六人同於秘閣詳錄四部書懷素尋卒行沖代掌其事五年而成其總目二百卷述好譜學秘閣中見常侍柳沖先撰姓族系錄二百卷述於分課之外手自抄錄暮則懷歸如是周歲寫錄皆畢百氏源流轉益詳悉

乃於柳錄之中別撰成開元譜二十卷其篤志忘倦皆此類也轉右補闕中書令張說專集賢院事引述爲直學士遷起居舍人說重詞學之士述與張九齡許景先袁暉趙冬曦孫逖王翰常遊其門趙冬曦兄冬日弟和璧居貞安貞頤貞等六人述弟迪逌迥迢巡亦六人並詞學登科說曰韋趙昆季今之杞梓也十八年兼知史官事轉屯田員外郎職方吏部二郎中學士知史官事如故及張九齡爲中書令卽集賢之同職裴耀卿爲侍中卽述之舅皆相推重語必移晷二十七年轉國子司業停知史事俄而復兼史職充集賢學士天寶初歷左右庶子加銀青光祿大夫九載兼充禮儀使其載遷尚書工部侍郎封方城縣侯述在書府四十年居史職二十年嗜學著書手不釋卷國史自令狐德棻至於吳兢雖累有修撰竟未成一家之言至述始定類例補遺續闕勒成國史一百一十三卷并史例一卷事簡而記詳雅有良史之才蘭陵蕭穎士以爲譙周陳壽之流述早以儒術進當代宗仰而純厚長者澹

於勢利道之同者無間貴賤皆禮接之家聚書二萬卷皆自校定鉛槧雖御府不逮也兼古今朝臣圖歷代知名人畫魏晉已來草隸眞跡數百卷古碑古器藥方格式錢譜璽譜之類當代名公尺題無不畢備及祿山之亂兩京陷賊玄宗幸蜀述抱國史藏於南山經籍資產焚剽殆盡述亦陷於賊庭授僞官至德二年收兩京三司議罪流於渝州爲刺史薛舒所困辱不食而卒其甥蕭直爲太尉李光弼判官廣德二年直因入奏言事稱旨乃上疏理述於蒼黃之際能存國史致聖朝大典得無遺逸以功補過合霑恩宥乃贈右散騎常侍議者云自唐已來氏族之盛無踰於韋氏其孝友詞學承慶嗣立爲最明於音律則萬石爲最達於禮儀則叔夏爲最史才博識以述爲最所撰唐職儀三十卷高宗實錄三十卷御史臺記十卷兩京新記五卷凡著書二百餘卷皆行於代迪學業亦亞於述尤精三禮與述對爲學士迪同爲禮官時人榮之累遷考功員外郎國子司業以風疾卒蕭穎士者聰儁過人富詞學

有名於時賈曾席豫張垍及述皆引爲談客開元二十三年登進士第考功員外郎孫逖稱之於朝褊躁無威儀與時不偶前後五授官旋卽駁落乾元初終於揚府功曹述在秘閣時與鄴縣尉毋煚曹州司法殷踐猷並友善二人相次卒踐猷申州刺史仲容從子明班史通於族姓子寅有至性早孤事母以孝聞應宏詞舉爲永寧尉

史臣曰前代文學之士氣一天然以道義偶世遭遇斯難馬懷素褚无量好古嗜學博識多聞遇好文之君隆師資之禮儒者之榮可謂際會矣劉徐等五公學際天人才兼文史俾西垣東觀一代粲然蓋諸公之用心也然而子玄鬱結於當年行沖彷徨於極筆官不過俗吏寵不殆常才非過使然蓋此道非趨時之具也其窮也宜哉

贊曰學者如市博通甚難文士措翰典麗惟艱馬褚兢述徐元子玄文學之書胡寧比焉

唐書列傳卷第五十二

唐書列傳卷第五十三

劉　昫　等修

郭虔瓘　郭知運　王君㚟
張守珪　牛仙客　王忠嗣

郭虔瓘齊州歷城人也開元初累遷右驍衛將軍兼北庭都護二年春突厥默啜遣其子移江可汗及同俄特勒率精騎圍逼北庭虔瓘率衆固守同俄特勒單騎親逼城下虔瓘使勇士伏於路左突起斬之賊衆既至失同俄相率於城下乞降請盡軍中衣資器仗以贖同俄及聞其死三軍慟哭便引退默啜女壻火拔頡利發石阿失畢時與同俄特勒同領兵以同俄之死懼不敢歸遂將其妻歸降虔瓘以破賊之功拜冠軍大將軍行右驍衛大將軍又下制曰朕聞賞有功報有德者政之急也若功不賞德不報則人何謂哉雲麾將軍檢校右驍衛將軍兼北庭都護瀚海軍經略使金山道副大總管招慰營田等使上柱國太原縣開國子郭虔瓘宣

威將軍守右驍衛翊府中郎將檢校伊州刺史兼伊吾軍使借紫金魚袋上柱國郭知運等早負名節見稱義勇頃者柳中金滿偏師禦敵蕭條窮漠之外奔迫孤城之下強寇益侵援兵不至既守而戰背秋涉冬擁馬長嘶戍人遠望謀以十勝成其九拒遂能摧日逐之遺種斬天驕之愛息豈耿恭班超獨高前史將廉頗李牧與朕同時眷言茂勳是所嘉歎信可以疇其井邑昭示遐邇俾勞臣勸而懦夫立焉虔瓘可進封太原郡開國公知運可封介休縣開國公虔瓘俄轉安西副大都護攝御史大夫四鎮經略安撫使進封潞國公賜實封一百戶虔瓘乃奏請募關中兵一萬人往安西討擊皆給公乘兼供熟食勑許之將作大匠韋湊上疏曰臣聞兵者凶器不獲已而用之今西域諸蕃莫不順軌縱鼠竊狗盜有戍卒鎮兵足宜式遏之威非降赫斯之怒此師之出未見其名臣又聞安不忘危理必資備自近及遠強幹弱枝是以漢實關中徙諸豪族今關輔戶口積久逋逃承前先虛見猶未實屬北虜犯塞西戎駭邊凡在丁壯征行略盡豈宜更募驍勇遠資荒服又一萬行人詣六千餘里咸給遞馱並供熟食道次州縣將何以供秦隴之西人戶漸少涼州已去沙磧悠然遣彼居人如何得濟又萬人賞賜費用極多萬里資糧破損尤廣縱令必剋其獲幾何儻稽天誅無乃甚損請今計議所用所得校其多少則知利害況用者必賞獲者未量何要此行頓空畿甸且上古之時大同之化不獨子子不獨親親何隔華戎務均安靖洎皇道謝古帝德慚皇猶尚綏懷不崇征伐有占風覘雨之客無越海踰山之師其後漢武膺圖志恢土宇西通絕域北擊匈奴雖廣獲珍奇多斬首級而中國疲耗殆至危亡是以俗號昇平君稱盛德者咸指唐堯之代不歸漢武之年其要功不成者復焉足比議惟陛下圖之虔瓘竟無克獲之功尋遷右威衛大將軍以疾卒其後又以張嵩爲安西都護以代虔瓘嵩身長七尺偉姿儀初進士舉常以邊任自許及在安西務農重戰安西府庫遂爲充實十年轉太原尹卒官俄又以黃

門侍郎杜暹代嵩爲安西都護

○郭知運字逢時瓜州常樂人壯勇善射頗有膽略初爲秦州三度府果毅以戰功累除左驍衛中郎將瀚海軍經略使又轉檢校伊州刺史兼伊吾軍使開元二年春副郭虔瓘破突厥於北庭以功封介休縣公加雲麾將軍擢拜右武衛將軍其秋吐蕃入寇隴右掠監牧馬而去詔知運率衆擊之知運與薛訥王晙等掎角擊敗之拜知運鄯州都督隴右諸軍節度大使四年冬突厥降戶阿悉爛跌跌思泰等率衆反叛單于副都護張知運爲賊所執詔薛訥領兵討之叛賊至綏州界詔知運領朔方兵募橫擊之大破賊衆於黑山呼延谷賊捨甲仗奔棄張知運走六年知運又率兵入討吐蕃賊徒無備遂掩至九曲獲鎧及甲馬犛牛等數萬計知運獻捷遂分賜京文武五品已上清官及朝集使拜知運爲兼鴻臚卿攝御史中丞加封太原郡公八年六州胡康待賓等反詔知運與

王晙討平之拜左武衛大將軍授一子官賜金銀器百事雜綵千段九年卒於軍贈涼州都督米粟五百斛絹帛五百段仍令中書令張說爲其碑文知運自居西陲甚爲蕃夷所憚其後王君㚟亦號勇將時人稱王郭焉子英傑英乂英傑官至左衛將軍開元二十一年幽州長史薛楚玉遣英傑及裨將吳克勤烏知義羅守忠等率精騎萬人及降奚之衆以討契丹屯兵於榆關之外契丹首領可突于引突厥之衆拒戰於都山之下官軍不利知義守忠率麾下便道遁歸英傑與克勤逢賊力戰皆沒于陣其下精鋭六千餘人仍與賊苦戰賊以英傑之首示之竟不降盡爲賊所殺英乂劍南西川節度使自有傳

王君㚟瓜州常樂人也初爲郭知運別奏驍勇善騎射以戰功累除右衛副率及知運卒遂代知運爲河西隴右節度使遷右羽林軍將軍判涼州都督事開元十六年冬吐蕃大將悉諾邏率衆入寇大斗谷又移攻甘州焚燒市里而去君㚟以其兵疲整士馬以

躡其後會大雪賊徒凍死者甚衆賊遂取積石軍西路而還君㚟令副使馬元慶裨將車蒙追之不及㚟先令人潛入賊境於歸路燒草悉諾邏還至大非川將息甲牧馬而野草皆盡馬死過半君㚟襲其後入至青海之西時海水冰合君㚟與秦州都督張景順等率將士並乘冰而渡會悉諾邏已度大非山輜重及疲兵尚在青海之側君㚟縱兵盡俘獲之及羊馬萬數君㚟以功遷右羽林軍大將軍攝御史中丞依舊判涼州都督封晉昌伯拜其父壽爲少府監仍聽致仕上又嘗於廣達樓引君㚟及妻夏氏設宴賜以金帛夏氏亦有戰功故特賞之封爲武威郡夫人其冬吐蕃寇陷瓜州執刺史田元獻及君㚟父壽殺掠人戶并取軍資及倉糧又進攻玉門軍及常樂縣仍縱僧徒使歸涼州謂君㚟曰將軍常欲以忠勇報國今日何不一戰君㚟聞父被執登陴西向而哭竟不敢出兵初涼州界有迴紇契苾思結渾四部落代爲酋長君㚟微時徒來涼府爲迴紇等所輕及君㚟爲河西節度使迴紇等怏怏恥在其麾下君㚟以法繩之迴紇等積怨密使人詣東都自陳枉狀君㚟遽發驛奏迴紇部落難制潛有叛計上使中使往按問之迴紇等竟不得理由是瀚海大都督迴紇承宗長流瀼州渾大德長流吉州賀蘭都督契苾承明長流藤州盧山都督思結歸國長流瓊州右散騎常侍李令問特進契苾嵩以與迴紇等結婚貶令問爲撫州別駕嵩爲連州別駕於是承宗之黨瀚海州司馬護輸糾合黨與謀殺君㚟以復其怨會吐蕃使間道往突厥君㚟率精騎往肅州掩之還至甘州南鞏筆驛護輸伏兵突起奪君㚟旌節先殺其左右宗貞剖其心云是其始謀也君㚟從數十人與賊力戰自朝至晡左右盡死遂殺君㚟載其屍以奔吐蕃追及之護輸遂棄君㚟屍而走上甚痛惜之制贈特進荊州大都督給靈輿遞歸京師葬於京城之東官供喪事仍令張說爲其碑文上自書石以寵異之吐蕃之寇瓜州也分遣副將莽布支攻常樂縣縣令賈師順嬰城固守及瓜州城陷大將悉諾邏又盡引其衆勢以攻之數

日不陷賊中有分得漢口爲妻者其妻弟在常樂城中悉諾邏使夜就城下詐爲私見謂師順曰瓜州已破吐蕃盡衆來此豈有拒守之理小人妻弟在城情有所念明府何不早降以全城中之衆師順荅曰漢法降賊者九族爲戮吾受國官爵祇可以死拒寇豈得背恩降賊悉諾邏知師順不降又攻城八日復令前使謂師順曰明府既不肯降吾衆欲還城中豈無財物以相贈耶師順請脫士卒衣裳以爲賂悉諾邏知城中無財帛夜燒死人收營而去引衆毀瓜州城師順遽開門收器械更修守備吐蕃果使精騎迴而巡城知有備始去賈師順者岐州人也以守城之功累遷鄯州都督隴右節度使入爲左領軍將軍病卒

張守珪陝州河北人也初以戰功授平樂府別將從郭虔瓘於北庭鎮遣守珪率衆救援在路逢賊甚衆守珪身先士卒與之苦戰斬首千餘級生擒賊率頡斤一人開元初突厥又寇北庭虔瓘令守珪間道入京奏事守珪因上書陳利害請引兵自蒲昌輪臺翼

而擊之及賊敗守珪以功特加游擊將軍再轉幽州良社府果毅守珪儀形瓌壯善騎射性慷慨有節義時盧齊卿爲幽州刺史深禮遇之常共榻而坐謂曰足下數年外必節度幽涼爲國之良將方以子孫相託豈得以賓屬常禮相期耶守珪後累轉左金吾員外將軍爲建康軍使十五年吐蕃寇陷瓜州王君㚟死河西恟懼以守珪爲瓜州刺史墨離軍使領餘衆修築州城板堞纔立賊又暴至城下城中人相顧失色雖相率登陴略無守禦之意守珪曰彼衆我寡又創痍之後不可以矢石相持須以權道制之也乃於城上置酒作樂以會將士賊疑城中有備竟不敢攻城而退守珪縱兵擊敗之於是修復廨宇收合流亡皆復舊業守珪以戰功加銀青光祿大夫仍以瓜州爲都督府以守珪爲都督瓜州地多沙磧不宜稼穡每年少雨以雪水溉田至是渠堰盡爲賊所毀旣地少林木難爲修葺守珪設祭祈禱經宿而山水暴至大漂材木塞澗而流直至城下守珪使取充堰於是水道復舊州人刻石以

紀其事明年遷鄯州都督仍充隴右節度二十一年轉幽州長史兼御史中丞營州都督河北節度副大使俄又加河北採訪處置使先是契丹及奚連年爲邊患契丹衙官可突于驍勇有謀略頗爲夷人所伏趙含章薛楚玉等前後爲幽州長史竟不能拒及守珪到官頻出擊之每戰皆捷契丹首領屈刺與可突于恐懼遣使詐降守珪察知其僞遣管記右衛騎曹王悔詣其部落就謀之悔至屈刺帳賊徒初無降意乃移其營帳漸向西北密遣使引突厥將殺悔以叛會契丹別帥李過折與可突于爭權不叶悔潛誘之夜斬屈刺及可突于盡誅其黨率餘燼以降守珪因出師次于紫蒙川大閱軍實讌賞將士傳屈刺可突于等首于東都梟於天津橋之南詔封李過折爲北平王使統其衆尋爲可突于餘黨所殺二十三年春守珪詣東都獻捷會籍田禮畢酺宴便爲守珪飲至之禮上賦詩以褒美之廷拜守珪爲輔國大將軍右羽林大將軍兼御史大夫餘官並如故仍賜雜綵一千匹及金銀器物等與

二子官仍詔於幽州立碑以紀功賞二十六年守珪裨將趙堪白眞陁羅等假以守珪之命逼平盧軍使烏知義令率騎邀叛奚餘燼於潢水之北將踐其禾稼知義初猶固辭眞陁羅又詐稱詔命以迫之知義不得已而行及逢賊初勝後敗守珪隱其敗狀而妄奏克獲之功事頗泄上令謁者牛仙童往按之守珪厚賂仙童遂附會其事但歸罪於白眞陁羅逼令自縊而死二十七年仙童事露伏法守珪以舊功減罪左遷括州刺史到官無幾疽發背而卒弟守琦左驍衛將軍守瑜金吾將軍守珪子獻誠守瑜子獻恭守琦子獻甫三人皆爲興元節度使各自有傳

牛仙客涇州鶉觚人也初爲縣小吏縣令傅文靜甚重之文靜後爲隴右營田使引仙客參預其事遂以軍功累轉洮州司馬開元初王君㚟爲河西節度使以仙客爲判官甚委信之時又有判官宋貞與仙客俱爲腹心之任及君㚟死宋貞亦爲迴紇所殺仙客以不從獲免俄而蕭嵩代君㚟爲河西節度又以軍政委於仙客

仙客清勤不倦接待上下必以誠信及嵩入知政事數稱薦之稍遷太僕少卿判涼州別駕事仍知節度留後事竟代嵩爲河西節度使判涼州事歷太僕卿殿中監軍使如故開元二十四年秋代信安王禕爲朔方行軍大總管右散騎常侍崔希逸代仙客知河西節度事初仙客在河西節度時省用所積鉅萬希逸以其事奏聞上令刑部員外郎張利貞馳傳往覆視之仙客所積倉庫盈滿器械精勁皆如希逸之狀上大悅以仙客爲尚書中書令張九齡執奏以爲不可乃加實封二百戶其年十一月九齡等罷知政事遂以仙客爲工部尚書同中書門下三品仍知門下事時有監察御史周子諒竊言於御史大夫李適之曰牛仙客不才濫登相位大夫國之懿親豈得坐觀其事適之遽奏子諒之言上大怒廷詰之子諒辭窮於朝堂決配流瀼州行至藍田而死仙客旣居相位獨善其身唯諾而已所有錫賚皆緘封不啓百司有所諮決仙客曰但依令式可也不敢措手裁決明年特封豳國公贈其父意爲禮部

尚書祖會爲涇州刺史歲又進拜侍中兼兵部尚書天寶年改易
官名拜左相尚書如故其年七月卒年六十八内出絹一千匹布五
百端遣中使送至宅以賻之贈尚書左丞謚曰貞簡初仙客爲朔
方軍使以姚崇孫閎爲判官及知政事閎累遷侍御史自云能通
鬼道預知休咎仙客頗信惑之及疾甚閎請爲仙客祈禱在其門
下遂逼仙客令作遺表薦閎叔尚書右丞弈及兵部侍郎盧奐堪
代已閎爲起草仙客時既危殆署字不成其妻因中使來弔以其
表上玄宗覺而怒之左遷弈爲永陽太守盧奐爲臨淄太守賜閎死
王忠嗣太原祁人也家于華州之鄭縣父海賓太子右衛率豐安
軍使太谷男以驍勇聞隴上開元二年七月吐蕃入寇朝庭起薛
訥攝左羽林將軍爲隴右防禦使率杜賓客郭知運王晙安思順
以禦之以海賓爲先鋒及賊于渭州西界武階驛苦戰勝之殺獲
甚衆諸將嫉其功按兵不救海賓以衆寡不敵歿于陣大軍乘其
勢擊之斬首一萬七千級獲馬七萬五千匹羊牛十四萬頭玄宗

三十五 唐傳五十三 七 林俊

○聞而憐之詔贈左金吾大將軍忠嗣初名訓年九歲以父死王事
起復拜朝散大夫尚輦奉御賜名忠嗣養於禁中累年肅宗在忠
邸與之游處及長雄毅寡言嚴重有武略玄宗以其兵家子與之
論兵應對縱橫皆出意表玄宗謂之曰爾後必爲良將十八年又
贈其父安西大都護其後遂從河西節度兵部尚書蕭嵩河東副
元帥信安王褘並引爲兵馬使二十一年再轉左領軍衛郎將河
西討擊副使左威衛將軍賜紫金魚袋清源男兼檢校代州都督
嘗短皇甫惟明義弟王昱憾焉遂爲所陷貶東陽府左果毅屬河
西節度使杜希望謀拔新城或言忠嗣之材足以輯事必欲取勝
非其人不可希望即奏聞詔追忠嗣赴河西既下新城忠嗣之功
居多因授左威衛郎將專知行軍兵馬是秋吐蕃大下報新城之
役晨壓官軍衆寡不敵師人皆懼焉忠嗣乃以所部策馬而前左
右馳突當者無不闢易出而復合殺數百人賊衆遂亂三軍翼而
擊之吐蕃大敗以功最詔拜左金吾衛將軍同正員尋又兼左羽

林軍上將軍河東節度副使兼大同軍使二十八年以本官兼代
州都督攝御史大夫兼充河東節度又加雲麾將軍二十九年代
韋光乘爲朔方節度使仍加權知河東節度事其月以田仁琬充
河東節度使忠嗣依舊朔方節度天寶元年兼靈州都督是歲
北伐與奚怒皆戰于桑乾河三敗之大虜其衆耀武漠北高會而
旋時突厥葉護新有内難忠嗣盛兵磧口以威振之烏蘇米施可
汗懼而請降音遷延不至忠嗣乃縱反間於拔悉蜜與葛邏祿迴
紇三部落攻米施可汗走之忠嗣因出兵伐之取其右廂而歸其
西葉護及毗伽可敦男毅葛臘哆率其部落千餘帳入朝因加左
武衛大將軍明年又再破怒皆及突厥之衆自是塞外晏然虜不
敢入天寶三載突厥十姓拔悉蜜等昔攻殺烏蘇米施可汗傳
首京師四載加攝御史大夫充河東節度採訪使五月進封清源
縣公忠嗣少以勇敢自負及居節將以持重安邊爲務嘗謂人云
國家升平之時爲將者在撫其衆而已吾不欲疲中國之力以徼

三十五 唐傳五十三 八 王康

○功名耳但訓練士馬缺則補之有漆弓百五十斤嘗貯之袋中示
無所用軍中皆日夜思戰因多縱間諜以伺虜之隙時以奇兵襲
之故士樂爲用師出必勝每軍出即各召本將付其兵器令給士
卒雖一弓一箭必書其名姓於上以記之軍罷却納若遺失即驗
其名罪之故人人自勸甲仗充牣矣四載又兼河東節度採訪使
自朔方至雲中緣邊數千里當要害地開拓舊城或自創制斥地
各數百里自張仁亶之後四十餘年忠嗣繼之北塞之人復罷戰
矣五年正月河隴以皇甫惟明敗衄之後因忠嗣以持節充西平
郡太守判武威郡事充河西隴右節度使其月又權知朔方河東
節度使事忠嗣佩四將印控制萬里勁兵重鎭皆歸掌握自國初
已來未之有也尋遷鴻臚卿餘如故又加金紫光祿大夫仍授一子
五品官後頻戰青海積石皆大剋捷尋又伐吐渾於墨離虜其全
國而歸初忠嗣在河東朔方日久備諳邊事得士卒心及至河隴
頗不習其物情又以功名富貴自處望減於往日矣其載四月固

議朔方河東節度許之玄宗方事石堡城詔問以攻取之略忠嗣
奏云石堡險固吐蕃舉國而守之若頓兵堅城之下必死者數萬
然後事可圖也臣恐所得不如所失請休兵秣馬觀釁而取之計
之上者玄宗固不快李林甫尤忌忠嗣日求其過六載會董延光
獻策請下石堡城詔忠嗣分兵應接之忠嗣僶俛而從延光不悅
河西兵馬使李光弼危之遽而入告將及於庭忠嗣曰李將軍有
何事乎光弼進而言曰請議軍忠嗣曰何也對曰向者大夫以士卒
為心有拒董延光之色雖曰受詔實奪其謀何者大夫以數萬衆
付之而不懸重賞則何以賈三軍之勇乎大夫財帛盈庫何惜數
萬段之賞以杜其讒口乎彼如不捷歸罪於大夫矣忠嗣曰李將
軍忠嗣計已決矣平生始望豈及貴乎今爭一城得之未制於敵
不得之未害於國忠嗣豈以數萬人之命易一官哉假如明主見
責豈失一金吾羽林將軍歸朝宿衛乎其次豈失一黔中上佐乎此
所甘心也雖然公實愛我光弼謝曰向者恐累大夫敢以衷告大夫

○能行古人之事非光弼所及也遂趨而出及延光過期不剋訴忠
嗣緩師故師出無功李林甫又令濟陽別駕魏林告忠嗣稱往任
朔州刺史忠嗣為河東節度云早與忠王同養宮中我欲尊奉太
子玄宗大怒因徵入朝令三司推訊之幾陷極刑會哥舒翰代忠
嗣為隴右節度特承恩顧因奏忠嗣之枉詞甚懇切請以己官爵
贖罪玄宗怒稍解十一月貶漢陽太守七載量移漢東郡太守明
年暴卒年四十五子震天寶中秘書丞其後哥舒翰大舉兵伐石
堡城拔之死者太半竟如忠嗣之言當代稱為名將先是忠嗣之
在朔方也每至互市時即高估馬價以誘之諸蕃聞之競來求市
來輒買之故蕃馬益少而漢軍益壯及至河隴又奏請朔方河東
戎馬九千匹以實之其軍又壯迄于天寶末戰馬蕃息寶應元年
追贈兵部尚書

史臣曰郭虔瓘郭知運王君㚟張守珪牛仙客王忠嗣立功邊城
為世虎臣班超傅介子之流也然虔瓘以萬人征西請給公乘熟
食可謂謀之不臧矣君㚟以父執登陴兵竟不出此則不知門外
之事義斷恩也守珪以至誠感神取材成堰與夫耿恭拜井有何
異焉仙客爰自方隅驟登廊廟顯招物議獨善其身蓋才有不周
昧於陳力就列忠嗣因青蠅之點幾危其身讒人之言誠可畏也

贊曰隴山之西幽陵之北爰有戎夷世為殘賊二郭二王守珪仙
客禦寇之功存乎方策

唐書列傳卷第五十三

右文林郎充兩浙東路提舉茶塩司幹辦公事蘇之勤校勘

唐書列傳卷第五十四

劉　昫　等修

聞人詮校刊沈桐同校

高仙芝　封常清

哥舒翰

高仙芝本高麗人也父舍雞初從河西軍累勞至四鎮十將諸衛將軍仙芝美姿容善騎射勇決驍果少隨父至安西以父有功授游擊將軍年二十餘即拜將軍與父同班秩事節度使田仁琬蓋嘉運未甚任用後夫蒙靈詧累拔擢之開元末爲安西副都護四鎮都知兵馬使小勃律國王爲吐蕃所招妻以公主西北二十餘國皆爲吐蕃所制貢獻不通後節度使田仁琬蓋嘉運幷靈詧累討之不捷玄宗特勑仙芝以馬步萬人爲行營節度使往討之時步軍皆有私馬自安西行十五日至撥換城又十餘日至握瑟德又十餘日至疎勒又二十餘日至葱嶺守捉又行二十餘日至播蜜川又二十餘日至特

勒滿川即五識匿國也仙芝乃分爲三軍使疎勒守捉趙崇玭統三千騎趣吐蕃連雲堡自北谷入使撥換守捉使賈崇瓘自赤佛堂路入仙芝與中使邊令誠自護蜜國入約七月十三日辰時會于吐蕃連雲堡堡中有兵千人又城南十五里因山爲柵有兵八九千人城下有婆勒川水漲不可渡仙芝以三牲祭河命諸將選兵馬人齎三日乾粮早集河次水既難渡將士皆以爲狂既至人不濕旗馬不濕韉已濟而成列矣仙芝喜謂令誠曰向吾半渡賊來吾屬敗矣今既濟成列是天以此賊賜我也遂登山挑擊從辰至巳大破之至夜奔逐殺五千人生擒千人餘並走散得馬千餘匹軍資器械不可勝數玄宗使術士韓履冰往視日懼不欲行邊令誠亦懼仙芝留令誠等以羸病尫弱三千餘人守其城仙芝遂進三日至坦駒嶺直下峭峻四十餘里仙芝料之曰阿弩越胡若速迎即是好心又恐兵士不下乃先令二十餘騎詐作阿弩越城胡服上嶺來迎既至坦駒嶺兵士果不肯下云大使將我欲何處去言未畢其先使二十人來迎云阿弩越城胡並好心奉迎娑夷河藤橋已斫訖仙芝陽喜以號令兵士盡下娑夷河即古之弱水也不勝草芥毛髮下嶺三日越胡果來迎明日至阿弩越城當日令將軍席元慶賀婁餘潤先修橋路仙芝明日進軍又令元慶以一千騎先謂勃律王曰吾取汝城亦不斫汝橋但借汝路過向大勃律去城中有首領五六人皆赤心爲吐蕃仙芝先約元慶云軍到首領百姓必走入山谷招呼取以勑命賜綵物等首領至齊縛之以待我元慶既至一如仙芝之所教縛諸首領王及公主走入石窟取不可得仙芝至斬其爲吐蕃者五六人急令元慶斫藤橋去勃律猶六十里及暮纔斫了吐蕃兵馬大至已無及矣藤橋闊一箭道修之一年方成勃律先爲吐蕃所詐借路遂成此橋至是仙芝徐自招諭勃律及公主出降並平其國天寶六載八月仙芝虜勃律王及公主趣赤佛堂路班師九月復至婆勒川連雲堡與邊令誠等相見其月末還播蜜川令劉單草告捷書遣中使判官王廷芳告捷仙芝軍還至河西夫蒙靈詧都不使人迎勞罵仙芝曰噉狗

腸高麗奴噉狗屎高麗奴于闐使誰與汝奏得仙芝曰中丞焉耆鎮守使誰邊得曰中丞安西副都護使誰邊得曰中丞安西都知兵馬使誰邊得曰中丞靈詧曰此既皆我所奏安得不待我處分懸奏捷書據高麗奴此罪合當斬但緣新立大功不欲處置又謂劉單曰聞爾能作捷書單恐懼請罪令誠具奏其狀曰仙芝立奇功今將憂死其年六月制授仙芝鴻臚卿攝御史中丞代夫蒙靈詧爲四鎮節度使徵靈詧入朝靈詧大懼仙芝每日見之趨走如故靈詧益不自安將軍程千里時爲副都護大將軍畢思琛爲靈詧押衙幷行官王滔康懷順陳奉忠等嘗構譖仙芝於靈詧仙芝既領節度事謂程千里曰公面似男兒心如婦人何也又謂思琛曰此胡敢來我城東一千石種子莊被汝將去憶之乎對曰此是中丞知思琛辛苦見乞仙芝曰吾此時懼汝作威福豈是憐汝與之我欲不言恐汝懷憂言了無事矣又呼王滔等至捽下將笞良久皆釋之由是軍情不懼八載入朝加特進兼左金吾衛大將軍同正員仍與一子五品官九載將

兵討石國平之獲其國王以歸仙芝性貪獲石國大塊瑟瑟十餘石真金五六駝駱名馬寶玉稱是初舍雞以仙芝爲懦緩恐其不能自存至是立功家財鉅萬頗能散施人有所求言無不應其載入朝拜開府儀同三司尋除武威太守河西節度使代安思順思順諷群胡割耳剺面請留監察御史裴周南奏之制復以仙芝爲右羽林大將軍十四載進封密雲郡公十一月安祿山據范陽叛是日以京兆牧榮王琬爲討賊元帥仙芝爲副命仙芝領飛騎彍騎及朔方河西隴右應赴京兵馬并召募關輔五萬人繼封常清出潼關進討仍以仙芝兼御史大夫十二月師發玄宗御望春亭慰勞遣之仍令監門將軍邊令誠監其軍屯於陝州是月十一日封常清兵敗於汜水十三日祿山陷東京常清以餘衆奔陝州謂仙芝曰累日血戰賊鋒不可當且潼關無兵若狂寇奔突則京師危矣宜棄此守急保潼關常清仙芝乃率見兵取太原倉錢絹分給將士餘皆焚之俄而賊騎繼至諸軍惶駭棄甲而

走無復隊伍仙芝至關繕修守具又令索承光守善和戍賊騎至關已有備矣不能攻而去仙芝之力也

○封常清蒲州猗氏人也外祖犯罪流安西效力守胡城南門頗讀書每坐常清於城門樓上教其讀書多所歷覽外祖死常清孤貧年三十餘屬夫蒙靈詧爲四鎮節度使將軍高仙芝爲都知兵馬使頗有材能每出軍奏傔從三十餘人衣服鮮明常清慨然發憤投牒請預一傔常清細瘦目纇脚短而跛仙芝見其貌寢不納明日又投牒仙芝謂曰吾奏傔已足何煩復來常清怒倨謂仙芝曰常清慕公高義願事鞭轡所以無媒而前何見拒之深乎公若方圓取人則士大夫所望若以貌取人恐失之子羽矣仙芝猶未納常清自爾候仙芝出入晨夕不離其門凡數十日仙芝不得已補爲傔開元末會達奚部落背叛自黑山北向西趣碎葉玄宗勑靈詧邀擊之靈詧使仙芝以二千騎自副城向北至綾嶺下遇賊擊之達奚行遠人馬皆疲斬殺略盡常清於幕中潛作捷書具言次舍井泉遇賊形勢克獲謀略事頗精審仙芝所欲言無不周悉仙芝大駭異之仙芝軍迴靈詧賞勞仙芝去奴袜帶刀見判官劉眺獨孤峻等爭問之曰前者捷書誰之所作副大使幕下何得有如此人仙芝曰即仙芝傔人封常清也眺等揖仙芝命常清進坐與語如舊相識衆人方異之以破達奚功授疊州地下戍主便以爲判官累以軍功授鎮將果毅折衝天寶六年從仙芝破小勃律十二月仙芝代夫蒙靈詧爲安西節度使便奏常清爲慶王府錄事參軍充節度判官賜紫金魚袋尋加朝散大夫專知四鎮倉庫屯田甲仗支度營田事仙芝每出征討常令常清知留後事常清有才學果決知留後時仙芝乳母子鄭德詮已爲郎將德詮母在宅內仙芝視之如兄弟家事皆令知之威望動三軍常清出迴諸將皆引前德詮見常清出其門素易之自後走馬突常清而去常清至使院命左右密引至廳連節度使宅院凡經數重門德詮既過命隨後閉之德詮至常清離席謂之曰常清起自細微預中丞兵馬

使傔中丞再不納郎將豈不知乎今中丞過聽以常清爲留後使郎將何得無禮對中使相陵因叱之曰郎將須暫死以肅軍容因令勒迴杖六十面仆地曳出仙芝妻及乳母於門外號哭救之不得因以其狀上仙芝仙芝覽之驚曰已死矣及見常清遂無一言常清亦不之謝諸大將有罪者擊殺二人於是軍州股慄十載仙芝改河西節度使奏常清爲判官王正見爲安西節度奏常清爲四鎮支度營田副使行軍司馬十一載正見死乃以常清爲安西副大都護攝御史中丞持節充安西四鎮節度經略支度營田副大使知節度事十三載入朝攝御史大夫仍與一子五品官賜第一區亡父母皆贈封爵俄而北庭都護程千里入爲右金吾大將軍仍令常清權知北庭都護持節充伊西節度等使常清性勤儉每出征或乘驛私馬不過一兩匹賞罰嚴明十四載入朝十一月謁玄宗於華清宮時祿山已叛玄宗言兇胡負恩之狀何方誅討常清奏曰祿山領兇徒十萬徑犯中原太平斯久人不知戰然事有

逆順勢有奇變臣請走馬赴東京開府庫募驍勇挑馬箠渡河計日取逆胡之首懸於闕下玄宗方憂壯其言翌日以常清爲范陽節度俾募兵東討其日常清乘驛赴東京召募旬日得兵六萬皆傭保市井之流乃斫斷河陽橋於東京爲固守之備十二月祿山渡河陷陳留入甖子谷凶威轉熾先鋒至葵園常清使驍騎與柘羯逆戰殺賊數十百人賊大軍繼至常清退入上東門又戰不利賊鼓譟於四城門入殺掠人吏常清又戰於都亭驛不勝退守宣仁門又敗乃從提象門入倒樹以礙之至穀水西奔至陝郡遇高仙芝具以賊勢告之恐賊難與爭鋒仙芝遂退守潼關玄宗聞常清敗削其官爵令白衣於仙芝軍效力仙芝令常清監巡左右廂諸軍常清衣皂衣以從事監軍邊令誠每事干之仙芝多不從令誠入奏事具言仙芝常清逗撓奔敗之狀玄宗怒遣令誠齎敕至軍並誅之令誠至潼關引常清於驛南西街宣敕示之常清曰常清所以不死者不忍污國家旄麾受戮賊手討逆無效死乃甘心初

常清兵敗入關欲馳赴闕庭至渭南有敕令卻赴潼關自草表待罪是日臨刑託令誠上之其表曰中使駱奉仙至奉宣口敕恕臣萬死之罪收臣一朝之效令臣卻赴陝州隨高仙芝行營負斧纍囚忽焉解縛敗軍之將更許增修臣常清誠懽誠喜頓首頓首臣自城陷已來前後三度遣使奉表具述赤心竟不蒙引對臣之此來非求苟活實欲陳社稷之計破虎狼之謀冀拜首闕庭吐心陛下論逆胡之兵勢陳討捍之別謀將酬萬死之恩以報一生之寵豈料長安日遠謁見無由函谷關遙陳情不暇臣讀春秋見狼瞫稱未獲死所臣今獲矣昨者與羯胡接戰自今月七日交兵至于十三日不已臣所將之兵皆是烏合之徒素未訓習率周南市人之衆當漁陽突騎之師尚猶殺敵塞路血流滿野臣欲挺身刃下死節軍前恐長逆胡之威以挫王師之勢是以馳御就日將命歸天一期陛下斬臣於都市之下以誡諸將二期陛下問臣以逆賊之勢將誡諸軍三期陛下知臣非惜死之徒許臣竭露臣今將死抗表陛下或以臣失律之後誑妄爲辭陛下或以臣欲盡所忠肝膽見察臣死之後望陛下不輕此賊無忘臣言則冀社稷復安逆胡敗覆臣之所願畢矣仰天飲鴆向日封章即爲屍諫之臣死作聖朝之鬼若使殁而有知必結草軍前迴風陣上引王師之旗鼓平寇賊之戈鋋生死酬恩不任感激臣常清無任永辭聖代悲戀之至常清既刑陳其尸於蘧蒢上仙芝歸至廳令誠索陌刀手百餘人隨而從之曰大夫亦有恩命仙芝遽下遂至常清所刑處仙芝曰我退罪也死不辭然以我爲減截兵糧及賜物等則誣我也謂令誠曰上是天下是地兵士皆在足下豈不知乎其召募兵排列在外素愛仙芝仙芝呼謂之曰我於京中召兒郎輩雖得少許物裝束亦未能足方與君輩破賊然後取高官重賞不謂賊勢憑陵引軍至此亦欲固守潼關故也我若實有此君輩即言實我若實無之君輩當言枉兵齊呼曰枉其聲殷地仙芝又目常清之尸謂之曰封二子從微至著我則引拔子爲我判官俄又代我爲節度使今日又與子同死於此豈命也夫遂斬之

哥舒翰突騎施首領哥舒部落之裔也蕃人多以部落稱姓因以爲氏祖沮左清道率父道元安西副都護世居安西翰家富於財倜儻任俠好然諾縱蒱酒年四十遭父喪三年客居京師爲長安尉不禮慨然發憤折節杖劍之河西初事節度使王倕倕攻新城使翰經略三軍無不震慴後節度使王忠嗣補爲衙將翰好讀左氏春秋傳及漢書疏財重氣士多歸之忠嗣以爲大斗軍副使嘗使翰討吐蕃于新城有同列爲副者見翰禮倨不爲用翰怒撾殺之軍中股慄遷左衛郎將後吐蕃寇邊翰拒之于苦拔海其衆三行從山差池而下翰持半段槍當其鋒擊之三行皆敗無不摧靡由是知名天寶六載擢授右武衛員外將軍充隴右節度副使都知關西兵馬使河源軍使先是吐蕃每至麥熟時即率部衆至積石軍獲取之共呼爲吐蕃麥莊前後無敢拒之者至是翰使王難德楊景暉等潛引兵至積石軍設伏以待之吐蕃以五千騎至翰

於城中率驍勇馳擊殺之略盡餘或挺走伏兵邀擊匹馬不還翰有家奴曰左車年十五六亦有膂力翰善使槍追賊及之以槍搭其肩而喝之賊驚顧翰從而刺其喉皆剔高三五尺而墮無不死者左車輒下馬斬首率以爲常其冬玄宗在華清宮王忠嗣被劾勑召翰至與語悅之遂以爲鴻臚卿兼西平郡太守攝御史中丞代忠嗣爲隴右節度支度營田副大使知節度事仍極言救忠嗣上起入禁中翰叩頭隨之而前言詞慷慨聲淚俱下帝感而寬之貶忠嗣爲漢陽太守朝廷義而壯之明年築神威軍於青海上吐蕃至攻破之又築城於青海中龍駒島有白龍見遂名爲應龍城吐蕃屛跡不敢近青海吐蕃保石堡城路遠而險久不拔八載以朔方河東群牧十萬衆委翰總統攻石堡城翰使麾下將高秀巖張守瑜進攻不旬日而拔之上錄其功拜特進鴻臚員外卿與一子五品官賜物千匹莊宅各一所加攝御史大夫十一載加開府儀同三司翰素與祿山思順不協上每和解之爲兄弟其冬祿

山思順翰並來朝上使內侍高力士及中貴人於京城東駙馬崔惠童池亭宴會翰母尉遲氏于闐之族也祿山以思順惡翰嘗銜之至是忽謂翰曰我父是胡母是突厥公父是突厥母是胡與公族類同何不相親乎翰應之曰古人云野狐向窟嘷不祥以其忘本也敢不盡心焉祿山以爲譏其胡也大怒罵翰曰突厥敢如此耶翰欲應之高力士目翰翰遂止十二載進封涼國公食實封三百戶加河西節度使尋封西平郡王時楊國忠有隙於祿山頻奏其反狀故厚賞翰以親結之十三載拜太子太保更加實封三百戶又兼御史大夫翰好飲酒頗恣聲色至土門軍入浴室遘風疾絕倒良久乃蘇因入京廢疾于家及安祿山反上以封常清高仙芝喪敗召翰入拜爲皇太子先鋒兵馬元帥以田良丘爲御史中丞充行軍司馬以王思禮鉗耳大福李承光蘇法鼎管崇嗣及蕃將火拔歸仁李武定渾萼契苾寧等爲裨將河隴朔方兵及蕃兵與高仙芝舊卒共二十萬拒賊於潼關上御勤政樓勞遣之百

寮出餞于郊十五載加翰尚書左僕射同中書門下平章事翰至潼關或勸翰曰祿山阻兵以誅楊國忠爲名公若留兵三萬守關悉以精銳迴誅國忠此漢挫七國之計也公以爲何如翰心許之未發有客泄其謀於國忠國忠大懼乃奏曰兵法安不忘危今潼關兵衆雖盛而無後殿萬一不利京師得無恐乎請選監牧小兒三千人訓練於苑中詔從之遂遣劒南軍將李福劉光庭分統焉又奏召募一萬人屯於灞上令其腹心杜乾運將之翰慮爲所圖乃上表請乾運兵隸於潼關遂召乾運赴潼關計事因斬之自是翰心不自安又素有風疾至是頗甚軍中之務不復躬親委政於行軍司馬田良丘良丘復不敢專斷教令不一頗無部伍其將王思禮李承光又爭長不叶人無鬭志先是翰數奏祿山雖竊河朔而不得人心請持重以弊之彼自離心因而翦滅之可不傷兵擒茲寇矣賊將崔乾祐於陝郡潛鋒蓄銳而覘者奏云賊殊無備上然之命悉衆速討之翰奏曰賊既始爲兇逆祿山久習用兵必不肯無

備是陰計也且賊兵遠來利在速戰今王師自戰其地利在堅守不利輕出若輕出關是入其筭乞更觀事勢楊國忠恐其謀己屢奏但出之上久處太平不練軍事既爲國忠眩惑中使相繼督責翰不得已引師出關六月四日次于靈寶縣之西原八日與賊交戰官軍南迫險峭北臨黃河崔乾祐以數千人先據險要翰及良丘等浮船中流以觀進退謂乾祐兵少輕之遂促將士令進爭路擁塞無復隊伍午後東風急乾祐以草車數十乘縱火焚之煙焰亘天將士掩面開目不得因爲兇徒所乘王師自相排擠墜于河其後者見前軍陷敗悉潰塡委于河死者數萬人號叫之聲振天地縛器械以槍爲楫投北岸十不存一二軍既敗翰與數百騎馳而西歸爲火拔歸仁執降於賊祿山謂之曰汝常輕我今日如何翰懼俯伏稱肉眼不識陛下遂至於此陛下爲撥亂主今天下未平李光弼在土門來瑱在河南魯炅在南陽但留臣臣以尺書招之不日平矣祿山大喜遂僞署翰司空作書招光弼等諸將報書

旨讓翰不死節祿山知事不諧遂閉翰於苑中潛殺之翰之守潼關也主天下兵權肆志報怨誣奏戶部尚書安思順與祿山潛通僞令人爲祿山遺思順書於關門擒之以獻其年三月思順及弟太僕卿元貞並坐誅徙其家屬于嶺外天下寃之

史臣曰大盜作梗祿山亂常詞雖欲誅國忠志則謀危社稷于時承平日久金革道消封常清高仙芝相次率不教之兵募市人之衆以元兇冦失律喪師哥舒翰廢疾于家起專兵柄二十萬衆拒賊關門軍中之務不親委任又非其所及遇羯賊旋致敗亡天子以之播遷自身以之拘執此皆命帥而不得其人也禮曰大夫死衆又曰謀人之軍師敗則死之翰受署賊庭苟延視息忠義之道即可知也豈不愧於顏杲卿乎抑又聞之古之命將者推轂而謂之曰閫外之事將軍裁之觀楊國忠之奏事邊令誠之護戎又掣肘於軍政者也未可偏責三帥不尤伊人後之君子得不深鑑

贊曰羯賊犯順戎車啓行委任失所封高敗亡虔劉圻甸僭竊衣裳醜哉舒翰不能死王

唐書列傳卷第五十四

劉昫　等修

宇文融　韋堅　楊愼矜　王鉷

宇文融京兆萬年人隋禮部尚書平昌公弼之玄孫也祖節貞觀
中爲尚書右丞明習法令以幹局見稱時江夏王道宗嘗以私事
託於節節遂奏之太宗大悅賜絹二百匹仍勞之曰朕所以不置
左右僕射者正以卿在省耳永徽初累遷黃門侍郎同中書門下
三品代于志寧爲侍中坐房遺愛事配流桂州而卒父嶠萊州長
史融開元初累轉富平主簿明辯有吏幹源乾曜孟溫相次爲
京兆尹皆厚禮之俄拜監察御史時天下戶口逃亡免役多僞濫
朝廷深以爲患融乃陳便宜奏請檢察僞濫搜括逃戶玄宗納
其言因令融充使推勾無幾獲僞濫及諸免役甚衆特加朝散大
夫再遷兵部員外郎兼侍御史融於是奏置勸農判官十人並攝
御史分往天下所在檢括田疇招攜戶口其新附客戶則免其六

年賦調但輕稅入官議者頗以爲擾人不便陽翟尉皇甫憬上疏
曰臣聞智者千慮或有一失愚夫千計亦有一得且無益之事繁
則不急之務衆不急之務衆則數役數役則人疲人疲則無聊生
矣是以太上務德以靜爲本其次化之以安爲上但責其疆界嚴
之隄防山水之餘即爲見地何必聚人阡陌親遣括量故奪農時
遂令受弊又應出使之輩未識大體所由殊不知陛下愛人至深
務以勾剝爲計州縣懼罪據牒即徵逃亡之家隣保代出隣保不
濟又便更輸急之則都不謀生緩之則慮法交及臣恐逃逸從此
更深至如澄流在源止沸由火不可不愼今之具寮向逾萬數蠶
食府庫侵害黎人國絕數載之儲家無經月之畜雖其厚稅亦不
可供戶口逃亡莫不由此縱使伊皐申術管晏陳謀豈息茲弊若
以此給將何以堪雖東海南山盡爲粟帛亦恐不足豈括田稅客
能周給也左拾遺楊相如上書咸陳括客爲不便上方委任融侍
中源乾曜及中書舍人陸堅皆贊成其事乃貶璟爲盈川尉於是

諸道括得客戶凡八十餘萬田亦稱是州縣希融旨意務於獲多
皆虛張其數亦有以實戶爲客者歲終徵得客戶錢數百萬融由
是擢拜御史中丞言事者猶稱括客損居人上令集百寮於尚書
省議公卿已下懼融恩勢皆雷同不敢有異詞唯戶部侍郎楊瑒
獨建議以括客不利居人徵籍外田稅使百姓困弊所得不補所
失無幾瑒出爲外職融乃馳傳巡歷天下事無大小先牒上勸農
使而後申中書省司亦待融指撝而後決斷融之所至必招集老
幼宣上恩命百姓感其心至有流淚稱父母者融使還具奏乃下
制曰人惟邦本本固邦寧必在安人方能固本永言理道實獲朕
心思所以康濟黎庶寵綏華夏上副宗廟乾坤之寄下荅寓縣貢
獻之勤何嘗不夜分輟寢日旰忘食然後以眇眇之身當四海之
貴雖則長想遐邇不可家至日見至于宣布政教安緝逋亡言念
再三其勤至矣莫副朕命實用恧焉當宸永懷靜言厥緒豈人
流自久招諭不還上情靡通于下衆心罔達於上求之明發想見

其人當屬括地使宇文融謁見于延英殿朕以人必土著因議逃
亡嘉其忠讜堪任以事乃授其田戶紀綱兼委之郡縣釐革使令
充使奉以安人遂能恤我黎元克將朕命發自夏首來於歲終巡
按所及歸首百萬仍聞宣制之日老幼欣躍惟令是從多流淚以
感朕心咸吐誠以荷王命猶恐朕之薄德未孚于人撫字安存更
資良算遂命百司長吏方州岳牧僉議都堂廣徵異見群詞盈於
札翰環省彌于旬日庶廣朕意豈以爲勞稽衆考言謂斯折衷欲
人必信期於令行凡爾司存勉以遵守夫食爲人天富而後教經
教彝體則哲至言故平糴行於昔王義倉加於近代所以存九年
之蓄收上中之斂穰歲則農不傷財災年則時無菜色救人活國
其利博哉今流戶大來王田載理敷庾之務寤寐所懷其客戶所
稅錢宜均充所在常平倉用仍許預付價直任粟麥兼貯并舊常
平錢粟並委本道判官勾當處置使斂散及時務以矜恤且分災
恤患州黨之常情損餘濟闕親隣之善貸故木鐸云徇里胥均

功夜績相從齊俗以贍今陽和布澤丁壯就田言念鰥惸事資拯
助宜委使司與州縣商量勸作農社貧富相恤耕耘以時仍每至
雨澤之後種穫忙月州縣常務一切停減使趨時急於備寇尺璧
賤於寸陰是則天無虛施人無遺力又政在經遠功惟久著今逃
亡初復居業未康循逃戶及籍外剩田猶宜勞徠理資存撫其十
道分判官三五年內使就厥功令有終始當道覆屯及須推劾並
以委之不須廣差餘使示專其事不擾于人政術有能必行賞罰
其已奏復業歸首勾當州縣每季一申不須挾名致有勞擾其歸
首戶各令新首處與本貫計會年石色役勿欺隱及其兩處徵科
宣布天下使明知朕意中書令張說素惡融之爲人又患其權重
融之所奏多建議爭之融揣其意先事圖之中書舍人張九齡言
於說曰宇文融承恩用事辯給多詞不可不備也說曰此狗鼠輩
焉能爲事融尋兼戶部侍郎從東封還又密陳意見分吏部爲
十銓典選事所奏又爲說所抑融乃與御史大夫崔隱甫連名劾
說廷奏其狀說由是罷知政事融恐說復用爲已患數譖毀之上
惡其朋黨尋出融爲魏州刺史俄轉汴州刺史又上表請用禹貢
九河舊道開稻田以利人并迴易陸運腳錢官收其利雖興役不
息而事多不就十六年復入爲鴻臚卿兼戶部侍郎明年拜黃門
侍郎與裴光庭並兼同中書門下平章事融旣居相位欲以天下
爲已任謂人曰使吾居此數月庶令海內無事矣於是薦宋璟爲
右丞相裴耀卿爲戶部侍郎許景先爲工部侍郎甚允朝廷之
望然性躁急多言又引賓客故人晨夕飲謔由是爲時論所譏時
禮部尚書信安王褘爲朔方節度使殿中侍御史李宙驛召將下
獄褘旣申訴得理融坐阿黨李宙出爲汝州刺史在相凡百日而
罷裴光庭時兼御史大夫又彈融交遊朋黨及男受贓等事貶昭
州平樂尉在嶺外歲餘司農少卿蔣岑舉奏融在汴州迴造船
腳隱沒鉅萬給事中馬紹列受深文案其事實融於是配流巖州
地旣瘴毒憂恚發疾遂詣廣府將停留未還都督耿仁忠謂融

曰明公負朝廷深譴以至於此更欲故犯嚴命淹留他境仁忠見
累誠所甘心亦恐朝廷知明公在此必不相容也融遽還卒于路
上聞之思其舊恩贈台州刺史
韋堅京兆萬年人父元珪先天中銀青光祿大夫開元初兗州刺
史堅姊爲贈惠宣太子妃堅妻又楚國公姜皎女堅妹又爲皇太
子妃中外榮盛故早從官敘二十五年爲長安令以幹濟聞與中
貴人善探候主意見宇文融楊愼矜父子以勾剝財物爭行進奉
而致恩顧堅乃以轉運江淮租賦所在置吏督察以裨國之倉廩
歲益鉅萬玄宗以爲能天寶元年三月擢爲陝郡太守水陸轉運
使自西漢及隋有運渠自關門西抵長安以通山東租賦奏請於
咸陽擁渭水作興成堰截灞滻水傍渭東注至關西永豐倉下與
渭合於長安城東九里長樂坡下滻水之上架苑牆東面有望春
樓樓下穿廣運潭以通舟楫二年而成堅預於東京汴宋取小斛
底船三二百隻置於潭側其船皆署牌表之若廣陵郡船卽於栿
背上堆積廣陵所出錦鏡銅器海味丹陽郡船卽京口綾衫段晉
陵郡船卽折造官端綾繡會稽郡船卽銅器羅吳綾絳紗南海
郡船卽瑇瑁眞珠象牙沉香豫章郡船卽力士瓷酒器茶釜茶鐺
茶椀宣城郡船卽空青綠紙筆黃連始安郡船卽蕉葛蚺蛇膽
翡翠船中皆有米吳郡卽三破糯米方文綾凡數十郡駕船人皆
大笠子寬袖衫芒屨如吳楚之制先是人間戲唱歌詞云得丁紇反
体都董反紇那也紇囊得体耶潭裏船車鬧揚州銅器多三郎當
殿坐看唱得体歌至開元二十九年田同秀上言見玄元皇帝云
有寶符在陝州桃林縣古關令尹喜宅發中使求而得之以爲殊
祥改桃林爲靈寶縣及此潭成陝縣尉崔成甫以堅爲陝郡太守
鑿成新潭又致揚州銅器翻出此詞廣集兩縣官使婦人唱之言
得寶弘農野弘農得寶耶潭裏船車鬧揚州銅器多三郎當殿
坐看唱得寶歌成甫又作歌詞十首自衣缺胯綠衫錦半臂偏袒
膊紅羅抹額於第一船作號頭唱之和者婦人一百人皆鮮服靚

糚齊聲接影鼓笛胡部以應之餘船洽進至樓下連檣彌亙數里觀者山積京城百姓多不識驛馬船檣竿人人駭視堅跪上諸郡輕貨又上百牙盤食府縣進奏教坊出樂迭奏玄宗歡悅下詔曰勑古之善政者貴於足食欲求富國者必先利人朕關輔之間尤資殷贍比來轉輸未免艱辛故置此潭以通漕運萬代之利一朝而成將允叶於永圖豈苟求於縱觀其陝郡太守韋堅始終檢校夙夜勤勞賞以懋功則惟常典宜特與三品仍改授一子三品京官兼太守判官等並即量與改轉其專知檢校始末不離潭所者并孔目官及至典選日優與處分仍委韋堅具名錄奏應役人夫等雖各酬傭直然使役日多並放今年地稅且啓鑿功畢舟檝已通既涉遠途又能先至永言勸勵稍宜甄獎其押運綱各賜一中上考準前錄奏舡夫等宜共賜錢二千貫以充宴樂外郡進土物賜貴戚朝官賜名廣運潭時堅妹故惠宣太子妃亦出寶物供樓上鋪設進食竟日而罷李林甫以堅姜氏壻甚狎之至是懼其詭

計求進承恩日深堅又與李適之善益怒之恐入爲相乃與腹心構成其罪四月進銀青光祿大夫左散騎常侍陝郡太守水陸轉運使勾當緣河及江淮南租庸轉運處置使並如故又以判官元擿豆盧友除監察御史三年正月堅又加兼御史中丞封韋城男九月拜守刑部尚書奪諸使以楊慎矜代之五載正月望夜堅與河西節度鴻臚卿皇甫惟明夜遊同過景龍觀道士房爲林甫所發以堅戚里不合與節將狎暱是構謀規立太子玄宗惑其言遽貶堅爲縉雲太守惟明爲播川太守尋發使殺惟明於黔中籍其資財六月又貶堅爲江夏員外別駕又構堅與李適之善貶適之爲宜春太守七月堅又長流嶺南臨封郡堅弟將作少匠蘭鄠縣令冰兵部員外郎芝堅男河南府戶曹諒並遠貶至十月使監察御史羅希奭逐而殺之諸弟及男諒並死堅妻姜氏林甫以其久遣輕賤特放還本宗倉部員外郎鄭章貶南豐丞殿中侍御史鄭欽說貶夜郎尉監察御史豆盧友貶富水尉監察御史楊惠貶巴東尉連累者數十人又勑嗣薛王琄貶夷陵郡員外別駕長任其母隨男任女婿新貶巴陵太守盧幼林長流合浦郡肅宗時爲皇太子恐懼上表稱與新婦離絕七載嗣薛王琄仍於夜郎郡安置其母亦勸隨男堅貶黜後林甫諷所司發使於江淮東京緣河轉運使恣求堅之罪以聞徵之綱典舡夫溢於牢獄郡縣徵剝不止隣伍盡成裸形死於公府林甫死乃停

楊慎矜隋煬帝玄孫也曾祖隋齊王暕祖正道大業末隋宇文化及至河北爲竇建德所破因與其祖母蕭皇后入于建德軍建德送于突厥處羅可汗牙貞觀初李靖擊破頡利可汗胡酋康蘇蜜以蕭后及正道歸授尚衣奉御父隆禮長安中天官郎中神龍後歷洺梁滑汾懷五州刺史皆以清嚴能檢察人吏絕於欺隱聞景雲中以名犯玄宗上字改爲崇禮開元初擢爲太府少卿雖錢帛充牣丈尺間皆躬自省閱時議以爲前後爲太府者無與爲比擢拜太府卿加銀青光祿大夫進封弘農郡公在職二十年公清如

一二十一年九十餘授戶部尚書致仕時太平且久御府財物山積以爲經楊卿者無不精好每歲勾剝省便出錢數百萬貫慎矜沉毅有財幹任氣尚朋執初爲汝陽令有能名崇禮罷太府玄宗訪其子堪委其父任者宰臣以慎餘慎矜慎名三人皆勤恪清白有父風而慎矜爲其最因拜監察御史知太府出納慎餘先爲司農丞除太子舍人監京倉尋丁父憂二十六年服闋累遷侍御史仍知太府出納慎名授大理評事攝監察御史充都含嘉倉出納使甚承恩顧慎矜於諸州納物者有水漬傷破及色下者皆令本州徵折估錢轉市輕貨州縣徵調不絕於歲月矣在臺數年又專知雜事風格甚高天寶二年遷權判御史中丞充京畿採訪使知太府出納使並如故時右相李林甫擅權慎矜以遷拜不由其門懼不敢居其任固讓之因除諫議大夫兼侍御史仍依舊知太府出納以鴻臚少卿蕭諒爲御史中丞諒至臺無所撝讓頗不相能旬出爲陝郡太守林甫以慎矜屈於己復擢爲御史中丞仍充諸

道鑄錢使餘如故時散騎常侍陝郡太守韋堅兼御史中丞爲水
陸漕運使權傾宰相侍御史王鉷推堅慎矜引身中立以候望鉷
恨之林甫亦憾焉慎矜與鉷父瑨中外兄弟鉷即表姪少相狎鉷
入臺慎矜爲臺端亦有推引及鉷遷中丞雖與鉷同列毎呼爲王
鉷鉷恃與林甫善漸不平之五載慎矜遷戶部侍郎中丞使如故
林甫見慎矜受主恩心嫉之又知王鉷於慎矜有間又誘而謟之
鉷乃伺其隙以陷之慎矜奪鉷職田背嘗詬鉷母氏鉷不堪其
辱慎矜性疎快素昵於鉷嘗話讖書於鉷又與還俗僧史敬忠游
處敬忠有學業鉷於林甫構成其罪云慎矜是隋家子孫心規克
復隋室故畜異書與凶人來往而說國家休咎時天寶六載十一月
玄宗在華清宮林甫令人發之玄宗震怒繫之於尚書省詔刑部
尚書蕭隱之大理卿李道邃少卿楊璹侍御史楊釗殿中侍御史
盧鉉同鞫之又使京兆士曹吉溫往東京收慎矜兄少府少監慎
餘弟洛陽令慎名等雜訊之又令溫於汝州捕史敬忠獲之便赴

行在所先令盧鉉收太府少卿張瑄於會昌驛繫而推之瑄不肯
荅辯鉉百端拷訊不得乃令不良枷瑄以手力絆其足以木按其
足間擲其枷柄向前挽其身長校數尺腰細欲絶眼鼻皆血出謂
之驢駒拔撅瑄竟不肯荅又使鉉與御史崔器入城搜慎矜宅無
所得拷其小妻韓珠團乃在緊櫃上作一闇函盛讖書等鉉於袖
中出而納之詬以示慎矜慎矜曰他日不見今乃來是命也吾死
矣及溫以敬忠至戲水驛東十餘里使典說之若至溫湯即求首
陳不可得矣去溫湯十餘里敬忠乞紙筆於桑樹下具吐之比見
慎矜敬忠證之慎矜皆引實二十五日詔楊慎矜慎餘慎名並賜
自盡史敬忠決重杖一百鮮于賁范滔並決重杖配流遠郡慎矜
外甥前通事舍人辛景湊決杖配流義陽郡司馬嗣虢王巨與敬
忠相識解官於南賓郡安置太府少卿張瑄決六十長流嶺南臨
封郡亦死於湯所慎矜兄弟并史敬忠莊宅官收以男女配流嶺
南諸郡其張瑄萬俟承暉鮮于賁等準此配流乃使監察御史顏

眞卿送勑至東京殿中侍御史崔寓引慎名令河南法曹張萬頃
宣勑示之慎名見慎矜賜自盡初尚撫膺及聞慎餘及身皆爾遂
止及宣勑了慎名曰今奉聖恩不敢稽留暴尅但以寡姉老年請
作數行書以別之寓揖眞卿眞卿許之慎名神色不變入房中作
書曰拙於謀運不能靜退兄弟幷命唯姉尚存老年孤惸何以堪
此書後又數條事又宅中作一板池池中魚一皆放之遂縊而死監
察御史平冽齎勑至大理寺慎餘聞死合掌指天而縊初慎矜至
溫湯正食忽見一鬼物長丈餘朱衣冠幘立於門扇後慎矜叱之
良久不滅以熱羹潑之乃滅無何下獄死兄弟甚友愛事寡姉如
母皆偉儀形風韻高朗愛客喜飲藉甚於時慎名嘗臨鏡見其
鬚頷面神彩有過於人覆鏡歎曰吾兄弟三人盡長六尺餘有如
此貌如此材而見容當代以期全難矣何不惜我少體弱耶貴如
其言

王鉷太原祁人也祖方翼夏州都督爲時名將生晙晙生瑨瑨開

元初並歷中書舍人瑨兵部侍郎秘書監鉷即瑨之孽子開元十
年爲鄠縣尉京兆尹稻田判官二十四年再遷監察御史二十九年
累除戶部員外郎常兼侍御史天寶二年充京和市和糴使遷戶
部郎中三載長安令柳升以賄敗初韓朝宗爲京兆尹引升爲京
令朝宗又於終南山下爲苟家觜買山居欲以避世亂玄宗怒勑
鉷推之朝宗自高平太守貶爲吳興別駕又加鉷長春宮使四載
加勾戶口色役使又遷御史中丞兼充京畿採訪使五載又爲京
畿關內道黜陟使又兼充關內採訪使時右相李林甫護前用事
志謀不利於東儲以除不附己者而鉷有吏幹倚之轉深以爲己
用既爲戶口色役使時有勑給百姓一年復鉷即奏徵其腳錢廣
張其數又市輕貨乃甚於不放輸納物者有浸漬折估皆下本郡
徵納又勑本郡高戶爲租庸腳士皆破其家產彌年不了恣行割剝
以媚於時人用嗟怨古制天子六宮皆有品秩高下其俸物因有
等差唐法沿於周隋妃嬪宮官位有尊卑亦隨其品而給授以供

衣服鉛粉之費，以奉於寢極。玄宗在位多載，妃御承恩多賞賜，不欲頻於左右藏取之。鉷探旨意，歲進錢寶百億萬，便貯於內庫，以恣主恩錫賚。鉷云：此是常年額外物，非征稅物。玄宗以為鉷有富國之術，利於王用，益厚待之。丁嫡母憂，起復舊職，使如故。七載，又加檢察內作事，遷戶部侍郎，仍兼御史中丞，賜紫金魚袋。八載，兼充閑廄使及苑內營田五坊宮苑等使、隴右群牧都使、支度營田使，餘並如故。太白山人李渾於金星洞藹仙人見老人云有玉版石記符，聖上長生久視。玄宗令鉷入山洞求而得之，因上尊號，加鉷銀青光祿大夫、都知總監及栽接等使。九載五月，兼京兆尹，使並如故。鉷威權轉盛，兼二十餘使，近宅為使院，文案堆積，胥吏求押一字，即累日不遂。中使賜遺不絕於門，雖晉公林甫亦畏避之。林甫子岫為將作監，供奉禁中，鉷子準衛尉少卿，亦鬭雞供奉，每誚岫，岫常下之。萬年尉韋黃裳、長安尉賈季鄰常於廳事貯錢數百緡，名倡珍饌，常有備擬，以候準所適。又於宅側自有追歡之所，鉷

與弟戶部郎中銲召術士任海川，遊其門，問其相命，言有王否。海川懼，潛匿不出。鉷懼洩其事，令逐之，至馮翊郡得，誣以他事杖殺之。定安公主男韋會任王府司馬，聞之，話於私庭，乃被侍兒說於傭保者，或有憾於會，告於鉷。鉷遣賈季鄰收於長安獄，入夜縊之。明辰，載屍還其家。會，皇堂外甥，同產兄王繇尚永穆公主，而暢息不敢言。十載，封太原縣公，又兼殿中監。十一載四月，銲與故鴻臚少卿邢璹子縡情密，累年縡潛構逆謀，引右龍武軍萬騎，刻取十一月殺龍武將軍，因燒諸城門及市，分數百人殺楊國忠及右相李林甫、左相陳希烈等。先期二日事發，玄宗臨朝，召鉷，上於玉案前過狀與鉷。鉷好弈棊，縡善棊，鉷因銲與之交，故至是意銲在縡處金城坊，密召之。日晏，始令捕賊官捕之。萬年尉薛榮先、長安尉賈季鄰等捕之，逢銲於化度寺門。季鄰為鉷所引用，為赤尉。銲謂之曰：我與邢縡故舊，縡今反，恐事急妄相引，請足下勿受其言。榮先等至縡門，縡等十餘人持弓刃突出，榮先等遂與格戰。

季鄰以銲語白鉷，鉷謂之曰：我弟何得與之有謀乎。鉷與國忠共討逐縡，縡下人曰：勿損大夫下人。國忠為劍南節度使，有隨身官以白國忠，曰：賊有號，不可戰。須臾，驃騎大將軍內侍高力士領飛龍小兒甲騎四百人討之，縡為亂兵所斬，擒其黨善射人韓瑶等以獻。國忠以白玄宗。玄宗以鉷委任深，必不與之知情，鉷與銲別生嫌，其富貴故，欲陷鉷耳。遂特原銲不問，然意欲鉷請罪之。上密令國忠諷之，國忠不敢洩上意，諷鉷曰：且主上眷大夫深，今日大夫須割慈存門戶，但抗疏請罪，郎中亦未必至極刑，大夫必存，何如併命。鉷俛首久，曰：小弟先人餘愛，平昔頗有處分，義不欲捨之而謀存。乃進狀十二日，鉷入朝，左相陳希烈言語侵之，鉷恨之，憤訴，言氣頗高。鉷朝迴，於中書侍郎廳修表，令人進狀，門司已不納矣。須臾，敕希烈推之，鉷以表示宰相林甫曰：大夫後之矣。遂不許。追銲至，國忠問大夫知否，銲未及應，侍御史裴冕恐銲引之，冕叱罵之曰：足下為臣不忠，為弟不義，聖上以大夫之故，以足

下為戶部郎中，又加五品恩，亦厚矣。大夫豈知縡事乎？國忠愕然謂銲曰：實知即不可隱，不知亦不可妄引。銲方曰：七兄一不知。季鄰證其罪。及日暮，奏之。銲決杖死於朝堂，賜鉷自盡於三衛廚。明日移於資聖寺廊下。裴冕言於國忠，令歸宅權斂之。又請令妻女送墓所。國忠義而許之，令鉷判官齊奇營護之。男準除名，長流嶺南承化郡，偁長流珠崖郡，至故驛殺之。妻薛氏及在室女並流。初，鉷與御史中丞、戶部侍郎楊慎矜親，且情厚，頗為汲引，及貴盛，爭權，鉷附於李林甫，為所誘，陷慎矜家，經五年而鉷至赤族，豈天道歟。

史臣曰：夫姦佞之輩，惟事悅人，聚斂之臣，無非害物，賈禍招怨，敗國喪身，罕不由斯道也。君人者中智已降，亦心緣利動，言為甘聞，志雖慕於聖明，情不勝於嗜欲，徒有賢佐，無如之何，所以禮經戒其勿畜。宇文融、韋堅、楊慎矜、王鉷，皆開元之倖人也。或以括戶取媚，或以漕運承恩，或以聚貨得權，或以剝下獲寵，負勢自用，人莫敢違。張說、李林甫手握大權，承主恩顧，尚遭凌擯，以身下之，他人

即可知也然天道惡盈器滿則覆縱雖不令其弊已多良可痛也宋璟裴耀卿許景先僕居重任因融薦之此亦有鳳之一毛也玄宗以聖哲之姿處高明之位未免此累或承之羞後之帝王得不深鑑

贊曰時能域人聚則民散如何帝王志求餘羨融堅衿鉄因利乘便以徼寵榮宜招後患

唐書列傳卷第五十五

右文林郎充兩浙東路提舉茶鹽司幹辦公事臣鄭之勤校勘

劉昫　等修

李林甫 林甫子岫等　楊國忠 忠子暄附　張暐

王琚　王毛仲等

李林甫高祖從父弟長平王叔良之孫叔良生孝斌官至原州長史孝斌生思誨官至揚府叅軍思誨即林甫之父也林甫善音律初爲千牛直長其舅楚國公姜皎深愛之開元初遷太子中允時源乾曜爲侍中乾曜姪孫光乘姜皎妹壻乾曜與之親乾曜之男絜白其父曰李林甫求爲司門郎中乾曜曰郎官須有素行才望高者哥奴豈是郎官耶數日除諭德哥奴林甫小字累遷國子司業十四年宇文融爲御史中丞引之同列因拜御史中丞歷刑吏二侍郎時武惠妃愛傾後宮二子壽王盛王以母愛特見寵異太子瑛益踈薄林甫多與中貴人善乃因中官干惠妃云願保護壽王惠妃德之初侍中裴光庭妻武三思女詭譎有材略與林甫私中官高力士本出三思家及光庭卒武氏銜哀祈於力士請林甫代其夫位力士未敢言玄宗使中書令蕭嵩擇相嵩久之以右丞韓休對玄宗然之乃令草詔力士遽漏於武氏乃令林甫白休休既入相甚德林甫與嵩不和乃薦林甫堪爲宰相惠妃陰助之因拜黃門侍郎玄宗眷遇益深二十三年以黃門侍郎平章事裴耀卿爲侍中中書侍郎平章事張九齡爲中書令林甫爲禮部尚書同中書門下三品並加銀青光祿大夫林甫面柔而有狡計能伺候人主意故驟歷清列爲時委任而中官妃家皆厚結託伺上動靜皆預知之故出言進奏動必稱旨而猜忌陰中人不見於詞色朝廷受主恩顧不由其門則構成其罪與之善者雖厮養下士盡至榮寵尋歷戸兵二尚書知政事如故尋又以太子瑛鄂王瑤光王琚皆以母失愛而有怨言駙馬都尉楊洄白惠妃玄宗怒謀於宰臣將罪之九齡曰陛下三箇成人兒不可得太子國本長在宮中受陛下義方人未見過陛下奈何以喜怒閒忍欲廢之臣不

敢奉詔玄宗不悅林甫惘然而退初無言既而謂中貴人曰家事何須謀及於人時朔方節度使牛仙客在鎮有政能玄宗加實封九齡又奏曰邊將訓兵秣馬儲蓄軍實常務耳陛下賞之可也欲賜實賦恐未得宜惟聖慮思之帝默然林甫以其言告仙客仙客翌日見上泣讓官爵玄宗欲行實封之命兼爲尚書九齡執奏如初帝變色曰事總由卿九齡頓首曰陛下使臣待罪宰相事有未允臣合盡言違忤聖情合當萬死玄宗曰卿以仙客無門籍耶卿有何門閥九齡對曰臣荒徼微賤仙客中華之士然陛下擢臣踐臺閣掌綸誥仙客本河湟一使典目不識文字若大任之臣恐非宜林甫退而言曰但有材識何必辭學天子用人何有不可玄宗滋不悅九齡與中書侍郎嚴挺之善挺之初娶妻出之妻乃嫁蔚州刺史王元琰時元琰坐贓詔三司使推之挺之救免其罪玄宗察之謂九齡曰王元琰不無贓罪嚴挺之囑託所由輩有顏面九齡曰此挺之前妻今已婚崔氏不合有情玄宗曰卿不知雖離之亦却有私玄宗籍前事以九齡有黨與裴耀卿俱罷知政事拜左右丞相出挺之爲洺州刺史元琰流于嶺外即日林甫代九齡爲中書令集賢殿大學士修國史拜牛仙客工部尚書同中書門下平章事知門下省事監察御史周子諒言仙客非宰相器玄宗怒而殺之林甫言子諒本九齡引用乃貶九齡爲荊州長史玄宗終用林甫之言廢太子瑛鄂王瑤光王琚爲庶人太子妃兄駙馬都尉薛鏽長流瀼州死於故驛人謂之三庶聞者冤之其月佞媚者言有鳥鵲巢於大理獄戸天下幾致刑措玄宗推功元輔封林甫晉國公仙客豳國公其冬惠妃病三庶人爲祟而薨儲宮虛位玄宗未定所立林甫曰壽王年已成長儲位攸宜玄宗曰忠王仁孝年又居長當守器東宮乃立爲皇太子自是林甫懼巧求陰事以傾太子林甫既秉樞衡兼領隴右河西節度又加吏部尚書天寶改易官名爲右相停知節度事加光祿大夫遷尚書左僕射六載加開府儀同三司賜實封三百戸而恩渥彌深凡御府膳羞遠方珍味

中人宣賜道路相望與宰相李適之雖同宗而適之輕率嘗與
林甫同論時政多失大體由是主恩益疎以至罷免黃門侍郎陳
希烈性便佞嘗曲事林甫適之既罷乃引希烈同知政事林甫久
典樞衡天下威權並歸於己台司機務希烈不敢參議但唯諾而
已每有奏請必先賂遺左右伺察上旨以固恩寵上在位多載倦
於萬機恒以大臣接對拘檢難徇私欲自得林甫一以委成故杜
絕逆耳之言恣行宴樂衽席無別不以為恥由林甫之贊成也林
甫京城邸第田園水磑利盡上腴城東有薛王別墅林亭幽邃甲
於都邑特以賜之及女樂二部天下珍玩前後賜與不可勝紀宰
相用事之盛開元已來未有其比然每事過慎條理眾務增修綱
紀中外遷除皆有恒度而耽寵固權已自封植朝望稍著必陰計
中傷之初韋堅登朝以堅皇太子妃兄引居要職示結恩信實圖
傾之乃潛令御史中丞楊慎矜陰伺堅隙會正月望夜皇太子出
遊與堅相見慎矜知之奏上上大怒以為不軌黜堅免太子妃韋

○ 三十五 唐傳五十六 三 張逵

氏林甫因是奏李適之與堅昵狎及裴寬韓朝宗並曲附適之上
以為然賜堅自盡裴韓皆坐之斥逐後楊慎矜權位漸盛林甫又
忌之乃引王鉷為御史中丞託以心腹鉷希林甫意遂誣罔密奏
慎矜左道不法遂族其家楊國忠以椒房之親出入中禁奏請多
允乃擢在臺省令按刑獄會皇太子良娣杜氏父有鄰與子壻柳
勣不叶勣飛書告有鄰不法引李邕為證詔王鉷與國忠按問鉷
與國忠附會林甫奏之於是賜有鄰自盡出良娣為庶人李邕裴
敦復枝黨數人並坐極法林甫之苞藏安忍皆此類也林甫自以
始謀不佐皇太子慮為後患故屢起大獄以危之賴太子重慎無
過流言不入林甫嘗令濟陽別駕魏林告隴右河西節度使王忠
嗣林往任朔州刺史忠嗣時為河東節度自云與忠王同養宮中
情意相得欲擁兵以佐太子玄宗聞之曰我兒在內何路與外人
交通此妄也然忠嗣亦左授漢陽太守八載咸寧太府趙奉章告
林甫罪狀二十餘條告未上林甫知之諷御史臺逮捕以為妖言

重杖決殺十載林甫兼領安西大都護朔方節度俄兼單于副大
都護十一載以朔方副使李獻忠叛讓節度舉安思順自代國家
武德貞觀已來蕃將如阿史那社爾契苾何力忠孝有才略亦不
專委大將之任多以重臣領使以制之開元中張嘉貞王晙張說
蕭嵩杜暹皆以節度使入知政事林甫固位志欲杜出將入相之
源嘗奏曰文士為將怯當矢石不如用寒族蕃人蕃人善戰有勇
寒族即無黨援帝以為然乃用思順代林甫領使自是高仙芝哥
舒翰皆專任大將林甫利其不識文字無入相由然而祿山竟為
亂階由專得大將之任故也林甫恃其早達輿馬被服頗極鮮華
自無學術僅能秉筆有才名於時者尤忌之而郭慎微苑咸文士
之闒茸者代為題尺林甫典選部時選人嚴迥判語有用杕杜二
字者林甫不識杕字謂吏部侍郎韋陟曰此云杖杜何也陟俛首
不敢言太常少卿姜度林甫舅子度妻誕子林甫手書慶之曰聞
有弄麞之慶客視之掩口初楊國忠登朝林甫以微才不之忌及

○ 三十五 唐傳五十六 四 張逵

位至中司權傾朝列林甫始惡之時國忠兼領劒南節度會南蠻
寇邊林甫請國忠赴鎮帝雖依奏然待國忠方渥有詩送行句末
言入相之意又曰卿止到蜀郡處置軍事屈指待卿林甫心尤不
悅林甫時已寢疾其年十月扶疾從幸華清宮數日增劇巫言一
見聖人差減帝欲視之左右諫止乃勑林甫出於庭中上登降聖
閣遙視舉紅巾招慰之林甫不能興使人代拜於席翌日國忠自
蜀還謁林甫拜於牀下林甫垂涕託以後事尋卒贈太尉揚州大
都督給班劒西園秘器諸子以吉儀護柩還京師發喪於平康坊
之第林甫晚年溺於聲妓姬侍盈房自以結怨於人常憂刺客竊
發重扃複壁絡板甃石一夕屢徙雖家人不之知有子二十五人女
二十五人岫為將作監崿為司儲郎中嶼為太常少卿子壻張博
濟為鴻臚少卿鄭平為戶部員外郎杜位為右補闕齊宣為諫議
大夫元擩為京兆府戶曹初林甫嘗夢一白晳多鬚長丈夫逼己
接之不能去既寤言曰此形狀類裴寬寬謀代我故也時寬為戶

部尚書兼御史大夫故因李適之黨斥逐之是時楊國忠始爲金
吾曹參軍至是不十年林甫卒國忠代其任其形狀亦類寬
焉國忠素憾林甫既得志誣奏林甫與蕃將阿布思同構逆謀誘
林甫親族間素不悅者爲之證詔奪林甫官爵廢爲庶人岫崿諸
子並謫於嶺表林甫性沉密城府深阻未嘗以愛憎見於容色自
處台衡動循格令衣冠士子非常調無仕進之門所以秉鈞二十
年朝野側目憚其威權及國忠誣搆天下以爲冤
楊國忠本名釗蒲州永樂人也父珣以國忠貴贈兵部尚書則天
朝幸臣張易之即國忠之舅也國忠無學術拘檢能飲酒蒲博無
行爲宗黨所鄙乃發憤從軍事蜀帥以屯優當遷益州長史張寬
惡其爲人因事笞之竟以屯優授新都尉稍遷金吾衛兵曹參軍
太眞妃即國忠從祖妹也天寶初太眞有寵劍南節度使章仇兼
瓊引國忠爲賓佐既而擢授監察御史去就輕率驟履清貫朝士
指目嗤之時李林甫將不利於皇太子掎摭陰事以傾之侍御史

楊愼矜承望風旨誣太子妃兄韋堅與皇甫惟明私謁太子以國
忠怙寵敢言援之爲黨以按其事京兆府法曹吉溫舞文巧詆爲
國忠爪牙之用因深竟堅獄堅及太子良娣杜氏親屬柳勣杜昆
吾等痛繩其罪以樹威權於京城別置推院自是連歲大獄追捕
擠陷誅夷者數百家皆國忠發之林甫方深阻保位國忠凡所奏
劾涉疑似於太子者林甫雖不明言以指導之皆林甫所使國忠
乘而爲邪得以肆意上春秋高意有所愛惡國忠探知其情動契
所欲驟遷檢校度支員外郎兼侍御史監水陸運及司農出納錢
物內中市買召募劍南健兒等使以稱職遷度支郎中不朞年兼
領十五餘使轉給事中兼御史中丞專判度支事是歲貴妃姊虢
國韓國秦國三夫人同日拜命兄銛拜鴻臚卿八載玄宗召公卿
百寮觀左藏庫喜其貨幣山積面賜國忠金紫兼權太府卿事國
忠既專錢穀之任出入禁中日加親幸初楊愼矜希林甫旨引王
鉷爲御史中丞同搆大獄以傾東宮既帝意不迴愼矜稍避事防

忠因與鉷有隙鉷乃附國忠奏誣愼矜誅其昆仲繇是權傾內外
公卿惕息吉溫爲國忠陳移奪執政之策國忠用其謀尋兼兵部
侍郎京兆尹蕭炅御史中丞宋渾皆林甫所親善國忠皆誣奏譴
逐林甫不能救王鉷爲御史大夫兼京兆尹恩寵侔於國忠而位
望居其右國忠忌其與己分權會邢縡事泄乃陷鉷兄弟誅之因
代鉷爲御史大夫權京兆尹賜名國忠乃窮竟邢縡獄令引林甫
交私鉷銲與阿布思事狀而陳希烈哥舒翰附會國忠證成其狀
上由是疎薄林甫南蠻質子閤羅鳳亡歸不獲帝怒甚欲討之國
忠薦閬州人鮮于仲通爲益州長史令率精兵八萬討南蠻與羅
鳳戰于瀘南全軍陷沒國忠掩其敗狀仍叙其戰功仍令仲通上
表請國忠兼領益部十載國忠權知蜀郡都督府長史充劍南節
度副大使知節度事仍薦仲通代己爲京兆尹國忠又使司馬李
宓率師七萬再討南蠻宓渡瀘水爲蠻所誘至和城不戰而敗李
宓死于陣國忠又隱其敗以捷書上聞自仲通李宓再舉討蠻之

軍其徵發皆中國利兵然於土風不便沮洳之所陷瘴疫之所傷
饋餉之所乏物故者十八九凡舉二十萬衆棄之死地隻輪不還
人銜冤毒無敢言者國忠尋兼山南西道採訪使十一載南蠻侵
蜀蜀人請國忠赴鎭林甫亦奏遣之將辭雨泣懇陳必爲林甫所
排帝憐之不數月召還會林甫卒遂代爲右相兼吏部尚書集賢
殿大學士太清太微宮使判度支劍南節度山南西道採訪兩京
出納租庸鑄錢等使並如故國忠本性疎躁強力有口辯既以便
佞得宰相剖決機務居之不疑立朝之際或攘袂扼腕自公卿已
下皆頤指氣使無不讋憚故事宰相居台輔之地以元功盛德居
之不務威權出入騎從簡易自林甫承恩顧年深每出車騎滿街
節將侍郎有所關白皆趨走辟易有同案吏舊例宰相午後六刻
始出歸第林甫奏太平無事以巳時還第機務填委皆決於私家
主書吳珣持籍就左相陳希烈之第希烈引籍署名都無可否國
忠代之亦如前政國忠自侍御史以至宰相凡領四十餘使又專判

度支吏部三銓事務鞅掌但署一字猶不能盡皆責成胥吏賄賂公行國忠既以宰臣典選奏請銓日便定留放不用長名先天已前諸司官知政事午後歸本司決事兵部尚書侍郎亦分銓注擬開元已後宰臣數少始崇其任不歸本司故事吏部三銓三注三唱自春及夏才終其事國忠使胥吏於私第暗定官員集百寮於尚書省對注唱一日令畢以誇神速資格差謬無復倫序明年注擬又於私第大集選人令諸女弟垂簾觀之笑語之聲朗聞於外故事注官訖過門下侍中給事中國忠注官時呼左相陳希烈於座隅給事中在列曰既對注擬過門下了矣吏部侍郎韋見素張倚皆衣紫是日與本曹郎官同咨事趨走於屏樹之間既退國忠謂諸妹曰兩員紫袍主事何如人相對大噱其所昵京兆尹鮮于仲通中書舍人竇華侍御史鄭昂諷選人於省門立碑以頌國忠銓綜之能貴妃姊虢國夫人國忠與之私於宣義里構連甲第土木被綈繡棟宇之盛兩都莫比晝會夜集無復禮度有時與虢

國並轡入朝揮鞭走馬以為諧謔衢路觀之無不駭歎玄宗每年冬十月幸華清宮常經冬還宮國忠山第在宮東門之南與虢國相對韓國秦國甍棟相接天子幸其第必過五家賞賜宴樂每扈從驪山五家合隊國忠以劍南幢節引於前出有餞路還有軟脚遠近餉遺珍玩狗馬閹侍歌兒相望于道進封衛國公食實封三百戶俄拜司空時安祿山恩寵特深總握兵柄國忠知其跋扈終不出其下將圖之屢於上前言其悖逆之狀上不之信是時祿山已專制河北聚幽并勁騎陰圖逆節動未有名伺上千秋萬歲之後方圖叛換及見國忠用事慮不利於已祿山遙領內外閑廄使遂以兵部侍郎吉溫知留後兼御史中丞京畿採訪使內伺朝廷動靜國忠使門客蹇昂何盈求祿山陰事圍捕其宅得李岱等使侍御史鄭昂縊殺於御史臺又奏貶吉溫於合浦以激怒祿山幸其搖動內以取信於上上竟不之悟由是祿山惶懼遂舉兵以誅國忠為名玄宗聞河朔變起欲以皇太子監國自欲親征謀於國

忠國忠大懼歸謂姊妹曰我等死在旦夕今東宮監國當與娘子等併命矣姊妹哭訴於貴妃貴妃銜土請命其事乃止及哥舒翰守潼關諸將以函關距京師三百里利在守險不利出攻國忠以翰持兵未決慮反圖已欲其速戰自中督促之翰不獲已出關及接戰桃林王師奔敗哥舒受擒敗國喪師皆國忠之悞惑也自祿山兵起國忠以身領劍南節制乃布置腹心於梁益間以圖自全之計六月九日潼關不守十二日淩晨上率龍武將軍陳玄禮左相韋見素京兆尹魏方進國忠與貴妃及親屬擁上出延秋門諸王妃主從之不及慮賊奄至令內侍曹大仙擊鼓于春明門外又焚芻藁之積煙火燭天既渡渭即令斷便橋辰時至咸陽望賢驛官吏駭竄無復儲擬坐宮門大樹下亭午上猶未食有老父獻麨帝令具飯始得食翌日至馬嵬軍士飢而憤怒龍武將軍陳玄禮懼亂先謂軍士曰今天下崩離萬乘震蕩豈不由楊國忠割剝甿庶朝野怨咨以至此耶若不誅之以謝天下何以塞四

海之怨憤衆曰念之久矣事行身死固所願也會吐蕃和好使在驛門遮國忠訴事軍士呼曰楊國忠與蕃人謀叛諸軍乃圍驛擒國忠斬首以徇是日貴妃既縊韓國虢國二夫人亦為亂兵所殺御史大夫魏方進死左相韋見素傷良久兵解陳玄禮等見上謝罪曰國忠撓敗國經構興禍亂使黎元塗炭乘輿播越此而不誅患難未已臣等為社稷大計請矯制之罪帝曰朕識之不明任寄失所近亦覺悟審其詐佞意欲到蜀肆諸市朝今神明啟卿諧朕夙志將疇爵賞何至言焉是時祿山雖據河洛其兵鋒東止於梁宋南不過許鄧李光弼郭子儀統河朔勁卒連收恒定若崤函固守兵不妄動則兇逆之勢不討自弊及哥舒翰出師凡不數日乘輿遷幸朝廷陷沒百寮繫頸妃主被戮兵滿天下毒流四海皆國忠之召禍也國忠子暄昢曉晞暄為太常卿兼戶部侍郎尚延和郡主昢為鴻臚卿尚萬春公主兄弟各立第於親仁里窮極奢侈國忠娶蜀倡裴氏女曰裴柔國忠既死柔與虢國夫人皆自剄死

臨死於馬嵬腳陷賊被殺曉走漢中郡漢中王瑀榜殺之晞走至
陳倉爲追兵所殺國忠之黨翰林學士張漸竇華中書舍人宋昱
吏部郎中鄭昂等憑國忠之勢招來賂遺車馬盈門財貨山積
及國忠敗皆坐誅滅其斵喪王室俱一時之沴氣焉
張暐汝州襄城人也祖德政武德中鄆州刺史暐景龍初爲銅
鞮令家本豪富好賓客以弋獵自娛會臨淄王爲潞州別駕暐潛
識英姿傾身事之日奉遊處及樂人趙元禮自山東來有女美麗
善歌舞王幸之止於暐第生廢太子瑛唐隆元年六月王清內難
升爲皇太子召暐拜宮門大夫每與諸王姜皎崔滌李令問王守
一薛伯陽在太子左右以接歡令問其年擢拜左臺侍御史數月
遷左御史臺中丞先天元年太子即位帝居武德殿太平公主有
異謀廣樹朋黨暐與僕射劉幽求請先爲備太平聞之白於睿宗
乃流暐於嶺南峯州幽求謫於嶺外及太平之敗幽求追拜尚書
左僕射兼侍中暐爲大理卿封鄧國公實封三百戶逾月又加擢

兼雍州長史其年十二月改元開元以雍州爲京兆府長史爲尹
暐首遷京兆尹入侍宴私出主都政以爲榮寵之極暐亦有應務
才幹遷太子詹事判尚書左右丞再除左羽林大將軍三爲左金
吾大將軍又爲殿中監太僕卿二十年以暐年高加特進子履冰
季良弟晤皆居清列天寶初暐還鄉拜掃特賜錦袍繒綵御賜
詩以寵異之乘傳來往勅郡縣供擬暐鬢髮華皓在輿中弟車馬
連接數里衣冠榮之中使中路追賜藥物至襄城月餘詔還京五
載薨年九十餘贈開府儀同三司其後履冰爲金吾將軍季良殿
中監俱列棨戟時人美之暐壽考善保終始
王琚懷州河內人也叔父隱客則天朝爲鳳閣侍郎琚少孤而聰
敏有才略好玄象合鍊之學神龍初年二十餘嘗謁駙馬王同皎
同皎甚器之益歡洽言及刺武三思事琚義而許之與周璟張仲
之爲忘年之友及同皎敗琚恐爲吏所捕變姓名詣於江都傭書
於富商家主人後悟其非庸者以女嫁之資給其財經四五年睿

宗登極琚具白主人厚資其行裝乃至長安遇玄宗爲太子監國
爲太平公主所忌思立孱弱以竊威權太子憂危沙門普潤先與
玄宗箋剋請內難加三品食實封常入太子宮琚見之說以天時人
事歷歷可觀普潤白玄宗玄宗異之及琚於吏部選補諸暨主簿
於東宮過謝及殿而行徐視高中官曰殿下在簾下琚曰在外只
聞有太平公主不聞有太子太子有大功於社稷大孝於君親何
得有此聲玄宗遽召見之琚曰頃韋庶人智識淺短親行弑逆人
心盡搖思立李氏殿下誅之爲易今社稷已安太平則天之女凶狡
無比專思立功朝之大臣多爲其用主上以元妹之愛能忍其過
賤臣淺識爲殿下深憂玄宗命之同榻而坐玄宗泣曰四哥仁孝
同氣唯有太平言之恐有違犯不言憂患轉深爲臣爲子計無所
出琚曰天子之孝貴於安宗廟定萬人徵之於昔蓋主漢帝之長
姊帝幼蓋主共養帝於宮中後與上官桀燕王謀害大司馬霍光
不議及君上漢主恐危劉氏以大義去之況殿下功格天地位尊

儲貳太平雖姑臣妾也何敢議之今劉幽求張說郭元振一二大臣
心輔殿下太平之黨必有移奪安危之計不可立談玄宗又曰公有
何小藝可隱跡與寡人遊處琚曰飛丹練藥談諧嘲詠堪與優人
比肩玄宗益喜與之爲友恨相知晚呼爲王十一翌日奏授詹事
府司直內供奉兼崇文學士日與諸王及姜皎等侍奉焉獨琚常
預祕計踰月又拜太子舍人尋又兼諫議大夫內供奉又贈其父故
下邽丞仲友楚州刺史先天元年七月玄宗居尊位在武德殿八
月擢拜中書侍郎時劉幽求張暐並流於嶺外琚見事迫請早爲
之計二年七月三日琚與岐王範薛王業姜皎李令問王毛仲王
守一並預誅逆以鐵騎至承天門時睿宗聞鼓譟聲召郭元振升
承天樓宣詔下關侍御史任知古召募數百人於朝堂不得入頃
聞琚等從玄宗至樓上誅蕭至忠岑羲竇懷貞常元楷李慈李
猷等睿宗遂居百神殿十日拜琚銀青光祿大夫戶部尚書封趙
國公食實封五百戶皎銀青光祿大夫工部尚書封楚國公實封

五百戶令問銀青光祿大夫殿中監宋國公實封三百戶毛仲輔
國大將軍左武衛大將軍檢校閑廄兼知監牧使霍國公實封五
百戶守一銀青光祿大夫太常卿員外置同正員進封晉國公實
封五百戶琚皎令問並固讓尚書殿中監不上十八日琚皎依舊
官各加實封二百戶通前七百戶累日玄宗讌於內殿賜功臣金
銀器皿各一床雜綵各一千匹絹一千匹列於庭讌慰終夕載之
而歸琚轉見恩顧每延入閤中迨夜方出歸休之日中官至第召
之中宮亦使尚宮就琚宅問訊琚母時果珍味賚之助其甘旨琚
在帷幄之側常參聞大政時人謂之內宰相無有比者又贈其父
魏州刺史或有上說於玄宗曰彼王琚麻嗣宗譎詭縱橫之士可
與履危不可得志天下已定宜益求純樸經術之士玄宗乃疎之
十一月令御史大夫持節巡天兵北諸軍十二月改年號為開元
又改官名與蘇頲同為紫微侍郎二年二月迴未及京便除澤州
刺史削封歷衡郴滑虢沔夔許潤九州刺史又復其封二十年丁

三十五　唐傳五十六　十一　駱寶

母憂二十二年起復右庶子兼冀州刺史又改同蒲通鄧蔡五州
刺史天寶後又為廣平鄴郡二太守性豪侈著勳中朝又實食封
與十五州賞受饋遺下擔帳設皆數千貫玄宗念舊常優容之侍
兒二十人皆居寶帳家累三百餘口作造不遵於法式雖居州伯
與佐官胥吏酋豪連榻飲謔或摴蒲藏鉤以為樂每移一州車馬
塡路數里不絕携妓從禽恣為歡賞垂四十年矣時李邕王𤤽與
琚皆年齒尊高久在外郡書疏尺題來往有謔謫留落之句右相
林甫以琚等負材使氣陰議除之五載正月琚果為林甫構成其
罪貶琚江華郡員外司馬削階封至任未幾林甫使羅希奭重按
之希奭排馬牒至琚懼仰藥竟不能死及希奭至遂自縊而卒
死非其罪人用憐之天寶元年贈太子少保
王毛仲本高麗人也父游擊將軍職事求婁犯事沒官生毛仲因
隸于玄宗性識明悟玄宗為臨淄王常伏事左右及出兼潞州別
駕又見李宜德趫捷善騎射為人蒼頭以錢五萬買之景龍三年

冬玄宗還長安以二人挾弓矢為翼初太宗貞觀中擇官戶蕃口
中少年驍勇者百人每出遊獵令持弓矢於御馬前射生令騎豹
文韉著畫獸文衫謂之百騎至則天時漸加其人謂之千騎分隸
左右羽林營孝和謂之萬騎亦置使以領之玄宗在藩邸時常接
其豪俊者或賜飲食財帛以此盡歸心焉毛仲亦悟玄宗旨待之
甚謹玄宗益憐其敏惠及四年六月中宗遇弒韋后稱制令韋播
高嵩為羽林將軍令押千騎營榜棰以取威其營長葛福順陳玄
禮等相與見玄宗訴冤會玄宗已與劉幽求麻嗣宗薛崇簡等謀
舉大計相顧益歡令幽求諷之皆願決死從命及二十日夜玄宗入
苑中宜德從焉毛仲避之不入乙夜福順等至玄宗曰與公等除
大逆安社稷各取富貴在於俄頃何以取信福順等請號而行斯
須斬韋播韋璿高嵩等頭來玄宗舉火視之又召鍾紹京領總監
丁匠刀鋸百人至因斬關而入后及安樂公主等皆為亂兵所殺
其夜少帝以玄宗著大勳進封平王以紹京幽求知政事署詔勑

三十五　唐傳五十六　十二　葛琳

崇簡嗣宗及福順宜德功大者為將軍次者為中郎將其時梓宮
在殯舉城縞素及明玄宗引新立功者皆衣紫衣緋持滿鐵騎而
出傾城聚觀歡慰其犯逆者盡曝屍於城外毛仲數日而歸玄宗
不責又超授將軍及玄宗為皇太子監國因奏改左右萬騎左右
營為龍武軍與左右羽林為北四門軍以福順等為將軍以押之龍
武官盡功臣受錫賚號為唐元功臣長安良家子避征徭納貲以
求隸於其中遂每軍至數千人毛仲專知東宮駝馬鷹狗等坊未
逾年已至大將軍階三品矣及先天二年七月毛仲預誅蕭岑等
功授輔國大將軍左武衛大將軍檢校內外閑廄兼知監牧使進
封霍國公實封五百戶毛仲奉公正直不避權貴兩營萬騎功臣
閑廄官吏皆懼其威人不敢犯苑中營田草萊常收率皆豐溢玄
宗以為能開元十四年贈其父秦州刺史毛仲雖有賜莊宅奴婢
駝馬錢帛不可勝紀常於閑廄側內宅住每入侍讌賞與諸王姜
皎等御幄前連榻而坐玄宗或時不見則悄然如有所失見之則歡

洽連宵有至日晏其妻已邑號國夫人賜妻李氏又爲國夫人每入
內朝謁二夫人同承賜賚生男孩稚已授五品與皇太子同遊故
中官楊思勗高力士等常避畏之七年進位特進行太僕卿餘並
如故九年持節充朔方道防禦討擊大使仍以左領軍大將軍王
晙與天兵軍節度張說東與幽州節度裴伷先等計會毛仲部統
嚴整群牧孳息遂數倍其初芻粟之類不敢盜竊每歲廻殘常致
數萬斛不三年扈從東封以諸牧馬數萬匹從每色爲一隊望如雲
錦玄宗益喜於岳下以宰相源乾曜張說加左右丞相毛仲加開府
儀同三司自玄宗先天正位後以后父王同皎及姚崇宋璟及毛仲
十五年間四人至開府又勑張說爲監牧頌以美之十七年從朝五
陵又贈毛仲父益州大都督毛仲益驕盈求爲兵部尚書玄宗不
悅毛仲怏怏見於詞色又福順子娶毛仲女宜德唐地文等數十
人皆與毛仲善倚之多爲不法中官等妬其全盛逾已專發其罪
尤僭慢之中官高品者毛仲視之蔑如也如卑品者小忤意則挫

辱如己之僮僕力士輩恨入骨髓毛仲承恩遇妻産背借苑中亭
子納涼玄宗借之中官構之彌甚曰北門奴官太盛豪者皆一心不
除之必起大患後毛仲索甲仗於太原軍器監嚴挺之爲少尹
奏之玄宗恐其黨震懼爲亂乃隱其實狀詔曰開府儀同三司
兼殿中監霍國公內外閑廄監牧都使王毛仲是惟微細非有功
績擢自家臣升于朝位恩寵莫二委任斯崇無消塵之益肆驕盈
之志往屬艱難遂茲逃匿念深惟舊義在優容仍荷殊榮曾闡
悛悔在公無竭盡之効居常多怨望之詞迹其深衍合從誅殛恐
其膚昧宜從遠貶可瀼州別駕員外置長任差使馳驛領送至任
勿許東西及判事左領軍大將軍耿國公葛福順貶壁州員外別
駕左監門將軍盧龍子唐地文貶振州員外別駕右武衛將軍成
紀侯李守德貶嚴州員外別駕守德本宜德也立功後改名右威
衛將軍王景耀貶黨州員外別駕右威衛將軍高廣濟貶道州員
外別駕毛仲男太子僕守貞貶施州司戶太子家令守廉貶溪州

司戶率更令守慶貶鶴州司倉左監門長史守道貶涪州叅軍
連累者數十人又詔殺毛仲及永州而縊之其後中官益盛而陳
玄禮以淳樸自檢宿衞宮禁志節不衰天寶中玄宗在華清宮乘
馬出宮門欲幸虢國夫人宅玄禮曰未宣勑報臣天子不可輕去
就玄宗爲之迴轡他年在華清宮逼正月半欲夜遊玄禮奏曰
宮外即是曠野須有備預若欲夜遊願歸城闕玄宗又不能違
及安禄山反玄禮欲於城中誅楊國忠事不果竟於馬嵬斬之從
玄宗入巴蜀廻封蔡國公實封三百戶上元元年八月致仕
史臣曰李林甫以諂佞進身位極台輔不懼盈滿蔽主聰明生既
唯務陷人死亦爲人所陷得非彼蒼假手以示禍淫者乎楊國忠
稟性姧回才薄行穢領四十餘使恣弄威權天子莫見其非群臣
由之杜口致禄山叛逆鑾輅播遷梟首覆宗莫救艱步以玄宗之
睿哲而惑於二人者蓋巧言令色先意承旨財利誘之迷而不悟
也開元任姚崇宋璟而治幸林甫國忠而亂與夫齊桓任管仲隰

朋幸豎貂易牙亦何異哉書曰臣有作福作威害于而家凶于而
國孔子曰佞人殆誠哉是言也張暐王琚王毛仲皆鄧通閎孺之
流也琚有締構之功過多僭侈死於非罪亦可惜之
贊曰天啓亂階用忠當國蔽主聰明秉心讒慝暐問二王亦承恩
德吁哉僭踰不知紀極

唐書列傳卷第五十六

右文林郎充兩浙東路提舉茶塩司幹辦公事蘇之勤校勘

唐書列傳卷第五十七

劉昫 撰

靖德太子琮　庶人瑛　皇太子亨　棣王琰
庶人瑤鄂王　靖恭太子琬　庶人琚光王　夏悼王一
儀王璲　潁王璬　懷哀王敏　永王璘
壽王瑁　延王玢　盛王琦　濟王環
信王瑝　義王玭　陳王珪　豐王珙
亘王瑱　涼王璿　汴哀王璥

玄宗三十子元獻楊皇后生肅宗劉華妃生奉天皇帝琮靖恭太子琬儀王璲趙麗妃生廢太子瑛錢妃生棣王琰皇甫德儀生鄂王瑤劉才人生光王琚貞順武皇后生夏悼王一懷哀王敏壽王瑁盛王琦高婕妤生潁王璬郭順儀生永王璘柳婕妤生延王玢鍾美人生濟王環盧美人生信王瑝閻才人生義王玭王美人生陳王珪陳美人生豐王珙鄭才人生亘王瑱武賢儀生涼王璿汴哀

王璥餘七王早夭

奉天皇帝琮玄宗長子也本名嗣直景雲元年九月封許昌郡王先天元年八月進封郯王開元四年正月遙領安西大都護仍充安撫河東關內隴右諸蕃大使三年改封慶王仍改名潭十五年遙領涼州都督兼河西諸軍節度大使二十一年加太子太師改名琮二十四年拜司徒天寶元年兼太原牧十載薨贈靖德太子葬於渭水之南細柳原仍於啓夏門內置廟祔享焉肅宗元年建寅月九日詔追冊爲奉天皇帝妃竇氏爲恭應皇后備禮改葬於華清宮北齊陵以尚書右僕射冀國公裴冕爲其使初開元二十五年太子瑛得罪廢令琮養其子及天寶十一載琮薨以瑛子俅爲嗣慶王除秘書監同正員

廢太子瑛玄宗第二子也本名嗣謙景雲元年九月封真定郡王先天元年八月進封郢王開元三年正月立爲皇太子七年正月加元服其年玄宗又令太子詣國子學行齒冑之禮仍勑右散騎常侍褚无亮升筵講論學官及文武百官節級加賜十三年改名鴻納妃薛氏禮畢曲赦京城之內侍講潘肅等並加級改職中書令蕭嵩親迎特封徐國公二十五年七月改名瑛瑛母趙麗妃本伎人有才貌善歌舞玄宗在潞州得幸及景雲升儲之後其父元禮兄常奴擢爲京職開元初皆至大官及武惠妃寵幸麗妃恩乃漸弛時鄂王瑤母皇甫德儀光王琚母劉才人皆玄宗在臨淄邸以容色見顧出子朗秀而母加愛焉及惠妃承恩鄂王之母亦漸疏薄惠妃之子壽王瑁鍾愛非諸子所比瑛於內第與鄂光王等自謂母氏失職嘗有怨望惠妃女咸宜公主出降於楊洄洄希惠妃之旨規利於己日求其短譖於惠妃妃泣訴於玄宗以太子結黨將害於妾母子亦指斥於至尊玄宗惑其言震怒謀於宰相意將廢黜中書張九齡奏曰陛下纂嗣鴻業將三十年太子已下常不離深宮日受聖訓今天下之人皆慶陛下享國日久子孫蕃育不聞有過陛下奈何以一日之間廢棄三子伏惟陛下恩之且太子

國本難於動搖昔晉獻公惑寵嬖之言太子申生憂死國乃大亂漢武威加六合受江充巫蠱之事將禍及太子遂至城中流血晉惠帝有賢子爲太子容賈后之譖以至喪亡隋文帝取寵婦之言廢太子勇而立晉王廣遂失天下由此而論之不可不慎今太子既長無過二王又賢臣待罪左右敢不詳悉玄宗默然事且寢其年駕幸西京以李林甫代張九齡爲中書令希惠妃之旨託意於中貴人揚壽王瑁之美惠妃深德之二十五年四月楊洄又構於惠妃言瑛兄弟三人與太子妃兄駙馬薛鏽常構異謀玄宗遽召宰相籌之林甫曰此蓋陛下家事臣不合參知玄宗意乃決矣使中官宣詔於宮中並廢爲庶人鏽配流俄賜死於城東驛天下之人不見其過咸惜之其年武惠妃數見三庶人爲祟怖而成疾巫者祈請彌月不痊而殞瑛有六男儼伸倩俅俛俯慶王琮先無子瑛得罪後玄宗遺勑之天寶中儼爲新平郡王光祿卿同正員伸爲平原郡王宗正卿同正員俅爲嗣慶王寶應元年詔雪瑤瑛琚之

罪贈瑛爲皇太子瑤琚復贈爲王

棣王琰玄宗第四子也初名嗣眞開元二年十二月封爲鄫王十二年三月改封棣王仍改名洽十五年遥領太原牧太原已北諸軍節度大使二十二年加太子太傅餘如故二十四年改名琰天寶元年六月遥領兼武威郡都督河西隴右經略節度大使先是琰妃韋氏有過琰怒之不敢奏聞乃斥於別室寵二孺人孺人又不相協至十一載孺人乃密求巫者書符置於琰履中以求媚琰與監院中官有隙中官聞其事密奏於玄宗云琰厭魅聖躬玄宗使人掩其履而獲之玄宗大怒引琰詰責之琰頓首謝曰臣之罪合死矣請一言以就鼎鑊然臣與新婦情義絶者二年于玆臣有二孺人又皆爭長臣實不知有符恐此三人所爲也惟三哥辯其罪人及推問之竟孺人也玄宗猶疑琰知情怒未解太子已下皆爲請命囚於鷹狗坊中絶朝請憂懼而死琰妃即少師韋滔女無子琰死後妃得還其父琰男女數衍至五十五人天寶中封爲王者三人

○僎爲汝南郡王祕書監同正員儼爲宜都王衛尉卿同正員儁爲濟南王光祿卿同正員寶應元年五月代宗即位捨琰罪贈其王位

鄂王瑤玄宗第五子也初名嗣初開元二年五月封爲鄂王十二年改名涺遥領幽州都督河北道節度大使二十一年四月加太子太保兼幽州都督餘如故二十三年改名瑤二十五年得罪廢寶應元年五月追復

靖恭太子琬玄宗第六子也初名嗣玄開元二年三月封爲甄王十二年三月改名滉封爲榮王十五年授京兆牧又遥領隴右節度大使二十三年加開府儀同三司餘如故二十五年改名琬天寶元年六月授單于大都護十四年十一月安祿山反於范陽其月制以琬爲征討元帥高仙芝爲副令仙芝徼河隴兵募屯於陝郡以禦之數日琬薨琬素有雅稱風格秀整時士庶冀琬有所成功忽然殂謝遠近咸失望焉贈靖恭太子葬於見子西原琬諸子尤繁衍男女五十八人天寶中封爲郡王者二佩爲濟陰王太僕卿同正員偕爲北平王國子祭酒同正員

光王琚玄宗第八子也開元十二年封爲光王十五年遥領廣州都督五府經略大使二十三年七月光王琚儀王潍潁王澐壽王清延王洄盛王沐信王沔義王漼等十王並授開府儀同三司皇子珪封爲陳王澄封爲豐王潓封爲亘王滔封爲沂王陳王已下第四王幼未授官並置府官寮屬其日光儀等十人同於東宮尚書省上詔宰臣及文武百寮送儀注甚盛俄除十五王府元僚並未有府幕同於禮院上亦無精選其時琚兼廣州都督餘如故琚與鄂王瑤皇子中有學問才識同居内宅最相愛狎琚有才力善騎射初封甚善玄宗愛之以母見踈薄嘗有怨言爲人所構得罪人用憐之寶應元年五月追復官爵無子

夏悼王一玄宗第九子也母貞順皇后爲惠妃見寵一生而美秀上鍾愛無比名之爲一開元五年孩孺而薨玄宗追封謚時車駕在東都葬於城南龍門東岑欲宮中舉目見之

○儀王璲玄宗第十二子也初名潍開元十三年五月封爲儀王十五年授河南牧二十三年加開府儀同三司兼河南牧其年改名璲永泰元年二月薨輟朝三日贈太傅天寶中有子封王者二人供爲鍾陵郡王光祿卿同正員使爲廣陵王國子祭酒同正員

潁王璬玄宗第十三子也讀書有文詞初名澐開元十三年封潁王十五年遥領安東都護平盧軍節度大使二十三年加開府儀同三司改名璬安祿山反除蜀郡大都督劍南節度大使楊國忠爲之副玄宗幸蜀令御史大夫魏方進充置頓使先移牒至蜀託以潁王之藩令設儲供玄宗至馬嵬方進被殺乃令璬先赴本郡以蜀郡長史崔圓爲副璬性儉率將渡綿州江登舟見絲縷席爲藉者顧曰此可以爲寢處奈何踐之命撤去璬初奉命之蕃卒遽不遑受節綿州司馬史賁進說曰王帝子也且爲節度大使今之藩而不持節單騎徑進人何所瞻請建大槊蒙之油囊爲旌節狀先驅道路足以威衆璬笑曰但爲具王何用假旌節乎將至成都崔

圓迸之拜於馬前璬不止之圓頗怒玄宗至璬視事兩月人甚安之爲圓所奏罷居內宅後令宣慰肅宗於彭原遂從歸京師建中四年薨年六十六輟朝三日子伸天寶中封滎陽郡王授衞尉卿同正員

懷哀王敏玄宗第十五子也幼而豐秀以母惠妃之寵玄宗特加顧念纔晬開元八年二月薨追封諡權窆於景龍觀天寶十三載改葬京城南以祔其母敬陵也

永王璘玄宗第十六子也母曰郭順儀劒南節度尚書虛己之妹璘數歲失母肅宗收養夜自抱眠之少聰敏好學貌陋視物不正開元十三年三月封爲永王十五年五月遙領荊州大都督二十年七月加開府儀同三司改名璘天寶十四載十一月安祿山反范陽十五載六月玄宗幸蜀至漢中郡下詔以璘爲山東南路及嶺南黔中江南西路四道節度採訪等使江陵郡大都督餘如故璘七月至襄陽九月至江陵召募士將數萬人恣情補署江淮租賦山

積於江陵破用鉅億以薛繆李臺卿蔡坰爲謀主因有異志肅宗聞之詔令歸覲于蜀璘不從命十二月擅領舟師東下甲仗五千人趨廣陵以季廣琛渾惟明高仙琦爲將璘生於宮中不更人事其子襄城王瑒又勇而有力遇兵權爲左右眩惑遂謀狂悖璘雖有窺江左之心而未露其事吳郡採訪李希言乃平牒璘大署其名璘遂激怒牒報曰寡人上皇天屬皇帝友于地尊侯王禮絕寮品簡書來往應有常儀今乃平牒抗威落筆署字漢儀隳紊一至於斯乃使渾惟明取希言季廣琛取廣陵採訪李成式璘進至當塗希言在丹陽令元景曜閻敬之等以兵拒之身走吳郡李成式使將李承慶拒之先是肅宗以璘不受命先使中官啖廷瑤段喬福招討之中官至廣陵成式括得馬數百疋時河北招討判官司虞郎中李銑在廣陵瑤等結銑爲兄弟求之將兵銑麾下有騎一百八十人遂率所領屯于揚子成式使判官評事裴茂以廣陵步卒三千同拒于瓜步洲伊婁埭希言將元景曜及成式將李神慶並以其衆迎降于璘璘又殺丹徒太守閻敬之以徇江左大駭裴茂至瓜步洲廣張旗幟耀于江津璘與瑒登陴望之青白始有懼色季廣琛召諸將割臂而盟以貳於璘是日渾惟明走于江寧馮季康康謙投于廣陵之白沙廣琛以步卒六千趨江寧璘使騎追之廣琛曰我感王恩是以不能決戰逃而歸國若逼我我則不擇地而迴戰矣使者返報其夕銑等多燃火人執兩炬以疑之隔江望者兼水中之影一皆爲二矣璘軍又以火應之璘懼以官軍悉濟矣遂以兒女及麾下宵遁遲明不見濟者遂入城具舟檝使襄城王驅其衆以奔晉陵宵諜曰王走矣於是江北之軍齊進募敢死士趙侃庫狄岫趙連城等共二十人先鋒遊弈于新豐皆因醉而寐璘聞官軍之至乃使襄城王高仙琦逆擊之驛騎奔告侃等介馬而出襄城王已隨而至銑等奔救張翼擊之射中襄城王首瑒軍遂敗高仙琦等四騎與璘南奔至鄱陽郡司馬陶備閉城拒之璘怒命焚其城至餘干及大庾嶺將南投嶺外爲江西採訪使皇

甫侁下防禦兵所擒因中矢而薨子瑒等爲亂兵所害肅宗以璘愛弟隱而不言

壽王瑁玄宗第十八子也初名清初瑁母武惠妃開元元年見幸寵傾後宮頻產夏悼王懷哀王上僊公主皆端麗襁褓不育及瑁之初生讓帝妃元氏請瑁在於邸中收養妃自乳之名爲己子十餘年在寧邸故封建之事曉於諸王宮中常呼爲十八郎十三年三月封爲壽王始入宮中十五年遙領益州大都督劒南節度大使二十三年加開府儀同三司改名瑁二十五年惠妃薨葬以后禮二十九年讓帝薨瑁請制服以報乳養之恩玄宗從之瑁天寶中有子封爲王者二人僾爲濟陽郡王偡爲廣陽郡王鴻臚卿同正員唐法親王食封八百戶有至一千戶公主三百戶長公主加五百戶有至六百戶高宗朝以沛英豫王太平公主武后所生食邑逾於制垂拱中太平至一千二百戶聖曆初皇嗣封爲相王食封與太平同三千戶長安中壽春王兄弟五人並賜實封三百戶神龍初

相府與太平同至千戶衞王三千戶溫王二千戶成王七百戶壽春王加四百戶通前七百戶嗣雍衡陽臨淄巴陵中山各加二百戶通前五百戶安樂初封二千戶長寧一千五百戶宣城宜城宜安各一千戶相王女爲縣主者各三百戶衞王壽𢍰儲位相府增至七千戶太平至五千戶安樂三千戶長寧二千五百戶宜城已下各二千戶相府太平長寧安樂皆以七千爲限雖水旱亦不破損免以正租庸充數唐隆元年遺制以嗣雍王守禮壽春王成器封爲親王各賜實封一千戶開元之後朝恩睦親以寧府最長封至五千五百戶岐薛愛弟著勳五千戶申府以外家微至四千戶邠府以外枝至一千八百戶皇妹爲公主者食封一千戶中宗女亦同其後皇子封王者賜封二千戶皇女爲公主者賜封五百戶咸宜賜湯沐以母惠妃封至一千戶諸皇女爲公主者例加至一千戶其封自開元已來皆約以三千爲限

延王玢玄宗第二十子也初名泗玢母即尚書右丞柳範孫也最爲名家玄宗深重之玢亦仁愛有學尚開元十三年封爲延王十五年遙領安西大都護磧西節度大使二十三年七月加開府儀同三司餘如故改名玢天寶十五載玄宗幸蜀玢男女三十六人不忍棄於道路數日不及行在所玄宗怒之賴漢中王瑀抗跡救之聽歸於靈武興元元年薨天寶末封子倬彭城郡王秘書監同正員倂平陽郡王殿中監同正員

盛王琦玄宗第二十一子也壽王母弟初名沐十五年三月封爲盛王當年遙領揚州大都督二十年加開府儀同三司餘如故改名琦天寶十五年六月玄宗幸蜀在路除琦爲廣陵大都督仍領江南東路及淮南河南等路節度支度採訪等使以前江陵大都督府長史劉彙爲之副以廣陵長史李成式爲副大使兼御史中丞琦竟不行廣德二年四月薨贈太傅天寶末有子封王者二人偵眞定郡王太常卿同正員佩封武都郡王殿中監同正員

濟王環玄宗第二十二子也初名溢開元十三年三月封濟王二十三年七月授開府儀同三司其月改名環天寶末有子封爲王者二人傺爲永嘉郡王衞尉卿同正員僎爲平樂郡王光祿卿同正員

信王瑝玄宗第二十三子也初名沔開元十三年三月封爲信王二十三年七月授開府儀同三司仍改名瑝天寶末有子封爲王者二人侈爲新安郡王太常卿同正員倜爲晉陵郡王光祿卿同正員

義王玼玄宗第二十四子也初名漼開元十三年三月封爲義王二十三年七月授開府儀同三司仍改名玼天寶末有子封爲王者二人儀爲舞陽郡王太僕卿同正員儇爲高密郡王宗正卿同正員

陳王珪玄宗第二十五子也初名渙開元二十三年七月封爲陳王二十四年三月改名珪天寶末男女二十一人封爲王者二人伷爲臨淮郡王太常卿同正員佼爲安陽王殿中監同正員

豐王珙玄宗第二十六子也初名澄開元二十三年七月封爲豐王二十四年二月改名珙天寶十五年六月玄宗幸蜀至扶風郡授珙武威郡都督仍領河西隴右安西北庭等路節度支度採訪使以隴右太守鄧景山爲之副兼武威長史御史中丞充都副大使珙竟不行廣德元年十月吐蕃凌逼上都上將幸陝州自苑中而出騎從才渡滻水將軍王懷忠遂閉苑門橫截五百餘騎擁十宅諸王西投吐蕃至城西適遇元帥郭子儀懷忠謂子儀曰主上東遷社稷無主萬國顒顒何所瞻仰令僕奉諸王等西奔以副天下之望令公身爲元帥廢置在手何不行冊立之事乎子儀未及對珙遂越次而言曰令公作何語何不言也行軍司馬王延昌責之曰主上雖蒙塵于外聖德欽明王身爲藩翰何乃發狂悖之詞也延昌當奏聞于上子儀又數讓之命軍士領之盡赴行在潼關謁見上不之責珙歸幕次詞又不順羣臣恐遂爲亂請除之遂賜死天寶中有子二人爲王侁齊安郡王宗正卿同正員佃宜春郡王鴻臚卿同正員

亘王瑱玄宗第二十七子也初名漣開元二十三年七月封爲亘王性好道常服道士衣授右衛大將軍加開府儀同三司二十四年二月改名瑱天寶十五載從幸巴蜀不復衣道士衣矣

涼王璿玄宗第二十九子也初名漎母武賢儀則天時高平王重規女也開元中入宮中號爲小武妃二十三年七月封爲涼王二十四年二月改名璿初貞觀中高宗爲晉王以文德皇后最小子后崩後累年太宗憐之不令出閤至立爲太子高宗朝睿宗爲豫王雖成長亦以則天最小子不令出嗣聖纂大位聖曆初封爲相王始出閤中宗時以譙王重福失愛出遷外藩衛王重俊爲太子入與成王千里等起兵將誅韋后故溫王重茂雖年十六七亦居中先天之後皇子幼則居內東封年以漸成長乃於安國寺東附苑城同爲大宅分院居爲十王宅令中官押之於夾城中起居每日家令進膳又引詞學工書之人入教謂之侍讀十王謂慶忠棣鄂榮光儀潁永延濟盛壽陳豐亘涼六王又

就封入內宅二十五年鄂光得罪忠繼大統天寶中慶棣又殁唯榮儀等十四王居院而府幕列於外坊時通名起居而已外諸孫成長又於十宅外置百孫院每歲幸華清宮側亦有十王院百孫院宮人每院四百餘人孫院三四十人又於宮中置維城庫諸王月俸物約之而給用諸孫納妃嫁女亦就十宅中太子不居於東宮但居於乘輿所幸之別院太子亦分院而居婚嫁則同親王公主在於崇仁之禮院天寶十五載六月玄宗幸蜀儀王已下十三王從至漢中郡遣永王璘出鎮荊州至德二年十月從還京廣德元年十二月五日上都失守有儀潁壽延盛濟信義陳亘涼十一王扈從幸陝州十二月從還上都璿之子天寶中封爲王者一人伆瀘陽郡王殿中監同正員

汴哀王璥玄宗第三十子也初名滔開元二十五年七月封爲汴王二十四年二月改名璥以其月薨

史臣曰前史有云母愛者子抱太子瑛之廢有由然矣琬爲元帥不幸遽薨豈天啓亂階何失衆望之速也永王璘父在蜀城兄居靈武不能立忠孝之節爲社稷之謀而乃聚兵江上規爲己利不義不眠以災其身書所謂自作孽不可逭也豐王珙因緣戹運竊有覬覦不愼樞機自貽伊咎悲矣

贊曰蠡斯之詠樂有子孫用建藩屏以崇本根讒勝瑛廢恩移至尊盜熾琬卒情乖萬民口禍豐珙自災永璘惜乎二脩不如仁人

唐書列傳卷第五十七

左從政郎紹興府錄事參軍徐俊卿校勘

唐書列傳卷第五十八

劉　昫　等修

韋見素子諤　益　益子顗　崔圓

崔渙渙子縱　杜鴻漸

韋見素字會微京兆萬年人父湊開元中太原尹見素學科登第
景龍中解褐相王府參軍歷衛佐河南府倉曹丁父憂服闋起爲
大理寺丞襲爵彭城郡公坐事出爲坊州司馬入爲庫部員外郎
加朝散大夫歷右司兵部二員外左司兵部二員郎中遷諫議大夫
天寶五年充江西山南黔中嶺南等道黜陟使觀省風俗彈糾長吏
所至肅然使還拜給事中駁正編違頗振臺閣舊典尋檢校尚書
工部侍郎改右丞九載遷吏部侍郎加銀青光祿大夫見素仁恕
長者意不忤物及典選累年銓敘平允人士稱之時右相楊國忠
用事左相陳希烈畏其權寵凡事唯諾無敢發明玄宗頗知之聖
情不悅天寶十三年秋霖雨六十餘日京師廬舍垣墉頹毀殆盡

凡一十九坊汙潦天子以宰輔或未稱職見此咎徵命楊國忠精求
端士時兵部侍郎吉溫方承寵遇上意用之國忠以溫祿山賓佐
懼其威權奏寢其事國忠訪於中書舍人竇華宋昱等華昱言見
素方雅柔而易制上亦以經事相王府有舊恩可之其年八月拜
武部尚書同中書門下平章事充集賢院學士知門下省事代陳
希烈見素既爲國忠引用心德之時祿山與國忠爭寵兩相猜嫌
見素亦無所是非署字而已遂至兇胡犯順不措一言十五年六
月哥舒翰兵敗桃林潼關不守是月玄宗蒼黃出幸莫知所詣楊
國忠以身領劍南旄鉞請幸成都見素與國忠御史大夫魏方進
遇上於延秋門便扈從之咸陽翌日次馬嵬驛軍士不得食流言
不遜龍武將軍陳玄禮懼其亂乃與飛龍馬家李護國謀於皇太
子請誅國忠以慰士心是日玄禮等禁軍圍行宮盡誅楊氏見素
遁走爲亂兵所傷衆呼曰勿傷韋相識者救之獲免上聞之令壽
王瑁宣慰賜藥傳瘡魏方進爲亂兵所殺是日朝士獨見素一人

是夜宿馬嵬上命見素子京兆府司錄參軍諤爲御史中丞充置
頓使凌晨將發六軍將士曰國忠反叛不可更往蜀川請之河隴
或言靈武太原或云還京議者不一上意在劍南慮違士心無所
言諤曰還京須有捍賊之備今兵馬數少恐非萬全不如且至扶
風徐圖去就上詢于衆衆以爲然乃令皇太子後殿上至扶風郡
從駕諸軍各圖去就頗出醜言陳玄禮不能制上聞之憂懼會益
州貢春綵十萬疋乃以其綱使潁陽尉劉景溫爲監察御史其綵
悉陳於廷召六軍將士等入上謂之曰卿等皆國之功臣勳勞素著
朕之優賞常亦不輕逆胡負恩事須迴避甚知卿等不得別父母
妻子朕亦不及辭九廟言發涕流又曰朕今須幸蜀蜀路險狹人
若多往恐難祗供今有此綵卿等即宜分取各自圖去就朕自有
子弟中官等相隨便與卿等訣別衆咸俯伏號泣曰死生從陛下
上良久曰去住聽卿自便自是醜言方息七月至巴西郡以見素
兼左相武部尚書自至蜀郡加金紫光祿大夫進封豳國公與

一子五品官是月皇太子即位於靈武道路艱澁音驛未通八月
肅宗使至始知靈武即位尋命見素與宰臣房琯齎傳國寶玉
冊奉使靈武宣傳詔命便行冊禮將行上皇謂見素等曰皇帝自
幼仁孝與諸子有異朕豈不知往十三年已有傳位之意屬其歲水
旱左右勸朕且俟豐年爾來便屬祿山構逆方隅震擾未遂此心
昨發馬嵬亦有處分今皇帝受命朕心頓如釋負勞卿等遠去勉
輔佐之多難興王自古皆有卿等乃心王室以宗社爲念早定中原
吾之望也見素等悲泣不自勝仍以見素子諤及中書舍人賈至
充冊禮使判官時肅宗已迴幸順化郡九月見素等至冊禮畢從
幸彭原郡肅宗在東宮素聞房琯名重故虛懷以待以見素常附
國忠禮遇稍薄明年至鳳翔三月除左僕射罷知政事以憲部尚
書致仕苗晉卿代爲左相初肅宗在鳳翔喪亂之後綱紀未立兵
吏三銓簿籍煨燼南曹選人文符悉多僞濫上以兇醜未滅且示
招懷據到注擬一無檢括見素曰臣典選歲久周知此敝今寰區未

復員闕不多若揔無條綱恐難持久上然之未暇釐革及還京選人數千補授無所喧訴于朝由是行見素之言及房琯以敗軍左降崔圓崔渙等皆罷知政事上皇所命宰臣無知政事者五月遷見素太子太師十一月肅宗自右輔還京詔見素入蜀奉迎太上皇十二月上皇至京師肅宗御樓大赦見素以奉上皇幸蜀功加開府儀同三司食實封三百戶上元中以足疾上表請致仕許之寶應元年十二月卒年七十六贈司空謚曰忠貞喪事官給子倜諤益諝倜諤皆位至給事中益終刑部員外郎諝終秘書丞倜子頊益子顗字周仁生一歲而孤事姊稱爲恭孝性嗜學尤精陰陽象緯曆略風俗之書善持論有清譽少以門蔭補千牛備身自鄠縣尉判入等授萬年尉歷御史補闕尚書郎累遷給事中尚書左丞戶部侍郎中丞吏部侍郎其在諫垣與李約李正辭迭申裨諷頗迴大政宰相裴垍李絳崔群輩多與友善而後進之有浮名者亦遊其門以是稱有時望及李逢吉鴐朋黨以專政柄而顗附麗之跡尤

審顗爲時人所譏然處身儉約有足多者著易蘊解推演隨宜凡終始之義甚有輿言寶曆元年七月卒贈禮部尚書

崔圓清河東武城人也後魏左僕射亮之後父景晊官至大理評事圓少孤貧志尚閎博好讀兵書有經濟宇宙之心開元中詔搜訪遺逸圓以鈐謀射策甲科授執戟自負文藝獲武職頗不得意蕭炅爲京兆尹薦爲會昌丞累遷司勳員外郎宰臣楊國忠遙制劍南節度使引圓佐理乃奏授尚書郎兼蜀郡大都督府左司馬知節度留後天寶末玄宗幸蜀郡特遷蜀郡大都督府長史劍南節度圓素懷功名初聞國難潛使人探國忠深旨知有行幸之計乃增修城池建置館宇儲備什器及乘輿至殿宇帷帳咸如宿設玄宗甚嗟賞之即日拜中書侍郎同中書門下平章事劍南節度餘如故肅宗即位玄宗命圓同與房琯韋見素並赴肅宗行在所玄宗親製遺愛碑于蜀以寵之從肅宗還京以功拜中書令封趙國公賜實封五百戶明年罷知政事遷太子少師留守東都會官

軍不利於相州軍迴過洛陽所在剽掠圓弃城南奔襄陽詔削除階封尋起爲濟王傅李光弼用爲懷州刺史除太子詹事改汾州刺史皆以理行稱拜揚州大都督府長史淮南節度觀察使加檢校右僕射兼御史大夫轉檢校左僕射知省事大曆三年六月薨年六十四輟朝三日贈太子太師謚曰昭襄

崔渙祖玄暐神龍功臣封博陵郡王父璩文學知名位至禮部侍郎渙少以士行聞博綜經籍尤善談論累遷尚書司門員外郎天寶末楊國忠出不附己者渙出爲劍州刺史天寶十五載七月玄宗幸蜀渙迎謁於路抗詞忠懇皆究理體玄宗嘉之以爲得渙晚宰臣房琯又薦之即日拜黃門侍郎同中書門下平章事扈從成都府肅宗靈武即位八月與左相韋見素同平章事房琯崔圓同賫冊赴行在時未復京師舉選路絶詔渙充江淮宣諭選補使以收遺逸感於聽受爲下吏所鬻濫進者非一以不稱職聞乃罷知政事除左散騎常侍兼餘杭太守江東採訪防禦使旋授正議大

夫太子賓客乾元三年正月轉大理卿再遷吏部侍郎檢校工部尚書集賢院待詔性尚簡澹不交世務頗爲時望所歸遷御史大夫加稅地青苗錢物使時以此錢充給京百官料上估爲百司料渙爲屬吏希中以上估爲使料下估爲皇城副留守張清發之詔下有司訊鞫渙無詞以對坐是貶道州刺史大曆三年十二月壬寅以疾終子縱初以蔭補協律郎三遷爲監察御史詔擇令長於臺省除藍田令寛明勤幹德化大行縣人爲之立碑頌德轉京兆府司録累遷金部員外郎以父貶道州刺史弃官就養丁父憂服闋制六遷大理卿兼御史中丞汴西水陸運兩稅鹽鐵等使田悅連敗走魏州嬰城自守諸道兵圍之屢乏食詔縱兼魏州四節度糧料使軍儲稍給德宗幸奉天四方握兵未有至者縱先知之潛告李懷光勤令奔命懷光從之縱乃悉斂軍財與懷光俱來調給具備懷光兵士久戰河外及次河中將遷延縱之貨幣先已渡河縱謂衆曰若濟悉以分賜衆利之乃西至奉天加右庶子充使無幾拜京

兆尹兼御史大夫數奏懷光剛愎反覆宜隂備之及行幸梁州左右或短之曰縱素善懷光今不來矣上曰他人不知縱吾可保其心不數日縱至拜御史大夫嘗議其大體不親細事獄訴儀制皆付之僚吏貞元元年親祠南郊爲大禮使屬兵旱之後賦入尚少縱裁定文物倫而中禮無何萬年丞源寘遂爲京兆尹李齊運所抑捽至死縱劾奏不行數月除吏部侍郎尋檢校禮部尚書東畿唐汝鄧都觀察使河南尹是時兵革甫定民耗六七縱悉心求瘼爲理簡易先是戎邊之師由洛陽者儲餼取辦於編戶縱始官備不徵於人令五家相保俾自占告發斂以絕胥吏之私又引伊洛水以通里閈都中灌溉濟不逮爲十二三人甚安之徵拜太常卿貞元七年六月卒官年六十二謚曰忠贈吏部尚書縱孝悌修飾自立以父爲元載排抑居退十餘年左官外府訖載得罪不求聞達初涣有寵妾鄭氏縱以母事之鄭氏性剛戾待縱不以理雖爲大僚每加笞詬縱率妻子候顏敬順不懈時以爲難

○杜鴻漸故相暹之族子祖慎行益州長史父鵬舉官至王友鴻漸敏悟好學舉進士解褐王府參軍天寶末累遷大理司直朔方留後支度副使肅宗北幸至平涼未知所適鴻漸與六城水運使魏少遊節度判官崔漪支度判官盧簡金關内鹽池判官李涵謀曰今胡羯亂常二京陷没主上南幸於巴蜀皇太子理兵於平涼然平涼散地非聚兵之處必欲制勝非朔方不可若奉殿下旬日之間西收河隴迴紇方強與國通好北徵勁騎南集諸城大兵一舉可復二京雪社稷之恥上報明主下安蒼生亦臣子之用心國家之大計也鴻漸即日草牋具陳兵馬招集之勢錄軍資器械倉儲庫物之數令李涵齎赴平涼肅宗大悅鴻漸知肅宗發平涼於北界白草頓迎謁因勞諸使及兵士進言曰朔方天下勁兵靈州用武之處今迴紇請和吐蕃内附天下郡邑人皆堅守以待制命其中雖爲賊所據亦望不日收復殿下整理軍戎長驅一舉則逆胡不足滅也肅宗然之及至靈武鴻漸與裴冕等勸即皇帝位以歸中

外之望五上表乃從鴻漸素習帝王陳布之儀君臣朝見之禮遂採摭舊儀綿蕝其事城南設壇壝先一日具儀注草奏肅宗曰聖君在遠寇逆未平宜罷壇場餘可其奏肅宗即位授兵部郎中知中書舍人事尋轉武部侍郎至德二年兼御史大夫爲河西節度使涼州都督兩京平遷荆州大都督府長史荆南節度使襄州大將康楚元張嘉延盜所管兵據襄州城叛刺史王政遁走嘉延南襲荆州鴻漸聞之弃城而遁澧朗硤歸等州聞鴻漸出奔皆懼駭潛竄山谷歲餘徵拜尚書右丞吏部侍郎太常卿充禮儀使二聖晏駕鴻漸監護儀制山陵畢加光祿大夫封衞國公廣德二年代宗將享郊廟拜鴻漸兵部侍郎同中書門下平章事尋轉中書侍郎永泰元年十月劒南西川兵馬使崔旰殺節度使郭英乂據成都自稱留後邛州衙將栢貞節瀘州衙將楊子琳劒州衙將李昌巙等興兵討旰西蜀大亂明年二月命鴻漸以宰相兼充山劒副元帥劒南西川節度使以平蜀亂鴻漸心無遠圖志氣怯懦又酷好佛圖道不喜軍戎既至成都懼旰雄武不復問罪乃以劒南節制表讓於旰時西戎寇邊關中多事鴻漸孤軍陷險兵威不振代宗不獲已從之仍以旰爲劒南西川行軍司馬栢貞節爲邛州刺史楊子琳爲瀘州刺史各罷兵尋請入覲仍表崔旰爲西川兵馬留後大曆二年詔以旰爲成都尹劒南西川節度使召鴻漸還京鴻漸仍率旰同入覲代宗嘉之後知政事轉門下侍郎譲山南副元帥三年八月代王縉爲東都留守充河南淮西山南東道副元帥平章事如故以疾上表乞骸骨從之竟不之任四年十一月卒贈太尉謚曰文憲輟朝三日賜物五百疋粟五百碩鴻漸晚年樂於退靜私第在長興里館宇華靡賓僚宴集鴻漸悠然賦詩曰常願追禪理安能挹化源朝士多屬和之及休致後病令僧剃頂髮及卒遺命其子依胡法塔葬不爲封樹異類緇流物議哂之

史臣曰祿山狂悖已顯玄宗寵任無疑見素知國危陳廟算直言極諫而君不從獨正犯難而人不咨出生入死善始令終者鮮矣時

論以見素取容於國忠無言匡大政且國忠恃内戚弄重權沮林
甫姦豪家取其大位若見素之孤直豈許取容蓋禍胎已成政柄久
紊見素入相餘年言不從而難作雖有周孔之才其能匡救者乎
謂才辯顓儉約雅符積善之慶矣圓守文之士非禦侮之才渙才
兼行闕命與時會發言上沃主意遽致顯榮嘗官屢爲吏欺終及
竄逐所謂可與適道未可與權縱忠於國能於官孝於家三者備
矣孰能繼之鴻漸有衛社之功非干城之者時以任崔旰爲非則
不然矣旰南拒貞節北敗獻誠宜以懷來未可力制終致歸國
豈非臧謀向討之即爲劇賊矣然事佛徼福朋勢取容非君子之
道焉

贊曰玄宗失德祿山肆逆見素竭節諸公協力

唐書列傳卷第五十八

右文林郎充浙東路提舉茶塩司幹辦公事富文瑯校勘

唐書列傳卷第五十九

劉昫 等修

馮盎，高州良德人也。累代為本部大首領。盎少有武略，隋開皇中為宋康令。仁壽初，潮、成等五州獠叛，盎馳至京，請討之。文帝勑左僕射楊素與盎論賊形勢，素曰：「不意蠻夷中有此人，大可奇也。」即令盎發江、嶺兵擊之。賊平，授金紫光禄大夫，仍除漢陽太守。武德三年，廣、新二州賊帥高法澄、洗寶徹等並授林士弘節度，殺害隋官吏。盎率兵擊破之。既而寶徹兄子智臣又聚兵於新州，自為渠帥。盎趨往擊之，兵交，盎却兜鍪大呼曰：「爾等頗識我否？」賊多弃戈肉袒而拜，其徒遂潰，擒寶徹、智臣等，嶺外遂定。或有說盎曰：「自隋季崩離，海內騷動，今唐雖應運，而風教未浹，南越一隅，未有所定。

公克平五嶺二十餘州，豈與趙佗九郡相比？今請上南越王之號。」盎曰：「吾居南越，于茲五代，本州牧伯，唯我一門，子女玉帛，吾之有也。人生富貴，如我殆難，常恐弗克負荷，以墜先業，本州衣錦便足，餘復何求？越王之號，非所聞也。」四年，盎以南越之衆降，高祖以其地為羅、春、白、崖、儋、林等八州，仍授盎上柱國、高羅總管，封吳國公，尋改封越國公。拜其子智戴為春州刺史，智彧東合州刺史。從封盎耿國公。貞觀五年，盎來朝，太宗宴賜甚厚。俄而羅竇諸洞獠叛，詔令盎率部落二萬為諸軍先鋒。時有賊數萬屯據險要，不可攻逼，盎持弩語左右曰：「盡吾此箭，可知勝負。」連發七矢而中七人，賊退走，因縱兵乘之，斬首千餘級。太宗令智戴還慰省之，自後賞賜不可勝數。盎奴婢萬餘人，所居地方二千里，勤於簿領，詰擿姦狀，甚得其情。二十年卒，贈左騎衛大將軍、荆州都督。

阿史那杜爾，突厥處羅可汗子也。年十一，以智勇稱於本蕃，拜為拓設，建牙于磧北，與欲谷設分統鐵勒、紇骨、同羅等諸部。在位十年，無所課斂，諸首領或鄙其不能富貴。杜爾曰：「部落既豐，於我便足。」諸首領咸畏而愛之。武德九年，延陁、迴紇等諸部皆叛，攻破欲谷設。杜爾擊之，復為延陁所敗。貞觀二年，遂率其餘衆保于西偏，依可汗浮圖。後遇頡利滅，而西蕃葉護又死，奚利邲咄陸可汗兄弟爭國，杜爾揚言降之，引兵西上，因襲破西蕃，半有其國，得衆十餘萬，自稱都布可汗。謂其諸部曰：「首為背叛破我國者，延陁之罪也。今我據有西方，大得兵馬，不平延陁而取安樂，是忘先可汗，為不孝也。若天令不捷，死亦無恨。」其酋長咸諫曰：「今新得西方，須留鎮壓。若即弃去遠擊延陁，只恐葉護子孫必來復國。」杜爾不從，親率五萬餘騎討延陁於磧北，連兵百餘日。遇我行人劉善因立同娥設為咥利始可汗，杜爾部兵又苦久役，多委之逃，延陁因縱擊，敗之，復保高昌國。其舊兵在者纔萬餘人，又與西蕃結隙。九年，率衆內屬，拜左騎衛大將軍，歲餘，令尚衡陽長公主，授駙馬都尉，典屯兵於苑內。十四年，授行軍總管，以平高昌。諸人咸即受賞，杜爾

以未奉詔旨，秋毫無所取。及降別勑，然後受之。及所取唯老弱故弊而已。軍還，太宗美其廉慎，以高昌所得寶刀并雜綵千段賜之，仍令檢校北門左屯營，封畢國公。十九年，從太宗征遼，至駐蹕陣，頻遭流矢，拔而又進，其所部兵士人百其勇，盡獲殊勳。師旋，兼授鴻臚卿。二十一年，為崑丘道行軍大總管，征龜茲。明年，軍次西突厥，擊處密，大破之，餘衆悉降。又下龜茲大撥換城，虜龜茲王白訶黎布失畢及大臣那利等百餘人而還。屬太宗崩，請以身殉葬，高宗遣使喻以先旨，不許。遷右衛大將軍。永徽四年，加位鎮軍大將軍。六年卒，贈輔國大將軍、并州都督，陪葬昭陵，起冢以象葱山，仍為立碑，謚曰允。子道眞，位至左屯衛大將軍。

貞觀初，阿史那蘇尼失者，啓民可汗之母弟，杜爾叔祖也。其父始畢可汗以為沙鉢羅設，督部落五萬家，牙直靈州之西北。驍雄有恩惠，甚得種落之心。及頡利政亂，而蘇尼失所部獨不攜離。突利之來奔也，頡利乃立蘇尼失為小可汗。及頡利為李靖所破，獨騎而投之，蘇尼失遂舉其

衆歸國因令子忠擒頡利以獻太宗賞賜優厚拜北寧州都督右衛大將軍封懷德郡王貞觀八年卒忠以擒頡利功拜左屯衛將軍妻以宗女定襄縣主賜名爲忠單稱史氏貞觀九年遷右衛大將軍永徽初封薛國公累遷右驍衛大將軍所歷皆以清謹見稱時人比之金日磾上元初卒贈鎮軍大將軍陪葬昭陵子暕襲封薛國公垂拱中歷位司僕卿

契苾何力其先鐵勒別部之酋長也父葛隋大業中繼爲莫賀咄特勤以地逼吐谷渾所居險狹又多瘴癘遂入龜茲居于熱海之上特勤死何力時年九歲降號大俟利發至貞觀六年隨其母率衆千餘家詣沙州奉表內附太宗置其部落於甘涼二州何力至京授左領軍將軍七年與涼州都督李大亮將軍薛萬均同征吐谷渾軍次赤水川萬均率騎先行爲賊所攻兄弟皆中槍墮馬徒步而鬬兵士死者十六七何力聞之將數百騎馳往突圍而前縱橫奮擊賊兵披靡萬均兄弟由是獲免時吐谷渾主在突倫川

何力復欲襲之萬均懲其前敗固言不可何力曰賊非有城郭逐水草以爲生若不襲其不虞便恐鳥驚魚散一失機會安可傾其巢穴耶乃自選驍兵千餘騎直入突倫川襲破吐谷渾牙帳斬首數千級獲駝馬牛羊二十餘萬頭渾主脫身以免俘其妻子而還有詔勞於大斗拔谷萬均乃排毀何力自稱己功何力不勝憤怒拔刀而起欲殺萬均諸將勸止之太宗聞而責問其故何力言萬均敗恧之事太宗怒將解其官迴授何力固讓曰以臣之故而解萬均恐諸蕃聞之以爲陛下重蕃輕漢轉相誣告馳競必多又夷狄無知或謂漢臣皆如此輩固非安寧之也太宗乃止尋令北門宿衛檢校屯營事敕尚臨洮縣主十四年爲葱山道副大總管討平高昌時何力母姑臧夫人母弟賀蘭州都督沙門並在涼府十六年詔許何力覲省其母兼撫巡部落時薛延陀強盛契苾部落皆願從之何力至聞而大驚曰主上於汝有厚恩任我又重何忍而圖叛逆諸首領皆曰敷及督都已去何故不行何力曰我弟沙門孝而能養我以身許國終不能去也於是衆共執何力至延陀所置於可汗牙前何力箕踞而坐拔佩刀東向大呼曰豈有大唐烈士受辱蕃庭天地日月願知我心又割左耳以明志不奪也可汗怒欲殺之爲其妻所抑而止初太宗聞何力之延陀明非其本意或曰人心各樂其土何力今入延陀猶魚之得水也太宗曰不然此人心如鐵石必不背我會有使自延陀至具言其狀太宗泣謂群臣曰契苾何力竟如何遂遣兵部侍郎崔敦禮持節入延陀許降公主求何力由是還拜右驍衛大將軍太宗既許公主於延陀行有日矣何力抗表固言不可太宗曰吾聞天子無戲言既已許之安可廢何力曰然臣本請延緩其事不謂總停臣聞六禮之內壻合親迎宜告延陀親來迎婦縱不敢至京邑即當使詣靈州畏漢必不敢來論親未可有成日既憂悶臣又攜離不盈一年自相猜忌延陀志性很戾若死必兩子相爭坐而制之必然之理太宗從之延陀恐有詐竟不至靈州自後常悒悒不得志一年而死兩子果爭權各立爲

主太宗征遼東以何力爲前軍總管軍次白崖城爲賊所圍被矟中腰瘡重疾甚太宗自爲傅藥及拔賊城勅求傷之者高突勃付何力自殺之何力奏言犬馬猶爲其主況於人乎彼爲其主致命冒白刃而刺臣是其義勇士也本不相識豈是寃讎遂捨之二十二年爲崑丘道總管破龜茲獲其王訶黎布失畢及諸首領等太宗崩何力欲殺身以殉高宗諭而止之永徽二年處月處密叛以何力爲弓月道大總管討平之擒其渠帥處密時健俟斤合支賀等以歸顯慶二年遷左驍衛大將軍累封郕國公兼檢校鴻臚卿龍朔元年又爲遼東道行軍大總管九月次于鴨綠水其地即高麗之險阻莫支男生以精兵數萬守之衆莫能濟何力始至會層冰大合趣即渡兵鼓譟而進賊遂大潰追奔數十里斬首三萬級餘衆盡降男生僅以身免會有詔班師乃還其年九姓叛以何力爲鐵勒道安撫大使乃簡精騎五百馳入九姓中賊大驚何力乃謂曰國家知汝被詿誤遂有斯動使我捨汝等過皆可自新罪在酋渠

得之則已諸姓大喜共擒偽葉護及設特勤等同惡二百餘人以歸何力數其罪而誅之乾封元年又爲遼東道行軍大摠管兼安撫大使高麗有衆十五萬屯於遼水又引靺鞨數萬據南蘇城何力奮擊皆大破之斬首萬餘級乘勝而進凡拔七城乃迴軍會英國公李勣於鴨綠水共攻辱夷大行二城破之勣頓軍於鴨綠柵何力引蕃漢兵五十萬先臨平壤勣仍繼至共拔平壤城執男建虜其王還授鎮軍大將軍行左衞大將軍徙封涼國公仍檢校右羽林軍儀鳳二年卒贈輔國大將軍幷州都督陪葬昭陵謚曰烈有三子明光貞明左鷹揚衞大將軍兼賀蘭都督襲爵涼國公光則天時右豹韜衞將軍爲酷吏所殺貞司膳少卿

黑齒常之百濟西部人長七尺餘驍勇有謀略初在本蕃仕爲達率兼郡將猶中國之刺史也顯慶五年蘇定方討平百濟常之率所部隨例送降款時定方縶左王及太子隆等仍縱兵劫掠丁壯者多被戮常之恐懼遂與左右十餘人遁歸本部鳩集亡逸共保任存山築柵以自固旬日而歸附者三萬餘人定方遣兵攻之常之領敢死之士拒戰官軍敗績遂復本國二百餘城定方不能討而還龍朔三年高宗遣使招諭之常之盡率其衆降累轉左領軍員外將軍儀鳳中吐蕃犯邊常之從李敬玄擊之劉審禮之没賊敬玄欲抽軍却阻泥溝而計無所出常之夜率敢死之兵五百人進掩賊營吐蕃首領跋地設弃軍宵遁敬玄因此得還高宗歎其才略擢授左武衞將軍兼檢校左羽林軍賜金五百兩絹五百疋仍充河源軍副使時吐蕃賛婆及素和貴等賊徒三萬餘屯於良非川常之率精騎三千夜襲賊營殺獲二千級獲羊馬數萬賛婆等單騎而遁擢常之爲大使又賞物四百疋常之以河源軍正當賊衝欲加兵鎮守恐有運轉之費遂遠置烽戍七十餘所度開營田五千餘頃歲收百餘萬石開耀中賛婆等屯於青海常之率精兵一萬騎襲破之燒其糧貯而還常之在軍七年吐蕃深畏憚之不敢復爲邊患嗣聖元年遷左武衞大將軍仍檢校左羽林軍垂拱二年突厥犯邊命常之率兵拒之蹋至兩井忽逢賊三千餘衆常之見賊徒爭下馬著甲遂領二百餘騎身當先鋒直衝賊遂弃甲而散俄頃賊衆大至及日將暮常之令伐木營中燃火如烽燧時東南忽有大風起賊疑有救兵相應遂狼狽夜遁以功進封燕國公三年突厥入寇朔州常之又充大摠管以李多祚王九言爲副追躡至黃花堆大破之追奔四十餘里賊散走磧北時有中郎將爨寶壁表請窮追餘賊制常之與寶壁會遥爲聲援寶壁以爲破賊在朝夕貪功先行竟不與常之謀議遂全軍而没尋爲周興等誣構云與右鷹揚將軍趙懷節等謀反繫獄遂自縊而死常之嘗有所乘馬爲兵士所損副使牛師獎等請鞭之常之曰豈可以損私馬而決官兵乎竟赦之前後所得賞賜金帛等皆分給將士及死時甚惜之

李多祚代爲靺鞨酋長多祚驍勇善射意氣感激少以軍功歷位右羽林軍大將軍前後掌禁兵北門宿衞二十餘年神龍初張柬之將誅張易之兄弟引多祚將籌其事謂曰將軍在北門幾年曰三十年矣柬之曰將軍擊鍾鼎食金章紫綬貴寵當代位極武臣豈非大帝之恩乎曰然又曰將軍既感大帝殊澤能有報乎大帝之子見在東宮逆豎張易之兄弟擅權朝夕危逼宗社之重於將軍誠能報恩正屬今日多祚曰苟緣王室惟相公所使終不顧妻子性命因即引天地神祇爲要誓詞氣感動義形于色遂與柬之等定謀誅易之兄弟以功進封遼陽郡王食實封八百戶仍拜其子承訓爲衞尉少卿其年將有事于太廟特令多祚與安國相王登輦夾侍監察御史王覲上疏諫曰竊惟祔廟之禮在於尊祖奉先肅事之儀豈猷惟親與德伏見恩勑令安國相王與李多祚參乘且多祚夷人有功於國適可加之寵爵豈宜逼奉至尊侍帝弟而連衡與吾君而共輦誠恐萬方之人不允所望昔文帝引趙談參乘盎伏車前曰臣聞天子所共六尺輿者皆天下豪英今漢雖乏人陛下獨奈何與刀鋸之餘共載於是斥而下之多祚雖無趙談

之累亦非卿相之重不自循省無聞匡諫豈國之良輔更無其人史官所書將示於後何袁盎之強諫獨微臣之不及惟陛下詳擇焉上謂覿曰多祚雖是夷人緣其有功委以心腹特令侍輦卿勿復言也節愍太子之殺武三思也多祚與羽林大將軍李千里等率兵以從太子令多祚先至玄武樓下與上問以殺三思之意遂按兵不戰時有宮闈令楊思勗於樓上侍帝請拒其先鋒多祚子壻羽林中郎將野呼利為先軍總管思勗挺刃斬之兵衆大沮多祚俄為左右所殺并殺其二子籍沒其家睿宗即位下制曰以忠報國典冊所稱感義捐軀名節斯在故右羽林大將軍上柱國遼陽郡王李多祚三韓貴種百戰餘雄席寵禁營遒心王室伏兹誠信翻陷誅夷頼彼神明重清姦慝永言徽烈深合褒崇宜追殁後之業以復生前之命可還舊官仍宥其妻子

李嗣業京兆高陵人也身長七尺壯勇絕倫天寶初隨募至安西頻經戰鬭于時諸軍初用陌刀咸推嗣業為能每為隊頭所向必陷

節度使馬靈察知其勇健每出師令嗣業與焉累遷至中郎將天寶七載安西都知兵馬使高仙芝奉詔總軍專征勃律選嗣業與郎將田珍為左右陌刀將于時吐蕃聚十萬衆於娑勒城據山因水壍斷崖谷編木為城仙芝夜引軍渡信圖河奄至城下仙芝謂嗣業與田珍曰不午時須破此賊嗣業引步軍持長刀上山頭拋櫑蔽空而下嗣業獨引一旗於絕險處先登諸將因之齊上賊不虞漢軍暴至遂大潰填溪谷投水溺死僅十八九遂長驅至勃律城擒勃律王吐蕃公主斬藤橋以兵三千人戍於是拂林大食諸胡七十二國皆歸國家款塞朝獻嗣業之功也由此拜右威衛將軍十載又從平石國及破九國胡并背叛突騎施以跳盪加特進兼本官初仙芝紿石國王約為和好乃將兵襲破之殺其老弱虜其丁壯取金寶瑟瑟駝馬等國人號哭因掠石國王東獻之于闕下其子逃難奔走告於諸胡國群胡忿之與大食連謀將欲攻四鎮仙芝懼領兵二萬深入胡地與大食戰仙芝大敗會夜兩軍解仙芝衆為大食所殺存者不過數千事窘嗣業白仙芝曰將軍深入胡地後絕救兵今大食戰勝諸胡知必乘勝而併力事漢若全軍沒嗣業與將軍俱為賊所虜則何人歸報主不如馳守白石嶺早圖奔逸之計仙芝曰爾戰將焉吾欲收合餘燼明日復戰期一勝耳嗣業曰愚者千慮或有一得勢危若此不可膠柱固請行乃從之路隘人馬魚貫而奔會跋汗那兵衆先奔人及馳馬塞路不克過嗣業持大棒前驅擊之人馬應手俱斃胡等遁路開仙芝獲免仙芝表其功加驃騎左金吾大將軍及祿山反兩京陷上在靈武詔嗣業赴行在嗣業自安西統衆萬里威令肅然所過郡縣秋毫不犯至鳳翔謁見上曰今日得卿勝數萬衆事之濟否實在卿也遂與郭子儀僕固懷恩等常犄角為先鋒將嗣業每持大棒衝擊賊衆披靡所向無敵祿山之亂兩京未復肅宗在鳳翔至德六年九月嗣業從廣平王收復京城與賊大戰于香積寺北西拒灃水東臨大川十里間軍容不斷嗣業時為鎮西北庭支度行營節度使為前軍朔方

右行營節度使郭子儀為中軍關內行營節度王思禮為後軍戈鋋鼓鞞震曜山野距賊軍數里列長陣而待之賊將李歸仁初以銳師數來挑戰我師攢矢而逐之賊軍大至逼我追騎突入我營我師囂亂嗣業謂郭子儀曰今日之事若不以身啖寇決戰於陣萬死而冀其一生不然則我軍無孑遺矣嗣業乃脫衣徒搏執長刀立於陣前大呼當嗣業刀者人馬俱碎殺十數人陣容方駐前軍之士盡執長刀而出如墻而進嗣業先登奮命所向摧靡是時賊先伏兵於營東偵者知之元帥廣平王分迴紇銳卒令擊其伏兵賊將大敗嗣業出賊營之背與迴紇合勢表裏夾攻自午及酉斬首六萬級填溝壑而死者十二三賊帥張通儒安守忠李歸仁等收合殘卒東走保陝郡慶緒又命嚴莊率衆數萬赴陝助通儒輩以拒官軍廣平王郭子儀王思禮等大軍營於陝西嗣業與子儀遇賊於新店與之力戰數合我師初勝而後敗嗣業遂急應援迴紇從南山望見官軍敗夷白旗而下徑抵賊背穿賊陣賊陣西北角先陷嗣業又

率精騎前蹙表裏齊進賊衆大敗走河北子儀遂收東都嗣業以
功加開府儀同三司衛尉卿封虢國公食實封二百戶乾元二年
諸將同圍相州是時築堤引漳水灌城經月餘城不拔是時軍無
統帥諸將自圖全人無鬭志賊毋出戰嗣業被堅衝突履鋒冒刃
為流矢所中數日瘡欲愈臥於帳中忽聞金鼓之聲因而大叫瘡中
血出數升注地而卒上聞之震悼嗟惜久之詔曰臨難忘身為臣
之大節念功加贈經國之常典故衛尉卿兼懷州刺史充北庭行營
節度使虢國公李嗣業植操沉厚秉心忠烈懷幹時之勇略有戡
難之遠謀久任邊陲備經任使自兇渠搆亂中夏不寧持感激之
誠總驍果之衆親當矢石頻立勳庸壯節可嘉將謀於百勝忠誠
未遂空恨於九原言念其功良深憫悼死於王事禮有可加宜贈
裂土之封用廣飾終之義可贈武威郡王其賻贈及緣葬事所司
倍於常式仍令官給靈轝遞還所在以其子佐國襲其官爵食實
封二百戶

○白孝德安西胡人也驍悍有膽力乾元中事李光弼為偏裨史思
明攻河陽使驍將劉龍仙率鐵騎五十臨城挑戰龍仙捷勇自恃
舉右足加馬鬣上嫚罵光弼光弼登城望顧諸將曰孰可取者僕
固懷恩請行光弼曰此非大將所為歷選其次左右曰白孝德可
光弼乃招孝德前問曰可乎曰可光弼問所要幾何兵孝德曰請
獨往耳光弼壯之然問所欲對曰願選五十騎於軍門為繼兼請
大軍鼓譟以增氣勢他無所用光弼撫其背以遣之孝德挾二矛
策馬截流而渡半濟懷恩賀曰剋矣光弼曰未及何知其剋懷恩
曰觀其攬轡便辟可萬全者龍仙見其獨來甚易之足不降鐙稍
近將動孝德搖手示之若使其不動龍仙不之測乃止孝德呼曰
侍中使余致辭非他也龍仙去十步與之言褻罵如初孝德息馬
伺便因瞋目曰賊識我乎龍仙曰誰耶曰我國之大將白孝德也
龍仙曰是何豬狗孝德發聲虓闞持矛躍馬而搏之城上鼓譟五
十騎繼進龍仙矢不暇發環走堤上孝德追及斬首攜之而歸賊

徒大駭其後累戰功至安西北庭行營節度鄜坊邠寧節度使
歷檢校刑部尚書封昌化郡王以家難去職服闋復舊官大曆十
四年九月轉太子少傅尋卒時年六十六贈太子太保
史臣曰歷代武臣壯勇出衆者有諸節行勵俗者鮮矣矧蠻夷之
人乎如馮盎智勇守節杜爾廉慎知足蘇尼失恩惠忠清謹
凡用兵破吐蕃谷渾勇也心如鐵石忠也不解萬均官恕也阻延
陁之親智也捨高宗勅之死識也立大功居顯位夙夜匪懈者何
力有焉常之以私馬恕官兵與將士均賞賜古之名將無以加焉多
祚忘身許國孝德壯勇立功皆三軍之傑也豈九夷之陋哉嗣業
力贊中興終歿王事未可倫而擬也
贊曰君子之居九夷無陋壯哉嗣業孰出其右

唐書列傳卷第五十九

右文林郎充兩浙東路提舉茶塩司幹辦公事霍·文昭校正

唐書列傳卷第六十

劉昫　等修

李光弼　王思禮　鄧景山　辛雲京

李光弼營州柳城人其先契丹之酋長父楷洛開元初左羽林將軍同正朔方節度副使封薊國公以驍果聞光弼幼持節行善騎射能讀班氏漢書少從戎嚴毅有大略起家左衛郎丁父憂終喪不入妻室天寶初累遷左清道率兼安北都護府朔方都虞候五載河西節度王忠嗣補為兵馬使充赤水軍使忠嗣遇之甚厚常云光弼必居我位邊上稱為名將八載充節度副使封薊郡公十一載拜單于副使都護十三載朔方節度安思順奏為副使知留後事思順愛其材欲妻之光弼稱疾辭官隴右節度哥舒翰聞而奏之得還京師祿山之亂封常清高仙芝戰敗斬於潼關又以哥舒翰率師拒賊尋命郭子儀為朔方節度收兵河西玄宗眷求良將委以河北河東之事以問子儀子儀薦光弼堪當闕寄十五載正月以

光弼為雲中太守攝御史大夫充河東節度副使知節度事二月轉魏郡太守河北道採訪使以朔方兵五千會郭子儀軍東下井陘收常山郡賊將史思明以卒數萬來援常山追擊破之進收藁城等十餘縣南攻趙郡三月八日光弼兼范陽長史河北節度使拔趙郡自祿山反常山為戰場死人蔽野光弼酹其屍而哭之為賊所閉者出之誓平寇難以慰其心六月與賊將蔡希德史思明尹子奇戰于常山郡之嘉山大破賊黨斬首萬計生擒四千思明露髮跣足奔於博陵河北歸順者十餘郡光弼以范陽祿山之巢穴將先斷之使絕根本會哥舒翰潼關失守玄宗幸蜀人心驚駭肅宗理兵於靈武遣中使劉智達追光弼子儀赴行在授光弼戶部尚書兼太原尹北京留守同中書門下平章事以景城河間之卒五千赴太原時節度王承業軍政不修詔御史崔衆交兵於河東衆侮易承業或裹甲持槍突入承業廳事玩謔之光弼聞之素不平至是交衆兵於光弼衆以麾下來光弼出迎旌旗相接而不避光弼怒其無禮又不即交兵令收繫之頃中使至除衆御史中丞懷其勑問衆所在光弼曰衆有罪繫之矣中使以勑示光弼光弼曰今只斬侍御史若宣制命即斬中丞若拜宰相亦斬宰相中使懼遂寢之而還翌日以兵仗圍衆至碑堂下斬之威震三軍命其親屬弔之二年賊將史思明蔡希德高秀巖牛庭玠等四偽師衆十餘萬來攻太原光弼經河北苦戰精兵盡赴朔方麾下皆烏合之衆不滿萬人思明謂諸將曰光弼之兵寡弱可屈指而取太原鼓行而西圖河隴朔方無後顧矣光弼所部將士聞之皆懼議欲修城以待之光弼曰城周四十里賊垂至今興功役是未見敵而自疲矣乃躬率士卒百姓外城掘壕以自固脫墼數十萬衆莫知所用及賊攻城於外光弼即令增壘於內壞輒補之賊城外詬詈戲侮者光弼令穿地道一夕而擒之自此賊將行皆視地不敢逼城強弩發石以擊之賊驍將勁卒死者十二三城中長幼咸伏其勤智懦兵增氣而皆欲出戰史思明揣知之先歸留蔡希德等攻之月餘

我怒而寇怠光弼率敢死之士出擊大破之斬首七萬餘級軍資器械一皆委棄賊始至及遁五十餘日光弼設小幕宿於城東南隅有急即應行過府門未嘗迴顧賊退三日決軍事畢始歸府第轉檢校司徒收清夷橫野等軍擒賊將李弘義以歸詔曰銀青光祿大夫檢校司徒兼戶部尚書同中書門下平章事兼御史大夫鴻臚卿太原尹北京留守河東節度副大使薊國公光弼全德挺生英才間出干城禦侮坐甲安邊可守司空兼兵部尚書中書門下平章事進封魏國公食實封八百戶乾元元年與關內節度使王思禮入朝勑朝官四品已上出城迎謁遷侍中改封鄭國公二年七月制曰元帥之任實屬於師貞左軍之選諒資於邦傑自非道申啓沃學富韜鈐則何以翊分閫而專征膺鑿門而受律求諸將相允得其人司空兼侍中鄭國公光弼器識弘遠志懷沉毅蘊孫吳之略有文武之材往屬艱難備彰忠勇協風雲而經始保宗社於阽危由是出備長城入扶大廈茂功懸於日月嘉績被於巖廊屬

殘寇猶虞總戎有命用擇惟賢之佐式弘建親之典必能緝寧邦
國協贊天人擁千丹浦之師勦彼綠林之盜載明朝典爰藉舊勳宜
副出車之命乃避分麾之寵為天下兵馬元帥趙王係之副知節度
行營事八月兼幽州大都督府長史河北節度支度營田經略等
使餘如故與九節度兵圍安慶緒於相州拔有日矣史思明自范
陽來救屢絕糧道光弼身先士卒苦戰勝之屬大風晦冥諸將引
衆而退所在剽掠唯光弼所部不散東京留守崔圓河南尹蘇震
南奔襄陽郭子儀率衆屯于穀水史思明因殺安慶緒即僞位縱
兵河南加光弼太尉兼中書令代郭子儀為朔方節度兵馬副元
帥以東師委之左廂兵馬使張用濟承子儀之寬懼光弼之令與
諸將頗有異議欲逗留其衆光弼以數千騎出次汜水縣用濟單
騎迎謁即斬於轅門諸將懾伏都兵馬使僕固懷恩先期而至初
光弼次汴州聞思明來衆且至謂許叔冀曰大夫能守此城浹旬
我必將兵來救叔冀曰諾光弼還東京思明至汴叔冀與戰不利

遂與董秦梁浦劉從諫率衆降思明賊勢甚熾遣梁浦劉從諫田
神功等將兵徇江淮謂之曰收得其地每人貢兩舡玉帛思明乘
勝而西光弼整衆徐行至洛謂留守韋陟曰賊乘鄴下之勝難犯
王鐵宜按甲以挫其鋒不利速戰洛城非禦備之所公計若何陟
曰加兵陝州退守潼關據險以待之足挫其銳矣光弼曰此蓋兵
家常勢非用奇之策也夫兩軍相寇貴進尺寸之間耳今委五百
里而不顧是張賊勢也若移軍河陽北阻澤潞三城以抗勝即擒
之敗則自守表裏相應使賊不敢西侵此則猨臂之勢也夫辨朝
廷之禮光弼不如公論軍旅之事公不如光弼陟無以應判官韋
損曰東京帝宅侍中何不守之光弼曰若守洛城汜水崿嶺皆須
人守子為兵馬判官能守之乎遂移牒留守及河南尹并留司官
坊市居人出城避寇空其城率軍士運油鐵諸物以為戰守之備
時史思明已至偃師光弼悉軍赴河陽賊已至洛城光弼軍方
至石橋日暮令秉炬徐行與賊相隨而不敢來犯乙夜入河陽三

城排闥守備號令嚴明與士卒同甘苦咸誓力戰賊憚光弼威略
頓兵白馬寺南不出百里西不敢犯宮闕於河陽南築月城掘壕
以拒光弼十月賊攻城於中潬城西大破逆黨五千餘衆斬首千
餘級生擒五百餘人溺死者太半初光弼謂李抱玉曰將軍能為
我守南城二日乎抱玉曰過期若何光弼曰過期而救不至任弃
也抱玉稟命勒兵守南城將陷抱玉紿賊曰吾粮盡明日當降賊
衆大喜斂軍以俟之抱玉復得繕完設備明日堅壁請戰賊怒見
欺急攻之抱玉出奇兵表裏夾擊殺傷甚衆賊帥周摯領軍而退
光弼自將於中潬城城外置柵柵外大掘壍闊二丈深亦如之周
摯捨南城併力攻中潬光弼命荔非元禮出勁卒於羊馬城以拒
賊光弼於城東北角樹小紅旗下望賊軍賊恃衆直逼其城以車
二乘載木鵝蒙衝鬬樓橦車隨其後督兵填壍三面各八道
過其兵又當壍開柵各置一門光弼遙望賊逼城使人語荔非元
禮曰中丞看賊填壍開柵過兵居然不顧何也元禮報曰太尉擬

守乎擬戰乎光弼曰戰元禮曰若戰賊為我填壍復何嫌也光弼
曰吾智不及公公其勉之元禮俟柵開率其勇敢出戰一逼賊軍退
走數百步元禮料敵陣堅難出入馳突不足破賊收軍稍退以怠
其寇而攻之光弼望見收軍大怒使人喚元禮欲按軍令元禮曰戰
正忙喚作何物良久令軍中鼓譟出柵門徒搏齊進賊大潰周摯
復整軍押北城而下將攻之光弼遽率衆入北城登城望曰彼雖衆
亂而囂不足懼也當為公等日午而破之命出將戰及期不決召
諸將曰向來戰何處最堅而難犯或曰西北角遽命郝玉曰爾往
擊之玉曰玉步卒也請騎軍五百賓之光弼與之三百又問何處最
堅曰東南隅即命論惟貞以所部往擊之對曰蕃將也不知步戰
請鐵騎三百與之百光弼又出賜馬四十疋分給且令之曰爾等望吾
旗而戰若麾旗緩任爾觀望便宜吾旗連麾三至地則萬衆齊入
生死以之少退者斬無捨王籛馬赴賊有一人將援槍刺賊洞馬腹
連刺數人一人逢賊不戰而退光弼召不戰者斬賞援槍者絹五百

疋須史郝玉奔歸光弼望之驚曰郝玉退吾事危矣命左右取玉頭來玉見使者曰馬中箭非敢敗也使者馳報光弼令換馬遣之玉換馬復入決死而前光弼連麾三軍望旗俱進聲動天地一鼓而賊大潰斬萬餘級生擒八千餘人軍資器械糧儲數萬計臨陣擒其大將徐璜玉李秦授周摯其大將安太淸走保懷州思明不知摯等敗尚攻南城光弼悉驅俘囚臨河以示之殺數十人以威之餘衆懼投河赴南岸光弼皆斬之初光弼將戰謂左右曰戰危事勝負繫之光弼位爲三公不可死於賊手苟事之不捷繼之以死及是擊賊常納短刀於靴中有決死之志城上面西拜舞三軍感動賊既敗走光弼收懷州思明來救迎擊於沁水之上又敗之城將安太淸極力拒守月餘不下光弼令僕固懷恩郝玉由地道而入得其軍號乃登陴大呼我師同登城遂拔生擒安太淸周摯楊希文等送於闕下即日懷州平以功進爵臨淮郡王累加實封至一千五百戶觀軍容使魚朝恩屢言賊可滅之狀朝旨令光弼速收東都光弼

屢表賊鋒尚銳請候時而動不可輕進僕固懷恩又害光弼之功潛附朝恩言賊可滅由是中使督戰光弼不獲已進軍列陣於北邙山下賊悉精銳來戰光弼敗績軍資器械並爲賊所有時渠子抱玉亦棄河陽光弼渡河保聞喜朝旨以懷恩異同致敗優詔徵之光弼自河中入朝抗表請罪詔釋之光弼懇讓太尉遂加開府儀同三司侍中河南尹行營節度使俄拜復太尉充河南淮南山南東道荊南等副元帥侍中如故出鎮臨淮史朝義乘邙山之勝寇申光等十三州自領精騎圍李岑於宋州將士皆懼請南保揚州光弼徑赴徐州以鎮之遣田神功擊敗之浙東賊首袁晁攻剽郡縣浙東大亂光弼分兵除討尅定江左人心乃安初光弼將赴臨淮在道舁疾而行監軍使以袁晁方擾江淮光弼兵少請保潤州以避其鋒光弼曰朝廷寄安危於我今賊雖強未測吾衆寡若出其不意當自退矣遂徑往泗州光弼未至河南也田神功平劉展後逗留於揚府尚衡殷仲卿相攻於兗鄆來瑱旅拒於襄陽朝廷患

之及光弼輕騎至徐州史朝義退走田神功遽歸河南尚衡殷仲卿來瑱皆懼其威名相繼赴闕寶應元年進封臨淮王賜鐵券圖形凌煙閣廣德初吐蕃入寇京畿代宗詔徵天下兵光弼與程元振不協遷延不至十月西戎犯京師代宗幸陝朝廷方倚光弼爲援恐成嫌疑數詔問其母吐蕃退乃除光弼東都留守以察其去就光弼伺知之辭以久待敕不至且歸徐州欲收江淮租賦以自給代宗還京二年正月遣中使往宣慰光弼母在河中密詔子儀輿歸京師其弟光進與李輔國同掌禁兵委以心膂至是以光進爲太子太保兼御史大夫涼國公渭北節度使上遇之益厚光弼御軍嚴肅天下服其威名每申號令諸將不敢仰視及懼朝恩之害不敢入朝田神功等皆不稟命因愧恥成疾遣衙將孫珍奉遺表自陳廣德二年七月薨於徐州時年五十七輟朝三日贈太保謚曰武穆光弼既疾亟將吏問以後事曰吾久在軍中不得就養既爲不孝子夫復何言因取已封絹布各三千疋錢三千貫文分給將士部

下護喪柩還京師代宗遣中官開府魚朝恩弔問其母於私第又命京兆尹第五琦監護喪事十一月葬於三原詔宰臣百官祖送於延平門外母李氏有鬚數十莖長五六寸以子貴封韓國太夫人二子皆節制一品光弼十年間三入朝與弟光進在京師雖與光弼異母性亦孝悌雙旌在門鼎味就養甲第並開往來追歡極一時之榮

王思禮營州城傍高麗人也父虔威爲朔方軍將以習戰聞思禮少習戎旅隨節度使王忠嗣至河西與哥舒翰對爲押衙及翰爲隴右節度使思禮與中郎周泌爲翰押衙以拔石堡城功除右金吾衛將軍充關西兵馬使兼河源軍使十一載加雲麾將軍十二載翰征九曲思禮後期欲引斬之續使命釋之思禮徐言曰斬則斬却喚何物諸將皆壯之十三年吐蕃渾蘇毗王款塞詔翰至磨環川應接之思禮墜馬損腳翰謂中使李大宜曰思禮既損腳更欲何之十四載六月加金城太守祿山反哥舒翰爲元帥奏思禮加開府儀同三司兼太常卿同正員充元帥府馬軍都將每事獨與思禮

決之十五載二月思禮白翰謀殺安思順父元貞於紙隔上密語翰請抗表誅楊國忠翰不應復請以三十騎劫之橫馱來潼關殺之翰曰此乃翰反何預祿山事六月潼關失守思禮西赴行在至安化郡思禮與呂崇賁李承光並引於纛下責以不能堅守並從軍令或救之可收後效遂斬承光而釋思禮崇賁與房琯爲副使便橋之戰又不利除爲關內節度使尋遣守武功賊將安守忠及李歸仁安泰清來戰思禮以其衆退守扶風賊兵分至大和關去鳳翔五十里王師大駭鳳翔戒嚴中官及朝官皆出其孥上使左右巡御史虞候書其名乃止遂命司徒郭子儀以朔方之衆擊之而退至德二年九月思禮從元帥廣平王收西京既破賊思禮領兵先入景清宮又從子儀戰陝城曲沃新店賊軍繼敗收東京思禮又於絳郡破賊六千餘衆器械山積牛馬萬計遷戶部尚書霍國公食實三百戶乾元二年與子儀等九節度圍安慶緒於相州思禮領關內及潞府行營步卒三萬馬軍八千大軍潰唯思禮與李光

弼兩軍獨全及光弼鎮河陽制以思禮爲太原尹北京留守河東節度使兼御史大夫貯軍粮百萬器械精銳尋加守司空自武德已來三公不居宰輔唯思禮而已上元二年四月以疾薨輟朝一日贈太尉謚曰武烈命鴻臚卿監護喪事思禮長於支計短於用兵然立法嚴整士卒不敢犯時議稱之

鄧景山曹州人也文吏見稱天寶中自大理評事至監察御史至德初擢拜青齊節度使遷揚州長史淮南節度爲政簡肅聞於朝廷居職四年會劉展作亂引平盧副大使田神功兵馬討賊神功至揚州大掠居人資產鞭笞發掘略盡商胡大食波斯等商旅死者數千人上元二年十月追入朝拜尚書左丞太原尹北京留守王思禮軍儲豐實其外又別積米萬石奏請割其半送京師屬思禮薨以管崇嗣代之委任左右失於寬緩數月之間費散殆盡唯存陳爛萬餘石上聞之即日召景山代崇嗣及至太原以鎮撫紀綱爲己任檢覆軍吏隱沒者衆懼有一偏將抵罪當死諸將各請贖其罪景山不許其弟請以身代其兄又不許弟請納馬一疋以贖兄罪景山許其減死衆咸怒謂景山曰我等人命輕如一馬乎軍衆憤怒遂殺景山上以景山統馭失所不復驗其罪遣使諭之軍中因請以都知兵馬使代州刺史辛雲京爲節度使從之

辛雲京者河西之大族也代掌戎旅兄弟數人並以將帥知名雲京有膽略志氣剛決不畏強禦毎在戎行以擒生斬馘爲務累建勳勞官至北京都知兵馬使代州刺史鄧景山統馭失所爲軍士所殺請雲京爲節度使因授兼太原尹以北門委之雲京質性沉毅部下有犯令者不貸絲毫其賞功効亦如之故三軍整肅迴紇恃舊勳毎入漢界必肆狼貪至太原雲京以戎狄之道待之虜畏雲京不敢暢息數年間太原大理無烽警之虞累加檢校左僕射同中書門下平章事大曆三年八月庚午薨上追悼發哀爲之流涕冊贈太尉輟朝三日謚曰忠獻後宰臣子儀元載等見上言及雲京泫然久之十一月葬命中使弔祭時宰相及諸道節度使祭者凡七十餘幄

史臣曰凡言將者以孫吳韓白爲首如光弼至性居喪人子之情顯矣雄才出將軍旅之政肅然以奇用兵以少敗衆將今比古詢事考言彼四子者或有慙德邛山之敗閫外之權不專徐州之留君側之人伺隙失律之尤雖免匪躬之義或虧令名不全良可惜也然閫外之事君側之人得不慎諸思禮法令嚴整儲廩豐盈節制之才固不易得景山始以文吏或有虛名伏鉞揚州召匪人而劫掠士庶分茅并部持小法而全昧機權貴馬賤人衆怒身死宜哉雲京賞善懲惡静亂安邊功着軍中寵加身後不亦美歟

贊曰光弼雄名思禮刑清始致亂者鄧景山何以救之辛雲京

唐書列傳卷第六十

唐書列傳卷第六十一

劉　昫　等修

聞人詮校刻沈桐同校

崔光遠　房琯子孺復　從子式

張鎬　高適　暢璀

崔光遠滑州靈昌人也本博陵舊族祖敬嗣好樗蒲飲酒則天初爲房州刺史中宗爲廬陵王安置在州官吏多無禮度敬嗣獨以親賢待之供給豐贍中宗深德之及登位有益州長史崔敬嗣既同姓名每進擬官皆御筆超拜之者數四後引與語始知誤寵訪敬嗣已卒乃遣中書令韋安石授其子汪官汪嗜酒不堪職任且授洛州司功又改五品光遠即汪之子雖無學術頗有祖風勇決任氣身長六尺餘目睛白黑分明少歷仕州縣開元末爲蜀州唐安令與楊國忠以博徒相得累遷至左贊善大夫天寶十一載京兆尹鮮于仲通舉光遠爲長安令十四載遷京兆少尹其載使吐蕃弔祭十五載五月使

迴十餘日潼關失守玄宗幸蜀詔留光遠爲京兆尹兼御史中丞充西京留守採訪使駕發百姓亂入宮禁取左藏大盈庫物既而焚之自日及午火勢漸盛亦有乘驢上紫宸興慶殿者光遠與中官將軍邊令誠號令百姓救火又募人攝府縣官分守之殺十數人方令使其息東見祿山祿山大悅僞敕復本官先是祿山　已令張休攝京兆尹十餘日既得光遠歸款召休歸洛八月同羅背祿山以廐馬二千出至滻水孫孝哲安神威從而召之不得神威懼而憂死府縣官吏驚走獄囚皆空光遠以爲賊且逃矣命所由守神威孝哲以光遠之狀報祿山光遠閉府門斬爲盜曳落河二人遂與長安令蘇震等同出至開遠門使人前謂門官曰尹巡諸門門官具器仗以迎至則皆斬之領府縣官千餘人於京西號令百姓赴召者百餘人夜過咸陽遂達靈武上嘉之擢拜御史大夫兼京兆尹仍使光遠於渭北召集人吏之歸順者嘗有賊剽掠涇陽縣界於僧寺中椎牛釃酒連夜酣飲去光遠營四十里光遠偵知之率馬步二千乙夜趨其所賊徒多醉

光遠領百餘騎持滿扼其要分命驍勇持陌刀呼而斬之殺賊徒二千餘人虜馬千疋俘其渠酋一人賊中以光遠勇勁常避其鋒及扈從還京論功行賞制曰持節京畿採訪討會招召宣慰處置等使崔光遠毀家成國致命前矛可特進行禮部尚書封鄴國公食實封三百戶乾元元年兼御史大夫五月爲河南節度使八月代張鎬爲汴州刺史充本州防禦使十二月代蕭華爲魏州刺史充魏州節度使初司徒郭子儀與賊戰於汲郡光遠率汴師千人渡河援之及代蕭華入魏州使將軍李處崟拒賊賊大至連戰不利子儀怒不救處崟遂敗奔還賊逐處崟至城下反間之曰處崟召我來何爲不出光遠乃腰斬處崟驍戰有勇衆皆倚之及死人用危懼魏州城自祿山反袁知泰能元皓等皆繕完之甚爲堅峻光遠不能守遂夜潰圍而出度河而還肅宗不之罪除太子少保襄州將士康楚元張嘉延率衆爲亂陷荊襄澧朗等州以光遠兼御史大夫持節荊襄招討仍充山南東道處置兵馬都使三年除鳳翔尹充本府及秦隴觀察使

○先是岐隴吏人郭愔等爲土賊掠州縣爲五堡光遠使判官監察御史嚴侁召而降之光遠在官好蒲　酒晚年不親戎事上元元年冬愔等潛連党項及奴剌突厥敗韋倫於秦隴殺監軍使擊黃戍肅宗追還以李鼎代之二年兼成都尹充劒南節度營田觀察處置使仍兼御史大夫及段子璋反東川節度使李奐敗走投光遠率將花驚定等討平之將士肆其剽劫婦女有金銀臂釧兵士皆斷其腕以取之亂殺數千人光遠不能禁肅宗遣監軍官使按其罪光遠憂恚成疾上元二年十月卒

房琯河南人天后朝正議大夫平章事融之子也琯少好學風儀沈整以門廕補弘文生性好隱遁與東平呂向於陸渾伊陽山中讀書爲事凡十餘歲開元十二年玄宗將封岱岳琯撰封禪書一篇及牋啓以獻中書令張說奇其才奏授秘書省校書郎調補同州馮翊尉無幾去官應堪任縣令舉授虢州盧氏令政多惠愛人稱美之二十二年拜監察御史其年坐鞫獄不當貶睦州司戶歷慈溪宋城濟源

縣令所在爲政多興利除害繕理廨宇頗著能名天寶元年拜主客
員外郎三年遷試主客郎中五年正月擢試給事中賜爵漳南縣男
時玄宗企慕古道數遊幸近甸乃分新豐縣置會昌縣於驪山下尋
改會昌爲昭應縣又改温泉宮爲華清宮於宮所立司廨舍以琯雅
有巧思令充使緝理事未畢坐與李適之韋堅等善貶宜春太守歷
琅琊鄴郡扶風三太守所至多有遺愛十四年徵拜左庶子遷憲部
侍郎十五年六月玄宗蒼黃幸蜀大臣陳希烈張倚等銜於失恩不
時赴難琯結張均張垍兄弟與韋述等行至城南十數里山寺均垍
同行皆以家在城中逗留不進琯獨馳蜀路七月至普安郡謁見玄
宗大悅即日拜文部尚書同中書門下平章事賜紫金魚袋從幸成
都加銀青光祿大夫仍與一子官其年八月與左相韋見素門下侍
郎崔渙等奉使靈武冊立肅宗至順化郡謁見陳上皇傳付之言因
言時事詞情慷慨肅宗爲之改容時潼關敗將王思禮呂崇賁李承
光等引於纛下將斬之琯從容救諫獨斬承光而已肅宗以琯素有重

○名傾意待之琯亦自負其才以天下爲己任時行在機務多決之於
琯凡有大事諸將無敢預言尋抗疏自請將兵以誅寇孽收復京都
肅宗望其成功許之詔加持節招討西京兼防禦蒲潼兩關兵馬節
度等使與子儀光弼等計會進兵琯請自選參佐乃以御史中丞鄧
景山爲副戶部侍郎李揖爲行軍司馬中丞宋若思起居郎知制誥
賈至右司郎中魏少遊爲判官給事中劉秩爲參謀既行又令兵
部尚書王思禮副之琯分爲三軍遣楊希文將南軍自宜壽入劉悊
將中軍自武功入李光進將北軍自奉天入琯自將中軍爲前鋒十
月庚子師次便橋辛丑二軍先遇賊於咸陽縣之陳濤斜接戰官軍
敗績時琯用春秋車戰之法以車二千乘馬步夾之既戰賊順風揚
塵鼓譟牛皆震駭因縛芻縱火焚之人畜撓敗爲所傷殺者四萬餘
人存者數千而已癸卯琯又率南軍即戰復敗希文劉悊並降於賊
琯等奔赴行在肉袒請罪上並宥之琯好賓客喜談論用兵素非所長
而天子採其虛聲冀成實效琯既自無廟勝又以虛名擇將吏以至

於敗琯之出師戎務一委於李揖劉秩秩等亦儒家子未嘗習軍旅
之事琯臨戎謂人曰逆黨曳落河雖多豈能當我劉秩等及與賊對
壘琯欲持重以伺之爲中使邢延恩等督戰蒼黃失據遂及於敗上
猶待之如初仍令收合散卒更圖進取會北海太守賀蘭進明自河
南至詔授南海太守攝御史大夫充嶺南節度使中謝肅宗謂之曰
朕處分房琯與卿正大夫何爲攝也進明對曰琯與臣有隙上以爲
然進明因奏曰陛下知晉朝何以至亂上曰卿有說乎進明曰晉朝
以好尚虛名任王夷甫爲宰相祖習浮華故至於敗今陛下方興復
社稷當委用實才而琯性疏闊徒大言耳非宰相器也陛下待琯至
厚以臣觀之琯終不爲陛下用上問其故進明曰琯昨於南朝爲聖
皇制置天下乃以永王爲江南節度潁王爲劍南節度盛王爲淮南
節度制云命元子北略朔方命諸王分守重鎮且太子出爲撫軍入
曰監國琯乃以枝庶悉領大藩皇儲反居邊鄙此雖於聖皇似忠於
陛下非忠也琯立此意以爲聖皇諸子但一人得天下即不失恩寵

○又各樹其私黨劉秩李揖劉彙鄧景山竇紹之徒以副戎權推此而
言琯豈肯盡誠於陛下乎臣欲正衙彈劾不敢不先聞奏上由是惡
琯詔以進明爲河南節度兼御史大夫崔圓本蜀中拜相肅宗幸扶
風始來朝謁琯意以爲圓纔到當即免相故待圓禮薄圓厚結李輔
國到後數日頗承恩渥亦憾於琯琯又多稱病不時朝謁於政事簡
惰時議以兩京陷賊車駕出次外郊天下人心惴恐當主憂臣辱之
際此時琯爲宰相略無匪懈之意但與庶子劉秩諫議李揖何忌等
高談虛論說釋氏因果老子虛无而已此外則聽董庭蘭彈琴大招
集琴客筵宴朝官往往因庭蘭以見琯自是亦大招納貨賄姦贓頗
甚顏真卿時爲大夫彈何忌不孝琯既黨何忌遽託以酒醉入朝貶
爲西平郡司馬憲司又奏彈董庭蘭招納貨賄琯入朝自訴上叱出
之因歸私第不敢關預人事諫議大夫張鎬上疏言琯大臣門客受
贓不宜見累二年五月貶爲太子少師仍以鎬代琯爲宰相其年十
一月從肅宗還京師十二月大赦策勳行賞加琯金紫光祿大夫進

封清河郡公琯既在散位朝臣多以爲言琯亦常自言有文武之用合當國家驅策冀蒙任遇又招納賓客朝夕盈門遊其門者又將琯言議暴揚於朝琯又多稱疾上頗不悅乾元元年六月詔曰崇黨近名實爲害政之本黜華去薄方啓至公之路房琯素表文學夙推名器由是累階清貫致位台衡而率情自任怙氣恃權虛浮簡傲者進爲同人温讓謹令者捐於異路所以輔佐之際謀猷匪弘頃者時屬艱難擢居將相朕永懷反席冀有成功而喪我師徒既虧制勝之任升其親友悉彰浮誕之迹曾未踰時遽從敗績自合首明軍令以謝師旅猶尚矜其萬死擢以三孤或云緣其切直遂見斥退朕示以堂案令觀所以咸知乖舛曠於政事誠宜効茲忠懇以奉國家而乃多稱疾疹莫申朝謁郤攣爲政曾不疾其迂迴亞夫事君翻有懷於鬱怏又與前國子祭酒劉秩前京兆少尹嚴武等潛爲交結輕肆言談有朋黨不公之名違臣子奉上之體何以儀刑王國訓導儲闈但以嘗踐台司未忍致之于理況秩武遽更相尚同務虛求不議典章何成

沮勸宜從貶秩俾守外藩琯可邠州刺史秩可閬州刺史武可巴州刺史散官封如故並即馳驛赴任庶各增修朕自臨御寰區薦延多士常思聿求賢哲其致雍熙深嫉比周之徒虛僞成俗今茲所譴實屬其辜猶以琯等妄自標持假延浮稱雖周行具悉恐流俗多疑所以事必縷言蓋欲人知不濫凡百卿士宜悉朕懷時邠州久屯軍旅多以武將兼領刺史法度隳廢州縣廨宇並爲軍營官吏侵奪百姓室屋以居人甚弊之琯到任舉陳令式令州縣恭守又緝理公館寮吏各歸官曹頗著政聲二年六月詔褒美之徵拜太子賓客上元元年四月改禮部尚書尋出爲晉州刺史八月改漢州刺史琯長子乘自少兩目盲琯到漢州廼厚結司馬李銳以財貨乘聘銳外甥女盧氏時議薄其無士行寶應二年四月拜特進刑部尚書在路遇疾廣德元年八月四日卒於閬州僧舍時年六十七贈太尉孺復琯之孽子也少黠慧年七八歲即粗解綴文親黨奇之稍長狂疎傲慢任情縱欲年二十淮南節度陳少遊辟爲從事多招陰陽巫覡令揚言

已過三十必爲宰相德宗幸奉天包佶掌賦於揚州少遊將抑奪之佶聞而奔出少遊方遣人劫佶令迴孺復請行會佶已過江南乃還及少遊卒浙西節度韓滉又辟入幕其長兄宗偃先貶官嶺下而卒及喪柩到揚州孺復未嘗弔祔娶鄭氏惡賤其妻多畜婢僕妻之保母累言之孺復乃先具棺櫬而集家人生斂保母遠近驚異及妻在產蓐三四日遽令上船即路數日妻遇風而卒孺復以宰相子年少有浮名而奸惡未甚露累拜杭州刺史又娶台州刺史崔昭女崔妬悍甚一夕杖殺孺復侍兒二人埋之雪中觀察使聞之詔發使鞫案有實孺復坐貶連州司馬仍令與崔氏離異孺復久之遷辰州刺史改容州刺史本管經畧使乃潛與妻往來久而上疏請合詔從之二歲餘又奏與崔氏離異其爲取捨恣逸不顧禮法也如此貞元十三年九月卒時年四十二式琯之姪舉進士李泌觀察陝州辟爲從事泌入爲相累遷起居郎出入泌門爲其耳目及泌卒再除忠州刺史韋皐表爲雲南安撫使兼御史中丞皐卒詔除兵部郎中屬劉闢

反式留不得行性便佞又懼闢每於座中數賛闢之德美比之劉備同陷於賊者皆惡之高崇文既至成都式與王良士崔從盧士玫等白衣麻蹻銜土請罪崇文寬禮之乃表其狀尋除吏部郎中時河朔節度劉濟王士眞張茂昭皆以兵壯氣豪相持短長屢以表聞迭請加罪上欲止其兵李吉甫薦式爲給事中將命于河朔式歷使諸鎮諷諭之還奏愜旨除陝虢觀察使兼御史中丞轉河南尹時討王承宗於鎮州配河南府饋運車四千兩式表以凶旱人貧力微難以徵發憲宗可其奏既免力役人懷而安之明年移授宣歙池觀察使元和七年七月卒贈左散騎常侍

張鎬博州人也風儀魁岸廓落有大志涉獵經史好談王霸大略少時師事吳兢兢甚重之後遊京師端居一室不交世務性嗜酒好琴常置座右公卿或有邀之者鎬杖策徑往求醉而已天寶末楊國忠以聲名自高搜天下奇傑聞鎬名召見薦之自褐衣拜左拾遺及祿山阻兵國忠屢以軍國事咨於鎬鎬舉賛善大夫來瑱可當方面之

寄數月玄宗幸蜀鎬自山谷徒步扈從肅宗即位玄宗遣鎬赴行在所鎬至鳳翔奏議多有弘益拜諫議大夫尋遷中書侍郎同中書門下平章事時供奉僧在內道場晨夜念佛動數百人聲聞禁外鎬奏曰臣聞天子修福要在安養含生靖一風化未聞區區僧教以致太平伏願陛下以無爲爲心不以小乘而撓聖慮肅宗甚然之時方興軍戎帝注意將帥以鎬有文武才壽命兼河南節度使持節都統淮南等道諸軍事鎬既發會張巡宋州圍急倍道兼進傳檄濠州刺史閭丘曉引兵出救曉素傲戾馭下少恩好獨任已及鎬信至略無稟命又慮兵敗禍及於已遂逗遛不進鎬至淮口宋州已陷鎬怒曉即杖殺之及收復兩京加鎬銀青光祿大夫封南陽郡公詔以本軍鎮汴州招討殘孽時賊帥史思明表請以范陽歸順鎬揣知其僞恐朝廷許之手書密表奏曰思明兇竪因逆竊位兵強則衆附勢奪則人離包藏不測禽獸無異可以計取難以義招伏望不以威權假之又曰滑州防禦使許叔冀性狡多謀臨難必變望追入宿衛肅宗計意已定表入不省鎬爲人簡澹不事中要會有宦官自范陽及滑州使還者皆言思明叔冀之誠懇肅宗以鎬不切事機遂罷相位授荊州大都督府長史後思明叔冀之僞皆符鎬言尋徵爲太子賓客改左散騎常侍屬嗣岐王珍被誣告構逆伏法鎬買珍宅坐累貶辰州司戶代宗即位推恩海內拜撫州刺史遷洪州刺史饒吉等七州都團練觀察等使尋正授江南西道都團練觀察等使廣德二年九月卒鎬自入仕三十年致位宰相居身清廉不營資產謙恭下士善談論多識大體故天下具瞻雖考秩至淺推爲舊德耳

高適者渤海蓨人也父從文位終韶州長史適少濩落不事生業家貧客於梁宋以求丐取給天寶中海內事干進者注意文詞適年過五十始留意詩什數年之間體格漸變以氣質自高每吟一篇已爲好事者稱誦宋州刺史張九皐深奇之薦舉有道科時右相李林甫擅權薄於文雅唯以舉子待之解褐汴州封丘尉非其好也乃去位客遊河右河西節度哥舒翰見而異之表爲左驍衛兵曹充翰府掌書記從翰入朝盛稱之於上前祿山之亂徵翰討賊拜適左拾遺轉監察御史仍佐翰守潼關及翰兵敗適自駱谷西馳奔赴行在及河池郡謁見玄宗因陳潼關敗亡之勢曰僕射哥舒翰忠義感激臣頗知之然疾病沉頓智力將竭監軍李大宜與將士約爲香火使倡婦彈箜篌琵琶以相娛樂樗蒲飲酒不恤軍務蕃渾及秦隴武士盛夏五六月於赤日之中食倉米飯且猶不足欲其勇戰安可得乎故有望敵散亡臨陣翻動萬全之地一朝而失南陽之軍魯炅何履光趙國珍各皆持節監軍等數人更相用事寧有是戰而能必勝哉臣與楊國忠爭終不見納陛下因此履巴山劒閣之險西幸蜀中避其蠆毒未足爲恥也玄宗嘉之尋遷侍御史至成都八月制曰侍御史高適立節貞峻直躬高朗感激懷經濟之略紛綸贍文雅之才長策遠圖可云大體讜言義色寔謂忠臣宜迴糺逖之任俾超諷諭之職可諫議大夫賜緋魚袋適負氣敢言權幸憚之二年永王璘起兵於江東欲據揚州初上皇以諸王分鎮適切諫不可及是永王叛肅宗聞其論諫有素召而謀之適因陳江東利害永王必敗上奇其對以適兼御史大夫揚州大都督府長史淮南節度使詔與江東節度來瑱率本部兵平江淮之亂會于安州師將渡而永王敗乃招季廣琛於歷陽兵罷李輔國惡適敢言短於上前乃左授太子少詹事未幾蜀中亂出爲蜀州刺史遷彭州劒南自玄宗還京後於綿益二州各置一節度百姓勞弊適因出西山三城置戍論之曰劒南雖名東西兩川其實一道自邛關黎雅界於南蠻也茂州而西經羌中至平戎數城界於吐蕃也臨邊小郡各舉軍戎並取給於劒南其運糧戍以全蜀之力兼山南佐之而猶不舉今梓遂果閬等八州分爲東川節度歲月之計西川不可得而參也而嘉陵比爲夷獠所陷今雖小定瘡痍未平又一年已來耕織都廢而衣食之業皆貿易於成都則其人不可得而役明矣今可稅賦者成都彭蜀漢州又以四州殘弊當他十州之重役其於終久不亦至艱又言利者穿鑿萬端皆取之百姓應差科者自朝至暮案牘千重官吏相承懼於罪譴或責之於鄰保或

威之以杖罰督促不已遁逃益滋欲無流亡理不可得比日關中米貴而衣冠士庶頗亦出城山南劍南道路相望村坊市肆與蜀人雜居其升合斗儲皆求於蜀人矣且田土疆界蓋亦有涯賦稅差科乃無涯矣爲蜀人之計不亦難哉今所界吐蕃城堡而疲於蜀人不過平戎已西數城矣邈在窮山之巔垂於險絕之末運糧於東馬之路坐甲於無人之鄉以戎狄言之不足以利戎狄以國家言之不足以廣土宇柰何以險阻彈丸之地而困於全蜀太平之人哉恐非今日之急務也國家若將已戍之地不可廢已鎮之兵不可收當宜却停東川併力從事猶恐狼狽安可仰於成都彭漢蜀四川哉慮乖聖朝洗盪關東掃清逆亂之意也儻蜀人復擾豈不貽陛下之憂昔公孫弘願罷西南夷臨海專事朔方賈捐之請棄珠崖以寧中土讜言政本匪一朝一夕臣愚望罷東川節度以一劍南西山不急之城稍以減削則事無窮頓庶免倒懸陛下若以微臣所陳有裨萬一下宰相廷議降公忠大臣定其損益與劍南節度終始處置疏奏不納後梓

州副使段子璋反以兵攻東川節度使李奐適率州兵從西川節度使崔光遠攻子璋斬之西川牙將花驚定者恃勇既誅子璋大掠東蜀天子怒光遠不能戢軍乃罷之以適代光遠爲成都尹劍南西川節度使代宗即位吐蕃陷隴右漸逼京畿適練兵於蜀臨吐蕃南境以牽制之師出無功而松維等州尋爲蕃兵所陷代宗以黃門侍郎嚴武代還用爲刑部侍郎轉散騎常侍加銀青光祿大夫進封渤海縣侯食邑七百戶永泰元年正月卒贈禮部尚書謚曰忠適喜言王霸大略務功名尚節義逢時多難以安危爲己任然言過其術爲大臣所輕累爲藩牧政存寬簡吏民便之有文集二十卷其與賀蘭進明書令疾救梁宋以親諸軍與許叔冀書綢繆繾好使釋他憾同援梁宋未過淮先與將校書使絕求王各求自白君子以爲義而知變而有唐已來詩人之達者唯適而已

暢璀河東人也鄉舉進士天寶末安祿山奏爲河北海運判官三遷大理評事副元帥郭子儀辟爲從事至德初肅宗即位大收俊傑或薦璀召見悅之拜諫議大夫累轉吏部侍郎廣德二年十二月爲散騎常侍河中尹兼御史大夫永泰元年復爲左常侍與裴冕並集賢院待制大曆五年兼判太常卿遷戶部尚書十年七月卒贈太子太師璀廓落有口才好談王霸之略居職責成屬吏嚴毅無過而已

史臣曰祿山寇陷兩京儒生士子被脅從懷苟且者多矣去逆効順毀家爲國者少焉如光遠勇決任氣會權變以立功房琯文學致身全節義以避寇阽危之時顛沛之際有足稱者然光遠居重藩掌軍政琯登相位奪將權聚浮薄之徒敗軍旅之事不知機而固位竟無德以自危孺復兇狂式之便佞獲令終者幸焉鎬直躬居位重德鎮時其爲人也鮮矣適以詩人爲戎帥險難之際名節不虧君子哉璀擢第居官守分無過又何咎焉

贊曰光遠房琯有始有終張鎬國器適璀儒風

唐書列傳卷第上六十一

唐書列傳卷第六十二

劉昫　等修

聞人詮校刻沈桐同校

李暠族弟齊物　齊物子復　李麟　李國貞子錡

李峘弟嶧峴　李巨子則之

李暠淮安王神通玄孫淸河王孝節孫也暠少孤事母甚謹睿宗時累轉衛尉少卿丁憂去職在喪柴毀家人密親未嘗窺其言笑開元初授汝州刺史爲政嚴簡州境肅然與兄昇弟暈尤相篤睦昇等每月自東都省暠往來微行州人不之覺其清慎如此俄入授太常少卿三遷黃門侍郎兼太原尹仍充太原已北諸軍節度使太原舊俗有僧徒以習禪爲業及死不殮但以屍送近郊以飼鳥獸如是積年士人號其地爲黃坑側有餓狗千數食死人肉因侵害幼弱遠近患之前後官吏不能禁止暠到官申明禮憲期不再犯發兵捕殺群狗其風遂革久之轉太常卿旬日拜工部尚書東都留守開元二十

一年正月制曰繼好之義雖屬邊鄙受命以出必在親賢事欲重於當時禮故崇於殊俗選衆之舉無出宗英工部尚書李暠體含柔嘉識致明允爲公族之領袖是朝廷之羽儀金城公主既在蕃中漢庭公卿非無專對有懷於遠夫豈能忘宜持節充入吐蕃使准式發遣以國信物一萬匹私覿物二千匹皆雜以五綵遣之及還金城公主上言請以今年九月一日樹碑於赤嶺定蕃漢界樹碑之日詔張守珪李行禕與吐蕃使莽布支同往觀焉既而吐蕃遣其臣隨漢使分往劍南及河西磧西歷告邊州曰兩國和好無相侵掠漢使告亦如之以暠奉使稱職轉兵部尚書時吏部告身印與曹印文同行用參雜難以區分暠奏請准司勳兵部印文例加官告兩字至今行之暠風儀秀整所歷皆以威重見稱朝廷稱其有宰相之望累封武都縣伯俄爲太子少傅病卒年六十餘贈益州大都督

齊物淮安王神通子鹽州刺史鉄孫也齊物無學術在官嚴整開元二十四年後歷懷陝二州刺史齊物天寶初開砥柱之險以通流運於石中得古鐵犁鏵有平陸字因改河北縣爲平陸縣加齊物銀青光祿大夫爲鴻臚卿河南尹齊物與右相李適之善適之爲林甫所構貶官齊物坐謫竟陵太守入爲司農鴻臚卿至德初拜太子賓客遷刑部尚書鳳翔尹太常卿京兆尹爲政發官吏陰事以察爲能於物少恩而淸廉自飭人吏莫敢抵犯晚年除太子太傅兼宗正卿上元二年五月卒輟朝一日詔曰故金紫光祿大夫太子太傅兼宗正卿齊物宗室珪璋士林楨幹淸廉獨斷剛毅不群歷踐周行備經中外威名益振忠効彌彰三尹神州一登會府擒姦擿伏之術恤獄正喉舌之官遂令調護儲闈再登師傅從容賓友師長官寮桑榆之時壯志逾厲松柏之性晚歲常堅天不憖遺奄然殂謝念親感舊深軫于懷宜錫寵章載光營魄可贈太子太師

子復字初陽以父蔭累官至江陵府司錄精曉吏道衛伯玉厚遇之府中之事多以咨委性苛刻爲伯玉所信奏爲江陵縣令遷少尹歷饒州蘇州刺史皆著政聲李希烈背叛荊南節度張伯儀數出兵爲

希烈所敗朝廷憂之以復久在江陵得軍民心復方在母喪起爲江陵少尹兼御史中丞充節度行軍司馬伯儀既受代以復爲容州刺史兼御史中丞充本管招討使加檢校常侍先時西京叛亂前後經略使征討反者獲其人皆沒爲官奴婢配作坊重役復乃令訪其親屬悉歸還之在容州三歲南人安悅遷廣州刺史兼御史大夫嶺南節度觀察使會安南經略使高正平張應相次卒官其下參佐偏裨李元度胡懷義等阻兵驕亂州縣姦贓狼藉復誘懷義杖殺之奏元度流於荒裔又勸導百姓令變茅屋爲瓦舍瓊州久陷於蠻獠中復累遣使喻之因奏置瓊州都督府以綏撫之復曉於政道所在稱理徵拜宗正卿加檢校工部尚書未一歲會華州節度李元諒卒以復爲華州刺史潼關鎮國軍使仍檢校戶部尚書兼御史大夫貞元十年鄭滑節度使李融卒軍中潰亂以復檢校兵部尚書兼滑州刺史義成軍節度鄭滑觀察營田等使兼御史大夫復到任置營田數百頃以資軍食不率於民衆皆悅之十二年加檢校左僕射十三年

四月卒官年五十九廢朝三日贈司空賻布帛米粟有差稷父與方
面積財頗甚爲時所譏若水齊物族弟累官至左金吾大將軍兼通
事舍人容貌甚偉在館三十年多識舊儀每宣勞贊導周旋俯仰有
可觀者建中元年八月卒

李麟皇室之疎屬太宗之從孫也父濟開元初置十道按察使精選
吏才以濟爲潤州刺史江南東道按察使轉虢潞二州刺史益州大
都督府長史攝御史大夫劔南節度按察使所歷以誠信待物稱爲良
吏八年卒贈戶部尚書諡曰誠麟以父任補職累授京兆府戶曹開
元二十二年舉宗室異能轉殿中侍御史歷戶部考功吏部三員外
郎天寶元年遷郎中尋改諫議大夫五載充河西隴右磧西等道黜
陟使稱旨遷給事中七載遷兵部侍郎同列楊國忠專權不悅麟同
職宰臣奏麟以本官權知禮部貢舉俄而國忠爲御史大夫麟復本
官十一載遷銀青光祿大夫國子祭酒十四年七月以本官出爲河
東太守河東道採訪使爲政清簡民吏稱之其年冬祿山構逆朝廷
○以麟儒者恐非禦侮之用乃以將軍呂崇賁代還復以祭酒歸朝賜
爵渭源縣男六月玄宗幸蜀麟奔赴行在既至成都拜戶部侍郎兼
左丞遷憲部尚書至德二年正月拜同中書門下平章事時扈從宰
相韋見素房琯崔渙已赴鳳翔俄而崔圓繼去玄宗以麟宗室子獨
留之行在百司麟揔攝其事其年十一月從上皇還京策勳行賞加
金紫光祿大夫刑部尚書同中書門下三品進封襃國公時張皇后
干預朝政殿中監李輔國以翊衛肅宗之勞判天下兵馬事充元帥
府行軍司馬勢傾國朝宰相苗晉卿崔圓已下懼其威權傾心事之
唯麟正身謹事無所依附輔國不悅乾元元年罷麟知政事守太子
少傅二年八月卒時年六十六贈太子太傅賻絹二百匹葬日詔京
兆府差官護送官給所須麟好學能文嘗編聚皇朝已來制集五十
卷行於時

李國貞淮安王神通子淄川王孝同之曾孫父廣業歙州長史國貞
本名若幽性剛正有吏才歷安定扶風錄事參軍皆稱職乾元中累

遷長安令尋拜河南尹會史思明逼城元帥李光弼東保河陽國貞
領官吏寓于陜數月徵爲京兆尹上元初改成都尹兼御史大夫充
劔南節度使入爲殿中監二年八月遷戶部尚書兼御史大夫持節
充朔方鎮西北庭興平陳鄭等節度行營兵馬及河中節度都統
處置使鎮于絳賜名國貞既至又加充管內河中晉絳慈隰沁等州
觀察處置等使餘並如故國貞既至絳屬軍中素無儲積百姓飢饉
難爲聚斂將士等糧賜多闕國貞頻以狀聞未報軍中諠譁怨讟左
右以告國貞國貞喻之曰軍將何苦如是已爲奏聞終有所給信宿
軍亂攻國貞夜燒衙城門國貞莫知所圖左右勸國貞弃城遁去國
貞曰吾銜命爲將不能靖難安可弃城乎左右固勸迴避乃隱於州
獄詐爲縲紲會國貞麾下爲賊所擒因指所在遂於獄中執國貞將
害之國貞曰軍中乏糧已有陳請人不堪賦予無負於將士耳衆引
退突將王元振獨曰今日之事豈須問焉抽刀害國貞及二男三大
將國貞有風彩清白守法爲政急於操下時論以辦吏稱之追贈揚
州大都督
○子錡以父蔭貞元中累至湖杭二州刺史多以寶貨賂李齊運由是
遷潤州刺史兼鹽鐵使持積財進奉以結恩澤德宗甚寵之錡恃恩
驕恣有淛西人布衣崔善貞詣闕上封論錡罪狀而德宗械送賜錡
錡遂坑殺善貞天下切齒乃增置兵額選善弓矢者聚之一營名曰
挽硬隨身以胡奚雜類虬鬚者爲一將名曰蕃落健兒德宗復於潤
州置鎮海軍以錡爲節度使罷其鹽鐵使務錡雖罷其利權且得節
度反狀未發憲宗即位已二年諸道倔強者入朝而錡不自安亦請
入朝乃拜錡左僕射錡乃署判官王澹爲留後既而遷延發期澹與
中使頻喻之不悅遂諷將士以給冬衣日殺澹而食之監軍使聞亂
遣衙將趙琦慰喻又臠食之復以兵注中使之頸錡佯驚救解之囚
於別館遂稱兵室五劔分授管內鎮將令殺刺史於是常州刺史顏
防用客李雲謀矯制傳檄于蘇杭湖睦等州遂殺其鎮將李深　湖州
辛秘亦殺其鎮將趙惟忠而蘇州刺史李素爲鎮將姚志安所縶釘

於船舷生致於錡未至而錡敗得免初錡以宣州富饒有并吞之意
遣兵馬使張子良李奉僊田少卿領兵三千分略宣池等州三將夙
有向順志而錡甥裴行立亦思向順其密謀多決於行立乃迴戈趣
城執錡於幕縋而出之斬於闕下年六十七其挽硬蕃落將士或投
井自縊紛紛枕籍而死者不可勝紀宰相鄭絪等議錡所坐親疏未
定乃召兵部郎中蔣武問曰詔罪李錡一房當是大功內耶武曰大
功是錡堂兄弟即淮安王神通之下淮安有大功於國不可以孽孫
而上累又問錡親兄弟從坐否武曰錡親兄弟是若幽之子若幽有死
王事之功如令錡兄弟從坐若幽即宜削籍亦所未安宰相頗以為
然故誅錡詔下唯止元惡一房而已

李峘太宗第三子吳王恪之孫恪　第三子琨生信安王褘褘生三子
峘嶧峴峘志行修立天寶中為南宮郎歷典諸曹十餘年居父喪哀
毀得禮服闋以郡王子例封趙國公楊國忠秉政郎官不附己者悉
出於外峘自考功郎中出為睢陽太守尋而弟峴出為魏郡太守兄
弟夾河典郡皆以理行稱十四載入計京師屬祿山之亂玄宗幸蜀
峘奔赴行在除武部侍郎兼御史大夫俄拜蜀郡太守劍南節度採
訪使上皇在成都健兒郭千仞夜謀亂上皇御玄英樓招諭不從峘
與六軍兵馬使陳玄禮等平之以功加金紫光祿大夫時峴為鳳翔
太守匡翊肅宗兄弟俱効勳力從上皇還京為戶部尚書峴為御史
大夫兼京兆尹封梁國公兄弟同制封公乾元初兼御史大夫持節
都統淮南江南江西節度宣慰觀察處置等使二年以宋州刺史劉
展握兵河南有異志乃陽拜展淮南節度使而密詔揚州長史鄧景
山與峘圖之時展徒黨方強既受詔即以兵渡淮景山峘拒之壽春
為展所敗峘走渡江保丹陽坐貶袁州司馬寶應二年病卒於貶所
追贈揚州大都督官給遞乘護柩還京初峘為戶部尚書峴為吏部
尚書知政事嶧為戶部侍郎銀青光祿大夫兄弟同居長興里第門
列三戟兩國公門十六戟一三品門十二戟榮耀冠時嶧位終蜀
州刺史峴樂善下士少有吏幹以門蔭入仕累遷高陵令政術知名

特遷萬年令河南少尹魏郡太守入為金吾將軍遷將作監改京兆府
尹所在皆著聲績天寶十三載連雨六十餘日宰臣楊國忠惡其不
附己以雨災歸咎京兆尹乃出為長沙郡太守時京師米麥踊貴百
姓謠曰欲得米粟賤無過追李峴其為政得人心如此至德初朝廷
務收才傑以清寇難峴召至行在拜扶風太守兼御史大夫至德二
年十二月制曰銀青光祿大夫守禮部尚書李峴鎮軍周給開物成
務可光祿大夫行御史大夫兼京兆尹封梁國公乾元二年制曰李
峴朝廷碩德宗室藎臣可中書侍郎同中書門下平章事與呂諲李揆
第五琦同拜相峴位望稍高軍國大事諸公莫敢言皆獨決於峴由
是諲等銜之初李輔國判行軍司馬潛令官軍於人間聽察是非謂
之察事忠良被誣構者繼有之須有追呼諸司莫敢抗御史臺大理
寺重囚有獄推斷未了牒追就銀臺不問輕重一時釋放莫敢違者
每日於銀臺門決天下事須處分便稱制勑禁中符印悉佩之出入
縱有勑輔國押署然後施行及峴為相叩頭論輔國專權亂國上悟
賞峴正直事並變革輔國以此讓行軍司馬請歸本官察事等並停
由是深怨峴鳳翔七馬坊押官先頗為盜劫掠平人州縣不能制天
興縣令知捕賊謝夷甫擒獲決殺之其妻進狀訴夫冤輔國先為飛
龍使黨其人為之上訴詔監察御史孫鎣推之鎣初直其事其妻又
訴詔令御史中丞崔伯陽刑部侍郎李曄大理卿權獻三司與鎣同
訊論訴不已詔令侍御史毛若虛覆之若虛歸罪於夷甫又言伯陽
等有情不能質定刑獄伯陽怒使人召若虛詞氣不順伯陽欲上言之
若虛先馳謁告急於肅宗云已知卿出去若虛奏曰臣出即死上因
留在簾內有頃伯陽至上問之伯陽頗言若虛順旨附會中人上怒
叱出之伯陽貶瑞州高要尉權獻郴州桂陽尉鳳翔尹嚴向及李曄
皆貶嶺下一尉鎣除名長流播州峴以數人咸非其罪所責太重欲
理之錄奏若虛希旨用刑不守國法陛下若信之重輕是無御史臺
上怒峴言出峴為蜀州刺史時右散騎常侍韓擇木入對上謂之曰
峴欲專權耶何乃云任毛若虛是無御史臺也令貶蜀州刺史朕自

嘗用法太寬擇木對曰峴言直非專權陛下寬之祇益聖德爾代宗即位徵峴爲荆南節度江陵尹知江淮選補使入爲禮部尚書兼宗正卿屬鑾輿幸陜峴由商山路赴行在既還京師拜峴爲黄門侍郎同中書門下平章事故事宰臣不于政事堂邀客時海内多務宰相元載等見中官傳詔命至中書者引之升政事堂仍置榻待之峴爲宰相令去其榻奏請常參官各舉堪任諫官憲官者不限人數初收東京受僞官陳希烈已下數百人崔器希旨深刻奏皆處死上意亦欲懲勸天下欲從器議時峴爲三司使執之曰夫事有首從情有輕重若一槩處死恐非陛下含弘之義又失國家惟新之典且羯胡亂常無不凌據二京全陷萬乘南巡各顧其生衣冠蕩覆或陛下親戚或勲舊子孫皆寘極法恐乖仁恕之旨昔者明王用刑殲厥渠魁脅從罔理況河北殘寇未平官吏多陷苟容漏網適開自新之路若盡行誅是堅叛逆之黨誰人更圖効順困獸猶鬬況數萬人乎崔器吕諲皆守文之吏不識大體殊無變通廷議數日方從峴奏全活甚衆

其料敵決事皆此類竟爲中官所搆罷知政事爲太子詹事尋遷吏部尚書知江淮舉選置銓洪州明年改檢校兵部尚書兼衢州刺史永泰二年七月以疾終時年五十八

李巨曾祖父虢王鳳高祖之第十四子也鳳孫邕嗣虢王巨即邕之第二子也剛鋭果決頗涉獵書史好屬文開元中爲嗣虢王天寶五載出爲西河太守皇太子杜良娣之妹婿柳勣陷詔獄巨母扶餘氏吉温嫡母之妹也温爲京兆士曹推勣之黨以徐徵等往來巨家資給之由是坐貶義陽郡司馬六載御史中丞楊愼矜爲李林甫王鉷搆陷得罪其黨史敬忠亦伏法以巨與敬忠相識坐解官於南賓郡安置又起爲夷陵郡太守及禄山陷東京玄宗方擇將帥張垍言巨善騎射有謀畧玄宗追至京師楊國忠素與巨相識忌之謂人曰如此小兒豈得令見人主經月餘日不得見玄宗使中　官召入奏事玄宗大悦遂令中官劉奉庭宣勑令宰相與巨語幾亭午方出國忠頗怠對奉庭謂巨曰比來人多口打賊公不爾乎巨曰不知若箇軍將能與相公手打賊乎尋授陳留譙郡太守攝御史大夫河南節度使翌日巨稱官銜奉謝玄宗驚曰何得令攝即日詔兼御史大夫巨奏曰方今艱難恐爲賊所詐如忽召臣不知何以取信玄宗劈木契分授之遂以巨兼統嶺南節度使何履光黔中節度使趙國珍南陽節度使魯炅先領三節度事有詔貶炅爲果毅以潁州太守來瑱兼御史中丞代之巨奏曰若炅能存孤城其功足以補過則何以處之玄宗曰卿隨宜處置之巨至内鄉趣南陽賊將畢思琛聞之解圍走巨趣何履光趙國珍同至南陽宣勑貶炅削其章服令隨軍効力至日晚以恩命令炅復位至德二年爲太子少傅十月收西京爲留守兼御史大夫三年夏四月加太子少師兼河南尹充東京留守判尚書省事充東畿採訪等使於城市橋梁税出入車牛等錢以供國用頗有乾没士庶怨讟後與妃張氏不睦張氏即皇后從父妹也宗正卿李遵搆之發其所犯贓賄貶爲遂州刺史屬劍南東川節度兵馬使梓州刺史段子璋反以衆襲節度使李奐於綿州路經遂州巨蒼

黄修屬郡禮迎之爲子璋所殺子則之以宗室歷官好學年五十餘毎執經詣太學聽受嗣曹王皐自荆南來朝稱薦之貞元二年自睦王府長史遷左金吾衛大將軍以從父甥竇申追遊無間親累貶昭州司馬

史臣曰暠孝友清愼居官有稱齊物貞廉整肅復節制權謀國貞清白守法皆神通之曾玄宗室之翹楚錡之爲逆不累其親前人之積德彰矣當朝之用法明矣然暠發人陰私齊物積財興議國貞急於操下皆尺之短也麟修整峘循良匪躬立事始終無玷者皆宗室之英也峴之剛正才畧有足可稱初爲國忠所憎終沮朝恩之勢處群邪之内堅獨正之心是不吐也活東都之命是不茹也庶幾乎仲山甫之道焉巨以剛鋭果決亦可嘉焉終以贓賄貪殘良可痛也

贊曰宗室賢良枝葉茂盛最尤者誰峴獨守正

唐書列傳卷第六十二

劉　昫　等修

聞人詮校刻沈桐同校

苗晉卿　裴冕　裴遵慶子向　向子寅　寅子樞

苗晉卿上黨壺關人世以儒素稱祖夔高道不仕追贈禮部尚書父殆庶官至絳州龍門縣丞早卒以晉卿贈太子少保晉卿幼好學善屬文進士擢第初授懷州修武縣尉歷奉先縣尉坐累貶徐州司戶參軍秩滿隨調判入高等授萬年縣尉遷侍御史歷度支兵吏部三員外郎開元二十三年遷吏部郎中二十四年與吏部郎中孫逖並拜中書舍人二十七年以本官權知吏部選事晉卿性謙柔選人有訴訟索好官者雖至數千言或聲色甚厲者晉卿必含容之略無慍色二十九年拜吏部侍郎前後典選五年政既寬弛胥吏多因緣爲姦賄賂大行時天下承平每年赴選常萬餘人李林甫爲尚書專任廟堂銓事唯委晉卿及同列侍郎宋遙主之選人既多每年兼命他

官有識者同考定書判務求其實天寶二載春御史中丞張倚男奭參選晉卿與遙以倚初承恩欲悅附之考選人判等凡六十四人分甲乙丙科奭在其首衆知奭不讀書論議紛然有蘇孝慍者嘗爲范陽薊令事安祿山具其事告之祿山恩寵特異謁見不常因而奏之玄宗大集登科人御花萼樓親試登第者十無一二而奭手持試紙竟日不下一字時謂之曳白上怒晉卿貶爲安康郡太守遙爲武當郡太守張倚爲淮陽太守勅曰門庭之間不能訓子選調之際仍以託人時士子皆以爲戲笑天寶三載閏二月轉魏郡太守充河北採訪處置使居職三年政化洽聞會入計因上表請歸鄉里既至壺關望縣門而步小吏進曰太守位高德重不宜自輕晉卿曰禮下公門軾路馬況父母之邦所宜尊敬汝何言哉大會鄉黨歡飲累日而去又出俸錢三萬爲鄉學本以教授子弟尋改河東太守河東採訪使入爲尚書東京留守徵爲憲部尚書屬祿山叛逆楊國忠以晉卿有時望將抑之乃奏云宜以大臣鎮遏東道遂出爲陝州刺史陝虢兩州防禦使及入對固辭老病由是忤旨改憲部尚書致仕及朝廷失守衣冠流離道路多爲逆黨所脅自陳希烈張均已下數十人盡赴洛陽晉卿潛遁山谷南投金州會肅宗至鳳翔手詔追晉卿赴行在即日拜爲左相軍國大務悉以咨之既收兩京以功封韓國公食實封五百戶改爲侍中後以賊冦漸除屢乞骸骨優詔許之罷知政事爲太子太傅明年帝思舊臣復拜爲侍中晉卿寬厚廉謹爲政舉大綱不問小過所到有惠化人思之爲立碑頌德及秉鈞衡小心畏慎未嘗忤人意性聰敏達練事體百司文簿經目必曉而修身守位以智自全議者比漢之胡廣玄宗崩肅宗詔晉卿攝冢宰上表固辭曰臣聞古者殷高宗在諒闇之中百官聽於冢宰更無事跡但存文字且一時之事禮不相沿今殘冦猶虞日殷萬務皆緣兵馬以屯守討襲籌算良謀立勝擒敵陛下若行古之道居喪不言眷生何依百事皆廢伏讀國家起居注示於禮部檢見舊勅恭惟太宗高宗大行皇帝在位之日皆有國哀視事不輟以爲君臨天下難徇

常情今遺詔有處分皇帝宜三日而聽政陛下遵太宗故事則無冢宰遵大行皇帝遺詔便合聽朝萬姓顒顒不勝大願伏惟陛下知理國之重順人心之切以義斷恩從宜無改令朝臣一命已上皆言臣心昏貌朽加以疾病事有急速斷在須臾凡聖不同豈合受詔陛下發哀已五日矣願准遺詔聽政則四夷萬國無任悲幸肅宗時疾彌留覽表殞絕乃許數日肅宗晏駕代宗踐祚又詔晉卿攝冢宰晉卿上表懇辭曰臣以昔者天子居喪之時百官聽於冢宰者蓋君幼小御極事殷情理當然沿革不一今古異同而周武漢文合於通變垂範作則可舉而行又士或愚蠢時遇金革豈非銜恤謂義在斷恩且百善之至無加於孝也其有容奔心絕指景悼生此匹夫守節之常情殊王者嗣續之大計昨二十日陛下於大行皇帝柩前即位是承先帝遺顧之言亦前代不易之典則知所畧不爲害所存是適權防慼滅端所利者大陛下因心純至天地明察伏以報劬勞之恩申罔極之思終身之痛豈計朝夕但以一日之內萬務在中須達宸聰始

成國政百寮萬姓及僧道耆壽等相顧聚言以臣老且無能愚豈測聖況久無居攝臣不敢奉詔特乞陛下遵遺命三日而聽政臣博聽衆情不勝懇願伏望割痛抑哀則天下悲幸上號泣從之時晉卿年已衰暮又患兩足上特許肩輿至中書入閤不趨累日一視事歷三朝皆以謹密見稱廣德初吐蕃寇長安晉卿時病臥於私第蕃聞之輿入逼脅晉卿閉口不言賊不敢害及上自陝至冊為太保罷知政事又詔以太保致仕永泰元年四月薨輟朝三日令京兆少尹一員護喪事緣葬諸物並官給賻絹布五百段米粟五百石太常議謚曰懿獻初晉卿東都留守引用大理評事元載為推官至是載為中書侍郎平章事懷舊恩諷有司改謚曰文貞大曆七年令配享肅宗廟庭

裴冕河東人也為河東冠族天寶初以門蔭再遷渭南縣尉以吏道聞御史中丞王鉷充京畿採訪使表為判官遷監察御史歷殿中侍御史冕雖無學術守職遍明果於臨事鉷甚委之及鉷得罪伏法時

宰臣李林甫方竊權柄人咸懼之鉷賓佐數百不敢窺鉷門冕獨收鉷屍親自護喪瘞于近郊冕自是知名河西節度使哥舒翰表為行軍司馬累遷員外郎中玄宗幸蜀至益昌郡遙詔太子充天下兵馬元帥以冕為御史中丞兼左庶子為之副是時冕為河西行軍司馬授御史中丞詔赴朝廷遇太子於平涼具陳事勢勸之朔方亟入靈武冕與杜鴻漸崔漪等勸進曰主上厭勤大位南幸蜀川宗社神器須有所歸天意人事不可少失況賢智乎太子曰南平寇逆奉迎鑾輿退居儲貳侍膳左右豈不樂哉公等何言之過也冕與杜鴻漸又進曰殿下藉累聖之資有天下之表元貞萬國二十餘年殷憂啓聖正在今日所從殿下六軍將士皆關輔百姓日夜思歸大軍一散不可復集不如因而撫之以從衆臣等敢以死請凡勸進五上乃依肅宗即位以定策功遷中書侍郎同中書門下平章事倚以為政冕性忠勤悉心奉公稍得人心然不識大體以聚人曰財乃下令賣官鬻爵度尼僧道士以儲積為務人不願者科令就之其價益賤事轉為弊肅宗移幸鳳翔罷冕知政事遷右僕射兩京平以功封冀國公食實封五百戶尋加御史大夫成都尹充劍南西川節度使又入為右僕射永泰元年與裴遵慶等並集賢待制代宗求舊拜冕兼御史大夫充護山陵使冕以倖臣李輔國權盛將附之乃表輔國親昵術士中書舍人劉烜充山陵使判官烜坐法冕坐貶施州刺史數月移澧州刺史復徵為左僕射元載秉政載為新平縣尉王鉷辟在巡內冕常引之載頗德冕會宰臣杜鴻漸卒載遂舉冕代之冕時已衰瘵載以其順已引為同列受命之際蹈舞絕倒載趨而扶起代為謝詞冕兼掌兵權留守之任俸錢每月二千餘貫性本侈靡好尚車服及營珍饌名馬在櫪直數百金者常十數每會賓友滋味品數坐客有昧於名者自創巾子其狀新奇市肆因而效之呼為僕射様初代鴻漸小吏以俸錢文簿白之冕顧子弟喜見於色其嗜利若此拜職未盈月卒大曆四年十二月也上悼之輟朝三日贈太尉賻賜物五百匹粟五百石

裴遵慶絳州聞喜人也代襲冠冕為河東著族遵慶志氣深厚機鑒敏

達自幼強學博涉載籍謹身晦跡不干當世之務以門蔭累授潞府司法參軍時年已老未為人所知隨調吏部授大理寺丞剖斷刑獄舉正綱條理行始著遷司門員外吏部員外郎專判南曹天寶中海內無事九流輻輳會府每歲吏部選人動盈萬數遵慶敏識強記精覈文簿詳而不滯時稱吏事第一由是大知名天寶末楊國忠當國出不附已者例為外官遵慶亦出為郡守肅宗即位徵拜給事中尚書右丞吏部侍郎恭儉克已遲重謹密頗有時望上元中蕭華輔政素知遵慶每奏見累稱之遷黃門侍郎同中書門下平章事廣德初僕固懷恩阻兵汾上指中官為詞上以遵慶忠純特遣往汾州宣慰懷恩遵慶既見懷恩具陳朝旨懷恩引過聽命將隨遵慶朝謁為副將范志誠以邪說惑之懷恩遂以懼死為詞會蕃寇陷京師乘輿幸陝遵慶自汾州奔赴行在及乘輿還京以遵慶為太子少傅永泰元年與裴冕等並於集賢院待制罷知政事尋改吏部尚書右僕射復知選事時有選人天興縣尉陳瑄於銓庭言詞不遜凌突無禮代宗詔

付遵慶於省門鞭三十貶爲吉州員外司戶參軍遵慶敦守儒行老而彌謹嘗爲風狂族姪擿登聞鼓告以不順上知其謬不省其見信如此大歷十年十月薨於位年九十餘遵慶初登省郎嘗著王政記述今古禮體識者覽之知有公輔之量子向字儒仁少以門蔭歷官至太子司議郎建中初李紓爲同州刺史奏向爲從事朱泚反李懷光又叛河中使其將趙貴先築壘于同州紓來奔奉天向領州務貴先因脅縣尉林寶役徒板築不及期將斬之吏人百姓奔竄向即詣貴先軍壘以逆順之理責之貴先感悟遂來降故同州不陷向繇是知名累爲京兆府戶曹轉櫟陽渭南縣令奏課皆第一朝廷亟聞其理行擢爲戶部員外郎德宗季年天下方鎮副倅多自選于朝防一日有變遂就而授之節制向以選爲太原少尹德宗召見諭旨尋用爲行軍司馬兼御史中丞改汾州刺史轉鄭州又復爲太原少尹兼河東節度副使改晉州刺史充本州防禦使遷虢州刺史入爲京兆少尹拜同州刺史充本州防禦使入爲大理寺卿出遷陜虢都防禦觀察

使三歲拜左散騎常侍自常侍復爲大理向本以名相子以學行自飭謹守其門風歷官仁智推愛利及於久至是以年過致政朝廷優異乃以吏部尚書致仕于新昌里第內外支屬百餘人向所得俸祿必同其費及領外任亦挈而隨之有孤惸疾苦不能自恤向尤周給至今稱其孝睦焉大和四年九月卒年八十贈太子少保

子寓登進士第累官至御史大夫卒子樞

子樞字紀聖咸通十二年登進士第宰相杜審權出鎮河中辟爲從事得秘書省校書郎再遷藍田尉直弘文館大學士王鐸深知之鐸罷相失職樞亦久之不調從僖宗幸蜀中丞李煥奏爲殿中侍御史遷起居郎中和初王鐸復見用以舊恩從爲鄭滑掌書記檢校司封郎中賜金紫入朝歷兵吏二員外郎龍紀初擢拜給事中改京兆尹宰相孔緯尤深獎遇大順中緯以用兵無功貶官樞坐累爲右庶子尋出爲歙州刺史乾寧初入爲右散騎常侍從昭宗幸華州爲汴州宣諭使初樞自歙州罷郡歸朝路經大梁時朱全忠兵威已振樞以兄事之全忠繇是重之及樞傳詔全忠皆稟朝旨獻奉相繼昭宗甚悅乃遷兵部侍郎時崔胤專政亦倚全忠二人因是相結改樞吏部侍郎未幾換戶部侍郎同平章事其年冬昭宗幸華州崔胤貶官樞亦爲工部尚書天子自岐下還宮以樞檢校右僕射同平章事出爲廣南節度使制出朱全忠保薦之言樞有經世才不可棄之嶺表尋復拜門下侍郎監修國史累兼吏部尚書判度支崔胤誅以全忠素厚相位如故從昭宗還洛陽駐驛陜州進右僕射弘文館大學士太清宮使充諸道鹽鐵轉運使哀帝初嗣位柳璨用事全忠嘗奏用牙將張廷範爲太常卿諸相議樞曰廷範勳臣幸有方鎮節鉞之命何藉樂卿恐非元帥梁王之旨乃持之不下俄而全忠聞樞言謂賓佐曰吾常以裴十四器識真純不入浮薄之伍觀此議論本態露矣切齒含怒柳璨聞全忠言尋希旨罷樞相位和陵祔享拜尚書左僕射五月責授朝散大夫登州刺史尋再貶瀧州司戶六月十一日行及滑州全忠遣人殺之於白馬驛投屍於河時年六十五

○史臣曰晉卿謹身莅事足爲純臣避寇全忠固彰大節然傳達精審豈不知寬猛之道哉奉林甫之旨沴胥吏之意悅附張倚欺罔時君生爲重臣諂林甫之勢也歿改美謚引元載之恩焉或言晉卿不爲巧官者誠不信也冕力贊中興名居大位奉公抱義可以致身貴官度僧是何爲政及其老也貪冒尤深遵慶學術貞明爲國忠所出恭儉謹密遇蕭華素知位重行純老而彌篤彼二公固有慚德向克荷堂構不墜門風樞因盜而振盜憎而亡宜哉君子守道遠刑蓋慮此也

贊曰奐美晉卿貪哉裴冕遵慶父子及之者鮮

唐書列傳卷第六十三

劉　昫　等修
聞人詮校刻沈桐同校

魯炅　裴茙　來瑱　周智光

魯炅范陽人也身長七尺餘涉獵書史天寶六年隴右節度使哥舒翰引爲別奏顏真卿爲監察御史使至隴右翰嘗設宴真卿謂翰曰中丞自郎將授將軍便登節制後生可畏得無人乎炅時立在階下翰指炅曰此人後當爲節度使矣後以隴右破吐蕃跳盪功累授右領軍大將軍同正員賜紫金魚袋祿山之亂選任將帥十五載正月拜炅上洛太守未行遷南陽太守本郡守捉仍充防禦使尋兼御史大夫充南陽節度使以嶺南黔中山南東道子弟五萬人屯葉縣北滍水之南築柵四面掘壕以自固至五月賊將武令珣畢思琛等來擊之衆欲出戰炅不許賊於營西順風燒煙營內坐立不得橫門扇及木牽出賊矢集如雨炅與中使薛道等挺身遁走餘衆盡沒嶺南節○度使何履光黔中節度使趙國珍襄陽太守徐浩未至裨將嶺南黔中荊襄子弟半在軍多懷金銀爲資糧軍資器械盡棄於路如山積至是賊徒不勝其富炅收合殘卒保南陽郡爲賊所圍尋而潼關失守賊使哥舒翰招之不從又使偽將豫州刺史令珣等攻之累月不能尅武令珣死又令田承嗣攻之潁川太守來瑱襄陽太守魏仲犀合勢救之犀使弟孟馴爲將領兵至明府橋望賊而走衆遂大敗炅城中食盡煑牛皮筋角而食之米斗至四五十千有價無米鼠一頭至四百文餓死者相枕藉肅宗使中官將軍曹日昇來宣慰路絶不得入日昇請單騎入致命仲犀曰不可賊若擒吾勑使我亦何安顏真卿適自河北次于襄陽謂仲犀曰曹使既果決不顧萬死之地何得沮之縱爲賊所獲是亡一使者苟得入城則萬人之心固矣公何愛焉中官馮廷瓌曰將軍必能入我請以兩騎助之日昇又自有傔騎數人仲犀又以數騎共十人同行賊徒望見知其驍銳不敢逼日昇既入城炅衆初以爲望絶忽有使來宣命皆踴躍一心日昇以其

十人至襄陽取糧賊雖追之不敢擊遂以一千人取音聲路運糧而入賊亦不能遏又得相持數月炅在圍中一年救兵不至晝夜苦戰人相食至德二年五月十五日率衆持滿傳矢突圍而出南陽投襄陽田承嗣來追苦戰二日殺賊甚衆賊又知其決死遂不敢逼朝廷因除御史大夫襄陽節度使時賊志欲南侵江漢賴炅奮命扼其衝要南夏所以保全十月王師收兩京承嗣令珣等奔於河北南陽遭大亂之後距鄧州二百里人煙斷絶遺骸委積於牆壍間十二月策勳行賞詔曰特進太僕卿南陽郡公兼御史大夫權知襄陽節度事上柱國金鄉縣公魯炅蘊是韜畧副兹節制竭節保邦悉心陷敵表之旗幟分以土田可開府儀同三司兼御史大夫封岐國公食實封二百戶兼京兆尹乾元元年兼鄭州刺史充鄭陳潁亳等州節度使上元二年爲淮西襄陽節度使鄧州刺史十月與朔方節度使司徒郭子儀河東節度使太尉李光弼等九節度同圍安慶緒於襄州炅領淮西襄陽節度行營步卒萬人馬軍三百以李抱玉爲兵馬使炅○分界知東面之北二年六月六日賊將史思明自范陽來救戰於安陽河北王師不利炅中流矢奔退時諸節度以迴紇戰敗因而退散盡棄軍糧器械所過虜掠炅兵士剽奪尤甚人因驚恐五日至新鄭縣聞郭子儀已整衆屯穀水李光弼還太原炅憂懼仰藥而卒

裴茙以門蔭入仕累遷京兆府司錄參軍來瑱鎮陝州引爲判官瑱移襄州又爲瑱行軍司馬瑱過之甚厚及瑱淮西之敗逗留不行茙密表聞奏朝廷以瑱掌重兵惡之密詔以茙代瑱爲襄州刺史充防禦使茙本鎮穀城及受密命乃率麾下二千人赴襄陽時瑱亦奉詔依舊任瑱遂設具於江津以俟之茙初聲言假道入朝及見瑱即云奉代且欲視事瑱報曰瑱已奉恩命復任此茙惶惑諭其麾下曰此言必妄遂引射瑱軍因與瑱兵交戰茙大敗士卒死傷殆盡茙走還穀城舊營瑱追擒之朝旨務安漢南乃歸咎於茙寶應元年七月勑曰前襄州刺史裴茙性本頑踈行惟狂悖頃因試用爰委軍戎守在要衝無聞方略所以申命來瑱重撫漢南即宜奔赴闕廷謝其曠職

而乃竊借名位輕圖異端誣構忠良妄興兵甲遽令追召敢欲逗留是有無君之心不唯罔上之罪又轉輸之物軍國所資擅爲費用其數甚廣據其抵犯合寘嚴誅但自朕登極已來屢施恩宥肆諸朝市所未忍爲宜寬殊死之刑俾　就投荒之謫宜除名長流費州茙器局輕褊初興師徒給用無節及敗撓遲迴赴召將至京師會有是命既行至藍田驛賜自盡

來瑱邠州永壽人也父曜起於卒伍開元十八年爲鴻臚卿同正員安西副都護持節磧西副大使四鎮節度使後爲右領軍大將軍仗內五坊等使名著西陲寶應元年以子貴贈太子太保瑱少尚名節慷慨有大志頗涉書傳天寶初四鎮從職十一載爲左贊善大夫殿中侍御史充伊西北庭行軍司馬玄宗詔朝臣舉智謀果決才堪統衆者各一人拾遺張鎬薦瑱有縱横之略臨事能斷堪當禦侮之任丁母憂以孝聞安禄山反張垍復薦之起復兼汝南郡太守未行改潁川太守賊攻之城中積粟素多瑱繕修有備賊繼至城下瑱親射

之無不應弦而斃賊使降將畢思琛招瑱琛即瑱父曜故將城下拜泣弔瑱瑱不應前後殺賊頗衆咸呼瑱爲來嚼鐵以功加銀青光禄大夫攝御史中丞本郡防禦使及河南淮南游奕逐要招討等使魯炅敗於葉縣退守南陽乃以瑱爲南陽太守兼御史中丞充山南東道節度防禦處置等使以代炅尋以嗣虢王巨爲御史大夫河南節度使因奏炅能守南陽詔各復本位賊攻圍南陽累月瑱分兵與襄陽節度使魏仲犀救之犀遣弟孟馴將兵至明府橋望風敗走賊追蹴大敗而還兵素少遇敗人情恟懼瑱綏撫訓練賊不能侵詔爲淮南西道節度使收復兩京與魯炅同制加開府儀同三司兼御史大夫封潁國公食實封二百戶餘如故乾元元年召爲殿中監二年初除涼州刺史河南節度經畧副大使未行屬相州官軍爲史思明所敗東京震駭元帥司徒郭子儀鎮穀水乃以瑱爲陝州刺史充陝虢等州節度并潼關防禦團練鎮守使乾元三年四月十三日襄州軍將張維瑾曹玠率衆謀亂殺刺史史翽以瑱爲襄州刺史兼御史大夫充山南東道襄鄧均房金商隨郢復十州節度觀察處置使上元二年肅宗召瑱入京瑱樂襄州將士亦慕瑱之政因諷將吏州牧縣宰上表請留之身赴詔命行及鄧州復詔歸鎮肅宗聞其計而惡之後呂諲王仲昇及中官皆言瑱布恩惠懼其得士心以瑱爲鄧州刺史充山南東道襄鄧唐復郢隨等六州節度餘並如故俄而淮西節度王仲昇與賊將謝欽讓戰於申州城下爲賊所虜初仲昇被圍累月呂諲病於江陵瑱在襄州又恐仲昇構己遂顧望不救及師出仲昇已沒裴茙頻表陳瑱之狀謀奪其位稱瑱善謀而勇崛強難制宜早除之可一戰而擒也肅宗然之遂以瑱檢校戶部尚書兼御史大夫安州刺史充淮西申安蘄黃光沔節度觀察兼河南陳豫許鄭汴曹宋潁泗十五州節度觀察使外示尊崇實奪其權也加裴茙兼御史中丞襄鄧等七州防禦使以代之瑱懼不自安上表稱淮西無糧饋軍臣去秋種得麥請待收麥畢赴上復諷屬吏請留之裴茙於商州召募以窺去就寶應元年五月代宗即位因復授瑱襄州節度奉義

軍渭北兵馬等使官如故潛令裴茙圖之其月十九日裴茙率衆浮漢江而下日暮候者白瑱謀於帳下副使薛南陽曰尚書奉詔留鎮裴茙以兵代是無名也且茙之智勇非尚書敵也衆心歸尚書不歸於茙彼若乘我之不虞今夕而至直燒城市我衆必懼而亂彼乘亂而擊則可憂也若及明而至尚書破之必矣翌日平明茙督軍士五千列于穀水北瑱以兵逆之登高而陣呼茙將士告之曰爾何事來曰尚書不受命謹奉中丞伐罪人若尚書受替謹當釋兵瑱曰恩制復除瑱此州乃取告身敕書以示茙軍皆曰僞也承命討君豈千里空歸富貴在於今日遂爭射之瑱奔歸旗下薛南陽曰事急矣請以三百騎爲奇兵尚書勿與之戰兩軍相見遂以麾下旁萬山而出其背表裏夾擊茙軍大敗投水而死殺獲殆盡茙及弟薦脫身北走妻子並爲瑱所擒瑱甚厚撫之因抗表謝罪擒茙於申口送至京師長流費州賜死於藍田故驛八月瑱入朝謝罪代宗特寵異之遷兵部尚書同中書門下平章事依前山南東道節度觀察等使代左僕射

裴冕充山陵使時中官驃騎大將軍程元振居中用事發瑱言涉不順王仲昇賊平來歸證瑱與賊合故令仲昇陷賊三年代宗含怒久之因是下詔曰春秋之義實在於必書君臣之間法存於無赦沮勸式遵於前典進退莫匪於至公惡稔既彰明罰難貸開府儀同三司行兵部尚書中書門下平章事充山南東道節度觀察處置等使上柱國潁國公來瑱謬當任用素乏器能重歷班榮累經節制莅職蔑聞於成績登朝靡美於崇名頃者分閫領條久淹江漢或頻徵不至或移鎮遷留實乖臣子之儀爰及干戈之怠朕以舊臣宿將道在含弘會其來庭用甄後効超登宰輔光拜夏卿列在三台權其一青山陵先遠事委近臣謀謨素闕於大猷卜祝頗聞於私議實虧周慎且間樞言何以輔弼鼎司儀刑簪紱據其所犯合寘殊科以嘗侍軒闈用存寬免之辜緬範舊章兼膺黜削之譴其身官爵一切削除寶應二年正月貶播州縣尉員外置翌日賜死於鄠縣籍沒其家瑱之被刑也門客四散掩于坎中校書郎殷亮後至獨哭於屍側貨所

乘驢以備棺衾夜詣縣令長孫演以情告之演義而從之亮夜瘞而祭走歸京師代宗既悟元振之誣搆積其過而配流溱州先是瑱行軍司馬龐充統兵二千人赴河南至汝州聞瑱死將士魚目等迴兵襲襄州左兵馬使李昭禦之奔房州昭及薛南陽與右兵馬使梁崇義不叶相圖爲崇義所殺朝廷授崇義節度使兼御史中丞以代瑱崇義爲瑱立祠四時拜饗不居瑱聽及正堂視事於東廂下搆一小室而寢止抗疏哀請收葬優詔許之廣德元年追復官爵

周智光本以騎射從軍常有戎捷自行間登偏裨宦官魚朝恩爲觀軍容使鎮陝州與之昵狎朝恩以扈從功恩渥崇厚奏請多允屢於上前賞拔智光累遷華州刺史同華二州節度使及潼關防禦使加檢校工部尚書兼御史大夫永泰元年吐蕃迴紇党項羌渾奴剌十餘萬衆寇奉天醴泉等縣智光邀戰破於澄城收駝馬軍資萬計因逐賊至鄜州智光與杜冕不協遂殺鄜州刺史張麟坑杜冕家屬八十一人焚坊州廬舍三千餘家懼罪召不赴命朝廷外示優容俾杜冕使梁州實避讐也永泰二年十二月智光專殺前虢州刺史兼御史中丞龐充充方居縗絰潛行智光追而斬之又劫諸節度使進奉貨物及轉運米二萬碩據州反智光自鄜坊專殺朝廷患之遂聚亡命不逞之徒衆至數萬縱其剽掠以結其心初與陝州節度使皇甫溫不協監軍張志斌自陝入奏智光館給禮慢志斌責其不肅智光大怒曰僕固懷恩豈有反狀皆由爾鼠輩作福作威懼死不敢入朝我本不反今爲爾作之因叱下斬之臠其肉以飼從者時淮南節度使檢校右僕射崔圓入覲方物百萬智光強留其半舉選之士諫駭或竊同州路以過智光使部將邀斬於乾坑店橫死者衆優詔以智光爲尚書左僕射遣中使余元仙持告身以授之智光受詔慢罵曰智光有數子皆彎弓二百斤有萬人敵堪出將入相只如挾天子令諸侯天下只有周智光合作因歷數大臣之過元仙股慄智光贈絹百匹遣之於州廨置生祠俾將吏百姓祈禱大曆二年正月密詔關內河東副元帥中書令郭子儀率兵討智光許以便宜從事時同華

路絶上召子儀女婿工部侍郎趙縱受口詔付子儀縱裂帛寫詔置蠟丸中遣家童間道達焉子儀奉詔將出師華州將士相顧攜貳智光大將李漢惠自同州以其所管降子儀貶智光爲澧州刺史散官勳封如故乃聽將一百人隨身便路赴任其所部將士官吏一無所問乃以兵部侍郎張仲光爲華州刺史兼御史大夫潼關防禦使又以大理卿敬括爲同州刺史兼御史大夫長春宮等使是日智光爲帳下將斬首幷子元耀元幹等二人來獻丁卯梟智光首于皇城之南街二子腰斬以示衆判官監察御史邵賁都虞候蔣羅漢並伏誅餘黨各以親疎准法定罪命有司具儀奏告太清宮太廟七陵時淮西節度使李忠臣入覲次潼關聞智光阻兵駐所部將往禦之及智光死忠臣進兵入華州大掠自赤水至潼關二百里間畜產財物殆盡官吏至有著紙衣或數日不食者

史臣曰嘗讀李陵傳戰敗不能死屈節降虜庭君不得爲忠臣毋不得爲孝子每長歎久之昊收涇水敗衆守南陽孤城每蹈危機竟効

死節料敵雖非其良將爲君不失爲忠臣哉浮躁無行狂悖用兵宜其死矣璡善軍政得士心庶幾干城禦侮者歟始固名位爲累哉巧言終歸朝廷遣元振誣構賜死之辜匪辨用刑之道不明致舊將立祠門吏倫彭出將入相一至於斯惜哉智光狂悖不足與論

贊曰魯炅竭節來瑱枉死哀哉兇人智光逆子

唐書列傳卷第六十四

唐書列傳卷第六十五

劉　昫　等修

聞人詮校刻沈桐同校

崔器　趙國珍　崔瓘

敬括　韋元甫　魏少遊

衛伯玉　李承

崔器深州安平人也曾祖恭禮狀貌豐碩飲酒過斗貞觀中拜駙馬都尉尚神堯館陶公主父肅然平陰丞器有吏才性介而少通舉明經歷官淸謹天寶六載爲萬年尉踰月拜監察御史中丞宋渾爲東畿採訪使引器爲判官渾坐贓流貶嶺南器亦隨貶十三年量移京兆府司錄轉都官員外郎出爲奉先令逆胡陷西京器沒於賊仍守奉先居無何屬賊黨同羅叛賊長安守將安守忠張通儒並亡匿又渭上義兵起一朝聚徒數萬器懼所受賊文牒符勑一時焚之牓召義師欲應渭上軍及渭上軍破賊將崔乾祐先鎮蒲同使麾下騎

○三十人捉器器遂北走靈武器素與呂諲善諲引爲御史中丞兼戶部侍郎從肅宗至鳳翔加禮儀使尅復二京爲三司使器草儀注駕入城令陷賊官立於含元殿前露頭跣足撫膺頓首請罪以刀杖環衛令扈從群官宰臣已下視之及收東京令陳希烈已下數百人如西京之儀器性陰刻樂禍殘忍寡恩希旨奏陷賊官準律並合處死肅宗將從其議三司使梁國公李峴執奏固言不可乃六等定罪多所原宥唯陳希烈達奚珣斬於獨柳樹下後蕭華自相州賊中仕賊官歸闕奏云賊中仕官等重爲安慶緒所驅脅至相州初聞廣平王奉宣恩命釋放陳希烈已下皆相顧曰我等國家見待如此悔恨何及及聞崔器議刑太重衆心復搖肅宗曰朕幾爲崔器所誤呂諲驟薦器爲吏部侍郎御史大夫上元元年七月器病腳腫月餘疾亟瞋目則見達奚珣叩頭曰大尹不自由左右問之器荅曰達奚大尹嘗訴寃於我我不之許如是三日而器卒

趙國珍牂牁之苗裔也天寶中以軍功累遷黔府都督兼本管經略等使時南蠻閤羅鳳叛宰臣楊國忠兼劍南節度遙制其務屢喪師徒中書舍人張漸薦國珍有武略習知南方地形國忠遂奏用之在五溪凡十餘年中原興師唯黔中封境無虞代宗踐祚特嘉之召拜工部尚書大曆三年九月以疾終贈太子太傅

崔瓘博陵人也以士行聞莅職淸謹累遷至澧州刺史下車削去煩苛以安人爲務居二年風化大行流亡襁負而至增戶數萬有司以聞優詔特加五階至銀青光祿大夫以甄能政遷潭州刺史兼御史中丞充湖南都團練觀察處置使瓘到官政在簡肅恭守禮法將吏自經時艱久不奉法多不便之大曆五年四月會月給糧儲兵馬使臧玠與判官達奚觀忿爭觀曰今幸無事玠曰有事何逃厲色而去是夜玠遂搆亂犯州城以殺達奚觀爲名瓘惶遽走逢玠兵至遂遇害代宗聞其事悼惜久之

敬括河東人也少以文詞稱鄉舉進士又應制登科再遷右拾遺內供奉殿中侍御史天寶末宰臣楊國忠出不附已者括以例爲果州

○刺史累遷給事中兵部侍郎大理卿性深厚志尚簡淡在職不務求名因循而已大曆初叛臣周智光伏誅詔選循良爲近輔以括爲同州刺史歲餘入爲御史大夫遲重推誠於下未嘗以私害公士頗稱焉而從容養望不舉綱紀士亦以此少之大曆六年三月卒

韋元甫少修謹敏於學行初任滑州白馬尉以吏術知名本道採訪使韋涉深器之奏充支使與同幕判官員錫齊名元甫精於簡牘錫詳於訊覆涉推誠待之時謂員推韋狀元甫有器局所莅有聲累遷蘇州刺史浙江西道都團練觀察等使大曆初宰臣杜鴻漸首薦之徵爲尚書右丞會淮南節度使缺鴻漸又薦堪當重寄遂授揚州長史兼御史淮南節度觀察等使在揚州三年政尚不擾事亦粗理大曆六年八月以疾卒於位

魏少遊鉅鹿人也早以吏幹知名歷職至朔方水陸轉運副使肅宗幸靈武杜鴻漸等奉迎留少遊知留後備宮室掃除之事少遊以肅宗遠離宮闕初至邊蕃故豐供具以悅之將至靈武少遊整騎卒千

餘干戈耀日於靈武南界鳴沙縣奉迎備威儀振旅而入肅宗至靈武殿宇御幄皆象宮闈諸王公主各設本院飲食進御窮其水陸肅宗曰我至此本欲成大事安用此爲命有司稍去之累遷衛尉卿乾元二年十月議率朝臣馬以助軍少遊與漢中郡王瑀沮其議上知之貶渠州長史後爲京兆尹請中書門下及兩省五品已上尚書省四品已上諸司正員三品已上諸王駙馬中碁周已上親及女婿外甥不得任京兆府判官畿令赤縣丞簿尉勑從之遷刑部侍郎大曆二年四月出爲洪州刺史兼御史大夫充江南西道都團練觀察等使四年六月封趙國公賈明觀者本萬年縣捕賊卜胥劉希暹侍魚朝恩之勢恣行兇忍毒甚豺虺朝恩希暹既誅元載當權納明觀姦謀容之特令江西効力明觀未出城百姓萬衆聚於城外皆懷塼石候之期投擊以快意載聞之特令所由吏擁百姓入城內由是獲免在洪州二年少遊爲觀察使承元載意苟容之及路嗣恭代少遊到州即日杖殺識者以是減魏之名多路之政大曆六年三月己未卒於官贈太師少遊居職緣飾成務有規檢善任人果於集事前後四

領京尹雖無赫赫之名而齪齪廉謹有足稱者

○衛伯玉有膂力幼習藝天寶中杖劒之安西以邊功累遷至員外諸衛將軍肅宗即位興師靖難伯玉激憤思立功名自安西歸長安初爲神策軍兵馬使出鎮乾元二年十月逆賊史思明遣僞將李歸仁鐵騎三千來犯伯玉以數百騎於疆子坂擊破之積尸滿野虜馬六百匹歸仁與其黨東走以功遷右羽林軍大將軍知軍事轉四鎮北庭行營節度使獻俘百餘人至闕下詔解縛而赦之遷伯玉神策軍節度上元二年二月史思明領衆西下圖長安史朝義率其黨夜襲陝州伯玉以兵逆擊大破賊於永寧賊退進位特進封河東郡公廣德元年冬吐蕃寇京師乘輿幸陝以伯玉有幹略可當重寄乃拜江陵尹兼御史大夫充荆南節度觀察等使尋加檢校工部尚書封城陽郡王大曆初丁母憂朝廷以王昂代其任伯玉潛諷將吏不受詔遂起復以本官爲荆南節度等使時議醜之大曆十一年二月入覲以疾卒於京師

李承趙郡高邑人吏部侍郎至遠之孫國子司業畬之第二子也承幼孤兄曄鞠養之既長事兄以孝聞舉明經高第累至大理評事充河南採訪使郭納判官尹子奇圍汴州陷賊拘承送洛陽承在賊庭密疏姦謀多獲聞達兩京尅復例貶撫州臨川尉數月除德清令旬日拜監察御史淮南節度使崔圓請留充判官累遷檢校刑部員外郎兼侍御史圓卒歷撫州江州二刺史課績連最遷檢校考功郎中兼江州刺史徵拜吏部郎中尋爲淮南西道黜陟使奏於楚州置常豐堰以禦海潮屯田瘠鹵歲收十倍至今受其利時梁崇義縱恣倨慢朝廷將加討伐李希烈揣知之上表數崇義過惡請率先誅討上悅之每對朝臣多稱希烈忠誠承自黜陟廻因奏之曰希烈將兵討伐必有微勳但恐立功之後縱恣跋扈不稟朝憲必勞王師問罪上初未之信無幾希烈既平崇義果有不順之跡上思承言故驟加擢用建中二年七月拜同州刺史河中尹晉絳都防禦觀察使九月轉

○襄州刺史山南東道節度觀察鹽鐵等使希烈既破崇義擁兵襄州遂有其地朝廷慮不受命欲以禁兵送承承請單騎徑行既至希烈處承於外館迫脅萬態承恬然自安誓死王事希烈不能屈遂剽虜闔境所有而去襄漢爲之空承治之一年頗得完復初希烈雖歸蔡州留將校等於襄州守當賦掠得財帛什物等　後使襄漢往來不絕承亦使腹心臧叔雅往來許蔡厚結希烈腹心周曾王玢姚憺等及曾等謀殺希烈以衆歸朝多承首建謀也累賜密詔褒美之承尋改檢校工部尚書兼潭州刺史湖南都團練觀察使建中四年七月卒於位年六十二贈吏部尚書承少有雅望至其從官頗以貞廉才術見稱於時

史臣曰自古酷吏濫刑幸免者多矣苟無強寃爲祟沮議者惑焉器深文樂禍居官令終非達奚訴究無以顯其陰責矣國珍守黔溪理修禮法括推誠馭下元甫爲政寬簡少遊規檢集事皆可稱者伯玉破敵立功足爲猛士丁憂冒寵終是武夫承忠懿謀議勤勞盡瘁方

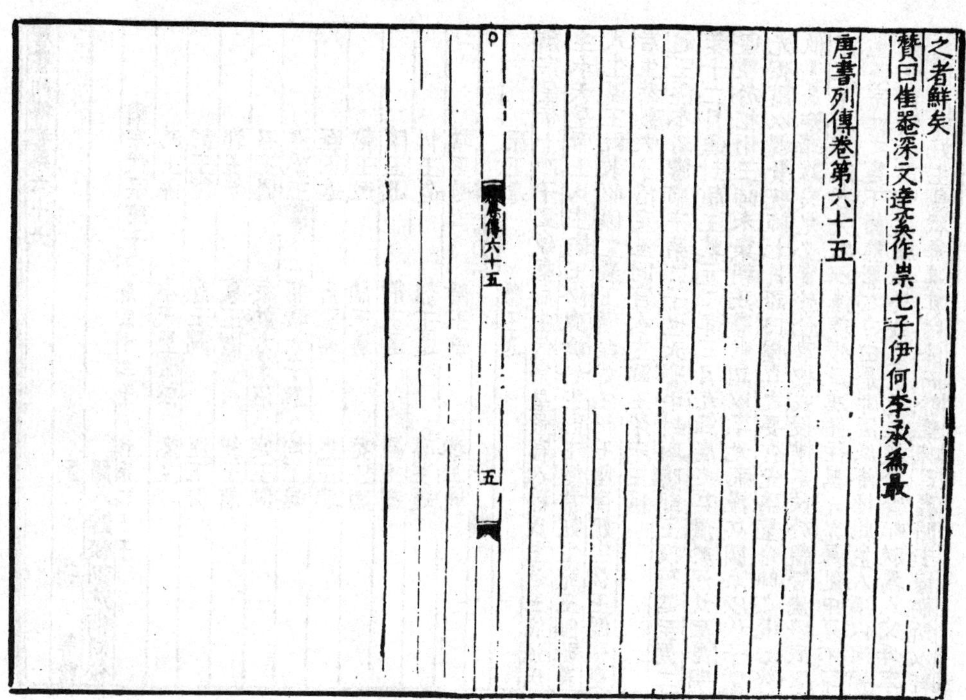

之者鮮矣

贊曰崔蠡深文達奚作祟七子伊何李承爲最

唐書列傳卷第六十五

唐書列傳卷第六十六

劉昫　等修

聞人詮校刻沈桐同校

肅宗代宗諸子　肅宗十三子　代宗二十子

越王係　承天皇帝倓　衛王佖

彭王僅　兗王僩　涇王侹

鄆王榮　襄王僙　杞王倕

召王偲　恭懿太子佋　定王侗

淮陽王僖　昭靖太子邈　均王遐

睦王述　丹王逾　恩王連

韓王迥　簡王遘　益王迺

隋王迅　荊王選　蜀王遡

忻王造　韶王暹　嘉王運

端王遇　循王遹　恭王通

原王逵　雅王逸

肅宗皇帝十四子章敬皇后生代宗皇帝宮人孫氏生越王係張氏生承天皇帝王氏生衛王佖陳婕妤生彭王僅韋妃生兗王僩張美人生涇王侹裴昭儀生襄王僙段婕妤生杞王倕崔妃生召王偲張皇后生恭懿太子佋定王侗宮人生鄆王榮宋王僖

越王係本名儋肅宗第二子也天寶中封南陽郡王授特進至德二年十二月進封趙王乾元二年三月九節度之兵潰於河北史思明僭號於相州王師未集朝廷震駭詔以李光弼握兵關東以代子儀光弼請以親賢統師七月詔曰握兵之要古先為重命帥之道必賛攸憑是知靖難夷兇必資於金華揔戎授律寔伏於親賢蓋將底寧邦家保息黎獻者矣朕以薄德纘承鴻緒往屬元兇暴亂中夏不寧上憑宗社之靈下藉熊羆之力由是廓清咸洛拯此生人頃以河朔殘妖尚稽天討蛇豕竊依於城保塗炭久被於齊甿朕為人父母寧忘閔念雖好生息戰每冀其歸降而餘孽昧恩靡聞于悔禍所以軒后親征於獯鬻周文致役於昆夷古之用兵蓋非獲已越王係幼稟異操夙懷韜畧負東平之文學蘊任城之智勇性惟忠孝持愛敬以立身志尚權謀有經通之遠智知子者父方有屬於維城擇能而授俾克申於戎律且兇徒嘯聚頗歷歲時惡既貫盈理當撲滅君親有命可不敬乎俾展龍豹之韜永清梟獍之類可充天下兵馬元帥仍令司空兼侍中薊國公光弼副知節度行營事應緣軍司署置所司準式九月史思明陷洛陽光弼以副元帥董兵守河陽王不出京師十月下詔車駕親征諫官論奏乃止王請行不許三年四月改封越王寶應元年四月肅宗寢疾彌留皇后張氏與中官李輔國有隙因皇太子監國謀誅輔國使人以肅宗命召太子入宮皇后謂太子曰賊臣輔國久典禁軍四方詔令皆出其口頃矯制命逼徙聖皇今聖體彌留心懷怏怏常忌吾與汝又聞射生內侍程元振結託黃門將圖不軌若不誅之禍在頃刻太子泣而對曰此二人是陛下勳舊內臣今聖躬不康重以此事驚撓聖慮情所難任若決行此命當出外

徐圖之后知太子難與共事乃召係謂之曰皇太子仁惠不足以圖平禍難復以除輔國謀告之曰汝能行此事乎係曰能后令內謁者監段恒俊與越王謀召中官有武勇者二百餘人授甲於長生殿是月乙丑皇后矯詔召太子程元振伺知之告輔國元振握兵於凌霄門候之太子既至以難告太子曰必無此事聖恙危篤吾豈懼死不赴召乎元振曰為社稷計行則禍及矣遂以兵護太子匿於飛龍廐丙寅夜元振輔國勒兵於三殿前收捕越王及同謀內侍朱光輝段恒俊等百餘人禁繫幽皇后於別殿侍者十數人隨之是日皇后越王俱為輔國所害係子建逌逾建中元年十一月封武威郡王授殿中監同正員逌封興道郡王授中監同正員逾封齊國公光祿卿同正員

承天皇帝倓肅宗第三子也天寶中封建寧郡王授太常卿同正員英毅有才畧善射祿山之亂玄宗幸蜀倓兄弟典親兵扈從車駕渡渭百姓遮道乞留太子太子諭之曰至尊奔播吾不忍遠離左右倓

吾見上奏聞倓於行宮謂太子曰逆胡犯順四海分崩不因人情何以興復夫有國家者大孝莫若存社稷今從至尊入蜀則散關已東非皇家所有何以維屬人情殿下宜購募豪傑暫往河西收拾戎馬點集防邊將卒不下十萬人光弼子儀全軍河朔謀爲興復計之上也廣平王亦贊成之於是令李輔國奏聞玄宗忻然聽納乃分從官士卒以遣之時敗卒贍破兵仗不完太子既北上渡渭一日百戰倓自選驍騎數百衞從每蒼黃顛沛之際血戰在前太子或過時不得食倓涕泗不自勝上尤憐之軍士屬目歸於倓至靈武太子即帝位廣平既爲元子欲以倓爲天下兵馬元帥侍臣曰廣平王冢嗣有君人之量上曰廣平地當儲貳何假更爲元帥左右曰廣平今未冊立艱難時人尤屬望於元帥况太子從曰撫軍守曰監國今之元帥撫軍也廣平爲宜遂以廣平爲元帥倓典親軍李輔國爲元帥府司馬時張良娣有寵倓性忠謇因侍上屢言良娣頗自恣輔國連結內外欲傾動皇嗣自是日爲良娣輔國所搆云建寧恨不得兵權頗畜異

志肅宗怒賜倓死既而省悟悔之明年冬廣平王收復兩京遣判官李泌入朝獻捷泌與上有東宮之舊從容語及建寧事肅宗改容謂泌曰倓於艱難時實得氣力無故爲下人之所間欲圖害其兄朕以社稷大計割愛而爲之所也泌對曰爾時臣在河西豈不知其故廣平兄弟天倫篤睦至今廣平言及建寧則嗚咽不已陛下之言出於讒口也帝因泣下曰事已及此無如之何泌因奏曰臣幼稚時念黃臺瓜辭陛下嘗聞其說乎高宗大帝有八子睿宗最幼天后所生三子自爲行第故睿宗第四長曰孝敬皇帝爲太子監國而仁明孝悌天后方圖臨朝乃鴆殺孝敬立雍王賢爲太子賢每日憂惕知必不保全與二弟同侍於父母之側無由敢言乃作黃臺瓜辭令樂工歌之冀天后聞之省悟即生哀愍辭云種瓜黃臺下瓜熟子離離一摘使瓜好再摘令瓜稀三摘猶尚可四摘抱蔓歸而太子賢終爲天后所逐死于黔中陛下有今日運祚已一摘矣慎無再摘上愕然曰公安得有是言時廣平王立大功亦爲張皇后所忌潛搆流言泌因事

諷動之及代宗即位深思建寧之冤追贈齊王大曆三年五月詔曰故齊王倓承天祚之慶保鴻名之光降志尊賢高才好學藝文博洽智畧宏通斷必知來謀皆先事識無不達理至逾精乃者寇盜橫流鑾輿南幸先聖以宸衷之戀將侍君親惟王以宗廟之重誓寧家國克協朕志載符天時立辨群議之非同獻五原之計中興之盛實賴奇功晷命不融早從厚夜天倫之愛震慯良深流涕追封胙于東海頃加表餙未極哀榮夫以紹舊邦再造之勤成天下一家之業而存未峻其等歿未尊其稱非所以旌徽烈明至公也朕以恥身纘膺大寶不及讓王之禮莫申太弟之嗣所懷靡殫邈想逾切非常之命寵錫攸宜敬用追謚曰承天皇帝與興信公主第十四女張氏冥婚謚曰恭順皇后有司準式擇日冊命改葬于順陵仍祔于奉天皇帝廟同殿異室焉

衞王佖肅宗第四子天寶中封西平郡王授殿中監同正員早薨寶應元年五月追贈衞王

彭王僅肅宗第五子天寶中封新城郡王授鴻臚卿同正員至德二年十二月進封彭王乾元二年冬史思明再陷河洛關東用兵人情震懼群臣請以親王遙統兵柄三年四月詔曰古之哲王宅中御宇莫不內封子弟外建藩維故周稱百代抑聞麟趾之美漢命六官亦樹犬牙之制歷考前載率由舊章朕以薄德纘承鴻緒屬豺狼未殄金革猶虞賴文武藎臣協心同德庶克清於玄祲期永保於皇圖且授鉞分符義已先於用武又維城作翰道方弘於建親咨爾分閫之崇成于磐石之固彭王僅等銀潢毓慶瓊萼分輝忠孝稟於天成文武稱其備用今三秦之地萬國來庭誠宜列皇子以建封崇懿藩而制勝是資固本委以臨戎彭王僅可充河西節度大使兗王僴可充北庭節度大使涇王侹可充隴右節度大使杞王倕可充陝西節度大使興王佋可充鳳翔節度大使僅是歲薨子鎮授大僕卿同正員封常山郡王

兗王僴肅宗第六子母韋妃刑部尚書堅之妹肅宗在東宮選爲太

子妃生僩及永和公主後爲李林甫誣搆被誅太子懼奏請與妃離異於別宮安置僩天寶中封潁川郡王授太子詹事同正員至德二年十二月進封兗王乾元三年領北庭節度大使寶應元年薨

涇王侹肅宗第七子天寶中封東陽郡王授光祿卿同正員至德二載十二月進封涇王乾元三年領隴右節度大使興元元年薨

鄆王榮肅宗第八子天寶中封靈昌郡王早世寶應元年五月追贈鄆王

襄王僙肅宗第九子至德二載十二月封襄王貞元七年正月薨

杞王倕肅宗第十子母段婕妤貞元六年六月贈爲昭儀倕至德二載封貞元十四年薨

召王偲肅宗第十一子至德二載十二月封元和元年薨

恭懿太子佋肅宗第十二子至德二載封興王上元元年六月薨佋皇后張氏所生上尤鍾愛后屢危太子欲以興王爲儲貳會薨而止七月丁亥詔曰厚禮所以飾終易名所以表行況情鍾天屬寵及褒封載疇加等之典式備元儲之贈永懷軫念有惻彝章第十二子故興王佋毓慶璿源分華若木天資純孝神假聰明河間聚書幼聞樂善之旨延陵聽樂早得知音之妙頃以暫嬰沉瘵殆積旬時而資敬益彰穎晤逾爽愛親之戀言不間於斯須告訣之辭事先符於夢寐顧惟至性實切深哀將祚土析珪載崇藩翰聞詩對易爰就琢磨方冀成立豈期夭喪瑤英始茂遽摧於當春隙駟俄遷忽沉於厚夜興言痛悼閔惜良深宜賁寵於青宮俾哀榮於玄穸可贈太子謚曰恭懿應緣喪葬所司準式仍令京兆尹劉晏充監護使詔宰臣李揆持節冊命十一月葬于高陽原其哀冊曰維上元元年太歲庚子六月巳未朔二十六日甲申皇第十二子持節鳳翔等四州節度觀察大使興王佋薨于中京內邸殯于寢之西階粵八月丁亥冊贈皇太子廟號恭懿冬十一月庚寅詔葬于長安之高陽原禮也鸞隧開封龍輴進轍陳祖載而就位儼塗芻以成列皇帝哀王林之閟景憫璿萼之惟霜贈龍綍而增思懷鳳池而永傷考謚惟古褒崇有式爰詔史司恭宣懿德其辭曰惟天祚唐累葉重光中興宸景再紐乾綱本枝建國磐石疏疆克開龍裔寔曰賢王驪源孕彩日幹騰芳深仁廣孝超羣藝倫童年秀發髫年惠彰齔齒蹈禮知方承尊叶旨對日流辯占風擅美會衛後塵閒平絕軌胡擊初搆王師未班爰從禰祿載歷險艱愛備中被名崇懿藩居常稟訓動不違顏禮及佩觿朝加分器胙土延深登壇受飾王質金聲文經武緯樂善爲寶崇儒是貴濬哲外朗溫文內深閱書成誦觀樂表音五經在口六律諧心才優藝洽絕古超今虵豕僭梗寰區未乂滌慮祈真焚香演偈食去葷血心依定惠廢福邦家俾清兇穢霧露嬰疾聰明害神沉痾始遘彌曠盈旬止慮無援發言有倫在膏方亟問膳逾勤雲物告徵星辰變象楚藥無救秦醫莫伏靈儀官而上賓徽音邈其長往遣舊邸於青社即幽陵於黃壤嗚呼哀哉魂氣奄兮去何之精靈存兮孝有思念君親之未備託夢寐而來辭延桂宮而震悼貫椒臺而縱悲旌遺芳於碣館貢新命於儲闈嗚呼哀哉先遠戒候占龜獻吉指鶉野而西臨背鳳城而右出天慘慘而苦霧山蒼蒼而曀日望馳道而長辭赴幽塗而永畢嗚呼哀哉生爲寵王兮寢愛所鍾歿追上嗣兮朝典斯崇升玉笙於洞府閱銀榮於泉宮金石誰固人生有終簡冊攸記兮德音無窮敢直詞於篆美庶永代而成風嗚呼哀哉佋薨時年八歲既薨之夕肅宗張后俱夢佋有如平昔拜辭流涕而去帝方寢疾追念過深故特以儲闈之贈寵之上疾累月方平

定王侗肅宗第十三子亦張后所生佋之母弟至德二載封定王寶應初薨時年甚幼

宋王僖肅宗第十四子初封淮陽王早夭追封宋王

代宗皇帝二十子睿真皇后沈氏生德宗皇帝崔妃生昭靖太子獨孤皇后生韓王迥餘十七王舊史不載母氏所出

昭靖太子邈代宗第二子寶曆元年封鄭王大曆初代皇太子爲天下兵馬元帥王好讀書以儒行聞大曆九年薨廢朝三日由是罷元帥之職上惜其才早夭冊贈昭靖太子葬於萬年縣界

均王遐代宗第三子早夭貞元八年追封
睦王述代宗第四子大曆九年冬三田承嗣謀亂河朔時鄭王居長與兵師不幸薨落諸王皆幼多未封建大臣奏議請封親王分領戎師以威天下十年二月詔曰虞夏之制諸子疏封漢魏以還十連授律是用錫珪班瑞疊石開疆信通邑之紀綱爲中都之屏翰然則旌鉞之寄推擇攸難因親之任各膺其命第四子述第五子逾第六子連第七子迥第八子遘第十三子造第十四子暹第十五子運第十六子遇第十七子遹第十八子逌第十九子逵第二十子逸等並敏茂純懿稟於衷識溫良孝恭形於進對動皆合義居必有常可以理衆靖人撫封宣化而撫列城之賦繕分閫之謀克勤公家允輔王室令則均茅社之寵盛槐庭之儀授鉞登車嗣茲朝典維城之固實其哉述可封睦王充嶺南節度支度營田五府經略觀察處置等大使逾可封郴王充渭北鄜坊等州節度大使連可封恩王韓王迥可汴宋等節度觀察處置等大使遘可封鄜王造可封忻王充昭義軍節

度觀察處置等大使暹可封韶王運可封嘉王遇可封端王遹可封循王逌可封恭王逵可封原王逸可封雅王仍並可封開府儀同三司是時皇子勝衣者盡加王爵不出閤德宗朝述爲諸王之長時分命中使周行天下求訪沈太后詔以睦王爲奉迎太后使以工部尚書喬琳副之貞元七年薨

丹王逾代宗第五子大曆十年封郴王領渭北鄜坊節度大使建中四年改丹王元和十五年薨

恩王連代宗第六子大曆十年封元和十二年薨

韓王迥代宗第七子以母寵既生而受封雖沖幼恩在鄭王之亞興元元年封韓王貞元十二年薨時年四十七

簡王遘代宗第八子大曆十年封鄜王建中四年改封簡王元和四年薨

益王迺代宗第九子大曆四年封

隋王迅代宗第十子大曆十年封興元元年薨

荆王選代宗第十一子早世建中二年正月追封荆王贈開府儀同三司

蜀王遡代宗第十二子大曆十四年封本名遂建中二年改今名

忻王造代宗第十三子大曆十年封仍領昭義軍節度觀察大使元和六年薨

韶王暹代宗十四子大曆十年封貞元十二年薨

嘉王運代宗十五子大曆十年封貞元十七年薨

端王遇代宗十六子大曆十年封貞元七年薨

循王遹代宗第十七子大曆十年封

恭王逌代宗第十八子大曆十年封

原王逵代宗第十九子大曆十年封太和六年薨

雅王逸代宗第二十子大曆十年封貞元十五年薨

史臣曰蠱妻破國孽子敗宗前代英傑之君率不免於斯累者何也良以愛惡不由於義斷毀譽遽逐於情移雖申生孝已之仁卒不能

逭君父之愛悲哉孝宣皇帝當屯剥之運收忠義之心忍行愛子之刑終宥姦閹之罪大雅君子爲之痛心張后卒以凶終固其宜矣

讚曰牀簀之愛人情易惑以義制情哲王令德李侯悟主韻諧金石褒謚建寧良堪太息

唐書列傳卷第六十六

唐書列傳卷第六十七

劉　昫　等修

聞人詮校刊沈桐同校

嚴武　郭英乂

崔寧　嚴震

嚴礪

嚴武中書侍郎挺之子也神氣雋爽敏於聞見幼有成人之風讀書不究精義涉獵而已弱冠以門廕策名隴右節度使哥舒翰奏充判官遷侍御史至德初肅宗興師靖難大收才傑武杖節赴行在宰相房琯以武名臣之子素重之及是首薦才略可稱累遷給事中既收長安以武為京兆少尹兼御史中丞時年三十二以史思明阻兵不之官優游京師頗自矜大出為綿州刺史遷劍南東川節度使入為太子賓客兼御史中丞上皇誥以劍兩川合為一道拜武成都尹兼御史大夫充劍南節度使入為太子賓客遷京兆尹兼御史大夫二聖山陵以武為橋道使無何罷兼御史大夫改吏部侍郎尋遷黃門侍郎與宰臣元載深相結託冀其引在同列事未行求為方面復拜成都尹充劍南節度等使廣德二年破吐蕃七萬餘衆拔當狗城十月取鹽川城改檢校吏部尚書封鄭國公前後在蜀累年肆志逞欲恣行猛政梓州刺史章彝初為武判官及是小不副意赴成都杖殺之由是威震一方蜀土頗饒珍產武窮極奢靡賞賜無度或由一言賞至百萬蜀方閭里以徵斂殆至匱竭然蕃虜亦不敢犯境而性本狂蕩視事多率胸臆雖慈母言不之顧初為劍南節度使舊相房琯出為管內刺史琯於武有薦導之恩武驕倨見琯略無朝禮甚為時議所貶永泰元年四月以疾終時年四十

郭英乂先朝隴右節度使左羽林軍將軍知運之季子也少以父業習知武藝策名河隴間以軍功累遷諸衛員外將軍至德初肅宗興師朔野英乂以將門子特見任用遷隴右節度使兼御史中丞既收二京徵還闕下掌禁兵遷羽林軍大將軍加特進以家艱去職朝廷方討史思明選任將帥乃起英乂為陝州刺史充陝西節度潼關防禦等使尋加御史大夫兼神策軍節度代宗即位加檢校戶部尚書兼御史大夫元帥雍王自陝統諸軍討賊洛陽留英乂在陝為後殿東都平以英乂權為東都留守既至東都不能禁暴縱麾下兵與朔方迴紇之衆大掠都城延及鄭汝等州比屋蕩盡廣德元年策勳加實封二百戶徵拜尚書右僕射封定襄郡王恃富而驕於京城創起甲第窮極奢靡與宰臣元載交結以久其權會劍南節度使嚴武卒載以英乂代之兼成都尹充劍南節度使既至成都肆行不軌無所忌憚玄宗幸蜀時舊宮置為道士觀內有玄宗鑄金真容及乘輿侍衛圖畫先是節度使每至皆先拜而後視事英乂以觀地形勝乃入居之其真容圖畫悉遭毀壞見者無不憤怒以軍政苛酷無敢發言又頗恣狂蕩聚女人騎驢擊毬製鈿驢韉及諸服用皆侈靡裝飾日費數萬以為笑樂未嘗問百姓間事人頗怨之又以西山兵馬使崔旰得衆心屢抑之旰因蜀人之怨自西山率麾下五千餘衆襲成都英乂出軍拒之其衆皆叛反攻英乂英乂奔於簡州普州刺史韓澄斬英乂首以送旰并屠其妻子焉

崔寧衛州人本名旰雖儒家子喜縱橫之術衛州刺史茹璋授旰符離令既罷久不調遂客遊劍南從軍為步卒事鮮于仲通又隨李宓討雲南宓戰敗旰歸成都行軍司馬崔論見旰悅其狀貌又以其宗姓厚遇薦為衙將歷事崔圓裴冕冕遭流謗朝廷將遣使推按旰部下截耳稱冤中使奏之旰亦赴京師授司戈歷司階折衝郎將軍等官寶應初蜀中亂山賊擁絕縣道代宗憂之嚴武薦旰為利州刺史既至山賊遁散由是知名嚴武為劍南節度赴鎮過利州心欲辟旰為部將以利非屬部旰難輒去俾旰籌之旰曰節度使張獻誠見忌且又好利誠能重賂之旰可以從大夫矣武至劍南遺獻誠奇錦珍貝價兼百金獻誠大悅武乃遺獻誠書求旰獻誠然之令旰移疾去郡旰乃之劍南武奏為漢州刺史久之吐蕃與諸雜羌戎寇陷西山柘靜等州詔嚴武收復武遣旰統兵西山旰善撫士卒皆願致死命

始次賊城周圍皆石磔攻具無所設唯東南隅環丈之地壤土可穴謀知之以告旰晝夜穿地道攻之再宿而拔其城因拓地數百里下城寨數四番衆相語曰崔旰神兵也將更前進以糧盡還師武大悅裝七寶轝迎旰入成都以誇士衆賞賚過厚永泰元年五月嚴武卒杜濟爲西川行軍司馬權知軍府事時郭英幹爲都知兵馬使郭嘉琳爲都虞候皆請英幹兄英乂爲節度使旰時爲西山都知兵馬使與軍衆共請大將王崇俊爲節度使二奏俱至京師會朝廷已除英乂旰使因見英乂陳其事英乂至成都數日誣殺王崇俊又召旰還成都英乂減將健糧賜人心怨怒旰在西山聞之大恐乃託備吐蕃未赴成都英乂怒出兵聲言助旰討吐蕃其實襲之也旰家在漢州英乂遷之成都通其妾媵旰知之轉入深山英乂自率師攻旰值天大寒雪深數尺英乂士馬凍死者數百人衆心離叛旰遂出兵拒戰英乂與之接戰英乂軍大敗而還收餘兵纔千人歸成都將卒因多逃散初天寶中劍南節度使鮮于仲通嘗建一使院院宇甚華麗及玄宗幸蜀嘗居之因爲道觀兼寫玄宗真容置之正室英乂因入觀行香悅其竹樹遂奏請以仲通舊院爲軍營乃移去真容自居之旰聞之謂將士曰英乂反矣不然何得除毀玄宗真容而自居之乃率兵攻成都英乂出兵於城西門令柏茂琳爲前軍郭英幹爲左軍郭嘉琳爲後軍與旰戰茂琳等軍累敗軍人多投旰旰令降將統兵與英乂轉戰大敗之兵至子城英乂單騎奔簡州爲普州刺史韓澄所殺時邛劍所在起兵相攻劍南大亂永泰二年二月乃以黃門侍郎平章事杜鴻漸兼成都尹山南西道劍南東川西川南邛等道副元帥劍南西川節度使鴻漸出駱谷有謀者曰相公駐車閬州遙制劍南數移牒述英乂過失言旰有方略旰腹心攝諸州刺史者皆奏正之令旰及將校不疑怨然後與東川節度使張獻誠及諸賊帥合議數出兵攻旰旣數道連兵未經一年兵勢衰耗旰窮必東身歸朝此上策也鴻漸畏懦計 未決會旰使至卑辭厚禮送繒錦數千匹鴻漸貪其利遂至成都日與判官杜亞楊炎將吏等高會縱觀軍州政

事悉委旰仍連表聞薦先時張獻誠數與旰戰獻誠屢敗旌節皆爲旰所奪朝廷因鴻漸之請加成都尹兼西山防禦使西川節度行軍司馬仍賜名曰寧大曆二年鴻漸歸朝遂授寧西川節度使恃地險人富乃厚斂財貨結權貴令弟寬留京師元載及諸子有所欲寬恣與之故寬驟歷御史知雜事御史中丞寬兄審亦任郎中諫議大夫給事中寧在蜀十餘年地險兵強肆侈窮欲將吏妻妾多爲所淫汚朝廷患之而不能詰累加尚書左僕射大曆十四年入朝還司空平章事兼山陵使尋代喬琳爲御史大夫平章事寧以爲選擇御史當出大夫不謀及宰相乃奏請以李衡于結等數人爲御史楊炎大怒其狀遂寢炎又數譏毀劉晏寧又救解之寧旣厚結元載已久楊炎又出自載門寧初附炎炎因此大怒其年十月南蠻大下與吐蕃三道合進一出茂州過文川及灌口一出扶文過方維白埧一出黎埧雅過邛郲戎酋誡其衆曰吾要蜀川爲東府凡伎巧之工皆送邏娑平歲賦一縑而已是蠻之入連陷郡邑士庶奔亡山谷屬寧在朝軍中無帥德宗促寧還鎭炎懼寧怨已入蜀難制謂德宗曰蜀川天下奧壤自寧擅置其中朝廷失其外府十四年矣今寧來朝尚有全師守蜀貨利之厚適中奉給貢賦所入與無地同始寧與諸將等夷獨因叛亂得位不敢自有以恩柔煦育威令不行今雖歸之必無功是徒遣也若有功義不可奪則西川之奧敗固失之勝亦非國家所有陛下熟察帝曰卿策何從炎曰請無歸寧今朱泚所部范陽勁兵戍在近甸促令與禁兵雜往舉無不捷因是役得寘親兵內其腹中蜀將必不敢動然後換授他帥以收其權得千里肥饒之地是因小禍受大福也帝曰善即止寧不行乃發禁兵四千范陽兵五千赴援東川出軍自江油趣白埧與山南兵合擊蠻兵敗走范陽軍又擊破於七盤遂拔新城戎蠻大敗凡斬馘六千生擒六百傷者殆半饑寒隕於崖谷者八九萬寧遂罷西川節度使制授檢校司空同中書門下平章事御史大夫京畿觀察使兼靈州大都督單于鎭北大都護朔方節度等使兼鄜坊丹延都團練觀察使託以重臣綏靖北邊但令居

鄜州雖以寧爲節度毎道皆置留後自得奏事炎悉諷令伺寧過佀杜希全爲靈州王翃爲振武李建徽爲鄜州及戴休顏杜從政呂希倩等皆炎署置也寧巡邊至夏州刺史呂希倩與寧同力招撫党項歸降者甚多炎惡之因奏希倩撫綏之功才堪委任召歸朝除右僕射知省事以神武將軍時常春代之朱泚之亂上卒迫行幸百寮諸王鮮有知者寧後數日自賊中來上初喜甚寧私謂所親曰聖上聰明英邁從善如轉規但爲盧杞所惑至此爾杞聞之潛與王翃圖議陷之初涇原兵作亂之夕寧與翃及御史大夫于頎俱出延平門而西數下馬便液毎下輒良久翃等促之不敢前又懼賊兵追及翃乃大聲而言曰已至此不必顧望至奉天翃具以事聞會朱泚行反間僞除柳渾宰相署寧中書令寧朔方掌書記康湛時爲盩厔尉翃逼湛作寧遺朱泚書使寧無以自辯翃遂獻之杞因誣奏曰崔寧初無葵藿向日之心聞於城中與朱泚堅爲盟約所以後於百辟今事果驗使兇渠外逼姦臣内謀則大事去矣因俯伏歔欷曰臣備位宰相危不能持顛不能

扶宜當萬死伏待斧鉞上命左右扶起之既還俄有中人引寧於幕後二力士自後縊殺之時年六十一初將誅寧召至朝堂云令江淮宣慰壽命翰林學士陸贄草詔寧制贄求寧與泚書將以狀生之復亂言云其書已失寧既得罪籍沒其家中外稱其冤乃赦其家歸其貲産貞元十二年六月寧故將夏綏銀節度使韓潭奏請以新加禮部尚書恩制以雪寧之罪詔從之任其家收葬初寧入朝留弟寬守成都瀘州楊子琳乘間以精騎數千突入成都據城守之寬屢戰力屈子琳威聲頗盛寧妾任氏魁偉果幹乃出其家財十萬募勇士信宿間得千人設隊伍將校手自麾兵以逼子琳子琳懼城内糧盡乃拔城自潰子琳素有妖術其夕致大雨引舟至庭除登之而遁寧季弟密密子繪父子皆以文雅稱歷使府從事繪生四子蠡黯確顏皆以進士擢第蠡字越卿元和五年擢第累辟使府寶曆中入朝監察御史太和初爲侍御史三遷戸部郎中出爲汝州刺史開成初以司勳郎中徵壽以本官知制誥明年正拜舍人三年權知禮部貢舉四年拜禮部侍郎轉戸部上疏論國忌日設僧齋百官行香事無經據詔曰朕以郊廟之禮嚴奉祖宗備物盡誠庶幾昭格恭惟忌日之感所謂終身之憂而近代以來歸依釋老徵二教以設食會百辟以行香將以有助聖靈冀資福祚有異皇王之術頗乖教義之宗昨得崔蠡奏論遂遣討尋本末禮文令式曾不該明習俗因循雅當整革其兩京天下州府以國忌日爲寺觀設齋焚香起今已後並宜停罷蠡尋爲華州刺史鎮國軍等使再歷方鎮子蕘

蕘字野夫大中二年擢進士第累官至尚書郎知制誥正拜中書舍人戸部侍郎乾符中自尚書右丞遷吏部侍郎蕘美文詞善談論而馭事簡率銓管非所長出爲陜州觀察使以器韻自高不屑細故擢移僕下時河南寇盗蜂起王仙芝亂漢南朝綱不振而蕘自恃清貴不恤人之疾苦百姓訴旱蕘指庭樹曰此尚有葉何旱之有乃笞之吏民結怨既而爲軍人所逐饑渴甚投民舍求水民以溺飲之初爲軍人所俘翦其髭髮拜而獲免以失守貶端州司馬復入爲左散騎

常侍卒子居敬居儉居璈終尚書郎居儉中興終戸部尚書

黯字直卿大和二年進士擢第開成初爲青州從事入爲監察御史奏郊廟祭器不虔請勑有司文宗謂宰臣曰宗廟之事朕合親奉其禮但以千乘萬騎動費國用毎有司行事之日被衣冠坐以俟旦比聞主者不虔祭器勞弊非事神蠲潔之義卿宜嚴勑有司道吾此意黯具條奏以聞尋遷員外郎會昌中爲諫議大夫○確字岳卿顏字希卿位皆至尚書郎

嚴震字遐聞梓州鹽亭人世爲田家以財雄於鄉里至德乾元已後震屢出家財以助邊軍授州長史王府諮議參軍東川節度判官韋收薦震才用於節度使嚴武遂授合州長史及嚴武移西川署爲押衙改恒王府司馬嚴武以宗姓之故軍府之事多以委之又歷試衛尉太常少卿嚴武卒迺罷歸東川節度使又奏爲渝州刺史以疾免山南西道節度使又奏爲鳳州刺史加侍御史丁毋憂罷起復本官仍充興鳳兩州團練使累加開府儀同三司兼御史中丞爲政清嚴

興利除害遠近稱美建中初司勳郎中韋楨爲山劍黜陟使薦震理行爲山南第一特賜上下考封鄖國公在鳳州十四年能政不渝建中三年代賈耽爲梁州刺史兼御史大夫山南西道節度觀察等使及朱泚竊據京城李懷光頓軍咸陽又與之連結泚令腹心穆庭光宋瑗等齎白書誘震同叛震集衆斬庭光等時李懷光連賊德宗欲移幸山南震既聞順動遣吏馳表往奉天迎駕仍令大將張用誠領兵五千至盩厔已東迎護上聞之喜既而用誠爲賊所誘欲謀背逆朝廷憂之會震又遣牙將馬勛奉表迎候上臨軒召勛與之語勛對曰臣請計日至山南取節度使符召用誠即不受召臣當斬其首以復上喜曰卿何日當至勛剋日時而奏帝勉勞之勛既得震符乃請壯丁五人偕行既出駱谷用誠以勛未知其謀乃以數百騎迎勛勛與俱之傳舍用誠左右森然勛先聚草發火於驛外軍士爭附火勛乃從容出懷中符示之曰大夫召君用誠惶懼起走壯士自背束手而擒之不虞用誠子居後引刀斫勛勛左右遽承其臂刀下不甚微

傷勛首遂格殺其子而仆用誠於地壯士跨其腹以刃擬其喉曰出聲即死勛即其營軍士已被甲執兵矣勛大言曰汝等父母妻子皆在梁州一朝棄之欲從用誠反逆有何利也但欲滅汝族耳大夫使我取張用誠不問汝輩欲何爲乎衆皆讋服於是縛用誠送州震杖殺之拔其副將使率其衆迎駕勛以藥封首馳赴行在愆約半日上頗憂之及勛至喜動顏色翌日車駕發奉天及入駱谷李懷光遣數百騎來襲賴山南兵擊之而退輿駕無警急之患尋加震檢校戶部尚書賜實封二百戶三月德宗至梁州山南地貧糧食難給宰臣議請幸成都府震奏曰山南地接京畿李晟方圖收復藉六軍聲援如幸西川則晟未見收復之期也幸陛下徐思其宜議未決李晟表至請車駕駐蹕梁洋以圖收復群議乃止梁漢之間刀耕火耨民以採梠爲事雖節察十五郡而賦額不敵中原三數縣自安史之後多爲山賊剽掠戶口流散太半洎六師駐蹕震設法勸課鳩聚財賦以給行在民不至煩供億無闕其年六月收復京城車駕將還京師進位檢

校尚書左僕射詔曰朕遭罹寇難播越梁岷蒸庶煩於供億武旅勤於扞衛凡百執事各奉厥司眷于是邦復我興運宜加崇大以示將來宜改梁州爲興元府官名品制同京兆河南府鄭縣升爲赤諸縣昇爲畿見任州縣官考滿日放選百姓給復一年洋州宜升爲望見任州縣官考滿減兩選山南西道將士並與甄敘以震爲興元尹賜實封二百戶貞元元年十一月德宗親祀

昊天上帝于南郊震入朝陪祭十一年二月加同平章事貞元十五年六月卒時年七十六廢朝三日冊贈太保賻布帛米粟有差及喪將至令百官以次赴宅弔哭

嚴礪震之宗人也性輕躁多姦謀以便佞在軍歷職至山南東道節度都虞候興州刺史兼監察御史貞元十五年嚴震卒以礪權留府事兼遺表薦礪才堪委任七月超授興元尹兼御史大夫山南西道節度支度營田觀察使詔下諫官御史以爲除拜不當是日諫議給事補闕拾遺並歸門下省共議礪資歷甚淺人望素輕遽領節旄恐

非允當既兼雜話發論喧然拾遺李繁獨奏云昨除拜嚴礪衆以爲不當諫議大夫苗拯云已三度表論未見聽允給事中許孟容曰誠如此不稱職矣又云李元素陳京王舒並見拯及孟容言議上遣三司使詰之拯狀云實於衆中言曾論奏不言三度繁證之不已孟容等又云拯實言兩度拯請依衆狀翌日貶拯萬州刺史李繁播州參軍並同正礪在位貪殘士民不堪其苦素惡鳳州刺史馬勛誣奏貶賀州司戶縱情肆志皆此類也元和四年三月卒卒後御史元稹奉使兩川按察糾劾礪在任日贓罪數十萬詔徵其贓以死恕其罪

史臣曰爵人於朝與衆共之刑人於市與衆棄之謚崔寧除嚴礪時君之政可知矣輔相之才可見矣武不顯父風有違毋諱凡爲人子者得不誡哉雖有周孔之才不足稱也況狂夫乎英乂失政其死也宜哉嚴震立功其道也顯矣

贊曰英乂失政崔寧發身武爲士子震作純臣

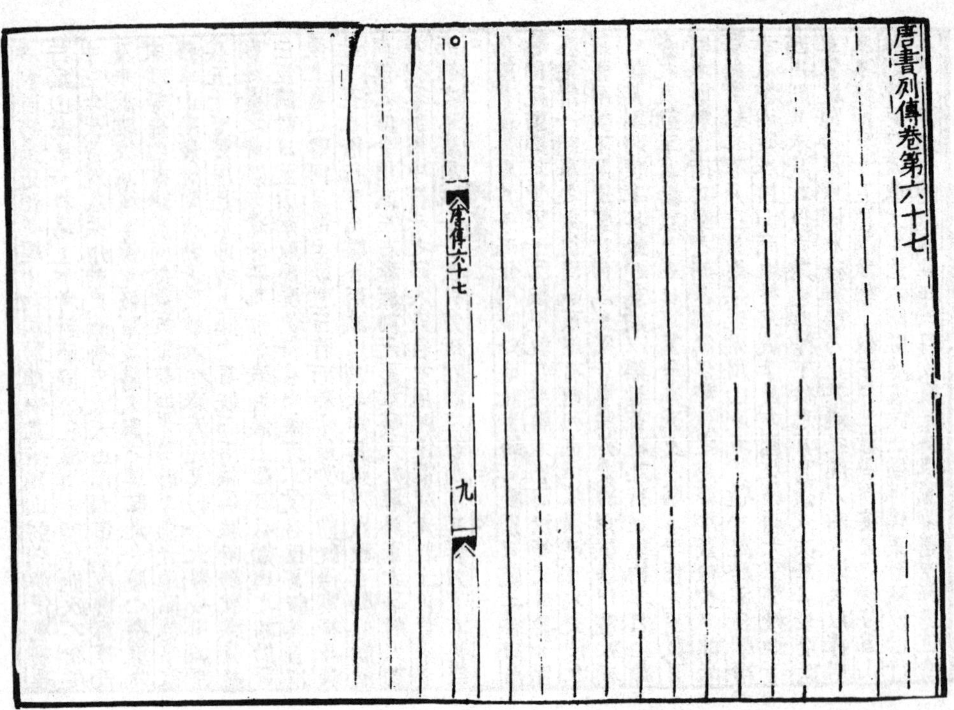

唐書列傳卷第六十七

唐書傳 六十七

九

劉　昫　等修

聞人詮校刊沈桐同校

元載 王昂附　李少良 郇謨附

王縉　楊炎

黎幹 劉忠翼附　庾準

元載鳳翔岐山人也家本寒微父景昇任員外官不理產業常居岐州載母攜載適景昇冐姓元氏載自幼嗜學好屬文性敏惠博覽子史尤學道書家貧徒步隨鄉賦累尚不升第天寶初玄宗崇奉道教下詔求明莊老文列四子之學者載策入高科授邠州新平尉監察御史韋鎰充使監選黜中引載為判官載名稍著遷大理評事東都留守苗晉卿又引為判官遷大理司直肅宗即位急於軍務諸道廉使隨才擢用時載避地江左蘇州刺史江東採訪使李希言表載為副拜祠部員外郎遷洪州刺史兩京平入為度支郎中載智性敏悟

○善奏對肅宗嘉之委以國計俾充使江淮都領漕輓之任尋加御史中丞數月徵入遷戶部侍郎度支使并諸道轉運使既至朝廷會肅宗寢疾載與倖臣李輔國善輔國妻元氏載之諸宗因是相昵狎時輔國權傾海內舉無違者會選京尹輔國乃以載兼京兆尹載意屬國柄詣輔國懇辭京尹輔國識其意然之翌日拜載同中書門下平章事度支轉運使如故旬日肅宗晏駕代宗即位輔國勢愈重稱載於上前載能伺上意頗承恩遇遷中書侍郎同中書門下平章事加集賢殿大學士修國史又加銀青光祿大夫封許昌縣子載以度支轉運使職務繁碎負荷且重慮傷名阻大位素與劉晏相友善乃悉以錢穀之務委之薦晏自代載自加營田使李輔國罷職又加判天下元帥行軍司馬廣德元年與宰臣劉晏裴遵慶同扈從至陝及輿駕還宮遵慶皆罷所任載恩寵彌盛輔國死載復結內侍董秀多與之金帛委主書卓英倩潛通密旨以是上有所屬載必先知之承意探微言必玄合上益信任之妻王氏狠戾自專載出朝謁縱子伯和等遊于

外上封人顧繇奏之上方任載以政反罪繇而已內侍魚朝恩負恃權寵不與載協載常憚之大曆四年冬乘間密奏朝恩專權不軌請除之朝恩驕橫天下咸怒上亦知之及聞載奏適會於心載遂結北軍大將同謀以防萬慮五年三月朝恩伏法度支使第五琦以朝恩黨坐累載兼判度支志氣自若謂已有除惡之功是非前賢以為文武才略莫已之若外委胥吏內聽婦言城中開南北二甲第室宇宏麗冠絕當時又於近郊起亭榭所至之處帷帳什器皆於宿設儲不改供城南膏腴別墅連疆接畛凡數十所婢僕曳羅綺一百餘人恣為不法侈僭無度江淮方面京輦要司皆排去忠良引用貪猥士有求進者不結子弟則謁主　書貨賄公行近年以來未有其比與王縉同列縉方務聚財遂睦於載二人相得甚歡日益縱橫代宗盡察其跡以載任寄多年欲全君臣之分載嘗獨見上誡之不悛初代宗自陝還與縉上表請以河中府為中都秋杪行幸春首還京以避蕃戎侵軼之患帝初納之遣條奏以聞自魚朝恩就誅志頗盈滿遂抗表

○請建中都文多不載大略以關輔河東等十州戶稅入奉京師創置精兵五萬管在中都以威四方辭多開闔自以為表入事行潛遣所由吏於河中經營節度寄理於涇州大曆八年蕃戎入邠寧之後朝議以為三輔已西無襟帶之固而涇州散地不足為守載嘗為西州刺史知河西隴右之要害指畫於上前曰今國家西境極于潘源吐蕃防戍在摧沙堡而原州界其間原州當西塞之口接隴山之固草肥水甘舊壘存焉吐蕃比毀其垣墉棄之不居其西則監牧故地皆有長濠巨塹重複深固原州雖早霜黍稷不藝而有平涼附其東獨耕一縣可以足食請移京西軍戍原州乘間築之貯粟一年戎人夏牧多在青海羽書覆至已逾月矣今運築並作不二旬可畢移子儀大軍居涇以為根本分兵守石門木峽隴山之關北抵于河皆連山峻嶺寇不可越稍置鳴沙縣豐安軍為之羽翼北帶靈武五城為之形勢然後舉隴右之地以至安西是謂斷西戎之脛朝廷可高枕矣兼圖其地形以獻載密使人踰隴山入原州量井泉計徒庸車乘畚鍤

之器皆具檢校左僕射田神功沮之曰夫興師料敵老將所難陛下
信一書生言舉國從之聽誤矣上遲疑不決會載得罪乃止初六年
載條奏應緣別勑授文武六品以下勑出後望令吏部兵部便附甲
團奏不得檢勘從之時功狀奏擬結銜多謬載欲權歸於已慮有司
駮正會有上封人李少良密以載醜跡聞載知之奏於上前少良等
數人悉斃於公府由是道路以目不敢議載之短門庭之內非其黨與
不接平素交友涉於道義者悉疏棄之代宗寬仁明恕審其所由凡
累年載長惡不悛衆怒上聞大曆十二年三月庚辰仗下後上御延
英殿命左金吾大將軍吳湊收載縉于政事堂各留繫本所并中書
主事卓英倩李待榮及載男仲武季能並收禁命吏部尚書劉晏訊
鞫晏以載受任樹黨布于天下不敢專斷請他官共事勑御史大夫
李涵右散騎常侍蕭昕兵部侍郎袁傪禮部侍郎常袞諫議大夫杜
亞同推鞫其狀辯罪問端皆出自禁中仍遣中使詰以陰事載縉皆
伏罪是日宦官左衛將軍知內侍省事董秀與載同惡先載於禁中

○杖殺之勑曰任直去邪懸於帝典獎善懲惡急於時政和鼎之寄匪
易其人中書侍郎同中書門下平章事元載性頗姦回跡非正直寵
待踰分早踐鈞衡亮弼之功未能經邦成務挾邪之志常以罔上面
欺陰託妖巫夜行解禱用圖非望庶追典章納受贓私貿鬻官秩凶
妻忍害暴子侵牟曾不隄防恣其凌虐行僻辭矯心狠貌恭使沉抑
之流無因自達賞罰差謬罔不由茲頃以君臣之間重於去就冀其
遷善掩而不言曾無悔非彌益凶戾年序滋遠釁惡貫盈將肅政於
朝班俾申明於憲網宜賜自盡朕涉道猶淺知人不明理績未彰遺
闕斯衆致茲刑僻憫愧良深僶俛行之務申沮勸凡在中外悉朕懷
焉又制曰門下侍郎同中書門下平章事王縉附會姦邪阿諛讒佞
據茲犯狀罪至難容矜以耄及未忍加刑俾申屈法之恩貸以岳牧
之秩可使持節括州諸軍事守括州刺史宜即赴任於戲朕恭己南
面推誠股肱數求哲人將弼予理昧於任使過在朕躬無曠厥官各
慎厥職初晏等承旨縉亦處極法晏謂涵曰重刑再覆國之常典況

誅大臣豈得不覆奏又法有首從二人同刑亦宜重取進止涵等咸
聽命及晏等覆奏上乃減縉罪從輕載長子伯和先是貶在揚州兵
曹參軍載得罪命中使馳傳於揚州賜死次子仲武祠部員外郎次
子季能秘書省校書郎并載妻王氏並賜死女資敬寺尼眞一收入
掖庭王氏開元中河西節度使忠嗣之女也素以兇戾聞恣其子伯
和等爲虐伯和恃父威勢唯以聚斂財貨徵求音樂爲事載在相位
多年權傾四海外方珍異皆集其門如恐不及名姝異樂資貨不可
勝計故伯和仲武等得肆其志輕浮之士奔其門者如恐不及名姝
異樂禁中無者有之兄弟各貯妓妾于室倡優猥褻之戲天倫同觀
略無愧恥及得罪行路無嗟惜者中使董秀主書卓英倩李待榮及
陰陽人李季連以載之故皆處極法遣中官於萬年縣界黃臺鄉毀
載祖及父母墳墓斲棺棄柩及私廟木主并載大寧里安仁里二宅
充修百司廨宇以載籍沒鍾乳五百兩分賜中書門下御史臺五品
已上尚書省四品已上王昂者出自戎旅以軍功累遷河中尹充河

○中節度使貪縱不法務於聚歛以貨藩身永泰元年正月檢校刑部
尚書知省事改殿中少監元載秉政與載深相結託大曆五年六月
爲江陵尹兼御史大夫充荊南節度觀察使代衛伯玉昂既行伯玉
諷大將楊鉥等拒昂乞留伯玉詔許之昂復檢校刑部尚書知省事
專事奢靡廣修第宅多畜妓妾以逞其志在刑部雖公務有程昂耽
徇私宴連日不視曹事性貪悋無媿苟得乃鬻公廨園菜收其錢以
潤屋甚爲時論所醜元載誅貶連州刺史遣中使監至虔州過贛江
墜江而卒

李少良者以吏用早從使幕因職遷殿中侍御史罷遊京師干謁權
貴時元載專政所居第宅崇侈子弟縱橫貨賄公行士庶咸嫉之少
良恐不見用乘衆怒以抗疏上聞留少良於禁內客省少良友人韋
頌因至禁門訪少良少良漏其言頌不愼密遂爲載備知之乃奏少
良狂妄詔下御史臺訊鞫是時御史大夫缺載以張延賞爲之屬意
焉少良以泄禁中奏議制使陸珽同伏罪初常頌及珽俱與少良友

晉興載子弟親黨獻御頌得少良微言漏於載所親遂達於載載密
召珽問之珽具白其狀及禁中語載得之奏于上前上大怒並付京
兆府決殺珽國子司業善經之子也少傳父業頗通經史性浮躁而
踈故及于累大曆中元載弄權自恣人皆惡之八年七月晉州男子
郇謨以麻辮髮持竹筐及葦席哭於東市人問其故對曰有三十字
請獻於上若無堪便以竹筐貯屍棄之于野京兆府以聞上即召見
賜衣館於禁內客省其獻三十字各論一事其要者團字監字團者
請罷諸州團練使監者請罷諸道監軍使殿中御史楊護職居左遐
郇謨哭市諫不聞奏上以為蔽匿貶連州桂陽縣丞員外置元載當
承寵得志每改張朝政出於載手中外共怒當時歸咎於載故少良
封事於前郇謨哭市於後凡百有位宜為明誡

王縉字夏卿河中人也少好學與兄維早以文翰著名縉連應草澤
及文辭清麗舉累授侍御史武部員外祿山之亂選為太原少尹與
李光弼同守太原功効謀略衆所推先加憲部侍郎兼本官時兄維
陷賊受偽署賊平維付吏議縉請以己官贖維之罪特為減等縉尋
入拜國子祭酒改鳳翔尹秦隴州防禦使歷工部侍郎左散騎常侍
撰玄宗哀冊文時稱為工改兵部侍郎屬平殄史朝義河朔未安詔
縉以本官河北宣慰奉使稱旨廣德二年拜黃門侍郎同平章事太
微宮使弘文崇賢館大學士其年河南副元帥李光弼薨於徐州以
縉為侍中持節都統河南淮西山南東道諸節度行營事縉懇讓侍
中從之加上柱國兼東都留守歲餘遷河南副元帥請減軍資錢四
十萬貫修東都殿宇大曆三年幽州節度使李懷仙死以縉領幽州
盧龍節度縉赴鎮而還委政於燕將朱希彩又屬河東節度辛雲京
卒遂兼太原尹北都留守河東節度營田觀察等使縉又讓河南副
元帥東都留守從之太原舊將王無縱張奉璋等恃功且以縉儒者
易之每事多違約束縉一朝悉召斬之將校股慄二歲罷河東歸朝
授門下侍郎中書門下平章事時元載用事縉卑附之不敢與忤然
恃才與老多所傲忽載所不悅心雖希載旨然以言辭凌詬無所忌

憚時京兆尹黎幹者戎州人也數論事載甚病之而力不能去也幹
嘗白事於縉縉曰尹南方君子也安知朝禮其慢而侮人率如此類
縉弟兄奉佛不茹葷血縉晚年尤甚與杜鴻漸捨財造寺無限極妻
李氏卒捨道政里第為寺為之追福奏其額曰寶應度僧三十人住
持每節度觀察使入朝必延至寶應寺諷令施財助己修繕初代宗
喜祠祀未甚重佛而元載杜鴻漸與縉喜飯僧徒代宗嘗問以福業
報應事載等因而啓奏代宗由是奉之過當嘗令僧百餘人於宮中
陳設佛像經行念誦謂之內道場其飲膳之厚窮極珍異出入乘廄
馬度支具廩給每西蕃入寇必令羣僧講誦仁王經以禳虜寇苟幸
其退則橫加錫賜胡僧不空官至卿監封國公通籍禁中勢移公卿
爭權擅威日相凌奪凡京畿之豐田美利多歸於寺觀吏不能制僧
之徒侶雖有臧姦畜亂敗戮相繼而代宗信心不易乃詔天下官吏
不得箠曳僧尼又見縉等施財立寺窮極瓌麗每對揚啓沃必以業
果為證以為國家慶祚靈長皆福報所資業力已定雖小有患難不
足道也故祿山思明毒亂方熾而皆有子禍僕固懷恩將亂而死西
戎犯闕未擊而退此皆非人事之明徵也帝信之愈甚公卿大臣既
挂以業報則人事棄而不修故大曆刑政日以陵遲有由然也五臺
山有金閣寺鑄銅為瓦塗金於上照耀山谷計錢巨億萬縉為宰相
給中書符牒令臺山僧數十人分行郡縣聚徒講說以求貨利代宗
七月望日於內道場造盂蘭盆飾以金翠所費百萬又設高祖已下
七聖神座備幡節龍傘衣裳之制各書尊號于幡上以識之舁出內
陳於寺觀是日排儀仗百寮序立於光順門以俟之幡花鼓舞迎呼
道路歲以為常而識者嗤其不典其傷教之源始於縉也李氏初為
左丞韋濟妻濟卒奔縉縉嬖之冒稱為妻實妾也又縱弟妹女尼等
廣納財賄貪猥之跡如市賈焉元載得罪縉連坐貶括州刺史移處
州刺史大曆十四年除太子賓客留司東都建中二年十二月卒年
八十二

楊炎字公南鳳翔人曾祖大寶武德初為龍門令劉武周陷晉絳攻

之不降城破被害褒贈全節侯祖哲以孝行有異旌其門閭父播登進士第隱居不仕玄宗徵爲諫議大夫棄官就養亦以孝行祯祥表其門閭肅宗就加散騎常侍賜號玄靖先生名在逸人傳炎美鬚眉風骨峻峙文藻雄麗汧隴之間號爲小楊山人釋褐辟河西節度掌書記神烏令李大簡嘗因醉辱炎至是與炎同幕率左右反接之鐵棒撾之二百流血被地幾死節度使呂崇賁愛其才不之責後副元帥李光弼奏爲判官不應徵拜起居舍人辭祿就養岐下丁憂廬於墓前號泣不絕聲有紫芝白雀之祥又表其門閭孝著三代門樹六闕古未有也服闋久之起爲司勳員外郎改兵部轉禮部郎中知制誥遷中書舍人與常衮並掌綸誥衮長於除書炎善爲德音自開元已來言詔制之美者時稱常楊焉炎樂賢下士以汲引爲已任人士歸之嘗爲李楷洛碑辭甚工文士莫不成誦之遷吏部侍郎修國史元載自作相常選擢朝士有文學才望者一人厚遇之將以代已初引禮部郎中劉單單卒引吏部侍郎薛邕邕貶又引炎載親重炎無

與爲比載敗坐貶道州司馬德宗即位議用宰相崔祐甫薦炎有文學器用上亦自聞其名拜銀青光祿大夫門下侍郎同平章事炎有風儀博以文學早負時稱天下翕然望爲賢相初國家舊制天下財賦皆納於左藏庫而太府四時以數聞尚書比部覆其出入上下相轄無失遺及第五琦爲度支鹽鐵使京師多豪將求取無節琦不能禁乃悉以租賦進入大盈內庫以中人主之意天子以取給爲便故不復出是以天下公賦爲人君私藏有司不得窺其多少國用不能計其贏縮殆二十年矣中官以冗名持簿書領其事者三百人皆奉給其間連結根固不可動及炎作相頓首於上前論之曰夫財賦邦國之大本生人之喉命天下理亂輕重皆由焉是以前代歷選重臣主之猶懼不集往往覆敗大計一失則天下動搖先朝權制中人領其職以五尺宦豎操邦之本豐儉盈虛雖大臣不得知則無以計天下利害臣愚待罪宰輔陛下至德惟人是恤參校蠹弊無斯之甚請出之以歸有司度宮中經費一歲幾何量數奉入不敢虧用如此然

後可以議政惟陛下察焉詔曰凡財賦皆歸左藏庫一用舊式每歲於數中量進三五十萬入大盈而度支先以其全數聞炎以片言移人主意議者以爲難中外稱之初定令式國家有租賦庸調之法開元中玄宗修道德以寬仁爲理本故不爲版籍之書人戶寖溢隄防不禁丁口轉死非舊名矣田畝移換非舊額矣貧富升降非舊第矣戶部徒以空文總其故書蓋得非當時之實舊制人丁戍邊者蠲其租庸六歲免歸玄宗方事夷狄戍者多死不返邊將怙寵而諱不以死申故其貫籍之名不除至天寶中王鉷爲戶口使方務聚斂以丁籍且存則丁身焉往是隱課而不出耳遂案舊籍計除六年之外積徵其家三十年租庸天下之人苦而無告則租庸之法弊久矣迨至德之後天下兵起始以兵役因之饑癘徵求運輸百役並作人戶凋耗版圖空虛軍國之用仰給於度支轉運二使四方征鎮又自給於節度都團練使賦斂之司數四而莫相統攝於是綱目大壞朝廷不能覆諸使諸使不能覆諸州四方貢獻悉入內庫權臣猾吏因緣爲

姦或公託進獻私爲贓盜者動萬萬計河南山東荊襄劍南有重兵處皆厚自奉養王賦所入無幾吏職之名隨人署置俸給厚薄由其增損故科斂之名凡數百廢者不削重者不去新舊仍積不知其涯百姓受命而供之瀝膏血鬻親愛旬輸月送無休息吏因其苛蠶食于人凡富人多丁者率爲官爲僧以色役免貧人無所入則丁存故課免於上而賦增於下是以天下殘瘁蕩爲浮人鄉居地著者百不四五如是者殆三十年炎因奏對懇言其弊乃請作兩稅法以一其名曰凡百役之費一錢之斂先度其數而賦於人量出以制入戶無主客以見居爲簿人無丁中以貧富爲差不居處而行商者在所郡縣稅十之一度所與居者均使無　僥利居人之稅秋夏兩徵之俗有不便者正之其租庸雜徭悉省而丁額不廢申報出入如舊式其田畝之稅率以大曆十四年墾田之數爲準而均徵之夏稅無過六月秋稅無過十一月逾歲之後有戶增而稅減輕及人散而失均者進退長吏而以尚書度支總統焉德宗善而行之詔諭中外而掌賦

者沮其非利言租庸之令四百餘年舊制不可輕改上行之不疑天下便之人不土斷而地著賦不加斂而增入版籍不造而得其虛實貪吏不誡而姦無所取自是輕重之權始歸於朝廷炎救時之弊頗有嘉聲蒞事數月屬崔祐甫疾病多不視事喬琳罷免炎遂獨當國政祐甫之所制作炎隳之初藏護作元陵功優人心始不悅又專意報恩復讎道州録事參軍王沼有微恩於炎舉沼爲監察御史感元載恩專務行載舊事以報之初載得罪左僕射劉晏訊劾之載誅炎亦坐貶故深怨晏晏領東都河南江淮山南東道轉運租庸青苗鹽鐵使炎作相數月欲貶晏先罷其使天下錢穀皆歸金部倉部又獻議開豐州陵陽渠發京畿人夫於西城就役閭里騷擾事竟無成初大曆末元載議請城原州以遏西番入寇之衝要事未行而載誅及炎得政建中二年二月奏請城原州先牒涇原節度使段秀實令爲之具秀實報曰凡安邊卻敵之長策宜緩以計圖之無宜草草興功也又春事方作請待農隙而緝其事炎怒徵秀實爲司農卿以邠寧別駕李懷光居前督作以檢校司空平章事朱泚御史大夫平章事崔寧各統兵萬人以翼後三月詔下涇州爲具涇軍怒而言曰吾曹爲國西門之屏十餘年矣始治于邠纔置農桑地著之安而徙于此置榛莽之中手披足踐纔立城壘又投之塞外吾何罪而寘此乎李懷光監朔方軍法令嚴峻頻殺大將涇州裨將劉文喜因人怨怒拒不受詔上疏復求段秀實爲帥否則朱泚於是以朱泚代懷光文喜又不奉詔涇有勁兵二萬閉城拒守令其子入質吐蕃以求援時方炎旱人情騷動羣臣皆請赦文喜上皆不省德宗減服御以給軍人城中軍士當受春服賜與如故命朱泚李懷光等軍攻之乃築壘環之涇州別將劉海賓斬文喜首傳之闕下苟非海賓効順必生邊患皆因炎以喜怒易帥涇帥結怨故也原州竟不能城炎既構劉晏之罪貶官司農卿庾準與晏有隙乃用準爲荊南節度使諷令誣晏以忠州叛殺之妻子徙嶺表朝野爲之側目李正己上表請殺晏之罪指斥朝廷炎懼乃遣腹心分往諸道裴冀東都河陽魏博孫成

澤潞磁邢幽州盧東美河南淄青李舟山南湖南王定淮西聲言宣慰而意實說謗且言晏之得罪以昔年附會姦邪謀立獨孤妃爲皇后上自惡殺他過也或有密奏炎遣五使往諸鎮者恐天下以殺劉晏之罪歸己推過於上耳乃使中人復炎辭於正己還報信然自此德宗有意誅炎矣待事而發乃擢用盧杞爲門下侍郎平章事炎轉中書侍郎仍平章事二人同事秉政杞無文學儀貌寢陋炎惡而忽之每託疾息於他閤多不會食杞亦銜恨之舊制中書舍人分押尚書六曹以平奏報開元初廢其職杞請復之炎固以爲不可杞益怒又密啓中書主書過逐之炎怒曰主書吾局吏也有過吾自治之柰何而相侵屬梁崇義叛換德宗欲以淮西節度使李希烈統諸軍討之炎諫曰希烈始與李忠臣爲子親任無雙竟逐忠臣而取其位背本若此豈可信也居常無尺寸功猶強不奉法異日平賊後恃功邀上陛下何以馭之初炎之南來途經襄漢固勸崇義入朝崇義不能從已懷反側尋又使其黨李舟使馳說崇義固而拒命遂圖叛逆皆炎迫而成之至是德宗欲假希烈兵勢以討崇義然後別圖希烈炎又固言不可上不能平乃曰朕業許之矣不能食言遂以希烈統諸軍會德宗嘗訪宰相羣臣中可以大任者盧杞薦張鎰嚴郢而炎舉崔昭趙惠伯上以炎論議疏闊遂罷炎爲左僕射後數日中謝對於延英及出馳歸不至中書盧杞自是益怒焉杞尋引嚴郢爲御史大夫初郢爲京兆尹不附炎炎怒之諷御史張著彈郢郢罷兼御史中丞炎又風聞源休與郢有隙乃拔休自流人爲京兆尹令伺郢過休蒞官後與郢友善炎大怒張光晟方謀議殺迴紇酋帥炎乃以休爲入迴紇使休幾爲虜所殺郢尋坐以度田不實改爲大理卿時人惜之至是杞因羣情所欲又知郢與炎有隙故引薦之炎子弘業不肖多犯禁受賂請託郢按之兼得其他過初炎將立家廟先有私第在東都令河南尹趙惠伯貨之惠伯爲炎市爲官廨時惠伯自河中尹都團練觀察等使初受代郢奏追捕惠伯詰案御史以炎爲宰相抑吏貨市私第貴估其宅賤入其幣計以爲贓杞召大理正田晉評罪

晉曰宰臣於廢官比之監臨官市買有羨利計其利以乞取論罪當奪官杞怒讁晉衡州司馬更召他吏繩之曰監主自盜罪絞開元中蕭嵩將於曲江南立私廟尋以玄宗臨幸之所恐置廟非便乃罷之至是炎以其地爲廟有飛語者云此地有王氣炎故取之必有異圖語聞上愈怒及臺司上具獄詔三司使同覆之建中二年十月詔曰尚書左僕射楊炎託以文藝累登清貫雖謫居荒服而虛稱猶存朕初臨萬邦思弘大化務擢非次招納時髦拔自郡佐登于鼎司獨委心膂信任無疑而乃不思竭誠敢爲姦蠹進邪醜正既僞且堅黨援因依動涉情故聽法敗度罔上行私苟利其身不顧於國加以內無訓誡外有交通縱恣詐欺以成贓賄詢其事跡本末乖謬蔑恩棄德負我何深考狀議刑罪在難有但以朕於將相義切始終顧全大體特有弘貸俾從遠謫以肅具寮可崖州司馬同正仍馳驛發遣去崖州百里賜死年五十五炎早有文章亦厲志節及爲中書舍人附會元載時議已薄之後坐載貶官憤恚益甚歸而得政睚眦必讐險害之性附於心唯其愛憎不顧公道以至於敗惠伯亦坐炎貶費州多田尉尋亦殺之

黎幹者戎州人始以善星緯數術進待詔翰林累官至諫議大夫尋遷京兆尹以嚴肅爲理人頗便之而因緣附會與時上下大曆二年改刑部侍郎魚朝恩伏誅坐交通出爲桂州刺史本管觀察使至江陵丁母憂久之會京兆尹缺人頗思幹八年復拜京兆尹兼御史大夫幹自以得志無心爲理貪暴益甚徇於財色十三年除兵部侍郎性險挾左道結中貴以希主恩代宗甚惑之時中官劉忠翼寵任方盛幹結之素厚嘗通其姦謀及德宗初即位幹猶以詭道求進密居輦中詣忠翼第事發詔曰兵部侍郎黎幹害若豺狼特進劉忠翼掩義隱賊並除名長流既行市里兒童數千人譟聚懷瓦礫投擊之捕賊尉不能止遂皆賜死於藍田驛忠翼宦官也本名清潭與董秀皆有寵於代宗天憲在口勢迴日月貪饕納賄貨産巨萬大曆中德宗居東宮幹及清潭嘗有姦謀動搖及是積前罪以誅之

庾準常州人父光先天寶中文部侍郎準以門蔭入仕昵於宰相王縉縉驟引至職方郎中知制誥遷中書舍人準素寡文學以柔媚自進既非儒流甚爲時論所薄尋改御史中丞遷尚書左丞縉得罪出爲汝州刺史復入爲司農卿與楊炎厚善炎欲殺劉晏知準與晏有隙乃用爲荊南節度準乃上言得晏與朱泚書且有怨望又召補州兵以拒命於是先殺晏然後下詔賜自盡海內冤之炎以殺晏徵準爲尚書左丞建中三年六月丁巳卒時年五十一贈工部尚書

史臣曰仲尼云富與貴是人之欲不以道得之不處反乎是道者小人載諂輔國以進身弄時權而固位衆怒難犯長惡不悛家亡而誅及妻兒身死而殃及祖禰縉附會姦邪以至顛覆炎聽崔祐甫之規怒段秀實之直酬恩報怨以私害公三子者咸著文章殊乖德行不常其德或承之羞大易之義也富貴不以其道小人之事哉觀庾準之愉遭王縉之復徇楊炎之意曲致劉晏之冤積惡而獲令終者其在餘殃乎

贊曰載縉炎準交相附會左傳有言貪人敗類

唐書列傳卷第六十八

劉　昫　等修

聞人詮校[illegible]沈桐同校

楊綰

常袞

崔祐甫　子植　植從兄儆

楊綰字公權華州華陰人也祖温玉則天朝爲戸部侍郎國子祭酒父侃開元中醴泉令皆以儒行稱綰生聰惠年四歲處羣從之中敏識過人嘗夜宴親賓各舉坐中物以四聲呼之諸賓未言綰應聲指鐵燈樹曰燈盞柄曲衆咸異之及長好學不倦博通經史九流七略無不該覽尤工文辭藻思清贍而宗尚玄理沉靜寡欲常獨處一室左右經書凝塵滿席澹如也含光晦用不欲名彰每屬文耻於自白非知己不可得而見早孤家貧養母以孝聞甘旨或闕憂見于色親友諷令干祿舉進士調補太子正字天寶十三年玄宗御勤政樓試博通墳典洞曉玄經辭藻宏麗軍謀出衆等舉人命有司供食既暮

而罷取辭藻宏麗外别試詩賦各一首制舉試詩賦自此始也時登科者三人綰爲之首超授右拾遺天寶末安祿山反肅宗即位於靈武綰自賊中冒難披榛求食以赴行在時朝廷方急賢及綰至衆心咸悦拜起居舍人知制誥歷司勳員外郎職方郎中掌誥如故遷中書舍人兼修國史故事舍人年深者謂之閣老公廨雜料歸閣老者五之四綰以爲品秩同列給受宜均悉平分之甚爲時論歸美再遷禮部侍郎上疏條奏貢舉之弊曰國之選士必藉賢良蓋取孝友純備言行敦實居常育德動不違仁體忠信之資履謙恭之操藏器則未嘗自伐虛心而所應必誠夫如是故能率已從政化人鎭俗者也自叔葉澆詐茲道浸微爭尚文辭互相矜衒馬卿浮薄竟不周於任用趙壹虛誕終取擯於鄉閭自時厥後其道彌盛不思實行皆徇空名敗俗傷教備載前史古人比文章於鄭衛蓋有由也近煬帝始置進士之科當時猶試策而已至高祖朝劉思立爲考功員外郎又奏進士加雜文明經加帖從此積弊浸轉成俗幼能就學皆誦當代之詩

長而博文不越諸家之集遞相黨與用致虛聲六經則未嘗開卷三史則皆同挂壁况復徵以孔門之道責其君子之儒者哉祖習既深奔競爲務矜能者曾無愧色勇進者但欲凌人以毀讟爲常談以向背爲己任投刺干謁驅馳於要津露才揚己喧騰於當代古之賢良方正豈有如此者乎朝之公卿以此待士家之長老以此垂訓欲其返淳朴懷禮讓守忠信識廉隅何可得也譬之於水其流已濁若不澄本何當復清方今聖德御天再寧寰宇四海之内顒顒向化皆延頸舉踵思朝之理也不以此時而理之則太平之政又乖矣凡國之大柄莫先擇士自古哲后皆側席待賢今之取人令投牒自舉非經國之體也望請依古制縣令察孝廉審知其鄉閭有孝友信義廉耻之行加以經業才堪策試者以孝廉爲名薦之於州刺史當以禮待之試其所通之學其通者送名於省自縣至省不得令舉人輒自陳牒比來有到狀保辯識牒等一切並停其所習經取左傳公羊穀梁禮記周禮儀禮尚書毛詩周易任通一經務取深義奥旨通諸家之

義試日差諸司有儒學者對問每經問義十條問畢對策三道其策皆問古今理體及當時要務取堪行用者其經義并策全通爲上第望付吏部便與官其經義通八策通二爲中第與出身下第罷歸其明經比試帖經殊非古義皆誦帖括冀圖僥倖并近有道舉亦非理國之體望請與明經進士並停其國子監舉人亦請準此如有行業不著所由妄相推薦請量加貶黜所異數年之間人倫一變既歸實學當識大猷居家者必修德業從政者皆知廉耻浮競自止敦龐自勸教人之本實在茲焉事若施行即别立條例詔左右丞諸司侍郎御史大夫中丞給舍同議奏聞給事中李廙給事中李栖筠尚書左丞賈至京兆尹兼御史大夫嚴武所奏議狀與綰同尚書左丞賈至議曰謹按夏之政尚忠殷之政尚敬周之政尚文然則文與忠敬皆統人之行也且謚號述行行美極文文興則忠敬存焉是故前代以文取士本文行也由辭以觀行則及辭也宣父稱顏子不遷怒不貳過謂之好學至乎修春秋則游夏之徒不能措一辭不亦明乎間者禮部取

人有乘斯義易曰觀乎人文以化成天下關雎之義曰先王以是經
夫婦成孝敬厚人倫美教化移風俗蓋王政之所由廢興也故延陵
聽詩知諸侯之存亡今試學者以帖字為精通不窮旨義豈能知遷
怒貳過之道乎考文者以聲病為是非唯擇浮豔豈能知移風易俗
化天下之事乎是以上失其源而下襲其流波蕩不知所止先王之
道莫能行也夫先王之道消則小人之道長小人之道長則亂臣賊
子生焉臣弒其君子弒其父非一朝一夕之故其所由來者漸矣漸
者何謂忠信之陵頹恥尚之失所末學之馳騁儒道之不舉四者皆
取士之失也夫一國之事繫一人之本謂之風贊揚其風卿大夫何
嘗不出於士乎今取士試之小道而不以遠者大者使干祿之徒趨
馳末術是誘導之差也夫以蝸蚓之餌雜垂滄海而望吞舟之魚不
亦難乎所以食垂餌者皆小魚就科目者皆小藝四人之業士最關
於風化近代趨仕靡然向風致使祿山呼而四海震蕩思明再亂而
十年不復向使禮讓之道弘仁義之道著則忠臣孝子比屋可封逆

節不得而萌也人心不得而搖也且夏有天下四百載禹之道喪而
殷始興焉殷有天下六百祀湯之法棄而周始興焉周有天下八百
年文武之政廢而秦始并焉觀三代之選士任賢皆考實行故能風
化淳一運祚長遠秦坑儒士二代而亡漢興雜三代之政弘四科之
舉西京始振經術之學東都終持名節之行至有近戚竊位強臣擅
權弱主外立母后專政而社稷不隕終彼四百豈非興學行道扇化
於鄉里哉厥後文章道弊尚於浮侈取士術異苟濟一時自魏至隋
僅四百載三分光景九州阻域竊號僭位德義不修是以子孫速顛
享國咸促國家革魏晉梁隋之弊承夏殷周漢之業四隩既宅九州
攸同覆燾亭育合德天地安有捨 皇王舉士之道縱亂代取人之
術此公卿大夫之辱也楊綰所以奏實為正論然自典午覆敗中原版
蕩戎狄亂華衣冠遷徙南北分裂人多僑處聖朝一平區宇尚復因
循版圖則張閭井未設士居鄉土百無一二因緣官族所在耕業地
望繫之數百年之外而身皆東西南北之人焉今欲依古制鄉舉里

選猶恐取士之未盡也請兼廣學校以弘訓誘今京有太學州縣有
小學兵革一動生徒流離儒臣師氏祿廩無向貢士不稱行實胄子
何嘗講習獨禮部每歲擢甲乙之第謂弘獎擢不其謬歟祇足長浮
薄之風啓僥倖之路矣其國子博士等望加員數厚其祿秩選通儒
碩生間居其職十道大郡量置太學館令博士出外兼領郡官召置
生徒依乎故事保桑梓者鄉里舉焉在流寓者庠序推焉朝而行之
夕見其利如此則青青不復興刺擾擾由其歸本矣人倫之始王化
之先不是過也李廙等議與綰協文多不載宰臣等奏以舉人舊業
已成難於速改其今歲舉人望且許應舊舉來歲奉詔仍敕禮部即
具條例奏聞代宗以廢進士科問翰林學士對曰進士行來已久遽
廢之恐失人業乃詔孝廉與舊舉兼行綰又奏歲貢孝悌力田及童
子科等其孝悌力田宜有實狀童子越衆不在常科同之歲貢恐長
僥倖之路詔停之再遷吏部侍郎歷典舉選精覈人物以公平稱時
元載秉政公卿多附之綰孤立中道清貞自守未嘗私謁載以綰雅

望素高外示尊重心實疏忌會魚朝恩死載以朝恩嘗判國子監事
塵污太學宜得名儒以清其秩乃奏為國子祭酒實欲以散地處之
載貪冒日甚天下清議亦歸於綰上深知之以載久在樞衡未即罷
遣仍遷綰為太常卿充禮儀使以郊廟禮久廢藉綰振起之也亦以
觀其効用是年三月載伏誅上乃拜綰中書侍郎同中書門下平章
事集賢殿崇文館大學士兼修國史綰久積公輔之望及詔出朝野
相賀綰累表懇讓上屬意稍重綰不敢辭綰素以德行著聞質性貞
廉車服儉朴居廟堂未數月人心自化御史中丞崔寬劍南四川節
度使寧之弟家富於財有別墅在皇城之南池館臺榭當時第一寬
即日潛遣毀拆中書令郭子儀在邠州行營聞綰拜相座內音樂減
散五分之四京兆尹黎幹以承恩每出入騶馭百餘亦即日減損車
騎唯留十騎而已其餘望風變奢從儉者不可勝數其鎮俗移風若
此綰有宿痼疾居職旬日中風優詔令就中書省攝養每引見延英
殿特許扶入時釐革舊弊惟綰是瞻恩遇莫二綰累抗疏辭位頻詔

敦勉不許及綰疾亟上日發中使就第存問尚藥御醫旦夕在側上聞其有間喜見容色數日而薨中使在門馳奏於上代宗震悼久之輟朝三日詔曰王者之於大臣也存則寄其腹心均於肢體參於軍國之重叙以陰陽之和歿則誄其事功加之命數告於宗廟之祭禭以紱冕之章則九原可歸百辟知勸故朝議大夫守中書侍郎同中書門下平章事集賢殿崇文館大學士監修國史上柱國賜紫金魚袋楊綰性合元和身齊律度道臣雅俗器重宗彝寬柔敬恭協於九德文行忠信弘於四教内無耳目之役以孝悌傳於家外無車服之容以貞實形於代西掖專宥密之地南宮領選舉之源以儒術首於國庠以禮度掌於高廟簡廉其質條職同休頃以任非其才毒流于政爰登清淨之輔庶諧至理之期道風既穆於朝班儉德已行於海内雖賢人之業異於可久而夫子之命未如之何方有憑依遽此淪謝屛予之歎震悼良深所懷莫從長想何及況歷官有素絲之節庀家無匹帛之餘故飾以華衮增其法賻備膺典策載貴朝經可贈司徒又詔文武百寮臨於其第遣内常侍吳承倩會弔贈絹千匹布三

百端上深惜之顧謂朝臣曰天不使朕致太平何奪我楊綰之速也脩及大斂與卿等悲悼同之宰輔賻贈恩遇哀榮之盛近年未有其比太常初謚曰文貞詔曰褒德勸善春秋之舊章考行易名禮經之通典垂範作則存乎格言朝議大夫中書侍郎同中書門下平章事集賢殿崇文館大學士修國史上柱國賜紫金魚袋贈司徒楊綰稟道居貞含和毓德行為人紀文合典謨清而晦名無自伐之善約以師儉有不矜之謙方冊直書秩宗相禮辭稱良史學茂醇儒委在樞衡掌茲密命彌契沃心之道累陳造膝之誠將以布天下五行之和同君臣一德之運遽軫藏舟之歎未展濟川之才素業久而彌彰清風歿而可尚自古飾終之義皆錫以美名謚法曰忠信愛人曰文平易不懈曰簡宜謚曰文簡比部郎中蘇端性疎狂嫉其賢乃肆毀黷異同其議上怒貶端為廣州員外司馬綰儉薄自樂未嘗留意家產口不問生計累任清要無宅一區所得俸祿隨月分給親故清識過人

至如往哲微言五經奧義先儒未悟者綰一覽究其精理雅尚玄言宗釋道二教嘗著王開先生傳以見意文多不載凡所知友皆一時名流或造之者清談終日未嘗及名利或有客欲以世務干者見綰言必玄遠不敢發辭内愧而退大曆中德望日崇天下雅正之士爭趨其門至有數千里來者以清德坐鎮雅俗時比之楊震邴吉山濤謝安之儔也

崔祐甫字貽孫祖暟懷州長史父沔黃門侍郎謚曰孝公家以清儉禮法為士流之則祐甫舉進士歷壽安尉安祿山陷洛陽士庶奔迸祐甫獨崎危於矢石之間潛入私廟負木主以竄歷起居舍人司勳吏部員外郎累拜兼御史中丞永平軍行軍司馬尋知本軍京師留後性剛直無所容受遇事不回累遷中書舍人時中書侍郎闕祐甫省事數為宰相常衮所侵祐甫不從衮怒之奏令分知吏部選每有擬官衮多駁下言數相侵時朱泚上言隴州將趙貴家猫鼠同乳不相為害以為禎祥詔遣中使以示於朝衮率百僚慶賀祐甫獨否中官詰其故答曰此物之失常也可弔不可賀中使徵其狀祐甫上奏

言臣聞天生萬物剛柔有性聖人因之垂訓作則禮記郊特牲篇曰迎猫為其食田鼠也然則猫之食鼠載在禮典以其除害利人雖微必錄今此猫對鼠不食仁則仁矣無乃失於性乎鼠之為物晝伏夜動詩人賦之曰相鼠有體人而無禮又曰碩鼠碩鼠無食我黍其序曰貪而畏人若大鼠也臣旋觀之雖云動物異於麋鹿麏兎彼皆以時殺獲為國之用猫受人養育職既不脩亦何異於法吏不勤觸邪疆吏不勤扞敵又按禮部式具列三瑞無猫不食鼠之目以茲稱慶臣所未詳伏以國家化洽理平天符洊至紛綸雜沓史不絶書今茲猫鼠不可濫厠若以劉向五行傳論之恐須申命憲司察聽貪吏誡諸邊候無失徼巡猫能致功鼠不為害代宗深嘉之衮益惡祐甫代宗初崩發哀於西宮衮以獨受任遇哀過等禮例晨夕臨者皆十五舉音而衮執哀慟涕泗或中墀返哭顧慕若不能去同列者皆不悅及衮與禮司議羣臣喪服曰案禮臣為君斬衰三年漢文權制猶三十六

日國家大宗崩遺詔亦三十六日而羣臣延之既葬而除約四月也高宗崩服絶輕重如漢故事武太后崩亦然及玄宗肅宗崩始變天子喪爲二十七日且當時遺詔雖曰天下吏人三日釋服在朝羣臣實服二十七日而除則朝臣宜如皇帝之制祐甫執曰伏準遺詔無朝臣庶人之別但言天下人吏敕到後出臨三日皆釋服則朝野中外何非天下凡百執事誰非吏職則皇帝宜二十七日而羣臣當三日也衮曰案賀循注義吏者謂官長所署則今胥吏耳非公卿百寮之例祐甫曰左傳云委之三吏則三公也史稱循吏良吏者豈胥徒歟衮曰禮非天降地出人情而已且公卿大臣榮受殊寵故宜異數令與黔首同制信宿而除之於爾安乎祐甫曰若遺詔何詔旨可改孰不可衮堅諍不服而聲色甚厲不爲禮節又衮方哭於鉤陳之前而衮從吏或扶之祐甫指示於衆曰臣哭於君前有扶禮乎衮聞之不堪其怒乃上言祐甫率情變禮輕議國典請謫爲潮州刺史內議太重改爲河南少尹初肅宗時天下事殷而宰相不減三四員更直

○羣事若休沐各在第有詔旨出入非大事不欲歷抵諸第許令直事者一人假署同列之名以進遂爲故事是時中書令郭子儀檢校司空平章事朱泚名是宰臣當署制敕至於密勿之議則莫得聞時德宗踐祚未旬日居不言之際衮循舊事代署二人之名進貶祐甫敕出子儀及泚皆表明祐甫不當貶謫上曰向言可謫今言非罪何也二人皆奏實未嘗有可謫之言德宗大駭謂衮誣罔是日百寮首經序立於月華門立貶衮爲河南少尹以祐甫爲門下侍郎平章事兩換其職祐甫出至昭應縣徵還尋轉中書侍郎脩國史仍平章事時上初即位庶務皆委宰司自至德乾元中天下多戰伐啓奏填委故官賞紊雜及永泰之後四方既定而元載秉政公道隘塞官由賄成中書主書卓英倩李待榮輩用事勢傾朝列天下官爵大者出元載小者自倩榮四方齎貨賄求官者道路相屬靡不稱遂而去於是綱紀大壞及元載敗楊綰尋卒常衮當國杜絶其門四方奏請莫有過者雖權勢與匹夫等非以辭賦登科者莫得進用雖賄賂稍絶然

無所甄異故賢愚同滯及祐甫代衮薦延推舉無復疑滯日除十數人作相未逾年凡除吏幾八百員多稱允當上嘗謂曰有人謗卿所除擬官多涉親故何也祐甫奏曰臣頻奉聖旨令臣進擬庶官進擬必須諳其才行臣若與其相識方可粗諳若素不知聞何由知其言行獲謗之由實在於此上以爲然神策軍使王駕鶴掌禁兵十餘年權傾中外德宗初登極將令白琇珪代之懼其生變祐甫召駕鶴與語留連之琇珪已赴軍視事矣時李正己畏懼德宗威德乃表獻錢三十萬貫上欲納其奏慮正己未可誠信以計逗留止之未有其辭延問宰相祐甫對曰正己姦詐誠如聖慮臣請因使往淄青使令宣慰將士因以正己所獻錢錫賚諸軍人且使深荷聖德又令外藩知朝廷不重財貨上悅從之正己大慙而心畏服焉祐甫謀猷啓沃多所弘益天下以爲可復貞觀開元之太平也至冬被疾肩輿入中書盻而承旨或休假在第大事必令中使咨決薨時年六十上甚悼惜之廢朝三日冊贈太傅賻布帛米粟有差謚曰文貞無子遺命猶子

○植爲嗣有文集三十卷故事門下侍郎未嘗有贈三師者德宗以祐甫謇有大臣節故特寵異之朱泚之亂祐甫妻王氏陷於賊中泚以嘗與祐甫同列雅重其爲人乃遺王氏繒帛菽粟王氏受而緘封之及德宗還京具陳其狀以獻士君子益重祐甫家法宜其享令名也

植字公脩祐甫弟盧江令嬰甫子植既爲相上言出繼伯父亂推恩不及於父詔贈嬰甫吏部侍郎植潛心經史尤精易象累歷清要爲給事中時稱舉職時皇甫鎛以宰相判度支請減內外官俸祿植封還敕書極諫而止鎛復奏諸州府鹽院兩稅榷酒鹽利匹段等加估定數及近年天下所納鹽酒利擡估者一切徵收詔皆可之植抗疏論奏令宰臣召植宣旨慰諭之物議罪鎛而美植尋除御史中丞入閣彈事頗振綱紀長慶初拜中書侍郎同中書門下平章事穆宗嘗謂侍臣曰國家貞觀中文皇帝躬行帝道治致昇平及神龍景龍之間繼有內難玄宗平定興復不易而聲明最盛歷年長久何道而然

植對曰前代創業之君多起自人間知百姓疾苦初承丕業皆能厲精思理太宗文皇帝特稟上聖之資同符堯舜之道是以貞觀一朝四海寧晏有房玄齡杜如晦魏徵王珪之屬爲輔佐股肱君明臣忠事無不理聖賢相遇固宜如此玄宗守文繼體嘗經天后朝艱危開元初得姚崇宋璟委之爲政此二人者天生俊傑動必推公夙夜孜孜致君於道璟嘗手寫尚書無逸一篇爲圖以獻玄宗置之內殿出入觀省咸記在心每歎古人至言後代莫及故任賢戒慾心歸沖漠開元之末因無逸圖朽壞始以山水圖代之自後既無座右箴規又信姦臣用事天寶之世稍倦于勤王道于斯缺矣建中初德宗皇帝嘗問先臣祐甫開元天寶治亂之殊先臣具陳本末臣在童丱即聞其說信知古人以韋弦作戒其益弘多陛下既虛心理道亦望以無逸爲元龜則天下幸甚穆宗善其對他日復謂宰臣曰前史稱漢文帝惜十家之產而罷露臺又云身衣弋綈履革舃集上書囊以爲殿帷何太儉也信有此乎植對曰良史所記必非妄言漢興承亡秦

殘酷之後項氏戰爭之餘海內凋弊生人力竭漢文仁明之主起自代邸知稼穡之艱難是以即位之後躬行儉約繼以景帝循遵此風由是海內黔首咸樂其生家給戶足迨至武帝公私殷富用能出師征伐威行四方錢至貫朽穀至紅腐上務侈靡資用復竭末年稅及舟車六畜人不聊生戶口減半乃下哀痛之詔封丞相爲富人侯皆漢史明徵用爲事實且耕蠶之勸出自人力用既無度何由以至富強據武帝嗣位之初物力阜殷前代無比固當因文帝儉約之致也上曰卿言甚善患行之爲難耳憲宗皇帝削平羣盜河朔三鎮復入提封長慶初幽州節度使劉總表以幽薊七州上獻請朝廷命帥總仍懼部將搆亂乃籍其豪銳者先送京師時朱克融在籍中植與同列杜元穎素不知兵且無遠慮克融等在京羈旅窮餓日詣中書乞官殊不介意及張弘靖赴鎮令克融等從還不數月克融囚弘靖害賓佐結王廷湊國家復失河朔職植兄弟之由乃罷知政事守刑部尚書出爲華州刺史大和三年正月卒年五十八植雖器量謹厚而無開物成務之才及喪師異方天下尤其失策

倰字德長祖壽大理卿李公沔之弟也壽生儀甫終大理丞即倰之父以門蔭由太廟齋郎調授太平東陽二主簿李衡廉察湖南江西辟爲賓佐坐事沉廢久之復以選授宣州録事叅軍觀察使崔衍奇其才奏加章服倰辭而不受李巽鎮江西奏爲副使得監察裏行又從巽領使爲河陰院監鐵留後入爲侍御史尋改膳部員外充轉運判官入爲膳部郎中充判褒十道兩稅使賜金紫遷蘇州刺史理行爲第一轉潭州刺史湖南都團練觀察使湖南舊法豐年貿易不出境鄰部災荒不相恤倰至謂屬吏曰此非人情也無宜閉糴重困於民也自是商賈通流入爲戶部侍郎判度支時倰再從弟植爲宰相倰性剛褊恃其權寵與奪任情時朝廷以王承元歸國命田弘正移帥鎮州弘正之行以魏卒二千爲帳下又以常山之人久爲朝化人情易爲變擾累表請留魏卒爲綱紀其糧賜請度支歲給穆宗下宰臣議倰固言魏鎮各有鎮兵朝廷無例支給恐爲事例不可聽從弘

正不獲已遣魏卒還藩不數日而鎮州亂弘正遇害穆宗失德倰黨方盛人不敢糺其罪罷領度支檢校禮部尚書出爲鳳翔節度等使不蒞歲召爲河南尹時年七十抗疏致仕詔以戶部尚書歸第明年累卒輟朝一日贈太子少保謚曰肅倰居官清嚴所至必理然性介急待僚屬不以禮節恃己之廉見贓汙者如讎焉子巖登進士第辟襄陽掌書記監察御史方雅有父風

常袞京兆人也父無爲三原縣丞以袞累贈僕射袞天寶末舉進士歷太子正字累授補闕起居郎寶應二年選爲翰林學士考功員外郎中知制誥依前翰林學士永泰元年遷中書舍人袞文章俊拔當時推重與楊炎同爲舍人時稱爲常楊性清直孤絜不妄交遊內侍魚朝恩恃權寵兼領國子監事袞上疏以爲不可時朝廷多事西北邊虞連爲寇盜袞累上章陳其利害代宗甚顧遇之加集賢院學士大歷元年遷禮部侍郎仍爲學士時中官劉忠翼權傾內外涇原節度馬璘又累著功勳恩寵莫二各有親戚干貢部及求爲兩館生袞

皆執理人皆畏之元載之得罪令袞與劉晏李涵等鞫之獄具拜袞
門下侍郎同平章事太淸太微宮使崇文弘文館大學士與楊綰同
掌樞務代宗尤信重綰綰弘通多可袞頗務苛細求淸儉之稱與綰
之道不同先是百官俸料寡薄綰與袞奏請加之時韓滉判度支袞
與滉各騁私懷所加俸料厚薄由己時少列各定月俸爲三十五千
滉怒司業張參唯止給三十千袞惡少詹事趙惎遂給二十五千太
子洗馬實司經局長官文學爲之貳袞有親戚任文學者給十二千
而給洗馬十千其輕重任情不通時政多如此類無幾楊綰卒袞獨
當政故事每日出內廚食以賜宰相饌可食十數人袞特請罷之迄
今便爲故事又將故讓堂封同列以爲不可而止議者以爲厚祿重
賜所以優賢崇國政也不能當辭位不宜辭祿食政事堂有後門蓋
宰相時到中書舍人院咨訪政事以自廣也袞又塞絕其門以示尊
大不相往來既懲元載爲政時公道擁溢賄賂朋黨大行不以財勢
者無因入仕袞一切杜絕之中外百司奏請皆執不與權與匹夫等

尤排擯非文辭登科第者雖室賣官之路政事大致壅滯代宗既素
重楊綰欲以政事委之綰尋卒袞與綰志尚素異嫉而怒之有司議
謚綰爲文貞袞微諷比部郞中蘇端令駮之毀綰過甚端坐黜官時
既無中書侍郞舍人崔祐甫領省事袞以爲同中書門下平章事兼
得總中書省遂管綜中書省吏省事去就及其案牘祐甫不能平之
累至忿競遂令祐甫分知吏部選事所擬官又多駁下時袞散官尚朝
議又無封爵郭子儀因入朝奏之遂特加銀青光祿大夫封河內郡
公及代宗崩與祐甫爭論喪服輕重代相署奏初換祐甫河南少尹
再貶爲潮州刺史楊炎入相素與袞善建中元年遷福建觀察使四
年正月卒時年五十五　久之贈左僕射有文集六十卷
史臣曰善人爲邦百年即可勝殘去殺楊綰入相數日遽致移風易
俗周召伊傅蕭張房杜歷代爲相之顯者蔑聞斯道也嘗讀諸集賞
善多溢美書罪多溢惡如楊綰拜相之麻贈官之制改謚之詔則當
時秉筆者無媿色矣昔趙文子薦士七十古爲美談崔祐甫除吏八
百人無間言開物成務之才臧私徇公之道可知也噫公權餘旬日
而夔貽孫未朞年而逝遠古已來理世少而亂世多其義在茲矣
常袞之輩不足云耳
贊曰公權儒道貽孫相才命乎不永時哉可哀

唐書列傳卷第六十九

唐書列傳卷第七十

劉　昫　等修

閩人詮校刻沈桐同校

郭子儀 子曜 晞 曖 曙 映 曖子釗 鑄 晞子鋼

郭子儀華州鄭縣人父敬之歷綏渭桂壽泗五州刺史以子儀貴贈太保追封祁國公子儀長六尺餘體貌秀傑始以武舉高等補左衛長史累歷諸軍使天寶八載於木剌山置橫塞軍及安北都護府命子儀領其使拜左衛大將軍十三載移橫塞軍及安北都護府於永清柵北築城仍改橫塞爲天德軍子儀爲之使兼九原太守朔方節度右兵馬使十四載安祿山反十一月以子儀爲衛尉卿兼靈武郡太守充朔方節度使詔子儀以本軍東討遂舉兵出單于府收靜邊軍斬賊將周萬頃傳首闕下祿山遣大同軍使高秀巖寇河曲子儀擊敗之進收雲中馬邑開東陘以功加御史大夫十五載正月賊將蔡希德陷常山郡執顏杲卿河北郡縣皆爲賊守二月子儀與河東節度使李光弼率師下井陘拔常山郡破賊於九門南攻趙郡生擒賊四千皆捨之斬僞太守郭獻璆獲兵仗數萬師還常山賊將史思明以數萬人踵其後我行亦行我止亦止子儀選驍騎五百更挑之三日至行唐賊疲乃退我軍乘之又敗於沙河祿山聞思明敗乃以精兵益之我軍至恒陽賊亦隨至子儀堅壁自固賊來則守賊去則追晝揚其兵夕襲其幕賊人不及息數日光弼議曰賊怠矣可以戰六月子儀光弼率僕固懷恩渾釋之陳迴光等陣於嘉山賊將史思明蔡希德尹子奇等亦結陣而至一戰敗之斬馘四萬級生擒五千人獲馬五千匹思明露髮跣足奔于博陵於是河北十餘郡皆斬賊守者以迎王師子儀將北圖范陽軍聲大振是月哥舒翰爲賊所敗潼關不守玄宗幸蜀肅宗幸靈武子儀副使杜鴻漸爲朔方留後奏迎車駕七月肅宗即位以賊據兩京方謀收復詔子儀班師八月子儀與李光弼率步騎五萬至自河北時朝廷初立兵衆寡弱雖得牧馬軍容缺然及子儀光弼全師赴行在軍聲遂振興復之勢民有望

焉詔以子儀爲兵部尚書同中書門下平章事依前靈州大都督府長史朔方節度使肅宗大閱六軍南趨關輔至彭原郡宰相房琯請兵萬人自爲統帥以討賊帝素重琯許之兵及陳濤爲賊所敗喪師殆盡方事討除而軍半殪唯倚朔方軍爲根本十一月賊將阿史那從禮以同羅僕骨五千騎出塞誘河曲九府六胡州部落數萬欲迫行在子儀與迴紇首領葛邏支往擊敗之斬獲數萬河曲平定賊將崔乾祐守潼關二年三月子儀大破賊於潼關崔乾祐退保蒲津時永樂尉趙復河東司戶韓旻司士徐炅宗子李藏鋒等陷賊在蒲州四人密謀俟王師至則爲內應及子儀攻蒲州趙復等斬賊守陴者開門納子儀乾祐與麾下數千人北走安邑安邑百姓僞降乾祐兵入將半下懸門擊之乾祐未入遂得脫身東走子儀遂收陝郡永豐倉自是潼陝之間無復寇鈔是月安祿山死朝廷欲圖大舉詔子儀還鳳翔四月進位司空充關內河東副元帥五月詔子儀帥師趨京城師於潏水之西與賊將安太清安守忠戰王師不利其衆大潰盡委兵仗於清渠之上子儀收合餘衆保武功詣闕請罪乞降官資乃降爲左僕射餘如故九月從元帥廣平王率蕃漢之師十五萬進收長安迴紇遣葉護太子領四千騎助國討賊子儀與葉護宴狎修好相與誓平國難相得甚好子儀奉元帥爲中軍與賊將安守忠李歸仁戰於京西香積寺之北王師結陣橫亘三十里賊衆十萬陳於北歸仁先薄我軍我軍亂李嗣業奮命馳突擒賊十餘騎乃定迴紇以奇兵出賊陣之後夾攻之賊軍大潰自午至酉斬首六萬級賊將張通儒守長安聞歸仁等敗是夜奔陝郡翌日廣平王入京師老幼百萬夾道歡叫涕泣而言曰不圖今日復見官軍廣平王休士三日率師東趨肅宗在鳳翔聞捷羣臣稱賀帝以宗廟被焚悲咽不自勝臣寮無不感泣十月安慶緒遣嚴莊悉其衆十萬來赴陝州與張通儒同抗官軍賊聞官軍至悉其衆屯於陝西負山爲陣子儀以大軍擊其前迴紇登山乘其背遇賊潛師於山中與關過期大軍稍却賊分兵三千人絕我歸路衆心大搖子儀麾迴紇令進盡殺之師馳至

其後於黃埃中發十餘箭賊驚顧曰迴紇來即時大敗僵屍遍山澤
嚴莊張通儒走歸洛陽遂與安慶緒渡河保相州子儀奉廣平王入
東都陳兵於天津橋南士庶歡呼於路偽侍中陳希烈偽中書令張
垍等三百餘人素服請罪王慰撫遣之是時河東河西南賊所盜郡
邑皆平以功加司徒封代國公食邑千戶尋入朝天子遣兵仗戎容
迎于灞上肅宗勞之曰雖吾之家國實由卿再造子儀頓首感謝十
二月還東都命子儀經營北討乾元元年七月破賊河上擒偽將安
守忠以獻遂朝京師勑百寮班迎於長樂驛帝御望春樓待之進位
中書令九月奉詔大舉子儀與河東節度使李光弼關內節度使王
思禮北庭行營節度李嗣業襄鄧節度使魯炅荊南節度季廣琛河
南節度使崔光遠滑濮節度許叔冀平盧兵馬使董秦等九節度之
師討安慶緒帝以子儀光弼俱是元勳難相統屬故不立元帥唯以
中官魚朝恩為觀軍容宣慰使十月子儀自杏園渡河圍衛州安慶
緒與其驍將安雄俊崔乾祐薛嵩田承嗣悉其衆來援分為三軍子

儀陣以待之預選射者三千人伏於壁內誡之曰俟吾小却賊必爭
進則登城鼓譟弓弩齊發以迫之既戰子儀偽遁賊果乘之及壘門
遽聞鼓譟俄而弓弩齊發矢注如雨賊徒震駭子儀整衆追之賊衆
大敗是役也獲偽鄭王安慶和以獻遂收衛州進軍趨鄴與賊再戰
于愁思岡賊軍又敗乃連營圍之慶緒遣薛嵩以所乘馬十匹求救
於史思明且言禪代十二月思明遣將李歸仁率衆赴之營于滏陽
二年正月史思明自率范陽精卒復陷魏州乃偽稱燕王王師雖衆
軍無統帥進退無所承稟自冬徂春竟未破賊但引漳水以灌其城
城中食盡易子而食二月思明率衆自魏州來李光弼王思禮許叔
冀魯炅前軍遇賊于鄴南與之接戰夷傷相半魯炅中流矢子儀為
後陣未及合戰大風遽起吹沙拔木天地晦暝跬步不辨物色我師
潰而南賊軍潰而北委棄兵仗輜重累積於路諸軍各還本鎮子儀
以朔方軍保河陽斷浮橋有詔令留守東都三月以子儀為東都畿
山南東道河南諸道行營元帥中官魚朝恩素害子儀之功因其不

振媒孽之尋召還京師天子以趙王係為天下兵馬元帥李光弼副
之委以陝東軍事代子儀之任子儀雖失兵柄乃思王室以禍難未
平不遑寢息俄而史思明再陷河洛朝廷旰食復慮蕃寇逼迫京畿
三年正月授子儀邠寧鄜坊兩鎮節度使乃留京師言事者以子儀
有社稷大功今殘孽未除不宜置之散地肅宗深然之上元元年九
月以子儀為諸道兵馬都統管崇嗣副之令率英武威遠等禁軍及
河西河東諸鎮之師取邠寧朔方大同橫野徑抵范陽詔下旬日復
為朝恩所間事竟不行上元二年二月李光弼兵敗於邙山河陽失
守魚朝恩退保陝州三年二月河中軍亂殺其帥李國貞時太原節
度鄧景山亦為部下所殺恐其合從連賊朝廷憂之後輩帥臣未能
彈壓勢不獲已遂用子儀為朔方河中北庭潞儀澤沁等州節度行
營兼興平定國副元帥充本管觀察處置使進封汾陽郡王出鎮絳
州三月子儀辭赴鎮肅宗不豫羣臣莫有見者子儀請曰老臣受命
將死於外不見陛下目不瞑矣帝乃引至臥內謂子儀曰河東之事

一以委卿子儀嗚咽流涕賜御馬銀器雜綵別賜絹四萬匹布五萬
端以賞軍子儀至絳擒其殺國貞賊首王元振數十人誅之太原辛
雲京聞子儀誅元振亦誅害景山者由是河東諸鎮率皆奉法四月
代宗即位內官程元振用事自矜定策之功忌嫉宿將以子儀功高
難制巧行離間請罷副元帥加實封七百戶充肅宗山陵使子儀既
謝恩上表進肅宗所賜前後詔勑因自陳訴曰臣德薄蟬翼命輕鴻
毛累蒙國恩猥廁朝列會天地震盪中原血戰臣北自靈武冊先皇
帝乃舉兵而南大蒐於岐陽先帝憂勤宗社託臣以家國俾副陛下
掃兩京之妖祲陛下雄圖不斷再造區宇自後不以臣寡劣委文武
之二柄外敷邦教內調鼎飪是以常許國家之死實荷日月之明臣
本愚淺言多詆直慮此招謗上瀆冕旒陛下居高聽卑察臣不貳皇
天后土察臣無私伏以器忌滿盈日增兢惕焉敢偷全久妨賢路自
受恩塞下制敵行間東西十年前後百戰天寒劍折濺血霑衣野宿
魂驚飲冰傷骨跋涉艱阻出沒死生所仗唯天以至今日陛下曲垂

冥與念及勤勞貽臣詔書一千餘首聖旨微婉慰諭綢繆彰微臣
之功成子孫萬代之寶自靈武河北河南彭原鄜坊河東鳳翔兩
京絳州臣所經行賜手詔敕書凡二十卷昧死上進庶煩聽覽詔答
曰朕不德不明俾大臣憂疑朕之過也朕甚自愧公勿以為慮代宗
以子儀與同患難收復兩京禮重之踰厚時史朝義尚據洛陽元帥雍
王率師進討代宗欲以子儀副之而魚朝恩程元振亂政設襲毀來
沮子儀竟為所間其事遂寢乃留京師俄而梁崇義據襄陽叛僕固
懷恩阻兵於汾州引迴紇吐蕃之衆入寇河西明年十月吐蕃陷涇
州虜刺史高暉暉遂與蕃軍為鄉導引賊深入京畿掠奉天武功渡
渭而南循山而東渭北行營兵馬使呂日將逆戰于盩厔自辰至酉
殺蕃軍數千然其徒多殞賊將逼京師君上計無所出遽詔子儀為
關內副元帥出鎮咸陽子儀自相州不利李光弼代掌兵柄及徵還
朝廷部曲離散去及是承詔都下惟二十騎強取民家畜產以助軍至
咸陽蕃軍已過渭水其日天子避狄幸陝州子儀聞上避狄雪涕還

唐傳七十　五

京至則車駕已發射生將王獻忠從駕至路遂以四百騎叛仍逼豐
王已下十王欲投於賊子儀入開遠門遇之詰豐王等所向遂護送
行在子儀以三千騎傍南山至商州得武關防兵及六軍散卒四千
人招輯亡逸其軍漸振蕃寇犯京城得故邠王守禮孫廣武王承宏
立帝號假署百官子儀遣六軍兵馬使張知節烏崇福羽林軍使長
孫全緒等將兵萬人為前鋒營於韓公堆盛張旗幟鼓鞞震山谷全
緒遣禁軍舊將王甫入長安陰結少年豪俠以為內應一日齊擊鼓
於朱雀街蕃軍惶駭而去大將李忠義先屯兵苑中渭北節度使王
仲升守朝堂子儀以大軍繼進至滻西射生將王撫自署為京兆尹
聚兵二千人擾亂京城子儀召撫殺之詔子儀權京城留守自西蕃
入寇車駕東幸天下皆咎程元振東宮屢論之元振懼又以子儀復
立功不欲天子還京勸帝且都洛陽以避蕃寇代宗然之下詔有日
子儀聞之因兵部侍郎張重光宣慰迴附章論奏曰臣聞雍州之地
古稱天府右控隴蜀左扼崤函前有終南太華之險後有清渭濁河

之固神明之奧王者所都地方數千里帶甲十餘萬兵強士勇雄視
八方有利則出攻無利則入守此用武之國非諸夏所同秦漢因之
卒成帝業其後或處之而泰去之而亡前史所書不唯一姓及隋氏
季末煬帝南遷河洛丘墟兵戈亂起高祖唱義亦先入關惟能翦滅
姦雄底定區宇以至于太宗高宗之盛中宗玄宗之明多在秦川鮮
居東洛間者羯胡構亂九服分崩河北河南盡從逆命然而先帝仗
朔方之衆慶緒奔亡陛下藉西土之師朝義就戮豈唯天道助順抑
亦地形使然此陛下所知非臣飾說近因吐蕃凌逼鑾駕東巡蓋以
六軍之兵素非精練皆市肆屠沽之人務挂虛名苟避征賦及驅以
就戰百無一堪亦有潛輸貨財因以求免又中官掩蔽庶政多荒遂
令陛下振蕩不安退居陝服斯蓋關於委任失所豈可謂秦地非良
者哉今道路云云不知信否咸謂陛下已有成命將幸洛都臣熟思
其端未見其利夫以東周之地久陷賊中宮室焚燒十不存一百曹
荒廢曾無尺椽中間畿內不滿千戶井邑榛棘豺狼所嘷既乏軍儲

唐傳七十　六

又鮮人力東至鄭汴達于徐方北自覃懷經于相土人煙斷絕千里
蕭條將何以奉萬乘之牲餼供百官之次舍矧其土地狹阸纔數百
里間東有成皋南有二室險不足恃適為戰場陛下奈何棄久安之
勢從至危之策忽社稷之計生天下之心臣雖至愚竊為陛下不取
且聖旨所慮豈不以京畿新遭剽掠田野空虛恐糧食不充國用有
闕以臣所見深謂不然昔衛文公小國之臣諸侯之主耳遭懿公為
狄所滅始廬于曹衣大布之衣冠大帛之冠元年革車三十乘季年
三百乘卒能恢復舊業享無疆之休況明明天子躬儉節用苟能黜
素食之吏去冗食之官抑豎刁易牙之權任蘧瑗史鰌之直薄征弛
力卹隱追鰥委諸相以簡賢任能付老臣以練兵禦侮則黎元自理
寇盜自平中興之功旬月可冀卜年斯永永無極矣願時邁順動迴
鑾上都再造邦家唯新庶政奉宗廟以修薦享謁陵寢以崇孝思臣
雖隕越死無所恨代宗省表垂泣謂左右曰子儀用心真社稷臣也
可亟還京師十一月車駕自陝還宮子儀伏地請罪帝駐車勞之曰

朕用卿不早故及於此乃賜鐵券圖形凌煙閣是時河北副元帥僕固懷恩方頓軍汾州掠并汾諸縣以爲己邑乃以子儀兼關內河東副元帥河中節度觀察使出鎮河中蕃戎既退僕固懷恩部下離散是月懷恩子瑒主兵榆次爲帳下將張惟岳所殺傳首京師惟岳以瑒之衆歸於子儀懷恩懼棄其母而走靈州明年九月以子儀守太尉充北道邠寧涇原河西已東通和蕃及朔方招撫觀察使其關內河東副元帥中書令如故子儀以懷恩未誅不宜讓使堅辭太尉曰太尉職雄任重竊慶非據輒敢上聞伏奉詔書未允誠懇臣疇昔之分早知止足今茲累請竊懼滿盈義實由衷事非矯飾志之所至敢不盡言自兵亂已來紀綱寖壞時多躁競俗少廉隅德薄而位尊功微而賞厚寔繁有衆不可殫論臣每見之深以爲念昔范宣子讓其下皆讓欒黶爲汰不敢違也臣誠薄劣竊慕古人務欲以身率先大變浮俗是用勤勤懇懇願罷此官庶禮讓興行由臣而致也臣位爲上相爵爲真王忝啓沃之謀受腹心之寄恩榮已極功業已成尋合

○乞骸保全餘齒但以寇讎在近家國未安臣子之心不敢寧處昔西戎即叙懷恩就擒嚮昔官爵皆無所受必當追蹤范蠡繼迹留侯臣之鄙懷切在於此優詔不許子儀見上感泣懇讓乃止十月僕固懷恩引吐蕃迴紇党項數十萬南下京師大恐子儀出鎮奉天帝召子儀問禦戎之計子儀曰以臣所見懷恩無能爲也帝問其故對曰懷恩雖稱驍勇素失士心今所以能爲亂者引思歸之人耳懷恩本臣偏將其下皆臣之部曲臣恩信嘗及之今臣爲大將必不忍以鋒刃相向以此知其無能爲也虜寇邠州子儀在涇陽子儀令長男朔方兵馬使曜率師援之與邠寧節度使白孝德閉城拒守懷恩前鋒至奉天近城挑戰諸將請擊之子儀止之曰夫客深入利在速戰不可爭鋒彼皆吾之部曲緩之自當攜貳若迫之是速其戰戰則勝負未可知敢言戰者斬堅壁待之果不戰而退子儀自涇陽入朝帝御安福門待之命子儀樓上行　朝見之禮宴賜隆厚十一月以子儀爲尚書令上表懇辭曰臣以薄劣素乏行能逢時擾攘猥蒙驅策內參朝

政外摠兵權上不能翼戴三光下不能紀遂羣庶功微賞厚任重恩深覆餗之憂實盈寤寐臣昨所以固辭太尉乞保餘年殊私曲臨遽見矜許竊謂陛下已知其願深察其心豈意未歷旬時復延寵命以臣褊淺又寡智謀安可謬職南宮當茲大任況太宗昔居藩邸嘗踐此官累聖相承曠而不置皇太子爲雍王之日陛下以其摠兵薄伐平定關東飲至策勳再有斯授豈臣末識敢亂大倫德薄位尊難逃天子之責負乘致寇復速神明之誅伏乞天慈俯停新命答詔不允翌日勑所司令子儀於尚書省視事詔宰相百寮送上遣射生五百騎執戟翼從自朝堂至省賜教坊樂子儀不受復上表曰臣伏以尚書令武德之際太宗爲之一昨歷懇上陳請罷斯職而陛下未垂亮察務欲褒崇區區微誠益用惶懼何則太宗立極之主聖德在人自後因廢此官永代作則陛下守文繼體固當奉而行之豈可猥私老臣隳廢成式上掩陛下之德下貽萬方之非臣雖至愚安敢輕受況久經兵亂僭賞者多一人之身兼官數四朱紫同色清濁不分爛羊

○之謠復聞聖代臣頃觀其弊思革其源以逆寇猶存未敢輕議今元兇沮敗計日成擒中外無虞妖氛漸息此陛下作法之際審官之時固合始於老臣化及班列豈可輕爲此舉以亂國章國章亂於上則庶政隳於下海內之政皆亂則國家又安得永代而無患哉陛下苟能從臣之言俯察誠請彼貪榮冒進者亦將各讓其所兼之官自然天下文明百工式叙太平之業可得而復也臣誠蒙鄙識昧古今志之所切實在於此手詔答曰傳崇之命所以報功摠領之司期於賦政卿入居台鉉出統戎旃爰自先朝累匡多難靖羣氛於海表凝庶績於天階敏事而寡言居敬而行簡人難其易爾易其難所以命掌六聯首茲百辟顧循時議僉謂允諧而屢拜封章懇懷謙挹守淳素之道語政理之源無待禮成曲從德讓宜宣示於外編之史冊遣內侍魚朝恩傳詔賜美人盧氏等六人從者八人并車服帷帳牀褥珍玩之具時蕃虜屢寇京畿倚蒲陝爲內地常以重兵鎮之永泰元年五月以子儀都統河南道節度行營出鎮河中八月僕固懷恩誘吐

蕃迴紇党項羌渾奴剌山賊任敷鄭庭郝德劉開元等三十餘萬南下先發數萬人掠同州期自華陰趨藍田以扼南路懷恩率重兵繼其後迴紇吐蕃自涇邠鳳翔數道寇京畿掠奉天醴泉京師震恐天子下詔親征命李忠臣屯東渭橋李光進屯雲陽馬璘郝玭屯便橋駱奉先李日越屯盩厔李抱玉屯鳳翔周智光屯同州杜冕屯坊州天子以禁軍屯苑內京城壯丁並令團結城二門塞其一魚朝恩括士庶私馬重兵捉城門市民由竇穴而遁去人情危迫是時急召子儀自河中至屯於涇陽而虜騎已合子儀一軍萬餘人而雜虜圍之數重子儀使李國臣高昇拒其東魏楚玉當其南陳迴光當其西朱元琮當其北子儀率甲騎二千出没於左右前後虜見而問曰此誰也報曰郭令公也迴紇曰令公存乎僕固懷恩言天可汗已棄四海令公亦謝世中國無主故從其來今令公存天可汗存乎報之曰皇帝萬歲無疆迴紇皆曰懷恩欺我子儀又使諭之曰公等頃年遠涉萬里翦除兇逆恢復二京是時子儀與公等周旋艱難何日忘之今

○忽棄舊好助一叛臣何其愚也且懷恩背主棄親於公等何有迴紇曰謂令公亡矣不然何以至此令公誠存安得而見之子儀將出諸將諫曰戎狄之心不可信也請無往子儀曰虜有數十倍之衆今力固不敵且至誠感神況虜輩乎諸將曰請選鐵騎五百衛從子儀曰適足以爲害也乃傳呼曰令公來虜初疑持滿注矢以待之子儀以數十騎徐出免冑而勞之曰安乎久同忠義何至於是迴紇皆捨兵下馬齊拜曰果吾父也子儀召其首領各飲之酒與之羅錦歡言如初子儀說迴紇曰吐蕃本吾舅甥之國無負而至是無親也若倒戈乘之如拾地芥耳其羊馬滿野長數百里是謂天賜不可失也今能逐戎以利舉與我繼好而凱旋不亦善乎會懷恩暴死于鳴沙羣虜無所統攝遂許諾乃遣首領石野那等入朝子儀遣朔方兵馬使白元光與迴紇會軍吐蕃知其謀是夜奔退迴紇與元光追之子儀大軍繼其後大破吐蕃十餘萬於靈武臺西原斬首五萬生擒萬人收其所掠士女四千人獲牛羊駝馬三百里內不絕子儀自涇陽入朝

加實封二百戶還鎮河中大曆元年十二月華州節度使周智光殺監軍張志斌謀叛帝以同華路阻召子儀女壻工部侍郎趙縱受口詔往河中令子儀進軍討之縱請爲蠟書令家僮間道賜子儀奉詔大閱軍戎將發同華將吏聞軍起乃斬智光父子傳首京師二年二月子儀入朝宰相元載王縉僕射裴冕京兆尹黎幹內侍魚朝恩共出錢三十萬置宴於子儀第恩出羅錦二百匹爲子儀纏頭之費極歡而罷九月吐蕃寇涇州詔子儀以步騎三萬自河中移屯涇陽十月蕃軍退至靈州邀擊敗之斬馘二萬十二月盜發子儀父墓捕盜未獲人以魚朝恩素惡子儀疑其使之子儀心知其故及自涇陽將入議者慮其構變公卿憂之及子儀入見帝言之子儀號泣奏曰臣久主兵不能禁暴軍士殘人之墓固亦多矣此臣不忠不孝上獲天譴非人患也朝廷乃安三年三月還河中八月吐蕃寇靈武九月詔子儀率師五萬自河中移鎮奉天是月白元光大破吐蕃於靈武十月子儀入朝遂鎮河中時議以西蕃侵寇京師不安馬璘雖在邠

○州力不能拒乃以子儀兼邠寧慶節度自河中移鎮邠州徙馬璘爲涇原節度使八年十月吐蕃寇涇州子儀遣先鋒兵馬使渾瑊逆戰于宜祿不利會馬璘設伏於潘源與瑊合擊大破蕃軍俘斬數萬計迴紇赤心賣馬一萬匹有司以國計不充請市千匹子儀以迴紇前後立功不宜阻意請自納一年俸物充迴紇馬價雖詔旨不允內外稱之九年入朝代宗召對延英語及西蕃充斥苦戰不暇言發涕零既退復上封論備吐蕃利害曰朔方國之北門西禦犬戎北虞獫狁五城相去三千餘里開元天寶中戰士十萬戰馬三萬纔敵一隅自先皇帝龍飛靈武戰士從陛下收復兩京東西南北曾無寧歲中年以僕固之役又經耗散人亡三分之二比於天寶中有十分之一今吐蕃充斥勢強十倍兼河隴之地雜羌渾之衆每歲來闚近郊以朔方減十倍之軍當吐蕃加十倍之騎欲求制勝豈易爲力近入內地稱四節度每將盈萬每賊兼乘數四臣所統將士不當賊四分之一所有征馬不當賊百分之二誠合固守不宜與戰又得馬璘牒賊擬

涇渭而南臣若堅壁恐卮餞旬若過畿內則國人大恐請速移外
有吐蕃之強中有易擾之衆外畏內懼將何以安臣伏以陛下積稠
勝之術力非不足但虞備練未精進退未一時淹師老地潤勢分願
陛下更詢諳識擇名將俾之統軍於諸道各抽精卒成四五萬則
制勝之道必矣未可失時臣又料河南河北山南江淮小鎮數千大
鎮數萬空耗月餼曾不習戰臣請抽赴關中教之戰陣則軍聲益振
攻守必全亦長久之計也臣衰耄任遇垂二十年今齒髮已衰願避
賢路止足之誠神明所鑒詔曰卿憂深慮遠殊沃朕心始終倚賴未
可執辭也德宗即位詔還朝攝冢宰充山陵使賜號尚父進位太尉
中書令增實封通計二千戶給一千五百人糧二百匹馬草料所領
諸使副元帥並罷諸子弟女壻拜官者十餘人建中二年夏子儀病
甚德宗令舒王誼傳詔省問及門郭氏子弟迎拜於外王不答拜子
儀臥不能興以手叩頭謝恩而已六月十四日薨時年八十五德宗
聞之震悼廢朝五日詔曰天地以四時成物元首以股肱作輔公台

之任暴足相承上以調三光下以紊五岳允釐庶績鎮撫四夷體元
和之氣根貞一之德功至大而不伐身處高而更安尚父比呂望之
名爲師增周公之佐風業可久歿而彌光故太尉兼中書令柱國汾
陽郡王尚父子儀天降人傑生知王佐訓師如子料敵若神昔天寶
多難羯胡作禍咸秦失險河洛爲戎公能扶翼肅宗載造區夏於圖
有急勞其戡定於邊有寇轄其驅除安社稷必有於絳侯定羌戎無
愧於充國綿靈谿四散之衆涇陽降十萬之虜勳高今古名讋夷狄
而勞于征鎮二紀于茲頌以春秋既高疆場多事罷彼旌鉞寵在台
衡以公柱石四朝藩翰萬里忠貞懸於日月寵遇冠於人臣尊其元
老加以崇號期膺考之永養勳賢之德胄育生疾藥石靡攻人之云
亡梁木斯壞雖時從加等輟朝增日悼之流涕曷可弭忘更議追崇
名位斯極而尊爲尚父官協太師雖爵秩則同而體望尤重敬以褒
崇旌表元臣聖祖園陵所宜陪葬式叢表文終之德象山追去病之
勳千載如存九原可作冊命之禮有司備焉可贈太師陪葬建陵仍

令所司備禮冊命賻絹三千匹布三千端米麥三千石葬令一品墳
高丈八尺而詔特加十尺群臣以次赴宅弔哭凶喪所須並令官給及
葬上御安福門臨哭送之百寮陪位隕泣賜謚曰忠武配饗代宗廟
庭子曜旰晞暟曙映等八人壻七人皆朝廷重官諸孫數十人
每群孫問安不盡辨頷之而已恭佐官吏六十餘人後位至將相
朝秩貴位勳其姓名於石今在河中府人士榮之史臣裴洎曰汾陽
事上誠藎臨下寬厚每降城下邑所至之處必得士心前後遭罹
臣程元振魚朝恩讒毀百端時方握強兵或方臨戎敵詔命徵之未
嘗不即日應召故讒謗不能行代宗幸陝時令以數十騎赴難及在
涇陽又陷於胡虜重圍之中皆以身許國未嘗以危亡易慮亦遇天
幸竟免患難田承嗣方跋扈魏州傲很無禮子儀嘗遣使至承嗣西
望拜之指其膝謂使者曰茲膝不屈於人若干歲矣今爲公拜李靈
曜據汴州公私財賦一皆遏絕獨子儀封幣經其境莫敢留之必持
兵衛送其爲豺虎所服如此麾下老將若李懷光輩數十人皆王侯

重貴子儀頤指進退如僕隸焉幕府之盛近代無比始與李光弼齊
名雖威略不逮而寬厚得人過之歲入官俸二十四萬貫私利不在
焉其宅在親仁里居其里四分之一中通永巷家人三千相出入者
不知其居前後賜良田美器名園甲館聲色珍玩堆積羨溢不可勝
紀代宗不名呼爲大臣天下以其身爲安危者殆二十年校中書令
考二十有四權傾天下而朝不忌功蓋一代而主不疑侈窮人欲而
君子不之罪富貴壽考繁衍安泰哀榮終始人道之盛此無缺焉唯
以讒怒誣奏判官戶部郎中張譚杖殺之物議爲薄
曜子儀長子性孝友廉謹子儀出征於外留曜治家少長千人皆得
其所諸弟爭飾池館盛其車服曜以儉朴自處累遷至太子賓客建
中初子儀罷兵柄乃遍加諸子官以曜爲太子少保子儀薨曜護喪
命四朝所賜名馬珍玩悉皆上獻德宗復賜之曜乃散諸昆弟子儀
喪後楊炎盧杞相次秉政姦諂用事尤忌勳族子儀之婿太僕卿趙
縱少府少監李洞清光祿卿王宰皆以家人告訐細過相次貶黜曜

家大恐韜宰相張鎰力爲庇護姦人幸其危懼多論奪田宅奴婢曜
不敢訴德宗微知之詔曰尚父子儀有大勳力保乂皇家嘗誓以山
河琢之金石十世之宥其可忘也其家前時與人爲市以子儀身歿
或被誣構欲論奪之有司無得爲理詔下方巳曜居喪得禮若儒家
子服未闋寢疾或勸其茹葱薤曜竟不屬口建中四年三月卒贈太
子太傅
晞子儀第三子少善騎射常從父征伐初以戰功授左贊善大夫從
廣平王收復兩京晞力戰於香積寺陝西皆出奇兵剋捷以功加銀
青光祿大夫鴻臚卿後河中軍亂殺節度使李國貞荔非元禮於絳
詔以子儀爲河東關內副元帥鎮絳州時四方擾叛多逐戍帥子儀
至絳誅其元惡其黨頗不自安欲謀翻變晞知其謀選親兵四千伏
甲以防之常持弓警夜不寐者凡七十日叛將竟不敢發以功拜殿
中監廣德二年僕固懷恩誘吐蕃迴紇入寇加晞御史中丞領朔方
軍以援邠州與馬璘合勢大破蕃軍其年冬懷恩誘虜蕃寇邠州晞

于涇北子儀令晞率步卒五千騎軍五百出西南將擊之晞以兵寡
不敵持而不戰及至晡晚乘其半濟而擊之大破蕃虜斬首五千級
是時連戰皆捷詔加御史大夫子儀固讓不受永泰二年檢校左散
騎常侍大曆七年加開府儀同三司十二年丁母憂服除加檢校工
部尚書判秘書省事建中二年丁父喪持服京城朱泚構逆遣人就
第問訊欲令掌兵晞佯瘖噤口不言泚以兵脅之晞終不語賊知其
不可用乃止晞潛奔奉天僅而獲免初晞兄曜襲父代國公實封二
千戶及曜卒詔曰故尚父太尉中書令汾陽王功格上玄道光下土
積其善慶垂裕無窮雖嫡長云殂支宗斯感汾陽舊邑嘉有丕承其
男前左散騎常侍駙馬都尉食實封五百戶曖夙禀義方居憂盡孝
德宗錄勛擁美金章繼撫先封允宜聽復曖兄檢校工部尚書守太
子賓客趙國公晞并弟右金吾將軍祁國公食實封二百五十戶曙
太子左諭德映等並休有令名保其先業宜允推恩之典以明延賞
之誠其實封二千戶宜準式減半餘可分襲曖可襲代國公仍通前

襲三百戶晞可二百五十戶曙可五十戶通前三百七十戶映可二
百三十五戶壽又詔尚父子儀男晞曖映曙四人所襲實封各減五
十戶以賜郭曜男鋒郭晤男鍇各襲一百戶晞至行在復檢校工部
尚書太子詹事從駕還京改太子賓客晞子鋼爲朔方節度使杜希
全府佐希全以鋼攝豐州刺史晞以鋼幼弱恐不任邊職貞元七年
晞上章請罷鋼官德宗遣中使召之鋼疑以他事見構乃單騎走入
吐蕃蕃將見鋼獨叛不納置之夜上流入黃河令歸杜希全得之遂
赴京師賜鋼自盡晞亦坐子免官明年復授太子賓客貞元十年卒
贈兵部尚書晞子鈞鈞子承嘏別有傳曖子儀第六子年十餘歲
尚代宗第四女昇平公主時昇平年亦與曖相類大曆中恩寵冠於
戚里歲時錫賚珍玩不可勝紀大曆十三年有詔毀除白渠水支流
碾磑以妨民溉田昇平有脂粉磑兩輪郭子儀私磑兩輪所司未敢
毀徹公主見代宗訴之帝謂公主曰吾行此詔蓋爲蒼生爾豈不識我
意耶可爲衆率先公主即日命毀由是勢門碾磑八十餘所皆毀之

曖檢校左散騎常侍建中末公主坐事留之禁中曖亦令出入無何
朱泚之亂不知車駕幸奉天爲賊所逼欲受僞官曖辭以居喪被疾
旣而與兄晞弟曙及昇平公主皆奔奉天德宗喜並釋前咎待之如
初復授青光祿大夫檢校左散騎常侍從駕至山南改太常卿同正
員貞元中帝爲皇孫廣陵郡王納曖女爲妃曖貞元十六年七月卒
贈尚書左僕射昇平公主元和五年十月薨贈虢國大長公主謚曰
懿廣陵王即位爲憲宗皇帝妃主穆宗皇帝元和十五年穆宗即位
尊郭妃爲皇太后詔曰追遠飾終先王令典况積仁累慶事已顯於
身前祥會慶傳福遂流於天下式光盛德爰舉徽章尊親於是
乎在昔太后父駙馬尚書左僕射曖克荷崇構有勞王家孝友本於生
知恭華發於事任寅修一德歷仕三朝建中末年屬有大難曖方履
駕忘歸即彰忠貞之節國史明備才高望治是膺沁水之祥德厚流
光乃啟塗山之祚肆予小子獲纘大業未展定中之命敢緣孝紀之
恩俾崇維師用光彝禮可贈太傅曖子釗鏦銛曙代宗朝累歷司農

卿居父憂建中三年冬詔舒王誼爲淮西山南諸道大元帥以曙檢校左庶子爲元帥府都押牙京城亂從幸山南轉太府卿隨駕還京拜左金吾衛大將軍貞元末卒

釗偉姿儀身長七尺方口豐下沉默寡言尚昇平長公主代宗朝釗爲外孫恩寵踰等起家爲太常寺奉禮郎德宗朝累官至太子右庶子元和初爲左金吾衛大將軍充左街使九年十一月檢校工部尚書兼邠州刺史充邠寧節度使數歲檢校戶部尚書入爲司農卿釗大勳之後姻聯戚里而謙和接物恭慎自持居家臨民無驕忌之色無奢侈之失士君子重之十五年正月憲宗寢疾彌旬諸中貴人秉權者欲議廢立紛紛未定穆宗在東宮心甚憂之遣人問計於釗釗曰殿下身爲皇太子但旦夕視膳謹守以俟又何慮乎迄今稱釗得元舅之體穆宗即位冊皇太后南內推崇外氏以釗兼司農卿未幾檢校戶部尚書充河陽三城懷節度使歲中換河中尹河中晉絳慈隰節度使釗歷踐藩鎮以汾陽胄胤材能選用不獨憑椒房之勢所

莅簡約不撓其俗自理敬宗即位尊郭太后爲太皇太后徵釗爲兵部尚書兼檢校尚書左僕射明年出爲梓州刺史劍南東川節度使文宗即位加司空太和三年冬南蠻陷巂州遂寇西川杜元穎失於控禦蠻軍陷成都府外城朝廷未暇除帥乃以釗兼領西川節度蠻軍已寇梓州諸道援軍未至川軍寡弱不可令戰釗致書於蠻首領嵯顛責以侵寇之意嵯顛曰杜元穎不守疆場屢侵吾圉以是修報也與釗修好而退朝廷嘉之授成都尹劍南西川節度使與南詔立約疆陲不擾以疾求代四年入爲太常卿檢校司徒十二月在道卒詔贈司徒子仲文仲辭

鏦母昇平長公主大曆貞元之間恩禮冠諸主順宗在東宮以女德陽郡主尚鏦時鏦與公主年未及冠郡主尤爲德宗之所鍾愛故鏦之貴寵焜燿一時順宗即位改封德陽爲漢陽公主鏦累官至衛尉卿駙馬都尉改殿中監穆宗即位鏦爲叔舅改右金吾衛大將軍兼御史大夫充左街使城南有汾陽王別墅林泉之致莫之與比穆宗常遊幸之置酒極歡而罷賜鏦甚厚俄加檢校工部尚書兼太子詹事充閑廄宮苑使從容貴位三十餘年而椒房之寵國舅之恩近代已來無有其比而鏦恭遜虔恪不以富貴驕人士無賢不肖接之以禮由是中外稱之長慶二年十月卒贈尚書左僕射仍以其弟銛代鏦爲太子詹事充閑廄宮苑使仲文太和末爲殿中少監開成初詔仲文襲父太原郡公制下給事中封敕奏曰伏準制書贈司徒郭釗嫡男仲文襲封太原郡公者臣近訪知郭釗妻沈氏公主之女代宗皇帝外孫有男仲辭已選尚主仲文不合假冒自稱嫡子若仲文承嫡即沈氏須黜居別室仲辭不合配尚貴主伏以郭仲文尚父子儀之孫太皇太后之姪戚里勳門無與儔比婚姻嫡庶朝野具知奪宗之配實玷風教且仲文仲辭既非同出襲封尚主不可並行伏請付臺勘當詔曰以萬年縣尉仲辭襲封仲文落下以太皇太后姪不之罪尋以仲辭爲銀青光祿大夫檢校殿中少監駙馬都尉襲封太原郡公尚饒陽公主又仲辭兄詹事府丞仲恭爲銀青光祿大夫尚金

堂公主

郭幼明尚父子儀之母弟也性謹愿無過不工武藝喜賓客飲讌居家御衆皆得其歡心以子儀勳業累歷大卿監大曆八年卒贈太子太傅子昕肅宗末爲四鎮留後自關隴陷蕃爲虜所隔其四鎮北庭使額李嗣業荔非元禮皆遙領之昕阻隔十五年建中二年與伊西北庭節度使李元忠俱遣使于朝德宗嘉之詔曰四鎮二庭統任西夏五十七蕃十姓部落國朝已來相次率職自關隴失守東西阻絕忠義之徒泣血相守慎固封略奉尊朝法皆侯伯守將交修共理之所致也伊西北庭節度使李元忠可北庭大都護四鎮節度留後郭昕可安西大都護四鎮節度使其將吏已下敘官可超七資李元忠本姓曹名令忠以功賜姓名時昕使自迴紇歷諸蕃部方達於朝又有袁光庭者爲伊州刺史隴右諸郡皆陷光庭堅守伊州吐蕃攻之累年兵盡食竭光庭先刃其妻子自焚而死因昕使知之贈工部尚書

史臣曰天寶之季盜起幽陵萬乘播遷兩都覆沒天祚土德寔生汾陽自河朔班師關西殄寇身扞豺虎手披荊榛七八年間其勤至矣再造王室勳高一代及國威復振羣小肆讒位重懇辭失寵無怨不幸危而邀君父不挾憾以報仇讎晏然効忠有死無二誠大雅君子社稷純臣自秦漢已還勳力之盛無與倫比而晞曖於綠組之中拔身虎口赴難奉天可謂忠孝之門有嗣矣

贊曰猗歟汾陽功扶昊蒼秉仁蹈義鐵心石腸四朝靜亂五福其昌爲臣之節敢告忠良

唐書列傳卷第七十

唐書列傳卷第七十一

劉昫等修
聞人詮校刻沈桐同校

僕固懷恩　梁崇義

李懷光

僕固懷恩鐵勒部落僕骨歌濫拔延之曾孫語訛謂之僕固貞觀二十年鐵勒九姓大首領率其部落來降分置瀚海燕然金微幽陵等九都督府於夏州別爲蕃州以禦邊授歌濫拔延爲右武衛大將軍金微都督拔延生乙李啜拔乙李啜生懷恩世襲都督天寶中加左領軍大將軍同正員特進歷事節度王忠嗣安思順皆以善格鬬達諸蕃情有統禦材委之心腹及安祿山反從郭子儀討高秀巖于雲中破之又敗薛忠義于背度山下抗賊七千騎生擒忠義男襲下馬邑郡十五載進軍與李光弼合勢及史思明戰于常山趙郡沙河嘉山皆大破之懷恩功居多肅宗卽位於靈武懷恩從郭子儀赴行在所

時同羅部落自西京叛賊北寇朔方子儀與懷恩擊之懷恩子玢領徒擊賊兵敗而降尋又自拔而歸懷恩叱而斬之將士懾駭無不一當百遂破同羅千餘騎於河上盡收其器械駝馬肅宗雖仗朔方之衆將假蕃兵以張形勢乃遣懷恩與燉煌王承寀使于迴紇請兵結好迴紇可汗遂以女妻承寀兼請公主遣首領隨懷恩入朝二年正月又從子儀下馮翊河東二郡走僞將崔乾祐又襲破潼關賊將安守忠李歸仁自京率衆來援苦戰二日官軍敗績懷恩退至渭水無舟楫抱馬以渡存者僅半乃奔歸子儀於河東整其餘衆四月子儀赴鳳翔李歸仁以勁卒五千邀之於三原北子儀窘急使懷恩及王昇陳迴光渾釋之李國貞等五將伏兵於白渠留運橋以待之賊至伏發歸仁大敗而走又從子儀戰于清渠不利歸于鳳翔及迴紇使葉護帝得數千騎來赴國難南蠻大食之卒相繼而至肅宗乃遣廣平王爲元帥以子儀爲副而懷恩領迴紇兵從之汶水賊伏兵於營東懷恩引迴紇馳殺之匹馬不歸賊乃大潰日暮懷恩請王曰賊必棄城走矣請以二百騎馬追之縛取李歸仁田乾眞安守忠張通儒王曰將軍戰亦疲矣且休息追明而後圖之懷恩曰歸仁守忠天下驍賊也驟勝而敗此天與我也奈何縱之不取若使得衆復爲我患雖悔無及夫戰尚速何明日爲王固止之令還營懷恩又固請往而復反一夕四五起遲明諜至守忠等果逃又從王大破賊於陝西之新店收兩京皆立殊功以前後功加開府儀同三司鴻臚卿同正員同節度副使十二月封豐國公食實封二百戶乾元元年九月遣九節度擊安慶緒於相州從郭子儀領朔方行營破安太清下懷衞二州圍相州戰愁思岡凡經五月常爲先鋒堅敵大陣必經其戰勇冠三軍尋充都知兵馬使及李光弼代子儀懷恩又副之乾元二年進封大寧郡王遷御史大夫朔方行營節度又從李光弼守河陽破周又擒徐璜玉安太清拔懷州皆摧鋒陷敵功冠諸將其男瑒又以開府儀同三司從將兵於其軍每深入虜陣以勇敢聞軍中號爲鬬將懷恩爲人雄毅寡言應對舒緩而剛決犯上始居偏裨之中意有不

合雖主將必詬怒之郭子儀爲帥以寬厚容衆素重懷恩其麾下皆朔方蕃漢勁卒恃功怙將多爲不法子儀每事優容之行師用兵倚以集事而光弼持法嚴肅法不貸下懷恩心憚而頗不叶上元二年從李光弼史思明戰于卬山不利肅宗以懷恩功高恩顧特異諸將至冬加工部尚書勑李輔國及常參官送上太官造食以寵之代宗卽位拜隴右節度未行改朔方行營節度以副郭子儀其秋上使中官劉清潭請兵於迴紇登里可汗登里已爲史朝義誘之傾國入塞衆號十萬關中騷擾上使殿中監藥子昂馳於塞上勞之遇於忻州先是肅宗以寧國公主下嫁於毗伽闕可汗毗伽闕可汗又以少子請婚肅宗以懷恩女妻之毗伽可汗死小子代立卽登里可汗登里立以懷恩女爲可敦至是可汗請與懷恩及懷恩之母相見詔從之懷恩嫌疑不敢上因賜鐵券手詔以遣之卽令其母便發懷恩與迴紇可汗相見於太原可汗大悅遂許助討朝義於是進兵歷太原汾晉營于陝州以俟期十月詔天下兵馬元帥雍王爲中軍先鋒以懷

恩爲副加同中書門下平章事領河東朔方節度行營及鎮西迴紇兵馬赴陝州并令諸道節度一時齊進懷恩與迴紇左殺爲先鋒觀軍容使魚朝恩陝州節度郭英乂爲後殿自澠池入陳鄭節度李抱玉自河陽入河南副元帥雍王留陝州懷恩等師至黃水賊徒數萬堅柵自固懷恩陣于西原上廣張旗幟以當之命驍騎及迴紇之衆傍南山出於東北兩軍舉旗內應表裏擊之一鼓而拔賊死者數萬朝義領鐵騎十萬來救陣於昭覺等賊皆殊死決戰短兵既接相殺甚衆官軍驟擊之賊陣而不動魚朝恩令射生五百人下馬弓弩亂發多中賊而死陣亦如初鎮西節度使馬璘曰事急矣遂援旗而進單騎奔擊奪賊兩牌突入萬衆之中左右披靡大軍乘之而入朝義大敗斬首一萬六千級生擒四千六百人降者三萬二千人轉戰于石榴園老君廟賊黨又敗人馬蹂踐塡於尚書谷朝義輕騎而走懷恩乃進收東京及河陽城封其府庫僞中書令許叔冀王伷等承制釋之悉皆安堵懷恩留迴紇可汗營於河陽乃使其子右廂兵馬使

瑒北庭朔方兵馬使高輔誠以萬餘衆乘勝逐北懷恩常躡賊而行至于鄭州再戰皆捷進至汴州僞節度張獻誠關門出降又拔滑州追破朝義于衛州僞睢陽節度田承嗣李進超薛嵩等兵馬四萬餘衆又與朝義合據河來拒瑒連盤齊師登岸薄之賊黨悉奔長驅至昌樂縣東朝義率魏州兵馬來戰又敗走達盧來降賊徒震駭於是相州僞節度薛嵩以相衛洺邢趙降于李抱玉高輔成尚文悊僞恒陽節度李寶臣以深恒定易四州降于河東節度辛雲京朝義至貝州又與僞大將薛忠義兩節度合瑒至臨淸縣懼賊氣盛駐軍以俟變朝義領衆三萬并攻具來攻瑒令高彥崇渾日進李光逸等設三伏以待之賊半渡伏發合擊而走之其時迴紇又至官軍益振瑒卷甲馳之大戰于下博縣東南賊背水而陣大軍衝擊而崩之積屍擁流而下朝義又走莫州於是河南副元帥都知兵馬使薛兼訓兵馬使郝庭玉兗鄆節度使辛雲京會師于下博進軍莫州城下朝義與田承嗣頻出挑戰大敗而旋臨陣殺其僞尚書蔡榮朝義懼自分

萬餘衆投歸義縣留承嗣守城於是淄青節度侯希逸繼諸將同戮攻守凡月餘日瑒與高彥崇侯希逸薛兼訓等以衆三萬追及朝義於歸義縣交鋒而賊潰僞幽州節度使李懷仙遂降款瑒頓兵於其境遣懷仙分兵追躡二年三月朝義至平州石城縣溫泉柵窮蹙走入長林自縊懷仙使妻弟徐有濟傳其首以獻又降田承嗣之軍河北悉平懷恩乃與諸將班師先是去冬郭子儀以懷恩有平定河朔之功讓位於懷恩遂授河北副元帥尚書左僕射兼中書令靈州大都督府長史單于鎭北大都護朔方節度使仍加實封四百戶通前一千戶春又加太子少師充朔方都知兵馬使同節度副大使食實封五百戶莊宅各一所仍與一子五品官高輔成太子少傅兼御史中丞充河北副元帥都知兵馬使加實封三百戶仍與一子五品官高彥崇太子賓客侯瓚朔方右廂兵馬使實封二百戶莊宅各賜一所與一子五品官遂詔懷恩統可汗還蕃遂自相州西郭口趣潞州與迴紇可汗會出太原之北懷恩初至太原辛雲京以可汗是其子

壻疑其召戎閉關不報且懼可汗相襲不敢犒軍及還亦如之懷恩父子宣力王室攻城野戰無役不從一舉滅史朝義復燕趙韓魏之地自以爲功無以讓至是又爲雲京所拒懷恩怒上表列其狀頓軍汾州會中官駱奉先使于雲京雲京言懷恩與可汗爲約逆狀已露乃與奉先厚結歡奉先迴至懷恩所其母數讓奉先曰爾等與我兒約爲兄弟今又親雲京何兩面乎雖然前事勿論自今母子兄弟如初酒酣懷恩起舞奉先贈纏頭綵懷恩將酬其貺奉先遽告發懷恩曰明日端午請宿爲令節奉先固辭懷恩苦邀之命藏其馬中夕謂其從者曰向者責吾又收吾馬是將害我也奉先懼遂踰垣而走懷恩驚遽令追還其馬奉先使迴奏其反狀懷恩累表請誅雲京奉先上以雲京有功手詔和解之懷恩遂有貳於我至七月改元廣德册勳拜太保仍與一子三品一子四品官并階仍加實封五百戶僕固瑒一子五品官加實封一百戶仍賜鐵券以名藏太廟畫像於凌煙閣辭以瑒爲御史大夫朔方行營節度懷恩以寇難已來一門之內

死王事者四十六人女嫁絶域再收兩京皆導引迴紇摧滅強敵而爲人媒孽蕃性獷戾快快不已乃上書自敘功伐曰廣德元年八月二十三日開府儀同三司尚書左僕射兼中書令朔方節度副大使河北副元帥上柱國大寧郡王臣懷恩刺肝瀝血謹頓首頓首上書寶應聖文神武皇帝陛下臣家本蕃夷代居邊塞爰自祖父早沐國恩臣年未弱冠即蒙上皇驅策出入死生竭力疆場叨承先帝報功時年已授特進洎乎祿山作亂大振王師臣累任偏裨決死靖難上以安社稷下以拯生靈使皇天之威神滅狂胡之醜類無何思明繼逆又據東周宸極不安海內騰沸臣謬承大行皇帝委任授以兵權誓雪國讎以臣將難闔門忠烈咸願殺身野戰攻城皆先士卒兄弟死於陣敵子姪沒於軍前九族之親十不存一縱有在者瘡痍徧身況陛下潛龍之時親統師旅臣忝事麾下陛下悉臣愚誠大行皇帝未捐宮館之時臣頻立微効臣累霑官賞遂被輔國等讒害幾至破家便奪兵權逾年宿衛臣雖內省無疚終懼讒佞傾危以日繼時命

○懸秋葉至將歸骨泉壤永謝明時幸遇陛下龍躍天衢繼纘鴻業知臣負謗察臣丹心遂開獨見之明杜絶衆多之口特拔臣於汧隴再任臣於朔方誠謂遊魂返骸枯骨再肉使臣得竭駑蹇之力効錐刀之功上答陛下再造之恩下展微臣犬馬之志去年秋末迴紇仗義而來士庶不知悉皆驚駭陛下以臣與其姻婭令至太原祗迎一切事宜許臣逐便處置遂與可汗計議分道用兵剋復洛陽平蕩幽薊惟有神策兵馬頻軍獨住陳留可汗時在洛陽即被朝恩猜阻要爲流議已失蕃情臣自平賊却迴天恩又令餞送臣遂罄竭家產爲國周旋發遣外蕃貴圖上道行至山北被奉先雲京共生異見妄作加諸閉城不出祗迎仍令潛行竊盜蕃夷怨怒早欲相讐臣遂彌縫方得出界及其祖餞事了迴至太原臣忝跡鼎司又承重寄奉先雲京曾無禮數閉關不出相看臣遂過汾州休息士馬凡經數日不遣一介知聞自以行事乖踈恐臣先有論奏遂乃構其謗黷妄起異端扇動軍城以爲設備又臣從潞府過日見抱玉祗迎迴紇庶事用心懇

稱家資罄於公用又與臣馬兼銀器四事臣於迴紇處得綃便與抱玉二千匹以充答贈令被抱玉共相組織將此往來之既便爲結託之私貴在厚誣務相傾奪陛下不垂明察採聽流言欲令忠直之臣枉陷讒邪之黨臣實不欺天地不負神明夙夜三思臣罪有六往年同羅背叛河曲騷然經略數軍兵圍不解臣不顧老母走投靈州先帝嘉臣忠誠遂遣徵兵討叛使得河曲清泰賊徒奔亡是臣不忠於國其罪一也臣男玢嘗被同羅虜將蓋亦制不由已旋即弃逆歸順却來投臣臣斬之以令士衆且臣不愛骨肉之重而徇忠義之誠是臣不忠於國其罪二也臣有二女俱聘遠蕃爲國和親合從討難致使賊徒殄滅寰宇清平是臣不忠於國其罪三也臣及男瑒不顧危亡身先行陣父子効命志寧邦家是臣不忠於國其罪四也陛下委臣副元帥之權令臣指麾河北其新附節度使皆握強兵臣之撫綏悉安反側州縣旣定賦稅以時是臣不忠於國其罪五也臣叶和迴紇戡定兇徒天下削平蕃夷歸國使其永爲鄰好義著急難萬姓安

○寧干戈止息二聖山陵事畢陛下忠孝兩全是臣不忠於國其罪六也臣旣負六罪誠合萬誅延頸轅門以待斧鑕過此以往更無他違陛下若以此誅臣何異伍子胥存吳卒浮屍於江上大夫種霸越終賜劒於稽山唯當吞恨九泉銜冤千古復何訴哉復何訴哉且葵藿尚解仰陽犬馬猶能戀主臣忝恩至重委任非輕夙夜思奉天顏豈暫心離魏闕誠恐以忠獲罪龜鏡不遙頃者來瑱受誅朝廷不示其罪天下忠義從此生疑況來瑱功業素高人多所忌不審聖衷獨斷復爲姦臣弄權臣欲入朝恐罹斯禍諸道節度使皆懼非臣獨敢如此近聞追詔數人並皆不至實畏中官讒口又懼陛下損傷豈唯是臣不忠只爲回邪在側且臣前後所奏駱奉先詞情非不撫實陛下竟無處置寵用彌深皆由同類相從致蒙蔽聖聽人皆懼死誰復敢言臣義切君臣志憂社稷若無極諫有負聖朝敢肆愚忠以干鼎鑊況今西有犬戎背亂東有吳越不庭均房羣盜縱橫鄜坊稽胡草擾陛下不思外禦而乃內忌忠良何以混一車書而使梯航納貢天下

至大豈可暫輕伏承四方數奏之人引對之時陛下皆云與賊騎商量曾不委宰臣可否或有稽留數月不放歸還遠近之心轉加疑阻且臣朔方將士功効最高爲先帝中興主人是陛下蒙塵故吏曾不別加優獎却信嫉妬誘詞子儀先已被猜臣今又遭毁黷弓藏鳥盡兎死犬烹臣昔謂非今方知實且臣息軍汾上關鍵大開收馬放羊曾無守備分兵數郡貴免般糧勸課農桑務安黎庶有何狀跡而涉異端陛下必信矯詞何殊指鹿爲馬陛下儻斥逐邪佞親附忠良歸削孤疑數陳政化使君臣無二天下歸心則窺邊之戎不足爲患梗命之寇將復何憂偃武修文其則不遠陛下若不納愚懇且貴因循臣實不敢保家陛下豈能安國忠言利行良藥愈病伏惟陛下圖之臣今戎事已安糧儲且繼深願一至闕下披露心肝再覲聖顏萬死無恨臣欲公然進發慮恐將士留連臣今便託巡晉絳等州於彼遷延且往謹遣押衙開府儀同三司試太常卿張休藏先進書兼口奏事伏惟陛下覽臣此書知臣誠懇特垂聖斷勿議近臣待臣如初浮

○

謗不入臣當死節王命誓酬國恩仍請遣一介專使至絳州問臣臣即便與同行冀獲蹈舞軒陛鄙臣愚慮不顧死亡輕觸天威戰汗無地九月上以迴紇近塞懷恩又與辛雲京有隙上欲其悔過推心以待之恐其不信詔黃門侍郎裴遵慶使汾州諭旨且察其去就遵慶既至懷恩抱其足號泣而訴遵慶因宣聖恩優厚諷令入朝懷恩許諾副將范志誠說之曰公以讒言交構有功高不賞之懼嫌隙已成柰何入不測之朝公不見來瑱李光弼之事乎功成而不見容二臣以走誅懷恩然之明日又以懼死爲辭許令一子入朝志誠又不可遵慶復命御史大夫王翊自迴紇使還懷恩與可汗往來恐洩其事乃止之遂令子瑒率衆攻雲京雲京出戰瑒大敗而旋進圍榆次朝廷患之先是尚書右丞顏眞卿請奉詔召懷恩上因以眞卿爲刑部尚書兼御史大夫往宣慰之眞卿曰臣往請行者時也今方受命事無益矣上問其故對曰懷恩阻兵是其反側明矣頃陛下避狄于陝郊臣方責以春秋之義云寡君蒙塵於郊敢不恭問官守當是時也懷恩來朝以助討賊則其辭順今陛下攘去犬戎即宮京邑懷恩進不勤王退不釋衆其辭曲必不來矣且明懷恩反者獨辛雲京李抱玉駱奉先魚朝恩四人耳自外朝臣咸言其枉然懷恩將士皆子儀部曲恩信結其心陛下何不以子儀代之諭以逆順禍福必相率而歸耳上從之子儀至河中懷固瑒已爲朔方兵馬使張惟岳等四人斬其首獻於闕下懷恩聞之率麾下數百騎棄其母渡河北走靈武餘衆聞子儀到東甲來奔歸者數萬懷恩至靈武嘯聚亡命其衆復振上念其勳舊不欲罪功臣厚撫其家懷恩終不從其母月餘日竟以壽終又遥授太師兼中書令大寧王餘並停是秋爲鄉導誘吐蕃十萬人寇涇邠州祭來瑱之墓自序云俱遭放逐寇奉天醴泉郭子儀拒之而退永泰元年上徵天下兵以防之懷恩又糺合諸蕃衆號二十萬南犯京師遣吐蕃之衆自北道先寇醴泉奉天任敷鄭庭郝德自東道寇奉先同州羌渾奴剌之衆自西道寇盩厔鳳翔朝廷大駭詔遣郭子儀屯涇陽渾日進白元光屯奉天李光進屯雲陽馬璘

○

郝廷玉屯中渭橋董秦屯東渭橋駱奉先李日越屯盩厔李抱玉屯鳳翔周智光杜冕屯同州上親率六軍令魚朝恩屯苑中下詔親征懷恩領迴紇及朔方之衆繼進行至鳴沙縣遇疾舁歸九月九日死於靈武部曲以鄉法焚而葬之張韶代領其衆爲徐璜玉所殺璜玉領其衆又爲范志誠所殺志誠領其衆迴紇進寇涇陽諸軍堅壁不戰吐蕃相持二十餘日又聞懷恩死與迴紇爭長自相疑貳莫敢先進遂大掠居人焚燒舍宇驅男女數萬而去所過踐禾穀殆盡迴紇乃詣子儀降請擊吐蕃以自効子儀分兵隨之大破吐蕃於涇州界任敷又敗走羌渾又多降於李抱玉懷恩逆命三年再犯順連諸蕃之衆爲國大患士不解甲糧盡餽軍適幸天亡而上爲之隱惡前後下制未嘗言其反及懷恩死羣臣以聞上爲之憫默曰懷恩不反爲左右所誤其寛仁如此閏十月懷恩姪名臣領千餘騎來降

梁崇義長安人以升斗給役於市有膂力能卷金舒鈎後爲羽林射生從來瑱於襄陽沉默寡言衆悅之累遷爲偏裨瑱朝京師分使諸

將戍福昌南陽來瑱被誅戍者皆潰歸崇義時在南陽統歸師徑入襄州與同列李昭薛南陽相讓爲長不決諸將請曰兵非梁卿主之不可遂推崇義爲帥寶應二年三月崇義殺昭與南陽以脅衆心朝廷因授其節度焉以襄州荐屢兵禍屈法含容姑務息人也歷御史中丞大夫尚書遂與田承嗣李正已薛嵩李寶臣爲輔車之勢奄有襄漢七州之地帶甲二萬連結根固未嘗朝覲然於羣兇地最褊兵最少法令最理禮貌最恭其地跨東南之衝數有王命之所宜洽故其人知化所親嘗勸其來朝崇義曰吾本帥來公有大勳屬當上元中以閹豎讒遂巡稽召及代宗嗣位不俟駕行旋見誅族今吾釁盈而事久若之何見上建中元年淮西節度使李希烈數請與師討崇義崇義懼軍旅之事加嚴焉流人郭昔告其爲變崇義聞之請罪昔坐決杖配流命金部員外郎李舟諭旨以安之初劉文喜作難舟嘗入其城說利害文喜拘之會帳下殺文喜而降四方反側者聞之謂舟必能覆軍殺將是以皆惡及舟至又勸其入覲言頗切直崇義

益不悅二年春發五使宣諭諸道而舟復如荊襄崇義慮有變拒境不納上言軍中疑懼請換他使繇是益不安兇謀日深賓僚或有忠言沮勸多遭傷害時羣兇方自疑阻朝廷將伏大信欲來而安之以示天下乃加崇義同平章事其妻子悉加封賞且賜鐵券誓之兼授其裨將藺杲爲鄧州刺史遣御史張著齎手詔徵之崇義益恐怖誤持滿而受命藺杲奉詔書又不敢發馳詣崇義請命崇義益疑懼對著號哭不受詔由是徵四方兵使希烈統擊之崇義乃發兵攻江陵以通黔嶺及四望大敗而歸遂屯襄鄧希烈先發千餘人守臨漢崇義屠之無遺噍既而希烈統大軍緣漢而崇義使將翟暉杜少誠迎戰於蠻水希烈大破之復合於涑口又破之二將求降希烈受之使統本兵入襄陽號令以安百姓崇義領親兵老小閉壁將守者斬關爭出不可止其年八月崇義與其妻投井而死傳首闕下其親戚希烈皆戮之選其嘗從臨漢之役者三千人悉斬之

李懷光渤海靺鞨人也本姓茹其先徙于幽州嘗爲朔方列將以戰功賜姓氏更名嘉慶懷光少從軍以武藝壯勇稱朔方節度使郭子儀禮之益厚上元中累遷試太僕太常卿主右衛兵將積功勞至開府儀同三司爲朔方軍都虞候永泰初實封三百戶大曆六年兼御史中丞間一年兼御史大夫加爲轉虞候性清勤嚴猛而敢誅殺雖親戚犯法皆不撓避子儀性寬厚不親軍事紀綱任懷光軍中尤畏之亦稱爲理十二年以母憂罷職明年起復本官仍兼邠寧慶三州都將德宗卽位罷子儀節度副元帥以其所部分隸諸將遂以懷光起復檢校刑部尚書兼河中尹邠州刺史邠寧慶晉絳慈隰節度支度營田觀察押諸蕃部落等使先是懷光頻歲率師城長武以虞軍士城據原首臨涇水俯瞰通道吐蕃自是不敢南侵爲西邊要防建中初涇原四鎭節度使段秀實爲宰相楊炎所惡徵爲司農卿上將復城原州乃以懷光兼涇州刺史涇原四鎭北庭節度使時懷光挾私怨新誅殺朔方舊將溫儒雅等數人涇州軍士咸畏之劉文喜因衆不欲遂以城叛詔朱泚與懷光將兵討平之加檢校太子少

師二年遷檢校左僕射兼靈州大都督單于鎭北大都護朔方節度支度營田觀察鹽池押諸蕃部落六城水運使實封四百戶邠寧節度等使如故時馬燧李抱眞諸軍同討魏城未拔朱滔王武俊皆反連兵救悅三年詔遣懷光統朔方兵步騎一萬五千同討田悅懷光勇而無謀至魏城之日營壘未設因與滔等大戰于愜山爲滔等所敗復爲悅決水以灌之諸軍不利因與燧等退軍于魏縣尋加同平章事益實封二百戶自是與滔等相持不戰明年十月涇原之卒叛上居奉天朱泚旣僭大號遣中使馳告河北諸帥懷光率軍奔命時劉泥淖懷光奮厲軍士道自蒲津渡河敗泚騎兵於醴泉直赴奉天前數日先遣裨將張韶持表封蠟丸隨賊攻城乘間逾壍呼城上人曰朔方軍使也乃以繩引上城而入比登堞身中數十矢時上在重圍中守拒益急旣知懷光軍至令張韶號令於城上人心乃安懷光又敗泚兵於魯店泚乃解兵還走入城懷光性麤厲踈復緣道數言盧杞趙贊白志貞等姦佞且曰天下之亂皆此輩也吾見上當請誅

之杞等微知之懼甚因說上令懷光乘勝逐泚收復京師不可許至奉天德宗從之懷光屯軍咸陽數上表暴揚杞等罪惡上不得已爲貶杞趙贊白志貞以慰安之又誅中使翟文秀上之信任也又殺之懷光旣不欲進軍遷延自疑因謀爲亂初詔遣崔漢衡使於吐蕃出兵佐收京城蕃相尚結贊曰蕃法進軍以統兵大臣爲信今奉制書無懷光名署故不敢前上聞之遣翰林學士陸贄詣懷光議用蕃軍懷光堅執言不可者三不肯署制詞復且謂贄曰爾何所能興元元年二月詔加太尉兼賜鐵券遣李昇及中使鄧明珣齎券喻旨懷光怒甚投券於地曰凡人臣反則賜鐵券今授懷光是使反也詞氣益悖參爲之懼時懷光部將韓遊瓌掌兵在奉天懷光乃與遊瓌書約令爲變遊瓌密奏之翌日懷光又使趣之遊瓌復奏因數曰懷光又使韓遊瓌爲門者所獲懷光且宣言曰吾今與朱泚連和車駕當須引避由是上幸梁州時李晟已移軍東渭橋懷光復劫李建徽楊惠元等軍移於好畤其下頗多攜貳先是朱泚甚畏之至是因欲臣

之懷光慮劫無所得益疑懼不自安居二旬乃驅兵分爲部隊掠涇陽三原富平自同州往河中神策將孟涉段威勇自三原擁兵三千餘人奔歸李晟懷光不能遏韓遊瓌殺懷光留後張昕以邠州從順獻休顏自奉天令於軍曰懷光已反乃令城守馳表以聞上於是授遊瓌休顏節度使乃除懷光太子太保罷其餘官其所管委本軍擇一人功高望崇者統之皆不奉詔四月懷光至河中遂僭有同華等州按兵觀望李晟旣收復京師上遣給事中孔巢父中使啖守盈持詔徵之懷光素服受命巢父乃宣言於衆太尉軍中誰可領軍事者懷光左右皆胡虜因發怒亂持兵殺巢父及守盈自是絳兵益修守拒上還京師以侍中渾瑊爲河中節度副元帥將兵討懷光瑊復破同州屯軍不進數爲懷光所敗時仍歲旱蝗京師初復經費不給言事者多請赦懷光時河東節度使馬燧威名素著乃加燧副元帥與瑊及鎮國軍節度駱元光邠寧節度韓遊瓌鄜坊節度唐朝臣會兵同討懷光燧率軍拔絳州至寶鼎慮懷光西走唐突京邑乃捨軍朝

京師旣還與瑊先自河東而降其驍將尉珪徐庭光統諸軍以圍河中貞元元年秋朔方部將牛名俊斬懷光首以降燧其子璀刃其弟數人乃自殺懷光死時年五十七尋詔以男一人爲嗣賜莊宅各一所仍還懷光屍首任其收葬其妻子並徙澧州五年又詔曰懷舊念功仁之大也興滅繼絕義之弘也昔蔡叔圮族周公封其子於東土韓信干紀漢后爵其孥以予高侯君集之不率景化我太宗存其胤以主祀詳考先王之道洎乎烈祖之訓皆以刑佐德俾人嚮方則斧鉞之誅甲兵之伐蓋不得已而用也曩歲盜臣竊發國步多虞朕狩于近郊指期薄伐將振昆陽之旅以興涿鹿之功徵師未達于諸侯衛士且疲于七萃而李懷光三軍風驚千里勤王上假雷霆之威下逐虎狼之衆議功方始守節靡終潛構禍胎拒違朝命棄同即異捨順効逆爲臣至此在法必誅猶示綏懷庶其革復而梟音益厲豨突莫遏大戮所加曾無嗟類雖自貽伊戚與衆棄之而言念爾勞何嗟及矣以其前効猶在孤魂無歸懷之憫然是用悽軫予欲布陳大惠冀

以化成保合太和期於刑措宜以懷光外孫燕八八賜姓李氏名承緒授左衛率府冑曹參軍承懷光之後仍賜錢一千貫任於懷光墓側置立莊園侍養懷光妻王氏并備四時享奠之禮嗚呼朕實不德歸於兆人金革有罪素議所志爾其保姓受氏宣力承家勉紹乃考之建國庸無若爾文之違王命初懷光授首其子璀瑗等皆死唯妻王氏在故上特捨其死及是又思懷光舊勳哀其絕後乃命承緒繼之

史臣曰懷恩李懷光咸以勇烈有勞王家爲臣不終遂行反噬其罪大矣然辛雲京駱奉先盧杞白志貞輩致彼二逆貽憂時君亦可謂國之讒賊矣梁崇義旣無令始又無善終與妻投泉何褰其咎

贊曰臣之事君有死無二懷恩懷光凶終一致尚義多姦國家所棄迷而亡歸自速其斃

唐書列傳卷第七十一

唐書列傳卷第七十二

劉　昫　等修

聞人詮校刻沈桐同校

張獻誠　弟獻恭　獻甫　子煦　路嗣恭

曲環　崔漢衡

楊朝晟　樊澤

李叔明　裴胄

張獻誠陝州平陸人幽州節度使幽州大都督府長史守珪之子也天寶末陷逆賊安祿山受僞官連陷史思明爲思明守汴州統逆兵數萬寶應元年冬東都平史朝義逃歸汴州獻誠不納舉州及所統兵歸國詔拜汴州刺史充汴州節度使踰年來朝代宗寵賜甚厚三遷檢校工部尚書兼梁州刺史充山南西道觀察使廣德二年十月擒南山賊帥高玉以獻永泰二年正月獻名馬二絲絹雜貨共十萬匹是月兼充劍南東川節度觀察使封鄧國公西川崔旰殺郭英乂

○獻誠率衆戰於梓州爲旰所敗獻誠僅以身免大曆二年四月獻誠以疾上表乞歸私第仍薦堂弟試太常卿兼右羽林將軍獻恭以自代詔許之以獻誠檢校戶部尚書知省事八月獻誠以疾抗疏辭官無幾卒於私第獻恭守珪之弟守瑜子累以軍功官至試太常卿兼右羽林將軍代獻誠爲梁州刺史兼御史中丞充山南西道節度觀察使大曆十二年七月獻恭破吐蕃萬餘衆於岷州建中二年正月加檢校兵部尚書爲東都留守三年正月爲太府卿容州刺史本管經略招討使四年七月與渾瑊盧杞司農卿段秀實與吐蕃尚結贊築壇於京城之西會盟如清水之儀興元元年六月轉檢校吏部尚書仍與一子正員官盧杞移饒州刺史給事中袁高論其不可獻恭因入對紫宸殿上言高所奏至當臣恐煩聖聽不敢縷陳其事德宗不悟獻恭復奏曰袁高是陛下一良臣望特優異德宗顧謂宰臣李勉等曰朕欲授杞一小州刺史可乎對曰陛下授大州亦可其奈士庶失望何獻恭守正不撓也如此獻甫守珪弟左武衛將軍贈戶部尚書守琦之子獻甫少隨諸兄從軍初爲偏裨以軍功累授試光祿卿殿中監河中節度副元帥都知兵馬使檢校兵部尚書兼御史大夫建中初從節度使賈耽征梁崇義於襄漢以功加太子詹事及幸奉天興元獻甫首至從渾瑊征討有功及復京邑入爲金吾將軍時李懷光未平吐蕃侵擾西邊獻甫領禁軍出鎭咸陽凡累年軍民悅之貞元四年遷檢校刑部尚書兼邠州刺史邠寧慶節度觀察使乃於彭原置義倉方渠馬嶺等縣選險要之地以爲烽堡又上疏請復鹽州及洪門洛原等鎭各置兵防以備蕃寇朝廷從之貞元四年九月吐蕃將尚志董星論莽羅等寇寧州獻甫率衆禦之斬首百餘級吐蕃遁邊城貞元十二年加檢校左僕射五月丙申卒年六十一廢朝三日贈司空賻物有差獻恭子煦嘗隨獻甫征討積戰功累遷至夏州節度使元和八年十二月振武軍逐出節度使李進賢而屠其家殺判官嚴澈憲宗怒遣煦以夏州兵二千人赴振武仍許以便宜擊斷九年正月賜絹三萬匹以助軍資河東節度使王鍔遣兵五千會煦於善羊柵詔煦入振武誅作亂蘇國珍等二百五十三人乃定是歲十二月卒贈太子太保

○路嗣恭京兆三原人始名劒客歷仕郡縣有能名累至神烏令考績上上爲天下最以其能賜名嗣恭歷工部尚書兼御史大夫靈州大都督府長史充關內副元帥郭子儀副使知朔方節度營田押諸蕃部落等使嗣恭披荆棘以守之大將御史中丞孫守亮握重兵倔強不受制嗣恭稱疾召至因殺之威信大行永泰三年檢校刑部尚書知省事大曆六年七月爲江南西道都團練觀察使在官恭恪善理財賦賈明觀者事北軍都虞候劉希暹魚朝恩誅希暹從坐明觀積惡犯衆怒時宰相元載受賂遣江南効力魏少遊承載意苟容之及嗣恭代少遊卽日杖殺識者稱之大曆八年嶺南將哥舒晃殺節度使呂崇賁反五嶺騷擾詔加嗣恭兼嶺南節度觀察使嗣恭擢流人孟瑤敬晃使分其務瑤主大軍當其衝晃自間道輕入招集義勇得八十人以撓其心腹二人皆有全策詭計出其不意遂斬晃及誅其

同惡萬餘人築爲京觀俚洞之宿惡者皆族誅之五嶺削平拜檢校兵部尚書知省事嗣恭起於郡縣吏以至大官皆以恭恪爲理著稱及平廣州商舶之徒多因晃事誅之嗣恭前後没其家財寶數百萬貫盡入私室不以貢獻代宗心甚銜之故嗣恭雖有平方面功止轉檢校兵部尚書無所酬勞及德宗即位楊炎受其貨始叙前功除兵部尚書東都留守尋加懷鄭汝陝四州河陽三城節度及東都畿觀察使徵至京師卒時年七十一廢朝一日贈左僕射子恕字體仁初嶺南衙將哥舒晃反詔嗣恭自江西致討授檢校工部員外郎得以軍前便宜從事俄而降者繼路於是擢降將伊慎推心用之賊平恕功居多年纔三十爲懷州刺史久之轉京兆少尹監門衛大將軍兼御史中丞教練招討等使其後爲鄜坊觀察使太子詹事坐事貶吉州刺史遷太子賓客以右散騎常侍致仕卒年七十三贈洪州都督恕私第有佳林園自貞元初李紓包佶輩迄于元和末僅四十年朝之名卿咸從之遊高歌縱酒不屑外慮未嘗問家事人亦以和易稱之

○曲環陝州安邑人也父彬爲南使正監因家於隴右以環故累贈兵部尚書環少讀兵書尤以勇敢騎射聞天寶中從哥舒翰攻拔石堡城收黃河九曲洪濟等城累授果毅別將安禄山反從襄陽節度魯炅守鄧州拒賊將武令珣戰數十合環功居多超授左清道率又從李抱玉守河陽南城尋別將兵守澤州破賊驍將安曉敕特拜羽林將軍又將別部兵合諸軍同討史朝義平河北累轉金吾大將軍並同正員隨李抱玉移軍京西大曆中領兵隴州頻破吐蕃加特進太常卿上初嗣位吐蕃大寇劍南詔環以邠隴兵五千馳往大破戎虜收七盤城威武軍及維茂二州西戎奔遁環大振功名而還加太子賓客賜以名馬與諸將討涇州叛將劉文喜平之加開府儀同三司兼御史中丞充邠隴兩軍都知兵馬使時李納擁兵侵逼徐州令環與劉玄佐同救援累破李納逆黨環以功最加御史大夫建中三年十月加檢校左常侍充邠隴行營節度使李希烈侵陷汴州環與諸軍守固寧陵陳州大破希烈軍於陳州城下殺逆黨三萬五千人擒其驍將翟暉以獻希烈因遁歸蔡州環以功加檢校工部尚書兼陳州刺史希烈平加環兼許州刺史陳許等州節度觀察加實封三百戶陳蔡二州以希烈擾亂遭剽劫頗甚人多逃竄他邑以避禍環勤身恭儉賦稅均平政令寬簡不三二歲襁負而歸者相屬訓農理戎兵食皆豐羡十二年加檢校左僕射卒時年七十四廢朝一日贈司空賻布帛米粟有差

崔漢衡博陵人也性沉厚寬博善與人交釋褐授沂州費令滑州節度使令狐彰奏署掌記累遷殿中侍御史大曆六年拜檢校禮部員外郎爲和吐蕃副使還遷右司郎中改萬年令建中三年爲殿中少監兼御史大夫充和蕃使與吐蕃使區頰贊至自蕃中時吐蕃大相尚結息忍而好殺以常覆敗於劍南思刷其恥不肯約和其次相尚結贊有材略因言於贊普請定界明約以息邊人贊普然之竟以結贊代結息爲大相約和好期以十月十五日會盟於境上戊申以漢衡爲鴻臚卿四年吐蕃朝貢加檢校工部尚書復使吐蕃興元初上

○居奉天吐蕃遣帥佐渾瑊敗朱泚兵於武功以功轉檢校兵部尚書兼秘書監西京留守無幾真拜兵部尚書爲東都淄青魏博賑給宣慰使明年爲幽州宣慰使所至皆稱職貞元三年副侍中渾瑊與吐蕃會盟於平涼吐蕃背約瑊僅免時無備預在會免者什無一二士卒死者以千數漢衡與同陷者並至河州結贊令召之以頻使於蕃結贊素信重與孟日華中官劉延邕俱至石門而遣五騎送至境上四年七月加檢校吏部尚書晉慈隰觀察使尋加都防禦使十一年四月卒

楊朝晟字叔明夏州朔方人也初在朔方爲步軍先鋒嘗有功授甘泉府果毅建中初從李懷光討劉文喜于涇州斬獲生擒居多授驃騎大將軍稍爲右先鋒兵馬使後李納寇徐州從唐朝臣征討嘗冠軍鋒以功授開府儀同三司檢校太子賓客上在奉天李懷光自山東赴難以朝晟爲左廂兵馬使將千餘人下咸陽以挫朱泚加御史中丞實封一百五十戶及懷光反于河中朝晟被脅在軍上幸梁洋

韓遊瓌退于邠寧懷光以寧在邠寧迫制如屬城以賊黨張昕在邠州總後務昕懼難作乃大索軍資徵卒乘約明潛發歸于懷光朝晟父懷寶為遊瓌將因夜以數十騎斬昕及同謀遊瓌即日使懷寶奏聞奏上召勞問授兼御史中丞正除遊瓌邠寧節度使問謀至河中朝晟聞其事泣告懷光曰父立功於國子合誅戮不可主兵矣懷光遂禁之及諸軍進圍河中韓遊瓌營于長春宮懷寶身當戮役及懷光平上念其忠俾副元帥渾瑊特原朝晟遂為遊瓌都虞候時父子同軍皆為關府賓客御史中丞營於軍中後詔徵遊瓌宿衛以左金吾將軍張獻甫為檢校刑部尚書兼御史大夫邠寧慶節度觀察使代韓遊瓌初遊瓌以吐蕃犯塞自將兵戍寧州及受代以是月壬子夜輕騎潛遁歸闕其將卒素驕怠畏張獻甫之嚴因遊瓌夜出衙內千餘人遂叛掠且因監軍楊明義邀奏出狩將范希朝為節度朝晟時為都虞候初逃於邠翌日乃來紿其衆曰所請甚懷我來賀也由是稍安朝晟及諸將謀誅首亂者乙卯朝晟率諸將經數日以告曰前請者不獲張尚書非日已入邠州汝等皆當死吾不能盡殺各言我首以聞辭爲餘無所問於是衆中唱二百餘人立斬之乃定上擢希朝為寧州刺史以副獻甫入奏朝晟功加御史大夫九年城鹽州徵兵以護外境朝晟分統士馬鎮木波獻甫卒詔以朝晟代之其年丁母憂起復左金吾大將軍同正邠州刺史大夫如故十年春朝晟奏方渠合道木波皆賊路也請城其地以備之詔問所須幾何朝晟奏曰臣部下兵自可集事不煩外助復問前築鹽州凡興師七萬今何其易也朝晟曰鹽州之役諸蕃戎盡知之今臣境迫虜若大興兵則蕃戎來寇則戰戰則無暇城矣今請密發軍士不十日至塞下未三旬而功畢蕃人始乘障數日而退初軍次方渠無水師徒燥渴遂有青蛇乘高而下視其跡水隨而流朝晟令築防環之遂為停泉軍人仰飲以足圖其事上聞詔置祠焉十五年二月免喪加檢校工部尚書是又以防秋移軍寧州遘疾來年正月卒

樊澤字安時河中人也父詠開元中舉草澤授試大理評事累贈兵部尚書澤長於河朔相衛節度薛嵩奏為磁州司倉堯山縣令建中元年舉賢良對策禮部侍郎于邵厚遇之與楊炎善薦為補闕歷都官員外郎澤好讀兵書朝廷以其有將帥材尋兼御史中丞充通和蕃使蕃中用事宰相尚結贊深禮之尋從鳳翔節度張鎰與吐蕃會盟於清水奏金部郎中御史中丞山南節度行軍司馬時李希烈背叛詔以普王為行軍元帥徵澤為諫議大夫元帥行軍右司馬駕幸奉天普王不行澤改右庶子兼中丞復為山南東道行軍司馬尋代賈耽為襄州刺史兼御史大夫山南東道節度觀察等使澤有武藝每與諸將射獵常出其右人心服之賊衆畏焉頻與李希烈黨棲戰前後擒降其驍將張嘉瑜杜文朝梁俊之李克誠薛翼等收唐隨二州希烈既平澤丁母憂起復右衛大將軍同正餘如故三年代張伯儀為荊南節度觀察等使江陵尹兼御史大夫三歲加檢校禮部尚書會襄州節度曹王皐卒於鎮軍中剽劫擾亂以澤威惠素著於襄漢復代曹王皐為襄州刺史山南東道節度使十二年加檢校右僕射卒年五十贈司空賻布帛米粟有差其日將宴百官廢朝故取他日

李叔明字晉卿閬州新政人本姓鮮于氏代為豪族兄仲通天寶末為京兆尹劍南節度使兄弟並涉學輕財好施叔明初為劍南節度使楊國忠判官乾元後為司勳員外郎副漢中王瑀使迴紇迴紇授禮稍倨叔明辭位責之曰大國通好賢王奉使可汗於大唐子壻豈可恃微功而傲乎唐法不然可汗改容加敬復命遷司門郎中後為京兆少尹無幾以疾辭除右庶子出為邛州刺史尋拜東川節度遂州刺史後移鎮梓州檢校戶部尚書時東川兵荒之後凋殘頗甚叔明理之近二十年招撫甿庶夷落獲安大曆末有閬州嚴氏子上疏稱叔明少孤養子於外族遂冒姓焉請復之詔從焉叔明初不知其從外氏姓意醜其事遂抗表乞賜宗姓代宗以戎鎮寄重許之仍賞嚴氏子於法及駕幸奉天其子昇明從叔明每私疏誡屬見危臨難當誓以死昇奉父嚴訓果著勳效識者嘉之叔明既朝京師以本官

兼右僕射乞骸骨改太子太傅致仕卒謚曰襄叔明撫戎年深積聚財貨子孫驕淫殁纔數年遺業蕩盡

裴胄字胤叔其先河東聞喜人今代葬河南父寛戸部尚書有名於開元天寶間胄明經及第解褐補太僕寺主簿屬二京陷覆淪避他州賊平授秘書省正字累轉秘書郎陳少遊陳鄭節度留後奏胄試大理司直少遊罷隴右節度李抱玉奏授監察御史不得意歸免陳少遊為宣歙觀察復辟在幕府抱玉怒奏桐廬尉浙西觀察使李栖筠有重望虛心下士幕府盛選才彦觀察判官許鴻謙有學識栖筠甞異席事多咨之崔造輩皆所薦引一見胄深重之薦於栖筠奏授大理評事觀察支使代宗以元載隳紊朝綱徵栖筠入朝內制授御史大夫方將大用載怙權栖筠居顧問刺舉之職與不平及栖筠卒胄護栖筠喪歸洛陽衆論危之胄坦然行心無所顧望淮南節度陳少遊奏檢校主客員外兼侍御史觀察判官尋為行軍司馬遷宣州刺史楊炎初作相銳意為元載報讐凡其枝黨無漏適會胄部人積胄官時服雜俸錢為贓者炎命酷吏員㝢深按其事貶汀州司馬尋徵為少府少監除京兆少尹以父名不拜換國子司業遷湖南觀察都團練使移江南西道前江西觀察使李兼罷省南昌軍千餘人收其資糧分為月進胄至奏其本末罷之會京南節度樊澤移鎮襄陽宰相方議其人上首命胄代澤仍兼御史大夫胄簡儉恒一時諸道節度觀察使競剝下厚斂製奇錦異綾以進奉為名又貴人宣命必竭公藏以買其歡胄待之有節皆不盈數金常賦之外無橫斂宴勞禮止三爵未甞酣樂時武臣多厮養畜賓介微失則奏流死胄以書生始奏貶書記梁易從君子薄其進退賓客不以禮物議薄之貞元十九年十月卒時年七十五贈右僕射謚曰成

史臣曰三獻軍謀臣節克紹家風路嗣恭從微至著執法簡廉環理兵勸農獨彰善政漢衡誠慤奉職朝晟忠孝權謀澤威惠荊襄叔明見危誓死立政惠民胄抱義危行守政奉公皆賢帥矣然嗣恭聚財為功名之瑕玷叔明聚財致子孫之驕淫財之汙人誠可誡也

贊曰張路曲崔樊楊李裴守忠臣之道皆賢帥之才

唐書列傳卷第七十二

唐書列傳第七十三

劉　昫　等修

聞人詮校刻沈桐同校

劉晏　第五琦　班宏　王紹　李巽

劉晏字士安曹州南華人年七歲舉神童授秘書省正字累授夏縣令有能名歷殿中侍御史遷度支郎中杭隴華三州刺史尋遷河南尹時史朝義盜據東都寄理長水入爲京兆尹頃之加戶部侍郎兼御史中丞判度支委府事於司錄張群杜亞綜大體議論號爲稱職無何爲酷吏敬羽所構貶通州刺史復入爲京兆尹戶部侍郎判度支時顏真卿以文學正直出爲利州刺史晏舉真卿自代爲戶部乃加國子祭酒寶應二年遷吏部尚書平章事領度支鹽鐵轉運租庸使坐與中官程元振交通元振得罪晏罷相爲太子賓客尋授御史大夫領東都河南江淮山南等道轉運租庸鹽鐵使如故時新承兵戈之後中外艱食京師米價斗至一千宮厨無兼時之積禁軍乏食畿縣百姓乃挼穗以供之晏受命後以轉運爲己任凡所經歷必究利病之由至江淮以書遺元載曰浮于淮泗達于汴入于河西循底柱硤石少華楚帆越客直抵建章長樂此安社稷之奇策也晏賓于東朝猶有官謗相分終始故舊不信流言賈誼復召宣室弘羊重興功利敢不悉力以荅所知驅馬陝郊見三門渠津遺迹到河陰鞏洛見宇文愷置梁公堰分黃河水入通濟渠大夫李傑新堤故事飾像河廟凜然如生涉滎郊浚澤遙瞻淮甸步步探討知昔人用心則潭衡桂陽必多積穀關輔汲汲只緣兵粮漕引瀟湘洞庭萬里幾日淪波掛席西指長安三秦之人待此而飽六軍之衆待此而強天子無側席之憂都人見泛舟之役四方旅拒者可以破膽三河流離者於兹請命相公匡戴明主爲富人侯此今之切務不可失也使僕湔洗瑕穢率罄愚懦當憑經義請護河隄冝勤在官不辭水死然運之利病各有四五焉晏自尹京入爲計相共五年矣京師三輔百姓唯苦稅畝傷多若使江湖米來每年三二十萬即頓減徭賦歌舞皇澤其利

一也東都殘毀百無一存若米運流通則飢人皆附村落邑廛從此滋多命之日引海陵之倉以食鞏洛是計之得者其利二也諸將有在邊者諸戎有侵敗王略者或聞三江五湖貢輸紅粒雲帆桂楫輸納帝鄉軍志曰先聲後實可以震耀夷夏其利三也自古帝王之盛皆云書同文車同軌日月所照莫不率俾今舟車既通商賈來往百貨雜集航海梯山聖神輝光漸近貞觀永徽之盛其利四也所可疑者函陝凋殘東周尤甚過宜陽熊耳至武牢成皋五百里中編戶千餘而已居無尺椽人無煙爨蕭條悽慘獸遊鬼哭牛必羸角輿必說輹棧車輓漕亦不易求今於無人之境興此勞人之運固難就矣其病一也河汴有初不修則毀澱故每年正月發近縣丁男塞長茭決沮淤清明桃花已後遠水自然安流陽侯宓妃不復太息頃因寇難揔不掏拓澤滅水岸石崩役夫需於沙津吏旋於濘千里洄上罔水舟行其病二也東垣底柱澠池二陵北河運處五六百里戍卒久絕縣吏空拳奪攘姦宄窟穴囊橐夾河爲藪豺狼閭閻舟行所經寇亦能徃其病三也東自淮陰西臨蒲坂亘三千里屯戍相望中軍皆鼎司元侯賤卒儀同青紫每云食半菽又云無挾纊輓漕所至船到便留即非單車使折簡書所能制矣其病四也惟小子畢其慮奔走之惟中書詳其利病裁成之晏累年已來事僉名毀聖慈含育特賜生全月餘家居遽即臨遣恩榮感切思殞百身見一水不通願荷鍤而先往見一粒不運願負米而先趨焦心苦形期報明主丹誠未克漕引多虞屏營中流掩泣獻狀自此每歲運米數十萬石以濟關中又至德初爲國用不足令第五琦於諸道榷鹽以助軍用及晏代其任法益精密官無遺利初歲入錢六十萬貫季年所入逾十倍而人無厭苦大曆末通計一歲征賦所入揔一千二百萬貫而鹽利且過半累遷吏部尚書大曆四年六月與右僕射裴遵慶同赴本曹視事勑尚食增置儲供許內侍魚朝恩及宰臣已下常朝官咸詣省送上八年知三銓選事十二年三月誅宰臣元載晏奉詔訊鞫晏以載居任樹黨布于天下不敢專斷請他官共事勑御史大夫李涵右散騎常侍

蕭昕兵部侍郎袁傪禮部侍郎常袞諫議大夫杜亞同推載皆款伏初晏承言門下侍郎同平章事王縉亦處極法晏謂涵等曰重刑再覆國之常典況誅大臣得不覆奏又法有首從二人同刑亦宜重取進止涵等從命及晏等覆奏代宗乃減縉罪從輕縉之生晏平反之力也十三年十二月爲尚書左僕射時宰臣常袞專政以晏久掌銓衡時議平允兼司儲蓄職舉功深慮公望日崇上心有屬竊忌之乃奏晏朝廷舊德宜爲百吏師長外示崇重內實去其權及奏上以晏使務方理代其任者難其人使務知三銓並如故李靈曜之亂也河南節帥所據多不奉法令征賦亦隨之州縣雖益減晏以羨餘相補人不加賦所入仍舊議者稱其能自諸道巡院距京師重價募疾足置遞相望四方物價之上下雖極遠不四五日知故食貨之重輕盡權在掌握朝廷獲美利而天下無甚貴甚賤之憂得其術矣凡所任使多收後進有幹能者其所總領務乎急促趨利者化之遂以成風當時權勢或以親戚爲託晏亦應之俸給之多少命官之遲速必如○其志然未嘗得親職事其所領要務必一時之選故晏沒後二十餘年韓洄元琇裴腆包佶盧徵李衡繼掌財賦皆晏故吏其部吏居數千里之外奉教令如在目前雖寢興宴語而無欺紿四方動靜莫不先知事有可賀者必先上章奏江淮茶橘晏與本道觀察使各歲貢之皆欲其先至有土之官或封山斷道禁前發者晏厚以財力致之常先他司由是甚不爲藩鎮所便晏理家以儉約稱而重交敦舊頗以財貨遺天下名士故人多稱之善訓諸子咸有學藝任事十餘年權勢之重鄰於宰相要官重職頗出其門既有材力視事敏速乘機無滯然多任數挾權貴固恩澤有口者必利啗之當大曆時事貴因循軍國之用皆仰於晏未嘗檢轄德宗嗣位言事者稱轉運可罷多矣初楊炎爲吏部侍郎晏爲尚書各恃權使氣兩不相得炎坐元載貶晏快之昌言於朝及炎入相追怒前事且以晏與元載隙憾時人言載之得罪晏有力焉炎將爲載復讎又時人風言代宗寵獨孤妃而又愛其子韓王迥晏密啓請立獨孤爲皇后炎因對敭流涕奏言

賴祖宗福祐先皇與陛下不爲賊臣所間不然劉晏黎幹之輩搖動社稷凶謀果矣今幹以伏罪晏猶領權臣爲宰相不能正持此事罪當萬死崔祐甫奏言此事曖昧陛下以廓然大赦不當究尋虛語朱泚崔寧又從傍與祐甫救解之寧言頗切炎大怒故斥寧令出鎮鄜坊以摧挫之遂罷晏轉運等使尋貶爲忠州刺史炎欲誣構其罪知庾準與晏素有隙舉爲荊南節度以伺晏動靜準乃奏晏與朱泚書祈救解言多怨望炎又證成其事上以爲然是月庚午晏已受誅使迴奏報誣晏以忠州謀叛下詔暴言其罪時年六十六天下冤之家屬徙嶺表連累者數十人貞元五年上悟方錄晏子執經授太常博士少子宗經秘書郎執經上請削官贈父特追贈鄭州刺史

第五琦京兆長安人少孤事兄華敬順過人及長有吏才以富國強兵之術自任天寶初事韋堅堅敗貶官累至須江丞時太守賀蘭進明甚重之會安祿山反進明遷北海郡太守奏琦爲錄事參軍祿山已陷河間信都等五郡進明未有戰功玄宗大怒遣中使封刀促之曰○收地不得即斬進明之首進明惶懼莫知所出琦乃勸令厚以財帛募勇敢士出奇力戰遂收所陷之郡令琦奏事至蜀中琦得謁見奏言方今之急在兵兵之強弱在賦賦之所出江淮居多若假臣職任使濟軍須臣能使賞給之資不勞聖慮玄宗大喜即日拜監察御史勾當江淮租庸使尋拜殿中侍御史尋加山南等五道度支使促辦應卒事無違闕遷司金郎中兼御史中丞使如故於是創立鹽法就山海井竈收榷其鹽官置吏出糶其舊業戶并浮人願爲業者免其雜徭隸鹽鐵使盜煮私市罪有差百姓除租庸外無得橫賦人不益稅而上用以饒遷戶部侍郎兼御史中丞專判度支領河南等道支度都勾當轉運租庸鹽鐵鑄錢司農太府出納山南東西江淮館驛等使乾元二年以本官加同中書門下平章事初琦以國用未足幣重貨輕乃請鑄乾元重寶錢以一當十行用之及作相又請更鑄重輪乾元錢一當五十與乾元錢及開元通寶錢三品並行既而穀價騰貴餓殣死亡枕籍道路又盜鑄爭起中外皆以琦變法之弊封

奏曰聞乾元二年十月貶忠州長史既在道有告琦受人黃金二百兩者遣御史劉期光追按之琦對曰二百兩金十三斤重忝爲宰相不可自持若其付受有憑即請準法科罪期光以爲此是琦伏罪也遽奏之請除名配流夷州馳驛發遣仍差綱領送至彼寶應初起爲朗州刺史甚有能政入遷太子賓客屬吐蕃寇陷京師代宗幸陝關內副元帥郭子儀請琦爲糧料使兼御史大夫充關內元帥副使未幾改京兆尹車駕尅復專判度支兼諸道鑄錢鹽鐵轉運常平等使累封扶風郡公又加京兆尹改戶部侍郎判度支前後領財賦十餘年魚朝恩伏誅琦坐與款狎出爲處州刺史歷饒湖二州入爲太子賓客東都留司上以其材將復任用召還京師信宿而卒年七十贈太子少保子峯峯婦鄭氏女皆以孝著旌表其門

班宏衛州汲人也祖思簡春官員外郎父景倩秘書監宏少舉進士授右司禦胄曹後爲薛景先鳳翔掌書記又爲高適劍南觀察判官累拜大理司直攝監察御史時青城山有妖賊張安居以左道惑衆

事覺多誣引大將冀以緩死宏驗[illegible]殺之人心乃安既而郭英乂代適以獻人望奏署秘書郎兼[illegible]令以疾免大曆三年遷起居舍人壽兼理匭使四遷至給事中時李寶臣卒於其位子惟岳匿喪求位上遣宏使成德問疾且諭之惟岳厚賂宏皆不受還報合旨遷刑部侍郎兼京官考使時右僕射崔寧考兵部侍郎劉迺上下宏駮曰夷荒靖難專在節制尺籍伍符不校省司夫上行宣美之名則下開趨競之路上行阿容下必朋黨因削去之迺知而謝曰迺雖不敏敢掠一美以徼二罪乎尋除吏部侍郎爲吐蕃會盟使李揆之副貞元初仍歲旱蝗上以賦調爲急改戶部侍郎爲度支使韓滉之副遷尚書復副竇參參初爲大理司直宏已爲刑部侍郎及參爲相領度支上以宏久司國計因令副之且曰朕藉參宰相以臨遠衆務悉委於卿勿以辭也參以宏先貴常私解悅之曰參後來一朝居尚書之上甚不自安一年之後當歸此使宏心喜歲餘參絕不復言宏性剛愎爲人間之且怒食言公事多異楊子院鹽鐵轉運委藏也宏以御史

中丞徐粲主之既不理且以賄聞參欲代之宏執不可參又遷諸院吏未嘗訪宏乃疏參所用者過惡以聞事輙留中無何參以使勞加吏部尚書而宏進封蕭國公怨參以虛號寵之間惡愈甚每奉詔會建宏必極壯麗親程課役又厚結權倖以傾參張滂先善於宏宏薦爲司農少卿及參欲以滂分掌江淮鹽鐵詢之於宏宏以滂姦惡慮以法繩徐粲因曰滂強戾難制不可用滂知之八年三月參遂爲上所疎乃讓度支使遂以宏專判而參不欲使務悉歸於宏問計京兆尹薛珏珏曰二子交惡而滂剛決若分鹽鐵轉運於滂必能制宏參乃薦滂爲戶部侍郎鹽鐵使判轉運尚隸於宏以悅之江淮兩稅悉宏主之置巡院然令宏滂共擇其官滂請鹽鐵舊簿書於宏宏不與之每署院官宏滂更相是非莫有用者滂乃奏曰珏宏與臣相戾職院多闕官臣掌財賦國家大計職不修無所逃罪今宏若此何以輒事遂令分掌之無幾宏言於宰相趙憬陸贄曰宏職轉運年運江淮米五十萬斛前年增七十萬斛以實太倉幸無過今職移於人不知

何謂滂時在側忿然曰尚書失言甚矣若運務畢舉朝廷固不奪之蓋由喪公錢縱姦吏故也且凡爲度支胥吏不一歲貲累鉅萬僮馬第宅僭於王公非盜官財何以致是道路喧喧無不知之聖上故令滂分掌公問所言無乃歸怨於上乎宏默然不對是日宏稱疾於第滂往問之宏不見憬贄乃以宏滂之言上聞由是遵大曆故事如劉晏韓滉所分滂至揚州按徐粲逮僕妾子姪得贓鉅萬乃徙嶺表故參得罪宏頗有力焉勤恪官署晨入夕歸下吏勞而未嘗獻苦清白勤幹稱之於時貞元八年七月卒年七十三廢朝加贈諡曰敬

王紹本家于太原今爲京兆萬年人舊名與憲宗同永貞年改焉少時顏眞卿器重之因紹舊名字之曰德素奏授武康尉蕭復爲常州刺史辟爲從事包佶領租庸鹽鐵亦以紹爲判官時李希烈阻兵江淮租輸所在艱阻特移運路自潁入汴紹奉佶表詣闕屬德宗西幸紹乃督緣路輕貨趣金商路倍程出洋州以赴行在德宗親勞之謂紹曰六軍未有春服我猶衣裘紹俯伏流涕奏曰包佶令臣間道進

萬數約五十萬上曰道路回遠經費懸急卿之所奏豈可望耶後五日而所督繼至上深賴焉貞元中爲倉部員外郎時屬兵革旱蝗之後令戶部收闕官俸兼税茶及諸色無名之錢以爲水旱之備紹自拜倉部便準詔主判及遷戶部兵部郎中皆獨司其務擢拜戶部侍郎尋判度支後二年遷戶部尚書德宗臨馭歲久機務不由台司自竇參陸贄已後宰臣備位而已德宗以紹謹密恩遇特異凡主重務八年政之大小多所訪決紹未嘗洩漏亦不矜衒順宗即位王叔文始奪其權拜兵部尚書尋除檢校吏部尚書東都留守元和初遷檢校尚書右僕射徐州刺史武寧軍節度復以濠泗二州隸焉時承張情之後兵驕難治紹修輯軍政人甚安之六年徵拜兵部尚書兼判戶部事九年卒年七十二贈左僕射謚曰敬

○李巽字令叔趙郡人少苦心爲學以明經調補華州參軍拔萃登科授鄠縣尉周歷臺省由左司郎中出爲常州刺史踰年召爲給事中出爲湖南觀察使銳於爲理五年改江西觀察使加檢校散騎常侍兼御史大夫巽持下以法吏不敢欺而動必察之順宗即位入爲兵部侍郎司徒杜佑判度支鹽鐵轉運使以巽幹治奏爲副使佑辭重位巽遂專領度支鹽鐵使榷筦之法號爲難重唯大曆中僕射劉晏雅得其術賦入豐羨巽掌使一年征課所入類晏之多歲明年過之又一年加一百八十萬貫舊制每歲運江淮米五十萬斛抵河陰久不盈其數唯巽三年登焉遷兵部尚書明年改吏部尚書使任如故巽精於吏職蓋性使然也雖在私家亦置案牘簿書勾檢如公署焉人吏有過絲毫無所貸雖在千里外其恐慄如在巽前初程异附王叔文貶竄巽知其吏才明辨奏而用之憲宗不違其請异勾檢簿籍又精於巽故課最加衍亦异之助焉巽爲吏部尚書卧疾郎官相率省問巽初不言其病與之考校程課商略功利至其夕而卒然性強很狡惡忌刻頗甚秉德宗之怒謀殺竇參物論寃之初參爲宰相不悅於巽自左司郎中出爲常州刺史仍促其行不數月參貶郴州司馬久之巽自給事中爲湖南觀察使郴即屬郡也宣武軍節度使劉士寧以擅殺父任物議不可朝廷不得已而授之及參之貶士寧常以絹數千匹賂參巽在湖南具奏其事言參與藩鎮交通德宗怒遂賜參死議者寃之巽廉察江西徇喜怒之情而無罪被戮者多矣元和四年四月卒時七十一贈尚書左僕射

史臣曰歷代操利柄爲國計者莫不損下益上危人自安變法以弄權斂怨以構禍皆有之矣如劉晏通權滯任才能富其國而不勞於民儉於家而利於衆或問曰鄭子產吏不能欺子賤吏不忍欺西門豹吏不敢欺三子者古之賢人也吏皆懷其欺而不能不忍不敢也晏之吏遠近自不欺者何也荅曰蓋任其才而得其人也晏殁故吏二十餘年繼掌財賦不其是哉史記貨殖云平糶齊物關市不乏治國之道也晏致天下無甚貴甚賤之物泛言治國者其可及乎舉賢卿才忠也減王縉罪正也忠正之道復出於人嗚呼木秀於林風必摧之常袞見忌於前楊炎致寃於後可爲長歎息矣時議有口者以利咬之苟不塞讒口何以持重權即無以展其才濟其國矣是其術也又何譏焉

○第五琦促辦應卒民不加賦而國豐饒亦庶幾矣然鑄錢變法物貴身危其何陋哉凡利國者晨兩之外不可爲也宏滂爭權樹黨皆非令人紹之謹密幹事巽之敏察精辨亦足可稱

贊曰豐財忠良晏道爲長琦宏滂巽咸以利彰

唐書列傳卷第七十三

唐書列傳卷第七十四

劉　昫　等修
聞人詮校刻沈桐同校

薛嵩子平嵩弟㠋　令狐彰子建運通　田神功弟神玉
侯希逸　李正己子納納子師古師道宗人洧附

薛嵩絳州萬泉人祖仁貴高宗朝名將封平陽郡公父楚玉爲范陽平盧節度使嵩少以門蔭落拓不事家產有膂力善騎射不知書自天下兵起東身戎伍委質逆徒廣德元年東都平時皇太子爲天下兵馬元帥遣僕固懷恩東收河朔嵩爲賊守相州聞賊朝義兵潰王師至嵩惶惑迎拜于懷恩馬前懷恩釋之令守舊職時懷恩二心已萌懷恩平河朔旋乃奏嵩及田承嗣張志忠李懷仙分理河北道詔遂以嵩爲相州刺史充相衛洺邢等州節度觀察使承嗣鎭魏州志忠鎭恒州懷仙鎭幽州各據數州之地時多事之後姑欲安人遂以重寄委嵩嵩感恩奉職數年間管內粗理累遷檢校右僕射大曆八

年正月卒詔遣弟㠋知留後累加㠋太子少師大曆十年正月丁酉昭義軍兵馬使裴志清盜所將兵逐㠋㠋舉衆歸田承嗣以叛㠋奔于洺州上表乞入朝許之至京素服於銀臺門待罪詔釋之嵩子平年十二爲磁州刺史嵩卒軍吏欲用河北故事脅平知留後務平僞許之讓於叔父㠋一夕以喪歸及免喪累授右衛將軍在南衙凡三十年宰相杜黃裳深器之薦爲汝州刺史兼御史中丞理有能名元和七年淮西用兵自左龍武大將軍授兼御史大夫滑州刺史鄭滑節度觀察等使累有戰功滑州城西距黃河二里每歲常爲水患平詢訪得古河道接衛州黎陽縣界平率魏博節度使田弘正同上聞開古河南北長十四里決舊河以分水勢滑人遂無水患居鎭六年入爲左金吾大將軍未幾復爲鄭滑節度觀察使及平李師道朝廷以東平十二州析爲三道以淄青齊登萊五州爲平盧軍以平爲節度觀察等使仍押新羅渤海兩蕃使長慶元年幽鎭叛杜叔良統橫海全軍討伐不勝王庭湊圍牛元翼於深州棣州爲賊所窘朝廷乃委平以偏師援棣州平即遣將李叔佐以兵五百救之居數月刺史王稷餽給稍薄兵士怨怒叔佐不能戢宵潰而歸仍推突將馬狼兒爲帥行及青城鎭劫鎭將李自勸并其衆次至博昌鎭復劫其鎭兵共得七千餘人徑逼青州城城中兵士不敵平悉府庫并家財募二千精卒逆擊之仍先以騎兵掩其家屬輜重賊衆惶惑反顧因大敗狼兒與其同惡十數輩脫身竄匿餘黨降稍後者斬於鞠場明日狼兒亦就擒戮脅從者放歸田里詔加右僕射進封魏國公由是遠近畏伏平之威略在鎭六周歲兵甲完利井賦均一至是入覲百姓遮道乞留數日乃得出時人以爲近日節制罕有其比寶曆元年歸朝進加檢校左僕射兼戶部尚書踰月復檢校司空兼河中絳隰節度觀察等使太和二年復以晉州慈州隸河中益兵三千人加平檢校司徒在河中凡六年召拜太子太保明年上疏乞老以司徒致仕居一年卒冊贈太傅嵩族子雄初爲嵩屬吏知衛州事嵩歿特詔授衛州刺史魏博節度田承嗣誘爲亂雄不從承嗣遣刺客盜殺之

令狐彰京兆富平人也遠祖自燉煌徙家焉代有冠冕父濞天寶中任鄧州錄事參軍以清白聞本道採訪使宋鼎引爲判官初任范陽縣尉通幽州人女生彰及秩滿留彰于母氏彰遂少長范陽倜儻有膽氣涉獵書傳粗知文義善弓矢乃策名從軍事安祿山天寶中以軍功累遷至左衛員外郎將安祿山叛逆以本官隨賊黨張通儒赴京師通儒僞署爲城內左街使王師收復二京隨通儒等遁走河朔又陷逆賊史思明僞署爲博州刺史及滑州刺史令統數千兵戍滑臺彰感激忠義思立名節乃潛謀歸順會中官楊萬定監滑州軍彰遂募勇士善於水者俾乘夜涉河達表奏于萬定請以所管賊一將兵馬及州縣歸順萬定以聞自祿山構逆爲賊守者未有舉州向化肅宗得彰表大悅賜書慰勞時彰移鎭杏園渡遂爲思明所疑思明乃遣所親薛岌統精卒圍大園攻之彰乃明示三軍曉以逆順衆心感附咸悉力爲用與賊兵戰大破之潰圍而出遂以麾下將士數百人隨萬定入朝肅宗深獎之禮甚優厚賜甲第一區名馬數匹并帷

帳什器頗盛拜御史中丞兼滑州刺史滑亳魏博等六州節度仍加銀青光祿大夫鎮滑州委平殘寇及史朝義滅遷御史大夫封霍國公尋加檢校工部尚書未幾檢校右僕射餘並如故彰在職風化大行滑州瘡痍未復城邑為墟彰以身勵下一志農戰內檢軍戎外牧黎庶法令嚴酷人不敢犯數年間田疇大闢庫藏充積歲奉王稅及修貢獻未嘗暫闕時犬戎犯邊徵兵防秋彰遣屬吏部統營伍自滑至京之西郊向二千餘里甲士三千人率自齎糧所過州縣路次供擬皆讓而不受經閭里不犯秋毫識者稱之然性識猜阻人有忤意不加省察輒至斃踣此其短也臨終手疏辭表誡子以忠孝守節又舉能自代表曰臣自事陛下得備藩守受恩則重効節未終長辭聖朝痛入心骨臣誠哀懇頓首頓首臣受性剛拙亦能包含頃因魚朝恩將掠亳州遂與臣結怨當其縱暴臣不敢入朝專聽天誅即欲奔謁及魚朝恩死即臣屬疾苦又遭家艱力微眼暗行動須人拜舞不能數月有闕欲請替辭退即日望稍瘳冀得康強榮歸朝覲自冬末

舊疾益重瘡腫又生氣息奄奄遂期殞歿不遂一朝天闕一拜龍顏臣禮不終忠誠莫展臣之大罪下慙先代仰媿聖朝臣竭誠事上誓立大節天地神明實知臣心心不遂行言發自痛當使倉糧錢絹羊馬牛畜一切已上並先有部署三軍兵士州縣官吏等各恭舊職祗待聖恩臣伏見吏部尚書劉晏及工部尚書李勉知識忠貞堪委大事伏願陛下速令檢校上副聖心臣男建等性不為非行亦近道今勒歸東都私第使他年為臣報國下慰幽魂臨歿昏亂伏表哀咽上覽表嗟悼久之特下詔褒美曰中衛社稷外修疆事合於一體以請庶邦其在有終謂之不朽觀前代文武通賢有匡時戡難迫於大化不忘時君未嘗不嘉尚而流歎也今有忠烈之臣彰剛直形外純和積中本於孝敬輔以才略統制藩閫服勞王家往以母老躬於就養豈不戀闕以茲曠年及苴麻在艱優諭權奪號絕傷足淚盡喪明入覲之期良願莫遂想其風彩久軫顧懷遽見淪沒用深追悼嗟乎方疾之時以情自疏無所有隱見之於詞復節守常條上軍簿請擇良

帥命于中朝乃令遺胤爰歸東洛敎忠以報國約禮以居喪古人所謂生不交利死不屬其子夫豈遠哉節槩誠亮高絕無鄰喟然感傷鑒寐增慟有以見東州士大夫勤王尊主之志用嘉其休可以垂範宣付史館式昭名臣子建運通建大曆四年十二月彰遣入朝特加兼御史中丞歸滑州及彰卒滑三軍逼奪情禮建守死不從舉家歸京師服闋累轉至右龍虎軍使德宗以涇原兵亂出幸奉天建方敎射於軍中遂以四百人隨駕為後殿至奉天以建為行在中軍鼓角使幸梁州轉行在右廂兵馬使右羽林大將軍兼御史大夫興元元年六月加檢校左散騎常侍行在都知兵馬使左神武大將軍建妻李氏恒帥寶臣女也建惡將棄之乃誣與傭敎生邢士倫姦通建召士倫榜殺之因逐其妻士倫母聞不勝其痛卒李氏奏請按劾詔令三司詰之李氏及奴婢款證被誣頗明白建方自首伏建會赦免坐德宗詔曰子育黎元未能禁暴在予之責用軫于懷宜賜常膳五百千文充葬士倫母子其父既衰耄至無所歸良深矜念委京兆尹厚

加存恤貞元四年七月以前官為右領軍大將軍五年三月以專殺不辜德宗念舊勳特容貸之復陳訴詞甚虛罔遂貶施州別駕同正卒於貶所貞元六年九月贈右領軍大將軍十年贈揚州大都督運為東都留守將逐賊出郊其日有劫轉運絹於道者杜亞以運豪家子意其為之乃令判官穆員及從事張弘靖同鞫其事員與弘靖皆以運職在牙門必不為盜抗請不按亞不聽而怒斥逐員等令親事將武金鞫之金笞箠運從者十餘人一人笞死九人不勝考掠自誣竟無贓狀亞具以聞請流運於領表德宗令侍御史李元素刑部員外崔從質大理司直盧士瞻三司覆按運獄既竟明運迹非行盜以曾捕掠人於家配流歸州武金肆虐作威殺人通款配流建州後歲餘齊抗捕得劫轉運絹賊鄆部朱瞿曇等七人及贓絹詔令杜亞與留臺同劾之皆首伏然終不原運運死於歸州人士冤之元和中宰相李吉甫奏曰臣伏見代宗朝滑州節度使令狐彰臨終上表悉以土地兵甲籍上朝廷遣諸子隨表歸闕代宗以彰遺表宣示百寮當

時在位者聞之無不感歎今有次子適在臣每感彰同時河朔諸鎮付子傳孫無不燻灼數代唯彰忠義感激奉國忘家遣子入朝以土地歸於先帝貞元中長子建坐事死於施州幼子運亦無罪流於歸州欲使忠義之人何所激勸今通幸存得遇明聖伏乞陛下召之與語如堪用望垂奬録憲宗念彰之忠即授通贊善大夫出爲宿州刺史時討淮蔡用爲泗州刺史歲中改壽州團練使檢校御史中丞每與賊戰必虛張虜獲得賊數人即爲露布上之宰相武元衡笑而不奏如有敗衂即不敢上聞後爲賊所攻境上城柵並陷通走固州城閉壁不出憲宗遣李文通往宣慰度其將至遂令代通貶爲昭州司戶移撫州司馬十四年徵爲右衛將軍制下給事中崔植封還制書言通前刺壽州失律不宜遽加奬任憲宗令宰相宣喻門下言通父有功於國不宜遂弃其子制命方行歲餘出爲淄州刺史長慶初入爲左衛大將軍卒

田神功冀州人也家本微賤天寶末爲縣里胥會河朔兵興從事幽薊上元元年爲平盧節度都知兵馬使兼鴻臚卿於鄭州破賊四千餘衆生擒逆賊大將四人牛馬器械不可勝數尋爲鄧景山所引至揚州大掠百姓商人資產郡內比屋發掘略徧商胡波斯被殺者數千人二年二月生擒逆賊劉展送于闕下以擒展功累遷檢校工部尚書兼御史大夫汴宋等八州節度使大曆三年三月朝京師獻馬十匹金銀器五十件繒綵一萬匹時郭子儀入朝請宴宰臣等於私第神功効其請亦以許之尋加檢校右僕射赴尚書省視事特詔宰臣已下百官送上仍加知省事以寵之神功忠朴幹勇當時所稱八年冬復覲闕廷遘疾信宿而終上悼惜爲之徹樂廢朝三日贈司徒賻絹一千匹布五百端特許百官弔喪賜屏風茵褥於靈座并賜千僧齋以追福至德已來將帥不兼三事者哀榮無比弟神玉自曹州刺史權汴州留後大曆十年正月加檢校兵部郎中兼御史中丞爲汴州刺史知汴州節度觀察留後事并河陽澤潞等兵馬直據淇門會李承昭討魏博田承嗣十一年卒詔滑州李勉代之

侯希逸平盧人也少習武藝天寶末安祿山反署其腹心徐歸道爲平盧節度希逸時爲平盧裨將率兵與安東都護王玄志襲殺歸道使以聞詔以玄志爲平盧節度使乾元元年冬玄志病卒軍人共推立希逸爲平盧軍使朝廷因授節度使既數爲賊所迫希逸率勵將士累破賊徒向潤客李懷仙等既淹歲月且無救援又爲奚虜所侵希逸拔其軍二萬餘人且行且戰遂達于青州會田神功能元皓於兗州青州遂陷於希逸詔就加希逸爲平盧淄青節度使自是迄今淄青節度皆帶平盧之名也希逸初領淄青甚著聲稱理兵務農遠近美之寶應元年與諸節度同討襲史朝義平之加檢校工部尚書賜實封圖形凌煙閣以私艱去職大曆十一年九月起復檢校尚書右僕射上柱國封淮陽郡王後漸縱恣政事怠惰尤崇奉釋教且好畋遊興功創寺宇軍州苦之永泰元年因與巫者夜宿於城外軍士乃閉之不納希逸奔歸朝廷拜檢校右僕射久之加知省事遷司空詔出而卒廢朝三日贈太保

李正已高麗人也本名懷玉生於平盧乾元元年平盧節度使王玄志卒會有勑遣使來存問懷玉恐玄志子爲節度遂殺之與軍人共推立侯希逸爲軍帥希逸母即懷玉姑也後與希逸同至青州累至折衝將軍驍健有勇力寶應中衆軍討史朝義至鄭州迴紇方強暴恣横諸節度皆下之正已時爲軍候獨欲以氣吞之因與其角逐衆軍聚觀約曰後者批之既逐而先正已擒其領而批其背迴紇尿液俱下衆軍呼笑虜慙繇是不敢爲暴節度使侯希逸即其外兄也用爲兵馬使正已沉毅得衆心希逸因事解其職軍中皆言其非罪不當廢會軍人逐希逸希逸奔走遂立正已爲帥朝廷因授平盧淄青節度觀察使海運押新羅渤海兩蕃使檢校工部尚書兼御史大夫青州刺史賜今名尋加檢校尚書右僕射封饒陽郡王大曆十一年十月檢校司空同中書門下平章事十三年請入屬籍從之爲政嚴酷所在不敢偶語初有淄青齊海登萊沂密德棣等州之地與田承嗣令狐彰薛嵩李寶臣梁崇義更相影響大曆中薛嵩死及李靈曜

之亂諸道共攻其地得者為己邑正己復得曹濮徐兗鄆共十有五
州內視同列貨市渤海名馬歲歲不絕法令齊一賦稅均輕最稱強
大嘗攻田承嗣威震鄰敵歷檢校司空左僕射兼御史大夫加平章
事太子太保司徒後自青州徙居鄆州使子納及腹心之將分理其
地建中後畏懼朝廷多不自安聞將築汴州乃移兵屯濟陰晝夜教
習為備河南騷然天下為憂羽檄馳走徵兵以益備又於徐州增兵
以扼江淮於是運輸為之改道未幾發疽卒時年四十九子納擅總
兵政秘之數月乃發喪納阻兵興元元年四月歸順方贈正己太尉
納少時正己遣將兵備秋代宗召見嘉之自奉禮郎超拜殿中丞兼
侍御史賜紫金魚袋歷檢校倉部郎中兼總父兵奏署淄州刺史正
己將兵擊田承嗣奏署節度觀察留後尋遷青州刺史又奏署行軍
司馬兼曹州刺史曹濮徐兗沂海留後又加御史大夫建中初正己
田悅梁崇義張惟岳皆反二年正己卒納秘喪統父衆仍復為亂比
會悅於濮陽遣大將衛俊將兵一千救悅為河東節度使馬燧敗於

洹水殺傷殆盡詔諸軍誅之納從叔父洧以徐州李士真以德州及
棣州李長卿皆以州歸順納以彭城險阨又怒洧背宗乃悉兵圍之
詔宣武軍節度劉洽與諸軍救之大敗納兵於城下後將兵於濮陽
洽攻破其城外納自城上見洽涕泣悔罪遣判官房說以其弟經男
成務朝京師請因洽從順會中使宋鳳朝見之謂納計蹙欲誅破之
以為己功奏請無捨上乃械說等繫禁中納遂歸鄆州復與李希烈
朱滔王武俊田悅合謀皆反偽稱齊王建置百官及興元之降罪己
詔納乃効順詔加檢校工部尚書平盧軍節度淄青等州觀察使無
幾檢校右僕射同中書門下平章事時希烈圍陳州納遣兵與諸軍
奮擊大破之因解圍加檢校司空封五百戶貞元初升鄆州為大都
督府改授長史年三十四薨於位廢朝三日贈賻有差子師古累奏
至青州刺史貞元八年納死軍中以師古代其位而上請朝廷因而
授之起復右金吾大將軍同正平盧及青淄齊節度營田觀察海運陸
運押新羅渤海兩蕃使成德軍節度使王武俊率師次于德棣二州將

取蛤蜊及三汊城棣州之鹽池與蛤蜊歲出鹽數十萬斛棣州之隸
淄青也其刺史李長卿以城入朱滔而蛤蜊為納所據因城而戍之
以專鹽利其後武俊以敗朱滔功以德棣二州隸之蛤蜊猶為納戍
納初於德州南跨河而城以守之謂之三汊交田緒以通魏博路而
侵掠德州為武俊患及納卒師古繼之武俊以其年弱初立舊將多
死心頗易之乃率衆兵以取蛤蜊三汊為名其實欲窺納之境師古
令棣州降將趙鎬拒之武俊令其子士清將兵先濟於滴河會士清
營中火起軍驚惡之未進德宗遣使諭武俊即罷還師古毀三汊
口城從詔旨師古雖外奉朝命而嘗畜侵軼之謀招集亡命必厚養
之其得罪于朝而逃詣師古者因即用之其有任使于外者皆留其
妻子或謀歸款於朝事洩族其家衆畏死而不敢異圖貞元十年五
月師古服闋加檢校禮部尚書十二年正月檢校尚書右僕射十一
月師古丁母憂起復左金吾上將軍同正十五年正月師古杜佑李
欒妻勝並為國夫人十六年六月與淮南節度使杜佑同制加中書

門下平章事及德宗遺詔下告哀使未至義成軍節度使李元素以
與師古鄰道錄遺詔報師古以示無外師古遂集將士引元素使者
謂曰師古近得邸吏狀具承聖躬萬福李元素豈欲反乃忽偽錄遺
詔以寄師古三代受國恩位兼將相見賊不可以不討遂杖元素使
者遂出兵以討元素為名冀因國喪以侵州縣俄聞順宗即位師古
乃罷兵後累官至檢校司徒兼侍中卒贈太傅師道師古異母弟其
母張忠志女師道時知密州事師古死其奴不發喪潛使迎師道於
密而奉之朝命久未至師道謀於將吏或欲加兵於四境其判官高
沐固止之乃請進兩稅守鹽法申官員遣判官崔承寵孔目官林英
相繼奏事時杜黃裳作相欲乘其未定也以計分削之憲宗以蜀川
方擾不能加兵於師道元和元年七月遂命建王審遙領節度授師
道檢校左散騎常侍兼御史大夫權知鄆州事充淄青節度留後十
月加檢校工部尚書兼鄆州大都督府長史充平盧軍及淄青節度
副大使知節度事管內支度營田觀察處置陸運海運押新羅渤海

兩蕃等使自正已至師道竊有鄆曹等十二州六十年矣懼衆不附
已皆用嚴法制之大將持兵鎮于外者皆質其妻子或謀歸款於朝
事洩其家無少長皆殺之以故能劫其衆父子兄弟相傳焉五年七
月檢校尚書右僕射十年王師討蔡州師道使賊燒河陰倉斷建陵
橋初師道置留邸於河南府兵諜雜以往來吏不敢辨因吳元濟北
犯汝鄭郊畿多警防禦兵盡戍伊闕師道潛以兵數十百人內其邸
謀焚宮闕而肆殺掠旣烹牛饗衆矣明日將出會有小將楊進李再
興者詣留守呂元膺告變元膺追伊闕兵圍之半日不敢進攻防禦
判官王茂元殺一人而後進或有毀其墉而入者賊衆突出殺人圍
兵奔駭賊得結伍中衢內其妻子於橐中以甲冑殿而行防禦兵
不敢追賊出長夏門轉掠郊墅東濟伊水入嵩山元膺誡境上兵重
購以捕之數月有山棚鬻鹿於市賊遇而奪之山棚走而徵其黨或
引官軍共圍之谷中盡獲之窮理得其魁首乃中岳寺僧圓靜年八
十餘嘗爲史思明將偉悍過人初執之使巨力者奮鎚不能折脛圓

靜罵曰鼠子折人脚猶不能敢稱健兒乎乃自置其足教折之臨刑
乃曰誤我事不得使洛城流血死者凡數十人留守禦將二人都亭
驛卒五人甘水驛卒三人皆潛受其職署而爲之耳目自始謀及將
敗無知者初師道多買田於伊闕陸渾之間凡十所處欲以舍山棚
而衣食之有訾嘉珍門察者潛部分之以屬圓靜以師道錢千萬僞
理嵩山之佛光寺期以嘉珍竊發時舉火於山中集二縣山棚人作
亂及窮按之嘉珍門察乃賊武元衡者元膺具狀以聞及誅吳元濟
師道恐懼上表乞聽朝旨請割三州并遣長子入侍宿衛詔許之師
道識暗政事皆決於群婢婢有號蒲大姊袁七娘者爲謀主乃言曰
自先司徒以來有此十二州奈何一日無苦而割之耶今境內兵士
數十萬人不獻三州不過發兵相加可以力戰戰不勝乃議割地未
晚也師道從之而止表言軍情不叶乃詔諸軍討伐十年十二月武
寧軍節度使李愿遣將王智興擊破師道之衆九千斬首二千餘級
獲牛馬四千遂至平陰十一年十一月加師道司空仍遣給事中柳

公綽往宣慰且覘所爲欲寬容之師道苟以遜順爲辭長惡不悛十
三年七月滄州節度使鄭權破淄青賊於齊州福城縣斬首五百餘
級十月徐州節度使李愬兵馬使李祐於兗州魚臺縣破賊三千餘
人魏博節度使田弘正率本軍自陽劉渡河距鄆州九十里下營再
接戰破賊三萬餘衆生擒三千人收器械不可勝紀陳許節度使李
光顏於濮陽縣界破賊收斗門城杜莊柵田弘正復於故東阿縣界
破賊五萬諸軍四合累下城柵師道使劉悟將兵當魏博軍旣敗數
令促戰師未進乃使奴召悟計事悟知其來殺己乃稱病不出召將
吏謀曰魏博兵強乘勝出戰必敗吾師不出則死今天子所誅司空
一人而已悟與公等皆被驅逐就死地何如轉禍爲福殺其來使以
兵趣鄆州立大功以求富貴衆皆曰善乃迎其使而斬之遂責師道
追牒以兵趣鄆州及夜至門示以師道追牒乃得入兵士繼進至毬
場因圍其內城以火攻之擒師道而斬其首送于魏博軍元和十四
年二月也是月弘正獻於京師天子命左右軍如受馘儀先獻于太

廟郊社憲宗御興安門受之百寮稱賀初東軍諸道行營節度擒逆
賊將夏侯澄等共四十七人詔曰附麗兇黨拒抗王師國有常刑悉
合誅戮朕以久居汚俗皆被脅從況討伐已來時日未幾繼懷轉禍
之計未有効款之由情似可矜朕不忍殺況三軍百姓孰非吾人詔
令須行罪止師道方欲拯於塗炭是用活其性命誠爲屈法庶使知
恩並宜特從釋放仍令卻遞送至魏博及義成行營各委節度收管
驅使如父母血屬猶在賊中或羸老疾病情切歸還者仍量事優當
放去務相全貸何所疑留及澄等至行營賊覘知傳告叛徒皆感朝
恩由是劉悟得行其謀焉師道妻魏氏及小男並配掖庭堂弟師賢
師智配流春州姪弘巽配流雷州詔分其十二州爲三節度俾馬摠
薛平王遂分鎮焉仍命宰臣崔群撰碑以紀其績國家自天寶末安
祿山首亂兩河至寶應元年王師平史朝義其將薛嵩李懷仙田承
嗣李寶臣等受僞命分領州郡朝廷厭兵因僕固懷恩請就加官爵
及侯希逸爲軍人逐出正已又據齊魯之地旣而遞相膠固聯結姻

妬職貢不入法令不加率以爲常仍皆署其子爲副大使父死子立則以三軍之請聞亦有爲大將所殺而自立者自安史以後迄至于貞元朝廷多務優容每聞擅襲因而授之以故六十餘年兩河號爲反側之俗憲宗知人善任削平亂迹兩河復爲王土焉師道妻魏氏元和十五年出家爲尼

洧正巳從父兄也正巳用爲徐州刺史正巳死子納犯宋州洧以其州歸順加御史大夫封潮陽郡王食實封二百戶充招諭使初洧遣攝巡官崔程奉表至京師令口奏并白宰相徐州恐不能獨當賊若得徐海沂三州節度都團練使即必立功況海沂兩州亦並爲賊納所據非國家州縣其刺史王涉馬萬通等洧並素與之約若有詔命冀必成功程乍自外到闕以爲宰相一也乃先以其言白張鎰鎰言於盧杞杞怒程不先白已故洧所請不行杞妬公害私皆此類也及李納遣兵攻徐州劉洽與諸將擊退之賊勢未衰始加洧徐海沂都團練觀察使尋加密州時海密州皆爲賊所據不受洧命旋加洧檢

校戶部尚書未幾疽發背稍平乃大具糜餅飯僧於市洧乘平肩輿自臨其場市人歡呼洧驚疽潰於背而卒贈左僕射

史臣曰自安史亂離河朔割據雖外尊朝旨而內蓄姦謀薛嵩祖父國之名將及身濡足賊廷既沐國恩尚存家法守土奉職終身一心果有令人克全餘慶彰居喪循禮有士子之風馭衆權謀著將軍之業中外善政終始令名成功不居告老致仕方之者鮮矣背逆歸國治兵牧民上表推誠舉賢代已時稱能善始善終者也建志稟遺訓克全令名不能終保功業惜哉神功忠勇竟著勳名希逸荒狂自失茅土師道祖父弟兄盜據青鄆得計則潛圖兇逆失勢則僞奉朝旨向背任情數十年矣或問曰師古之前三帥而不滅師道繼立數年而亡者何哉荅曰納與師古自運姦謀躬臨戎事朝廷任盧杞以私妬公致懷光變忠爲逆李納父子宜其苟延洎憲宗當朝裴度爲相君臣道合中外情通師道外任諸奴內聽群婢軍民攜貳家族滅亡不亦宜乎假息數年猶爲多矣何所疑焉

贊曰田神功勇能立勳令狐彰死不失節薛平振家世以顯揚師道任臧獲而亡滅

唐書列傳卷第七十四

劉　昫　等修

聞人詮校刻沈桐同校

張鎰 喬琳附　劉從一　蕭復 復族子位 佩 偲　柳渾

張鎰蘇州人朔方節度使齊丘之子也以門廕授左衛兵曹參軍郭子儀爲關內副元帥以嘗伏事齊丘辟鎰爲判官授大理評事遷殿中侍御史乾元初華原令盧樅以公事呵責邑人內侍齊令詵令詵銜之搆誣外發鎰按驗樅當降官及下有司樅當杖死鎰具公服白其母曰上疏理樅樅必免死鎰必坐貶若以私則鎰負於當官貶則以太夫人爲憂敢問所安母曰爾無累於道吾所安也遂執奏正罪樅獲配流鎰貶撫州司戶量移晉陵令未之官洪吉觀察張鎬辟爲判官奏授殿中侍御史遷屯田員外郎轉祠部右司二員外母憂居喪有聞免喪除司勳員外交遊不雜與楊綰崔祐甫相善大曆五年除濠州刺史爲政清淨州事大理乃招經術之士講訓生徒比去郡升明經者四十餘人撰三禮圖九卷五經微旨十四卷孟子音義三卷李靈曜反于汴州鎰訓練鄉兵嚴守禦之備詔書褒異加侍御史沿淮鎮守使尋遷壽州刺史使如故德宗即位除江南西道都團練觀察使洪州刺史兼御史中丞徵拜吏部侍郎尋除河中晉絳都防禦觀察使到官數日改汴滑節度觀察使汴州刺史兼御史大夫以疾辭逗留於中路徵入養疾私第未幾拜中書侍郎平章事集賢殿學士修國史建中三年正月太僕卿趙縱爲奴當千發其陰事縱下御史臺貶循州司馬留當千於內侍省鎰上疏論之曰伏見趙縱爲奴所告下獄人皆震懼未測聖情貞觀二年太宗謂侍臣曰比有奴告其主謀逆此極弊法特須禁斷假令有謀反者必不獨成自有他人論之豈藉其奴告也自今已後奴告主者皆不受盡令斬決由是賤不得干貴下不得陵上教化之本既正悖亂之漸不生爲國之經百代難改欲全其事體實在防微頃者長安令李濟得罪因奴萬年令霍晏得罪因婢愚賤之輩悖慢成風主反畏之動遭誣告充溢府

縣莫能斷決建中元年五月二十八日詔曰準鬬競律諸奴婢告主非謀叛已上者同自首法並準律處分自此奴婢復順獄訴稍息今趙縱非叛逆奴實姦兇奴在禁中縱獨下獄考之於法或恐未正將帥之功莫大於子儀人臣之位莫大於尚父歿身未幾墳土僅乾兩婿先已當辜趙縱今又下獄設令縱實抵法所告非奴纔經數月連罪三婿錄勳念舊猶或可容況在章程本宜看免陛下方誅群賊大用武臣雖見寵於當時恐息望於他日太宗之令典尚在陛下之明詔始行一朝偕違不與衆守於教化恐失於刑法恐煩所益悉無所傷至廣臣非私趙縱非惡此奴叨居股肱職在匡弼斯是大體敢不極言伏乞聖慈納臣愚懇上深納之縱於是左貶而已當千杖殺之鎰乃令召子儀家僮數百人以死奴示之盧杞忌鎰名重道直無以陷之以方用兵西邊杞乃僞請行上固以不可因薦鎰以中書侍郎爲鳳翔隴右節度使代朱泚與吐蕃相尚結贊等盟於清水將盟鎰與結贊約各以二千人赴壇所執兵者半之列於壇外二百步散從者半之分立壇下鎰與賓佐齊映齊抗及盟官崔漢衡樊澤常魯于頔等七人皆朝服結贊與其本國將相論悉頰藏論執論利陁斯官者論力徐等亦七人俱昇壇爲盟初約漢以牛蕃以馬爲牲鎰恥與之盟將殺其禮乃請結贊曰漢非牛不田蕃非馬不行今請以羊豕犬三物代之結贊許諾時塞外無豕結贊請以羝羊鎰出犬白羊乃坎於壇北刑之雜血一器而歃盟文曰唐有天下恢奄禹跡舟車所至莫不率俾以累聖重光十年惟永恢王者之丕業被四海以聲教與吐蕃贊普代爲婚姻因結鄰好安危同體甥舅之國將二百年其間或因小忿棄惠爲讎封疆騷然靡有寧歲皇帝踐祚愍茲黎元乃釋俘囚悉歸蕃落二國展禮同茲協和行人往復累布成命是必詐謀不起兵革不用矣彼猶以兩國之要求之永久古有結盟今請用之國家務息邊人外其故地弃利蹈義堅盟從約今國家所守界涇州西至彈箏峽西口隴州西至清水縣鳳州西至同谷縣暨劍南西山大渡河東爲漢界蕃國守鎮在蘭渭原會西使臨洮又東至成州

抵劒南西界磨些諸蠻大渡水西南爲蕃界其兵馬鎮守之處州縣見有居人彼此兩邊見屬漢諸蠻以今所分見住處依前爲定其黃河以北從故新泉軍直北至大磧南至賀蘭山駱駝嶺爲界中間悉爲閑田盟文所有不載者蕃有兵馬處蕃守漢有兵馬處漢守不得侵越其先未有兵馬處不得雜置并築城堡耕種今二國將相受辭而會齋戒將事告天地山川之神照臨無得衍墜其盟文藏於郊廟副在有司二國之誠其永保之結贊亦出盟文不加於坎但埋牲而已盟畢結贊請鎰就壇之西南隅佛幄中焚香爲誓誓畢復昇壇飲酒獻酬之禮各用其物以將厚意而歸德宗將幸奉天鎰竊知之將迎鑾駕具財貨服用獻行在李楚琳者嘗事朱泚得其心軍司馬齊映等密謀曰楚琳不去必爲亂乃遣楚琳屯於隴州楚琳知其謀乃託故不時發鎰始以迎駕心憂惑以楚琳承命去矣殊不促其行鎰修飾邊幅不爲軍士所悅是夜楚琳遂與其黨王汾李卓牛僧伽等作亂鎰夜縋而走判官齊映自水竇出齊抗爲傭保負荷而逃皆獲免鎰出鳳翔三十里及二子皆爲候騎所得楚琳俱殺之判官王沼張元度柳遇李激被殺尋贈太子太傅葬事官給

馮河清者京兆人也初以武藝從軍隸朔方節度郭子儀以戰功授左衛大將軍同正隸涇原節度馬璘頻以偏師禦吐蕃甚有殺獲之功歷試太子詹事兼御史中丞充兵馬使建中四年節度使姚令言奉詔率兵赴關東以河清知兵馬留後判官殿中侍御史姚況知州事及令言至京師所統兵叛上幸奉天河清與況聞之乃集三軍大哭因共激勵將吏誓敦誠節衆頗義之即時發甲仗器械車百餘兩連夜送行在所時駕初遷幸六軍雖集蒼黃之際都無戎器及涇州甲仗至軍士大振特詔褒其誠効拜四鎮北庭行軍涇原節度使兼御史大夫姚況兼御史中丞行軍司馬俄加河清檢校工部尚書臧泚及姚令言累遣間諜招誘河清輒拘而戮焉及駕幸梁州其將田希鑒潛通泚使結兇黨害河清尋贈尚書左僕射葬事官給與元元年贈太子少傅

劉從一中書侍郎林甫之玄孫也祖令植禮部侍郎父孺之京兆府少尹從一少舉進士大曆中宏詞授秘書省校書郎以調中第補渭南尉雅爲常袞所推重及袞爲相遷監察御史居無何丁母憂服除宰相盧杞薦之超遷侍御史居數月以親避除刑部員外郎建中末普王之爲元帥也遷吏部郎中兼御史中丞爲元帥判官德宗居奉天拜刑部侍郎平章事從幸梁州明年六月改中書侍郎平章事歲中加集賢殿大學士修史上遇之甚厚以容身遠罪而已不能有所匡輔無幾以疾請告至是病甚辭位章疏六上乃許除戶部尚書尋卒年四十四輟朝三日贈太子太傅初林甫生祥道麟德初爲右相祥道即從一曾伯祖也令植從父兄齊賢弘道初爲侍中自祥道至從一劉氏凡三相

蕭復字履初太子太師嵩之孫新昌公主之子父衡太僕卿駙馬都尉少秉清操其群從兄弟競飾輿馬以侈靡相尚復衣澣濯之衣獨居一室習學不倦非詞人儒士不與之遊伯華每歎異之以主蔭初爲宮門郎累至太子僕廣德中連歲不稔穀價翔貴家貧將鬻昭應別業時宰相王縉聞其林泉之美心欲之乃使弟紘誘焉曰足下之才固宜居右職如以別業奉家兄當以要地處矣復對曰僕以家貧而鬻舊業將以拯濟孀幼耳儻以易美職於身令門內凍餒非鄙夫之心也縉憾之乃罷復官沉廢數年復處之自若後累至尚書郎大曆十四年自常州刺史爲潭州刺史湖南觀察使及爲同州刺史州人阻饑有京畿觀察使儲廩在境內復輒以賑貸爲有司所劾削階朋友唁之復怡然曰苟利於人敢憚薄罰尋爲兵部侍郎建中末普王爲襄漢元帥以復爲戶部尚書統軍長史以復父名衡特詔避之未行扈駕奉天拜吏部尚書平章事復嘗奏曰宦者自艱難已來初爲監軍自爾恩倖過重此輩只合委宮掖之寄不可參兵機政事之權上不悅又請別對奏云陛下臨御之初聖德光被自用楊炎盧杞秉政惛瀆皇猷以致今日今雖危急伏願陛下深革睿思微臣敢當此任若令臣依阿偷免臣不敢曠職盧杞奏對於上前阿諛順言復

正色曰盧杞之詞不正德宗愕然退謂左右曰蕭復頗輕朕遂令往
江南宣撫先時淮南節度陳少遊首稱臣於李希烈鳳翔將李楚琳
殺節度使張鎰以應朱泚鎰判官韋皐先知隴州留後首殺幽叛卒
數百人不應楚琳復江南使迴與宰相同對訖復獨留奏曰陛下自
返宮闕勳臣已蒙官爵唯旌善懲惡未有區分陳少遊將相之寄最
崇首敗臣節韋皐名官最卑特建忠義請令韋皐代少遊則天下明
然知逆順之理上許之復出宰相李勉盧翰劉從一方同歸中書中
使馬欽緒至揖從一附耳語而退諸相各歸閣從一詣復曰適欽緒
宣旨令與公商量朝來所奏便進勿令李勉盧翰知復曰適來奏對
亦聞斯旨然未諭聖心已面陳述上意尚爾復未敢言其事復又曰
盧翰有僉曰之論朝廷有事尚合與公卿同議今勉翰不可在相位
即去之既在相位合同商量何故獨避此之一節且與公行之無爽
但恐寖以成俗此政之大弊也竟不言於從一從一奏之上愈不悅
復累表辭疾請罷知政事從之守太子左庶子三年坐郜國公主親

累撿校左庶子於饒州安置四年終于饒州時年五十七復門望高
華志彌名節與流俗不甚通狎及登台輔臨事不苟頗爲同列所嫉
以故居位不久性孝友居家甚睦爲族子所累晏然屏退口未嘗言
郜國公主者肅宗之女也出降駙馬蕭升升於復爲從兄弟升早卒
貞元中蜀州別駕蕭鼎商州豐陽令韋恪前彭州司馬李萬太子詹
事李昇等出入主第穢聲流聞德宗怒幽主於別第李萬決殺昇貶
嶺南蕭鼎韋恪決四十長流嶺表又言公主行厭禱其子位爲禱文
位弟佩儒偲及異父兄駙馬都尉裴液並長流端州公主女爲皇太
子妃即順宗也太子懼亦請與妃離婚六年郜國薨位兄弟及液詔
還京師液父徽初尚郜國徽卒尚蕭升

柳渾字夷曠襄州人其先自河東徙焉六代祖惔梁僕射渾少孤父
慶休官至渤海丞而志學棲貧天寶初舉進士補單父尉至德中爲
江西採訪使皇甫侁判官累除衢州司馬未至召拜監察御史臺中
執法之地動限儀矩渾性放曠不甚檢束寮長拘局忿其疎縱渾不
樂乞外任執政惜其才奏爲左補闕明年除殿中侍御史知江西租
庸院事大曆初魏少遊鎮江西奏署判官累授檢校司封郎中州理
有開元寺僧與徒夜飲醉而延火歸罪於守門瘖奴軍候亦受財同
上其狀少遊信焉人知奴冤莫肯言渾與崔祐甫遽入白少遊驚問
醉僧首伏既而謝曰微二君子幾成老夫暗劣矣自此以公正聞及
路嗣恭領鎮復以爲都團練副使十二年拜袁州刺史居二年崔祐
甫入相薦爲諫議大夫浙江東西黜陟使累遷尚書左丞及駕在奉
天微服徒行遁終南山谷踰旬方達行在扈從至梁州改左散騎常
侍初渾之歸行在賊泚籍其名甚願以致之猶疑匿在閭里乃加宰
相及克復渾尚名載乃上言頃爲狂賊點穢臣實恥稱舊名矧字或
帶戈時當偃武請改名渾貞元二年拜兵部侍郎封宜城縣伯三年
正月加同平章事仍判門下省時上命玉工爲帶墜壞一銙乃私市
以補及獻上指曰此何不相類工人伏罪上命決死詔至中書渾執
曰陛下若便殺則已若下有司即須議讞且方春行刑容臣條奏定

罪以誤傷乘輿器服杖六十餘工釋放詔從之復奏故尚書左丞田
季羔公忠正直先朝名臣其祖父皆以孝行旌表門閭京城隋朝舊
第季羔一家而已今被堂姪伯強進狀請貨宅召市人馬以討吐蕃
一開此門恐滋不逞討賊自有國計豈資僥倖之徒且毀弃義門虧
損風教望少責罰亦可懲勸上可其奏先時韓滉自浙西入覲朝廷
委政待之至於調兵食籠鹽鐵勾官吏贓罰鋤豪強兼并上悉仗焉
每奏事或日旰他相充位而已公卿救過不能暇無敢枝梧者渾雖
滉所引心惡其專政正色讓之曰先相公以狷察爲相不滿歲而罷
今相公榜吏於省中至死且非刑人之地奈何蹈前非而又甚焉專
立威福豈尊主卑臣之禮滉感悟愧悔爲霽威焉及白志貞除浙西
觀察使渾奏曰志貞一末吏憸人縱稱廉謹不當頓居重職適遇渾
以疾稱告即日詔下疾間因乞骸骨優詔不許其判門下主吏白當
過官渾慨然曰列官分職復更挑之非禮法也千里辭家以干微祿
邑主辭辦豈慮無能矧旌善進賢事不在此故其年注擬無退量者

及渾瑊與吐蕃會盟之日上御便殿謂宰相曰和戎息師國之大計今日將士與卿同歡馬燧前賀曰今之一盟百年內更無蕃寇渾曰五帝無誥誓之盟皆在季末今盛明之代豈又行於夷狄人面獸心難以信結今日盟約臣竊憂之李晟繼言曰臣生長邊城知蕃戎心今日之事誠如渾言上變色曰柳渾書生未達邊事大臣智略果亦有斯言乎皆頓首俯伏遽令歸中書其夜三更邠寧節度韓遊瓌飛驛叩苑門奏盟會不成將校覆沒兵臨近鎮上驚歎即遞其表以示渾詰旦臨軒慰勉渾曰卿文儒之士而萬里知軍戎之情自此驟加禮異時張延賞與渾同列延賞怙權矜已而嫉渾守正俾其所厚謂渾曰相公舊德但節言於廟堂則重位可久渾曰為吾謝張相公柳渾頭可斷而舌不可禁也自是為其所擠尋除常侍罷知政事貞元五年二月以疾終年七十五有文集十卷渾毋兄識督意文章有重名於開元天寶間與蕭穎士元德秀劉迅相亞其練理刱端往往詣極當時作者咸伏其簡拔而趣尚辨博渾亦善為文然趨時向功非沉思之所及渾警辯好諧謔放達與人交豁然無隱性節儉不治產業官至丞相假宅而居罷相數日則命親族尋勝讌醉方歸陶陶然忘其黜免時李勉盧翰皆退罷居第相謂曰吾輩方柳宜城悉為拘俗之人也

史臣曰張鎰蕭復柳渾節行才能訏謨亮直皆足相明主平泰階而盧杞忌之於前延賞排之於後管仲有言任君子使小人閒之害霸也德宗黜賢相位姦臣致朱泚懷光之亂是失其人也豈尤其時哉河清歿於王事乃顯忠貞從一舉自姦人固宜循默

贊曰得人則興失人則亡鎰復渾去宗社其殃

唐書列傳卷第七十五

唐書列傳卷第七十六

劉昫 等修

聞人詮校刻 沈桐同校

李揆 李涵 陳少遊 盧惎 裴諝

李揆字端卿隴西成紀人而家于鄭州代爲冠族秦府學士給事中玄道玄孫祕書監贈吏部尚書成裕之子少聰敏好學善屬文開元末舉進士補陳留尉獻書闕下詔中書試文章擢拜右拾遺改右補闕起居郎知宗子表疏遷司勳員外郎考功郎中並知制誥扈從劒南拜中書舍人乾元初兼禮部侍郎揆嘗以主司取士多不考實徒峻其隄防索其書策殊未知藝不至者文史之囿亦不能摛詞深昧求賢之意也其試進士文章請於庭中設五經諸史及切韻本於牀而引貢士謂之曰大國選士但務得才經籍在此請恣尋檢由是數月之間美聲上聞未及畢事遷中書侍郎平章事集賢殿崇文館大學士修國史揆美風儀善奏對每有敷陳皆符獻替肅宗賞歎之嘗謂揆曰卿門地人物文章皆當代所推故時人稱爲三絕其爲舍人也宗室請加張皇后翊聖之號肅宗召揆問之對曰臣觀往古后妃終則有謚生加尊號未之前聞景龍失政韋氏專恣加號翊聖今若加皇后之號與韋氏同陛下明聖動遵典禮豈可蹤景龍故事哉肅宗驚曰凡才幾誤我家事遂止時代宗自廣平王改封成王張皇后有子數歲陰有奪宗之議揆因對見肅宗從容曰成王嫡長有功今當命嗣卿意何如揆拜賀曰陛下言及於此社稷之福天下幸甚臣不勝大慶肅宗喜曰朕計決矣自此頗承恩遇遂蒙大用時京師多盜賊有通衢殺人寘溝中者李輔國方恣橫上請選羽林騎士五百人以備巡檢揆上疏曰昔西漢以南北軍相統攝故周勃因南軍入北軍遂安劉氏皇朝置南北衙文武區分以相伺察今以羽林代金吾警夜忽有非常之變將何以制之遂制罷羽林之請揆在相位決事獻替雖甚博辨性銳於名利深爲物議所非又其兄皆自有時名滯於冗官竟不引進同列呂諲地望雖懸政事在揆之右罷相自賓客爲荆南節度聲問甚美懼其重入遂密令直省至諲管內搆求諲過失諲密疏自陳乃貶揆萊州長史同正員其制言曰扇湖南之八州沮江陵之節制揆既黜官數日其兄皆改授爲司門員外郎後累年揆量移歙州刺史初揆秉政侍中苗晉卿累薦元載爲重官揆自恃門望以載地寒意甚輕易不納而謂晉卿曰龍章鳳姿之士不見用麞頭鼠目之子乃求官載銜恨頗深及載登相位因揆當徙職遂奏爲試祕書監江淮養疾既無祿俸家復貧乏孀孤百口丐食取給萍寄諸州凡十五六年其牧守稍薄則又移居故其遷徙者蓋十餘州焉元載以罪誅除揆睦州刺史入拜國子祭酒禮部尚書爲盧杞所惡德宗在山南令充入蕃會盟使加左僕射行至鳳州以疾卒興元元年四月也年七十四贈司空喪事官給

李涵高平王道之曾孫父少康宋州刺史涵簡素恭慎有名宗室累授贊善大夫兼侍御史朔方節度郭子儀奏爲關內鹽池判官肅宗北幸平涼未有所適涵與朔方留後杜鴻漸草牋具朔方兵馬招集之勢軍資倉儲庫物之數咸推涵宗枝之英純厚忠信乃令涵奉牋至平涼謁見涵敷奏明辯動合事機肅宗大悅除右司員外郎累至司封郎中宗正少卿寶應元年初平河朔代宗以涵忠謹洽聞遷左庶子兼御史中丞河北宣慰使會丁母憂起復本官而行每州縣郵驛公事之外未嘗啓口蔬飯飲水席地而息使還請罷官終喪制代宗以其毀瘠許之服闋除給事中遷尚書左丞以幽州之亂充河朔宣慰使大曆六年正月爲蘇州刺史兼御史大夫充浙江西道都團練觀察等使十一年來朝拜御史大夫京畿觀察使李栖筠歿代之德宗即位以涵和易無剸割之才除太子少傅充山陵副使涵判官殿中侍御史呂渭上言涵父名少康今官名犯諱恐乖禮典宰相崔祐甫奏曰若朝廷事有乖舛群臣悉能如此實太平之道除渭司門員外郎尋有人言涵昔爲宗正少卿此時無言今爲少傅妄有奏議詔曰呂渭僭陳章奏爲其本使薄訴官名朕以宋有司城之嫌晉有詞曹之諱歎其忠於所事亦謂確以上聞乃加殊恩俾膺厚賞近聞

所陳少字往歲已任少卿昔是今非罔我何甚豈得謬當朝典更厠周行宜佐遐藩用誡薄俗可敘州司馬同正由是改涵爲檢校工部尚書兼光祿卿仍充山陵副使無幾以右僕射致仕興元元年九月卒追贈太子太保

陳少遊博州人也祖儼安西副都護父慶右武衛兵曹參軍以少遊累贈工部尚書少遊幼聰辯初習莊列老子爲崇玄館學生衆推引講經時同列有私習經義者期昇坐日相問難及會少遊攝齊昇坐音韻清辯觀者屬目所引文句悉兼他義諸生不能對甚爲大學士陳希烈所歎賞又以同宗遇之甚厚既擢第補渝州南平令理甚有聲至德中河東節度王思禮奏爲參謀累授大理司直監察殿中侍御史節度判官寶應元年入爲金部員外郎尋授侍御史迴紇糧料使改檢校職方員外郎充使檢校郎官自少遊始也明年僕固懷恩奏爲河北副元帥判官兵部郎中兼侍御史遷晉州刺史改同州刺史未視事又歷晉鄭二州刺史少遊爲理長於權變時推幹濟然厚

斂財貨交結權倖以是頻獲遷擢無幾澤潞節度使李抱玉表爲副使御史中丞陳鄭二州留後永泰二年抱玉又奏爲隴右行軍司馬拜檢校左庶子依前兼中丞其年除桂州刺史桂管觀察使少遊以嶺徼遐遠欲規求近郡時中官董秀掌樞密用事少遊乃宿於其里候其下直際晚謁之從容曰七郎家中人數幾何每月所費復幾何秀曰久忝近職家累甚重又屬時物騰貴一月過千餘貫少遊曰據此之費俸錢不足支數日其餘常須數求外人方可取濟儻有輸誠供億者但留心庇覆之固易爲力耳少遊雖不才請以一身獨供七郎之費每歲請獻錢五萬貫今見有太半請即受納餘到官續送免貴人勞慮不亦可乎秀既踰於始望欣愜頗甚因與之厚相結少遊言訖泣曰南方炎瘴深愴違辭但恐不生還再覩顏色矣秀遽曰中丞美才不當遠官請從容旬日冀竭蹇分時少遊又已納賄於元載子仲武矣秀載內外引薦數日拜宣州刺史宣歙池都團練觀察使大曆五年改越州刺史兼御史大夫浙東觀察使八年遷揚州大都督府長史淮南節度觀察使仍加銀青光祿大夫封潁川縣開國子所在悉心綏輯而多以任數爲政好行小惠胥吏得職人亦獲安及朝廷多事奏請本道兩稅錢千增二百因詔諸道悉如淮南鹽每一斗更加一百文少遊十餘年間三揔大藩皆天下殷厚處也以故徵求貿易且無虛日斂積財寶累巨億萬多賂遺權貴視文雅清流之士蔑如也初結元載每年餽金帛約十萬貫又多納賄於用事中官駱奉先劉清潭吳承倩等由是美聲達於中禁後見元載在相位年深以過犯漸見疑忌少遊亦稍踈之無何載子伯和貶官揚州少遊外與之交結而陰使人伺其過失密以上聞代宗以爲忠待之益厚上即位累加檢校禮部兵部尚書建中三年李納反叛少遊以師收徐海等州尋棄之退軍盱眙又加檢校左僕射賜實封三百戶其年就加同平章事關播嘗爲少遊賓僚盧杞早年與之同在僕固懷恩使府故驟加其官秩四年十月駕幸奉天度支汴東兩稅使包佶在揚州尚未知也佶判官崔沅遽報少遊佶時所揔賦稅錢帛約八百

萬貫在焉少遊意以爲賊據京師未即收復遂脅取其財物先使判官崔頎就佶強索其納給文曆并請供二百萬貫錢物以助軍費佶荅曰所用財帛須承勑命未與之頎勃然曰中丞若得爲劉長卿不爾爲崔衆矣長卿嘗任租庸使爲吳仲孺所困崔衆供軍恡財爲光弼所殺故頎言及之佶大懼不敢固護財帛將轄輸入京師者悉爲少遊奪之佶自謁少遊止焉長揖而遣既懼禍奔往白沙少遊又遣判官房孺復召之佶愈懼託以巡檢因急棹過江妻子伏案牘中至上元復爲韓滉所拘留佶先有兵三千守禦財貨令高越元甫將焉少遊盡奪之隨佶渡江者又爲韓滉所留佶但領胥吏往江鄂等州佶於彈丸中置表以少遊脅取財帛事會少遊使繼至上問曰少遊收包佶財帛有之乎對曰臣發揚州後非所知也上曰少遊國之守臣或防他盜供費軍旅收亦何傷時方隅阻絶國命未振遠近聞之大驚咸以聖情達於變通明見萬里少遊後聞之乃安及李希烈陷汴州聲言欲襲江淮少遊懼乃使參謀溫述由壽州送款於希烈曰

豪壽舒廬尋令罷壘韜戈卷甲佇候指揮少遊又遣巡官趙詵於鄆州結李納其年希烈僭號遣其將楊豐齎僞赦書赴揚州至壽州爲刺史張建封候騎所得建封對中使二人及少遊判官許子瑞廷責豐而斬之希烈聞之大怒即署其大將杜少誠爲僞僕射淮南節度令先平壽州後取廣陵建封於霍丘堅栅嚴加守禁少誠竟不能進後包佶入朝具奏少遊奪財賦事狀少遊大懼乃上表以所取包佶財貨皆是供軍急用今請據數却納既而州府殘破無以上塡乃與腹心孔目官等設法重稅管內百姓以供之無何劉洽收汴州得希烈僞起居注某月日陳少遊上表歸順少遊聞之慙惶發疾數日而卒年六十一贈太尉賻布帛葬祭如常儀

盧惎幽州范陽人也貞觀中工部侍郎義恭玄孫也父子騫潁王府諮議參軍以惎贈秘書少監惎少以門蔭入仕在職以幹局稱累授閬州錄事參軍監察殿中御史侍御史金州刺史宰相楊炎遇之頗厚召入左司郎中京兆少尹遷大尹惎無術學善事權要爲政苛躁。盧杞甚惡之諷有司彈奏坐貶撫州司馬同正改饒州刺史遷福州刺史福建觀察使貞元二年七月以疾終

裴諝字士明河南洛陽人父寬禮部尚書有重名於開元天寶間諝少舉明經補河南府參軍通達簡率不好苛細積官至京兆倉曹丁父喪居東都是時安祿山盜陷二京東都收復遷太子司議郎無幾虢王巨奏署侍御史襄鄧營田判官丁母憂東都復爲史思明所陷諝藏匿山谷思明嘗爲諝父將校懷舊恩又素慕諝名欲必得之因令捕騎數十跡逐得諝思明見之甚喜呼爲郎君不名僞授御史中丞主擊斷時思明殘殺宗室諝陰緩之全活者數百人又嘗疏賊短長以聞事泄思明大怒詬罵僅而免死賊平除太子中允遷考功郎中數召見言事代宗居陝諝步懷考功及南曹二印赴行在上見而謂之曰疾風知勁草果信矣將以爲御史中丞爲元載所排爲河東道租庸鹽鐵等使時關輔大旱諝入計代宗召見便殿問諝榷酤之利一歲出入幾何諝久之不對上復問之對曰臣有所思上曰何思

對曰臣自河東來其間所歷三百里見農人愁歎穀菽未種誠謂陛下軫念先問人之疾苦而乃責臣以利孟子曰理國者仁義而已何以利爲由是未敢即對也上前坐曰微公言吾不聞此拜左司郎中上時訪以事執政者忌之出爲虔州刺史歷饒廬亳三州刺史入爲右金吾將軍建中初上以刑名理天下百吏震悚時十月禁屠殺以甫近山陵禁益嚴尚父汾陽王郭子儀隸人殺羊以入門者覺之諝列奏狀上以爲不畏強禦累遣宣諭或謂諝曰郭公有社稷功豈不爲蓋之諝笑曰非爾所解且郭公威權太盛上新即位必謂黨附者衆今發其細過以明不弄權耳吾上以盡事君之道下以安大臣不亦可乎時於朝堂別置三司以決庶獄辯爭者輒擊登聞鼓諝上疏曰夫諫鼓謗木之設所以達幽枉延直言今輕猾之人援桴鳴鼓始動天聽竟因纖微若然者安用吏理乎上然之悉歸有司諝以法吏舞文多挾宿怨因獻獄官箴以諷無何坐所善僧抵法貶閬州司馬徵爲右庶子改千牛上將軍會吐蕃入寇尋拜吏部侍郎兼御史大。夫爲吐蕃使不行無幾轉太子賓客兵部侍郎河南尹東都副留守諝自河南凡五代爲官入視事未嘗當正處不鞫人於贓罪以寬厚和易爲理貞元九年十一月以疾終年七十五贈禮部尚書

史臣曰李揆發言沃心幸遇明主蔽賢固位終非令人少遊逐勢利隨時盧惎事權要巧宦察言觀行皆無可稱涵節行著聞諝和易爲理庶幾近仁也

贊曰李陳盧惎言行非眞涵諝和易庶乎近仁

唐書列傳卷第七十六

劉昫等修
聞人詮校刻沈桐同校

姚令言　張光晟
源休　喬琳
張涉　蔣鎮
洪經綸　彭偃

姚令言河中人也少應募起於卒伍隷涇原節度馬璘以戰功累授金吾大將軍同正爲衙前兵馬使改試太常卿兼御史中丞建中元年孟皥爲涇原節度留後自以文吏進身不樂軍旅頻表薦令言謹肅堪任將帥皥尋歸朝廷遂拜令言爲四鎮北庭行營涇原節度使涇州刺史兼御史大夫建中四年李希烈叛寇陷汝州詔哥舒曜率師攻之營于襄城希烈兵數萬圍襄城勢甚危急十月詔令言率本鎮兵五萬赴援涇師離鎮多携子弟而來望至京師以獲厚賞及師上路一無所賜時詔京兆尹王翃犒軍士唯糲食菜啖而已軍士覆而不顧皆憤怒揚言曰吾輩棄父母妻子將死於難而食不得飽安能以草命捍白刃耶國家瓊林大盈寶貨堆積不取此以自活何往耶行次滻水乃返戈大呼鼓譟而還令言曰比約東都有厚賞兒郎勿草草此非求活之良圖也衆不聽以戈環令言請退令言急奏之上恐令內庫出繒綵二十車馳賜之軍聲浩浩令言不能戢街市居人狼狽走竄亂兵呼曰勿走不稅汝間架矣德宗令普王與學士姜公輔往撫勞之纔出內門賊已斬關陣于丹鳳樓下是日德宗倉卒出幸賊縱入府庫輦運極力而止時太尉朱泚罷鎮居晉昌里第是夜叛卒謀曰朱太尉久囚於宅若迎爲主大事濟矣泚嘗節制涇州衆知其失權廢居怏怏又幸泚寬和乃請令言率騎迎泚於晉昌里泚初遲疑以食飼之徐觀衆意既而諸校齊至乃自第張炬火入居含元殿既僭號乃以令言爲侍中與源休同知賊政事既以身先逆亂頗盡心於賊害宗室圍奉天皆令言爲首帥也群兇宴樂既醉令言與源休論功令言自比蕭何源休曰帷幄之謀成秦之業無出予之右者吾比蕭何無讓于當曹參可矣時朝士在賊廷者聞之皆笑謂源休爲火迫酇侯朱泚敗令言與張廷芝尚有衆萬人從泚將入吐蕃至涇州欲投田希鑒希鑒僞致禮誘之與泚俱斬首來獻

張光晟京兆盩厔人起於行間天寶末哥舒翰兵敗潼關大將王思禮所乘馬中流矢而斃光晟時在騎卒之中因下以馬授思禮思禮問其姓名不告而退思禮陰記其形貌常使人密求之無何思禮爲河東節度使其偏將辛雲京爲代州刺史屢爲將校譖毀思禮怒焉雲京惶懼不知所出光晟時隸雲京麾下因間進曰光晟素有德於王司空比不言者恥以舊恩受賞今使君憂迫光晟請奉命一見司空則使君之難可解雲京然其計即令之太原乃謁思禮未及言舊思禮識之遽曰爾豈非吾故人乎何相見之晚也光晟遂陳潼關之事思禮大喜因執其手感泣曰吾有今日子之力也求子頗久竟此相遇何慰如之命同榻而坐結爲兄弟光晟遂述雲京之屈思禮曰雲京比涉謗言過亦不細今爲故人特捨之矣即日擢光晟爲兵馬使賚田宅縑帛甚厚累奏特進試太常少卿委以心腹及雲京爲河東節度使又奏光晟爲代州刺史大曆末遷單于都護兼御史中丞振武軍使代宗密謂之曰北蕃縱橫日久當思所禦之計光晟既受命至鎮威令甚行建中元年迴紇突董梅録領衆并雜種胡等自京師還國輿載金帛相屬於道光晟訝其裝橐頗多潛令驛吏以長錐刺之則皆輦歸所誘致京師婦人也遂紿突董及所領徒悉令赴宴酒酣光晟仗甲盡拘而殺之死者千餘人唯留二胡歸國復命遂部其婦人給糧還京收其金帛賞賚軍士後迴紇遣使來訴上不欲甚阻蕃情徵拜右金吾將軍迴紇猶怨懟不已又降爲睦王傅尋改太僕卿負才怏怏不得志賊泚僭逆署光晟僞節度使兼宰相及泚衆頻敗遂擇精兵五千配光晟營於九曲去東渭橋凡十餘里光晟潛使於李晟有歸順之意晟進兵入苑光晟勸賊泚宜速西奔光晟以數千人送泚出城因率衆迴降於晟晟以其誠款又愛其材欲奏用

之俾令歸私第表請特減其罪毋大宴會皆令就坐華州節度使駱元光訴之曰吾不能與反虜同席拂衣還營晟不得已拘之私第後有詔言其狀跡不可原乃斬之

源休相州臨漳人京兆尹光輿之子也休以幹局累授監察御史殿中侍御史青苗使判官遷虞部員外郎出潭州刺史入爲主客郎中遷給事中御史中丞左庶子其妻即吏部侍郎王翃女也因小忿而離妻族上訴下御史臺驗理休遲留不荅款狀除名配流溱州久之移岳州建中初楊炎執政以京兆尹嚴郢威名稍著心欲傾之郢即王翃甥婿也休與王氏離絕之時炎風聞休郢有隙遂擢休自流人爲京兆少尹俾令伺郢過失休既職乆與郢親善炎怒之奏令以本官兼御史中丞奉使迴紇休至振武軍使張光晟巳殺迴紇突董等上初欲遂絕其使令休還待命于太原乆之方遣仍令休歸其突董等四骸突董者即義可汗之叔父也骸既至可汗令宰臣巳下且縗服車馬來迎其宰相頡干思迦坐大帳立休等於○帳外雪中詰殺突董等故休曰突董等自與張光晟忿鬬而死非天子也又問使者背唐國負罪當死不能自殺耶不然何假手於我殺之也凡將殺者數矣言頗悖慢乃引去供饋甚薄留之五十餘日乃得還可汗使謂休曰我國人皆欲殺汝唯我不然汝國巳殺突董等吾又殺汝猶以血洗血汗益甚爾吾今以水洗血不亦善乎所欠吾馬直絹一百八十萬疋當速歸之遣散支將軍康赤心等隨休來朝休竟不得見其可汗尋遣赤心等歸與之帛十萬疋金銀十萬兩償其馬直休履危而還宰相盧杞又恐復命之日以口辯結恩將至太原遽奏爲光祿卿休以其遠使賞薄居常怨望會涇原兵叛立朱泚爲主初但稱太尉朝官謁泚者悉勸奉迎鑾駕既不合泚意而退及休至遂屏人移時言多悖逆盛陳成敗稱述符命勸令僭號泚悅其言以休爲宰相判度支休遂爲謀主至於兵食軍資遷除補擬内外咨謀一稟休畫故時人云源休之逆甚於朱泚朝廷大臣之奔竄不獲者多爲休所誘致以至戮辱職休而爲蓋非一焉又勸泚剿翦宗

室以絕人望命萬年縣賊曹尉楊偡專其斷決諸王子孫遇害不可勝數泚敗走休隨至寧州泚死休走鳳翔爲其部曲所殺傳首來獻休三子並斬于東市籍沒其家

喬琳太原人少孤貧志學以文詞稱天寶初舉進士補成武尉累授興平尉朔方節度郭子儀辟爲掌書記尋拜監察御史琳倜儻疎誕好談諧侮謔僚列頗無禮檢同院御史畢耀初與琳嘲誚往復因成釁隙遂以公事互相告訴坐貶巴州員外司戶遂起爲南鄭令改殿中侍御史充山南節度張獻誠行軍司馬使罷爲劒南東川節度鮮于叔明判官故檢校駕部郎中果綿遂三州刺史兼御史中丞入爲大理少卿國子祭酒出爲懷州刺史琳素與張涉友善上在春宮涉嘗爲侍讀及嗣位多以政事詢訪於涉盛稱琳識度材略堪備大用因拜御史大夫平章事琳本麤材又年高有耳疾上每顧問對荅失次論奏不合時機居相位凡八十餘日除工部尚書罷知政事尋加迎皇太后副使朱泚之亂扈從至奉天轉吏部尚書遷太子少師再○幸梁洋琳從至盩厔託以馬乏遲留上以琳舊老心敬重之慰諭頗至以御馬一疋給焉又懇辭以老疾不堪山阻登頓上悵然賜之所執策曰勉爲良圖與卿决矣後數日乃削髮爲僧止仙遊寺賊泚聞之遂令數十騎追至京城俾爲僞吏部尚書令源休被公服饋肉食琳雖辭讓而僭言求施琳掌賊中吏部選人前請曰所注某官不穩便琳謂之曰足下謂此選竟穩便乎及官軍收京師當處極刑時琳巳七十餘李晟憫其衰老表請減死上以其累經重任頓虧臣節自受逆命頗聞譏誚悖慢之言背義負恩固不可捨命斬之臨刑歎曰喬琳以七月七日生亦以此日死豈非命歟

張涉者蒲州人家世儒者涉依國學爲諸生講說稍遷國子博士亦能爲文嘗請有司日試萬言時呼張萬言德宗在春宮授經于涉及即位之夕召涉入宮訪以庶政小大之事皆咨之翌日詔居翰林恩禮甚厚親重莫比自博士遷散騎常侍上方屬意宰輔惟賢是擇故求人於不次之地涉舉懷州刺史喬琳爲相上授之不疑天下聞之

者皆愕然數月琳以不稱職罷上由是疎涉涉俄授前湖南都團練使辛京杲贓事發詔曰尊師之道禮有所加議故之法恩有所掩張涉賄賂交通頗駭時聽常所親重良深歎惜宜放歸田里

蔣鎮常州義興人尚書左丞冽之子也與兄鍊並以文學進天寶末舉賢良累授左拾遺司封員外郎轉諫議大夫時戶部侍郎判度支韓滉上言河中鹽池生瑞鹽實土德之上瑞上以秋霖稍多水潦爲患不宜生瑞命鎮馳驛檢行之鎮奏與滉同仍上表賀請宣付史館幷請置神祠錫其嘉號寶應靈慶池時霖潦彌月壞居人廬舍非一鹽池爲潦水所入其味多苦韓滉慮鹽戶減稅詐奏雨不壞池池生瑞鹽鎮庇之飾詐識者醜之轉給事中工部侍郎以簡儉稱於時其妹壻源溥即休之弟也以姻嫌之故與休交好涇師之叛鎮潛竄夜至鄠縣西馬蹶墮溝澗中傷足不能進時兄鍊已與源休相率受賊僞官鎮僕人有逃歸投鍊云鎮病足在鄠鍊與源休聞之大喜遂言於賊泚泚素慕鎮清名即令騎二百求之鄠縣西明日擁鎮而至署

爲僞宰相既知不免每憂沮常懷刃將自裁多爲兄鍊所救而罷數日後復謀竄匿竟以性懦畏怯計終不果然源休與泚頻議欲逼脅潛藏衣冠大加殺戮鎮輒力爭救獲全者甚衆至是與兄鍊等並授僞職斬於東市西北街初鎮父冽叔渙當祿山思明之亂並授僞職然以家風修整爲士大夫所稱鎮兄弟亦以教義禮法爲己任而貪祿愛死節隳身戮爲天下笑

洪經綸建中初爲黜陟使至東都訪聞魏州田悅食糧兵凡七萬人經綸素昧時機先以符停其兵四萬人令歸農畝田悅僞順命即依符罷之而大集所罷兵士激怒之曰爾等在軍旅各有父母妻子既爲黜陟使所罷如何得衣食遂大哭悅乃盡出家財衣服厚給之各令還其部伍自此人堅叛心由是罷職及朱泚反僞授太常少卿

彭偃少負俊才銳於進取爲當塗者所抑形於言色大曆末爲都官員外郎時劍南東川觀察使李叔明上言以佛道二教無益于時請粗加澄汰其東川寺觀請定爲二等上等留僧二十一人上觀留道士十四人降殺以七皆精選有道行者餘悉令返初蘭若道場無名者皆廢德宗曰叔明此奏可爲天下通制不唯劍南一道下尚書集議偃獻議曰王者之政變人心爲上因人心次之不變不因循常守故者爲下故非有獨見之明不能行非常之事今陛下以惟新之政爲萬代法若不革舊風令歸正道者非也當今道士有名無實時俗鮮重亂政猶輕唯有僧尼頗爲穢雜自西方之教被于中國去聖日遠空門不行五濁比丘但行麤法爰自後漢至于陳隋僧之廢滅其亦數乎或至坑殺殆無遺餘前代帝王豈惡僧道之善如此之深耶蓋其亂人亦已甚矣且佛之立教清淨無爲若以色見即是邪法開示悟入唯有一門所以三乘之人比之外道況今出家者皆是無識下劣之流縱其戒行高絜在于王者已無用矣況是苟避征徭於殺盜婬穢無所不犯者乎今叔明之心甚善然臣恐其姦吏詆欺而去者未必非留者不必是無益於國不能息姦既不變人心亦不因人心強制力持難致遠耳臣聞天生烝人必將有職游行浮食王制所

禁故有才者受爵祿不肖者出租征此古之常道也今天下僧道不耕而食不織而衣廣作危言險語以惑愚者一僧衣食歲計約三萬有餘五丁所出不能致此舉一僧以計天下其費可知陛下日旰憂勤將去人害此而不救奚其爲政臣伏請僧道未滿五十者每年輸絹四疋尼及女道士未滿五十者每年輸絹二疋其雜色役與百姓同有才智者令入仕請還俗爲平人者聽但令就役輸課爲僧何傷臣竊料其所出不下今之租賦三分之一然則陛下之國富矣蒼生之害除矣其年過五十者請皆免之夫子曰五十而知天命列子曰不班白不知道人年五十嗜慾已衰縱不出家心已近道況戒律檢其情性哉臣以爲此令既行僧道規避還俗者固已太半其年老精修者必盡爲人師則道釋二教益重明矣議者是之上頗善其言大臣以二教行之已久列聖奉之不宜頓擾宜去其太甚其議不行偃以才地當掌文誥以躁求爲時論所抑鬱鬱不得志涇師之亂從駕不及匿於田家爲賊所得朱泚素知之得偃甚喜僞署中書舍人偕

號辭令皆偃爲之賊敗與僞中丞崔宣賊將杜如江吳希光等十三人李晟妆之俱斬於安國寺前

史臣曰肇分陰陽爰有生死脩短二事賢愚一途故君子遇夷險之機不易其節小人昧逆順之道而陷於刑鴻毛泰山斯爲至論令言逵揔師徒首爲叛逆光晟初當委任危輸款誠源休雖曰士流甚於元惡喬琳巧辭眞主俛就僞官將鎮貪祿隳節皆曰小人經綸之徒不足言爾

贊曰時爭逆順命繫死生君子守節小人正刑

唐書列傳卷第七十七

唐書列傳卷第七十八

劉昫

段秀實 子伯倫　顏眞卿 子頵碩

段秀實字成公隴州汧陽人也祖達左衛中郎父行琛洮州司馬
以秀實贈揚州大都督秀實性至孝六歲母疾水漿不入口七日
疾有間然後飲食及長沉厚有斷天寶四載安西節度馬靈察署
爲別將從討護密有功授安西府別將七載高仙芝代靈察舉兵
圍怛邏斯黑衣救至靈察大衂軍士相失夜中聞都將李嗣業之聲
因大呼責之曰軍敗而求免非丈夫也嗣業甚慙遂與秀實收合
散卒復得成軍師還嗣業請于仙芝以秀實爲判官授斥候府果
毅十二載封常清代仙芝討大勃律師次賀薩勞城一戰而勝常
清逐之秀實進曰賊兵羸餌我也請備左右搜其山林遂殲其覆
改綏德府折衝肅宗即位於靈武徵安西兵節度使梁宰宰潛懷
異圖秀實謂嗣業曰豈有天子告急臣下晏然信浮妄之說豈明

○公之意耶嗣業遂見宰請發兵從之乃出步騎五千令嗣業統赴
朔方以秀實爲援累有戰功而秀實父歿哀毀過禮嗣業既授節
制思秀實如失左右手表請起復爲義王友充節度判官安慶緒
奔鄴嗣業與諸軍圍之安西輜重委於河內乃奏秀實爲懷州長
史知軍州加節度留後諸軍進戰于愁思岡嗣業爲流矢所中卒
于軍衆推安西兵馬使荔非元禮代之秀實聞嗣業之喪乃遣先
鋒將白孝德書令發卒護嗣業喪送河內秀實率將吏哭待于境
傾私財以奉葬事元禮多其義奏試光祿少卿依前節度判官邙
山之敗軍徙翼城元禮爲麾下所殺將佐亦多遇害而秀實獨以
智全衆推白孝德爲節度使人心稍定又遷試光祿卿爲孝德判
官孝德改鎭邠寧奏秀實試太常卿支度營田二副使大軍西遷
所過掠奪又以邠寧乏食難於饋運乃請軍於奉天是時公廩亦
竭縣吏憂恐多逃匿羣行剽盜孝德不能禁秀實私曰使我爲軍
候當不如此軍司馬言之遂以秀實爲都虞候權知奉天行營事

號令嚴一軍府安泰代宗聞而嗟賞久之兵還于邠寧復爲都虞
候尋拜涇州刺史大曆元年馬璘奏加開府儀同三司軍中有能
引二十四弓而犯盜者璘欲免之秀實曰將有私愛則法令不一雖
韓白復生亦不能爲理璘善其議竟使殺之璘決事有不合理者
必固爭之得璘引過乃已璘城涇州秀實掌留後歸還加御史中
丞璘旣奉詔徙鎭涇州其士衆嘗自四鎭北庭赴難中原僑居驟
移頗積勞怨刀斧將王童之因人心動搖導以爲亂或告其事且
曰候嚴警鼓爲約矣秀實乃召鼓人陽怒失節且戒之曰每更籌
盡必來報每白之輒延數刻四更畢而曙旣差互童之亂不能作
明日告者復曰今夜將焚草場期救火者同作亂秀實使嚴加警
備夜半火發乃使令於軍中曰救火者斬童之居外營請入救火
不許明日斬之捕殺其黨凡十餘人以徇曰敢後者徙族於是遷涇
州旣至其理所人煙曼絕兵無廩食朝廷憂之遂詔璘遙管鄭潁
二州以贍涇原軍俾秀實爲留後二州甚理璘思其績用又奏行

○軍司馬兼都知兵馬使八年吐蕃來寇戰于鹽倉我軍不利璘爲
寇戎所隔逮暮未還敗將遺兵爭道而入時都將焦令諶與諸將
四五輩狼狽而至秀實召讓之曰兵法失將麾下當斬公等忘其
死而欲安其家耶令諶等恐懼下拜數十秀實乃悉驅城中士卒
未出戰者使驍將統之東依古原列奇兵示賊將戰且以收合敗
亡蕃衆望之不敢逼及夜璘方獲歸十一年璘疾甚不能視事請
秀實攝節度副使兼左廂兵馬使秀實乃以十將張羽飛爲都召
將分兵擐甲以備非常璘卒而軍中行哭赴喪事於內李漢惠接
賓客於外非其親不得居喪側族談雖立者捕而囚之都虞候史
廷幹裨將崔珍張景華謀作亂秀實乃送廷幹於京師徙珍及景
華外鎭軍中遂定不戮一人尋拜秀實涇州刺史兼御史大夫四
鎭北庭行軍涇原鄭潁節度使三四年間吐蕃不敢犯塞淸約率
易遠近稱之非公會不聽樂飲酒私室無妓媵無贏財退公之後
端居靜慮而已德宗嗣位就加檢校禮部尚書張掖郡王建中元

年宰相楊炎欲行元載舊志築原州城開陵陽渠詔中使上聞仍
問秀實可否之狀秀實以爲方春不可興土功請俟農隙炎以其
沮己之謀遂除司農卿以邠寧節度李懷光兼涇原節度使以事
西拓無何劉文喜叛亦不果城四年朱泚盜據宮闕源休教泚僞
迎鑾駕陰濟逆志泚乃遣其將韓旻領馬步三千疾趨奉天時蒼
黃之中未有武備泚以秀實嘗爲涇原節度頗得士心後罷兵權
以爲蓄憤且久必肯同惡乃召與謀議秀實初詐從之陰說大將
劉海賓何明禮姚令言判官岐靈岳同謀殺泚以兵迎乘輿三人
者皆秀實夙所獎遇遂皆許諾及韓旻追駕秀實以爲宗社之危
期於頃刻乃使人走諭靈岳竊令言印不遂乃倒用司農印印符
以追兵旻至駱驛得符軍人亦莫辯其印文惶遽而迴秀實海賓
等曰旻之來吾黨無遺類矣我當直搏殺泚不得則死終不能向
此賊稱臣乃與海賓約事急爲繼而令明禮應於外明日泚召秀
實議事源休姚令言李忠臣李子平皆在坐秀實戎服與泚並膝
語至僭位秀實勃然而起執休腕奪其象笏奮躍而前唾泚面大
罵曰狂賊吾恨不斬汝萬段我豈逐汝反耶遂擊之泚舉臂自捍
纔中其顙流血匍匐而走兇徒愕然初不敢動而海賓等不至秀
實乃曰我不同汝反何不殺我兇黨羣至遂遇害焉海賓明禮靈
岳相次被殺德宗在奉天聞其事惜其委用不至垂涕久之初秀
實見禁兵寡少不足以備非常乃上疏曰臣聞天子曰萬乘諸侯
曰千乘大夫曰百乘此蓋以大制小以十制一也尊君卑臣強幹弱
枝之義在於此矣今外有不庭之虜內有梗命之臣竊觀禁兵不
精其數全少卒有患難將何待之且猛虎所以百獸畏者爲爪牙
也若去其爪牙則犬彘馬牛悉能爲敵伏願少留聖慮冀裨萬一
及涇原兵作亂召神策六軍遂無一人至者秀實守節不二竟歿
於賊其明略義烈如此興元元年二月詔曰見危致命之謂忠臨義
有勇之謂烈惟爾克勵臣節不憚殺身惟予式嘉乃勳懋昭大典
曰台不德罔克若天薦茲愍凶變起都邑惟爾卿士嗷然靡依逼

畏所加黜湎共亂故開府儀同三司檢校禮部尚書兼司農卿上
柱國張掖郡王段秀實操行岳立忠厚精至義形於色勇必有仁
頃者嘗鎮涇原克著威惠叛卒知訓沓爾以誠賊泚藏姦欺爾以
詐守人臣之大節見元惡之深情端委國門挺身白刃誓碎兇渠
之首以敵君父之讎視死如歸履虎致咥噫天未悔禍事乖垂成
雄風壯圖振駭群盜昔王蠋守死以全節周顗正色而抗詞惟我
信臣無愧前哲聲恒寰宇義冠古今足以激勵人倫光昭史冊不
有殊等之賞孰表非常之功爰議疇庸特超檢限著之甲令樹此
風聲可贈太尉謚曰忠烈宜付史官仍賜實封五百戶莊宅各一區
長子與三品正員官諸子並與五品正員官仍廢朝三日收京城
之後以禮葬祭旌表門閭朕承天子人臨馭億兆一夫不獲時予之
辜況識信不達屢致冠戎使抱義之臣陷于凶逆有臨危致命歿
而逾彰有因事成功權以合道苟利社稷存亡一致疇報之典豈
限常倫並委所司訪其事跡續具條奏當加襃異錫其井賦圖形
雲閣書功鼎彝以彰我有服節死義之臣傳于不朽德宗還京又
詔曰贈太尉秀實挺平貞烈激其頹風蒼黃之中密蘊雄斷將紓
國難詭收寇兵撓其兇謀果集吾事挺身徑進奮擊渠魁英名
凜然振邁千古宜差官致祭并旌表門閭緣葬所須一切官給仍
於墓所官爲立碑以揚徽烈自貞元後累朝赦書節文褒獎忠
烈必以秀實爲首其子伯倫累官至太子詹事大和二年正月奏亡
父贈太尉秀實準前後制勑令所司置廟立碑令營造已畢取今
月二十五日行升祔禮詔曰秀實忠衛宗社功配廟食義風所激
千載凜然間代勳力須異等夷宜賜綾絹五百疋以度支物充仍
令所司供少牢并給鹵簿人夫兼太常博士一人檢校尋加伯倫檢
校左散騎常侍兼殿中監大和四年十一月遷右金吾衛大將軍兼
御史大夫充街使八年七月檢校工部尚書充福建等州都團練觀
察使入爲太僕卿卒宰臣李石奏曰伯倫秀實之子自古歿身以
衛社稷者無如秀實之賢文宗憫然曰伯倫宜加賻贈仍輟朝一日

以禮忠臣之嗣

顏眞卿字淸臣琅琊臨沂人也五代祖之推北齊黃門侍郎眞卿少勤學業有詞藻尤工書開元中舉進士登甲科事親以孝聞四命爲監察御史充河西隴右軍試覆屯交兵使五原有冤獄久不決眞卿至立辯之天方旱獄決乃雨郡人呼之爲御史雨又充河東朔方試覆屯交兵使有鄭延祚者毋卒二十九年殯僧舍垣地眞卿劾奏之兄弟三十年不齒天下聳動遷殿中侍御史東都畿採訪判官轉侍御史武部員外郎楊國忠怒其不附己出爲平原太守安祿山逆節頗著眞卿以霖雨爲託修城浚池陰料丁壯儲廩實乃陽會文士泛舟外池飲酒賦詩或讒於祿山祿山亦密偵之以爲書生不足虞也無幾祿山果反河朔盡陷獨平原城守具備乃使司兵參軍李平馳奏之玄宗初聞祿山之變歎曰河北二十四郡豈無一忠臣乎得平來大喜顧左右曰朕不識顏眞卿形狀何如所爲得如此祿山初尚移牒眞卿令以平原博平軍屯七千人防河津

以博平太守張獻直爲副眞卿乃募勇士旬日得萬人遣錄事參軍李擇交統之簡閱以刀萬歲和琳徐浩馬相如高抗朗等爲將祿山既陷洛陽殺留守李憕御史中丞盧弈判官蔣淸以三首遣段子光來徇河北眞卿恐搖人心乃詐謂諸將曰我識此三人首皆非也遂要斬子光密藏三首異日乃取三首冠飾草續支體棺斂祭殯爲位慟哭人心益附祿山遣其將李欽湊高邈何千年等守土門眞卿從父兄常山太守杲卿與長史袁履謙謀殺湊邈擒千年送京師土門既開十七郡同日歸順共推眞卿爲帥得兵二十餘萬橫絕燕趙詔加眞卿戶部侍郎依前平原太守淸河客李萼年二十餘與郡人來乞師謂眞卿曰聞公義烈首唱大順河朔諸郡恃公爲長城今淸河實公之西鄰也僕幸寓家得其虛實知可爲長者用今計其畜積足以三平原之富士卒可以二平原之強公因而撫之腹心輔車之郡其他小城運之如臂使指耳唯公所意誰敢不從眞卿借兵千人萼將去眞卿謂之曰兵出也吾子何以教我

萼曰今聞朝廷使程千里統衆十萬自太行東下將出鄴口爲賊所扼兵不得前今若先伐魏郡斬袁知泰太守司馬垂使爲西南主分兵開鄴口之路出千里之兵使討鄴幽陵平原淸河合同志十萬之衆徇洛陽分兵而制其衝計王師亦不下十萬公當堅壁無與挑戰不數十日賊必潰而相圖矣眞卿然之乃移牒淸河等郡遣其大將李擇交副將平原縣令范冬馥裨將和琳徐浩等進兵與淸河四千人合勢而博平以千人來三郡之師屯於博平去堂邑縣西南十里袁知泰遣其將白嗣深乙舒蒙等以二萬人來拒戰賊大敗斬首萬餘級肅宗幸靈武授工部尚書兼御史大夫河北採訪招討使祿山乘虛遣史思明尹子奇急攻河北諸郡饒陽河間景城樂安相次陷沒獨平原博平淸河三郡城守然人心危懼不可復振至德元年十月棄郡渡河歷江淮荊襄二年四月朝於鳳翔授憲部尚書尋加御史大夫中書舍人兼吏部侍郎崔漪帶酒容入朝諫議大夫李何忌在班不肅眞卿劾之貶漪爲右庶子何忌西

平郡司馬元帥廣平王領朔方蕃漢兵號二十萬來收長安出辭之日百寮致謁於朝堂百寮拜答拜辭亦如之王當闕不乘馬步出木馬門而後乘管崇嗣爲王都虞候先王上馬眞卿進狀彈之肅宗曰朕兒子每出二教誡之故不敢失禮崇嗣老將有足疾姑欲優容之卿勿復言乃以奏狀還眞卿雖天子蒙塵典法不廢洎鑾輿將復宮闕遣左司郎中李巽先行陳告宗廟之禮有司署祝文稱嗣皇帝眞卿謂禮儀使崔器曰上皇在蜀可乎器遽奏改之中旨宣勞以爲名儒深達禮體時太廟爲賊所毀眞卿奏曰春秋時新宮災魯成公三日哭今太廟既爲盜毀請築壇於野皇帝東向哭然後遣使竟不能從軍國之事知無不言爲宰相所忌出爲同州刺史轉蒲州刺史爲御史唐旻所構貶饒州刺史旋拜昇州刺史浙江西道節度使徵爲刑部尚書李輔國矯詔遷玄宗居西宮眞卿乃首率百寮上表請問起居輔國惡之奏貶蓬州長史代宗嗣位拜利州刺史遷戶部侍郎除荊南節度使未行而罷除

尚書左丞車駕自陝將還真卿請皇帝先謁五陵九廟而後還宮
宰相元載謂真卿曰公所見雖美其如不合事宜何真卿怒前曰
用捨在相公耳言者何罪然朝廷之事豈堪相公再破除耶載深
銜之旋改檢校刑部尚書知省事累進封魯郡公時元載引用私
黨懼朝臣論奏其短乃請百官凡欲論事皆先白長官長官白宰
相然後上聞真卿上疏曰御史中丞李進等傳宰相語稱奉進止
緣諸司官奏事頗多朕不憚省覽但所奏多挾讒毀自今論事
者諸司官皆須先白長官長官白宰相宰相定可否然後奏聞者
臣自聞此語已來朝野囂然人心亦多衰退何則諸司長官皆達
官也言皆專達於天子也郎官御史者陛下腹心耳目之臣也故
其出使天下事無巨細得失皆令訪察迴日奏聞所以明四目達
四聰也今陛下欲自屏耳目使不聰明則天下何述焉詩云營營青
蠅止于棘讒言罔極交亂四國以其能變白為黑變黑為白也詩
人深惡之故曰取彼讒人投畀豺虎豺虎不食投畀有北則夏之

伯明楚之無極漢之江充皆讒人也孰不惡之陛下惡之深得君人
之體矣陛下何不深迴聽察其言虛誣者則讒人也因誅殛之其
言不虛者則正人也因獎勵之陛下捨此不為使衆人皆謂陛下不
能明察倦於聽覽以此為辭拒其諫諍臣竊為陛下痛惜之臣聞
太宗勤於聽覽庶政以理故著司門式云其有無門籍人有急奏
者皆令監門司與仗家引奏不許關礙所以防壅蔽也并置立杖
馬二疋須有乘騎便往所以平治天下正用此道也天寶已後李
林甫威權日盛羣臣不先諮宰相輒奏事者仍託以他故中傷猶
不敢明約百司令先白宰相又閹官袁思藝日宣詔至中書玄宗
動靜必告林甫先意奏請玄宗驚喜若神以此權柄恩寵日甚道
路以目上意不下宣下情不上達所以漸致潼關之禍皆權臣誤
主不遵太宗之法故也陵夷至于今日天下之蔽盡萃于聖躬豈
陛下招致之乎蓋其所從來者漸矣自艱難之初百姓尚未凋弊
太平之理立可便致屬李輔國用權宰相專政遞相姑息莫肯直

言大開三司不安反側逆賊散落將士北走党項合集土賊至今
為患偽將更相驚恐因思明危懼扇動卻反又今相州敗散東都
陷沒先帝由此憂勤至於損壽臣每思之痛切心骨今天下兵戈
未戢瘡痍未平陛下豈得不日聞讜言以廣視聽而欲頓隔忠讜
之路乎臣竊聞陛下在陝州時奏事者不限貴賤務廣聞見乃堯
舜之事也凡百臣庶以為太宗之理可翹足而待也臣又聞君子難
進易退由此言之朝廷開不諱之路猶恐不言況懷厭怠令宰相
宣進止使御史臺作條目不令直進從此人人不敢奏事則陛下
聞見只在三數人耳天下之士方鉗口結舌陛下後見無人奏事必
謂朝廷無事可論豈知懼不敢進即林甫國忠復起矣凡百臣庶
以為危殆之期又翹足而至也如今日之事曠古未有雖李林甫楊
國忠猶不敢公然如此今陛下不早覺悟漸成孤立後縱悔之無
及矣臣實知忤大臣者罪在不測不忍孤負陛下無任懇迫之至
其激切如此於是中人爭寫內本布於外後攝祭太廟以祭器不

修言於朝載坐以誹謗貶硤州別駕撫州湖州刺史元載伏誅拜
刑部尚書代宗崩為禮儀使又以高祖已下七聖謚號繁多乃上
議請取初謚為定今日袁傪以謟言排之遂罷楊炎為相惡之改
太子少傅禮儀使如舊外示崇寵實去其權也盧杞專權忌之改
太子太師罷禮儀使諭於真卿曰方面之任何處為便真卿候杞
於中書曰真卿以褊性為小人所憎竄逐非一今已羸老幸相公庇
之相公先中丞傳首至平原面上血真卿不敢衣拭以舌舐之相公
忍不相容乎杞矍然而拜而含怒心會李希烈陷汝州杞乃奏曰
顏真卿四方所信使諭之可不勞師旅上從之朝廷失色李勉聞
之以為失一元老貽朝廷羞乃密表請留又遣逆於路不及初見希
烈欲宣詔旨希烈養子千餘人露刃爭前迫真卿將食其肉諸將
叢繞慢罵舉刃以擬之真卿不動希烈遽以身蔽之而麾其衆衆
退乃揖真卿就館舍因逼為章表令雪己願罷兵馬累遣真卿兄
子峴與從吏凡數輩繼來京師上皆不報每與諸子書令嚴奉家

廟忸諸孫而已希烈大宴逆黨召真卿坐使觀倡優斥黷朝政爲戲真卿怒曰相公人臣也奈何使此曹如是乎拂衣而起希烈慙亦呵止時朱滔王武俊田悅李納使在坐目真卿謂希烈曰聞太師名德久矣相公欲建大號而太師至非天命正位欲求宰相孰先太師乎真卿正色叱之曰是何宰相耶君等聞顏杲卿無是吾兄也祿山反首舉義兵及被害詬罵不絕於口吾今年向八十官至太師守吾兄之節死而後已豈受汝輩誘脅耶諸賊不敢復出口希烈乃拘真卿令甲士十人守擣方丈坎於庭曰坑顏真卿怡然不介意後張伯儀敗績於安州希烈令齎伯儀旌節首級誇示真卿慟哭投地後其大將周曾等謀襲汝州因迴兵殺希烈奉真卿爲節度事洩希烈殺曾等遂送真卿於龍興寺真卿度必死乃作遺表自爲墓誌祭文常指寢室西壁下云吾殯所也希烈既陷汴州僭僞號使人問儀於真卿真卿曰老夫耄矣曾掌國禮所記者諸侯朝覲禮耳興元元年王師復振逆賊慮變起蔡州乃遣其將辛景

臻安華至真卿所積柴庭中沃之以油且傳逆詞曰不能屈節當自燒真卿乃投身赴火景臻等遽止之復告希烈德宗復宮闕希烈弟希倩在朱泚黨中例伏誅希烈聞之怒興元元年八月三日乃使閹奴與景臻等殺真卿先曰有敕真卿拜奴曰宜賜卿死真卿曰老臣無狀罪當死然不知使人何日從長安來奴曰從大梁來真卿罵曰乃逆賊耳何敕耶遂縊殺之年七十七及淮泗平貞元元年陳仙奇使護送真卿喪歸京師德宗痛悼異常廢朝五日諡曰文忠復下詔曰君臣之義生錄其功歿厚其禮況才優匡國忠至滅身朕自興歎勞於寤寐故光祿大夫守太子太師上柱國魯郡公顏真卿器質天資公忠傑出出入四朝堅貞一志屬賊臣擾亂委以存諭拘脅累歲死而不撓稽其盛節寔謂猶生朕致貽斯禍慙悼靡及式崇嘉命兼延爾嗣可贈司徒仍賜布帛五百端男頵碩等喪制終所司奏超授官秩貞元六年十一月南郊赦書節文授真卿一子五品正員官故頵得錄用文宗詔曰朕每覽國史見忠烈之臣未嘗不嗟歎久之思有以報如聞從覽弘式實真卿之孫永惟九原既不可作旌其嗣續諒協典彝考績已深於宦途者命列於中臺官次未崇於搢紳者俾佐於左輔庶使天下再新義風以真卿曾孫弘式爲同州參軍

史臣曰每思先軫免胄子路結纓雖云其忠未聞於道如成公孝於家能於軍忠於國是武之英也苟無楊炎弄權若任之爲將遂展其才豈有朱泚之禍焉如清臣富於學守其正全其節是文之傑也苟無盧杞惡直若任之爲相遂行其道豈有希烈之叛焉夫國得賢則安失賢則危德宗內信姦邪外斥良善幾致危也宜哉噫仁以爲己任不亦重乎死而後已不亦遠乎二君守道歿身爲時垂訓希代之士也光文武之道焉

贊曰自古皆死得正爲順二公云亡萬代垂訓

唐書列傳卷第七十八

右文林郎充兩浙東路提舉茶鹽司幹辦公事臣崔文[illegible]校勘

唐書列傳卷第七十九

劉昫　等修

韓滉 子皐 弟洄　張延賞 子弘靖 子文規 次宗

韓滉字太冲太子少師休之子也少貞介好學以蔭解褐左威衛
騎曹參軍出為同官主簿至德初青齊節度鄧景山辟為判官授
監察御史兼北海郡司馬以道路阻絕因避地山南採訪使李承
昭奏充判官授通州長史彭王府諮議參軍鄧景山移鎮淮南又
表為幕佐未行除殿中侍御史追赴京師先是滉兄法知制誥草
王璵拜官之詞不加虛美璵頗銜之及其秉政諸使奏滉兄弟者
必以冗官授之璵兄相君羣議稱其屈累遷至祠部考功吏部三員
外郎滉公絜強直明於吏道判南曹凡五年詳究簿書無遺纖隱
大曆中改吏部郎中給事中時盜殺富平令韋當縣吏捕獲賊黨
而名隸北軍監軍魚朝恩以有武材請詔原其罪滉密蹟駁奏賊
遂伏辜遷尚書右丞五年知兵部選六年改戶部侍郎判度支自

○至德乾元已後所在軍興賦稅無度帑藏給納多務因循滉既常
司計清勤檢轄不容姦妄下吏及四方行綱過犯者必痛繩之又
屬大曆五年已後蕃戎罕侵連歲豐稔故滉能儲積穀帛帑藏稍
實然苛剋頗甚覆治按牘勾剔深文人多咨怨大曆十二年秋霖
雨害稼京兆尹黎幹奏畿縣損田滉執云幹奏不實乃命御史巡
覆迴奏諸縣凡損三萬一千一百九十五頃時渭南令劉藻曲附滉
言所部無損戶部分巡御史趙計復檢行奏與藻合代宗覽奏以
為水旱咸均不宜渭南獨免申命御史朱敖再檢渭南損田三千
餘頃上謂敖曰縣令職在字人不損猶宜稱損損而不問豈有恤
隱之意耶卿之此行可謂稱職下有司訊鞫藻計皆伏罪藻貶萬
州南浦員外尉計貶豐州員外司戶滉弄權樹黨皆此類也俄改
太常卿議未息又出為晉州刺史數月拜蘇州刺史浙江東西都
團練觀察使尋加檢校禮部尚書兼御史大夫潤州刺史鎮海軍
節度使滉既移鎮安輯百姓均其租稅未及踰年境內稱理及建

中年冬涇師之亂德宗出幸河汴騷然滉訓練士卒鍛礪戈甲稱
為精勁李希烈既陷汴州滉乃擇其銳卒令裨將李長榮王栖曜
與宣武軍節度劉玄佐掎角討襲解寧陵之圍復宋汴之路滉功
居多然自關中多難滉即於所部閉關梁築石頭五城自京口至
玉山禁馬牛出境造樓船戰艦三十餘艘以舟師五千人由海門
揚威武至申浦而還毀撤上元縣佛寺道觀四十餘所修塢起建
業抵京峴樓雉相屬以佛殿材於石頭城繕置館第數十時滉以
國家多難恐有永嘉渡江之事以為備預以迎鑾駕亦申儆自守
也城中穿深井十丈近百所下與江平俾偏將丘涔督其役涔酷
虐士卒日役千人朝令夕辦去城數十里內先賢丘墓多令毀廢
明年正月追李長榮等戍鄆還以其所親吏盧復為宣州刺史採
石軍使增營壘教習長兵以佛寺銅鍾鑄弩牙兵器陳少遊時鎮
揚州以甲士三千人臨江大閱滉亦以兵三千人臨金山與少遊相
應樓船於江中以金銀繒綵互相聘賚而自德宗出居及歸京師

○軍用既繁道路又阻關中飢饉加之以災蝗江南兩浙轉輸粟帛
府無虛月朝廷賴焉興元元年就加檢校吏部尚書數月又加檢
校右僕射貞元元年七月拜檢校左僕射同平章事使並如故二
年春特封晉國公其年十一月來朝京師時右丞元琇判度支以
關輔旱儉請運江淮租米以給京師上以滉浙江東節度素著威
名加江淮轉運使欲令專督運務琇以滉性剛愎難與集事乃條
奏滉督運江南米至揚子凡一十八里揚子南北皆元琇主之滉深
怒於琇琇以京師錢重貨輕切疾之乃於江東監院收獲見錢四
十餘萬貫令轉送入關滉不許乃誣奏云運千錢至京師費錢至
萬於國有害請罷之上以問琇琇奏曰一千之重約與一斗米均自
江南水路至京一千之所運費三百耳豈至萬乎上然之遣中使
齎手詔令運錢滉堅執以為不可其年十二月加滉度支諸道轉
運鹽鐵等使遂逞宿怒累誣奏琇貶雷州司戶其責既重舉朝以
為非罪多竊議者尚書左丞董晉謂宰臣劉滋齊映曰元左丞忽

有贓責未知罪名用刑一濫誰不危懼假有權臣騁志相公何不奏請三司詳斷之去年關輔用兵時方蝗旱琇總國計夙夜憂勤以贍給師旅不增一賦軍國皆濟斯可謂之勞臣也今見播逐恐失人心人心一搖則有聞鷄起舞者矣竊謂相公痛惜之滋映但引過而已給事袁高又抗疏申理之滉誣以朋黨寢而不行時兩河罷兵中土寧乂滉上言吐蕃盜有河湟爲日已久大曆已前中國多難所以肆其侵軼臣聞其近歲已來兵衆寖弱西迫大食之強北病迴紇之衆東有南詔之防計其分鎭之外戰兵在河隴五六萬而已國家第令三數良將長驅十萬衆於涼鄯洮渭並修堅城各置二萬人足當守禦之要臣請以當道所貯蓄財賦爲饋運之資以充三年之費然後營田積粟且耕且戰收復河隴二十餘州可翹足而待也上甚納其言滉之入朝也路由汴州厚結劉玄佐將薦其可任邊事玄佐納其賂因許之及來覲上訪問焉初頗稟命及滉以疾歸第玄佐意怠遂辭邊任盛陳犬戎未衰不可

輕進滉貞元三年二月以疾薨遂寢其事年六十五上震悼久之廢朝三日贈太傅賻布帛米粟有差滉宰相子幼有美名其所結交皆時之儁彥非公直者不與之親密性持節儉志在奉公衣裘茵袵十年一易居處陋薄纔蔽風雨弟洄常於里宅增修廊宇滉自江南至即命撤去之曰先公容焉吾輩奉之常恐失墜所有摧圯葺之則已豈敢改作以傷儉德自居重位愈清儉嫉惡彌縫闕漏知無不爲家人資產未嘗在意入仕之初以至卿相凡四十年相繼乘馬五疋皆及敝帷尤工書兼善丹青以繪事非急務自晦其能未嘗傳之好易象及春秋著春秋通例及天事序議各一卷然以前輩早達稍薄後進晚歲至京師丞郎卿佐接之頗倨衆不能平其在浙右也政令明察末年傷於嚴急巡內婺州傍縣有犯其令者誅及鄰伍死者數十百人又俾推覆官分察境內情涉疑似必實極法誅殺殘忍一判即戮數十人且無虛日雖令行禁止而冤濫相尋議者以滉統制一方頗著勤績自幼立名貞廉晚途政甚

苛慄身未達則飾情以進得其志則本質遂彰子群皐群官至考功員外郎皐字仲文夙負令名而器質重厚有大臣之度由雲陽尉擢賢良科拜右拾遺轉左補闕累遷起居郎考功員外郎徵丁父艱德宗遣中人就第慰問仍宣令論譔滉之事業皐號泣承命立草數千言德宗嘉之及免喪執政者擬考功郎中御筆加知制誥遷中書舍人御史中丞尚書右丞兵部侍郎皆稱職改京兆尹奏鄭鋒爲倉曹專掌錢穀鋒苛刻剝下爲事人皆咨怨又勸皐搜索府中雜錢折糴百姓粟麥等三十萬石進奉以圖恩寵皐納其計尋奏鋒爲興平縣令及貞元十四年春夏大旱粟麥枯槁畿內百姓累經皐陳訴以府中倉庫虛竭憂迫惶惑不敢實奏會唐安公主女出適右庶子李愬內官中使於愬家往來百姓遮道投狀內官繼以事上聞德宗下詔曰京邑爲四方之則長吏受親人之寄實繫邦本以分朕憂苟非其才是紊於理正議大夫守京兆尹賜紫金魚袋韓皐比踐清貫頗聞謹恪委之尹正冀效公忠乃者邦

畿之間粟麥不稔朕念茲黎庶方議蠲除自宜悉心以副勤恤皐奏報失實處理無方致令閭井不安囂然上訴及令覆視皆涉虛詞壅蔽頗深罔惑斯甚宜加懲誡以肅守官可撫州司馬員外置同正員馳驛發遣鋒亦尋出爲汀州司馬皐無幾移杭州刺史復拜尚書右丞皐恃前輩頗以簡倨自處順宗時王叔文黨盛皐嫉之謂人曰吾不能事新貴皐從弟曄幸於叔文以告之因出爲鄂州刺史岳鄂蘄沔等州觀察使入爲東都留守元和八年六月加檢校吏部尚書兼許州刺史充忠武軍節度等使以陳許二州水潦之後賜皐綾絹布葛十萬端疋以助軍資賞所理以簡儉稱入爲吏部尚書兼太子少傅判太常卿事元和十一年三月皇太后王氏崩以皐充大明宮使十五年閏正月充憲宗山陵禮儀使三月穆宗以師保之舊加檢校右僕射十二月以銓司考科目人失實與刑部侍郎知選事李建罰一月俸料長慶元年正月正拜尚書右僕射二年四月轉左僕射赴尚書省上事命中使宣賜酒

饌及宰臣百寮送上皆如近式其年以本官東都留守行及戲源驛暴卒年七十九贈太子太保太和元年謚曰貞皐生知音律嘗觀彈琴至止息歎曰妙哉嵇生之為是曲也其當晉魏之際乎其音主商商為秋聲秋也者天將搖落肅殺其歲之晏乎又晉乘金運商金聲此所以知魏之季而晉將代也慢其商絃與宮同音是臣奪君之義也所以知司馬氏之將篡也司馬懿受魏明帝顧託後嗣返有篡奪之心自誅曹爽逆節彌露王陵都督揚州謀立荊王彪毋丘儉文欽諸葛誕前後相繼為揚州都督咸有匡復魏室之謀皆為懿父子所殺叔夜以揚州故廣陵之地彼四人者皆魏室文武大臣咸敗散於廣陵始也止息者晉雖暴興終止息於此也其哀憤躁蹙憯痛迫脅之音盡在於是矣永嘉之亂其應乎叔夜撰此將貽後代之知音者且避晉魏之禍所以託之神鬼也

洄以蔭緒受任劉晏判鹽鐵度支辟為吏累官至諫議大夫知制誥與元載善載誅以累貶邵州司戶同正員建中元年二月復

諫議大夫先以劉晏兼領度支晏既罷黜今天下錢穀各歸尚書省本司廢職罷事久無綱紀徒收其名而莫綜其任國用出入未有所統故轉洄戶部侍郎判度支洄上言江淮錢監歲鑄錢四五千貫輸于京師度工用轉送之費每貫計錢二千是本倍利也今商州有紅崖冶出銅益多又有洛源監久廢不理請增工鑿山以取銅興洛源故監置十鑪鑄之歲計出錢七萬二千貫度工用轉送之費貫計錢九百則利浮本矣其江淮七監請皆罷之復以天下銅鐵之冶是曰山澤之利當歸於王者非諸侯方岳所有今諸道節度都團練使皆占之非宜也請總隸鹽鐵使皆從之洄與楊炎善炎得罪常不自安無何兄子皐抗疏理炎罪德宗意洄令為之尋貶蜀州刺史興元元年三月入為兵部侍郎六月為京兆尹七月加御史大夫貞元二年正月刑部侍郎劉太眞黨於宰相盧杞得罪以洄代太眞為刑部侍郎尋復兵部侍郎貞元七年十一月為國子祭酒

張延賞中書令嘉貞之子幼孤本名寶符開元末玄宗召見賜名延賞取賞延於世之義特授左司禦率府兵曹參軍博涉經史達於政事侍中韓國公苗晉卿見而奇之以女妻焉肅宗在鳳翔擢拜監察御史賜緋魚袋轉殿中侍御史關內節度使王思禮請為從事思禮領河東又為太原少尹兼行軍司馬北都副留守代宗幸陝除給事中轉御史中丞中書舍人大曆二年拜河南尹充諸道營田副使河洛久當兵衝閭井丘墟延賞勤身率下政尚簡約疏導河渠修築宮廟數年間流庸歸附邦畿復完詔書襃美焉時罷河南西山山南副元帥以其兵鎮東都延賞權知東都留守以領之理行第一入朝拜御史大夫初上封人李少良潛以元載陰事聞載黨知之奏少良狂妄下御史臺訊鞫欲有所屬延賞不承其意尋出為揚州刺史淮南節度觀察等使屬歲旱歉人有亡去他境者吏或拘之延賞曰夫食人之所恃而生也此居而坐斃適彼而可生得存吾人又何恨於彼也乃具舟楫而遣之俾吏修其廬室已其逋債而歸者增於其舊邊江之瓜洲舟航湊會而懸屬江南延

賞奏請以江為界人甚為便尋以母憂去職終制授檢校禮部尚書江陵尹兼御史大夫荊南節度觀察使數年改檢校兵部尚書成都尹劍南西川節度觀察使依前兼御史大夫尋就加吏部尚書建中四年十一月部將西山兵馬使張朏以兵入成都為亂延賞奔漢州鹿頭戍將叱干遂等討之其月斬朏及同惡者復歸成都先是兵革屢擾自天寶末楊國忠用事南蠻三蜀疲弊屬車駕遷幸其後郭英乂淫崔寧之室遂縱崔寧楊琳交亂及崔寧得志復極侈靡故蜀土殘弊蕩然無制度延賞薄賦約事動遵法度僅至庶富焉建中末駕在山南延賞貢奉供億頗竭忠力焉駕在梁州倚劍南蜀川為根本貞元元年以宰相劉從一有疾詔徵延賞為中書侍郎同中書門下平章事與鳳翔節度使李晟不協晟表論延賞過惡德宗重違晟意延賞至興元改授左僕射初大曆末吐蕃寇劍南李晟領神策軍戍之及旋師以成都官妓高氏歸延賞聞而大怒即使將吏令追還晟頗銜之形于詞色三年正

月晟入朝詔晟與延賞釋憾德宗注意於延賞將用之會浙西觀察使韓滉來朝嘗有德於晟晟因會讌說晟使釋憾遂同飲極歡且請晟表薦爲相晟然之於是復加同中書門下平章事及延賞當國用事晟請一子娉其女固情好焉延賞拒而不許晟謂人曰武人性快若釋舊惡於杯酒之間終歡可解文士難犯雖修睦於外而蓄怒于內今不許婚釁未忘也得無懼焉無幾延賞果謀罷晟兵權初吐蕃尚結贊興兵入隴州抵鳳翔無所虜掠且曰召我來何不持牛酒勞軍徐乃引去持是以間晟晟令牙將王佖選銳兵三千設伏汧陽大敗吐蕃結贊僅免自是數遣使乞和晟朝於京師奏曰戎狄無信不可許宰相韓滉又扶晟議請調軍食以繼之上意將帥生事邀功會滉卒延賞揣上意遂行其志奏令給事中鄭雲逵代之上不許且曰晟有社稷之功令自舉代己者於是始用邢君牙焉拜晟太尉兼中書令奉朝請而已是年五月吐蕃果背約以劫渾瑊及册晟太尉故事臨軒册拜三公中書令讀册侍中

奏禮如闕即以宰相攝之延賞欲輕其禮始令兵部尚書崔漢衡攝中書令讀册時議非之延賞奏議請省官員曰爲政之本必先命官舊制官員繁而且衆州縣殘破職此之由臣在荊南劒南所管州縣闕官員者少不下十數年吏部未嘗補授但令一官假攝公事亦理以此言之員可減無疑也請減官員收其祿俸資幕職戰士俾劉玄佐復河湟軍用不乏矣上然之初韓滉入朝至汴州厚結劉玄佐將薦其可委邊任玄佐亦欲自効初與滉約及滉卒玄佐以疾辭上遣中官勞問臥以受命延賞知不可用奏用李抱眞抱眞亦辭不行時抱眞判官陳曇奏事京師延賞俾曇勸抱眞竟拒絶之蓋以延賞挾怨罷李晟兵柄由是武臣不附自建議減員之後物議不平延賞懼量留其官下詔曰諸州府停減及所留官並合釐務其中有先考滿及充職掌遇停減或恐公務有闕宜委長吏於合停官中取考淺人請白幹舉者留填闕官差攝訖聞奏但取才堪不限資序如當州官少任以鄰州官充其州縣諸色部

送違舊例以當州官及本土寄客有才貴産幹了者差遣及減員人衆道路怨歎日聞於上侍中馬燧奏減員太甚恐不可行太子少保韋倫及常參官等各抗疏以減員招怨並請復之浙西觀察使白志貞亦以疏論時延賞疾甚在私第李泌初爲相採於群情由是官員悉復貞元三年七月薨年六十一廢朝三日贈太保賻禮加等謚曰成肅子弘靖字元理雅厚信直少以門蔭授河南府參軍調補藍田尉東都留守杜亞辟爲從事奏改監察御史裏行轉殿中侍御史內供奉留守將令狐運逐賊出郊其日有劫轉運絹於道者亞以運豪家子意其爲之乃令判官穆員及弘靖同鞫其事員與弘靖皆以運職在牙門必不爲盜堅請不按亞不聽遂以獄聞仍斥員及弘靖出幕府有詔令三司使雜治之後果於河南界得賊無何德陽公主下嫁詒第將侵弘靖家廟弘靖拜表陳情具述祖考之德德宗慰撫之不令毀廟又獻賦美二京之制德宗嘉其文擢授監察御史轉殿中侍御史禮部員外郎遷兵部郎中知

制誥中書舍人知東都選事拜工部侍郎轉戶部侍郎陝州觀察河中節度使拜刑部尚書同中書門下平章事吳少陽死其子元濟擅主留務憲宗怒欲下詔誅之弘靖請先命弔贈使待其不恭然後加兵憲宗從其議尋加中書侍郎平章事盜殺宰相武元衡京師索賊未得時王承宗邸中有鎮卒張晏輩數人行止無狀人多意之詔録付御史臺御史陳中師按之皆附致其罪如京中所說弘靖疑其不直驟於上前言之憲宗不聽竟殺張晏輩及田弘正入鄆按簿書亦有殺元衡者但事曖昧互有所說卒未得其實又殺張晏後憲宗欲遂伐承宗弘靖以爲戎事並興鮮有濟者不若併攻元濟待淮西平然後悉師河朔憲宗業已北討不爲之止然亦重違其言弘靖知終不聽用遂自陳乞罷政事俄檢校吏部尚書同中書門下平章事充太原節度使行未及鎮果下詔誅承宗弘靖以驟諫不行宜用自効大閱軍實請躬討承宗詔許出軍不許自往俄而魏博澤潞悉爲承宗所敗有詔責其前言弘靖即

開道發使懇諭承宗承宗因亦款附旋徵拜吏部尚書遷檢校右僕射宣武軍節度使時韓弘入覲之後也弘靖用政寬緩代弘之理俄以劉總累求歸闕且請弘靖代己制加檢校司空平章事充幽州盧龍等軍節度使弘靖之入幽州也薊人無老幼男女皆夾道而觀焉河朔軍帥冒寒暑多與士卒同無張蓋安輿之别弘靖久富貴又不知風土入燕之時肩輿於三軍之中薊人頗駭之弘靖以祿山思明之亂始自幽州欲於事初盡革其俗乃發祿山墓毀其棺柩人尤失望從事有韋雍張宗厚數輩復輕肆嗜酒常夜飲醉歸燭火滿街前後呵叱薊人所不習之事又雍等詬責吏卒多以反虜名之謂軍士曰今天下無事汝輩挽得兩石力弓不如識一丁字軍中以意氣自負深恨之劉總歸朝以錢一百萬貫賜軍士弘靖留二十萬貫充軍府雜用薊人不勝其憤遂相率以叛因弘靖於薊門館執韋雍張宗厚輩數人皆殺之續有張徹者自遠使迴軍人以其無過不欲加害將引置館中徹不知其心遂索弘靖所

在大罵軍人亦爲亂兵所殺明日吏卒稍稍自悔悉詣館請弘靖爲帥願改心事之凡三請弘靖卒不對軍人乃相謂曰相公無言是不捨吾曹必矣軍中豈可一日無帥遂取朱洄爲兵馬留後朝廷既除洄子克融爲幽州節度使乃貶弘靖爲撫州刺史未幾遷太子賓客少保少師長慶四年六月卒年六十五元和初王承宗阻兵劉總父濟備陳征討之術請身先之及出軍累拔城邑總既繼父願述先志且欲盡更河朔舊風長慶初累表求入朝兼請分割所理之地然後歸朝其意欲以幽涿營州一道請弘靖理之瀛州爲一道盧士玫理之平薊嬀檀爲一道請薛平理之仍籍軍中宿將盡薦於闕下因望朝廷升獎使幽薊之人皆有希美爵祿之意及疏上穆宗且欲速得范陽宰臣崔植杜元穎又不爲遠大經略但欲重弘靖所授而省其使局唯瀛莫兩州許置觀察使其他郡縣悉命弘靖統之時總所校俱在京師旅舍中久而不問朱克融輩僅至假衣丐食日詣中書求官不勝其困及除弘靖命悉還本軍克融輩雖得復歸皆深懷觖望其後因爲叛亂初總以平薊嬀檀請薛平於公列卿之中尤爲上策而朝廷不能行之竟致後患人到于今惜之子文規景初嗣慶次宗文規歷拾遺補闕吏部員外郎開成三年十一月右丞韋溫彈劾文規長慶中父弘靖陷在幽州文規徘徊京師不尋赴難不宜塵忝南宮乃出爲安州刺史累遷右散騎常侍兼御史中丞桂管都防禦觀察使景初歷職使府官止殿中侍御史嗣慶位終河南少尹次宗最有文學稽古履行開成中爲起居舍人文宗復故事每入閤左右史執筆立于螭頭之下宰相奏事得以備錄宰臣既退上召左右史更質證所奏是非故開成政事詳於史氏文宗尤稱奉職改禮部員外郎以兄文規爲韋溫不放入省出官次宗堅辭省秩改國子博士兼史館修撰出爲舒州刺史卒文規子彥遠大中初由左補闕爲尚書祠部員外郎景初子天保嗣慶子彥修次宗子曼容延賞東都舊地在思順里亭館之麗甲於都城子孫五代無所加工時號三相張氏云

史臣曰君民及則國富將相和則國安反是道焉非得仁者滉殺元琇奏瑞鹽遲幹運之能非貞純之士刻下罔上以爲己功幸逢多事之朝例在姑息之地幸而獲免餘無可稱延賞以私害公罷李晟兵柄使武臣不陳其力矣惡直醜正擠柳渾相位致賢者不進其才矣象恭僝功皆四凶之跡也雖以蔭繼世以才進身蹈非道者實小人哉延賞歷典名藩皆稱善政及登大位乃彰飾情皐迭處大寮徒稱舊德弘靖輕傲邊事斯減軍資洄附元載楊炎繼及累貶俱非守正中立者也書云世祿之家鮮克由禮不其是歟

贊曰韓滉刻下延賞害公皐洄繼世弘靖興戎

唐書列傳卷第七十九

左從政郎紹興府錄事叅軍徐 俊卿 校勘